谨以此书献给

为福建高速公路发展事业作出贡献的决策者、建设者、管理者

工地掠影

图1 T梁吊装

图2 架桥设备安装

图3 大桥悬臂浇筑施工

图4 专注的大桥建设者

图5 钢筋加工

图6 高架桥施工

图7 超大断面沥青路面摊铺

图8 路面铺设

图9　路面铣刨

图10　海上施工

图11 骨架边坡绿化

图12 中央分隔带与路面施工

图13 隧道掘进

图14 隧道 LED 照明

福建
高速公路建设实录

工地党建

图15　爱心助学

图16　党建联盟签约仪式

图17 党建宣传展板

图18 党员突击队宣誓

图19 项目部党员宣誓

图20 项目部上党课

Record of Expressway Construction in
Fujian

图21 方案优化现场讨论

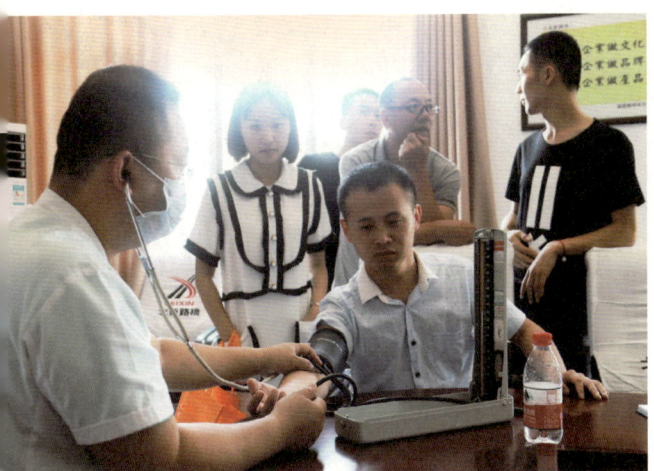

图22 为建设工人免费体检

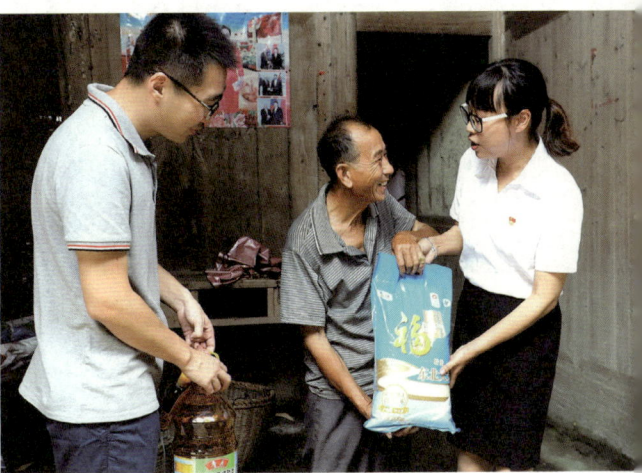

图23 项目党支部走访慰问

图24 京台线建闽高速公路南平段

图25 京台线浦南高速公路

图26 宁德特大桥

图27 平潭海峡大桥

图28 莆永高速公路双永段龙门枢纽

图29 甬莞线宁连高速公路宁德段飞鸾出口匝道

图30 泉南线泉三高速公路三阳隧道：体现"零开挖进洞"施工理念

图31 泉南线福建与江西交界处

Record of Expressway Construction in
Fujian

图32 泉州湾跨海大桥蚶江互通

图33 泉州湾跨海大桥

福建
高速公路建设实录

图34 厦蓉线龙长高速公路苦竹山大桥

图35 厦蓉线漳龙高速公路漳州段

Record of Expressway Construction in
Fujian

图36 厦蓉线龙长高速公路长汀段

图37 邵光高速公路光泽铁关大桥

福建
高速公路建设实录

图38 长深线三明南互通

图39 漳永高速公路漳平南互通

Record of Expressway Construction in
Fujian

图40 长深线永武高速公路龙岩段北村枢纽

图41 长深线永武高速公路：高速公路、铁路、普通公路三线并行

图42 沈海线福宁高速公路虎屿岛大桥

图43 沈海线漳诏高速公路

图44 沈海线福泉高速公路扩建段草埔园枢纽

Record of Expressway Construction in
Fujian

图45 沈海线泉厦高速公路朴里服务区跨线楼

图46 沈海线莆田段：高速公路与高速铁路交会

福建
高速公路建设实录

图47　厦漳跨海大桥

图48 厦沙线金安高速公路泉州段亭川枢纽

"十三五"国家重点图书出版规划项目

中国高速公路建设实录

Record of Expressway Construction in
Fujian

福建高速公路建设实录

福建省交通运输厅

人民交通出版社股份有限公司
China Communications Press Co.,Ltd.

内 容 提 要

本书是《中国高速公路建设实录》系列丛书之福建卷,内容包括经济社会、运输发展、高速公路规划布局、高速公路建设历程及技术、高速公路建设经验、高速公路标准化管理、高速公路科技创新、高速公路资金筹措与管理、企业文化、国家高速公路建设、地方高速公路建设以及福建高速公路发展大事记、福建已通车高速公路主线及连接线里程统计表、收费站统计表、服务区和停车区统计表等。

本书全面系统总结了福建高速公路建设发展成就,详细记述了高速公路建设过程中的管理经验、科技创新、文化建设以及项目建设实情,具有很高的史料价值。本书可供交通运输建设行业相关人员阅读、学习与查询参考。

图书在版编目(CIP)数据

福建高速公路建设实录 / 福建省交通运输厅组织编写. — 北京:人民交通出版社股份有限公司,2019.7
ISBN 978-7-114-15004-3

Ⅰ. ①福… Ⅱ. ①福… Ⅲ. ①高速公路—道路建设—福建 Ⅳ. ①U412.36

中国版本图书馆 CIP 数据核字(2018)第 208868 号

"十三五"国家重点图书出版规划项目
中国高速公路建设实录

书　　　名:	福建高速公路建设实录
著 作 者:	福建省交通运输厅
责任编辑:	刘永超　牛家鸣　林春江
责任校对:	张　贺
责任印制:	张　凯
出版发行:	人民交通出版社股份有限公司
地　　　址:	(100011)北京市朝阳区安定门外外馆斜街 3 号
网　　　址:	http://www.ccpress.com.cn
销售电话:	(010)59757973
总 经 销:	人民交通出版社股份有限公司发行部
经　　　销:	各地新华书店
印　　　刷:	北京雅昌艺术印刷有限公司
开　　　本:	787×1092　1/16
印　　　张:	69.5
字　　　数:	1394 千
版　　　次:	2019 年 7 月　第 1 版
印　　　次:	2019 年 7 月　第 1 次印刷
书　　　号:	ISBN 978-7-114-15004-3
定　　　价:	460.00 元

(有印刷、装订质量问题的图书,由本公司负责调换)

《福建高速公路建设实录》
编纂工作委员会

主编单位： 福建省交通运输厅

参编单位： 福建省高速公路建设总指挥部

福建省高速公路集团有限公司

资料提供： 福州市高速公路建设指挥部

厦门市高速公路建设指挥部

泉州市高速公路建设指挥部

莆田市高速公路建设指挥部

漳州市高速公路建设指挥部

龙岩市高速公路建设指挥部

南平市高速公路建设指挥部

三明市高速公路建设指挥部

宁德市高速公路建设指挥部

平潭综合实验区高速公路建设指挥部

伴随着改革开放的春风发展起来的福建高速公路,历经数十年争论、酝酿、推进和发展,从无到有,不断壮大,纵横八闽,造福于民,在福建经济社会发展历程中谱写了浓墨重彩的一笔。回顾福建省高速公路的发展历程,可以说,是改革开放的成果史、创业创新的实践史、跨越发展的丰收史。

福建素有"东南山国"之称,"八山一水一分田"是福建最大的地理特征,山地、丘陵面积占全省总面积的82.4%,北有仙霞、西有武夷、南有博平、中部有鹫峰、戴云等众多大山脉,闽江、九龙江、晋江、汀江、木兰溪等大江大河纵横奔流,这决定了福建交通在经济社会发展中具有重要的战略地位,也决定了福建交通事业发展的长期性、艰巨性。另外,由于特定时期的社会历史原因,福建交通基础设施建设投入少,历史"积欠"相当严重,一度是全国交通网络的末梢、福建经济社会发展的制约瓶颈。

福建省高速公路建设"醒得早,起步晚,发展快",早在1982年福建省委就提出了修建高速公路的设想,但由于资金、体制等原因被搁浅,直到1994年福建第一条高速公路——泉厦高速公路破土动工,才正式拉开福建高速公路建设的序幕,泉厦高速公路于1997年建成通车,福建高速公路里程实现零的突破。之后,福建高速公路路网规划持续完善,从建设初期"一纵两横"1266km,到"三纵四横"3234km,再到"三纵八横三环三十三联"6100km,直至新修编的《福建省高速公路网规划(2016—2030年)》的"六纵十横"6984km,规划里程不断延伸,布局更加合理,并适度超前于经济社会发展水平。福建高速公路投资力度不断加大,从"九五"规划期间的137亿元,到"十五"期间的389亿元,再到"十一五"期间的1215亿元,直至"十二五"期间的2100亿元,实现跨越式发展。福建高速公路的建设速度、质量安全、标准化管理等均走在全国前列,到"十二五"末通车里程突破5000km,全省85个县(市、区)实现"县县通高速",路网密度达4.12km/100km²,达到世界先进水平。

大道通途连四海,八闽故土换新颜。二十多年来,福建交通人逢山开路、遇水搭桥,用智慧与汗水铸就了辉煌的建设史册,用高速公路连接起八闽的大小动脉,极大地缩短了省内与省外的时空距离,带动了山区与沿海的协调发展,推动了与长三角、珠三角及中西部地区的融合发展。四通八达的高速公路网络,促进了人流、物流、信息流高效流通,资源优势、区位优势、后发优势不断发挥,为建设"机制活、产业优、百姓富、生态美"的新福建注入了新的活力,插上了腾飞的翅膀。

福建高速公路的快速发展,得益于交通运输部等有关国家部委的大力支持,得益于福建省委、省政府的坚强领导,得益于在长期实践中形成的"省市共建、建设以市为主、运营全省统一"体制机制,得益于参建者勇于担当、敢于拼搏、善于攻坚的精神品质,得益于社会各界的理解支持。本书忠实记载了二十多年来福建高速公路建设的艰辛历程和丰硕成果,兼具专业性、史料性与实用性,希望能起到前有所稽、后有所鉴的作用。

《福建高速公路建设实录》编纂工作委员会
2018 年 11 月

根据交通运输部统一部署,2015年初,福建省交通运输厅即启动《福建高速公路建设实录》(以下简称《实录》)的编纂工作,成立了以厅主要领导为主任的《实录》编审委员会和省高速公路建设总指挥部(以下简称"省高指")领导为主任的《实录》编纂工作委员会,以厅机关、厅直单位、省高指等单位、部门为基础组建的编纂工作小组,抽调相关人员负责具体工作,并明确了责任分工、进度安排,按序时推进工作。

《实录》全面真实地记载了我省高速公路建设发展的历史轨迹,传承了高速公路的建设文化,彰显了改革开放以来我省高速公路从无到有、从小到大的发展历程和丰硕成果,充分展示了我省高速公路发展的历史脉络、演变过程、巨大成就、政策创新、制度体系和技术创新成果,为全面了解和掌握我省高速公路建设发展历史、进一步深化我省高速公路建设管理体制机制改革、更好地指导未来一段时期我省的高速公路建设实践累积了宝贵的历史资料,还体现了为我省高速公路事业做出贡献的千千万万建设者不畏艰难、勇于担当、敢于拼搏、开拓进取的精气神。

福建高速公路建设历经"九五""十五"的拼搏,从1994年福建省第一条高速公路——泉厦高速公路通车,到2015年底通车里程突破5000km,基本形成"三纵八横"主骨架,省际通道达到16个,实现"县县通高速",全省高速公路密度达4.12km/100km^2,居全国第2位,达到发达国家水平。福建高速公路建设走过了一个发达国家用几十年才能走完的发展历程,使"闽道更比蜀道难"成为历史,有效地服务了福建省经济社会又好又快发展。

"雄关漫道真如铁,而今迈步从头越"。在"十三五"期间,福建高速公路大刀阔斧布新局,苦干实干谱新篇,以建设投资超一千亿元,新增通车里程超一千公里,发展营业总收入超一千亿元的"三个一千"目标,为全省构建现代综合交通运输体系奠定更坚实的基础。我们相信,在交通运输部的关心支持下,在全省上下各级、左右各方的共同努力下,全省高速公路事业必将实现更大突破、更高跨越、更快发展,为坚持高质量发展落实赶超、建设新福建提供有力保障。

《福建高速公路建设实录》编纂工作小组
2018 年 11 月

目录
Contents

第一章　经济社会与综合运输发展 ··· 1
　　第一节　经济社会发展 ··· 1
　　第二节　综合运输与物流发展 ··· 9

第二章　公路建设及运输发展 ·· 18
　　第一节　公路建设 ··· 18
　　第二节　公路运输 ··· 20

第三章　高速公路规划布局 ··· 28
　　第一节　开局谋划 ··· 28
　　第二节　起步发展 ··· 30
　　第三节　跨越向前 ··· 33
　　第四节　再上台阶 ··· 38

第四章　高速公路建设历程及技术 ·· 43
　　第一节　福建省高速公路建设历程 ··· 43
　　第二节　高速公路路基工程 ·· 49
　　第三节　高速公路路面工程 ·· 53
　　第四节　高速公路桥梁工程 ·· 58
　　第五节　高速公路隧道工程 ·· 75
　　第六节　互通立交工程 ·· 88
　　第七节　高边坡与滑坡治理 ·· 91
　　第八节　高速公路扩建工程 ··· 116

第五章　高速公路建设经验 ··· 134
　　第一节　福建省高速公路建设管理体制 ·· 134
　　第二节　项目建设单位管理职能 ··· 135
　　第三节　项目监督检查机制 ··· 136

第四节	项目勘察设计管理	137
第五节	项目招投标管理	137
第六节	项目质量安全管理	149
第七节	征地拆迁	159
第八节	农民工工资管理	161
第九节	市场信用考核体系	163
第十节	廉政建设	166
第六章	**高速公路建设标准化管理**	**169**
第一节	高速公路建设标准化管理历程	169
第二节	建设标准化管理内涵	172
第三节	推行建设标准化管理举措	180
第四节	推行建设标准化的成效	184
第五节	工地党建	185
第六节	信息化平台	190
第七章	**高速公路科技创新**	**201**
第一节	科技创新概况	201
第二节	科技创新重点	201
第三节	主要科技创新成果	204
第八章	**高速公路资金筹措与管理**	**208**
第一节	高速公路筹融资举措	208
第二节	高速公路建设资金管理	212
第三节	资金筹措与管理成功经验	213
第九章	**高速公路企业文化**	**218**
第一节	高速公路的文化建设历程	218
第二节	高速公路的文化理念内容	224
第三节	福建高速公路的形象识别系统	237
第四节	福建高速公路文化建设重要文件	240
第十章	**高速公路建设项目实况**	**250**
第一节	G15沈阳至海口国家高速公路福建段(沈海线)	250
第二节	G70福州至银川国家高速公路福建段(福银线)	358
第三节	G76厦门至成都国家高速公路福建段(厦蓉线)	403
第四节	G3北京至台北国家高速公路福建段(京台线)	456
第五节	G25长春至深圳国家高速公路福建段(长深线)	504

第六节	G72 泉州至南宁国家高速公路福建段(泉南线)	541
第七节	G1514 宁德至上饶国家高速公路福建段(宁上线)	573
第八节	G1501 福州绕城高速公路	608
第九节	G1502 泉州绕城高速公路	621
第十节	G4012 溧阳至宁德国家高速公路福建段(溧宁线)	663
第十一节	G1517 莆田至炎陵国家高速公路福建段(莆炎线)	673
第十二节	G15W3 宁波至东莞国家高速公路福建段(甬莞线)	694
第十三节	S10 宁德至光泽高速公路(宁光线)	775
第十四节	S12 莆田至永定高速公路(莆永线)	789
第十五节	S17 漳州至永安高速公路(漳永高速公路)	821
第十六节	S1522 渔溪至平潭高速公路(渔平高速公路)及S1551江阴疏港支线	851
第十七节	S0311 浦城至建宁高速公路(浦建线)	871
第十八节	S1531 福州机场高速公路	905
第十九节	S7021 福州南连接线	926
第二十节	S1573 围头疏港高速公路	933
第二十一节	S2513 上杭至蛟城高速公路(上蛟高速公路)	936
第二十二节	S30 厦门至沙县高速公路(厦沙线)	943
第二十三节	S50 古雷港至武平高速公路(古武高速公路)	960
第二十四节	S16 南安至安溪高速公路(双安高速公路)	970
第二十五节	S59 漳州东山联络线	978
第二十六节	S1516 厦漳跨海大桥	984
第二十七节	S1591 漳州招银疏港支线	992
第二十八节	G15E 沈海线厦门至漳州高速公路扩建段(厦漳扩建)	1000
第二十九节	S1525 漳州南连接线	1007

附录一	福建高速公路发展大事记	1015
附录二	福建省已通车高速公路主线及连接线一览表	1038
附录三	福建省已通车高速公路收费站一览表	1051
附录四	福建省已通车高速公路服务区、停车区一览表	1062

第一章
经济社会与综合运输发展

第一节 经济社会发展

福建地处我国东南沿海,连接长江三角洲和珠江三角洲,与台湾隔海相望,是中国大陆重要的出海口,也是中国与世界交往的重要窗口和基地。2015 年,全省陆域面积 12.4 万 km²,海域面积 13.6 万 km²,人口 3839 万人,辖 9 个设区市、1 个综合实验区、28 个市辖区、13 个县级市和 43 个县。福建拥有我国率先开放的沿海港口城市和经济特区,地区生产总值、综合经济实力、对外开放水平都处于快速发展的阶段,改革开放以来全省生产总值增长速度始终高于全国平均水平。在海峡西岸经济区发展过程中,福建注重与长三角、珠三角的区域协作,充分发挥沿海港口、外向带动、对台合作和对内连接等优势,促进海峡西岸经济紧密联系、互联互动、互利互赢,使福建成为海峡西岸(以下简称"海西")经贸合作和文化交流的接合部、先行区和重要通道。

一、综合经济实力明显增强

以改革开放为契机,福建大力推进结构调整,加快发展社会事业,着力提高人民生活水平,国民经济和社会发展发生巨大的变化。

经济总量实现新跨越(图 1-1-1)。1979—1984 年,每年增量在 10 亿元以上;1984—1990 年,每年增量在 20 亿元以上。20 世纪 90 年代以来,福建经济总量快速增加,1993 年全省生产总值破 1000 亿元大关,1995 年实现 2000 亿元,其后每 3 年的时间分别踏上 3000 亿元、4000 亿元和 5000 亿元的台阶,2008 年超过 10000 亿元,2013 年又翻一番突破 20000 亿元,实现了跨越式增长。

经济发展速度居全国前列(图 1-1-2)。改革开放以来,福建省经济一直保持较高增长势头,实现全省生产总值年均递增 12.3%,高于全国 9.0% 的平均增长速度。从福建省经济总量占全国的比重来看,改革开放前 20 年是福建省生产总值占全国比重的快速增长期,由 1978 年的 1.82% 上升至 2000 年的 3.84%,"十五"期间略有下降,"十一五"以来基本保持稳中有进的发展状态。从人均经济发展水平来看,1978 年全省人均生产总值仅为 273 元,比全国平均水平低 28.4 个百分点,2015 年全省人均生产总值达到 67966 元,是

1978年的249倍,是全国平均水平的1.38倍。

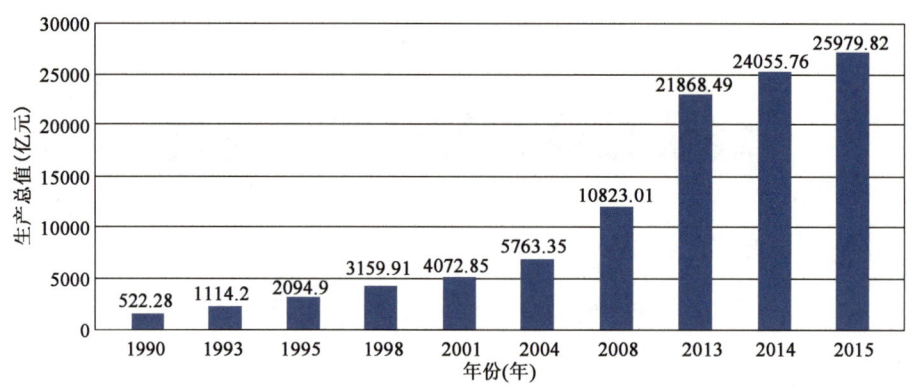

图1-1-1 福建生产总值增长情况

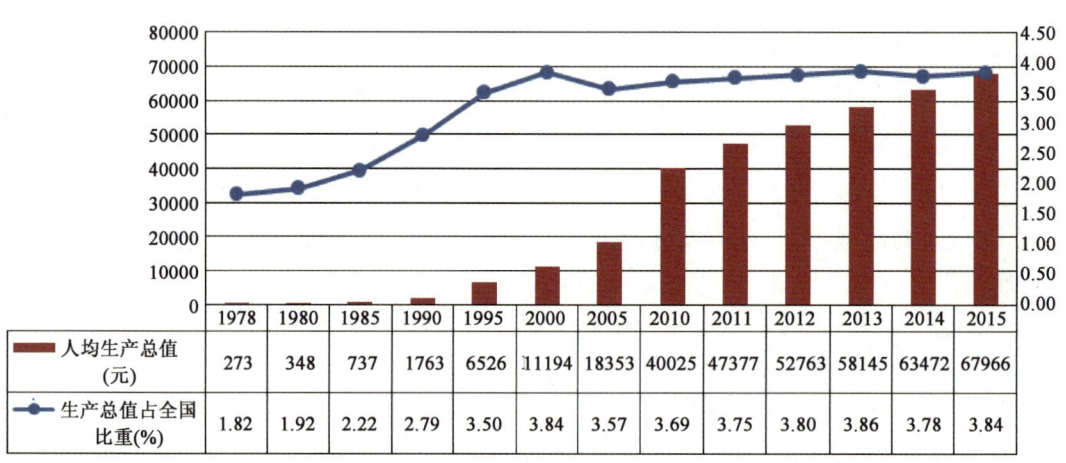

图1-1-2 福建生产总值占全国生产总值变化

财政收入居全国位次前移(表1-1-1)。改革开放40多年来经济的持续快速发展促进了社会财富的积累,同时福建积极推行各项财税体制改革,不断完善财税体制,财政收入不断增加。2015年全省财政总收入达4144.03亿元,是1978年的274倍,年平均增长16.6%;人均财政收入达10794元,是全国第9个突破万元的省份。地方财政收入居全国的位次从1978年的第23位,前移到2015年的第7位;占全国的比重从1978年的1.3%,提高到2015年的2.7%。

福建财政收入发展情况 表1-1-1

年份(年)	财政总收入(亿元)	增速(%)	地方财政收入(亿元)	增速(%)
2000	369.67	18.3	234.11	12.1
2005	788.11	26.6	432.6	29.7
2010	2056.01	21.3	1151.49	23.5

续上表

年份(年)	财政总收入(亿元)	增速(%)	地方财政收入(亿元)	增速(%)
2011	2597.01	26.3	1501.51	30.4
2012	3008.88	15.9	1776.17	18.3
2013	3430.35	14.0	2119.45	19.3
2014	3828.40	11.6	2362.21	11.5
2015	4144.03	8.2	2544.24	7.7

二、产业结构不断优化

优化产业结构,即产业结构向更高层次、更合理发展。所谓的更合理是产业结构既同经济发展水平相适应,又能推动经济的发展;而更高发展层次即是指产业从第一产业向第二、第三产业层次发展。

改革开放40多年来,福建坚持因地制宜,着力调整产业结构。在"坚持以农业为基础,加快推进工业化进程,大力发展第三产业"的调整方针指导下,采取各项积极有效的措施,不断加快产业的调整步伐,结构调整取得显著成效。

全省产业结构不断优化,第一产业比重不断下降,第二、第三产业比重持续上升。三大产业的比重从1978年的36.0∶42.5∶21.5调整为2015年的8.2∶52.3∶41.6,第一产业比重下降了27.8个百分点,第二产业、第三产业比重分别上升了9.8个和20.1个百分点。由此可看出,全省的经济增长由改革开放初期主要依靠第一、第二产业推动,逐步发展为以第二、第三产业为主导的格局(图1-1-3)。

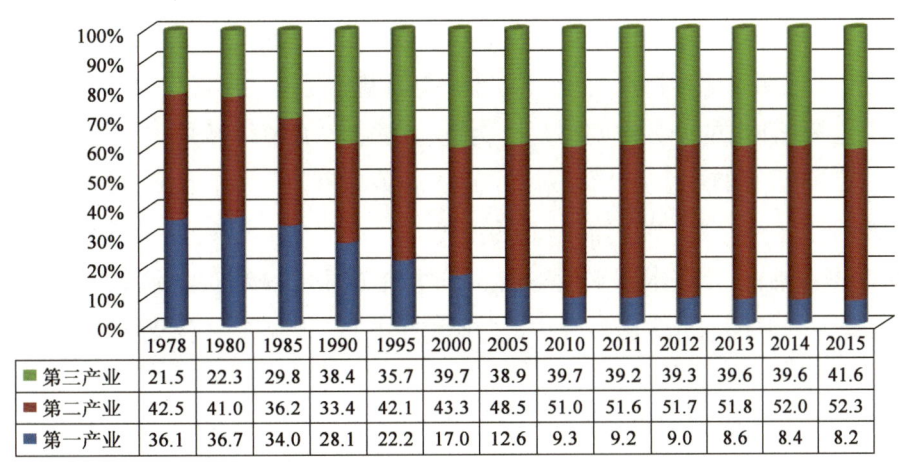

图1-1-3 福建产业结构年度变化

随着福建省"三纵六横"为主骨架的高速公路网的基本建成,大大缩短了区域城市间的时空距离,各大经济区联系更为紧密,建立了更能适应产业发展的高速公路运输体系。

工业在全省经济的主体地位增强,对国民经济增长起主要拉动作用。自2002年起,全省生产总值中工业占比均超过40%,2015年达到41.6%。2003年轻重工业比例关系首次发生转变,这标志着全省工业经济增长已从轻工业拉动为主导转为以重工业为主导,工业进程进入到重工业化的新发展阶段。2015年工业总产值中轻重工业比重由1978年的58.9∶41.1转变为49.4∶50.6,重工业比重上升了9.5个百分点(图1-1-4)。

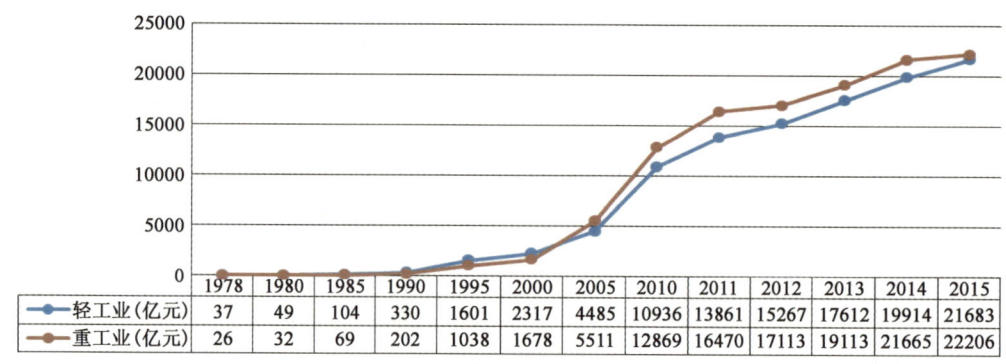

图1-1-4　福建轻重工业变化

与其他发达地区相比,福建省第三产业的突出特点是总量偏小、占生产总值比重偏低。2015年,全省第三产业总产值为10796.9亿元,排在我国东部沿海省份后位;第三产业占全省生产总值比重仅为41.5%,低于发达国家60%~80%的水平。

三、城镇化步伐加快

改革开放以来,福建社会经济快速发展,城镇化水平大幅提高,城镇体系逐步完善,逐渐从相对封闭的空间体系向开放互动的空间结构转变。特别是自2000年以来,随着经济全球化发展、海峡两岸关系持续改善以及区域交通基础设施的不断完善,福建省初步形成了南承北接、东进西出的开放空间格局。为此,《福建省城镇体系规划(2010—2020年)》中提出"一带、两区、四轴、多点"的城镇空间发展策略,即沿海都市带,福州、厦泉漳两大都市区,南(平)三(明)龙(岩)、福(州)武(夷山)、中部(泉州、莆田—三明)和厦门—龙岩四条城镇聚合轴,以及多个新兴战略点。同时,根据中心城镇对区域发展的支撑和带动作用,把福建省的城镇划分为区域性中心、地区性中心、地方性中心及县域中心、重点镇、一般镇5个等级。

改革开放以来,福建城镇化经历了一个起点低、速度快的发展历程(图1-1-5)。1978—2015年,城镇经济的繁荣发展吸纳了大量的农村转移劳动力,城镇常住人口从336万人增加到2403万人,城镇化率从13.7%提高到62.6%,年均提高1.04个百分点,福建正处于城镇化加速发展阶段。2015年,福建省比全国城镇化水平高出6.5个百分点,在全国31个省级行政区中排名第8,居全国前列。然而,在与沿海各省比较中,福建省仍处于中游位置。2015年福建城镇化水平在东部沿海8省中高于海南、河北、山东,与广东、辽宁、江苏、浙江等省份仍有着较大的差距(图1-1-6)。

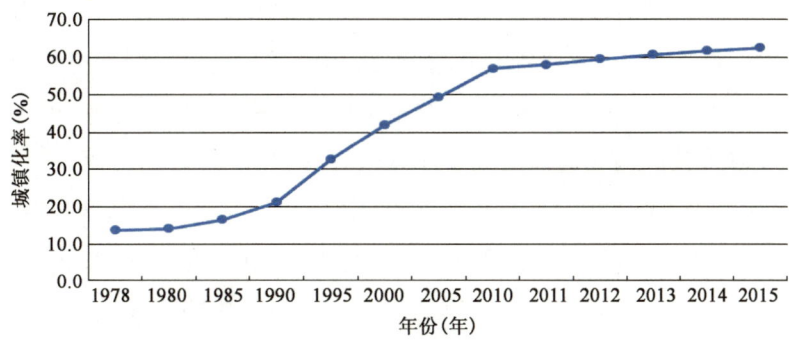

图1-1-5　福建省城镇化水平发展历程

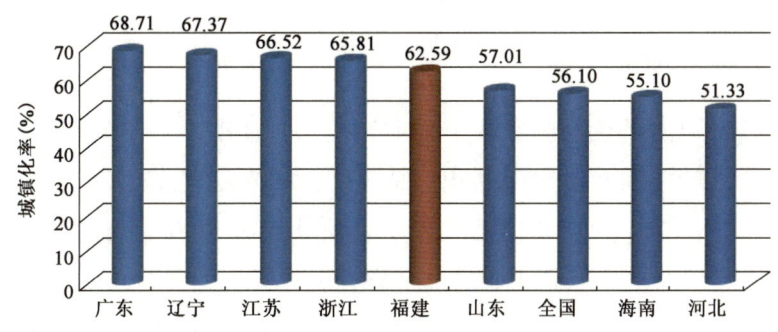

图1-1-6　2015年沿海各省城镇化水平排序情况

四、发展战略持续完善

改革开放以来,福建不断探索适合本省的发展战略,经历了大念"山海经"、加快闽东南开放开发、建设海峡西岸繁荣带、建设海峡西岸经济区等的多次拓展和深化。至2010年底,福建已形成山海联动、融合发展的区域经济发展格局和全方位、宽领域、多层次的对外开放格局,经济地位逐步提升,基础建设不断加强,民生状况极大改善,实现了从温饱到总体小康的伟大跨越,基本绘就了海峡西岸经济区发展战略蓝图。

近年来,福建主动融入中国-东盟国家合作框架,对接自由贸易试验区建设,深化与港澳台地区的交流合作,积极推进"21世纪海上丝绸之路"核心区建设和福州新区建设,融入"一带一路"建设取得初步成效。

2014年底,中国(福建)自由贸易试验区获国务院正式批复设立,成为继上海自贸试验区之后的第二批自贸试验区。福建自贸试验区总面积118.04km², 涵盖平潭、厦门、福州3个片区、7个功能区。

2015年3月,国家发展和改革委、外交部、商务部联合发布《推动共建丝绸之路经济带和21世纪海上丝绸之路的愿景与行动》,支持福建建设"21世纪海上丝绸之路"核心区。台湾作为海上丝绸之路的一个点,与福建的关系既是竞争也是合作。福建应进一步发挥闽台空中直航、海上直航、"小三通"海空联运的立体交通优势,实现两岸机动车辆互通行驶,以港口建设为龙头,带动高速公路、铁路建设,结合空中运输,开辟闽台海空直航航线,提高航班密度,形成交通运输网络,并辐射中西部内陆省份,使整个海峡西岸与台湾的高雄港、基隆港等共同构成通向西太平洋和世界各地的主要通道和枢纽。

2015年8月底,国务院批复同意设立福建福州新区,福建福州新区成为全国第14个国家级新区。福州新区初期规划面积800km²,包括马尾区、仓山区、长乐市、福清市部分区域。福州新区建设以深化海峡两岸交流合作为主线,战略定位为"三区一门户一基地",即两岸交流合作重要承载区、改革创新示范区、生态文明先行区、扩大对外开放重要门户、东南沿海现代产业重要基地。

五、外向型经济加快发展

改革开放以来,福建作为全国最早实行对外开放的省份之一,不断提高经济外向度和市场化程度。开放之初的1981年,福建进出口总额仅有6.08亿美元,到2015年达1688.46亿美元,比1981年增长278倍,年均增长18.6%,进出口总额占全国的比重由1981年的1.4%上升到2015年的4.3%(图1-1-7)。全省吸引外资从无到有,从小到大,日益朝着集团化、国际化的方向发展。2015年全省新签外商直接投资项目1689个,而1979年只有5个;实际利用外商直接投资76.83亿美元,是1979年的9257倍。对外承包工程和对外劳务合作成为福建企业"走出去"发展较好的行业。1981—2015年,全省累计签订对外承包工程合同额76.47亿美元,累计签订对外劳务合作合同额92.31亿美元,在外承包工程与劳务合作人数达112.37万人(图1-1-8)。

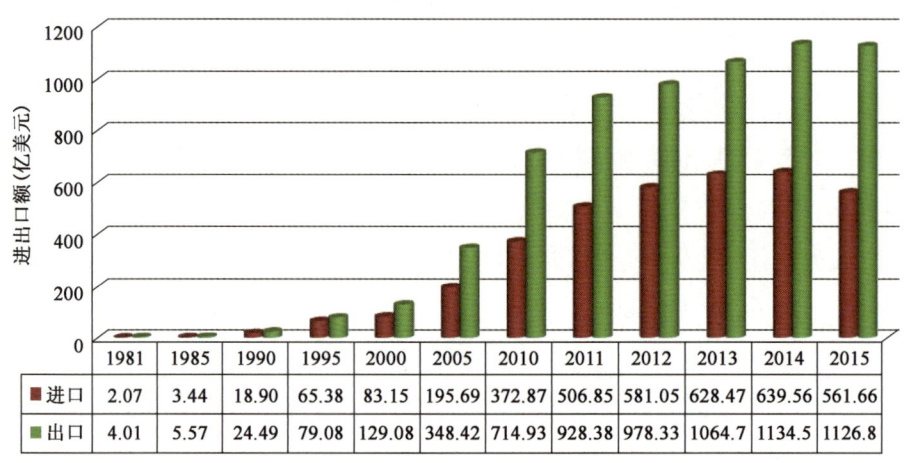

图1-1-7 福建货物进出口总额变化

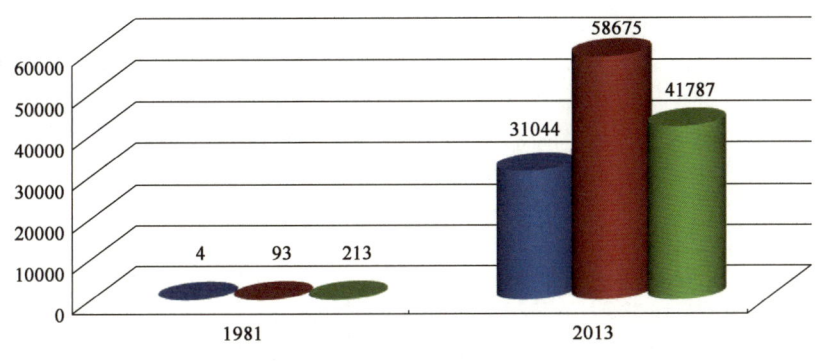

图 1-1-8 福建对外承包工程和劳务合作变化

近年海峡两岸产业均在进行转型升级,闽台贸易在总额上略有下降,2015 年两岸贸易总额 695 亿元,下降 9.9%;实际利用台资 13.1 亿美元,同比增长 10.3%。其他贸易伙伴中,福建省对美国进出口 1846.66 亿元,对欧盟进出口 1445.18 亿元,对东盟进出口 1529.47 亿元,除美国外同比略有下降;而对中国香港贸易额 600.74 亿元,对日本进出口 533.16 亿元,均略有下降。福建作为中国主要面向亚太地区开放的窗口之一,与东南亚、中亚、中东等国家和地区经贸关系稳固。2015 年福建对"一带一路"沿线国家和地区的出口增长 5%,新增对外投资增长 2.7 倍,中国-东盟海产品交易所在福州上线运营,中国-东盟海洋合作中心落户厦门。

六、民生状况极大改善

改革开放 40 多年来,随着经济社会的日益发展进步,全省人民生活水平得到了明显的提高,民生状况得到极大改善,实现了从温饱到总体小康的跨越。

福建从业人员总量伴随经济增长而持续增加,城乡就业规模不断扩大,就业结构经过调整,逐步合理,城镇登记失业率稳中有降(表 1-1-2)。2015 年福建全社会从业人员总量达到 2768.41 万人,占全省总人口的 72.1%,比 1978 年的 37.8% 上升了 34.3 个百分点。福建省全社会三次产业从业人员构成比例从 1978 年的 75.1∶13.4∶11.5 调整为 2015 年的 22.3∶37.1∶40.6。2003 年以来,福建城镇登记失业率持续下降,2015 年全省城镇登记失业率为 3.7%,比 2002 年降低 0.5 个百分点,比全国同期平均水平低 0.3 个百分点。

福建全社会从业人员总数及三次产业从业人员构成比例　　　　表 1-1-2

年份(年)	从业人员(万人)	第一产业(%)	第二产业(%)	第三产业(%)	城镇登记失业率(%)
1978	924.41	75.1	13.4	11.5	9.1
1980	963.72	72.9	13.6	13.5	6.7
1985	1152.09	61.6	19.4	19.0	5.4
1990	1348.38	58.4	20.6	21.1	2.6
1995	1567.10	50.3	23.7	26.0	2.9
2000	1660.19	46.8	24.5	28.7	2.6
2005	1868.50	37.6	31.2	31.2	4.0
2010	2241.59	28.4	36.6	35.0	3.8
2011	2459.99	26.3	37.8	35.9	3.7
2012	2568.93	25.0	38.8	36.2	3.6
2013	2555.86	24.1	39.1	36.8	3.6
2014	2648.51	23.2	38.2	38.6	3.5
2015	2768.41	22.3	37.1	40.6	3.7

改革开放后,随着经济社会的持续发展和收入分配体制改革的不断深入,各地认真贯彻落实党中央对农村的各项富民政策,充分发挥"山、海、侨、特、热"等优势,使得全省城乡居民人均收入不断创新高(图1-1-9)。农民人均纯收入从1978年的138元增加到2015年的13793元,增长了100倍,年均增长率13.6%。2015年城镇居民人均可支配收入

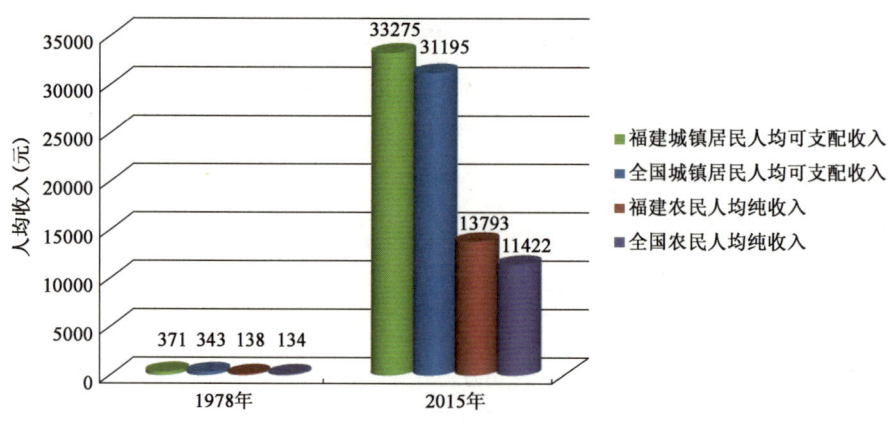

图 1-1-9　福建城乡居民收入变化

33275元,是1978年的90倍,年均增长13.3%。2015年福建城镇居民人均可支配收入比全国平均水平高出2080元,居全国第7位。

改革开放以来,福建基础教育事业取得了巨大成绩。截至2015年底,全省共有幼儿园7748所,在园幼儿151.26万人,平均每一专任教师负担学生数20.21人,而1978年平均每一专任教师负担学生数达34.15人;小学5141万所,在校学生288.31万人,小学阶段适龄人口入学率100%,比1978年提高了7.82个百分点;初级中学1239所,在校生112.57万人,小学升学率从1978年的75.84%提高到98.36%;普通高中540所,在校生62.63万人。与此同时,福建卫生事业全面推进,卫生服务质量明显提高,人民的健康水平不断提高。死亡率从1978年的1.8%下降到2015年的0.16%;各类卫生机构从1978年的3809个增加到2015年的27921个,卫生机构床位从5.15万张增加到17.32万张,各类卫生技术人员从6.76万人增加到21.32万人。

第二节 综合运输与物流发展

一、综合运输发展

近年来福建省交通运输行业按照国家稳增长、调结构、促改革、惠民生的总体要求,围绕"四个交通、两个体系"建设,科学发展、跨越发展,初步形成了包括公路、水路、铁路、航空、管道五种运输方式的综合交通运输基础设施网络骨架。综合交通运输体系的结构功能进一步完善,基础设施的技术水平不断提升,综合交通运输服务能力、质量和效率显著提高,运输安全及应急保障能力不断加强,科技信息化、节能环保迈上了一个新台阶。2011—2015年期间累计完成铁路、公路、水运、民航固定资产投资突破5700亿元(其中高速公路完成投资2100亿元,占36.7%),基本实现"市市有快铁、县县通高速、镇镇有干线、村村通客车",有力地支撑了福建经济社会持续快速发展。

福建省公路运输在综合运输体系中发挥重要作用,2015年公路客运量和周转量占全社会的74.8%和29.2%;公路货运量和周转量占全社会的71.9%和18.7%。高速公路是福建省公路网络的主骨架和主动脉,快速、便捷衔接各种交通运输方式,对发挥综合交通的整体优势和组合效率,支撑福建省率先实现交通运输现代化具有重大意义。

(一)综合运输发展定位

深入贯彻党的十八大、十八届三中、四中全会和习近平总书记来闽考察重要讲话精神,紧紧把握21世纪海上丝绸之路核心区、自贸试验区、生态文明先行示范区"三区"建设的历史机遇,坚持适度超前、好中求快,加快推进"四个交通、两个体系"建设,构筑双向开放、海陆空统筹的21世纪海上丝绸之路战略枢纽,支撑福建省全方位对外开放新格局,为建设机制活、产业优、百姓福、生态美的新福建提供坚强保障。

(二)综合运输发展目标

着力打造海上、陆上、空中、网上"四通"的21世纪海上丝绸之路战略枢纽。"十三五"期努力实现:

1. 基础设施规模

(1)厦门东南国际航运中心基本建成,核心港区规模化、集约化、专业化水平全面提升,实现港口、城市、产业"三群"互动发展。

(2)形成福厦双核东南沿海铁路枢纽。建成海西铁路网主骨架,铁路营运里程达到5200km。

(3)形成高品质公路网络。海西高速公路网基本形成,高速公路通车里程超过6000km。

(4)形成以福州、厦门两个"海上丝绸之路"门户枢纽机场为双核、武夷山机场为区域干线机场的干支结合、通用(通勤)机场为补充的民航机场发展格局。

(5)恢复闽江口外沙—南平—三明航道正常通航,初步形成以闽江干流高等级航道为骨架,干支和江海直达的内河航道体系。

(6)实现每个设区市均有大型综合客运枢纽和综合货运枢纽,中等城市综合客运枢纽覆盖率达75%。

(7)2020年前建成"覆盖全省,对接两洲,辐射内陆,清洁安全"的天然气管网。

2. 运输服务水平

(1)便捷舒适的公众出行服务体系基本形成。民航航线网络辐射港澳台、东南亚、东北亚等主要国家和地区,覆盖全国所有省会(首府)城市及重要的经济中心城市、旅游城市。以厦门邮轮母港为核心的国际邮轮集聚能力明显加强。形成"421"省域交通圈,福州、厦门与长三角、珠三角、长江中游城市群主要城市4小时陆路交通圈,福州、厦漳泉两大都市圈与相邻设区市2小时交通圈,设区市中心城区至所属市(县)1小时交通圈。农村客运县城20km范围内公交化,500人以上岛屿班轮全覆盖;中心城区城市公交站点500m覆盖率达到90%以上,中等城市公共交通机动化出行分担率达到35%。

(2)经济高效的现代交通物流服务体系基本形成。依托干线公路和干线铁路,形成设区市"半日达",长三角、珠三角、长江中游城市群"一日达",其他省区"次日达"的物流网络。力争厦门港与"海上丝绸之路"国家海上航线达到70条以上。公路甩挂运输拖挂比达到1∶2。沿海港口集装箱和大宗散货海铁联运量翻一番。邮政快递服务能力不断提升。全省快递乡镇网点覆盖率达到70%，重点企业国内异地快递服务时限72小时准时率超过85%。力争邮政行业年业务收入突破300亿元,年快递业务量突破30亿件。

（3）闽台"小三通"服务品质全面提升;主要机场实现闽台直航常态化,建成以福州、厦门、平潭为核心,辐射华东、华南和台湾地区的海上快捷物流网络。

3. 科技信息化

行业科技水平不断提升,科技进步贡献率达到65%。智慧交通发展框架初步形成,实现公众出行"一卡通"、信息服务"一站式"、服务监督"一号通",重要路段、航段监测覆盖率达至60%。

4. 资源环境

行业生态保护和修复取得显著成效,资源和能源利用效率明显提高,能耗和碳排放强度明显下降。单位长度码头岸线通过能力达到1万t/m、交通运输碳排放强度下降率达到20%,公路路面旧料回收率达到100%。

5. 交通安全应急保障

安全监管能力和水平不断提高。道路客运每10亿人公里,死亡人数小于3.5,运输船舶百万吨港口吞吐量水上交通事故件数和死亡人数平均每年下降5%,特别重大事故实行零控制。

（三）发展规划

在全国综合交通运输体系框架下,以完善布局、调整结构、强化衔接为抓手,统筹推进水运、民航、铁路、公路等各种运输方式发展。

1. 公路

公路交通发展继续坚持主动服务地方产业发展、新型城镇化加速和人民群众安全便捷出行,围绕福州、厦漳泉两大都市区,建设以高速公路为骨干,普通干线公路为基础,有效衔接大中小城市和小城镇的公路网络。

2. 水运

坚持全省港口发展"一盘棋",集中力量加快重点港区大型专业化泊位和公共配套设施建设,推进全省公共码头一体化经营管理,推动形成"航运中心+中转基地+工业港"层次分明、集约发展的功能布局。全力建设厦门东南国际航运中心,提升厦门国际集装箱枢纽港和邮轮母港国际竞争力。

3. 铁路

紧紧抓住国家支持福建省建设"21世纪海上丝绸之路"核心区的历史发展机遇,按照

"强化沿海通道、加强疏港通道、拓展出省通道、搭建国际通道、构建城际铁路,完善点线配套"的总体思路,统筹推进干线铁路和城际铁路建设,尽快形成布局合理、结构完善、功能明晰、衔接顺畅的现代化铁路网。

4.民航

以打造厦门和福州两个"海上丝绸之路"门户枢纽机场为重点,统筹推进干线机场和支线机场建设,大力发展通用机场,重点推进将厦门翔安机场和福州长乐机场建设成为面向东盟国家和港澳台地区的国际化区域性枢纽机场。

5.管道

2020年全省供气管线3609km,接收站2座、分输站72座、卫星站96座。其中一期已建成分输站12座、供气管线356km、LNG(中国液化天然气)卫星站21座;二期新建供气管线3253km、宁德接收站1座、分输站60座,新建或扩建卫星站75座。

6.运输服务体系

大力发展国际邮轮运输网络。依托厦门国际邮轮母港和平潭邮轮码头建设,引进大型邮轮公司,鼓励在厦门设立区域性总部,提供与国际接轨的标准化、规范化邮轮服务。

全面提升闽台客运服务水平。继续推进对台客运、滚装码头建设,适时增加厦金客运航线夜航班次,完善行李直挂业务,争取早日开通黄岐至马祖、东山至澎湖客运航线。同时大力发展闽台滚装运输,巩固发展现有5条客滚航线,并积极推进两岸车辆互通,力争早日实现两岸车辆通过闽台客滚航线互通行驶。

二、交通行政管理体制

(一)历史沿革

福建交通行政管理体制伴随着经济、体制、技术的发展不断完善,经历了公路、水路、铁路、航空的单一运输模式主导向综合运输转变的发展历程。高速公路从无到有,交通变革带来的基础设施建设和多运输方式运营的管理促使交通行政管理体制不断发展。

(二)现行体制

当前福建省交通行政管理体制的基本模式是"一厅三局"的管理模式——以省交通运输厅为领导,以公路管理局、港航管理局(航道管理、地方海事、船舶检验)和运输管理局等二级业务管理机构为主线,条块结合、以块为主,省、地、县分级管理,人、财、物以地方管理为主,业务接受上级主管部门领导。

2009年新组建的福建省交通运输厅正式挂牌成立。新组建的省交通运输厅除了划入原省交通厅职责外,还增加了城市地铁与轨道交通运营、出租车管理,会同有关部门建立综合运输体系协调配合机制,省经贸委会同省交通运输厅等部门拟订并组织实施现代物流产业发展战略和规划,以及参与全省交通运输总体规划、地方民航机场规划和建设等职责。

1. 公路管理局

贯彻执行国家和省有关公路建设、养护、管理的法律法规、规章和政策;参与起草普通公路交通行业的地方性法规、规章、标准、规范和政策并组织实施;参与普通公路交通行业有关改革工作。负责具体实施全省普通公路交通基础设施建设、养护、路政、收费等管理工作。负责实施全省普通公路行业科技、教育和信息化管理工作。

2. 港航管理局

贯彻执行国家和省有关港口、航道、水路运输、内河水上交通安全、船舶检验等水路交通的法律法规、规章和政策;参与编制全省交通运输行业发展规划;负责实施全省水路交通基础设施建设行业管理;承担内河水上交通安全监管、内河船舶和水上设施检验等工作。

3. 运输管理局

负责具体实施全省道路客货运输、运输场站、机动车维修和驾驶员培训、城市客运、出租汽车、城市地铁和轨道交通运营、汽车租赁等管理工作。贯彻执行国家和省有关道路运输以及道路运输相关业务、城市客运(含城市公共汽电车、出租汽车、轨道交通运输、汽车租赁等)的法律法规、规章和政策;负责实施全省道路客货运场(站)行业管理、全省机动车维修行业管理、全省机动车驾驶培训机构行业管理等。

4. 高速公路公司

负责高速公路的建设、管理、收费、监控、养护等工作,为高速公路的发展筹融资,受省交通运输厅的委托实施路政管理,维护高速公路的路产路权。

高速公路管理体制从原有的由省里统管的模式逐步发展到"省市共同出资,建设以市为主,运营全省统一"的高速公路建设运营管理体制,既充分调动各方面的积极性,形成省市上下共同监督管理的局面,又实现了高速公路建设与运营管理的有机衔接,提高了运营效益。福建省高速公路总指挥部与福建省高速公路有限公司合署办公,"两块牌子,一套人马",统一负责全省高速公路的建设、营运和管理工作。

三、发展现状

(一)公路

截至2015年底,全省公路总里程达到10.46万km(图1-2-1)。其中,高速公路通车总里程达到5002km,形成"三纵六横"骨架网,实现"县县通高速";普通公路通车总里程达到约9.9万km,基本实现"镇镇有干线"。

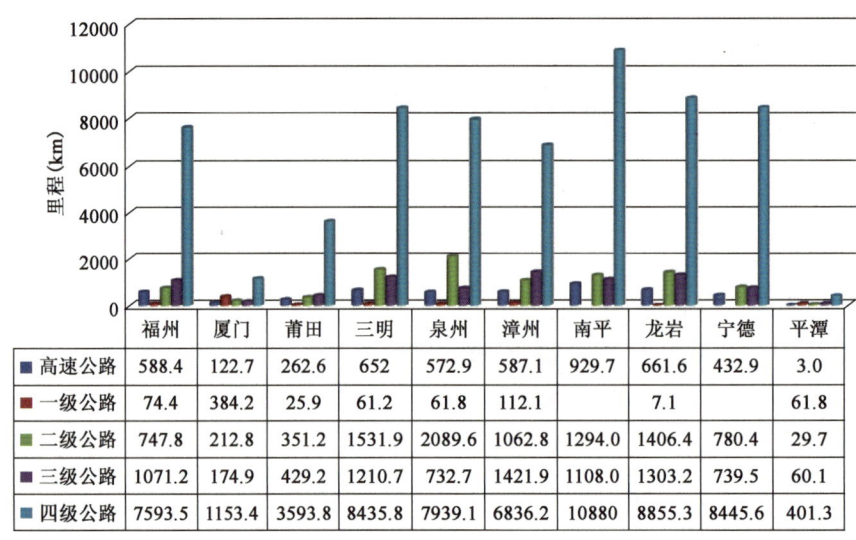

图1-2-1 2015年全省等级公路里程

(二)水运

港航投资创历史新高,港口规模化、集约化程度显著提升,码头大型化和航道深水化趋势明显,具备了停靠世界集装箱船、油轮和散货船最大主力船型的设施条件。截至2015年底,全省泊位总数达480个,其中万吨级以上162个;总通过能力4.5亿t,其中集装箱1426万TEU。核心港区初具规模,全省万吨级以上泊位60%集中在核心港区,港口集约化程度大幅度提升。厦门港被交通运输部列为东南沿海邮轮始发港,邮轮航线覆盖港澳台地区及日韩等国家,以厦门为母港的"海娜"号顺利起航。厦门邮轮旅客高速增长,从2010年几千人次增长到2015年的17.5万人次(表1-2-1)。

2015年全省规划港口岸线、码头泊位基本情况及吞吐量统计表　　表1-2-1

项　目	单位	全省沿海港口合计	福州港			厦门港			湄洲湾港	泉州港
			小计	福州港区	宁德港区	小计	厦门港区	漳州港区		
一、已建生产用泊位数量	个	480	171	117	54	160	96	64	81	68
其中:万吨级以上泊位	个	162	55	49	6	71	66	5	26	10
集装箱专用泊位	个	38	7	7	0	28	28	0	1	2
干散专用泊位(煤炭、铁矿石)	个	16	11	9	2	2	1	1	2	1
液散专用泊位	个	86	29	22	7	19	12	7	23	15

第一章
经济社会与综合运输发展

续上表

项　目	单位	全省沿海港口合计	福州港			厦门港			湄洲湾港	泉州港
			小计	福州港区	宁德港区	小计	厦门港区	漳州港区		
二、已建泊位设计年通过能力	万t	45270	13262	11152	2110	16534	12323	4211	12544	2930
其中：集装箱通过能力	万TEU	1426	255	252	3	1031	975	56	9	131
三、港口货物吞吐量	万t	50282	13967	11361	2606	21022	19580	1442	7792	7500
其中：集装箱吞吐量	万TEU	1363.7	242.8	237.2	5.6	918.3	918.3	0.0	3.5	199.1
外贸货物吞吐量	万t	20174	5492	4581	911	10291	10122	169	4004	387

注：1. 数据统计截至2015年底。
　　2. 规划利用自然岸线包括预留港口岸线。
　　3. 规划生产用泊位数来自最新版四大港总体规划。
　　4. 湄洲湾港包括湾内东吴港区、秀屿港区、肖厝港区、斗尾港区和莆田港，其他如泉州港包括泉州湾港区、深沪湾港区和围头湾港区。

（三）铁路

全省铁路营业里程约3300km，复线、电气化率分别达50%和80%。快速铁路营业里程达1570km，建成合福高速铁路、厦深铁路、向莆铁路、龙厦铁路和赣龙铁路扩能工程，全面开工南三龙、福州至平潭、衢州至宁德、吉永泉4条快速铁路，在建里程785km，基本形成"两纵五横"主骨架，打通连接京津冀、长三角、珠三角，辐射中西部的快速铁路大通道，出省通道达到7个。"两集两散两液"核心港区铁路支线系统基本形成，建成福州可门、江阴、罗源湾北岸、湄洲湾南岸、湄洲湾北岸5条疏港支线铁路，总里程138km，在建漳州港尾和宁德白马两条疏港铁路支线。

（四）民航

厦门高崎、福州长乐（一期）、泉州晋江、武夷山、龙岩冠豸山5个民用机场全部完成扩能改造，三明机场建成。厦门翔安新机场、福州长乐机场二期工程及莆田、泉州、漳州、宁德4个拟建机场的前期工作正在加快推进。福州竹岐、厦门厦金湾、武夷山角亭、龙岩红坊等通用航空机场已开工建设，初步实现通用航空网络化运行。

（五）管道

主要是天然气管网，目前干线管网总长度约356km，服务城市为福州、莆田、泉州、厦门、漳州等5个设区城市及福清、晋江和惠安等3个县（市）。

四、物流发展

(一)发展政策

近年来,各级政府高度重视物流产业发展,先后出台了各种促进物流业发展的政策措施。2011年国务院印发了《关于促进物流业健康发展政策措施的意见》;2014年6月国务院常务会议通过了《物流业发展中长期规划》,提出了到2020年基本建成现代物流服务体系的目标;交通运输部分别于2013年、2014年出台了《关于交通运输推进物流业健康发展的指导意见》和《关于促进道路运输业集约发展的指导意见》,集中阐述、明确了物流业发展方向。

为进一步贯彻落实国务院相关精神,制定和完善相关配套政策措施,促进物流业健康发展,福建省于2011年在全国范围内率先颁布了《促进现代物流业发展条例》,2014年,省政府印发了《关于提升交通运输服务八条措施的通知》,省交通运输厅配套出台了促进交通物流转型发展实施意见等,各设区市政府也纷纷出台了支持物流业发展的扶持政策和优惠措施。

(二)基础设施

1. 交通通道和网络不断完善

截至2015年底,全省公路通车总里程达10.46万km,其中高速公路5002km,100%县城实现15分钟上高速公路;普通国省道8214km,实现全省每个县都至少有一条国道和二级公路通达;农村公路9.16万km,所有建制村通硬化公路。

2. 港口辐射带动能力不断增强

港口货物通过能力4.22亿t,全省现有生产性泊位472个,其中万吨级以上154个,万吨级以上生产性泊位占比超30%,具备停靠40万吨级散货船、30万吨级油轮、15万吨级集装箱船的能力。

3. 物流节点设施建设不断推进

截至2015年底,全省公路货运枢纽总数40个,其中公路港、陆地港项目18个。

(三)运输装备

截至2015年底,全省货物营运车辆25.25万辆,载质量199.15万t。积极推进厢式、重型、冷藏、大件运输、甩挂运输等专用车型的推广应用,加快提升运输装备专业化。货物营运车辆中,重型车车辆数78006辆,占比30.89%;大件运输车车辆数54辆,占比0.02%;冷藏车车辆数716辆,占比0.28%;厢式车车辆数89747辆,占比35.54%。同时全省还大力推广集装技术和单元化装载技术,出台加快福建省农产品冷链物流发展指导意见等政策,以甩挂运输试点工作为依托,实行甩挂运输车辆对接标准、场站设施标准、运输结算标准的"三统一",实现试点企业内互拉互挂。

(四)信息化发展

近年来,随着信息技术的高速发展,福建省交通运输信息化建设取得长足进展,全行业多层次的交通信息平台逐步构建。

1. "互联网+高效物流"服务体系

为提高车货匹配率,减少中间环节损耗,减少存货量和仓储占用率,降低社会物流成本,从2014年底开始,省交通运输厅按照政府搭建交通物流公共信息平台、服务商建立交通物流交易平台、物流企业自建信息管理系统"三位一体"的基本思路,探索构建全省"互联网+高效物流"服务体系。

2. 交通物流公共信息平台

目前已完成协同数据交换中心和交通物流云计算平台的搭建,开发了运政、订单跟踪等6个服务模块,初成体系。入驻平台企业通过平台注册物流交换代码,实现与国家交通物流公共信息平台对接,可与省内外其他物流企业进行电子单据交换。

3. 交通物流交易平台

2014年,省交通运输厅经过反复调研与筛选,最终选择卡行天下、传化物流、海西物联网研究院3家国内知名的物流信息化服务商,为全省物流企业提供线上物流交易、供应链优化、金融等服务。2015年6月29日,"福建卡行物流平台""福建传化物流平台""海西物流网"3家物流信息服务平台在福建省交通物流公共信息平台成功上线,标志全省交通物流交易平台正式建成,开启了"互联网+交通物流"新时代。

4. 物流企业自建信息化管理系统

积极引导物流企业建设应用信息管理系统,并接入交易服务平台,企业或驾驶员通过该平台随时发布车货信息、联络配货、在线结算。依托成熟的物流信息平台获取信息,企业业务量增大,车辆使用率大幅度提高,车辆及设备闲置所产生的损耗大幅度降低,企业利润明显提升。

第二章
公路建设及运输发展

第一节 公路建设

20世纪90年代以来,全省公路建设进入高速发展阶段,公路网络日趋完善(图2-1-1、图2-1-2)。截至2015年底,全省公路总里程104585km,面积密度86.15km/100km^2、人口密度27.48km/万人。其中:高速公路里程突破5000km,密度4.12km/100km^2,形成"三纵六横"骨架网;国省干线二级及以上公路比例达65%,原"两纵两横"国道网和"八纵九横"省道网改造基本完成;新规划普通国省干线"镇镇有干线"建设推进有效,通乡镇公路状况明显改善,实现全面建成小康社会"建制村通硬化公路"目标,通达、通畅率均达100%。

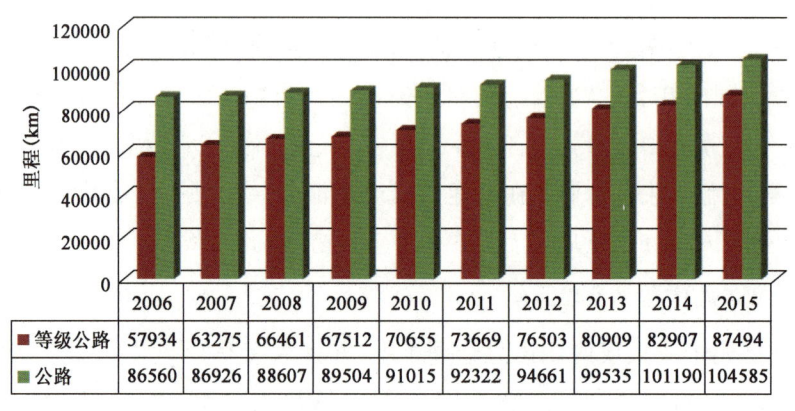

图2-1-1 2006—2015年全省公路及等级公路里程

一、全省公路现状

截至2015年底,全省公路总里程达104585km。

1. 按行政等级分

国道5616km、省道7355km、县道16977km、乡道41167km、专用公路122km、村道33349km(表2-1-1、图2-1-3)。

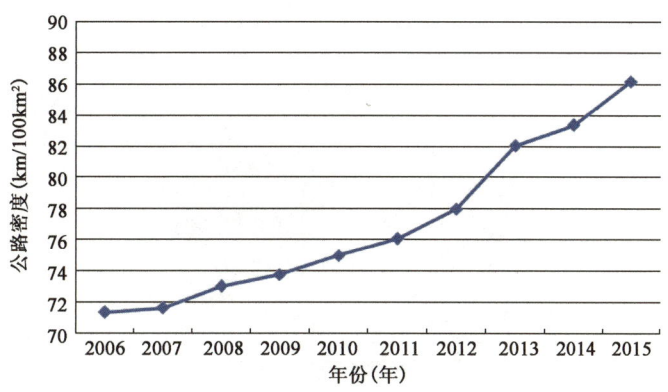

图 2-1-2　2006—2015 年全省公路密度

2015 年全省公路里程(按行政等级分)(单位:km)　　　表 2-1-1

地市	合计	国道			省道	县道	乡道	专用公路	村道
		小计	一般国道	国家高速公路					
全省	104585.265	5615.757	2269.816	3345.941	7354.862	16976.619	41167.181	121.649	33349.197
福州	11109.312	728.086	275.418	452.668	660.470	1882.686	4546.153	40.943	3250.974
厦门	2064.941	156.502	79.966	76.536	134.247	503.243	799.183		471.766
莆田	6217.832	232.814	57.890	174.924	264.688	730.660	2128.143	6.990	2854.537
三明	14616.036	725.030	168.965	556.065	1325.035	2587.361	6056.875		3921.735
泉州	16876.676	490.850	214.909	275.941	1170.390	2053.564	5987.606		7174.266
漳州	11989.560	681.763	287.451	394.312	832.280	1963.513	4343.614		4168.390
南平	15554.241	1243.173	562.704	680.469	1066.108	2544.217	5603.660		5097.083
龙岩	14222.355	722.429	393.382	329.047	1130.911	2690.198	6137.164	61.587	3480.066
宁德	11327.890	635.110	229.131	405.979	748.862	1923.722	5254.370	12.129	2753.697
平潭	606.422				21.871	97.455	310.413		176.683

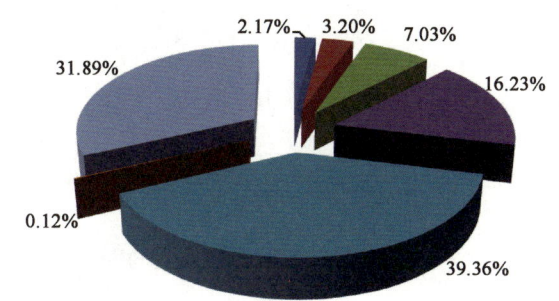

图 2-1-3　2015 年全省公路里程组成(按行政等级分)

2. 按技术等级分

高速公路 5002km、一级公路 788km、二级公路 9507km、三级公路 8251km、四级公路 64134km、等外公路 17092km。其中:等级公路 87494km,占总里程的 83.5%;二级及以上高等级公路里程14020km,高等级公路比例为13.4%(图2-1-4)。

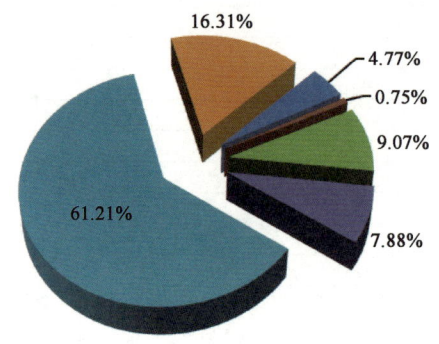

图2-1-4　2015年全省公路里程组成(按技术等级分)

2015年底,全省有铺装路面里程达84865km,有铺装率为81.1%;未铺装路面里程17938km,占总里程的17.2%。

2015年底,全省公路桥梁26145座/1939782延米,其中:永久性桥梁26099座/1937979延米;特大型、大型桥梁3844座/1363552延米;危桥637座/27272延米。全省隧道1438座/1759828延米,其中:特长隧道133座/577004延米。

二、公路通达情况

1. 高速公路

2015年底,全省85个县(市、区)全部通高速公路,全面实现"县县通高速"目标。

2. 普通国省干线

2015年底,全省929个乡镇有863个通达干线公路,"镇镇有干线"实现率为93%,基本实现"镇镇有干线"目标。

3. 农村公路

全省共1069个乡镇级单位,通畅率为100%;共15231个建制村级单位,通畅率为100%。

第二节　公 路 运 输

一、发展政策

1. 市场准入政策

交通运输部颁布的《道路旅客运输及客运站管理规定》(交通运输部令2008年第

10号)及《关于修改〈道路旅客运输及客运站管理规定〉的决定》(交通运输部令2012年第8号)对道路客运市场准入条件进行了详细的规定,使准入管理走上了规范化的轨道。

交通运输部《关于进一步加强道路包车客运管理的通知》(交运发〔2012〕738号)、《关于进一步加强道路客运运力调控推进行业节能减排工作的通知》(交运发〔2010〕390号)以及《关于印发〈省际市际道路客运行政许可工作规范〉(试行)的通知》(闽运管客运〔2014〕46号)等文件(客运市场准入标准)对于加强道路客运管理和严格道路客运新增运力审批进行了进一步具体规定,运力审批部门在综合考虑道路客运运输市场状况的基础上,不断加强对道路客运运力的调控,科学制定道路客运发展规划。

福建省根据《中华人民共和国道路运输条例》《道路危险货物运输管理规定》及《道路货物运输及站场管理规定》,依法对道路普货及危货运输市场实行准入。以上法律法规旨在维护道路货物运输市场秩序,保障道路运输安全,为保护道路货物运输和道路货物运输站(场)等有关各方当事人的合法权益,促进道路货物运输业的健康发展发挥积极的作用。

2. 市场管理政策

2011年,福建省在全国范围内率先颁布了《促进现代物流业发展条例》,各设区市政府部门也纷纷出台了支持物流业发展的扶持政策和优惠措施。2012年,省交通运输厅出台了《福建省甩挂运输试点企业规模奖励及车辆购置补助资金管理办法(试行)》,这也是福建省首次出台扶持货运企业,特别是促进甩挂运输企业发展的强有力政策。2014年,省政府印发了《关于提升交通运输服务八条措施的通知》,省交通运输厅也先后出台了《促进交通物流转型发展实施意见》《关于促进道路运输行业集约发展的实施意见》等政策,均提出了以培育龙头企业为抓手、促进产业转型升级的措施,为加快货运物流企业转型发展提供了有力保障。

二、基础设施

1. 客运枢纽

近年来福建省积极推进综合客运枢纽工作,"零距离换乘""一站式出行"理念得到广泛推广。一般公路客运站网络结构趋于稳定,已实现设区市行政中心设有一级公路客运站,县级行政中心设有二级及以上公路客运站,基本能够满足人民群众公路客运出行需要。

截至2015年底,全省共有客运站2987个,其中等级客运站400个,占总客运站的13.4%,基本处于稳定状态(表2-2-1)。

2010—2015 年公路客运站数量　　　　　表 2-2-1

年份（年）	客运站数量（个）	等级客运站数量（个）						简易站及招呼站数量（个）
		一级站	二级站	三级站	四级站	五级站	合计	
2010	2866	28	67	35	65	168	363	2503
2011	3170	28	67	17	84	175	371	2799
2012	3596	29	67	15	77	202	390	3206
2013	3381	30	64	15	73	206	388	2993
2014	3000	31	63	14	65	208	381	2619
2015	2987	32	63	11	69	225	400	2587

2. 货运枢纽

2015 年全省共有公路货运枢纽站 27 个，其中等级货运站 4 个，物流园区 23 个。2015 年全省各设区市货运枢纽站场分布情况见表 2-2-2。

2015 年全省各设区市货运枢纽站场分布情况表　　　　　表 2-2-2

行政区名称	货运枢纽站	
	等级货运站(个)	物流园区(个)
全省	4	23
福州	0	3
厦门	0	1
莆田	0	1
三明	3	11
泉州	0	1
漳州	1	3
南平	0	1
龙岩	0	1
宁德	0	1

3."十三五"期客货运枢纽站场规划与建设

（1）稳步推进成熟地区的综合客运枢纽建设

以高速铁路站点、枢纽机场和大型客运码头为依托，稳步推进综合客运枢纽建设，强化与城市公交、城市轨道交通、BRT 等各种运输方式的一体化衔接，实现高效无缝接驳换乘。"十三五"期间重点推进福州北综合客运枢纽、龙岩北综合客运枢纽、三明南综合客运枢纽等 10 个综合客运枢纽建设。到 2020 年，实现每个设区市拥有 1 个以上综合客运枢纽，中等城市综合客运枢纽覆盖率达到 30%。

(2)加快推进货运物流项目建设

以厦门、福州、泉州 3 个全国一、二级物流园区布局城市货运枢纽建设为重点,加快推进福建省列入交通运输部"十二五"公路货运枢纽(物流园区)规划的 11 个项目建设进度,其他设区市结合自身产业结构特点以及所处区位和地理优势,构建不同类型的区域物流中心。到 2020 年,建成福州华威公路港物流园、湄洲湾莆头物流园区等 27 个重点项目。

三、运能运力

1. 客运线路

福建省加快公路客运运力结构调整,淘汰老旧运输车辆,提倡低能耗、环保型、高等级的客运车辆。截至 2015 年底,福建省共有客运车辆数 16708 辆,其中高级客车 6272 辆,中级客车 8704 辆,普通客车仅 1732 辆,中高级客车占比 89.6%。福建省道路客运班线数 5043 条,省际、市际、县际及县内客运班线的比重分别为 18.70%、23.22%、17.95%、40.15%(图 2-2-1)。从班线类型看,福建省农村客运班线通达率较高,县内路线比重最大;跨县线路和跨地(市)线路比重相当,重点县市对周边县市的客运需求较大。

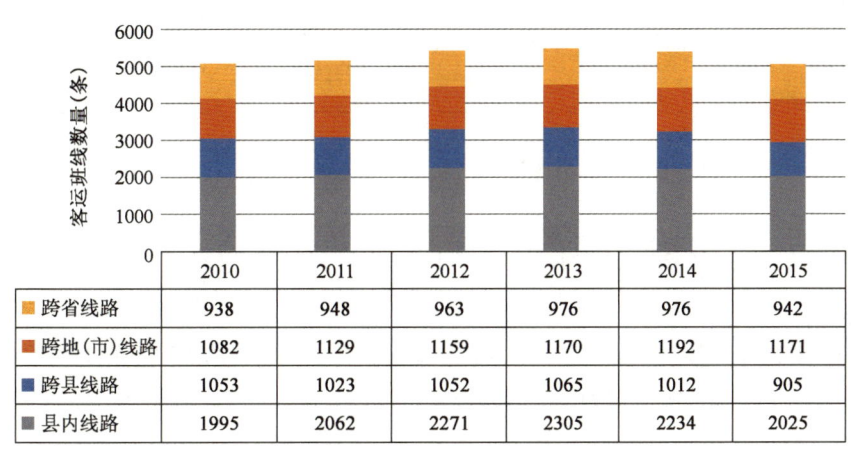

图 2-2-1　2010—2015 年公路客运班线数量和结构

2. 运输装备

(1)客运

近年来,随着福建省公路建设的发展,公路运输条件得到显著改善,总班线车辆数稳定增长,结构逐年优化,运力结构不断向中高级车辆发展,运力供给服务水平不断提高(表 2-2-3)。

截至 2015 年底,福建省拥有大型客车 7037 辆,中型客车 8066 辆,小型客车 1605 辆,其中大中型客车比例高达 90%,较 2010 年底增长了 6 个百分点(图 2-2-2)。在旅游客车中,大中型客车比例为95%,较2010年底增长了2个百分点。

客运运力结构情况表 表2-2-3

年份(年)	客车(辆)	座位数(座)	客车档次等级比例(%)		
			高级	中级	普通
2010	16157	378361	25.9	60	14.1
2011	16869	423425	32.4	56.4	11.2
2012	16605	425312	34.4	54.5	11.1
2013	15742	407323	34.3	54.9	10.8
2014	14194	356571	32.7	53.3	14
2015	16708	478991	37.5	52.1	10.4

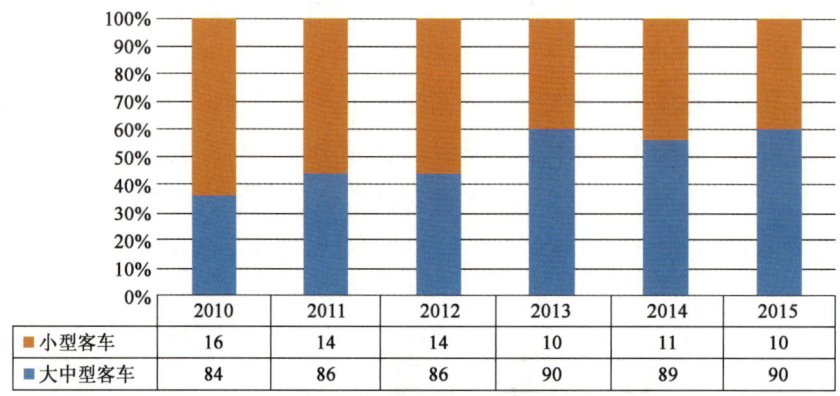

图2-2-2 2010—2015年公路旅客运输客车车型等级结构

（2）货运

道路货物运输装备总量不断提高,结构进一步改善(表2-2-4)。截至2015年底,全省拥有货物营运车辆25.25万辆,比2014年降低9.0%；载质量199.15万t,比2014年增加2.7%。2011年开始,厢式、重型、冷藏、大件运输、甩挂运输等专用车型得到推广应用；以甩挂运输试点工作为依托,实行甩挂运输车辆对接标准、场站设施标准、运输结算标准的"三统一",实现试点企业内互拉互挂。

福建省公路货运车辆运力情况表 表2-2-4

年份(年)	单位	大型货车(4t以上)	重型货车(8t以上)	中型货车(2~4t)	小型货车(2t以下)	合 计
2010	辆	57922	39460	9683	140000	207605
	t	1008717	893935	29010	152316	1190043
2011	辆	61738	43872	9122	148094	218954
	t	1091429	978576	27434	166885	1285748
2012	辆	75892	55948	9046	151313	236251
	t	1282774	1154979	28764	165930	1477468

续上表

年份(年)	单位	大型货车(4t 以上)	重型货车(8t 以上)	中型货车(2~4t)	小型货车(2t 以下)	合计
2013	辆	78640	61492	7047	145373	256164
	t	1460936	1354824	22983	163525	1647444
2014	辆	91325	73129	7046	151209	277477
	t	1742556	1638693	23065	173416	1939037
2015	辆	93919	78006	5401	151209	252509
	t	1819750	1710987	17895	173416	1991540

四、运量

1. 客运量

福建省公路客运一直是对外旅客运输的主导方式，但随着近十年来铁路、民航的兴起，以及城乡公交一体化的稳步推进，综合客运服务随着市场需求进一步细化，公路客运在各方式中的比重有所下降。尤其是高速铁路通车，具有运输距离长、运输能力大和舒适可靠的比较优势，对公路旅客中长距离运输市场造成了较大的冲击，但近年来，随着各种交通基础设施的建设完善，道路客运呈现逐步回归的态势。2000—2015 年，福建省道路客运量和旅客周转量分别从 2000 年的 41696 万人、223.44 亿人公里变化至 2015 年的 40394 万人、267.29 亿人公里，分别降低了 3% 和增长了 19.6%（表 2-2-5、表 2-2-6）。

2000—2015 年福建省历年旅客运输量　　表 2-2-5

年份(年)	铁路		公路		水路		民航	
	客运量(万人)	比重(%)	客运量(万人)	比重(%)	客运量(万人)	比重(%)	客运量(万人)	比重(%)
2000	1560	3.5	41696	94.0	726	1.6	353	0.9
2001	1372	2.9	44926	94.8	680	1.4	415	0.9
2002	1446	2.9	46570	94.8	643	1.3	476	1.0
2003	1417	2.9	45483	94.6	707	1.5	491	1.0
2004	1568	2.9	50862	94.3	897	1.7	623	1.2
2005	1486	2.7	52452	94.3	985	1.8	692	1.2
2006	1730	2.9	55713	93.8	1148	1.9	779	1.3
2007	1911	3.0	60088	93.5	1320	2.1	925	1.4
2008	2066	2.8	68409	94.0	1305	1.8	962	1.3
2009	2083	2.7	71586	94.0	1340	1.8	1112	1.5
2010	3640	4.7	70714	91.7	1444	1.9	1356	1.8

续上表

年份(年)	铁路		公路		水路		民航	
	客运量(万人)	比重(%)	客运量(万人)	比重(%)	客运量(万人)	比重(%)	客运量(万人)	比重(%)
2011	4696	5.8	73259	90.4	1596	2.0	1532	1.9
2012	5295	6.3	75044	89.6	1701	2.0	1684	2.0
2013	6502	11.41	46895	82.32	1711	3.00	1857	3.26
2014	8345	13.74	48580	79.96	1794	2.95	2036	3.35
2015	9256	17.1	40394	74.8	1996	3.7	2385	4.4

2015年福建省旅客周转量结构　　　　表2-2-6

分类	周转量(亿人公里)	比重(%)
铁路客运	305.34	33.4
公路客运	267.29	29.2
水路客运	2.84	0.3
民航客运	339.74	37.1
合计	915.21	100

2. 货运量

随着福建省公路基础设施建设的快速发展，道路运输等级结构调整的不断优化，道路运输在综合运输体系中的作用得到了进一步加强，福建省道路运输的发展进入一个新阶段。2015年，公路货运量远远高于其他运输方式，承担的货运运输量占到71.86%，维持在较高的水平。截至2015年底，完成年货运量7.98亿t、年货物周转量1020.25亿t·km（表2-2-7、图2-2-3）。

福建省历年道路运输货运量及货物周转量　　　　表2-2-7

年份(年)	货运量(亿t)	货物周转量(亿t·km)
2005	2.76	238.25
2006	2.98	266.34
2007	3.48	317.44
2008	3.84	483.57
2009	4.03	507.23
2010	4.56	578.32
2011	5.26	659.52
2012	5.94	771.09
2013	6.99	821.44
2014	8.26	974.80

续上表

年份(年)	货运量(亿t)	货物周转量(亿t·km)
2015	7.98	1020.25
年均增长率	11.6%	16.1%

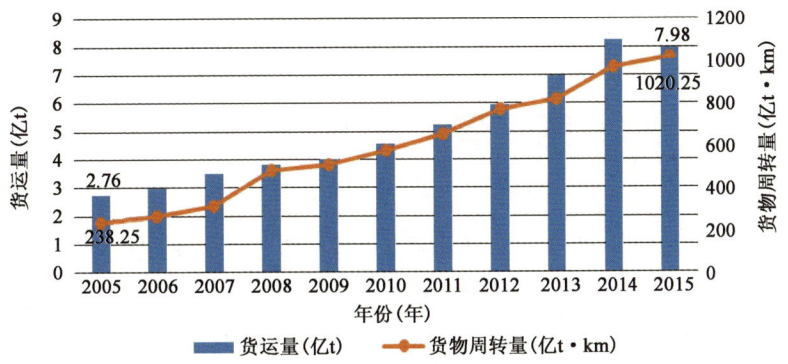

图 2-2-3　福建省历年道路运输货运量及货物周转量变化曲线

第三章
高速公路规划布局

第一节 开局谋划

1982年初,原福建省委书记项南高瞻远瞩地提出在福建建设高速公路的设想。1984年,在项南同志的支持下,成立了"福厦高速公路可行性研究前期工作领导小组办公室"。省交通厅抽调了福建交通规划设计院、福建省公路局、福建交通科研所等单位的部分同志开展了前期工作。1985年12月,福建提出了《福厦高速公路工程可行性研究报告》(初稿),正式启动了福建省高速公路规划建设的序幕。但由于种种原因,项目前期工作被搁置了数年。

随着"七五"计划的逐步实施,福建省改革的重点从农村转到城市,围绕着增强企业活力的中心,推进各方面改革,改变束缚生产力发展的体制格局,促进有计划商品经济的发展。对外开放的规模和领域不断扩大,进出口贸易总额大幅度增长,利用外资和引进新技术取得较大进展,全省形成多层次的对外开放的格局。在改革开放的推动下,全省国民经济和社会发展逐步推进,尤其是东南沿海,迫切需要更加便捷、快速的道路系统。

"八五"初期,交通部根据我国社会经济和公路交通运输发展的需要,研究制定了《国道主干线系统规划》。规划的内容为:从1991年开始到2020年,用30年左右的时间,建成12条长35000km"五纵七横"国道主干线,贯通首都、各省省会、直辖市、经济特区、主要交通枢纽和重要对外开放口岸,连接了当时100万人以上的特大城市和93%的人口在50万人以上的大城市,逐步形成一个与国民经济发展格局相适应、与其他运输方式相协调、主要由高等级公路(高速公路、一级、二级公路)组成的快速、高效、安全的全国公路网主骨架,建设标准以高速公路为主。国道主干线系统由"五纵七横"12条国道主干线和公路主枢纽及信息系统构成。

2000年初,根据交通部提出的到2020年国道主干线和国家重点干线(公路)组成的全国骨架公路网将全面建成的要求,省交通厅开展《福建省高速公路网建设规划》编制工作。编制人员在收集资料并进行分析研究的基础上,提出路网布局初步方案。初步方案在广泛征求各设区市意见,听取交通部及部规划研究院领导、专家指导性意见,征求周边省份对布局方案的相互衔接意见后,完成报告征求意见稿。

根据 2001 年 8 月省政府专题会议精神和 9 月省交通厅召开的《福建省高速公路网建设规划》专家评审会专家组意见以及省直有关部门意见、建议,对报告征求意见稿再次修改、补充,形成规划报告送审稿,并呈请省政府审批。11 月 13 日由省政府省长办公会议通过。12 月 27 日,省政府批复《福建省高速公路网建设规划》(以下简称《规划》)。同意该《规划》提出的"三纵四横"高速公路网布局方案(含福泉厦漳诏复线),明确《规划》是指导福建省今后 30 年高速公路建设的重要依据。

"三纵四横"高速公路主骨架网布局:

"一纵"。国家沿海主干线同江至三亚(GZ10)福建省境内段,该段路线起点位于福鼎市与浙江省交界处的分水关,终于诏安县与广东省交界的分水关,途经宁德市、福州市、莆田市、泉州市、厦门市、漳州市。

"二纵"。国家重点干线公路天津至汕头纵线(4 纵)在福建省境内段,该段路线起点位于浦城县与浙江省交界处的沙排,终于武平县与广东省交界处的上社,途经南平市、三明市、龙岩市。

"三纵"。福泉厦漳诏高速公路复线。

"一横"。国家主干线北京至福州(GZ20)福建省境内段,该段路线起点位于福厦高速公路的青口互通,终于邵武市与江西省交界处的沙塘隘,途经福州市、南平市、三明市。

"二横"。国家重点干线公路厦门至昆明横线(13 横)在福建省境内段,该段路线起点位于"同三线"漳州市长州互通,终于长汀县古城与江西省交界处,途经漳州市、龙岩市。

"三横"。国家重点干线公路泉州至贵州毕节横线(12 横)在福建省境内段,该段路线起点位于泉州西福,与福厦高速公路相连,终于宁化县五里亭与江西省交界处,途经泉州市、三明市。

"四横"。福建省闽东宁德沿海辐射闽北南平山区的干线公路,该段路线起点位于"一纵"的福鼎至宁德高速公路宁德市云淡门,途经政和,至浦城县临江,与"二纵"的浦城至南平高速公路相接,而后经过浦南高速公路至武夷山兴田,再经邵武市到终点肖家坊,与京福高速公路相连。

根据省委、省政府发展战略和交通部公路水路交通发展战略部署,"三纵四横"高速公路主骨架网实施计划为:到 2010 年全面建成"一纵二横"高速公路主骨架,完成浦城至南平、泉州至三明高速公路部分重要路段的建设,其中 2005 年建成省会福州市至各设区市"4 小时交通经济圈",使福建省高速公路运输环境得到全面改善;到 2020 年要完成贯穿福建省东西南北"二纵三横"高速公路主骨架网,并完成大型空港、重要海港、铁路枢纽、国家级旅游区、20 万人以上城市及重要城市出入口的快速公路连接,使福建省高速公路交通运输基本适应国民经济和社会发展的需要;到 2030 年完成"三纵四横"高速公路主骨架网的建设,继续调整、完善高速公路网以及支线的建设,使70%的县、市通上高速公路,路网服务水平达到国际先进水平,基本实现高速公路建设和运营现代化、智能化,安全与环境最优化。

2004年2月,为充分发挥高速公路主骨架功能,省交通厅委托省交通规划办开展福建省高速公路支线、连接线建设规划编制工作;6月22日,省政府召开专题会议,听取关于高速公路支线、连接线建设规划编制工作汇报。会议对福建省交通规划办编制的福建省高速公路支线、连接线规划方案给予肯定,明确县县通高速公路的总体发展目标,实现90%县市行政中心、重要港区、机场、铁路枢纽、重要旅游区半小时内便捷上高速公路网,其余县市行政中心1小时内便捷上高速公路网;8月6日省交通厅发函省直有关单位和各设区市交通局(委)广泛征求意见;11月2日召开《规划》内部研讨会,修改完成规划送审稿,11月8日,省交通厅召开厅长办公会议,进行专题研究;11月完成规划送审稿;12月17日,国务院常务会议审议通过交通部组织制定的《国家高速公路网规划》。为了保障《国家高速公路网规划》的顺利实施,充分利用和有效控制通道线位资源,根据交通部《关于开展国家高速公路网路线规划的通知》精神,福建省交通规划办受福建省高速公路建设总指挥部的委托,2005年3月初开展《国家高速公路网福建境内路线规划》编制工作,6月24日完成送审稿。6月27日,省政府召开专题会议,听取汇报。按照专题会议精神,对该《规划》进行修改。6月30日,省长黄小晶召开省政府专题会议审议《规划》,进一步完善后,《规划》最终定稿。

第二节　起步发展

2004年初,省委、省政府提出建设海峡西岸经济区的战略构想,依托海西经济区对外联系通道,以南北两翼的发展,推动海西与长三角、珠三角的合作,实现海西与内陆、发达经济区之间的资源整合、优势互补、联动发展,区域间经济联系将不断扩大,闽台合作水平进一步提升,闽港、闽澳合作全面发展,形成海峡西岸经济区对外发展的主轴线。根据海峡西岸经济区定位及其对公路水路交通发展的要求,省交通规划办在《福建省高速公路网建设规划》和《福建省高速公路支线、连接线建设规划》《国家高速公路网福建境内路线规划》的基础上,与交通部规划研究院合作开展《海峡西岸经济区高速公路网规划》编制工作,于2005年10月完成该《规划》专项初稿,并于2006年12月经福建省人民政府批准实施。

1.功能定位

海峡西岸经济区高速公路网是海峡西岸经济区公路网的主骨架,是综合运输体系的重要组成部分,主要连接重要城市、交通枢纽、重要旅游景点和军事战略要地;是经济区对外联系、区域内重要节点间、城市密集区城际间的快速通道,是重要沿海港口和机场的集疏运通道,为全社会生产和生活提供快速、高效、安全、舒适的运输服务,并为应对战争、自然灾害等突发性事件提供快速交通保障。

2. 层次划分

海峡西岸经济区高速公路包括国家高速公路和福建省高速公路。

(1) 国家高速公路

海峡西岸经济区内的国家高速公路除了纳入网络的1条射线、2条纵线(含1条联络线)和3条横线外,还有部分城市绕城环线、港口和机场连接线。国家高速公路路线包括:国家高速公路主线、城市绕城环线、港口连接线和机场连接线,总里程约3200km。

(2) 福建省高速公路

福建省高速公路具有承担省际间及大中城市间中长距离运输的功能。包括省际间高速公路,连接中小城市的线路,海西经济中心城市环线及对周边城镇的放射线,路网联络线和疏港路。

3. 规划目标

海峡西岸经济区高速公路网规划目标:构筑"八方纵横、加密沿海、覆盖全区"的高速公路网络。

(1) 构筑对外快速通道,加强与周边经济区的联系

与周边区域之间形成4条以上的高速公路通道,与长江三角洲和珠江三角洲充分对接,进一步加强与江西等中部地区的交通联系。

(2) 构筑连接经济区内重要城市节点的高速公路网络,强化经济中心与周边城市的便捷连接

省会与地市、沿海地市与山区地市实现高速公路顺畅连接,相邻地市间实现高速公路连接,山区地市实现3小时内到达沿海主要港口,基本实现县城半小时内上高速公路。

(3) 形成沿海地区城市密集区高速公路网络,促进沿海地区经济繁荣

加密以福州、泉州、厦门为核心的沿海地区高速公路网络,形成2条沿海高速公路,重要城市形成高速公路环线,实现高速公路网络化,提高适应能力,保障交通畅通。

(4) 加强与交通枢纽的衔接,形成沿海港口快速集疏运通道

连接主要公路枢纽和铁路枢纽所在城市,直接连接重要港区和机场,进一步提高港口辐射能力。以福州和厦门2个主要港口为中心的半日辐射圈涵盖整个海峡西岸经济区,1日辐射圈涵盖江西、浙江西南部、广东东北部、湖南南部等地区。

(5)连接著名旅游城市,形成旅游快速通道

加强旅游城市、著名旅游风景区之间快速通达,形成连接重要旅游城市和主要风景名胜区的快速通道。

(6)构建完善高速公路网络,保障国家安全

形成满足国家政治、经济和国防安全以及抢险救灾等应急事件处理需要的高速公路网络。

4.布局方案

海峡西岸经济区高速公路网总里程约5300km(不含重复里程),海峡西岸经济区高速公路网布局可归纳为"三纵、八横、三环、二十五联"。"三纵八横"是海峡西岸经济区的干线公路;"三环"为3条绕城环线;"二十五联"包括8条港口连接线、3条机场连接线、9条城市连接线及5条其他联络线。具体布局方案如表3-2-1所示。

海峡西岸经济区高速公路网布局方案　　　　表3-2-1

路网	序号	路线名称	起终点	里程(km)	路网	序号	路线名称	起终点	里程(km)
纵线	1	国高沈阳—海口	福鼎—诏安	650	城市环线	1	福州环线	153	
	2	沈海复线	宁德—诏安	542		2	厦门环线	162	
	3	国高长春—深圳	松溪—武平	485		3	泉州环线	117	
横线	1	国高宁德—上饶	宁德—武夷山	307	城市连接线	1	福州连接线	11	
	2	国高北京—台北	浦城—福州	485		2	南平连接线	39	
	3	国高福州—银川	福州—邵武	347		3	漳州连接线	25	
	4	莆田—永定(通往广东梅州)	莆田—永定	344		4	三明南、北连接线	7	
	5	国高泉州—南宁	泉州—宁化	330		5	政和杨源—古田	78	
	6	厦门—沙县(延伸至江西省)	厦门—沙县	248		6	邵武—光泽	72	
	7	国高厦门—成都	厦门—长汀	289		7	金门连接线	22	
	8	漳州—武平(通往江西省)	古雷港—武平	235		8	长乐玉田—平潭	45	
						9	德化连接线	13	
机场连接线	1	福州机场路		49	港口连接线	1	溪南疏港	19	
	2	泉州机场路		6		2	可门疏港	16	
	3	厦门机场路		41		3	江阴疏港	9	
其他联络线	1	漳州—永安		165		4	招银疏港	24	
	2	浦城—建宁		329		5	斗尾疏港	21	
	3	厦门南通道		7		6	围头疏港	18	
	4	福安—泰顺		62		7	东渡疏港	20	
	5	厦泉漳城市联盟路		122		8	牛头尾疏港	15	

第三节 跨越向前

为进一步完善海峡西岸经济区高速公路网布局，充分发挥高速公路通道功能作用，实现"一通百通，海西八方纵横"的福建交通精神，结合我省经济社会的发展情况，2008年对《海峡西岸经济区高速公路网规划》进行了修编（表3-3-1）。修编保持"三纵八横"高速公路干线网络格局和福州、厦门、泉州3个中心城市环线总体方案不变，重点加强沿海纵向主通道及以福州、厦门两个国家综合运输枢纽通往内陆横向主通道建设；适当扩大泉州环线，提高其他设区市集散能力；对联络线进行局部调整和增加，进一步强化重要区域间和重要港区、铁路、机场枢纽间的衔接，厦门、漳州、泉州城市间的路网得到进一步强化和完善，同时实现县县可15分钟内通高速公路。修编后的海西区高速公路网规划里程6100km（不含重复段），高速公路网总体方案为"三纵八横"，另有3条环线和33条联络线；高速公路密度达到5.0 km/100km^2，位于沿海省份目前规划指标的前列；人均高速公路密度1.5km/万人，达到发达国家先进水平；综合高速公路密度为2.7km/（万人·100km^2）$^{1/2}$，超过发达国家和沿海省份平均水平，满足并适当超前于海峡西岸经济区经济社会发展需求。与修编前相比，修编后的《规划》主要体现在路网的调整与整合，增加规划里程800km。

海峡西岸经济区高速公路网布局方案（修编） 表3-3-1

路网	序号	路线名称	起终点	里程(km)	路网	序号	路线名称	起终点	里程(km)
纵线	1	国高沈阳—海口	福鼎—诏安	649(649)	城市环线	1	福州环线		153(123)
	2	沈海复线	福鼎沙埕—诏安	690(577)		2	厦门环线		149(86)
	3	国高长春—深圳	松溪—武平	475(475)		3	泉州环线		119(119)
交通枢纽联络线	1	溪南疏港		35(35)	城市联络线	1	福州联络线		11(11)
	2	罗源湾北岸疏港		15(15)		2	福州南接线		14(14)
	3	可门疏港		10(10)		3	平潭联络线		64(64)
	4	福清渔溪至平潭大桥及江阴疏港路		56(56)		4	厦泉漳城市联盟路		98(79)
	5	牛头尾疏港		15(15)		5	厦门南通道		8(8)
	6	肖厝疏港		9(9)		6	厦门进出岛快速路		56(56)
	7	斗尾疏港		23(23)		7	漳州南北联络线		66(66)
	8	围头疏港		31(31)		8	东山联络线		14(14)
	9	东渡疏港		20(20)		9	三明联络线		44(44)
	10	招银疏港		24(24)		10	明溪联络线		45(45)
	11	福州机场路		47(47)		11	南平联络线		39(39)
	12	厦门机场路		17(17)		12	顺昌联络线		45(45)

续上表

路网	序号	路线名称	起终点	里程(km)	路网	序号	路线名称	起终点	里程(km)
横线	1	国高宁德—上饶	宁德—武夷山	300(296)	跨区联络线	1	福安至寿宁		65(65)
	2	国高北京—台北	浦城—福州	381(378)		2	政和杨源至古田		81(81)
	3	国高福州—银川	福州—邵武	346(280)		3	兴化湾至尤溪		205(205)
	4	莆田—永定（通往广东梅州）	莆田—永定	362(362)		4	泉金联络线		10(10)
	5	国高泉州—南宁	泉州—宁化	338(338)		5	厦金联络线		33(33)
	6	厦门—沙县（延伸至江西省）	厦门—沙县	247(241)		6	漳州至永安		146(146)
	7	国高厦门—成都	厦门—长汀	286(286)		7	蛟洋至上杭		38(38)
	8	古雷—武平（通往江西省）	古雷港—武平	304(252)		8	浦城至建宁		305(204)
						9	邵武至光泽		69(69)

注：各路线里程长度为规模总里程，里程中括号内为实际里程（不含重复里程），规模总里程达6557km，其中规划实际里程6100km。

"三纵八横"总体布局方案：

1．"三纵"（延伸两翼、对接两洲）

第一纵：国高沈海线福鼎（分水关）至诏安（分水关）段，是沿海对接两洲、连接港澳的交通大动脉。线路起于福鼎分水关（闽浙界），途经宁德市、福州市、莆田市、泉州市、厦门市、漳州市和沿海主要县区，终于诏安分水关（闽粤界）。全长649km，已建成通车，其中，福泉厦漳路段269km正在拓宽。

第二纵：沈海复线福鼎（沙埕）至诏安（霞葛）段，是海西沿海区域内陆县市间的交通大动脉。线路起于福鼎沙埕（闽浙界），途经宁德市、福州市、莆田市、泉州市、漳州市和沿海山区县市，终于诏安霞葛（闽粤界）。全长690km。

第三纵：国高长深线松溪至武平段，是山区对接两洲的便捷通道。线路起于松溪旧县（闽浙界），途经南平松溪县、政和县、建瓯市、南平市区、三明沙县、三明市区、永安市、龙岩连城县、上杭县、武平县，终于武平岩前（闽粤界）。全长475km，已建成南平至三明段74km，建瓯至南平53km，三明至永安51km、永安至武平195km共3个路段在建。

2．"八横"（纵深推进、连片发展）

第一横：国高宁上线宁德至武夷山段，是宁德港通往赣北、安徽等中西部地区的便捷通道。线路起于宁德湾坞，途经宁德福安市、周宁县、南平政和县、建阳市、武夷山市，终于武夷山分水关（闽赣界）通往江西省上饶市。全长300km。

第二横：国高京台线浦城至福州段，是北京通往台湾的战略通道。线路起于浦城上巾竹（闽浙界），途经南平浦城县、武夷山市、建阳市、建瓯市、宁德古田县、福州闽清县、闽侯县,终于福州青口(与第一纵沈海线相接)。全长381km。

第三横:国高福银线福州至邵武段,是福州港通往南昌、湖北等中西部地区的主通道。线路起于福州青口,途经福州闽侯县、闽清县、三明尤溪县、南平市延平区、三明沙县、将乐县、泰宁县、南平邵武市,终于邵武沙塘隘(闽赣界),通往江西省南昌市。全长346km,已建成通车。

第四横:海西网莆田至永定高速公路,是湄洲湾通往龙岩、粤北的便捷通道。线路起于莆田湄洲湾,经莆田市区、仙游县、泉州永春县、安溪县、龙岩漳平市、龙岩市区、永定县,终于永定下洋(闽粤界),通往广东省梅州市。全长362km,秀屿至莆田段24km作为利用社会投资试点正在建设。

第五横:国高泉南线泉州至宁化段,是泉州港通往江西吉安、湖南等中西部地区的便捷通道。线路起于泉州晋江,途经泉州南安市、永春县、德化县、三明大田县、永安市、清流县、宁化县,终于宁化五里亭(闽赣界),通往江西省吉安市。全长338km,泉州至永安段215km在建。

第六横:海西网厦门至沙县高速公路,是厦门港通往三明、江西南昌的便捷通道。线路起于厦门集美,途经厦门同安、泉州安溪县、永春县、德化县、三明尤溪县、沙县,终于沙县际口(与第三横福银线相接)。全长247km。

第七横:国高厦成线厦门至长汀段,是厦门港通往江西赣州、湖南等中西部地区的主通道。线路起于厦门海沧港区,途经厦门海沧、漳州龙海市、长泰县、漳州市区、南靖县、龙岩市区、上杭县、连城县、长汀县,终于长汀隘岭(闽赣界),通往江西省赣州市。全长286km,漳州天宝至长汀段228km已建成。

第八横:海西网古雷至武平高速公路,是漳州古雷港区通往赣州、粤北的便捷通道。线路起于漳州古雷港区,途经漳州漳浦县、云霄县、平和县、龙岩永定县、上杭县、武平县,终于武平禾仓坑(闽赣界),通往江西省赣南地区。全长304km。

3."三环"(服务中心城市、加强对外辐射)

福州环线:将闽侯、连江、长乐等市县纳入福州都市发展框架,增强中心城市对外辐射功能。路线起于闽侯青口枢纽互通,经南屿枢纽、下荷洋枢纽、闽侯县、白头枢纽、晋安区、连江县、洋门岭枢纽、浦口枢纽、琅岐区、长乐市、鹤上枢纽、塘前枢纽,终于闽侯青口枢纽互通。全长153km。

厦门环线:沟通厦门海沧、集美、同安、翔安与厦门岛之间的联系,并连接漳州长泰,扩大厦门中心对外辐射范围。路线起于厦门林后枢纽互通,经漳州长泰县、同安区云浦枢纽、翔安区、翔安海底隧道、厦门岛、海沧大桥、海沧区,终于林后枢纽互通。全长149km。

泉州环线:路线起于南安张坑枢纽互通,途经南安市、洛江区、惠安县、塔埔枢纽、石狮市、晋江市、石井枢纽，终于南安张坑枢纽互通。全长约119km，南安张坑至惠安塔埔段33km在建。

4."三十三联"（覆盖县域、联络枢纽）

第一类：城市联络线12条共480km，服务城市发展。

（1）福州联络线11km。路线起于第一纵沈海线黄石枢纽互通，终于仓山区秀宅，已建。

（2）福州南接线14km（新增）。路线起于第二横京台线详谦枢纽互通，终于第一纵沈海线龟川枢纽互通。

（3）平潭联络线64km。路线起于福州环线前塘枢纽互通，经松下港区、大练岛，终于平潭县城关。

（4）厦泉漳城市联盟路98km。路线起于泉州环线南安石井，经厦门新店、杏林、龙海角美、厦漳大桥，终于第一纵沈海线东园互通。

（5）厦门南通道8km。路线起于厦门思明区演武立交，终于招银港区。

（6）厦门进出岛快速路56km（新增）。包含第二东通道、湖里至海沧通道、轮渡至嵩屿通道、南北高速公路，功能为服务厦门城市发展，投资规模不列入本规划。

（7）漳州南北联络线66km。

（8）东山联络线14km（新增）。路线起于云霄竹港枢纽互通，经东山杏陈镇，终于东山县城。

（9）三明联络线44km。路线起于第六横厦沙线琅口枢纽互通，经梅列区、三元区，终于第三纵长深线台江互通。

（10）明溪联络线45km（新增）。路线起于第三纵长深线三元区岩前镇，终于明溪县城。

（11）南平联络线39km。路线起于第三纵长深线南平高桐铺枢纽互通，经南山镇，终于第二横京台线洋后互通。

（12）顺昌联络线45km（新增）。路线起于第三纵长深线西芹枢纽互通，经来舟，终于顺昌县城。

第二类：交通枢纽联络线12条共300km，加强综合运输枢纽衔接。

（13）溪南疏港路35km。路线起于第一纵沈海线福安溪尾枢纽互通，经溪南，终于溪南港区。

（14）罗源湾北岸疏港路15km（新增）。路线起于第二纵沈海复线罗源白水，终于将军帽作业区。

（15）可门疏港路10km。路线起于第二纵沈海复线连江透堡，终于可门作业区。

（16）福清渔溪至平潭大桥及江阴疏港路56km。路线起于第一纵沈海线福清渔溪枢纽互通,经庄前、江镜、高山,终于东瀚(接平潭跨海大桥),支线起于庄前枢纽互通,经江阴镇,终于江阴港区。

(17)牛头尾疏港路15km。路线起于福州新港联络线高山互通,经沙埔,终于牛头尾作业区。

(18)肖厝疏港路9km(新增)。路线起于第一纵沈海线泉港区界山,经泉港区,终于肖厝港区。

(19)斗尾疏港路23km。路线起于泉州环线惠安塔埔枢纽互通,经惠安涂寨、东岭,终于斗尾港区。

(20)围头疏港路31km。路线起于第一纵沈海线晋江内坑枢纽互通,经五里工业区、永和,终于金井,通往围头湾港区。

(21)东渡疏港路20km。路线起于第一纵沈海线厦门杏林互通,经杏林、厦门公铁大桥、湖里区,终于东渡港区。

(22)招银疏港路24km。路线起于第一纵沈海线漳州东园互通,经后宅,终于招银港区。

(23)福州机场路47km。路线起于福州环线新店枢纽互通,经晋安区、马尾区、长乐市、漳港镇,终于福州国际机场。其中一期路段21km已建,二期路段26km在建。

(24)厦门机场路17km。路线起于厦门集美(与第六横厦渺线相接),经厦门机场、梧村,终于演武立交,与厦门南通道相接。

第三类:跨区联络线9条共860km,满足区域经济发展需要。

(25)福安至寿宁联络线65km。路线起于第一横宁上线福安枢纽互通,经寿宁南阳,终于寿宁犀溪(闽浙界),通往浙江省泰顺县。

(26)政和杨源至古田联络线81km。路线起于第一横宁上线政和杨源枢纽互通,经屏南县,终于第二横京台线古田排头枢纽互通。

(27)兴化湾至尤溪联络线205km(新增)。路线起于莆田兴化湾,经涵江区、永泰县梧桐,终于第六横厦沙线尤溪清溪。

(28)泉金联络线10km(新增)。路线起于泉州环线石井枢纽互通,终于小嶝岛,与厦金联络线相接。

(29)厦金联络线33km。路线起于厦门环线新店,经大嶝、小嶝、大金门岛、小金门岛,终于厦门会展中心。本次修编从大金门经小金门延伸至厦门岛(增加规划里程10km)。

(30)漳州至永安联络线146km。路线起于第七横厦蓉线漳州玉兰枢纽互通,经华安县、漳平市,终于第五横泉南线永安西洋。

(31)蛟洋至上杭联络线38km(新增)。路线起于第七横厦蓉线上杭蛟洋,经上杭县白沙,终于第三级长深线上杭县城。

(32)浦城至建宁联络线305km。串接多条高速公路干线,分别通往浙江龙泉和江西南丰,是重要的区域旅游快速通道。路线起于浦城花桥(闽浙界),经浦城县、武夷山兴田枢纽、下坝枢纽、邵武市、泰宁县、建宁县,终于建宁甘家隘(闽赣界)。

(33)邵武至光泽联络线69km。路线起于浦建联络线邵武下王塘枢纽互通,经邵武水北、光泽县城,终于光泽铁关(闽赣界),通往江西省资溪县,接国高济广线。

第四节 再上台阶

2008年《海峡西岸经济区高速公路网布局规划(修编)》实施以来,福建省高速公路取得了跨越式发展,逐步实现由"瓶颈制约"向"基本适应、局部适度超前"的历史性转变。截至2015年底,全省高速公路"三纵六横"主骨架基本建成,通车里程达到5002km,实现"县县通高速",高速公路网密度达4.1km/100km^2,位居全国第二。

现行规划总体适应全省经济社会发展需求,但也显现出局部不适应,主要表现在:一是与《国家公路网规划》衔接不够,规划期限与国家公路网规划不一致,未包含湄洲湾至建宁新调增国家高速公路;二是未包含部分已实施高速公路;三是布局有待进一步完善,以适应国家及福建省新的发展战略要求;四是部分主通道规划标准和通行能力有待提高。当前及今后一段时期,是福建省全面建成小康社会决战期,是加快推进福建省交通运输现代化的关键期,为更好发挥高速公路对全省经济社会的支撑引领作用,组织开展新一轮高速公路规划布局调整意义重大。

一、修编原则

1. 服务全局

服务国家"一带一路"倡议,满足国家公路网规划调整,以及福建省全面建成小康社会、推进交通运输现代化等要求。

2. 科学布局

牢固树立创新、协调、绿色、开放、共享的发展理念,按照区域发展总体战略、主体功能区战略和生态功能区划要求,与城镇化格局、城镇体系布局、资源分布和产业布局相适应,统筹内陆山区经济发展和沿海城市群、产业集群加速构建需要,补充完善高速公路网布局。

3. 高效衔接

注重与其他运输方式、普通国省道及城市交通的衔接,发挥综合运输整体效率。提高与周边省份路网的连通性,形成省际运输大通道。注重枢纽节点的便捷转换,提升路网运行效率。

4. 集约环保

统筹规划通道资源，充分利用既有路线，集约利用土地；加强生态环境保护，避让环境敏感区和生态脆弱区，实现绿色发展。

二、修编目标

深入学习习近平总书记系列重要讲话精神和对福建工作的重要指示，贯彻新发展理念，加快推进"四个交通、两个体系"建设，围绕"强化区域通道、完善城际网络、提升通道能力、优化路网衔接"目标，在原有路网上补充新增路线，实现"中心多路放射、省际密切联系、城际便捷互通、县城全面覆盖"，构建"布局合理、衔接顺畅；适度超前、能力充分；服务优质、安全可靠"的省域高速公路网络，为实现全面建成小康社会目标和"再上新台阶、建设新福建"提供强有力支撑。具体目标如下：

1. 构筑对外快速通道，加强与周边经济区的联系

主动对接丝绸之路经济带，与长江三角洲、珠江三角洲及周边区域各形成至少5条以上高速公路出口通道。

2. 构筑省内城际快速通道，强化城镇便捷连通

实现省内重要经济区之间、相邻设区市之间高速公路便捷相连，乡镇、县城快速通达高速公路，形成以福州、厦门、泉州3大中心城市辐射省域其他设区市的快速通道，山区设区市3小时内到达沿海主要城市及主要港口。

3. 加密沿海城市高速公路网络，促进沿海经济带成片联动发展

适当加密沿海城市高速公路网络，实现城市群与产业群、港口群之间互联贯通，促进沿海经济带成片联动发展。

4. 加强与其他运输方式衔接，构建综合运输体系

连接主要公路枢纽城市，实现高速公路与其他运输方式顺畅衔接，提高枢纽机场、重要港口、铁路枢纽、产业园区等的集疏运效率，优化综合运输通道内的能力配置。

5. 连接著名旅游景区，形成旅游快速通道

加强旅游城市、著名旅游风景区之间的快速通达，形成连接福建省旅游城市、著名旅游风景区的快速旅游通道。

6. 提升重要通道能力，完善公路运输主通道格局

通道能力配置与运输需求更加匹配，主通道运力紧张状况明显缓解，大城市周边及出入口等交通拥堵逐渐消除，路网运行更加顺畅。

7. 提高路网效率、可靠性和保障能力

实现重要节点之间多通道连接,重要通道形成平行替代路线,重要通道之间、重要节点内外顺畅衔接和转换,高速公路的行车安全性和应急保障能力明显提升。

三、布局方案

修编后的福建省高速公路网格局为"六纵十横",总规模6984km。其中"六纵"实际里程3774km(其中纵线2911km,支线863km);"十横"实际里程3210km(其中横线3057km,支线153km)。按行政等级分,国家高速公路4138km,省级高速公路2846km。

1."六纵"线路

一纵:国高沈海线福鼎(分水关)至诏安(汾水关)。支线:福州联络线、福州南接线、福清渔溪至平潭、福州机场第二通道、同安至招银、漳州北连接线、古雷至平和、东山联络线。

二纵:国高宁东线福鼎(沙埕)至诏安(霞葛)。支线:寿宁至福安、福州机场路、安溪至南安、平和至广东梅州。

三纵:福州(连江)至厦门(翔安)。支线:福清至平潭(平潭第三通道)、南安至惠安、晋江至长泰、秀屿至永春、翔安机场路。

四纵:政和杨源至永定(闽粤界)。支线:龙岩东联络线。

五纵:国高长深线松溪至武平。支线:三明南北联络线、古田至上杭。

六纵:浦城至武平。

2."十横"线路

一横:国高宁上线宁德至武夷山。

二横:宁德至光泽。

三横:国高京台线平潭至浦城。

四横:国高福银线福州至邵武。

五横:国高莆炎线莆田至建宁。支线:大田广平至安溪官桥。

六横:国高泉南线泉州至宁化。支线:清流(胡坊)。

七横:武夷新区至厦门(含国高沙厦线)。

八横:国高厦蓉线厦门至长汀。

九横:漳州至永安。

十横:漳州至武平。

福建省高速公路规划方案(2016—2030)见表3-4-1。

福建省高速公路规划方案表(2016—2030年)   表 3-4-1

路网	序号	路线名称	起 终 点	里程(km)	路网	序号	路线名称	起 终 点	里程(km)
纵线	1	国高沈阳—海口	福鼎—诏安	670	横线	1	国高宁德—上饶	宁德—武夷山	312
	2	国高宁波—东莞	福鼎—诏安	664		2	宁德—光泽	宁德—光泽	317
	3	福州—厦门	连江—翔安	267		3	国高北京—台北	浦城—福州	400
	4	政和杨源—永定	政和杨源—永定	436		4	国高福州—银川	福州—邵武	304
	5	国高长春—深圳	松溪—武平	453		5	国高莆田—炎陵	莆田—建宁	393
	6	浦城—武平	浦城—武平	421		6	国高泉州—南宁	泉州—宁化	328
第一纵国高沈海支线	1-1	福州联络线		11		7	武夷新区—厦门	武夷新区—厦门	336
	1-2	福州南接线		14		8	国高厦门—成都	厦门—长汀	277
	1-3	福清渔溪—平潭		45		9	漳州—永安	漳州—永安	145
	1-4	福州机场第二通道		33		10	漳州招银—武平	招银港—武平	245
	1-5	同安—招银		73	第五横国高莆炎支线	5-1	大田广平—安溪官桥		128
	1-6	漳州北连接线		25	第六横国高泉南线支线	6-1	清流—三元		25
	1-7	古雷至平和		50	第三纵福州—厦门支线	3-1	福清—平潭		30
	1-8	东山联络线		11		3-2	南安—惠安		97
第二纵国高宁东支线	2-1	寿宁—福安		55		3-3	晋江—长泰		96
	2-2	福州机场路		50		3-4	秀屿—永春		115
	2-3	安溪—南安		15	第五纵国高长深支线	5-1	三明南北联络线		9
	2-4	平和—广东梅州		40		5-2	古田—上杭		36
第四纵政和杨源—永定支线	4-1	龙岩东联络线		20					

四、修编效果

1. 路网规模明显扩大,有效支撑经济社会科学发展、跨越发展

修编后路网总规模由 6326km 增加到 6984km,国土密度达到 $5.6km/100km^2$,位于沿海及周边省份目前规划指标的前列;高速公路人口密度 1.85km/万人,达到发达国家水平;高速公路综合密度 $3.2km/(万人·100km^2)^{1/2}$,达到发达国家和国内沿海发达省份先进水平;路网规模和密度均超台湾,为福建省科学发展跨越发展提供支撑和保障。

2. 覆盖范围更加广泛,形成互联互通的省内快速网络

修编后的路网可实现所有县(市、区)15 分钟内上高速公路,95% 中心镇半小时上高速公路,95% 一般乡镇 1 小时上高速公路,各设区市间 4 小时内到达,沿海相邻城市间、福莆宁和厦漳泉两大都市区间实现多通道连接,城际路网更加便捷高效。

3. 与周边地区全面对接,进出闽主通道能力明显增强

修编后与相邻省份形成 19 个高速公路出口,其中浙江 6 个、广东 6 个、江西 7 个,将福建省融入全国高速公路网;形成 3 个陆水联运通道通往台湾省北、中、南地区,快速通道格局更加完善,服务周边的作用进一步加强。

4. 网络布局更加完善,服务产业发展功能更加凸显

沿海重要港区均有高速公路通往中西部地区,形成通往江西、浙江西南部、广东东北部、湖南南部等地 1 日辐射圈、省域半日辐射圈;现有 AAAAA 级旅游景区半小时上高速公路,AAAA 级旅游景区 1 小时上高速公路;十大重点产业集聚区全覆盖。

五、实施方案

1. 建设任务

本次规划的"六纵十横"共 6984km 高速公路中,已建成通车 5002km(含已通车市政化的高速公路 189km),在建 516km,静态投资约 320 亿元(含厦成线马坑至红坊扩容新线 15km)。规划期内还需新建 1655km,静态投资约 2300 亿元,扩容及改线建设约 404km,静态投资约 450 亿元,合计静态总投资约 3070 亿元。

2. 实施方案

(1)近期(2016—2020 年):重点建成现行规划内剩余项目,开工建设本次修编部分新增项目,基本实现国高网省内项目全部建成通车,通车总里程突破 6000km。

(2)远期(2021—2030 年):继续有序推进网内剩余项目建设,全面建成"六纵十横"高速公路网。

第四章
高速公路建设历程及技术

第一节 福建省高速公路建设历程

福建省地处我国东南沿海,全省面积 12.14 万 km^2,山地丘陵约占陆地总面积的 82.4%,有"八山一水一分田"之称,素称"东南山国"。伴随着改革开放的春风,福建省高速公路从 1997 年泉厦高速公路通车实现"零"的突破起,从无到有,不断发展壮大,经历了一个从争论酝酿到实现"零"的突破、从全面提速建设再到跨越式发展的过程。

一、零的突破

1988 年 10 月,沪嘉高速公路通车,实现了我国大陆高速公路"零"的突破,从而揭开了高速公路建设的序幕。1990 年 9 月 1 日,全长 375km 的沈大高速公路竣工,掀起了国内高速公路建设的热潮。此后,合宁、京津塘、京石、济青、广深、开洛、成渝等数十条高速公路相继建成通车,全国高速公路建设如雨后春笋。

根据当时交通部的规划,到 20 世纪末,我国要建成一条"沿海大通道"。它北起黑龙江的同江、南到海南省的三亚,全长 5700km,把大连、青岛、上海、福州、广州、海口等沿海重要城市连接起来。各省市为实现这一计划而快马加鞭,高速公路网络已初具雏形。然而,作为全国经济体制综合配套改革试验区、改革开放前沿阵地的福建明显慢了一步,"沿海大通道"在福建出现"断档"。高速公路建设的滞后,影响了福建与全国"沿海大通道"接轨,一定程度上制约了经济建设的高速发展。为尽快改变落后被动的局面,福建省委、省政府痛下决心,发出了"举全省之力,加速建设高速公路这一事关福建形象和交通现代化标志工程"号召。

有人把福建高速公路的建设比作迟来的春天。在国务院以及有关部门的支持下,在历届省委、省政府领导的关心重视下,全体参建者浴血奋战、艰苦卓绝,福建人民终于迎来了圆梦的一刻。1997 年 12 月 15 日,经过 3 年艰苦努力,泉厦高速公路建成通车,福建没有高速公路的历史宣告结束,福建交通史翻开新的一页。

泉厦高速公路起自泉州市的西福村,终于厦门市的官林头,全长 81.4km,宽 26m,设上下行四车道。全线有互通式立交6座、特大桥1座、高架桥1座、大中小桥62座、双线隧道4座,建设规模之大、结构物种类之多,在以往福建省公路建设史上从未有过。

早在1982年,时任省委书记的项南就提出了建设福州至厦门高速公路的设想。此后,历届省委书记对福建省高速公路建设都予以高度重视,在重大问题上做出了决策。

1992年,省委、省政府在马江会议上提出打响先行工程战役的口号,高速公路建设被正式提了出来。11月,泉厦高速公路(晋江)2.7km软基试验路开工。

1994年,省委、省政府召开加快高速公路建设动员大会,战斗的号角由此吹响。1994年6月,泉厦高速公路全线开工建设。此后,福建省高速公路建设进入高潮。省委、省政府有关领导经常听取汇报,亲临工地现场察看,多次召开了专题会议。在1997年新春召开的"全省重点工程会"上,把高速公路建设列为当年全省重点工程建设十个"重中之重"的第一号工程,发出"举全省之力,加速高速公路建设"的号召。

省委、省政府对泉厦高速公路建设给予极大的重视和支持。历届分管省领导都花了很大精力,倾注了大量心血。为解决资金问题,领导出谋划策,总投资的一半以上由省内自行解决,省财政部门、银行以及乌龙江、泉州大桥共5个收费站等都予以了很大的资金支持。对公路建设的工程质量问题,省委、省政府也高度重视,指出工期要绝对服从质量。

泉厦高速公路是使用世界银行贷款,按照"菲迪克"条款管理的项目,这一条款对业主、承包人、监理的各自职责,对工程的进度、质量、财务管理,都有着科学、严谨的规定。

正所谓好事多磨。泉厦高速公路开工之后,便遭遇到了许多原先意想不到的困难。由于工期短、任务重、设计数度变更,特别是部分工程承包者资金匮乏、管理不善等原因,工程进展缓慢,一些重要工点甚至陷于停工、半停工状态。面对严峻局势,省委、省政府召开十余次专题会议,并要求省高速公路建设指挥部指挥前移。1996年6月,省高速公路指挥部的副总指挥、总工程师及工程技术、计划财务等部门的骨干人员进驻一线工地。全体参建人员背水一战、全力以赴。从此,泉厦高速公路以崭新的建设形象出现在全省人民面前。

泉厦高速公路横跨泉州、晋江、南安、同安、厦门等市县。这一带是福建经济最活跃、开放程度最高的地区。泉厦高速公路的建成,像一条腾空而起的巨龙,带动闽东南经济更快起飞,进而促进海峡西岸经济区的发展,促进祖国和平统一。

泉厦高速公路建成通车,厦漳高速公路同步建成,实现了福建高速公路"零"的突破,也拉开了福建高速公路大规模建设的序幕。从此,福建高速公路走上了发展的快车道,"高速"凯歌在如火如荼的海峡西岸经济区建设中奏响!

二、全面提速

跨入21世纪,高速公路提速前行,年均新开工建设高速公路3条、200km以上。2003年6月,福宁高速公路竣工,标志着福建省沿海"一纵"高速公路全线建成通车;2004年底,京福高速公路三明至福州段、漳龙高速公路漳州段竣工的鞭炮鸣响,使福建省高速公路通车里程达到标志性的1000km,提前建成了各设区市到省会福州的"4小时交通经济圈"。2007年12月25日,龙岩至长汀高速公路胜利建成通车。这是继福银高速公路福建段之后,福建省第二条通往内陆的高速公路大通道。至此,福建"一纵两横"高速公路主骨架网建成。

"一纵"是指国高"沈(阳)海(口)线"福鼎(分水关)至诏安(汾水关)段,是沿海对接两洲、连接港澳的交通大动脉,全长649km。"两横"是指国高"福(州)银(川)线"福州至邵武段,是福州港通往江西南昌、湖北等中西部地区的便捷通道,全长346km;国高"厦(门)成(都)线"厦门至长汀段,是厦门港通往江西赣州、湖南等中西部地区的便捷通道,全长286km,已建漳州天宝至长汀段228km。

"一纵两横"高速公路主通道的建成,打破了横亘西部的一座座大山的阻隔,撕破了通往广袤内陆腹地的缺口,北接长三角、南接珠三角,海峡西岸从此摆脱了孤独的地理单元,形成了以福州、厦门两个国家级综合交通枢纽为核心的沿海港口快速集疏运体系,从而进一步提高港口辐射能力,实现以福州和厦门两个国家主要港口为中心的半日辐射圈涵盖整个海峡西岸经济区,一日辐射圈涵盖江西、浙江西南部、广东东北部、湖南南部等地。

沈海高速公路建设之前,从闽浙分水关到闽粤分水关800km需20余小时的路程,同三线福建段贯通后仅需6~7个小时;福银高速公路建设之前,从三明至福州的行车时间需6~7个小时,三福高速公路建成通车后仅需3个小时;漳龙高速公路建设之前,从龙岩至福州的行车时间从日升到日暮,随着高速公路的贯通,而今该路程只需晌午即可到达。从省会福州到上海、杭州、广州、深圳等城市,行车时间分别从17小时、15小时、16.5小时、17.5小时,缩短为8小时、6小时、8.5小时和9.5小时。

时空距离的缩短,改变了区域投资环境、贸易条件和消费水平,促进区域经济结构不断调整,工业化、城市化与农业现代化进程不断加快,区域经济社会不断发展。

资金和产业转移的趋势越来越明显。东边的闽东,最为火爆的是福鼎的温州工业园,承接温州产业转移,有服装、电机、家用电器等产业。中国特福隆集团、中国巨一集团、温州东方集美鞋业等实力雄厚的企业纷纷转移宁德。西边的龙岩,随着龙长高速公路通车,"虹吸效应"使红土地变成了内陆的前沿,变成了"沿海经济圈",闽南地区的纺织服装等劳动密集型企业进驻长汀的就有208家,投资总额达到了20多亿元。南边的漳州,沿线各县市的高速公路互通口所在乡镇,成为乡镇经济发展的火车头。诏安县依托3个互通口,建立了以乡镇为中心的工业园,带动了全县乡镇经济的快速发展。在闽粤站互通口,引进外资企业57家,引进内联企业69家;在诏安东互通口,以发展水产品加工和港区配套工业为主,总投资近3000万美元的安邦水产食品项目即将投产;在南互通口,引进建兴水产、腾达矿泉水、自来水净化设备等3家企业,总投资近1亿元。北边的三明,三福高速公路和泉三高速公路沿途经过工业重地梅列区和三元区、旅游黄金地带泰宁和将乐、商贸休闲饮食集散地沙县、生态农业基地大田等县市,犹如一条纽带,连接和整合一路的资源优势,重构三明经济发展新格局。

"一纵两横"高速公路网主骨架的基本建成,不仅为沿线各地经济社会快速发展带来了新的机遇,而且大大提高了海西港口的疏通能力,福建港口资源优势借路转变成为海峡西岸经济区发展的强大推动力。

2003年,同三高速公路在福建省全线贯通,大大缩短了港口到内陆县区的距离,把福建省主要海港——厦门湾、福州港、湄洲湾、宁德港和主要空港——福州国际机场、厦门国际机场连接在一起,连接着福建省经济核心地带东南沿海的主要城市,并直接辐射周边城镇,而且为福建省北承浙江至长江三角洲,南接广东珠江三角洲架起了畅通的快速通道。港口物流的辐射带动作用进一步扩大,向纵深拓展格局开始形成,港口经济的作用日益呈现。有了漳诏高速公路这条疏港大动脉,漳州招银港开发区当年实现工业产值比上年增长一倍。至2006年,开发区拥有11个万吨级码头,年货物吞吐量达1000万t,如此大的货物吞吐量,使漳州招银港成为举足轻重的中转口岸,落户闽东的项目也明显增多。为使港口资源效益最大化,宁德市着重对港口经济和临海工业布局进行了高层次的总体规划,划分出城澳中转港工业区、漳湾重化工业港区、白马(赛江流域)港区、溪南工业港区四大港区,形成以环三都港地带为重点,分工明确、各具特色、关联紧密、协调发展的港口经济和临海工业区。统计数据表明,福建省港口货物吞吐量从2002年的1亿t增加到2007年的2.4亿t。

放眼海峡西岸,已经形成的"一纵两横"高速公路网,正不断夯实着"两个先行区"崛起和发展的基石。站在新的历史起点,省交通厅、省高指按照省委、省政府部署,按照"大港口、大通道、大物流"发展思路,重新修订了"三纵、八横、三环、三十三联"海西高速公路网规划。福建高速公路人将尽责履职,发挥先行先试、带头带动作用,为海峡西岸经济区"两个先行区"建设提供强有力的、现代化的交通保障和支撑。

到"十一五"末,全省高速公路通车总里程达到2400km,基本建成"两纵三横"高速公路主骨架网,有66个(79%)县实现了半小时内上高速公路,出省通道增至6条,实现了与广东、浙江、江西等周边省份的全面对接。福建高速公路的发展,大大改善了海西交通环境、投资环境,以及人们生产、生活的环境,尤其对促进山海协作、缩小山区与内地的差距,推动福建科学发展、跨越发展发挥了重要的作用。

三、跨越发展

2007年11月,中共福建省委八届三次全会提出了全面推进海西建设的新要求,要求进一步发挥福建在海西建设中的主体地位和重要作用,努力把海峡西岸经济区建设成为科学发展的先行区、两岸人民交流合作的先行区。"两个先行区"的提出,为海峡西岸经济区建设赋予了新内涵,为福建经济社会发展注入了新活力,为闽台关系发展提供了新机遇。立足服务"两个先行区"建设,省交通厅党组提出了"大港口、大通道、大物流"的发展思路。站在福建交通发展的新高度,福建高速公路按照省委、省政府部署,按照"大港口、大通道、大物流"发展思路提速前行。

新修编的海西高速公路网规划总里程6085km。其中,国家高速公路里程2085km,省高速公路里程3280km;"三纵八横"干线公路里程4318km,"三环"绕城公路里程442km,"三十三联"连接线公路里程1755km。

1. 三条纵线

第一纵:国高"沈(阳)海(口)线"福鼎(分水关)至诏安(分水关)段,是沿海对接两洲、连接港澳的交通大动脉,全长649km。第二纵:国高"宁(波)东(莞)线"福鼎(沙埕)至诏安(霞葛)段,是海西沿海区域内陆县市间的交通大动脉,全长690km。第三纵:国高"长(春)深(圳)线"松溪至武平段,是山区对接两洲的便捷通道,全长475km。

2. 八条横线

第一横:国高"宁(德)上(饶)线"宁德至武夷山段,是宁德港通往赣北、安徽等中西部地区的便捷通道,全长300km。第二横:国高"(北)京台(北)线"浦城至福州段,是北京通往台湾的战略通道,全长381km。第三横:国高"福(州)银(川)线"福州至邵武段,是福州港通往南昌、湖北等中西部地区的主通道,全长346km。第四横:海西网莆田至永定高速公路,是湄洲湾通往龙岩、粤北的便捷通道,全长362km。第五横:国高"泉(州)南(宁)线"泉州至宁化段,是泉州港通往江西吉安、湖南等中西部地区的便捷通道,全长338km。第六横:海西网厦门至沙县高速公路,是厦门港通往三明、江西南昌的便捷通道,全长247km。第七横:国高"厦(门)成(都)线"厦门至长汀段,是厦门港通往江西赣州、湖南等中西部地区的主通道,全长286km。第八横:海西网古雷至武平高速公路,是漳州古雷港区通往赣州、粤北的便捷通道,全长304km。

3. 三条环线

福州环线:将闽侯、连江、长乐等市县纳入福州都市发展框架,全长153km。泉州环线:将南安、惠安、石狮、晋江等市县纳入泉州中心城市范围,全长119km。厦门环线:沟通厦门海沧、集美、同安、翔安与厦门岛之间的联系并连接漳州长泰,全长149km。

4.三十三联

城市联络线12条共480km,交通枢纽联络线12条共300km,跨区联系线9条共860km。

2009年5月,国务院正式颁布《关于支持福建省加快建设海峡西岸经济区的若干意见》,标志着海峡西岸经济区建设上升为国家战略,海西建设站在新的起点上,为福建高速公路发展提供了新机遇、赋予了新要求、注入了新动力,先行先试的政策优势以及福建独具的区位、资源优势叠加,"天时、地利、人和"必将推动高速公路建设再掀新热潮,实现新跨越。

乘着海西建设的强劲东风,积极响应省委、省政府"一通百通、海西先行"的指示要求,全面贯彻落实福建省交通厅加快建设"大港口、大通道、大物流",构建"对外开放、对接两洲、拓展中西部、服务祖国统一"四大综合通道和"十年计划任务五年完成"的决策部署,高速公路发展再提速、目标再提前,全力加快建设"三纵、八横、三环、三十三联"海西高速公路网,高速公路主要目标任务从2009年起,争取年均新开工5个项目、500km以上。

——2009年建设24个项目、1944km、投资240亿元。其中,新开工厦门海沧至漳州天宝、松溪至建瓯、福银高速公路福州南连接线、泉州环城路晋江至石狮、浦城至龙泉(闽浙界)、福州至永泰、永春至永定龙岩段、招银疏港路和上杭蛟洋至城关等9个项目(路段)567km;续建15个项目(路段)1377km;建成通车泉三泉州段、莆秀支线及永武上杭至广东界路段等3个项目(路段)194km。全省高速公路通车里程突破2000km,全省高速公路出省通道达5个。

——2010年建设27个项目、2196km、投资350亿元。其中,新开工福州绕城东南段、泉州环城路三期、建瓯至福州、永春至永定泉州段和漳州南联络线等5个项目446km;续建22个项目1750km;其中建成通车永武、武邵、福州机场路二期工程和泉厦扩建工程项目等4个项目353km。全省通车高速公路里程达2400km,基本建成"两纵两横"高速公路主骨架网,与周边省份进出口通道达到10个(其中与江西省接口4个,与广东省接口2个,与浙江省接口4个)。全省85个县(区、市)90%以上可在1小时内上高速公路。

——2011年建设27个项目、2350km、完成投资475.6亿元。建成福泉扩建、厦漳扩建拓宽段、泉三南惠支线、福州南连接线、永宁、莆永龙岩段新罗至岐岭、龙浦等7个项目(路段)451km,海西高速公路网通车里程达2702km,基本形成"两纵三横"主骨架,全省新增4个县、达82%的县实现半小时内上高速公路。

——2012年建设45个项目(路段)、2350km、完成投资490.4亿元。其中建成通车福州绕城西北段、泉州晋石、松建、宁武、南厦(不含罗溪连接线)、莆永莆田段、龙岩段、厦漳扩建漳州段、上杭蛟洋至城关9个项目720km;新开工湄渝莆田(埭头)至荻芦、荻芦至仙游五星、三明(莘口)至明溪(城关)、漳永线漳州华安段、华安(玉兰)至新圩段、漳平段、邵武至光泽、顺昌连接线、福安至寿宁、沈海复线宁德(柘荣)至福安段等10个项目493km。

——2013年建设38个项目(路段)、1600km、完成投资421亿元。其中建成通车龙岩永定湖雷至城关、古武(武平城关至十方段)、福州至永泰、厦漳跨海大桥、漳州招银疏港支线、长泰美宫至陈巷段、厦成漳州段、沈海复线漳州(天宝)至平和、漳州(平和)至诏安、沈海复线莆田段、建泰、泉州南石、莆永莆田(仙游)至泉州(永春)泉州段、莆永泉州(永春)至龙岩(永定)泉州段等14个项目563km;新开工南平联络线46km。

——2014年建设33个项目(路段)、1400km、完成投资361亿元。其中建成通车南厦罗溪连接线、厦成厦门段、沈海复线淘泉州段、渔平延伸线、漳州南联络线等5个项目117km;新开工厦蓉扩容工程、宁东福鼎(贯岭)至柘荣段、福安至蕉城漳湾段、厦沙德化段、安溪至永春达埔段、三明尤溪段、三明尤溪至沙县段等7个项目365km。

——2015年建设28个项目、1280km、投资330亿元。其中建成通车泉州湾跨海大桥、寿宁、柘福、京台、漳永、邵光、延顺等19个项目(路段)共750km;新开工屏古、顺邵、泉厦漳城市联盟路泉州段、长乐前塘至福清庄前、漳州至梅州、永定至上杭、莆炎线永泰梧桐至尤溪中仙段、沙埕湾跨海通道工程等8个项目。新增寿宁、柘荣、古田、华安、光泽、顺昌6个县通高速公路,全面实现"县县通高速"目标。通车里程突破5000km,基本建成"三纵八横",海西高速公路网提前5年基本建成,将连接邻省11个海峡西岸经济区城市,有16个高速公路出口通往相邻省份,其中6个通往长三角、4个通往珠三角、6个通往中西部地区,并有若干个出口通往台湾,形成对接两洲、拓展中西部、服务祖国统一的快速大通道。沿海6个港口各有一至两条高速公路干道通往中西部地区,山区设区市2小时左右到达沿海港口城市,海峡西岸经济区周边城市4小时左右到达沿海港口城市,支撑和带动城市群、港口群、产业群发展。全省"县县通高速",所有县级行政中心约15分钟内可通高速公路,连接重要旅游景区和海陆空交通枢纽,全面提升县市和经济中心的对外交通水平,体现基本公共服务均等化,综合运输体系的整体功能得到充分发挥。福建高速公路将为海西建成为两岸人民交流合作先行先试区域、服务周边地区发展新的对外开放综合通道、东部沿海地区先进制造业的重要基地、我国重要的自然和文化旅游中心,提供交通先行基础和支撑。

第二节 高速公路路基工程

福建高速公路纵贯福建沿海和山区,经历了多种地质、地形、地貌、气候等施工环境的考验和挑战,是公路建设领域的一本"百科全书",路基工程具有高(填筑最高达80m)、深

(开挖最高达95m)、软(软基段落深而多)、滑(不良地质边坡、滑坡点多)等特点,建设中针对上述特点、难点,开展了福建山区、沿海路基工程成套技术科学研究和技术创新,解决了山区和沿海地区路基工程建设关键技术问题,对类似公路工程建设起到了示范作用。

一、软基处治方法研究及工程应用

福建省的软基主要分布于沿海一带,大多为新近沉积的滨海相或近海相软土地基,该软基的特点是含水率大,压缩性高,排水性差,有机质含量高。

1992年,福建省第一条高速公路——泉厦高速公路开工前,成立了软基课题组,选取泉厦高速公路的泉州池店镇全长2.7km的路段作为软基试验段,就软基的桥头跳车综合治理;粉喷桩采用双层复合地基理论及受力机理;软基侧向位移所引起的附加沉降,固结度随深度的变化规律;各种软基处理方法及适用性评价;总结软基上修建高速公路的设计与施工要点等问题进行研究。在该试验段设置10个观测断面,对袋装砂井、排水板、大通量排水板及粉喷桩处理的效果进行了观测,历时数年。1998年,省高指以泉厦高速公路软基试验成果为依据,结合施工实践经验和参考国内有关技术文献编写了《软土路基施工技术要领》,要领中分别对桥头、涵洞、通道,一般软基、桥头软基过渡段的工后沉降值,桥头构造物与路堤衔接处工后沉降附加纵坡值做了具体规定。对于软土地基填土速率的控制问题,为保证路基施工过程不失稳,采用分级填土;控制路堤中心沉降,边桩侧向位移,侧向斜管内侧向位移速率等措施。

对于桥头跳车问题,福建采用了桥头过渡段的处理方法,使桥台和路基的沉降差在过渡段内均匀分摊,并形成6‰的纵坡。对于一般软基路段,采用塑料排水板处理,而在桥头过渡段采用水泥粉喷桩或粉煤灰碎石桩进行处理,并以桩的长、短过渡来形成阶梯状变化,使得工后沉降在过渡段内从桥台到路基逐步增大,实现路基沉降的平顺连接;当桥头软基不厚,而且填土不高,也采用在过渡段内设置加密间距的大通量排水板,并辅以超载预压,使得路堤的沉降早日完成减少工后沉降;当一般路段沉降较大,或为了减小过渡段长度,则采用组合式桥台,台下设置粉喷桩,允许桥台少许沉降。

对于软土地基的处治方法,福建应用了袋装砂井,塑料排水板、大通量塑料排水板加载预压,粉喷桩,砂桩,碎石桩,粉煤灰碎石桩,爆破挤淤,塑料排水板加载真空预压以及管桩等多种处治方法。粉煤灰碎石桩加固由于兼有桩基与复合地基的特点,在处理含水率大、有机质丰富且深度较大的软基时,具有较好的适用性,在福建省软基处理中得到较为广泛的应用。管桩具有单桩承载力较高,便于运输,施工速度快、工效高、工期短,且施工完成后工后沉降小、质量控制容易,因此,对于软基路段的桥头处理中得到较为广泛的应用。

二、高填方路堤稳定与施工控制技术研究

福建省在山区高速公路建设中开展了高填方路堤稳定与施工控制技术的专题研究。

研究以高填方路堤稳定与沉降变形规律和路基填方压实施工质量控制为重点,通过对高填方路堤边坡稳定性评价、边坡冲刷与防护、路堤变形规律、填方压实质量检测与控制方法、标准等问题的深入研究,解决高填方路堤稳定、沉降、施工质量控制等关键技术。福建在这方面设计和施工上所采取的措施如下：

对高填方路堤进行特殊设计。首先在设计时就充分考虑高填方的稳定和沉降问题,对于高度大于20m的填方,规定要进行充分的方案比选,并要进行多项稳定性计算,如基底滑动稳定性计算、填方与地基的整体稳定性计算、填方本身的局部稳定计算等,同时还要考虑因地基和填实沉降变形带来的一系列问题。

应用土工合成材料协调和控制路基的不均匀沉降。实践证明,在高填方路堤工程中正确地应用土工合成材料,可以利用其技术特性改善和提高路基基底和路基本身的力学性能,从以往高填方路堤工程由于设计考虑不周而一味被动的事后维修,转变为积极主动的事前预防。在高填方路堤坡脚位于陡坡或征地困难路段,土工合成材料还应用于加筋陡坡路堤。取代传统的重力式挡土墙,漳诏高速公路修建了加筋陡坡路基。建成通车后经变形监测,这项技术的应用不仅可解决坡脚征地困难的问题,还可大幅度降低工程造价。此外,福建省在填方基底或路槽部位加筋(土工织物)处理,以减少路堤的不均匀沉降问题。漳诏高速公路的高填方路堤,路床下约2~4m的部位加入土工格栅,取得了良好效果。

以往对路堤的支挡一般采用浆砌片石挡墙,但对于某些地段,由于地基承载力不够或因路堤太高,重力式挡墙太高而难修建,就应考虑采用轻型支挡结构。福宁高速公路的霞浦至盐田路段采用了以浸塑钢带为拉筋、钢筋混凝土为面板的加筋土挡土墙。

三、填石路堤的研究、应用

填石路堤的质量控制历来是一个棘手的技术难题,我国现行公路路基设计、施工规范中涉及填石路堤的条目少、可操作性差,质量控制方法和控制标准涵盖面不足。目前国内外关于填石路堤质量控制方法的探索虽然不少,但由于填石料来源的复杂性、性质的多样性,加之填石路堤特有的不均匀性,使得当前普遍采用的一些方法都有各自的局限性,福建省高速公路建设中常遇填石路堤问题,绝大部分属于花岗岩等硬质岩填石路堤。为此,结合已建高速公路的实际,进行了花岗岩填石路堤施工质量控制的专题研究。通过研究表明,填料的压缩模量主要与其干重度有关,干重度越大,压缩模量越高。当干重度达到 $20kN/m^3$ 以上时,其压缩模量将在100MPa以上,满足路基填料的稳定性要求。填石料的力学强度主要由其抗剪强度和摩擦力两部分组成,这种填石料可以达到较高的抗剪强度。其 C 值为 $20~50$kPa;当重度大于 $20kN/m^3$ 时内摩擦角可达45°以上。填石料的抗剪强度与重度有良好的相关性。对同一种填石料,尽管级配不同,由于密度大致相同,其内摩擦角就处于同一水平上。填石料粒径变化对抗剪强度影响明显,这为填石路堤的层厚控制提供了方便。

根据花岗岩室内研究成果,填石路堤的强度和稳定性取决于填石料的密实程度。因此,填石路堤的压实质量控制实质上就是填石料的密度控制问题,以压实干密度作为检测指标是填石路堤质量检查的基本方法。由于检测压实干密度工作量大且专业要求高,不易操作。为此在以密度作为控制标准时,福建采用填筑层空隙率作为现场检测指标。实践证明,采用12t以上振动压路机对不同分区的填料振动碾压6遍以上能够达到上述标准。压实空隙率应通过水袋法挖试坑取样确定。为保证检测质量,根据填石料最大粒径制订了取样试坑的尺寸标准。

压实的最终目的是使填筑层具有足够的强度和稳定性。对巨粒土路堤,只要被压体的强度达到一定标准,它在承受某一荷重下的变形量和残余变形量将小于某值,这就为填石路堤采用沉降差检测法提供了依据。为便于现场检测,提高工作效率,福建选用标准吨位压路机(14t),制定了以下沉降差检测标准:测量按规定碾压参数碾压两遍后各测点的高程差,压实沉降差平均值不大于5mm,标准差不大于3mm。

该检测标准必须与施工工艺控制结合。从现场试验结果可见,沉降差检测结果的吻合性很好。随着碾压遍数的增加沉降差逐渐收敛,在碾压6~8遍后其测点的沉降差一般小于5mm,偏差亦很小(可控制在3mm以内),现场看不出明显的碾压轮迹。

采用上述施工工艺和质量控制方法生产的填石路堤,在上路堤、上路床填筑完成后分别进行了大量的现场弯沉检测,结果表明,按本控制方法指导生产的花岗岩填石路堤,无论是力学强度还是变形特性均优于普通路堤,完全满足高速公路路基设计和使用要求,工程质量可靠。

利用这一成果,福建编写了《高速公路填石路堤施工手册》,并在福宁、漳诏、罗长等高速公路建设中得到全面应用。

四、高液限黏土路基填筑技术研究

高液限黏土在福建省分布范围较广。这种土根据现行的《公路路基设计规范》和《公路路基施工技术规范》要求,不能直接用于填筑高速公路路基。高液限黏土不能作为可用土的原因在于其稳定强度低,在重型击实标准下的浸水CBR值均小于3.0,不能满足高速公路路基设计要求。在工程中出现的高液限黏土一般采取废弃换土方法解决,不仅增加土石方调运费用,而且要占用大量非永久性工程用地;采用外掺剂的方法处理,所需费用也相当高,同时施工工艺复杂、质量控制难度大。

由于高液限黏土具有液限含水率大、液限指数高、水稳定性极差的特点,用这种土填筑的路基,若采用常规的重型击实标准进行控制,压实后即处于极不稳定的状态,黏土颗粒微观势能严重不平衡,极易受自然降水、地下水影响,强烈地从大气中吸收水分,吸水后路基发生膨胀、密度下降、含水率升高,强度、稳定性降低,在行车荷载及路基自重作用下,路基将发生不均匀沉降、横向位移,导致路面开裂。通过室内试验研究,福建采用更为符合实际情况的湿法制件测试黏土的 CBR 值。试验结果表明:高液限黏土在击实功和含水率上存在着最佳状态,在此状态下击实的试件获得稳定强度,CBR 值也能满足公路路基设计要求。根据室内试验的最佳击实状态和现场试验路的修筑,可通过控制密实度和饱和度两个代表路基强度稳定性的指标作为高液限黏土的压实标准,确定施工的含水率控制范围和压路机碾压参数,采用不掺和任何固化剂或外掺材料而直接利用高液限黏土修筑高速公路路基。该技术首先在泉厦高速公路应用,随后在漳诏、漳龙等高速公路建设中予以推广。泉厦、漳诏、漳龙等高速公路已通车 15 年以上,根据实地观测使用效果良好。

第三节 高速公路路面工程

高速公路的路面结构形式有刚性路面、半刚性路面和柔性路面之分。水泥混凝土路面属于刚性路面;水泥稳定碎石或二灰碎石为基层、沥青混凝土为面层的属于半刚性路面;而以级配碎石为基层、沥青稳定碎石为过渡层再加沥青面层的则属于柔性路面。国外发达国家的高速公路多以柔性路面为主,而国内则以刚性路面和半刚性路面为主。福建省高速公路的路面普遍采用水泥稳定碎石基层、沥青混凝土面层的半刚性路面结构形式,其中也有少量的水泥混凝土路面。

一、早期沥青路面结构形式

泉厦和厦漳高速公路是福建省最早修建的高速公路,泉厦高速公路部分软基试验段于 1993 年开工,1994 年全线动工,并于 1997 年 12 月建成通车,厦漳高速公路则于 1998 年元月建成通车。在充分调研的基础上并结合福建省的实际情况,决定其路面采用水泥稳定碎石基层和沥青混凝土面层的结构形式。水泥稳定碎石基层的优点在于它的早期强度高,适合福建省南方多雨气候,并能满足施工过程中尽早开放交通、保证施工车辆通行的要求。沥青面层的优点则在于它的雨天防滑效果好、噪声小、行车舒适且易修复。同三线各路段路面结构层见表 4-3-1。

同三线各路段路面结构层　　　　　表 4-3-1

路　段	上面层	中面层	下面层	下封层	基层	底基层
泉厦高速公路	SAC-16 4cm	AC-25 I 6cm	AC-25 II 6cm	沥青砂 0.6cm	5%水稳碎石 30cm	3%水稳碎石 22~36cm
厦漳高速公路漳州段	AK-16 4cm	AC-25 I 6cm	AC-25 II 6cm	沥青砂 0.6cm	5%水稳碎石 30cm	3%水稳碎石 22~36cm

续上表

路 段	上面层	中面层	下面层	下封层	基层	底基层
厦漳高速公路厦门段	AK-16 4cm	AC-20 I 4cm	AC-25 II 6cm	沥青砂 0.6cm	5%水稳碎石 33cm	3%二灰碎石 22~36cm
福泉高速公路福州段	AK-16A 4cm	AC-20 I 5cm	AC-25 II 6cm	沥青砂 0.6cm	5%水稳碎石 30cm	3%水稳碎石 22~36cm
福泉高速公路莆田段	AK-16B 4cm	AC-20 I 5cm	AC-25 II 6cm	乳化沥青 加碎石	5%水稳碎石 26cm	3%水稳碎石 22~36cm
福泉高速公路泉州段	AK-16B 4cm	AC-20 I 5cm	AC-25 II 6cm	乳化沥青 加碎石	5%水稳碎石 30cm	3%水稳碎石 22~36cm
罗宁高速公路	AK-16B 4cm	AC-20 I 5cm	AC-25 II 6cm	乳化沥青 加碎石	5%水稳碎石 30cm	3%水稳碎石 22~36cm
罗长高速公路	AK-13A 4cm	AC-16 I 5cm	AC-20 II 7cm	乳化沥青 预拌碎石	5%水稳碎石 36cm	3%水稳碎石 15~20cm
漳诏高速公路	AK-13A 4cm	AC-16 I 5cm	AC-20 II 7cm	乳化沥青 预拌碎石	5%水稳碎石 36cm	3%水稳碎石 15~20cm
福宁高速公路	AK-13A 4cm	AC-16 I 5cm	AC-20 II 7cm	乳化沥青 预拌碎石	5%水稳碎石 20cm	3%水稳碎石 36~37cm

泉厦和厦漳高速公路当时的路面施工管理与现行施工管理中的要求相比有一定差距,这是当时的施工水平所决定的。首先是其碎石基本上采用天然级配,其级配曲线超出规范要求范围时有发生。细集料采用天然沙较多,石屑的使用并不普遍。摊铺的机械多为推土机、平地机,甚至人工摊铺。虽采用集中拌和,但拌和设备的生产能力不高。基层的上层虽要求采用摊铺机摊铺,但因当时条件所限,未能全面实施。所以当时基层的施工质量相对不易控制,有时会出现离析现象。

水稳层的顶面设有乳化沥青透层和沥青砂下封层,下封层的厚度为0.6cm,并要求用摊铺机施工。因水稳层的平整度较差,直接影响到沥青砂下封层摊铺厚度的均匀性。若沥青砂混合料中有粒径稍大的碎石混入,摊铺时就会出现拉条现象。此外,沥青砂本身的抗渗效果并不理想,所以沥青砂下封层不一定能真正起到防水的作用。

泉厦和厦漳高速公路的沥青中下面层均为AC-25粗粒式混合料,下面层为II型,中面层为I型。所用碎石以花岗岩为主,为了提高与沥青的黏结力,普遍掺入抗剥落剂。泉厦高速公路上面层采用了沙庆林院士提出的多碎石级配,四个合同段中有ABC三个使用石质较好的石料。在施工机械方面,其拌和楼的生产能力普遍不高,往往不能保证摊铺机连续作业。粗粒式沥青混合料在摊铺过程中容易出现离析现象。

在总结泉厦及厦漳高速公路路面的设计和施工经验之后,同三线其他路段路面设计做了一些调整,其中福泉和罗宁高速公路的沥青面层总厚度为15cm,而罗长、漳诏及福宁高速公路为16cm,罗长和漳诏高速公路的面层级配较细一些,且三层均为密级配。在福泉高速公路的路面施工中无论对所用材料还是施工设备均提出较高的要求。首先要求水稳层所用的碎石应分规格堆放，拌和机至少要有三个料仓配料，以保证级配的稳定。福泉高速公路因备料较早，有些合同段已按混合级配堆放，省高指则要求对已备石料进行全面过筛。在摊铺设备方面则要求基层使用摊铺机，以保证水稳层的均匀性和平整度。其他路段如漳诏、罗长和福宁高速公路则从底基层开始均使用摊铺机。与泉厦高速公路相比，现在路面基层的施工质量总体上有较大的提高。为了防止因路基不均匀沉降引起路面开裂，漳诏、罗长及福宁高速公路的一些高填方段和填挖交接处在水稳基层中加铺了钢筋网，实践证明这是防止路面产生裂缝的有效措施。

鉴于泉厦高速公路下封层施工质量不易控制，效果不佳，福泉的莆田和泉州段改用乳化沥青加碎石的表处方式。从实际施工的质量控制来看，效果并不理想，因此福州段仍采用沥青砂下封层。因水稳层顶面较密实，乳化沥青的渗透效果并不好。在漳诏、罗长及福宁线均采用煤油稀释沥青作为透层，实践证明渗透效果较好。下封层有用热沥青加预拌碎石的，也有用乳化沥青加预拌碎石的。热沥青做下封层虽防渗的效果较好，但在实际洒布时不易控制其均匀性，局部会出现重叠洒布，对沥青路面的高温稳定性不利。

漳诏、罗长及福宁线三条路段的沥青面层均为密级配，这是近年来一些高速公路通车后相继出现水损害后在设计上的一种改变。在这三个路段的沥青路面施工中，省高指加强了配合比的审查，并请了专家进行讲课和培训，对施工质量控制起到了积极的作用。在施工过程中特别强调把好"四关"，即材料备料关、配合比设计关、混合料生产关和摊铺碾压关；混合料的生产过程中则要求控制好"三要素"，即级配、用油量和空隙率。其碎石的材质和加工质量均比泉厦高速公路等有了较大的提高，基本上不用酸性花岗岩，而多用辉绿岩、凝灰岩或玄武岩等中性或碱性石料。碎石加工均采用反击式破碎机，采用干法除尘等，有效地提高了碎石的加工质量。

二、沥青路面新型结构研究

经过数年运营发现，个别早期路面结构高速公路路段存在不同程度的路面早期病害，其损坏状态、特点与我国其他省份高速公路发生早期损坏具有一定的相似性。福建省高速公路的主要损坏表现形式有：①沥青面层早期损坏，即水损害、唧浆、松散、坑槽、车辙、泛油等破坏；②桥面铺装局部破损；③结构物连接不顺畅、桥头及接缝跳车；④路基沉降，如软土路段、高填方路堤；⑤高边坡滑塌；⑥半填半挖路段的沉降和开裂。

由此可见，水损害、松散、坑槽、车辙、泛油等病害是福建省高速公路沥青面层早期损坏主要形式。福建省气候炎热、多雨潮湿，高温持续时间长，山区丘陵比例多，高速公路纵坡较大，同时重车比例大，高速公路的外部条件比较复杂，高速公路的铺筑技术难度大。在认真总结福建省高速公路沥青路面的建设经验和普遍发生早期损坏的主要原因基础上，通过对国内外路面结构类型的调研、国内柔性基层和厚沥青层沥青路面性能的调查和理论分析、力学计算,针对福建省的自然条件、交通荷载条件、路基土承载能力以及材料,充分吸收国内外先进经验、技术,结合防治高速公路沥青路面早期损坏的成套技术和以往的成功经验,以提高福建省高速公路沥青路面长期性能和耐久性为目标,开展福建省高速公路沥青路面新型结构研究。2005年,提出了南方湿热地区高速公路沥青路面的新型结构。

该新型结构有两个主要特点:①在水稳层和沥青层之间设置了级配碎石层及相应的功能层,一方面增强了结构的排水功能,提高了抗水损坏能力,另一方面避免了结构性反射裂缝,提高了结构的稳定性;②采用16cm左右ATB,使沥青结构层总厚度达到26cm左右,增强了结构的抗疲劳性能,延长使用寿命。

该新型路面结构在龙长、浦南高速公路应用,两条高速公路弯道多,纵坡起伏大,通车以来,路面保持了良好的使用性能,路面平整密实,无泛油、松散、横向开裂、车辙和水损坏等病害。解决了福建省高速公路半刚性结构水损坏的问题。

在调查中发现,浦南路有个别平纵曲线过渡段落出现了雨天路表面局部积水的现象,分析认为是平纵曲线的过渡段落施工控制不好,容易造成横向路拱度不够,特别在低凹处容易导致路表面积水,在雨季连续下雨造成的局部积水不容易及时排除。因此提出了平纵曲线过渡段采用移动路脊法施工。

之后,福建在泉三、宁武、双永等新开工路段全面推广应用新型的南方湿热地区高速公路沥青路面结构。主要新型结构形式为:

(1)路基段:4.5cm改性沥青混凝土抗滑表层AC-16C+5.5cm中粒式改性沥青混凝土AC-20C下面层+16cm密级配沥青稳定碎石ATB-25上基层+16cm级配碎石下基层+32cm 3%水泥稳定碎石底基层(级配碎石下基层和3%水泥稳定碎石底基层间设置1cm热沥青表处下封层)。

(2)桥梁段:4.5cm改性沥青混凝土抗滑表层AC-16C+5.5cm中粒式改性沥青混凝土AC-20C下面层。

(3)隧道段:4.5cm改性沥青混凝土抗滑表层AC-16C+5.5cm中粒式改性沥青混凝土AC-20C下面层+24cm C30水泥混凝土面层+20cm C20素混凝土基层+15cm级配碎石垫层(仅为大部分,目前仍有部分采用水泥混凝土路面)。

沥青混凝土上面层与下面层间、下面层与沥青稳定碎石上基层间洒改性乳化沥青黏层油;如有分层施工的沥青稳定碎石上基层层间也洒一层乳化沥青黏层油;级配碎石下基层顶面在施工沥青稳定碎石上基层之前,先洒布高渗透乳化沥青透层油后再洒一层乳化沥青黏层油;水泥稳定碎石底基层顶面设置1cm热沥青表处下封层,在施工热沥青表处下封层之前应先洒布高渗透乳化沥青透层油;桥面及采用复合式路面的隧道路面在铺设沥青混凝土之前均应先施工改性乳化沥青防水黏层。

从各路段采用新型路面结构通车以来,路面保持了良好的使用性能。实践证明,该新型结构的应用是非常成功的。

三、沥青路面材料与结构提升应用技术

自全面推广应用新型的南方湿热地区高速公路沥青路面结构以来,全省高速公路路面结构设计中沥青结构设计较为单一,但全省各地经济发展差距较大、高速公路上交通量差异较大,气候自然条件亦有差异,新材料、新工艺等科技成果也取得突破。省高指根据当前情况提出按福建省的气候、交通荷载条件及材料科技成果,开展以解决福建省高速公路沥青路面主要问题、实现福建省路面材料、结构技术的综合提升为目标的沥青路面材料与结构提升应用技术研究。

1. 高速公路沥青层厚度差异化设计技术

自全面推广应用新型的南方湿热地区高速公路沥青路面结构以来,全省高速公路沥青路面结构,无论交通量如何,基本采用 4.5cm AC-16 + 5.5cm AC-20 + 16cm ATB-25,结构单一,同时没有考虑交通量大小并进行针对性设计。但在路面结构设计中,应需要考虑气候(高低温、降雨等)和交通(交通量和荷载)状况进行充分设计。全省各地经济发展差距较大,高速公路上交通量差异较大。对于一些交通量非常小且气候温和的路段,采用较厚的沥青路面,标准偏高,导致工程造价产生不必要的增加而造成浪费。

通过全面调查福建省高速公路的交通荷载,收集福建省现有高速公路交通荷载数据,计算分析、并绘制了高速公路交通荷载分布图;提出基于实际的交通量、车型比例以及荷载状况,采用分级实载的荷载参数计算累计标准轴次的方法和程序。对不同等级交通荷载路段进行统计分析,认为福建省高速公路各高速公路交通量、货车比例、荷载水平差异非常大,特别是轻交通和特重交通比例较为突出,需要针对不同高速公路的交通荷载进行沥青路面结构厚度的差异化设计。因此,提出了以沥青层总厚度作为目标的设计原则,根据高速公路的实际交通荷载水平,给出了福建省用于实际工程设计指导的沥青层总厚度-交通荷载设计曲线。实现了根据福建省高速公路不同交通荷载,提出沥青层厚度设计方法和标准,达到沥青层厚度的差异化设计的目标,从而指导结构设计中根据交通荷载条件确定沥青层总厚度。

通过现场交通荷载调查,应用项目研究成果对三明建泰高速公路沥青路面结构进行优化,在保证沥青路面性能基础上减薄了沥青层厚度,降低了工程造价。同时龙岩古武、漳州靖海等高速公路均成功应用了项目研究成果,进行了路面结构的优化。在此基础上,编写了《福建省高速公路沥青路面结构设计指南》。

2. 高速公路沥青新材料应用技术

从长期来看,沥青路面的变形一直是福建省等南方炎热地区高速公路路面面临的主

要问题之一。现有沥青材料,如 70 号沥青等常规材料难以满足高速公路严酷自然条件和荷载条件要求,即现在采用的沥青胶结料标准整体上可能偏低,需要研究采用新的沥青胶结料,提高沥青路面性能,以降低工程造价。

通过对福建省现有高速公路沥青路面高温温度场数据采集、分析提出新的高温温度模型,同时明确不同标准荷载(美国为 80kN,我国为 100kN)下累计标准轴次的换算关系,分析高温条件、交通量大小和车速对沥青胶结料的等效关系,基于 SHRP 的沥青胶结料 PG 性能等级划分方法提出福建省高速公路沥青胶结料性能等级确定方法和标准。然后分析处理福建省 10 个气象站连续 40 年气象数据,针对福建省高温分布和特点,考虑不同的交通量大小和交通车速,提出推荐的福建省高速公路沥青胶结料性能等级分布图,并提出福建省的新沥青胶结料技术要求。

基于结构-材料一体化设计思路,针对 30 号硬质沥青混合料,考虑其高劈裂强度、高模量等特性,提出基于沥青层底疲劳寿命等效原则进行硬质沥青厚度等效设计方法,并计算、论证提出了 30 号沥青稳定碎石基层时沥青层总厚度-交通荷载设计曲线。同时进行沥青混合料的设计方法、评价指标和沥青混合料的施工工艺和质量控制技术研究,提出了基于实测的黏-温曲线数据,硬质沥青混合料拌和、摊铺、碾压等各环节温度控制范围,应用于莆田莆永、漳州厦成、漳州靖海等高速公路,通车后观测,路面具有良好的使用性能,路表面平整密实,无泛油、坑槽、松散、车辙、开裂等病害。

3. 温拌沥青应用技术

针对公路隧道内热拌沥青混合料施工时有毒有害气体聚集、作业环境温度高,影响人体健康和作业安全等问题,开展了温拌技术研究。通过研究认为,采用成品温拌改性沥青技术,可降低施工温度,减少烟雾排放和能源消耗。在宁武高速公路冷石、南坑隧道中,采用温拌 SBS 改性沥青混合料技术并取得了成功应用。

第四节　高速公路桥梁工程

福建省高速公路桥梁根据福建地形特点,可归纳为以下 5 个特点:①从浙江交界的闽东沿海到广东海岸线长达 3752km,福建公路跨越多个海湾,铸就了多座跨海跨江大桥,如福宁高速公路下白石跨海大桥、平潭海峡大桥、厦漳跨海大桥、泉州湾跨海大桥、宁德滨海特大桥等。②福建水系密布,河流众多,河网密度达 $0.1km/km^2$。全省拥有 29 个水系,663 条河流,内河长度达 13569km,流域面积 $50km^2$ 以上的河流 500 多条,其中流域面积在 $5000km^2$ 以上的主要河流有闽江、九龙江、晋江、交溪、汀江 5 条。③闽东南沿海地区河流湖泊众多,软土地基分布广泛,高速公路上修建具有特色的高架桥,如福银高速公路江口特大桥、罗长高速公路洪塘高架桥等。④闽中、西、北部地区崇山峻岭,如福银、厦蓉、永武等高速公路许多地段位于高山峡谷,采用桥隧相连,桥隧比达40%以上,工程异常艰巨,如漳龙高速公路7km长的"行内溪"桥梁群、福银高速公路猫坑溪桥梁群、宁武高速公路屏南连接线翠溪2号特大桥等。⑤闽北、闽中、闽西南一带是福建丹霞地貌的主要分布区,丹霞地貌由晚白垩世赤石群红层构成,岩溶发育,著名的武夷山、泰宁金湖、永安桃源洞、连城冠豸山等风景区就坐落于上述地区,素有"碧水丹山"之称。岩溶地区的桥梁需进行特殊的地基处理,逐桩地质钻探、设计、施工、检测,福建成功建设了永武高速公路享堂1号大桥、龙长高速公路山窝岗特大桥、永宁高速公路上曹大桥等,为岩溶地区同类工程的设计、施工处理技术的积累提供了宝贵的经验。

截至2015年底,全省建成通车高速公路桥梁共计7736座1877382延米(单幅,下同),其中特大桥226座411437延米,大桥3670座1161915延米,中小桥3033座148363延米,匝道桥807座155667延米。桥梁结构以梁桥为主(预制T梁、小箱梁、空心板梁、悬浇、现浇梁、扩建拼接梁),部分跨海大桥采用斜拉桥。

在高速公路建设伊始,福建省高指就探讨如何从桥梁结构的设计、施工、养护管理等方面结合"安全、经济、适用、美观"原则,提出了桥梁上部结构采用标准跨径、施工中推行桥梁标准化管理。

一、跨海大桥

福建省陆地海岸线长达3000多公里,海岸线长度居全国第二位,海岸曲折,岛屿星罗棋布,共有岛屿1500多个,其中海坛岛(平潭岛)为全省第一大岛,全国第五大岛。沿线港湾众多,大小港湾125个,自北向南有沙埕港、三都澳、罗源湾、湄洲湾、厦门港和东山湾等6大深水港湾。

1. 福宁高速公路下白石大桥

下白石大桥位于福建省宁德市东北部下白石镇,是国道主干线同江(黑龙江)至三亚(海南)高速公路福建省境内福宁高速公路上的一座特大型桥梁。桥梁全长999.6m,主桥长810m,为145m + 2 × 260m + 145m的四跨预应力混凝土连续刚构桥。桥梁宽度24.5m,双向四车道,分两幅独立大桥。

下白石大桥跨越赛江赛歧至下白石河段,桥位处河面宽约750m,水深15~32m,断面平均流速2.44m/s,断面最大流速3.42m/s,最大冲刷深度20.88m,桥位处河道受潮汐、径流共同作用,潮汐占主导地位,最大潮差8.38m,最小潮差1.94m,平均潮差5.35m。该河段航道为国家Ⅲ级航道,同时通航1000吨级海轮;覆盖层为砂与卵石,厚23~45m,其中卵石层厚15~26m,最大卵石粒径70cm,基岩为微风化凝灰熔岩。桥址所在地区属于中亚热带海洋性季风气候,具有四季分明、气候温暖、多雨、无霜期长、台风频繁等特点。多年平均气温19℃,极端最高气温39.4℃,设计最大风速40m/s。

下白石大桥的设计、施工中采用了许多创新技术,并积极推广应用新材料新工艺,如：①上部结构轻型化,在减少梁高、减小梁宽、减小箱梁厚度等方面都进行了有益的尝试；②梁底线形优化,采用1.6次抛物线,不仅改善了$L/4\sim L/8$梁段梁底受力状况,而且整个主梁的受力都处于一个良好的状态；③预应力钢束精细布置,本桥在80%的梁段均未设置下弯束,使得腹板高度的90%范围内无预应力管道,从而给腹板混凝土的浇注带来极大的方便,而在0号块两侧的8个梁段内设置了下弯束,将钢绞线设置在最有利的部位,提高了预应力效率,节约了钢材；④7号墩采用新型墙式嵌岩基础；⑤主梁采用C60高强度混凝土；⑥塑料波纹管及真空辅助压浆工艺；⑦环氧涂层钢筋的使用；⑧高强竖向预应力粗钢筋；⑨深水基础(最大水深32m)、厚覆盖层(覆盖层最厚达45m)、厚卵石层(厚20m左右,最大卵石粒径70cm)、高潮差(最大潮差8.38m)、大流速(最大流速3.42m/s)条件下成功使用了钢套箱护筒法；⑩连续两跨260m大跨两个主孔同时合龙等。同时,下白石大桥开展了箱梁悬臂施工控制技术研究,根据施工量测反馈数据,运用神经网络理论方法进行计算参数的识别,建立用于箱梁悬臂施工控制的参数识别方法,将其应用于施工控制过程中以指导施工；通过分析施工中结构的变形组成及影响施工控制工作的各种因素,建立了施工中立模高程的确定方法。通过对下白石大桥的线形(高程)和结构应力实施有效的控制,达到了施工控制的预期目的,减小了施工难度,降低了施工风险,提高了成桥合龙精度,达到了施工控制的预期目的。连续刚构桥悬臂施工控制技术研究总结出一套完善的施工控制理论和控制方法,为今后大跨径预应力混凝土连续刚构桥的设计与施工提供宝贵的经验。

下白石大桥于2003年3月15日顺利合龙,运营后荷载试验结果和常规检测结果均表现良好,其在解决国内大跨径连续刚构桥普遍出现的跨中严重下挠问题和梁体裂缝方面较为成功,表明通过调整梁体结构布置,合理处理梁的高跨比,优化梁底曲线线形,合理设计预应力的布局,并通过箱梁悬臂施工监控等方式,可以大大改善桥梁受力模式,使整个桥梁处于一个良好的工作状态中,增加了桥梁的耐久性和安全性。下白石大桥的建成标志着国内大跨径预应力混凝土连续刚构桥的建设在连续大跨、新材料的使用、高潮差、大流速、地质条件复杂等条件下的设计和施工技术又向前迈进了一步,为促进国内该类型桥梁的继续发展进一步打下基础。

2. 平潭海峡大桥

平潭海峡大桥项目连接我国第五大岛、福建第一大岛平潭岛。起点位于福清市东瀚镇小山东,跨越海坛海峡,经北青屿,终点至平潭娘宫,全线长4976m,其中桥梁长3510m,通航等级为5000吨级海轮,通航主桥在43~45号墩之间双孔单向通航,桥跨布置为100m+2×180m+100m,上部结构采用变截面预应力混凝土连续刚构箱梁,下部结构采用钻孔桩基础。通航主桥西侧部分为西引桥为42孔、东引桥为17孔50m等截面预应力混凝土连续箱梁结构，下部结构为现浇墩身，带圆端的矩形承台，钻孔灌注桩基础。平潭海峡大桥于2007年11月动工兴建，2010年12月建成通车。

主要施工难点：平潭综合实验区环岛公路设娘宫互通立交与平潭海峡大桥有效衔接，为确保匝道桥的建设，决定对在建的平潭海峡大桥（复线桥）46～51号墩之间进行加宽，加宽段长度为250m，为单箱多室等高度变宽度现浇箱梁，桥面宽度由17m渐变至29m。由于加宽段位于海上，墩高达40m，风大浪高，地质条件复杂，采用支架现浇安全风险较高，为有效降低风险，确保箱梁施工的质量和安全，研制了适合加宽段箱梁施工的异型移动模架。变宽度箱梁采用移动模架进行施工，扩展了移动模架的使用范围，增创了变宽度箱梁新的施工方法，成功解决了变宽度箱梁采用传统支架法施工的诸多复杂性问题。

平潭大桥跨越海坛海峡，海水含盐度高，海上作业首先面临防腐问题。借鉴国内已建跨海大桥的新技术，首先对桥墩里的钢筋做防腐处理，运用海工混凝土浇筑，再掺加外加剂来减少海水中氯离子的侵入，最后在墩身外表再涂一层防护层，减少海水侵蚀，解决海水防腐蚀的问题。

开展的科研课题研究：平潭海峡水域宽、风大浪急以及水深较深，对此，我们开展了"海上深水长大直径桩基础施工工艺研究"，就海上深水长大直径桩基面的稳定性、施工机械的选择、海水泥浆的工程适用性等多方面展开研究，较好地解决了复杂海洋环境的深水长大直径桩成孔过程中的垂直度问题；完善了海上深水长大直径桩基础的施工工艺与质量控制技术，提出了防腐技术以及潮汐变化、台风等海洋环境对施工质量影响的解决对策；提出了海水泥浆可用于海上深水长大直径桩的施工工艺。同时，深入研究了海上深水桥梁桩基础大体积混凝土承台施工关键技术，提出集防撞、防腐于一体的承台模板即钢套箱的制作、安装与就位技术；在分析温度与应力变化规律的基础上提出了科学合理的大体积承台温控技术。该研究成果成功应用于平潭海峡大桥桩基础的施工，取得了显著的社会效益和经济效益，为今后推广应用提供了工程范例，该课题研究成果整体达到国际先进水平。

平潭海峡大桥所处平潭岛海坛海峡，通过历年的统计资料显示，平潭岛经受过多次强台风的袭击，而主桥属于大跨径悬臂浇筑施工，存在很大的施工安全风险，我们还开展了"强台风作用下跨海连续刚构桥长悬臂施工安全研究"，提出了主桥悬臂施工采用钢箱纵梁式挂篮，该挂篮具有如下特点：①挂篮重心低，防台风性能良好；②走行方便、快捷、稳定；③各节点为全焊结构，消除了非弹性变形；④挂篮组装，无锁接或栓接，装拆快捷，比三角形及菱形挂篮装拆时间快8～10天；⑤结构形式简单、受力明确；⑥挂篮改制方便，重复利用率高，具有适合不同桥宽的悬浇施工等特点；⑦挂篮各主要构件皆为杆件，装车及运输方便；⑧特别适用于沿海台风多发地区的悬浇施工。该形式的挂篮成功地解决了台风期进行大悬臂施工的难题。课题研究成果为沿海强风区特大连续刚构桥梁施工安全及其对策提供有力参考,所取得的成果可直接降低施工成本,为缩短施工周期、降低人员机具风险提供有力依据,提出的抗台风对策能够极大地提高施工期结构抗台风能力,提出的施工安全标准及运营管理对策具有极大的经济与社会效益。

平潭海峡大桥水运交通繁忙,是我国中小型船舶南北航行的主要航路之一。每天过往的千吨级以上船舶达 200 多艘,在大风浪气象期间,大量中小型船舶无法穿越台湾海峡大风浪区,均通过海坛海峡航行,海峡航行密度就更大。但在平潭海峡大桥桥区附近的航道较为复杂,大桥南侧附近有暗礁和沉船,使得北上航道呈 S 形通向大桥主通航孔,如操作不当,船舶甚易碰撞东桥靠近主桥通航孔的部位;如果驾驶员对航道不熟悉而操作失误或船舶发生故障等时,船舶撞击平潭海峡大桥引桥风险将更高。平潭海峡大桥施工期间,大桥引桥前后共遭遇 6 次船舶的撞击。开展了"大跨度桥梁引桥防船撞技术研究",发明了一种大型桥梁引桥防船舶撞击的新型技术,即在平潭海峡大桥和复线桥主通航孔附近(东西引桥附近)共设 4 个区域引桥防船撞设施,设置于引桥前方,当偏离航道的船舶碰撞到拦截设施时,该设施将自动快速提升拦截网、包住船头,拦截网通过缆绳与恒阻力装置连接上,当船舶拖带拦截网向前移动时,恒阻力装置对拦截网将提供一个大致恒定的拖阻力阻碍船舶向前运动,消耗船舶动能,直至船舶停止运动,达到阻止船舶靠近大桥、保护大桥安全的目的,并防止船舶偏离主航道而撞击桥墩造成损失,是保护海洋环境及大桥安全的一种拦截设施。本拦截设置属于全国首例。

平潭海峡大桥顺利建成通车,标志着我国海峡大桥的设计和施工技术又向前迈进了一步,建设过程的多项研究成果填补了国内跨海大桥建设史的空白,为我国海峡大桥建设提供了宝贵的经验。

3. 厦漳跨海大桥

厦漳跨海大桥是经国家批准建设的海西高速公路网厦漳泉城市联盟的组成部分、福建省重点工程,起于在建的厦门至成都国家高速公路(厦门海沧至漳州天宝段)青礁枢纽互通,跨九龙江经海门岛,止于漳州龙海后宅,与招商局漳州开发区疏港一级公路和在建的招银疏港高速公路相连接,总投资 50.03 亿元,全长 9.33km,其中桥长约 8.555km,含北汊北引桥、北汊主桥、北汊南引桥、南汊北引桥、南汊主桥、南汊南引桥、海平主线桥,跨海桥梁宽度采用 33.5m(不含锚索区),采用双向六车道高速公路标准建设,设计速度 100km/h,设计荷载为公路—Ⅰ级。该项目从北到南由北汊桥、海门岛立交、南汊桥和海平立交等 4 个主要工程构成。其中,主体工程北汊桥,桥长 6690m,主跨 780m 的五跨连续半飘浮体系双塔双索面斜拉桥,可满足 3 万吨级船舶安全通航。2013 年 5 月建成通车。

厦漳大桥处于地震高烈度区,其设计地震动峰值加速度要明显高于当时国内的其他桥梁,为此开展了"高烈度地震区连续梁桥隔震体系研究",即以高烈度地震区连续梁桥隔震体系研究为核心,根据连续梁桥的结构特征创新性构建其滑动式混合隔震体系,率先研制了连续梁桥滑动式限位铅芯隔震橡胶支座,使其与普通铅芯隔震橡胶支座集成为滑动式混合型隔震系统,并建立了其相关精确力学模型,理论分析表明,该体系不仅可以有效地降低厦漳大桥中大跨连续梁引桥的地震力,同时也满足结构变形需要,有效地解决了在温度、徐变作用下传统的隔震体系对连续梁桥带来的不利影响,提高了结构安全性;进一步基于CRIO高速通信处理器技术研制了速度控制型隔震桥梁实时子结构实验系统,通过该实验系统优化了相关隔震参数,同时精确地验证了连续梁桥滑动式混合隔震体系的隔震效果;基于概率分析方法,实现了连续梁桥滑动式混合隔震体系的性能设计,建立其满足多级抗震设防目标的隔震设计方法;编写了相关设计规范及产品标准,推广了该项隔震技术在桥梁设计中的应用。本研究取得的连续梁桥混合滑动式隔震体系成果有效地降低了地震高烈度地区的大跨度混凝土连续梁桥的地震力,同时通过隔震装置的自由滑动解决了大跨度混凝土连续梁桥的温度变形、徐变对隔震体系的影响,提高了结构安全性,并为公路桥梁抗震设计规范修编提供依据和参考。

厦漳跨海大桥北汊主桥为主跨780m的大跨径钢箱梁斜拉桥,4个墩顶区共有9节钢箱梁,单节最重361t,吊高65m。目前有三种安装钢箱梁的方法:①使用大型浮吊进行吊装施工,但低潮位时钢梁吊装区域海床面大多裸露在外,只有进行大量的疏浚工作,大型浮吊才具备作业条件,且大型浮吊租赁费用高,水上作业风险大;②采用变幅或桅杆式吊机架梁,吊机本身费用高;吊机前支点反力大,钢箱梁自身强度不足,需要设置一个架梁吊机初始站位平台,底座结构规模庞大,完成初始节段架设后吊机需要下放,下放荷载大、距离高,存在较大的操作难度及安全风险;③采用顶推法施工,本桥位于水上,且墩身高度大,必将耗费大量的支架材料,工程量大,施工成本高。因此,根据现场实际条件,提出了"活动支架辅助不变幅架梁吊机架设钢箱梁施工技术"的架梁新方法,即不需要大型浮吊、不用变幅吊机,仅用简单的措施辅助不变幅架梁吊机即可完成墩顶钢梁的架设工作。设计两种活动支架结构,一种主塔区活动支架,另一种其他墩顶区活动支架。主塔区活动支架合理使用三向液压系统来完成三角桁架结构体系的转换,其他墩顶区活动支架使用卷扬机及滑车组完成跳板梁结构的体系转换,两种活动支架在梁段起吊前将支架活动部分变位,钢梁利用不变幅架梁吊机提升到位后,恢复支架的活动部分进行承重,然后在支架上将钢梁纵移到墩顶设计位置。即一种简单的架梁吊机初始站位平台结构以及架梁吊机从初始站位平台到钢梁顶面转移的方法。"活动支架辅助不变幅架梁吊机架设钢箱梁施工技术"创新了浅滩区、大跨度、高墩斜拉桥钢箱梁架设施工技术,避免使用大型浮吊进行吊装施工;解决了架设初始梁段时架梁吊机的站位和架梁吊机从初始站位位置向钢箱梁顶面上转移的难题;解决了浅滩区、高墩、钢梁需大量加固等难题,为浅滩区墩顶梁段架设技术拓宽了新的思路。

厦漳跨海大桥处于海滨或海水环境,混凝土结构耐久性要求100年,必须提高混凝土的密实性。混凝土材料中使用了比表面积比水泥大的优质粉煤灰和磨细矿物等矿物掺和料,外加剂、水泥用量大,不利于排气泡,使板制的混凝土黏性较大,泵送效果不好,耐久性高、氯离子扩散系数、振捣时间难控制,振捣不到位很难排出气泡,振捣太久又容易离析,所以所有墩身采用透水性模板布施工。透水性模板布以改性高分子聚合纤维为主要原料,经过特殊技术加工而成,具有质地柔软、坚韧等特点。使用时将透水性模板布贴在模板上,浇注混凝土后,在混凝土内部压力、透水性模板布的毛细作用及振捣棒等共同作用下,混凝土中的气泡以及部分游离的水分由混凝土内部向表面迁移,并可通过混凝土透水模板布中间层排出,降低混凝土表面水灰比,达到消除混凝土表面的气泡、砂线、砂斑等混凝土质量通病的目的,并产生以下效果:①提高混凝土表面密实性,改善混凝土表观质量;②改善混凝土耐久性(防止碳化、减少氯离子渗透),增强混凝土耐化学腐蚀能力,延长混凝土使用寿命;③提高混凝土表面硬度、耐磨性、抗冻性和表面抗拉强度,使混凝土的渗透性、碳化深度和氯化物扩散系数也显著降低;④有排水排气作用,混凝土透水模板布具有均匀分布的孔隙,水能通过渗透和毛细作用经透水模板均匀排出,不形成聚集,这样有效减少气泡、水泡、砂斑、砂线等混凝土表面缺陷的产生;⑤有保湿作用,可对混凝土起到养护作用。使用透水模板布后,混凝土工程质量和安全性能明显提高,且带来了显著的经济效益,减少了外观装修费用,更关键的是采用透水性模板布施工外观质量好,为工程赢来了口碑。

厦漳跨海大桥北汊南引桥位于半径为1690m曲线段,预制箱梁各节段横坡需不断变化,从而为短线预制模板系统及钢筋绑扎台座的通用性以及预制过程中的保持高精度提出了很大难题。且在半径为1690m的曲线段施工时,两跨桥曲线中矢距达1.44m且跨中梁段偏离桥机中轴线1.06m,T构悬臂端梁段偏离1.06m,在不调位情况下无法进行T构及边跨悬挂安装;若保证T构安装,则前支腿偏移量超过天车横移范围,无法进行墩顶块吊装和边跨悬挂工作。在箱梁节段预制方面,项目部研发的多功能半刚性模板系统不仅具有普通箱梁节段预制模板系统的高精度、模块化、液压机械化的特点,而且解决了在同套模板进行不同横坡变化预制的技术难题,其底模升高方式、底模与侧模的配合机理极为合理。在预制过程中,多功能半刚性模板系统底模应具有一定柔度,其刚度在满足常规箱梁节段预制的前提下,又能适应表中变形的要求(底板可调整成空间曲面,其中一点低于或高于其他三点形成的平面16mm)。同时侧面应具有一定柔度,在空间扭曲箱梁节段预制时,匹配节段翼缘最大差值达22mm,侧模应能够和匹配节段、端模紧密结合。在节段拼装上,采用了先进计算机软件测量计算系统,即集模型计算与预测系统、误差分析与修正系统、预制放样与拼装测量系统为一体、能正确识别各个施工阶段状态参数,预测线型发展趋势,自动识别和修正施工误差的节段短线法预制、悬拼施工线型控制计算机软件。预制过程中采集所有预制箱梁节段的数据,以指导安装,并结合采集已拼装箱梁节段的数据共同分析预制,保证拼装线形始终在小范围内波动。采用短线法匹配预制进行 $R=1690\mathrm{m}$ 曲线段箱梁节段预制开创了国内首例,多功能半刚性模板系统具有结构简单、使用便利,尺寸精准的优点;国内首次在 $R=1690\mathrm{m}$ 曲线段箱梁节段预制安装中应用先进计算机软件测量计算系统,高精度、高质量控制成桥线形,为以后做更小半径的预制、安装提供了宝贵借鉴经验。

厦漳大桥处于地震高烈度区,其设计地震动峰值加速度要明显高于当前国内的其他桥梁,通过开展"高烈度地震区连续梁桥隔震体系研究",即以高烈度地震区连续梁桥隔震体系研究为核心,根据连续梁桥的结构特征创新性构建其滑动式混合隔震体系,率先研制了连续梁桥滑动式限位铅芯隔震橡胶支座,使其与普通铅芯隔震橡胶支座集成为滑动式混合型隔震系统,并建立了其相关精确力学模型,理论分析表明,该体系不仅可以有效地降低厦漳大桥中大跨连续梁引桥的地震力,同时也满足结构变形需要,有效地解决了在温度、徐变作用下传统的隔震体系对连续梁桥带来的不利影响,提高了结构安全性;进一步基于 CRIO 高速通信处理器技术研制了速度控制型隔震桥梁实时子结构实验系统,通过该实验系统优化了相关隔震参数,同时精确地验证了连续梁桥滑动式混合隔震体系的隔震效果;基于概率分析方法,实现了连续梁桥滑动式混合隔震体系的性能设计,建立其满足多级抗震设防目标的隔震设计方法;编写了相关设计规范及产品标准,推广了该项隔震技术在桥梁设计中的应用。本研究取得的连续梁桥混合滑动式隔震体系成果有效地降低地震高烈度地区的大跨度混凝土连续梁桥的地震力,同时通过隔震装置的自由滑动解决了大跨度混凝土连续梁桥的温度变形、徐变对隔震体系的影响,提高了结构安全性,并为公路桥梁抗震设计规范修编提供依据和参考。

4. 泉州湾跨海大桥

泉州跨海大桥桥长 12.45km,分南岸陆地区引桥、南岸浅水区引桥(六车道)、蚶江互通主线桥、南岸浅水区引桥(八车道)、南岸深水区引桥、通航主桥(70+130+400+130+70)m 双塔分幅组合梁斜拉桥、北岸深水区引桥、北岸浅水区引桥、秀涂互通主线桥 9 个区段。泉州湾大桥项目于 2012 年 1 月开工建设,2015 年 5 月建成通车,长度位居福建第一、全国第六。

本项目在建设过程中应用了多项新技术,如:①主桥主梁采用节段干拼的钢-混凝土组合梁结构。主桥上部结构梁段间的混凝土板采用剪力键+环氧涂层干拼的接头形式,为国内首创。这种接头形式取消了高空现浇作业,每个节段至少缩短 4~5 天,从而极大地提高了工效,缩短了复杂海域的作业时间、降低了施工风险。但工艺较复杂、安装难度较大、精度要求较高,这对主梁的预制、安装都提出了较高要求。②混凝土桥面板预制采用反拱施工工艺。混凝土桥面板设置纵、横向预应力,因桥面板较薄(28cm),纵、横预应力难以全部采用预应力钢束。因此,在保证纵向预应力的前提下,横向预应力采用对钢梁施加反拱获取。在钢梁上部安装反拱桁架,通过张拉反拱架顶部的千斤顶获取,精度满足梁段拼装要求。该施工工艺在国内桥梁中首次运用。③主桥主墩防撞采用大体积防撞钢套箱。主桥主墩处于航道两侧,该航道设计为1万吨级船舶通过,其防撞要求高。采用防撞钢套箱进行保护,其体积为79.6m×22.2m×8.8m,总重约900t,采用整体制作,一次吊装就位的施工工艺,其吊装工艺、安装定位测量、就位微调、封底混凝土浇筑等均为防撞套箱施工的技术难点。④桥梁防腐措施设计。本项目处于海洋环境,该环境对钢筋混凝土及钢结构具有较强的腐蚀性,因此设计上采用了不同的防腐措施。海上桩基础、承台、墩身及梁板等混凝土结构均采用海工混凝土,其中承台及墩身浪溅区还增加硅烷涂装进行防护,适当加大钢筋保护层,采用不锈钢网片等。桩基础的永久性钢护筒外壁采用环氧涂层进行保护。主桥的主墩承台采用混凝土结构阴极保护技术;组合梁钢结构除外部采用电弧喷铝涂层保护外,内部还进行除湿系统设计,根据钢箱梁内湿度情况自动除湿。⑤50m和70m箱梁采用预制节段拼装短线法施工,采用该施工技术,上部结构节段预制与下部结构施工可同时进行,施工速度快,工期短,质量安全可控。

泉州湾跨海大桥工程北岸浅水区引桥(B015号墩至B021号墩)、秀涂互通主线桥(B021号墩至B030号墩)和蚶江互通主线桥设计为移动模架现浇箱梁,既有16.5m和20.25m两种等宽的标准断面,又有变宽的渐变断面,最大截面达31.6m,并且施工荷载变化较大,箱梁吨位重,浇筑质量最大达4200t。根据工程的特点以及施工环境等综合因素确定采用大宽度变截面移动模架设备进行施工。本项目从移动模架设备研发以及施工控制关键技术方面对变截面移动模架施工中的关键工法和施工控制指标进行研究和分析,对变截面移动模架提出相关要求,完善变截面移动模架的施工工艺,编制了《大宽度变宽度移动模架施工操作指南》,顺利完成了变宽箱梁施工,线形控制良好。

泉州湾大桥的建成标志着国内跨海大桥的建设又向前迈进了一步,为促进国内该类型桥梁的继续发展进一步打下基础。

5. 宁德滨海特大桥

宁德滨海特大桥位于宁连高速公路宁德段,桥梁总长11043m,为367孔25m、30m、40m组合连续预应力混凝土箱梁桥,桩基柱墩。该桥区属于滨海滩涂(海域)地形,地势较开阔平坦,跨越三都湾滩涂、海域、围垦,其中三都湾水域部分长达8km,该段施工受潮位影响大。海底高程一般高于-10m,分布地层主要由淤泥、黏性土和卵石组成,为路线主要的软土分布区,软土厚度约在20~35.2m之间,由线路小里程至大里程向渐厚。桩基及下部结构施工主要采取钢栈桥结合钻孔平台,上部结构主要采取在后场预制、前场架桥机架设后先简支后连续的施工方法。主要施工特点:

钢栈桥:宁德滨海桥长度超11km,受桥梁线性及海域内几个航道、大堤影响,栈桥在平面上与主桥一致存在平弯曲线;立面上需跨越通航孔、大堤等存在高低起伏,与国内同类建设项目比较,极大地增加了施工难度。

钻孔平台及支栈桥:桥钻孔桩基础采用搭设钻孔平台施工,钻孔平台与支栈桥连成整体。平台为高桩梁式结构,主要由支撑钢管桩、上层主梁与次梁、下层钢管平联组成。受栈桥线性高程影响,本项目的钻孔平台根据栈桥的不同高程设置了不同的布局,在栈桥起伏不大位置,采用了普通的高低平台、钻孔平台略低于支栈桥以便于混凝土浇筑;在通航孔等位置,栈桥距离海床面高,为减少钻机成孔长度,钻孔平台与支栈桥采用了完全分离式结构,降低了桩基成孔难度。

桩基:本桥位所处地质主要为淤泥、卵石、砂土状强风化花岗岩及微风化花岗岩,桩长在23~77m不等,根据工艺试验,确定了冲击钻成孔的施工工艺。本项目由于桥梁路线长,桩基地质层的起伏也较大,桩基的不利地质因素及保证措施如下:①淤泥层厚度大,不同水域淤泥塑性及贝壳等杂质含量不一样,塑性较差部分在淤泥层易出现缩孔问题,施工中,采取钢护筒尽量穿过淤泥层,加强成孔质量检测;②淤泥层与砂卵石层、全风化与砂粒状强风化层分界面处,对于冲击钻成孔工艺,冲击锤的振动对孔壁土体有一定扰动作用,易出现扩孔甚至塌孔等问题,在施工至这些部位时,采取抛投质地较好黄土或适量袋装水泥等措施,加强交界面区域孔壁土体固结措施,减少或避免该类问题发生;③强化泥浆质量控制,施工中采取了简单实用的泥沙分离器,并施工过程中强化泥浆指标的检测,为桩基成孔、成桩质量控制提供了有效的保障。

下部结构施工:主要为柱式排架结构,流水作业、易形成标准化施工,为此在工艺上,对承台、立柱、盖梁钢筋,均采用在后场胎架上制作成型、运输至现场进行安装施工,提高了施工质量,尤其是在钢筋保护层厚度质量控制、施工工效的提高上均取得了较好的效果。

小箱预制梁施工:作为大批量的小箱梁预制施工,在工艺上严格标准化施工,采取了一系列举措,取得了较好的效果。措施:①钢筋制作,钢筋加工采用了数控弯曲机、数控弯箍机等自动化加工设备,提高工效的同时,大大改善了钢筋加工制作的精度;②钢筋安装,结合小箱梁结构特点,对底腹板钢筋,采用在胎架台座上通过定位措施加工绑扎成型,然后整体吊装入模,工效及质量得到较大提高;③钢筋垫块根据部位不同,底板、顶板采用梅花型垫块,腹板采用圆饼式垫块,对箱梁预制钢筋保护层控制质量上得到了较好的保证;④预应力施工工艺上,引进了预应力智能张拉、智能压浆设备,在预应力施工质量控制上尽量避免了施工人为偏差因素,大幅提升了施工质量。

桥面铺装施工:为保证桥面铺装质量,采用了分条分幅工艺,即采用在单幅桥梁15m宽度上,纵向总体分两幅施工,单幅先作1.0m宽的标准带,通过对标准带平整度的控制,结合振动梁措施,较好的控制了桥面铺装平整度质量。

海工混凝土耐久性施工:宁德滨海特大桥处于海水浪溅区,对混凝土的耐久性要求较高。主要采取了以下措施:①优化配合比设计,通过掺加粉煤灰、矿粉等措施,增加混凝土的致密性,提高混凝土的耐渗性;②严格施工过程控制,强化细集料的氯离子含量监测,从源头上控制混凝土的耐久性指标;③对下部结构浪溅区的混凝土表面进行了硅烷防护,多层面提高结构混凝土耐久性。

桥面雨水收集处理:根据环评要求,跨越宁德东湖国家湿地公园区及水域部分共长8048m桥梁桥面排水应收集处理,桥面泄水管通过三通将桥面的排水汇入侧向排水管,进而引到油污处理池。

二、跨江大桥

1. 福州连接线乌龙江大桥

福泉高速公路福州连接线乌龙江大桥起点位于仓山区城门镇广福山下乌龙江畔滩地防洪堤附近,终点于长乐市营前镇黄石村西侧坡下峡漳公路内侧,横跨乌龙江。大桥全长2156.1m,跨径组合为$(24 \times 25 + 10 \times 35 + 60 + 3 \times 110 + 60 + 5 \times 35 + 18 \times 25)$m,桥面全宽33.5m,净宽30.5m,为分离式六车道。设计荷载汽车—超20级,挂车—120,洪水频率为1/300,通航等级为四级。

主桥上部构造为$(60 + 110 \times 3 + 60)$m,单箱单室变截面双支座连续箱梁,根部高6m,跨中为2.5m,箱底宽8.25m,两翼悬臂长4m,采用三向预应力体系,箱梁采用挂篮悬臂浇筑。主墩下部构造为双肢花瓶式薄壁桥墩,基础为4ϕ2.5m钻孔群桩,过渡墩为钢筋混凝土柱式桥墩,基础采用4ϕ1.8m钻孔群桩。引桥构造主河槽内采用跨度35m预应力混凝土准连续T梁,滩孔采用跨度25m预应力混凝土准连续T梁。下部构造采用双柱式桥墩ϕ1.8m、ϕ1.5m钻孔桩基础,桥台采用肋式台钻孔桩基础。跨径110m主桥外似连接刚构实为双支座连续梁,为福建省首用,这种设计桩基直接对肢墩、支座,传力顺捷,能有效削减支点负弯矩峰值和支座反力,盖梁采用无正弯矩设计,下缘呈圆弧形,造型美观。

2. 厦漳高速公路九龙江西溪大桥

西溪特大桥位于沈海线厦漳高速公路漳州段,桥梁桩号为K2339+966.39,上跨九龙江西溪,桥梁全长1389.98m;主桥采用预应力混凝土截面箱梁,南北引桥为预应力混凝土T形准连续梁;第一联1~9、第二联10~22跨(主桥)、第三联23~28跨、第四联29~33跨、第五联34~39跨、第六联40~44跨。第二联主桥位于西溪主河道上,中跨为11孔50m,两边跨均为35.46m,主桥全长620.92m,采用2.8m等高连续梁,主桥下部9~22号墩采用双柱式桥墩、柱径1.7m,工字形承台,每墩4根ϕ1.2m桩基础。该桥于1997年12月竣工。

3. 泉厦高速公路沉洲特大桥

沉洲特大桥为泉厦高速公路的重要桥梁,大桥长3087.5m,宽2×12.5m,1996年12

月通车。2007年泉厦高速公路进行扩建,在原桥址位置又新增两幅。

4. 龙长高速公路福海寺特大桥

长汀县策武乡境内的福海寺特大桥。总长847m的福海寺特大桥是龙长高速公路最长的桥梁,也是龙长全线的控制性工程之一。

5. 沈海复线宁德段交溪特大桥

交溪特大桥沈海复线宁德柘荣至福安段,为全线重难点控制性工程,是闽东地区第一高墩大桥(桥墩高度88.6m,桥面距地面高度103.1m)。

三、高架桥

沿海地区软土地基分布广泛,推行标准化预制。桥梁上部小跨径结构先张空心板到后张空心板,中等跨径的由简支梁、准连续梁到连续梁桥发展。

1. 福银高速公路福州13里长群桥

福银长群桥位于三福高速公路福州段,全长6348.41m。它由大蒲高架桥、南屿互通立交主线桥和江口特大桥等三座特大桥首尾相接组成。跨越大樟溪、内涝河网区、深厚软土区、南屿互通区以及国道316线、县道公路,形成一条13里长群桥,是当时福建省高速公路上最长大桥。大桥设计中着重考虑长桥累计变形效应和施工顺序方案,它为今后长桥建设积累了经验。

2. 罗长高速公路洪塘高架桥

洪塘高架桥3229m,为107孔30m预应力混凝土准连续T梁,桥台均采用U形桥台,明挖扩大基础,桥墩均采用柱式墩钻孔灌注桩基础。本设计为准连续梁,采用先简支后连续的方法架设。先简支部分为预制的预应力混凝土T梁,连续接头部分采用普通钢筋混凝土,接头负弯矩区的桥面采用钢纤维混凝土铺装。

3. 泉厦高速公路浔美大桥

泉厦高速公路在庄任—浔美路段为适应大泉州新规划,避免高路堤影响城市景观,并防止软基上高路堤的工后沉降,桥梁为61孔全长1697m,桥型主要为跨径30m预应力混凝土准连续T梁,对跨越城市道路的路段采用等截面预应力混凝土连续空心板,跨径12~17m,下部结构为柱式墩,钻孔桩基础。

4. 漳诏高速公路东园高架桥

漳诏高速公路东园高架桥为跨越深厚软基区段而设,桥梁全长1703.5m,跨径25m预应力混凝土准连续T梁,预制T梁采用导梁架设,下部结构为柱式墩,钻孔桩基础。本桥下部结构为全幅(左右幅合一),横向双柱接双桩,桩长70m,为当时全省高速公路之最,盖梁采用预应力混凝土结构,上部结构T梁率先在横向由6片改为5片,支座由单支座改为双支座。

5. 漳州沈海复线天宝特大桥

天宝特大桥上跨九龙江,桥长4627.5m,上部结构为148孔30m、40m预应力混凝土连续刚构T梁,下部结构为柱式墩桩基础、肋式台桩基础。本桥连续T梁,采用先简支后连续方法架设,预制T梁在连续墩上先简支于临时支座上,结构连续施工完成后,解除连续墩上临时支座转换为支座于墩中心线的永久支座上或焊接梁底及墩顶钢板并浇筑连续段混凝土形成连续体系。

四、山区桥梁

闽中、西、北部地区崇山峻岭,如福银、厦蓉、永武、宁武等高速公路许多地段位于高山峡谷,采用桥隧相连,桥隧比达40%以上,工程异常艰巨。

1. 福泉高速公路尤树特大桥

该桥处于福泉高速公路,跨越沟谷,桥梁全长657.8m,跨径30m,分为3联,上部结构为预应力混凝土T梁,先前支,后转换体系成为连续刚构,下部结构为柱式墩,钻孔桩基础。本桥特点:T梁先简支后为连续刚构是福建省高速公路桥梁首次采用的桥型,上部结构只设端隔板,丁梁之间无湿接缝,全靠现浇钢筋混凝土桥面构成整体,桥墩的双柱间采用多道横系梁连接。

2. 漳龙高速公路七里长群桥

石崆山—新祠段位于福建龙岩境内的崇山峻岭中。受地形限制,全线桥隧相连,总里程13.2km,桥梁总长度4.023km。其中的B、C、D标段为全线穿越地形最复杂、高架桥最集中地段。该段内高架桥穿行于V形峡谷底的"行内溪",沿溪而上,跨越堤坝及电站水库,与隧道相接。三个标段总长5.964km,桥梁单幅总长7864.454m,桥梁占路线总长的66%。"行内溪"盘山环行,溪岸多为直立的石壁,谷深百余米。谷底基岩裸露,有零星块石、漂石。由于与隧道衔接,高架桥处于整体式路幅与分离式路幅的变化过渡段。桥址最大纵坡达4.7%,最小平曲线半径250.5m,最大桥高80余米。其中,石崆山Ⅰ号、石崆山Ⅱ号、建安关、九沙溪高架桥四座桥首尾相连,左线桥连续桥长2962.6m,右线桥连续桥长3300.5m。桥梁最大跨径155m,号称七里长群桥。高架桥布孔及桥型方案充分考虑了山岭区特点,根据桥址线形、地形、地貌、材料来源、施工特点及运营要求确定。不追求大跨径,尽量做到标准化、系统化,便于施工,同时注意造型美观并与周围景观相协调。确定由连续箱梁(刚构)、T梁、现浇空心板、现浇实心板和箱形拱5种桥型为高架桥的组合桥型。为了适应地形和线形,群桥采用不同结构,不同孔径分联布设,最大跨径为155m,最小跨径为7m。大跨径采用箱梁连续刚构,小跨径采用板梁,中等跨径采用T梁。平曲线半径大的路段用大跨径,平曲线半径小的路段用小跨径,布设得当,各得其所。整段高架桥集大纵坡、小半径、高墩、长桥、大跨径于一体,其中石崆山右线桥是全省已建成的连续刚构中居集跨径、纵坡、墩高和技术难度之最。针对重型车多,坡度大,采用新研制的桥梁护栏,提高防撞等级。以及利用先建桥面作为预制场,亦是该群桥特点之一。七里长群桥是福建省山岭区已建的最具特色的高架桥,其沿峡谷中溪流架设的桥梁规模实属罕见。该桥2002年1月建成通车。

3. 福银高速公路猫坑溪大桥

猫坑溪大桥位于福建省尤溪县东南部洋中镇境内,跨越猫坑溪。桥位区地形切割较为强烈,呈V形深沟,主桥主跨采用150m预应力混凝土连续刚构桥。猫坑溪大桥左、右幅桥长分别为514.93m和451.74m,主桥平面位于半径620m的圆曲线上,上部构造为85m+150m+85m预应力混凝土弯箱梁连续刚构,引桥为30m的预应力混凝土组合T梁连续刚构,桥面横坡为4%,纵坡2.5%。

猫坑溪大桥为大跨度、高桥墩、小半径悬浇预应力连续刚构弯箱梁桥,为国内同等曲线半径下跨径最大、墩高最高的曲线梁桥。针对桥梁横向弯矩和扭矩较大,空间受力及预应力效应复杂,桥梁设计中结构计算分析过程中采用平面杆系程序初步布置预应力钢束,利用多套空间分析程序对主要施工阶段及运营阶段进行详细的三维空间力学、预应力分析及超高桥墩稳定分析。并通过多个空间有限元分析程序分析结果的相互认证,优化设计,确保结构安全可靠。箱梁横向按弹性约束下的平面框架模型进行计算,并考虑了纵向预应力钢束平面弯曲的崩力影响;同时通过合理设置箱梁两腹板内的纵向钢筋和箍筋,有效抵抗了曲线箱梁的额外扭矩和横向弯矩。施工中采取积极有效措施,实现了小半径、大横坡(4%)悬臂浇筑的现浇箱梁施工,同时采用自适应法的施工监控手段,模拟实际工况,合理设置抛高值,实现了小半径悬浇梁桥合龙后桥梁平纵面线形的流畅。

该桥2004年11月建成通车。本桥顺利建成为预应力混凝土弯箱梁连续刚构桥的设计和施工提供宝贵的经验。

4. 宁武高速公路屏南连接线翠溪2号特大桥

翠溪2号大桥位于政和县杨源乡黄淡村北向,上跨翠溪河及202省道,桥梁全长515m,桥型布置为5×30m预应力混凝土连续刚构组合T梁+(85+155+85)m变截面箱梁连续刚构+30m简支T梁。桥址区属低山地貌,地形起伏较大,处于V形的翠溪峡谷上,两侧桥台山体自然坡度18°~30°,桥址区上部覆盖层较薄,沟底及现有公路两侧基岩直接大面积裸露,桥面距谷底近140m。主桥下部:变截面箱梁主桥主墩6号、7号墩立于超过70°的山崖绝壁上,采用箱形墩、桩基础;交界墩5号、8号墩采用薄壁墩、桩基础;引桥桥墩采用柱式墩、桩基础；桥台为柱台、桩基础。该桥2010年3月开工，2012年12月建成通车。

主墩桩基为直径2.8m，采用人工挖孔。5号、6号、7号墩承台为减少开挖破坏现有植被导致有部分悬空，采用搭设平台的方法施工。主墩承台长宽均为11.6m，厚度4.2m，属大体积混凝土施工，采取外径57mm壁厚3.5mm钢管的冷却管的循环冷却系统，混凝土表面采取覆盖湿润棉毡养生，以保证混凝土施工质量。墩身为6m×6m空心墩，采用塔吊翻模施工。箱梁采用菱形挂篮悬臂浇筑施工。

在翠溪2号特大桥悬浇梁冬季施工时，混凝土浇筑完毕后养护采取覆盖保温和箱体加温相结合方式的新型养生技术：混凝土浇筑完毕后，在顶板混凝土面铺设塑料薄膜，薄膜上覆盖棉毡，棉毡上覆盖彩条布防风。在箱梁端部及底部采用帆布遮风，梁体内箱养生段不大于3个连续块段，且须将两个连续块段全封闭（内端也采用篷布严密隔离），采用蒸汽养生机进行蒸汽养生，并在钢模板外侧安装玻璃棉保温隔热板。采用新型养生技术后，悬浇箱梁的混凝土质量、施工进度都得到了有效的保障。

5. 沈海复线高速公路莆田段湖洋1号大桥

湖洋1号大桥位于莆田仙游县双溪口库区，桥梁全长558.50m，桥型布置为3×30m连续T梁+3×30m连续刚构T梁+（59+110+59）m变截面连续刚构箱梁+（4×30+25）m连续T梁，上跨双溪口水库，主跨长度110m，大桥主墩最高约70m。主墩下部结构为箱形空心墩配钻孔桩基础。

湖洋1号大桥主桥悬灌段跨双溪口水库，其中7号、8号主墩位于水库两侧岸边，地势陡峭；库区水位波动变化较大，测量水位146m，发电常水位160m，最高水位164.64m，左7号、左8号承台顶高程分别为163.5m和160.3m；右7号、右8号承台顶高程分别为157.98m和158.3m；正常发电期间，右7号、右8号承台顶均在水位下2m左右。6号和7号、8号和9号之间的地面相对高差30m左右，因此在6号墩至9号墩设置4台塔吊，用以箱梁材料的运输。7号、8号主墩共设置2台电梯供作业人员上下使用。6号、9号空心薄壁箱墩采用搭设门字架供作业人员上下使用；挂篮投入4套；采用输送泵泵送混凝土入模。该桥2013年12月建成通车。

6. 龙长高速公路船岭崊特大桥

船岭崊特大桥左线长362.5m，右线长341m，桥面至沟底垂直高度超过135m，墩台全部落在近似悬崖峭壁的山腰间，是全线25个标段的第一控制性工程，施工难度之大超乎想象。

五、岩溶地区桥梁

福建的武夷山区就是典型的喀斯特地貌，亦称丹霞地貌。福建丹霞地貌分布于闽北、闽中、闽西南一带,由晚白垩世赤石群红层构成,有著名的武夷山、泰宁金湖、永安桃源洞、连城冠豸山等风景区,区内群峰攒抱、石笋横出,景色险、奇、秀、幽,雄伟壮观,加之绿水环绕、碧波潋滟、流泉飞瀑点缀,素有"碧水丹山"之称。但修建在这些地区附近的如永武、龙长、永宁等高速公路路线不可避免地经过岩溶发育地区,岩溶地区的路基、桥梁的地基均需特殊处理。

1. 永武高速公路享堂1号大桥

根据钻探揭露及物探显示,永武高速公路的十方、双坊、岩前盆地为覆盖型岩溶区,约7km,该路段灰岩中溶洞发育,第四系土层与灰岩接触面处土洞发育。溶洞极发育,溶洞大部分分布在距地13~40m之间的灰岩层中,在平面上呈带状分布,在竖向呈串珠状分布。沿线存在如此量大面广的溶(土)洞,路基通过段采用开挖回填、强夯、注浆等措施处理。该段共有6座桥139根桩基,其中有93根桩基在钻探中发现有溶洞或土洞,溶洞最大高度达13.8m,单桩溶洞最多达8层。溶洞充填物较杂,呈流塑~硬塑状亚黏土(或含角砾、碎石亚黏土)充填,部分溶洞无充填物;土洞主要在第四系土层与灰岩接触面处,一般有流塑状黏土充填。

永武高速公路享堂1号大桥长777.50m,桥址区下伏岩层主要为石炭系船山组海相沉积大理岩化白云质灰岩,岩层受侵蚀强烈,岩层中溶洞很发育,钻探多个孔均揭示到溶洞,部分钻孔揭示到3~4层溶洞,直径大者达11.20m,多为空洞或半充填溶洞(半充填溶洞中多为流~软塑状的黏性土或含泥粉细砂充填)。桥位区11~14号墩,桩长最深是11号墩右幅的两根桩为70m,大部分达到30m以上。桩基施工前,采取先对溶洞发育区地质勘察报告明确的溶洞应进行预处理,确保工程施工过程中的安全稳定性。对无充填溶洞、空洞溶洞空洞部分在一定的范围内采用灌注C10混凝土填充;对半充填溶洞或存有充填物的溶洞采用提管泵送压灌低标号(100号)水泥浆处理,以达到溶洞完全填充的目的。混凝土填充及压灌水泥浆后,应在桩基范围取芯检验填充效果,待溶洞完全填充且强度达到后进行桩基施工。通过预处理,顺利完成桩基施工。

2. 龙长高速公路山窝岗特大桥

龙长高速公路山窝岗特大桥全长674m,上部结构为22孔30m连续T梁刚构,桥梁基础为桩基础,桥墩为双柱圆形墩。地貌基本类型为中低山及丘陵区地貌,间夹冲沟及山间盆地地貌,路线呈波状起。桥梁范围内分布有石灰岩,受地质构造和地下水的影响,岩溶裂隙较发育,局部发育成溶洞。本桥岩溶主要分布在5~17号墩,岩溶发育有溶洞、溶腔、串珠形溶洞,溶洞与桩基一般为斜向交叉,向下延伸,溶洞内有淤泥等填充溶洞物,高度约在0.4~4.6m之间,其中5号墩断面自上而下发育有7处溶洞,溶洞高度在0.3~1.1m之间,溶洞间距在0.8~3.9m之间。通过采取填充溶洞、钢护壁支护、钢筋笼结合钢护壁支护的方式成功地解决了桩基施工。

3. 永宁高速公路上曹大桥

永宁高速公路上曹大桥上跨上曹村,位于上曹水库西侧。桥梁全长248m,上部为6×40m预应力混凝土连续T梁,下部为柱式墩、肋式台,桩基础,桥墩桩基直径为2.0m。桥位横跨冲洪积沟谷,沟谷SSE向。桥址区表层为冲洪积层、残坡积层,其下伏基岩为石炭系林地组(C11)粉砂岩、砂岩、船山组(C3c)等。区域地质资料显示场区及周边为灰岩区,岩石较破碎,灰岩区岩溶发育,钻探及物探资料揭示有成片溶洞发育,高程约210～270m,部分溶洞中充填有松散中粗砂或可塑的黏性土夹碎石,为深藏型溶洞。上曹大桥桩基共40根,均处于岩溶区,除两端桥台处于山坡上,地下溶洞较深,桩底未进入岩溶区,桥墩的20根桩基需要岩溶处理。

在岩溶地区,必须要在详细的地质、水文、物探资料的基础上,进行逐桩钻探,以查明桩底以上的岩溶发育情况,选择合理安全的桩底高程;一般桩底至溶洞顶部顶板完整微风化灰岩厚度不小于3倍桩径,同一桥墩相邻两根桩桩端深度不宜相差太大,但岩溶地质构造复杂,根据逐桩钻探资料,有可能因在桩基满足设计且桩底满足安全厚度的情况下同一桥墩相邻两根桩桩端深度相差较大。为避免造成严重的质量隐患,岩溶区桩基主筋需穿过溶(土)洞。施工期间应加强勘察,查明岩溶路基的地质、水文条件,以动态调整设计方案。在岩溶段桩基施工前,应详细掌握岩溶地段每桥墩的岩溶分布情况,认真分析设计文件中有关地质勘察资料,了解溶洞(多层溶洞)、裂隙位置、分布、走向、大小、充填情况、根据岩溶情况确定每根桩的岩溶处理措施,岩溶地段一般按照"先深桩,后浅桩,逐一施工的原则"进行施工。由于地质分布的不均匀性,在施工时要根据具体的地质情况,来选择合适的施工工艺,在同一施工场地不同桩基可采用不同施工工艺,并且往往是几种施工技术综合应用。

施工过程岩溶桩基施工控制特点:①裂隙、溶蚀孔的施工。采用及时补浆、抛填黏土和碎石同时用冲击钻冲孔堵塞的方法即可处理。②一般溶洞(溶洞高度小,充填情况较好)的处理。在冲击钻孔至溶洞顶板以前,准备足够的黏土及稻草、片石及块石、袋装水泥等充填物,同时准备足够的泥浆和泥浆泵。冲孔至溶洞顶板1m左右,减少冲击钻冲程,冲程宜控制在1～1.5m左右,通过短冲程、快频率的方法逐渐击穿溶洞,防止冲程过大而导致卡钻。同时钻机操作人员应密切注意观察护筒内泥浆变化,一旦泥浆面下降,迅速补浆,同时快速提钻,回填事先准备好的填充材料,反复冲砸挤密,直至顺利穿过溶洞。③大型溶洞(溶洞高度大,洞内半充填或无充填物)和多层溶洞(层与层之间的距离较近)的处理:采用长护筒护壁的方法。④溶腔体积很大或与其他溶洞相连通的溶洞:采用灌注C15水下混凝土的方式,反复灌注和冲孔,逐步缩小岩溶通道,直至顺利穿越。

第五节　高速公路隧道工程

一、隧道建设概况

福建素有"八山一水一分田"之称,境内山岭耸立,丘陵起伏。武夷山脉为福建省第一大山脉,横贯福建闽西北。戴云山脉为福建第二大山脉,横贯福建中部地区。因河流众多,江河切割导致众多山脉支离破碎。常言道:闽道更比蜀道难!这种地形特点,决定了隧道在福建山区高速公路建设中占有较大的比例。

20世纪90年代至今,随着国高网福建境内段和海西高速公路网中近5000km高速公路的建设,高速公路隧道逐渐成为引领福建隧道发展的主角。自福建省第一条泉厦高速公路建设以来,福建省的高速公路隧道建设的发展与国内其他省市一样,长大隧道越来越多,各种典型隧道形式及创新越来越引人注目。我国已成为世界上公路隧道最多的国家,福建省已成为全国拥有高速公路隧道最多,总延米最长的省份之一。截至2015年底,全省建成通车高速公路隧道共计1289座1640967延米(单洞,下同),其中特长隧道129座555849延米,长隧道386座686789延米,中隧道358座263546延米,短隧道416座134783延米。

福建在特长隧道、特殊结构隧道、海底隧道等方面的修建技术走在全国先进的行列。有京台项目最长的牛岩山隧道(长9252m),莆田湄渝独头掘进长度最长的单洞三车道岐山隧道(隧道长8041m,独头掘进长4495m),宁连项目反井法施工最深竖井(396m)油车岭隧道;有罗长项目马宅顶不对称连拱隧道,福银项目首座夹心曲中墙技术际头洋连拱隧道,机场路金鸡山、罗汉山八车道连拱隧道,魁岐1号、2号四车道小净距隧道、泉厦扩建项目大帽山原位二扩四隧道,等大跨、特殊结构的隧道;有福宁项目下穿水库的赤岭、洋坪隧道,厦门翔安海底隧道等跨水库、跨海隧道。

自1991年福建首次在国道205南平五显岭隧道采用新奥法原理进行设计施工以来,新奥法成为福建高速公路隧道修筑的一种基本方法。目前,福建省已将钻爆法推广到原洞扩建的隧道、以岩石为主的海底隧道及部分的具有城市功能的公路隧道。随着地下实践和理论进一步完善发展,岩土控制变形分析法(新意法)也在部分困难地质情况下进行应用,如漳永项目安建隧道和湄渝项目岐山隧道。

二、工程地质特点

福建地处中国东南沿海一隅,濒临西太平洋,地势总体西北高,东南低,山脉多沿北东—南西方向延伸;境内峰峦叠嶂、山岭耸峙、丘陵起伏。地貌形态复杂多变,有含残积台地、丘陵、低山、中山地貌等多个地貌类型。地层岩性、岩石强度复杂多变,沉积岩和变质岩地层与燕山期火山岩地层各占三分之一。岩石类型达数百种，主要有花岗岩、灰绿岩、玄武岩、凝灰熔岩、砂岩、泥岩、灰岩、石英云母片岩、千枚岩等；有的岩石抗压强度高至200MPa以上（细粒花岗岩），有的低至5MPa（泥岩）。

地质构造复杂，岩浆活动频繁，是全球构造－岩浆活动最活跃的地区之一。菲律宾板块与亚欧大陆板块俯冲碰撞形成泉州—汕头地震带、政和—大埔地震带、邵武—河源地震带；多次的地壳构造运动，造成地壳强烈差异升降和中生代以来大面积的岩浆侵入和火山活动。表壳构造以各种脆－韧性断裂及推覆、滑脱构造为主，尤其是脆性断裂极其发育。断裂构造发育，构造带间互相切割、组合，这些构造及其次生构造控制了福建地质构造基本格架。如三明永宁项目石林隧道位于永安市大湖镇，长2875m，隧道进口浅埋段较长，且洞内围岩破碎、地质复杂；现场施工过程中出现了大变形软岩、突泥流沙、溶洞、断裂构造带等多种不良地质情况，造成了隧道开挖塌方，初期支护变形严重，连续换拱，仰拱隆起等多种灾害。

福建是全国年均降水量最丰富的省份之一。地下水丰富、水文地质条件复杂。大气降水经地表植被和松散地层持水后，极易经破碎岩体或构造破碎带入渗深部地层，如宁德京台项目黄竹山隧道，施工过程多次突涌水，水注喷水距离长达15m；莆田、泉州沈海复线项目的锦峰隧道、白石格隧道构造裂隙水发育，均出现长时间出水。灰岩区隧道岩溶普遍发育至极发育。如三明泉三项目三阳隧道最大涌水量11万m^3/h，洞内的小型机具和材料均被冲出洞外，洞口部位水深近1m，人员无法站立；龙岩漳永项目和新隧道多次出现突涌水，高峰出水量达15万$m^3/$天，整个出水1个多月，后稳定在2万$m^3/$天。沿海花岗岩类侵入岩极为发育，极易发生不均匀风化，囊状风化或球状风化（孤滚石），球状规模从小至数厘米到大至数十米均有可能，地质勘察很难完全查清。如漳州厦成项目灯火寨隧道为全线控制性工程，双向六车道特长公路隧道，长3390m。围岩变化频繁，风化不均，强弱差异较大，部分段落有承压水，出现喷沙现象。2012年隧道出现全风化花岗岩在承压水作用下发生大型突泥，突泥体达1.3万m^3，填充了隧道100m。漳州沈海复线项目宝丰隧道洞口段土体饱水且夹有大量的孤石，洞口段施工相当困难。

三、推行标准化管理

福建高速公路隧道施工严格管理指南要求全面推行标准化施工。积极推广"零开挖"进洞理念；委托有资质的单位进行地质超前预报；合理确定隧道开挖方式选择，加强动态设计与信息化管理；加强钻爆设计，提升光爆效果；全面推进湿喷工艺，推广应用喷射混凝土机械臂进行湿喷施工；严格控制各施工工序步距，要求掌子面与仰拱、铺底距离不超过60m，与二衬距离不超过200m；推行隧道安全风险评估；执行初期支护工后检测、二衬台车准入等制度；提高人员安全防护标准，采取进洞登记、远程视频监控，设置应急逃生管道,强化施工通风照明等措施;改善隧道施工作业条件和生活条件。

四、重视隧道施工安全

2014年9月19日,国家安全监管总局、交通运输部等四部委印发《隧道施工安全九条规定》后,福建高速公路配套出台隧道施工安全"十一项"措施,全面细化了各项保障措施。

(一)落实责任登记

落实工程质量终身负责制,建立项目业主、施工、监理、检测、勘察设计单位,以及专业分包队伍、劳务分包队伍的质量安全责任登记制度,层层细化落实质量安全责任。项目业主负责人对隧道施工安全实行包保制度,其中,评估为极度风险(Ⅳ级)的隧道由项目业主主要负责人进行包保,包保领导对包保项目每月巡查不得少于1次。

(二)严格作业条件

1. 保证照明亮度

施工作业地段必须有足够亮度的照明,以能掌握围岩和支护状况,及时发现险情。要求掌子面40m以内作业段落应配备移动式照明灯具,两侧各安设2盏36V、500W卤钨灯;掌子面后40m至二衬作业区段每隔20m,两侧各安设1盏400W高压钠灯。

2. 配足劳保用品

隧道施工人员应配备防尘口罩等个人劳动保护用品。同时,必须配备专用检测设备仪器对一氧化氮、瓦斯等有毒有害气体进行监测监控,按规定周期测定粉尘和有害气体浓度。施工过程要加强通风管理。

3. 强化设施配备

隧道高压风、水钢管应尽可能靠近掌子面(离掌子面不得大于20m);开挖、支护台架必须备齐扳手、应急照明和应急包;未二衬的Ⅳ、Ⅴ、Ⅵ级围岩段、掌子面20m范围和上下台阶交界的斜坡道,均须设置管径不小于60cm的逃生管道。

4. 加强通信联络

洞口值班室、开挖工作面及其他必要的地方,应设置通信设备,并尽量确保洞内能够接收到手机信号。

5. 落实隧道门禁系统

做好进出洞人员和车辆登记管理工作,随时准确掌握隧道内作业人员和车辆情况。

(三)加强应急管理

1. 建立互动关系

要与附近医院、消防队、临近施工队伍及其他救援组织建立互助关系,做好相应的安排,确保在应急救援中及时得到外部救援力量和资源的援助。

2.配备救援器材

必须配备必要的救援物资和设备器材,并定期检查、维护和更新,确保应急救援物资和设备能随时投入使用。

3.落实应急培训

隧道内所有施工作业人员必须接受应急救援培训。熟悉应急救援程序;掌握必要的自救及互救知识;了解预先指定的主要及备用逃生路线、集合地点及各种避难急救场所位置;掌握警报设备、通信装置、避难器具等的使用方法。

(四)严格施工步距

1.严格按规范施工

隧道应严格按设计及规范要求进行施工,严格控制软弱围岩的开挖循环进尺,开挖后要及时进行初喷,严禁在裸岩条件下立拱架。硬岩段复喷作业距掌子面不得超过40m。

2.严格支护步距

不得以任何理由重开挖轻支护,严禁支护滞后和安全步距超标。软弱围岩及不良地质隧道二衬应及时施作,其中,Ⅳ级围岩二衬距掌子面不得大于90m,Ⅴ、Ⅵ级围岩不得大于70m。仰拱距掌子面不得大于60m。

(五)严格方案审批

1.严格按设计方案开挖

严格按设计方案开挖,除非项目业主组织设计、监理、施工四方会审确定的。严禁擅自改变开挖方法。加强隧道动态设计和动态施工,设计单位要加强技术服务,项目业主要牵头组织变更设计,及时出具变更会议纪要和审批文件,围岩变更设计要同步明确施工方案。

2.严格方案审查审批

对侵限拱架换拱、下台阶落底、洞口开挖、仰拱开挖、软弱围岩开挖等危险性较大的施工方案,要认真进行方案审查审批,严格按照审批的方案进行施工;加强过程监控量测,监理应严格把关,项目业主应加强监督。

(六)严禁无资质施工

全面推行架子队管理,取消包工包料的"包工队"。新开工项目施工单位要向项目业主报备隧道施工劳务班组,须取得项目业主审查认可。各参建单位加强对劳务队伍的登记备案和考核管理工作,对信誉履约差、安全质量问题突出的单位,应及时上报并列入黑名单。

(七)严格隐蔽工程管理

1. 严厉查处违规行为

严格按照设计和规范要求进行施工,确保支护质量。严厉打击偷工减料等违规行为,一经发现施工现场存在重大质量安全隐患的,项目业主、设区市高指、省交通质监局或省高指均要及时挂牌督办,停工整顿。

2. 严格监理旁站

对超前管棚及小导管、钢拱架锁脚锚杆、注浆作业、仰拱开挖深度、拱架连接等关键工序,监理工程师必须进行旁站和记录,严格控制工程质量。

3. 建立隐蔽工程影像资料留存制度

施工单位应对隐蔽工程施工过程进行照片及视频采集,每月向监理单位核备,确保施工过程可溯、可查。监理单位在对隐蔽工程进行验收时要一并查验影像记录,有条件的单位可试行手机报检系统。

(八)加大检测力度

1. 加强围岩段仰拱施工质量监测

软弱围岩段的仰拱施工质量要作为一项重要的检测内容。设有仰拱的段落必须逐段随机进行取芯检查和检测,核查仰拱部位初支钢拱架、二衬钢筋、仰拱和回填层厚度情况,不符合要求的必须进行返工。省高指中心试验室也将开展此项抽检。

2. 强化"第三方"隧道施工质量检测制度

对初期支护的喷层厚度、强度,锚杆数量、长度,拱架间距,二衬厚度、仰拱等要委托有资质单位进行质量检测。完善检测台账和整改台账。对多次检测不合格的隧道,项目业主要采取措施整改;检测不合格的,必须返工。

3. 组织做好质量检测工作

对虚报里程桩号、以变更为由糊弄抽检人员或现场作假应付抽检的行为,项目业主要采取措施及时纠正。为便于各方质量安全监管,每座隧道全洞应在边墙部位每隔20m标识里程桩号。

(九)严格预报监测

1. 加强对隧道监控量测和超前地质预报工作的管理

要选择有经验有能力有业绩的超前地质预报及监控量测单位。加强对隧道监控量测和超前地质预报工作日常管理和履约考核,建立预报成果与实际地质比对分析制度。

2.扎实做好监控量测和超前地质预报工作

必须及时掌握围岩变形情况,发现隧道围岩不稳定趋势和险情的,要立即预警,撤出人员。严格按设计、规范和指南要求落实监测断面的设置、频次和时间,确保监测质量和实效。严禁降低监控量测频率及编造超前地质预报报告。

(十)严控夜间施工

原则上不允许夜间施工,不允许作业人员连续作业超过8个小时,严禁强令赶工和冒险作业行为。开挖作业班组必须按照每日循环数配足人员。拱架安装等危险性较大工序尽量不安排夜间施工。对确需夜间施工的,要严格实行夜间施工报备制度,夜间施工时质检员、安全员、监理员必须在岗在位。有夜间施工的项目,项目业主也要加强夜间监督检查,原则上,业主人员夜间巡查每周不少于一次。

(十一)严格民爆物品管理

必须执行民爆物品领退及双签制度,严禁在施工现场违规运输、存放和使用民爆物品。遵守爆破安全规程,落实民爆物品进场施工前的无关人员清场制度,严禁装药与钻孔作业同时在同一开挖工作面进行。

五、长大隧道关键技术

福建省已通车运营的高速公路特长隧道有129座,长达555.8km,大于5km的隧道有28座。从福建省长大隧道的建造经验来看,主要具备了以下几个条件:

(一)良好勘探设备和技术

一般来说,长大隧道埋深都比较大,地应力比较高,可能遇到的地质条件变化也大。而隧道施工方法、机械设备、施工组织、工期和造价都与工程地质和水文地质条件直接相关。隧道区根据隧道地质条件、埋藏深度采用大深度、高分辨率的物探设备及精确的数据处理软件,如高密度电法、大地电磁法(EH4)。针对特长隧道一般埋置深度较大,要求勘察设计单位结合物探、调绘成果配备大钻深的钻探设备。对代表性钻孔进行水文地质试验,摸清隧道洞身段赋水条件;基岩段采用声波测井法,测定岩体的弹性纵波波速,同时测定岩石试件的弹性纵波波速,准确了解岩体的完整性;对埋深大的钻孔还要求进行地应力测试。

(二)重视超前地质预报工作

应指出,依靠事先的勘探工作,按照目前技术水平,很难完全搞清隧道工程所赋存的环境条件,包括地质环境、地应力环境、水文环境等,隧道超前地质预报是保证隧道施工安全的重要环节和重要技术手段。福建省高度重视隧道施工过程的地质超前预报工作,要求长大隧道、地质复杂隧道以及可能存在岩溶、突水突泥、岩爆、废弃矿巷、瓦斯突出等严重工程地质灾害的隧道必须开展隧道超前地质预报工作。要求加强地质跟踪调查;除短隧道外,TGP(TSP)要全隧道覆盖;对异常段采取地质雷达短距离探测;出现不良地质征兆时,要求采取超前水平钻孔。从2010年开始,福建省就严格执行"第三方预报"和招投标制度。由项目业主统一组织,通过招标方式选择预报单位。严格超前地质预报单位的资质条件和人员、检测设备要求;细化项目业主、勘察设计、施工、监理、监测等各方职责与分工。要求参建各方高度重视地质预报成果,将预报成果做好调整和优化隧道设计参数、防护措施,优化施工组织、制定施工安全应急预案、控制工程变更设计的重要依据。定期对地质预报单位的人员、设备的履约情况以及预报工作的及时性、准确性进行评价。对隧道出现严重地质灾害未及时预报发现或经两次整改仍不到位的单位将列入黑名单,在一定期限内暂停其承接新的地质预报任务的资格。按照上述要求福建省超前地质预报工作总体上开展较好,能较好地指导隧道施工,对防止隧道坍塌等安全事故起到了积极的作用。

(三)快速施工的能力

隧道工程工作面少,施工环境恶劣,这是限制修建长隧道的控制因素之一,如在施工速度方面不能有所突破,势必影响长、大隧道建设的发展。据文献记载,采用钻爆法施工,世界最高月进尺记录是440m,平均为360m/月;福建省莆田湄渝项目的单洞三车道的岐山隧道出口最高月进尺是313m,平均166m/月(Ⅳ、Ⅴ围岩占全隧长度18%);宁德京台项目黄竹山隧道(8600m)进口最高月进尺260m,调整施工资源后(2014年3月~2015年3月)月平均进尺达到了230m。提高隧道施工速度的根本途径,就是提高隧道施工机械化、自动化水平。众所周知,世界上一些修建隧道较多的国家,如瑞典、瑞士、德国、意大利、奥地利、日本,都能设计制造适应于各种地质条件、隧道断面尺寸的配套施工机械,有四臂钻孔台车、门架式钻孔台车;用于岩石隧道TBM;用于软土隧道的盾构。由于受到我国国情、劳动力成本以及大型掘进设备使用经济性问题影响,目前TBM等掘进机在我国隧道施工中使用还不普遍。福建省隧道施工过程中,结合项目实际,也大力推广机械化,如采用大型装载机、大吨位载重车,低回弹率的湿喷机,部分长大隧道还积极使用全自动的喷混凝土机械手,如福州宁连项目的油车岭隧道进口、莆田湄渝项目的岐山隧道出口右洞均全隧使用喷混凝土机械手,取得了良好的施工进度和经济效益。

(四)科学的制度和方法

实践证明,由于隧道施工环境的特殊性,即使有先进的机具装备,若没有科学的施工管理制度和方法,也无法达到快速施工的目的。科学而严格的管理制度包括:招投标制度、风险管理制度、设计和施工监理制度、施工质量管理保证标准、用工制度、资金管理制度等等。积极总结和推广好的经验和做法,定期组织施工观摩会和现场会;加强隐蔽工程验收,建立隐蔽工程影像资料存档制度;委托有资质的单位对隧道初期支护质量进行工后检测,检测合格后方可施工二次衬砌;严格奖惩制度,对偷工减料行为,发现一起,处罚一起;施工管理还应包括严格和先进的隧道监测系统,随时掌握围岩的动态信息,以便及时采取技术措施防止围岩坍塌、冒水等事故的发生。

(五)重视钻爆关键技术

在长大隧道施工中,钻爆法和掘进机孰优孰劣,目前尚无定论。但钻爆法施工仍是当前长大隧道施工的主要方法。提高钻爆法的开挖成洞速度是解决长大隧道施工进度的重要保证。全国隧道单口平均成洞速度基本在(100~150)m/月左右,福建省近几年通过增加资源配置,优化光爆参数设计,提高炮眼利用率,缩短工序衔接时间,目前隧道Ⅱ、Ⅲ级围岩每循环用时基本小于10h,日进尺平均7~10m,单口月进尺超过200m;Ⅳ、Ⅴ围岩月进度也基本能达到90m。由于隧道开挖进度的整体提高,原先一些大于6km的特长隧道需采用斜井来增辟工作面的"长隧短打"设计方案,变更为独头长距离掘进或仅设置竖井,降低了工程造价。如福建省龙岩漳永项目官田隧道(6140m)、南平宁武项目洞宫山隧道(6537m)、三明厦沙项目秀村隧道(6542m)、莆田湄渝项目岐山隧道(8043m)仅设置了竖井,节省了斜井辅助通道(一般在1000m左右)的费用。部分小于2km的隧道由于受地形、征迁等方面限制,隧道洞口施工面难以开辟,也常选择独头掘进,集中了有限的资源,节省了施工现场人员、设备、临时用地等投入,提高了施工班组效益和积极性,间接促进了隧道工程质量。如宁德宁武项目际溪隧道(1855m)、宁德福柘福项目金龟山隧道(1464m)都仅采用一端独头掘进,隧道整体标准化施工水平和施工进度均较高,甚至比一些采用双头掘进的更短的隧道进度还要快。

六、不良地质施工技术

近年来,由于受设计线路选线限制,隧道洞口对不良地质的回避愈加困难,同时,随着高速公路从沿海向内地山区延伸,地质条件也从沿海火成岩为主的地质条件向内地山区沉积岩、变质岩过渡,隧道修建过程中经常遇到岩溶、软岩、富水、流沙、断裂构造带、下穿水库等不良地质,在处置洞口段沉降变形、侵限换拱、坍塌、涌突水(泥)、岩爆、地面塌陷等地质灾害过程中不断积累和总结经验。

(一)洞口不良地质处置

隧道洞口多处于黏土、砂土、块石土、软质岩和堆积、滑坡体等不良地质地层中。如南平浦南项目的摇前隧道、三明泉三项目的曹源隧道、泉州莆永的大鼓山隧道等均出现洞口大变形、沉降侵限;漳州南联络线福山隧道进口长距离浅埋全风化花岗岩,土体含水率高,曾经施工两年仅进尺180m。有的地层条件相对较好，但地形偏压严重，或地层具有顺层偏压特点；有的处于地形狭窄的沟谷低凹或悬崖陡壁下，或排水条件困难，或受崩塌、危岩落石等威胁；有的洞口雨季雨水易降水集中；这些都给隧道洞口施工带来困难。福建把洞口施工作为隧道施工的关键，洞口施工宁慢勿塌，稳扎稳打。主要采取以下几项措施：

1. 二衬台车提前进场

要求"隧道进洞、台车到位"，对软弱富水等直接进洞困难的隧道，要求先行施工明洞再进暗洞。如南平宁武项目井水（横塬）隧道出口浅埋，地下水位高，进洞相当困难，后采取先行施作明洞，反压回填，恢复山体平衡后顺利进洞，取得良好效果。

2. 规范进洞方案

对洞口土质围岩、富水、大跨等隧道严格按照侧壁导坑法进行施工。目前福建对洞口全风化和土质围岩的隧道均严格要求侧壁导坑法进洞，一旦岩性变为石质围岩后可及时改变开挖方法，既保证了洞口施工安全，也加快洞身施工进度；在福州机场路单洞四车道魁岐1号、2号隧道洞口段按照双侧壁导坑施工，沉降控制良好。

3. 重视洞口封闭成环

要求隧道进洞后（一般为管棚有效作用范围内）及时施作仰拱和回填，封闭成环，进洞50m就应及时准备施作二衬。

4. 地表预处理技术

对浅埋偏压、地下水丰富并具有软弱夹层等极易发生滑移、坍塌的洞口，若仅通过洞口处理，则施工较为困难，施工风险较大，一般通过地表注浆等预加固措施对洞口软弱地层进行地质改良。如漳州漳永项目安建隧道出口洞口长距离浅埋，围岩为结构松散富水，边仰坡开挖过程中坍塌严重，采取地表注浆预加固技术，为洞内掘进创造了条件。地表注浆要严格注浆工艺，否则将难以取得实质效果。对洞口处于全风化的富水花岗岩地层，采取地表和洞内井点降水，经济性和实用性要高于地表注浆。

（二）塌方的预防及处置

在地质不良段修筑隧道，遇到洞顶围岩坍塌、侧壁滑动等现象，甚至会发生冒顶等严重情况，这些现象在施工中被称为塌方。塌方威胁人身安全、延误工期、围岩更不稳定，在施工中应加以预防。

1. 塌方预防工作

隧道塌方预防工作远重要于事后的塌方处理。要重视以下工作：

（1）加强隧道巡查。围岩的变形破坏、失稳塌方是从量变到质变的过程。量变进程在施工过程中反映出一些征兆。根据征兆预测围岩稳定性、防止隧道塌方，保证施工安全。施工过程中遇到较差围岩时,在进行应急加固支护措施后,要立即通知设计单位进行正式的变更设计,严禁不变更设计或自行采取简易的支护措施。围岩变更设计要严格按照相关程序执行,要有包括地质预报、监控量测、设计、监理等单位参加的现场变更会议纪要,纪要要明确开挖方案。设计单位代表要定期巡视隧道施工情况,对实际围岩情况与原设计差异较大的,要主动提出设计变更;地质超前预报和监控量测单位发现地质和监测数据异常时,要第一时间报告。

(2)加强预报监测工作。隧道失稳塌方有几方面征兆:①水文地质条件的变化,如干燥的围岩突然出水、地下水突然增多、水质由清变浊等都是可能发生塌方的前兆;②拱顶不断掉块,甚至较大的喷混凝土块相继掉落,预示着围岩即将发生塌方;③支护状态变形(拱架接头挤偏或压劈、喷射混凝土出现大量的明显裂纹或剥落等)、敲击发声清脆有力、甚至发出声响;④喷锚支护的水平收敛率大于0.2mm/天,拱顶下沉量大于0.1mm/天并继续增大时,说明围岩仍在发生变形,处于小稳定状态,参建各方高度重视并积极配合超前地质预报和监控量测工作,确保发挥实效。监测单位要对监测成果及数据的真实性进行负责,由与监测单位责任造成不良后果的,将严肃进行责任追究。

(3)建立报告制度。对隧道出现塌方、涌突水、突泥、岩爆、岩溶、煤层、瓦斯、洞口滑坡变形等不良地质灾害苗头,各级责任人应在最短时间内根据职责采取对应的应急处置措施,并及时向上级报告反馈。

2. 塌方处理原则

发生塌方需及时准确处理,以减少塌方带来的危害。隧道塌方等灾害处置方案要组织相关专家进行论证审查,经批准后方可实施,避免由于方案不到位造成二次塌方或严重事故。一般掌握以下原则:

(1)如塌方体积较小,且塌方范围内已进行喷锚或已架设了较为牢固的支撑时,可由两端或一端先上后下地逐步清除塌方,随挖随架设临时支撑。如塌方体积较大,清除会扩大坍方范围,可进行反压或采用注浆加固塌体,然后在施作中导管或长管棚等超前支护保护下,用下"穿"的办法在塌体内进行开挖、衬砌。

(2)加强原有支护:对塌方范围前后原有支护进行加固,以防止塌方扩大。

(3)加快衬砌:对塌方两端尽快做局部衬砌,以保证塌方不扩大。

(三)岩溶地段施工

福建省部分地市灰岩分布,岩溶普遍发育至极发育。隧道穿过可溶性岩层时,有的溶洞位于隧道底部,充填物松软,隧道基底难于处理,如三明永宁项目石林隧道仰拱底部隆起,最大达36cm;过大变形,导致仰拱的破坏,需对仰拱进行置换。有的溶洞岩质破碎,容易发生坍塌;有时遇到大的水囊和暗河,岩溶水或泥沙夹水会大量涌入隧道,当含水充填物不断涌入坑道时,甚至会发生地表开裂下沉,山体压力剧增。如泉三项目三阳隧道、龙岩漳永项目和新隧道就曾多次出现突涌水,高峰出水量大,出水时间长。有的溶洞、暗河迂回交错,错综复杂,范围宽广,处理起来十分困难。隧道在溶洞地段施工时,应根据设计文件有关资料和现场实际,查明溶洞的分布范围、类型情况,岩层的稳定程度和地下水流情况等,根据不同情况采取引排水、堵填、跨越等工程措施。岩溶地段隧道施工要注意事项:

(1)施工前应对地表进行详细勘查。注意岩溶状态,根据地质报告估计可能遇到溶洞的施工地段。

(2)了解地表水、出水地点的情况,并对地表水进行必要的处理,以防止地表水下渗。

(3)当施工达到溶洞边缘,各工序应紧密衔接。

(4)当在反坡地段遇到溶洞时,应准备足够数量的排水设施,具体数量可根据前面探明的溶洞大小来确定。加强安全警戒,出现出水征兆时,要及时撤人、撤设备。

(5)施工中要注意检查溶洞顶板,及时处理危石。当溶洞较大较高时,应设置施工防护架和钢筋防护网。

(6)在溶蚀地段的爆破作业,应尽量做到短进尺、多打眼、并控制药量,实行弱爆破施工指导方针。

(7)在溶洞充填体中掘进,如充填物松软,可用超前支护法施工。如充填物极为松散的砾、块石堆积或有水,可于开挖前采取预注浆加固。

(8)处理情况复杂的溶洞,要根据现场具体情况制定安全措施,以确保施工安全。

(四)高地应力

地应力主要是自重和构造作用引起的,它与岩体的特性、裂隙的方向和分布密度、岩体的流变性以及断层、褶皱等构造痕迹有关。高地应力主要有两个方面:一是硬岩发生岩爆,即高地应力区岩体中聚积的弹性变形能在开挖过程中突然释放使岩石爆裂弹射岩块的现象;如京台项目黄竹山隧道埋最大深450m,进出口施工中多次发生岩爆,爆落弹出的岩块多次造成车辆设备损坏,威胁施工安全。二是软岩大变形,即地下洞室围岩在高地应力作用下发生显著的塑性变形和位移的现象。如三明永宁项目石林隧道软岩段发生大变形,特别是与断层斜交的拱腰处变形最大;经分析论证发现隧道围岩不仅受到重力场的作用,还存在较大的构造应力场,施工中发生了严重的挤压变形,拱顶下沉、侧壁内移、底板上鼓,造成支撑钢架严重挠曲变形,喷层开裂,并与钢架脱离等灾害。

七、典型隧道形式及创新

(一)分离式隧道

经过近20年隧道建设,福建修建了众多的分离式隧道,其数量占70%以上。

1. 鼓山隧道

中国第一座现代化公路隧道,位于福州福马路,1986年采用矿山法建成,长1569m;设计人员克服重重困难,采用简陋的基线丈量技术配合经纬仪建立一级平面及高程控制导线网,以控制贯通误差。主要创新点:隧道内设有照明、吸音、防潮、通信、防火等装置和闭路电视监控及雷达测速系统。

2. 美菰林隧道

2006年前通车的国内最长的高速公路隧道,位于福银高速公路,最大埋深580m,长度5573.8m,工程总投资3.84亿元。于2001年12月开工建设,2004年10月建成通车;2007年获得国家优质工程银质奖,2008年获得福建省优秀工程设计一等奖,2009年被评为新中国成立60周年公路交通勘察设计经典工程。主要创新点:一是设计中大胆采用了诸如地下风机房、中空注浆锚杆、湿喷钢纤维混凝土、可缩性U形钢拱架等多项新技术;二是采用地下风机房在国内公路隧道中尚属首次,以竖井排出加射流风机调压的组合通风方式。

(二)连拱隧道

1. 相思岭隧道

福建省于1997年设计的省内第一座连拱隧道,之后连拱隧道得到了飞速的发展,目前为止建成或开工建设的连拱隧道共有75座,总长约22130.5m,福建为国内连拱隧道较多的省份之一。

2. 马宅顶隧道

国内首座不对称连拱隧道,位于沈海线罗长高速公路马宅顶互通内,由于受地形限制,A匝道其加速车道需插入到马宅顶隧道内,形成不对称隧道。主要创新点:一是在高速公路建设中率先设计出扁平大跨度不对称连拱隧道的结构形式;二是提出并设计的栅格式中墙、中间填充沙砾的中墙排水结构是具有独创性的新型排水结构形式。

3. 际头洋隧道

国内首座采用夹心曲中墙的连拱隧道。主要创新点:一是在中导洞贯通后随即修建中墙,并要求中墙顶部与中导洞顶紧密接触,克服了直中墙连拱隧道中墙与中导洞之间存在着空洞的缺点;二是曲中墙两侧外轮廓与双洞隧道初期支护轮廓一致,有利于防水板的全断面铺设,建成后排防水系统运作可靠。

4. 金鸡山、罗汉山隧道

国内首座八车道连拱隧道,长度分别为294m和248m,位于福州市北面,为机场二期高速公路重难点工程和控制性工程,于2010年10月建成通车。机场二期高速公路与福州三环辅路形成"小净距+连拱+小净距"的复杂多孔隧道群,开挖总跨度达41.6m,当时较为罕见。主要创新点:一是建立了特大断面连拱隧道分步开挖的松散荷载计算方法;二是提出了特大断面连拱隧道合理的施工方法和工序、临时支护设计和拆除时机。

(三)小净距隧道

分离式隧道占地较大,而且不利于洞口两端接线的连接。连拱隧道对地质要求苛刻、施工难度高、建设周期长。小净距隧道结合了连拱隧道和分离式隧道的优点。福建省小净距隧道始于2002年福银高速公路建设。

1. 里洋隧道

福建省首座四车道小净距隧道,位于福银高速公路福州境内,全长331m,洞间最小净距为5m。

2. 鹤上隧道

福建省首座六车道小净距隧道,位于福州长乐国际机场高速公路,全长450m,洞间最小净距为5.8m。2005年11月建成通车。

3. 魁岐1号及2号隧道

国内首座八车道小净距隧道,位于福州长乐国际机场高速公路二期工程,2010年10月建成通车。长度分别为317m和737m,中夹岩厚度11.7~15.3m。主要创新点:一是提出了节理岩体中特大断面小净距隧道围岩压力计算方法——过程荷载计算方法;二是提出了特大断面小净距隧道合理净距取值的判断准则(V级围岩取12m)。

(四)原位扩建隧道

大帽山隧道:国内首座原位二扩四隧道,位于泉厦高速公路扩建工程,扩建方案为在原两洞之间新建一座四车道隧道,并将右洞扩建为四车道,形成了大断面小间距隧道群。两车道左线隧道与新建四车道隧道的行车道中线间距为23.53m,新建与扩建四车道隧道的行车道中线间距为29.61m。主要创新点:一是提出了不中断交通条件下隧道原位扩建及隧道扩建成小净距隧道群的扩建形式及其适用条件;二是提出了大断面原位扩挖隧道开挖围岩的偏压和不对称变形特性,建立了原位扩建隧道的设计施工方法;三是提出了保通条件下隧道扩建施工中考虑岩性的既有隧道爆破振速控制标准。

(五)海底隧道

翔安海底隧道:国内首座钻爆法开挖的海底公路隧道,位于厦门岛东部,全长8.695km,其中海底隧道长6.05km,跨越海域宽约4.2km,设计采用三孔隧道方案,两侧为行车主洞各设置三车道,中孔为服务隧道。由我国完全自主设计、施工,2005年9月6日正式开工建设,2009年11月实现三条隧道全面贯通,2010年4月26日上午10时开通运营,建设过程历时4年8个月。

翔安隧道工程的实施具有地质条件复杂、工程经验少、技术难度高、施工风险大、社会影响大等特点。施工过程主要有三大技术难关:一是陆域全强风化地段大断面浅埋暗挖施工;二是浅滩段透水砂层施工;三是海底风化深槽施工。主要创新点:一是世界最大断面钻爆法海底隧道;二是地质条件十分复杂,不良地质段占总长54%,海底风化深槽在已建钻爆法海底隧道中前所未有,被喻为"世界级难题"。

第六节　互通立交工程

根据高速公路完全控制出入的特点,高速公路与高速公路交叉及高速公路出入口都必须设置互通式立体交叉,互通式立交的类型很多,按相交道路的条数可分为三岔立交、四岔立交和多路立交。三岔立交有喇叭形、定向Y形、半定向Y形和三岔菱形等基本形式,四岔立交有菱形、苜蓿叶形、部分苜蓿叶形、定向型、半定向型、环形、喇叭形等。福建省高速公路常用的互通式立交形式主要有:喇叭形、T形、Y形、苜蓿叶形、定向型(涡轮式)、复合式。

下河互通为云平高速公路上主要服务于邻近乡镇对外连通的交通需求,连接线接国道357线,位于漳州石霄县下河乡下河村东北侧。互通式立交采用单喇叭形,主线范围MK20+965~MK22+150,中心桩号MK21+538.923,主线上跨匝道。共设匝道5条,即A~E匝道,总长2681.032m;连接线1条,即F匝道长892.271m;互通区共设置5座桥梁,总长590m,采用连续梁结构3座,总长456m,采用现浇箱梁结构2座,总长134m;涵洞及通道共10道,总长290.97m。互通区占地283亩。

一、喇叭形

喇叭形互通式立交是三岔立交中的代表形式,用一个小型匝道和一个外环道来实现左转弯运行,无冲突点,行车安全,具有结构简单、工程量小、运行方向容易辨认等特点,但环形匝道半径小,车速和通行能力受到一定限制。主要有A型单喇叭和B型单喇叭两种形式。如:

1. A型单喇叭

福建省高速公路出口最常用形式。

福泉高速公路莆田互通;福银高速公路上街互通。

2. B 型单喇叭

福泉高速公路兰圃互通。

3. 双喇叭

沈海复线与宁上交叉岐山互通。

4. 变形喇叭

福州绕城的古城互通；泉州莆永的安溪福田互通。

二、菱形互通

主线侧出口和入口均采用直连式匝道,在被交叉公路侧采用平面交叉的一种互通式立体交叉形式。存在交叉冲突点,适用于流入交通量较小且无信号灯控制的互通式立体交叉,如福永的葛岭互通。

三、T 形

主线保持整体式横断面,左转弯匝道采用半直连式的三岔互通式立体交叉(图 4-6-1)。T 形互通式立体交叉适用于直行交通量与转弯交通量主次分明的两条高速公路的交叉。

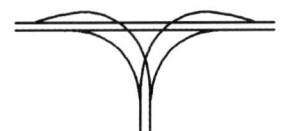 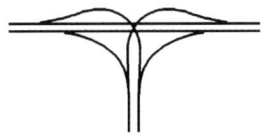

图 4-6-1　T 形互通式立体交叉

与 Y 形互通式立体交叉相比,T 形互通式立体交叉的突出特点是优先保持主线线形和车道的连续性,主线侧的出口匝道和入口匝道相应采用右出和右进的匝道形式。而 Y 形互通式立体交叉左转弯匝道均采用左出左进直连式。

1. 内交叉

福泉的福清互通。

2. 梨形

罗长高速公路的连江互通；宁武与浦南交叉的兴田枢纽互通。

3. 左转弯匝道右出右进型

罗长与机场交叉的马宅顶互通。

4. 左转弯匝道迂回型

福州绕城与机场二期的铜盘—西岭互通。

四、Y形

Y形互通式立体交叉是指左转弯匝道均为左出左进直连式的三岔互通式立体交叉（图4-6-2）。Y形互通式立体交叉适用于重要程度相近、3个方向交通量相当的高速公路之间的交叉。

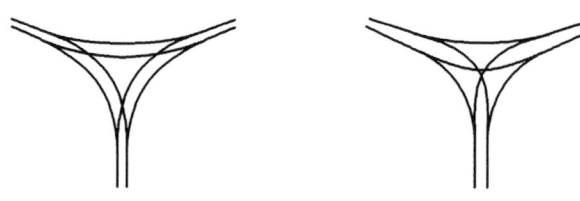

图4-6-2　Y形互通式立体交叉

与T形互通式立体交叉相比，Y形互通式立体交叉的突出特点是两高速公路地位和交通量相当，左转弯匝道均采用左出左进直连式，且各匝道均可视为高速公路的延续路段，可采用高速公路的分离式横断面，并应保证交叉区与高速公路基本路段之间运行速度的连续性。

五、苜蓿叶形

左转弯采用环形匝道、右转弯采用直连式匝道、形似苜蓿叶的四岔互通式立体交叉。

1. 单环式

福泉与南惠交叉的草埔园互通；福州绕城与罗长交叉的洋门枢纽互通；永武与泉三、永宁交叉的吉山枢纽互通。

2. 对称双环式

福泉与莆永交叉的西埔枢纽。

3. 对角象限双环式

南石、南惠与泉三交叉的张坑枢纽混凝土；福州南连接线与福银交叉的祥谦枢纽互通；龙岩漳永与莆永交叉的和平枢纽互通；漳州厦成、复线与漳龙交叉的天宝枢纽互通。

六、涡轮形

福银与福永交叉的南屿枢纽互通；漳州南联络线、招银与漳诏交叉的枫林枢纽互通。

七、复合式

1. 匝道相连

泉三与泉厦交叉的晋石枢纽互通；福宁与宁武交叉的湾坞互通；福泉与渔平交叉的渔溪互通。

2. 多岔交叉

安溪连接线与泉三交叉的南安北互通；机场高速公路与罗长交叉的马尾互通。

第七节　高边坡与滑坡治理

福建是多山的省份，人称"八山一水一分田"，地形条件困难，地质构造复杂，山地灾害较为严重。随着高速公路建设向山区延伸，高边坡与滑坡问题相对较为突出。

一、高边坡防护与工程治理的几个发展阶段

1. 初步认识阶段

高速公路建设之前的很长一段时期，我省公路系统就已深受边坡、滑坡病害困扰。由于公路等级较低，相关部门对边坡、滑坡病害的认识与治理不是很重视，且相对治理难度大、费用高、代价大，与当时社会经济发展也不相符。因而通常是边坡滑坡了，清掉了事，再滑再清。但对于高速公路，其安全顺畅运营要求高，自然不能"再滑再清"。受当时对滑坡、高边坡工程的认识局限，总以为滑坡病害相当可怕，甚至无法治理，以至于在福建高速公路兴建初期，曾出现数个边坡在施工期产生滑坍，都以明洞代替路堑，大大增大了工程投资。

2. 被动治理阶段

随着高速公路的建设向山区转移，建设过程中滑坡病害越来越多，使得建设和设计单位不得不高度重视滑坡问题。当时，在工程建设过程中，若新发现滑坡病害，要求及时开展工程地质补充勘察、监测等工作，并根据工程地质、监测数据等重新认识和分析滑坡，再进行多方案比选论证和工程治理以确保工程稳定，引入新技术新工艺等工程治理措施以节约投资。例如，在2001年漳龙高速公路漳州和溪段多处滑坡病害治理中，福建高速公路建设首次引进排水平孔和预应力锚索加固边坡新技术，解决了滑坡稳定的技术难题。

3. 主动预防阶段

高速公路建设开始大规模挺进山区之后，随着工程经验与教训的积累，建设管理的各方均认识到滑坡病害的危害性和可治性，提出和接受对待滑坡工程"早发现、早治理、不留后患"的原则，并在勘察设计阶段进行专项投入，多方案比选论证，力争以最小的代价保障高速公路安全稳定通过，并对滑坡病害进行预防和整治。

二、高边坡勘察设计与施工管理

在福建早期高速公路建设阶段，由于对高边坡防护和病害，滑坡灾害的危害等认识不足，在高边坡或滑坡的勘察设计阶段未作特殊要求，在高边坡建设过程中未采取特殊措

施,导致施工过程中出现多个高边坡变形等病害,甚至个别高边坡病害遗留至在营运阶段;以至于运营后不得不投入大量的人力和财力进行加固整治,甚至以明洞或隧道代替,大大地增加了高速公路的建设费用和营运成本。因此,根据福建山区高速公路建设的经验教训和其他省有关高速公路高边坡病害防治的经验,省政府及交通厅、省高指有关领导多次强调要严把高边坡的勘测设计和施工关,要求准确判断高边坡和滑坡病害的性质及危害程度,采取有力的措施,防患于未然。

(一)加强高边坡与滑坡的勘察设计是做好防治工作的根本

1. 高边坡勘察设计的特点

(1)高边坡勘察与工程设计的专业性、经验性较强。高边坡勘察与工程设计涉及工程地质、岩土力学及结构设计等学科,是一门交叉型的边缘学科。

(2)高边坡勘察与工程设计是预测性设计,也是风险性设计。这主要是由地质条件的复杂性、不确定性以及高边坡病害发生的不确定性决定。高边坡在未开挖时,一般是稳定的,在开挖后或营运期间是否会发生失稳破坏,或滑坡是否会复活,都需要工程设计人员的分析、计算与判识,而设计人员分析判识的准确与否,直接影响工程的造价与合理性。

(3)高边坡勘察设计是一项动态设计。由于山区地质的复杂性和不确定性,高边坡开挖后,常出现实际地质与工程勘察地质不一致,或由于人为、大气降雨或其他等因素影响,边坡发生事先未曾预料到的新病害,此时不得不紧急变更设计并做新的投入(包括专家会审、紧急补勘、测绘、稳定性的重新评估计算、单独设计或改变施工方法等)。

2. 福建省高速公路高边坡勘察设计的现行办法

(1)可研阶段,由建设主管单位牵头,邀请国内知名专家,对线路的地形、地貌、地质进行调研和分析,协助建设单位从宏观上掌握线路的地质条件和重大的地质病害特征,协助选线工作。

(2)初步设计阶段,由建设单位牵头、设计单位配合,委托对高边坡和滑坡整治有一定经验的专业单位,在宏观调研分析的基础上划分标准,根据现场地质踏勘和原高边坡设计文件的审查,通过内外业资料的综合分析计算,提出评价报告和建议。

(3)施工图阶段,根据专业单位的评价报告和建议,对线路中确属滑坡、错落、危岩体等不良地质的工点,由建设单位委托设计单位进行单个工点的地质补充勘探和特殊设计,并经专家审查后交付实施。

(4)施工阶段,将动态设计和信息化施工的理念贯穿于施工全过程。根据开挖揭露的地质情况和坡体监测数据,及时变更优化设计,以保障工程的安全与合理性。

(5)对于工程性质尤其复杂、规模特别大的高边坡和滑坡病害,申报成立课题研究小组,对其病害性质、产生原因、发展规律及整治措施进行研究,以及时指导防治工程的实施,并提高我省高边坡病害防治的水平。

(二)加强施工控制是提高高边坡病害防治质量的保证

同任何工程一样,合理的设计只是完成了一半,加强工程施工的过程控制是保障工程质量的另一半。例如,对于高边坡防护和治理工程,诸如预应力锚索等隐蔽工程施工的过程控制尤为重要。

(1)在施工中坚决贯彻"动态地质、动态调整"的理念。这是任何开挖岩土工程都应当遵循的普遍原则。

(2)高边坡应坚持"分级开挖、分级加固"的施工步骤。高边坡病害的产生,固然有其自身的不利地质条件为基础,但工程的开挖往往是其触发因素。边坡在开挖过程中,其应力场逐步产生变化,开挖暴露的高度达到一定值时,坡脚应力集中、加大,高边坡逐步出现变形,最终失稳破坏。因此,坚持"分级开挖、分级加固"施工环节控制原则,是边坡施工阶段稳定的保障。

(3)选择具有相应资质和相当经验的专业单位,作为岩土锚固等隐蔽工程的施工单位。近年来,岩土锚固技术飞速发展,使得以往认为不能整治的滑坡和不可能稳定的高边坡,都有可能整治和加固,其性价比是相当可观的。然而,由于岩土锚固技术的专业性强,施工工艺较复杂,同时缺乏过硬的检测手段,使得岩土锚固工程成为典型的"隐蔽工程""良心工程",一般由具有专门资质的岩土公司或科研院所来实施。高速公路的标段承建单位,都具有相当强的施工力量,能完成大型的土石方工程或特殊的结构工程,但对于锚固技术,一般知之甚少,同时也缺乏相应的技术人员。比如,京福高速公路预应力锚索(由5根高强度、低松弛钢绞线组成,设计孔径为130mm),某些单位的投标价只有几十元钱每米,这个价格根本不能完成锚索的正常实施。所以,强调锚固工程施工单位的专业性,是十分必要的。

(4)加强高边坡施工季节控制。高边坡开挖应尽量在旱季进行,并在雨季之前完成坡面防护加固工程施工。有些高边坡开挖后,防护工作未及时跟上,在雨季中完全暴露,结果因雨水的作用,高边坡产生了变形失稳,不得不重新整治。

(5)加强高边坡和滑坡工程的施工监测。信息化施工可以控制并指导施工,同时可以验证并指导动态设计,优化完善设计。

三、锚固工程在高速公路中的应用发展

(一)非预应力锚杆阶段

1. 系统锚杆 + 喷射混凝土护坡

在我省高速公路建设中,最初采用了锚杆喷射混凝土护坡的技术,设置在碎块状强风

化岩石边坡。通常系统锚杆一般采用直径5cm的钻孔,间距为1.5×1.5m~2.5×2.5m,挂 $\phi 8@20\times 20cm$ 的钢筋网,喷射厚度8~15cm的C20混凝土。

考虑环保绿化等需要,目前已经较少使用锚杆喷射混凝土护坡,取而代之的为岩面植草等生态防护技术。但对于坡面不稳定的边坡,仍需要设置部分系统锚杆。如在邵三高速公路中,对于坡度陡于1:0.5的碎块状强风化岩石坡面,就设置了间距2.0m×2.0m的系统锚杆进行浅表层坡面加固,外锚头采用40cm×40cm、厚度10cm的混凝土封头,并与铁丝网连接,然后喷射厚层基材植草。实践证明,该方法既能保证坡面稳定,同时有兼顾了绿化。

2. 普通锚杆框架

早期对于部分顺层岩石边坡,常采用长锚杆进行加固。如漳龙高速公路龙岩三期H标段,一高边坡高50m,岩层为顺层砂岩,边坡开挖至设计高程后,发生了溜坍变形,溜坍体厚度约6m,基本沿着层面发生。考虑层面倾角与坡面夹角较小,潜在变形体厚度有限,设计单位采用了非预应力锚杆进行加固,锚杆孔径为110cm,长度15~20m,全长黏结,坡面采用小截面的框架(30cm×40cm)作为抑制构件。

(二)传统拉力型锚索的应用阶段

传统拉力型锚索主要在漳龙、漳诏及福宁高速公路中大量采用。一般设计预应力值为500~650kN,坡面抑制构件为框架或地梁;框架之间一般采用干砌片石勾缝进行封闭处理,地梁间采用挂网喷混凝土或浆砌片石护坡进行处理。

(三)压力分散型锚索的应用阶段

20世纪日本发展了压力分散型锚索技术,该技术采用无黏结钢绞线,钢绞线采用特殊工艺,中间加工成弯头,弯头绕过特制的塑料承载体,两段伸出钻孔形成单元锚索。它有效地解决了防腐、锚固力极限等问题。

同时,该类型锚索存在以下几个问题:一是钢绞线弯曲加工十分困难,现场几乎无法实施(日本是工厂化生产,且经过特殊处理工艺);二是弯曲后钢绞线损伤较大,国内有人做过试验,当钢绞线弯曲后,其抗拉段荷载由260kN降低到不到200kN。

为推广使用压力分散型锚索,福建省对其进行了改进,即采用45号钢板作为承载体,钢绞线通过挤压套内锚于钢板上,挤压套后采用薄钢片固定。钢板承载体和挤压套、钢片采用刷防锈漆或喷涂环氧树脂来防腐。该结构工地易于操作,便于推广。

1. 推广阶段(三福高速公路、漳龙高速公路漳州段)

三福高速公路高边坡数量多,全线高度大于40m的高边坡大约有300处。结合前期几条高速公路高边坡工程的建设经验和教训,福建省专门对三福高速公路高边坡进行动态跟踪设计。

该段高速公路高边坡预应力加固设计的预应力锚索均为压力分散型,孔径为130~150mm,6~8根无黏结钢绞线,锚索预应力设计值为700~1000kN,坡面一般采用框架为抑制件,框架中间植草绿化。

2. 坡面抑制构件改进阶段(邵三高速公路)

福建省山区高速公路高边坡建设初期,锚索及锚杆地坡面抑制构件一般采用框架或地梁(因福建地区覆盖层后,土质坡居多,故锚墩较少采用)。这两种抑制构件方量巨大,必须现浇,而高边坡作业面十分狭窄,同时存在垂直运输问题。因而,框架和地梁的施工,往往成为锚固工程及时发挥效益的瓶颈。

在邵三高速公路建设过程中,高边坡动态设计组先对锚杆的抑制构件进行了试验型的改进,即将其轻型使化,预制化,采用了十字面板或叠和面板,已经取得了成功。

3. 长短锚结合绿化使用阶段(龙长高速公路)

土钉墙是一种半重力式结构,它采用大密度系统锚杆、高压劈裂注浆以及坡面喷射混凝土,使得一定范围松散的土体改性,提高其整体性及抗拉强度,而成为"似挡墙"来支撑其后的坡体,其施工速度快,并可以采用逆作法施工。同时它存在着变形较大,且不利于环保等弱点。

对于岩石坡面植草景色美观,利于环保,但目前仅在稳定坡面上采用。

福建地区地形起伏大,岩体风化剧烈,坡体多为坡残积土或砂土或碎块状强风化。对于部分边坡,路线中心挖方不大(甚至半挖半填),若按正常坡率刷坡,则路堑边坡往往扒山皮形成高达数十米甚至上百米的高边坡;若采用陡放坡结合预应力锚杆(索)加固的方案,则因工期长,施工难以控制,常常酿成滑坡灾害。

将土钉墙、预应力锚杆(索)及岩面植草结合适用,则可以长补短,既可以加快施工进度,提高坡体的稳定度,同时利于环保。同时,因土钉墙与预应力锚杆(索)同时作用,则可以加大锚索(杆)间距,减小坡面预制构件的尺寸,可降低造价。

(四)拉压复合型锚索应用阶段

在龙长高速公路建设期间,碰到较多的高陡边坡,为降低造价,设置了大吨位锚索,(设计锚固力在900~1200kN之间)。在实际操作中,发现压力分散型锚索当吨位较大时,伸长量往往偏大,分析原因认为是承载板前的注浆体局部承压太大。为此,将承载板后部的钢绞线留置并剥皮洗净,让其与注浆体黏结,以降低承载板对注浆体的压力,就形成了拉压复合型锚索。通过实践,表明对于大吨位锚索,该结构具有受力均匀、承载力大、伸长量小等优势。

四、路堑高边坡防护实例

随着高速公路建设由沿海向山区辐射和延伸,山区高速公路高边坡越来越多。其中,福宁高速公路建设路堑高边坡共149处,三福高速公路建设路堑高边坡共414处,邵三高速公路建设路堑高边坡共236处,漳龙高速公路建设路堑高边坡共120处,龙长高速公路建设路堑高边坡共270处,浦南高速公路建设路堑高边坡共198处,泉三高速公路建设路堑高边坡共263处,永武高速公路建设路堑高边坡共110处等。

(一)京福高速公路K114+500～800段左边坡

京福高速公路K114+500～800段左边坡最大坡高75m、坡长300m(即罗盘基隧道出口左边坡)位于福建省三明市尤溪县洋中镇,该区域内山体延绵,峰峦叠嶂,山岭耸峙,自然地形起伏较大,属重丘区。该段坡体岩石风化极不均匀,原岩发育有软弱夹层。坡体上部为风化残积层,其下为差异风化层,主要由粒径不一的孤石和潮湿状态的土层组成,至线路路面高程附近为弱风化凝灰熔岩。坡体地下水含量丰富,坡脚及坡面中部均有地下水渗出。该段边坡在开挖过程中,因坡体岩土层强度较低,一旦遇上降雨气候,就会发生规模不等的坍塌破坏,最大单次坍塌方量近20000m^3,施工难度非常大。经过有关专家和设计院技术人员现场调查分析并补充勘察后,形成如下治理方案:

1. 土石方工程

除顶级外其余各级坡高均为8m,一级坡率1:0.3,二～四级坡率1:0.75,五～七级坡率1:1.0,八、九级坡率1:1.25,三级设置6m宽卸荷平台,其余各级平台宽2m。

2. 锚索抗滑桩

在四级坡脚设置一排28根锚索抗滑桩,桩截面为2.4m×1.8m,纵向水平6m,桩长26～30m。每根抗滑桩上设置一根预应力锚索,单孔设计荷载1000kN,锚索长41～45m。

3. 锚固工程

分别在二级小里程侧、三级大里程侧和六、八级坡面设置预应力锚索框架进行加固,每片框架宽8m,设4孔预应力锚索,预应力锚索长23～31m,单孔设计荷载600kN。

4. 其他工程

坡顶设置截水沟,各级平台及坡脚设置排水沟,坡面设急流槽兼做检查踏步,形成通常的地表水排水系统;分别在一级和三级坡面含水率较丰富的区域布设仰斜排水孔,排水孔深25m;坡面分别采用浆砌片石护面墙、窗孔式护面墙和三维网植草进行封闭防护。

本工程主要采用了高压劈裂注浆和改进型压力分散型预应力锚索结构两项新技术,并实施动态信息化综合技术,对于提高锚固段地层的单元锚固荷载、减缓预应力损失、加强锚固结构的防腐、加快边坡治理进度、减小现场病害损失等方面有着突出的优势。自2004年初竣工通车以来,根据坡体深部位移监测系统的监测成果显示,该边坡现已处于稳定状态,达到设计要求,满足线路通行的安全条件。

(二)邵三高速公路 K278+100~420 段右边坡

邵三高速公路 K278+100~420 段右边坡最大坡高 62m、边坡长 320m,地处福建省将乐县莫源镇内,该区域山势陡峻,延绵起伏,植被茂盛,为雪峰山的余脉。该段坡体上部为较厚的坡残积覆盖层,下部为强~弱分化硅质粉砂岩,岩层节理不发育,主要为构造为微节理,地下水不发育。高边坡支挡加固措施如下:

1. 土石方工程

除顶级(七级)外,其余各级坡高均为 8m,每级坡顶设置 2m 宽平台,一级坡率 1:0.25~1:0.75,二级~六级坡率 1:0.75~1:1.0,七级坡率 1:1.0,坡体中间坡率较陡,向两侧延伸时逐渐变缓,中间设置平顺过渡段。

2. 锚固工程

分别在二、三级布置上下交错预应力锚索框架,共布置 31 片框架,每片框架宽 8m,其上设 4 根预应力锚索,预应力锚索长 23~25m,单孔设计荷载 700kN。另外在五、六级布置上下交错预应力锚杆框架,共布置 17 片框架,每片框架宽 6m,其上设 4 根预应力锚杆,预应力锚杆采用精轧螺纹钢制作,长 19~21m,单孔设计荷载 350kN。

3. 其他工程

坡顶设置截水沟,坡面各级平台及坡脚设置排水沟,并在垂直方向设置急流槽兼做检查踏步,形成通畅的地表水排水系统;一级坡面采用浆砌片石护面墙,四级坡面采用窗孔式护面墙,其余暴露坡面均采用三维网植草进行封闭。

本工程采用了全长黏结型预应力锚杆新技术,并实施动态信息化综合技术,可明显减少预应力损失,增强锚固结构的牢固性和可靠性;而动态信息化综合技术则可对现场的变化情况及时做出反应,对于节省工程造价、便捷施工及减小病害影响等有着明显的优越性。自 2005 年初竣工通车以来,根据坡体深部位移监测系统的监测成果显示,该边坡处于稳定状态,达到设计要求,满足线路通行的安全条件。

(三)漳龙高速公路 K90+020~K90+400 段右边坡

漳龙高速公路 K90+020~K90+400 段右边坡最大坡高 64m、边坡长 380m,地处福建省南靖县金山镇内,该区域地貌形态复杂,主要由坡残积台地、台地间冲沟及冲洪积平原等组成,区内水系发育,坡体后部汇水面积大,植被茂密。该边坡为二元结构边坡,上部为坡残积覆盖层,其下为强~弱风化花岗岩,原岩结构面陡倾向线路,地下水发育,坡脚和坡体中部均见有地下水渗出。受地下水含量影响,其接触带强度软化为影响坡体稳定的主要因素。

该边坡在高速公路修建期间,设计为八级,除顶级外,其余各级坡高均为 8m,一级坡率1:0.5,二级坡率1:0.75,三级及以上各级边坡坡率均为1:1.0,各级平台宽均为2.0m;二级、四级、五级采用预应力锚索框架进行加固,其余坡面采用浆砌片石护面墙、窗孔式护面墙和三维网植草进行防护。

2005年5~6月,福建省连续遭受两次超强台风袭击,伴随连续近两个月的强降雨气候,该边坡不但连续受地表水冲刷,而且地下水供应充沛,含量急剧增高,软化坡体土层强度,降低接触面强度,同时也使原锚固工程的锚固段地层强度降低,锚固荷载损失严重,在各种不利因素的综合作用下,该边坡于2005年6月中旬发生局部坍塌破坏,破坏区域位于三级~五级中部,两片原预应力锚索框架下错破坏,坡顶也出现拉裂缝。

为了控制坍塌病害继续向两侧和上部发展,福建省高指会同漳州市漳龙高速公路有限公司及中铁西北科学研究院一起组成联合应急抢险小组,迅速进驻工地现场,紧急展开治理工作。在现场调查、补充勘察和计算分析的基础上,对该边坡形成如下治理措施:

1. 应急措施

迅速夯填坡顶及坡面的拉裂缝,阻断地表水进入坡体内;立即对暴露土质坡面进行喷浆处理,防止地表水继续软化坡体土层;采用全长黏结型锚杆加固坍塌区周围松动锚固结构,并对其进行补偿张拉,充分利用原有锚固工程的加固作用;在接触面附近变形严重区域迅速采用自锁型预应力锚索进行加固,在一周内即可发挥锚固效果。

2. 加固措施

在二级坡面增设预应力锚索框架进行加固接触面下的强风化破碎岩体,补设三级坍塌区的锚固工程,六级增设预应力锚索地梁,七级增设间隔预应力锚索框架。每片框架设4根预应力锚索,每根地梁设2根预应力锚索地梁,锚索长26~34m,单孔锚固荷载700kN。

3. 其他措施

对岩质坡面采用喷射混凝土封闭,对土质坡面采用三维网植草防护,恢复坡面地表排水系统,在二级坡面增设仰斜排水孔,对地下水进行有效排除。

本工程采用了全长黏结型预应力锚杆和自锁型预应力锚索新技术,并实施动态信息化综合技术,可在较短时间内发挥锚固效果,不但增强锚固结构的牢固性和可靠性,而且为抢险工程争取了宝贵的时间。本边坡补强加固处理于2005年底竣工,根据坡体深部位移监测系统,监测成果显示,加固后该边坡处于稳定状态,达到设计要求,满足线路通行的安全条件。

五、滑坡治理实例

(一)同三线福宁八尺门互通区古滑坡治理

福宁高速公路位于闽东滨海山区,全长约141km,地形地质条件复杂,横坡25°~30°,

局部陡峭地段达40°~50°。受地形地质条件及路线技术要求的控制,本段路堑高边坡工点多,四级以上边坡(高度超过30m)共有147个,其中最高者达108m(A15-2标段)。沿线边坡加固主要采用植草、生态喷混、浆砌片石、网格、网喷、喷锚、锚杆格子梁、预应力锚索格子梁(地梁)、预应力锚杆格子梁、预应力锚钉等。通过调查,沿线有10个标段的部分高边坡进行了预应力锚索或预应力锚杆加固,累计采用预应力锚索91059m,预应力锚杆2402m,挡土墙锚杆5700m,抗滑桩122根。

福宁高速公路的八尺门互通区整个处于古滑坡区,由4个滑坡区组成,规模巨大。工程勘察阶段未能发现,经开挖,上下边坡出现裂缝,为此先后四次邀请了国内知名专家对滑坡性质和治理方案进行论证;重新对地质进行勘探,确定滑坡性质和范围,为加固设计提供依据;在加固工程设计中采用了预应力锚索地梁和格子梁、预应力锚索抗滑桩、挡土墙等措施进行加固,采用深平孔排水、渗沟、反压等辅助措施,仅该滑坡区就采用预应力锚849753m,预应力锚索抗滑桩122根,最长的锚索达到孔深57m、每孔9索。目前,边坡稳定已得到控制,加固工程充分发挥了作用。为了确保施工过程和运营期安全,邀请了中科院岩土力学科研单位对整个滑坡区进行施工过程监控和长期观测,每月提交监测报告,根据监测情况,决定开挖进度、应急措施和加固方案施工过程处于严密监测下进行。

福宁高速公路的二浦城路段右侧高边坡高达108m,边坡开挖后由于地质破碎,经台风雨袭击出现大范围崩塌。该处山体自然坡度大,边坡高度由40余米变更为现有的108m。后来的加固设计采用预应力锚索格子梁和预应力锚杆格子梁加固,施工过程由于地质变化,最终全部采用预应力锚索格子梁,锚索孔最深的达到37m,每孔5索,因地质破碎的水泥压浆最多的每孔水泥用到5t。目前,该边坡的防护工程已完成,经观测边坡处于稳定状态。

为了提高锚索加固措施的安全可靠性,对引进的压力分散型锚索进行了工艺上的改善,使得复杂而难以控制质量的工艺变得较为简单,从而能使该结构得以全面推广。压力分散型锚索相对于传统的拉力型锚索,具有以下几个明显得优点:①锚固力分布较为均匀,解决了拉力型锚索固定段黏结效应逐步"弱化"或脱开,降低地层强度的利用率问题;②采用无黏结钢绞线,防腐性能明显改善且优于T拉力型锚索;③具有较好的可检测性。

(二)浦南高速公路金斗山滑坡治理

金斗山滑坡位于福建省浦(城)南(平)高速公路南平市境内的C6标段ZK211+650~ZK211+940段左侧。该滑坡区属于亚热带海洋性季风气候区,雨量充沛,自然坡植被较发育;场区呈剥蚀型丘陵地貌;该滑坡属于典型的因为施工开挖原因造成的坡体变形破坏类型,按照边坡的工程分类该边坡为土质边坡,从坡体的地形地貌来看,边坡的自然坡率较缓,约为20°~25°,上层堆积体厚度大,为一老滑坡病害孕育体,高速公路路基中线穿越坡体的前部致使软弱带贯通,坡体的变形从孕育开始发展,降雨转化为地下水后,在地下水的作用下,软弱带强度继续降低,变形滑移加剧。

1. 地质背景与变形历史

该滑坡所属测区内地层出露不完整,区域褶皱断裂发育,总体上属于震旦系地层。该坡体上部为坡残积土,中部岩性为凝灰质砂岩夹变质泥岩及薄层硅泥岩,下部以灰、深灰色厚层变质石英砂岩为主。坡体中部风化严重,深部不利结构面发育。

该坡体原设计刷方高度为40m,5级边坡,坡率为1:0.75~1:1.0。2007年底开始施工刷方,当刷方至第2级坡面时,坡体后缘开始出现变形迹象,后缘张拉裂缝宽发展至10~30cm不等,持续地降雨致使坡面出现局部小坍塌,为了保证施工的安全以及实施及时的防护加固,决定立即进行坡体安全监测,由坡体位移监测来指导施工。

2. 滑坡变形特征与成因分析

(1) 滑体变形特征

滑坡平面上呈三角形,前缘最大宽度约300m,纵向长约140m,滑坡堆积体前缘高程189m,后缘高程224m。滑坡平面面积约2.9万m^2,滑体钻孔揭露堆积体垂直厚度为20~30m,滑坡总体积约为60万m^3。地形上,滑坡后缘为一宽阔的缓倾平台,其NW向宽238m,倾角小于10°。滑坡中下部大致呈台坎状,地形平均坡度为25°。

滑坡堆积体主要由残坡积砂质亚黏土、强风化碎块石和砂土状强风化砂岩组成。残坡积砂质亚黏土分布于滑体表面,厚约0~8m。碎块石层厚度约为6.5~9.5m,成分为泥质砂岩和砂质泥岩,粒径大小不等,呈中等强风化状态。部分滑体为红色砂土状强风化砂岩,厚度3~13m。

滑床由一层厚10~15m的砂岩组成。砂岩呈碎块状强风化状态,节理裂隙发育。滑床表面多破碎,风化强烈,下部则较完整,总体产状290°∠15°,岩层平缓,边坡呈顺向坡结构。滑带为强风化黄色砂岩,滑面呈平面状。

(2) 滑坡成因分析

不良的地质条件是金斗山滑坡形成和发育的基础,同时因为施工开挖破坏了原坡体力学平衡,加上地下水的共同作用,是滑坡形成的直接原因。

滑床为碎块状强风化状态,节理裂隙发育,发育多组产状分别为NW290°~295°∠15°~35°及NW0°∠80°节理。由于节理面和层面的相互交切,加上边坡呈顺向坡结构,此岩体易发生滑移-拉裂破坏。

按照边坡的工程分类,该边坡为土质边坡,从坡体的地形地貌来看,边坡的自然坡率较缓,上层堆积体厚度大,为一老滑坡病害孕育体,高速公路路基中线穿越坡体的前部,致使软弱带贯通,坡体的变形从孕育开始发展,降雨转化为地下水后,在地下水的作用下,软弱带强度继续降低,变形滑移加剧。

3. 滑坡稳定性分析和发展趋势

深部位移监测资料显示主滑带位置清晰,变形量值大。根据测孔 BK04 和 BK05 的深度－位移累积曲线,曲线揭示有两条主滑面,分别为黏性土夹碎块层与砂土状强风化砂岩层的交界面以及砂土状强风化砂岩层与碎块状强风化砂岩层的交界面,滑面深度分别为 30m 和 20m。BK01 和 BK02 测孔的深度－位移累积曲线显示除下层的两主滑面外,滑坡还有一条上层主滑面,为残坡积砂质黏土层与黏性土夹碎块层的交界面,滑面深度分别为 8m 和 8.2m。

针对滑坡的变形现状和永久性工程的稳定性要求,根据刚体极限平衡原理,采用国内外较有代表性的摩根斯坦－普赖斯计算法,运用较为成熟可靠的 Geo-slope 软件对滑坡进行岩土力学指标的反算稳定性检算。

应急反压减载刷方以前,根据滑坡变形调查和裂缝位移监测,滑坡后部牵引裂缝基本贯通,拉张变形速率较大,剪出口十分明显,分析认为滑坡已经处于滑动阶段的状态,稳定系数为 1.0 左右。根据滑坡深部位移监测资料,中下层变形量值和速率均大于上层滑面,故假定下层滑面稳定系数为 0.98,中层滑面稳定系数为 1.0,上层滑面稳定系数为 1.02;以此反算主滑带岩土强度参数,有关计算成果见表 4-7-1。

金斗山滑坡稳定性计算岩土指标参数表　　　　表 4-7-1

名称	地层描述	岩土模型	γ (kPa/m)	c (kPa)	φ (°)	边坡稳定系数		
						滑面	卸载前	反压、卸载后
Soil 1	残破积砂质亚黏土	Mohr-coulomb	118	113	15	上层滑面	1.02	1.05
Soil 2	黏性土夹碎块	Mohr-coulomb	119	116	19	中层滑面	1.0	1.02
Soil 3	砂土状强风化砂岩	Mohr-coulomb	120	120	24			
Soil 4	碎块状强风化砂岩	Bedrock				下层滑面	0.98	1.0
Soil 5	基岩	Bedrock						

依据上述主滑带岩土参数,采用 Slope/W 软件对前缘反压后缘卸载后滑坡进行稳定性分析,上层滑面稳定系数由 1.02 增加到 1.05,中层滑面稳定系数由 1.0 增加到 1.03,下层滑面稳定系数由 0.98 加到 1.02,滑坡稳定性得到一定改善。此时,地表裂缝简易观测表明坡体变形明显变缓,同时深部位移监测也显示滑面处变形速率亦明显减小。

经稳定性分析认为:经过前缘反压,后缘刷方减载,滑坡稳定度得以逐步提高,从而有效地控制了滑坡稳定状态的进一步恶化和坡体变形快速发展的态势,稳定系数由约 1.0 增加到 1.03 左右,此时滑坡仍处于危险阶段,虽然变形速率变缓,但是如不采取进一步的有效整治工程对策,滑坡变形恢复和增长的可能性十分大,特别是在暴雨期不利工况条件下,滑坡稳定状态会进一步恶化。

4. 整治工程对策

为了根治该滑坡,确保高速公路的正常施工安全,经过严格的比选,确定了以下的整治设计方案。

在原设计五级边坡的基础上进一步放缓坡率,第一级坡 ZK211+660～ZK211+960 段采用 A 型半挡墙,坡率1:1.25;二级坡 ZK211+680～ZK211+960 段采用预应力锚索框架,预应力锚索设计为压力分散型,由 6 束 ϕ15.24 无黏结钢绞线组成,上排锚索设计张拉力 550kN,长 36m,锚固段 14m,下排锚索设计张拉力 550kN,长 32m,锚固段 14m,框架内为三维网植草,坡率1:1.5;三级坡 ZK211+760～ZK211+900 段坡脚采用预应力锚索抗滑桩,预应力锚索设计为压力分散型,由 8 束 ϕ15.24 无黏结钢绞线组成,桩身锚索设计为两排三孔(上排2孔,下排1孔),上排锚索设计张拉力 750kN,长 39m,锚固段 14m,下排锚索设计张拉力 750kN,长 38m,锚固段 14m,坡率1:1.75;四级坡坡脚采用预应力锚索抗滑桩,预应力锚索设计为压力分散型,由 8 束 ϕ15.24 无黏结钢绞线组成,桩身锚索设计为两排三孔(上排2孔,下排1孔),上排锚索设计张拉力 750kN,长 40m,锚固段 14m,下排锚索设计张拉力 750kN,长 39m,锚固段 14m,坡率1:2.0。

除支挡工程和锚固工程外,对全部刷方平台采用 M7.5 浆砌片石防护;对二、三、四级平台设计平台排水沟;对三、四、五、六级坡面全部采用拱形骨架植草防护;在坡顶设计截排水天沟。

5. 整治工程效果评价

为了分析研究金斗山古老滑坡病害性质、体积规模、滑面位置、稳定程度和发展趋势,对金斗山古老滑坡开展了包括地表变形监测、地下变形监测、重点结构物变形监测、锚索应力监测、桩侧应力监测、地下水监测、以锚索抗拔破坏试验等较为全面和系统的滑坡监测与试验工作。以便掌握滑坡坡体变形动态特征与规律,了解支挡加固工程结构的受力状态,并作为该滑坡区治理工程动态设计和信息化施工的基础和评价治理工程效果的依据。

以主断面上的 ZK3 监测孔的数据为例,从开始监测至施工结束,ZK3 的变形速率趋于稳定,变形位移基本没有增加迹象,表明坡体此时经过有效的支挡加固整治后,该阶段处于稳定状态。

综合全部监测成果显示:金斗山古老滑坡区的地表位移和坡体深部位移及抗滑桩桩身变形已趋于稳定;预应力锚索的应力变化在正常的范围以内;抗滑桩桩侧应力均小于设计值。并且没有发现新的宏观变形破坏迹象。因此,综合分析监测成果,可以认为金斗山古老滑坡当前处于基本稳定状态,其治理工程效果明显,达到和满足设计目的和工程要求。

(三)永武高速公路箭丰尾滑坡治理

1. 工程概况

三明市永安箭丰尾山体滑坡病害位于福建省永安市境内,距洪田镇约2km,永武高速公路205国道改线GK0+850~GK1+445段,因永武高速公路建设需要,在K10+500~K12+000段借用原国道线位,国道向山侧上方以挖方路基的形式改移,现发现存在严重的山体滑坡病害,起讫桩号为GK0+850~GK1+445。该段改线挖方边坡可以划分为3个区段,即:A段GK0+850~GK1+110;B段GK1+110~GK1+250;C段GK1+250~GK1+445。其中,A段原设为5级边坡最高约40m,B段原设为2级边坡最高约15m,C段原设为3级半边坡最高约28m。

2007年12月以来,在国道改线边坡的路堑开挖和防护加固工程施工过程中,先后多次产生了局部边坡坍塌和边坡滑坡等地质病害,为确保国道边坡稳定和交通安全,设计采用抗滑桩、抗滑挡墙、预应力锚索框架、预应力锚索地梁以及地表地下排水工程等综合的边坡病害治理工程措施。

2010年4~6月,福建省永安市洪田镇境内长时间普降暴雨,降雨强度累创历史纪录,在本段边坡与滑坡病害治理的主体工程即抗滑桩工程尚未完全实施和发挥整体抗滑作用的情况下,由于持续强暴雨的作用和影响,诱发本段山体的严重变形和破坏,逐渐体现为清晰的古老滑坡体的局部或较大范围的复活,业已形成重大的地质灾害隐患,并直接破坏国道与高速公路路面及抗滑工程结构,危害道路畅通,威胁公共安全。

2. 滑坡地质基础

(1)地形地貌

箭丰尾斜坡体位于文川河右岸(东侧)山坡的坡麓上,属剥蚀丘陵地貌区,总体坡度约15°,中部较缓呈多级平台状,上部较陡可达30°。坡体中冲沟较发育,山坡上植被较发育,坡体上有多条伐木运输道,坡脚处为新建205国道和永武高速公路。

本段自然斜坡坡脚前缘位于文川河冲刷凹岸,斜坡总体具有明显的负地形或凹陷地形的特点,其主体可以分为左右即A、B两个区段或两个条块,A、B两条以中部较深冲沟为界,在地形上都具有陡缓相间的多级台阶地貌,其中,A条的台阶状块体更为发育。

从微地貌分析判断,本段斜坡具有古老滑坡体的地形地貌特点,而且,其滑体规模特别巨大,属重大的不良地质病害体。正是由于其古老滑坡规模巨大,后期地貌改造作用强烈,往往不易被察觉或辨识。

(2)地层岩性

据前期工程地质测绘及钻孔成果,该段山体滑坡场区内表层为较厚坡残积层

(Q^{el-dl}),下伏基岩为二叠系童子岩组(P_{1t})中薄层粉砂岩、炭质粉砂岩及其风化层。

(3)地质构造

场区内 GK1+112 处冲沟发育似有一小背斜,北部产状为 340°∠23°,南部产状为 185°∠31°,区内岩层产状较为紊乱,倾角变化较大。该场区内还发育两条区域构造,分别为近南北向断层 F1 和北东向断层 F2 从坡体前部和右侧穿过。

(4)水文气象

该场址属亚热带季风湿润气候,年降雨量 1500~1800mm,场区内常年有水的冲沟有三条近东西向分布和坡脚的文川河,其余各支沟则季节性有流水。

(5)地下水发育状况

区内发育地下水主要为坡残积风化层孔隙水和基岩裂隙水,水量较为丰富。

其中,坡残积层孔隙水主要分布松散坡积土中,为上层滞水,主要接受大气降水补给,顺地形排泄。基岩裂隙水主要赋存于深部基岩裂隙及构造带中,以构造破碎带相对富水。

3. 滑坡灾害特点

(1)病害历史与现状

山体变形主要表现为自然山坡后部环形拉裂下错,滑坡两侧羽状或雁行拉裂贯通和延伸,滑坡深部剪切滑移迹象明显。路堑边坡变形主要表现为开挖边坡剪切外错、挤压变形或者局部坍塌等。

路面变形主要表现为国道水泥混凝土路面变形开裂、高速公路沥青混凝土路面隆起以及国道与高速公路中间挡墙剪裂和公路边沟挤压破坏等。

抗滑工程结构变形主要表现在抗滑挡土墙剪裂、框架地梁剪断、锚索锚头拉断或崩裂以及抗滑桩剪断破坏等。

(2)病害性质与规模

经过补充滑坡工程地质勘察,进一步查明,箭丰尾山体滑坡主要由 A 段和 B 段两个自然山体组成,当前变形滑坡体横宽约 400m,纵长 500~600m,平均厚约 30m,滑动变形总体积达 600 万 m^3,是一个超巨型的山体滑坡地质灾害。

该古老滑坡为顺层基岩滑坡,滑坡场区地质构造复杂,岩体结构破碎,风化深度较大,地层岩性软弱易滑,滑动面(带)以煤系夹层为主,地表汇水面积较大,地下水特别发育,滑坡整体稳定性较差,局部多处于不稳定状态。

该滑坡具有多条多块多级和多个剪出口的特点,滑坡性质极为复杂,滑坡规模特别巨大,滑坡灾害十分严重。

有关滑坡的分条、分级和分块,该古老滑坡体首先可 A、B 两个大条,即以其中部一较大的自然冲沟为界,包括两个自然山坡,这两个自然山坡上分别发育有多级滑坡平台,同一级平台高度又以小冲沟为界划分为多个滑动块体。

其中，A条滑坡体又可由下至上分为4级，第1级即A1滑坡块体，本级块体平台横宽约100m，纵深约70m，高程240～250m；第2级包括A2-1和A2-2两个滑坡块体，A2-1平台横宽约80m，纵深约100m，台面高程约255m，A2-2平台横宽约60m，纵深约80m，高程约260m；第3级包括A3-1、A3-2和A3-3共三个滑坡块体，A3-1平台横宽约80m，纵深约100m，台面高程约270m，A3-2平台横宽约80m，纵深约100m，台面高程约265m，A3-3平台横宽约60m，纵深约100m，台面高程约270m；第4级即A4滑坡块体，本级块体平台横宽约80m，纵深约50m，台面高程约290m。

同样，B条滑坡体也可由下至上分为4级，第1级包括B1-1和B1-2两个滑坡块体，B1-1平台横宽约150m，纵深约100m，台面高程约240m，B1-2平台横宽约30m，纵深约50m，高程约230m；第2级即B2滑坡块体，本级块体平台横宽约100m，纵深约100m，高程270m；第3级即B3滑坡块体，本级块体平台横宽约100m，纵深约120m，高程290m；第4级即B4滑坡块体，本级块体平台横宽约100m，纵深约150m，高程300m。

最后，在A、B两条滑坡体的顶部共同牵引发育有一缓坡台地，可以视为其共有的第5级平台，即AB5滑坡块体，狭窄的脊梁状，是当前滑坡体变形活动最高或最远位置。

4. 稳定性分析与评价

箭丰尾古老滑坡体首先可分为A、B两个大条，即以其中部一较大的自然冲沟为界，包括两个自然山坡，这两个自然山坡上分别发育有多级滑坡平台，同一级平台高度又以小冲沟为界划分为多个滑动块体。

为了分析计算箭丰尾滑坡的稳定性，选取代表A、B两个大条滑坡体的Ⅳ-Ⅳ和Ⅴ-Ⅴ两个滑坡主轴断面作为计算断面。

基于该滑坡的坡体结构条件与滑坡活动特征，结合其变形活动历史与现状及其发展趋势，该主断面的滑动面具有多层和多级的特点。其分析计算滑动面为可以分为一、二、三、四级滑坡体，前缘剪出口分别考查在国道与高速路的中间挡墙一线以及文川河岸边剪出的最低剪出口，由此可以组成8个可能的分析计算滑动面。

箭丰尾滑坡稳定性的定量计算主要是在合理确定计算断面和计算参数的基础上，基于深孔位移监测准确确定滑动面位置与动态，通过数值分析计算，定量评价该滑坡的稳定现状及其发展趋势。

对于滑面计算参数的选择与确定，是基于该滑坡治理工程实施前各可能滑面的变形活动特点及相应稳定程度，反算各滑动面的主滑带力学指标，即以反算参数为主，结合相关试验与经验参数综合确定。

(1) 主滑带指标反算

反算主滑带指标是该滑坡治理工程实施前各可能滑面的变形活动特点及相应稳定程

度的基础上,结合相关试验与经验参数,反算各滑动面的主滑带力学指标。反算滑带指标计算成果如表 4-7-2 所示。

箭丰尾滑坡岩土力学指标反算成果一览表　　表 4-7-2

项　　目	反算力学指标				备　　注
	岩土名称	γ(kPa/m)	c(kPa)	φ(°)	
滑体	坡残积层	18	15	25	参考试验值
	砂土状强风化层	19	10	30	参考试验值
	碎块状强风化层	20	10	40	参考经验值
滑床	弱风化粉砂岩				稳定基岩
4-4 断面滑动面	牵引段	19	10	16	综合取值
	抗滑段	20	10	20	考虑软弱面
	一级主滑带	20	10	15.5	反算指标
	二级主滑带	20	10	10	反算指标
	三级主滑带	20	10	12	反算指标
	四级主滑带	20	10	13.5	反算指标
5-5 断面滑动面	牵引段	19	10	25	综合取值
	抗滑段	20	5	15	考虑软弱面
	一级主滑带	20	10	15	反算指标
	二级主滑带	20	10	17.5	反算指标
	三级主滑带	20	10	14	反算指标
	四级主滑带	20	10	12	反算指标

(2)滑坡稳定性分析

在上述滑面与岩土参数条件下,根据箭丰尾滑坡的病害特点与工程设计要求,其稳定性分析计算考虑三种主要工程状态,即本次设计治理工程实施之前的当前状态、减重刷方工程完成后状态以及排水隧洞施作并发挥排水作用后的状态,分别进行稳定性分析与评价,其计算成果如表 4-7-3 所示。

箭丰尾滑坡稳定程度分析计算成果一览表　　表 4-7-3

计算断面	滑面编号	滑体分级	评估稳定程度	计算稳定系数 F_s	备　　注
4|4 断面	1	一级滑坡体	$1.0 < F_s < 1.005$	1.005	变形破坏严重,前缘出口清晰
	2	二级滑坡体	$1.01 < F_s < 1.015$	1.013	侧界与后缘裂缝断续可见
	3	三级滑坡体	$1.01 < F_s < 1.015$	1.007	侧界清晰,后缘裂缝断续可见
	4	四级滑坡体	$1.0 < F_s < 1.005$	1.004	侧界清晰,后缘裂缝长大贯通
5|5 断面	1	一级滑坡体	$1.005 < F_s < 1.01$	1.008	变形破坏严重,前缘出口清晰
	2	二级滑坡体	$1.01 < F_s < 1.015$	1.009	侧界与后缘裂缝断续可见
	3	三级滑坡体	$1.005 < F_s < 1.01$	1.005	侧界清晰,后缘裂缝断续可见
	4	四级滑坡体	$1.005 < F_s < 1.01$	1.006	侧界清晰,后缘裂缝连续

(3) 滑坡推力计算

箭丰尾滑坡治理工程主要包括刷方减重工程、泄水隧洞工程、抗滑桩工程和锚固工程等。

在上述滑坡稳定性分析与滑带指标反算等计算成果的基础上,结合滑坡整治工程措施,模拟计算滑坡治理工程效果。并且,根据有关规范要求,取用稳定性安全系数为1.2,计算滑坡推力。计算成果如表4-7-4所示。

主要计算滑面稳定性分析与滑坡推力计算一览表　　　表4-7-4

计算断面	编号	滑体分级	初始状态 稳定度 F_s	减重刷方后 F_s(A区刷17万m^3,B区刷8万m^3)	施做泄水洞后 F_s(A区降3m,B区降2m)	拟设支挡加固 安全系数 F_s	滑坡推力 kN	备注
4|4 断面	1	一级	1.005	1.005	1.062	1.211	2500	4500kN/m
	2	二级	1.013	1.170	1.242	1.386		
	3	三级	1.007	1.023	1.092	1.252	2000	
	4	四级	1.004	1.013	1.081	1.221		
5|5 断面	1	一级	1.008	1.008	1.077	1.206	1500	4000kN/m
	2	二级	1.009	1.009	1.061	1.206	2500	
	3	三级	1.005	1.028	1.085	1.207		
	4	四级	1.006	1.037	1.105	1.228		

5. 危害程度和发展趋势

箭丰尾山体滑坡是一个超巨型的山体滑坡地质灾害。滑坡场区地质构造复杂,岩体结构破碎,风化深度较大,地层岩性软弱易滑,滑动面(带)以煤系夹层为主,地表汇水面积较大,地下水特别发育,滑坡整体稳定性差,局部多处于不稳定状态。

总体评估认为,该山体滑坡变形破坏严重,滑坡整体不稳,处于蠕动挤压至缓慢滑动阶段,体现遇雨即滑的变形特点,必将进一步破坏国道和高速公路设备及抗滑工程结构,严重危害和威胁公路畅通与交通安全。

若任其发展,很有可能产生大规模的滑动和破坏,造成重大的地质灾害。由于该段坡体前缘河道相对较为狭窄,上游邻近洪田镇,一旦产生整体的大规模滑动,亦有可能严重侵占河道,甚至形成滑坡堵江,造成灾难性的次生灾害。

因此,必须采取果断措施,有效抑制滑坡的变形活动与发展趋势,并采用综合的治理工程措施根治该巨型山体滑坡地质灾害,确保滑坡稳定与交通安全,保障当地居民和国家财产不受危害和损失。

6. 治理工程对策

由于箭丰尾山体滑坡规模巨大、性质复杂、变形破坏十分严重,必须采取系统的和综合的滑坡治理工程措施。主要根治工程措施包括:减重刷方工程、地表排水工程、地下排水工程、支挡加固工程和补强修复工程等。

(1)应急反压与减重工程

①应急反压工程

2010年7月,为防止该滑坡体继续变形恶化,引发大规模地质病害,决定对该山体滑坡先行采取应急反压与减重刷方工程。

国道与高速公路间挡墙外变形区进行堆载反压,反压区长约400m,宽约10m,高约4m。

②GK0+770~GK1+100段减重刷方

从现有滑坡体A2区开始向坡体内刷方,坡脚设置一宽平台,纵向坡度4%,横向坡度1%。左侧刷方区第一、二级刷方坡面高均为4m,坡率1:1.25,平台宽2~10m;第三级刷方坡面坡率1:1.25,高8m;第四级刷方坡面坡率1:1.25,与自然边坡相接。右侧刷方区经由A3-1区和A3-2区顺刷到A区与B区间的自然冲沟。第一、二级刷方坡面高均为4m,坡率1:1.5,平台宽10m;第三级刷方坡面坡率1:1.5,与自然边坡相接。

A2区和A3区共计刷方土石方27.4万m^3。

③GK1+050~GK1+200段减重刷方

刷方区域包括三个刷方平台,即位于B2区的下部刷方平台、B3区的中部刷方平台和由B4区与A4区组成的上部刷方平台。

首先,从现有滑坡体B2区开始向坡体内刷方,本区域刷方主要为抗滑桩工程提供施工平台;然后从现有滑坡体B3区开始向坡体内刷方,坡脚设置一宽平台,纵向坡度5%,横向坡度1%;第一级刷方坡面高为4m,坡率1:1.5,平台宽10m;第二级刷方坡面高为4m,坡率1:1.5,设置为一宽平台约70m,平台延伸至B4区,纵向坡度5%,横向坡度1%;在B4区和A4区设计第三、四级刷方,坡面高均为4m,坡率1:1.5,平台宽10m;第五级刷方坡面高均为8m,坡率1:1.5,平台宽10m;第六级刷方坡面坡率1:1.5,与自然边坡相接。

下部B2区刷方为结合抗滑桩排工程刷方,刷方边坡为一级,刷方平台排水与要求与上级刷方平台相同,边坡刷方坡率为1:1.5,与自然边坡相接。

B2、B3、B4区及A4区共计刷方土石方约13.9万m^3。

经减重和反压后进行的地表位移和深部位移监测表明,该滑坡体变形速率减缓,但其变形活动仍在继续,如不采取进一步措施其后果十分严重。

(2)地表和地下排水工程

①滑坡区外围截排水天沟

由于该山体滑坡规模巨大,滑坡区外围截排水沟分为顶部、左侧和右侧三个部分布设。

滑坡区外围截排水天沟原则要求布设在滑坡周界约10m以外。滑坡顶部外围截排水沟由于军事光缆限制分为光缆以上截排水沟和光缆以下截排水沟两段。

光缆以上截排水沟布设在G1至G6一线,向右侧排水至滑坡区外;光缆以下截排水沟布设在G9至G18一线,向左侧排水至滑坡区外。

滑坡右侧外围截排水沟为结合C区边坡滑坡外围截排水沟综合布置,布设在G20至G26一线,向右侧排水至滑坡区外自然冲沟。

滑坡区外围截排水沟,截面形式为Ⅰ型排水沟,顶口净空宽150cm,沟底110cm,高80cm,采用M10浆砌片石砌筑,厚度30cm,浆砌片石底部铺设一层防水土工布,截水沟顶面采用2cm厚砂浆抹平。滑坡区外围截排水天沟共长约1018m。

②减重刷方坡顶截排水天沟

减重刷方坡顶截排水天沟原则要求布设在减重刷方坡顶约5m以外。在A区减重刷方边坡坡顶布设坡顶截排水天沟一道,汇入滑坡区外围截排水沟;在B区减重刷方边坡坡顶布设坡顶截排水天沟一道,分别汇入滑坡区外围截排水沟或者刷方区内急流槽。

减重刷方坡顶截排水天沟截面形式与滑坡区外围截排水天沟一致,采用Ⅰ型排水沟。减重刷方坡顶截排水天沟共长1169m。

③减重刷方平台排水沟

A区、B区坡脚宽平台均设置两道排水沟,分别位于坡体内侧及平台外侧距离边缘线3m位置。

平台排水沟截面形式为Ⅱ型排水沟,净空宽60cm,高50cm。平台排水沟沟体采用M10浆砌片石砌筑,厚度为30cm,浆砌片石底部铺设一层防水土工布,排水沟顶面采用2cm厚砂浆抹平。减重刷方平台排水沟共长3230m。

平台排水沟设置纵向排水坡率,纵向排水坡率均为1%,经截排水沟引入铺砌完好的自然冲沟。

急流槽设计宽度1.2m,刷方A3-2区域两侧急流槽均对应自然冲沟部位,刷方区域A4及B4的GK1+104断面两侧的急流槽同样对应自然冲沟部位。

④滑坡区冲沟沟底铺砌

滑坡体范围内自然冲沟均需采用M10浆砌片石铺砌,沟身铺砌高度不得低于洪水位线,厚度为30cm,顶面采用2cm厚砂浆抹平。遇有沟底泉眼应接引归槽处理。滑坡区冲沟沟底铺砌共长约902m。

⑤夯填主要滑坡裂缝

对于滑坡区的主要滑坡裂缝应经黏土夯填处理,避免表水集中入渗恶化坡体稳定。裂缝夯填要求沿裂缝纵向挖槽,挖槽要求入裂缝两侧土体及地表以下均不小于50cm,然后采用黏土夯填满槽封闭。并且,夯填表面向外或向下的排水坡不少于5%。夯填主要滑坡裂缝共长约1200m。

⑥泄水隧洞排水

在滑坡中上部,布设两条截排水隧洞置于深层滑动面以下,截排箭丰尾滑坡场区坡体地下水。

为加快施工进度,从A区和B区两条块之间自然冲沟边选择适当位置为进口,施作一条斜洞至下排截水隧洞,再延伸出一条联系洞至上排截水隧洞。

排水隧洞有两种支护形式,一种是拱形支护,主要采取钢拱架锚喷支护结构,局部围岩地质较差处采用二次衬砌支护结构,另一种是梯形支护,采取预制钢混凝土梁柱拼装结构。

(3)支挡加固工程

本次设计支挡加固工程包括分区分级设置预应力锚索抗滑桩支挡和分块设置预应力锚索框架加固等部分。

①预应力锚索抗滑桩工程

A区和B区各设置两排预应力锚索抗滑桩支挡。

a)A区预应力锚索抗滑桩

上排锚索抗滑桩布置在距刷方坡脚约40m平台上,自ZH1至ZH2,布置36根MZH1型锚索抗滑桩,桩中心间距6.0m,桩截面2.4m×3.6m,每根桩设置2排4孔预应力锚索,单孔设计荷载1500kN。

下排锚索抗滑桩分南北两段布置。

北段自ZH5至ZH6共布置29根MZH2型锚索抗滑桩,桩中心间距6.0m,桩截面3m×4m,每根桩设置3排5孔预应力锚索,单孔设计荷载1000kN。

南段自ZH7至ZH8共布置21根锚索抗滑桩,桩中心间距6.0m。南段抗滑桩的锚索设置有两种形式,一种为3排5孔预应力锚索,每孔有8束锚索,单孔设计荷载1000kN;另一种为3排6孔预应力锚索,每孔有12束锚索,单孔设计荷载1500kN;其中3排5孔预应力锚索抗滑桩共5根,3排6孔预应力锚索抗滑桩共9根。

b)B区预应力锚索抗滑桩

上排锚索抗滑桩布置在刷方区下部平台坡脚,自ZH3至ZH4,布置23根MZH3锚索抗滑桩,桩中心间距6.0m,桩截面3m×4m,每根桩设置2排4孔预应力锚索,单孔设计荷载1500kN。

下排锚索抗滑桩布置在既有国道边坡第一级平台和第二级平台,共29根,第一级平台自ZH9至ZH10布置,第二级平台自ZH11至ZH12布置,共布置24根MZH4型和5根MZH5型锚索抗滑桩,桩中心间距6.0m,除利用5个截面为2m×3.5m(MZH5型)既有桩坑外,其余桩截面均为 2m×3m(MZH4 型),每根桩置 2 排 4 孔预应力锚索,单孔设计荷载 1000kN。

②预应力锚索框架

在 A 区刷方区域左上部第三级边坡设预应力锚索框架加固,共 18 片,自 KJ1(GK0+850)至 KJ2(GK0+920)布置。单片框架宽度均为 8m,每片框架上设 4 孔预应力锚索,单孔设计荷载为 700kN。每孔预应力锚索由 6 束 1860MPa、ϕ15.24 高强度低松弛无黏结钢绞线组成。

在 B 区刷方区域上半部第三级边坡及第四级边坡上分别布设预应力锚索框架 9 片和 16 片,共 25 片。第三级边坡锚索框架自 KJ7(GK1+161)至 KJ8(GK1+205)布置。第四级边坡锚索框架分别自 KJ3(GK1+116)至 KJ4(GK1+158)和自 KJ5(GK1+167)至 KJ6(GK1+201)布置。单片框架宽度均为 8m,每片框架上设 4 孔预应力锚索,单孔设计荷载为 700kN。每孔预应力锚索由 6 束 1860MPa、ϕ15.24 高强度低松弛无黏结钢绞线组成。

③其他工程对策

针对既有路堑边坡和国道与高速公路挡墙及路面等结构变形现状和发展趋势,在系统检测评估既有抗滑桩工程和锚固工程的工作状态与工程效果的基础上,主要考虑对 A 区下排南段既有抗滑桩和国道与高速公路之中间挡墙上增设补强与修复工程。

国道中间挡墙共设预应力锚索地梁 73 根,预应力锚索 146 孔,单孔设计拉力 700kN,每根预应力锚索由 6 束 1860MPa、ϕ15.24 高强度低松弛无黏结钢绞线组成。确保路堑边坡与道路结构的局部稳定和整体作用。

刷方平台及坡脚大平台设计草灌乔结合植被防护措施,刷方坡面设计草灌结合植被防护。

同时,需要建立该滑坡体的地表、地下、结构、道路、应力等全方位的监控量测系统,把握滑坡变形活动动态和发展规律,评估滑坡整治工程效果,保障国道和高速公路的交通安全。

箭丰尾滑坡是一个超大型滑坡灾害,其地质背景条件、灾害发育特点、稳定性状态及发展规律均具有典型的代表性。因此,箭丰尾滑坡灾害的治理工程对策,对同类滑坡灾害的认识与治理具有重要的指导意义和实用价值。

(四)双永高速公路龙岩段 A15 合同段 K227+600~K227+770 左侧边坡

永春至永定高速公路龙岩段 ZK227+600~ZK227+770 段左侧路堑边坡位于龙岩市境内,线路走向为 175°,小里程与荷花大桥左线 1 号桥相接并续接荷花隧道,大里程与荷花大桥左线 2 号桥相接并续接增瑞隧道,线路右侧为荷花大桥右线 2 号桥,地形极为困难。

该段路基施工开挖切削一西南向山脊形成高陡边坡,原设为8级,坡高约68m,实际刷方为11级,坡高近90m,以锚索框架为主结合锚杆框架等进行防护加固。2009年10月,边坡开挖至第4级,设计单位根据边坡刷方地形变化,变更增补和加强了锚固工程防护。2010年1月上旬,边坡刷方至第二级坡面时,受龙岩地区持续降雨触发影响,边坡主体产生了较为严重的变形和破坏,为控制边坡变形发展,并保证施工安全,及时采取了坡顶刷方和锚索预张拉等应急工程措施,有效地控制了边坡变形的加速发展和扩大,为下一步的边坡病害治理工作争取了时间。

1. 气候与水文

本边坡地属亚热带海洋性季风气候,四季分明,冬无严寒,夏无酷暑,受地形影响,地域差异和垂直分异明显,气候类型多种多样。场地雨量充沛,年降雨量在1400～1800mm间。滑坡区域内河流支流多,溪河均属山区性河流,受地形、气候的影响较大,水量丰富,动态变化大,河道坡降大,流速快,易涨易退。滑坡坡脚一条溪流呈"S"弯通过,水力条件较为复杂。

2. 地形地貌

该路段属丘陵剥蚀地貌,植被较发育,地势由线路左侧向右倾斜,山坡坡度30°～40°,坡体呈上缓下陡趋势。

3. 地质构造和地震烈度

场地经边坡开挖,见F106E-A构造蚀变破碎带,岩体节理裂隙发育,岩体较破碎。区内抗震烈度为Ⅵ度。

4. 岩土体分层及特征

场地内上覆地层为坡积含角砾粉质黏土;下伏基岩为侏罗系长林组泥质粉砂岩、粉砂岩、细砂岩等,岩层产状110∠38°,岩层倾向与坡面大夹角反向相交。边坡发育多组不利节理面,250∠20°,间距50～80cm;235∠65°,间距5～10cm;250∠45°,间距50～80cm。

5. 地下水

场地地下水主要为风化基岩中的孔隙-裂隙水,水位埋藏较深,补充勘察过程中钻孔深度内未见水位,水位受降雨影响明显,水量贫乏。山坡坡度较大,岩土层透水性较差,降雨时地表的入渗将使开挖坡面泡水,降低岩土层的内聚力,岩石开挖暴晒后易软化崩解,对边坡稳定不利。

6. 滑坡稳定性分析与参数反算

该坡体中部主滑带首先产生于坡体中部构造破碎并受蚀变影响形成的土状蚀变软弱带,其后滑坡上部受235°∠65°陡倾角结构面控制产生拉张破裂,滑体下部沿250°∠20°缓倾角软弱结构面控制产生挤压破裂,逐步贯穿坡体,形成滑坡病害。最终确定该滑坡体滑带分布的空间位置,并依据现状滑坡地形、岩土条件、当前稳定状态和补充勘察提供的滑带土范围值,采用 GEO-SLOPE 岩土工程软件分析包进行滑坡稳定性分析和参数反演计算。

经滑坡稳定性分析认为,当前滑坡体上层主滑动面稳定系数 $F_s = 1.008$,下层滑动面稳定系数 $F_s = 1.033$,滑坡当前处于蠕动挤压变形状态,计算反演的有关岩土体物理力学参数见表 4-7-5 所示。

边坡稳定性计算反演参数一览表　　　　　　　　　表 4-7-5

序号	岩土层名称	重度 γ(kN/m³)	黏聚力 c(kPa)	内摩擦角 φ(°)
1	坡积含角砾粉质黏土	19.0	27.0	25.0
2	砂土状强风化泥质粉砂岩	19.5	30.0	25.0
3	碎块状强风化泥质粉砂岩	21.0	32.0	30.0
4	构造蚀变带	19.5	30.0	25.0
	构造破碎带	21.0	32.0	30.0

7. 防护加固完成后稳定性分析

滑坡体上层主滑动面稳定系数 $F_s = 1.312$,下层滑动面稳定系数 $F_s = 1.301$。

8. 滑坡治理工程措施

(1) 锚固工程

① 滑坡上段

边坡的 13 级设预应力锚杆框架,框架单片宽 6m,设 4 孔锚杆分 2 排布置,锚杆上排长 27m,下排长 27m,锚固段均长 10m,每孔锚杆设计拉力 350kN。

边坡的 12 级设预应力锚索框架,框架单片宽 8m,设 6 孔锚索分 3 排布置,锚索上排长 41m,中排 40m,下排 39m,锚固段均长 10m,每孔锚索设计拉力 500kN。

边坡第 10 级设预应力锚索框架,框架单片宽 8m,设 6 孔锚索分 3 排布置,锚索上排长 39m,中排 38m,下排 37m,锚固段均长 10m,每孔锚索设计拉力 500kN。

② 滑坡中段

边坡第 7 级设预应力锚索框架,框架单片宽 8m,设 6 孔锚索分 3 排布置,锚索上排长 44m,中排 44m,下排 44m,锚固段均长 10m,每孔锚索设计拉力 500kN。

边坡第 6 级原设计为预应力锚索框架,框架单片宽 8m,设 6 孔锚索分 3 排布置,锚索上排长 34m,中排 33m,下排 33m,锚固段均长 12m,每孔锚索设计拉力 500kN,按 250kN 锁定。

边坡第 5 级原设计交错布置预应力锚索框架,框架单片宽 8m,设 4 孔锚索分 2 排布置,锚索上排长 33m,下排 33m,锚固段均长 12m,每孔锚索设计拉力 700kN。另在原交错植草部位增设预应力锚索框架,框架单片宽 8m,设 6 孔锚索分 3 排布置,锚索上排长

46m,中排46m,下排45m,锚固段均长10m。

③滑坡下段

边坡第4级原设计交错布置预应力锚索框架,框架单片宽8m,设4孔锚索分2排布置,锚索上排长32m,下排32m,锚固段均长12m,每孔锚索设计拉力700kN。另在原交错植草部位增设预应力锚索框架,框架单片宽8m,设6孔锚索分3排布置,锚索上排长45m,中排43m,下排41m,锚固段均长10m。

边坡第3级调整布置为预应力锚索框架,框架单片宽8m,设4孔锚索分2排布置,锚索上排长39m,下排37m,锚固段均长12m,每孔锚索设计拉力700kN。

边坡第2级调整布置为预应力锚索框架,框架单片宽8m,设4孔锚索分2排布置,锚索上排长35m,下排31m,锚固段均长12m,每孔锚索设计拉力700kN。

边坡第1级调整布置为预应力锚索框架,框架单片宽8m,设4孔锚索分2排布置,锚索上排长27m,下排23m,锚固段均长12m,每孔锚索设计拉力700kN。

(2)支挡工程

边坡第9级坡脚平台内侧设预应力锚索抗滑桩16根,桩截面2.0m×2.5m,桩长43m,埋入平台高程以下40m,弯起密贴与第9级坡面高3m,距桩头1.5m和2.5m处设2孔拉压复合型预应力锚索,单孔拉力1000kN,锁定荷载值700kN,锚固段长12m,采用8束钢绞线制作安装,距桩头0.5m处预埋一孔以备后期可能的补强张拉之用。

(3)排水工程

为加强滑坡体地下水引排,在边坡第1、2、4级距坡脚1m处各布设一排仰斜排水孔,排水孔长40m、30m、25m,仰角8°,间距6m,各排间呈梅花形交错布置,形成有效地下水引排系统。

在边坡坡顶和第8级平台内侧各设钢筋混凝土矩形截水沟一道,第4级顶平台暂设一道碟形C15混凝土截排水沟,在边坡坡脚设浆砌片石排水沟一道,其余各级平台内侧均设计挡水埂式排水沟,且各级平台均按设计要求之横坡坡率设外倾式排水,形成完善的地表水引排系统。

(4)普通防护工程

边坡第8级设CF网植草灌防护。

边坡第11级设CF网植草灌防护。

边坡第14、15级设CF网植草灌防护。

其余各级坡面加固段落两侧部分设CF网植草灌防护或TBS植草灌防护。

(5)监测工程

在边坡ZK227+650、ZK227+680、ZK227+715各断面附近布设深部位移监测断面3条,累计布设监测孔13个,监测深度预估为400m,及时施作,并开展深部位移动态监测,监测周期为治理期1年,工后2年。

在边坡各级按设计锚杆和锚索总孔数的10%随机抽样,累计布设锚索(杆)测力计70个,进行锚下预应力长期监测工作,监测周期为工后2年。

六、边坡生态恢复

边坡生态防护是指用活的植物或用植物和非生命的材料相结合的方式,代替纯工程防护的方式,通过种植植物,靠植物根茎与土壤间的附着力及根茎间的互相缠绕来达到加固边坡,提高边坡表面抗冲刷的能力,起到稳定坡面和防止侵蚀的作用,同时又能恢复破坏的自然生态环境,是一种有效的护坡、固坡手段和方法。

其防护形式主要包括:TBS植草、三维植被网、藤蔓植物、客土喷播、土工格室植草、液压喷播植草、干根网状、框格防护、喷混植草、OH液植草、香根草护坡、蜂巢式网格植草、挂网喷播、草棒技术、轮胎固土、植生带、草包技术将、植被毯等等。

2000年前,公路路基边坡防护主要以圬工砌体为主,公路两侧景观效果较差。从2001年开始,福建高速公路开始大量采用客土喷播、喷混植生、土工格室等技术对边坡进行生态防护处理,但边坡绿化的实施效果不明显。通过对边坡生态防护基层材料的作用机理及防护效果的研究、护坡植物品种适应性试种试验和比选确定适应性物种选择的技术和方法、不同土质岩质边坡的生态防护原理、固土植被方法的技术研究和开发、植物防护的抗雨水冲刷极限强度及其与边坡坡度的关系的探讨和护坡植物对土壤抗剪强度、抗渗能力的影响机理的研究,福建归纳了液压喷播、客土喷播、CF网喷灌、TBS喷草灌、CS混合纤维喷灌等5种主要边坡生态防护类型,制定了岩质边坡植物防护设计与施工技术指南,形成一条全新的适应福建省高速公路特性的公路填方、挖方边坡绿化防护的新技术和新方法,同时提出不同土、岩质边坡生态恢复的技术和方法,以实现遵循营造自然气氛,人造环境融于周围大环境,最大限度地恢复自然状态的边坡生态防护目标,形成了独具特色的福建省高速公路的绿色生态走廊带。

(一)边坡生态恢复原则

边坡生态恢复原则为:①安全性原则,对边坡进行生态恢复必须确保边坡的稳定和安全;②协调性原则,生态恢复后的边坡与周围环境能协调一致;③永久性原则,对边坡生态恢复做到一劳永逸,尽量减少后期人工维护和管理;④经济性原则,选择适宜的边坡生态恢复方法、施工工艺、养护措施,做到经济合理;⑤因地制宜原则,应结合工程所在地的情况,合理地选择施工工艺、施工材料。

(二)液压喷播

将种子、纤维、黏合剂、肥料、保水剂、和水等制成有一定黏稠度的悬浊液,通过专用喷播机械设备喷射到需要绿化的坡面上;适用于高速公路 1∶1～1∶2 的路堤边坡。

(三)客土喷播

针对贫瘠且不易冲刷的边坡,通过加入种植土、有机质、纤维料、肥料等合理比例配制成的专业客土基材,给植物提供正常生长的有效基质。适用于坡比小于或等于 1∶1 且不易冲刷的土质路堑边坡、二元结构边坡和破碎岩石边坡。

(四)CF 网喷灌

针对贫瘠且易冲刷的土质或者破碎岩石边坡,通过加入由种植土、有机质、纤维料、肥料等合理比例配制成的专业客土基材,给灌木提供正常生长的有效基质,同时表层加设具有较高抗冲刷能力的 CF 网,以保障前期灌木生长时,基材和种子不流失。适用于坡比小于或等于 1∶1 且易冲刷的土质或破碎岩石路堑边坡。

(五)TBS 喷草灌

又称厚层基材喷射植被护坡,指采用干式或湿式混凝土喷射机把基材与植被种子的混合物按照设计厚度均匀喷射到需防护的坡面的生态防护技术。它通过在坡面喷附一层结构类似于自然土壤且保水、保肥的植物生长所需的基层材料,解决了岩石边坡无法生长植物的问题。干喷法适用于坡比为 1∶0.3～1∶5 的岩质路堑边坡;湿喷法适用于坡比为 1∶0.75～1∶1 的岩质路堑边坡。

(六)CS 混合纤维喷灌

以岩石界面等绿化期望值很高及绿化较为困难的坡面为施工对象,使用富含有机质和黏土的殖壤土等客土材料,加入高次团粒剂、土壤改良剂等材料,在喷播瞬间与空气发生作用,诱发团粒反应,形成与自然界表土具有相同高次团粒结构的人造绿化生长基质。由于喷播瞬间发生疏水反应,黏结力极强的绿化基质牢固地吸附于坡面上,即使受大雨冲刷也不会脱落。由于基材本身具有强大的抗冲刷能力,且保水、保肥、透气性好,为灌木在岩质坡上生长提供了良好的种植平台。适用于坡比为 1∶0.2～1∶1 的各类岩质路堑边坡,对坡面平整度无特别要求。

第八节 高速公路扩建工程

沈海高速公路福泉厦漳段地处海峡西岸,连接着福州、莆田、泉州、厦门、漳州 5 个福建省沿海经济发达地区,是服务海西"两个先行区"建设的大动脉,在福建省乃至全国交通路网中有着十分重要的地位。据统计,2006 年,泉厦及厦漳部分路段日均交通量达3.24万辆(折合小客车),局部路段达4.8万辆;福泉路段日均交通量达2.76万辆,局部路段达3.1万辆。全线交通量年递增率近20%,部分路段高峰期日交通量达6万辆。这样的交通量水平已趋向当初的设计上限,若遇重大节日、交通事故、台风天气造成部分路段车辆滞留或堵车,将出现"高速公路不高速"的情况。2007 年 4 月,福建省人民政府决定对福泉厦漳高速公路实施"四改八"扩建。

福泉厦漳高速公路扩建工程全长 262.082km,起点位于福州市闽侯县青口镇(K247+590),终点位于漳州龙海市东园镇(YK515+247.196)。老路扩建受到沿线高边坡、高填方、软基等路段的制约,同时要考虑隧道扩建方案、桥梁拼接方案的可行性。本项目在扩建期间要维持通车,大大增加了扩建难度,这就要求设计单位必须进行精心的施工交通组织专项设计,制订切实可行的交通管理、交通分流方案以及交通事故处理应急预案。

一、扩建原则与方式

(一)扩建原则

根据高速公路扩建改造的特点,针对本项目不能中断交通的实施条件,勘察设计总体上遵循以下原则:

(1)充分吸收国内外高速公路扩建工程建设的成功经验和先进理念。

(2)选择合理的工程方案,减少对现有道路交通的影响,有利于优化交通组织,提高道路的服务水平。

(3)最大限度地利用现有工程,节约土地资源,减少拆迁数量,降低工程造价,使项目建设具有良好的社会效益与经济效益。

(4)项目建设采用成熟、合理的工程技术,控制工程风险;同时加强科学研究,积极推进新技术、新结构、新材料和新工艺的运用。

(5)原路平纵面通过搜点拟合,线形设计在条件许可的情况下,尽量采用较高的指标,并力求平面线形指标间的均衡。纵面线形在满足技术标准、设计洪水位和最小填土高度,以及满足构造物设置的条件下,以搜点高程为依据进行纵面拟合,以原桥面高程控制纵面设计,尽量保持现有的路基高度,降低路基造价,并尽量避免新的加载造成软基路段原有路基的过大沉降。在综合考虑平、纵线形配合的基础上,注重平、纵面的立体线形顺畅、连续、均衡。

(6)路基、路面设计结合自然条件、筑路材料供应、本地区已有先进经验、经济因素及使用质量等进行多方案比较和运用,在方案设计中应充分考虑沥青混合料的再生利用。

(7)桥涵设计以拼接为主,新建桥梁应进行多方案比较,主线下穿分离式立交桥,采取拆除移位重建或原位重建的方案。

（8）隧道扩建在综合考虑运营安全、通行能力、施工难度、工程造价等因素的基础上，进行单向单洞四车道与单向双洞2+2车道的比选。

（9）互通式立交的改建应满足预测交通量的要求，方案设计以不降低现有技术标准为原则，兼顾地形、环境、占地、规划、收费管理等方面，本着规模适当、功能明确、节省投资的原则来确定。

（10）注重环境保护和景观设计，尽量避免对原有路堑高边坡的二次开挖。

（二）扩建方式

根据以上扩建原则，福泉厦漳高速公路的扩建方式以两侧拼宽为主，局部路段由于受地形、地物等因素的限制，采用单侧拼宽、单侧交错拼宽、单侧分离、两侧分离、单向整幅四车道（隧道路段形成双向二洞八车道断面形式）、单向分幅2+2车道（隧道路段形成双向四洞八车道的小净距断面形式），以及完全新建等扩建方式。

1. 两侧拼宽

扩建以两侧拼宽为主，左右侧各拼接8m，中央分隔带不动，形成双向八车道整体式路基。全线累计长度155km，占59.13%。

2. 单侧拼宽

部分路段由于一侧是高边坡或者受其他地物控制，拼宽全部在另外一侧进行，对原有路幅进行重新分布，形成双向八车道整体式路基。全线累计长度8.78km，占3.35%。

3. 单侧交错拼宽

部分路段原有公路两侧交替分布着高边坡或者控制性地物，为了使扩建工程不影响原有边坡或者地物，把原有线位进行改造，让加宽部分在高速公路不受限制的一侧进行。这种扩建方式由于加宽路段交替进行，需对原路中央分隔带拔除重建，路拱横坡重新调整，对老路保通的影响最大。全线累计长度15.135km，占5.77%。

4. 单侧分离

单侧分离是指开辟一条四车道新路，原路双向四车道改造成单向四车道，主要针对以下三种情况：

（1）高边坡路段，为了不对原有的边坡进行二次开挖，进行单侧分离。

（2）连拱隧道路段，原有隧道不好扩建，通过开辟一条四车道新线隧道，把连拱隧道改为单向通行。

（3）软基路段，为了避免新老路基的不均匀沉降，造成纵向开裂、养护困难，扩建采取单侧分离、架设桥梁的方式跨越软基。全线累计长度43.667km，占16.66%。

5. 两侧分离

原有公路完全利用,两侧各建一条二车道新线,是对保通最有利的一种扩建方式。全线累计长度1.61km,占0.61%。

6. 四洞八车道的小净距隧道断面形式

在原有分离式隧道两洞之间新建一个二车道新洞,在原有左洞左侧或者右洞右侧新建一个二车道新洞,全断面形成独立四洞的小净距隧道断面形式。全线累计长度10.15km,占3.87%。

7. 二洞八车道隧道断面形式

在原有分离式隧道两洞之间新建一个四车道新洞作为左洞,把原有二车道右洞扩建为四车道,原有左洞施工期间维持通车。全线累计长度4.3km,占1.64%。

8. 完全新建

(1)部分路段由于扩建的需要,对原有线位进行调整,调整后的线位完全偏离原有线位,相当于新建一段高速公路。

(2)部分路段新建一条双向六车道新线,新线起终点通过主线分岔方式与原有高速公路两侧衔接。

全线累计长度23.474km,占8.96%。

二、路基

(一)软基拼接

由于高速公路沿线存在长段落软基,按沉降控制设计,确定新老路基差异工后沉降的控制标准,并选择适当的软基处理方法至关重要。从工程使用而言,对容许差异工后沉降的确定,最主要应满足路面的功能性和结构性要求,即应保证车辆行驶的舒适性和路面结构安全不开裂。福泉厦漳扩建工程软基路段的拓宽方式主要有整体式两侧拼宽、单侧分离及两侧分离等。

(二)高边坡静态爆破施工

福泉厦漳高速公路扩建沿线有较多的石质高边坡路堑拓宽工程,在扩建工程施工过程中必须确保原高速公路的正常运营和交通安全,大面积开挖和爆破对原边坡的稳定和高速公路的正常运营有较大影响。本项目在小盈岭地段成功进行现场试验后,推广至整个工程中,取得了良好的效果。

三、路面

由于原路面是以水泥稳定碎石层为基层的半刚性沥青混凝土路面,极易产生反射裂缝,在雨水和荷载的反复作用下最终导致沥青面层的损坏,从而降低路面的使用功能。为解决这一问题,在新扩建的路面中,采用以级配碎石及ATB沥青碎石层结合的基层来作为柔性基层。这种柔性基层具有较高的抗剪、抗弯拉强度和耐疲劳等特性,ATB沥青碎石还能与沥青混凝土面层构成一个全厚式的沥青路面,使整个路面具有修筑时间短、结构均匀、受水与冰冻影响较小的特点。本着旧路面充分利用及新路面采用柔性基层的原则,本次扩建工程采用路面拼接方案进行施工。

首先,在"保畅通、保安全"的前提下进行施工,如何在保持高速公路正常运营的情况下进行安全施工成为施工中的第一难点。其次,由于旧路面存在厚度不一致、纵向沉降不均、部分桥头跳车等问题,影响路面铣刨厚度处理控制,并且为保证桥面铺装层厚度而进行的桥头拉坡处理等因素导致纵向拼接高程的控制成为一个施工难点。最后,拼接缝处于第三车道(重车道)上,是否会出现不均匀沉降,将成为重点考验的部位,拼接施工的成功与否将决定扩建工程的成败,因此,拼接缝处的加强处理成为一个重点。

为更好地解决路面扩建施工中存在的重点与难点问题,充分分析本路段存在的情况及工程特点,采取以下技术措施:

(一)拼接处路面铣刨处理

铣刨是拼接技术的关键环节,其质量好坏将直接影响拼接结构层的质量。为保证拼接缝老路侧路面的完整性,采用铣刨机按不同路面结构层进行分层铣刨。铣刨要求边线顺直,切缝与路面保持垂直状态,铣刨的台阶面与垂直面都不允许有松动粒料和灰尘,也不得因机械通过而造成啃边、缺角、松散等情况;铣刨面不允许有夹层的存在,如有夹层必须清除。因此,铣刨过程中,施工人员紧跟铣刨机后面清扫,并用吹风机将残渣吹干净,严格按铣刨要求操作,认真对待每一个细节。

(二)拼接缝搭接处理

为增强新旧路面拼接的可靠性、整体性,在拼接处采用施工台阶。18cm沥青稳定碎石上基层与16cm级配碎石下基层、下基层与35cm 3%水泥稳定碎石底基层之间施工台阶不少于30cm;6cm AC-20下面层与上基层之间施工台阶不少于120cm。

(三)拼接缝补强处理

为更好地提高水泥稳定碎石底基层、级配碎石下基层与旧路面水稳底基层、基层接缝的纵向黏结力,施工现场采用水泥浆涂刷侧壁处理,将现场配制的水泥浆均匀地涂在老水稳层的侧面,涂刷速度与摊铺机同步,且保持在摊铺机前3~5m。为更好地提高沥青稳定碎石上基层、6cm AC-20下面层与旧路面水稳基层、沥青混凝土面层接缝的纵向黏结力,采用人工涂刷热沥青,要求涂刷速度与摊铺速度同步,并保持在摊铺机前方3~5m。

为提高拼接缝的强度,防止新老路面不均匀沉降,在水泥稳定碎石层间加设一层$\phi 8$的钢筋网。钢筋网设置宽度为9m,网格为20cm×20cm,采用机械直接点焊,每片4.7m,片与片之间搭接20cm,用细铁丝进行绑扎。钢筋网在摊铺前放置于纵缝台阶上,为了加固基层的拼接缝,在基层与下面层间铺设经编复合增强防裂布。经编复合增强防裂布是玻璃纤维和聚酯的混合物,其与沥青混合料层复合后能明显提高其抗低温缩裂、耐高温车辙、抗疲劳开裂性能,延缓反射性裂缝,从而延长路面的使用寿命。

四、桥梁

高速公路拓宽中桥梁拼接具有特殊性,不同于一般桥梁设计。桥梁拓宽改造的主要形式有单侧拓宽改造和双侧对称拓宽改造两种,前者与既有道路线路的单边拓宽改建相适应,一般是在既有桥梁一侧平行于旧桥新建一座桥梁,旧桥承担单幅交通,可以不考虑相互之间的荷载横向分配。不存在新旧桥梁纵向连接问题时,可以按照新桥单独设计。桥梁双侧拓宽改造是适应既有线路两侧同时拓宽而提出的,基本不改变线路的布置与走向,既有桥梁与新建桥梁存在纵向连接并共同承受交通荷载。

福泉厦漳高速公路扩建开工前开展了特殊桥梁拼宽关键技术研究,该课题在国内首次进行了斜交现浇预应力连续空心板梁桥和预应力混凝土连续箱梁桥的室内比例模型试验,基于模型试验研究,提出了斜交现浇预应力连续空心板梁桥以及预应力混凝土连续箱梁桥的拼接缝设计建议和构造措施;研究了变宽拓宽的预应力混凝土T梁桥的静动力特性,完善了拼接缝的设计;以大斜交现浇预应力连续空心板梁桥拓宽为工程背景进行现场定期监测研究,其研究成果对同类桥梁拓宽拼接设计和施工具有指导意义;编制了福泉厦漳高速公路桥梁拓宽拼宽设计指南和施工指南,为福泉厦漳高速公路扩建工程的顺利实施提供了有力的技术保障。

(一)桥梁双侧或者单侧拓宽拼接基本原则

(1)双侧拼宽为主、局部分离新建;新建桥梁设计荷载采用公路—Ⅰ级标准,桥梁宽度与路基同宽。

(2)施工简便可行,尽量不干扰既有高速公路通道桥梁的交通。

(3)新建桥梁的结构形式、跨径布置和桥长原则上和老桥相同,新旧桥"上部构造相互连接、下部构造不连接"。

(4)新建桥梁的基础设计与施工应该尽量避免扰动旧桥基础,并采取必要措施减少新桥的沉降。

（5）新旧桥梁纵向连接缝必须认真设计和施工，要保证新旧桥梁共同承担汽车荷载，变形协调，防止桥面产生纵向裂缝和接缝两侧出现高差，影响行车安全。

（6）由于旧桥的荷载等级一般都比新桥小，或者已经出现不同程度的病害，须对旧桥进行检测，确定旧桥荷载等级，并在拼宽之前对旧桥进行必要的维修加固。

（二）空心板梁桥拼接

空心板梁拼宽接缝宜选择铰接，连接即企口式的接缝形式，拼宽接缝宽度 D 的取值视跨径不同可取为 25～50cm。具体过程为首先切除旧桥需要连接的边板的 $2D$ 翼缘，再切除翼缘部分植入钢筋，凿除原有现浇桥面层 $2D$，将其露出钢筋与新建部分的现浇桥面层钢筋焊接；与旧桥相邻的新边板的 D 不预制，翼缘钢筋预留出来与原板在切除植入的钢筋焊接；最后对新老板之间的 D 翼缘混凝土进行浇筑，从而实现企口式的连接。接缝最小高度 H 的选择与原空心板梁的跨径和构造有关。

（三）T 梁桥拼接

T 梁拼宽可采用如下两种纵横向连接构造，D 的取值范围视跨径 25～40m 分别对应为 35～50cm。

新浇筑横隔板方案：具体做法为拆除老桥的护栏，凿除旧桥边梁悬臂部分混凝土，通过植筋和加预应力筋的方法在新旧桥两边梁之间新浇筑横隔板；然后在旧桥翼缘种植钢筋，并与拓宽新桥 T 梁悬臂部分的钢筋绑扎在一起，整体浇筑新旧桥梁的部分翼缘板即纵向接缝和桥梁铺装层。

先拆除老桥的护栏，凿除旧桥边梁悬臂部分混凝土，通过角钢及高强螺栓将新桥预留横隔板与旧桥进行横向连接；然后在旧桥翼缘种植钢筋，并与拓宽新桥 T 梁悬臂部分的钢筋绑扎在一起，整体浇筑新旧桥梁的部分翼缘板即纵向接缝和桥梁铺装层。

（四）箱梁桥拼接

大悬臂空心板梁与箱梁的拼接或者箱梁与箱梁的拼接宜采用半刚接缝或刚性接缝。新旧桥半刚性连接时，新旧桥梁板能够传递一定程度的竖向剪力，并具有一定的转动刚度，既能较好地解决收缩、徐变和基础不均匀沉降引起的开裂，同时具有相当的刚度，确保运营中接缝位置不出现挠度差，桥面平顺，行车安全。

半刚性连接的具体构造措施：凿除旧桥部分翼缘，新旧桥翼缘通过交叉搭接钢筋连接，浇筑连接带混凝土后，在其底缘人工割缝宽度 2～3cm、高度 10cm，填塞橡胶止水带。

新旧桥梁体采用刚性连接，不仅桥面板连接，铺装层也连成整体，从而保证新旧桥梁共同受力，确保桥面平顺、行车安全。但是，采用这种拼接方式技术难度大，混凝土收缩徐变、桥墩沉降以及行车带来的新旧桥变形差都会转化为内力,对结构的局部受力和整体受力形成较大的影响,随着跨径的增大,这种影响变得更加显著。

刚性连接的具体构造措施:

(1)凿除旧桥部分翼缘,新旧桥翼缘通过旧桥植接钢筋和新旧预留钢筋连接,整体浇筑连接带混凝土。凿除旧桥翼缘的范围为 0.50~1.50m,预留纵向接缝的宽度不小于 40cm,接缝高度不小于新旧桥梁翼缘高度的最大值。

(2)接缝段的混凝土铺装层中设置两层 $\phi12@200$ 钢筋网,两侧宽度比接缝现浇段各宽 1000mm。

(3)斜交角大于 30°的箱梁拼宽,纵向连接宜采用刚性连接接缝。

(4)应该验算新旧桥翼缘悬臂根部、悬臂及接缝段在不利荷载工况作用下的抗弯和抗剪性能,使其处于弹性范围,满足设计要求。旧桥不足部分应给予加固设计。

(5)新桥内支座沉降对接缝受力影响最大,且对于内支座截面的影响要远大于其他截面位置。因此,采用刚性接缝设计时应该严格控制新桥的不均匀沉降,建议沉降值不超过 3~5mm。

(6)应加强纵向接缝段内的钢筋构造设计,增加交叉钢筋,确保接缝段的抗弯、抗剪强度和局部承压强度,且需要形成闭合箍筋。

五、隧道

隧道扩建在服从路线布局的大原则下,充分考虑了建设条件、施工期交通组织、工程造价、运营及工程现状等,避免或尽量减少对正常交通的影响,使隧道扩建设计符合安全实用、质量可靠、经济合理、技术先进等要求。通过检测评估和安全性评价,并设置合理的交通安全设施,在可确保运营期交通安全的基础上,当利用高速公路的既有隧道时,若现有净空断面无法通过局部改造检修道等而达到新规范界限要求,为最大限度地利用现有工程以及降低工程造价,采用维持原设计标准。

泉厦高速公路沿线既有隧道共 4 座(表 4-8-1),于 1997 年建成通车,为上、下行分离的独立双洞隧道,设计速度 80km/h,隧道按新奥法原理设计与施工,衬砌断面形式为曲墙式三心圆拱,进出口采用仰斜式洞门。

泉厦高速公路既有隧道设置一览表 表 4-8-1

序号	隧道名称	中心桩号	隧道形式	隧道长度(m)
1	大坪山	K394+283.5	双洞分离式	1080
2	苏厝	K428+173.3	双洞分离式	339.5
3	山头	K429+064.4	双洞分离式	375.5
4	大帽山	K459+874.6	双洞分离式	582

(一)方案比选

1. 两洞原址扩建

扩建后为整体式断面,对于行车安全、养护管理较为有利,运营效果好,若向内侧扩建可完全利用现有隧道两洞之间的用地。缺点:原洞扩建除了施工难度和风险大外,由于左右洞均采用原洞扩建,先扩建的单洞施工期间,另一洞只能提供双向二车道维持交通,对交通组织影响大;若先修二车道的临时通车隧道,虽有利于施工期的交通组织,但工期长,造价高。

2. 一老洞利用+新建单洞二车道隧道+一老洞扩建

在原两隧道之间新建一座二车道隧道,与一原洞组成2+2分离式断面,另一原洞扩建为四车道,既有利于施工期间交通组织,又可减少另一方向多洞通行,方便运营交通组织,占地和拆迁数量相对较少。缺点:一方向2+2分离式断面,运营管理效果不及整体式断面好,原洞扩建为四车道,施工难度大、造价高、工期较长,中间隧道施工出渣相对困难。

3. 新建单洞四车道+一老洞扩建

在原两隧道之间新建一座四车道隧道,另一原洞扩建为四车道,有利于施工期间交通组织,扩建后为整体式断面,对于行车安全、养护管理较为有利,运营效果好,占地和拆迁数量较少。缺点:由于在原两隧道之间新建一座四车道隧道,与原洞和扩建洞形成了大断面小净距隧道群,施工难度和风险大,工期长,造价高。

大帽山隧道因为出口距厦门互通较近,若采用2+2分离式断面,其主线分离分流段需设在大帽山隧道之前,有不可预见的交通隐患存在,因此大帽山隧道采用此扩建形式。

4. 两洞利用+新建两洞(共四洞)

在原两洞之间新建一座双车道隧道,并在右洞的右侧(或左洞的左侧)新建一座双车道隧道,形成了四洞小近距隧道群。新建的两个洞可同时施工,有利于施工期间交通组织,造价低,工期短。缺点:2+2分离式断面,运营管理效果不及整体式断面好,中间隧道施工出渣相对困难。大坪山、苏厝和山头隧道采用此扩建形式。

5. 两洞利用+老洞外侧新建单洞四车道

老洞外侧新建单洞四车道,有利于施工期间交通组织,工期较短,隧道施工出渣也方便。缺点:占地和拆迁数量大,一方向2+2分离式断面,运营管理效果不及整体式断面好。

6. 两洞利用+两洞间新建一座连拱隧道

在原两隧道之间新建一座连拱隧道,形成四洞超小近距隧道群,有利于施工期间交通组织,可完全利用现有隧道两洞之间的用地。缺点:超小近距隧道施工难度和风险大,工期长,造价高,且 2+2 分离式断面运营管理效果不及整体式断面好,中间隧道施工出渣困难。

(二)比选结果

原洞扩建有向一侧扩建或对称扩建两种形式,向一侧扩建又根据隧道的洞外接线条件选择往原洞的左侧或右侧扩建。为便于施工开挖以及从受力条件等方面考虑,建议原洞扩建采用向一侧扩建的形式。

对于老洞为分离式的中短隧道,建议采用新建和原洞扩建相结合的混合扩建形式,即在两分离隧道之间先修建一座两车道隧道,另一座隧道采用原洞扩建成单洞四车道,具有整体和分离方案各自的优点。既可保障双向交通,施工期间交通组织效果好,又可尽量减少一方向多洞通行,后期营运管理简单,隧道两端接线用地和拆迁数量较少,但单洞扩成四车道方案,施工难度大、造价高和工期较长。

新建两洞均在现有隧道两洞之间布置,虽然可完全利用现有隧道两洞之间的用地,但考虑到两洞最小净距还不到 5m,超小近距隧道群施工难度和风险大,建议一般不采用此形式。

老洞外侧新建单洞与原洞的间距应综合考虑洞外的接线条件、拆迁等因素,为降低施工难度和风险,建议新建单洞与老洞的净距不小于 5m。

隧道扩建需要新设单向隧道时,新设单向隧道横洞设置建议:必须与其他隧道之间设横洞,用于逃生和紧急救援,新设横洞间距应满足现行隧道规范的有关规定。

(三)大帽山隧道扩建施工

大帽山隧道为泉厦高速公路扩建工程,扩建方案为在原两洞之间新建一座四车道隧道,并将右洞扩建为四车道,形成了大断面小间距隧道群,从左至右分别为:原左洞两车道隧道,新建四车道隧道和扩建四车道隧道。两车道左线隧道与新建四车道隧道的行车道中线间距为 23.53m,新建与扩建四车道隧道的行车道中线间距为 29.61m。

大帽山隧道区属构造剥蚀微丘地貌,地处大帽山体与石崛山体鞍部,山包呈浑圆状,最大高程 147m,山坡坡度一般为 15°~25°。地表植被较发育,现有洞口边坡稳定。隧道穿越的地层岩性为强~弱风化的花岗岩。

大帽山隧道为既有高速公路改扩建工程,其中左洞为新建四车道隧道,右洞为原位扩建隧道,隧道施工将对既有高速公路行车造成影响。新建隧道与扩建隧道均为大断面扁平隧道,在没有太多设计经验及施工经验可借鉴的情况下,隧道的开挖及支护方案是工程的难点。新建左线隧道与原有左线隧道净距仅 5.89m,新建左线隧道与扩建右线隧道净距仅 8.83m,属于小净距隧道,隧道施工会对既有隧道安全产生影响。由于大帽山隧道为国内首座大断面小间距隧道,在保证隧道安全的前提下,调整设计参数,优化施工方案是隧道节约施工成本、提高经济效益的保证。

针对以上在施工过程中将要面临的问题,设计单位首先在设计文件中提出了建议性方案,施工单位依据设计文件对施工方案进行仔细分析及研究,编制了详细的实施性施工组织设计,并经过了专家、学者的反复论证,最终确定了安全可行的施工方案。在施工过程中,业主、设计、监理及施工单位根据隧道的实际情况对设计参数进行了优化,并对施工方案进行动态调整,最终使施工方案逐步完善,保证了隧道的胜利建成。

大帽山隧道总体施工方案为:先进行隧道左线施工,左线建成通车后再进行隧道右线施工。隧道采用进出口双向掘进,洞身根据隧道的围岩情况采取分部法开挖,其中新建隧道Ⅴ级围岩采用双侧壁导坑法开挖,双层初期支护;Ⅳ级围岩在岩体采用单侧壁导坑法开挖,单层初期支护;Ⅱ、Ⅲ级围岩原则上采用分部上下台阶法施工,单层初期支护,如遇岩体变化,采用单侧壁导坑法施工,单层初期支护。为了确保高速公路运营安全,同时确保隧道施工安全,在施工过程中,采取爆破震动监测及围岩监控量测来指导施工,从而也可验证大帽山隧道开挖及支护方案的合理性及可行性。

六、交通组织

(一)交通组织模式

国内外高速公路扩建工程实施过程常用的交通组织管理一般分三种模式:①关门扩建,即全封闭高速公路实施扩建,如京港澳高速公路京石段扩建工程自2013年10月8日至2015年6月30日全面中断交通进行扩建施工,沈大高速公路扩建工程实施了长达18个月的全封闭路面施工。②分流扩建,即在一定特定时期内分流大型车或全部车辆实施扩建,如沪宁高速公路江苏段扩建工程因地形和线形较简单,全线没有隧道和高边坡,仅有一处分离式路基,基本上是以两侧拼接为主,施工条件较好,交通组织形式较为单一,仅在路基施工后期和路面施工阶段将所有货车分流到其他平行道路上。杭甬高速公路扩建工程因没有改造路面、桥梁和互通,扩建标准较低,交通影响相对较小,仅根据工程推进情况进行局部区域分流,但工期长达7年。③边通车边扩建,即扩建工程全过程保持正常通车运行,仅在特殊时段进行短时间(不超过24小时)全封闭交通的扩建施工。福建省福泉厦漳高速公路地处经济繁荣带,沿线城镇村庄密集,仅有一条二级路G324国道并行,且多数穿集镇而过,通道交通量巨大,分流条件差,这些因素决定了该段扩建工程须采用"边通车边扩建"的交通组织方式。

福建省人民政府决定对福泉厦漳高速公路"四改八"扩建采用"边施工、边通车"的建设模式。结合福建省路网和物流运输的实际,通过扩建施工组织和运营保畅通的关系进行综合协调优化,确定扩建工程交通组织工作目标为:①路基施工基本保持高速公路双向四车道通行,力争不堵车不分流;②路面施工局部分流,力争分小段分阶段分流,即在路基施工阶段大部分采用"占道施工、限道通行"的交通管制方式,尽可能压缩施工区域,确保施工段高速公路双向具有四个车道的通行条件,并通过有效的管理监控,最大限度维持正常行车秩序,努力减小对通车运营的影响;在路面施工的第一阶段实施分段半幅施工、半幅双向通行,根据交通通行情况实施对部分车辆、部分区段的分流,以缓解施工段高速公路的交通压力;在路面施工的第二阶段,将主线交通流引到已建成的半幅四车道上双向行驶,另半幅道路实施路面施工,直至双向八车道全面建成通车。

(二)主要管理方式

1. 交通组织管理体系及组成

为保障扩建工程各工序的交通组织措施落到实处,成立省扩建工程指挥部(以下简称"省扩指"),下设交通保障协调小组,由省公安厅、省交通运输厅、省高速公路路政总队、省公路局等单位组成。省保障组负责总协调,沿线各设区市负责做好本辖区内保畅通交通组织工作;省交警总队负责高速公路保畅通交通组织工作,省高速公路公司配合;各设区市负责普通公路保畅通交通组织工作。省交通运输厅、省公安厅共同制定并发布《沈海高速公路福莆泉厦漳段扩建工程交通组织管理办法(暂行)》。

2. 职责及分工

建立"省级—市级—现场"三级交通组织体系,各级的职责和管理权限分别为:

"省级":省扩指负责总协调组织扩建工程前期工作,协调指导、督促检查扩建工程的建设施工及交通保障等有关工作。施工、交通组织等重大问题以及需跨省、设区市组织实施的重大交通组织措施的方案应提交省扩指交通组织专题联席会议审议、审批。重大交通组织方案以省交通运输厅、省公安厅名义联合公告。

省级日常管理机构为省保障组,其职责为:审批、协调跨设区市的一般性交通组织方案,协调、督促、指导检查各单位交通组织落实情况。管理权限为:审定涉及周边道路路网分流车辆30日以上的交通组织方案以及影响较小的跨设区市交通分流方案,以省交警总队、省高速公路公司的名义联合公告。

"市级":市扩指保障组负责具体组织实施本区域相关路段扩建工程建设与交通保障工作。管理权限为:审批并协调落实本市辖区内需相关路网分流车辆30日以内以及影响不大的短时间中断高速公路主线交通的交通组织方案,并以市交通局、市公安局名义联合公告。

"现场":扩建现场指挥组负责各项交通组织措施的落实和高速公路突发事件的现场处置。管理权限为:根据市扩指保障组的授权,审批并协调落实本市辖区内需相关路网分流车辆的交通组织方案,负责施工路段突发事件的交通组织措施(含短时间封闭道路、车辆分流、并道行驶等交通管制措施)的决定和现场指挥。管制措施以高速公路交警大队、路政大队名义联合公告。

通过文件的形式,明确了参与交通组织工作的高速公路交警、高速公路运营公司、项目业主、监理单位、施工单位、设计单位等单位的交通组织职责,切实保障参建各方的责权利一致性。

参建单位及相关职能部门的职责分工如下:

(1)高速公路交警的职责:组织实施高速公路交通管制和车辆分流;启动、指挥、实施高速公路与交通安全管理有关的应急预案,及时处置与交通管理有关突发事件;重点维持施工作业区段高速公路的交通秩序和交通安全;根据管理权限,分级负责施工单位交通组织实施方案的审查和方案落实情况的验收;根据管理权限,分级负责重大交通组织方案的审查、审批及变更;监督施工单位交通组织措施落实情况;建立与各级扩指的沟通机制,定期通报高速公路交通安全情况,协助市扩指做好高速公路车辆分流普通公路的衔接疏导工作;对现场交通组织从业人员进行安全培训。

(2)高速公路运营管理公司的职责:组织监管辖区内的高速公路施工作业秩序;维护高速公路的路产路权;实施辖区内高速公路运营的清障工作;协调好辖区养护作业与扩建施工;配合高速公路交警做好交通管制;参与施工单位涉及交通组织的方案审查和落实情况的验收;及时通过收费站、可变情报板等发布路面交通状况,向有关部门报送交通组织信息。

(3)项目业主(代建单位)的职责:监督检查施工、监理单位的交通组织工作情况;协助、配合各级交通组织管理机构开展工作;督促施工单位落实整改意见;协助做好施工单位交通组织实施方案审查工作;参与组织重大、重要交通组织设计方案的审查及变更;按时向省、市扩指报送交通组织计划安排和信息。

(4)监理单位的职责:监督检查施工单位交通组织工作及问题整改情况;审查施工单位上报的专项施工交通组织实施方案和信息;监督和督促施工单位及时启动交通组织各项预案。

(5)施工单位的职责:负责组织实施施工交通组织措施,服从各级交通组织机构的监督和管理;建立健全交通组织责任制度和各项处置预案,确保交通组织所需资金、人员、设备的投入,维护好现场作业秩序;按施工设计图及交通组织设计文件,认真做好施工交通组织实施方案、信息、计划等的申报工作;对员工进行安全教育。

(6)设计单位的职责:及时提供交通组织设计文件;根据工程实际进展情况和政策性调整,及时对交通组织设计进行调整、优化;提供交通组织技术指导,协助审查施工单位交通组织实施方案;配合制订应对突发事件的方案;协助审核施工单位等提出交通组织变更;派驻设计代表,进行后续服务。

实践证明,施工单位是扩建施工现场交通组织工作第一责任人和组织实施者,在规范作业、有效管理方面,必须严格做到以下几点:一要确保路面交通安全设施(包括防护及指示设施)的状态完好、摆放有序、作用良好;二要确保现场安全人员在岗尽职履则;三要确保现场应急处置联动指挥的渠道通畅;四要确保现场施工作业人员、设备在规定的区域内作业。监理单位根据职责分工,负责对现场安全员的巡检情况、路面交通安全设施的维护状况等进行日查,对存在问题的整改落实以及内业、后勤保障管理情况进行督查。

省市高指(扩指)及项目业主通过不定期地对施工、监理单位的交通组织工作进行督查、抽查,重点督查路面上交通组织情况和发现问题的整改落实情况,通报并处罚严重(屡次)违规行为,并将交通组织工作情况纳入年度信用考核体系。

高速公路运营公司、交警、路政将施工单位现场交通组织情况作为日常路巡检查的重点,进一步强化现场监管,及时纠正违章,督促消除安全隐患。同时,作为高速公路路面执法部门,对不服从现场安全员管理的行为,快速出警,及时处置,清除路障,为维护现场正常作业和车辆通行秩序提供有力保障。

通过建立省、市和现场三级扩建工程交通组织管理体制,规范和强化了交通组织工作的内外业管理,层层监督,逐级落实,奖优罚劣,曝光典型,切实保障高速公路扩建施工现场交通组织工作的安全、有序、规范。

3.交通组织实施方案编制与审定

交通组织设计文件由设计单位编制,施工单位根据施工现场实际情况编制《××合同段交通组织总体实施方案》,经驻地监理审核后,报送项目业主。由项目业主对辖区各施工段交通组织进行统筹安排后,转报上级交通组织机构,由现场指挥组、市保障组、省保障组按管理权限进行审批,并发布通告。施工单位《××合同段交通组织总体实施方案》获审核通过后,即应着手编制第一期实施的新建桥梁中墩施工、互通改道、结构物拆除等影响高速公路车辆通行的施工项目《专项工程交通组织实施方案》,详细说明施工区域、施工方案、施工时限、交通管制措施、应急处置预案以及相应的人财物保障方案等,经交警、路政审批后,采取分项、逐段形式实施,原则上要避免相临近的段落多处多点同时施工,尽量降低对行车的影响。

(三)现场管理措施

施工作业现场的人、设备、作业区的管理要求:在高速公路上施工布控区内作业的人员必须穿着带有反光标志的橘红色背心,严禁现场人员在施工布控区外活动、横穿路面、拦截和搭乘过往车辆以及人货混载等行为。机械设备、材料必须按照规定在施工布控区内进行规范作业和停(堆)放,尤其是大型设备作业时要保证吊杆、传送带等悬出部分不能伸出布控区,夜间不撤场的机械设备要在施工布控区内摆放整齐,并在迎车流方向为机械挂上反光车衣或者安装夜闪式示警灯。施工车辆更是现场监管的重点,管理方要求通行高速公路的施工车辆车厢后挡板应当挂有高强级反光膜的施工标志牌和放大的车牌号,并到交警部门备案。施工布控区要严格按照《道路交通标志标线》(GB 5768—1999)及设计文件的要求设置警示区→上游过渡区→缓冲区→作业区→下游过渡区,并在布控区内安排专职安全员(兼设施维护员)管理,安全员配备原则如下:①路基施工阶段,按单侧每4km安排1人;②桥梁拼接施工阶段,按单侧每500m安排1人,不足500m的桥梁每座安排2人;③路面施工阶段,按单侧每个施工区域每2km安排1人;④高速公路上施工出入口(车辆转向口)安排1人;⑤施工现场夜间安排值班安全员不少于4人。专职安全员(兼设施维护员)对辖区临时安全设施巡查维护频率每天不少于6次。

施工单位必须无条件暂停施工的特殊情况如下:一是因施工导致交通严重堵塞;二是执行一级警卫任务或者其他重要任务;三是施工路段发生特大交通事故或发生危险物品车辆交通事故及有必要停止施工的紧急情况;四是恶劣气候影响施工安全和车辆通行及其他确需暂停施工的。同时要求,在实行半幅封闭施工、半幅双向通行期间,施工单位应当加强现场应急保障力量,确保施工的半幅路面必须保持一条应急通道不被占用,以备紧急情况下使用。

(四)主要工序交通组织措施

根据福泉厦漳高速公路扩建工程设计要求,严格按照既定的交通组织工作目标和管理措施,在扩建工程路基、桥涵、隧道、上跨桥、互通、路面施工中,对行车造成不同程度的影响和应对措施主要如下:

1.路基施工

(1)双侧(或单侧)路基拼宽施工,左右幅同时施工(单侧拼宽的新建侧亦可先施工),不拆除路侧护栏,内移隔离网,设施工警示标志,四车道正常通行。

(2)双侧或单侧分离路基连接部施工时,适当设置加宽段,短时间半幅并道行驶,维持四车道通行。

(3)石质路堑边坡施工,实施石方爆破,组织每天2次每次不超过30分钟的双向中断交通管制,管制具体时间根据交通流量调查情况,全线统一安排。

(4)拆除改造原中央分隔带施工,将中央分隔带拆除、改造成整幅四车道施工时,先施工单侧拼宽或单侧分离的一幅,而后再施工需拆除改造中央分隔带的一幅,维持四车道通行。

2.桥涵施工

拼接桥梁在基础、下部施工以及架梁期间,基本不影响高速公路正常四车道通行。

(1)新旧桥梁拼接,根据施工需要实施货车分流,小车、客车利用另半幅并道行驶。

先拼接幅施工时及拼接完后7天内不容许行车,车辆引导至另一幅桥并道双向行驶,现场派驻管理人员和清障设备24小时值守,交通发生拥堵时,实施货车分流。另一幅桥拼接时,交通流利用已施工完的左(或右)幅桥并道双向通行,现场设置相应的限速、疏导及告示等临时标志和情报板。

例如:为保障跨越晋江的成洲特大桥的拼接施工,对特大桥及连接段实施了为期127天的单幅桥梁并道行驶交通管制,管理方在现场配备了10名交通路政人员、2部中型清障车,24小时驻点值守,确保管制路段内路面突发事件(车辆故障、轻微追尾)在30分钟内处置完毕,通过完善管理措施、增强管理力量、合理安排工序,成洲特大桥管制期间未进行货车分流,虽存在局部时段拥堵,但仍通行有序。

(2)主线桥需要拆除重建(或改造)时的要求如下:

①分离式路基,先建两车道新桥,利用老桥维持交通;新桥建成后,转换交通,再拆除老桥重建。

②整体式路基,采用分幅拆除重建方案,先拆除老桥,后新建四车道新桥。其中,单座桥梁拆除重建时,原则上货车不分流,采用另半幅并道行驶。出现连续桥涵需要拆除重建时(连续长度超过2km),原则上要求货车分流,小车、客车并道行驶。

3. 隧道施工

(1)新建隧道

新建两个双车道隧道,与原来的两隧道组合成独立的四个小净距隧道,建设期利用原隧道维持交通,不影响四车道通车。

(2)(新建+原位扩建)混合扩建隧道

福泉厦漳高速公路厦门大帽山隧道扩建方案采用新建一个四车道隧道和右洞原位扩建为四车道隧道的方案。

先施工新建四车道隧道,利用原有隧道维持正常交通。新建隧道施工完后,将需要原位扩建隧道侧的交通转换到新建四车道隧道,然后进行原隧道的原位扩建。

(3)隧道爆破施工,需短时间临时封闭交通

隧道爆破施工,对封闭交通的影响时间控制在30分钟以内,并与石质路堑边坡的爆破时间同步。

4. 互通立交施工

(1)原位改建的互通立交

原位改造互通采用新建临时交通便道,通过交通转换维持交通的组织方案。

(2)移位改建的互通立交

采用移位扩建方案的互通,利用原互通维持交通,待新互通建成后,扩建原互通的主

线部分。

实际施工中,因个别互通立交改造的复杂性和交通组织的困难性,管理方采取封闭整个互通立交的改造方案,但要保障相邻互通正常运行。例如:福泉段扩建过程中,因工期提前、改造方案复杂、交通转换困难等因素,相继封闭福泉段渔溪互通12个月、莆田互通6个月、仙游互通45天、封闭驿坂互通45天、封闭涵江互通30天,通过交替封闭施工,既维护了运营秩序,又保障了施工顺畅。

5. 分离式立交跨线桥施工

(1) 移位重建上跨分离式桥

①新建桥梁,设计在中央分隔带设墩的,则在墩柱施工时封闭两侧部分超车道300m作为施工场地,取消该段两侧紧急停车带,保证四车道通行条件。建筑材料和小型机具从地方道路的立交桥上采用吊车运输,大型机具集中一次性进出场地。

②新桥架梁时,封闭半幅高速公路作为施工区域,利用另半幅路侧水沟和紧急停车带等位置增设两条临时车道,保障四车道双向并道行驶。

③老桥拆除时,分下列三种情况:

第一类,老桥为简支梁(板)。沿内侧护栏设置双层防溅石护架后,桥梁逐孔用破碎机拆除,另半幅并道行使。

第二类,老桥为连续梁(板)和刚架拱桥。拆桥时中断相邻两个互通交通24小时,集中拆除区段内的所有上跨桥,所有车辆利用前后各2~3个互通进行多级分流。

例如:2010年1月27日6时至28日6时,沈海高速公路晋江至水头段双向封闭,运营管理单位利用北向的晋江、泉州、惠安和南向的水头、同安、翔安六个互通实施三级分流,施工单位投入人力459人、破碎机19台、装载机10台、挖掘机8台、吊车13台,昼夜施工,共完成区段内6座上跨桥的拆除,架设主线玉兰中桥35m T梁11片、小盈岭上跨桥30m T梁4片,并拆除了赤塘上跨桥右幅现浇支架,成效显著。2010年5月12日6时至18时30分,封闭莆田至仙游互通区段,集中拆除5座上跨渡槽。福莆泉厦漳高速公路扩建工程因拆除上跨桥梁而实施封闭交通的情况如下:福泉段计7次91小时、泉厦段计4次76小时、厦漳段计2次22小时,全线实施封闭施工共计13次189小时。

(2) 原位重建上跨分离式桥

①原桥梁为双幅桥,主线的交通组织与移位重建上跨分离式桥的交通组织相同。地方道路通过交通转换,利用另一幅桥和新桥维持交通。

②原有桥梁为单幅桥时,主线的交通组织与移位重建上跨分离式桥的交通组织相同。利用附近的分离式桥(或通道),转换地方道路的交通,维持通行。如附近没有分离式桥(或通道),则架设临时钢便桥维持地方道路的交通。

6.路面施工

路面采用左、右幅分别整幅施工。路面施工的影响主要在先施工的半幅,特别是新旧幅水稳层的开挖和搭接,单幅将只能保留1个车道通行。要求合理控制施工单元,如以5km以内为一段,条件允许时可以相邻互通为一个控制单元组织施工。

先施工半幅阶段,加宽中央分隔带开口部至40m以上,将交通流转移到另一幅路面双向行车,设置相应的限速、疏导、禁开远光灯等临时标志。后施工另半幅时,利用已施工完的四车道维持双向四车道交通。

(五)普通公路配合工作

为减少交通流对扩建工程的影响,提前让途经车辆合理选择路线,省政府确定了"远处疏导,就近分流"普通公路的分流原则,即在所有省际入口道路设置一级扩建告知提示牌,在相邻地市普通公路路网设置二级分流路线提示牌,在扩建沿线普通公路路网设置三级分流诱导牌,通过三级分流诱导使需行经扩建路段的车辆提前在福莆泉厦漳区域以外疏导,对必须行经扩建路段的货车通过临近普通公路进行分流,尽可能减轻对扩建工程交通组织工作的压力。

(六)典型影响通车安全和突发事件类别及应对措施

扩建工程现场影响通车安全共六类情况:①施工未占用行车道,但路侧护栏或隔离设施已拆除的;②施工占用部分车道,但至少各有一个以上车道维持通行的;③施工需封闭半幅道路,另半幅道路维持双向单车道通行的;④因施工需要短时间封闭高速公路的;⑤因施工造成中断局部高速公路的;⑥因施工需将货车分流出高速公路的。

施工路段发生突发事件共六类:①施工路段发生车辆故障的;②发生一般性交通事故的(指未发生人员死亡且经济损失较小,对通车影响不大的事故);③重特大交通事故(指发生人员死亡、经济损失严重、事故现场复杂,对通车影响较大的事故);④交通堵塞;⑤自然灾害;⑥突发事件(如警卫任务、部队演练)。

针对以上典型影响通车安全和突发事件的情况,各参建单位、交通组织管理机构提前明确各自工作职责和部门现场工作要点,制订好详细、科学的应急处置预案,建立畅通的沟通联络渠道,做好充足的人财物准备,努力做到"六最",即最及时地发现情况、最准确地报告情况、最规范的预案执行、最迅速的反映时间、最快速的现场处置、最安全地恢复通行和施工。

第五章
高速公路建设经验

第一节　福建省高速公路建设管理体制

福建高速公路在长期实践中探索形成了"省市共建、建设以市为主、运营全省统一"的管理体制。"建设以市为主",即无论省、市双方所占股比多少,各路段在建设期间均以地市为主管理,由地市组建建设路段公司,实施工程的建设管理。"运营全省统一",即高速公路建成后,无论省、市所占股比多少、无论采取何种投资模式,均由省高速集团统一负责运营管理,以便于全省统一调度、指挥,以及重大突发事件的应急处置。该体制有利于充分调动省市各方的积极性、主动性,实现全省路网"一盘棋"统筹规划和建设,促进山区和沿海协调发展和公共服务均等化,特别是投资效益差的山区的路网建设可以得到最大力度的扶持和发展,也有助于充分发挥地市政府在政策引导、土地征迁、民事协调等方面的管理优势,形成合力,共同推动高速公路建设发展。

省交通运输厅主管全省高速公路建设工作,依法对高速公路建设实施监督管理。

省高速公路建设总指挥部(以下简称"省高指")作为省政府的专设机构,代表省交通运输厅行使全省高速公路建设行业管理职责,履行"监督、指导、协调、服务"职责,对工程质量负行业监督管理责任。

厅直有关部门依据职责行使高速公路管理职能,省交通质监局(厅安监办)行使工程质量安全监督职责,加强工程质量安全监督管理以及质量检测工作;省交通工程造价站行使高速公路项目造价监督管理职责,加强工程造价审核、监督与管理;省交通科研所加强工程技术研究及应用工作。

市高指由设区市政府设立,领导、协调、组织实施本市境内高速公路项目前期、招投标、征迁安置、建设环境协调,监督高速公路项目的实施,检查落实项目质量、安全、造价、环保、工期、廉政等建设目标;协调地市相关单位提供优质服务,为项目建设提供良好的、"无障碍"的施工环境。市高指对本市高速公路建设管理负主体责任,对工程质量负直接监督管理责任。

市交通运输局(委)依据市政府确定的职能行使本市高速公路建设行业管理职责,参与市高指组织的监管等工作。

建设项目公司由地市依法组建,作为项目法人全面履行招投标、资金筹措、工程质量、安全、进度、投资、环保控制等职责,并负直接管理责任。及时申请施工许可,依照有关公路工程建设的法律、法规、规章、技术标准、规范和合同文件,组织进行设计、施工和监理,抓好工程质量、安全、进度、投资、环保控制;及时组织交工验收,并做好竣工验收各项准备工作。

第二节 项目建设单位管理职能

一、组建建设项目公司

高速公路项目建设单位履行建设管理职责,具备相应的管理能力和建设经验,按规定组建机构、配备人员,制定完善工程管理各项规章制度。全省各个建设单位按照交通运输部项目法人资格条件标准要求,配足配齐配强专业管理力量,并实行核备制度。

二、规范建设管理行为

(1)执行国家基本建设程序。高速公路项目建设单位按照公开、公平、公正的原则,依法组织招标投标,择优选定勘察、设计、施工、监理、试验检测等参建单位,按规定向主管部门报送有关文件,依法办理施工许可和竣(交)工验收。

(2)严格合同管理。高速公路项目建设单位严格履行合同义务,创建良好的施工环境和条件,确保按设计施工、按规程施工、按合同要求施工。所有设计变更按规定程序经批准后实施。加强投资控制和资金管理,严格计量支付和工程造价控制,做到专款专用,专户储存,不得挤占挪用、不得拖欠工程款。

(3)细化目标管理与责任。高速公路项目建设单位根据工程特点,按单位工程、分项工程分解质量目标与管理要点,细化保证措施,健全岗位责任,落实工程质量责任登记制度,做到工程管理中各项、各环节、各部位都有技术要求、管理措施和人员责任。

(4)加强质量安全管理。高速公路项目建设单位严格执行国家有关技术标准和规范,结合项目特点制定质量和安全管理要求,依据勘察、设计、施工、监理合同,加强检查落实,实行严格问责和评价制度,督促各从业单位建立健全规章制度,落实环境保护与资源节约政策,强化质量与安全保证措施,确保管理到位。

(5)认真做好缺陷责任期内工作的管理。项目法人是工程竣(交)工验收和项目试运营期收尾工程、缺陷修复、专项验收、决算审计的责任人,负责组织工程交工验收,办理土地使用手续,并依法做好工程竣工验收准备工作。按《福建省高速公路工程质量缺陷责任期(含保修期)项目管理暂行规定》完成相关各项工作。

(6)推进信息化管理。高速公路项目建设单位以科技手段、信息技术、网络管理为支撑,建立并应用覆盖高速公路项目建设管理全过程的信息系统,将工程质量、安全、进度、投资以及设计变更和试验检测等管理内容纳入系统,实行动态管理,提高工程现代化管理水平。

(7)维护公众利益。高速公路项目建设单位在加强管理的同时,承担必要的社会责任,维护农民工合法权益,督促施工单位按时发放农民工工资;协调处理好与相关单位及沿线群众的关系,树立高速公路项目建设单位的良好形象。

(8)加强廉洁自律。高速公路项目建设单位依法办事、规范管理,切实加强廉政建设,自觉接受纪检监督、行政监督、舆论监督和社会监督,落实各项廉政制度和措施;与从业单位逐一签订廉政合同,形成高速公路项目建设单位与从业单位相互监督机制。

第三节 项目监督检查机制

(1)省交通运输厅加强监管,重点核查高速公路项目建设单位在质量、安全、资金、环保等方面的制度建设与执行情况,发现问题及时提出整改意见,加快省级项目管理信息平台建设,制定统一标准,督促建设单位以技术成熟的项目管理信息系统,动态掌握项目建设进程与管理信息、质量安全信息、质量抽检评定信息等;提出建设资金管理与使用的全过程、全方位的监督检查,确保建设资金安全,严肃查处虚假合同、违规支付等行为。

(2)严格工程验收工作。省交通运输厅加强对验收工作的监督管理,严格按照规范、标准和设计批复文件鉴定、审核、验收工程项目。对违规自行提高或降低建设标准,增加或减少建设规模,隐瞒工程存在的质量和安全隐患的项目,省交通运输厅不批准开放交通,不通过项目竣(交)工验收,依法追究建设单位及其相关人员的责任并记入信用档案。

(3)实行考核评价制度。省交通运输厅结合本省高速公路建设实际,制定有针对性、操作性强的考核评价办法,加强对高速公路项目建设单位的履职状态、管理成效的考核评价,督促建设单位完善制度、提高素质、增强管理能力,切实履行建设管理职责,维护公共安全和公众利益。考核评价指标涵盖工程质量、安全生产、环境保护、合同管理、投资控制、廉政建设等关键内容,实行质量、安全一票否决制。

(4)建立奖惩激励机制。省交通运输厅对高速公路项目建设单位管理创新、质量优良、安全有序、投资节省的,给予表彰和奖励;对管理混乱、发生质量和安全责任事故的,依法撤换和清退有关单位和人员,并追究其责任。

第四节　项目勘察设计管理

勘察设计工作既要保证合理的周期,又要合理交叉进行。同时,加强勘察设计审查,全面实行勘察监理制,实行设计双院制审查和专家审查,充分发挥勘察监理、设计双院制审查(咨询)和专家审查的作用,确保审查质量,提高审查效果;完善设计审查专家库,实行专家审查意见实名制、建档制和负责制,加强对专家的考核与管理;着力降低工程造价,推行造价限额设计,试行把造价指标列入勘察设计招标评标标准;逐步推行标准化设计,尽量避免异形结构,以利于标准化、规模化施工;引入勘察设计优化竞争机制,允许部分段落委托同资质的单位与勘察设计单位同步进行勘察与设计。

省高指加强对预工可、各阶段设计技术把关及建设过程中重大、较大设计变更的审查,及时对运营项目使用情况进行评估,调整技术措施。进一步细化勘察设计质量与经济挂钩有关规定,逐步将勘察设计单位的年度考核结果与勘察设计费用挂钩。

市高指、建设单位督促设计单位按时保质完成各阶段设计任务,及时提交施工图和征地图。同时,应保证合理的勘察设计周期和设计审查(咨询)周期;做好各个阶段设计的跟踪检查,保证各阶段勘察设计工作深度和成果符合要求,只有工作深度、成果符合规范、标准要求,才可提交有关部门组织验收或审查。所有高速公路项目均要求设计单位派出设计代表进驻工地现场跟踪服务,及时解决工程实施中的设计问题。此外,要求设计单位领导和技术骨干定期进行设计回访,及时了解设计质量、现场服务存在的问题,及时总结经验,改进设计,提升服务水平。对勘察、设计质量与现场服务质量进行检查考核,严格勘察设计费用支付。

第五节　项目招投标管理

招标投标制是在"公开、公平、公正、诚实信用"等市场竞争准则的前提下选择设计、监理、施工单位和采购主要材料的所必须遵循的规范性行为,是实现项目法人责任制的重要保障措施之一。高速公路建设项目招标一般可分为勘察设计招标、施工招标、监理咨询招标、材料及机械设备招标等几种。

一、招标主体和行政监督

福建省高速公路建设实行"省市共建、建设以市为主"的管理模式。招投标工作主要以地市为主,所有工作均由项目法人组织开展和实施,省交通运输厅、省高指根据有关规定进行监督和指导。省交通运输厅成立了以分管建设和纪检监察的领导为组长的招投标监督管理工作领导小组,负责领导全省交通建设项目招投标活动监管工作,研究制定有关招投标管理制度,指导招投标投诉处理,依法查处违法违规行为,维护交通建设市场的公平公正。省高指成立招投标工作监督管理小组,具体负责高速公路招投标工作的监督管理。各建设单位也成立招投标领导小组和招投标工作小组,负责招投标的具体工作。

二、建立健全招投标制度

福建省高速公路招投标严格执行《中华人民共和国招标投标法》(以下简称《招投标法》)、《招标投标法实施条例》,国家相关部委关于设计、监理、施工和货物招标等有关规定,以及福建省《招标投标条例》等有关法律、法规、规章,认真贯彻落实福建省交通主管部门《关于进一步规范福建省高速公路建设项目招标投标工作的意见(试行)》,通过合理设置招标资格条件,简化资格审查内容和投标文件内容,建立市场信用体系和奖惩措施,实现"诚信激励、失信惩戒",促进交通建设市场健康有序发展。根据交通运输部招标文件范本,结合福建省高速公路建设管理情况和经验做法,组织编写了福建省高速公路路基、路面施工、机电施工、施工监理以及试验检测招标文件范本,统一了各项目的招标资格标准、招评标办法、合同条款等,从源头上保证招投标公平、公正,有效防止项目实施阶段的合同争议。全省所有高速公路建设项目的项目投资人的选择和项目的勘察设计、勘察监理设计审查(咨询)、施工、施工监理、试验检测以及与工程建设有关的重要设备、材料等的采购,均按《福建省依法必须招标项目具体范围和规模标准规定》实行公开招标。

三、合理设置资格标准,完善业绩核查办法

合理设置资格标准,简化施工招标资格审查条件和要求,既防止投标资料弄虚作假,又便于对人员、业绩进行核实。对投标人的资质、注册资本金、年营业额、业绩、主要人员的资历等资格标准,应与招标标段的内容、规模和技术复杂程度相适应,防止招标人设置过高门槛或有针对性设置资格条件,降低投标竞争性。

(一)统一资格审查方式

施工招标原则上采用资格后审,对于技术特别复杂的工程可采用资格预审;勘察设计、勘察监理设计审查(咨询)、施工监理、试验检测和重要材料采购招标采用资格后审。

(二)制定资格条件标准

招标人制定强制性资格条件的量化标准。标准高低适当,与招标标段的工程内容、规模和技术复杂程度相适应,特别是对资质和注册资本金要求,严格执行资质管理的有关规

定,不得擅自提高或降低。施工、监理招标资格条件原则上参照福建高速公路招标文件范本设置。

(三)简化资格审查内容

(1)对勘察设计、勘察监理设计审查(咨询)、施工和施工监理、试验检测的招标,招标人仅对投标人的资质、业绩、财务能力、履约信誉和主要人员的资历等设定强制性资格条件;对设备和其他技术管理人员等不作为通过资格审查的内容。

(2)对重要材料采购招标,招标人仅对投标人的业绩、财务能力、履约信誉、技术指标等设定强制性资格条件;设备、材料的原产地等其他要求不作为通过资格审查的内容。

(四)完善业绩核查办法

对于路基、路面施工招标,招标人提前对投标人资格进行核实。投标人在投标截止日7日前提供投标人业绩、主要人员资格等书面信息资料供招标人核实,对未按期提交信息资料的投标人,其投标文件不予接受。招标人在监督部门的监督下组织相关人员,通过网络、电话、函件等多种方式,对投标人业绩、注册资本金、主要人员资格、银行信贷证明进行核实,核查结果保密并作为评标依据。招标人根据投标人数量,尽量缩短核查时间,核查工作开始时间一般不早于投标截止期7天前;投标人在投标文件中提供的上述证明材料应与提供给招标人核实的信息资料一致,否则其投标文件按无效投标处理,除此之外的业绩证明材料不必在投标文件中提供,也不作为评标的依据。随着全国公路建设市场信用信息管理系统的日臻完善,为统一规范业绩、主要人员信息的核查方法,消除提前核查结果泄密的风险,减少投标人的投标费用,从2013年起,对施工单位的业绩、主要人员信息采用在评标现场由评标专家或清标小组通过全国公路建设市场信用信息管理系统进行核实,不再要求投标人提前提供相关信息。投标人提供的业绩、主要人员信息与在全国公路建设市场信用信息管理系统中登记不一致的,一律按无效投标处理,并报请上级有关部门按有关规定予以处罚。

四、合同打包和风险划分

(一)合同打包

除实行设计施工总承包和BOT项目外,福建省高速公路建设项目按勘察设计、勘察监理设计审查(咨询)、施工、施工监理、试验检测和重要材料采购等进行分类打包。标段划分以合理规模、利于施工、方便管理的原则进行。

(1)勘察设计。按路线工程(含路基、路面、桥梁、隧道、景观绿化工程等)、交通工程

(含安全设施、通信、监控、收费、房建工程等)分类打包,但路线工程中技术特别复杂的特大桥梁、隧道工程可单独打包;同一类别工程的勘察、设计工作包含在同一标段内。原则上,路线工程以50~80km为一个标段;交通工程以一个项目为一个标段(规模较小的项目可以几个项目合并打包);技术特别复杂的特大桥梁、隧道分别以单座或多座桥梁、隧道为一个标段,但桥梁工程中主桥部分再划分标段。一个设区市内规模较小的项目,可以合并打包。

(2)勘察监理设计审查(咨询)。原则上,按一个项目为一个标段;对跨设区市项目,可按一个设区市为一个标段。一个设区市内规模较小的项目,可以合并打包。

(3)工程施工。按路基土建工程(含路基、桥涵、隧道、边坡绿化工程等)、路面及安全设施工程(含路面、安全设施、房建工程、景观绿化工程等)、机电三大系统(含监控、通信、收费系统等)、其他机电工程(含隧道通风、照明和沿线供配电工程等)分类打包。原则上,路基土建工程以概算建安费3亿~5亿元为一个标段;路面及安全设施工程以概算建安费3亿~5亿元或以30km左右为一个标段;机电三大系统、其他机电工程分别以概算建安费1亿元左右或分别以一个项目为一个标段。

(4)施工监理。按土建工程(含路基土建工程、路面及安全设施、房建工程等)和机电工程分类打包。原则上,土建工程以30km左右或以3~4个路基土建标为一个标段;机电工程以一个项目为一个标段。

(5)试验检测。试验检测标段的检测内容及划分原则上与土建工程监理标段划分相同。

(6)重要材料采购。根据不同的材料分别打包。合同规模结合项目实际情况确定。

(二)采用"除外包干"合同模式

为加强投资控制,路基土建工程施工采用"除外包干"合同模式。除招标文件(或范本)中列明的非包干项目外,其他项目实行总额包干。包干工程数量允许在合同签订后两个月内以施工图为准进行勘误,勘误结果经建设、设计、监理、施工单位共同确认后作为计量支付依据,包干数量在合同履行期间保持不变。非包干项目的工程数量按实计量,同时在招标文件中明确变更作价原则。合同中设定包干风险金,一般不少于第100章至700章清单合计价的1%,由投标人在投标时自行报价。

(三)调整主材价差

为公平合理地分担工程施工期间价格波动风险,对用于永久性工程的钢筋、水泥隧道型钢、钢绞线、沥青以及柴油等主要材料进行价差调整。价差调整的原则应根据省交通运输厅下发的价差调整指导意见,对调价材料的权重采用价格调整公式进行调整,并在招标文件中明确调价材料的权重和基期价格,基期价格原则上为编制最高限价时参考的信息价。

(四)调整中标人报价清单中各子目中标单价

执行清单勘误、不平衡报价调整制度,即为防止不平衡报价,招标人在签订施工合同时,对中标人报价清单中的各子目中标单价,依据招标文件工程量清单中列明的工程数量和同标段所有被宣读的投标价(去掉超出招标人最高限价的投标价和低于最高限价的75%的投标价)中各子目单价的平均值,按中标价与投标人平均报价的比例进行调整;暂估价、低价风险金、保险费、奖励金、安全生产费等按招标文件规定计算,中标总价保持不变。

五、招标文件审查备案制度

项目招标开始前,招标人提出项目打包和标段划分方案,经市高指审查并提出审查意见报省高指批准后编制招标文件,招标文件编制严格按照国家相关标准文件和福建省高速公路招标文件范本的要求,文件中明确载明重大偏差和废标条款,且表述具体、醒目,不使用原则性的、模糊的或者容易引起歧义的语句。招标文件(含资格预审)经市高指审查提出审查意见后再报送省高指并同时抄送省交通运输主管部门。收到文件后,省高指会同省交通运输厅召开审查会,提出审查意见。未经省高指审查同意,招标人不得发布公告和出售招标文件。经审查备案的招标文件的实质性条款原则上不得修改,确需修改事先征得省高指书面同意。

评标结束后,招标人及时将评标报告和定标结果报省交通运输厅、省高指备案,并将中标人、中标候选人及其业绩、主要人员等信息在省交通运输厅网站上公示。同时根据《福建省招标投标条例》,确定中标人之日起3日内将中标结果等事项在福建招标与采购网进行公示。

六、合理确定投标控制价、评标基准价和评标办法

(一)合理设定投标控制价

投标控制价由招标人负责委托造价咨询机构编制,在投标截止期7日前由省高指会同省交通运输厅、省交通造价站、地市高指、建设单位共同审定后告知各投标人。投标控制价按照国家有关造价管理规定,适当考虑施工成本和合理利润进行编制。投标控制价控制在批准的概算内。投标价超出投标控制价的,按无效投标处理。

(二)合理确定评标分值

1. 施工招标

采用合理低价法进行评标的,仅对投标人的投标价和信用进行评分,满分100分。其中,投标价占90分,投标人单位信用占7分,主要人员信用占3分。

采用综合评估法评标的,对投标人的投标价和施工能力(包括施工组织设计及其财务能力、技术能力、管理水平、业绩)与信用等进行综合评分,满分100分。其中,投标价占60~80分,施工能力占30~10分,投标人单位信用占7分,主要人员信用占3分。

2. 勘察设计、勘察监理设计审查(咨询)和施工监理、试验检测招标

采用综合评估法评标,对投标人的投标价、信用及其勘察设计或监理、试验检测能力进行综合评分,满分100分。其中,投标价占10分,勘察设计投标人的信用占10分(单位信用占7分,主要人员信用占3分),勘察设计能力占80分;施工监理投标人的信用占20分(单位信用占13分,主要人员信用占7分),监理能力占70分;试验检测投标人的信用占20分(单位信用占13分,主要人员信用占7分),试验检测能力占70分。

3. 材料采购、绿化工程招标采用最低评标价法评标

材料采购、绿化工程招标,仅对投标人的投标价和信用进行评分,满分100分。其中,投标价占90分,信用占10分。对投标人的业绩、财务能力、供货能力和材料的技术性能指标等不再进行评分,并以所有被宣读的投标价中最低者作为评标基准价。

上述评标分数构成以及投标人的信用分评定严格按照最新的《信用考核管理办法》及相关规定执行。

(三)合理确定评标办法

高速公路工程招标一般采用合理低价法、综合评估法、最低评标价法三种评标办法进行评标。采用合理低价法和最低评标价法进行评标的招标项目,对投标人的第一信封进行评审均采用"通过"和"不通过"的评标办法。招标文件中均应载明评标方法和评标标准,列明否决投标条件,对投标文件的重大偏差和细微偏差进行明确界定,对投标文件的细微偏差和不明确之处,通过澄清加以核实,严控否决投标行为。否决投标的处理应由评标委员会集体研究一致通过或表决通过后做出,严格否决投标程序。

一般路基土建工程、路面及安全设施工程施工招标,采用合理低价法进行评标。机电三大系统、其他机电工程和技术特别复杂的路基土建工程施工招标,采用综合评估法或合理低价法进行评标。勘察设计、勘察监理设计审查(咨询)、施工监理、试验检测招标,采用综合评估法进行评标。重要材料采购、绿化工程招标,采用最低评标价法进行评标。单独招标的房建工程招标,采用合理低价法或最低评标价法进行评标。

(四)合理确定评标基准价

1. 采用合理低价法评标法的评标基准价计算办法

对采用合理低价法评标的,推行随机确定评标基准价。招标人在施工招标文件中列

出5种评标基准价的计算办法,在报价文件开标前随机抽取其中的一种计算方法和相关系数计算评标基准价。

(1)在开标现场,招标人在开启第二个信封之前,先通过摇号确定评标基准价的计算方法(即确定进入评标基准价计算的投标价家数大于5家和5家及以下两种情况的计算方法)及其下浮系数(即抽取平均值或加权平均值在3个区间内的下浮系数)。摇号确定计算方法和下浮系数适用于本次招标的所有路基标段。

(2)待各合同段所有报价文件开启后,根据被宣读的有效投标价(且去掉低于最高限价的85%的投标报价)的家数情况按下述方法确定进入评标基准价计算的投标价家数和投标价。

若被宣读的有效投标价家数少于或等于5家,则所有被宣读的有效投标价都参与评标基准价的计算;若被宣读的有效投标价家数大于5家,则所有被宣读的有效的AA级、A级投标人(若其信用分奖励规定已失效,则按B级投标人参加基准价计算)的投标价都参与评标基准价的计算,若AA级、A级投标人家数未达到总投标人数量的2/3(四舍五入取整),则再从其他投标人中随机抽取投标人,使进入评标基准价计算的投标人数量达总投标人数量的2/3。

(3)根据上述第(2)点确定的进入评标基准价计算的投标价家数情况,在第(1)点已抽取的两种计算办法中,确定采用相应的评标基准价计算方法,当场计算并宣布评标基准价。

(4)评标基准价计算方法的抽取。在下述五种计算评标基准价方法中随机抽取一种,作为进入评标基准价计算的投标价家数大于5家时的计算方法。在方法一、方法二和方法五中随机抽取一种作为当进入评标基准价计算的投标价家数少于5家(含5家)时的计算方法。

方法一:计算所有被确定进入评标基准价计算的投标价的平均值,再将该平均值按已抽取的该平均值所对应的下浮系数下浮后作为评标基准价。

方法二:将所有被确定进入评标基准价计算的投标价的平均值按一定的权重加权计算后(最高限价权重为20%~40%,以4%为一档,在开标现场随机抽取),再按已抽取的该加权平均值所对应的下浮系数下浮后作为评标基准价。

方法三:在所有被确定进入评标基准价计算的投标价中随机抽取部分投标价计算平均值,再将该平均值按已抽取的该平均值所对应的下浮系数下浮后作为评标基准价。抽取办法如下:少于或等于8家时,去掉一个最高和一个最低报价后,取其余投标价计算平均值;9~16家时,随机抽出70%的投标人(四舍五入)的投标价计算平均值;17家及以上随机抽出50%的投标人(四舍五入)的投标价计算平均值。

方法四:被确定进入评标基准价计算的投标价家数少于或等于10家时,去掉一个最高和一个最低报价后,取其余投标价计算平均值,再将该平均值按已抽取的该平均值所对应的下浮系数下浮后作为评标基准价;家数超过10家时,通过按先去掉一个最低报价后再去掉一个最高报价的顺序进行循环,取中间8个投标价计算平均值,再将该平均值按已抽取的该平均值所对应的下浮系数下浮后作为评标基准价。

方法五:计算所有被抽取进入评标基准价计算的投标价的平均值,再将低于最高限价且高于该平均值的投标价再一次进行平均后,再将该平均值按已抽取的该平均值所对应的下浮系数下浮后作为评标基准价。

(5)下浮系数抽取方法:

①抽取平均值或加权平均值大于或等于最高限价的95%时的下浮值:在1%~4%之间,以0.5%为一档抽取;

②抽取平均值或加权平均值小于最高限价的95%且大于最高限价的90%时的下浮值:在-1%~2%之间,以0.5%为一档抽取;

③抽取平均值或加权平均值小于或等于最高限价的90%时的下浮值:在-2%~1%之间,以0.5%为一档抽取。

上述所抽取的系数适用于本次招标的所有标段。

(6)评标基准价计算原则:

①高于最高限价的投标价为无效投标价,不参与评标基准价计算;低于最高限价的85%的投标价,亦不参与评标基准价计算。

②在开标现场被当场否决的投标文件,其投标报价不参与评标基准价计算,报价文件不参与评审;若报价文件在评审过程中被否决,但其开标报价低于最高限价且高于最高限价的85%的投标报价,仍然参与评标基准价的计算。

③在投标截止期后撤销的投标文件,也应按程序对投标商务、技术文件进行评审,若其通过商务、技术评审,则其投标报价文件在第二次报价文件开标时也应开启;若其投标报价不高于最高限价,也不低于最高限价的85%时,其投标报价仍参与评标基准价计算,但其报价文件不参与评审。

④招标人应在开标现场宣读完投标人的投标报价后,当场计算评标基准价。

⑤如果投标人认为评标基准价计算有误(含计算方法和下浮系数的抽取),有权在开标现场提出,经监标人当场核实确认后,可重新计算和宣布评标基准价。在开标结束后且在评标结束前若发现计算有误,经评标委员会确认后应予以更正(评标基准价计算原则和已确定的评标基准价计算方法及下浮系数不予更改)。评标结束后若发现计算有误,则不予更正。

⑥评标基准价除按⑤予以更正外,评标基准价和投标报价在整个评标期间保持不变,不随通过报价文件评审的投标人数量、算术性修正发生变化。

2.采用综合法的评标基准价计算办法

(1)施工监理标

评标基准价以所有被宣读的有效评标价去掉一个最低值后的平均值作为评标基准价。2015年起,修改为以所有被宣读的有效评标价去除低于最高限价的85%的评标价后的平均值作为评标基准价。评标基准价在整个评标期间保持不变,不随通过财务建议书符合性审查和详细评审的投标人的数量发生变化。

(2)试验检测标

评标基准价为所有被宣读的有效评标价的算术平均值。2015年起,修改为以所有被宣读的有效评标价去除低于最高限价的85%的评标价后的平均值作为评标基准价。评标基准价在整个评标期间保持不变,不随通过财务建议书符合性审查和详细评审的投标人的数量发生变化。

(3)设计及设计监理标

采用通过第二信封(报价清单)初步评审以及算术性修正的投标人前三名(按商务及技术文件评审得分由高到低的顺序,若不足三名,则选取相应数量)的评标价的平均值作为评标基准价。

七、规范评标管理

招标人严格按照相关规定和程序组织评标工作。各地市高指或建设单位委派一名副总经理或处级以上领导干部负责、各地市监察部门派人监督通过随机抽取的方式抽取评标专家,参与抽取、监督、接送的人员(含驾驶员)对专家的保密工作负责。专家名单在评审、评标工作结束前始终保密。

招标人一般在正式评审前组建清标小组,清标小组成员也通过随机抽取的方式确定。招标人根据招标文件统一制定清标表格,清标小组严格按照载明的评标办法进行清标。清标工作应全面、客观、准确,如实反映投标文件与招标文件规定的响应情况,并注意审查投标文件之间的雷同性,不得故意遗漏或片面摘录。清标人员相互核对清标结果,在清标表格上签字确认存档备查,并对清标结果负责。清标工作在评标结束后由评标委员会在评标报告中进行评价。

评标委员会严谨、客观、公正地履行职责,遵守职业道德,独立行使评审职责,合理分工、充分沟通、交叉审核,对所有投标文件(资格审查文件,下同)逐份审查,全面系统评审。除非与法律、法规、规章和招标文件的规定相悖,评标委员会不得对评标办法进行修改,也不得采用未载明的标准和方法进行评标。投标文件存在重大偏差和提供虚假材料的作废标处理,废标处理应当由评标委员会集体表决并超过三分之二评标委员通过后作出。并在评标报告中阐述废标理由,同时复印投标文件废标的内容作为评标报告附件,随同评标报告一并上报。

对细微偏差或投标文件中的不明确之处,特别是投标文件非关键页未小签,投标文件所附的营业执照、资质证书、安全许可证、业绩、人员等证明材料不全,或招标文件要求提交的证明材料未按照规定提供彩色扫描件及扫描件未盖公章时,不应简单作为废标的条件,应按细微偏差处理,招标人应通过澄清方式加以核实,若经澄清、补正仍不能满足招标文件要求的,按废标处理。对主要人员的经验、资历年限,按虚年计算。

当采用综合评估法时,评标委员会成员分别对所有投标文件进行独立评分,计算各投标文件的分项得分时,去掉一个最高和一个最低的评分值后进行算术平均。每个评标委员会成员同时在其单独评分表及汇总评分表上签字,存档备查。

评标结束后,评标委员会向招标人出具评标报告,评标报告按照《公路工程施工招标评标委员会评标工作细则》的要求撰写,由评标委员会全体成员签字。对评标结论持有异议的评标委员会成员以书面方式阐述其不同意见和理由。评标委员会成员拒绝在评标报告上签字且不陈述其不同意见和理由的,视为同意评标结论,评标委员会应当对此做出书面说明并记录在案。对于被废标的投标文件,评标报告中阐述废标理由,同时复印投标文件废标的内容作为评标报告附件。

招标人在将评标报告上报主管部门备案的同时将投标文件不符合要求的部分复印作为附件一同上报。

招标人做好招投标过程保密工作,指定专人负责出售招标文件、发出投标邀请。购买招标文件名单、邀请名单和资审结果应严格保密。在评标工作期间,除专家、清标人员、监督人员外,其他任何人员不得进入评标工作场所;评标过程中发表的各种意见和形成的各种资料、评标结果等严格保密,任何人都不得将评标过程、内容、有关问题传给评标工作无关的人员;评标过程中的评标文件、资料及各种表格等只限于在评标规定的场所使用,不得外带,评标中产生的废纸应统一销毁。

评标工作时间由评标委员会根据评标工作量及项目的复杂程度等因素合理确定,原则上不少于2天。坚决杜绝简化评标程序、评标走过场、走形式。评标委员会不得以工作忙等为由压缩评标时间,招标人不得指定或限制评标时间。

八、加强招投标监管、监督

(1)强化程序监督,严格规范招投标程序。对招标公告公布、专家抽取、投标、开标、评标、定标、合同签订等具体环节进行严格把关,确保在程序上合法合规。

(2)全过程、全方位监督。项目招标之前,由省高指召集项目所在地高指、业主主要领导进行招投标工作业务指导,介绍招投标工作主要管理办法、注意事项及防范措施,并提出纪律方面的要求。省、市高指监督部门派出熟悉招标工作的人员对招投标进行事前、事中、事后的全方位监督,把招投标活动全过程纳入招投标监管机构监督之下,不留死角。对招标评标过程中的营私舞弊,或不公正对待投标人,或泄露与评标工作有关信息的,监督人员应及时制止并上报有关部门追究相关责任人的责任,触犯法律的移交司法机关处理。

(3)形成严密的招投标监督网络。各级监督机关与有关部门相互配合,强化行政监察、财政监督、审计监督和项目稽查作用,同时发挥社会监督作用,公布投诉、举报电话等,把招投标工作置于严密的监督网络之中,保证招投标活动的健康发展。

(4)规范举报投诉处理。严格按照《工程建设项目招标投标活动投诉处理办法》(七部委2004年第11号令)和《福建省招标投标条例》的规定受理招投标投诉;招标(资格预审)文件要明确监督机构,简要列出举报投诉受理的条件和办法。对在投诉时效期内的有效投诉,受理部门应及时受理和调查,经调查属实的,依据有关规定处理;对非实名举报,未附投诉人地址及有效联系方式、被投诉人的名称、地址及有效联系方式、投诉事项的基本事实及有效线索和相关证明材料的坚决不予受理。投诉人故意捏造事实,属于虚假恶意投诉的,有关部门驳回投诉并给予相关处罚。

(5)防范围标串标的有效措施。

①推行资格后审,实行随机确定投标标段的办法。除技术特别复杂的工程外,施工招标根据项目标段特点进行分组。原则上,以2~5个标段为一组,招标人按组设定强制性资格条件,投标人可投标1~2个组,但必须对1~2组内的所有标段进行投标并报价;开标时,采用随机抽取的方法确定每个投标人应开标的1~2个标段,增加投标随机性,提高围标串标难度。

②要求投标人缴纳的投标保证金必须从投标人注册地基本账户转入,且缴纳人的名称必须与投标人名称相一致,退还时也是同一账户,严格防范投标人借用资质挂靠投标行为。

③随机确定评标基准价计算方法,在招标文件中列出以5种评标基准价的计算办法,在开标时随机抽取其中的一种方法计算评标基准价,使投标人难以事先掌控规律,减少相互串通操纵评标基准价的可能。

④核查投标人主要信息。业绩、主要人员信息应在评标现场由评标专家或清标小组通过全国公路建设市场信用信息管理系统进行核实,不再要求投标人提前提供。投标人提供的业绩、主要人员信息与在全国公路建设市场信用信息管理系统中登记不一致的,一律按无效投标处理,并报请上级有关部门按有关规定予以处罚。

九、推行电子招投标

为降低企业成本、提高工作透明度、规范招标投标行为,按照"务实、管用、高效"的原则,福建省高速公路创新招投标制度,简化流程,统一交易规则,编写了勘察设计、施工、监理、试验检测等电子招标范本,并在电子交易平台上固化,于2017年10月1日起全面实现网上电子交易,标志着福建省高速公路建设工程招投标权力运行网上公开工作在利用"互联网+"模式探索迈上新台阶。

(一)改进评标办法

在充分调研的基础上,调整施工、监理、试验检测等专业的评标办法,除技术复杂项目外,均采用"合理低价+信用分"评标办法;通过交易平台实现创新评审方式,对勘察设计、勘察监理与设计审查等专业的技术建议书采用暗标评审,并分模块打乱,使评标人员无法获悉评审的投标人名单。通过改进评标办法,把评标的人为影响因素降到最低程度,解决专家评审不公等行为。

(二)简化投标文件内容

根据各专业的具体需要,结合电子招投标工作的特点,依法依规优化、简化流程,并落实省政府提出的"放管服"的要求,对招投标工作流程再造,简化投标文件内容,取消不适宜电子招标的有关规定;取消投标人主要人员无在建工程声明、公证证明、财务状况审查、组织现场考察和召开标前会、主要人员社保证明材料等规定;路基、路面施工专业取消企业业绩、人员业绩、施工组织的审查;机电施工专业取消招标技术方案、系统功能、主要设备的审查;勘察设计专业取消现场陈述的规定。

(三)创新设计"四随机"电子化算法

将"四随机"(随机分配标段、随机确定进入评标基准价计算的投标报价、随机确定评标基准价计算方法、随机确定下浮系数)中的人工摇号方法实现电子化,随机结果按照投标人递交投标文件的时间、投标报价、投标人的家数、投标信用等级等因素确定,并公开算法由电子交易平台自动计算。电子化算法在招标文件中公布,投标各方可根据相应算法和开标记录进行验算,杜绝暗箱操作,确保评标的公正性。

(四)全面实现全流程电子化交易

将电子招标范本在电子交易平台上进行固化,对招标投标文件的编制、评标流程等加以规范,使招投标工作更加合理高效,进一步体现招投标工作的"公平、公正、公开"。

(1)实现全流程电子化。"招、投、开、评、定"五个环节全部采用线上电子化实现,所有环节、所有节点均全过程留痕、可溯源管理。全流程电子化,改变了招投标从业单位的参与方式,降低招投标参与人的社会成本和相关费用,促进招投标工作的有序发展,提高了社会效率,实现招投标工作"高效、可靠"。

（2）实现有序互动。在招标环节设置匿名在线答疑、投标人对开标内容的复核和确认、"四随机"内容的展示、差错修正等实现招标人（或代理）、投标人可追溯的线上线下互动，充分调动参与各方的积极性，维护招投标工作"公平、公正、公开"，真正做到权力运行网上公开。

通过系统自动实现"四随机"提高工作效率，降低工作强度，节省开标时间，克服线下摇号投标人必须到现场参与随机摇号，实现远程在线开标；线上"四随机"解决线下摇号可能存在的人为操控行为，确保公平、公正、公开，防止腐败；通过"四随机"有效降低围标、串标，提高市场竞争；科技固化范本，避免了人为设置投标门槛及其他不必要的限制条件；采用模块化暗标评审模式，避免人为干扰；采用线上、线下互动，使招投标工作更加透明、可靠，有效降低和减少招投标工作的投诉，实现招投标工作"阳光"运行。

十、加强标后监管

招标工作结束后，招标人应认真核对中标人提交的履约保函是否真实有效，并及时依据招标文件和投标文件与中标人签订合同，不得再另行签订背离合同实质性内容的其他协议，合同谈判纪要、合同副本等应于合同签订后7天内报省高指备案。招标人严格按照招标文件要求和投标文件的承诺，监督中标人进场后的履约情况。

省厅、省高指组织对中标人进场后的履约实行动态跟踪监管，结合季度检查，检查中标人现场到位主要人员与投标承诺的人员是否一致，对有关项目在建工程的项目经理在位情况、施工企业履行合同等情况进行实地检查，着重解决项目经理不在位、施工企业借资质、挂靠及违规转包、发包等问题，对于查实的问题，会同有关执法职能部门，按照相关法律、法规予以严肃处理。检查工程款的支付和流向，尤其是对中标价明显偏低的项目重点跟踪监督，严格控制设计变更，防止恶意低价竞标、标后高价结算，并将此情况作为下次投标资格审查和诚信建设的重要内容进行考核的依据，保证招投标活动的健康发展，促进建设市场招投标工作的良性循环。

第六节 项目质量安全管理

一、落实参建各方责任

（一）建设单位

建设单位对工程质量和安全管理负总责，推行现代工程管理，提升专业化管理能力，实施质量和安全风险管理。履行基本建设程序，健全工期调整和工程变更管理制度，开展质量、安全检查和隐患排查治理,落实整改措施、责任和时限,督促整改到位。招标及合同文件明确工程质量和安全目标及责任、施工标准化和"平安工地"创建要求及相关费用,并组织实施到位。

(二)勘察设计单位

勘察设计单位对勘察设计质量负主体责任。坚持地质选线、选址,实施全寿命周期成本设计。加强对勘察设计工作的过程管理,完善勘察设计质量后评估制度。落实设计安全风险评估制度,对存在重大工程质量和安全风险的部位进行专项设计,明确控制要点和保障要求。加强设计交底和驻场服务,根据施工进展和质量、安全风险提出相应要求和建议。

(三)施工单位

施工单位对施工质量和安全负主体责任。建立质量和安全管理体系,落实岗位责任。依法规范管理施工分包和劳务合作,严禁以包代管。落实长大桥隧、高边坡、深基坑、大型临时围堰等施工安全风险评估制度,建立危险性较大工程专项施工方案专家审查机制。推行施工现场动态预警法,运用信息化手段进行工程风险监控和预报预警。加强施工管理,落实施工方案,强化质量自检自控。隧道开挖、梁板架设、沉箱安装、水下爆破等风险较大工序实行项目负责人在岗带班制度。发现严重违规操作行为,直接追究项目负责人和专职安全员责任,并对企业信用扣分。规范安全生产专项经费管理,定期公示使用情况。

(四)监理单位

监理单位严格履行现场监理责任。加强对驻地监理机构业务指导和管理考核,逐级落实监理责任。驻地监理机构和人员依法、依合同、依职责和监理规范开展监理工作,严格监理程序,严格危险性较大工程专项施工方案的审查,严格隐蔽工程和关键部位质量抽检和工序验收。发现质量、安全问题和隐患及时督促整改、严格验收,确保监理指令闭合。

(五)试验检测机构

试验检测机构严格落实试验检测工作责任制。加强能力建设,健全试验检测数据报告责任人制度,依法、依规、依合同开展试验检测工作,客观反映工程质量,为工程实施提供指导。试验检测机构落实工地试验室标准化建设要求,对试验检测数据报告真实性负责。工地试验室存在出具虚假试验检测数据报告等违规行为的,列入试验检测机构信用评价,并与机构等级管理挂钩。

二、标准化宣贯与交流

（1）制定并落实分级培训制度。省高指、省公路局、省交通质监局原则上每年要组织一次对市高指、市交通运输局（委）和建设单位的培训。上述单位培训后，也要组织对各参建单位人员的标准化管理培训，组织到推行标准化管理较好的在建项目观摩学习。

（2）创新培训形式。以更直观、更容易理解的方式宣讲标准化管理，如施工标准化主要工序宣传活页或主要工序3D动漫等形式，让参建人员能更直观地进行培训学习。各建设单位积极免费开设职工岗前培训、民工夜校等，采取激励措施吸引民工积极参与。

（3）召开隧道、桥梁、高边坡施工、路面等现场观摩交流会，选择"亮点"工程，树立典型，推广先进的施工技术工艺及先进的施工经验，以点带面，促进整体建设水平的全面提高。

（4）对重大技术问题，邀请省内外专家来福建进行技术指导攻关和质量控制讲座；对技术复杂的大跨径桥梁邀请国内外知名专家组成技术顾问组，采取召开年会与不定期召开专业性会议等方式，对工程建设各阶段中的重大技术方案、关键技术难题等开展技术咨询，提出咨询意见或建议，为工程建设各关键环节提供技术支持。

三、推行标准化施工，强化过程控制

（1）省高指定期、不定期开展标准化施工检查；研究解决高速公路施工过程出现的技术难点和质量控制难点，规范和完善高速公路施工程序和方法，制定施工工艺标准。

市高指、建设单位高标准、严要求认真抓好工程质量，树立精品意识，全面加强管理。把标准化施工及首件工程分析制写入招标文件作为保证工程质量的基本手段，并将贯彻落实标准化施工及首件工程分析制情况作为施工单位考核的重要指标。根据各自项目的施工进度有针对性地开展"贯标活动""观摩活动"等不同形式的标准化施工竞赛活动。

（2）强化过程控制和管理。一是在高速公路项目中推行"首件分析制度"。二是加强对隐蔽工程的验收。要求隐蔽工程完成后，必须由业主、监理、施工、设计四方共同参与验收，并留下影像资料，建立专项验收台账，强化过程控制。三是实施项目交工前桥梁专项检查制度，项目在交工前均要求委托有桥梁专项资质的专业机构对桥梁进行专项检查，对大跨径、具有特殊结构的桥梁，根据规范及设计要求进行桥梁承载能力鉴定，确保桥梁承载能力满足要求。四是规范参建单位管理行为。从建设管理体制、项目公司设立到工程建设、竣交工验收等全过程管理工作入手，制定管理办法及各项规章制度，并汇总成册，规范各参建单位的管理行为。

四、原材料质量控制

为加强工程材料质量管控,福建省高速公路建设工程材料采购与供应先后采取了甲供、甲控、"黑名单"等多种管理模式。

(一)甲供、甲控、自购三类并存管理模式

2012年以前,福建省高速公路建设工程材料实行统一领导、分类管理、分级负责的管理模式。工程材料采购与供应管理分为三大类:一是甲供材料,由建设单位在省高指公布的生产厂家准入名录中组织采购;二是甲控材料,由施工单位在省高指公布的生产厂家准入名录中按规定组织采购;三是自购材料,由施工单位自行组织采购。规定对工程质量影响较大的桥梁伸缩缝、橡胶支座、钢绞线、锚具、隧道防水卷材、止水带(条)、路面标线涂料、反光膜等工程材料必须采用甲控方式进行采购;钢筋、水泥等大宗材料可按规定实行甲供或者甲控采购。

省高指的职责是审定工程材料采购与供应管理办法,公布材料生产厂家准入名录,对列入准入名录的材料生产厂家进行信用考核,审批甲供材料的招标文件,组织中心试验室开展日常抽检和专项检查工作,检查、监督工程材料采购与供应工作。

设区市高指、建设单位的职责是建立材料采购供应与管理体系和质量控制管理体系,确保工程材料质量,降低采购供应成本;负责编制材料管理的有关制度和办法,检查、监督、指导有关参建单位的材料管理工作;负责甲供材料采购与供应工作,组织甲供材料的供货、验收(含抽检)、调剂和索赔;监控材料质量,协调资源分配和采购各方关系,签认甲供材料款支付凭据;及时调查掌握工程材料使用情况,追踪材料价格和现场物资管理情况,定期总结、评估材料供应及服务状况,按季向省高指报送工程材料供应及质量状况;组织甲供、甲控材料生产厂家资格审查,按要求参与甲供、甲控材料生产厂家的评审工作,以及生产厂家信息收集反馈工作;负责福建省高速公路建设管理系统工程材料模块中各类材料数据的管理维护,指导施工单位工程材料供应和质量等信息的录入、更新和维护工作。

施工单位的职责是设立工程材料管理机构,建立健全相应的管理规章制度及实施细则;负责本标段工程材料采购与供应管理工作;按不同时期需求编制甲供材料清单和计划,并及时报送建设单位;按规定开展工程材料招标及采购工作;按规定对进场工程材料进行检验、取样或者平行检验;负责甲供材料的接运、验收、仓储、保管、分发使用等工作;及时将甲供材料需求计划报送建设单位,并通过福建省高速公路建设管理系统工程材料管理模块上传,按照工程材料管理模块的内容认真填报数据,及时更新,确保工程材料数据真实、准确;负责收集本标段工程材料使用情况、价格、供求进度、供应商的供货状态、履约能力、服务质量、存在的问题和现场材料管理等情况信息,并将其及时反馈建设单位和上传福建省高速公路建设管理系统。

监理(含试验检测)单位的职责是按照规定对进场材料进行检查验收,安排抽样试验;监督各类工程材料采购与供应和质量控制管理体系正常运转,确保合同段内工程材料质量和供应满足要求;深入施工现场,掌握材料使用方向、供求进度、供应质量、存在问题和现场材料管理等情况,提出加强和改进材料供应的建议;按要求参加施工单位组织的工程材料招标工作,收集反馈生产厂家的诚信信息。

参与甲供、甲控材料投标的,必须为列入准入名录的材料生产厂家。生产厂家委托代理商参与投标时,每次投标只允许委托一家具有相应资格条件的代理商进行投标,该代理商应当持有生产厂家出具的委托代理授权书。

甲供材料进场后,建设单位、生产厂家(或者代理商)、监理和施工单位代表共同到场按合同约定和有关流程、规范、规定进行检查验收,并按规定的频率和检测内容进行抽检试验或对外委托试验,对外委托试验工作由建设单位组织施工、监理单位共同进行抽样,执行"盲样"送检制度。未经检验合格的材料不得用于高速公路工程。

甲供、甲控材料生产厂家实行准入名录制度,动态管理;自购材料实行"黑名单"制,被省高指检查发现其履约信用差、质量不稳定的生产厂家,将列入"黑名单",并适时在福建省高速公路建设管理系统中更新。

(二)考评管理和自购模式并存管理模式

2012—2015年,工程材料实行分类管理。其中桥梁伸缩缝、橡胶支座、钢绞线、锚具、隧道防水卷材、止水带(条)、钢筋网、路面标线涂料、反光膜等9种材料实行考评管理,其余材料(包括钢筋、水泥)由施工单位自行组织采购。

省高指的职责是制定工程材料采购供应办法;公布考评管理类材料生产厂家名录(以下简称考评材料);组织中心试验室开展日常抽检和专项检查工作;组织对材料生产厂家进行信用考核。

设区市高指、建设单位的职责是建立工程材料采购管理体系和质量控制管理体系,确保工程材料质量;负责编制工程材料管理的有关制度和办法,检查、监督、指导相关参建单位的材料采购供应管理工作;督促施工单位在供应合同签订前,要求供应商提供生产厂家出具的授权委托书,并对其真实性进行核查,禁止冒牌现象出现;组织施工、监理单位对材料生产厂家的合同履约、产品质量情况进行监督,建立材料供应相关台账,对材料生产厂家进行考核评价。同时,及时向省高指反馈材料生产厂家的产品质量、价格、服务、信誉和施工现场材料管理等方面的信息;组织考评材料生产厂家评审工作。

施工单位的职责是设立工程材料管理机构,建立健全相应的管理规章制度及实施细则;按规定开展工程材料招标采购与现场管理工作;按规定对进场工程材料进行检验、取样或者平行检验;负责施工现场材料的质量安全保管工作;负责将本合同段工程材料生产厂家的产品质量、价格、服务、信誉等信息收集,并及时向建设单位反馈。

监理(含试验检测)单位的职责是按照规定对进场的工程材料进行检查验收,及时安排抽样试验;监督工程材料采购和质量控制管理体系正常运转,确保合同段内工程材料质量满足要求;深入施工现场,掌握材料使用方向、供求进度、供应质量、存在问题和现场材料管理等情况,提出加强和改进材料供应的措施;按照要求参加工程材料招标采购工作,收集反馈生产厂家的诚信信息。

考评材料必须在省高指公布的名录中按规定组织招标采购工作,其余材料由施工单位按规定自行确定采购方式,组织采购供应,但必须确保所采购材料质量。

材料进场后,施工单位必须立即通知有关单位共同查验产品出厂合格证、产品质量检验报告和材质单,并按规定的频率和检测内容进行抽检试验或对外委托试验。工程材料对外委托试验工作由建设单位负责。材料进场后由建设单位组织施工、监理单位共同进行抽样,并且必须执行"盲样"送检制度,由建设单位统一编码统一送检。

考评材料生产厂家实行名录制度,其余材料实行黑名单制。考评材料生产厂家的名录和黑名单由省高指统一管理与维护、动态管理。任何单位和个人在工程材料采购及合同执行过程中,不得强行向施工单位指定和介绍材料供货单位。对未按规定招标方式采购,或者强行指定、介绍材料供货单位的单位和个人,一经查实,将严肃查处,并与业绩信誉考核挂钩;造成工程损失的,还应承担修复或赔偿责任;构成违法犯罪的,依法追究责任。

(三)"黑名单"模式

2016年5月,省高指印发《关于印发福建省高速公路工程材料供应市场管理办法的通知》(闽高路工〔2015〕116号),规定从2015年6月开始,福建省高速公路建设工程材料采购与供应管理取消考评管理类材料名录制度,工程材料由施工单位按有关规定自主采购,全面实行"黑名单"模式。

省高指负责制定福建省高速公路工程材料供应市场管理办法,根据抽检结果和省级以上交通运输主管部门及其质量监督机构和设区市高指、建设单位提供的意见,适时公布工程材料生产厂家的限制名单及限制期限。在限制期限内,施工单位不得与限制名单内的生产厂家或其代理商签订新的供货合同。

市高指、建设和监理、施工、试验检测单位应根据各自职责做好工程材料采购管理及质量监管工作。施工单位在限制名单中采购材料的,建设单位应按施工合同有关规定严肃处理,信用考核单位将在其年度信用考核中予以扣分;建设单位和监理、试验检测单位未按规定做好工程材料采购管理及质量监管工作,省高指将在其年度信用考核中予以扣分。

任何单位或个人不得强行指定、介绍材料生产厂商。若发生上述行为,一经查实,将严肃查处;造成工程损失的,还应承担修复或赔偿责任;构成犯罪的,移送司法机关依法处理。

2015年共清场不合格特殊材料15批次,材料质量不稳定或信誉不良的2个生产厂家被列入"黑名单",限制在福建高速公路建设市场供应其产品。

五、加强督查监管

省高指实行专业分工管理与分片督查管理相结合,既按路基、路面、桥梁、隧道等专业进行分工,负责日常专业技术管理,又分若干片区,分组包片督查。省高指在市高指每月对本市项目全面检查和省高指督查组对施工现场进行明察暗访的基础上,每季度对各设区市高速公路建设情况分别进行一次检查剖析和生产调度,并对各设区市的建设管理行为、管理成效进行评价。对存在问题较多、进度较落后的标段和工点,列入重点督查标段单位,加大检查频率,进行重点监督管理。

省交通质监局履行工程质量和安全监督职能,强化监督手段,充分发挥行政执法职能;实行"一月一路一督查"制度,加大工程质量和安全的监督检查力度,并及时向省交通运输厅、省高指反馈质量和安全动态。

市高指负责对项目建设质量、安全和进度的全面检查并对存在问题督促整改落实;落实工程质量责任登记制度;建立每月巡查制度,由分管领导率业务素质高、责任心强的技术管理人员,每月集中全面巡查一次,发现问题以影像方式存档。

建设单位落实主体责任,严格按照有关规定建立质量管理制度,落实质量岗位责任制;订立严密的合同条款,明确从业各方的工程质量责任和相应的违约处罚规定,严格合同管理。将标准化要求列入招标文件相关条款,在工程量清单中单列标准化费用;同时将标准化管理体系各项要求、规定落实到位,及时对违反合同及标准化管理规定进行处理;邀请经验丰富的退休老专家成立标准化专家督察组,不定期对各项目标段进行标准化管理督促指导;将标准化考评情况与年终信用考核、绩效考核挂钩。按照省市商定下达的年度投资计划、形象进度目标,细化工作安排,落实各关键节点工作的责任人,加强监管,确保目标实现。强化对项目建设质量、安全的全面检查及问题的整改落实,并及时做好影像资料的存档、上报。同时,每月按规定向省交通质监局报送工程质量安全监督月报。

六、加强安全监管

省高指加强对全省高速公路安全生产的检查、督促、指导,督促市高指建立健全安全管理体系，落实安全生产责任制。

省交通质监局加强工程施工安全的监督管理工作。加强建设、施工、监理单位主要人员的培训与考核，考试不合格的人员不得上岗。

市高指、建设单位加强安全生产管理，细化安全生产管理有关规定，加强安全生产条件的审查；开展建设安全专项整治和安全生产隐患专项治理，加大安全生产教育宣传，督促施工单位完善安全生产应急预案和组织安全演练，深化以桥梁、隧道、起重机械与脚手架和规范施工人员劳动保护为重点的安全整治。督促施工单位对一线人员和特种岗位人员的教育培训工作，对农民工上岗必须进行必要的技能和安全培训，努力提高一线施工人员的素质；将人员教育培训情况纳入施工单位考核指标，并适时开展各种劳动技能竞赛。

建设单位负总责，施工单位负主体责任，监理、设计、检测单位各司其职，闭合管控；严格执行安全生产"党政同责、一岗双责"规定要求，守住安全生产底线，增强红线意识，按照"管行业必须管安全、管业务必须管安全、管生产经营必须管安全"的原则，严格落实质量安全终身负责制、事故报告制及"一票否决"制，继续深入开展桥梁和隧道施工安全专项整治及安全隐患排查治理，建立隐患清单和整改落实的台账，按照"四不放过"原则，对安全问题从严从重处罚，确保整治取得实效；完善处置各类突发事件预案，优化应急队伍协调配合力度，加强沟通协作，确保信息报送及时、协调指挥顺畅。

七、开展质量通病治理，并加强专项整治

一是结合日常检查抓质量通病治理。通过座谈会、现场会和示范引领等平台，带动全项目质量通病治理工作。二是狠抓治理重点。重点开展隧道初期支护、桥梁预应力张拉和支座、路基高边坡预应力锚索、高桩梁板结构的梁板预制和吊装的通病治理。强化桥梁工程细部结构施工质量管理，提高桥梁结构耐久性和安全性。三是推广应用"网新"技术，克服质量通病。近年来大力推广隧道初期支护喷射混凝土使用"混凝土喷射机组"、预应力智能米拉技术、机制砂、T梁钢筋绑扎胎模及整体吊装工艺，重点推广小净距隧道设计施工成套技术、远程视频监控系统等成熟适用的新技术、新材料、新工艺、新设备，提升工程质量，保障施工安全。四是总结推广质量通病治理经验，进一步规范施工工艺，提高工程质量水平。全省共总结了12项成熟施工工艺，提出33项防止质量通病的有关措施，把技术创新与质量标准化管理相结合，大大提升通病治理成效。

省高指在对工程进度、质量、安全全面加强管理的同时，进一步巩固隧道施工和桥梁预制专项治理成果，拓宽专项治理领域，进一步开展对沥青路面、隧道路面、桥面铺装、绿化工程的施工质量及试验数据造假等的专项整治。

八、工程设计变更管理

为加强高速公路工程建设项目管理，规范设计变更行为，严格投资控制，省高指于

2012年7月下发了《福建省高速公路工程设计变更管理规定》,对设计变更分类、审批程序及权限、变更费用的确定和支付、设计变更的监督等提出明确规定。为进一步规范设计变更管理工作,强化落实分级管理责任,防控廉政风险,提高工作效率,省高指对设计变更管理规定进一步补充:一是明确设计变更工作应遵循从严原则、合理原则、合规原则、优化原则、逐级审查原则。较大及重大变更方案必须由项目法人初审确认后报市(区)高指,经市(区)高指组织审查并提出明确意见后书面上报省高指,未提出明确意见或由项目法人直接上报的将不予受理。二是明确部分变更审批权限,明确若仅因工程数量变化而非设计方案变化造成工程数量或费用超过500万元的,以及桥梁、隧道、特殊路基处置等技术较成熟、涉及造价较小的工程设计变更,由项目法人负责审批,简化审批程序,方便工程建设顺利有序推进。

九、跟踪审计

高速公路建设项目投资大、建设周期长、情况复杂、技术性强。在以往的竣工决算审计中,经常发现项目超概算、预算的情况,设计变更多、工程决算难的问题。为克服传统竣工决算审计存在解释难、纠正难、整改难等问题,切实加强对高速公路建设项目的有效监督,时任福建省省长黄小晶同志要求对高速公路建设项目进行全过程跟踪审计。2006年底,省审计厅、交通厅、高速公路建设总指挥部联合出台了《福建省高速公路建设项目全过程跟踪审计暂行办法》(以下简称《暂行办法》)、《福建省高速公路建设项目全过程跟踪审计工作规程》,成立了福建省高速公路建设项目全过程跟踪审计领导小组,由审计厅分管副厅长任组长、省交通厅分管副厅长及省高指分管副总指挥任副组长,成员由省审计厅、省交通厅、省高指相关处室负责人组成;领导小组下设协调办公室,由领导小组的三家成员单位抽调专业人员组成,挂靠省高指办公,具体负责跟踪审计工作的日常监督、协调、管理等工作,并监督被聘请的社会审计机构的审计进度、审计力量的配备情况、审计深度和范围等,指导其按照既定的审计实施方案开展工作;经公开招标择优选定有财务审计或工程造价审核资质的社会审计机构,由社会审计机构派出专业审计人员作为跟踪设计组成员参与跟踪审计工作。

跟踪审计协调办公室根据《暂行办法》的规定,相继制定并不断完善了《福建省高速公路建设项目全过程跟踪审计工作规定》(2006.11.27,以下简称《工作规定》)和《福建省高速公路建设项目全过程跟踪审计操作规程》(2007.4.17,以下简称《操作规程》);其中工作规定对审计工作组织、工作程序、全过程跟踪审计内容、审计的质量控制及审计责任与纪律作出了明确要求;而操作规程在工作规定的基础上,对审计程序、审计内容和审计方法制定了更加详细的实施办法。2008年7月还制定了《福建省高速公路建设项目全过程跟踪审计质量考核暂行办法》,以加强对全过程跟踪审计质量的监督和管理。

全过程跟踪审计由审计机关、跟踪审计协调办公室、聘请的社会审计机构或具有与审计事项相关专业知识的人员组成审计组,组长由审计机关委派。审计业务包括日常审计业务和重点审计业务。日常审计业务主要指按照审计机关规范要求实施日常审计并提交成果,包括取证是否充分,手续是否齐备,资料保管是否符合规范,审计证据是否真实完整,审计底稿是否书写正确、表述完整、引用法规准确,审计成果是否内容完整、定性(量)准确、评价合理,档案移交是否及时完整等。重点审计业务主要指根据跟踪审计的要求和高速公路建设项目的特点,需要进行重点监督的审计内容,包括对发现重大审计问题的紧急处理、跟踪审计关键点的审计、对审计意见或建议整改情况进行核实等。跟踪审计关键点是指根据同步跟进原则,选择对工程的质量、投资和进度影响较大,且事后审计难度大,必须进行现场跟踪的事项。审计组按照"适时跟进、迅速反馈、预防为主、促进规范"的原则,以项目概算执行流程主线,重点关注建设资金使用的合法性和规范性。主要跟踪招标投标、合同签订、设计变更、隐蔽工程等关键控制点,及时提出有针对性的合理化建议,纠正不规范行为,完善建设项目管理。对设计、施工、监理履约履职情况加强审计监督,促进工程建设规范、健康、有序进行。

2007年开始在全国交通系统率先对泉三高速公路项目实行全过程跟踪审计,至2015年底,福建省高速公路跟踪审计工作经历了试点项目(2007年泉三)、小幅推广(2010年宁武等)、全面展开(2011年永武等)、跟踪审计与竣工决算审计并行(2012—2014年福泉等项目)四个阶段。在此过程中,省审计厅起着主导、推进的作用,特别是2011年省审计厅授权九地市审计局开展区域内高速公路项目的跟踪审计工作,解决福建省高速公路项目审计任务的同时也锻炼了各地市审计局的投资审计力量,为今后投资审计工作积累了经验。至2015年底,全省高速公路已经完成竣工决算审计项目33个,大大加快竣工决算审计进度,为项目顺利通过竣工验收奠定坚实的基础。2007年后,经过公开招标,选择社会审计机构的人员参与跟踪审计工作,先后对泉三高速公路三明段、泉州段,宁武高速公路宁德段、南平段、南惠支线等项目进行了跟踪审计,取得了良好的效果,得到了领导的充分肯定和相关单位的充分认可,大大地促进了项目的决算进程。

实践证明,全过程跟踪审计增强了审计力度,使审计监督工作常态化,较好地适应了高速公路建设项目的特点,维护了相关各方的合法权益;促进管理和廉政建设,促进各参建单位不断改进管理薄弱环节、完善运行机制,有效制止违法违规行为,有效控制了变更工程造价,避免损失浪费,节约建设资金,提高投资效益,促进了高速公路的竣工决算工作;为福建省高速公路出台和完善工程招投标、工程设计变更、信用考核等规范性管理文件提出建设性的审计意见,促进交通建设市场健康开展。

第七节 征地拆迁

征地拆迁工作涉及群众切身利益,既是基层工作的难点,也是容易引发矛盾、影响稳定的焦点。福建省高速公路通过多年努力和探索实践形成了"省市共建、建设以市为主、运营全省统一"的体制机制,征地拆迁按照属地管理的原则,由地方政府具体负责,市、县人民政府作为征地拆迁的责任主体,交通、国土、林业、水利、环保、公安、财政、审计等部门作为成员单位,负责本行政区域征地拆迁安置补偿标准的制定及土地、房屋征收与补偿工作。征迁工作已成为福建省高速公路建设项目顺利进展的重要影响因素,征迁工作顺利与否,直接影响项目通车目标的实现,也直接影响施工单位的成本控制。

省委省政府高度重视征地拆迁工作,省政府办公厅专门下发了推广和谐征迁工作法的通知。福建省高速公路在具体实施过程中通过采取一系列有力措施,征迁工作取得了不少成绩和亮点,其中,漳永项目漳平市在施工单位进场三个月内即完成了全部征迁任务;华安县在项目中标单位合同谈判期间即提前完成全线红线放样工作,完成90%的土地丈量、清点,70%的房屋、建筑物丈量评估;厦沙项目德化在短短两个多月时间里,共完成5000多亩的土地征用和205栋共2500余人的房屋拆迁任务,征迁工作"零上访",至今未发生一起群体性事件。漳平、华安、德化等县市的征迁工作做法还在全省进行了经验推广。

一、实施征迁包干,提高地方政府征迁工作积极性

结合福建省高速公路建设实际,征地拆迁补偿安置实行包干责任制。高速公路建设项目的征地拆迁补偿安置工作,由项目所在地的设区市负责组织县(市、区)具体实施,实行属地管理、分级负责、任务包干、费用包干、责任包干、限期完成。省厅、省高指联合下发《关于发布福建省高速公路建设项目征地拆迁补偿安置包干实施意见(试行)的通知》,对征迁包干工作进行明确规定,设区市设立征地拆迁安置专门机构,负责辖区内高速公路建设项目的征地拆迁补偿安置工作。项目征地拆迁施工图和征迁补偿标准经批准后,由建设单位与设区市征地拆迁机构签订征迁包干协议,明确包干任务、内容、费用和期限,以及双方的其他责任、权利和义务。同时制定了《高速公路建设项目征地拆迁工作奖惩补充意见》,通过工作经费奖励,调动地方政府征迁工作的积极性。

二、建立协调机制,及时解决项目存在问题

自2009年起,即建立了省发改委、省交通运输厅、省重点办、省高指联席调度会议制度,每季度召开一次,集中协调解决全省交通重点项目推进中难以解决的问题。根据福建

省建设实际情况,及时调整了协调机制,由原来的一季一调度调整为一月一调度,协调层级也相应提高,协调密度更高,协调力度更大,由省政府牵头,每月召开一次重大项目月度调度会,分管副省长主持,省直部门、各地分管副市长参加,省高指统一收集汇总全省高速公路需协调解决问题上报月度调度会协调解决,省重点办对协调会议定的事项进行跟踪落实,确保协调事项落到实处。同时,省高指领导挂钩到项目,不定期协调解决全省高速公路建设征迁重点、难点问题。项目沿线市县也建立了专门的协调机构,部分县市还建立"一周一对接"制度。通过定期、不定期的一系列协调机制,及时协调解决了高速公路项目存在的主要问题,有力推动项目顺利进展。

三、推广和谐征迁工作法,创造无障碍施工环境

征地拆迁工作关键在县(市、区)、重点在基层。根据省政府关于推广和谐征迁工作法的通知,按照主要领导"五亲自"、工作班子"五尽心"、组织实施"五到位"、安置补偿"五严格"、征迁安置"五满意"的要求,福建省于2010年在全省高速公路推广无障碍施工,要求地方政府:一是能够按时交地,提供给施工单位;二是施工过程不受阻挠或者阻挠相对较少;三是地材、火工品等施工要素能够及时供应,为项目创造了无障碍施工环境。主要做法有:

(1)组织领导到位。要求各市(县、区)领导,特别是"一把手"高度重视,把交通的项目当作自己的项目来抓,抽调精兵强将组建征迁指挥部,主要领导亲自挂帅,配备政法委书记、组织部长、纪委书记为副指挥长,亲临一线协调调度,市(县、区)直有关部门、沿线乡(镇)、村(居)密切配合,分头负责,全面指挥协调征迁及民事工作。

(2)工作责任到位。建立健全"一把手"负责制,要求各市(县、区)细化、明确、落实责任,在高速公路征地拆迁施工用地图提交后三个月内完成除房屋、杆(管)线拆迁以外的征地工作,并交付施工;半年内完成全部征地和拆迁工作,并交付施工。施工单位进场施工后,市、县(区)主要领导要定期协调解决征迁中重大问题,确保不出现民事阻工现象。

(3)要素保障到位。要求各级政府在施工用地、用林、用海、用电、火工品等指标及审批上给予大力支持和重点保证。发挥地方上的优势,严厉打击无理取闹、阻挠施工、强买强卖、哄抬地材价格行为,严厉打击破坏施工设施、工程和偷盗现象。

(4)检查督促到位。及时跟踪、定期检查,确保工作部署及协调事项落到实处。及时通报工作信息、问题反馈、整改情况等,形成一季度、一月、一旬一通报制度,重要事项要及时报告。加大工作效能检查、督促,对工作落实不到位、问题协调解决不得力的,要对责任人给予效能告诫。

第八节　农民工工资管理

福建省高速公路建设历来高度重视农民工工资管理。为规范福建省高速公路建设领域农民工工资支付行为，预防和解决高速公路建设领域施工单位拖欠或克扣农民工工资问题，维护农民工合法权益，根据上级有关规定，结合福建省高速公路建设行业实际，制定印发了《福建省高速公路建设领域农民工工资管理办法》。

一、落实施工企业的主体责任

施工单位是保障高速公路建设领域农民工工资及时足额发放的责任主体，项目经理是落实农民工工资支付问题的直接责任人。工程施工发包、承包双方要依法签订专业分包或劳务分包合同。按照"谁用工、谁负责、总包负总责"的原则，由总承包企业对所承包工程的农民工工资支付负总责，不得以工程款未到位为由拖欠农民工工资。因建设单位或工程总承包企业未按合同约定支付工程款，致使建设工程承包企业拖欠农民工工资的，由建设单位或工程总承包企业先行垫付被拖欠的农民工工资；因工程总承包企业违反规定发包、分包给不具备用工主体资格的组织或个人，由工程总承包企业承担清偿被拖欠的农民工工资责任。

二、落实建设单位的行为规范与监管责任

建设单位是农民工工资支付工作的监督人，建设单位的主要领导是解决农民工工资支付问题的总责任人，要成立专门机构负责农民工工资管理，定期不定期深入现场，检查项目部、分包人与农民工之间签订劳动合同情况，合同是否规范，合同的主要条款（如进出场时间，进出场费、工作内容、工程细目、单价、数量、计量方式、结算方式、支付方式等）是否明确，并要求备案管理；同时对项目部内部资金使用情况进行检查督促，确保工程用款做到专款专用，不得挪作他用；在施工现场、农民工驻地通过公布拖欠农民工工资举报电话、张贴发放维权宣传单等形式对农民工进行维权宣传教育；认真做好计量支付和设计变更清理工作，在工程质量保证金中统筹预留一定额度的农民工工资支付应急处置资金，防范和及时解决农民工工资拖欠问题。

三、加强施工企业劳动用工人员档案管理

要求项目部按照劳动保障行政部门监制的标准合同文本，在用工后15天内与农民工签订劳动合同，并向建设、监理等单位进行用工备案。要求施工现场劳动用工人员实行实名制管理，建立用工人员名册、身份证复印件、工种证书复印件、考勤记录、工资支付等管

理台账,并填写用工人员登记表,登记表内容包括用工人员姓名、性别、年龄、身份证号码、工种、住址、联系电话、家庭基本情况、所在街道等基本信息,用工人员在用工登记表上签名并按手印。登记表由项目部统一保管备查。支付农民工工资时应当编制工资支付表。工资支付表应当载明发放单位、发放时间、发放对象的姓名、工作天数、应发和减发的项目及金额等事项,并将工资支付表和劳务合同分类编号整理,统一归档、专人保管。

四、农民工工资优先支付并专款专用

建设单位将农民工工资款和其他工程款分开拨付,农民工工资优先支付。施工企业将农民工工资单独建账,专款专用。每个付款期由项目部根据实际用工情况并参考已完工程量人工工日含量,向建设单位申报农民工工资数额,并向建设单位提交农民工工资花名册。建设单位审核后分别拨付农民工工资款和其他工程款,审核依据包括施工单位申报数额和已完工程量人工工日含量。建设单位可先行支付农民工工资款,并监督施工企业发放到位,收到施工企业的工资发放登记表、发放工资照片后,拨付其他工程款。农民工工资直接支付给农民工本人,严禁将农民工工资发放给"包工头"或者其他组织和个人。否则,建设单位暂缓支付当月的工程计量款。

五、规范农民工工资支付行为

农民工工资支付周期一般为一个月,最长不超过三个月,中国传统节日如春节、中秋节及学生开学前一个月支付农民工工资。施工单位要建立工资登记表,工资登记表内容包括姓名、性别、身份证号码、当月工日数、累计总工日数、当月支付工资工日数、已支付工资工日总数、未支付工资工日数。工资登记表由用工人员本人签名、按手印(与用工登记表同一指模),经班组长签名、项目负责人签名、项目部加盖公章,工资登记表一式四份,一份在施工现场显著位置公示,公示时间不少于一个月,一份项目部留存,一份监理留存,一份报建设单位留存。鼓励施工企业为农民工建立银行卡,农民工工资通过银行支付。

六、纳入信用考核

要求各参建单位根据职责分工,履行农民工工资支付问题的相应责任,其工作实效列入年度信用考核或者劳动竞赛综合考评中。对因工作或者处置不力造成严重影响的,提请省交通运输厅对其年度信用考核定为C级,乃至D级。对因协调处置不力造成农民工因工资支付问题频繁上访的,取消该项目有关单位本年度评优资格。因农民工工资问题而发生突发事件或者群体上访事件,相关单位在5小时内逐级向省高指报告。其中对发生100人以上群体性事件的,在1小时内向省交通运输厅和省高指报告。对隐瞒、缓报或不报造成严重后果的追究有关人员责任。

第九节　市场信用考核体系

为引导福建省交通建设市场健康、有序发展,省交通运输厅、省高指从2005年开始研究、起草,于2006年会同省重点办制定下发了《福建省交通建设市场信用考核管理办法(试行)》,2007年以来根据交通运输部颁发的施工、监理、试验检测信用评价规则,结合实施情况,逐年进行修订。同时根据《信用考核管理办法》有关规定,从2006年开始每年年终开展从业单位和主要从业人员信用评价,并将评价结果同项目招投标挂钩,建立起较为科学有效的交通建设市场信用管理体系。

福建交通建设市场信用考核工作多次在全国、全省会议上进行典型经验交流,并被中央工程治理领导小组办公室列入《公共资源交易市场建设相关规章制度选编》(中国方正出版社,2013年1月第1版)。

一、信用管理工作开展情况

(一)信用考核工作主要做法

(1)实现考核工作基本全覆盖。经逐年修订完善后,2012年度开始福建省交通建设市场信用考核范围涵盖公路、水运和运输场站项目,对项目建设管理(代建)、勘察设计、设计咨询、施工、监理、试验检测等单位均实行综合考核;考核内容涵盖项目招投标、基建程序、前期工作、工程进度、质量、安全、资金管理、后期服务、维稳和廉政建设等实施情况;参与信用评价的单位包括相关主管部门、质量监督部门、造价管理部门、建设单位、设计咨询单位、设计审查专家;实现信用考核工作基本覆盖交通建设项目所有参建单位、主管部门及项目实施全过程。

(2)实行分类考核分类奖罚方式。综合考虑福建省交通建设管理体制现状和各工程专业特点,信用考核分为高速公路、普通公路、水运工程、运输场站四大类,并根据招标合同段划分,高速公路施工单位细分为路基土建、路面工程、机电工程,监理单位细分为土建工程、机电工程监理,合计共4大类19小类,采取分类考核、分类奖罚,既避免不同工程类别交叉考核,方便管理,又使具有多种从业资格的从业单位在信用等级使用上更有针对性,防止出现信用等级混乱使用的不合理现象。

(3)采取双重定级办法。对于不同的从业单位(人员),综合考虑其在建设市场中的重要性,以及考核工作本身的工作量、时效性和可操作性,分不同情况分别或同时采用两种定级方式。对与项目建设有直接相关的项目建设管理单位、设计、咨询、施工、监理、试验检测单位及其主要人员,采取综合评分定级和直接考核定级相结合的双重考核方式。

对于其他从业单位(人员)如招标代理、造价咨询、材料供应商等,则不进行综合考核,仅进行直接考核定级。

综合评分定级通过制定具体的考核办法及定级分值,在对项目定期、不定期检查基础上,对从业单位从业情况进行综合考核,每年组织一次,定级结果分为 AA 级、A 级、B 级、C 级、D 级 5 级。直接考核定级仅对项目实施过程中存在违法违规、严重不履约等行为随时进行定级,定级结果仅为 C 级、D 级。

(4)结合日常督查开展考核工作。对从业单位考核由相关主管部门、质量监督部门、建设单位结合日常督查工作,检查其履约情况,不另行组织专门性考核,以真实反映从业单位履约实际。具体考核标准由省直相关考核单位根据各自职责,结合项目特点,分别制定具体考核实施细则。省厅依据各考核单位职责不同按不同权重值(如高速公路施工的考核单位为省高指、省交通质监局、建设单位)计算得出各项目部考核得分,确定从业单位综合评价等级。

(5)综合确定信用考核等级。从业单位综合得分按合同段得分以倒权重法计算,原则按 85 分以上为 A 级,60 分以下为 D 级,并结合各合同段考核情况(如任一合同段考核为 C 级或 A 级合同段数<50%,从业单位不能评为 A 级),综合确定从业单位考核等级,但 AA 级、A 级原则控制在 50% 以内。

主要人员(如施工单位项目经理、技术负责人)所定级别直接采用所在项目部的综合评分定级结果。其中综合评分定级为 AA 级、A 级的从业人员,应在该岗位上的任职时间达 80% 以上。

(二)信用信息管理开展的主要工作

(1)印发信用信息管理实施细则。根据交通运输部统一部署,为加强福建省公路建设市场信用信息管理,2010 年,省交通运输厅印发了《福建省公路、水运建设市场信用信息管理实施细则》,明确信用信息采集、审核、发布和变更程序,并规定发布信息的范围、内容及良好信息、不良信息定义等,规范信息管理工作。

(2)组织开发信用信息系统。组织开发了"福建省公路水运工程信息管理系统",建立信息录入、公开发布平台,组织相关建设单位、从业单位通过信息管理系统录入项目、企业基本信息、良好行为、不良行为和信用评价信息,逐步建立各交通建设项目、从业单位、从业人员信息档案,提高信息化管理水平。同时对交通运输部"全国公路建设市场信用信息管理系统"涉及福建省业绩信息及福建省企业基本信息,组织专人及时进行审核。审核时,对照已有项目档案进行核实,既提高审核质量,又提高审核效率。

(3)省交通运输厅门户网站开辟专栏。在厅门户网站开辟了"招投标、信用资质"专栏,公开各从业单位及主要从业人员年度综合考核定级结果,并适时公开各从业单位信用考核结果使用和中标情况及从业单位不良信用信息情况等,供项目在招标评标时使用。目前,不良信用信息主要通过相关主管部门日常监管及投诉举报核实情况获得,主要是投标资料造假、中标后诚信意识淡薄、现场管理较混乱、质量安全问题突出等。

(三)信用考核结果应用

(1)建立信用奖惩机制。为了使不同信用等级从业单位享受不同的从业待遇,采取在项目设计、设计咨询、施工、监理、试验检测招标资格审查和评标办法中设定"企业信用分""主要人员信用分"及"资格审查阶段,当其他条件满足时,其履约信誉可免于审查,直接通过资格审查"等条款,实行奖优罚劣。如施工招标信用分分值为10分,其中施工企业信用分分值为7分,项目经理、技术负责人信用分分值分别为2分、1分;AA级企业或人员得满分,A级得满分90%,B级得满分70%,C级、D级得0分。对于D级企业,违反法律、法规规定的,将限制一定期限交通建设市场准入资格。

(2)加强考核结果动态管理。为防止信用等级为AA级、A级的从业单位承揽过多的工程建设任务,规定了信用结果使用自动失效机制,AA级中标3个标段、A级中标2个标段的,AA级、A级信用分奖励规定失效,其后参加的投标,信用分按B级处理。同时为加强考核过程动态管理,对AA级、A级的从业单位,出现履约能力下降等情况时,暂停或取消其AA级、A级信用结果使用资格;对C、D级的从业单位,整改有力的,适当缩短C、D级执行时限。

二、信用考核工作主要成效

2006年至2015年底,直接考核定级为C级或D级的从业单位共44家;综合评分定级的从业单位累计有2915家次,其中AA级235家、A级821家、B级1654家、C级178家、D级27家。

(1)促使企业自觉加强信用管理。由于信用考核等级与企业招投标挂钩,直接关系企业自身利益,促使从业单位高度重视企业信用,自觉加强项目管理、加大工程投入,力争在年终考核评级中评为信用较好企业。

(2)促进交通建设市场良性发展。2006年以来,高速公路项目中标单位基本为考核AA级、A级单位,被评为C级或D级的从业单位,基本无法在下年度投标中中标,使信用良好企业不断获得中标机会,加快其发展壮大,而信用不良的企业因无法中标,逐渐淡出福建省交通建设市场,促进了交通建设市场良性发展。

(3)遏制了挂靠投标及违法分包、转包等行为。在信用体系下,对业绩材料造假、挂靠投标、放弃中标资格等行为,将被直接定级为C级、D级(2009年1次性定级20多家),企业失信成本高,有利于从源头消除挂靠投标及违法分包、转包等违法违规问题。

第十节　廉 政 建 设

　　高速公路建设点多、线长、面广,廉政风险大,社会关注度高。习近平同志在福建工作期间,曾在一次全省重点建设工作会议上强调,不要让"修一条路倒一批干部"的现象发生,对搞好重点建设的防腐倡廉工作提出"约法三章"。福建省高速公路人牢记习近平总书记的谆谆教导,从1994年修建第一条高速公路以来,在省委省政府以及省交通运输厅的正确领导下,福建高速公路以建设"优质工程、安全工程、廉政工程"为目标,深入开展源头治腐和预防职务犯罪工作,大力推进"廉政阳光工程"建设,从体制、机制、制度上积极探索高速公路建设领域防治腐败的新途径并取得了较好效果,省高指机关本部未发生因廉政问题被追究刑事责任案件。

一、狠抓责任体系,严格责任落实

　　廉政工作事关高速公路事业发展大局,省高指高度重视落实党风廉政建设责任制,始终坚持"两手抓、两手硬"的方针,把党风廉政建设和反腐败工作纳入目标管理,与精神文明建设和业务工作紧密结合,狠抓任务分解,加强督促检查,严格责任追究,并从人力、物力、财力等方面全力支持反腐倡廉工作。一是健全党风廉政建设领导体系。省高指成立党风廉政建设领导小组,除明确主要负责人为党风廉政建设的第一责任人外,还落实一名副总指挥具体分管党风廉政建设工作,并设立监审处(监察室)承担党风廉政建设的日常工作。各处室、设区市高指、各在建项目公司,各施工、监理单位主要负责人为本部门、本单位党风廉政建设的第一责任人,负责本部门、本单位廉政建设日常工作。二是签订廉政责任书。每年初,省高指与各地市高指、各在建项目公司党政负责人、机关各处室负责人签订《廉政责任书》,并要求各在建项目公司与项目所在地市政府签订《廉政责任状》,与各参建单位签订《廉政合同》,明确各方在党风廉政建设中的权利、义务及责任,从而使落实党风廉政责任制的任务成为硬指标,形成一级抓一级,层层抓落实的廉政责任制度。三是建立廉政考核考评体系。根据交通运输部、省交通运输厅有关党风廉政建设的规定和要求,省高指结合福建高速公路工程建设实际制定并下发了《党风廉政建设考核办法》,分别针对设区市高指、在建项目公司,各施工、监理、试验检测单位,明确了具体的考核标准,并规定了相应的奖惩措施,切实保证各项廉政目标责任落实到位。

二、加强廉政教育,筑牢思想防线

　　省高指将廉政教育作为反腐倡廉的一项基础工作,坚持常抓不懈。一是主要领导带头讲廉政党课,逢会必提廉政要求,关键时期必打廉政招呼,大力开展建设"廉政工程"和

"廉政交通"主题教育活动,提高了全员的思想道德素质和法纪观念,帮助干部职工树立正确的世界观、人生观、价值观,构筑牢固的思想道德防线。二是组织干部职工和工程管理人员到监狱参观,听职务犯罪人员现身说法,观看《蜕变》《贪路无归》《珍重》等反腐警示教育片,请纪检监察人员为干部职工做廉政教育讲座,教育广大干部职工和参建人员算好政治账、经济账、亲情账和自由账,提高在是非面前的鉴别能力、在诱惑面前的自控能力,增强了全员的法纪观念。三是结合实际开展各种廉政文化活动,通过举办廉政歌曲、廉政知识竞赛、演讲比赛、廉政征文征联活动,进一步拓展了廉政文化建设。四是针对腐败案件易发多发的重点时期,积极开展防范教育,如在元旦、春节期间,采取下发文件、发廉政公开信及廉政短信、召开会议、重点打招呼等形式明确纪律要求。还通过向各级领导人员配偶发出廉政倡议书或贺卡、召开"廉内助"座谈会等形式,把廉政教育深入到每个干部家庭,为反腐倡廉工作构筑坚强的家庭拒腐防线。

三、注重源头治理,不断完善制度

省高指把制度建设作为源头治腐的重要支撑和保障,建立了一套环环相扣、行之有效的廉政建设制度体系。一是健全廉政专项制度。先后制定了《党风廉政建设责任制》《预防职务犯罪实施方案》《工作人员廉洁自律若干准则》《廉政建设若干规定》《党委廉政建设五项承诺》《党务政务公开实施方案》等多项党风廉政建设专项制度,基本上做到了"有纪可依"。二是健全建设领域监管制度。不断修订完善工程材料采购与供应管理办法、工程设计变更管理规定、工程量清单计量支付规则、信用考核管理办法等一系列制度,形成以制度管人管事的局面;强化对工程招投标、资金管理、物资采购、设计变更、计量支付等重点环节、重点岗位的廉政风险防控,招标文件编制实行"范本制"、审查实行"分级制",招标过程实行"纪检监察监督制"和电子招投标,施工合同采取"除外包干"模式,资金监管实行建设单位、施工单位、银行"三方协议制",征地拆迁实行"公示制",工程材料抽检实行"盲检制",建设过程实行"跟踪审计制",质量安全督查采取"清单制"。通过规范管理,提高办事的透明度,减少廉政风险,从源头上预防腐败问题的发生。

四、狠抓过程管理,强化监督制约

省高指针对工程建设中权力高度集中、腐败易发多发的关键环节,狠抓过程监督,坚持按照有关法律法规和合同办事,强化监督制约措施,着力于规范权力运行机制。一是制定了《福建省高速公路建设项目廉政风险防控手册》,从高速公路建设前期阶段的工可、勘察设计、征地拆迁、招投标,到建设实施阶段的工程材料采购、分包管理、质量安全控制、计量支付、设计变更、资金管理,再到交工、竣工验收全过程重点领域的业务流程和廉政风险防控进行梳理,制定防控措施,加强对"关键少数"、关键环节和重要领域的全面防控和有效预警。二是制定了《福建省高速公路建设项目廉政"九不准"》。规定省高指工作人员不准与施工、监理、试验检测单位及班组交私情、办私事，不准利用职权影响及工作便利违规干预和插手工程建设招投标、工程分包、材料采购等，不准借设计变更、工程结算、账户开立之机牟取私利，不准接受请托有倾向性地选择检查内容或检查时降低标准，不准到下属单位和施工单位报销应由个人支付的各种费用，不准接受超标准接待，不准借下基层之机要求参建单位安排到景区参观旅游，不准以本人或借他人名义参股承包或违规从事与高速公路建设有关的中介服务，不准介绍或请托关照特定关系人在其管辖的业务范围内从事可能与职权有关的经商活动，给高速公路念"紧箍咒"，对违反规定的，按党纪国法严肃追责。

第六章
高速公路建设标准化管理

福建高速公路积极探索管理创新，在行业内率先推行施工标准化管理，编写了《福建省高速公路施工标准化管理指南》，形成材料、工艺、工法、验收全过程的标准化管理体系，解决了建设规模扩张与管理不足的矛盾，有效提升了建设质量和效率，实现传统粗放式管理至现代工程精细化管理的升级，具有里程碑式的意义，相继在全省、全国推广，《提高工程质量的高速公路施工标准化管理》荣获全国企业管理现代化创新成果审定委员会颁发的第十八届国家级企业管理现代化创新成果二等奖，代表项目泉三高速公路建设项目荣获第十四届詹天佑奖。高速公路标准化管理开创了资源节约、绿色和谐、综合高效的公路发展之路，为全国公路建设积累了经验，为全面提升公路行业建设总体水平做出了重大贡献。

第一节　高速公路建设标准化管理历程

福建省领导对高速公路建设推行标准化管理高度关注，多次对推行标准化管理工作作出重要指示。早在1995年4月，黄小晶省长(时任副省长兼任省高指总指挥)就要求高速公路建设做到"一流的材料、一流的设备、一流的工艺、一流的管理"，并总结他在龙岩市做专员时推行科普教育小册子的经验，提出编制施工"小册子"，作为施工指南，规范施工管理，要求所有参建人员了解建设标准，做到施工现场环境整洁、美观。2008年以来，张志南常务副省长作为省政府分管重点建设工作的领导，多次深入施工现场指导，在要求加强质量通病治理、深化专项整治的基础上，对细化、完善高速公路标准化管理提出了更加明确的要求。

1998年，为使高速公路建设符合标准，省高指组织编制了第一套路基、路面、桥梁、隧道、安全设施等工程的施工手册以及质量通病防治手册，用于培训一线施工、监理及业主管理人员，做到应知应会，保证工程施工质量和安全。

2004年，省高指在总结高速公路建设经验和教训的基础上，根据新颁的设计、施工、验收等相关标准、规范，又组织编制了隧道、桥梁、路基、路面及交通安全设施四个方面的标准化施工指南，从工序、工艺和管理等方面对现行标准、规范做进一步细化补充，在全省范围内大力推行,并将标准化施工指南写入招标文件,强制要求施工单位贯彻执行。

2008年,为适应高速公路建设新形势,福建省又在全省范围内开展了高速公路桥梁T梁预制、隧道施工、桥面铺装、路面施工等专项整治工作,取得了较好成效,并在标准化施工指南的基础上,组织编写了《福建省高速公路隧道施工要点》及《福建省高速公路T梁预制施工要点》。同时,开展边坡生态恢复标准化施工试点,编写了《边坡生态恢复施工标准化指南》。

2009年,省高指开始围绕"三个集中""两项准入"(即混凝土集中拌和、钢筋集中加工、构件集中预制,隧道二衬台车、桥梁模板准入验收)推行标准化管理,省领导提出的"使标准成为习惯、使习惯符合标准、使结果达到标准"的指示精神,在实施标准化管理的初期阶段,选取了永武、三明永宁、龙岩双永等几个项目作为试点项目,针对以往项目混凝土拌和站规模小、标准低、数量多、管理难度大以及小型构件预制加工点分散、质量难以管控的问题,探索混凝土集中拌和和小型预制构件集中预制的标准化管理;围绕工地建设标准化体系建设,试行混凝土集中自动拌和、钢筋集中自动加工、构件集中预制的"三个集中"标准化管理;针对路面施工中交叉施工干扰、层间污染严重影响路面质量的问题,探索路面施工标准化并提出了路面"零污染"施工的理念。通过多个项目不同侧重点的探索,福建省高速公路建设逐步建立起了工地建设、桥梁、路面、路基等工程的标准化体系,并不断进行完善,开始在全省范围内推广,取得了较好成效。

2010年4月,省高指组织编写的《福建省高速公路施工标准化管理指南》(共5个分册)(以下简称《指南》)(图6-1-1)由人民交通出版社正式出版。张志南副省长亲自为《指南》作序,黄小晶省长也做出重要批示:"一本好书,有用的工具书,适用性强,相关工程技术人员要通读并会用",以此作为全面推行高速公路建设标准化管理的技术支撑。

图6-1-1 《福建省高速公路施工标准化管理指南》(5个分册)

第六章
高速公路建设标准化管理

　　2010年7月9日,中国公路建设行业协会在厦门召开了全国高速公路建设标准化管理经验交流会(图6-1-2),号召高速公路建设行业认真学习福建省高速公路建设的先进经验,争当高速公路建设标准化的引领者、实践者。2010年8月17日,交通运输部在厦门召开了全国公路建设座谈会(图6-1-3),充分肯定了福建省高速公路建设标准化方面的成功经验,福建省高速公路施工标准化系列指南作为会议文件印发给各参会代表学习。

图6-1-2　全国高速公路建设标准化管理经验交流会

图6-1-3　全国公路建设座谈会

　　2011年2月23日,交通运输部下发《关于开展高速公路施工标准化活动的通知》(交公路发〔2011〕70号),在全国高速公路全面推广施工标准化(图6-1-4)。

图6-1-4　交通运输部下发《关于开展高速公路施工标准化活动的通知》(交公路发〔2011〕70号)

　　2013年,为了更好地贯彻落实交通运输部部署的推行施工标准化管理和加快推行现代工程管理的要求,省高指结合交通运输部《高速公路施工标准化技术指南》,在《福建省高速公路施工标准化管理指南》近几年使用的基础上,针对使用过程中存在的问题和不足,同时又选取了三明建泰、福州京台、福州宁连、龙岩漳永等项目作为试点项目,侧重不同的方面进行探索,如三明建泰项目试点预应力智能张拉施工工艺,福州京台项目探索排水工程预制构件拼装,龙岩漳永探索远程视频监控和试验数据自动采集监控系统,福州宁连项目侧重探索钢筋胎模化施工和隧道初支多臂台车湿喷工艺等,吸纳了各参建单位一些新的行之有效的做法、工艺等,组织进行了指南修编。修编后的《福建省高速公路施工标准化管理指南》共7个分册(工地建设、路基工程、路面及交安工程、桥梁工程、隧道工程、高边坡与滑坡工程、边坡生态恢复),于2013年11月在人民交通出版社出版(图6-1-5)。

图6-1-5　修编后的《福建省高速公路施工标准化管理指南》(7个分册)

通过开展施工标准化活动,福建省高速公路各在建项目均全面推行标准化管理,基本达到标准化管理的各项要求,管理水平、管理效率得到明显提升,取得显著的经济效益。"十三五"以来,按照全面贯彻落实交通运输部"绿色公路"和"品质工程"理念,福建省高速公路匠心锻造,立志再次成为标准化的倡导者、引领者和实践者,不断推陈出新,将标准化管理向"三准入、四集中、五提升"(模板准入、设备准入、人员准入,混凝土集中拌和、钢筋集中加工、构件集中预制、数据集中管控,提升管理专业水平、提升施工精细程度、提升智慧管控能力、提升绿色环保实效、提升党建融合作用)的新体系、新内涵转变,让"标准成为习惯、习惯符合标准、结果达到标准",实施有规范、操作有程序、过程有控制、结果有考核,有力推动标准化管理再上新台阶。

第二节　建设标准化管理内涵

牢固树立党建统领和工程管理现代化的新理念,建设过程强化工地党建工作,突出信息化、精细化和专业化,高起点高标准严要求,强调绿色环保,标准化管理内涵由"三集中、两准入"向"三准入、四集中、五提升"提升,唱响"全面提升标准化、支部建在工地上"的口号,致力于打造一批省级典型示范项目,争创部级品质工程,实现"省级有示范、市级有重点、项目有特色、标段有亮点",并总结适应福建省省情的可复制、可推广的经验,带动福建省高速公路建设质量安全水平稳步提升。

一、实行"三准入",严格准入审核

全面推行项目开工条件、驻地场站设备等投用清单式管理,符合条件的清单上墙公示。严格把控进场的模板、设备和人员质量,不符合要求的模板、设备不得进入施工现场,经考核不合格的人员不得从事福建省高速公路建设。

(一)模板准入

所有用于高速公路建设的模板均实行准入制,项目业主、监理严格把关,实行"统一设计、驻厂监造、进场验收"制度。

除支架式现浇桥梁允许采用竹胶板外,所有混凝土工程的模板均采用大型组合钢模板、高强塑钢模板或高等级的维萨板(图6-2-1)。模板加工应在专业工厂内完成,严禁在施工现场自行加工。超过允许周转次数或破损、变形的模板严禁继续使用。在长福、云平、泉厦漳城市联盟路、平潭京台等项目试点采用不锈钢模板、透水性模板等新型模板,提高混凝土外观质量。现浇满堂支架在福州东南绕城、泉厦漳联盟路等项目试点盘扣式支架,2018年开始全面推广。

所有混凝土工程(除支架式现浇桥梁)的模板均采用大型组合钢模板、高强塑钢模板或高等级的维萨板。

所有结构物钢筋安装均有定位模板(胎架),全线统一设计、全覆盖应用。

鼓励采用不锈钢模板、透水性模板等新型模板,提高混凝土外观质量。

图6-2-1 模板准入

(二)设备准入

合同(含标准化指南)要求的所有机械设备均实行准入制(图6-2-2),招标文件规定的机械设备必须进场,项目业主、监理严格把关,机械设备进场后即组织核对确认。

钢筋加工厂>>>钢筋集成中心

单一弯曲功能>>>智能流水线

单体设备>>>设备合一体机

人工+机械辅助>>>钢筋笼滚焊机

人工焊接>>>尝试机器人焊接

图6-2-2 设备准入

试行增加机械设备提升费,促进高速公路施工机械化水平提升。全面推行预应力智能张拉压浆、二氧化碳保护焊设备、钢筋笼滚焊机器人、钢筋数控弯圆机、自动镦粗车丝一体机,在莆炎、沙埕湾大桥、泉厦漳联盟路、龙岩东环、长福等项目试行钢筋自动送料调直剪切一体机、桁架式辊轴桥面摊铺机、360°锚杆机、整体式仰拱栈桥、隧道多臂凿岩机、多功能隧道支护台车、防水板半自动铺挂台车、自行式二衬台车等先进的自动化智能化机械设备(图6-2-3)。

三臂凿岩机

湿喷机械手

图 6-2-3

电缆沟液压台车

自行式分仓二衬台车

图 6-2-3 自动化智能化机械设备

(三)人员准入

所有从事福建省高速公路建设的工程技术人员均经过标准化管理培训和考试（图6-2-4），考试不合格及不符合招标文件要求的人员予以更换，不允许上岗。

工程技术人员进场前进行标准化管理培训和考试，考试不合格不予批复。
新开工的项目集中建设安全体验馆，对新进场的工人集中培训，录入培训信息。

图 6-2-4 人员准入

市高指及项目业主人员配备满足工程管理需要,不得身兼多职。施工、监理、试验检测单位进场人员资质满足招标文件要求。在建设过程中若发现实际工作能力水平不足、责任心不强的人员,予以清退和更换。所有特种作业人员持证上岗。强化班组规范化管理,加强施工班组一线人员培训和技术交底,未经培训合格和交底的工人不得参与施工。

二、推行"四集中",强化集约管理

贯彻落实混凝土、钢筋、预制构件集中生产、集中配送,鼓励生产场站、驻地、试验室等临建设施"大集中规划建设",并在此基础上从外观形象到先进设备、智能控制等方面进行强化。工程信息数据逐步实现集中化管理。

（一）混凝土集中拌和

所有用于永久性工程的混凝土均集中拌和,一个标段原则上只设置一座混凝土拌和站,采用高精度计量拌和设备,现场杜绝小型拌和站和拌和设备(图6-2-5)。隧道洞口严禁设置喷射混凝土拌和站,喷混凝土集中供应,确保湿喷工艺落到实处。小型构件预制场原则上不单独设拌和站。现场砌体用的砂浆均采用机械拌和。用于房建工程混凝土原则上也集中拌和。

图6-2-5　混凝土集中拌和

（二）钢筋集中加工

一个标段内所有钢筋均集中加工配送(图6-2-6),原则上只设置一座钢筋加工厂,严禁小型钢筋棚和施工现场加工钢筋。所有新建的钢筋加工厂面积均满足标准化和生产要求,所有钢筋均集中在钢筋加工厂内采用智能数控设备加工。隧道用钢拱架及钢格栅也集中在钢筋加工厂内加工。在长福、龙岩东环项目试行2~3个标段的钢筋集中生产,统一配送。

图 6-2-6　钢筋集中加工

(三)构件集中预制

一个标段内所有预制构件均集中生产(图6-2-7),杜绝现场零散生产。若标段预制梁片总数少于600片,则只允许设置一座梁片预制厂。新增预制场预制的梁片数量不得少于300片。所有小型预制构件均集中在小型预制构件预制厂预制,各项目普遍采用多个标段的小型构件集中在一个标段预制配送的生产模式。在沙埕湾项目试点单独设一个梁片预制标,负责项目所有梁片的预制生产。在三明莆炎项目试点项目所有钢结构桥梁集中设计、施工。

图 6-2-7　构件集中预制

(四)数据集中管控

规定范围内的数据集中管控(图6-2-8),替代数据分散化管理。全面推行混凝土拌和站拌和数据实时采集,并集中上传至省级平台。工地试验室的万能试验机、压力试验机和抗折试验机数据自动集中上传至省级工地试验室数据监管平台。各项目均统一接入省级信息一体化平台,强化数据管控,初步实现工地试验室、混凝土拌和配合比、预应力张拉压浆等数据和远程监控、构件二维码、隧道门禁等信息数据集中实时管理。

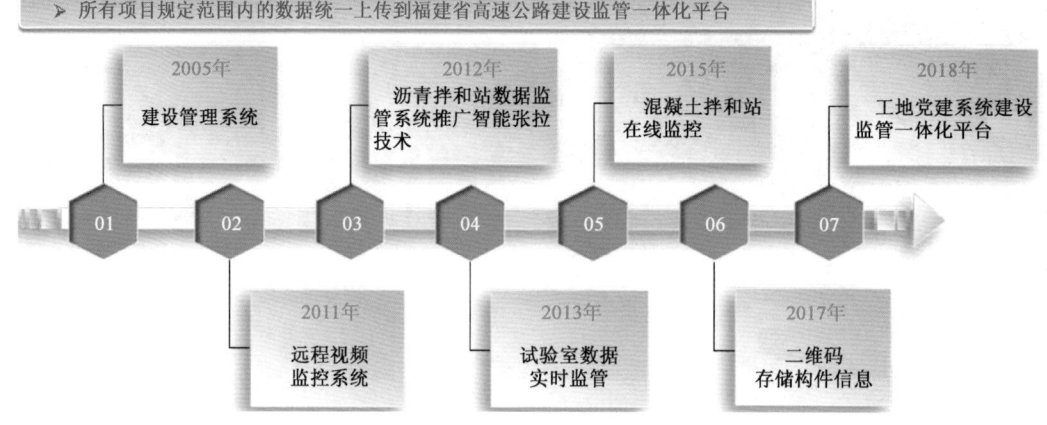

图 6-2-8　数据集中管控

三、推进"五提升",拓展管理内涵

结合工程建设实际,通过提升管理专业水平、施工精细程度、智慧管控能力、绿色环保实效和党建融合作用,不断拓展标准化管理内涵,有效促进标准化管理的提升,保障质量安全、保护生态环境、强化基层党建,推进党风廉政责任落实。

(一)提升管理专业水平

加强专业化管理团队建设,推进专业化队伍施工,遏制业余队伍进入福建省高速公路建设工地,实现专业化管理、专业化施工,提升管理专业水平。推进专业分包,施工招标按专业划分进行合同打包,在沙埕湾项目试行高边坡锚固、梁板预制安装等施工专业化打包,引进有经验、信誉好的专业队伍。全面推行项目建设信息化管控系统统一打包招标。隧道施工班组必须经业主审查认可,严禁包工包料。

加强品质班组建设。推广施工作业"架子队"模式,推动施工班组 6S 管理,积极培育产业工人,促进传统农民工向产业工人转变。各地市及在建项目积极开展技术工人职业技能比武,评选优秀施工班组,加大正向激励。

充分发挥监理作用。严格落实监理工程师责任制和总监的关键人作用,落实监理人员从业登记,加强对监理从业人员的管理。在福州莆炎项目试行自管模式,在长福、武夷绕城项目试行"代建监理一体化"模式,强化专业化管理,减少管理层级,提高管理效率。

强化管理力量和技术服务。对项目内涉及斜拉桥等技术复杂工程的项目,项目业主聘请专家组建顾问团队,加强技术服务。

(二)提升施工精细程度

严格遵守技术规范和操作规程,优化各分项工程施工工序工艺,克服各个细节质量缺陷,注重工程内在品质,从管理精细化到施工精细化再到产品精细化,提升工程建设全过程的精细程度。

采用分部分项工程 11 个 3D 动漫视频、缩尺实体三维模型等对工人进行精细化技术交底。推行班组首件分析制,除重要分项工程必须进行首件分析外,新进场的班组均要求进行首件分析,各分项工程首件完成后立即组织召开首件分析会,严禁边批量施工边首件分析或不合格的班组批量施工。

隧道强调机械化施工,引进多臂凿岩台车等设备,应用轴向不耦合切缝聚能光面爆破施工法、二衬钢筋套筒挤压连接工艺等技术。桥梁强调精细化施工,创新预制梁片"三表一卡"制度并全面推广,精确制梁;负弯矩预应力采用智能张拉等。路基、路面施工强调过程管控,在漳州厦蓉、长福项目试行采用压实过程远程智能监管。强调工厂化流水线作业,在云平、莆炎、泉厦漳联盟路项目采用钢筋场内钢筋加工、胎模绑扎工业化生产;在京台平潭、龙岩永杭项目试点移动式台座梁片预制流水线和室内蒸汽养生,在三明莆炎项目试点小型预制构件全自动流水线生产。

(三)提升智慧管控能力

从 2007 年开始试行信息化管理到现在全面推行信息化管理,功能、范围不断扩充,将各项信息化管理工作落实到位,做到管用、好用、实用,提升工程建设的精细化、智慧化管控水平。

所有建设项目全面应用福建省高速公路工程建设综合监管一体化平台,即"1 个平台 + N 个建设项目 + N 个专业管理系统"的模式,包括建设管理系统(项目的所有信息和计量系统)、远程视频监控系统(重要工点视频监控)、工地试验室数据监管系统(万能、压力和抗折试验机试验数据实时上传预警)、混凝土拌和站数据监管系统(实时监控混凝土实际配合比预警)、沥青拌和站数据监管系统(实时监控沥青混凝土实际配合、拌和时间、温度等及预警)、预应力张拉压浆数据监管系统(实时监控预应力张拉压浆情况及预警)、构件二维码存储系统(墩柱、梁片等构件信息二维码)、工地党建等 8 个专业管理系统,并预留未来扩展的空间和接口,实行省市行业监管部门、各参建单位高效统一、规范协调,对主要区域、重点部位、关键数据全天候、多元化远程监管。

所有长大隧道配备电子门禁、视频监控、安全广播,试点监控量测数据自动监测,远程上传,自动预警。在长门大桥、沙埕湾大桥、安海湾大桥、风洞山隧道、尖峰山隧道等工程应用建筑信息模型 BIM 技术。重大装备也逐步推进信息化应用。

(四)提升绿色环保实效

结合绿色公路创建工作,切实担起环保"党政同责"和"一岗双责",通过水土保持、生态修复、循环利用、永临结合、旅游融合等系列举措,扎实做好高速公路建设范围内的生态环保工作,提升绿色环保实效。

加强施工过程中的植被与表土资源保护和利用,鼓励占用耕作地的表土利用与当地土地整治相结合,有效利用清表土用于碎落台、中分带和互通区的绿化。落实环境保护、水土保持要求,做好临时用地的生态恢复,注重全线绿化、美化效果,做到通车前"不露白"。在环境敏感区域施工,制订生态环保施工专项方案,降低施工对环境的影响。完善拌和站污水处理措施,全面推广使用砂石分离设施,有效处理废弃混凝土,实现砂石循环利用。在泉厦漳联盟路、沙埕湾项目试点废弃泥浆集中处理设施,减少弃土场用地,实现泥浆再生利用。

对隧道洞口转向车道、绿化与路面结构的"永临结合"和驻地、场站、便道、临时用电、取弃土场等与当地发展规划的"永临结合"进行专题研究论证,试点推行。充分发挥福建省生态、旅游资源优势,探索设置多元化服务设施,拓展公路旅游功能,打造"生态路""旅游路"。在武夷绕城、沙埕湾、莆炎项目试点设置观景台、汽车露营地、旅游服务站等特色设施,为公众个性化旅游出行提供便利。

(五)提升党建融合作用

全面推行支部建在工地上。项目业主牵头抓总,提升党建融合作用。首创工地党建"6432"工作模式,以强化建设项目内非隶属关系党组织之间工作协同、加强流动党员教育管理、发挥党员先锋模范作用、建立项目工地党建长效机制为着力点,即以"六有"(有机构、有人员、有场所、有制度、有载体、有经费)为前提,以"四亮"(亮身份、亮党旗、亮承诺、亮作为)为手段,以"三化"(属地化、协同化、信息化)为抓手,以"双融"(融入建设标准化管理体系、融入当地社会发展与治理体系)为要求,强调党建统领中心工作,对外和谐共建,对内关怀激励,有效促进工程建设管理。

第三节 推行建设标准化管理举措

一、坚持党建统领,展示建设新气象

始终坚持党对工程建设工作的领导,切实提升组织力,提振精气神,严格按照"6432"工地党建创建体系,深化工地基层党建工作,解决一些基层党组织弱化、虚化、边缘化问

题,促进高速公路建设安全高效推进。

(1)推行六项工作机制。紧紧围绕高速公路建设中心任务,全面推行承诺考核机制、组织跟进机制、双培双创机制、路地共建机制、关怀激励机制、指导服务机制。

(2)强化评价体系建设。以"三个有利于"作为成效检验标准,以"四个不"(不搞形式主义、不搞两张皮、不设硬性指标、不给群众过多承诺)作为工作推进原则,以"三个满意"(党员满意、群众满意、社会满意)作为工地党建考核评价指标,确保创建工作落实到位。

(3)提升组织力建设。各项目公司、施工合同段均成立党支部,配强、配齐班子人员,在控制性工程设立党员突击队,在关键岗位设立党员先锋岗。

(4)提振干事精气神。各项目部基层党组织建立项目沿线特定对象的民生台账、党员(含农民工党员)台账,开展关怀、激励、帮扶、教育、引导等活动,营造党建氛围,提振干事精气神,自觉做到每个项目工地党建全覆盖。

二、坚持质量安全第一,践行发展新理念

更加重视工程质量、安全、标准化管理、一线作业人员和班组管理等,创新工作思路,做到人人想工程,人人为工程。

(1)落实制度,改进工作方法。全面落实标准化管理"四项制度"(标准化管理责任制、承建企业法人代表进场宣贯制、"典型观摩、落后剖析"制、硬件设施四方联合验收制),从源头上落实标准化,确保标准化管理理念入脑入心,落到实处,常态化、规范化,形成长效机制。

(2)积极创建绿色公路品质工程。以现代工程技术推动绿色公路品质工程双创建工作,强化创新驱动,突出关键技术、前沿引领;在项目初步设计阶段就开展双创建大纲审查,探索优质优价,选树典型推广;加强过程督导,开展创建项目经验交流座谈、中间成果考核评价等,确保双创建工作取得实效。

(3)细化施工班组管理。各项目建立施工班组档案、主要作业人员花名册,有序纳入信息化管理,执行施工班组报备制度,优先选用被评为优秀班组的队伍,强化班组作业首件验收达标,为工程质量安全奠定基础;大力弘扬工匠精神,积极开展主题鲜明的技能比武,鼓励施工企业、各项目评选优秀工匠等,激发广大劳动者的创新活力,提升劳动者专业素质。

(4)开展体验式安全教育。2017年及以后开工的项目开展体验式安全教育工作,原则上每个项目建设一个综合性安全体验馆,涵盖教育培训、实体体验、虚拟体验等,增强各参建人员安全意识;建立安全体验馆管理制度,促进从"要我安全"到"我要安全、我会安全、我能安全"的转变,试点延伸至后续项目和运营阶段。

(5)重视学习,加强培训。建立标准化管理培训机制,制定分级组织培训考核制度,把标准化管理系列指南作为培训教育的重点教材,各市、区高指、项目业主严格按照分级培训要求,对标准化管理组织学习教育,层层宣贯、层层学习。组织相关人员开展培训并组织考试。积极开展现场观摩会,省级每年召开1~2次全省观摩会,市级每年至少召开1次全市观摩会,各项目内每年至少召开1次全线观摩会。

三、坚持生态文明,谱写美丽高速新篇章

牢固树立和践行"绿水青山就是金山银山"的理念,坚持节约资源和保护环境,高速公路建设融合生态文明和绿色发展,最大限度减少施工对当地生态环境和群众生产生活的影响,做到绿地常在、绿水长流、空气常新,推动形成人与自然和谐发展的现代化建设新格局,以满足新时代人民日益增长的优美生态环境需要。

(1)文明施工。工地施工现场按标准化指南要求设置告示牌、公示牌、安全标准护栏,推行"6S"管理,做到堆放整齐、工完场清;临时施工便道尽量与地方路网规划进行衔接,纳入"永临结合"的施工便道按标准规定硬化,完善临边防护、设置限速与指路标志,由专人负责养护,常洒水、防扬尘;隧道完善通风、排水、照明设施等。

(2)生态保护。突破传统的"先破坏,后恢复"的施工方式,本着不破坏就是最大的保护的理念,尽量保留原生植被,鼓励将工程永久设施与临时设施建设统筹考虑;路基边坡随挖随护随绿;隧道洞口转向车道、绿化与路面结构"永临结合";取、弃土场的选择应考虑对景观的影响,弃土场应做到"先挡后弃",取弃土场使用完成后应进行边坡整修、表层覆土,交工验收前完成排水、防护和绿化施工,防止次生灾害。

(3)表土利用。各项目制订好用地范围内耕地耕作层土壤剥离利用方案,统筹做好后续绿化工程或造地利用,提高表土利用率,减少资源浪费,增强绿化成效。2018年新开工项目在招标文件中列明相关要求和预期目标。

(4)三废处理。完善施工过程中的废水、废气、固体废弃物排放处置,试行引入环保部门专项监测验收,场区、隧道污水集中沉淀净化;沥青、混凝土拌和站合理选址,气体排放符合环保要求;碎石生产安装除尘装置,不得随意排放泥浆、废弃混凝土。

四、坚持以人民为中心,实现服务民生新提升

深入贯彻以人民为中心的发展思想,结合高速公路建设配合地方做好扶贫济困、助学助老等群众工作,注重与扶志、扶技相结合,有针对性地做好帮扶、慰问、应急等实事好事,增强当地群众在高速公路建设中的获得感、幸福感和安全感。

(1)主动开展帮扶慰问。项目参建单位进场后主动与当地镇村组织对接,掌握工地沿线的贫困人口、留守儿童、残疾人、孤寡老人、扶贫对象以及困难党员、老党员等信息,建

立民生台账,适时开展助学、助老、节假日慰问等工作;在防台防汛等关键节点上,为地方群众提供必要的、力所能及的帮助,主动参与灾后抢险保通,减少群众损失。

(2)拓宽农户增收渠道。根据高速公路建设用工需求,对有劳动能力的贫困人口进行有针对性的技能培训,优先录用;结合各项目部的生活需求,鼓励就近采购农户特别是贫困户种植养殖的农副产品,助力高速公路沿线群众早日脱贫增收。

(3)统筹助力地方发展。施工便道修建应充分考虑沿线群众日常出入交通的需求,力争融入地方交通网;鼓励项目部的驻地选址和建设,充分考虑与沿线群众的需求和政府规划相结合,有条件的可尽量利用当地已有公共设施进行改建提升,减少土地资源占用,使用完后移交地方作为群众公共活动场所;鼓励项目取弃土场选址,结合沿线城镇和高速公路发展需求,作为村镇建设用地、路面项目部建设用地、生态绿化园区等,以达到减少资源浪费和促进地方发展的效果。

五、坚持创新激励,助力建设管理迈上新台阶

(1)鼓励创新。加大创新鼓励激励力度,积极开展"小微创新"活动,全体参建人员均可参与。创新注重实用性和成效,鼓励申报专利和工法。注重发挥施工班组和一线施工人员的聪明才智,积极开展"金点子悬赏令"等活动,给予一定的经济物质奖励,激发工人的积极性和创造力。对在全省推广的创新,给予相关参建单位信用考核加分和一定经济奖励,并在典型示范工程和优秀班组评比中优先考虑;对在设区市和项目范围内推广的创新,由各设区市高指和项目业主制定奖励措施。

(2)奖优罚劣。开展典型示范工程评比,营造争优创先氛围。把典型示范工程建设作为抓手,"地市三月一评,全省半年一比",市高指定期上报考评结果,省高指择优考评,全省通报。每地市树立至少一个有特色的示范项目,每项目至少树立3个典型示范标段或工点。对评为省、市级奖项的班组和单位落实奖励措施,通过经济物质、信用分、颁发荣誉证书、授予牌匾锦旗等方式进行奖励。奖励措施落实到项目业主、项目部、总监办、班组和个人。把推行标准化管理工作要求作为市高指、项目业主年度综合考核及施工监理单位信用考核的重要内容,并制定针对标准化管理成效的考核评价办法,奖优罚劣。

(3)合同约束。将标准化内容直接融入勘察设计,构件设计尽量统一规格,从源头节约投入;将标准化管理要求写入施工招标文件、合同,相关费用列入工程量清单并单独计量支付,强制执行。按照每个标段3亿~5亿元合同价的原则进行标段划分,试行8亿~10亿元的大标段,保证每个标段具备一定的规模,使施工单位加大对标准化管理的投入,更好地发挥集中作业、集中管理的优势。

第四节 推行建设标准化的成效

开展施工标准化管理以来，福建省高速公路建设取得了较好的经济效益、社会效益和生态效益。

(1)经济效益。在施工准备阶段，通过推行"三集中"制度，采用先进的生产设备，节约临时用地、降低劳动消耗，单个路基土建标（合同价约3亿元）的"三集中"场地建设和人员费用所获得的年经济效益分别为253.5万元、228.0万元；在工程实施阶段，通过对各分项工程推行统一的作业标准和施工工艺，能有效避免施工过程中的质量通病和安全死角，仅施工期间降低返工费用每个路基土建标（合同价约3亿元）每年约30万元；在道路运营阶段，工程质量显著提高，运营单位的养护维修费用得以减少，运营后可以推迟2年左右预防性养护的实施时间，在全寿命周期内年平均节支维修养护费用在5万~10万元/km。初步测算，福建省"十一五""十二五"建成通车里程约4000km，推行标准化施工后，仅建设期就节省投资20.46亿元，经济效益显著（表6-4-1、表6-4-2）。推行标准化后，工程造价得到更为有效的控制，福建省高速公路建设项目竣工决算价基本未超出批复的概算。

一个路基土建标场地建设费用　　表6-4-1

项目	实施标准化管理前					实施标准化管理后				
	数量（个）	面积（m²）	场地建设费用（万元）	场地租用费（万元）	合计（万元）	数量（个）	面积（m²）	场地建设费用（万元）	场地租用费（万元）	合计（万元）
混凝土拌和场	4	16000	192	72.0	264.0	1	10000	150	45	195.0
钢筋加工场	6	3000	72	13.5	85.5	1	2000	60	9	69.0
预制梁场	3	—	288	—	288.0	1	—	120	—	120.0
合计					637.5	合计				384.0

一个路基土建标人员年费用　　表6-4-2

项目	实施标准化管理前			实施标准化管理后		
	人数	人工费（万元）	合计（万元）	人数	人工费（万元）	合计（万元）
混凝土拌和场	17	3.6	61.2	6	4.8	28.8
钢筋加工场	34	4.8	163.2	8	6.3	50.4
预制梁场	63	3.6	226.8	30	4.8	144.0
合计			451.2	合计		223.2

(2)社会效益。一是建设速度明显加快，通过集约化、机械化、工厂化生产，施工班组分工明确，形成流水作业，有效提高了建设效率，工程建设总体进度也明显加快。二是施工现场整洁文明，通过"三场"集中工厂化生产，由户外作业转到场内作业，各生产工序间

无缝衔接,最大限度地减少了中间转运,生产环境大大改善。三是建设市场健康发展,通过标准化管理的高标准、严要求以及集中作业、集中管理的标准化管理要求,切断了项目部将工程量进行切块分包的根源,使那些施工技术差、力量薄弱的施工队伍难以进入高速公路施工市场。同时,有实力的施工企业也通过标准化管理,大大提高了企业的形象和市场竞争力,有效推动了高速公路建设市场健康有序的发展。

(3)生态效益。为了最大限度地保护生态环境,施工标准化管理采取了系统、具体的环保措施。宏观上讲,实施"三集中"后,平均每个路基标段减少了约 7000m^2 临时用地面积,而且标准化生产使得原材料利用集约化,减少了水泥、沥青、砂石、钢筋等材料的损耗和浪费,节约了大量资源。通过对各分项工程施工工序、工艺的严格规定和现场监控,如路基施工首先完善排水设施、边坡生态防护、隧道"零开挖"进洞、碎石加工设置沉淀池、集中取弃土并在完工后及时复耕等,最大限度减少局部区域水土流失及对自然生态的破坏,生态效益显著。

第五节 工 地 党 建

省高指一直以来高度重视高速公路建设工地党建工作,历任领导对工地党建工作给予了大力关心与指导,参建各方厚积薄发,自 2017 年起在工地党建工作中取得了系列成果和扎实成效。

一、发展历程

(1)百家争鸣阶段。2017 年 3 月以前,基于高速公路建设投资规模大、施工工艺复杂、点多线长面广、参建单位多等特点,各项目部均按要求成立党支部(党工委),配有党支部(党工委)书记,设立党员先锋岗、党员突击队、党员责任区、工人模范岗、青年文明岗等创建载体,开展相关活动,对促进工程建设发挥了一定作用,但工地党建工作基本按施工企业有关要求开展,创建方式不一,效果不尽相同。

(2)试点统一阶段。2017 年 3 月起,项目部在总结各单位好的经验基础上,在行业内率先开展了"支部建在工地上、党旗飘在岗位上"工地党建主题实践,着眼于把党动员、组织群众的优良传统引入工程建设中,有效破解工程推进难题,并初步开展了"六有、四亮、三化、双融"(6432)工作创新。2017 年 6 月,在武夷绕城项目向中央党校专家调研组作了专题汇报,得到高度肯定。

(3)全面推广阶段。2017 年 7 月,在试点基础上,项目部积极落实 6 月 21 日省高指指挥会议要求,邀请相关专家加强指导,印发《关于将高速公路建设工地党建工作纳入标准化管理体系的通知》(闽高指工〔2017〕163号),推出"6432"工地党建标准化创建体系;9月,建立"六项工作机制",并逐步明确了"三个有利"成效检验标准、"五个不"工作推进原则、"三个满意"评价标准等工作方法。交通运输部公路局对福建工地党建工作高度重视,11月底,王太副局长一行来福建调研工地党建创建情况,不断加强指导力度。

(4)总结提升阶段。在边创新边实践基础上,在福建省委组织部的指导下,项目部联合省委党校等单位于2018年初开展了工地党建创新实践课题研究,从更高的层面探索适合工地党建的一系列制度、机制、方法,将全省好的经验做法进一步梳理总结,提炼形成了福建高速公路建设项目工地党建"6432"工作模式。2018年6月22日,由中央党校党建部、中央党校学报、中组部党建研究所、交通运输部公路局、中国交通报社、交通运输部党校等单位的七位知名专家组成的评审专家组对工地党建课题给予高度评价,一致认为其填补了国内高流动性场域基层党建研究和实践的空白,对丰富高流动性场域基层党组织建设理论具有借鉴意义,对指导类似领域党建工作实践具有可操作、可复制、可推广的现实意义,有力助推高速公路建设的高质量发展。课题顺利通过验收后,省高指积极落实好国家、部、省领导相关指示批示精神,继续扎实开展好工地党建工作,在全省高速公路建设项目持续掀起工地党建工作高潮。

二、工作内容

(1)"6432"工作模式,即"六有""四亮""三化""双融"。其中,"六有"指有机构、有人员、有场所、有制度、有载体、有经费;"四亮"指亮身份、亮党旗、亮承诺、亮作为;"三化"指属地化、协同化、信息化;"双融"指融入建设标准化管理体系、融入地方社会发展与治理体系。

(2)"六项工作机制",即推动"6432"工作模式落地的具体推进机制,分为承诺考核机制、组织跟进机制、双培双创机制、路地共建机制、关怀激励机制、指导服务机制。

(3)"多维评价体系",即检验工地党建工作成效的评价体系,由企业自评、行业检评、社会测评三个方面的成效评价组成。

①企业自评按照"三个有利"标准进行评价,即有利推进项目建设和提升标准化管理、有利构建文明和谐的施工环境、有利加强工地基层党组织建设。

②行业检评按照"五个不"原则进行评价,即坚持不搞形式主义、不搞两张皮、不设硬性指标、不给群众过多承诺、不给企业增加额外负担。

③社会测评按照"三个满意"指标进行评价,即党员满意、群众满意、社会满意。

(4)各方职责:

①省高指认真贯彻落实中央、省委及交通运输部等上级有关决策部署,指导全省高速公路建设项目工地党建工作开展,做好全省工地党建工作的制度制定、统筹协调、检查督

促,并做好经验总结推广。

②各设区市高指认真贯彻落实上级有关决策部署,做好辖区内高速公路建设项目工地党建工作的指导协调、检查督促和成效评价,及时收集汇总先进经验和典型事例,总结上报工地党建工作开展情况。

③项目建设单位党组织是本项目工地党建工作统筹组织实施的责任主体,应认真贯彻落实上级有关决策部署,做好项目工地党建工作;组织、协调、指导项目内各合同段工地党支部开展工地党建具体工作,抓好检查、督促、落实。

④各工地党支部(含施工单位工地党支部、监理单位工地党支部、试验检测单位工地党支部等)是工地党建工作具体实施的责任主体,应认真贯彻落实上级有关决策部署,做好本合同段工地党建工作各项要求的具体落实,积极探索创新,充分发挥党组织战斗堡垒作用和党员先锋模范作用,为工程顺利推进和标准化提升提供组织保障。

三、主要做法

(一)招标投标阶段

项目建设单位编制招标文件时,在招标文件中要明确要求路基土建、路面施工监理等投标人投标时需提交支持工地党建工作承诺书,承诺按照工地党建"6432"工作模式开展工作。评标时须对投标人提交的支持工地党建工作承诺书进行核查,确保符合工作要求,并作为约束条款纳入合同。

(二)开工准备阶段

(1)项目建设单位党组织负责对中标人进行工地党建标准化创建的交底,提出相关规划与要求,同时做好指导帮助、跟踪落实。

(2)工地党支部与项目管理机构同步设置组建,同步配置党务工作人员,同步启动运转,及时开展"组织找党员、党员找组织"活动,做好党员特别是工地流动党员的动态管理。对安征迁工作、施工可能造成的社会与生态影响以及沿线的贫困党员、老党员、扶贫对象等进行调查分析,建立民生台账。

(3)项目部驻地和相关场站建设鼓励优先利用当地闲置的学校、村部、厂房等场所设施进行改造,其中属于公共场所的待工程完工后移交地方使用,并与当地签订相关协议,明确接管责任,助推当地经济、社会发展。按规定要求设置工地党建活动场所与宣传版面。

(三)工程实施阶段

(1)"学习":工地党支部要及时组织学习传达上级和项目建设单位有关工地党建文

件,制订工地党建年度工作计划或在支部年度计划中纳入工地党建内容。

（2）"六有"：经上级党组织正式文件批复成立工地党组织,配备专职党务工作者,按有关要求设置活动场所,依照"6432"工作模式以及六项推进机制等细化、深化制定符合工地实际的制度,设立党员先锋岗、党员突击队、党员责任区、工人模范岗、青年文明岗等创建载体,按年度明确安排一定的工地党建工作经费。

（3）"四亮"：共产党员在工程建设日常工作中须佩戴"共产党员"徽章,党员活动室、主要工点树立公示牌,展示党组织机构、党员照片等。党员活动室等工作活动阵地应悬挂党旗。在党务公开栏、工点公示牌、工作挂牌等展示党支部、党支部书记、支委及普通党员的责任、分工、承诺等。通过展板、网站、微信群、板报、墙体标语等展示工地党建成果。

（4）"三化"：通过相关活动,将工地流动党员及时纳入支部的教育管理；鼓励工地流动党员担任工地上的质量安全监督员、职工矛盾调解员等岗位,提升流动党员的话语权；对一线班组产业工人中积极追求入党的优秀青年和培养对象,可与其流出地党组织共同探索相关联合培养的机制与办法,鼓励结合工地实际创新方式发展和培养党员。项目工地党建与项目建设管理同规划、同部署、同检查、同考核；各工地党支部共同利用活动阵地,共同举办活动,开展联学共建。按要求将各自有关信息及时录入省高指建设综合监管一体化平台的工地党建管理系统,并实时更新。

（5）"双融"：工地党建要融入标准化管理体系,围绕工程质量安全管理、标准化提升等工作,发挥好统领、支撑和保障作用；根据工地党建工作总体规划和方案,因地制宜、实事求是抓好涉及地方经济社会发展和治理相关工作实施,融入地方社会发展与治理体系。

（6）"评价"：按照有利推进项目建设和提升标准化管理、有利构建文明和谐的施工环境、有利加强工地基层党组织建设的标准开展企业自评；根据不搞形式主义、不搞两张皮、不设硬性指标、不给群众过多承诺、不给企业增加负担的标准开展行业检评；按照党员满意、群众满意、社会满意开展社会测评,确保工地党建要求不折不扣落地,让工地基层组织、基本制度、基础队伍融为一体。

（四）项目收尾阶段

（1）兑现承诺：对内,全面梳理开展工地党建的工作成效,对照检查是否完成相关合同承诺,形成工作总结；对外,逐条检查对当地相关部门、单位以及群众许下的承诺是否均已兑现,如场所移交、场地复原、便道硬化等工作,确保工程建设善始善终。

（2）总结表彰：工地党支部积极走访周边长期支持帮助高速公路建设的部门、单位以及群众,虚心听取意见建议,采取适宜形式表达感谢；项目建设单位党组织对参建各方在工地党建中的成效进行回顾与表彰,对于表现突出的单位、个人在信用评价上、在评先评优上给予推荐。

（3）资料归档：工地党支部做好工地党建工作全过程资料的收集、整理归档，并向业主单位提交完整纸质资料以及电子文件资料。

四、阶段成效

"6432"工地党建工作模式由于问题导向明确，工作措施契合工地实际，在实践中初步取得了组织满意、党员满意、群众满意的阶段成效，初步实现了政治账、经济账、民生账、安全账的共赢局面。

（1）有力促进工地党建覆盖。在省高指的强力推动下，以及各路建单位和地方党委政府的协同配合下，目前已经基本实现了在建工地党建全覆盖。工地党建在工地各层面全覆盖、无盲区、无死角。

（2）有力推进工程建设进度。工地党建有效地凝聚了参建各方的智慧和力量，增强狠抓落实、解决问题的本领，通过党建统领，对内凝聚人心，调动积极性，对外争取民心，营造无障碍施工环境，有效助推工程建设。

（3）有力提升标准化管理水平。各参建单位、各工地党支部围绕绿色公路、品质工程，不断创新标准化施工理念，福建省高速公路标准化施工实现了"三准入、四集中、五提升"的新转变，有力地提振了党员干部职工精气神，增强了质量安全和廉政环保意识，高速公路工程质量安全水平得到全面提升。

（4）有力促成路地关系和谐。开展工地党建使建设项目与地方、群众的联系更紧密，通过文明环保施工、集约利用土地等措施，树立起在群众中的好形象，如全省新开工项目强制配备混凝土分离设备，解决了废水废渣废料污染问题，赢得了群众的高度赞誉，有的工地党支部书记树立起比当地村支书还高的威信。

（5）有力融入地方社会治理。各个项目、标段主动融入当地社会治理，首先从内部抓起，了解党员和工人的实际困难与需求，做到工地宿舍冬天有热水、夏天有空调，推进"厕所革命"，保证党员和工人的生活质量，营造"离乡不离党、组织在身旁"的温馨、有序工作生活氛围。对外则加强联防联治，共创共建安定、和谐的工地周边环境。

（6）有力保障工地廉政建设。工地党建牵住主体责任这个"牛鼻子"，解决了责任虚化空转的问题，把党风廉政建设与业务工作紧密结合，通过层层签订廉政责任状等形式，把全面从严治党向项目工地延伸，营造了风清气正、干事创业的良好环境。近年来，未发生建设项目业主人员违法违纪案件，未发现党风廉政建设被追责问题，确保福建高速公路建设行业和谐发展、廉洁发展。

第六节　信息化平台

随着国家对交通运输行业的质量管理要求越来越高,各级交通质量管理部门也在利用各种手段加强对交通工程质量的管理,计算机信息管理作为一种现代管理手段参与了对交通工程质量的管理。信息化、网络化管理将是高速公路管理中的一项常态化、制度化工作,能促进工程项目管理的系统性、实时性、准确性、客观性和科学性,是提升建设管理标准化的一种有效途径。

为促进绿色公路、品质工程创建,进一步推进工程管理信息化,提升工程建设管理水平和工程质量,落实全寿命周期、建管养一体化、信息互联共享等理念,福建省在全省在建高速公路项目推行福建省高速公路工程建设监管一体化平台。

一、一体化平台功能

省高指按整体规划、同步部署、各方共享、分级管理、数据溯源等目标,率先采用"1个平台+N个子系统+N个项目"的模式,在省级层面开发建设福建省高速公路工程建设综合监管一体化平台,实行统一门户入口、统一信息资源、统一基础条件、统一标准规范、统一安全防控;整合、开发建设管理系统、远程视频监控系统、工地试验室数据监管系统、混凝土拌和站监控系统、沥青拌和站监控系统、构件二维码存储系统、预应力张拉数据监管系统、工地党建等8个专业化系统,并预留扩展的空间和接口;实行省市行业部门、各参建单位分级监管,共享协同,对主要区域、重点部位、关键数据全天候、多元化远程监管,实时采集、分析、预警、调度、处置等,提升工程建设监管的针对性、有效性和即时性。

(1)统一用户认证。实现远程视频监控、试验室数据监控、混凝土拌和站数据监控等应用系统的统一用户管理、统一身份认证及单点登录。

(2)基础数据管理。实现各建设路段基础数据统一管理维护,各业务系统的基础数据规范统一,并为交工后运营管理提供基础数据依据。

(3)项目进度管理。实现工程投资、形象、征迁等整体进展的形象展示,提供统一的模板进行项目进度月报的填写。

(4)综合查询统计。根据日常业务监管需求,可按日期、工程名称等参数查询各专业化子系统的数据,可生成实时性的产能、报警盘统计等相关统计图表。

(5)智能预警应用。实现对混凝土拌和站、沥青拌和站、梁片张拉等不合格数据的实时预警,支持短信、微信推送等方式通知提醒。

(6)异常统计分析。实时采集工地试验室、混凝土拌和站、沥青拌和站、梁片应力张拉等业务数据,统计出各种质量统计图表以及跨子系统的综合监管统计图表。

(7)GIS集成应用。结合建设项目基础数据、进度与质量数据,实现基于GIS的快速可视化浏览查询,并达到可视化显示要求。

(8)移动综合应用。通过微信、App等移动应用,使得跨层级、跨部门、跨业务的协同更加高效,让系统使用的价值得到很大提升。

二、专业化子系统

(一)建设管理系统

我国现阶段正处于基础设施建设比较集中的时期,特别是高速公路、普通公路等交通工程。高速公路工程项目参建单位多,时空跨度大,产生的工程信息量大而繁杂,为及时准确把握利用工程项目建设信息,并为工程建设保存完整的建设资料,其最好的解决途径就是在工程项目建设初期就应用先进的工程信息管理软件系统地管理利用工程信息。

省高指利用网络信息技术手段,建立全省高速公路建设管理系统,供全省各项目、各参建单位使用,所有参建单位使用统一软件,贯彻省高指的管理思想和管理模式,并可以加强项目业主的管理力度,提高工程建设管理水平。

建设管理系统使用者涵盖了行业主管单位、建设、施工、监理、咨询、设计等各类从业单位与相关从业人员。系统提供信息管理、合同管理、投资管理、计划进度管理、质量安全管理、廉政建设、工程决算、资料管理、竣工管理及上级单位下发的通知、通报等功能,全面实现了高速公路建设过程中项目集成管理的要求。

应用建设管理系统的各方及各级业务人员需在规定时间内录入(或提交)、审核(或核准)、审定(或批复)相关业务数据。未按规定及时录入的数据,原则上不允许补填,如必须补填,或遇特殊情况(如遇服务器遭受攻击或网络病毒等)需要录入过期数据,须报省级系统管理员(或授权项目业主的系统管理员)批准并专门授权有关操作。

项目初步设计文件批复后,项目业主应根据工作的进展情况,及时将项目工程简介、项目审批程序、合同登记等信息录入系统;项目开工(以正式下发开工令为准)后一个月内,各使用单位应完成数据初始化工作(包括统计规则的确定、工程量清单导入、项目分解等),并录入合同段概况、参建单位、现场机构、廉政、安全、管理制度等方面的信息。

项目动态数据的录入与更新要及时性、准确性和完整性,动态数据主要有:

(1)人员信息:施工单位的项目经理、总工或监理单位专监以上人员发生变更的,施工单位或监理单位应在业主批准变更后的3个工作日内更新。

(2)进度计划数据:施工单位的年度计划在上一年的12月30日前录入和提交,季度计划在上个季度最后一个月的30日前录入和提交,月度计划在上个月27日前录入和提交;监理、项目业主在审核、审批当日实时提交审核、审批情况。

(3)进度统计数据:施工单位的月进度数据在当月的 28 日前录入和提交;总监办在当月 30 日前完成所管辖各合同段提交的月进度数据的审核并提交;业主应于次月 3 日前审定该月的月进度数据并发布。

(4)反映主要结构物工程进展的图片资料每半个月上传更新一次,上传更新时间分别为每月的 11 日、26 日。

(5)工程计量数据:施工单位在每月 30 日前将所有计量申报材料录入和提交;监理、项目业主在审核、审批当日实时提交审核、审批情况。

(6)工程变更信息:变更申请单位使用系统进行变更申请,审核、审批部门在审核、审批当日实时提交审核、审批情况。

(7)质量、安全检查整改信息:现场检查发现问题并发出整改要求后,整改通知信息应在文件(或通知书等)形成后两个工作日之内录入和提交,对整改的反馈也照此办理。整改通知的录入责任单位原则上应为通知发文单位(省、市交通主管部门和其他管理部门发出的整改通知由项目业主录入);整改反馈的录入责任单位为被要求整改的责任单位。

(8)考核信息:项目业主对施工单位、监理单位的每次考核结果,在形成正式文件后的 3 个工作日内录入系统。

(9)月报信息:施工月报的上传时间为每月 28 日前,监理月报的上传时间为每月 30 日前,项目业主工程月报的上传时间为次月 3 日前。

(10)奖惩信息:发出违约处罚或奖励文件(包括通知单等)的单位应在文件发出后的两个工作日内,将奖惩情况录入和提交(省、市交通主管部门和其他管理部门发出的整改通知由项目业主录入和提交)。

(11)合同登记信息:施工单位应在发生专业、劳务分包后的 3 个工作日内将相关信息录入。

(12)农民工工资管理信息:各合同段应根据农民工进、退场情况,定期和不定期更新农民工花名册,并在每月 30 日前将当月农民工工资发放资料按系统格式要求录入和提交。

(13)保险索赔信息:施工单位应在保险索赔获批后的两个工作日之内,将保险索赔数据录入和提交。

(二)远程视频监控系统

高速公路建设项目远程视频监控系统主要是对高速公路工程的重点部位、控制性工程等开展现场监控、在线监督、决策辅助,形成 24 小时全天候管控。重点部位、控制性工程一般包括钢筋加工场、悬浇桥、特大桥梁、特长隧道以及施工、监理、试验检测单位的试验室等。各监控点应能监视室内加工、制作和试验检测工作状况以及室外施工现场进展全貌。

1. 视频监控联网硬件技术要求

(1) 视频字符叠加

①标清视频字符叠加方面的字体:宋体;字号:4号,点阵32×32。720P高清视频字符叠加方面的字体:宋体;字号:4号,点阵48×48。1080P高清视频字符叠加方面的字体:宋体;字号:4号,点阵64×64。

②时间显示格式:"年-月-日　时：　分：　秒",采用24小时格式。

③视频字符叠加位置规定:从图像算起,第一行左上角位置叠加汉字,第一行右上角位置叠加时间。

④字符叠加设备应具备NTP自动校时功能。

⑤汉字叠加要求:含"地市 路段 标段 安装位置 编号",如"宁德京台A1标2号拌和站01"。

(2) 摄像机安装

①摄像机安装位置:梁场、钢筋加工厂、混凝土拌和站、沥青拌和站、特大桥、特殊结构桥、特长隧道及地质较差的隧道进出口、力学试验室等。

②摄像机功能指标:所有摄像机均采用遥控高清摄像机。

高清摄像机:分辨率(中央水平)≥800,分辨率(中央垂直)≥650;动态范围:灰阶数(D65,20阶)≥17;低照度灰阶识别能力:灰阶数(0.1lx)≥11;噪点值≤2%;云台转动:0°~360°连续水平转动,垂直倾斜+20°~-90°无阻碍;水平转速:水平键控速度0.1°/s~240°/s;垂直转速:垂直键控速度0.1°/s~160°/s;光学变焦≥30倍,电子变焦≥12倍;色彩还原:色彩偏离值(最大)≤20;时延≤300ms;支持onvif协议;主码流(M)平均值2Mbps;子码流(M)平均值512kbps;视频压缩标准和格式:RTP+H.264;自动白平衡,具有背景光自动补偿功能,自动光圈,自动聚焦;防护罩应密封;防护等级IP65;通信接口及速率:RJ45,10M/100M。

硬盘录像机(视频存储设备):监视图像质量PAL制;录像速度:每路支持全实时录像,25帧/s(可调),图像、声音同步记录;具备NTP校时,DDNS高级网络功能,可自动校时,与时钟服务保持时钟同步;图像采用D1分辨率存储。硬盘容量应满足存储至少10天视、音频图像,并预留足够空间;码流:支持双码流功能,支持复合流/视频流的码流类型;支持onvif协议;主码流(M)码率平均值2Mbps;子码流码率(M)平均值512kbps;视频压缩标准和格式:RTP+H.264;通信接口:RJ45,RS232/485;USB接口;视频录像与回放,视频实况播放,云台控制,媒体流转发、分发,设备管理,用户权限管理功能。

2.视频监控联网软件技术要求

(1)视频监控联网的网络视频编码设备及远程视频监控平台软件建设必须符合《高速公路高清视频监控设备及平台互联技术规范标准》(DB35/T 1532—2015)的要求,并通过联网测试合格。

(2)各路段的远程视频监控平台软件必须支持以下功能:

①视频录像与回放:录像查询检索、播放控制、下载、上传、即时回放、录像备份,录像能转发到省高指远程视频监控平台;

②视频实况播放,云台控制,实况媒体流能分发给省高指远程视频监控平台;

③设备本地管理,在线、离线状态变更时能及时同步给省高指远程视频监控平台;

④视频监控设备应与路段远程视频监控软件服务器时钟同步,路段远程视频监控平台软件必须与省高指远程视频监控平台时钟同步;

⑤省高指远程视频监控平台控制路段远程视频监控平台软件时,摄像机云台转动响应时间应小于1秒;

⑥用户权限管理;

⑦移动客户端实时浏览、回放录像功能;

⑧监控设备不在线短信通知等功能。

(3)必须提供各路段本地实时监控,上传省级视频监控软件16路主码流视频的同时播放,16路子码流的移动客户端同时播放。

(4)远程视频监控平台软件必须同时支持不少于30个用户共享同一账号登录使用方式,并支持特定登录用户永久稳定链接方式。

(5)应提供一套完整的安全防范措施,防止系统外部成员的非法入侵以及操作人员的越级操作,避免遭受攻击。

3.视频监控系统管理

(1)省高指负责建设全省高速公路建设项目远程视频监控平台,将各项目的监控视频内容汇集、编排,以实现省、市、项目公司各级建设管理人员依据用户名和密码(无须使用KEY密钥)登录互联网或移动终端查看施工重点部位的实时工作状态,系统也可向施工单位法人代表开放,形成各方共同监督管理。

(2)各项目业主负责视频监控系统的建设、管理与维护。项目业主、施工监理单位也应建立监控平台,指定专人实施实时监控和信息存储,按档案管理规定妥善保存。项目业主、施工监理单位的领导、主要管理人员也要定期不定期地通过视频监控系统检查施工状况,充分发挥监控信息在进度、质量、安全和标准化管理等方面的监督作用。

(3)各项目建立的远程视频监控系统接入省级远程视频监控平台,确保各级建设管理人员通过互联网或移动终端能够清晰查看施工现场、钢筋加工厂、工地试验室内的工作状态。

（4）工程基本完工时，由施工单位报项目业主出具同意拆除系统的意见后，方可拆除。

（三）工地试验室数据监管系统

试验检测结果是衡量工程质量的最主要依据，推行试验数据信息化可有效解决数据造假问题。高速公路项目应用工地试验室数据监管系统，实现试验过程的自动操作，试验数据自动上传，试验记录、报告、台账自动生成。试验过程可追溯，数据成果不可更改，永久保存，保证了试验数据的真实、准确、全面，消除人为操作误差，杜绝数据弄虚作假，规范了试验检测及管理流程。

省高指负责建立全省统一的高速公路试验室数据监管平台，各工地试验室负责对工地试验室试验设备进行数字化改造，并建立工地试验室数据监管系统。通过互联网络，将各试验设备自动采集的数据自动传输到省监管平台。各相关管理部门可通过互联网随时登录省监管平台，实时查看其管辖内的任一试验室的试验资料，对试验检测数据进行监控、抽查和分析统计。

改造联网配套业务软件的基本要求：

（1）应至少具备以下功能：样品登记、检验、校核、审批、报告打印、人员管理、角色与权限管理、设备管理、检验业务统计等。

（2）检测数据必须在检测仪器上生成后由自动采集系统进行数据存储，不得留存人工录入或虚拟设备的数据接口。

（3）针对试验结论数据、即时试验数据、修改日志等重要信息必须经过加密（如 MD5 或 RSA 电子签名技术）后方可进行存储备份与远程传输。

（4）试验数据一旦生成必须即时通过互联网传输至省高指系统服务器，同时自动进行本地数据备份，系统具备检测机构的备份数据与省高指系统服务器数据的比对功能。

（5）系统必须采用大型数据库（如 Oracle）作为数据库系统。数据库传输密码必须有加密方式（如 MD5 或 RSA 电子签名技术），不得在程序源代码与数据库中体现密码明码。

（6）必须具备远程即时数据传输功能，传输的内容必须包含样品信息、力值时点数据采集信息、数据修改日志信息等，检测数据的传输格式必须保证能与省高指系统服务器数据库兼容。

（7）必须具备智能客户端功能，即智能侦测网络状态，网络不畅时能即时保存数据，网络一旦畅通即时传输数据。

（8）应设定检测信息的访问角色与权限，非正常的修改必须经过授权，系统必须自动记录任何修改日志,日志内容包含样品编号、修改前的值、修改后的值、修改人员、授权人员、修改时间、机器名称等信息。修改日志一旦生成应即时传输至省高指系统服务器,并以相应变色或弹出窗体等提醒方式显示被修改的样品。

(9)必须具有良好的可扩展性和适应性,能通过对检验标准的数据定义不断增加新标准,并能保留完整的历史数据。

(10)必须具备从数据库中存储的时点数据自动生成力值曲线的功能,力值曲线由采集时间和数值组成二维曲线图,可进行相应放大或缩小,并且能显示瞬时值。

(11)权限设定应满足系统菜单权限、系统等级权限、检测项目权限三个方面的权限要求,并能根据不同权限进行设定。

(12)检测记录和报告格式应满足交通行业建设相关文件的要求。记录、报告的格式与数据必须由系统程序自动生成,而不得采用显式的文本编辑软件(如 Word)生成。

工地试验室数据监管系统是提高高速公路建设质量管理水平和监管效率的重要举措,是进一步提升标准化管理的重要手段,也是试验室标准化建设的重要内容,对参建各方履行质量管理职责,及时发现质量问题,遏制数据造假行为具有重要作用。在日常检查中发现,通过建立工地试验室数据监管系统,做到现场检查与网络监控相结合,不断提高试验检测数据的准确性和客观性,有效发挥试验室数据监管系统在控制工程质量和指导工程建设的作用。

(四)混凝土拌和站监控系统

1. 系统功能

混凝土拌和站监控系统通过采集各原材料投料重量信息,计算混凝土实时施工配合比,并与规范要求对比分析,实现指标偏差超限自动预警、混凝土拌和数据定期统计、参建各方分级管控等功能。从项目试点结果来看,混凝土拌和站监控系统是强化过程控制的有效手段,对及时发现质量问题具有积极作用。

2. 技术要求

(1)系统性能。监控系统应选择具有合理量程、精度、信噪比、抗干扰性和稳定性的设备,在服役期间定期进行校准标定,确保系统发挥长效监控作用。

(2)监控内容。监控系统应能实时采集各种原料的实际投放重量,获取混凝土水胶比、最小水泥用量两个控制指标,其中质量偏差阈值根据《公路桥涵施工技术规范》(JTG/T F50—2011)确定。监控信息必须基于前端传感器原始信号,如实反映混凝土生产信息,严禁篡改。

(3)反馈预警。监控系统应根据超限情况实时将超限信息通知施工管理人员和监理,每周自动将预警比例过高的拌和站信息反馈给业主管理人员。

(4)综合统计。监控系统应支持不同管理层级统计报表输出,内容涵盖统计期间混凝土总产量、超限产量、超限指标及对应超限次数、各指标超限百分比等统计值。

(5)故障报警。监控系统应具备自主检测系统故障功能,便于管理人员实时掌握系统运行状态,及时联系技术服务商修复系统。

(6)权限管理。监控系统应实行用户统一注册管理制度,根据用户所属单位分配相应操作权限,实现分级监管,并要求支持多用户同时登录访问。

(7)移动端口。监控系统应支持在主流移动设备上跨平台运行,实现全天候实时动态监管,达到监控全覆盖目标。

(8)运维服务。监控系统应配备完善的售后运营维护服务,要求技术服务商成立专业运维服务小组,实时跟踪各在建项目监控系统运行状况,及时排查解决系统故障,降低系统故障对正常生产活动的影响。

(五)沥青拌和站监控系统

1. 系统功能

沥青混凝土拌和站监控系统通过采集沥青混凝土实时拌和参数,与生产配合比及标准化指南相关要求等进行对比分析,实现矿料级配、沥青用量、拌和温度、拌和时间等偏差超限自动实时预警,并对沥青混凝土拌和数据定期统计分析,由参建各方分级管控。

2. 技术要求

(1)系统性能。监控系统应选择具有合理量程、精度、信噪比、抗干扰性和稳定性的设备,在服役期间定期进行校准标定,确保系统发挥长效监控作用。

(2)监控内容。监控系统应能实时采集矿料级配、沥青用量、拌和温度、拌和时间等数据并自动实时预警,分阶段统计各沥青拌和站生产总量,进行合格率分析。监控信息必须基于前端传感器原始信号,如实反映沥青混凝土生产信息,严禁篡改。

(3)反馈预警。监控系统应根据超限情况实时将超限信息按预警分组管理原则通知施工、监理、业主等管理人员,系统后台具备超标数据记录查询功能。

(4)综合统计。监控系统应支持不同管理层级统计分析,内容涵盖统计期间沥青混凝土总产量、超限产量、超限指标及对应超限次数、各指标超限百分比等统计值。

(5)权限管理。监控系统应实行用户统一注册管理制度,根据用户所属单位分配相应操作权限,实现分级监管,并要求支持多用户同时登录访问。

(6)移动端口。监控系统应支持在主流移动设备上跨平台运行,实现全天候实时动态监管,达到监控全覆盖目标。

(7)运维服务。监控系统应配备完善的售后运营维护服务,要求技术服务商成立专业运维服务小组,实时跟踪各在建项目监控系统运行状况,及时排查解决系统故障,降低系统故障对正常生产活动的影响。

(六)构件二维码存储系统

1.技术要求

(1)平台搭建。以实现构件信息便捷传递、动态更新、永续保存为目标,推进"互联网+"与项目管理系统融合,充分考虑既有质量管控信息系统集成需求,二维码平台应基于主流的"互联网+"数据库技术搭建,以保证系统稳定性、平台移植性、功能扩展性和安全保障性。同时,应预留与省高指建设管控平台的对接接口。

(2)客户端口。推行动态网页和移动 App 为二维码平台接入客户端,要求在微软、安卓、ios 等系统上跨平台使用,实现桥梁构件信息实时更新,二维码链接持久有效,数据平台便捷接入,满足桥梁全寿命周期信息互联共享需求。

(3)功能模块。二维码平台功能模块需契合桥梁施工动态特征,具备便捷的信息录入、更新、删除及多关键词信息检索功能,确保对桥梁构件信息动态跟踪,实现信息统一集中管理。

(4)管理权限。构建参建各方信息互核机制,二维码平台需针对参建各方分配相应的管理权限,为相关参建单位提供录入、更新、审核和查询管辖范围内桥梁构件信息权限。

2.管理要求

(1)内容要求。二维码存储内容包含相关责任主体、构件属性、施工信息及设计图纸4个部分,存储平台应根据构件施工工序及时补充相关信息,确保按规定格式如实呈现。

(2)编号要求。编号是精确检索桥梁构件的关键索引,要求预制梁片、桥梁支座和伸缩缝进行统一编号,且确保各构件编号唯一性,编号规则按照《桥梁构件二维码编号规则说明》规定执行。

(3)介质要求。作为桥梁全寿命周期关键信息互联共享的媒介,需同时考虑二维码耐久性、经济性和施工可操作性需求,二维码标识推荐采用 12cm×15cm(宽×高)铝片上覆防水打印贴纸,注意采取防护措施。

(4)粘贴要求。各构件二维码粘贴部位应充分考虑检视便捷性。预制梁片二维码铭牌应粘贴于车流前进方向腹板端部。桥梁支座二维码铭牌应粘贴于安放支座的盖梁侧面中部,桥梁伸缩缝二维码铭牌应粘贴于安装伸缩缝的桥台背墙或盖梁侧面。同一盖梁上所有支座或伸缩缝信息集成到一个二维码铭牌中。

(七)预应力张拉数据监管系统

预应力智能张拉设备应不受人为因素干扰,张拉全过程按规范要求自动完成,还应具备联网、张拉数据实时上传等功能。预应力张拉数据监管系统对张拉施工进行远程同步管理,实时存储张拉施工数据,不合格数据实时预警,提供历史数据的查询、统计分析等,与一体化平台实时对接。

(八)工地党建系统

掌握、管理全省高速公路建设工地党组织、党员(含流动党员、农民工党员等)信息、民生台账等基础信息,实时记录与动态发布工地党建工作动态(如创建特色、先进事迹、路地关系、服务一线)等。

三、管理分工

(1)省高指:负责组织制定全省高速公路建设的信息化规划、政策和标准等;制定全省高速公路建设信息化框架;根据需要适时推广应用新的专业子系统,提升信息化管理水平;对一体化平台应用进行组织、指导、协调和监督,适时通报情况。

(2)设区市高指、平潭综合实验区高指:负责对本市(区)高速公路建设项目信息化建设工作的领导、协调、监督,参与一体化平台的监督、应用。

(3)建设单位:负责一体化平台在本项目的具体实施工作,做好本项目建设信息化和一体化平台应用;牵头协调各专业化子系统与一体化平台的接入工作,检查专业化子系统承建单位履约,督促整改存在的问题;制订、落实信息化管理制度,检查和督促各施工、监理、检测等单位的一体化平台应用、问题整改、现场相关设备保护等,及时处理预警信息。

(4)省信息科技公司:负责一体化平台的具体开发、运行、推广、维护、监管和专业培训工作,及时优化、完善、更新功能,保障一体化平台各功能正常运行;为各项目信息化建设提供技术支持,做好与各项目专业化子系统的接入工作,及时排查存在的问题,跟踪解决,定期提交一体化平台运维情况。

(5)施工、监理、试验检测单位:负责一体化平台在本合同段的具体应用,落实信息化管理制度,承担一体化平台发现问题的处理整改主体责任,按照规定做好一体化平台的各项工作,及时上传数据,配合排查存在的问题。

福建省以科学发展观为指导,围绕加快推行现代工程管理的总体要求,以深化标准化管理为抓手,促进福建省高速公路建设标准化、规范化、精细化、信息化,进一步提升工程质量、安全水平,规范高速公路建设管理,树立高速公路建设行业文明形象,全面提高高速公路建设管理水平。通过在全省全面开展深化高速公路建设标准化管理实践,建立科学系统的标准化管理体系,将标准化管理要求贯穿工程建设管理各个环节,促使福建省高速公路项目管理行为、工地建设、施工工艺、过程控制、施工安全和信息管理全部达到标准化管理要求。通过标准化管理使管理制度更加完善,管理行为更加规范,施工工法更加先进,人员技能更加娴熟,施工工艺更加精细,施工作业更加安全,施工行为更加文明,质量、安全控制更加有效,实现从业人员一流、管理水平一流、材料制备一流、施工工艺一流、作业环境一流、建设成果一流。

自交通运输部全面推行现代工程"五化"管理以来,福建省高速公路继续以标准化管理为抓手,深入贯彻落实,不断提升福建省高速公路建设质量安全水平。同时,以习近平新时代中国特色社会主义思想为指引,深入领会十九大报告提出的"坚持党对一切工作的领导""坚持以人民为中心"等基本方略和新时代建设"交通强国""质量强国""美丽中国"等战略目标,积极践行国务院政府工作报告中提出的培育精益求精"工匠精神",在坚持党建统领下,围绕绿色公路、品质工程建设,以提升建设标准化管理水平、保障质量安全为核心,着重在管理、工艺、设备、环保、信息技术应用等方面进行创新发展,精心打造福建高速公路标准化品牌。

第七章
高速公路科技创新

第一节　科技创新概况

福建省十分重视科学技术在高速公路建设中的指导作用,围绕建设和运营两条主线,将科研与工程实践紧密结合,与国内顶尖科研院校联合攻关,不仅解决了建设与运营工作中的技术难题,提升工程质量,有效控制工程造价,同时也锻炼了技术队伍,初步建立了自主创新的研发梯队。

第二节　科技创新重点

一是立足于隧道建造技术创新开展攻关。福建省具有多山、多谷的地形地势特点,高速公路隧道建设比重大,为提升隧道建造水平,开展小净距隧道、八车道连拱、隧道原位拓宽等关键技术攻关,取得突破性进展,填补了国内相关领域的空白,科研成果被收入新修编的行业规范。其中,小净距隧道技术可使洞距缩小10m以上,并减少路基高边坡,保护生态。小净距隧道和八车道连拱项目分别获2010年、2011年省科学技术二等奖。

二是立足于提高抗灾能力开展攻关。针对福建省高速公路沿线地质复杂、高边坡多的特点,开展路堑高边坡安全监测、防护和滑坡病害处治技术研究,成果直接用于工程建设。经鉴定,边坡建造成套技术研究成果总体上达到了国际先进水平,其中在锚固工程结构新技术开发和锚筋长度及锚下应力快速检测技术方面达到国际领先水平,项目获2009年省科学技术二等奖;岩石力学智能反馈分析方法及其工程应用获2009年国家科技进步二等奖。福建省高速公路在历次暴雨、台风等自然灾害中经受住考验,在2010年闽西北特大暴雨灾害中成为抗灾救灾的唯一通道。

三是立足于提高路面耐久性开展攻关。结合福建省高温、多雨的气候特点,重点开展南方湿热地区高速公路沥青路面新型结构研究、沥青路面损害防治技术研究、沥青路面材料与结构提升应用等技术研究。前两项研究成果不仅提高了福建省沥青路面高温稳定性与早期水损坏防治的技术水平,也丰富了我国沥青路面类型与路面损害治理经验,分别获2010年省科学技术二等奖和2011年中国公路学会科技进步二等奖,新型路面结构研究成果在多省份推广应用。目前在研的沥青路面材料与结构提升应用,可以显著降低沥青面层工程造价,减少初期高速公路养护、维修成本,提高路面服务质量,实现沥青路面的节能减排,对福建省今后新建的高速公路以及旧路的改造、扩建都有积极的指导作用。

四是立足于提高安全性能开展研究。重点围绕提高高速公路安全防护能力,开发出新型高速公路桥梁护栏——闽华防撞护栏。该护栏具有较强的防撞能力和良好的导向功能,能有效减少交通事故中人员伤亡,获省科技进步二等奖,并取得发明专利,成果写入公路安全设施规范,在全国推广应用。福建省道路条件以山区高速公路为主,长大下坡多,为解决长大下坡事故率高的问题,开展高速公路长大下坡成因分析及防治对策研究,提出长大下坡路段安全保障成套技术,可有效降低长大下坡的事故数量,减少生命和财产损失,提高高速公路的通行能力和服务水平。随着全省高速公路路网的不断延伸和加密,针对目前交通安全设施设计和运营中显现出的问题,开展交通安全设施设置标准研究,全面提升福建省高速公路交通安全设施的设置水平。开展公路隧道运营安全与防灾救援技术课题研究,加快构建福建省隧道应急安全预警体系。积极吸收国内外道路安全设计新理论,落实"以人为本"的设计理念,开展道路安全评价,全面加强主动安全防护设计,初步取得成效。

五是立足于提升工程质量开展管理创新。2009年起,通过"三集中、两准入",对工地建设、施工工艺、施工设备、施工材料以及现场的施工管理行为全面实行"标准化"。几年来,通过标准化管理不仅提高了生产效率,带来直接的经济效益,而且施工过程中的质量通病和安全死角得到有效控制,提高了质量与安全管控水平。交通运输部在全国交通运输行业推广福建省高速公路建设标准化管理,"提高工程质量的高速公路施工标准化管理"被全国企业管理现代化创新成果审定委员会授予"第十八届全国企业管理现代化创新成果二等奖"。如今,所有在建项目均实现标准化管理全覆盖,建设标准化管理新"亮点"不断,涌现出莆田湄渝A2标、龙岩漳永A1标等标准化典型示范标段及泉州湾跨海大桥、宁德福寿等示范项目。

六是立足于节能降耗开展应用研究。结合福建省隧道数量多、风能丰富的特点,开展高速公路隧道照明关键技术研究、隧道通风节能关键技术研究,推广应用LED新型光源、太阳能+风能供电技术等。隧道照明关键技术研究成果被引入行业标准《公路隧道照明设计细则》,获2011年省科学技术三等奖;隧道通风节能关键技术研究对公路隧道通风系统的合理设置、运营节能管理等方面具有重要的指导意义和推广价值,获2014年省科学技术三等奖;南惠支线隧道LED光源应用入选国家发改委、交通运输部、住房和城乡建设部示范工程项目;大力推行太阳能光伏发电试点工程,加强绿色能源发展,建设生态高速公路。积极在建设中推动温拌沥青路面混合料的实施,在运营管理路面大中修过程中推进厂拌冷热再生及就地热再生技术的应用,加大废旧路面铣刨料的循环利用。

七是立足于智能化开展交通监控技术研究。积极推进高速公路智能交通监控技术研究,先后开展视频监控系统的新技术研究和应用,包括数字压缩视频传输技术、视频非压缩传输数字矩阵技术、视频监控联网升级与外联技术、视频事件检测技术以及全省视频会议系统三级联网技术,实施全程道路监控等,进一步提高道路紧急事件的监测和处置能力,提升视频联网技术在高速公路的应用水平。

八是立足于科研攻关建设交通工程研究中心。为有效整合福建省交通工程技术的社会力量,更好地开展技术创新研究攻关,福建省高速公路公司与省交通科研所共同组建了非法人主体的福建省高速公路交通工程研究中心,省监控中心负责日常管理,省交通科研所协助管理,并在设立收费和ETC试验室以及电力监控试验室,在省交通科研所设立计重检测和仪器测量试验室,并主要配备了包括超声波测厚仪、兆欧表、接地电阻测量仪、水准仪、全站仪、视频信号检测仪、信号发生器、测速雷达、光纤熔接机、高精度光时域反射仪、光衰减器、光源光功率计、数字存储示波器、声级计、风速仪等在内的价值300多万元的高速公路机电三大系统(通信、监控、收费)科学研究、试验检测仪器设备。同时利用现有省高指机电工程质量监管权,组织精良的技术队伍,使用先进的检测装备,承揽全省机电工程建设期设备质量测试、工程完工测试、供配电设施安全预防性试验、计重设备检测以及新技术、新设备的准入测试等,从而逐步建立全省高速公路机电测试与检验机构,控制和保障全省机电工程质量。研究中心的建设为海西高速公路网建设中存在的建设难点和技术规范的盲点研究提供了试验和转化应用的平台,大大满足了具有福建特色的高速公路交通工程建设与运营管理体系的需求,为社会公众提供更为优质的服务。

九是立足于提升服务水平引入智能化管理。积极运用最新科技成果,在智能交通监控技术研究等方面取得较为丰硕的科研成果;在全国率先建设自动发卡系统和电子不停车收费(ETC)系统(目前自动发卡系统已覆盖全省所有收费站,ETC车道覆盖率达95%),有效提高了车辆通行速度。实施入口超限预检系统建设,同时实施超限黑名单联动报警管理,有效遏制了车辆违法超限现象。建设高速公路统一数据中心及综合应用平台,以"通盘考虑、统筹规划、统一设计"的方式,将数据中心、地理信息应用、机电工程管理、应急联动管理、综合养护管理、信息门户和信息发布、多媒体文档管理等作为一个有机的整体,充分运用地理信息系统和全球定位系统(GIS&GPS)、移动手机定位及位置服务(LBS)、移动通信、呼叫中心、视频监控等各种先进技术,开发"基于GIS平台的高速公路应急指挥系统",并融合已开发的路政管理系统,整合三大机电系统、办公自动化系统、工程建设项目管理系统和集中财务管理系统的相关数据,管理更加高效,运营服务水平进一步提升。大力推广应用路网运行监测与出行服务管理平台、闽通宝App及微信公众服务号,完善个性化信息推送,提升高速公路出行服务水平。

第三节　主要科技创新成果

一、路基工程(获奖项目按奖项高低、获奖时间排列,未获奖项目或在研项目按立项时间顺序排列)

(1)高速公路软弱地基上花岗岩填石路堤修筑技术研究(2001年省科技进步三等奖);

(2)福建省高液限土填筑路基成套技术研究(2010年省科技进步三等奖);

(3)建筑渣土填筑路基的技术研究(2013年省科技进步三等奖);

(4)福厦漳高速公路扩建工程软基拼接关键技术课题研究(2008年立项);

(5)瑞雷波在台涵背回填质量检测中的应用研究(2009年立项);

(6)机制砂混凝土在福永高速公路工程中的应用技术研究与机制砂混凝土质量监控(2010年立项)。

二、边坡工程(获奖项目按奖项高低、获奖时间排列,未获奖项目或在研项目按立项时间顺序排列)

(1)岩石力学智能反馈分析方法及其工程应用(2010年国家科技进步奖二等奖);

(2)福建山区公路边坡工程建造成套技术(2009年省科技进步二等奖);

(3)山区深挖路堑边坡防治技术研究(2007年省科技进步三等奖);

(4)公路边坡安全监测系统研究(2012年省科技进步三等奖);

(5)RRS边坡植被防护系统喷混植生技术应用研究(2002年立项);

(6)公路滑坡灾害超前预测技术及风险防控对策研究(2012年立项);

(7)复杂路堑高边坡运营风险监测评估及养护对策与工法研究(2012年立项);

(8)锚固体系下高速公路边坡的性能演化研究(2012年立项)。

三、路面工程(获奖项目按奖项高低、获奖时间排列,未获奖项目或在研项目按立项时间顺序排列)

(1)南方湿热地区高速公路沥青路面新型结构研究(2010年省科技进步二等奖);

(2)利用福建石料修筑高等级防滑路面的应用(1998年省科技进步三等奖);

(3)福建省高速公路沥青路面损害防治技术研究(2012年省科技进步三等奖);

(4)沥青混合料厂拌冷再生技术在高速公路上的应用研究(2014年省科技进步三等

奖);

(5) SMA 技术在山区高速公路上的应用研究(2001 年立项);

(6) 福建省高速公路沥青路面材料与结构提升应用技术(2012 年立项);

(7) 福建省高速公路隧道路面抗滑整治技术研究(2012 年立项);

(8) 南方湿热地区沥青路面裂缝填封技术研究(2012 年立项);

(9) 温拌沥青混合料技术在福建省沥青路面中的应用研究(2012 年立项);

(10) 沥青路面结构与材料性能 FWD 快速跟踪诊断技术研究(2013 年立项)。

四、桥梁工程(获奖项目按奖项高低、获奖时间排列,未获奖项目或在研项目按立项时间顺序排列)

(1) 福宁高速公路下白石特大桥 7 号墩墙式基础研究(2005 年省科技进步二等奖);

(2) 高烈度地震区连续体系隔震桥梁减震效果研究(2014 年省科技进步二等奖);

(3) 上下行分层车道箱式连续桥梁的研究(2008 年省科技进步三等奖);

(4) 强台风作用下跨海连续刚架桥(平潭海峡大桥)长悬臂施工安全研究(2013 年省科技进步三等奖);

(5) 福厦漳高速公路扩建工程桥梁拼接关键技术课题研究(2013 年省科技进步三等奖);

(6) T 梁与墩固结刚构连续桥梁受力性能研究(2005 年立项);

(7) 预应力工程施工中有效预应力检测控制和评估指南研究(2011 年立项);

(8) 福建省高速公路桥梁车辆荷载模型和超限应急管理技术(2011 年立项);

(9) 大跨度桥梁引桥防船撞技术研究(2011 年立项);

(10) 国道主干线福州绕城公路东南段长门特大桥抗风性能与行车风环境研究(2012 年立项);

(11) 福建混凝土桥梁防裂对策及预防性建养关键技术研究(2012 年立项);

(12) 福建海域混凝土桥梁耐久性评估及建养防腐关键技术研究(2012 年立项);

(13) 不中断交通下桥梁大位移伸缩装置技术革新与改造(2012 年立项);

(14) 福建省高速公路弯梁桥爬移机理与对策研究(2013 年立项)。

五、隧道工程(获奖项目按奖项高低、获奖时间排列,未获奖项目或在研项目按立项时间顺序排列)

(1) 公路隧道软弱围岩支护系统可靠性分析的应用研究(2003 年省科技进步二等奖);

(2) 京福高速公路福建段小净距隧道设计施工关键技术研究(2010 年省科技进步二等奖);

(3)八车道连拱和小净距隧道施工技术研究(2011年省科技进步二等奖);

(4)福厦漳高速公路扩建工程隧道扩建关键技术研究(2013年省科技进步二等奖);

(5)公路隧道纤维喷射混凝土力学性能及工艺装备试验研究(2005年省科技进步三等奖);

(6)公路隧道湿喷混凝土综合技术研究(2002年龙岩市科技进步二等奖);

(7)超深孔大直径山岭隧道通风竖井反井法施工技术研究(2011年立项);

(8)福建公路隧道超前地质预报技术研究(2012年立项);

(9)基于岩土控制变形分析法(ADECO-RS)的软弱围岩隧道开挖及变形控制技术研究(2014年立项);

(10)复杂地质条件隧道大断面小净距扩建施工过程安全监控和工序优化研究(2014年立项)。

六、机电信息化工程(获奖项目按奖项高低、获奖时间排列,未获奖项目或在研项目按立项时间顺序排列)

(1)福建省高速公路路政管理系统(2008年省科技进步三等奖);

(2)福建省高速公路电子不停车(ETC)联网收费技术研究(2008年省科技进步三等奖);

(3)福建省高速公路统一数据中心及综合应用平台(2009年省科技进步三等奖);

(4)福建省高速公路集中财务管理系统(2009年省科技进步三等奖);

(5)公路隧道洞口段照明参数研究(2009年省科技进步三等奖);

(6)高速公路隧道照明关键技术研究(2011年省科技进步三等奖);

(7)高速公路全网络化视频监控及联网技术研究(2012年省科技进步三等奖);

(8)山区高速公路永临结合供电关键技术研究(2012年省科技进步三等奖);

(9)基于WEBGIS和多媒体技术的高速公路养护应用系统(2013年省科技进步三等奖);

(10)高速公路隧道通风节能关键技术研究(2014年省科技进步三等奖);

(11)福建省高速公路实景三维图应用系统关键技术研究(2013年中国地理信息产业优秀工程银奖)。

七、安全设施工程(获奖项目按奖项高低、获奖时间排列,未获奖项目或在研项目按立项时间顺序排列)

(1)高速公路桥梁护栏的研究开发(2002年省科技进步二等奖);

(2)福建省漳龙高速公路避险车道试验研究(2002年立项);

(3)高速公路新型中央分隔带混凝土护栏试验研究(2002年立项);

(4)高速公路中央分隔带单片式混凝土护栏研究(2007年立项);

(5)福建省长大纵坡事故成因分析及防治对策研究(2013年立项);

(6)福建省高速公路交通安全设施设置标准研究(2013年立项);

(7)高速公路波形梁护栏防撞能力提升改造技术研究(2014年立项);

(8)新型平面避险车道设置方法与应用研究(2014年立项);

(9)厦蓉高速公路漳州至龙岩段改扩建项目施工安全控制关键技术研究(2014年立项);

(10)公路隧道运营安全与防灾减灾技术研究(2014年立项)。

第八章
高速公路资金筹措与管理

经过长期探索和实践,并在参考总结兄弟省市高速公路管理体制的基础上,福建省逐步形成了"四统三分"(统一规划、统一设计、统一质量、统一运营,分段筹资、分段建设、分段收益的筹资)和"省市合作、建设以地市为主、运营全省统一"的高速公路建设运营管理体制。

省级以省高速公路公司为投资主体,代表省、部级投资方,与市级投资主体共同出资组建路段合资公司,省、市高速公路投资主体负责项目建设资本金筹措,资金来源主要有中央、省、市级财政投入及股东出资等;路段合作公司作为项目业主负责项目贷款资金筹措。在建设期内,无论市级投资股比多少,均由各地市为主负责并组织实施工程项目的建设;省高速公路公司作为股东代表,参与重大事项的决策。建成通车后高速公路由省高速公路公司统一运营管理。一方面,建设以地市为主,运营全省统一,有利于调动地方政府建设高速公路的积极性,省市合力推动工程进展,有利于整合资源和管控;另一方面,实行运营"一市一管理公司"模式,便于资金集中调度和"统贷统还",大大节约了运营成本。近年来也积极采取BOT、BT等方式吸引社会资金投资建设高速公路。

截至2015年底,全省高速公路累计筹集到位项目公司建设资金3316.2亿元,其中部级资金320.4亿元,省级资金435.3亿元,市级资金451.4亿元,社会投资47.8亿元,贷款资金2061.3亿元。

第一节 高速公路筹融资举措

一、争取财政资金及政策支持,多方位筹集资本金

按照交通运输行业固定资产投资资本金比例标准,福建省高速公路建设资本金比例基本维持在35%左右。随着高速公路建设里程加长,建设资金需求加大,资本金筹措压力也日益加大。为保障高速公路建设资金需求,省高速公路公司积极争取加大中央车购税交通专项资金及省级财政资金投入,引导地市加大资源整合以及土地、财政资金等投入,争取相关政策支持,提高资本金筹措能力。

（一）中央车购税交通专项资金投入

利用加快建设海峡西岸经济区的历史机遇，主动对接、努力争取中央有关部委在高速公路审批、车购税交通专项资金、土地年度指标方面给与政策扶持，争取中央对福建革命老区资金补助的倾斜政策，有力增强金融机构对高速公路的贷款信心。

（二）省级资本金投入及相关政策支持

为缓解高速公路建设规划和资金存在的矛盾，福建省加大了政府财政投入，有力地减轻了建设路段公司的筹资压力。省政府还加大了对高速公路建设的政策扶持，从用地政策、税收收入、财政补贴等方面给予了政策优惠。

一是税费支持政策。福建省相关支持政策主要包括：收费还贷公路所征收的通行费收入免征营业税、所得税、地方水利基金等，施工单位建安营业税由地市财政预算安排做市级资本金；泉厦、福泉等经营性高速公路上缴省财政土地租金收入，从基金支出预算中安排作省级资本金投入；将征收的森林资源补偿费用于高速公路两侧红线内造林绿化。税费优惠政策的相关规定为贷款偿还和高速公路建设提供了有力的保证。

二是土地储备政策。2012年10月福建省出台《落实高速公路资本金及还贷资金实施办法》（以下简称《办法》），《办法》规定按照"一项目一平衡"的原则，由相关县市为各省市合作高速公路项目配置相应的土地储备，并依法实施出让，将优质土地资源注入项目公司，各项目公司通过盘活土地存量资产，采用开发、出让、抵押等方式获得土地增值收益，专门用于高速公路建设和运营还本付息。2015年7月，省人民政府办公厅印发《关于做好高速公路存量土地资产处置工作的通知》，支持项目公司将以划拨方式取得的土地使用权，变更为国家作价出资（入股）方式，转增国家资本金，支持高速公路存量土地使用权及其地上建筑物实行多元化经营，支持高速公路公司对条件成熟的土地进行综合开发。预计未来随着土地资产的注入，公司的资产规模将进一步加大，资产负债率将有所下降，融资空间亦将有所提升。

三是财政贴息支持。2014—2018年，省交通运输厅每年在成品油价格和税费改革中央财政转移支付资金年度部门预算中安排不少于3亿元用于高速公路省级资本金债务贴息。省财政每年根据高速公路项目建设融资需要及财政增收情况统筹考虑给予贴息支持。对于成品油价格和税费改革中央财政转移支付资金增量部分不再计提水利建设基金，全额用于高速公路省级债务利息贴息或省级资本金投入。此外，福建省政府分年度安排地方政府债券资金用于高速公路项目建设。

截至2015年底，累计收到省级财政贴息资金34.73亿元（其中2011年2亿元、2012年4亿元、2013年10.10亿元、2014年7.27亿元、2015年11.36亿元）、森林资源补偿费

8.28亿元(2013年、2014年各1.2亿元,2015年5.88亿元)。

(三)创新市级资本金筹措机制

(1)积极争取落实财政性资金。积极争取将建设项目资本金纳入地市财政预算,统筹考虑高速公路项目对各县区经济社会的带动作用,明确由市本级和高速公路沿线各县区共同分担项目市级资本金投入。争取将征收的施工单位建安营业税全额返还用作项目市级资本金投入。2011—2015年还通过争取地方政府债券资金40.1亿元转作地市项目资本金。

(2)搭建融资平台,拓宽直接融资渠道。为促进高速公路建设的良性循环,有效盘活资产存量,提供有力的资金保障,各设区市陆续组建市级筹融资平台,利用平台优势,创新筹融资渠道,拓宽融资方式,加强资本运作,积极采用多种融资方式筹集资金。福州、漳州、三明、龙岩、南平、宁德等地市均通过发行债券筹集解决了部分建设资金需求。2015年,泉州、三明、龙岩、莆田四地市争取到光大信托资金筹集资金50亿元。2015年,福州、龙岩、宁德、泉州、漳州、三明、南平七地市还引入国开专项建设基金17.5亿元,缓解市级资本金压力。

(3)制定激励措施,多方面提高市级资本金到位率。一是出台了市级资本金提前到位的鼓励措施,促使各设区市抓住时机,充分发挥各市级融资平台作用,利用直接融资渠道,增加和提前到位项目市级资本金。二是支持地市债券融资,省高速公路公司为福州市发行的8亿元债券提供担保。三是通过省级收购部分已通车项目地市股权,约定地市股权转让价款继续用于该市其他后续建设项目。通过该方式,省高速公路公司累计支持地市资本金15.78亿元。四是分配项目还贷剩余资金,用作支持地市项目资本金投入,促进地市项目滚动发展。

(四)通过股权及经营权转让筹集资金

1.泉厦改制上市,收购福泉、罗宁项目及2009年股份增发情况

省高速公路公司通过资产剥离上市方式实现高速公路经营权转让。经福建省人民政府批准,省高速公路公司以效益最好的泉厦高速公路经营性净资产为主体,设立福建发展高速公路股份有限公司,于2000年1月完成IPO,募集资金12.96亿元。为做大做强上市公司,2001—2007年,又先后通过将所持有的福泉高速公路63.06%的股权、福泉及泉厦高速公路的机电工程、所属罗宁高速公路子公司100%股权转让给股份公司,同时获得资金24.57亿元。2009年11月,为满足福泉、泉厦扩建工程巨大的资金需求量,股份公司通过增发新股的方式在资本市场融资,成功增发A股3.5亿股,募集资金22.5亿元。

2.通过服务区经营权转让筹集资金

省高速公路公司通过将在建项目的服务(停车)区全部推向社会建设与运营,加强沿线用地、广告等的综合利用与开发,缓解建设资金压力。2004年开通运营的福银路段服务区,在建设期即引入战略投资者——中石化福建石油分公司。在承担了服务区大部分建设资金和建设任务后,拥有了在运营期与省高速公路公司共同投资设立服务区管理公司的权力,共负服务区今后持续经营的责任。

在以往转让已建成高速公路的服务区、停车区、加油站等非主营资产收回投资的基础上,进一步探索服务项目经营权的转让、合作开发新模式,在满足高速公路配套功能和规范管理的前提下,加大引入各类社会资金投资建设的力度,缓解了建设资金压力。

(五)引入社会资金,推动投资主体多元化

为缓解高速公路在大步伐加快建设的同时面临的建设资金紧张困难的局面,福建省在坚持省市共建为主的基础上,还大力推进BOT、BT等投资主体多元化改革,吸引社会资金参与高速公路建设。目前,福建省高速公路建设项目已有莆秀支线、武夷山至邵武、浦城至建宁浦城段、招银疏港支线、邵武至光泽、南平联络线等6个项目通过公开招标引进社会投资人,采取BOT等模式建设,其中不乏有实力的央企。2015年3月,福建省顺昌至邵武高速公路建设项目(PPP投资模式)投资人由新疆生产建设兵团建设工程(集团)有限责任公司中标,组建的项目公司中新疆生产建设兵团占股60%,地市股权占股40%。截至2015年底,还有泉厦漳城市联盟路泉州段、龙岩永定至上杭等项目也正在按PPP投资模式对接意向投资企业,待工可获批后启动招标工作。

二、巩固传统信贷优势和创新融资模式

由于高速公路建设需要巨大的资金投入,而各级政府投入的资金有限,因此,大部分建设资金还需通过省、市自筹及项目贷款等方式解决。为了保障建设运营资金需求,省高速公路公司在省委省政府正确领导及各部门的鼎力支持下,大胆探索融资创新之道。

(1)深化银企合作,巩固信贷融资渠道。信贷资金是高速公路建设的主要资金来源,省高速公路公司通过深化银企战略合作,巩固信贷融资渠道与多家银行建立战略合作关系,共签署授信总额度协议近3000亿元。为了加强与银行对接,还成立了省、市、项目公司筹融资专项工作小组,形成三级协调机制,推进建设项目贷款评审,落实银行贷款规模,协调降低贷款利率。截至2015年底,全省通过项目固贷、流贷、信托贷款、承兑汇票等方式累计筹措信贷资金约2000亿元。

(2)创新融资模式,拓展直接融资渠道。为优化资本结构,降低融资成本,打破过度依赖银行贷款的局面,公司始终密切关注资本市场新产品、新政策,不断探索新的融资

模式。

①通过盘活存量资产筹集资金。2010年以来省高速公路公司引进融资租赁方式进一步盘活了高速公路存量资产,促进国有资产保值增值,还进一步优化资本结构。截至目前已与国银金融租赁公司、兴业金融租赁公司、昆仑金融租赁公司等在8个高速公路项目以高速公路路面设施和配套基础设施等固定资产为标的通过售后回租方式筹集资金,共融通资金146.3亿元。其中2010—2013年,子公司福宁高速公司向国银金融租赁公司融资80亿元;2011年10月,子公司漳州厦漳公司向兴业金融租赁公司融资5.3亿元;2012年12月,子公司福州罗长公司向兴业金融租赁公司融资10亿元;2012年12月,子公司福州国际机场公司向兴业金融租赁公司融资2亿元;2013年5月,子公司龙岩龙长公司向昆仑金融租赁公司融资20亿元;2014年4月,子公司南平福银公司向兴业金融租赁公司融资10亿元;2015年7月,子公司福州机场二期公司向光大金融租赁公司和福州新区融资租赁公司融资7亿元;2015年12月,子公司南平浦南公司向农银金融租赁公司融资12亿元。

②通过公开市场发行债券筹集资金。早在2005年省高速公路公司就通过发行企业债券募集龙长及邵三高速公路项目建设资金20亿元。截至2015年,省高速公路公司及下属子公司已经成功发行债券356亿元,其中三期企业债券共56亿元,两期短期融资券共40亿元,八期中期票据共225亿元,两期公司债券35亿元,并按照募集资金用途使用资金。债券资金的发行有效缓解了福建省的建设运营资金压力,改善了公司的债务结构,降低了公司的资金成本。

③其他创新融资方式。2014年,子公司南平浦南公司通过引入保险债权投资资金10亿元改善债务结构;2015年,引入国开专项建设基金27.52亿元用于安排省、市资本金投入。

第二节 高速公路建设资金管理

省高速公路公司做好资金工作的同时,也加强监管资金使用,防范债务风险。

(1)科学规划建设,优化资源配置。制定全省高速公路行业发展和投资建设规划,既要满足综合交通运输体系和现代交通运输业发展的需要,又要根据福建省经济增长、交通部门收入增长等情况,区别对待建设项目,避免地方交通盲目建设与重复建设。

(2)建立完善债务管理制度体系。制定了《福建省高速公路资金管理办法》《关于进一步加强路段公司银行贷款管理办法的通知》《关于进一步加强高速公路筹融资和资金管理的通知》等制度,避免债务规模盲目扩大,促进资金管理规范化。

(3)实行多元化融资方式,分散债务风险。将单一的银行贷款转为多元化、多渠道的直接和间接融资方式,如发行票据、债券、引入保险资金等,从而有效优化债务结构,降低财务风险。

(4)利用结算中心科学控制债务规模。2006年,组建了资金结算中心,加强资金集中管理,通过归集成员单位闲置资金统筹调度,合理控制资金存量,提高资金使用效率;统一协调和争取全省对外融资优惠利率,保障建设资金需求;加强资金监管,有效控制财务风险。

(5)成立融资工作小组,统筹做好资金筹划工作。2011年,由省高速公路建设总指挥部(省高速公路公司)成立融资专项工作小组,统筹协调做好全省高速公路建设资金工作。一是负责会同省直有关部门、各设区市高指、项目公司争取财政部、交通运输部尽早拨付当年中央投资和更大支持;二是与各设区市高指、项目公司对接,了解核实项目贷款评审进展情况、项目贷款供求情况和项目贷款本息偿还计划等;三是与各主要合作银行省分行对接沟通,跟踪落实各行项目贷款评审、规模安排和高速公路偿还贷款腾出规模的滚动使用;四是协调推进各单位发行债券、中期票据、融资租赁和保险债权融资等专项融资。各设区市高指、项目公司也陆续成立融资专项工作小组,明确目标责任,共同推进融资任务落实。

第三节　资金筹措与管理成功经验

(1)使用世界银行项目贷款。福建省高速公路先后使用了世界银行贷款4.77亿美元,分别是1995—2004年泉厦高速公路使用8528万美元,福泉高速公路项目使用2941万美元,1999—2007年漳诏高速公路项目使用15677万美元,2008—2012年永武高速公路项目使用20548万美元。世界银行贷款属于国际金融组织贷款,有较高的信誉和严格的借、用、还法律程序。虽然前期工作量较大且周期比较长,但一经评估确定,其资金来源是十分及时可靠的,同时贷款利率也比较优惠。由于利用了世界银行贷款,解决了资金缺口,同时引进了国际上先进的施工管理技术。整个建设过程中,培养和锻炼了一大批建设管理人才,尤其是财会队伍得到了充分的锻炼,积累了高速公路建设财会工作与国际惯例接轨的宝贵经验。

(2)2000年泉厦高速公路资产重组上市融资。为募集福建省高速公路建设资金,促进高速公路资产的良好滚动发展,1999年6月28日,经福建省人民政府闽政体股〔1999〕14号文批准,省高速公路公司以经评估确认的泉厦高速公路经营性净资产为主体,设立福建发展高速公路股份有限公司。经中国证监会证监发行字〔2000〕190号文件核准,福建发展高速公路股份有限公司于2001年1月5日以上网定价方式成功发行了普通股2亿股,共募集资金12.96亿元,从而实现了资本的快速增值。

(3)2001年、2003年福泉高速公路收费经营权及股权等存量资产转让融资。为进一步加快高速公路建设步伐,发挥上市公司的筹融资优势,根据省人民政府关于研究福建发展高速公路股份有限公司募集资金投向方案会议纪要精神,2001年10月,省高速公路公司将所持有的福泉高速公路51%的收费经营权转让给福建发展高速公路股份有限公司,获得转让资金13.57亿元,从而提高资本运营效率,缓解了高速公路建设资金紧缺的状况。根据省政府有关文件精神,2003年6月,省高速公路公司将持有的福建省福泉高速公路有限公司12.06%的股权以3.8亿元转让给福建发展高速公路股份有限公司。同时将福泉、泉厦高速公路改制剥离的机电工程1.1亿元转让给福建发展高速公路股份有限公司,三项共筹集近5亿元建设资金。

(4)2005年、2008年发行企业债券融资共50亿元。2005年6月,经国家发展和改革委员会批准,历经两年多筹备的企业债券顺利发行。本次债券发行总额为20亿元,期限10年,采用固定利率形式,票面利率5.05%,每年付息一次,到期一次偿还本金。本期债券募集资金主要用于邵三和龙长高速公路的投资建设。通过发行债券筹集资金,优化了公司的融资结构,实现公路建设和资本市场的成功结合,是福建省公路投融资体制改革的一项重大举措,为福建省高速公路建设再开辟一条稳定的筹资渠道,是福建省公路建设利用资本市场筹措长期建设资金的一个有效方式。2008年9月12日,省高速公路公司又发行公司债券30亿元,全部用于福建省泉州至三明高速公路项目的建设。

(5)2006年组建结算中心,推行资金集中管理改革。2006年,组建了资金结算中心,实现内部资金调剂。截至2015年12月,全省累计调剂资金达966亿元,有效解决了资金"存贷两高"问题。同时,通过结算中心加大对重点建设项目的支持力度,使更多的资金向山区倾斜,满足山区加快高速公路建设的要求,统筹保障全省各项目在银根紧缩时期资金流不断链。利用结算中心科学控制债务规模。加强资金集中管理,归集成员单位闲置资金统筹调度,充分发挥系统间歇性资金的效益,合理控制资金存量,提高资金使用效率;统一协调和争取全省对外融资优惠利率,保障建设资金需求;加强资金监管,有效控制财务风险。2006年初以来,资金结算中心筹建和试运行工作进展顺利,完成了运行制度建设等基础性工作,基本实现对各路段公司资金的集中管理,并通过资金预算控制和调剂内部间歇性资金,取得显著的经济效益,较好地解决了高速公路系统存贷款双高的问题,对高速公路发展的支持和支撑作用已经显现。银企关系进一步融洽,省高速公路公司与中国建设银行、兴业银行签订了合作协议,为融资、授信、资金结算及其他各项中间业务等方面提供了最大限度的便利和优惠,支持与保障福建省高速公路发展战略性平台的作用日益凸显。

(6) 2007年发行短期融资券融资40亿元。2007年3月,经中国人民银行〔2007〕77号文批准,省高速公路公司获准发行40亿元短期融资券,首期15亿元于3月23日发行,本期短期融资券发行期限1年,采用固定利率形式,票面利率3.6%,到期一次偿还本息,主要用于公司流动资金的周转,补充短期流动资金的需求,以及优化企业整体负债结构。这是福建省国有企业有史以来第一次也是最大规模的一期短期融资券,是福建省基础设施领域在国内短期融资券市场最大规模的融资,标志着省高速公路公司在面向资本市场直接融资、提升资本运营能力和市场竞争能力方面又迈出了重要的步伐。对进一步加快实施海峡西岸经济区战略和大通道交通发展战略,进一步拓宽公司融资渠道,改善融资结构,降低融资成本,加快福建省高速公路建设,具有十分重要的意义。

(7) 2010年省高速公路公司收购南平浦南市级股权。根据《福建省人民政府关于同意省高速公路公司收购浦南高速公路南平市股权的批复》(闽政文〔2009〕158号),省政府同意省高速公路公司以4.31亿元收购南平市高速公路公司持有的浦南公司12.67%股权,2010年3月22日,公司与南平市高速公路有限责任公司已正式签署收购协议,并完成收购事项,收购后省高速公路公司占股为70.22%。收购资金主要用于解决南平市松建项目和宁武项目的部分资本金出资,保障项目建设资金需求。

(8) 2010—2013年度福宁高速公路售后回租80亿元。根据省政府批复,省高速公路公司所属福宁高速公路公司与国银金融租赁公司于2010—2013年通过售后回租方式融入资金80亿元。该融资方式有效盘活了现有存量高速公路资产收益,筹集资金规模大,使用灵活,又不改变现行收费性质和经营管理模式,是软贷款政策取消后解决项目资本金筹措问题、加快高速公路建设的重要途径。该项融资是当时全国金额最大的融资租赁项目,有效缓解了公司在2011—2013年国家宏观经济政策调整期间的资金压力,保障了福建省高速公路项目现金流不断链,避免了因为项目停工造成的更大损失和社会稳定等问题。

(9) 2010—2015年发行中期票据融资共达225亿元。受益于福建省经济持续发展和通车里程的增加,公司通行费收入稳定增长,盈利能力及现金获取能力持续增强;同时省政府也通过土地储备、财政贴息和安排地方政府债券等多种方式,加大了对高速公路的支持力度,公司未来偿债能力有了较强保障。2014年中诚信评级公司调增省高速公路公司信用等级至AAA级,调增两支债券信用等级至AAA级。2010—2015年,公司共发行中期票据225亿元,其中2010年25亿元、2011年20亿元、2012年80亿元、2014年40亿元、2015年60亿元,已偿还25亿元,尚有余额200亿元。尤其是2012年,为缓解信贷紧缩造成的资金困难,进一步加大发行债券融资力度,将80亿元中票分30亿元、50亿元两期发行,于3月6日、10月25日分别发行成功。

(10) 2015年引入光大股权融资50亿元。2015年3～6月,莆田、泉州、龙岩、三明四个设区市共计14个项目公司引进光大信托股权资金共计50亿元。由光大通过信托公司以增资或股权转让等方式投资福建省高速公路项目,到期由地市回购其股权,省高速公路公司提供担保。该项融资的达成有效缓解了上述四个地市市级资本金的出资压力并填补了部分项目拖欠已久的资本金缺口。

(11)2015年引入国家开发银行专项基金。2015年引进国家开发银行专项基金27.52亿元用于安排省市资本金投入,其中省级10.02亿元,市级17.5亿元,大大缓解了资本金压力。

(12)莆田莆秀项目引入社会资金投资。莆田莆秀项目是全省第一个采取BOT融资的高速公路试点项目,也是莆田市唯一引入社会资金投资建设的高速公路项目。2006年正荣集团和湖南建筑工程集团总公司组成联合体,在面向全国的招标中通过竞标方式取得了莆秀高速公路建设特许经营权。2008年联合体投资人中的湖南建工集团退出股权。该项目实际完成投资16.25亿元,其中正荣集团出资4.22亿元,占股权的73.77%,省市出资1.5亿元,占股权的26.23%。该项目筹融资模式的成功,不仅拓宽了福建省高速公路融资渠道,也为后来福建省高速公路其他BOT及PPP项目融资提供了参照。

(13)福州市积极筹措市级资本金。福州市已成功开展了8亿元一期企业债券、5亿元融资租赁业务、10亿元中期票据、6亿元非公开定向债、10亿元结构化产品、15亿元短期融资券等多种直接融资品种的注册发行工作,并积极开展10亿元二期企业债券、3亿元资产支持票据、10亿元非公开定向债、10亿~20亿元超短期融资券的注册申报工作,已组建了交通产业基金和融资租赁公司等新的融资平台,并积极研究尝试永续票据、公司债、资产证券化等多种新型融资方式。同时设立了资金结算中心,通过加强内部资金集中管理,切实推进资金集中融合,努力提升资金管理效益,充分发挥"资金池"效用,促进资金的融通使用和灵活运作。根据市政府工作部署,初步形成交通建设、交通运输、交通实业、交通置业、交通信息五大业务板块,通过全面推进五大业务板块各项业务,不断提升市交建公司的利润水平,补充本设区市所属高速公路项目建设资金。

(14)金融机构不可或缺的资金支持与服务:

①国家开发性金融机构国家开发银行全方位的金融服务。国家开发银行多年以来一直为省高速公路公司提供全方位的金融服务。双方一直秉承互惠互利的原则,于2008年、2009年、2015年先后签订《战略合作协议》《开发性金融合作协议》和《"十三五"开发性金融合作协议》,合作金额总计达1715亿元。截至2015年末,国家开发银行承诺高速公路项目66条,承诺金额1069亿元,已签合同金额985亿元。与此同时,不断丰富金融产品,形成了针对省高速公路公司的"一体多翼"综合金融服务架构,即"投资+贷款+租赁+债券+证券"产品组合。

在信贷投放方面,2015年共发放信贷资金124亿元,年末国家开发银行高速公路项目表内贷款余额757亿元,约占省高速公路公司项目贷款余额的43%,居于全省各家银行首位,资产质量保持优质,贷款本息回收率持续保持100%。在基金投资方面,2015年引入国家开发银行专项建设基金27.52亿元用于全省高速公路项目建设,其中省级10.02亿元,市级17.5亿元。

在融资租赁方面,协同国银租赁公司,推动落实国内最大的一笔固定资产融资业务,也是福建省第一笔基础设施融资租赁业务,签订了福宁高速公路80亿元售后回租项目合同。

在债券承销方面,于2012年顺利承销省高速公路公司80亿元中期票据,并于当年分两次完成发行,发行金额分别为30亿元和50亿元,期限分别为5年和7年。此后协同国开证券公司承销并顺利发行福州京福高速公路有限责任公司6亿元企业债券,有效创建了依托运营公司发债筹集资金的创新融资模式,这在省内尚属首次。2014年底,牵头主承销省高速公路公司60亿元中期票据,并于当年和次年分两次完成发行,发行金额分别为20亿元、40亿元,期限均为7年。

②本土银行兴业银行的信贷资金支持与多元化金融服务。兴业银行是唯一一家总部根植福建的全国性上市银行。兴业银行多年以来与省高速公路公司紧密合作,为省高速公路公司提供信贷资金和多元化融资服务。

从1994年首条泉厦高速公路起,双方开始了信贷合作,随后跟着全省高速建设步伐,走向八闽大地,全程参与了省内各地的高速公路建设。2000年,福州分行就对罗长高速公路的投资建设出具了金额12亿元的贷款承诺函,成为第一家给予罗长高速公路有限公司贷款承诺的商业银行,随后又陆续投入信贷资金7.5亿元,有效保障了罗长高速公路建设顺利进行。

在金融服务方面,兴业银行从最初的贷款投放、支付结算等传统银行业务,发展到涵盖上门收款、资金结算中心、银企直连、债务融资工具承销、电子不停车收费、结构化融资、融资租赁等,为福建省高速公路系统提供了全面优质的金融服务。兴业银行的总体融资规模保持逐年上升,截至2015年底,兴业银行给省高速公路公司提供的授信总额达450亿元,融资余额为150亿元。为了更好地为省高速公路提供融资便利、扩大融资规模,兴业银行还通过非标债权投资、融资租赁等方式不断为省高速公路公司提供创新融资支持。

第九章
高速公路企业文化

福建省高速公路系统企业文化伴随着福建高速公路建设与运营管理的发展而逐步兴盛,走过了一条由建设到运营、由精神文化到制度建设、物质载体创建的发展历程,为高速公路事业又好又快发展提供了源源不断的精神动力。

第一节 高速公路的文化建设历程

企业文化从形成到发展有三个主要阶段:第一阶段是萌芽阶段,企业还没有正式创建企业文化,但实际上存在着自己的文化,体现在员工共同的认识和行动中,蕴涵在企业的物质环境里,表现在企业的管理制度中,只不过企业没有去认真提炼、升华,处于"无序"和"随机"的发展状态。第二阶段是初始阶段,企业开始着手策划,搞出一套属于自己的企业文化文件,故也称"文件阶段"。但这些文件没有很好地体现在企业的管理系统里,没有融入全体员工的行动中,没有在企业内部得到有效推广,也没有被外界社会公众所感知,更多地表现为口号、标语和文化手册。第三阶段是成熟阶段,所倡导的文化体现在企业管理系统的各个方面,从而不断促进企业核心竞争力的提升,进而提高企业的生存能力和盈利能力。这时,企业文化建设成果在企业中得到了固化,真正成为企业的精神财富,并体现、贯穿在企业规章制度、外在标志形象各方面。

福建高速公路的建设与运营管理机构合署办公,这决定了它的企业文化与高速公路建设、运营管理均密切关联,它根植于高速公路从建设到运营管理伟大实践的土壤中,兴起于福建交通精神的践行中,发展于海峡西岸经济区建设、"一带一路"、福建自由贸易试验区等新形势下,融入党建党风廉政建设、思想政治工作、文明创建工作中,贯穿建设和运营管理的全过程,并渐趋完善,发挥作用,有效提升高速公路企业发展软实力。以时间划分,企业文化建设历程大致经历以下四个时期:

一、孕育萌芽时期

企业文化与企业的发展息息相关。长期以来,制约福建经济社会发展的因素是交通,"福建的问题在于通"。在1982年,省委提出了建设福州至厦门高速公路的设想,但由于当时的思想观念问题,这事被搁浅了,这一搁就是10年。历史的车轮进入20世纪90年代,随着沪嘉高速公路和沈大高速公路建成通车,人们对高速公路有了感性认识,收到了良好效果,随后,各地高速公路项目纷纷"上马"。"小路难富,大路致富,高速公路快富",作为改革前沿的福建,高速公路却在此出现了"断档",甚至影响了福建与正在热火朝天建设的全国"沿海大通道"的接轨,在一定程度上制约了经济建设的快速发展、又好又快发展。为尽快改变落后被动的局面,1992年,省委、省政府在马江会议上正式提出建设高速公路;1994年;省委、省政府召开加快高速公路建设动员大会,告别了长达10年的争论酝酿,战斗的号角由此吹响,进入了实质性的筹备及建设阶段。

1994年11月,省高速公路公司(当时简称省高速办)应运而生,全权负责筹建福建的第一条高速公路——泉厦高速公路。可以说,全省高速公路系统的企业文化建设起源于20世纪80年代,萌芽孕育于90年代高速公路建设初期。当时的高速公路人在面临资金高度紧张、人才高度匮乏、经验高度不足的情况下,秉承着建设期朴素的理念和意识,把在建设中逐步形成的"人生能修几条路,留取丹心照八闽""修路架桥、造福人民""建一条道路,树一座丰碑"建设理念等,持续应用于高速公路建设过程中,在历尽千辛万苦、历经千难万险后,开辟了高速公路从无到有、从有到多、从线到网、质量"一条更比一条好"的良好局面,走上了每年以完成投资百亿元以上、建成几百公里的速度递增的快车道。这个时期福建高速(集团)企业文化的主要特征是建设期的文化,它来源于建设期,又反作用于建设期,并对高速公路建设、质量、安全等产生了巨大的指导作用和促进作用,在全省高速公路建设中居于主导地位,从而为福建高速(集团)企业文化的形成奠定了根基。

二、实践提高时期

1997年底福建首条高速公路——泉厦高速公路的通车运营,标志着福建高速(集团)进入了建设与运营管理并重的新局面。这个时期,福建高速公路人秉承着建设期形成的理念和意识,针对高速公路点多、线长、面广、队伍庞大的行业实际,把在运营管理中形成的理念有机融入高速公路建设和运营管理全过程中,贯穿具有福建高速公路特色的各类创建载体,如"千万元征收无差错能手""优质岗位能手""高速公路安全卫士""服务区达标创星""四优监控分中心"等,提出了从文明窗口(规范化达标路政大队、星级服务区、四优分中心)到文明子行业,到文明路考评,再到文化和服务品牌的创建总体思路,逐步形成"点、线、面"梯次发展、整体推进的创建格局。如脱胎于"文明畅通工程"的"文明路"考评体系,集各类文明创建载体于一身,融运营管理的6大主业、6大综合业务于一体,达"服务人民、奉献社会""把简单的工作做好就是不简单""有困难找路政""铺路石精神"等管理理念于一道,各类融合朴素企业文化理念应用的文明创建载体为福建高速(集团)最终形成完善的企业文化体系打下了坚实基础。

这个时期的企业文化建设特点：一方面，精神文化框架基本形成但不完善。2003年省公司党委在全系统职工中开展了企业精神、宗旨和标志的征集，共征集精神、宗旨215条，标志图案56幅，经过挖掘和提炼，初步形成了具有福建高速公路特色的理念和价值观，创设了文化建设氛围，培育了文化"土壤"。如："工程进度服从工程质量"的工程建设理念；"一条更比一条好"的精品意识；"服务人民、奉献社会""收好费、管好路、带好队伍、办好公司"的运营管理理念；"有困难找路政"的施救理念；"满意在高速、舒适在旅途、安全到终点"的优质服务理念，"宗旨记心中、岗位作奉献"的服务精神；"做人不能老想捞一把进来，而要常想掏一把出去"的奉献精神；"建设一条路、造就一批人才"的人力资源开发理念；"把简单的事情做好就是不简单"的座右铭。

虽比较分散，但为最终凝练形成福建高速（集团）企业文化核心价值理念体系提供了充足的养料和基本元素。

另一方面，制度文化体系基本形成但未成册。经过十多年来建设和运营管理经验的积淀，福建高速公路已逐步建立了一整套赋予创新精神、体现人本管理思想和科学严谨态度的管理制度体系，先后建立健全各类岗位工作职责、考核标准、行为规范、工作准则、民主管理制度等280多项，初步形成了具有高速公路特色的一整套企业规章制度。同时，在各基层"窗口"单位普遍推行文明礼貌用语、规范肢体语言、着装仪容仪表等行为礼仪规范，举行队列仪式、敬礼仪式、升国旗仪式等，这些制度虽未成册，但对促进高速公路建设和运营管理的制度化、规范化产生了不可估量的作用，并为建设制度文化体系提供了原始版本和修订经验。

三、企业文化体系形成时期

2007年，福建高速公路认真贯彻落实党的十七大关于大力加强文化建设、交通部《交通文化建设实施纲要》的精神，成立了企业文化建设领导小组。根据福建省交通厅、福建省国资委有关加快企业文化建设文件精神，结合全省高速公路系统为集团式管理的实际，广泛征求所属各单位意见，于当年7月制定印发了《福建省高速公路系统企业文化建设实施纲要》（以下简称《实施纲要》），标志着正式启动企业文化体系的构建战略。《实施纲要》设计的福建高速（集团）企业文化体系，主要按照三大支柱（精神理念、制度行为和物质形象），以及集团式文化的"三统一"（统一价值理念、统一行为规范、统一形象标识含司旗、司歌）原则进行构建。

一般来说，企业文化体系由精神文化、制度文化和物质文化构成，精神文化指企业的核心价值理念；制度文化寓企业的价值理念于规章制度中，规范员工的行为；物质文化寓企业的价值理念于外在形象之中，美化工作环境，建立企业形象标识。其中，精神文化是整个企业文化体系的灵魂。因此，福建高速公路重点在核心价值理念体系建设上先行突破。

(一) 建设精神文化体系

企业文化建设的本质在于企业经营理念具体化和抽象化的无限互动,它必然要经过从上到下的灌输过程或由下而上的生成过程,这也是企业文化建设的两种方式。福建高速(集团)的精神文化体系建设主要采取自下而上的路子,即在企业运作的过程中,管理层不断搜集、整理、总结员工的共同价值观,经提高和升华成为企业的文化理念。

(1)普及。省高速公路公司党委成立的企业文化建设领导小组下设办公室,并组建11人组成的企业文化建设骨干团队,从普及企业文化知识入手,2007年前后,骨干团队编撰出版《高速公路企业文化培训教材》,先后举办20多期达1000多人次训的培训班。

(2)收集。认真收集孕育萌芽、实践提高时期自发形成的员工共同理念和价值观。

(3)征集。2007年11月,在全系统开展了价值理念用语征集活动,共征集到800多条,并下发评分表,根据职工评分情况,汇总提炼出30多条。

(4)提炼。2008年5月,召开价值理念提炼研讨会,确定了精神文化体系框架;其后,又先后召开3次提炼专题研讨会,公司领导亲自对体系框架及4条核心价值理念进行修改。

(5)形成。2009年1月,在省公司二届五次职工代表大会上审议通过,正式发布,形成福建高速(集团)核心价值理念体系,包括4条核心价值理念、6条综合运用理念、6条业务理念及1条广告语,配备详细释义说明,初步完成精神文化的构建任务。

(二) 建设制度文化体系

(1)福建高速公路经过10余年快速发展,已形成了较为完善的集团式法人治理结构和管理组织结构,按照福建省委、省政府批复的编制和福建省交通运输厅、福建省国资委相关制度、要求,进行了建设和运营管理制度建设。按照省总工会相关要求,结合实际出台职工监事、厂务公开等制度,不断完善民主管理。

(2)2009年,将形成的价值理念体系融入各项规章制度中,梳理完善各部门、各类岗位职责、流程以及职工参与管理监督等的对内管理和对外服务的一系列制度规定,进一步统一全系统员工的行为规范,汇编、印制了《福建省高速公路系统内部控制规章制度汇编》。

(3)2010年,认真梳理、总结全省高速公路建设标准化管理成果,提升到制度层面,编撰完成《福建省高速公路施工标准化管理指南》丛书,并由人民交通出版社正式出版。福建高速公路建设标准化管理荣获"第十八届全国企业管理现代化创新成果奖"。

（4）2011年，标准化管理由高速公路建设向运营领域发展，根据运营管理各具体业务，编撰推行《福建省高速公路收费标准化管理指南》《路政标准化管理指南》《养护标准化管理指南》《安全标准化管理指南》《财务标准化管理指南》《服务、停车区及广告标准化管理指南》等。2012年，编撰的《高速公路运营服务规范》，由福建省质量技术监督局作为地方标准正式颁布，成为全国高速公路行业首个地方标准。

福建高速公路建设标准化管理制度、运营标准化管理制度，成为制度文化体系不可分割的重要组成部分，成为制度文化建设的成果展示，2012年7月，双双被授予"福建省交通运输行业文化和服务品牌"荣誉。

（三）建设物质文化体系

（1）2007年11月，与价值理念用语征集活动同步启动，面向全社会公开征集企业标志图案2330幅，2008年采取职代会现场投票方式，评出优秀作品，聘请专业创意公司进行第二阶段的深入设计。

（2）2009年，形成多套设计方案提交办公会研讨，省高速公路公司领导亲自组织标志的深入设计工作，提出修改意见。

（3）2012年底，经反复修订、制作，形成了升级版的包含标志、标准色和标准字的福建高速（集团）形象识别系统。

（4）找准集团价值理念与高速公路形象的结合点，2009年，时任省公司党委书记、董事长唐建辉同志参与创作完成《高速公路人之歌》。2010年初，经职代会审议通过，正式确定为司歌。

四、宣贯应用时期（2009年至今）

福建高速（集团）围绕初步形成的企业文化体系，紧紧抓住"企业文化落地"这个关键，持续组织开展宣贯落地工作，致力于把核心价值理念融入企业管理的各个环节和过程，努力建立"以企业文化为基础的企业管理模式"这一终极目标。

1. 2009年

（1）省高速公路公司党委出台《关于福建高速（集团）企业文化核心价值理念释义说明》，制定《关于进一步推进福建高速（集团）价值理念宣贯的实施意见》（闽高党〔2009〕69号），贯穿全年，全方位宣贯、推广精神文化体系。

（2）印发《福建高速（集团）价值理念体系手册》。8月，以省公司机关18、19楼为突破点，设计、建设走廊文化，以点带面，所属各单位兴起了走廊文化、路景文化建设热潮，呈现百花齐放、异彩纷呈局面。

（3）组织开展企业文化理念故事征集活动。9月，汇编出版《福建高速（集团）企业文化理念故事集》，文化寓于故事、故事浓缩文化，收集83个真人真事，借身边人先进事迹传播价值理念。

2. 2010年

（1）印发《关于进一步推进企业文化建设有关工作的通知》，继续深入开展核心价值理念宣贯活动。

（2）开展第二届"爱我高速"文化节活动，汇编出版画册。

（3）建设路景文化和走廊文化，统一规划，塑造全系统的外貌形象，主要是在高速公路沿线设置"文化景点"，利用收费广场、收费站棚顶等场地，导入应用标志等。以办公楼走廊场地为突破口，理念与图片结合，既导入应用标志又宣传价值理念。

（4）所属福泉公司荣获"全国交通运输企业文化建设优秀单位"称号。

3. 2011年

（1）基层单位开展各具特色的子文化创建活动，福泉公司作为试点单位，在全线开展理念VI导入和宣贯活动，福州公司的"微笑服务"、泉厦公司举办"企业行为文化暨文明服务礼仪"讲座、龙岩公司努力创建特色"路景文化""所队文化""家园文化"和"窗口文化"、南平公司的"学习文化"、三明公司的"五个十"理念、省养护公司的"铺路石精神"、宁德公司的"真诚和谐"文化和"服务质量显效年"评选活动、省经营开发公司引入"金饭碗""江南小厨"等特色品牌、漳州公司的"优质文明服务靠他律"及"优质文明服务靠自律"辩论赛、股份公司的"我说服务格言"活动等，丰富多彩的载体活动进一步增强全省高速公路系统广大员工的团队意识、创新意识和服务意识，核心价值理念的宣贯落地进一步提高队伍的素质，形成内部凝聚力和外部竞争力，赢得福建高速公路的持续发展优势。

（2）形成文化传播系统。一是领导传播。公司领导屡次在各种会议上倡导"以高速公路为家"的"家文化"理念，广泛传播、宣贯集团核心价值理念。二是刊物传播。借助《八闽高速》《闽高快讯》等刊物，所属运营公司、基层所、站都建立宣传阵地，形成了三级宣传网络。三是网站传播。在公司网站"八闽高速公路"网上开辟"党建之窗"和"高速论坛"专栏，传播企业文化，在网络上开辟职工学习博客，开展"三个论坛"活动，宣贯价值理念。四是培训传播。利用"福建省高速公路职工教育培训中心"和省公司党校等，将企业文化列入职工各类培训班课程中。五是活动传播。开展核心价值理念体系宣贯年活动、"实现企业愿景"演讲比赛、司歌大会唱，开展"爱我高速"文化节活动，开展"服务理念在我心收费礼仪比赛"、各类技能比武、群众性文体活动等。六是故事传播。总结抗冰保畅、抗洪抢险等重大事件中涌现的践行核心价值理念的好人好事，汇编《企业文化理念故事集》。还有手机传播、用司歌制作成职工手机彩铃、制作司歌DVD、组织司歌大传唱活动等。

（3）省公司本部、所属福泉公司荣获"全国交通运输企业文化建设优秀单位"称号。

4. 2012 年

(1) 出台《福建省高速公路系统"十二五"文化发展工作规划》,主要是转入企业文化建设第二期落地实践的战略目标,继续全力宣贯核心价值理念体系。

(2) 制定《关于统一规范使用福建高速(集团)标识系统的通知》,指导、规范全系统导入应用重新升级的集团标识系统。以宁武高速公路等路段通车为契机,推进标识系统的实践应用。

(3) 省公司本部荣获"全国交通运输企业文化建设优秀单位"称号,所属福泉公司荣获"全国交通运输企业文化建设卓越单位"称号。

5. 2013 年

(1) 5月,印制《企业文化手册》,作为福建高速公路建设和运营管理宣贯、推广、应用企业文化建设成果的标准。

(2) 召开企业文化建设现场观摩会。现场观摩新通车路段,结合所站队的环境布置、文化上墙,把标识系统和核心价值理念体系结合应用,逐步更替原有的企业标志,最终实现统一形象标识目标。

(3) 省公司本部荣获、所属福泉公司保持"全国交通运输企业文化建设卓越单位"称号;所属漳州管理分公司荣获"全国交通运输企业文化建设优秀单位"称号。

6. 2014 年

(1) 对标《企业文化手册》,持续开展践行核心价值理念的宣贯落地活动,开展标识系统导入应用的规范行动。

(2) 省公司本部和所属福泉公司保持"全国交通运输文化建设卓越单位"称号;所属漳州管理分公司荣获"全国交通运输文化建设优秀单位"称号。

7. 2015 年

(1) 开展《企业文化手册》宣贯活动,以路景文化和走廊文化建设为载体,开展"践行核心价值、推广企业标识"主题实践活动,扩大文化建设卓越单位和文化服务品牌的效应。

(2) 省公司本部和所属福泉公司保持、所属漳州管理分公司荣获"全国交通运输文化建设卓越单位"称号。

第二节 高速公路的文化理念内容

福建高速公路的企业文化起源于建设,但由于建、管、养一条龙的管理体制特点,建设与运营并重,于是在文化上呈现相互交叉、相互影响、融会于一的局面,建设工作与运营工作形成共同的企业精神、企业使命、企业愿景等,建设管理与运营管理凝聚共同的企业管理价值观。

一、高速公路建设理念:"铸就精品、造福于民"

(一)释义

着眼于通车后的运营管理和长久使用,尊重自然、保护环境、节约资源、集约开发,建设者精益求精,建筑精品路,铸就交通基础工程丰碑,实现人、车、路协调和谐,造福人民。

(二)宣贯

1. 建设精品路

百年大计,质量第一。高速公路作为国家公共服务的重要载体,在工程建设上既要做到"又好又快",又要牢固树立精品意识,着力打造精品工程。积极推行科技创新,引进和应用国际先进、国内领先的新技术、新设备、新材料、新工艺,合理统筹安全与施工,严格执行施工规范,检查每一道施工工序,正确处理好质量与工期的关系,坚持质量与进度并进,坚决杜绝质量事故的发生,保证工程建设,建出精品工程。

2. 建设环保路

党的十七大提出"建设生态文明,基本形成节约能源资源和保护生态环境的产业结构、增长方式、消费模式"。生态文明的理念充分体现了科学发展观,是党在新时期指导经济建设的全新提法。生态文明的提出是基于人类在追求物质财富的进程中,对效益与环境两者关系的深层领悟,是人类正确把握客观事物规律的进步表现。高速公路建设倡导生态文明就是要尊重自然、保护环境、节约资源、集约开发,让高速公路建设与环境保护融为一体,达到路与自然的高度协调,实现可持续发展。

(1)环境保护的定义:指人类有意识地保护自然资源并使其得到合理的利用,防止自然环境受到污染和破坏;对受到污染和破坏的必须做到综合治理,以创造出适合于人类生活、工作的环境。

(2)高速公路建设造成的环境问题:高速公路建设必然影响环境,其施工、运营期造成的环境问题十分突出,主要包括:

①选线不当会破坏沿线生态环境;

②防护不当造成水土流失,如坡面侵蚀、泥沙沉淀等;

③高速公路带状延伸会破坏沿线自然风貌,造成环境损失;

④高速公路施工期间造成环境污染;

⑤高速公路通车后,车辆运行对沿线造成污染。

从以上几点可以看出,高速公路对环境的影响主要表现为对社会经济的影响、对声音环境的影响、对大气环境的影响、对自然景观的影响等。

(3)树立高速公路环保意识:影响高速公路建设环境保护效果的因素包括自然因素和社会因素两大方面。福建省高速公路的发展要顺应趋势,一方面要不断满足经济、社会、人民群众生活的需要;另一方面高速公路的建设管理者要根据新情况、新特点、新变化,深化和完善管理理念、管理方式、管理内容和管理手段,增强工作主动性、预见性、前瞻性,用新理念新思路推行灵活设计,按照"安全、舒适、环保、示范"的建设方针,积极学习发达国家的先进技术和"不破坏就是最好的保护""在设计上最大限度地保护生态"等一系列先进理念。因地制宜,灵活设计指标,最大限度地节约用地,少占耕地,最大限度地保护自然和生活环境,保护和利用自然及人文景观,使高速公路建设既满足经济社会发展需求,又与自然环境、人文环境和谐统一,努力实现可持续发展。

【故事案例】

缔造海西高速公路网的急先锋

你是车户,或是乘客,驰骋在"畅洁绿美、一通百通"的海西高速公路网上,饱览着"车在路上走,人在画中游"的无限风光,此时的你可想到,快捷畅通、无限风光是谁创造的?

梅花香自苦寒来。畅通的海西高速公路网背后凝聚了无数建设者的心血和汗水。现任福建省高速公路建设总指挥部总工程师孙建林,便是无数建设者当中的代表。

他受命于八闽第一路——泉厦高速公路即将通车之际。从省交通科研所抽调到省高速公路建设总指挥部后,时值泉厦路面施工的紧张阶段,他走马上任的第一件事,就是下驻泉州工地,与施工单位的建设者吃住在一起,打成一片,现场指挥、协调、解决施工的一系列技术问题,为泉厦高速公路的按时通车打下了坚实的基础。这是福建高速公路从无到有实现零的突破的第一步,也是他实现人生价值的第一步。从此以后,他就用他的阅历、学识、睿智,精心编织着海西高速公路网。

他救急于福建高速公路建设的关键时刻。从漳龙线龙岩段隧道、高架桥施工,从福宁高速公路的约谈施工单位代表、制定奖罚办法,到京福高速公路的勘察设计审查,从工程技术到工程质量,从工程进度到资金控概,从这条路通车到下一条路规划,哪里有建设,哪里就有他的足迹,哪里有困难,哪里就有他的身影。作为指挥部里的唯一博士,他一年之中有四分之三的时间在工地上度过,同事们都称他是"打起铺盖住工地的土博士"。最让同事们感动的是,世界银行贷款福建高速公路合同洽谈期间,孙建林同志的父亲不幸去世了,听到噩耗后,他硬是把悲痛埋在了心里,直到洽谈结束才请了假回家。他没有豪言壮语,有的只是对高速公路事业的一腔热血、一份执着。

他业成于广博的学识与建设实践的结合。作为科技工作者,他在理论与实践相结合的道路上,融会贯通,得心应手,主持了多项科研课题的研究,取得了重大的技术突破和良好的经济效益。有多个项目荣获省、省厅科技进步奖,凭着这些辉煌的业绩,他顺利地被评为教授级高级工程师,成为当之无愧的福建省交通厅学科带头人,并获得了国家级劳模等多项荣誉。

"人生能修几条路,留取丹心照八闽",孙博士用他的行动践行了高速公路建设者用血汗写下的诺言:"修一条道路,树一座丰碑"。无数的高速公路建设者,认真落实工程设计与人文景观设计、工程施工与自然景观保护、工程完工与生态景观恢复的"三同步"措施,在高速公路建设过程中,同步建设沿线绿化景观、生态保护工程,积极奉献出高超的技术和精细的管理,锻造"铸就精品、造福于民"理念。社会舆论评价福建的高速公路建设:"从最初的修通修好,到今天建设景观路、生态路、环保路,反映出高速公路建设从数量到质量的飞跃。"

二、高速公路企业的核心价值理念

(一)企业精神:"爱路创新、廉洁奉献"

1. 释义

"路"是我们事业的基石,以路为家,为"家"的兴旺发达,励精图治,出谋献策;为"家"的兴旺发达,出力流汗,添砖加瓦;为"家"的兴旺发达,勤俭节约,任劳任怨;为"家"的兴旺发达,识大体顾大局,求大同存小异。

创新是我们事业的灵魂,要解放思想,善于学习,勇于探索,勤于实践,不断超越,用改革创新的精神推动高速公路事业的科学发展。

廉洁是我们事业的保障,要"以廉为荣,以贪为耻",常思贪欲之害,不存非分之想,不贪不义之财,自觉遵守上级有关廉洁从业的各项制度规定,共同维护高速公路形象。

奉献是我们事业的本源,要忠于高速公路事业,爱岗敬业,立岗奉献,为福建大通道建设和海西社会繁荣与经济发展贡献智慧和力量。

2. 宣贯

这段话从三个角度来形容企业精神:第一,企业精神是企业全体员工所具有的共同内心态度、理想理念、思想境界和价值追求等,表达着企业的精神风貌和企业的风气;第二,企业精神一旦形成员工群体心理定式,其信念化的结果会大大激发企业员工的积极性,大大提高员工主动承担责任和修正个人行为的自觉性;第三,企业精神作为企业的精神支柱、企业之魂,对企业的发展具有不可估量的推动作用。

坚守"爱路"的精神。"路"指福建高速公路公司(以下简称福建高速)所建设、运营、管理、养护的八闽高速公路网,也就是我们的企业产品。"没有路就没有福建高速",因此,"爱路"既是对福建高速现实状况、现存生产经营方式、员工生活方式的客观反映和要求,更是福建高速的立身之本和存在意义。坚守"爱路"精神,就是要热爱高速公路事业,就是要做到"以路为家",并且体现始终如一的意志,就是要配合"开拓创新"的精神不断拓展关于"路"的事业,不断延伸福建高速人"爱路"的范畴、领域、境界。

追求"创新"的精神。"创新"是福建高速参与市场、投身市场的竞争原则,同时也是福建高速核心价值观的取向之一。就是推进改革和进行创新的意思,就是要在管理体制、经营机制改革和技术创新方面取得突破性的进展,就是要锐意进取,不断变革,积极推陈出新,就是要善于学习、勇于探索、勤于实践、不断超越,使改革创新精神成为福建高速实现又好又快发展、科学发展、跨越发展的强大助力和推动力。改革创新精神体现了福建高速及其全体员工在与时俱进的形势变化中求生存、求发展的不懈追求和努力。

坚持"廉洁"的精神。"廉洁"精神意味着福建高速人"以廉为荣、以贪为耻",常思贪欲之害,不存非分之想,不贪不义之财,自觉遵守上级有关廉洁从业的各项制度规定;意味着福建高速把"廉洁"上升为企业的行为规范和道德标准,以此来约束全体员工,体现出企业的社会责任意识;意味着福建高速这个大家庭,要凝聚家庭全体成员的力量,共同来维护这个家庭的声誉、爱护这个家庭的荣誉、维持这个家庭在社会上的品德形象。

倡导"奉献"的精神。就是要"以高速公路为家",为了"家"的兴旺发达,任劳任怨,励精图治;就是要忠于福建高速公路事业,爱岗敬业,勇做贡献;就是要以"奉献"的精神鼓励、引导员工,拼搏进取,奋发图强,为海西的"大通道"建设和推动福建跨越发展贡献智慧和力量。

"爱路创新,廉洁奉献"的企业精神,围绕着一个中心或核心,即"路",福建高速把"路"上升为"家"的地位,爱路即爱家,创新是为了家的发展,廉洁是为了家的形象,奉献是为了家的美好。

(二)企业使命:"科学发展、高速先行"

1. 释义

福建经济的腾飞呼唤高速公路快速发展,海西崛起需要高速公路先行,我们勇于承担福建发展最迫切需要解决的"通"的科学发展任务,以敢为交通运输行业先锋的强烈"先行"使命感,着力构建环境优美、设施齐全、功能完善、纵横八闽的海西高速公路网,推动福建发展和海西建设。

2. 宣贯

使命,一方面定义了企业在全社会经济领域中所经营的活动范围和层次,表述了企业在社会经济活动中的身份或角色;另一方面,阐释了企业生存与发展的理由,自我概括了企业根本的、最有价值的、崇高的责任和任务。同时,也体现了企业全体员工的行为共识,通过树立一个共同目标来引导和激发全体员工持之以恒地为企业不断实现新的发展、新的超越而努力奋斗。

福建高速的企业使命不仅要包括目前面临的任务,更要涵盖福建高速人对过去的认识及对未来的判断与期望,要揭示我们成长的思路、依据与方向。多山的八闽大地,2000余年来一直身披"闽道难行"的传说色彩,长期以来,制约着福建发展的重要因素便是"通"的问题。纵观历史,宋元时期的福建沿海因为号称"东方第一大港"的泉州港打通了海上丝瓷之路,曾经成为中国最繁华、最先进的地区,延续到清初时,"自海禁严而福建贫",直到近代,中国被迫打开"闭关锁国"大门,福建沿海经济又开始有了起色,但紧随着日本侵华以及1949年后两岸封锁凸现出的交通问题再次成为制约福建发展的因素,虽然改革开放后福建渐渐恢复本来面目,然而近几年福建自身在公路、铁路、港口等方面的严重滞后,使得福建的发展再一次落后于沿海兄弟省份。

哪个时期交通通畅,福建社会经济就发展繁荣;哪个时期交通受阻,福建社会经济就萎缩萧条。八闽大地,比任何地方都迫切地要把对于"通"的发展奉为至上使命。以"快捷通道"为表现形式和企业经营的福建高速,基于对福建历史的认识,基于对两岸趋势的判断,基于对企业未来的期望,于是,统一全体员工的共识,奉行"先行赶超"的精神,着力构建环境优美、设施齐全、功能完善、纵横八闽的海西高速公路网。福建高速确立"科学发展"的使命,以满足人民群众便捷出行的生活需要,以满足海西再次崛起的发展需要,以满足链接"大港口"和"大物流"的"大通道"战略需要,以满足台湾通往大陆的政治需要;确立"高速先行"的使命,来承担福建高速应有的社会责任,来指引福建高速努力的发展方向,来实现福建高速未来的兴旺发达。

(三)企业愿景:"路畅业兴、家和共享"

1. 释义

我们盼望建成四通八达的"海西大通道"高速公路网,以此对接大港口,形成"车畅其行,货畅其流"的"大物流",要始终以优质的服务提供顺畅的路况、畅通的路网,让驾乘人员开心畅怀,促进福建高速公路事业兴旺发达、繁荣昌盛。我们渴望确立和睦相处的关系,打造和衷共济的团队,建设和谐共享、兴旺发达的"高速公路之家",为社会提供和善共享的服务。

2. 宣贯

"路畅业兴,家和共享"体现福建高速适应海西发展的客观要求。主营高速公路的投资、建设、开发、收费、养护和经营管理,这便是我们共同拥有的"家",服务是我们这个

"家"的本质,正是通过围绕"保证高速公路畅通"而提供的各项服务,我们才能积极发挥福建高速的"大通道"优势及在海峡西岸经济区建设中的重要作用,从而践行自己的企业价值观。福建高速肩负海西建设赋予的"一通百通"使命,快捷通道畅通的过程,便是我们的事业兴旺发达的过程,才能为全体员工"共享家园和谐"夯实下实现的坚强基础。

"路畅业兴,家和共享"体现福建高速当前的愿望诉求。经过近20年"千辛万苦绘蓝图、千策万计筹资金、千家万户献心血、千思万虑倾关注、千军万马大会战",至2014年底,海西高速公路通车里程达4175km,"两纵五横"主骨架网基本形成,并且保持迅猛发展势头,成就了"行业先锋"的能力与形象,奠定了"和谐共享事业兴旺"的基石。"路畅业兴,家和共享"是对多年来倾力打造"高速公路快捷通道网络"的传承和升华,是全体福建高速人梦想和理想的延续。

"路畅业兴,家和共享"体现福建高速对未来的事业追求。"路畅业兴"意味着福建高速要实现对服务对象的承诺、对社会的承诺,追求更高品质的高速公路建设、更加完善的通道管理和养护、更高质量的通行服务;"家和共享"意味着福建高速要实现对员工的承诺,追求企业和谐氛围的营造,追求改革开放成果的共同享受。福建高速人有勇气,也有魄力通过保路畅带动事业的兴旺;福建高速人有信心,也有能力通过和谐文化建设实现企业和员工共享的"双赢"局面。

(四)核心价值观:"人为本、德为贵、新为魂"

1. 释义

我们坚持以人的全面发展为根本目标,满足人的根本需要,保障人的根本利益,尊重人、理解人、关心人,为广大人民群众便捷出行创造条件;我们崇尚传统美德,遵守社会公德,坚守职业道德,锻造个人品德,恪守家庭美德;我们勇于更新观念,着力体制、机制创新、管理创新、技术创新,提升高速公路行业核心竞争力,使创新成为推动高速公路事业科学发展的不竭动力和力量源泉。

2. 宣贯

直接回答了福建高速"主张什么"的问题。对企业,它展示了福建高速的基本性格、经营宗旨、经营政策和战略目标;对员工,它规范了行为方式。作为一把价值判断标尺,时刻衡量福建高速企业整体及每一个员工个体的存在意义。

人为本,源自科学发展观最强调的"以人为本"精神。福建高速坚持以人的全面发展为根本目标,满足人的根本需要,保障人的根本利益,做到尊重人、理解人、关心人。一方面,要对顾客作出承诺,服务是高速公路的本质要求,福建高速以建设人便于行、货畅其流的高速公路大通道为企业的经营原则和永恒追求,坚持服务至上、车户至上,建好路、管好路、养好路,不断完善服务功能,不断提高服务水平和实效,让过往驾乘人员获得便捷、舒适、安全的服务;另一方面,要对员工作出承诺,没有满意的员工,就没有满意的"快捷通道"使用者,福建高速把员工的利益作为一切工作的出发点和落脚点,把尊重、关爱、信任和提升员工作为企业人力资源管理的立足点,致力使员工认为只有自己的企业才能体现自己的人生价值,从而激发员工的潜力,实现员工与企业的共同成长。

德为贵,源自"以德治国"的理念,并形成福建高速"以德治企"的特色,体现高速人对中华民族传统美德的崇尚、对社会公德的认真遵守、对职业道德的积极坚守,也体现福建高速注重对员工个人品德的培养、对员工高尚的道德情操的培育。

新为魂,源自党中央、国务院作出的建设创新型国家的决策,福建高速要把"创新"化为企业经营的生产要素,着力体制和机制创新、管理创新、技术创新,从而提升在高速公路行业中的核心竞争力。高速公路产业本身就是创新的产物,从其诞生起就行走在"创新"的道路上,每一次取得质的飞跃,无不是创新精神的结果,"高速先行"的进程,便是一个先行探索、先行进取、开拓创新、自我超越的持续提升过程,"创新是魂魄"已在潜移默化中化作福建高速从做大走向做强、走向又好又快发展的内在驱动力。

三、高速公路企业的管理价值理念

(一)管理理念:"文化引路、人才强路、科技兴路、制度管路"

1. 释义

夯实文化基础,构建优秀、独到、先进的企业文化,提升软实力,引领高速公路持续、快速、健康发展;建立人才引入竞争机制,培育德才兼备、人尽其才、才尽其用的人才团队,依靠人才优势来做大做强高速公路事业;致力于自主创新、科技攻关,充分利用科技成果和技术手段提升高速公路建设、运营管理水平;按照"科学决策、民主公开"的要求,建立横向到边、纵向到底的制度管理体系,构建长效的管理机制,推动高速公路事业的可持续发展。

2. 宣贯

管理要借助文化力。文化力就是企业核心竞争力的源泉,要进一步推动福建高速的健康、持续、快速发展,真正成为中国第一流的高速企业,就要借助于企业文化力。实践证明,企业文化建设与企业发展息息相关,是企业发展的灵魂,是做好企业发展战略规划的重要组成部分。

管理要运用人才法则。福建高速培养人才的基本法则:一是经营企业就是经营人心,经营团队成员快乐成长的情绪;二是建立学习型团队,把用人工作转变成工作育人;三是通过强化沟通,营造相互尊重理解的工作氛围;四是自我超越、团队学习、改善心智模式、建立共同愿景、系统思考;五是用文化凝聚人心,用制度引导职业道德。

管理要发展科技文化。在建设中不断提高科学技术应用水平,充分利用科技成果和技术手段提升高速公路建设质量,不断提高指挥调度、路面监控、信息分析、交通诱导工作的科技含量,使高速公路成为带动福建省繁荣腾飞的重要"引擎"。

管理要实施制度建设。制度是企业文化的重要载体,制度保证是企业文化建设中的关键性保证措施,通过建立和完善企业的各项制度(组织制度、管理制度、责任制度、民主制度),使企业倡导的价值理念和行为方式规范化、制度化,使员工的行为更趋于合理化、科学化,从而保证企业文化的形成和巩固。

(二)服务理念:"用心连接、真情互通"

1.释义

我们要用心呵护人、车、路的和谐相处,真心实意地为车户服务,用心搭建公司与车户的情感交流平台,把不断提升服务作为企业生命线;以热情服务和真情沟通增强企业与社会的互动,全力打造高速公路服务品牌。

2.宣贯

树立"服务至上"理念。高速公路是公共服务型的现代国有企业,这个特性决定了它应当履行三个职责:第一,服务社会。高速公路是为满足人民群众出行与运输发展的需求而存在和发展的,是保障民生和改善民生的一个体现。服务公众、服务海西发展,是省委、省政府、人民群众对高速公路建设和运营管理的必然要求。其次,提高效益。国有企业有责任让国有资产保值增值,促进高速公路滚动发展。第三,自身发展。包括企业自身的良性发展和员工的发展。

(三)安全理念:"关爱生命、安全至上"

1.释义

生命无价,我们所从事的各项工作都要把人的生命安全与健康放在首位,牢牢树立安全意识,形成"人人讲安全,人人懂安全、人人保安全"的工作机制。

2.宣贯

安全生产管理三原则:一是安全生产方针。"安全第一、预防为主",安全是企业兴亡的基石,是企业的生命线、效益的前提,是增强企业凝聚力、吸引人才和劳动力的磁石。二是安全保障技术。用高科技、新技术解决安全生产中存在的问题,做到即使发生误操作也保证不发生事故、即使设备有缺陷也要保证不发生事故。三是安全生产状态。保证安全生产的必备条件(人员、设备及管理),时刻在最佳状态。要建立管理层对安全的责任制度,建立安全保障资金制度等。

(四)人才理念:"尚贤育人、人尽其才"

1. 释义

按照"德才兼备、唯贤是举"的原则培养人、选拔人,努力做到"人尽其才,才尽其用",创造各种条件搭建人才平台,让想干事的人有事干、能干事的人干成事,为高速公路事业持续发展提供智力支持和人才保障。

2. 宣贯

首先,选择人才要坚持"以德为先"。企业用人必须注重德才兼备,那种过分看重才能而忽视品德的做法,不利于人才的成长与事业的长远发展。企业的竞争最终是人才的竞争,"人才",最大的特征是"德才兼备",有德无才算不上理想的人才,有才无德同样称不上是合格的人才。其次,培养人才要坚持"造物先造人"。福建高速的人才思路是使用人、培养人、经营人。人事部门的工作是培训人才、制造人才,福建高速培养的人,应该是有社会责任感、为社会做贡献、积极进取、团结礼让、有业务能力的人。

(五)理财理念:"聚之有方、用之有道"

1. 释义

我们要为高速公路事业的滚动发展创新筹融资机制,拓宽筹融资渠道,严守财经纪律,规范运作,稳健理财,降本增效,确保国有资产保值和增值的同时,反馈社会,取之于民,用之于民。

2. 宣贯

一是科学筹用资金。财务运营管理作为企业管理的重要组成部分,如何在新形势下创新管理理念,直接关系到企业的生存与发展。怎样管好用好管理资金,让有限的资金得到最有效的运用是计划财务工作的重中之重。二是科学当家理财。严格计划控制,强化预算管理。企业的发展需要雄厚的资金做后盾,而企业财务运营的计划管理则是实现企业发展目标的一个根本手段。强化企业预算管理,不仅是实行计划管理的重要支撑,更关系到整个企业的发展。三是加大筹融资力度。高速公路建设资金需求量巨大,要创新筹融资机制,积极拓宽渠道,为项目建设提供资金保障。高速公路的发展,不仅依赖于现有高速公路运营管理水平的提高,而且为了增强企业的市场竞争力,需要在做强与做大战略的互动中,充分利用各种融资渠道,为高速公路的发展提供充沛的资金流,这是财务管理所担负的一项重要任务。加快项目建设是完善福建省高速公路网,服务福建经济社会发展的重要保证,也是福建高速构建以运营管理为主、项目建设和经营开发协调发展格局的重要内容。

（六）廉政理念："守廉戒贪、防微杜渐"

1. 释义

高速人都要始终把廉洁作为一种操守，坚持不懈地进行思想改造和道德修炼，不断修身立德，淡泊明志，固守节操，洁身自好，自律、自重、自省、自警、自励，做到不廉之念勿动，不义之财勿拿，不法之事勿做，努力营造"敬廉、助廉、倡廉"的氛围。认真贯彻执行并严格遵守上级有关的廉政规定，不断加强反腐倡廉教育，健全制度，强化监督，创新体制，完善体系，始终保持对反腐倡廉的"高压"态势，使全体高速公路人自觉践行"以廉为荣，以贪为耻"的从业准则。

2. 宣贯

企业廉政文化是企业文化的重要组成部分，是企业廉政工作从文化层面的延伸。它的功能在于能通过知识体系、制度安排、言论评价、视听传播等方式发挥舆论和意识的导向作用，营造以廉为美、以廉为乐、以廉为荣的党风政风，从而逐步铲除滋生腐败现象的社会思想根源，推动党员干部自觉廉洁从政。加大企业廉政文化建设力度，能更加有效地推进企业的反腐倡廉工作。深化企业廉政文化建设要内化于心、固化于制、外化于行，同时要提高认识、形成合力、大胆创新。

企业廉政文化的本质属于思想道德文化建设。它与企业精神文明建设、党员干部队伍建设相互结合渗透，是企业文化建设在企业廉政工作上的支持力和渗透力的结合。如果说企业文化是一种管理文化、经营者文化，那么，企业廉政文化通过企业文化作为载体渗透在企业的经营管理当中，与企业党员干部队伍建设、党风廉政责任制建设有机结合，相互渗透。加大企业廉政文化建设力度，就能更有效地推进企业的反腐倡廉工作，企业要将党风廉政建设教育的丰富内容，融于本行业、本单位生产经营活动和特点之中，并采取文化活动寓教于乐的方式表现出来，在潜移默化、润物无声中显现出教育效果，营造出依法经营、诚实守信、廉洁自律的企业环境和氛围。通过各种文化教育活动，增强企业员工"廉政文化建设人人有责"的意识，在企业内部营造"以廉为美、以廉为乐、以廉为荣、人人思廉、人人保廉、人人促廉"的良好氛围。

四、高速公路运营管理的业务理念

（一）收费理念："至诚至信、精准高效"

1. 释义

坚持诚信收费，通过努力不断提高业务水准，确保通行快速，做到"应征不漏，应免不征",致力于形成一个完善高效的服务管理与监督体系,从而实现收费工作精细化管理,为广大车户提供精准、快速服务,营造一个安全、畅通、和谐的收费工作环境。

2. 宣贯

诚信收费是一种竞争力。企业的竞争,是一种信誉的竞争,服务的竞争。谁的信誉好,谁的服务好,谁能更适应顾客的需要,谁就能占领更多的市场。高速公路是服务行业,而收费服务是高速"窗口"文明形象的代表,体现着我们企业管理水平的高低,体现着企业本身的文化内涵和员工的精神风貌,展现在社会公众面前的是一种品牌。收费窗口服务质量的提高,只有从不断增强服务意识,认知服务内涵,规范服务礼仪等方面入手,狠抓优质文明服务,才能提升文明服务质量,树立起良好的窗口形象。

福建高速公路一直坚持提供以"畅、洁、绿、美"高速通道的服务作为主要企业产品,强调收费人员的文明服务质量也就是公司产品的质量,提供高质量文明服务,自觉树立服务理念,就成为费收岗位职业最基本的要求。

(二)养护理念:"建养并重、缔造舒适"

1. 释义

高度重视高速公路的养护管理,养护者业精于勤,精心呵护保养,时刻把养护质量、路况摆在与建设同样重要的位置上,做到心中有路,路容路貌心中有数;坚持"预防为主,防治结合"的方针,完善养护管理的技术规范,充分利用科技手段,提高养护水平,创造畅、洁、绿、美的行车环境,缔造快捷与舒适的行车体验。

2. 宣贯

高速公路养护管理的重要性。高速公路的发展水平是一个国家经济实力和经济发展水平的重要标志,同时也是一个国家经济发展活力的重要保证。但是,高速公路的养护管理起点高,标准高,要求高,专业性强,涉及面广,养护管理难度非常大,高速公路的养护管理能力直接关系到高速公路的有效利用。

形成高速公路养护管理系统的必要性。在高速公路的养护管理中,道路维护、绿化养护及清障排障等管理工作,相互之间既有联系,也有区别。如何将这些管理行为有机地统一起来,需要建立信息化高速公路道路养护管理系统完成这些基础管理工作。高速公路的日常养护、交通工程、绿化工程、照明系统维护都需要科学化的管理。

建立科学高效的高速公路养护管理系统。高速公路的养护管理是一项系统的多学科、多信息、多任务的工程,涉及包括预算、计划、结构检查养护、机电设备操作检查维护、资源优化的编制、相关单位协作及处理紧急事件预案等工作。要完成这些工作,就需要建立一个科学高效的高速公路养护管理系统来支撑。

(三)路政理念:"依法护路、快捷通畅"

1. 释义

路政部门作为行政执法部门,根据《中华人民共和国公路法》《福建省公路路政管理条例》等法律法规赋予的职责,依法维护高速公路路产路权,在处理路政案件时以事实为依据,以法律为准绳,做到秉公执法、依法查处。同时,路政部门行使高速公路路面管理权,不断完善突发事件应急处置预案,及时发现、快速处置各类影响高速公路畅通的突发事件,消除安全隐患,确保道路的快捷与畅通。

2. 宣贯

依法护路是安全畅通的保障,高速公路面向全社会开放,作为基础性、服务性的准公共产品,最大价值体现为社会车辆提供人便于行、货畅其流的优质通行条件。为加强高速公路安全工作,路政管理必须打破条块界限,与交警部门协调筹划,建立以监控中心为中枢,运用网络、通信等现代工具,由监控、路政、排障、征收及公安交警等部门组成的交通安全保障管理体系,实施快速、高效、全方位的安全保障。高速公路路政管理,作为高速公路的执法主体,应根据国家法律、法规和规章为维护高速公路路产、路权实施行政管理,通过路政执法,严厉打击少数恶意超限超载违法分子,对车辆超限超载依法严管,保护合法运输户的利益,减少超限运输引起的事故,保护人民群众的出行安全,最大限度地发挥高速公路的社会效益和经济效益。

(四)监控理念:"技术为先、保障为重"

1. 释义

精通专业技术,积极跟踪监控技术前沿,不断熟悉掌握新理论,科学引进新方法,积极开发新技术,努力提高服务能力和管理水平,建立一个上下联动、信息互通的网控服务保障体系,为运营管理提供强有力的监控技术保障。

2. 宣贯

完善机电系统是提高服务的重要保障。机电系统是高速公路中技术含量最高的部分,是高速公路现代化管理的重要保证。加强和完善机电系统日常运行维护保养体系,包括通信、监控、收费等工作系统,是高速公路经营管理的神经系统,也是高速公路现代化管理的支撑系统。要建立一个上下联动、信息互通的网控服务保障体系,充分利用先进的电子设施和信息计算机管理手段,有效服务收费运营管理,对于提高高速公路的运营效率,为运营管理提供强有力的监控技术保障。

机电系统维护必须走专业化道路。高速公路机电系统复杂、专业性强、维护量大、条件恶劣等特点,给机电系统的维护带来了一定的难度。为此,高速公路监控服务中心要结合自身特点,摸索一套行之有效的维护治理制度和方法,要加强技术人员培养和各类日常操作培训,注重维护治理人员素质的提高,使技术人员、操作人员、设备器具处于最佳工作状态,确保机电系统正常运行,更好地服务于运营管理。

(五)开发理念:"经营树品牌、开发谋发展"

1. 释义

依托并服务高速公路主体,强化品牌意识,实施品牌战略,着力提升经营专业化水平,实现社会效益和经济效益最大化。

拓展思路,整合资源,发挥优势,凸显特色,综合开发,增强高速公路发展的后劲。

2. 宣贯

在市场经济条件下,以品牌来树立良好的形象,已成为行业发展行之有效的竞争手段,加强对品牌的管理也成为高速公路管理者参与市场竞争战略的重要部分。一要进一步搞好服务区品牌建设。加强服务区的后勤物业的管理,加强星级服务区的跟踪监督管理;抓好服务区餐饮、超市的特色经营,在以服务树形象、以服务出特色、以服务创品牌、以服务增效益的前提下,建立服务区员工培训制度;经营开发工作要充分利用和依托全省高速公路车流、物流的优势,积极稳妥地实施具有地域性、关联性、时效性和社会性的综合开发,实施多元化经营开发战略;加强高速公路经营性资产管理,创造自己的品牌。二要进一步拓展经营开发的范畴。目前,福建省高速公路的经营开发项目仅限于广告、加油站、餐饮、超市、加水等业务。要把经营开发"做大做强",不断拓展经营服务项目。三要进一步统筹兼顾创新发展。经营开发既要注重经济效益,同时也要注重社会效益。在经营开发中要注意生态环境保护,走可持续发展的路子,做到科学规划、规避风险、保护环境和增加效益,实现经济效益和社会效益双丰收。

五、福建高速公路的广告语:"魅力高速、畅通无限"

释义:体现了高速公路的实力和影响力,传递着福建高速人对社会的承诺和责任;纵横八闽的高速公路、畅无限、商机无限、魅力无限,将承载您美好的梦想,带给您无尽的希望,让您美梦成真,无限畅游海西,领略大好风光,终生享受高速大通道永无止境的"畅、洁、绿、美"的服务。

第三节 福建高速公路的形象识别系统

标志之于企业,如同战场上旗帜之于军队一样,意义非同一般。它作为企业的一种外在特定符号,是企业文化、企业个性等因素的综合与浓缩,可谓小中见大,见微知著。一个合格的企业标志,有两个必要的条件:一是简洁明了。经济社会,标志多如牛毛,人们不会特意去记忆一个企业品牌,只有那些简单易记的标志才容易让人们不经意地留住印象;二是准确表达品牌特征。企业的标志,归根到底是为企业的品牌服务,标志要让消费者感知到这个品牌是干什么的,它能带来什么利益。

一、标志形成

(一)征集阶段

2007年底与开展价值理念用语征集活动同步启动,通过网络公开向全社会征集,共收到社会各界投稿的标志图案2330幅,经初评,筛选了60多幅具有创意、能够反映福建高速公路建设和运营特色的作品;2008年采取职代会现场投票推荐方式,评出优秀作品24幅。2008年底,在省公司主要领导的组织下,完成了全系统生产车辆标准色的统一喷制。

(二)深入设计阶段

2009年2月的二届五次职代会审议通过福建高速(集团)核心价值理念体系,进一步推动了标志的设计步伐,在评出的24幅优秀作品基础上,聘请专业创意公司进行深入设计,形成多套标志方案提交办公会多次研究,其间省公司主要领导多次过问、亲自审核标志方案,并提出修改意见。

(三)明确"MG"(闽高速)主创设计提升阶段

2010年1月的二届六次职代会审核通过"司歌"《高速公路人之歌》,极大地推动了标志设计工作,党委会多次研讨,五易其稿,同意聘请中视纵横设计公司(原福泉文化建设试点设计单位)负责标识系统的最后修改完善工作及导入应用设计。省公司主要领导亲自挂帅领导修改完善工作,凝聚了公司领导、机关各处室和系统上下智慧和心血,于8月形成了包含标志、标准色、标准字的形象识别系统。

标志形成后,省高速公路公司进一步完善物质文化体系基本元素(即企业VI视觉识别系统)的导入与应用设计,印制《企业文化手册》,并且利用扩建契机,委托所属泉厦、福泉公司在新票亭和部分房建构造物等进行标志、标准色的导入应用试点。2013年以来,主要在运营路段推广应用标志、标准色、标准字,并同步在建设路段中导入应用,与路景、房建、收费岗亭等同步设计,与工程建设同步施工,节省成本,统一规范,营造文化氛围,树立文化品牌。

二、标志与标准字组合图(图9-3-1)

图9-3-1 闽高速标志

三、标志释义

标志图案为椭圆形,既体现高速公路建设特点,也展现高速公路运营管理特色,象征福建高速是建管一体、团结奋发的集团式公司。

一是体现高速公路的行业属性。整体采用橘红和草绿两种颜色,橘红色泽鲜艳醒目,适用于交通安全警示,也代表了和谐吉祥,绿色代表生命、健康、活力和对美好未来的追求,也象征着环保和畅通的高速公路在不断延伸。两种颜色也把"MG"(闽高速)及"FJ"(福建)给予地域的形象化。设计简洁大方、色彩明快清晰。

二是寓意高速公路的事业追求。绿色部分:是一条向远方延伸的高速路,象征着高速公路的建设里程不断突破和跨越,运营管理不断拓展,同时绿色是高速公路沿线的标志牌标准色,也代表着高速公路对生态环保、路路畅通的追求。橘红色部分:是一轮东升的旭日形象,象征着高速公路科学发展、跨越发展、蒸蒸日上的事业,同时代表了安全舒适、热情服务,橘红与草绿相配,也寓意于福建高速公路在如火如荼的海西建设中发挥着大通道支撑与保障服务的作用。

三是与核心价值理念构成有机整体。标志蕴含的内涵及释义,激励全系统干部职工更加深刻地理解福建高速"科学发展、高速先行"的企业使命、"路畅业兴、家和共享"的企业愿景以及"用心连接、真情互通""快捷通畅""缔造舒适""魅力高速、畅通无限"等核心价值理念。标志与标准色、标准字有机构成统一的整体,对外展示了高速公路朝阳、奋发和不断追求社会经济效益的良好品牌形象。

第四节　福建高速公路文化建设重要文件

福建省高速公路系统企业文化建设实施纲要

为继承和发扬福建省高速公路系统先进文化,全面落实科学发展观,构建和谐企业,推动福建省高速公路系统"三个文明"建设,根据中央办公厅、国务院办公厅《国家"十一五"时期文化发展规划纲要》,交通部《交通文化建设实施纲要》,国资委《关于加强中央企业企业文化建设的指导意见》,省委办公厅、省政府办公厅《福建文化强省建设纲要》及福建省交通厅《福建省交通行业精神文明建设"十一五"规划》《福建省交通系统企业文化建设实施纲要》精神,结合福建省高速公路系统实际,制定本实施纲要。

一、企业文化建设的重要意义

先进的企业文化是企业持续发展的精神支柱和动力源泉。加强企业文化建设,是实践"三个代表"重要思想、落实科学发展观、体现先进文化前进方向的内在要求,是推动高速公路可持续发展的一项重要战略,是发挥党的政治优势、进一步加强思想政治工作的迫切需要,是建设高素质职工队伍、促进人全面发展的必然选择。在当前建设海峡西岸经济区的大背景和全省高速公路系统落实"四个重在"实践要领、践行"一通百通海西八方纵横"福建交通精神的大环境中,进一步加强高速公路系统企业文化建设,对于提升文明服务形象,增强高速公路系统发展潜力和核心竞争力,构建高速公路和谐行业,促进高速公路事业又好又快发展,具有极为重要的意义。

二、高速公路系统企业文化建设的指导思想、总体目标

(一)指导思想

以邓小平理论、"三个代表"重要思想和科学发展观为指导,认真贯彻落实国家、交通部、省交通厅有关企业文化建设文件精神,在弘扬中华民族优秀传统文化和继承高速公路建设和运营管理优良传统的基础上,积极吸收借鉴国内外现代管理和企业文化的优秀成果,坚持制度创新与观念更新相结合,以爱国奉献为追求,以服务社会为取向,以人本管理为核心,以学习创新为动力,以促进发展为目标,努力建设符合社会主义先进文化前进方向、具有鲜明时代特征、丰富管理内涵、凸显行业特色的福建高速公路企业文化,促进高速公路事业持续、协调、稳定、健康发展,为建设海峡西岸经济区做出新贡献。

（二）总体目标

用3~5年的时间，构建起符合高速公路发展战略、独具鲜明特色、引领未来发展的福建省高速公路系统企业文化体系。通过企业文化的创新和建设，内强企业素质，外塑企业形象，增强企业凝聚力，提高企业竞争力，实现企业文化与企业发展战略的和谐统一、企业发展与员工发展的和谐统一、企业文化优势与竞争优势的和谐统一，为高速公路事业的改革、发展、稳定提供强有力的文化支撑。

2007—2008年的工作目标是成立领导小组、搞好思想发动、制定发展规划，开展企业文化现状调研，总结提炼完善全系统核心理念并着手应用理念系统的定格设计和企业标志等的征集，为企业文化体系建设奠定基础。

2008—2009年工作目标是建立适应高速公路系统发展需要的企业文化建设领导体制和工作运行机制，加快制度文化与物质文化建设步伐，深化精神文化内涵，规范行为文化，设计塑造企业的形象文化。

2009—2010年的工作目标是加强企业文化的传播、推广与实践巩固，不断完善与创新，树立先进典型，形成各具特色、内涵丰富的高速公路企业文化建设体系。

三、高速公路系统企业文化建设的基本内容

高速公路企业文化的主要内容包括：精神（理念）文化、制度（行为）文化和物质（形象）文化3个层面，即企业形象战略的三大支柱：企业理念识别系统、企业行为识别系统和企业视觉识别系统。

（一）推进企业精神（理念）文化建设，铸造企业灵魂

企业精神（理念）是企业的领导和全体员工关于企业的使命、共同愿景、核心价值、企业伦理及经营企业的哲学、思想、观念，它影响到企业的经营方针、战略决策、行为准则和工作方法，是企业一切工作的思想基础，也是企业文化建设的灵魂。其主要内容如下：

(1)核心理念系统。主要包括企业使命、企业愿景、核心价值、企业精神及企业伦理等。

(2)应用理念系统。主要包括经营服务哲学、管理、人才、客户、市场等理念。

（二）推进企业制度文化建设，规范员工行为

企业制度文化是企业为实现自身目标对员工行为给予一定限制的文化，具有共性的强力行为规范要求。其主要内容如下：

(1)企业治理结构及管理组织结构的建设。主要任务：一要依法建立企业治理结构，二要设置完善有效的管理组织结构。

(2)管理制度建设。主要包括：高速公路建设和运营管理和各种技术规程以及相应的管理制度建设。

(3)岗位责任制的建设。高速公路建设和运营管理岗位责任制是以工作岗位为核心建立的责任制度，包括一线人员、专业技术人员、管理人员及领导人员岗位责任制。

(4)民主制度的建设。突出"以人为本"的理念，充分发挥企业党组织的政治核心作用以及群团组织的桥梁纽带作用，激发广大职工的主人翁责任感。

(三)推进企业物质文化建设，塑造现代企业新形象

通过企业物质文化建设，折射出企业的经营思想、管理哲学、工作作风和审美意识，使企业形成一种外在的、优美的环境文化，包括企业视觉识别规范及工作环境和生产现场规范等。其主要内容如下：

(1)设计和确定企业的名称、标志、标准字及标准色，集中体现高速公路系统的物质文化。

(2)规划和营造企业外貌，包括自然环境的绿化美化、路容路貌、办公室和收费所站、监控分中心、路政执法站点、服务区、养护工区等的优化布置等，营造人们对高速公路的第一良好印象。

(3)设计和确定高速公路的企业徽章、旗帜、服装和歌曲等，形象地反映企业文化的深刻内涵。

(4)文化设施和阵地建设。包括建立和完善高速公路内部刊物、简报、信息网络、宣传栏、广告牌、招贴画等。

四、高速公路系统企业文化建设的组织实施

(一)调研分析阶段

组织与企业文化有关方面进行调查，包括高速公路发展过程、建设理念、经营思想、领导决策、员工素质、规章制度以及企业文化建设现状，做到心中有数；分析客观形势的发展，企业文化现状，员工思想，结合企业发展战略和实际情况，找出差距和不足，明确企业文化建设的总体目标和步骤。

(二)提炼设计阶段

采取上下互动、内外结合的方法，根据形势的发展，从高速公路十多年来的发展过程和现状出发，结合企业文化建设的总体目标，总结提炼企业价值观、经营理念、企业精神等，进行识别系统的设计，反复征求意见。要通过典型事例，总结和提炼企业文化的生动

内容,使本单位的企业文化(文字表述、图案展示、实际案例、人物事迹等)形成完整的体系,制定《企业文化手册》,对企业发展目标、经营管理理念、企业行为、职工行为等内容做出符合自身实际的规范。省公司侧重开展企业文化整体战略研究,制定整体规划,总结挖掘提炼全系统核心价值理念体系,构建全系统统一形象识别系统;各基层单位要在省公司提出的企业精神、企业理念的基础上,结合各自实际积极开展廉政文化、学习文化、节约文化、服务文化、礼仪文化、创建文化、创新文化等各具特色的行为文化实践活动,把高速公路企业文化理念渗透到运营服务管理的各个环节中,并形成企业文化建设的长效机制。

(三)推广实施阶段

主要是通过实施三项工程,使企业文化落到实处。一是实施"意志化工程",通过强化宣传教育,使企业文化"内化于心",做到企业全体人员了解和掌握本企业文化建设的具体内容和精神实质,把高速公路价值理念内化为广大干部员工的自觉意志,增强队伍的凝聚力。二是实施"物化工程",大力推进制度创新,通过制度创新,把公司理念"固化于制",落实于行,建立形成有效的激励约束机制,把企业文化融入高速公路建设和运营管理实践之中,真正把企业价值理念变成企业和员工的行为规范。三是实施"形象化工程",使高速公路企业文化外化体现在办公系统、运营系统、服装系统、环境系统和礼仪系统,使企业文化"外化于行"。

(四)深化提高阶段

在推行企业文化的过程中,认真总结经验,丰富成果,推陈出新,不断把具有高速公路特色的企业文化推向完善和成熟。注重在坚持共性的前提下体现个性,处理好全系统的企业文化与各所属单位企业文化的关系。要以统一的企业精神、核心理念、价值观念和企业标识规范系统的企业文化,保持全省高速公路系统内部文化的统一性,增强高速公路系统文化的凝聚力、向心力,树立高速公路系统的整体形象。各所属单位应结合实际,在统一的核心价值理念指导下,培育和创造特色文化,展示企业个性。

五、高速公路系统企业文化建设的保障措施

福建省高速公路系统在十多年的发展实践中,积累了一定的文化底蕴,形成了反映时代要求,体现本行业特色的企业文化,在培育企业精神、提炼经营理念、推动制度创新、塑造企业形象、提高职工素质等方面进行了广泛的探索,取得了明显的成效。但也还存在对企业文化建设重要性认识不足、发展不平衡、片面追求表层与形式而忽视企业核心价值理念的提炼和相关制度的完善,企业文化建设与企业发展战略和经营管理存在脱节现象及缺乏常抓不懈的机制等。为此,要从以下几个方面来进一步规范和加强全省高速公路系统企业文化建设。

(一)要着眼长远,加强领导

领导者高度的文化自觉是推进企业文化建设的前提和关键。全系统各级各部门要把企业文化建设纳入企业发展战略作为企业经营管理的重要组成部分,与党的建设、思想政治工作和精神文明建设等工作有机结合,加强领导,全员参与,做到同部署、同检查、同考核、同奖惩,切实抓好。要建立行政"一把手"是第一责任人,党委负责全面推进,各有关部门按分工协作抓落实的"三位一体"的企业文化建设领导体制。省公司成立企业文化建设领导小组和工作班子,主要负责企业文化建设的组织、协调和指导工作。同时,将适当借助"外脑",邀请有关专家担任公司企业文化建设顾问。各单位都要相应建立企业文化建设领导机构,落实企业文化建设主管和职能部门,配备专人负责做好工作的协调、指导和组织实施,并常抓不懈。各单位主要负责人,作为推进企业文化建设的关键,要增强企业文化建设的意识,当好企业文化建设的设计者、倡导者和组织者,要站在企业长远发展的战略高度重视企业文化建设,对企业文化建设进行系统思考,确定本单位企业文化建设的目标和内容,提出正确的经营管理理念,身体力行、率先垂范。

(二)要齐抓共管,形成合力

企业文化建设是一项宏大的系统工程,涉及企业的方方面面,需要全员参与和各部门的共同努力,必须调动各方面的积极性。在企业文化的建设和培育过程中,要始终把发挥企业主要经营者的主导作用与中层领导的骨干作用和全体员工的主体作用结合起来,用企业家精神带动企业文化建设,发挥群众的首创精神和主体作用,形成企业文化建设的整体合力。要采取各种形式,如通过专家讲座、学习培训等方式,加强企业文化知识宣传和学习培训,积极营造良好的企业文化建设舆论氛围,使各级领导干部和企业文化建设骨干人员掌握企业文化的基本理论和基本知识,以及推进企业文化建设的方法和途径。

(三)要重在建设,务求实效

各单位都要制订切实可行的企业文化实施方案,借助必要的载体和抓手,系统思考,重点突破,着力抓好企业文化价值理念、制度和物质3个层面建设,要把学习、改革、创新作为企业的核心理念,注重价值取向,坚持人的价值高于物的价值,共同价值高于个人价值,社会价值高于利润价值等原则。将先进的文化理念融入具体的规范制度中,渗透到相关管理环节并在激励与约束中,引导和规范员工行为,实现价值导向。

(四)要建章立制,注重长效

加强对企业文化建设工作的督促考核,加强对企业文化的学习培训,形成企业文化的长效管理机制。要引入奖惩机制,建立科学的管理制度,将企业文化建设成绩列入工作考核指标体系;明确工作职责,建立分工负责、关系协调的企业文化建设责任体系,落实责任,使"软管理"硬化,使各级管理者把企业文化建设看成本职工作的一部分,形成"党政工团"齐抓共管局面,保证企业文化建设工作的顺畅运行。建立考核评价和激励机制,定期对企业文化建设的成效进行考评和奖惩。建立保障机制,设立企业文化建设专项经费并纳入企业年度预算,加大企业文化建设软硬件投入,为企业文化建设提供必要的资金支持和物质保障。

统一规范使用福建高速(集团)标识系统

为进一步统一规范使用福建高速(集团)标识系统(包含标志、标准色和标准字),切实维护全省高速公路系统整体物质形象,推动实现价值理念、行为规范、形象标志的集团式文化"三统一"目标,构建完善福建高速(集团)企业文化体系,有关要求如下。

一、实施原则

按照分步实施、逐步推进、厉行节约、最终统一的原则。分两个阶段实施:

(一)第一阶段

在新通车路段,结合所、站、队等基层单位的环境布置、文化上墙等要求,把企业标志、标准色和标准字以及核心价值理念体系应用起来。

(二)第二阶段

在现有已经布置好的所属单位本部及基层单位,可结合实际需要,逐步更替标志、标准色和标准字,节约成本,杜绝浪费。

二、实施范围

全系统各所属单位及所、队、站等基层单位,均必须统一规范使用统一的企业核心价值理念体系和标志、标准色和标准字。

各所属单位的产品商标原则上应统一规范使用公司(集团)标志、标准色和标准字。

高速公路所有房建、收费棚、票亭及沿途有关设施,应从设计环节纳入规范使用公司(集团)标志、标准色和标准字要求。

三、实施标准

由省公司统一印制《企业文化手册》，统一规范企业核心价值理念体系和标志、标准色的应用。

请各单位抓紧做好标识系统的推广应用工作，总结交流好的做法和经验，以进一步发挥标识系统在提升福建高速现代企业形象的重要作用。

福建省高速公路系统"十二五"文化发展工作规划

为深入贯彻党的十七届六中全会《关于深化文化体制改革推动社会主义文化大发展大繁荣若干重大问题的决定》，以及《福建省交通运输厅关于印发福建省交通运输行业"十二五"文化建设实施纲要的通知》（闽交政〔2012〕11号）精神，进一步推进《福建省高速公路系统企业文化建设实施纲要》的落实，特制定本规划。

一、指导思想

坚持社会主义先进文化发展方向，以邓小平理论和"三个代表"重要思想为指导，贯彻落实科学发展观，围绕科学发展主题和经济建设中心，以推进社会主义核心价值体系建设、践行福建精神、交通精神为引领，不断完善福建高速（集团）企业文化体系，推动文化品牌战略的落实，提升高速公路对社会、对职工的文化服务水平，为高速公路事业的持续发展提供强大精神支柱和动力源泉。

二、目标任务

总体目标：努力培养提升全系统的文化自觉和文化自信，实现福建高速（集团）核心价值理念体系深入人心，并有效融入企业管理，形成独具特色的福建高速（集团）文化体系。建成覆盖全系统、适应职工群众需求的文化服务网络，职工文明素质明显提高，良好的思想、职业道德风尚进一步弘扬，企业的凝聚力、软实力进一步提升，文化品牌的社会影响力更加彰显。

"十二五"前三年目标任务：完善并深入宣贯福建高速（集团）核心价值理念体系；印制《企业文化手册》，规范核心价值理念体系和标识系统的推广应用标准；在新通车路段及各运营公司本部办公场所、基层单位重要窗口，导入应用核心价值理念体系和标识系统；"标准化管理、星级服务区、生态所站"等文化品牌产生良好的社会影响，并力争有1~2个项目或单位（个人）入评部、省"十、百、千工程"先进行列。

2014—2015年目标任务：持续开展企业文化宣贯落地活动；进一步繁荣福建高速文化，建立适应高速公路发展需要的文化发展长效机制；路景文化、走廊文化初具规模；标识系统全面应用;文化基础设施得到普及完善,文化服务网络基本形成并发挥有效作用。

三、主要措施

(一)加快完善集团的企业文化体系

要进一步从文化自觉和自信的高度,将企业文化体系建设作为福建高速(集团)不可或缺的重要组成部分,纳入行业的重大发展战略,根据新形势,结合发展实际,融合社会主义核心价值体系、福建精神以及福建交通精神,进一步完善福建高速(集团)核心价值理念体系,更加巩固职工共同价值观和推动工作的思想基础。以核心价值理念体系为灵魂、指导,积极提升制度文化和物质文化建设层次。

(二)加大核心价值理念的宣贯力度

印制《企业文化手册》《企业文化培训教材(下册)》,连同培训教材上册和《福建高速(集团)企业文化理念故事集》,形成一整套提供宣贯活动使用的统一、规范教材。结合学习型组织建设、职工岗前培训、继续教育、感恩教育等,创新宣贯载体,拓宽宣贯手段,全方位宣传、解读核心价值理念体系释义,形成强烈视觉冲击,营造浓厚文化氛围。

(三)持续推进制度文化建设

要以推进标准化管理为载体,转化高速公路建设和运营领域标准化管理的成果,使之成为制度文化体系的重要组成部分,并全面对接集团文化理念,促进制度流程再造创新,进一步筑牢集团制度文化的根基,在更高层次建设形成独具高速公路特色的制度文化。

(四)推进标识系统的导入应用

推广应用包括标志、标准色和标准字的标识系统,设计完成高速公路徽章、旗帜等,以更高标准塑造企业文化形象。按照分步实施、逐步推进、厉行节约、最终统一的原则,各所属单位和基层所队站办公场所、办公用品、公务用车、对外的产品商标、所有房建、收费棚、票亭及沿线有关设施等,均必须规范使用统一的标识系统和核心价值理念体系(综合执法机构遵照交通运输部、省交通运输厅的统一要求),美化系统内整体视觉环境,形成统一的福建高速文化形象品牌。

(五)建设路景文化和走廊文化

路景文化和走廊文化是独具高速公路行业特色的文化形象展示途径,要组织研究路景文化、走廊文化建设的标准,纳入运营和服务标准化管理体系。坚持突出集团理念,坚持整合统一,在高速公路沿线,重点是设置路景文化点;在所属各单位机关和基层所队站的办公场所、重要公共活动场所等地,重点是形成走廊文化氛围;在服务(停车)区,除建设走廊文化外,还应建设文化景观。对新建路段,要从规划设计阶段就纳入推进,着力降低导入成本。

(六)广泛开展群众性文体活动

深入开展"司歌"《高速公路人之歌》传唱活动。把职工文化生活纳入企业文化内涵中,创新开展文化活动,组织"文化之旅"、建设"茶文化、石文化"、推广"生态所站"建设等。创新文化服务方式,提高文化服务水平,学习借鉴、推广文艺小分队基层巡演、职工兴趣小组等特色做法,让文化活动贴近基层、贴近职工、贴近生活,最大限度地满足职工的文化需求。

(七)加强文化基础设施建设

把发展公益性文化事业纳入高速公路运营管理规划中。所属各单位要加大投入,在机关办公场所、基层所队站以及服务(停车)区等,配备职工文化活动基础设施、基本文体设备,服务职工的健身、阅读等活动。服务(停车)区还应为过往驾乘人员提供公益性文化服务,探索企业文化宣贯纳入便民台、小型健身广场的有效方式,实现文化公益与文化效益的双赢。

(八)构建文化服务网络

以企业文化建设的成果带动文化事业全面发展,分省公司、路段公司、基层所队站三级组织,构建完善包括文化平台、文化阵地、文化刊物、文化活动等的文化服务网络,为高速公路员工提供文化服务。要保证广大职工享有看电视、听广播、读书看报、学习知识、参与文化活动等基本文化权益。要在全系统鼓励创作出各种体裁、渗透福建高速精神、反映高速公路建设和运营管理的文化作品,唱响主旋律。

(九)谋划发展高速公路特色的文化产业

党的十七届六中全会要求在大力发展公益性文化事业的同时,加快发展经营性文化产业。根据高速公路行业属性,现阶段主要在发展公益性文化事业方面下功夫,发挥广告传媒、信息科技等公司的作用,发展智能交通、信息文化业务。要着眼于高速公路事业科学发展跨越发展前景,依托高速公路的资源、品牌优势和服务对象市场等,抓住机遇,发展新兴文化产业。

(十)打造文化和服务品牌

紧密结合高速公路行业的服务属性,通过不断完善高速公路系统企业文化体系,尤其是核心价值理念体系,把企业文化建设成果体现到服务质量和管理水平的大力提升上,实现以文化推动文明服务工作,认真组织参与交通运输部"十百千工程"、省交通运输厅"双十百工程"活动,在总结提炼"标准化管理""星级服务区""绿色生态所站"等品牌基础上,力争打造更多独具高速公路特色的文化和服务品牌。

四、保障措施

(一)加强组织领导

各单位要把高速公路文化发展工作作为政治责任,领导要带头增进文化的自信自觉,增强使命感和紧迫感,切实加强对文化发展工作的领导,做到同部署、同实施、同考核,形成文化发展工作的长效管理机制。发挥企业文化建设领导机构和办事机构的职能作用,根据人员变动及时调整、配强工作机构。

(二)建立考核评价体系

导入应用《企业文化建设考核评价体系》,把文化发展成效纳入高速公路科学发展考核评价体系,列为"四好"领导班子、"五好"党支部考评内容,列入年度考评、评先表彰体系,直接化为员工考核、业绩考评的指标。

(三)强化资金保障

要从事业发展的长远战略眼光来加大文化事业的软硬件投入,设立文化发展工作的专项经费,纳入企业年度预算,为推动文化的发展与繁荣提供必要的资金支持和物质保障。

第十章
高速公路建设项目实况

国家高速公路途经福建省境的有 G15 沈阳至海口国家高速公路福建段、G70 福州至银川国家高速公路福建段、G76 厦门至成都国家高速公路福建段、G3 北京至台北国家高速公路福建段、G25 长春至深圳国家高速公路福建段、G72 泉州至南宁国家高速公路福建段、G1514 宁德至上饶国家高速公路福建段、G1501 福州绕城高速公路、G1502 泉州绕城高速公路、G4012 溧阳至宁德国家高速公路福建段、G1517 莆田至炎陵国家高速公路福建段、G1523 宁波至东莞国家高速公路福建段。

截至 2015 年 12 月,福建省地方高速公路建成通车项目总计 17 个,包括 S10 宁德至光泽高速公路、S12 莆田至永定高速公路、S17 漳州至永安高速公路、S1522 渔溪至平潭高速公路、S0311 浦城至建宁高速公路、S1531 福州机场高速公路、S7021 福州南连接线、S1573 围头疏港高速公路、S2513 上杭至蛟城高速公路、S30 厦门至沙县高速公路、S50 古雷港至武平高速公路、S16 南安至安溪高速公路、S59 漳州东山联络线、S1516 厦漳跨海大桥、S1591 漳州招银疏港支线、G15E 沈海厦漳扩建、S1525 漳州南联络线。

第一节 G15 沈阳至海口国家高速公路福建段(沈海线)

一、沈海线福鼎至宁德高速公路(福宁高速公路)(建设期:2000.01~2003.06)

(一)项目概况

1. 基本情况

福宁高速公路位于福建省东北翼,是连接浙江温州与福建福州的交通纽带,全长 141.164km,设计采用交通部颁《公路工程技术标准》(JTJ 001—1997),全线按山岭重丘区高速公路标准建设,设计行车速度 80km/h,路基宽度 24.5m,中央分隔带宽 1.5m,双向四车道,行车道宽 3.75m,硬路肩宽 2.75m、土路肩宽 0.75m,左右侧路缘带各 0.5m 宽;桥涵与路基同宽,设计荷载标准为汽车—超 20 级、验算荷载为挂车—120;全线采用全封闭、全立体交叉。项目设计概算 73.99 亿元,实际完成投资 64.62 亿元,节约投资 4.87 亿元(不含工程造价增涨预备费 4.26 亿元)。

福宁高速公路北起闽浙交界福鼎分水关,接浙江甬台温高速公路,沿海岸线途经福鼎、霞浦、福安、蕉城 4 个县市,南接沈海线罗宁高速公路,地形复杂、工程量大、施工难度大,桥、隧、互通等构造物和软基处理路段总长达 69km,占路线总长的 49%,是当时全国公路建设中难度最大的路段之一,全线共有各类桥梁 117 座(其中特大桥 16 座、大桥 25 座)、隧道 14 座(其中连拱隧道 1 座);在福鼎、八尺门、秦屿(太姥山)、牙城、三沙(陇头)、霞浦、盐田、湾坞(福安)、下白石和漳湾设置 10 处互通式立交,其中福安互通为枢纽互通;全线设置虎屿岛、福安 2 个服务区、福鼎、云淡 2 个停车区;设置包括闽浙省界主线站等 11 个收费站;共有各类涵洞、通道 386 道,分离式立交 30 座。详见表 10-1-1。

福宁高速公路项目基本情况统计表　　　　　　表 10-1-1

序号	项目		单位	数量	备注
一	技术标准				
1	计算行车速度		km/h	80	
2	路基宽度	整体式路基	m	24.5	
		分离式路基	m	12.5	
3	桥面净宽		m	2×11.0	小桥与路基同宽
4	路面			沥青混凝土路面,设计年限 15 年,标准轴载 100kN	
5	路基、桥涵设计洪水频率			特大桥 1/300,其余均为 1/100	
6	桥涵设计车辆荷载			汽车—超 20 级、挂车—120	
二	主要工程规模				
1	路线里程		km	141.164	
2	征用土地		亩	16643.696	
3	拆迁房屋		m²	235425.67	
4	路基土石方		万 m³	5369.3356	
5	软土地基处理		km	23.743	
6	桥梁(主线)		m/座	25658.261/94	
	其中:特大桥、大桥		m/座	23467.3/41	
7	匝道桥梁		m/座	1745.59/11	
8	上跨分离		m/座	669.47/12	
9	互通式立交		处	10	
10	分离式立交		处	30	

续上表

序号	项　目	单　位	数　量	备　注
11	涵洞	道	298	
12	通道	道	88	
13	隧道	m/座	19522.727(右线)/14	
14	路面(主线)	万 m²	288.605	
15	主线收费站	处	11	其中主线站1处
16	服务区	处	2	
17	停车区	处	2	

福宁高速公路试验工程于1998年11月动工建设；交通部于2000年1月8日批复福宁高速公路开工报告，建设工期4年；2000年6月全线动工建设，2003年6月28日全线提前建成通车（其中漳湾至宁德段2002年7月28日通车）。

2. 前期决策情况

福宁高速公路位于沈海线福建段的"北大门"，未动工建设前该国道104路段是连接温州与福州、浙江与福建的交通"瓶颈"，严重制约了宁德市的经济发展。104国道福鼎分水关至宁德飞鸾段始建于中华人民共和国成立初期，限于当时的历史条件，路线远离海岸，在闽东腹地山区翻山越岭而过，路线里程长、等级低，且受沿线城镇干扰较大。该路段虽经历年改建，但限于沿线自然条件的制约，公路的使用条件及通行能力受到极大的制约。虽经多次改建，也只是在一定程度上改善了路线平、纵面技术指标和路面等级，大多数路段仍达不到二级公路的技术标准，不能适应本地区经济发展和交通运输的需要，更不能适应闽东地区特别是沿海地带的经济开放、开发，加强闽、台贸易发展，建立海峡西岸经济区和满足国防建设的需要。对此，福建省、宁德市及沿线各县（市、区）政府和人民群众都十分重视和渴望本路段高速公路的建设。

福宁高速公路项目前期工作自1992年10月开始可行性研究，并于1993年底完成全线的初测工作，后由于本项目基建程序超前而暂停。1997年7月，宁德地区再次将福宁高速公路建设提到议事日程上来，宁德地区交通局以宁地交〔1997〕107号文《关于请组织编制同江至三亚国道主干线福鼎分水关至霞浦城关段及霞浦城关至宁德城关段工程预可行性研究报告和项目建设书的函》，委托交通部第二公路勘察设计研究院重新编制福鼎分水关至宁德城关段预可行性研究和工程可行性研究报告。1997年9月完成《预可行性研究报告》（补充简本）的编制工作，1998年2月25日，交通部交计发〔1998〕85号文《关于福鼎分水关至宁德城关公路项目建议书的批复》批复福鼎分水关至宁德城关高速公路项目建议书，同意立项。

3. 参建单位主要情况

（1）建设单位

宁德市高速公路建设指挥部、宁德市福宁高速有限公司。在项目业主成立之前，作为福宁高速公路建设的主管部门宁德地区交通局配合省高速公路建设总指挥部（以下简称省高指）负责开展本项目的预工可前期工作，1997年3月宁德地区成立了福宁高速公路筹建处，全面负责本项目的前期筹建工作，宁德地区行政公署以宁署〔1998〕综212号文《关于同意授权地区财政局设立国有独资的宁德地区福宁高速有限公司的批复》，成立宁德地区（2000年改为宁德市）福宁高速有限公司，作为本项目法人单位，全面负责福宁高速公路项目的建设、筹资、运营和还贷工作。

（2）设计单位

中交第二公路勘察设计研究院承担福宁高速公路福鼎分水关至福安湾坞段的初步设计阶段和施工图阶段的勘测与设计工作，本路段长109.510km；中交第一公路勘察设计研究院承担福宁高速公路福安湾坞至宁德城关段的初步设计阶段和施工图阶段的勘测与设计工作，本路段长31.653km；北京市泰克公路科学技术研究院承担交通机电工程委托设计；北京首钢设计院、福建省建筑工程设计院、宁德市建筑设计院承担房建工程设计；重庆公路交通科研所承担绿化工程设计；上海市城市建设设计研究院承担声屏蔽项目设计；宁德市东闽水利水电工程设计研究院承担二铺塘河道整治工程设计。

（3）施工单位

福宁高速公路施工单位共48家。路基工程共划分为28个合同段，路面及交通安全设施工程划分为4个合同段，绿化工程划分6个合同段，房建工程划分为5个合同段，交通三大系统工程划分为1个合同段，通风照明工程划分为1个合同段，供配电工程划分为1个合同段，隧道消防工程划分为1个合同段，声屏障划分1个合同段，二铺塘河道整治工程划分1个合同段。

（4）监理单位

福宁高速公路监理单位共24家，全线路基工程11个监理标段、路面项目4个监理标段、机电项目4个监理标段、房建项目5个监理标段。福宁高速公路施工及监理单位详见表10-1-2。

福宁高速公路施工及监理单位一览表　　　　　　　　　　　表10-1-2

标段号	标段所在地	工程内容	长度（km）	施工单位	监理单位
A1	福鼎	GK0+080～K14+000 路基	13.16	交通部第二公路工程局	厦门市路桥建设监理有限公司

续上表

标段号	标段所在地	工程内容	长度(km)	施工单位	监理单位
A2	福鼎	K14+000~K22+300 路基	8.4	天津第一市政公路工程有限公司	厦门市路桥建设监理有限公司
A3	福鼎	K22+300~K25+860 路基	3.56	中铁十二局集团有限公司	厦门市路桥建设监理有限公司
A4	福鼎	K25+860~K29+600 路基	3.7	中国华北冶金建设公司	铁二院监理公司
A5	福鼎	K29+600~K33+760 路基	4.19	铁道部隧道工程局	铁二院监理公司
A6	福鼎	K33+760~K38+700 路基	4.9	铁道部第四工程局	铁道部第二勘测设计院工程建设监理公司
A7	福鼎	K38+700~K50+601.546 路基	9.3	中国地质工程集团公司	北京成明达监理公司
A8	福鼎	YK50+601.546~YK55+750 路基	5.1	中铁二局集团有限公司	北京成明达监理公司
A9	福鼎	YK55+750~YK58+681.481 路基	2.93	福建省闽西交通工程公司	北京成明达监理公司
A10	霞浦	K58+681.481~K71+290.698 路基	5.2	福建建工集团	安徽省高等级公路工程监理有限公司
A11-1	霞浦	GK71+290.698~GK74+752.763 路基	3.46	铁道部第一工程局	安徽省高等级公路工程监理有限公司
A11-2	霞浦	GK74+52.763~YK78+500 路基	3.46	中国航空港第三工程总队	安徽省高等级公路工程监理有限公司
A12	霞浦	K78+500~K85+000 路基	6.58	中铁第十八工程局	铁道部科学研究院工程建设监理部
A13	霞浦	K85+000~K89+900 路基	4.9	铁道部十七局远通集团公司	铁道部科学研究院工程建设监理
A14	霞浦	K89+900~K98+104.795 路基	8.2	上海第二市政工程有限公司	北京华通监理公司
A15-1	霞浦	K98+104.795~K101+000 路基	2.9	福建省第一公路工程公司	北京育才交通工程咨询监理公司
A15-2	霞浦	K101+000~K103+200 路基	2.2	铁道部第十六工程局五处	北京育才交通工程咨询监理公司
A16	霞浦	K103+200~YK107+941.685 路基	4.74	铁道部第十六工程局	北京育才交通工程咨询监理公司

续上表

标段号	标段所在地	工程内容	长度(km)	施工单位	监理单位
A17	福安	K108+036.641~GYK117+677.616 路基	9.647	交通部第二公路工程局二公司(路桥集团国际建设股份有限公司)	北京中通监理公司
A18-1	福安	GYK117+677.616~GYK119+390 路基	9.64	交通武警一总队	北京中通监理公司
A18-2	福安	GYK119+390~K124+620 路基	4.12	铁道部隧道工程局一处	北京中通监理公司
A19	福安	K124+540~K126+100 路基	1.48	湖南公路桥梁建设总公司	武汉大通监理公司
A20	福安	K126+100~K135+700 路基	9.6	铁道部第十七工程局	武汉大通监理公司
A21	蕉城	K135+700~K139+200 路基	3.5	铁道部第十三工程局第一工程处	省交通监理公司
A22	蕉城	K139+200~K142+100 路基	2.9	福建省第二公路工程公司	省交通监理公司
A23	蕉城	K142+100~K148+900 路基	6.8	福建省第一公路工程公司	福建省交通建设工程监理咨询公司
A24	蕉城	K148+900~K150+100 路基	1.2	交通部三航六公司	福建省交通建设工程监理咨询公司
A25	蕉城	K150+100~K152+181 路基	2.05	福建省第二公路工程公司	福建省交通建设工程监理咨询公司
B1	福鼎	GK0+000~K38+700 路面	32.5	路桥第一公路工程局厦门工程处	福建省交通建设工程监理咨询公司
B2	福鼎、霞浦	K38+700~K89+900 路面	34	福建路桥建设有限公司	北京育才交通工程咨询监理公司
B3	霞浦、福安	K89+900~K126+100 路面	31.6	北京市公路桥梁建设公司	安徽省高等级公路工程监理有限公司
B4	福安、蕉城	K126+100~K152+170.877 路面	26	中铁三局二公司	武汉大通监理公司

(二)建设情况

1. 项目准备阶段

(1)立项审批

项目立项:1998年2月25日,交通部交计发〔1998〕85号文《关于福鼎分水关至宁德城关公路项目建议书的批复》批复福鼎分水关至宁德城关高速公路项目建议书,同意立项。

工程可行性研究：1998年9月25日，交通部交规划发〔1998〕577号文《关于福鼎分水关至宁德城关公路可行性研究报告的批复》批复工程可行性研究报告，同意路线方案、技术标准、投资控制和建设工期。

初步设计：1999年6月25日，交通部交公路发〔1999〕143号文《关于福鼎分水关至宁德城关公路初步设计的批复》正式批复初步设计。

根据交通部初步设计批复福鼎分水关至宁德城关高速公路赤岭隧道、洋坪隧道、下白石特大桥进行三阶段设计的要求，1999年9月27—28日，省交通厅主持召开福宁高速公路下白石特大桥等三合同段技术设计省内评审会。1999年9月30日，省交通厅以闽交高〔1999〕15号文向交通部呈报同三线福鼎分水关至宁德城关高速公路赤岭隧道、洋坪隧道、下白石特大桥技术设计文件。1999年12月10日，省交通厅以闽交基〔1999〕318号文转发交通部公路司公设计字〔1999〕233号文《关于同三国道主干线福鼎分水关至宁德城关公路赤岭隧道、洋坪隧道、下白石特大桥技术设计的批复》对福鼎分水关至宁德城关公路赤岭隧道、洋坪隧道、下白石特大桥技术设计的批复。

环境影响评价：1999年11月5日，国家环境保护局以环函〔1999〕402号文批复《关于同江至三亚国道主干线福鼎分水关至宁德城关段高速公路环境影响报告书的批复》，通过福宁高速公路全线环境保护和水土保持评价工作。

地震安全性评价：1999年1月4日，省地震局以闽震发抗〔1999〕001号文《关于福宁高速下白石大桥工程场地地震安全性评价报告等三个报告评审结果的批复》，通过福宁高速公路地震安全性评价工作。

建设用地批复：国土资源部以国土资函〔1999〕334号文《关于福鼎至宁德高速公路用地的批复》批复福宁高速公路建设用地。

开工批复：交通部于2000年1月8日下达了同三国道主干线福鼎分水关至宁德城关段高速公路（主线部分）公路工程开工报告，建设工期4年。至此，福宁高速公路全面动工建设。

(2) 资金筹措

福宁高速公路初步设计概算交通部批复金额为73.98883266亿元，其中建安投资总额为55.52532707亿元，设备及工器具购置费1.19664437亿元，其他基本建设费用9.94722503亿元，预留费用7.31463619亿元，其他费用50万元。扣减工程造价增涨预备费4.25856527亿元，实际概算投资69.73026739亿元。其建设资金拼盘为交通部补助13.57亿元，交通专项资资金6亿元，地方自筹5337万元，国债资金7亿元，银行贷款42.3894亿元，本项目最终投资计64.7599亿元，节约投资4.7331亿元。

福宁高速公路项目累计到位建设资金61.988亿元，其中：国家资本金24.718亿元（交通部12.376亿元，省交通专项资金5.472亿元，地方财政预算内专项资金6.384亿元,宁德地方机动财力0.486亿元),基建投资借款37.27亿元(农行宁德市分行营业部13.68亿元,国家开发银行福建省分行25.536亿元,部分资金未到位)。

(3)招投标工作

根据国家基本建设程序要求以及有关法律法规的规定,开展施工、监理等各项招投标工作。

施工单位招投标情况:福宁高速公路施工单位共48家。路基工程共划分为28个合同段,路面及交通安全设施工程划分为4个合同段,绿化工程划分6个合同段,房建工程划分为5个合同段,交通三大系统工程划分为1个合同段,通风照明工程划分为1个合同段,供配电工程划分为1个合同段,隧道消防工程划分为1个合同段,声屏障划分1个合同段,二铺塘河道整治工程划分1个合同段。全部工程采用国内竞争性公开招标,招标过程严格执行《中华人民共和国招标投标法》和国家、交通部有关招投标管理办法的规定及《福建省高速公路施工招投标资格预审办法》和《福建省高速公路施工招标评标办法》进行,所有招标均在《中国经济导报》《中国交通报》上刊登招标资格预审通告,由业主组织或委托招标办实施招投标,各项招标均采用资格预审的方式进行。资格预审文件和招标文件均按规定上报主管部门审批,资格评审和投标文件评标工作由依法组成的评标委员会负责,评标报告经交通主管部门核备后确定中标人。招标全过程接受专项监察执法领导小组的监督,坚持"公开、公平、公正、客观准确"的原则,严格执行招、评标工作纪律。

监理单位招投标情况:全线共计24个施工监理标,依据交通部《公路工程施工监理招标投标管理办法》、闽高路工〔1999〕24号文《关于规范全省高速公路工程监理管理》的通知精神,结合福宁高速公路构造物多的特点以及施工标段划分的情况,由省高指会同业主组织招标,在《中国交通报》上刊登招标通告,面向全国择优选择监理队伍,分别完成了全线路基工程11个监理标段、路面项目4个监理标段、机电项目4个监理标段、房建项目5个监理标段的招投标工作。绿化及声屏障工程监理任务较小,直接委托相应的路面工程监理单位承担。二铺塘河道工程由于工程量较小,其监理委托福大土木建筑工程监理咨询公司承担。

(4)合同段划分

路基工程共划分为28个合同段,路面及交通安全设施工程划分为4个合同段,绿化工程划分6个合同段,房建工程划分为5个合同段,交通三大系统工程划分为1个合同段,通风照明工程划分为1个合同段,供配电工程划分为1个合同段,隧道消防工程划分为1个合同段,声屏障划分1个合同段,二铺塘河道整治工程划分1个合同段。

(5)征地拆迁

福宁高速公路建设用地严格按1999年7月23日国土资源部国土资函〔1999〕334号《关于福鼎至宁德高速公路建设用地的批复》的批复要求和意见进行。全线共征用土地

16643.696亩(其中水田6959.19亩、旱地2447.81亩、园地2272.98亩、林地3348.26亩、居民点工矿用地577.74亩、交通用地234.06亩,水域638.201亩,未利用土地165.46亩)。房屋拆迁235425.67m²,新建安置点46个、安置拆迁户2500多户、各种杆线迁移310多处,迁改农林渠、排水渠230处、自来水管道150处、田间机耕道160条。

福宁高速公路征地拆迁工作按照原宁德地区行署《关于福宁高速建设征地拆迁安置工作的实施意见》(宁署〔1999〕综250号)精神,设立市、县、乡三级征地拆迁机构,均由政府主要领导任总指挥,县级指挥部确定一名县(市、区)委或政府副职领导任常务副指挥,专职抓高速公路建设征地拆迁安置工作,通过坚持宣传、统一标准、规范程序、公开公正等方式,保证征拆工作顺利开展,详见表10-1-3。

征地拆迁情况统计表　　　　表10-1-3

征地拆迁安置起止时间	征用土地(亩)	拆迁房屋(m²)	支付补偿费用(元)	备注
2000.01~2003.06	16643.696	235425.67	338727520	

2. 项目实施阶段

(1)重大决策

计算行车速度的采用:1997年12月编制的福宁高速公路《工程可行性研究报告》,技术标准采用交通部颁《公路工程技术标准》(JTJ 01—1988)中的山岭区高速公路标准,计算行车速度为60km/h。1998年7月采用新的技术标准,按照交通部颁《公路工程技术标准》(JTJ 001—1997)执行,重新编制了《工程可行性研究报告》,明确本路段计算行车速度为80km/h并上报获批。

(2)重大变更

设计变更内容见表10-1-4。

设计变更内容　　　　表10-1-4

序号	设计变更内容
1	增设分水关调向通道
2	K21+740软基处理路段变更为厝基仔高架桥
3	流美大桥左幅宁德岸缩短一跨
4	下水磨大桥左幅宁德岸缩短3孔
5	八尺门古滑坡加固
6	古岭下高边坡加固
7	二铺塘高边坡加固
8	吉坑水库中桥取消,增设挡墙
9	K48+493汽车通道变更为3×10m小桥
10	柏洋大桥福鼎端、宁德端各增加两跨
11	牙城段路基变更为牙城高架桥

续上表

序号	设 计 变 更 内 容
12	后港特大桥桥面高程提高1.47m
13	K91+131仁洪沟小桥变更为3×13m中桥、K94+300汽车通道变更为4×13m王厝山中桥
14	K144+271增坂分离变更中桥
15	宁德大桥的桥长延长
16	赤岭隧道右线进口明洞增长13m、左右线出口明洞各缩短5m
17	二铺塘隧道出口端明洞缩短12m
18	盐田隧道左线明洞增长89m
19	K84+500路基变更为后岐高架桥
20	K138+480路段爆破挤淤变更为云淡3号桥
21	下白石特大桥第一孔跨径变更45m、塑料波纹管及真空压浆变更、上部结构混凝土C50改为C60等
22	霞浦互通2号桥增加1跨
23	漳湾互通CR匝道桥变更桥长
24	杨梅岭改河设计
25	二铺塘1号桥右幅减少一跨
26	岐后高路堤变更为岐后高架桥

(3)重大事件

1998年1月,成立"宁德地区高速公路建设领导小组"和"宁德地区高速公路建设指挥部"。

1998年9月,成立"宁德地区福宁高速有限公司"。

1998年11月28日,宁德溪口至城关段3.25km正式动工。

1999年,国土资源部批复福宁高速公路用地1477.6779hm^2。

1999年6月底,福宁高速公路28个标段全部开工。

1999年12月15日,下白石特大桥主桥桩基第一根桩孔灌注桩灌注成功。

2001年3月27日,马头岗隧道和坑门里隧道左右线贯通。

2001年3月28日,吉坑隧道左右线贯通。

2001年4月13日,蔡家山隧道左右线贯通。

2001年6月16日,吴楼隧道左右线贯通。

2001年10月20日,赤岭隧道右线贯通。

2001年11月15日,二铺塘连拱隧道贯通。

2001年11月28日,赤岭隧道左线贯通。

2001年12月14日,巨口特大桥合龙贯通。

2001年12月29日,后港特大桥合龙贯通。

2002年6月26日,八尺门特大桥合龙贯通。

2002年7月30日,福宁高速公路漳湾至宁德城关段顺利通车。

2003年3月16日,下白石特大桥合龙贯通。

2003年6月25日,福宁高速公路通过交工验收,质量等级优良。

2003年6月28日,福宁高速公路全线建成通车。

2007年11月,通过交通部组织的竣工验收。

(三)复杂技术工程

隧道:赤岭隧道(长3332m,以右线计)纵深长,地质复杂,隧道区域内有发育断层构造带17条,裂隙密集带6条,1条总长约7.5km的山涧水系,支流多且隧道下穿赤岭水库,水库常年分布范围长960m,宽6~50m,水深约7.65m,储水量96775m^3,隧址区受构造裂隙水影响严重;洋坪隧道(长3332m,以右线计)下穿洋坪水库,开挖面距水库最小高度为40m,水库枯水期水深7.0m,常年期水深14.0m,洪水期水深16.0m,枯水期库容量32666m^3,常年期库容量168102m^3,洪水期库容量214750m^3。对隧道影响较大的构造主要有F6、F7、F8、F9断层影响带,F9断层将水库地表水间接输入隧道导致大涌水,是本线路的难点工程。

特大桥:八尺门特大桥(长1300.57m)、后港特大桥(长4319.68m)、下白石特大桥(长999.60m)、田螺特大桥(长1293.0m)制约工期,是该线路的控制性工程,且八尺门、下白石特大桥跨越八尺门海湾、赛江,地质复杂,跨径大(主跨90m+2×170m+90m、145m+2×260m+145m),墩高且主墩位于深水区域,施工受海潮及天气影响,施工天数少,属该线路的难点工程。

(四)科技创新

福宁高速公路软基处理路段约23km,厚度深、技术处理形式多;特大、大中桥92座,其中12座为跨海大桥;沿线隧道14座,洋坪、赤岭隧道部分段落通过水库底;高边坡地质结构复杂,施工难度相当大,5级以上的高边坡达42处,6级以上的高边坡达19处。

为确保施工质量、进度,组织人员对全线技术含量较高的项目组织科技攻关,从施工方案开始就进行了认真研究、优化,从技术上挖潜力,在施工单位、监控单位、监理单位通力配合下,应用新技术、新材料和开展科研工作,提高了福宁高速公路的科技含量。

1. 在隧道施工方面

采用地质雷达技术对全线隧道的初期支护、二次衬砌的质量、厚度等进行了全面检查,对存在质量问题的地方进行返工或整改,有效地控制了隧道初期支护、二次衬砌的质量。

赤岭、洋坪隧道过水库底段落的开挖设计和支护结构调整,采用超前地质预报及围幕注浆止水技术,确保高质量安全通过水库。

2. 在桥梁施工方面

下白石大桥的钢筋笼的主筋连接改变以往的闪光对接焊或搭接焊的方式,采用 G28 等强度接头连接,确保了钢筋连接的质量;下白石大桥的桩基施工成功地解决了利用海水造泥浆技术,为桩基施工质量与进度创造有利的条件;下白石大桥主桥的横纵向预应力管道采用塑料波纹管和真空辅助压浆工艺,保证实现了设计要求的预应力度;针对下白石大桥主桥 7 号墩的地质情况,采用掏槽爆破技术,保证基坑周围岩体的整体性;应用带肋钢筋网,成功控制了主梁现浇 0 号、1 号块的混凝土表面微裂缝。

福宁高速公路有 12 座跨海特大桥和大桥,为了充分考虑海水对钢筋的锈蚀作用,桥梁结构在海水浸没和浪溅区,设计上对水泥混凝土和钢筋采取了有效的防护措施。其中八尺门特大桥和下白石特大桥的墩柱主筋采用了 FBECR 环氧涂层钢筋,其他桥梁采用双掺防水混凝土。

八尺门特大桥的桩基础施工中,引进了德国制造的大吨位打桩锤和大型浮吊,克服钢护筒穿过厚度大、粒径大的鹅卵石层,实现了清水钻孔,较好地完成主桥桩基施工,为上部结构施工赢得了时间。

下白石大桥、八尺门大桥、田螺大桥的主梁悬浇的施工监控,有效地控制了成桥线形。

3. 在软土地基处理方面

把用于构筑海堤的"爆炸挤淤"技术成功地用于沿海边的软基处理;在漳湾互通区软基采用真空联合堆载预压加固地基,缩短软基沉降固结时间,节约了工期;采用了粉煤灰碎石桩、挤密碎石桩、振冲碎石桩,有效处治软土地基,达到了设计预期效果。

4. 在病害高边坡治理方面

本项目地处山海之交,地质情况复杂,深挖高填的路段多。为确保深挖路堑边坡的稳定,项目业主在省高指的指导下,组织重庆交科院、中科院西北分院在原设计的基础上,分别对全线挖方边坡进行设计复核,对边坡稳定情况进行定性评价,将全线边坡分为稳定、基本稳定、欠稳定和不稳定四类。对欠稳定的边坡进行加强防护处理,对不稳定的边坡进行专题加固处治。为保证边坡加固设计切合实际地质状况,采用动态设计,对施工出现的问题,及时进行设计调整,保证加固效果。对重点的加固路段,依托科研单位进行施工监测,如对八尺门滑坡体加固效果的实时监控、对 A15-2 合同段二铺塘高边坡预应力锚索施工的监测等。

5. 在路面施工方面

①沥青中、下面层所用沥青材料为韩国 SK-70 重交通石油沥青,其技术要求满足我国重交通道路石油沥青 AH-70 要求外(其中含蜡量不大于 2%),还满足美国"SHRP"沥青使用等级 PG64-22 级的要求。沥青抗滑表层使用壳牌 SBS 成品改性沥青,成品改性沥青

的各项技术指标符合SBS改性沥青技术要求,同时符合美国"SHRP"沥青使用等级PG76-22级要求。

②对上面层AK-13的级配进行改进,使粗集料骨架结构更加稳定,沥青玛蹄脂稠度提高,从而使改进后的AK-13A混合料成为一种骨架型间断级配的密实混合料,这样既保证了路面的抗滑特性,同时也做到基本不渗水。

③采取特殊工艺,在填料(矿粉)中掺入20%消石灰,改善矿料与沥青结合料的黏附性能,取得较好的效果。

④在半填半挖的路段及高填方路段,路面下底基层与上底基层间加铺钢筋网;在软基处理段落的下面层与中面层间加铺玻纤格栅,以防止路基变形的反射裂缝。

6. 专题科研项目

与交通部重庆科学研究所、北京建达道桥公司、中交第一公路勘察设计研究院等单位联合进行三大科研项目研究。

(1) 山区深挖路堑边坡防治技术研究

福宁高速公路通过福建闽东山区,全线具有大量的深挖路堑边坡,部分堑坡经过岩体断层破碎带,存在潜伏失稳的可能;部分堑坡岩体发育平缓外倾层状节理,易致工程滑坡;部分堑坡岩体节理非常发育,边坡稳定性评价难以把握;部分堑坡岩体破碎、风化严重,容易出现溜塌、坠落及冲刷等工程问题;部分堑坡岩体风化速度快、遇水易崩解;多数堑坡上伏极厚的第四系堆积体和全风化岩,易出现边坡失稳事故。高速公路深挖路堑边坡若防护技术不当,极可能出现工程事故隐患甚至质量事故。

为避免或尽可能减少边坡失稳事故,开展对深挖路堑边坡锚固技术研究、路堑边坡植被防护方法等技术研究。主要得出以下成果:①提出了边坡稳定性影响因素,建立了边坡稳定性评估体系,并对福宁高速公路全线深挖路堑边坡进行了现场病害调查及稳定性评估,提出了相应的较合理的处治措施建议。②室内模型试验和数值分析结果表明:A15-2高边坡破坏机理较复杂,其深部破坏面形态呈近似圆弧形;A16高边坡破坏机理相对较简单,其深部破坏主要为沿不同土、岩接触面的折线性破坏。数值分析结果表明,施工开挖及坡形对堑坡破坏的影响主要表现在改变堑坡稳定性及破坏面位置。③初步探讨了有限元强度折减法在求取边坡稳定安全系数中的应用,并将之用于A15-2高边坡的稳定性计算;研究认为A16高边坡宜采用不平衡推力法计算边坡稳定性,并获得了与计算方法相对应的边坡安全系数取值方法。两实体工程边坡稳定性计算结果表明,若边坡不进行加固支护,则达不到安全要求。④研究提出了加锚后碎裂结构岩体路堑边坡将形成3个变形区:直接压缩区、剪切变形区、连续变形区。引入相关假设后,导出了锚力作用形成的直接压缩区计算深度解析式。同时研究发现,加锚后碎裂结构岩体路堑边坡破裂面会向边坡深部发展,这对锚的非锚固段超过滑裂面长度有影响。研究结果表明,锚的非锚固段超过滑裂面长度可用 Hobst 经验公式估算。⑤边坡锚固的断裂力学研究结果表明:在裂纹尖端施加锚固力效果最好,锚固效果随锚间距的减小呈非线性增加。引入相关假设后导出了锚间距的断裂力学解析计算式。⑥采用流形元和 ANSYS 分析了边坡锚固机理,结果表明边坡加锚后可减小边坡岩土体位移、均化边坡锚固区内的应力分布梯度,有利于边坡稳定。⑦研究提出边坡稳定性极限平衡分析时锚作用力简化的"三类条块法"。⑧初步探讨了有机基材喷播植被防护方法在路堑边坡上的应用,分析总结了路堑边坡植被防护植物选择标准,研究了复合营养土对植物生长的影响。⑨研究开发了三维边坡监测信息反馈系统,实现了地质、监测、设计、施工等信息的可视化综合管理,实现了各类信息的实时动态查询,建立了管理信息系统。

(2) 下白石特大桥 7 号墩大型扁桩基础研究

下白石特大桥为预应力混凝土连续刚构桥,全桥长 984.60m,主跨长 810m(145m + 2×260m + 145m)。下白石大桥 7 号主墩基础原设计为扩大基础,后变更为墙式基础。无承台的基础结构形式是目前国内外大型桥梁下部结构的发展方向之一,而大型墙式基础正顺应了这种潮流。由于当时国内外尚无有关此类基础形式的成熟的设计计算方法和标准规范,导致设计中无成熟的理论依据,多数工程放弃了这种方案,而改用群桩基础或扩大基础,造成工程费用、施工难度、工期和风险性的大幅度增加。通过本课题的研究,进行科学测试、模型试验和理论分析,总结出大型墙式基础的受力特点和成熟实用的计算理论,作为对现有桥梁设计规范的完善和补充。还可作为公路部门大中桥基础的设计、施工指南,提高地区乃至全国大中桥基础建设质量,研究成果还可为我国公路部门相关规范的编制和修订提供依据,同时,从学术进步、推动桥梁新结构的发展等角度,都会产生很深远的意义。下白石桥 7 号墩原设计为扩大基础,改为墙式嵌岩基础后,工程量显著减少,基础挖方量仅为原设计的 12.6%,施工工期提前 2 个月,增加经济效益近 6500 余万元,其经济效益和社会效益是显著的。

该课题 2004 年获得宁德市科学技术进步一等奖,2005 年获得福建省科学技术进步二等奖。

(3) 下白石特大桥箱梁悬臂施工控制技术研究

下白石特大桥为四跨(主桥 145m + 2×260m + 145m)预应力混凝土连续刚构桥,目前在国内还处于领先地位,下白石大桥悬臂施工时间长、施工复杂、周期长、影响因素多,如何保证施工高精度,满足合龙精度和设计要求,是一个难度很大的问题,应组织人员进行研究。在施工过程中,施工监控主要通过对桥梁施工的全过程进行测量、监测,可以系统地收集和整理挠度观测数据;通过对这座桥的箱体应力测试以及竣工静力荷载试验与评价,了解结构的实际受力状态和工作状况,总结结构的力学特性。因此,通过对下白石特大桥箱梁悬臂施工控制技术的研究,以确保桥梁的工程质量、施工精度以及确保桥梁按设计要求顺利施工,同时,也可验证设计的合理性与结构的可靠性、安全性,并对今后大跨径预应力混凝土连续刚构桥的施工提供宝贵的经验。

(五)运营管理

1.服务区设置

福宁高速公路共设置2个服务区、2个停车区。福鼎及云淡岛停车区总建筑面积约2500m^2,内设办公楼、宿舍、公厕、加油站、汽修间等,主体结构为钢筋混凝土结构;虎屿岛及福安服务区总建筑面积约5940m^2,内设办公、宿舍、公厕、加油站、汽修间等,主体结构为钢筋混凝土结构。

2.收费站点设置

福宁高速公路收费站点设置情况见表10-1-5。

福宁高速公路收费站点设置情况表　　表10-1-5

站点名称	车道数	收费方式
沈海闽浙(主线站)	15(5入10出)	人工、ETC、自动取卡
福鼎	9(3入6出)	人工、ETC、自动取卡
八尺门	4(2入2出)	人工、ETC、自动取卡
太姥山	10(4入6出)	人工、ETC、自动取卡
柏洋	7(3入4出)	人工、ETC、自动取卡
牙城	4(2入2出)	人工、ETC、自动取卡
三沙	4(2入2出)	人工、ETC、自动取卡
霞浦	9(3入6出)	人工、ETC、自动取卡
盐田	4(2入2出)	人工、ETC、自动取卡
湾坞	5(2入3出)	人工、ETC、自动取卡
下白石	6(2入4出)	人工、ETC、自动取卡
宁德北	9(3入6出)	人工、ETC、自动取卡

3.车流量发展状况

福宁高速公路车流量发展状况见表10-1-6。

福宁高速公路交通流量发展状况表　　表10-1-6

年份(年)	日均车流量(辆)	年份(年)	日均车流量(辆)
2003	16793	2008	34370
2004	19957	2009	38523
2005	21480	2010	42967
2006	25673	2011	49876
2007	30503	2012	54115

续上表

年份(年)	日均车流量(辆)	年份(年)	日均车流量(辆)
2013	61958	2015	72468
2014	67382		

二、沈海线宁德至罗源高速公路(罗宁高速公路)(建设期:1993.12~2004.09)

(一)项目概况

1. 基本情况

罗宁高速公路是福州市和宁德市的重要出入口,是福州市与宁德市公路网相互联系的咽喉要道。项目从1993年12月开始陆续开工,至2004年3月基本完成建设任务,并分别于1998年3月、2002年2月、2000年9月、2004年3月、2004年9月组织进行了分阶段交工验收,总体质量为优良,主线全长33.114km。原设计标准采用一级汽车专用路的山岭重丘区技术标准,1997年底,为提高该段公路的通行能力和服务水平,使同三国道主干线福建境内在建设标准、通行能力、服务水平方面相协调,经过专家论证,决定在原一级汽车专用路的基础上,进行完善工程规模,对部分工程进行增补、变更,并将提高为高速公路标准,并得到交通部交规划发〔1999〕502号和交公路发〔2000〕13号文件批复同意。经论证,设计行车速度采用60km/h,路基宽度采用21.5m(整体式路基)和10.75m(分离式路基),主线双向四车道,其中中央分隔带宽1.5m,行车道宽2×7.0m,硬路肩宽2×2.5m,全线增设港湾式紧急停车带。全线桥涵设计车辆荷载采用汽车—超20级,挂车—120。路面除飞鸾岭隧道及接线6.9km采用水泥混凝土路面外,其余采用沥青混凝土路面。全线封闭、全立交,沿线设有标志、变现、视线诱导、护栏、隔离、防眩等交通安全设施系统,中央分隔带、互通及上、下边坡均进行了绿化。工程设计总概算投资为1221867623元,竣工结算为1163785992.08元。

罗宁高速公路全长33.114km,北起宁德城关,南至罗源上楼。经技术经济论证,采用设计行车速度60km/h。路基宽度21.5m(分离式路基10.75m),局部路段增设港湾式避车道,主线双向四车道,中央分隔带宽1.5m;桥梁设计荷载汽车—超20级,挂车—120,隧道净宽10.25m,净高5m;全封闭控制出入;沿线设标志、标线、视线诱导、护栏、隔离栅、防眩等交通安全与绿化环保系统。特大桥1座、大桥6座、中小桥12座、上下行双洞隧道1座(左洞3180m在建/右洞3155m)、涵洞通道97座、软基7.098km、互通式立交4处、分离式立交5处、服务区1处、养护工区1处,详见表10-1-7。

罗宁高速公路工程数量统计表

表 10-1-7

序号	项目名称	单位	数量	备注
一	路基工程	km	33.114	
1	路基挖方	m³	5281662	
2	路基填方	m³	3858379	
3	防护、排水系统砌体	m³	301948	
4	涵洞及通道	m/道	3243.26/110	
5	小桥	m/座	211.59/9	
二	路面工程	km	33.114	
1	水泥混凝土路面	m²	131100	
2	沥青混凝土路面	m²	547566	
三	桥梁工程	m/座	3629.1/14	
1	中桥	m/座	392.65/6	
2	大桥	m/座	1636.96/7	
3	特大桥	m/座	1599.49/1	
四	隧道工程	m/座	6335/2	单向
五	交叉工程	处	6	
1	互通立交	处	4	
1.1	匝道	m	8312.24	
1.2	匝道桥	m/座	2108.432/14	
2	上跨分离式立交	m/座	71.24/2	
六	交通工程及其他沿线设施	km	33.114	
1	标志牌	面	349	
2	标线	m²	40331.7	
3	房建及附属设施	m²/处	7301.25/6	
4	护栏	延米	101302	
5	隔离栅	m	61341	
6	防眩板	m	2579	
七	绿化工程	m²	538329	
八	机电工程	km	33.114	
1	监控设施			
1.1	道路监控		4套四车道车辆检测器,1套大型可变信息板,2套小型可变信息板,1套能见度检测器,8对多模数据光端机,多模光缆8.9km,铠装供电缆8.9km	
1.2	隧道监控		11套PLC本地控制系统、2套立柱式小型可变信息标志、6套洞内小型可变信息标志、68个隧道广播、32套彩色/黑白自动转换摄像机、16套两车道车检器、127个火灾报警综合盘、12套车道指示标志、10横洞指示标志、2套彩色遥控摄像机、2套通行灯、6套CO/VI、2套光强检测器	

续上表

序号	项目名称	单位	数量	备注
2	通信设施		5套ONU节点站和高频通信电源系统,95部业务电话系统,61部紧急电话分机,21.6km 34芯单模光,18.8km 24芯单模光缆以及完善接地系统	
3	收费设施		身份卡28000张,IC卡读写器29套,车道控制器18套,自动栏杆18套,车牌识别系统18套,服务器4台,收费工作站11台,图形工作站3台,路由器4台,以太网交换机16台,系统及应用软件4套,广场摄像机8套,收费亭摄像机18套,视频矩阵3套,16路硬盘录像机11台,内部对讲系统3套,安全报警系统3套,视频光端机系统4套,电源系统4套	
4	隧道高低压配电设施	套	2	
5	隧道照明设施	盏	2572	
6	隧道通风设施	台	60	

罗宁高速公路从1993年12月开始陆续开工,至2004年3月基本完成建设任务。

2. 前期决策情况

罗宁高速公路由宁德城关至飞鸾公路、飞鸾岭隧道(右洞)及接线工程、罗源水古至上楼公路及宁德飞鸾岭隧道左洞工程等4个分项目组成。原设计采用山岭重丘区的一级汽车专用路技术标准。1997年底,为提高罗源至宁德段公路的通行能力和服务水平,使同三国道主干线福建境内在建设标准、通行能力、服务水平方面相协调,经过专家论证,决定在原一级汽车专用路的基础上进行完善工程规模、对部分工程进行增补,变更提高为高速公路标准。初步设计批准里程为33.726km(宁德城关至飞鸾段11.885km,飞鸾岭隧道及接线工程16.183km,水古至上楼段5.658km),概算投资为12.2187亿元。

宁德城关至飞鸾公路工程:该项目经交通部交计发〔1994〕1070号文件批复立项,交计发〔1995〕343号文批复可行性研究报告,交公路发〔1995〕667号文件批复初步设计。

飞鸾岭隧道及接线工程:该项目经交通部交计发〔1992〕347号文批复立项,交计发〔1992〕968号文批复可行性研究报告,〔1993〕908号文补充批复可行性研究报告,交工发〔1993〕1249号文批复初步设计。

飞鸾岭隧道左洞工程:该项目经交通部交计发〔1992〕347号文批复立项、交计发〔1997〕722号文批复可行性研究报告、交公路发〔1998〕425号文批复初步设计。

水古至上楼公路工程:该项目经交通部交计发〔1993〕1380号文批复立项、闽经贸技〔1995〕762号文批复可行性研究报告、闽交基〔1995〕256号文批复初步设计。

全段经交通部交规划发〔1999〕502号文、交公路发〔2000〕13号文批复增补、变更、完善工程规模,提高为高速公路标准。

3.参建单位主要情况

(1)建设单位

罗宁高速公路原由3个不同的指挥部负责建设,罗宁高速股份有限公司于1998年3月成立后,为保证工程质量和工程的顺利实施,根据罗宁高速股份有限公司发起人协议,并与罗源和宁德两个指挥部协商,1998年前已开工的路段仍按照批准的工程预算由原指挥部续建,未开工的曹屿至水古段工程和隧道左洞由罗宁公司负责实施。考虑到沥青路面工程施工的特殊性以及一级汽车专用路改高速公路标准的提高,路面工程和交通、绿化、机电工程等统一由罗宁公司实施。

(2)设计单位

罗宁高速公路项目由交通部第二公路勘察设计院和福建省交通规划设计院进行设计,中国公路工程咨询总公司承担汽车专用路改高速公路变更设计。

(3)施工单位

罗宁高速公路共28家。罗宁高速公路主线项目共有19个合同标段,飞鸾岭隧道左洞工程共有2个标段,飞鸾互通式立交工程共有2个标段,房建、机电1个标段。

(4)监理单位

罗宁高速公路工程项目施工监理由福建省交通建设工程监理咨询公司承担,详见表10-1-8。

罗宁高速公路各合同段承建单位、监理单位一览表　　　　表10-1-8

标段	承建单位	桩号	时间	单位工程	监理单位
No.7	宁德地区路达交通工程有限公司	K141+164~K141+964	1996.7~1998.6	路基工程、桥梁工程	福建省交通建设监理咨询公司
No.2A No.2C	福建省第一公路工程公司	K141+964~K142+964 K151+389~K152+259	1995.12~1999.10	路基工程、桥梁工程	福建省交通建设监理咨询公司
No.8	福建省第二公路工程公司	宁德互通	1998.2~1999.12	互通式立交工程	福建省交通建设监理咨询公司
No.3	中铁十二局三处	K142+964~K145+994	1995.12~1997.5	路基工程、桥梁工程	福建省交通建设监理咨询公司
No.1	交通部第一公路工程总公司第五工程公司	K145+994~K148+164	1996.6~1999.9	路基工程、桥梁工程	福建省交通建设监理咨询公司
No.4	交通部三航六公司	K148+164~K151+389	1995.12~1999.12	路基工程	福建省交通建设监理咨询公司

第十章
高速公路建设项目实况

续上表

标段	承建单位	桩　号	时　间	单位工程	监理单位
No.6	武警一支队	K152+259~K152+948	1995.12~1999.12	路基工程、桥梁工程	福建省交通建设监理咨询公司
右洞 A、B 标	武警交通第一总队福建指挥所	K152+948~K158+318	1993.12~1998.3	隧道工程、路基工程、桥梁工程	福建省交通建设监理咨询公司
	铁道部第二工程局	K158+318~K160+448	1993.12~1998.3	隧道工程、路基工程	福建省交通建设监理咨询公司
左洞 EA	武警第一总队	K155+902~K157+888	1998.9~2000.9	隧道工程、路基工程、桥梁工程	福建省交通建设监理咨询公司
左洞 EB	铁道部隧道工程局	K157+888~K160+378	1998.9~2000.9	隧道工程、路基工程、桥梁工程	福建省交通建设监理咨询公司
F	武警第一总队	飞鸾互通	2001.7~2004.3	互通式立交工程	福建省交通建设监理咨询公司
C	福建省建筑机械化公司	K160+448~K162+376 和曹屿互通及其连接线	1996.5~1997.10	互通式立交工程	福建省交通建设监理咨询公司
C	中国建筑一局第六建筑福州公司	护国溪中桥	1996.4~1996.11	桥梁工程	福建省交通建设监理咨询公司
C	中铁十七局福州工程公司	K160+448~K162+148 及曹屿互通	1997.7~1997.12	路基工程、路面工程	福建省交通建设监理咨询公司
C	中国第17冶金建设公司泉州公司	曹屿互通跨线桥（AK4+000）	1996.11~1997.7	桥梁工程	福建省交通建设监理咨询公司
CE	福建省建筑机械化公司	K160+448~K163+048	1998.7~1999.10	路基工程、桥梁工程	福建省交通建设监理咨询公司
CA	武警交通第一总队福建指挥所	K163+048~K166+828	1998.4~1999.12	路基工程	福建省交通建设监理咨询公司
CB	广州市市政工程总公司	K166+828~K169+515	1998.5~1999.12	路基工程、桥梁工程	福建省交通建设监理咨询公司
CC	山西路桥	K169+515~K170+015 及水古互通	1998.5~1999.12	互通式立交工程	福建省交通建设监理咨询公司
CD	厦门路桥工程公司	罗宁全线及互通匝道26.4km	1998.7~2000.1	路面工程	福建省交通建设监理咨询公司
C	闽江工程局福州分局	K167+991~K170+753	1995.7~1998.1	路基工程路面工程	福建省交通建设监理咨询公司
C	铁道部第十七工程局福州工程公司	K170+753~K173+663	1995.6~1996.2	路基工程路面工程	福建省交通建设监理咨询公司
B	罗源湾机械化工程公司	K173+663~K174+278	1995.6~1996.2	路基工程路面工程	福建省交通建设监理咨询公司

续上表

标段	承建单位	桩号	时间	单位工程	监理单位
	省筑路机械厂	全线	1998.7~2000.1	交通工程	福建省交通建设监理咨询公司
	北京诚达交通科技有限公司	全线	2002.10~2004.3	机电工程	福建省交通建设监理咨询公司
	闽清第三建筑工程公司	宁德收费站房建	2001.11~2002.6	房屋建筑工程	福建省交通建设监理咨询公司
	省六建建工集团公司	罗源收费站房建	2001.12~2002.10	房屋建筑工程	福建省交通建设监理咨询公司
	闽清第三建筑工程公司	水古收费站房建	2001.12~2002.7	房屋建筑工程	福建省交通建设监理咨询公司
	省闽清第二建筑工程公司	飞鸾收费站房建	2003.7~2004.2	房屋建筑工程	福建省交通建设监理咨询公司

(二)建设情况

1.项目立项准备阶段

(1)立项审批

项目立项：

宁德城关至飞鸾公路工程：该项目经交通部交计发〔1994〕1070号文件批复立项。

飞鸾岭隧道及接线工程：该项目经交通部交计发〔1992〕347号文批复立项。

飞鸾岭隧道左洞工程：该项目经交通部交计发〔1992〕347号文批复立项。

水古至上楼公路工程：该项目经交通部交计发〔1993〕1380号文批复立项。

全段经交通部交规划发〔1999〕502号文、交公路发〔2000〕13号文批复增补、变更、完善工程规模，提高为高速公路标准。

工程可行性研究：

宁德城关至飞鸾公路工程：交计发〔1995〕343号文批复可行性研究报告。

飞鸾岭隧道及接线工程：交计发〔1992〕968号文批复可行性研究报告，〔1993〕908号文补充批复可行性研究报告。

飞鸾岭隧道左洞工程：交计发〔1997〕722号文批复可行性研究报告。

水古至上楼公路工程：闽经贸技〔1995〕762号文批复可行性研究报告。

初步设计：

宁德城关至飞鸾公路工程：交公路发〔1995〕667号文件批复初步设计。

飞鸾岭隧道及接线工程:交工发〔1993〕1249号文批复初步设计。
飞鸾岭隧道左洞工程:交公路发〔1998〕425号文批复初步设计。
水古至上楼公路工程:闽交基〔1995〕256号文批复初步设计。

建设用地批复:

闽政〔1997〕51号文《福建省人民政府关于宁德城关至飞鸾一级汽车专用公路建设用地的批复》。

闽政〔1997〕501号文《福建省人民政府关于重点工程罗宁高速罗源建设用地的批复》。

(2) 资金筹措

罗宁高速公路全线总概算核定为12.22亿元。罗宁高速公路工程实际完成总投资1163785992.08元,其中:建筑安装工程958617591.39元,设备工具器具购置32952214.33元,带摊派投资170317320.56元,其他投资1898865.8元。本建设项目累计到位建设资金1055023177.28元,其中:法人股本495000000元(福建省公路局344620000元、罗源县路桥建设公司19340000元、宁德市路桥建设公司19730000元、宁德地区交通建设投资公司42600000元、福建省交通建设投资公司32370000元、福州市交通建设投资公司36340000元);项目资本公积70000000元;基建投资借款240000000元(建行福州市城东支行240000000元);未分配利润250023177.28元。

(3) 招投标工作

罗宁高速公路工程项目严格按照国家有关规定,在省交通运输厅、省高速公路指挥部、省公路管理局和有关部门的指导下,编制招投标文件,成立招投标专家小组和领导小组,坚持公平、公正、公开原则,选择资信好的施工单位签订施工合同。

(4) 合同段划分

罗宁高速公路主线项目共有19个合同标段,飞鸾岭隧道左洞工程共有2个标段,飞鸾互通式立交工程共有2个标段,房建、机电1个标段。

(5) 征地拆迁

罗宁高速公路项目征地拆迁工作在各级政府的领导下,通过沿线群众的支持及有关部门的密切配合,在工作中注重宣传,耐心细致地开展工作。根据国家有关规定及文件精神,有关部门认真落实补偿标准,及时下拨资金,组织人员加强检查指导,督促征地拆迁补偿经费尽快到位,同时各指挥部先后召开协调会议,按照"谁家孩子谁抱走"的原则,下达任务、明确分工、包干负责,并妥善解决好关系群众生产、生活的水利、村道、供电、广播电视等基础设施问题,确保征地拆迁工作顺利进行,保证了工程施工需要。全线共征用土地面积2832.53亩,拆迁建筑物面积46874m^2。按照有关规定要求,本项目分别于2000年2月、2000年6月、2000年8月、2004年12月由罗源县人民政府及宁德市人民政府颁发了土地使用证,土地总使用面积为1788360.16m²。

2. 项目实施阶段

罗宁高速公路原设计标准采用一级汽车专用线的山岭重丘区技术标准,1997年底,为提高该段公路的通行能力和服务水平,使同三国道主干线福建境内在建设标准、通行能力、服务水平方面相协调,经过专家论证,决定在原一级汽车专用路的基础上进行完善工程规模、对部分工程进行增补、变更,并将提高为高速公路标准,并得到交通部交规划发〔1999〕502号和交公路发〔2000〕13号文件批复同意。经论证设计行车速度采用60cm/h,路基宽度采用21.5m(整体式路基)和10.75m(分离式路基),主线双向四车道,其中中央分隔带宽1.5m,行车道宽2×7.0m,硬路肩宽2×2.5m,全线增设港湾式紧急停车带。全线桥涵设计车辆荷载采用汽车—超20级,挂车—120。路面除飞鸾岭隧道及接线6.9km采用水泥混凝土路面外,其余采用沥青混凝土路面。

(三)科技创新

1. 软土地基

罗宁高速公路宁德至飞鸾段全长11.784km,有6.49km通过滨海滩涂,除车里湾段用大桥跨越外,尚有4.89km采用地基处治的方法以路堤通过。其中K145+794~K145+064和K145+434~K145+694两段处于宁德打石坑境内,下伏碎卵石持力层的顶板最大横坡为36%,原设计从路堤稳定和加固方案的经济性出发,采用抛石挤淤和水泥粉喷桩的综合处置措施,即右侧紧靠海岸淤泥较薄采用抛石挤淤,左侧淤泥层厚的采用粉喷桩处治。在同一断面上采用两种不同的处置方法,有可能产生工后沉降差异而导致纵向产生裂缝,并且按当时的国内的技术水平,粉喷桩的最大成桩深度为15m,质量有保证的深度在10m以内。针对以上情况,经分析比较后进行变更设计,采用爆炸挤淤方法处置以上两个路段的软土地基。其施工工序为:抛填—爆前测量—成孔—埋药—起爆—爆后测量—补抛石块,在需要填石的位置,按照设计要求放样,先抛填一定数量的石块;对于在抛填过程中出现的崩塌现象,采取补抛石块使其达到设计要求;爆前、爆后测量,该项工作主要作为判断和分析爆炸排淤效果的依据,每10~20m布置一个测点,测定高程及纵横断面,技术人员根据所提供的测量数据,分析爆炸效果,及时调整施工方案;成孔与埋药,成孔方法为振动沉桩,成孔钢管为内径203mm的无缝钢管,药包从管口放至孔底,然后用水泵向管内注水加压,最后缓缓提升钢管,药包即埋入土中;药包为圆柱状,直径12~15cm,长度40~50cm,用散装炸药装袋制成。装药袋里外两层,里面一层为专用的防水塑料袋,外面一层为聚丙烯编织袋。每一药包有股导炸索引至导爆药包,导爆药包内有两个电雷管,通导线与点火器连接;补抛,在爆炸后原来的抛石处下沉或滑坍,地面高程骤然下降,此时须用石块填平,并向外扩展,为下一轮爆炸做好准备。从实施效果看,采取爆炸挤淤方法处置软土地基具有施工简便、适用性好、进度快、工期短、造价相对低等特点,且处理后经水平位移及沉降观测,稳定性能满足要求。该项研究获得2001年度省交通运输厅科学技术进步三等奖。在软土地基处理施工中,还积极引进使用大功率冲击式压路机冲碾等新工艺。该工艺具有工后沉降小、施工工期短、经济效益较好等特点,为海滨地区高速公路建设积累了经验。

2. 桥梁优化设计

白塔大桥原设计单位为福建省交通规划设计院,原设计方案采用两座独立大桥,单座桥下部采用双柱式桥墩、钢筋混凝土灌注桩基础,上部结构采用30m预制预应力混凝土T梁,通过桥面及现浇连续段整体处理形成多跨连续结构体系。原设计虽然具有抗震性能好、桩柱安全储备高,施工工艺较为简单等优点,但由于钻孔桩基础多,T梁数量较多,施工工期较长,造价高等因素。为节约投资、加快进度,委托云南省公路规划勘察设计院和北京建达路桥咨询公司对原设计方案进行优化设计。优化设计方案采用双幅桥、双柱式桥墩、钢筋混凝土灌注桩基础、整体式盖梁、30m预制混凝土空心板梁,通过墩顶60cm的现浇段使一联整体化,把上部结构简支体系转化为连续体系。该优化方案通过福州大学和省内有关桥梁专家组的技术经济论证,予以实施;施工完成后经全桥加载试验检测,其挠度、纵向应力的实测值均小于理论值,也未发现裂缝,表明该大桥的整体刚度、强度均满足设计要求。本优化设计,具有空心板梁横向稳定性较好,桩柱数量较少,造价较低、工期短等优点。

3. 隧道软弱围岩地段施工

在飞鸾岭隧道掘进至桩号K156+355时,遇到软弱围岩夹层,承包商根据工期要求、地质条件和现场的机械设备,综合比较各种开挖方法的优缺点后,选择了半断面环状倒梯形开挖(上半断面开挖宽1m,进尺0.4~0.6m;下半断面与上半断面平行作业,但留有足够的安全距离),管棚超前支护的开挖方法,减少对围岩的扰动,顺利通过了该软弱围岩夹层,取得了较好的成效。这种开挖方法的优点是:环状开挖降低了开挖高度,增强了围岩自稳能力,不但为后续工序提供了作业平台,而且有利于掌子面的稳定。

4. 隧道防水板施工

在之后防水板施工中,搭接处采用排刷在黏结面上均匀地涂上一层XY-401型氯丁胶。此种方法施工时容易受水、浮灰、砂等杂质影响黏结效果,并且氯丁胶涂后须用手压实,由于是空中作业往往使接头处留有气泡、褶皱及空隙。根据对以往隧道二次衬砌后渗水情况的分析,认为防水布黏结不牢是产生此种结果的一项重要原因。经过分析比较,飞鸾岭隧道左洞防水板施工中采用浙江温州东风塑料电器厂生产的DSH-D型塑料焊枪,实施防水布焊接工艺。防水布施工采用焊接工艺能用效杜绝胶接工艺存在的缺陷,经比对,该工艺施工的左洞较采用黏结工艺施工的右洞,渗水现象大大减少。实践证明,使用防水布焊接工艺能从一定程度上解决长期困扰隧道的渗水问题。

(四)运营管理

1.服务区设置

罗宁高速公路共设置1个服务区,内设办公楼、宿舍、公厕、加油站、汽修间等,主体结构为钢筋混凝土结构。罗源服务区房建工程总建筑面积为7492.8m², 1号服务区主楼5959.8m², 2号配电房及水泵房355.2m², 3号楼汽修间714.16m², 4号楼治安岗亭16.64m²。

2.收费站点设置

罗宁高速公路收费站点设置情况见表10-1-9。

罗宁高速公路收费站点设置情况表　　　　　　　　　　　表10-1-9

站点名称	车道数	收费方式
宁德南	11(4入7出)	人工、ETC、自动取卡
飞鸾	8(3入5出)	人工、ETC、自动取卡
罗源	6(2入4出)	人工、ETC、自动取卡
罗源南	5(2入3出)	人工、ETC、自动取卡

3.车流量发展状况

罗宁高速公路车流量发展状况见表10-1-10。

罗宁高速公路交通流量发展状况表　　　　　　　　　　　表10-1-10

年份(年)	日均车流量(辆)	年份(年)	日均车流量(辆)
2003	6122	2009	7531
2004	8537	2010	7762
2005	8624	2011	9645
2006	10227	2012	10620
2007	8015	2013	17963
2008	6651		

三、沈海线罗源至长乐高速公路(罗长高速公路)(建设期:2000.05~2002.12)

(一)项目概况

1. 基本情况

罗长高速公路项目北起罗宁高速公路终点罗源上楼,南至福泉高速公路起点长乐营前,总长为59.2805km(含青洲大桥1.196km),实际建设里程为58.0845km,路线走向由北至南,大致平行于104国道,途经罗源、连江、马尾和长乐4个县(市)区。项目按照高速公路标准建设,设计行车速度80km/h;设计荷载为汽车—超20级,挂车—120,双向四车道,整体式路基宽度24.5m,分离式路基单幅宽度12.5m(单幅),桥梁与路基同宽,隧道净宽9.45m,净高5m,采用沥青混凝土路面(表面层为改性沥青混凝土),设计使用年限15年,设计标准轴载BZZ-100kN,设计洪水频率为特大桥1/300,路基、大中小桥、涵洞和小型排水构造物1/100,地震基本烈度为Ⅶ度。本项目为全封闭、全立交双向四车道高速公路,设有完善的交通安全、服务、管理系统,监控、通信、照明和收费系统,上下边坡防护植草等绿化环保系统,设施完善、功能齐全。工程设计总概算为32.47亿元,工程决算为27.1675亿元。全线于2000年5月25日正式开工,至2002年12月20日完工,历时两年半。于2002年12月22~23日通过交工验收,12月28日试通车,比交通部批复工期前提一年多,基本情况表详见表10-1-11。

罗长高速公路项目基本情况统计表   表10-1-11

序号	项目		单位	数量	备注
一	技 术 标 准				
1	计算行车速度		km/h	80	
2	路基宽度	整体式路基	m	24.5	
		分离式路基	m	12.5	
3	桥面净宽		m	11	单幅
4	路面			水泥混凝土、沥青混凝土路面	
5	路基、桥涵设计洪水频率			特大桥1/300,其余1/100	
6	桥涵设计车辆荷载			汽车—超20级、挂车—120	
二	主要工程规模				
1	路线里程		km	59.281	
2	征用土地		亩	6145	
3	拆迁建筑物		m²	174224	
4	路基土石方		万m³	1396.66	
5	桥梁(主线)		m/座	15843.28/24	
6	分离式立交及平交		处	6	

续上表

序号	项 目	单 位	数 量	备注
7	互通式立交	处	6	
8	涵洞通道	m/道	7374.255/189	
9	隧道	m/座	15251.04/17	
10	主线收费站	处	5	
11	服务区	处	1	
12	停车区	处	1	

2. 前期决策情况

罗长高速公路项目建议书于1993年12月经交通部审批（交计发〔1993〕1380号），可行性报告与1998年12月和1999年6月得到交通部的批复（交规划〔1998〕785号、交规划〔1999〕289号），并于1999年9月29日国家计划委员会批准了工程可行性研究报告，初步设计于1999年9月得到交通部的批复（交公路发〔1999〕494号），项目报件于2000年4月通过交通部审查，开工报告由交通部于2000年5月批复，2001年列为国家重点工程。作为福州市组织建设的第二条高速公路项目，市委、市政府对罗长高速公路的建设非常重视，明确提出不走政府包揽，官管官办的老路，要按国际惯例，采用新机制建设罗长高速公路。福州市于1998年底组建了福州罗长高速筹建处，负责项目建设的前期工作，同时根据省政府"一路一公司"的项目业主责任制要求，于2000年4月由福建省高速公路有限公司、福州市交通建设发展总公司投资组建成立福州罗长高速有限公司，作为项目法人全权负责罗长高速的资金筹措、建设实施、还贷与经营管理。

3. 参建单位主要情况

（1）建设单位

福州市于1998年底组建了福州罗长高速筹建处，负责项目建设的前期工作，同时根据省政府"一路一公司"的项目业主责任制要求，于2000年4月由福建省高速公路有限公司、福州市交通建设发展总公司投资组建成立福州罗长高速有限公司，作为项目法人全权负责罗长高速的资金筹措、建设实施、还贷与经营管理。

（2）设计单位

福建省交通规划设计院承担罗长高速公路项目的初步设计和施工图阶段的勘测和设计工作；交通机电工程委托北京市泰克公路技术研究所设计；房建工程委托福州大学建筑设计研究院设计；绿化工程委托福州市城乡规划设计院设计。

（3）施工单位

全线共划分11个路基工程合同段，2个路面交通工程合同段，2个桥梁伸缩缝合同段，4个房建合同段，3个机电工程合同段，3个绿化工程合同段，采用国内竞争性招标方式选择施工单位。主要施工单位有中国航空港建设总公司第七总队、中铁四局集团第四工程有限公司、中铁一局二处、中铁十五局、中港第三航务工程局第六工程公司、福建第二公路工程公司、福建省第一公路工程公司、中铁十八局集团、中铁隧道局集团、中铁十七局、中铁十二局集团有限公司、吉林省交通建设集团有限公司、天津五市政公路工程有限公司、上海紫江橡胶制品有限公司、中国路桥(集团)新津筑路机械厂、福建省工业设备安装公司、福建永泰建筑公司、福建省第一建筑工程公司、福建省第二建筑工程公司、杭州萧山新街花木产业集团有限公司、杭州申华市政园林建筑工程有限公司、福州鑫绿园林发展有限公司、中国港湾建设集团总公司、中铁隧道局一处有限公司等。

(4)监理单位

全线路基工程4个监理标段、路面工程项目1个监理标段、机电工程项目1个监理标段、房建工程项目1个监理标段,监理单位有福建省交通工程监理咨询公司、武汉大通公路桥梁工程监理咨询有限公司、铁四院咨询监理公司、铁道部科学研究工程监理部、福建工程建设监理公司、北京兴通交通工程监理有限公司。

(二)建设情况

1. 项目准备阶段

(1)立项审批

项目立项:罗长高速公路项目建议书于1993年12月经交通部审批(交计发〔1993〕1380号)。

工程可行性研究:可行性报告于1998年12月和1999年6月得到交通部的批复(交规划〔1998〕785号、交规划〔1999〕289号),并于1999年9月29日国家计划委员会批准了工程可行性研究报告。

初步设计:初步设计于1999年9月得到交通部的批复(交公路发〔1999〕494号),项目报件于2000年4月通过交通部审查。

环境影响评价:1999年11月15日国家环境保护局以环函〔1999〕423号文批准了本项目的《环境影响评价报告书》。

建设用地批复:国土资源部以国土资函〔1999〕729号文《关于罗源至长乐高速公路建设用地的批复》批复罗长高速公路建设用地。

开工批复:开工报告由交通部于2000年5月批复,2001年列为国家重点工程。

(2)资金筹措

罗长高速公路批准项目投资总额32.4712亿元,其中建安投资总额为24.7785亿元,设备工具购置费0.6021亿元,其他基本建设费用3.3995亿元,预留费用3.6571亿元,房建、隧道外供电340万元。扣除工程造价增涨预留费用2.2976亿元,概算总投资调整为

30.1736亿元,其中交通部补助5.46亿元、省高速公路有限责任公司3.36亿元、福州市交通建设发展总公司3.5亿元、国内银行贷款17.8536亿元。

(3) 招投标工作

由于罗长高速公路项目的可行性研究报告委托福建省交通规划设计院编制,为了保持设计的延续性,省、市高指委托福建省交通规划设计院承担罗长高速公路项目的初步设计和施工图阶段的勘测和设计工作;交通机电工程委托北京市泰克公路技术研究所设计;房建工程委托福州大学建筑设计研究院设计;绿化工程委托福州市城乡规划设计院设计。全线共划分11个路基工程合同段,2个路面交通工程合同段,2个桥梁伸缩缝合同段,4个房建合同段,3个机电工程合同段,3个绿化工程合同段,采用国内竞争性招标方式选择施工单位。招标过程严格按交通部颁发的《公路工程施工招投标管理办法》及《福建省高速公路资格预审评审办法》《福建省高速公路施工招投标办法》进行。招投标原则为:报价合理、施工方案可行、施工技术先进、确保工期和质量。招投标按有关规定和程序,严格执行招投标制度,成立招评标领导机构和工作机构,全过程接受纪检监察机关的监督,招标过程始终坚持"公平、公正、公开"的原则,认真、细致、严谨地开展招投标工作,择优选择施工队伍。依据交通部《公路工程施工监理招投标管理办法》、闽高路工〔1999〕24号文《关于规范全省高速公路工程监理管理的通知》的精神,结合罗长高速公路桥、隧构造物多的特点以及施工标段划分的情况,由省高指会同业主组织招标,在《中国交通报》上刊登招标通告,面向全国择优选择监理队伍,分别完成了全线路基工程4个监理标段、路面工程项目1个监理标段、机电工程项目1个监理标段、房建工程项目1个监理标段的招投标工作。

(4) 征地拆迁

罗长高速公路途经罗源、连江、马尾和长乐4个县(市)区,10个乡镇(街道),53个行政村,需征用土地面积6290亩,其中耕地约4061亩。另需迁移110kV高压铁塔16座及571根电力、电信杆;沿途还穿过两个部队和一个武警边防大队,共5处的营区和靶场。为了创造良好的项目执行外部环境,征地拆迁工作至关重要,市高指、罗长公司非常重视征地拆迁工作。根据《福建省实施〈中华人民共和国土地管理法〉办法(草案)》精神,福州市政府制定了《福州市人民政府关于罗源—长乐高速公路建设征地拆迁若干问题的通知》(榕政综〔2000〕108号)。福州市政府多次召开沿线各县(区)主要领导干部会议,研究部署征地拆迁工作。为加强对征地拆迁工作的领导和协调,福州市成立了高速公路建设指挥部,由副(书记)市长任总指挥。罗长公司负责全线的征地拆迁工作。沿线4个县(区)分别成立高速公路建设指挥部,作为具体办事机构,由县(区)领导挂帅任总指挥,抽调交通、土地、规划、公安、监察及沿线乡镇领导组成,各乡镇(街道)也成立相应的指挥部,具体负责征地拆迁工作及工程实施期间的民事协调,累计签订征地协议26份,租地协议18份,个案协议68份,三杆两线协议44份。共完成征地6145亩(其中耕地4086亩),

租地 658 亩（其中耕地 553 亩）拆地拆迁建筑物 174224m²，砍伐果树 59623 颗，迁移坟墓 3371 座。

2. 项目实施阶段

（1）重大变更

设计变更内容见表 10-1-12。

设 计 变 更 内 容　　　　　　　　　　　　　表 10-1-12

序号	设 计 变 更 内 容
1	K0+525～K0+590、K8+090～K8+380、K11+260～K11+620、K14+810～K14+910、K16+430～K16+450、YK21+240～YK21+400、YK21+800～YK21+940、YK23+170～YK23+430、K25+710～K25+890、K40+190～K40+230、K40+350～K40+410 等 11 段路基边坡进行变更设计
2	K5+500～K5+580 段路堤右侧增设挡土墙变更设计
3	K6+460～K6+520 段路堤右侧增设挡土墙
4	K15+890～K15+980 段路堤右侧边坡取消原砌石脚，变更为填石路基并干砌边坡防护处理
5	K24+030～K24+107 段左侧路堤滑动，采用反压护道加土工格栅方案
6	主线软基塑料排水板处理变更：将主线及部分匝道原设计塑料排水板处理的变更为粉煤灰混凝土桩处理
7	软基砂桩处理变更：K42+000～K42+119 段软土地基处理原设计排水板因工期较长变更为砂桩处理
8	K45+348～K45+525、ZK47+560～ZK47+660 经现场钻探发现存在较弱层，变更为粉煤灰混凝土桩处理
9	改河横断面变更设计：营前互通改河工程地处软基将边坡坡率变更为 1：2，同时在坡脚处施打一排直径 16cm、长度 4m、间距 1.0m 的木桩，且每间隔 5m 设一道 M7.5 浆砌片石支撑梁
10	沿线挖方边坡地质比较复杂及填方路段路基填料的改变，对部分路堑边坡及路堤边坡防护形式进行变更
11	连江右侧服务区及 A 匝道变更设计：为减少连江服务区借方数量，降低工程造价，采用降低主线 K22+260～K22+860 右侧的连江服务区场地高程优化设计方案，对因场地高程降低引起的服务区 A 匝道进行相应变更
12	沥青混凝土路面的变更设计：原上面层采用 4cm 厚中粒式沥青混凝土抗滑表层（AK-16A）变更为 4cm 厚改性沥青混凝土抗滑表层（AK-13A），原中面层采用 5cm 厚中粒式沥青混凝土（AC-20I）变更为 5cm 厚中粒式沥青混凝土（AC16I），原下面层采用 7cm 厚粗粒式沥青混凝土（AC-30I）变更为 7cm 厚粗粒式沥青混凝土（AC-25I），基层、底基层按原设计不变
13	A7 标段部分路段路面变更设计：为便于施工，红山 I、II 号隧道之间、红山 II 号隧道出口段、红山 III 号隧道进口段、红山右线中桥桥面铺装等原设计的沥青混凝土路面变更为水泥混凝土路面
14	马尾互通部分匝道路面变更设计：E、F、H 匝桥桥面铺装由原设计的沥青混凝土改为防水混凝土铺装，A、B、C 匝桥桥后、D 匝道与主线交叉至收费广场、E、F 匝桥台后至马尾隧道段落的路面由原设计的沥青混凝土变更为水泥混凝土路面
15	连续空心板横梁变更设计：考虑结构安全，防止出现裂缝，对丹阳互通、连江互通、琯头互通现浇预应力混凝土连续空心板变截面区域进行结构加强钢筋设置变更
16	防撞栏变更设计：K28+400～K28+560 左幅、K36+300～K36+450 左幅、K140+700 右幅共计 80m 防撞栏进行加强变更

续上表

序号	设计变更内容
17	马尾互通青州高架桥防撞栏变更设计：青州高架桥钢结构防撞栏变更为新型钢筋混凝土防撞墙
18	琯头互通FKQ0+319.5小桥变更设计：将原设计的FK0+319.5处3孔10m预应力混凝土简支空心板桥移位变更为1B处1孔16m预应力混凝土简支板桥
19	营前互通N匝桥变更设计：营前互通N匝桥加高高程20cm，重新调坡进行变更设计
20	马尾互通H、G叉桥跨越君竹防洪渠变更：B、E、F、G、H、I、J匝道纵坡进行调整
21	取消K1+700、K16+410、K40+340人行天桥，取消K21+500、K23+580、K43+611通道
22	K6+840、K8+740、K12+168、K15+829.5、K17+220、ZK33+587.1、YK47+660、ZK47+673.1、ZK50+419等9道涵洞予以取消
23	对K3+200通道与K3+260涵洞、K4+280通道与K4+340涵洞、K6+440通道与K6+403涵洞、K8+440与K8+500涵洞、K8+600通道与K8+640涵洞、Y21+596.4通道与YK21+620涵洞、K22+960通道与K23+020涵洞等7处通道与涵洞进行合并变更
24	在K2+418、K14+053、K17+762.7、丹阳互通A0+356、E0+300、K6+080、K9+070、K40+565等增设8道灌溉涵
25	隧道支护变更设计：由于在隧道施工过程中发现部分裂隙带及围岩类别变化，沿线隧道有2处支护进行相应的变更设计
26	隧道洞口变更设计：红山Ⅰ号隧道出口、红山Ⅱ号隧道进口取消斜交洞口管棚注浆改为正交洞口，并对红山Ⅰ、Ⅱ、Ⅲ、Ⅳ号、长安隧道洞门墙形式及相应增加明洞长度进行变更

（2）重大事件

1993年12月，项目建议书经交通部审批。

1998年12月和1999年6月，可行性研究报告得到交通部批复。

1999年9月29日，工程可行性报告经国家计划委员会批复。

1999年9月，初步设计通过交通部审查。

2000年5月，项目开工报告由交通部批复。

2000年5月，项目正式开工。

2002年12月20日，项目完工。

2002年12月22~23日，通过验收。

2002年12月28日，通车。

（三）复杂技术工程

1. 软基处理工程

罗长高速公路淤泥及淤泥黏土等软土广泛分布，软土具有含水率高、孔隙比大和低透水性等特点，最深可达50m，工程地质较为复杂，天然地基承载力达不到设计要求。为此，考虑工期及工后沉降等因素，结合省内外在建或者已建成的高速公路现状，确定软土深度大于15m的路段主要采用以桥带路的处理方法,如斗门高架桥、青芝高架桥、山兜高架桥、东岐高架桥、长柄高架桥、洪塘高架桥等均为此种处理方法,其余路段采用以粉煤灰混凝土桩为主的处理方法。采用粉煤灰混凝土桩处理软基,其受力明确,加固效果明显,工期短(可基本取消预压及涵洞反开槽施工),工后沉降小,具有明显的优势。根据上述特点,结合罗长高速公路的工期要求,推广使用粉煤灰混凝土桩,确保了工程质量和进度,解决沉降稳定与工期的矛盾。同时联合省高指、设计和科研单位提出并制定了粉煤灰混凝土桩检测暂行标准,采用省交通运输厅科研项目"应用瑞利波法检测软基加固质量的研究"结果,补充完善了粉煤灰混凝土桩的检测方法,加快检测速度,总结宝贵的经验,对福建省高速公路软基处理具有广泛的指导意义。

2. 坦平大跨度不等跨连拱隧道的建设技术

马宅顶隧道为坦平大跨度不等跨连拱隧道,在建设初期,为国内首例,无成熟的设计和施工经验可借鉴。为确保工程顺利进行,进一步研究连拱隧道的施工方法,完善设计和施工方法,用于指导以后此类工程的施工及作为设计参考依据,并会同省交规院、同济大学、中铁十二局组成课题组,进行单线坦平大跨度不等跨连拱隧道的建设技术研究,取得很好的经济效益和社会效益,为福建省多山地区今后同类型隧道建设积累了设计和施工经验。该课题获得福建省2005年度科学技术三等奖。

3. 桥梁工程

罗长高速公路共有大桥、特大桥19座19751m(包括互通区),桥梁数量多、里程长,结构形式复杂多样,技术含量高,施工难度大。针对这些特点,各参建工程技术人员大胆采用新技术、新结构、新工艺,解决了许多难题。青洲高架桥桥墩高37~41m,最大跨度90m,地处软土地基(淤泥厚达40m),在施工过程中,开展了"高墩大跨度现浇箱梁施工配套新技术"研究,创造性提出在高墩顶部设可拆装翼板式托架代替落地临时支架,便于拆装,提高工效,降低成本。

(四)科技创新

在工程施工中,项目业主十分重视发挥工程技术人员和全体员工的集体智慧,对本工程的施工方案和关机那工序组织攻关,采用先进的技术、材料和施工工艺,提高施工质量,加快工期,提高效益。

1. 路基工程

罗长高速公路地质条件较为复杂,往往"软硬相连",路线填挖土石方工程量巨大,路基工程的施工条件十分艰巨。在路基工程施工中,采用了先进的技术措施:如采用粉煤灰混凝土桩处理软基,其受力明确,加固效果明显,工期短(可基本取消预压及涵洞反开槽施工),工后沉降小,具有明显的优势。根据上述特点,结合罗长高速公路的工期要求,推广使用粉煤灰混凝土桩,确保了工程的质量和进度,解决了沉降稳定与工期的矛盾;针对罗长高速公路路基土石方数量大、深挖高填相对集中的特点,推广了石质路堑边坡光面爆破施工技术和RRS柔性边坡防护技术,取得了提高边坡开挖质量,减少防护砌体工程量的效果;研究并推广石方路堤填筑的施工工艺,制定并提出了相应的路基压实度的控制方法和检测标准,广泛推广使用冲击式压路机等先进施工设备;桥头跳车现象是困扰公路建设者的一大难题和通病,开工伊始即对结构物台背回填制定了高标准的规范和要求,采用砂砾、碎石等具有一定级配的透水性材料进行回填。采用冲击夯或小于1t的小型振动压路机进行压实,软基地段结合粉煤灰混凝土桩处理及加设搭板过渡板等措施,多管齐下,较好地克服和减缓了桥头跳车的质量通病。

2. 隧道工程

各项目部位精心组织施工,克服了隧道地质复杂的难题,在光面爆破技术、整体式台车衬砌技术、安全施工和文明生产等方面取得了可喜的成绩。同时在工程施工中,积极配合课题研究,获得了大量的研究数据和科研成果。全线隧道采用的整体式台车衬砌施工工艺在全省推广,二次衬砌平顺光洁,克服了小模板衬砌接头多、错台、空腔等严重问题;在初期支护施工中应用湿喷混凝土新技术,并取得了宝贵的应用经验;连拱隧道在隧道大断面开挖中确保了安全施工,并在大断面隧道的施工在复杂的地质条件下没有发生隧道塌方,保证了隧道质量、进度和施工安全。

3. 桥梁工程

罗长高速公路共有大桥、特大桥19座19751m(包括互通区),桥梁数量多、里程长,结构形式复杂多样,技术含量高施工难度较大。针对这些特点,工程技创造性地提出在高墩顶部设可拆装翼板式托架代替落地临时支架,便于拆装,提高工效,降低成本。在狠抓桥梁构造物的施工质量的同时,把外观质量这一以往被忽视的环节作为重点来抓,真正做到了内实外美,特别是桥面铺装和防撞护栏等桥面系工程,推广采用了"全幅分路段一次性浇筑法"混凝土桥面铺装施工工艺和"可移动整体式组合钢模板技术"的桥梁混凝土防撞护栏施工工艺,使桥面系施工质量取得了突破性的进展,整套施工工艺在全省高速公路建设中被广泛应用。省高速公路建设指挥部(以下简称省高指)指于2001年8月20日成功举办了全省高速公路桥面铺装及防撞护栏施工观摩会,桥面系施工工艺得到省内高速公路建设同行的高度赞誉。

4. 路面工程

为了提高高速公路沥青路面的性能和耐久性,防止发生早期破坏,在上面层采用PC76-22级改性沥青,选择比常规沥青混凝土混合料性能更优越的沥青混合料类型,并铺筑了试验路。试验路上面层包括4种不同改性沥青混合料，即AK-13A、AC-13K、Superpave3与无纤维的SMA13。其中AK13A为我国规范的抗滑表层混合料；Superpave3为美国SHRP成果；AC13K的级配组成范围与Superpave13基本相同；无纤维SMA13的性能较为优越，为防止析漏，级配较有纤维SMA细一些。经过对试验路各项指标的对比和分析，在K0+000~K25+500段采用AK-13A型表面层，在K25+500~K59+289.85段采用Superpave3型表面层，并获得成功。

（五）运营管理

1. 服务区设置

罗长高速公路共设置了1对服务区，连江服务区总建筑面积约9927m^2，内设办公楼、宿舍、公厕、加油站、汽修间等，主体结构为钢筋混凝土结构。

2. 收费站点设置

罗长高速公路收费站点设置情况见表10-1-13。

罗长高速公路收费站点设置情况表　　　　表10-1-13

站点名称	车道数	收费方式
营前	14(4入10出)	人工、ETC、自助取卡
马尾	14(5入9出)	人工、ETC、自助取卡
琯头	8(3入5出)	人工、ETC、自助取卡
连江	13(5入8出)	人工、ETC、自助取卡
丹阳	5(2入3出)	人工、ETC、自助取卡

3. 车流量发展状况

罗长高速公路车流量发展状况见表10-1-14。

罗长高速公路交通流量发展状况表　　　　表10-1-14

年份(年)	日均车流量(辆)	年份(年)	日均车流量(辆)
2003	17102	2010	19554
2004	22256	2011	18636
2005	25368	2012	20272
2006	26657	2013	22856
2007	31287	2014	24162
2008	43076	2015	24866
2009	46370		

四、沈海线福州至泉州高速公路(福泉高速公路)(建设期:1996.04~1999.09)

(一)项目概况

1. 基本情况

福泉高速公路位于福建省东南沿海经济发达地区,北起福州长乐的营前互通式立交,与罗(源)长(乐)高速公路相接,通过黄石至秀宅的连接线与福州市相通,途经福州、莆田和泉州三市,终于泉州市西福,通过泉州立交与泉厦高速公路相连。福泉高速公路北接罗长、罗宁、福宁高速公路,与浙江甬台温高速公路相连,南通泉厦、厦漳、漳诏高速公路,与广东潮—汕—汾高速公路相接,是条非常重要的公路交通干线。它是福建省规划建设的"三纵四横"高速公路网中的"一纵",也是"五纵七横"国道主干线"沿海大通道"的重要组成部分,同时还国家高速公路网规划"纵二"沈阳—海口高速公路的重要组成部分。

福泉高速公路主线全长154.42km,另建福州连接线11.49km和鳌山连接线2.36km。全线实行全立交、全封闭控制出入,其中福州连接线按平原重丘区高速公路标准建设,设计行车速度100km/h,双向六车道,路基宽度32m;主线营前至掌溪段按平原重丘区高速公路标准,设计行车速度100km/h,双向四车道,路基宽度245m;主线从掌溪至西福段按平原微丘区高速公路标准建设,设计行车速度120km/h,双向四车道,路基宽度26m。全线共设黄石、兰圃、宏路、渔溪、涵江、莆田、仙游、泉港、驿坂、惠安等10处互通式立交,并设有较为完善的收费、监控、通信、照明、安全等交通工程设施。福泉高速公路服务区和停车区等服务设施齐全,沿线设有青口、整山、驿坂3个服务区和大往、灵川、洛阳江3个停车区。福泉高速公路工程批准总概算46.69亿元,工程决算总造价49.38亿元,平均每公里决算造价2976.5万元。福泉高速公路全线工程共征用土地20321亩,拆迁房屋546616m²,全线征地拆迁补偿费用12800万元。

福泉高速公路建设项目工期为36个月,实际工程分两期完成。一期工程于1996年4月开工,1998年12月交工,实际工期为32个月;二期工程于1997年4~11月陆续开工,1999年9月交工,实际工期为30个月,工程实际工期分别比国家批复的计划工期提前了4~6个月。1990年9月21—22日,省交通运输厅和省高指对福泉高速公路进行了交工验收,1999年9月25日全线通车试运营,2001年12月22—23日,福泉高速公路通过了交通部公路司与省交通厅联合组织的竣工验收,工程质量等级评定为优良。项目基本情况详见表10-1-15。

福泉高速公路项目基本情况统计表 表10-1-15

序号	项目	单位	福州段	莆田段	泉州段
1	主线	km	66.41	46.62	41.39

续上表

序号	项目	单位	福州段	莆田段	泉州段
2	高速公路连接线	km	11.49		
3	二级公路连接线	km		2.36	
4	路基土石方	万 m³	1433.9	964.4	650.58
5	特殊路基处理	km³	25.31	15	0.87
6	排水及防护工程	km³		183.1	238.638
7	路面(沥青/水泥)	万 m³	199.726/4.824	105.8	92.74/9.06
8	特大桥(高架桥)	m/座	4394.2/3	568/1	793/1(897.28/1)
9	大桥	m/座	698/5	1118.4/5	606.7/3
10	中小桥	m/座	931.5/27	931.5/23	1087.69/23
11	通道桥、通道、涵洞	m/座	12858.47/323	9611.5/150	/190
12	隧道	m/座	2×1229/2		
13	互通式立交	处	4	3	
14	分离式立交	m/座	1265/21	1027.1/18	2224.17/34
15	收费站	个	4	3	3
16	服务区	个	1	1	1
17	停车区	个	1	1	1

2. 前期决策情况

本项目于1992年正式启动前期工作,经有关部门的充分论证评估和审查,完成了国家规定的各项基本建设程序。

(1)1993年6月,国家计划委员会以《关于福州至泉州高速公路项目建议书的批复》(计交通[1993]969号)批复项目建议书,同意立项。

(2)1997年3月,国家计划委员会以《印发国家计委关于审批福州至泉州高速公路可行性研究报告的请示的通知》(计交能[1997]364号)批复项目可行性研究报告,下达了设计任务书。

(3)1997年5月,交通部以《关于福州至泉州高速公路初步设计的批复》(交公路发[1997]302号)审批了初步设计。

(4)1997年9月,国家计划委员会以《国家计委关于下达1997年第三批基本建设新开工大中型项目计划的通知》(计投资[1997]1691号)批准该项目开工建设。

(5)1998年3月,国家土地管理局以《关于福州至泉州高速公路工程建设用地的批复》(国土批[1998]32号)批复项目建设用地。

(6)1998年4月,福建省人民政府以《福建省人民政府关于福州至泉州高速公路工程福州市境内建设用地的批复》(闽政[1998]文127号)批复项目建设用地。

3. 参建单位主要情况

（1）建设单位

福建省委、省政府早在20世纪90年代初即下决心"举全省之力，修高速公路"。为确保高速公路建设顺利进行，1990年就建立了坚强有力、精干有效的高速公路建设指挥系统，首先成立了福建省高速公路建设领导小组，由分管副省长挂帅，主要职责是研究确定福厦漳高速公路建设的方针政策，组织审定公路规划和建设方案，协调处理前期工作中的重要问题；并在省高速公路建设领导小组下设省高指，由分管副省长任总指挥，省交通厅厅长和副厅长任副总指挥，与省高速公路有限责任公司合署办公，负责省高速公路建设领导小组日常工作，协调全省高速公路筹建工作，指导、协调福建省高速公路项目的规划、设计、标准建设、质量、运营等有关问题并进行把关。1996年2月，为进一步加快高速公路建设，调动各级政府和全省广大人民群众积极性，省政府决定采取"统一规划、分级负责、分段实施、同步建设"的高速公路建设管理办法，明确福泉高速公路沿线各地市分别为各路段的业主单位，承担业主责任。为适应社会主义市场经济的客观要求，1997年省政府进一步决定实行"统一规划、统一设计、统一质量、统一运营和分段筹资、分段建设、分段收益"的高速公路建设和运营管理体制，据此沿线三市分别组建了由省、市共同合作的项目公司，实行项目法人责任制，全面负责项目的建设、筹资、运营和还贷工作。福州段建设单位为福州市交通建设发展总公司、莆田段建设单位为莆田市高速公路有限责任公司、泉州段建设单位为泉州市福泉高速建设指挥部。在项目建设过程中，省高指对项目的设计、建设、标准、质量等方面给予全面指导、协调和管理。市高指则配合项目公司对项目的建设实施全面的协调处理管理。实践证明，福泉高速公路建设采取的这一建设管理体制，是符合福建省实际，切实可行，是建设管理体制改革的一个成功的尝试。

（2）设计单位

根据福建省福厦漳高速公路建设总指挥部（闽交路计〔1994〕23号）《关于福泉高速设计的委托函》及合同书，福建省交通规划设计院在完成福泉高速公路初步设计的基础上继续承担施工图设计任务。交通工程设计委托交通部公路科学研究所承担。两家设计单位均具备甲级设计资质，并均在积累了泉厦高速公路设计经验的基础上，继续进行设计，保证了福厦漳高速公路全线设计的完整性、连贯性，同时保证了福泉高速公路施工图设计在时间紧、任务中的情况下高质量完成。为争取时间，施工图设计与初设补充文件同步，并在1995年超前开始，于1997年6月完成。

（3）施工单位

福泉高速公路路面及交通安全工程D1~D4 4个国际竞争性公开招标由省高指统一组织，福州、莆田和泉州三市路段业主参加。招标通告和资格预审文件在国内外报刊上刊登,通过资格预审的国内外投标人,经交通部审批后报世界银行确认。资格评审和招标工作由评标委员会、专家组全面负责。招标结果经交通部审批后报世界银行确认,选定了交通部第一公路工程总公司厦门工程处、山西省路桥建设总公司、天津五市政公路工程有限公司、吉林省公路工程局等4家施工企业为施工总承包单位。

路基工程、房建工程、绿化工程实行国内竞争性招标,福州、莆田、泉州三市分别成立了招标领导小组与工作小组,负责招标全过程工作。

福州段路基工程共划分为18个合同段,确定由黑龙江省路桥建设总公司、铁道部第十一工程局、铁道部第十二工程局、铁道部第十七工程局、山西省路桥建设总公司、武警交通一总队等9家施工企业为施工总承包单位。因软基沉影响,为便于工程施工的连续性,不影响工程质量和总体进度,A5(2)和A7(2)个别路面水稳层等合同段经报请福州市政府同意,采用议标方式,由福建省第二公路工程公司等承建。

莆田路段路基工程划分为江口大桥、B1(1)、B1(2)、B1(3)、B2、B3(1)、B3(2)、B3(3)、B3(4)、B4、B5、B6 12个合同段,选定了铁道部第十七工程局、铁道部第十一工程局、铁道部第二工程局、武警交通一总队、交通部第一公路工程总公司厦门工程处、福建省第二公路工程公司、中建七局三公司、上铁福州总公司、铁道部第十二工程局等9家施工企业为施工总承包单位。

泉州路段路基工程划分为C1(1)、C1(2)、C2(1)、C2(2)、C3(1)、C3(2)、C4(1)、C4(2)8个合同段,选定了铁道部第十七工程局、福建省第一公路工程公司、惠州市公路建设公司、交通部第四航务局、交通部第二航务局等5家施工企业为施工总承包单位。

(4)监理单位

福泉高速公路项目采用省高速公路总监理工程师办公室、市高速公路总监理工程师办公室和驻地监理三级监理体系,省高指设立省总监办(与工程处合署办公),省总监办分别向三市高速公路路段派驻1~2名项目工程师,会同各市高指做好各项工作。福州、莆田、泉州分别设路段总监理工程师,根据《福泉、厦漳高速公路监理手册》(以下简称《监理手册》)有关规定成立福州、莆田、泉州3个路段总监理工程师办公室,业务上受省高速公路总监理工程师办公室的指导,根据《监理手册》规定的权限划分,全面负责本路段工程施工进度、质量和投资的"三大控制"。

路段总监办下设各合同段驻地监理工程师办公室及中心试验室,由各驻地办具体负责相应合同段的工程建设监理工作,一个驻地办负责一个或几个标段的监理工作,驻地监理亦是通过招标选择具有交通部甲级资质的监理队伍。福州段8家单位组成各合同段驻地监理工程师办公室,莆田段5家单位组成各合同段驻地监理工程师办公室,莆田段7家单位组成各合同段驻地监理工程师办公室,详见表10-1-16。

福泉高速公路设计、施工及监理单位一览表

表 10-1-16

设 计 单 位		交通部公路科学研究所
		福建省交通规划设计院
施工单位	福州段	铁道部第十七工程局
		黑龙江省路桥建设总公司
		铁道部大桥工程局
		福建省第二公路工程公司
		交通部第一公路工程总公司
		铁道部第十二工程局
		铁道部第十一工程局
		铁道部第二工程局
		武警交通一总队
		山西省路桥建设总公司
		黑龙江通亚路桥公司
		福州市公路工程公司
	莆田段	天津五市政公路工程有限公司
		铁道部第十七工程局
		铁道部第十一工程局
		铁道部第十二工程局
		铁道部第二工程局
		福建省第二公路工程公司
		交通部第一公路工程总公司
		武警交通一总队
		上海铁路局福州工程总公司
		中建第七工程局三公司
	泉州段	福建省第一公路工程公司
		铁道部第十七工程局第一工程处
		惠州市公路建设总公司
		交通部第四航务工程局
		交通部第二航务工程局
		吉林省公路工程局
监理单位	福州段	铁道部第二勘测设计院监理公司
		福建省公路工程监理咨询公司
		北京成明达监理咨询公司
		中咨福州金鹏公司
		甘肃铁科院工程监理公司
		华东铁路监理福州分公司

续上表

设 计 单 位		交通部公路科学研究所
		福建省交通规划设计院
监理单位	福州段	大桥工程建设监理公司
		天津道桥监理公司
	莆田段	铁道部第二勘测设计院监理公司
		中国公路工程监理咨询总公司
		福建省交通建设工程监理咨询公司
		福州成建监理公司
		莆田工程监理所
	泉州段	福建省交通建设工程监理咨询公司
		甘肃铁科院工程建设监理公司
		福大土木工程建设监理有限公司
		福建省交通建设工程监理咨询公司泉州分公司
		新东南工程建设监理有限公司
		厦门市建设监理事务所
		泉州市园林管理处

(二)建设情况

1. 项目准备阶段

(1)立项审批

项目立项:1993年6月国家计划委员会以《关于福州至泉州高速公路项目建议书的批复》(计交通〔1993〕969号)批复项目建议书,同意立项。

工程可行性研究:经批准,1997年3月14日,以计交能〔1997〕364号文正式批准项目可行性研究报告。项目总投资为46.4亿元,按照以地方为主,多渠道筹资的原则建设。

初步设计:福泉高速公路初步设计工作仍由福建省交通规划设计院承担。为了缩短该工程项目的前期工作时间,福建省交通规划设计院在1994年5月工可补充报告完成后,即超前开始进行初步设计工作,科研人员经过外业实地勘测、考察和内业对各种相关资料的分析研究,于1995年6月完成全线的初步设计任务。1995年10月交通部组织有关专家对初步设计进行咨询,根据专家咨询意见,设计单位对初步设计反复优化,1997年省交通运输厅以闽交基〔1997〕71号文《关于呈报福州至泉州高速公路初步设计的请示》上报交通部。1997年5月1~4日交通部组织有关专家对初步设计进行现场考察,同年5月交通部以交公路发〔1997〕302号文审批了福泉高速公路的初步设计。设计单位根据交通部审批意见,进一步完善,于1997年12月完成了初步设计。

环境影响评价：福泉高速公路建设项目的环境影响评价工作由西安公路交通大学与福建省环境保护科研所联合承担。环评工作经历了两个阶段：第一阶段是国内审批阶段。环评大纲于1993年完成，经交通部组织专家预审后，1993年6月25日省高指以闽高路字〔1993〕47号文向国家环保局报送，经国家环保局组织专家评审；1993年10月，国家环保局以环监建〔1993〕255号文审批了该项目的环评大纲；1994年7月编制完成环境影响报告书，经交通部组织专家预审后，以交函环〔1994〕171号文呈报国家环保局，福建省环保局也将审查意见以闽环保〔1994〕然074号文报国家环保局；1995年1月，国家环保局以环监〔1995〕014号文批准了环境影响报告书。第二阶段是国内和世界银行审批与认可阶段。为了利用泉厦高速公路约5000万美元的世界银行贷款余款，福泉高速公路项目由完全国内资金建设改为部分利用世界银行贷款建设。按照国家与世界银行的有关要求，1997年4月，重新修订编制了福泉高速公路环境影响报告书，国家环保局于同年10月以环发〔1997〕653号文批准了该环评报告，并于12月得到世界银行的认可。

建设用地批复：经国务院批准，1998年3月16日，由国家土地管理局以国土批〔1998〕32号文正式批复了该项工程的建设用地。以此为依据，福建省人民政府分别以闽政〔1998〕文126号、闽政〔1998〕文127号、闽政〔1998〕文135号文批复了福州至泉州高速公路工程莆田市境内、福州市境内、泉州市境内建设用地，并陆续批复了配套工程用地。

开工批复：1997年9月国家计划委员会以《国家计委关于下达1997年第三批基本建设新开工大中型项目计划的通知》（计投资〔1997〕1691号）批准该项目开工建设。

（2）资金筹措

福泉高速公路建设项目初步设计于1997年5月30日经交通部批复，核定工程总概算为46.6944494亿元。建设过程中，根据情况开拓融资渠道，保证建设资金需求，截至竣工决算时资金到位469684万元，基建拨款317073万元，其中省财政20200万元，省计委省级预算内基建资金4050万元，省车通费31999万元，交通部投入120000万元，地市共投入120824万元，其他20000万元；基建贷款152611万元，其中国债资金3000万元，世界银行贷款16611万元，建设银行贷款5000万元，兴业银行贷款23000万元，并增加招商银行贷款16000万元，工商银行贷款3500万元，中国武夷借款13500万元。实际比计划多到位2684万元，使该项目有较充足的资金。工程决算为49.38亿元。

（3）招投标工作

施工单位招投标情况：由于福泉高速公路路面及交通安全工程D1～D4合同段的建设资金是利用泉厦高速公路世界银行贷款余额建设的，根据世界银行的有关规定，实行国际竞争性公开招标，此外均为国内自营工程。对国内自营工程，前田路段、泉州路段均采用国内竞争性公开招标，福州段大部分采用国内竞争性公开招标，个别合同段采用议标方式采购。招标过程严格按交通部颁发的《公路工程施工招标投标管理办法》执行，评标原

第十章
高速公路建设项目实况

则为:报价合理、施工方案可行、施工技术先进、确保工期和质量。招标过程中坚持了"公平、公正、公开"的原则,工作过程认真、细致、严谨。

福泉高速公路路面及交通安全工程 D1～D4 四个国际竞争性公开招标合同的采购,由省高指统一组织招标,福州、莆田和泉州三市路段业主参加招标工作。招标通告和资格预审文件在国内外报刊上刊登,通过资格预审的国内外投资人,经交通部审批后报世界银行确认。资格评审和评标工作由评标委员会、专家组全面负责。评标报告经交通部审批后报世界银行确认,选定了交通部第一公路工程总公司厦门工程处、山西省路桥建设总公司、天津五市政公路工程有限公司、吉林省公路工程局等 4 家施工企业为施工总承包单位。

路基工程、房建工程、绿化工程实行国内竞争性招标,福州、莆田、泉州三市分别成立了招标领导小组与工作小组,负责招标全过程工作。

福泉高速福州路段路基工程共划分为 18 个合同段,经过 3 次国内竞争性招标,确定黑龙江省路桥建设总公司、铁道部大桥局、交通部第一公路工程总公司、铁道部第二工程局、铁道部第十一工程局、铁道部第十二工程局、铁道部第十七工程局、山西省路桥建设总公司、武警交通一总队等 9 家施工企业为施工总承包单位。因软基沉降率影响,为便于工程施工的连续性,不影响工程的总体进度,A5(2)和 A7(2)个别路面水稳层等合同段经报请福州市政府同意,采用议标方式,分别由福建省第二公路工程公司等承建。

福泉高速公路莆田路段路基工程划分为江口大桥、B1(1)、B1(2)、B1(3)、B2、B3(1)、B3(2)、B3(3)、B3(4)、B4、B5、B6 12 个合同段,采用国内竞争性招标,选定了铁道部第十七工程局、铁道部第十一工程局、铁道部第二工程局、武警交通一总队、交通部第一公路工程总公司厦门工程处、福建省第二公路工程公司、中建七局三公司、上铁福州总公司、铁道部第十二工程局等 9 家施工企业为施工总承包单位。

福泉公路泉州路段路基工程分为 C1(1)、C1(2)、C2(1)、C2(2)、C3(1)、C3(2)、C4(1)、C4(2)8 个合同段,采用国内竞争性招标,选定了铁道部第十七工程局、福建省第一公路工程公司、惠州市公路建设公司、交通部第四航务局、交通部第二航务局等 5 家施工企业为施工总承包单位。

监理单位招投标情况:福泉高速公路项目采用省高速公路总监理工程师办公室、市高速公路总监理工程师办公室和驻地监理三级监理体系,省高指设立省总监办(与工程处合署办公),省总监办分别向三市高速公路路段派驻 1～2 名项目工程师,会同各市高指做好各项工作。福州、莆田、泉州分别设路段总监理工程师,根据《福泉、厦漳高速公路监理手册》有关规定,成立福州、莆田、泉州三个路段总监理工程师办公室,业务上受省高速公路总监理工程师办公室的指导,根据监理手册规定的权限划分,全面负责本路段工程施工进度、质量和投资的"三大控制"。

路段总监办下设各合同段驻地监理工程师办公室及中心试验室,由各驻地办具体负责相应合同段的工程建设监理工作,一个驻地办负责一个或几个标段的监理工作,驻地监理也是通过招标选择具有交通部甲级资质的监理队伍。福州段8家单位组成各合同段驻地监理工程师办公室,莆田段5家单位组成各合同段驻地监理工程师办公室,莆田段7家单位组成各合同段驻地监理工程师办公室。

(4)征地拆迁

针对福建省人民政府闽政〔1997〕204号文《关于福州至泉州高速公路工程建设用地的请示》,国家土地管理局于1998年3月16日以国土批〔1998〕32号文正式批复了该项工程的建设用地。主要批复内容如下:同意征用福州市仓山区农村集体耕地54.7579hm²、鱼塘2.1047hm²、宅基地3.6193hm²、交通用地1.686hm²、未利用土地8.8988hm²,长乐市农村集体耕地48.5833hm²、宅基地2.512hm²、水域1.3107hm²、未利用土地16.2667hm²,闽侯县农村集体耕地102.8226hm²、鱼塘00687hm²、园地1.702hm²宅基地3.8178hm²、未利用土地24.3802hm²,福清市农村集体耕地141.1753hm²、鱼塘6.2227hm²、国地31.674hm²、林地61.1806hm²、宅基地8.652hm²、水域4.524hm²、未利用土地16.2667hm²;莆田市涵江区农村集体耕地34.5693hm²、鱼塘2.414hm²、园地0.942hm²、宅基地4.5947hm²、未利用土地10.41hm²,莆国县农村集体耕地158.562hm²、国地19.0873hm²、宅基地12.2253hm²、交通用地0.168hm²、水域6.422hm²、未利用土地4.3687hm²,仙游县农村集体耕地28.5441hm²、鱼塘0.0207hm²、园地0.3687hm²、宅基地2.5047hm²;泉州市忠安县农村集体耕地210.8501hm²、鱼塘0.1453hm²、宅基地7.4188hm²、交通用地1396hm²、水域2.0507hm²、未利用土地26.6739hm²,鲤城区农村集体耕地10.6527hm²、鱼塘0.54hm²、宅基地0.1378hm²、未利用土地4.006hm²;合计1092.858hm²。使用长乐市境内国有工矿用地1.8174hm²、交通用地0.9693hm²,涵江区境内国有水域0.5967hm²,仙游县境内国有水域0.4086hm²;合计3.802hm²。共计1096.66hm²,在工程建设期间划拨给省高指作为福州至泉州高速公路建设用地,详见表10-1-17。

征地拆迁情况统计表 表10-1-17

征地拆迁安置起止时间	征用土地(亩)	拆迁房屋(m²)	支付补偿费用(万元)	备注
1998.03~1999.09	20321	546616	12800	

2.项目实施阶段

(1)重大变更

相思岭单线双洞连拱隧道方案:相思岭路段由于地形复杂、工程数量大,造价高,初步设计共作了4个方案,方案Ⅰ为内线蝴蝶山、相思岭均设双线隧道方案;方案Ⅱ为内线蝴蝶山采用明挖,相思岭设双线隧道方案;方案Ⅲ为外线相思岭,设双线隧道方案;方案Ⅳ为外线相思岭采用明挖方案。由于方案Ⅳ比方案Ⅰ虽然路线长642m,但可节省投资约1亿元，因此，为节省造价初设推荐方案Ⅳ，经审批后，进行施工图设计并交付施工。原设计中心最大挖深82m，已开挖上层覆盖深20m。施工单位拟采用大爆破方案，业主组织省内地质、地震、工程、爆破等方面的专家进行审查，地震专家不同意采用大爆破。由于工期及考虑省内几个深挖高边坡滑坍的实例，领导和专家建议采用隧道，由于后方大桥与前方路基已施工过半，为避免损失，设计院提出线位基本不动的单线双洞连拱隧道方案，经交通部组织专家论证后，以公设字〔1997〕250号文进行批复，隧道长406m。

石牌山大开挖变更为单线双洞明洞方案：石牌山明洞位于A10标段，该段原设计为深挖路堑，由于边坡（特别是右侧边坡）土质大多为膨胀高岭土，施工过程遇水后不断崩塌，稳定性极差，存在安全隐患。1998年2月20日省高指组织有关部门到现场察看并召开石碑山、溪头亭路段路基处理方案讨论会，与会专家建议采用单线双洞的明洞方案并以此进行变更设计，明洞总长170m。

乌龙江特大桥加孔变更设计：由于南岸台后路堤处于软基地段，并有一条通信光缆横穿路基，较难处理，并且该段路基从闽东电机厂通过，将该厂区一分为二，因此电机厂也要求在该段厂区内留有一条汽车通道。鉴于上述原因及考虑大桥预制场布置的合理性，根据福州市路桥建设发展总公司榕路桥工〔1996〕60号、榕交建工〔1997〕69号及闽交路工字173号文，将乌龙江特大桥南岸延长共计125m。

尤树特大桥加孔变更设计：尤树大桥泉州台原设计为箱形桥台，台前锥坡及台后均为大填方，其目的是减少相思岭大开挖的废方量。由于相思岭大开挖改为隧道方案，填方料源缺乏，根据榕交建工〔1999〕176号文，同意尤树大桥增加三孔，以减少填方量，节省投资。

营前特大桥加孔变更设计：营前大桥原设计泉州岸桥头有长达325m，软土深达38m软基，采用粉煤灰碎石混凝土桩加插塑板处理，路基施工需要相当长的时间，无法满足总体进度的要求。根据福州市交通建设发展总公司榕交建工〔1997〕23号及省高指闽高工〔1997〕102号文进行变更设计，大桥桥长由1156m增至1512.5m，同时调整该标段纵坡，以减少状元岭土石方开挖量。

黄石互通C、D匝道由单车道变更为双车道：黄石互通福州至长乐方向的C、D匝道原设计为单向单车道，根据交通部对福泉高速公路初步设计的审查意见及闽高工〔1997〕189号文，C、D匝道由单车道变更为单向双车道。

清美分离式立交及涂岭至肖疏港公路交叉段：根据泉交工〔1997〕77号文关于《福泉高速泉州段与肖厝开发区公路主干道交叉设置问题专题会议纪要》的要求，以及肖厝管委会委托，对福泉高速公路涂岭互通清美分离式立交中桥及涂岭至肖疏港公路交叉段进行变更设计。原设计路基宽度12m。变更后路基宽度35m，路幅为2.5m人行道+13.5m行车道+3.0m中央分隔带+13.5m行车道+2.5m人行道。清美分离式桥上跨福泉高速公路,跨径为19m+32m+19m,桥长78m。上部结构为变截面预应力混凝土连续空心板,下部结构为双扁柱式桥墩、肋式桥台及明挖基础。

驿板中桥:原设计为6×16m预应力空心板,因民事干扰,经省、市、地协调后更改为14×16m预应力混凝土空心板。

(2)重大事件

1996年2月,福州、莆田、泉州三市分别成立了由市分管领导任指挥、交通局局长任第一副指挥的高速公路建设指挥部,行使建设单位职能,负责本项目的施工图设计、招投标和征地拆迁及建设管理工作,同时成立了各市高速公路有限公司,负责本项目各自路段的筹融资工作。

1996年4月,福州段一期工程开工。

1996年10月10日,莆田段工程开工。

1996年11月18日,泉州段工程开工。

1997年3月,福州段二期工程开工。

1999年9月20日,福州至泉州高速公路主体工程基本建成。

1999年9月21~22日在福州召开福泉高速公路工程项目交工验收会议。

2001年2月8~9日,通过国家环境保护总局组织的环境保护设施竣工验收会。

2001年12月22~23日,通过交通部组织的竣工验收。

(三)复杂技术工程

1. 软基处理

本工程路段软土具有深度大,性质差,含水率大的特点,且填料大部分为石方,因此软基处理难度很大。针对不同的软基情况,采取不同的处理方法:对较浅的软土采用挖除换填,铺砂垫层与土工布结合的办法处理;对较深的软基,根据所处位置(一般地段、桥头、通道地段)及填方高度,分别采用了塑料排水板、粉喷桩、粉煤灰碎石桩、木桩、砂桩、静压预制桩等办法处理;为加快沉降,对处于软基上的填方路段普遍采取了超载预压;对于软基较深而填方较高的路段,采用了换填粉煤灰轻质填料和反压护道,防止了路基横向滑移;同时配合省高指和业主单位做好软土地基的沉降稳定观测和软基上填石路堤的研究课题,并利用其成果指导施工。从实施的结果看,采取这些措施取得了成效,加快了软基沉降,路基的整体沉降比较均匀,缓解了工期与软基的矛盾,但对于软土较深及桥头地段,还无法彻底解决工后沉降大及桥头跳车现象。

2. 连拱隧道的施工

相思岭隧道长度406m,是福建省公路实施的第一座连拱隧道,施工时间紧,难度较大,在实施过程中,承包商与设计科研部门密切配合,结合课题研究,将连拱隧道的施工研究成果运用于实践中,根据"新奥法"施工的要求,遵循"弱爆破,少扰动,短开挖,强支护,勤量测,衬砌紧跟"的原则组织安排施工,总结了一套合理可行的施工方法及工序,安全、优质地按期完成连拱隧道的施工,从设计、施工上和质量控制上为今后福建省实施同类型隧道总结积累了经验。

3. 特大桥的施工

乌龙江桥跨越闽江,主跨为 60m + 3×110m + 60m 连续梁结构,采用 $\phi 2.5m$ 钻孔桩,其主跨长度和桩径均列当时福建省高速公路之首,且地质水温条件复杂,施工难度很大。时洋大桥为墩高 50m 的弯、坡桥,是福建省的第一座高桥,也有一定的施工难度。在施工中,对钻孔灌注桩、墩台身、主跨悬浇、T 梁预制及安装、桥面铺装等重点项目,在位置控制、钻孔及灌注桩混凝土质量、桩墩柱钢筋焊接、预应力钢筋张拉、悬浇段挂篮安装、线形控制、混凝土浇筑内在质量与外观要求,高墩 T 梁运输与架设,桥梁体系转换等重要工序,都制订了详细的方案和工序要求,从规范施工到工序检查,从原材料控制到试验检测,进行加强管理力度,还根据工程特点和设计要求,专门设计制造了轻型挂篮,对高墩架梁架桥机进行了改进。所有这些,都保证工程安全、优质的顺利实施创造了条件。

4. 桥头路基沉降处理

桥头路基沉降致使桥头跳车是高速公路质量的主要通病之一。为解决这个问题,设计上增加了软基路段桥头超载填土高度,承包商为促使超载土方尽快到位,以争取有充分和足够的预压时间,对软土厚度较深的 5 座桥头,在设计上变更高程,采用桥头路基预提高值的办法,在路面沥青混凝土施工中,对软基沉降尚未稳定的仕方大桥、沙堤中桥等桥头做了适度的预提高。事后实测,预提高的办法对解决桥头路基沉降问题具有良好的效果。

(四)科技创新

1. 软土地基处理

福泉高速公路软土地基里程长、埋深厚,加上路基填料复杂,填石质量大,因此路基处理问题十分突出。项目业主联合设计与研究人员组成软土施工攻关小组,编制了《软土路堤施工观测及观测点的布设》,加强软基沉降观测点观测,建立健全了沉降观测制度,工程后期还完成了《福泉高速公路福州段软基沉降观测反分析及沉降预测咨询报告》,利用沉降观测数据的分析指导施工,以减少工后沉降引起的路面变形。工程通车后的使用情况表明,软基沉降规律分析基本符合实际的沉降,路面不均匀沉降变形较小。

在软土地基处理过程中,为利用相连挖方路段的填料节约造价,又保证软基上填筑石方路基的施工质量,省、市高指还与研究单位联合进行"软基路段填石路堤修筑技术的研究"的课题研究,总结了软基路段石方路堤修筑的工艺、施工控制方法,石方路基压实等施工质量的控制方法。该项目成果为沿海软土地基采用石方填筑路基取得了一定的经验。但根据福州段已通车运营的软基路段检测结果来看,石方路基整体沉降较大,今后应进一步深入研究,寻找规律。

根据工期短、软土地基沉降时间长的矛盾,邀请国内软基处理专家进行咨询,采取了利用土石超载预压,高路堤换填轻质粉煤灰填料,取消反开槽等处理措施,在较短工期内,加速了大部分软土地段的沉降,减少了工后沉降量。

2. 土的改良应用

福泉高速公路福州连接线路段本着"节约投资、就地取材"的原则,采用土改良的施工工艺对 CBR 小于 8% 的粉性土进行改良,并委托科研单位进行掺量配比的设计性能比较试验,最后经对投资与使用性能的综合比较,确定出最佳配合比。随后近一年使用检测结果表明,该处理方法效果可靠、实用。

3. 引进平口排水新工艺

福州段部分路段路基水隐患十分严重,为了彻底解决引排水问题,与研究单位合作,积极引进先进的平口排水工艺与技术,对穿过坡积层的路堑进行引排水处理。实际使用表明,平口排水技术具有施工简单、灵活、排水效果好的特点,对同类型地形地质边坡的引排水具有较强的适用性。

4. 引进先进工艺,提高沥青路面施工质量

福泉路段地处南方,高温多雨,积极引进奥地利费尔辛格公司的沥青改性设备与技术,进行沥青中、上层改性施工,以提高沥青路面的高温稳定性与水稳定性。根据试验结果,沥青高温性能明显提高,软化点由原来的46℃左右提高至65℃左右,利用改性后沥青所拌和的沥青混合料,其高温抗车辙的动稳定度远高于规范要求,代表水稳定性的残留稳定度也远大于规范要求。试验表明,改性沥青对沥青路面使用性能的改善较为明显。

5. 连拱隧道施工工艺研究

相思岭隧道原设计采用大开挖方案,最大挖深达70m,施工后发现地质情况不理想,变更为隧道方案。为确保工程顺利进行,同时也为国内同类型隧道施工总结经验,项目业主会同多家研究单位和施工单位组成联合攻关小组,进行"M形连拱单线双洞隧道施工工艺研究"的课题研究。根据地形、地质和结构特点,提出了"弱爆破、少扰动、短开挖、强支护、勤测量、衬砌紧跟"的施工原则,以及采取严禁开挖洞口浅埋、弱质围岩连拱隧道的施工技术和工艺,对M形隧道进行了成功的施工实践,为福建山区今后同类型的隧道积累了设计和施工经验。

（五）运营管理

1.服务区设置

福泉高速公路共设置3个服务区、3个停车区：青口服务区、大往停车区、赤港服务区、灵川停车区、驿坂服务区、洛阳江停车区。目前均对外提供休闲购物、餐饮、汽修、停车、加油、充电等服务项目。

2.收费站点设置

福泉高速公路收费站点设置情况见表10-1-18。

福泉高速公路收费站点设置情况表　　　　表10-1-18

站 点 名 称	车 道 数	收 费 方 式
福州	20(6入14出)	人工、ETC、自动取卡
兰圃	10(3入7出)	人工、ETC、自动取卡
宏路	20(8入12出)	人工、ETC、自动取卡
渔溪	11(4入7出)	人工、ETC、自动取卡
涵江	13(5入8出)	人工、ETC、自动取卡
莆田	16(7入9出)	人工、ETC、自动取卡
仙游	13(5入8出)	人工、ETC、自动取卡
泉港	10(4入6出)	人工、ETC、自动取卡
驿坂	14(5入9出)	人工、ETC、自动取卡
惠安	12(5入7出)	人工、ETC、自动取卡

3.车流量发展状况

福泉高速公路车流量发展状况见表10-1-19。

福泉高速公路交通量发展情况表　　　　表10-1-19

年份(年)	日均车流量(辆)	年份(年)	日均车流量(辆)
1999	8697	2008	88095
2000	25061	2009	87824
2001	24978	2010	61756
2002	27855	2011	79056
2003	25268	2012	98428
2004	30319	2013	104624
2005	35595	2014	110793
2006	43536	2015	117822
2007	55788		

五、沈海线福州至泉州高速公路扩建段（福泉高速公路扩建段）（建设期：2008.12~2011.12）

（一）项目概况

1. 基本情况

福泉高速公路是国家高速公路网沈海线的重要组成部分，是海西经济区高速公路网的重要路段。该段与324线国道共同构成了福州至泉州的主要运输通道。随着沿线社会经济的快速发展，高速公路上的交通量快速增加，交通压力越来越大。2008年，国家发展和改革委员会同意福建省人民政府提出的对该项目进行扩建，即由原来四车道扩建为八车道。项目的扩建是满足经济社会快速发展的需要，是适应国家、省、市公路交通网发展的需要，是恢复公路使用性能的需要，它具有其他建设方案不可替代的优势。项目由福建省福泉高速有限责任公司负责投资、建设、经营和养护管理。

建设规模及主要技术指标：起点位于福州福清市镜洋镇红星村（桩号：右幅YK257+561.65，左幅ZK258+730.48），途经镜洋镇、宏路镇、渔溪镇、新厝镇、涵江区江口镇、三江口镇、白塘镇、赤港开发区、荔城区黄石镇、新度镇、城厢区灵川镇、东海镇、泉港的界山镇、涂岭镇、惠安的紫山镇、黄塘镇、洛江区，终于过坑高架桥上，与泉厦高速公路相接（桩号：左、右幅YK387+742），全长约130.51km。设计采用交通部颁《公路工程技术标准》（JTG B01—2003），全线按平原微丘区高速公路标准建设，在现有的高速公路基础上采用"双侧拼接加宽为主，局部分离"的扩建方案，将全线本段扩建工程由原有26m的双向四车道拓宽为42m的双向八车道高速公路。全线设11个互通（9个收费站）：宏路互通、渔溪互通、涵江互通、莆田互通、仙游互通、枫亭互通、泉港互通、驿坂互通、惠安互通；设枢纽互通2处：西埔枢纽互通（结合在莆秀高速公路建设）草埔园枢纽互通（结合在泉三高速），设5个服务区：大往服务区、赤港服务区、东进服务区、驿坂服务区、洛阳江服务区。项目批复概算投资79.86亿元，实际完成投资74.26，节约投资5.6亿元。

主要控制点：太城岭大桥、福清互通、渔溪枢纽互通立交桥江口左线高架桥、涵江互通、木兰溪右线高架桥、莆田互通、西埔枢纽互通、仙游互通、前欧隧道、弄尾隧道、过坑高架桥、驿坂大桥、洛阳江大桥，详见表10-1-20。

福泉高速公路扩建工程项目基本情况统计表　　　　表10-1-20

序号	项　　目	单　　位	数　　量	备　　注
一	技　术　标　准			
1	计算行车速度	km/h	100~120	

续上表

序号	项目		单位	数量	备注
2	路基宽度	整体式路基	m	42	
		分离式路基	m	20.75	
3	桥面净宽		m	2×19.75	
4	路面			沥青混凝土路面,设计年限15年,标准轴载100kN	
5	路基、桥涵设计洪水频率			特大桥1/300,其余均为1/100	
6	桥涵设计车辆荷载			汽车—超20级、挂车—120	
二	主要工程规模				
1	路线里程		km	130.51	
2	征用土地		亩	6655.477	
3	拆迁房屋		m²	222694.93	
4	路基土石方		万m³	1504.21	
5	软土地基处理		km	25.257	
6	桥梁(主线)		m/座	18120.88/125	
	其中:特大桥、大桥		m/座	14524.15/28	
7	匝道桥梁		m/座		
8	上跨分离		m/座	37	
9	互通式立交		处	10	其中1处枢纽互通
10	分离式立交		处	51	与铁路立交1处
11	涵洞		道	469	主线新建
12	通道		道	59	主线新建
13	隧道		m/座	1121(左线)/2	
14	路面(主线)		万m²	513.6373	
15	主线收费站		处	9	
16	服务区		处	5	
17	停车区		处	0	

2. 前期决策情况

原福泉高速公路工程于1996年正式开工建设,1999年国庆建成并投入运营,福厦高速公路和324线国道共同构成了福州至厦门间主要运输通道。随着沿线社会经济的快速发展,高速公路上的交通量快速增加,交通压力越来越大,2006年福泉段高速公路日均交通量接近2.8万辆(小客车),局部路段接近3.1万辆,服务水平逐渐降低。原有公路存在多段软土地基,随着软基的沉降,公路纵向出现不均匀沉降,严重影响了行车的舒适性和安全性。局部段落由于纵坡偏大,重载汽车缓慢爬坡,影响了公路的通行能力。为了缓解福厦漳高速公路交通压力,改善通行条件,必须拓宽日显拥挤的福厦漳高速公路,为该区域以及全省的经济快速发展提供良好的基础和快车道。

省高指于2004年12月委托福建省交通规划设计院（以下简称"省交规院"）进行福厦漳高速公路扩建工程可行性研究，并于2007年3月委托省交规院分期展开泉厦、福泉、厦漳厦门段、厦漳漳州段高速公路扩建工程初步设计和施工图设计。

2005年初，省委、省政府决定扩建福厦高速公路，福建省交通规划设计院受省高指委托，对福泉高速公路进行改扩建方案的研究，2006年1月设计单位向省交通运输厅和省高指提交了初步研究提纲，并开始福泉高速公路改扩建工程的工程可行性研究工作。

2007年7月13日，省交通厅和省高指主持召开了福泉高速公路扩建工程专题会议。在听取了设计单位对建设规模等论证报告后，与会代表认为：福泉高速公路扩建工程要与福州市总体规划协调，应重点考虑交通流量的发展为前提，形成了扩建规模为双向八车道的共识。

福泉高速公路福州段扩建工程起点却经过了多次研究。如果全程扩建，就是从长乐营前镇黄石互通至福清新厝镇与莆田交界，全长66.41km，一个方案是全程扩建，另一个方案是从闽侯县青口互通起点扩建，还有一个方案是从福清镜洋镇红星村新建一条高速公路至闽侯县祥谦镇，以分流来往南平方向和部分来往福州的车辆。省市相关部门经过多次分析研究和综合考虑，做出扩建工程起点为闽侯县青口镇的重大决策。

设计单位根据2007年7月13日专题会议精神进行编制，当月完成了《国家高速公路网沈海线福州至泉州高速公路扩建工程可行性研究报告》。福建省发展和改革委员会向国家发展和改革委员会提交了《关于要求核准国家高速公路网沈海线福州至泉州段扩建工程项目申请报告》，国家发展和改革委员会经研究并对项目核准事项做出批示，同意实施福州至泉州高速公路改扩建工程。

3. 参建单位主要情况

（1）建设单位

福州段扩建项目：由福建省福泉高速有限责任公司负责投资、建设、经营和养护管理。福州福泉高速扩建工程建设有限公司作为福州段的代建业主，负责福州境内段的扩建任务。根据《福建省人民政府关于研究省高速公路建设工作的专题会议纪要》（〔2007〕40号）的精神，福州市人民政府成立福泉高速公路扩建工程福州段项目建设领导小组及工作机构，组织协调开展福州段扩建工程建设。领导小组下设办公室、征迁安置小组、工程建设管理小组、工程专项监察小组、安定稳定小组。

福州市人民政府确定由福州福泉高速扩建工程建设有限公司作为福泉高速公路扩建工程福州段项目代建业主；项目建设业主设总经理、副总经理、总工、总经理助理、综合部、工程部、财务部、安办以及业主代表组。

莆田段扩建项目：项目由福建省福泉高速有限责任公司负责投资、建设、经营和养护管理。莆田市高速公路有限责任公司作为莆田段的代建业主,负责莆田境内段的扩建任务。根据《福建省人民政府关于研究省高速公路建设工作的专题会议纪要》(〔2007〕40号)的精神,莆田市人民政府成立福泉高速公路扩建工程莆田段项目建设领导小组及工作机构,组长由莆田市人民政府原副市长李飞亭担任,领导、组织、协调开展莆田段扩建工程建设。领导小组下设办公室、征地拆迁安置小组、工程建设管理小组、工程专项监察小组、安定稳定小组。

莆田市人民政府确定由莆田市高速公路有限责任公司作为福泉高速扩建工程莆田段项目代建业主;项目建设业主设总经理、副总经理、总工、总经理助理、综合部、工程部、财务部、安办以及业主代表组。

泉州段扩建项目:根据《福建省人民政府关于研究省高速公路建设工作的专题会议纪要》(〔2007〕40号)的精神,为加强沈海高速公路泉州段扩建工程建设的领导,确保扩建工程建设顺利进行,泉州市人民政府成立沈海高速公路泉州段扩建工程建设领导小组,领导、组织、指挥协调开展泉州路段扩建工程建设。沈海高速公路泉州段扩建工程建设领导小组下设办公室(以下简称"市扩建办"),办公室主任由扩建领导小组副组长、市交通运输委员会书记刘锡明担任,市扩建办作为扩建工程的办事机构,具体负责泉州路段扩建工程的组织实施,从组织上为扩建工程顺利实施提供保证。

泉州市人民政府确定由泉州市高速公路投资有限公司作为沈海高速公路泉州路段扩建工程代建业主;按照重点建设工程"五个一"机制抽调人员成立工作机构,市扩建办设立征地拆迁处、总工程师办公室、工程技术处、综合处、交通管理处、业主代表处。

(2)设计单位

交通工程、机电项目设计分别由中国公路工程咨询集团有限公司和福建省交通规划设计院(供电及隧道照明与消防部分)承担,房建项目由省交规院设计。

(3)设计咨询单位

江苏省交通规划设计院,负责全线的监理设计咨询工作。

(4)施工单位

福州段扩建项目:本项目分为3个路基土建合同段,2个路面及交通安全设施合同段,1个房建合同段,1个景观绿化合同段,1个机电合同段,1个伸缩缝合同段。

莆田段扩建项目:全线分4个路基合同段、2个路面合同段、2个房建合同段、1个机电合同段、1个景观绿化合同段。

泉州段扩建项目:福泉高速公路泉州段施工单位共11家。路基工程共划分为3个合同段,路面及交通安全设施工程划分为2个合同段,绿化工程划分2个合同段,房建工程划分为2个合同段,监控三大系统工程划分为1个合同段,通风照明消防及供配电工程划分为1个合同段。

(5) 监理单位

福州段扩建项目:本项目分为2个土建监理合同段,1个机电监理合同段。

莆田段扩建项目:全线分2个土建监理合同段,1个机电监理合同段。

泉州段扩建项目:福泉高速公路泉州段监理单位共2家,全线路基、路面、房建工程1个监理标段,机电项目1个监理标段,详见表10-1-21。

福泉高速公路扩建工程施工及监理单位一览表　　　表10-1-21

标段号	标段所在地	工程内容	长度(km)	施工单位	监理单位
FLA3	福清市	沈海线段落 YK257+561.65~YK258+897.449 (ZK258+730.482~ZK258+801.169) K258+900~K265+700 路基土建	8.138	中铁十四局集团有限公司	福建省交通建设工程监理咨询公司
FA5	福清市	K9+955.37~YK12+120 和连接线 LK0+0~K2+190.028 路基土建	20.315	温州交通建设集团有限公司	厦门中平监理咨询有限公司
FA6	福清市	YK12+120~K16+455 路基土建	14.474	中铁十六局集团有限公司	厦门中平监理咨询有限公司
FB1	福清市	K16+455~YK21+150 路面及交安	28.453	中铁十四局集团有限公司	厦门中平监理咨询有限公司
FB2	福清市	YK21+150~K26+400 路面及交安	14.474	中铁十二局集团有限公司	厦门中平监理咨询有限公司
C1	福清市	K26+400~YK33+980 房建收费站		福建省九龙建设集团有限公司	厦门中平监理咨询有限公司
E1	福清市	K9+955.37~K46+324.959 和 L0+000~L2+190.028 监控、收费、通信系统供货与安装		北京云星宇交通工程有限公司	北京兴通交通监理公司
FKS1	福清市	沿线伸缩缝采购与安装		衡水华工建工程橡胶有限公司	厦门中平监理咨询有限公司
FKL	福清市	景观绿化		福建省南方园林有限公司	厦门中平监理咨询有限公司
PA1	涵江	K300+455~K307+300 段路基工程	6.84	中铁七局集团第三工程有限公司	山东格瑞特监理咨询有限公司
PA2	涵江、荔城	K307+300~K315+676.3 段路基工程	8.38	河南高速发展路桥工程有限公司	山东格瑞特监理咨询有限公司
PA3	荔城	K315+676.3~K322+466.7 段路基工程	6.86	中交第一公路工程局有限公司	天津市国腾公路咨询监理有限公司
PA4	荔城、仙游	K322+466.7~K346+605.279 段路基工程	21.85	中国建筑股份有限公司	天津市国腾公路咨询监理有限公司

第十章
高速公路建设项目实况

续上表

标段号	标段所在地	工程内容	长度（km）	施工单位	监理单位
PB1	涵江、荔城	K300+455～K322+466.7段路面工程	22.01	浙江交通工程建设集团有限公司	山东格瑞特监理咨询有限公司
PB2	荔城、仙游	K322+466.7～K346+605.279段路面工程	21.85	福建路桥建设有限公司	天津市国腾公路咨询监理有限公司
PF1	涵江	房建	22.01	福建省第一建筑工程公司	山东格瑞特监理咨询有限公司
PF2	荔城、仙游	房建	21.85	福建建工集团总公司	天津市国腾公路咨询监理有限公司
E2	涵江、荔城、仙游	机电	46.21	亿阳信通股份有限公司	北京兴通交通工程监理有限责任公司
PL	涵江、荔城、仙游	绿化	46.21	厦门茜芳亭园艺有限公司	山东格瑞特监理咨询有限公司、天津市国腾公路咨询监理有限公司
QA1	泉港	K346+600～K358+690路基	12.09	中交一公局厦门工程有限公司	江苏东南交通工程咨询监理有限公司
QA2	泉港、惠安	K358+690～K375+000路基	16.31	中铁十六局集团第二工程有限公司	
QA3	惠安、台商、洛江	K375+000～K387+982路基	12.982	福建省第一公路工程公司	
QB1	泉港	K346+600～K366+000路面	19.4	安徽省路桥工程集团有限责任公司	
QB2	惠安、台商、洛江	K366+000～K387+982路面	21.98	中交一公局厦门工程有限公司	
QF1	泉港	房建		福建省第五建筑工程公司	
QF2	泉港、惠安、台商、洛江	房建		福建七建集团有限公司	
QCH1	泉港	绿化		福建西景园艺有限公司	
QCH2	泉港、惠安	绿化		厦门员当市政园林工程有限公司	
E2	泉港、惠安、台商、洛江	监控收费通信系统		亿阳信通股份有限公司	北京兴通交通工程监理有限责任公司
QD1	泉港	隧道通风照明消防及供配电系统		福建新大陆电脑股份有限公司	

(二)建设情况

1. 项目准备阶段

(1)立项审批

项目立项:《国家发展改革委关于福建省福州至泉州公路改扩建工程项目核准的批复》(发改基础〔2008〕3045号)批准了项目立项。

工可批复:《国家发展改革委关于福建省福州至泉州公路改扩建工程项目核准的批复》(发改基础〔2008〕3045号)批复了项目工可报告。

初步设计:《交通运输部关于福州至泉州公路改扩建工程初步设计的批复》(交公路发〔2009〕134号)批复了项目初步设计。

施工图设计:《省交通运输厅关于福州至泉州高速公路扩建工程施工图设计文件的批复》(闽交建〔2010〕23号)批复了项目施工图设计。

建设用地批复:《国土资源部关于福州至泉州高速公路改扩建工程建设用地的批复》(国土资函〔2010〕264号)批复了项目建设用地。

(2)资金筹措

福州段:福泉高速公路福州段扩建工程,项目概算总投资为22.40亿元,工程资金来源于福泉高速有限公司自筹和银行贷款。自筹资金7.84亿元,占35%,银行贷款14.56亿元,占65%。

莆田段:福泉高速公路扩建工程莆田段项目批复概算投资33.47亿元,由福泉公司筹资建设,其中资本金13.39亿元,其余20.08亿元为银行贷款。

泉州段:福泉高速公路泉州段初步设计概算交通部批复金额为23.98563692亿元,其中建安投资总额为17.32284899亿元,设备及工器具购置费0.33095803亿元,其他基本建设费5.25408975亿元,预留费用1.07774015亿元。项目资本金9.6亿元,占40%;银行贷款14.39亿元,占总投资60%。本项目最终投资计21.44843亿元,节约投资2.53721亿元。

(3)招投标工作

项目的路基土建、机电、施工监理招标由省高指统一牵头,福州、莆田和泉州三地市业主联合共同招标,路面、房建和绿化由莆田市代业主进行招标,招标采取国内公开招标方式,由招标人自行招标。

选择较好的施工、监理单位是确保工程成功建设的基本保证。本项目的路基土建、机电、施工监理招标由省高指统一牵头,福州、莆田和泉州三地市业主联合共同招标,路面、房建和绿化由莆田市代业主进行招标。为确保招投标公平、公正、公开,防止串标围标行为,本项目施工招标根据《省交通运输厅印发关于进一步规范我省高速公路建设项目招标投标工作意见的通知》,招标文件严格执行报批程序,招标文件报经市高指审查,报省高指审批,在中国建设报、中国交通报或经济导报、中国招标与采购网、中国采购与招标网上发布。评标工作采取全过程封闭式进行,由市交通局及市国资委纪检监察室派出监督人员进行全过程监督。清标工作人员及业主代表专家由监督人员在业主推荐的符合条件的名单内差额随机抽取,其他评标专家在省专监办人员的监督下,在交通运输部或省交通运输厅的评标专家库中抽选。在评标过程中清标工作人员及评标专家签订了承诺书,清标工作全面、客观、准确,没有出现徇私舞弊、歪曲事实或不公正对待投标人的现象。清标结果如实反映投标文件与招标文件规定的响应情况,没有故意遗漏或片面摘录,没有对投标文件作出评价,没有提出倾向性意见。评标期间,清标工作小组指定专人在监督人员的监督下上网核查投标人投标信用保证金等方面是否存在弄虚作假现象;对每个投标书相互检查横向比较,并对投标文件的雷同性进行审查,找出可能存在的围标串标行为。清标人员相互核对清标结果,在清标表格上签字确认并存档备查。评标委员会独立行使评审职责,合理分工、充分沟通、交叉审核,对清标结果进行认真复核,全面评审,对所有投标文件逐份审查,全面、系统评审。

所有招标工作均在纪检监察等有关部门的监督下实施,符合招标程序要求,招标结果合法有效,招标时间满足工程建设总体进度要求。

(4)合同段划分

福州段:全线分为3个路基土建工程合同段,2个路面及交通安全设施工程合同段,1个房建工程合同段,1个景观绿化合同段,1个机电工程合同段,1个伸缩缝合同段,2个土建监理合同段,1个机电监理合同段。

莆田段:全线分为4个路基土建施工合同段、2个路面施工合同段、2个房建施工合同段、1个机电施工合同段、1个绿化和景观工程施工合同段、2个土建监理合同段,1个机电监理合同段。

泉州段:路基工程共划分为3个合同段,路面及交通安全设施工程划分为2个合同段,绿化工程划分2个合同段,房建工程划分为2个合同段,监控三大系统工程划分为1个合同段,通风照明消防及供配电工程划分为1个合同段。

(5)征地拆迁

福州段:征地拆迁工作涉及福清市3个镇(乡)、2个街道、1个农场、26个行政村。为确保征地拆迁及补偿安置等工作顺利实施,福清市人民政府专门出台了《关于印发渔平高速公路及江阴疏港支线、福泉高速福清段扩建和福银高速公路福州南连接线福清段建设工程征地拆迁补偿和安置实施意见的通知》(融政综〔2008〕282号)。按照公开、公正、公平的原则确定征地拆迁补偿统一标准,对征地拆迁资金严格按照国家规定实行专户管理,落实专款专用,专户核算,在沿线政府的配合和大力推动下,征地拆迁工作于2009年8月进入大面积征地拆迁交地阶段。

为工期目标的顺利达成创造良好条件,2010年2月24日福建省高指和福州市政府在福清召开无阻碍施工动员大会,福清市组建了由主要领导挂帅的无阻碍施工工作领导小组,根据《福建省重点建设项目治安保卫工作暂行规定》要求,及时做好阻工人员的劝退和告诫工作。同时,项目业主福州福泉高速扩建工程建设有限公司积极督促施工单位做好文明施工,共同创建和谐施工环境。

本项目共征用土地2525亩,拆迁房屋81717m^2,迁移坟墓2999穴,"三杆两线"迁移206处。征地拆迁费用398999814元,详见表10-1-22。

福泉高速公路扩建工程(福州段)征地拆迁情况表　　表10-1-22

拆迁时间起止	征用土地(亩)	拆迁房屋(m^2)	支付补偿费用(元)	备注
2008.12~2010.12	2525	81717	398999814	

莆田段:项目征地拆迁工作自2008年10月开始,至2009年9月基本完成主线征地拆迁任务并进入扫尾阶段。为使征地拆迁工作顺利进行,莆田市高指、项目业主和沿线各县(区)扩建部门积极组织,密切配合,认真安排部署,扎实开展征地拆迁协调工作。主要做法:一是形成了一个运转高效、协调通畅、落实有力、互相竞争的工作机制,保证征地拆迁问题的及时解决和征地拆迁工作的快速推进;二是按照"市里指导、县区主抓"的原则,由市政府与各县(区)签订了征地拆迁补偿安置工作责任书,实行任务和责任包干,督促县(区)履行作为一级政府的职责;三是把宣传工作贯穿于征地拆迁工作的全过程,使征地拆迁的各项政策深入人心、深入各拆迁户。

本项目土地征用及拆迁补偿费执行数57904.89万元。土地征用面积约2114.457亩(其中涵江区789.557亩、荔城区535.01亩、城厢区488.65亩、仙游县301.24亩),拆迁房屋面积约117471.1m^2(其中涵江区43333.41m^2、荔城区81572.06m^2、城厢区16443.95m^2、仙游县15121.68m^2),详见表10-1-23。

福泉高速扩建工程(莆田段)征地拆迁情况表　　表10-1-23

征地拆迁安置起止时间	征用土地(亩)	拆迁房屋(m^2)	支付补偿费用(万元)	备注
2008.10~2009.09	2114.457	117471.1	57904	

泉州段:福泉高速公路泉州段建设用地严格按国土资源部《关于福州至泉州高速公路改扩建工程建设用地的批复》(国土资函〔2010〕264号)的要求和意见进行。全线共征用土地2016.02亩(其中泉港1130亩、惠安780.64亩、洛江105.38亩)。拆地拆迁房屋23506.83m^2,迁移坟墓8028座,迁移各种杆(管)线3097km,市政管道1412km,树木148990株。全线共支付征地拆迁费用2.83亿元,征地拆迁工作经费387.35万元,详见表10-1-24。

福泉高速公路扩建工程(泉州段)征地拆迁情况表　　　　表10-1-24

征地拆迁安置起止时间	征用土地(亩)	拆迁房屋(m²)	支付补偿费用(万元)	备注
2008.10~2009.09	2016.02	23506.83	23800	

为使征地拆迁工作顺利进行,泉州市高指、市扩建办和沿线各县(市、区)扩建部门积极组织,密切配合,认真安排部署,扎实开展征地拆迁协调工作,有力地保障福泉高速公路泉州段扩建工程的顺利进行。主要做法:健全组织机构,强化征地拆迁工作组织领导;统一政策措施,保障征地拆迁工作有序开展;实行任务包干,保证征地拆迁工作高效运作;严格工作程序,确保征地拆迁工作依法有序;严格财经纪律,规范征地拆迁资金管理使用。

2.项目实施阶段

(1)重大决策

国家高速公路网沈海线福泉高速公路扩建工程(福州段),原设计起点位于福州闽侯县青口镇(K245+700),全长约55.25km,投资总概算约32.98亿元。后来根据实际情况,把扩建起点变更为相思岭隧道南出口前方(福清镜洋镇红星村),也就是福清市镜洋镇红星村,桩号为YK257+561.65,里程42.89km,概算投资总额22.40亿元。

(2)重大变更

福州段:沈海线福泉高速公路扩建工程(福州段)项目,主要变更项目有以下几项。

关于福泉高速公路扩建工程石牌山隧道改明挖。根据省高指《关于福泉高速公路扩建工程石牌山隧道改明挖方案的批复》(闽高总工〔2009〕25号)进行变更,将ZK292+560~ZK292+972段隧道变更为路基深挖路堑,坡面采取锚索防护加固,并调整ZK290+641~ZK293+658段纵坡。解决了石牌山隧道施工地质复杂,难度大及本标段借土方难等问题。

关于福清相思岭和太城岭段福建LNG改线工程增设路肩挡墙。根据省高指《关于福清相思岭和太城岭段LNG改线工程专题协调会议纪要》(〔2008〕157号)进行变更,由于LNG管道改线的走廊带仍然选在高速公路和324线国道之间通过,该段路基拼宽后与LNG管道干扰严重,受324线国道限制,为避开改线后的LNG管道,对该段路基左幅由正常放坡调整为设置路肩挡墙。

关于K265+785~K266+050段,右幅增设福建LNG管道保护涵。根据省重点办召开的"关于高速公路扩建工程保护福建LNG管道"专题协调会议的要求进行变更,在K265+785~K266+050右幅路段的LNG管道增设LNG管道保护涵。

关于恢复老福泉高速公路方厝天桥。原福泉高速公路K282+619处设有上跨主线天桥(方厝天桥)一座,扩建后设计单位将其取消,村民通行需绕道后井垄1号天桥,实施时当地村民强烈要求恢复原有天桥,为满足当地村民生产生活需要,同意恢复K282+585天桥一座。

莆田段:根据《沈海高速公路(福莆泉厦漳段)扩建工程管理办法(试行)》(闽高路扩〔2007〕5号)的精神,设计变更分为重大设计变更、重要设计变更、一般设计变更等三大类,其中重大设计变更由省高指审批。按照上述原则,并针对扩建的特殊性,莆田市高速路有限责任公司以《关于福泉高速扩建部分工程重大设计变更的报告》(莆高路司〔2010〕445号)上报省高指,变更主要包括各合同段土场、PA1新增鳌山天桥、PA2西林分离式立交上跨桥、PA4新增上亭分离式天桥及96区填料和保畅通施工。其余的有关变更由施工、设计、监理、业主四方研究确认,办理批复。

①PA1合同段

取土场变更:原设计取土场已被当地砖厂购买征用,无法利用。经四方现场勘察,变更为西天尾镇象峰村取土场,该取土场距涵江收费站约21.5km。

新增鳌山分离式天桥:鳌山村境内原高速公路通道净空不能满足现有车辆的通行要求,给当地群众生产生活造成极大的不便。经上级主管部门批准,增加车行天桥一座,位于ZK307+027.797(YK307+025.499)处。

②PA2合同段

取土场变更:原设计取土场位于K3000+000右侧5km,备用土场为K307+060右侧0.3km,该处已被当地村民开采使用,不能利用。经四方现场勘察,变更为涵江区秋芦镇取土场,该取土场至高美分离式中桥约19.5km。

西林分离式天桥变更:原设计西林分离式天桥两头接线受周边地形地物的限制,存在纵坡过大的现象。为了改善当地居民交通条件,市高指要求对该天桥进行调整设计。

③PA3合同段

取土场变更:原设计取土场位于K321+400左侧120m,备用取土场K322+100左侧120,现场发现利用难度大,运输条件较差。经四方现场勘察,变更为五马山取土场,平均运距约为7.8km。

④PA4合同段

取土场变更:原设计取土场位于K340+800左侧,备用取土场K327+000右侧、K327+800右侧、K328+500右侧、K344+100左侧,现场发现土体已被当地其他工程利用。经四方现场勘察,变更为K344+900右侧6km处上浒山取土场,该取土场至仙游互通的运距约为8.1km。

弃土场变更:原设计弃土场位于K327+800右侧约80m、K329+750右侧约100m、K330+740右侧约80m、K341+350右侧约80m、K345+800右侧约60m、K346+440左侧约80m、K327+800右侧约80m、K345+800右侧约60m、K346+440左侧约80m(共九处)。经四方现场勘察,变更为K343+550左侧约7km的滨海大道海滨村废弃水塘。

路基填筑96区填料的变更:原设计96区填料大部分为利用方填筑,变更为借方填筑。

新增上亭分离式天桥:为不影响当地经济发展和保障人民群众正常生产生活的需要,经上级主管部门批准,增加车行天桥一座,位于 K338+640 处。

泉州段设计变更内容见表 10-1-25。

设 计 变 更 内 容　　　　　　　　　　表 10-1-25

序号	设 计 变 更 内 容
1	QA1 合同段软土地基变更
2	QA1 合同段前欧隧道仰边坡防护加固工程变更
3	QA1 合同段弄尾中桥及 ZK355+720~ZK355+960 路基工程变更
4	QA1 合同段口分离式、打浦 1 号、2 号桥、白水岭 1 号桥及玉山分离式桥拼接方式变更
5	QA2 合同段 K363+060~K363+330 段左侧、K365+640~K365+950 右侧路堑边坡及驿坂互通主线 K362+820~K363+060 左侧边坡防护变更
6	QA2 合同段丘后大桥变更
7	QA2 合同段养生园连接线变更
8	QA2 合同段驿坂服务区右区 K359+669.505 通道变更
9	QA2 合同段半山中桥、官溪中桥拼接方式变更
10	QA3 合同段 K385+278~K385+440 段右侧、K385+440~K385+660 段右侧边坡防护变更
11	QA3 合同段软土路基变更
12	QA3 合同段官墓分离式桥变更
13	QA3 合同段后仁分离式桥变更
14	QA3 合同段洛阳江停车区 K383+570~K383+820 段右侧边坡变更
15	路面纵坡拟合
16	新老路面横向拼接方案
17	超限检测车道

(3)重大事件

2007 年 11 月 11 日,《国家发展改革委员会关于福建省福州至泉州公路改扩建工程项目核准的批复》(发改基础〔2008〕3045 号)批复了项目工可报告。

2008 年 12 月 10 日,福泉高速公路扩建工程建设有限公司完成扩建工程施工监理招投标工作。

2008 年 12 月 19 日,福泉高速公路福州段扩建工程在福清市渔溪镇召开开工动员大会。

2009 年,《交通运输部关于福州至泉州公路改扩建工程初步设计的批复》(交公路发〔2009〕134 号)批复了项目初步设计。

2009 年,《国土资源部关于福州至泉州公路改扩建工程建设用地的批复》(林资准〔2009〕171 号)批复了项目林地使用。

2009 年 10 月 22 日,省交通运输厅、省高指组织福厦漳莆泉 5 地市在莆田召开现场会。

2009年11月28日,西埔互通区福泉高速公路莆田段扩建主线工程完成验收。

2010年5月5日,福泉高速公路扩建工程建设用地得到国土资源部批复。

2010年,《省交通运输厅关于福州至泉州高速公路扩建工程施工图设计文件的批复》(闽交建〔2010〕23号)批复了项目施工图设计。

2010年,《国土资源部关于福州至泉州公路改扩建工程建设用地的批复》(国土资函〔2010〕264号)批复了项目建设用地。

2010年9月28日,莆田互通开通。

2010年12月31日,莆田西埔枢纽互通至泉州交界八车道建设任务完成。

2011年1月15日,福泉高速公路扩建工程(福州段)通过交工验收。2011年1月16日莆田段交工验收。2011年1月18日,福泉高速公路(福州段)扩建工程建成试通车。

2011年11月18日,莆田段房建工程通过验收。

2011年10月27日,莆田段景观绿化工程通过验收。

2012年6月13日,莆田段机电工程通过完工验收,并于2013年7月通过了交工验收。

2014年6月21日,莆田段通过水土保持设施验收。

2014年12月12日,莆田段通过档案专项验收。

2017年12月7日,福建省交通建设质量安全监督局出具《沈海线福泉高速扩建工程莆田段竣工质量鉴定报告》。

(三)复杂技术工程

本项目是目前国内高速公路扩建项目中最难最复杂的一条高速公路。主要难点有:一是扩建形式较多,即左侧拼宽、右侧拼宽、两侧拼宽等,施工方案复杂和施工难度大;二是存在新老路堤不均匀沉降的影响和软土地基段落拓宽拼接处理等技术难题;三是接近一半路段是软土地基,软土含水率高,深度深,软基处理技术复杂;四是有江口和木兰溪两座特大桥,桥梁结构虽不是很复杂,但多为曲线桥,桩基长,工期非常紧,在时间短的条件下进行大规模桥梁施工将大大增加施工难度;五是有多处高路堑边坡,石方含量大,在保畅通的要求下,不但要确保做好防护工作,对路基石方爆破技术要求高;六是部分路段基长度长,但施工现场狭窄,工作面小无法流水作业,不适合大型机械施工,现场施工组织困难;七是施工过程还必须保证交通畅通,维护正常交通秩序;八是隧道工程,本工程项目两座新建单洞四车道隧道,其最大开挖断面$255m^2$,最小$188m^2$,净宽19.67m,净高9.89m,扁平率达到0.5。如此大断面公路隧道很少,既无成熟的经验可借鉴,又无标准的规范可参照,设计、施工实践经验不多,且隧道邻近既有高速公路的高边坡,洞口环境较为复杂。

隧道开挖控制爆破要求高,必须避免隧道施工和爆破作业对周围构筑物造成的破坏。另外也存在埋深浅、岩石破碎、节理发育以及围岩不稳定等问题,加之开挖跨径大,容易造成围岩坍塌,导致隧道变形过大。为保证工程质量,降低施工难度、加快施工进度,在前欧隧道软弱围岩段开挖地段,为稳妥进洞,采用双侧壁导坑法。在基于施工安全的基础上,对施工工序进行改进,调整为Ⅰ—Ⅲ—Ⅴ—Ⅱ—Ⅳ—Ⅵ双侧壁导坑法施工顺序,使得在开挖过程能够形成以"主拱架为主、临时支撑位偏支柱"的受力对称、分布合理的支护结构,减小了结构受偏压的可能,使结构受力更为合理;并在施工过程中统筹管理,减少了机具、设备、原材料的投入,提高了使用效率,加快了施工进度。

(四)科技创新

1.软土地基采用静压PTC管桩处理

在软土地基上高速公路改扩建工程中,选取合适的地基处理方案,减少新老路堤的差异沉降,是扩建工程的关键技术之一。高速公路软基处理方法很多,但对于改扩建工程而言,由于工期紧、施工场地狭窄,同时还要维持既有道路正常运营等原因,软基处理较新建高速公路具有更高的要求。

静压PTC管桩与一般基础工程相比,具有桩材质量好、施工快、工程地质适应性强、施工场地文明等优点,且其造价是各种桩型中最低,总体经济效益指标优于其他桩型,管桩穿越土层能力特别强,具有高强的工作性能。静压PTC管桩在本项目的软基处理中得到了广泛的应用,全线施工PTC桩约55万m。

2.现浇泡沫轻质土的应用

泡沫轻质土是用物理方法将发泡剂水溶液制备成泡沫,与必选组分水泥基胶凝材料、水及可选组分集料、掺和料、外加剂等按照一定的比例混合搅拌,并经物理化学作用硬化形成的一种轻质材料。由于泡沫轻质土施工便捷高效,无须像常规填土那样进行碾压推平;不存在最佳含水率问题,无须像常规填土那样需要晾晒而耽误工期;对交通和环境干扰影响很小,适应项目"边施工,边通车"要求等优点。PA3合同段软基上填方采用了现浇泡沫轻质土。

3.开展公路拓宽工程软基差异沉降反演分析及预测研究

依托省交通运输厅2009年度立项的科技项目"公路拓宽工程软基差异沉降反演分析及预测研究",莆田市高速公路有限责任公司与省交通科研所在福泉扩建莆田段共同开展该研究。研究成果用于指导路基施工单位合理控制填土速率,为路面设计、确定开始铺筑路面的时间以及为路面的施工提供参考依据。

(五)运营管理

1. 服务区设置

大往服务区:福建省福泉高速经营服务有限公司大往服务区位于沈海高速公路福泉路段2121km福清市境内,距离省会福州市约60km,是平潭综合试验区向西部、北部辐射的海西大通道必经驿站。服务区于2001年正式投入运营,分A、B双向两区,现占地面积98亩,总建筑面积为3031m^2。

赤港服务区:赤港服务区地处沈海高速公路福建段(闽)K2147km,坐落于福建省莆田市涵江区境内,距离素有"文献名邦"之美誉的莆田市约16km,总占地面积约12.3万m^2,建筑面积达5084m^2。分A、B双向两区,服务区目前对外提供停车、加油、加水、加气、充电、汽修、餐饮、购物、休闲等服务,是一个集购物、商贸、休闲、补给为一体的综合性服务场所,基本能满足过往驾乘人员的需要。

东进服务区:东进服务区位于沈海高速公路福泉段(闽)2175km莆田境内,于2002年正式投入运营,分A、B双向两区,现占地面积110亩,建筑面积2185m^2,距离国家级风景区——湄洲岛仅30km。服务区目前对外提供休闲购物、餐饮、汽修、停车、加油、充电等服务项目。

驿坂服务区:驿坂服务区位于沈海高速公路(G15)福建段2201+500km处,地处湄洲湾南岸,坐落于现代化滨海石化港口城市泉州市泉港区内,古语有"金菱溪,银驿坂"之称的驿坂。驿坂服务区于1999年10月正式投入运营,分A、B双向两区,现占地面积约12.4万m^2,建筑面积5464m^2,距离拥有"海滨邹鲁"之美称的惠安县城仅13km。

洛阳江服务区:福建省福泉高速经营服务有限公司洛阳江服务区位于沈海高速公路福泉段(闽)K2227km处,地处全国历史文化名城泉州市,距海上丝绸之路起点——泉州市区10km,于1999年正式投入运营,分A、B双向两区,现占地面积177亩,建筑面积约3916m^2。

2. 收费站点设置

福泉高速公路扩建段收费站点设置情况见表10-1-26。

福泉高速公路扩建段收费站点设置情况表　　　表10-1-26

站点名称	车道数	收费方式
宏路	20(8入12出)	人工、ETC、自动取卡
渔溪	11(4入7出)	人工、ETC、自动取卡
涵江	13(5入8出)	人工、ETC、自动取卡
莆田	16(7入9出)	人工、ETC、自动取卡
仙游(枫亭)	13(5入8出)	人工、ETC、自动取卡

续上表

站点名称	车道数	收费方式
泉港	10(4入6出)	人工、ETC、自动取卡
驿坂	14(5入9出)	人工、ETC、自动取卡
惠安	12(5入7出)	人工、ETC、自动取卡

3.车流量发展状况

福泉高速公路扩建段车流量发展状况见表10-1-27。

福泉高速公路扩建段交通流量发展状况表　　　表10-1-27

年份(年)	日均车流量(辆)	年份(年)	日均车流量(辆)
2011	79056	2014	110793
2012	98428	2015	117822
2013	104624		

六、沈海线泉州至厦门高速公路(泉厦高速公路)(建设期:1994.06~1997.12)

(一)项目概况

泉厦高速公路是我国"八五"跨"九五"期间的重点建设项目,被称为"八闽第一路",是福建省第一条高速公路,也是福建省利用(部分)世界银行贷款修建的第一条高速公路。泉厦高速公路与其后建成通车的福泉高速、厦漳高速公路连成一线,是一条非常重要的公路交通干线。它北接福汾高速公路,南与漳绍高速公路连成一线,与广东潮—汕—汾高速公路连接,是国家"两纵两横"公路主骨架中"沿海大通道"的重要组成部分。同时,又是福建省规划建设的"三纵四横"高速公路网中的"一纵",把福建省经济繁荣、外向度高、发展最具活力的福州、莆田、泉州、厦门、漳州诸市连接起来,沟通三区(厦门经济特区、福州马尾经济技术开发区和闽南三角经济区)、四港(福州、厦门、泉州、湄洲湾),又通过现有的国道G324线、G104线、G316线、G319线和省道三郊线向内地辐射。

泉厦高速公路全长81.898km,设计采用交通部颁《公路工程技术标准》(JTJ 01—1988),全线按平原微丘区高速公路标准建设,设计行车速度120km/h,路基宽度26m,双向四车道,中央分隔带宽3m,行车道4×3.75m,两侧硬路肩2×2.5m,左右侧路缘带各2×2×0.75m;桥涵与路基同宽,设计荷载标准为汽车—超20级、验算荷载为挂车—120;全线采用全封闭、全立体交叉。初步设计部批概算27.86亿元(其中原定利用世界银行贷款1.4亿美元,实际利用7948万美元),实际完成投资28.76亿元,超出批复概算投资0.9亿元。

泉厦高速公路位于福建省东南沿海经济发达的闽南"金三角"地区。起于泉州市西福,途经晋江市、南安市和厦门市同安区,终于厦门市杏林区的官林头。全线共设泉州、晋江、水头、马巷、同安、厦门6处互通式立交,并在朴里、龙掘东各设一对服务区,有较为完善的收费、监控、照明、安全等交通工程设施。另外,还建设两条连接线,即牛山到佘店连接线5.9km,按平原微丘区二级公路标准建设;田厝到集美连接线6.17km,按平原微丘一级公路标准建设。全线共有各类桥梁70座(其中:特大桥1座、大桥6座、中小桥63座),隧道4座,高架桥1座(1697.06m),分离式立交41座,各类涵洞、通道488道。全线共设6个收费站,2个监控中心。详见表10-1-28。

泉厦高速公路项目基本情况统计表　　　　　表10-1-28

序号	项目		单位	标准	备注
一	技术标准				
1	计算行车速度		km/h	120	
2	路基宽度	整体式路基	m	26	
		分离式路基	m	11.75	
3	桥面净宽		m	2×10.75	桥涵与路基同宽
4	路面			沥青混凝土路面,设计年限15年,标准轴载100kN,收费站和隧道采用水泥混凝土路面,设计年限30年,设计标准轴载为双轮组单轴轴载100kN	
5	路基、桥涵设计洪水频率			特大桥1/300,其余均为1/100	
6	桥涵设计车辆荷载			汽车—超20级、挂车—120	
二	主要工程规模				
1	主线路线里程		km	81.898	
2	一级汽车专用公路		km	6.17	连接线
3	二级公路		km	5.9	连接线
4	房建		m²	28906.5	
5	征用土地		亩	10293.06	
6	拆迁房屋		m²	118065.5	
7	路基土石方		万m³	1773.9	
8	软土地基处理		km	10.3	
9	特大桥		m/座	3087.46/1	
10	大桥		m/座	2032.7/6	
11	中小桥		m/座	2550.04/63	
12	高架桥		m/座	1697.06/1	
13	互通式立交		处	6	
14	分离式立交		处	41	

续上表

序号	项目	单位	标准	备注
15	涵洞	道	407	
16	通道	道	81	
17	隧道	m/座	2×2363/4	
18	路面(主线)	万 m²	23.14	
19	收费站	处	6	
20	监控中心	处	2	
21	服务区	处	2	

泉厦高速公路路桥工程A、B、C、D标通过国际竞争性招标，并在完成"菲迪克"合同文件规定的全部程序后，于1994年6月3日先行动工建设；1994年9月29日国家计划委员会以计投资〔1994〕1340号文批复泉厦高速公路开工建设，于1997年12月15日全线建成通车试运营，1997年12月20日正式投入运营。

(二)前期决策情况

早在20世纪80年代初，福建省交通主管部门就开始酝酿在福州至厦门之间建设高速公路，但是后来由于投资上的困难，该项目建设的前期工作暂时搁置。1989年福厦高速公路被交通部列为"八五"期间第一批公路建设重点项目。鉴于建设福厦全线高速公路投资巨大，在当时的经济条件下难以实现，福建省人民政府1990年1月第三次常务会议决定，先进行泉州至厦门四车道高速公路的建设，泉厦高速公路正式进入立项阶段。

1991年11月，国家计划委员会以计交通〔1991〕1816号文对福厦线泉州至厦门段高速公路项目建议书正式批复，同意立项。1993年2月，国家计划委员会以计交通〔1993〕340号文批复《泉州—厦门高速公路可行性研究报告》。1993年12月完成施工图设计。1994年9月29日，经国务院批准国家计划委员会以计投资〔1994〕1340号文批复泉厦高速公路开工建设。

(三)参建单位主要情况

1. 建设单位

福建省委、省政府对本项目的建设高度重视。于1990年4月12日批准成立了福建省福厦漳高速公路建设领导小组，由分管副省长任组长。随着任务的加重，1992年10月26日，省政府决定成立福建省福厦漳高速公路建设总指挥部，在省政府及省高速公路建设领导小组的领导下，作为福厦漳高速公路项目建设单位，行使业主职能，负责开展项目前期工作，组织完成建设期间的各项任务，具体协调处理项目建设过程中的重要问题。泉州、厦门也及时成立了高速公路建设指挥部，在省高指的指导下，开展本市辖区内高速公路建设配套工作,负责本市辖区高速公路建设征地拆迁安置工作,为工程施工的顺利创造必要条件,并在沿线县区成立相应的办事机构。1995年8月,为适应福建省高速公路建设形势需要,省政府决定将"福建省福厦漳高速公路建设总指挥部"更名为"省高指"。

2. 设计单位

从1989年省交通厅开始委托福建省交通规划设计院承担福厦高速公路工程可行性研究起,先后完成福厦高速公路预可行性研究报告、泉厦高速公路预可行性研究报告、工程可行性研究报告、初步设计、招标文件图纸和工程量清单以及施工图设计文件等,并于1993年底完成泉厦高速公路前期工作的全部设计文件。

省交通规划设计院承担泉厦高速公路主线及牛山至余店连接线设计,其中B标段施工图设计任务分包给湖南省交通规划勘察设计院,沿线设施由福建省交通规划设计院承担初步设计和部分施工图设计,交通工程则委托交通部公路科学技术研究所设计。

泉厦高速公路房建工程,有西福、牛山、朴里、仑头、后垵、田厝6个收费站和朴里服务区以及大坪山、苏厝山头、大帽山隧道配电房,设计单位为省交通规划设计院和厦门大学建筑设计研究院(承担新西福管理区)。

3. 施工单位

泉厦高速公路共有9标、23个合同。公路工程为A、B、C、D、H标,5个合同,其中:A合同由福建省第一公路工程公司联营体(福建省公路一、二公司,中国武夷实业公司三家本省一级企业组成),B合同由铁道部十七局承包施工,C合同由铁道部十六局承包施工,D合同由交通部第一公路工程总公司承包施工,H合同为先期动工的软基试验段2.7km,由福建省第一公路工程公司承包施工;房建工程G标3个合同,为G1、G2、G3;交通工程E标,共13家;F标1个合同,田厝至集美连接线由厦门市组织铁道部十七局和厦门市公路局承包施工;I标1个合同324线国道小盈岭路段改造工程施工合同。

4. 监理单位

泉厦高速公路具体实施工程监理单位为福建省交通建设工程监理咨询公司。监理公司派出的监理机构按照高级驻地监理工程师办公室设置,下辖4个合同段驻地监理工程师办公室。在业主指派的总监理工程师、总监理工程代表处业务指导下,执行本项目的工程监理工作。

泉厦高速公路是福建省第一次利用世界银行贷款的公路项目,根据世界银行要求和国际惯例,其建设管理模式实行国际顾问工程师联合会颁布的"菲迪克"条款的管理模式。

泉厦高速公路工程监理由国内监理人员和国外监理人员组成的中外联合监理机构执行。总监理工程师代表由中方人员担任,副总监理工程师代表由金硕公司/丹麦公路局人员担任。高级驻地监理工程师及其他副驻地监理工程师均由福建省交通建设工程监理咨询公司人员担任,4个合同段正副驻地监理工程师也由福建省交通建设工程监理咨询公司指派担任。

泉厦高速公路施工单位详见表10-1-29。

泉厦高速公路施工单位一览表　　　　　　表10-1-29

标段	起讫点	长度(km)	主要工程	施工单位
A标	K0+000~K13+000	13	路基、沥青混凝土路面、西福互通立交、浔美高架桥、沉洲特大桥、大坪山隧道	福建省第一公路工程公司联营体
B标	K15+700~K35+200	19.5	路基、沥青混凝土路面、牛山及朴里互通	铁道部第十七工程局
C标	K35+200~K58+717	23.517	路基、沥青混凝土路面、苏厝、山头隧道、小盈岭1号及2号大桥、仑头互通	铁道部第十六工程局
D标	K58+717~K81+411	23.181	路基、沥青混凝土路面、大帽山隧道、后安、田厝互通、石浔、浦头大桥	交通部第一公路工程总公司
E标	交通工程		全线交通工程设施设备	福建省筑路机械厂、交通部凯通交通工程有限公司等13家
F标	田厝至集美连接线	6.17	路基、沥青混凝土路面	铁道部第十七程局和厦门公路局
G标	房建工程			
G1			西福、牛山收费站,大坪山隧道配电房	泉州市第一建筑工程公司
G2			朴里服务区,朴里、仑头收费站,苏厝、山头隧道配电房	铁道部第十七局第一工程处
H标	K13+000~K15+700	2.7	软基试验段、路基、路面	福建省第一公路工程公司
I标	小盈岭老路改建工程	1.5	路基、沥青混凝土路面	

(四)建设情况

1.项目准备阶段

(1)立项审批

项目立项:福建省计划委员会于1991年6月以闽计交〔1991〕075号文向国家计划委员会提交了《关于调整福厦线泉州至厦门段高速公路建设工程项目建议书的报告》,国家计划委员会于1991年11月以计交通〔1991〕1816号文对福厦线泉州至厦门段高速公路项目建议书正式批复,同意立项,并同意利用世界银行贷款作为建设资金的组成部分。

工程可行性研究:根据省交通运输厅闽交计〔1990〕072号文《关于福厦线泉州至厦门高速公路工程可行性研究工作的有关意见》和福建省公路局与省交通规划设计院签订的项目合同,1991年11月完成该项目的工程可行性研究报告。1992年3月30日—4月1日,中国国际工程咨询公司对该工可进行了评估,根据评估意见和建议,省交规院于1992年5月完成了工程可行性研究报告的补充报告,省计划委员会将其上报国家计划委员会。1993年3月,国家计划委员会以计交通〔1993〕340号文批复《泉州—厦门高速公路可行性研究报告》,下达设计任务书。

初步设计:泉厦高速公路初步设计由福建省交通规划设计院承担。为了缩短该工程项目的前期工作时间,福建省交通规划设计院在1991年8月就开始进行泉厦高速公路初步设计工作,科研人员经过外业实地勘测、考察和在室内对各种相关资料的分析研究,1993年2月完成全线的初步设计任务,4月交通部组织有关专家对初步设计进行现场考察。同年5月,交通部以交工发〔1993〕484号文审批了泉厦高速公路的初步设计,并提出审查意见。

环境影响评价:根据国家计划委员会对大型基本建设程序的规定,在审批建设项目的工程可行性研究报告之前,必须完成建设项目环境影响评价报告书的评估、审批工作。到1992年初,泉厦高速公路建设项目前期工作的工可报告已全部完成,而环评大纲尚未批复。为此,福厦漳高速公路建设领导小组积极组织福建省环境保护科学研究所,开展泉厦高速公路的环境影响评价工作。在时间紧、任务重的情况下,福厦漳高速公路建设领导小组办公室一边向国家环保局请求提前评审环境评价大纲,一边开展该建设项目的环境影响评价工作。经过各方的积极努力,终于在1992年6月向世界银行提交了《福厦高速公路泉州至厦门段环境影响评价概要》,同年8月完成了《福厦高速公路泉州至厦门段环境影响评价报告书》。

1992年8月,世界银行对《福厦高速公路泉厦段环境影响评价概要》提出了审查意见。交通部环境保护办公室根据福厦漳高速公路建设领导小组向交通部提出的《福厦高速公路泉州至厦门段环境影响评价报告书》审查报告的请示,于1992年10月5—6日在厦门召开了预审会。根据会议的审查意见,福建省环境保护科学研究所对报告进行补充修改。1992年12月国家环保局以环监〔1992〕452号文《关于福厦高速公路泉厦段环境影响报告书审批意见的复函》正式批准了该报告,并提出应根据世行评估团有关要求对环评报告做必要的补充。

福厦高速公路泉厦段项目开工以后,高速公路建设总指挥部1994年11月以闽高路招〔1994〕78号文向泉厦高速高级驻地监理办公室转发了世界银行的《泉州—厦门公路项目环保实施计划要素》(以下简称《要素》),要求驻地监理部门按《要素》落实。

第十章
高速公路建设项目实况

世界银行评估报告：按照世界银行向发展中国家投放贷款的规定，每一个得到贷款的项目都需要由世界银行组织有关专家对项目进行评估。泉厦高速公路开始立项时就决定向世界银行贷款，因此，在进行项目前期工作的同时也开始了世界银行贷款的工作。

泉厦高速公路自1989年向国家有关部门提出世界银行贷款请求，项目列入国家备选项目，至1993年12月世界银行执董会批准，决定该项目将利用1.3亿美元贷款。在历时四年的艰苦工作期间，世界银行贷款程序经历了项目筛选、项目调查、项目鉴别、项目准备（两次）、项目予评估、项目评估、项目谈判等阶段。1993年9月2日，《中国福建省公路项目世界银行职员评估报告》（以下简称"报告"）由东亚及太平洋地区中国蒙古局运输处完成。报告对福建省的公路交通现状、项目的目标和世界银行参与的理由以及项目的经济效益和投资风险等内容进行了详细、充实的论证，并提出了应达成的协议和推荐方案。报告还包括人员培训、设备采购、拨款计划等内容。1994年4月在世界银行总部签订了贷款协议，项目进入实施阶段，同年7月，世界银行批准项目协定和贷款协定，并宣布正式生效。泉厦高速公路利用世界银行贷款的评估和执行过程见表10-1-30。

利用世界银行贷款程序的执行情况　　　　　　　　　表10-1-30

序号	执 行 情 况	时 间
1	提出利用世界银行贷款请求	1989
2	世界银行进行备选项目筛选	1990.2
3	世界银行进行项目选定	1991.5—11
4	世界银行进行项目评估准备	1992.3—10
5	世界银行进行项目预评估	1993.4
6	世界银行进行项目正式评估	1993.7
7	福建省与财政部商讨国家转贷利率并作出承诺	1993.8—9
8	编制并上报《利用外资方案》	1993.7
9	财政部与福建省联合报请国务院批准该项目赴世界银行总部谈判，并报国务院总理阅签	1993.10
10	与世界银行谈判并草签"项目协定"和"贷款协定"	1993.11
11	福建签认谈判结果并报送国务院和世界银行	1993.11
12	世界银行执董会审查该项目的有关协议	1993.12.14
13	中国政府审查该项目有关协议	1993.12
14	财政部和省政府分别授权中国驻美大使与世界银行正式签署有关协议	1994.4.13
15	贷款协定和项目协定正式生效	1994.7.21

地震安全性评价：抗震强度按照7级设计。

建设用地批复：1992年1月，省交通运输厅以闽交人〔1992〕8号文向省人民政府请示，要求省政府组织成立福厦高速公路泉厦段沿线征地拆迁工作机构，同时福厦高速公路办公室拟定了征地拆迁安置实施办法。1993年9月，福厦漳高速公路建设总指挥部以闽交高路〔1993〕70号文和闽高路字〔1993〕76号文分别向省土地管理局和省人民政府呈交了泉厦段高速公路建设用地的申请报告。省土地局以闽土建〔1993〕24号文向国家土地管理局申请预批福厦漳高速公路泉厦段建设用地,同年9月,国家土地管理局以国土函字〔1993〕第206号文给予了复函,与此同时,福建省人民政府同意预批福厦漳高速公路泉厦段项目建设用地。

1995年7月,国家土地管理局对福建省人民政府以闽政〔1995〕综86号文提出的《关于泉州至厦门高速公路工程建设用地的请示》,国家土地管理局以国土〔1995〕36号文正式批复了泉厦高速公路工程建设用地。

开工批复:1994年9月29日,经国务院批准由国家计划委员会以计投资〔1994〕1340号文批准泉厦高速公路开工建设。

(2) 资金筹措

泉厦高速公路初步设计概算交通部批复金额为27.8557亿元,其中建安投资总额为16.52362621亿元,设备及工器具购置费0.06209974亿元,其他基本建设费用2.1573667亿元,预留费用5.29104449亿元,电力建设基金159.9525万元,改善双内公路补助款70万元,单项费用3.79859518亿元。泉厦高速公路项目累计筹集资金28.7945亿元,其中省自筹10.7357亿元,交通部专项补助5.22亿元,世界银行贷款5.6888亿元,企业债券资金1.2亿元,本项目最终决算投资计28.7626798亿元,比部批概算超0.907亿元。

本建设项目资金来源分为三大部分,资金构成如下:

①自筹资金拨款159557万元,占计划的55.41%。其中:交通部专项资金52200万元,车辆通行费70962万元,省交能基金4895万元,省机动财力14000万元,企业自筹12500万元,其他5000万元(西福变更由地方承担)。

②各种借款116388万元,占计划的40.42%。其中:世界银行贷款56888万元,建设银行贷款30000万元,省兴业银行贷款20000万元,招商银行贷款9500万元。

③企业债券资金12000万元,占计划的4.17%。

(3) 招投标工作

根据国家基本建设程序要求以及有关法律法规的规定,开展施工各项招投标工作。

施工单位招投标情况:选择具有较高技术水平和良好素质的施工队伍是高速公路建设达到预期目标的关键。由于泉厦高速公路工程是部分利用世界银行贷款的项目,根据世界银行的有关规定,必须采用国际竞争性招标的方式选择施工队伍。经与世界银行磋商,泉厦高速公路路桥工程分A、B、C、D 4个合同段,与机电工程(E)合同,实行国际竞争性公开招标。

泉厦高速公路5个国际竞争性招标合同的总采购通告和资格预审通告于1993年5月在国内外报刊上刊登,17家中外投标人参加资格预审,12家国内外投标人通过资格预审，经交通部审批后报世界银行确认。招标文件经交通部批准、世界银行同意后于1993年9月22日—12月15日发售，6家中、外投标人递交了10份投标书。省人民政府于1993年7月以闽政办〔1993〕157号文批准成立省泉厦高速国际竞争性招（评）标委员会，委员会下设评标专家组。委员会、专家组全面负责资格评审和评标工作，于1994年1月10日完成评标工作，评标报告在交通部审批后得到了国家评标委员会的批复同时报世界银行，并于1994年3月31日得到确认。业主于1994年3月31日与承包商签订了施工合同协议，结束了选择承包商的重要工作。招标全过程以公平、公正为原则，工作细致、严谨、认真。

A、B、C、D合同中标承包商分别为福建省公路工程一公司、二公司和福建省武夷实业总公司组成的联营体，铁道部第十七工程局，铁道部第十六工程局和交通部第一公路工程总公司。

在完成"菲迪克"合同文件规定的全部程序后，1994年6月3日，A、B、C、D 4个合同段动工建设。

为确保交通安全设施的质量，实现整齐划一的目标，将交通安全设施从土建合同中划出，建设单位与土建合同承包人共同组成联合采购小组，通过国内公开招标方式选择分包商，经过严格认真的评标，福建省筑路机械厂、交通部凯通交通工程有限公司等省内外13家信誉良好、施工能力强的单位中标。

另外6个合同为国内自营工程，包括房建工程3个合同、软基试验路合同、田厝至集美连接线合同和324线国道小盈岭路段改建合同。其中，房建工程3个合同和田集线合同采用国内竞争性招标方式采购，中标原则是标价合理、施工方案可行、技术措施可靠、能确保工程质量和工期。依照有关法律与招标程序，在公证部门监督下进行招标。软基试验路段与小盈岭路段改建采用议标方式采购。

(4) 合同段划分

路基、路面工程共划分为4个合同段，交通工程为13个合同，房建工程划分为3个合同段，以及软基试验段合同、324线国道小盈岭路段改造合同、田厝至集美连接线合同。

(5) 征地拆迁

泉厦高速公路建设用地严格按国家土地管理局国土〔1995〕36号文正式批复的泉厦高速公路工程建设用地的要求和意见进行。全线共征用土地10293.05亩，临时租地1471.89亩，砍伐各种果树109135棵，迁移坟墓12522座，拆迁各类房屋和建筑物11806.5m^2，安置受影响人员12542人，搬迁电力、电信、广播杆线8277多根。

1992年1月，省交通运输厅以闽交人〔1992〕8号文向省人民政府请示，要求省政府组织成立福厦高速公路泉厦段沿线征地拆迁工作机构，同时福厦高速公路办公室拟定了征地拆迁安置实施办法。泉州、厦门高速公路建设指挥部，在省高指的指导下，开展本市辖区内高速公路建设配套工作,负责本市辖区高速公路建设征地拆迁安置工作,为工程施工的顺利创造必要条件。同时,在沿线县区成立相应的办事机构。泉厦两地分别设立市、县、乡三级征地拆迁机构,均由政府主要领导任总指挥,县级指挥部确定1名县(市、区)委或政府副职领导任常务副指挥,专职抓高速公路建设征地拆迁安置工作,通过坚持宣传、统一标准、规范程序、公开公正等方式,保证征拆工作顺利开展。征地拆迁情况统计详见表10-1-31。

征地拆迁情况统计表　　　　表10-1-31

征地拆迁安置起止时间	征用土地(亩)	拆迁房屋(m²)	支付补偿费用(万元)	备注
1994.01~1997.06	10293.05	156861.02	26216.75	

2. 项目实施阶段

(1)重大决策或重大变更

泉厦高速公路于1994年6月全面开工,建设过程中由于泉州市城市规划调整,城市规模扩大,以及324线国道、厦门孙坂路等公路拓宽改建等原因,泉厦高速公路进行了一些重大或较大设计变更,主要如下。

西福互通立交:原设计为单喇叭,互通出入口与324线国道交叉为环岛平面交叉。因泉州市城市规划调整和324线国道拓宽,最后实施的互通立交规模扩大,高速公路互通为Y形,互通与324线国道平交改为喇叭形互通式立交。

根据泉州市新的城市规划,增设长1697.06m的浔美高架桥,包含跨越规划的东西一路、东西二路。

按照泉州市新的城市规划,增设或调整了下列一些分离式立交:K3+090东西三路原设计为一孔6×2.7m箱形通道,变更后为12m+16.5m+13m空心板桥;K3+500东西次四路为新设的13m+16.5m+13m空心板桥,相应地玉兰中桥原设计为4×25m T梁,由于增设东西次四路,玉兰桥下的通道取消,变更为3×25m T梁;原东星Ⅱ桥设计为4×16m空心板桥,系为预留泉州至后渚铁路专用线所设,由于东西四路从该铁路南侧预留通过,变更为2×13m+16.5m+13m空心板桥,东星Ⅰ桥由3×16m空心板桥改为7.3×5m箱型通道;津淮分离立交桥为单孔净跨35m钢筋混凝土刚架拱桥,系因新增的津淮路而设;沉州大桥跨宝洲路原设计为30m T梁,现沉州大桥引桥选择四孔30m T梁变更为一联2×22.5m+40m+35m T梁。

由于被交叉的国道、省道拓宽而进行变更的桥梁项目有:坑西分离式立交桥设计为三孔20m空心板,变更为四孔16m空心板桥;锦美大桥跨越晋江市双内公路,主孔原设计25m连续箱梁跨径增大为35m;水头互通Ⅰ号桥桥宽由15m拓宽为23m,桥孔、跨径等保持不变;仓头互通Ⅰ-66号桥,桥宽由15m拓宽为23m,孔径不变,桥孔由11孔减少为4孔;后垵互通同集路跨高速公路的Ⅰ-10号桥以及互通出入口与同集路的交叉由于平交改为喇叭形,变更后划归同集路拓宽改建工程范围,不含在本报告中;孙坂路跨高速公路的东宅分离式立交桥,桥面净宽由8.5m变更为16m,桥孔、跨径保持不变。

在施工中进行优化而变更的桥梁项目有:

K21+881上五龙桥由$4\times30m$ I型组合梁改为由$3\times16m$空心板桥;后山桥由$6\times25m$ T梁变更为$3\times13m$空心板桥;锦美大桥桥长从304.18m缩短为175.96m;仓头互通 I-66号桥,桥孔由$11\times20m$压缩为$4\times20m$;D合同10座上跨高速公路的分离式立交桥由桩基变为扩大基础。

白石河桥因集美闸门海潮顶托,洪水排泄较慢,当地要求增加2孔18m空心板桥,以加大排洪量,孔数由3孔变到5孔。

随着经济和生活水平提高,要求高速公路服务区和收费站房建的建筑风格美观简洁富有时代特色。因此泉厦段房建工程有较大的设计变更。西福收费棚也做了更改。

福建雨量大,边坡容易受到雨水侵蚀,为了路容美观,对路堑边坡防护根据坡面状况进行变更。路堤边坡防护也将网格肋带改为拱形肋带。沿线水利设施的排、灌沟渠也按当地生产需要,做了一些调整。

在施工中发现地下水位较高的路堑地段,为了确保路基稳定,结合实际做了换土、增设渗水沟、采用水泥稳定土、换填透水性材料等变更措施。

互通进出口交通标志原设计为当地小地名,致使道路通车后部分外地驾驶员迷路,后更改为采用区、市级大地名。

(2)重大事件

1990年4月12日,批准成立了福建省福厦漳高速公路建设领导小组。

1991年11月,国家计划委员会正式批复泉厦高速公路项目建议书,同意立项,并同意利用世界银行贷款作为建设资金的组成部分。

1992年10月26日,省政府决定成立福建省福厦漳高速公路建设总指挥部。

1992年11月26日,泉厦高速公路K13+000~K15+700.27km软基试验段先行动工建设。

1994年6月3日,泉厦高速公路A、B、C、D 4个公路土建合同段动工建设。

1994年9月29日,国家计划委员会正式批准泉厦高速公路开工建设。

1995年,国家土地管理局正式批复的泉厦高速公路工程建设用地577.4681hm^2。

1995年8月,"福建省福厦漳高速公路建设总指挥部"更名为"省高指"。

1996年6月24日,沉州特大桥主桥6号墩(右桥)0号块开始施工。

1996年10月17日,沉州特大桥右桥合龙。

1996年11月30日,沉州特大桥左桥合龙。

1997年12月15日,泉厦高速公路通车试运营。

1997年12月20日,泉厦高速公路正式运营。

2000年2月21—22日,交通部主持泉厦高速公路的竣工验收。

(五)复杂技术工程

1. 隧道

福建省属于多山省份,丘陵和山地面积占比90%以上,在福建省高速公路设计施工隧道尚属首次。泉厦高速公路4座隧道分别为:大坪山隧道1100m,苏厝隧道左洞长325m、右洞长354m,山头隧道左洞长375m、右洞长376m,大帽山隧道582m,均为上下行分离的两座独立隧道,单洞行车界限总宽为10.75m,净高5m。

2. 特大桥

泉厦高速公路共1座特大桥,沉州特大桥,跨越晋江入海口,地质构造复杂,主河槽约320m,最大潮差4.5m,属赶潮河道。该桥桥长3087.46m,其中:主桥为50m+5×80m+50m的预应力钢筋混凝土变截面连续箱梁,仅在两端口设置较大伸缩量的伸缩缝,上部构造采用对称悬臂浇筑节段法施工,共划分为176节段,要求相邻浇筑差不大于一个节段直到合龙。两端引桥共86孔准连续预应力T梁连接,共2587.46m,其中北引桥62孔,设计为5联施工变更为6联2×(13×30)m+3×(8×30)m+1×(1×40+1×35+2×22.5)m,南引桥2联2×(12×30)m。下部构造均为柱式墩、肋式台,基础均为钻孔灌筑桩,位于主河道的3号、4号、5号3个主墩采用钢套筒围堰施工,并需乘潮作业,施工难度大,风险高,是全桥关键工程的"重中之重",直接关系到特大桥的后续工程及工期的落实。

(六)科技创新

1. 在隧道施工方面

隧道均采用新奥法进行设计和施工,新奥法设计以工程类比法为主,并辅以理论验算。其围岩的力学指标应经过工程类比法加以加工进行采用。新奥法是以岩体力学的理论为基础,将锚杆和喷射混凝土组合在一起作为主要支护手段的一种施工方法,这是一种有效且能充分利用围岩自身强度与支承能力保持围岩稳定性的方法。

泉厦高速公路隧道锚杆类型采用全长黏结型锚杆(即系统锚杆),其作用是对岩体起整体加固。喷层支护为柔性支护,喷层混凝土厚度不宜超过25cm,尤其在软弱围岩进行初期支护时,喷层过厚易导致出现弯曲破坏。泉厦高速公路的4座隧道,除大坪山隧道进出口围岩类别较高外,其余隧道进出口地质条件均较差,大多数为Ⅱ类围岩。通过计算分析,当喷层厚度为25cm时,喷层最大拉应力为1.0MPa,接近M25混凝土的抗拉极限强度1.45MPa。当喷层厚度30cm时,最大拉应力为2.4MPa,超过M25混凝土的极限抗拉强度而出现弯曲破坏,通过上述分析与计算,泉厦高速公路隧道的喷层厚度规定 5～25cm 的范围是适宜的。

2. 在桥梁施工方面

沉州特大桥主桥上部构造悬臂施工。

改进挂篮组合工艺。将原北岸重 60t、南岸重 70t 的桁架挂篮按设计提供质量 55.5t 重新换标制作,每套仅为 40t,大大减轻桁架自重,方便移架作业工序。

改进施工工艺,右桥悬浇施工采用常规作业用时 173 天,左桥在此基础上,改进了早强剂及缓凝剂的掺配比例,调整常规施工作业循环时间及工效,用时 91 天,提前完成合龙,缩短用时近一半时间,为工程完工赢得时间。

3. 在软土地基处理方面

软基试验段从 K13+430～K15+700 段地质为全新长乐组海相软弱地层,软土最厚达 18m,软基处理总长度 2270m,集目前常用的软基处理方法进行试验,采用换土、袋装砂井、普通塑料排水板、大通量塑料排水板、水泥搅拌桩、土工布与土工格栅、超载填土预压和不处理等方法,总结出:一般路堤地段以排水固结为主,排水材料采用袋装砂井或塑料排水板;对于软土厚度小于 4m 的路段不做处理,通过施工期间堆载预压后观察效果;涵洞、通道的软基处理以排水固结为主,为减少差异沉降,采用先期堆载预压后反开槽修建涵洞或通道,并在基底铺一二层土工布;K14+925 通道地基采用深层搅拌桩处理,通过试验观测分析适用性程度;中小桥的桥台基础以钻孔灌注桩为主,仅池店Ⅱ号中桥和加沙Ⅰ桥中桥桥台台后的桥头软基采用搅拌桩处理,并以不同的长度进行对比试验,以检验此种处理方案对解决桥头跳车的影响。

4. 在路基过湿土施工方面

泉厦高速公路 D 合同段有较多路段经过平坦低洼地,其耕植土厚度为 60～150cm,还由于雨量充沛,地表难以排泄,地下水位较高,地表细粒土常年处于过饱和状态。在过湿土壤上直接修筑路基,会影响高速公路路基、路面的强度和稳定,并难以满足规范要求的路基压实度。故必须对过湿土路基底基层进行有效的综合处理,才能确保在今后运营过程中的强度和稳定性,满足高速公路的设计和施工要求。

针对所在区域内的工程地质和水文条件,采取相应有效的结构处置措施,并注重因地制宜,就地取材,以最少的造价、合理的处理方案,达到过湿土处理的目的,过湿土路基底基层处理采用以下几种方法:生石灰土加固、排沟晾晒、开挖置换、设置垫层、加载预压、NCS 固化材料。

5. 专题科研项目

与省交通规划设计院、华侨大学、福建省交通科研所等单位对 5 个课题开展专题研究。

(1)泉厦高速公路桥头软基综合治理试验研究

根据泉厦高速公路软基试验路段的地质条件,吸取已有软基处理的实践经验与研究成果,拟定了泉厦高速公路桥头软基综合治理试验研究可行性研究报告。为了解决高速公路软基桥头跳车这一中心任务,课题主要研究内容如下:

①研究制订桥头软基处理的技术途径及设计原则,根据地质条件与填土高度设计桥头过渡段,拟定在过渡段内路桥间工后沉降差小于10cm,通道、涵洞与路堤间工后沉降小于20cm,工后差异沉降引起的纵坡变化值小于6‰,路堤工后沉降小于30cm。

②研究引用水泥粉喷桩加土工织物垫层处理桥头软基,分析受力机理,提出实用计算方法。

③对上部结构、桥面、桥头搭板,其与路堤之间的连接,伸缩的形式与布设,界面的变形协调等方面进行综合设计,求得桥头与过渡段纵坡匀顺。

主要研究成果如下:

①提出桥头过渡段的组成和设计标准,制订桥头软基综合治理成套技术路线。

②给出以不同沉降观测历时推算最终沉降的反推系数,并提出可铺筑路面的工后沉降标准。

③揭示了软基采用水泥粉喷桩处理后的受力机理,拟称谓柔性复合地基。

④从路堤中心沉降与坡脚侧移的相关资料研究分析路堤软基变形机理。

⑤提出水泥粉喷桩处理的地基计算方法。

桥头路基沉降处理课题获得省交通厅科技进步二等奖。

(2)高塑性黏土路基修筑技术课题研究

高塑性黏土水稳定性差,胀缩现象严重,属于不良路基填料,按照《公路路基施工技术规范》(JTJ 055—1995)的规定,不能直接用于高速公路路基。在福厦漳高速公路中多处遇到这种土质,由于其发布面广、数量大,废弃换填或改良利用都耗资巨大。因此,期望通过系统的室内试验和现场工艺试验研究,探索到一个直接利用其修筑高速公路路基的途径和方法。

针对泉厦高速公路 A 合同 K10+514~K13+000 路段高塑性黏土进行专题研究成果。通过高塑性黏土的路用性能分析结果及现场施工工艺试验,铺筑150m试验段总结探索出高塑性黏土路基的施工工艺要求。在课题成果的指导下,利用高塑性黏土修筑的高速公路路堤在1996年雨季来临之前完工。为检验实体工程的强度稳定性,在雨季之前,课题组除对高塑性黏土路基的典型路段进行连续的工后沉降观测外,还选取正常土质路基进行沉降对比观测。观测结果满足高速公路路基沉降要求,与正常土质路基相比,其沉降量无明显不合理;通过路基弯沉检测,弯沉检测值远小于设计弯沉值。

基于室内试验成果通过试验路段较深入的分析,归纳了直接利用高塑性黏土修筑高速公路路基的质量控制标准和相应的工艺要求,以此成果修筑高速公路路基在技术上是可靠的。但由于高塑性土性质、成分各异,对不同性质的高塑性土,其修筑高速公路路基的质量控制标准和施工工艺需通过具体分析确定。

高塑性黏土路基修筑技术获得省交通厅科技进步二等奖和福建省人民政府科技进步三等奖。

(3) 泉厦高速公路2.7km软基试验段课题研究

泉厦高速公路2.7km软基试验段是福建省第一条高速公路先行开工的路段(1992年11月26日),其试验的目的就是通过软土地基的处理试验、测试和观测,以取得较可靠的科学数据;通过分析研究,筛选出较为合理的处理方法,对今后高速公路建设中的软基处理的设计与施工提供指导。

作为软基试验研究课题的依托工程,对不同软基处理方法的正确施工与否是本路段施工的关键,它关系软基试验工作的是否成功。因此,在整个施工过程中,施工密切与科研配合,施工程序与进度安排服从科研的需要。在业主、科研单位、施工单位的通力合作下,软基处理效果较为理想,圆满完成科研和施工任务,达到预期目的。

泉厦高速公路2.7km软土地基处理福建获得省人民政府科技进步二等奖。

(4) 空间预应力混凝土技术研究和应用

泉厦高速公路西福互通式立交桥不仅有斜交跨线异型结构、变宽度变速车道,而且有与匝道桥连接部位Y形分叉结构,1号匝道桥由两个S形曲线率弯桥,2号匝道桥由卵形曲线组成的弯桥。这些不规则桥梁设计受力分析非常复杂,往往成为设计中最难的部分。由于没有好的分析手段,过去大都把它设计为钢筋混凝土结构,而没有采取更加合适的预应力结构。

在西福互通式立交桥设计中,系统研究了预应力在各种互通式桥梁结构中应用的特点和要求,采用空间梁格形式剖析复杂桥梁结构,较好解决了这方面的难题。所谓梁格理论,是将桥梁上部结构用一等效梁格来代替,弯梁、斜梁和异型桥与比拟梁格之间的等效关系,主要表现在梁格各构件刚度计算上。预应力的作用转化为在梁格各节点上的等效荷载,分析这种等效梁格后再将其结果还原到原结构中,就可以得到所需计算结果。通过影响面直接加载可以确定最不利荷载位置,并能准确反映各部位最不利情况。梁格理论是一种三维空间分析方法,它具有基本概念清晰、易于理解和使用、计算费用较省、应用范围大的特点,在各类桥梁设计中得到广泛应用。

大吨位预应力弯坡斜桥获得福建省人民政府科技进步二等奖。

(5) 利用福建石料修筑高等级沥青抗滑路面的应用研究

福建省地处山区多雨地带,公路多依山而行,且有多弯、坡陡等特点。由于福建省石料以高强、低黏结的酸性花岗岩为主,以往道路等级较低,在生产中直接应用未经特殊处理的花岗岩为沥青面层集料,造成行车后路面出现雨天松散、剥落、坑槽等破坏。由于道路等级较低,对石料磨光性能及路面抗滑性能也不十分重视。随着福建省公路事业的发展,道路等级的提高,沥青路面对高速行车的优势越发明显。本研究的目的在于因地制宜,根据石料的路用性能,寻求铺筑高质量沥青防滑路面的方法,以保证全天候高速、安全行车,同时降低工程造价,提高沥青路面抗滑性能,延长道路的寿命。

该课题研究获得省交通厅科技进步二等奖和福建省人民政府科技进步三等奖。

(七)运营管理

1.服务区设置

泉厦高速公路共设置两个服务区:朴里及龙掘东服务区,朴里服务区总建筑面积约5100m^2,内设办公楼、宿舍、公厕、加油站、汽修间等,主体结构为钢筋混凝土结构。龙掘东服务区整体外包给中石化,由其投资建设公共设施及加油设施等。

2.收费站点设置

泉厦高速公路收费站点设置情况见表10-1-32。

泉厦高速公路收费站点设置情况表 表10-1-32

站点名称	车道数	收费方式
西福	8(3入5出)	人工
牛山	8(3入5出)	人工
朴里	6(2入4出)	人工
仓头	6(2入4出)	人工
后坂	7(3入4出)	人工
田厝	8(3入5出)	人工

3.车流量发展状况

泉厦高速公路车流量发展状况见表10-1-33。

泉厦高速公路交通流量发展状况表 表10-1-33

年份(年)	日均车流量(辆)	年份(年)	日均车流量(辆)
1998	8586	2005	19266
1999	8934	2006	21546
2000	9987	2007	29659
2001	11303	2008	28430
2002	12478	2009	28738
2003	14225	2010	28518
2004	17651	2011	35342

续上表

年份(年)	日均车流量(辆)	年份(年)	日均车流量(辆)
2012	40013	2015	59435
2013	58053	2016	64460
2014	55058	2017	62962

七、沈海线泉州至厦门高速公路扩建段(泉厦高速公路扩建段)

(一)项目概况

1.基本情况

泉厦高速公路扩建段起于泉州市洛江区万安街道的过坑,经泉州市丰泽区、晋江市、南安市、厦门市翔安区、同安区、集美区,终点为集美区杏林,路线全长81.895km。在现有的高速公路基础上采用"双侧拼接加宽为主,局部分离"的扩建方案,由原有26m的双向四车道拓宽为42m的双向八车道高速公路。项目设计概算65.9463亿元,其中:泉州段概算41.1163亿元,厦门段概算24.83亿元。

本项目设计采用交通部颁《公路工程技术标准》(JTG B01—2003),全线按平原微丘区高速公路标准建设,设计速度120km/h;路基宽度:整体式路基宽度为42m,分离式路基宽度为22m;路面设计标准轴载BZZ-100kN;桥梁与路基同宽,设计荷载:扩建部分采用公路-Ⅰ级,采用沥青混凝土路面,老路部分采用汽车—超20级,挂车—120;设计洪水频率:特大桥1/300,大、中、小桥、涵洞及路基均为1/100,抗震烈度为Ⅶ度。路线途经泉州洛江区、丰泽区、晋江市,南安市四市(区)和厦门翔安、同安、集美三区,全线共有各类桥梁123座(其中特大桥3座、大桥10座),小净距4洞8车道隧道3座、2洞8车道隧道1座;在泉州、池店、晋江、内坑、水头、康店、翔安、同安、厦门等设置9处互通式立交,其中内坑、康店互通为枢纽互通;全线设置朴里两个服务区;设置泉州、池店、晋江、水头、翔安、同安、厦门7个收费站;共有各类涵洞、通道252道,分离式立交43座,详见表10-1-34。

泉厦高速公路扩建段项目基本情况统计表　　　　表10-1-34

序号	项　　目		单位	数　　量	备　　注
一	技术标准				
1	计算行车速度		km/h	120	
2	路基宽度	整体式路基	m	42	
		分离式路基	m	22	
3	桥面净宽		m	19.25(标准八车道扩建后) 12.25(双侧分离路段新建单侧桥) 19.5(标准八车道新建) 19.75(单侧分离路段新建)	小桥与路基同宽

续上表

序号	项　目	单位	数　量	备　注
4	路面		沥青混凝土路面,设计年限15年,标准轴载100kN	
5	路基、桥涵设计洪水频率		特大桥1/300,其余均为1/100	
6	桥涵设计车辆荷载		汽车—超20级,挂车—120	
二			主要工程规模	
1	路线里程	km	81.895	
2	征用土地	亩	2879.83	厦门段不含三改用地和夹角地
3	拆迁房屋	m²	335810.9	
4	路基土石方	万m³	418.6	
5	软土地基处理	km	14.055	
6	桥梁(主线)	m/座	14705.7/123	
	其中:特大桥、大桥	m/座	11138.8/13	
7	上跨分离	处	48	
8	互通式立交	处	9	含内坑、康店枢纽互通
9	分离式立交	处	43	
10	涵洞、通道	道	252	
11	隧道	m/座	2409.2/4	
12	路面(主线)	万m²	447.0315	
13	收费站	处	7	其中:新增1处
14	服务区	处	2	

泉厦高速公路扩建工程于2008年2月试验段先行动工建设,12月1日下达开工令,2010年8月28日办理交工验收,9月2日正式通车。

2.前期决策情况

原福厦高速公路和324线国道共同构成了福州到厦门间主要运输通道,随着沿线社会经济的快速发展,高速公路上的交通量快速增加,交通压力越来越大,服务水平逐渐降低。原有公路存在多段软土地基,随着软基的沉降,公路纵向出现不均匀沉降,严重影响了行车的舒适性和安全性。局部段落由于纵坡偏大,载重汽车缓慢爬坡,影响了公路的通行能力。为了缓解福厦漳高速公路交通压力,改善通行条件,必须拓宽日显拥挤的福厦漳高速公路,为该区域以及全省的经济快速发展提供良好的基础和快车道。

福建省高速公路建设总指挥部于2004年12月委托福建省交通规划设计院(以下简

称"省交规院")进行福厦漳高速公路扩建工程可行性研究,并于 2007 年 3 月委托省交规院分期展开泉厦、福泉、厦漳厦门段、厦漳漳州段高速公路扩建工程初步设计和施工图设计。

项目工可报告由国家发展和改革委员会以《关于福建省泉州至厦门高速公路改扩建工程项目核准的批复》(发改交运〔2008〕1315 号)批准,初步设计由交通运输部以《关于泉州至厦门高速公路改扩建工程初步设计的批复》(交公路发〔2008〕464 号)批准,施工图设计由福建省交通运输厅以《关于泉州至厦门高速公路扩建工程施工图设计文件的批复》(闽交建〔2009〕124 号)批准。建设用地由国土资源部以《关于泉州至厦门高速公路改扩建工程建设用地的批复》(国土资函〔2009〕401 号)批准。

3. 参建单位主要情况

为加强福厦漳高速公路扩建工程的现场管理,省高指决定在扩建工程工作领导小组下设扩建办,负责现场管理协调、交通组织、征地拆迁等工作。

(1)建设单位

泉州市人民政府成立沈海高速公路泉州段扩建工程建设领导小组,领导、组织、指挥协调开展泉州路段扩建工程建设。沈海高速公路泉州段扩建工程建设领导小组下设办公室(以下简称"市扩建办"),市扩建办作为扩建工程的办事机构,具体负责泉州路段扩建工程的组织实施,从组织上为扩建工程顺利实施提供保证。

泉州市人民政府确定由泉州市高速公路投资有限公司作为沈海高速公路泉州路段扩建工程代建业主;按照重点建设工程"五个一"机制抽调人员成立工作机构,市扩建办设立征地拆迁处、总工程师办公室、工程技术处、综合处、交通管理处、业主代表处。

厦门路桥建设集团有限公司作为厦门段代建业主,负责组建泉厦高速公路扩建厦门段工程现场指挥部,路桥集团副总经理程正明任指挥长。现场指挥部具体负责项目建设的组织实施,履行"五控(安全、质量、进度、投资、环保水保)、两管(合同、信息)、一协调(参建各方协调)"等职责,顺利完成项目建设目标。

(2)设计单位

省高指于 2007 年 3 月委托省交规院分期展开泉厦、福泉、厦漳厦门段、厦漳漳州段高速公路扩建工程初步设计和施工图设计。交通工程、机电项目设计分别由中国公路工程咨询集团有限公司和省交规院(供电及隧道照明与消防部分)承担,泉厦扩建房建项目除朴里服务区跨线楼钢结构为福建省建筑设计院设计外,其余项目均由省交规院设计。

(3)施工单位

泉厦高速公路施工单位共 19 家。路基工程共划分为 8 个合同段,路面及交通安全设施工程划分为 4 个合同段,绿化工程划分 3 个合同段,房建工程划分为 3 个合同段,机电监控三大系统工程划分为 1 个合同段。

（4）监理单位

泉厦高速公路监理单位共4家，全线路基、路面、房建工程3个监理标段、机电项目1个监理标段（泉厦扩建机电监理为同一家单位）。

（二）建设情况

1. 项目准备阶段

（1）立项审批

项目立项：2008年，国家发展和改革委员会以《关于福建省泉州至厦门高速公路改扩建工程项目核准的批复》（发改交运〔2008〕1315号）给予批准。

初步设计：2008年，交通运输部以《关于泉州至厦门高速公路改扩建工程初步设计的批复》（交公路发〔2008〕464号）给予批准。

施工图设计：2009年，福建省交通运输厅以《关于泉州至厦门高速公路扩建工程施工图设计文件的批复》（闽交建〔2009〕124号）给予批准。

水土保持：2008年，水利部以《关于国家高速公路沈海线泉州至厦门段扩建工程水土保持方案的复函》（水保函〔2008〕54号）给予批准。

环境保护：2008年，国家环保总局以《关于国家高速公路沈海线泉州至厦门段扩建工程环境影响报告书的批复》（环审〔2008〕68号）给予批准。

建设用地批复：2009年，国土资源部以《关于泉州至厦门高速公路改扩建工程建设用地的批复》（国土资函〔2009〕401号）给予批准。

（2）资金筹措

泉厦高速公路扩建工程部批概算65.9463亿元。其中：泉州段部批概算金额为41.1163亿元，其中：建安投资总额为26.6467亿元，设备及工器具购置费0.4795亿元，其他基本建设费用12.1599亿元，预留费用1.8302亿元。项目资本金14.39亿元，占35%；银行贷款26.72亿元，占总投资65%。本项目最终投资计36.091亿元，节约投资5.0253亿元；厦门段部批概算24.83亿元，其中项目资本金比例为35%，即8.6905亿元，其余16.1395亿元为利用国内银行贷款。

项目资金由福建发展高速公路股份有限公司自筹解决。

（3）招投标工作

根据福建省人民政府《关于同意泉厦高速公路扩建项目路基施工工程招标方式的复函》（闽政函〔2007〕114号）文件决定，路基工程实行邀请招标。其他项目依据《中华人民共和国招标投标法》、国家七部委及福建省有关公路工程施工、监理的招标、评标办法的有关规定，对符合招标条件的施工、监理全部实行国内公开招标。

经省政府批准，路基工程实行邀请招标，福建省高速公路建设总指部依照省政府批复,对泉厦扩建项目代业主厦门路桥建设集团及泉州市高速公路投资有限公司下发《关于泉厦高速公路扩建项目路基施工工程实行邀请招标的函》(闽高路扩〔2007〕10号),确定了被邀请参加本项目投标的施工单位,投标邀请书按国家邀请招投标有关规定,递送到被邀请参加投标的施工单位。朴里服务区跨线服务楼工程,根据《福建省发展和改革委员会关于泉厦高速公路扩建项目朴里服务区跨线钢结构服务楼工程施工招标问题批复》(闽发改重点〔2009〕1105号)采取邀请招标方式,并采用在合理造价区内随机抽取中标人的办法。其他项目招标工作,严格按照招投标法、国家七部委和福建省的有关规定编写资格预审报告和评标报告。招标前资格预审文件、招标文件均上报省高指审查备案。招标工作采用公开招标方式进行,首先发布招标公告,并依据程序分别进行资格预审、发送投标邀请书、举行标前会、现场勘察、公开开标和评标等程序。公司依法组建了评审委员会,评审人员由交通运输部、福建省交通运输厅评标专家库中抽取的专家和业主代表共同组成,并邀请上级纪委、监察部门对评标过程进行全程跟踪监督。评审委员会坚持"公开、公平、公正"和诚实信用的原则,保证不发生违法违纪行为。评标工作完成后,评标委员会主任委员组织编写评标报告,提交招标人;招标人在评标、定标过程中,根据评审委员会的资格预审报告和评标报告,召开公司董事会研究定标,按程序上报福建省高指核备,发出中标通知书。最后,招标人与中标单位进行合同谈判,达成一致签订合同协议书、质量管理目标责任书、安全生产合同、廉政合同。

(4)合同段划分

路基工程共划分为8个合同段,路面及交通安全设施工程划分为4个合同段,绿化工程划分3个合同段,房建工程划分为3个合同段,监控三大系统工程划分为1个合同段。

(5)征地拆迁

泉厦高速公路泉州段建设用地严格按国土资源部《关于泉州至厦门高速公路改扩建工程建设用地的批复》(国土资函〔2009〕401号)的要求和意见进行。泉州段共征用土地1939.86亩(其中:洛江区6.21亩、丰泽区365.05亩、晋江市674.137亩、池店互通285.85亩、南安市608.609亩)。拆迁房屋约面积296556.3m^2(其中:丰泽区43308.34m^2、晋江主线60723.45m^2、池店互通139611.82m^2、南安市52912.7m^2),泉州段征地拆迁工作实际发生征地拆迁费用约8亿元。厦门段共征用939.97亩(其中:翔安区314.629亩、同安区302.37亩、集美区322.9689亩),三改用地174.516亩(其中:翔安54.486亩、同安120.03亩);夹角地624.171亩(其中:翔安128.771亩、同安270亩、集美225.4亩);共拆迁房屋43254.6m^2(其中:翔安区13184.8m^2、同安区21687m^2、集美区8382.8m^2),厦门段征地、拆迁费用共3.3667亿元。

2.项目实施阶段

重大设计变更内容见表10-1-35。

设 计 变 更 内 容　　　　　　　　　　　　　　　　　　　表 10-1-35

序号	设 计 变 更 内 容
1	A1～A5 合同段取(弃)土场变更
2	A1 合同段泉州互通匝道增设保通便道的变更
3	A2 合同段增设右右线(津淮桥)保通便道及挡墙的变更
4	A2 合同段沉洲特大桥引桥扩建方案变更
5	A3 合同段池店右线特大桥部分现浇改预制 T 梁变更
6	A4 合同段柑市上跨桥上部结构形式变更
7	A4 合同段 K414+740～K414+980 段水塘处理的变更
8	A4 合同段国道 324 线高架桥保通方案变更引起的交通组织变更
9	A5 合同段水头互通 F 匝道增设通道的变更
10	路面纵坡拟合
11	全线老路面改造的变更
12	先行施工的宋厝段、龙西段、浦头、顶山头、中亚城段
13	国道 324 线仓头桥变更改造
14	省道 206 线后坂桥变更改造
15	既有桥梁搭板脱空病害处治项目
16	白石大桥防洪补救工程
17	K458+708.55 旧涵洞沉降处理
18	A8 合同段 K463+492.17 下穿二级路东宅分离桥接线工程
19	厦门互通至杏林铁路桥沿线场地绿化景观
20	G324 线路面拓宽改造工程
21	伸缩缝修复工程
22	大帽山隧道变电所扩建专用变、配电室、低压柜改造

(三)科研和新技术应用

由同济大学、福州大学、重庆交科所、福建省交科所分别开展软基路段拼接、特殊桥梁拼宽、隧道扩建关键技术、厂拌泡沫沥青再生课题研究。

1. 桥梁拼接技术研究

新桥沉降控制是解决拓宽问题的关键,应采取措施严格控制新桥的沉降;拓宽桥梁一般采用相同桥型和相同的跨径;采用上部构造连接、下部构造不连接的新旧桥梁连接方式;高速公路桥梁拼宽应采用刚性和半刚性连接,铰接不科学,不宜采用;合理选择接缝连接的时机,一般建议至少在新桥完工后的 5 个月后进行连接;对旧桥进行必要的检测和加固,确保接缝连接前老桥处于良好的工作状态;接缝混凝土应采用低收缩和早强的高性能混凝土,减小收缩徐变的影响并确保桥梁运营时,接缝具有足够的强度;进行合理的交通和施工组织,确保接缝浇筑时受到的振动干扰最小;确保新旧桥具有较强的横向连接,保证接缝连接后新旧桥具有很强的整体工作性能。

施工现场对预制 T 梁全部采用自动喷淋设备养护,养护效果显著,有效防止因养护不及时梁片出现收缩裂纹及强度降低等现象。高强度定型保护层砂浆垫块得以广泛应用,能充分保证混凝土的保护层,且混凝土浇筑完毕后能很好地与梁体混凝土融为一体。

2. 软基课题研究

为减少新建路基软基段路基沉降,采用静压 PTC 桩进行路基软基处理,施工进度快、稳定性高、均匀沉降效果好,满足稳定性和沉降要求。

在扩建路面工程中,新旧路面纵向拼接缝为路面结构强度的薄弱位置,在交通荷载及新建拼宽路基的自然沉降作用下,新旧路面纵向拼接缝处易出现纵向裂缝,轻则影响高速公路美观,重则影响工程质量,减短路面使用年限。为了防止新旧路面拼接处出现纵向开裂,本工程除了采用"分散应力法"(即在新旧路面拼接缝处,分层铣刨台阶,分层搭接摊铺,使得纵向裂缝不在同一竖直面上)外,还采用了"加筋补强法"(即在摊铺 AC-20C 改性沥青中面层前,沿纵向拼接缝处布设一条 2m 宽的经编复合增强防裂布)。防裂布与沥青混合料复合后,能够明显提高其抗低温缩裂、耐高温车辙、抗疲劳开裂、延缓反射性裂缝,从而延长路面的使用寿命。

3. 隧道扩建关键技术研究

原泉厦高速公路全路段共设大坪山隧道、苏厝隧道、山头隧道、大帽山隧道 4 座,均为双洞四车道分离式隧道,共长 2397m,均为直线隧道,采用双洞四车道高速公路标准建设。隧道扩建拟将原有的双向四车道隧道拓宽为双向八车道,扩建方案总体上可分为原位扩建以及在原隧址附近另增建隧道两种形式。

本项目根据国内首次采用原位双洞四车道公路隧道扩建为双洞八车道公路隧道、分离式双洞四车道公路隧道中再建双洞四车道公路隧道扩建为双洞八车道公路隧道的工程实践,围绕隧道扩建方案和设计施工关键技术展开项目研究,着眼于提高我国公路隧道建设水平和建设安全这两大主要目的,拟解决隧道原位扩建隧道设计施工关键技术、原位扩建隧道动态力学形态、原位扩建隧道设计施工指南、小净距隧道群的施工力学形态四大关键技术问题。

该课题获得 2011 年交通运输部科技进步二等奖和 2012 年福建省科技进步三等奖。

4. 厂拌泡沫沥青冷再生混合料路用性能试验研究

泉厦高速公路扩建工程路面拓宽将产生大量铣刨料,如何加以再生利用。2008 年福建省交通厅将该课题列入研究范畴。厂拌冷再生技术是将旧沥青混凝土路面材料运到拌和厂,经过加工后作为稳定土集料,加入水泥或石灰、粉煤灰、乳化沥青等一种或多种稳定剂和新料(必要时)进行搅拌,然后用于铺筑基层或底基层的一种新技术。泉厦扩建4个路面标段有2个标段设计再生路面,本次设计原路面沥青面层铣刨料采用泡沫沥青混凝土再生技术(含量2%~3%)作为添加剂进行厂拌冷再生利用,作为扩建工程新建路面结构的沥青稳定碎石(ATB-25)上基层。扩建沥青试验路面结构为:4cm改性沥青玛蹄脂碎石混合料SMA-13上面层,6cm中粒式改性沥青混凝土AC-20C下面层,8cm密级配沥青稳定碎石ATB-25上基层,10cm泡沫沥青再生冷再生混合料上基层,14cm级配碎石基层,35cm3%水泥稳定碎石底基层的结构。

课题组通过对厂拌泡沫沥青冷再生混合料试验段的抗车辙性能、温度敏感度与水稳定性进行研究,得出以下初步结论:

(1)确定车辙试验采用厚度为100mm的试件。厂拌泡沫沥青冷再生混合料的抗厂辙性能与ATB-25混合料相当。采用其作为路面结构层,不易产生明显的车辙变形。

(2)厂拌泡沫沥青冷再生混合料标准的养护温度宜为40℃。

(3)厂拌泡沫沥青冷再生混合料的水稳定性与ATB-25沥青混合料相差不大,可以满足工程需要。

该课题2014年获福建省科技进步三等奖。

(四)项目管理体会

泉厦高速公路扩建工程是福建省高速公路第一个扩建项目,具有很强的特殊性、很多的复杂性、很具挑战的艰巨性,虽广大参建人员尝尽酸甜苦辣,但也是一次很好的锻炼,各有收获。

1. 建设管理方面

(1)高速扩建工程与新建高速公路相比有其特殊性,泉厦高速公路扩建,采用"边施工、边通车、两不误、两安全"交通组织原则,在路基拼宽、路面拼接、互通改造、上跨桥改造、老桥加宽等施工时,必须制订既有针对性、又切实可行的交通组织和交通管制方案。方案确定后都要进行安全评价,施工中应严格按上报审批的交通维护方案,细化各种突发情况预案。

(2)在施工中,要努力研究新技术、新材料和新工艺,并将其推广使用,对高速公路建设存在的质量通病要努力研究克服,尤其是扩建项目,新老路基不均匀沉降,新老路面纵向接缝的拼接及旧路病害的治理是本项目施工的难点,在施工过程中对出现类似的问题认真总结,逐步提高。

(3)高速公路扩建涉及面广,参建单位多,协调工作既重要又较复杂,大量的问题需要省高指、高速公路交警、路政及地方交警、路政、运营公司、业主、承包人、设计、监理多方协商,耗费大量的时间。为了提高管理效率,建议类似工程项目的实施要组成各方主要负责人及办事人员组成的现场工作协调机构,使工作更有序高效,及时协调处理各种问题。

(4)严格资金管理,科学合理使用资金。执行合同文件中的计量与支付规则,及时办理验工结算,确保工程所需资金。

(5)管理工作是一项集体性工作,建设管理机构应配备各种专业的人员,加强内部沟通、协调,工作要团结一致,互相帮助,相互监督,调动全体工作人员积极性,完成各项工作。

2.勘察设计方面

(1)扩建工程不同于新建工程,特别是交通量极大的高速公路扩建,在保证高速公路基本正常运营的前提下扩建施工,有很多问题(包括技术和交通组织等)是设计之初很难想到的。扩建工程边保通、边施工,工程复杂性远超常规项目,加上本项目为国内最复杂的高速公路扩建项目之一,因此加强后续服务,采取动态、现场设计,才能充分适应扩建工程的特点。

(2)桥梁桥台的承台埋置太深。设计中大部分承台顶高程都在地面线以下,扩建施工时由于需要对老桥桥台锥坡进行开挖并加固,由于锥心填料为透水性材料,加固难度大影响老路基的稳定。因此,为了减少锥坡开挖高度,在受力允许情况下扩建桥台可优先考虑采用柱式台或尽可能提高承台高程。

(3)扩建工程既要满足相关的技术标准,又要实现最大限度利用现有工程,平纵面设计不能简单地进行理想设计,也不能简单地完全利用老路平纵面,而是需要进行合理的平纵拟合设计。根据现有老路的实际情况,也可采用渐变和过渡的方式进行处理,这是扩建工程特有的技术问题。

(4)对于局部路段,为了降低实施难度保障施工期交通,选择局部分离的扩建方案是合理的。

(5)路基拼接设计在一般路段采用了台阶拼接法,在软土路段全部采用了CFG桩、砂桩或小直径混凝土灌注桩等复合地基处理方法,实践证明设计是成功的。

(6)老路的现状质量对扩建方案选择有明显的制约作用,全面掌握工程现状资料是设计的关键工序,也是消除设计缺陷、保证工程质量的前提条件。扩建工程对外业采点精度的要求远高于新建工程。由于受老路交通的干扰和现有测设技术的制约,扩建施工中造成拼接的结构物在平面位置、高程方面出现较多的调整。因此,设计中需制定相应对策以提高外业搜点水平,为设计提供准确的基础资料。

(7)在桥梁拼宽中,除了准确复测老桥的高程外,还要选择合适的拼接时机,因为存梁时间越长,预应力使得梁的上拱值增大,将影响新老桥的平顺拼接。

3.施工方面

在施工中,要认真研究新技术、新材料和新工艺,并将其推广使用,对高速公路建设存在的质量通病要努力研究克服,尤其是扩建项目,小净距隧道开挖、新老桥梁、新老路面纵向接缝的拼接及旧路病害的治理是本项目施工的难点,在施工过程中对出现的问题认真总结,逐步提高。

(五)运营管理

1.收费站点设置

收费站点设置情况见表10-1-36。

收费站点设置情况表　　　　　　　　　　　表10-1-36

站点名称	车道数	收费方式
泉州	14(6入8出)	人工、ETC、自助发卡
池店	14(5入9出)	人工、ETC、自助发卡
晋江	18(8入10出)	人工、ETC、自助发卡
水头	18(6入12出)	人工、ETC、自助发卡
翔安	20(7入13出)	人工、ETC、自助发卡
同安	16(6入10出)	人工、ETC、自助发卡
厦门	22(7入15出)	人工、ETC、自助发卡

2.服务区设置与车流量发展状况(详见泉厦高速公路章节)

八、沈海线厦门至漳州高速公路厦门段(厦漳高速公路厦门段)

(一)项目概况

1.基本情况

厦漳高速公路厦门段位于厦门地区西部天竺山脉东麓海沧区和集美区境内,是国家高速公路网沈海线的重要组成部分,是海西经济区高速公路网的重要路段,"闽南金三角"厦漳泉经济带的交通大动脉。其一期建设及后期扩建是福建省委、省政府和厦门市委、市政府带动海西经济新腾飞、破解"交通难"问题,促进和实现经济可持续发展的重要举措。

其中,一期建设主线全长11.85km,匝道总长4838.29m,全线桥梁1107.91m(其中大桥3座418m),通道19座664.08m,涵洞60道2060.86m,绿地312895.4m²(其中上下边坡163435m²、中央分隔带28126m²、服务区15870m²、互通式立交84274.4m²、收费广场21190m²)。总投资4.02亿元,起自集美官林头,与泉厦高速公路终点相接,终至东孚镇林后。全线设四车道,设计速度为110km/h,实行全封闭、全立交、全自动出入控制。工程于1996年7月开工,1997年12月17日与泉厦高速公路同步投入运营。之后沈海线福建境内段的全线通车,为高速公路提供了通道效应,使得厦漳高速公路不仅服务于厦门漳州等直接影响区,更服务于整个高速公路网。高速公路的建设把沿线各城镇连为一体,大幅度减少客、货在途时间,降低各行业的运营成本,促进了宏观经济的增长,带动了项目影响区域经济的全面发展,地方政府的财政收入也会因此而大幅增长。

后期扩建项目采用两侧拼宽的扩建方案,将全线本段落扩建工程由原有26m的双向四车道拓宽为42m的双向八车道高速公路,路线全长11.85km,沿线设2个互通、1个收费站、1个服务区。工程概算总投资为8.119亿元。

厦漳高速公路扩建后主要技术指标及工程数量表详见表10-1-37和表10-1-38。

厦漳高速公路主要技术指标表　　　　表10-1-37

序号	指标名称	单位	指标
1	路段		厦门境
2	公路等级	等级	高速公路
3	设计速度	km/h	120
4	路基宽度/车道数	m/车道	42/8
5	路面宽度	m	2×18.75
6	路面设计标准轴载	kN	BZZ-100
7	一般最小平曲线半径(规定)	m	1000
8	极限最小平曲线半径(规定)	m	650
9	最小平曲线半径(采用)	m	1031
10	一般最小竖曲线半径(凸)(规定)	m	17000
11	极限最小竖曲线半径(凸)(规定)	m	11000
12	最小竖曲线半径(凸)(采用)	m	12300
13	一般最小竖曲线半径(凹)(规定)	m	6500
14	极限最小竖曲线半径(凹)(规定)	m	4000
15	最小竖曲线半径(凹)(采用)	m	11700
16	最大纵坡(规定)	%	4.0
17	最大纵坡(采用)	%	2.785
18	路基设计洪水频率		1/100
19	特大桥设计洪水频率		1/300
20	桥涵桥设计洪水频率		1/100
21	设计车辆荷载		新建:公路—Ⅰ级;老路:汽车—超20级、挂车—120
22	抗震烈度		按Ⅶ度设计

厦漳高速公路主要工程数量表　　　　表10-1-38

序号	工程项目			单 位	总 数 量
1	路线长度			km	11.85
2	土石方			万 m³	134
	其中	挖方		万 m³	83
		填方		万 m³	51
3	排水与防护工程			万 m³	4
4	预应力锚索、锚杆			m	15500
5	路面			万 m²	77
6	特大桥			座	0
7	大桥			座	4
8	中小桥			座	26
9	涵洞及通道			道	69
10	互通立交			处	2
11	分离式立交	主线上跨		处	8
		主线下穿		处	3
12	沿线设施			km	72.5
13	征用土地			亩	351
14	拆迁房屋			m²	13813

2.前期决策情况

原厦漳高速公路建成后成为海峡西岸经济最发达地区干线公路,为缓解沿线交通紧张状况,拉动沿线经济发展,发挥了重要的作用。但随着近年来随着沿线社会经济的快速发展,交通量快速增加,交通压力日益加大,福建省委、省政府高瞻远瞩,切合时机、适度超前地作出了实施厦漳高速公路拓宽工程的重大决策。

在工程前期的项目建议书阶段,完成了厦漳扩建厦门段的轮廓性设想和建议,评估、论证了项目建设的必要性、可行性,并对项目的技术标准、路线方案、投资规模、经济效益、社会效益、建设风险、环境影响等进行了专题研究。

在工程可行性研究阶段,委托省交规院对项目在技术上是否可行和经济上是否合理进行科学的分析和论证。对两种扩建方案(整体式与分离式),从效益、施工难度、工程造价、环境影响、技术先进性、适用性、风险性等方面,进行了全面、详细的比选。在综合考虑各项主要技术经济指标的基础上最终得出推荐方案——整体式两侧扩建方案。

对各专项工程在专题论证、报批、初步设计等分阶段工作中进行深入研究。在开展初步设计之前,先进行了环境影响评估、水保影响评估、水文专题研究、规划许可、地形测量等一系列前期工作,确保项目建设的科学性。

3. 参建单位主要情况

厦漳高速公路扩建工程厦门段共有业主、设计、施工、监理、监督、检测、科研等20多家单位，主要参建单位详见表10-1-39。

厦漳高速公路扩建（厦门段）主要参建单位一览表　　　　表10-1-39

分项	参 建 单 位	承 建 内 容
业主	厦门市高速公路建设开发有限公司	投资、建设主体
设计	福建省交通规划设计院	勘察、设计
	江苏省交通规划设计院有限公司	设计咨询
施工	中交路桥北方工程有限公司	路基A1合同
	中铁十七局集团第六工程有限公司	路基A2合同
	大成工程股份有限公司	路面B合同
	中铁十七局集团第六工程有限公司	杏林收费站房建合同
	厦门儒林园林建筑工程有限公司	东孚服务区改造工程
	厦门路桥景观艺术有限公司	景观工程
	成都曙光光纤网络有限责任公司	机电工程
监理	厦门市路桥咨询监理有限公司	项目监理
	厦门合诚水运工程监理有限公司	东孚服务区改造工程监理

（二）建设情况

1. 项目准备阶段

(1) 立项审批

根据国家发展和改革委员会发改基础〔2009〕1286号文和交通运输部交公路发〔2009〕648号文，厦漳高速公路扩建厦门段由厦门市高速公路建设开发有限公司承担项目业主职责。

2004年12月，省高速公路建设指挥部委托福建省交通规划设计院进行厦漳厦门段高速公路扩建工程可行性研究，2007年3月省交通厅委托省交规院开展厦漳高速公路扩建工程初步设计和施工图设计。经多方论证、批复，完成了施工图批准、项目水保方案批准、项目环保方案批准、项目质量监督批复、项目规划许可等程序和专项审批。2009年5月17日，国家发展和改革委员会以发改基础〔2009〕1286号文《国家发展和改革委员会关于福建省厦门至漳州高速公路改扩建工程工程可行性研究报告的批复》批准了项目立项。

(2) 资金筹措

项目总概算：厦门至漳州高速公路改扩建工程（厦门段）概算总投资为81190万元；建设资金来源：国家安排中央专项基金（车购税）3400万元；中国工商银行股份有限公司

厦门市分行营业部贷款50000万元,由省高速公路公司以项目通行费收入抵押贷款;省高速公路公司自有资金27790万元。

(3)合同段划分与招投标

通过科学分析各标的难点、重点和解决方案,经市招标中心审批,全线划分为2个路基施工标、1个路面及交安施工标、1个机电标、1个绿化景观标、1个监理标,于2009年2月完成土建工程、监理的招标工作,2010年7月完成路面及交通设施的招标工作,2010年10月完成机电的招标工作。

(4)征地拆迁情况

厦门段于1996年1月同沿线的区镇签订征地拆迁责任状,同年5月基本完成征地拆迁工作,共征用土地1540.56亩,拆迁各类房屋14057m^2。

厦漳高速公路扩建项目涉及征地351亩(其中:集美区132亩,海沧201区、龙海市18亩),涉及拆地拆迁13813m^2(其中:海沧区住宅9948m^2、厂房约650m^2,共10598m^2;集美区住宅3215m^2)。

征地拆迁工作主要由厦门市海沧区和集美区负责实施,另外涉及18亩征地由漳州市龙海县负责,自2008年12月开始征地工作,过程中受到夹角地等较多因素影响,尤其是受漳州段18亩征地制约,直到2010年11月最终完成交地。

2. 项目实施阶段

(1)重大决策

原设计新增穿越通道"T28"施工方案为1/4幅法+1/2幅法+1/4幅法先后3次交通转换,工程实施过程中因确保"T28"桥下党校1号路2009年9月通车需要,发现原施工方案无法保证工期(先后3次桥梁建设流程和交通转换需工期半年以上),经参建各方及相关专家反复研究,决定将施工方案优化为两侧1/4幅法+中间1/2幅法,节约了约两个月的总工期,且保障了党校1号路的及时完工通车,产生了良好的社会效益。

厦漳扩建海沧区东孚镇寨后段高速公路南侧因LNG管线保护需要,无法按原设计开挖、放坡,为确保LNG供气安全和高速公路建设、运营安全,指挥部及时组织参建各方调查、研究、论证,最后将原方案优化为局部挡墙收坡解决了上诉问题。

(2)重大变更

设计变更内容见表10-1-40。

厦漳高速公路扩建(厦门段)重大变更一览表 表10-1-40

序号	更改项目名称	主要更改原因
	A1合同段	
1	半幅施工法增设开挖老路基支挡结构	保证高速公路路基稳定和行车安全
2	高速公路临时路面的路面结构	保证工期、便于施工

续上表

序号	更改项目名称	主要更改原因
	A2 合同段	
1	T30 桥梁位置的微调	避开桥下管道
2	部分桩基桩长和终孔高程的变更	地勘资料不准确
3	增设东孚辅道	根据市高指〔2009〕08 号文
4	增设林后辅道	根据市高指〔2009〕08 号文
5	增设东孚辅道和林后辅道连接线	根据市重点办纪要
6	半幅和1/4幅施工法增设开挖老路基支挡结构	保证高速公路路基稳定和行车安全
7	高速公路临时路面的路面结构	保证工期、便于施工
8	空心板铰缝钢筋的变更	加强桥梁横向连接

(三)复杂技术工程

通道桥:

T22 县道 X403:该通道桥为地方道路下穿沈海高速公路,交角为105°,为新建通道桥。桥梁为 3×20m 先简支后桥面连续预应力混凝土空心板桥,桩接盖梁式桥台,柱式墩,桩基础,设计荷载为公路—Ⅰ级,桥宽同高速公路扩建后路基宽度。

T23 规划前场货场路通道桥:该通道桥为地方道路下穿沈海高速公路,交角为85°,为新建通道桥。桥梁为 2×30m 先简支后结构连续预应力混凝土箱梁桥,高桩承台式桥台,柱式墩,桩基础,设计荷载为公路—Ⅰ级,桥宽同高速公路扩建后路基宽度。

(四)科技创新

在工程的实施过程中,始终坚持以技术进步和工艺创新为支撑,重视并加强科研和新技术应用力度。

1. 科研方面

沈海高速公路扩建工程是福建省第一条扩建工程,施工经验少。为此,在省、市高指的指导下相关科研工作积极组织开展,如泡沫沥青再生技术、路基拼接、桥梁拼接、软基处理等,以高度的责任感和科学严谨的工作态度,做好工程实践经验与理论研究成果总结,为后续高速公路扩建工程建设提供借鉴,为推动高速公路扩建技术做出应有贡献。

2. 新技术应用

厦漳高速公路扩建工程新技术应用主要体现在以下几个方面:

(1)利用旧路面的铣刨料生产泡沫沥青,取得较为成功的经验。

(2)桥梁拼接采用特快硬型微膨胀钢纤维混凝土或 UEA 补偿收缩混凝土浇筑,确保拼接工程质量。

(3)为保证沥青混合料与碎石的黏附性及性能,在改性沥青混合料中添加了沥青抗剥落剂和木质纤维素。

(4)在老路面病害处理中,使用了高分子聚合物抗裂膜和抗裂贴。

(5)在新老路的拼接缝处,采用了经编增强复合防裂布。

(五)运营管理情况

1. 服务区、收费站点设置

本项目共设置杏林收费站和海沧收费站等2个收费站(表10-1-41),分别以杏林互通和海沧互通连接国道G319(集灌路)和国道G324;在K2321+500位置设置服务区1处(东孚服务区)

收费站点设置情况表　　　表10-1-41

站点名称	车道数	收费方式
杏林	17	人工、ETC、自助发卡
海沧	14	人工、ETC、自助发卡

2. 车流量发展状况

自1997年厦漳段通车以来,高速公路上交通量迅速增长,随着项目影响区域社会经济的迅速发展,厦漳段上交通量仍将保持较高的增长速度。2006年厦漳段高速公路日均交通量超过30359辆,局部路段达到40841辆,高峰时段服务水平已明显降低,通行状况接近饱和,已不适应交通量的要求。为了改善和缓解这种局面,2009年开始拓宽日显拥挤的厦漳高速公路。厦漳高速公路扩建以后2011年实际日均车流量折合小汽车45786辆,达到工可预测值的113%。实际通行费收入达到工可预期水平。

九、沈海线厦门至漳州高速公路漳州段(厦漳高速公路漳州段)(建设期:1994.06～1997.12)

(一)项目概况

1. 基本情况

厦漳高速公路漳州段是福建省高速公路"三纵四横"的重要组成部分,是福建省"九五"期间重点建设项目,也是福建省首例由地方自筹资金、交通部适当补助、地方自当业主、省高速公路总指挥部进行指导而建设的重要工程。该项目起于泉厦高速公路终点的杏林官林头,止于漳州市龙海碑头,途经龙海市角美镇、榜山镇、海澄镇。厦漳高速公路漳州段主线全长27.407km。主线按平原微丘双向四车道高速公路标准建设,设计行车速度120km/h,桥涵设计荷载为汽车—超20级、挂车—120,路基宽度26m,行车道宽2×7.5m,

中央分隔带宽3m。主线全封闭控制出入,有完善的收费、监控、通信、照明、安全等交通工程和服务设施,全线设有两个收费站,为高速公路正常运营提供周全服务。本项目初步设计批准概算为116500万元,工程决算为99700万元。

厦漳高速公路漳州段主要工程数量为:路基土石方831.642万m^3、沥青混凝土路面69.656万m^2,防撞护栏58延千米,完成隧道1座205m,桥梁20座3565.18m,涵洞84道3388.72m,通道26道847.06m,互通式立交2处(漳州互通、龙海互通),互通连接线2.075km。

本项目于1996年8月开工建设;1998年1月,林后至长洲段建成通车,2001年月1月全线建成开通,取得了良好的经济和社会效益。项目基本情况统计表详见表10-1-42。

厦漳高速公路漳州段项目基本情况统计表　　　　表10-1-42

规模	建设性质	设计车速	永久占地（亩）	概算（亿元）	决算（亿元）	建设时间（开工~通车）
27.407km 四车道	新建	100km/h	3116	11.65	9.97	1996.08~1998.09

2. 前期决策情况

1993年6月交通部以交计发〔1993〕706号文批复项目建议书,同意立项;同年10月,省交规院以闽交高〔1993〕706号文报送了可行性研究报告,1994年2月24日,交通部以交计发〔1994〕177号文批复项目工程可行性研究报告,下达设计任务书;1995年3月交通部以交公路发〔1995〕895号文批准了项目的初步设计文件,福建省交通规划设计院为设计承担单位,并于1996年8月以交公路发〔1996〕730号文批准厦漳高速公路开工建设。

3. 参建单位主要情况

参与本项目监督、设计、检测、施工、监理等单位共有21家。其中监督单位1家;设计单位1家;检测单位2家;路基施工单位10家,路面及交通工程施工单位1家,房建施工单位3家,交通机电施工单位2家,路基、路面及交通安全设施工程监理单位1家。主要参建单位见表10-1-43、表10-1-44。

厦漳高速公路漳州段主要参建单位一览表　　　　表10-1-43

监督单位	福建省交通质监站
设计单位	福建省交通规划设计院(主体工程设计)
检测单位	福建省交通建设工程试验检测中心
	福建省交通科研所

厦漳高速公路漳州段路基、路面及交通安全设施参建单位一览表　　表10-1-44

施工合同号	施工桩号	施工单位名称	监理单位名称
L1	C1	漳州市路通公路工程有限公司	福建省交通建设工程监理咨询公司
L2	C2	铁道部第十二工程局第一工程处	
A1-1	C3	铁道部第十三工程局第一工程处	
A1-2	D0	漳州市路通公路工程有限公司	
A1-3	D1	交通部三航六公司	
A2	D2	铁道部第十三工程局第一工程处	
A3	D3	交通部第一工程局厦门工程处	
A4	E1	陕西省路桥工程公司	
A5	E2	交通部第二公路工程局	
A6	E3	铁道部第十七工程局第一工程处	
A7	路面标	漳州市路通公路工程有限公司	

(二)建设情况

1. 项目准备阶段

(1)立项审批

项目立项:1993年6月,交通部以交计发〔1993〕706号文《关于厦门至漳州公路项目建议书的批复》审批项目建议书,同意立项。

工程可行性研究:1993年10月,福建省交规院以闽交高〔1993〕706号文报送了可行性研究报告;1994年2月24日,交通部以交计发〔1994〕177号文《关于厦门至漳州公路可行性研究报告的批复》批复了项目可行性研究报告,下达设计任务书。

初步设计:1995年3月,交通部以交公路发〔1995〕895号文批准了项目的初步设计文件,福建省交通规划设计院为设计承担单位。

环境影响评价:环境影响评价研究工作委托福建省环保科研所承担。1994年4月完成环境影响评价报告书,国家环保总局于1994年12月以环监〔1994〕652号文《关于厦门至漳州高速公路环境影响报告书审批意见的复函》审批通过。

建设用地批复:1998年7月,福建省人民政府以闽政〔1998〕285号文《福建省人民政府关于厦门至漳州高速公路漳州市境内工程建设补办用地手续的批复》,批准厦漳高速公路工程建设用地。

开工批复:1996年8月,交通部以交公路发〔1996〕730号文批准厦漳高速开工建设。

(2)资金筹措

本项目概算投资为116500万元,资金来源为:①项目资本金53489万元(其中:国家资本24400万元、法人资本15489万元、外商资本13600万元）；②基建借款75089万元（其中：国内银行贷款48500万元、境外融资6989万元、其他借款19600万元）。本工程竣工决算为99700万元。节约概算16800万元。

（3）招投标工作

本项目共有18个施工合同段，均采用国内竞争性招标。根据该项目的性质、特点，依照国家的招标程序和"菲迪克"合同条款，采用合理低价中标、单价承包形式。在招标和评标的过程中，始终本着公开、公平、公正、合理的原则，邀请多方面的技术专家，参与招标、评标的全过程，最后通过评标小组、评标委员会、评标领导小组自下而上的原则，确定中标人。

（4）合同段划分

本工程项目共划分为18个施工合同段。其中：路基工程分为C1～C3、D0～D4、E1～E3等11个施工合同段；路面工程分为1个施工合同段；房建工程分为C1至C3等3个施工合同段；交通工程分1个施工合同段；机电工程分为D1、D2等2个施工合同段。

（5）征地拆迁

本工程项目的征地拆迁工作，在各级土地管理部门的密切配合和大力支持下，沿线群众发扬"龙江风格"，各级政府部门认真落实补偿标准，及时下拨征地拆迁资金，督促补偿经费尽快到位，妥善解决了各种问题，保证了施工需要。

征地拆迁工作由市征地拆迁办负责，项目业主积极配合。全线共征用土地3116亩，拆迁房屋5.2万m^2，迁移坟墓28807座，砍伐果树45000棵，迁移线缆及地下管道11980m，详见表10-1-45。

征地拆迁情况统计表　　　　表10-1-45

项目	征地拆迁安置起止时间	征用土地（亩）	拆迁房屋（m^2）
一期	1995.09～1996.04	3116	52000

2.项目实施阶段

（1）重大事项

1994年2月24日，交通部以交计发〔1994〕177号文批复厦门至漳州高速公路可行性研究报告。

1995年8月2日，经漳州市政府漳政综〔1995〕123号文批准，漳州市厦漳高速公路有限公司成立。

1995年9月18日，交通部以交公路发〔1995〕895号文批复厦门至漳州高速公路项目初步设计。

1995年10月10日，厦漳高速公路漳州段开工典礼在龙海市海澄镇碑头村举行，厦漳高速公路E1、E2、E3合同段正式开工。

1996年5月30日,厦漳高速公路漳州段全线开工。

1997年11月10日,厦漳高速公路控制性工程——西溪特大桥合龙。

1997年12月15日,厦漳高速公路林后至长州段通车,通车里程15km,实现了漳州高速公路建设零的突破。

1998年9月9日,厦漳高速公路长州至坂头段通车。

(2)设计变更

D标段K25+368.5~K29+300段路基调坡变更设计及长洲互通优化设计。翠林大桥压缩桥长,改锚具及预应力高强钢丝为预应力钢绞线。岳岭大开挖路段K36+675处增设205m长的明洞。

(三)复杂技术工程

1.软土地基处理

厦漳高速公路的软土地基,淤泥层深,具有分布广、软土层厚、含水率高的特点,给软基处理和施工控制带来很大困难,也对工程质量影响较大。针对该问题,工程技术人员奋力攻关,及时解决各种技术难题,在施工工艺上,采用土工布、堆载预压、塑料排水板、水泥粉喷桩等当时国内较为先进的软基处理方案,并多次邀请专家召开专题研讨会,寻求最佳处理方法。

2.桥台回填及锥坡空洞的处理

由于软土地基的工后沉降造成台帽下方和锥坡有空洞和裂缝变形。在路面施工前掘开锥坡顶部进行灌砂并用水泥浆冲填,使空洞达到密实的效果;对搭板下的空隙,则在板上钻孔后压注高等级强度水泥浆充填,减少通车后产生新的空洞和跳车现象。

(四)科技创新

1.桥头路基沉降研究

桥头跳车是高速公路易出现的质量通病,为解决这一问题,厦漳公司组织设计和科研单位进行了桥头路基沉降处治专题研究,采取台后回填材料全部改用1:3砂夹碎石和加强锥坡防护方案等措施,达到了较好的效果。

2.岳岭下高填方软基处理

K35+940~K36+040段软基路段软土层较厚,且路堤填土高度约14m,在填土高度到10m时,路基发生滑塌。后经专家论证,该段落采用直径40cm的C20粉煤灰碎石桩群加固处理,上铺两层50kN级的土工布,土工布上再铺90cm厚的砂碎石层。经过以上处理,达到了预期的效果。

（五）运营管理

厦漳高速公路漳州段2001年全线通车,全线养护里程33.529km,分沥青混凝土路面和水泥混凝土路面两种结构形式,其中沥青混凝土路面33.324km,水泥混凝土路面0.205km,全线隧道单洞长410m、桥梁长3565.18m、涵洞114道、广场绿化17.95万 m^2、边坡绿化26.69万 m^2;路段内设有漳州、龙海两处收费站及1处养护站。收费站点设置及交通流量状况详见表10-1-46、表10-1-47。

收费站点设置情况表　　　　　　　　　　　　　　　　　　表10-1-46

站点名称	车道数	收费方式
漳州	17(6入11出)	人工、ETC
龙海	9(4入5出)	人工、ETC

交通流量发展状况表　　　　　　　　　　　　　　　　　　表10-1-47

年份(年)	日均车流量(辆)	年份(年)	日均车流量(辆)
2006	31922	2011	37290
2007	43754	2012	35353
2008	35947	2013	31770
2009	31732	2014	30560
2010	33572	2015	27346

十、沈海线漳州至诏安高速公路(漳诏高速公路)(建设期:2000.5~2002.12)

(一)项目概况

1. 基本情况

漳诏高速公路是福建省高速公路"三纵四横"的重要组成部分,是福建省"十五"期间重点建设项目,也是福建省第二条利用世界银行贷款建设的高速公路,是列入利用世界银行贷款和国债资金的国家重点建设项目。漳诏高速公路项目的建成通车,使同江至三亚沿海国道主干线在福建省境内全部以高速通行,提高了我国东南沿海公路的运输能力,改善了沿线地区的投资环境,进一步加快了对外开放步伐。

漳诏高速公路北起龙海市碑头,接厦漳高速公路漳州段终点,途经漳浦县、云霄县、常山经济开发区,南至诏安县汾水关,接广东省汕汾高速公路。主线全长140.549km,另建东园至浮宫连接线4.55km,湖西至佛昙连接线7.5415km。主线按双向四车道高速公路标准建设,设计行车速度100km/h,隧道段为80km/h,桥涵设计荷载为汽车—超20级、挂车—120,路基宽度26m,行车道宽2×7.5m,中央分隔带宽2m。主线全封闭控制出入,有完善的收费、监控、通信、照明、安全等交通工程和服务设施,全线设有2个服务区、3个停车区、10个收费站,为高速公路正常运营提供周全服务。东园至浮宫连接线采用一级公路平丘区标准建设,设计行车速度100km/h,路基宽度25.5m。湖西至佛昙连接线采用二级公路平丘区标准建设,设计行车速度80km/h,路基宽度12m。本项目初步设计批准概算为517174万元,扣除工程造价增涨预留费用37862万元后,概算总投资479311万元。原定利用世界银行贷款2亿美元,截至2004年11月30日,实际利用1.4282亿美元,预计最终利用1.6亿美元,其余3000万美元用于其他路网,1000万美元用于3个捆绑项目。建成后,经省审计厅竣工决算审计:项目实际总投资416963万元,其中建安投资307143万元,设备投资13597万元,待摊投资96223万元,节约概算资金62348万元。

漳诏高速公路主要工程数量为:特大桥7座7683m,大桥12座2444.2m,中小桥79座3626.97m,分离式立交桥82座4080.87m,互通式立交9处,隧道2座4562.375m;土石方开挖1401.9万m^3;填方1534.1万m^3,软基处理22.03km,涵洞469道15934.4m,通道161道5144.4m,防护工程79.13万m^3,边坡绿化224.48万m^2,沥青混凝土路面350.04万m^2(含桥梁沥青混凝土路面)。10个收费站、2个隧道管理所的房建工程,9个互通式立交、10个收费站区的绿化景观工程,2条隧道的通风系统、照明系统和供配电系统,全线的监控系统、通信系统和收费系统。

本项目于2000年5月19日项目全线开工建设;2002年月12月23日基本建成;2002年12月26日通过了漳诏高速公路交工验收委员会的交工验收;2002年12月29日实现全线通车投入运营并取得了良好的经济和社会效益。项目基本情况详见表10-1-48。

漳诏高速公路项目基本情况统计表 表10-1-48

规模	建设性质	设计车速 (km/h)	永久占地 (亩)	概算 (亿元)	决算 (亿元)	建设时间 (开工~通车)
140.59km 四车道	新建	100	18500	51.7174	41.6963	2000.05~2002.12

2. 前期决策情况

本项目于1996年完成项目建议书和工程预可行性研究工作,国家计划委员会于1996年以计外资〔1996〕2966号文通知本项目列入1997—1999财年世界银行贷款项目。其间,世界银行于1996年10月和1997年3月组成项目踏勘团进行两次项目踏勘并认可。国家计划委员会于1998年3月以计交能〔1998〕309号文批准立项。同时,也得到世界银行项目鉴别团的认可。

工程可行性研究报告于1997年完成并通过省内评审,国家计划委员会于1998年8月以计基础〔1998〕1596号文批复项目工程可行性研究报告,下达设计任务书。同时也得到世界银行项目初步准备团的认可。

第十章
高速公路建设项目实况

初步设计和施工图设计由省交通规划设计院承担,初步设计于1998年9月完成省内审定并上报交通部和世界银行审批。交通部和世界银行分别组织国内外专家到现场审查,交通部于1999年3月以交公路发〔1999〕63号文批复,同时也得到世界银行项目初步预评估团的认可。施工图设计先期开工8km于1998年完成,其他施工图分批提交至2000年初全部完成。

国家计委以计投资〔1998〕1636号文批准开工建设,同时,也得到世界银行预评估/评估代表团的认可。

3. 参建单位主要情况

参与本项目监督、设计、检测、施工、监理等单位共有34家。其中监督单位1家,设计单位1家,检测单位2家,路基施工单位13家,路面及交通工程施工单位4家,房建施工单位3家,交通机电施工单位2家,路基、路面及交通安全设施工程监理单位5家,交通机电及三大系统监理单位2家,房建工程监理单位3家,主要参建单位见表10-1-49～表10-1-52。

漳诏高速公路监督、设计及检测单位一览表 表10-1-49

监督单位	福建省交通质监站
设计单位	福建省交通规划设计院(主体工程设计)
检测单位	福建省交通建设工程试验检测中心
	福建省交通科研所

漳诏高速公路路基、路面及交通安全设施参建单位一览表 表10-1-50

施工合同号	施工桩号	施工单位名称	监理合同号	监理单位名称
L1	K0+000～K4+550	上海铁路局福州工程总公司		
L2	K0+000～K7+541.5	路桥集团一局厦门工程处		
A1-1	K0+000～K4+027	中铁十七局一处		
A1-2	K4+027～K5+078	上海公路桥梁工程公司	J1	福建省交通建设工程监理咨询公司
A1-3	K5+078～K8+000	中港三航六公司		
A2	K8+000～K27+200	中港四航局二公司		
A3	K27+200～K34+500	中铁五局(集团)公司		
A4	K34+500～K50+000	中港三航六公司	J2	厦门路桥建设监理有限公司
A5	K50+000～K73+000	山西省路桥建设总公司		
A6	K73+000～K87+600	路桥集团一局厦门工程处	J3	海南海通公路工程咨询监理公司
A7	K87+600～K104+750	中铁十六局		
A8	K104+750～K122+500	路桥集团一局二公司	J4	江苏省交通工程咨询监理总公司
A9	K122+500～K140+548.76	中铁四局		
B1	K0+000～K34+500	上海公路桥梁工程公司	J1	福建省交通建设工程监理咨询公司

续上表

施工合同号	施工桩号	施工单位名称	监理合同号	监理单位名称
B2	K34+500~K73+000	中铁十六局	J2	厦门路桥建设监理有限公司
B3	K73+000~K104+750	上海隧道工程股份有限公司、中国公路工程咨询监理总公司联营体	J5	济南北方交通工程咨询监理有限公司
B4	K104+750~K140+548.76	天津五市政工程有限公司、四川路桥集团交通工程有限公司联营体	J4	江苏省交通工程咨询监理总公司

漳诏高速公路交通机电、三大系统工程参建单位一览表　　表10-1-51

施工合同号	施工内容	施工单位	监理合同号	监理单位
DS	隧道通风、照明及供配电系统	中铁隧道一处工程有限公司	J4	江苏省交通工程咨询监理总公司
D	监控系统、通信系统、收费系统	中铁电气化局集团第一工程有限公司		

漳诏高速公路房建工程参建单位一览表　　表10-1-52

施工合同号	施工的征费站名称	施工单位	监理合同号	监理单位
C1	漳州港、赵家堡、漳浦收费站、鼓志山隧道管理房	中国建筑第七工程局第三建筑公司	FJ1	福建工程建设监理公司
C2	杜浔、云霄、常山收费站、大步山隧道管理房	中铁十六局	FJ2	福建成建工程监理有限公司
C3	东山岛、谣安东、诏安南收费站、闽粤主线收费站	中国水利水电闽江工程局	FJ3	福建闽教工程监理有限公司

(二)建设情况

1. 项目准备阶段

(1)立项审批

项目立项:1998年3月,国家计划委员会以计交能〔1998〕309号文批复漳诏高速公路项目建议书,同意立项。

工程可行性研究:国家计划委员会于1998年8月以计基础〔1998〕1596号文批准漳诏高速公路工程可行性研究,下达了设计任务书。

初步设计:1999年3月,交通部以《关于福建省漳州至诏安高速公路初步设计的批复》(交公路发〔1999〕63号)批复初步设计。

环境影响评价:环境影响评价研究工作委托西安公路交通大学承担。1997年12月完成环境影响评价大纲,于1998年2月19日得到国家环保总局批复,以此为依据编写环境影响报告书,并经过世行专家和省内有关部门的审定作了三次修改完成该报告书。国家环保总局于1998年8月批复该环评报告书。据此编写项目《环境保护实施计划》报送世行,并得到世行认可。

建设用地批复:1998年11月,福建省人民政府以闽政〔1998〕456号文批准8km软基试验段建设用地,国土资源部于1999年8月以国土资函〔1999〕417号文批准漳诏高速公路建设用地。

开工批复:1998年,国家计划委员会以计投资〔1998〕1636号文批准漳诏高速公路开工建设。

(2)资金筹措

本项目概算投资为517174万元(含工程造价增涨预留费用37862.44万元),其中:世行贷款166000万元,中央投资97300万元,省级配套资金50700万元,市级配套资金51000万元,国内银行贷款132174万元,国债资金20000万元。项目实际完成投资416963.21万元(未含已剥离的服务区房建投资4295.49万元),节约概算100210.45万元。

(3)招投标工作

本项目共有25个施工合同段,除路基工程A1-1、A1-2、A1-3合同段,绿化工程G1~G3合同段,机电工程D合同段之外,都利用世行贷款资金。采用国际竞争性招标的有:路基工程A2~A9等8个合同段,路面工程B1~B4等4个合同段,其余均采用国内竞争性招标。

招标程序为:项目业主组建招标委员会,专家评标,评标报告报经省高指、省交通运输厅等审批,使用世行贷款的标段须报世行审批,并获得世行不反对意见。

国际标委托中技国际招标公司代理招标采购。国际竞争性招标合同的总采购通告,刊登在1999年1月16日联合国发行的发展商业报(502)期。

所有招标过程严格按照世行采购指南和七部委有关规定执行。评标过程中纪检监察部门和公证人员实行全过程监督,保证按照"公开、公正、公平"的原则开展招评标工作。

(4)合同段划分

本工程项目共划分为5个大项目、25个施工合同段。其中,路基工程分为A1-1、A1-2、A1-3、A2~A9及L1、L2(为二条连接线)等13个施工合同段;路面工程分为B1~B4等4个施工合同段;房建工程分为C1~C3等3个施工合同段;绿化工程分为G1~G3等3个施工合同段;机电工程分为D、DS等2个施工合同段。

(5)征地拆迁

本工程项目的征地拆迁工作得到沿线国土资源部门、省国土厅、国土资源部的密切配合和大力支持,征地拆迁实施前按世界银行规定编制了《征迁安置实施计划》,经世界银行审查作了两次修改,于1999年4月批准定稿。

征地拆迁工作由市征地拆迁办公室负责,项目业主积极配合。为了明确职责,双方共同签订"漳诏高速公路工程建设征地拆迁安置补偿费包干使用协议书"。市征地拆迁办公室在沿线各级党委、政府和广大群众的大力支持和配合下,做了大量工作,征迁进展顺利。经省审计厅竣工决算审计:全线共征用土地18506.94亩,拆迁房屋119119.06 m^2,迁移坟墓28807座,砍伐果树746647棵,具体情况详见表10-1-53。

征地拆迁情况统计表　　　　表10-1-53

征地拆迁安置起止时间	征用土地(亩)	拆迁房屋(m^2)	备 注
1999.05~2002.01	18506.94	119119.06	

2. 项目实施阶段

(1)重大事项

1998年3月,国家计划委员会以计交能〔1998〕309号文批复项目建议书。

1998年5月16日,世界银行专家组到漳州对筹建中的漳诏高速公路全线进行实地考察。

1998年8月,工程可行性研究报告经国务院批准,国家计划委员会以计基础〔1998〕1596号文批复项目工程可行性研究报告。

1998年9月3日,由福建省高速公路有限责任公司和漳州市交通开发有限公司按股比组建漳州市漳诏高速公路有限公司,实行项目法人责任制,负责全线的筹资、建设、运营、管理和还贷等工作。

1998年12月,漳诏高速公路8km软基试验段A1合同段开工。

1999年3月,交通部以交公路发〔1999〕63号文批复项目的初步设计。

2000年5月19日,漳诏公路全线开工典礼在漳州市诏安县举行。

2002年7月2日,漳诏高速公路8km软基试验段通过交工验收。

2002年10月29日,漳诏高速公路碑头至东园、雨亭至后岭段通过交工验收。

2002年12月26日,漳诏高速公路东园至雨亭段通过交工验收。

2002年12月29日,漳诏高速公路全线正式通车运营。

(2)设计变更

①K14+900~K18+000共长3.1km,由原设计的普通填土路基变更为填石浸水路堤。

②由于2002年6月特大洪灾及地质等原因,对部分高边坡段落防护采用预应力锚索

框架进行加固,共长 980m(单侧);采用预应力锚杆地梁加固处理共长 120m。

③由于地方规划变更等原因须变更的桥涵有:小示大桥由 6×25m 预应力混凝土准连续 T 梁变更为 5×25m 预应力混凝土准连续 T 梁;东园连接线东园分离式立交桥桥宽由原来双幅变更为单幅,桥孔、跨径保持不变;西凤庙中桥由原设计的 3×30m 准连续 T 梁变更为 28m+39m+28m 预应力混凝土连续变截面空心板梁;西凤岭、和坑两座分离式立交大桥均由原设计的 1-40m 石拱桥变更为 13m+2×16m+13m 空心板梁中桥。

④对船场特大桥 1~12 号墩基础下沉采用静压锚杆桩进行加固处理。

⑤闽粤(原后岭)主线收费站的中心位置由 K139+125 移至 K134+900,闽粤(原后岭)主线收费站移位后变更设计。

(三)复杂技术工程

1. 软土地基处理

漳诏高速公路的软土地基,连续软基长,淤泥层深,具有分布广、软土层厚、含水率高的特点。给软基处理和施工控制带来很大困难,也对工程质量影响较大。为了解决软基处理和控制施工问题,在起点 8km 试验路段开工后,委托华侨大学监测组对该路段的软基处理进行监测。利用观测数据分析指导施工;一是在路堤填筑过程中控制填土速度,保证路堤稳定,二是在填至到位(包括加载预压高度)后,控制路面可施工日期。通过试验,总结经验,全线推广,在观测数据允许填筑的前提下,尽快地把软基段路堤填到位,既保证填筑稳定又争取时间预压。

2. 补强碾压提高路堤的压实度和稳定性

为了提高路堤的压实度和稳定性,经省高指同意,引进北京欣路特公司制造的 CYZ25 重型冲击式压路机对填方路堤进行补强碾压。通过填土路堤的压实度的对比试验和填石、土石混填路堤的沉降对比试验结果显示,同等填土路堤的压实度可提高两个百分点以上,填石、土石混填路堤的沉降加快,可减少工后沉降,对提高稳定性有明显效果。

补强碾压注重"填石、土石混填""高填方路堤高大于 10m""填土路堤 95 区"三大重点路段和部位。全线共增加补强碾压面积 40077031m^2。路堤采取补强碾压措施,降低路基工后沉降和不均匀沉降,保持较好的路面平整度。

(四)科技创新

1. 双胸梁现浇

A2 合同段赵家堡互通双胸梁的断面呈"W"形。双胸梁底的曲线由五段圆弧顺接而成,墩横梁与双胸梁之间的连接由弧形过渡,呈扇形,底模制作要求高,部分桥梁每一断面胸梁底曲线皆不同。桥梁的中轴线由直线段、缓和曲线、圆曲线顺接而成,平面位置及纵向高程变化多端。

(1)模板加工。针对双胸梁断面线条复杂的特点,本工程的支架模板设计主要由"弓形架"、贝雷架及钢管桩组成。弓形架的制作是本工程的一个难点,弓形架顶部的弓形木由五段拼接而成,每一段弓形木分别对应每一联不同半径的圆弧。弓形架的骨架由槽钢加工制作而成,保证模板的刚度。

(2)支架搭设。支架地基处理完成后,进行静载试验,以说明地基具有足够的承载力。测设出按照批复的支架施工方案定点放出每根钢管的中心位置,在管桩位置换以C15的条形混凝土垫块做支垫,垫块上预埋钢板与管桩焊接成刚性接头。在竖钢管桩支架时,钢管桩的横向排列垂直于桥的中轴线,纵向排列平行于每一跨两个墩的中心线。首先按照支架设计中钢管桩位置布置的要求,精确计算出每一根钢管桩位置空心板梁桥面的高程。将这一高程减去空心板梁翼缘的厚度15cm,弓形架和贝雷架的高度得到的高程即为每一根钢管桩相应的施工顶高程。为方便施工中精确调整弓形架,故将钢管桩顶高程再降低10cm。支架搭设完成后,铺设模板调整至底高程,在最大受力处用土袋或混凝土预制块进行堆载预压。荷载是混凝土浇筑时荷载的1.4倍。

(3)张拉灌浆、封锚。张拉前,复核伸长率、伸长量等满足要求。千斤顶、混凝土试块等符合要求。张拉从0~102.5%控制应力,伸长量、张拉力同时满足要求,经监理工程师同意后,然后进行锚固。压浆前先用自来水清洗孔道。自来水用加压泵加压从排气管灌入,从张拉口流出,这样防止了孔道中的杂物堵住排气管。冲水时间可适当延长,以保证清干净孔道内杂物。冲水完毕用空气压缩机将孔道内的积水吹出,最后根据水泥浆设计配合比调制水泥浆进行孔道压浆。灌浆过程中,认真观察排水管流出水泥浆的浓度,当确认流出的水泥浆浓度跟浆液稠度相同,并持续11s才能停止压浆。灌浆结束后,用混凝土把锚头密封。

2. 填石路堤的压实度判定

本路段部分路堤填筑利用路堑开挖、隧道开挖的石碴进行填筑。但现行高等级公路填石路堤的设计与施工规范中,不仅没有可靠的技术规范可依,也没有成熟的经验供参考,为确保填筑质量,各单位进行了讨论,并摸索出了沉降量对比判定的方法。填石路基压实的目的是使各粒料之间的松散接触状态变为紧密咬合状态。由于块石的颗粒较大,石块之间会有搁空现象,形成孔隙率过大,易造成局部塌陷,因此填石路基的压实应选用低频高幅的大吨位振动压路机,如25~50t的钢轮振动压路机。在碾压之前,应用大型推土机摊铺平整,个别不平整处,应人工配合用细石屑找平。压实合格的判定方法:碾压结束后,在路基表面布设测点,测定其高程,再用50t拖式振动压路机碾压两遍后,测定测点高程,同一测点两次高程差值小于5mm。

3. 大型坍方处理

2001年8月19日,鼓志山隧道进口施工遇地质断层破碎带发生坍方,坍方高约25m、纵向延伸约20m、宽约10m,业主总监办、设计代表等现场察看后确定了处理方案,先采用洞渣回填作业平台,砌筑止浆墙,泵送混凝土回填坍孔,再采用超前小导管支护、台阶法开挖的方法顺利通过了坍方段,然后对坍空部位进行压浆回填。由于坍孔内涌水量大,注浆过程中水流不断,使得注浆体内形成了一定的流水孔道,为确保二衬混凝土不因涌水渗水造成病害,在二衬防水板铺设前采用埋设管道将涌水集中引排到边沟内,经过引排,初期支护表面无滴水,取得了良好的效果。

(五)运营管理

漳诏高速公路于2002年12月通车,全线养护里程156.73km,分沥青混凝土路面和水泥混凝土路面两种结构形式,其中沥青混凝土路面152.175km,水泥混凝土路面4.555km,全线隧道单洞长9123m、桥梁长39733.9m、涵洞572道、广场绿化57.14万m^2、边坡绿化228.91万m^2。路段内设有漳浦1处一级养护站,有白水、天福、沙西、常山、新溪5处服务区,收费站设置及交通量发展状况见表10-1-54、表10-1-55。

收费站点设置情况表　　表10-1-54

站 点 名 称	车 道 数	收 费 方 式
漳州港收费站	8(3入5出)	人工、ETC
赵家堡收费站	5(2入3出)	人工、ETC
漳浦收费站	8(3入5出)	人工、ETC
古雷港收费站	13(5入8出)	人工、ETC
云霄收费站	5(2入3出)	人工、ETC
常山收费站	9(3入6出)	人工、ETC
东山岛收费站	8(3入5出)	人工、ETC
诏安东收费站	8(3入5出)	人工、ETC
诏安南收费站	8(3入5出)	人工、ETC
闽粤省际收费站	17(5入12出)	人工、ETC

交通流量发展状况表　　表10-1-55

年份(年)	日均车流量(辆)	年份(年)	日均车流量(辆)
2006	16263	2011	17694
2007	20968	2012	18172
2008	16885	2013	22216
2009	15858	2014	21867
2010	16968	2015	22276

第二节　G70 福州至银川国家高速公路福建段(福银线)

一、福银线三明至福州高速公路福州段(三福高速公路福州段)(建设期 2001.11~2004.10)

(一)项目概况

1. 基本情况

三福高速福州段线路起点位于三明市梅列区梅列互通,终点为福州市兰圃互通与同三线福泉高速公路相接。途经三明市梅列区、沙县,南平市延平区,三明市尤溪县,福州市闽清县、闽侯县,全长 259.105km,其中福州市境内 101km。项目按山岭重丘区高速公路标准建设,设计行车速度 80km/h,路基宽度 24.5m,中央分隔带 1.5m,双向四车道,纵坡较大路段设有爬坡车道,爬坡车道在行车道右侧加宽 1.25m,全线桥梁设计荷载为汽车—超 20 级、挂车—120;每车道宽度为 3.75m,爬坡车道宽度为 3.5m,全线为全封闭控制出入。项目基本情况详见表 10-2-1。

三福高速公路福州段项目基本情况统计表　　　表 10-2-1

序号	项　　目		单位	数　　量	备　注
一	技　术　标　准				
1	计算行车速度		km/h	80	
2	路基宽度	整体式路基	m	24.5	
		分离式路基	m	12.5	
3	桥面净宽		m	11	单幅
4	路面			水泥混凝土、沥青混凝土路面	
5	路基、桥涵设计洪水频率			特大桥 1/300,其余 1/100	
6	桥涵设计车辆荷载			汽车—超 20 级、挂车—120	
二	主要工程规模				
1	路线里程		km	101.085	
2	征用土地		亩		
3	拆迁建筑物		m²		
4	路基土石方		万 m³	1396.66	
5	桥梁(主线)		m/座	22553.23/97	
6	分离式立交及平交		处		

第十章 高速公路建设项目实况

续上表

序号	项 目	单位	数 量	备 注
7	互通式立交	处	5	
8	涵洞通道	m/道	9083.15/232	
9	隧道	m/座	27845.8/24	
10	路面铺筑	万 m³/km	101.085	
11	主线收费站	处	7	
12	服务区	处	3	
13	停车区	处	3	

2. 前期决策情况

三福高速公路福州段是国家重点建设的"五纵七横"主干线系统中的"一纵"的南段，项目自1996年开始开展工程预可行性研究工作，1997年1月通过省内审查，并上报国家计委和交通部，交通部于1998年以交函规划〔1998〕421号文审查通过同意立项。1999年2月完成项目的工程可行性研究报告并通过省内审查，2000年国家发展计划委员会以计基础〔2000〕1092号文批复项目可行性研究报告，并于2000年8月以计投资〔2000〕1153号文批准开工建设。

3. 参建单位主要情况

（1）建设单位

根据省政府"统一规划、统一设计、统一质量、统一运营和分段筹资、分段建设、分段收益"的高速公路建设和运营管理体制，组建了福州京福高速公路有限责任公司作为项目的法人单位，全面负责项目的建设、筹资、运营和还贷。

（2）设计单位

福建省交通规划设计院承担三福高速公路福州段初步设计和施工图阶段的勘测、设计工作；交通机电工程委托北京市泰克公路技术研究所设计；房建工程委托福州大学建筑设计研究院设计；绿化工程委托福州市城乡规划设计院设计。

（3）施工单位

全线共划分16个路基工程合同段，3个路面交通工程合同段，2个房建工程合同段，3个机电工程合同段，3个绿化工程合同段，主要施工单位：中铁十八局集团有限公司、中铁第十六工程局、中铁第十九工程局第一工程处、福建省闽西交通工程公司、路桥集团第一公路工程局厦门工程处、中铁十八局集团第三工程有限公司、中铁第十一工程局、浙江省交通工程建设集团有限公司、中铁十五局第五工程处、广西壮族自治区公路桥梁工程总公司、江苏省交通工程总公司、中铁第十四工程局第二工程处、福建省第二公路工程公司、中铁十七局集团远通工程有限公司、湖南省公路路桥建设总公司、杭州交通工程集团公司、福建省第一公路工程公司、深圳市新华丰草业有限公司、深圳市毅巍交通实业有限公司、厦门市夏生园林绿化工程有限公司、福建路桥建设有限公司、中铁十一局集团第二工程有限公司、南平市延平昌隆建筑有限公司、厦门中铁建设公司、中铁十三局集团电务工程有限公司、中铁九局集团有限公司、中铁电气化局集团第一工程有限公司等。

(4)监理单位

全线路基工程4个监理标段,路面工程1个监理标段,机电工程1个监理标段,房建工程1个监理标段,主要工程监理单位:福建省交通工程监理咨询公司、武汉大通公路桥梁工程监理咨询有限公司、铁四院咨询监理公司、江苏交通工程咨询监理总公司、厦门路桥建设监理有限公司、福州闽教建设监理有限公司、北京兴通交通工程监理有限责任公司。

(二)建设情况

1. 项目准备阶段

(1)立项审批

项目立项:1996年开始开展工程预可行性研究工作;1997年1月通过省内审查,并上报国家计委和交通部,交通部于1998年以交函规划〔1998〕421号文审查通过同意立项。

工程可行性研究:1999年2月,完成项目的工程可行性研究报告并通过省内审查;2000年国家发展计划委员会以计基础〔2000〕1092号文批复项目可行性研究报告。

初步设计:2000年12月29日,交通部交公路发〔2000〕706号《关于北京至福州国道主干线福建三明际口至福州兰圃公路初步设计的批复》正式批复初步设计。

环境影响评价:2002年7月,国家环境保护总局以环审〔2002〕177号文批复了项目环境影响报告书。

开工批复:2000年8月,国家计委以计投资〔2000〕1153号文批准开工建设。

(2)资金筹措

三福高速公路初步设计概算部批金额为115.56亿元(福州段概算金额23.26亿元),其中,国家专项资金投入19.03亿元,福建省交通建设基本投入18.053亿元,三明、南平、福州三市公路建设基本投入15.53亿元,共计52.613亿元作为项目资本金,占总投资的45.5%,资本金以外向国家开发银行和中国建设银行贷款。

(3)招投标工作

由于三福高速公路项目的可行性研究报告委托福建省交通规划设计院编制,为了保持设计的延续性,省市高指委托福建省交通规划设计院承担三福高速公路项目初步设计和施工图阶段的勘测、设计工作;交通机电工程委托北京市泰克公路技术研究所设计;房建工程委托福州大学建筑设计研究院设计;绿化工程委托福州市城乡规划设计院设计。

全线共划分 16 个路基工程合同段,3 个路面交通工程合同段,2 个房建合同段,3 个机电工程合同段,3 个绿化工程合同段,采用国内竞争性招标方式选择施工单位。招标过程严格按交通部颁发的《公路工程施工招投标管理办法》及《福建省高速公路资格预审评审办法》《福建省高速公路施工招投标办法》进行,招投标原则为:报价合理、施工方案可行、施工技术先进、确保工期和质量。招投标按有关规定和程序,严格执行招投标制度,成立招评标领导机构和工作机构,全过程接受纪检监察机关的监督,招标过程始终坚持"公平、公正、公开"的原则,认真、细致、严谨地开展招投标工作,择优选择施工队伍。依据交通部《公路工程施工监理招投标管理办法》、闽高路工[1999]24 号文《关于规范全省高速公路工程监理管理的通知》精神,结合罗长高速公路桥隧构造物多的特点以及施工标段划分的情况,由福建省高指会同业主组织招标,在《中国交通报》上刊登招标通告,面向全国择优选择监理队伍,分别完成了全线路基工程 4 个监理标段、路面工程 1 个监理标段、机电工程 1 个监理标段、房建工程 1 个监理标段的招投标工作。

(4) 征地拆迁

征地数量以设计单位出具的红线图为依据,按实际用地情况征用数量;征拆的房屋、果树、坟墓等地面物数量,以项目业主会同设计、沿线县、区高指及沿线乡镇政府和村委会现场联合丈量、清点并签认的数量为准。对于沿线涉及的电力、电信、广电杆线、地下光缆、学校及军用设施等,由所有权单位按照拆迁要求,以重置标准编制工程建安成本,出项目业主审定,以审定金额作为补偿费用。

本项目(福州、南平、三明段)永久征地共计 35655.2 亩,拆迁建筑物共计 52.87 万 m^2,搬迁坟墓 8459 座,共发生征迁费用 86308 万元。

2. 项目实施阶段

(1) 重大变更(表 10-2-2)

重大设计变更表　　　　　　　　　　　　　　　　　表 10-2-2

序号	设 计 变 更 内 容
1	美菇林隧道通风竖井变更为通风斜井
2	K251+55.52~ZK251+730.5 由原设计的填石路堤变更为路肩挡土墙
3	YK250+865~YK250+935 右侧路堑边坡塌方,按研究讨论形成的意见进行变更设计
4	美菇林隧道 ZK256+980~ZK257+024 段发生塌方,根据会议纪要结合现场实际地质进行塌方处理
5	K259+250~K259+440 段因高挡墙地基承载力无法满足设计要求,决定将该段变更为填石路堤
6	坪籁隧道右洞出口端掌子面 YK259+144~YK259+156 顶部发生崩塌,洞顶残积土随之下滑,几乎同时,进口端掌子面亦发生同样情况。随后进出口两端掌子面附近的初支发生扭曲、变形、剥落。根据形成的会议纪要结合现场实际地质调整设计
7	坑面兰隧道中隔墙由直墙式变更为曲墙式
8	少埔山大桥由六跨变更减少为四跨

续上表

序号	设 计 变 更 内 容
9	K259+440~K259+675左侧、K260+017~K260+335左侧、K260+550~K260+880左侧、K264+270~K264+580左侧四段高边坡由护面墙、锚喷支护、拱形骨架、网格骨架防护形式变更为路堑挡墙、锚索框架、拱形骨架、网格骨架及植草防护形式
10	增加少埔山古流体等四处抗滑桩防护加固工程
11	取消金沙中桥(60.56m),改为陡坡加筋路堤
12	过垄尾隧道原三导洞先墙后拱施工变更为单导洞先拱后墙法施工
13	K285+120~K285+310段右侧边坡、YK286+440~Y286+645段右侧边坡、YK286+886~YK287+075段右侧边坡、ZK287+407、ZK287+630段左侧边坡、YK287+930~YK288+193段右侧边坡根据边坡开挖后的实际地质情况,分别采用预应力锚杆、锚索进行防护加固
14	因洋门格隧道出口的地质条件较差,地下水位较高,对洋门格隧道左洞进行调整纵坡处理
15	K290+900~K291+200段路基原设计为加筋挡土墙,因该段加筋挡土墙较高,施工难度大,将该段路基变更为加筋陡坡路堤
16	对K302+537.037处316国道分离式立交桥桥型及接线进行变更
17	取消K296+840人行分离式立交桥,改通道下穿
18	文山下隧道出口斜交洞门改为正交洞
19	FA10合同段316国道改线变更
20	沙堤中桥变更设计
21	竹歧互通变更设计
22	FA10合同段软基处理由塑料排水板变更为粉煤灰混凝土桩处理
23	FA10合同段沈福饭店软基变更处理,K316+260~K316+590段软基变更处理,K319+250~K319+300段软基变更处理
24	上街高架桥变更设计
25	上街互通变更设计
26	马保高架桥变更设计
27	K327+560~K327+716段原设计为普通填土,变更为塑料排水板处理
28	古井中桥原福州台后软基大面积坍塌后,加设5孔16m空心板
29	南屿互通现浇空心板支座原设计采用JQGI型弹性减震球型钢支座,该型支座生产时间长、产品规格多、施工安装复杂,故变更为普通盆式橡胶支座
30	南屿互通增加现浇段工作面和减少分段次数。原设计工作面有两个,变更后增加了两个工作面。同时减少每联的浇注分段次数,由原设计的70次变更为54次
31	南屿互通的0~4号墩上部由30m预应力连续T梁变更为现浇预应力空心板,52~66号墩上部由30m预应力连续T梁变更为35m的预应力连续T梁
32	K337+424~K337+480软基段原设计为砂桩处理,由于地质液限太高,砂桩不能成桩,变更采用粉煤灰混凝土桩处理
33	文山特大桥根据实际地形情况,右半幅进行缩一孔变更
34	江口特大桥主桥施工顺序根据施工实际情况进行施工顺序变更
35	K347+180~K347+577软基处理变更

第十章 高速公路建设项目实况

续上表

序号	设计变更内容
36	青口1号(9)青口1号高架桥接线软基处理由原设计的排水板处理变更为粉煤灰混凝土桩处理
37	青口互通式立交路基段软基处理由原设计的水泥搅拌桩变更为粉煤灰混凝土桩处理。高架桥接线软基处理由原设计的排水板处理变更为粉煤灰混凝土桩处理
38	青口互通式立交增设扁锚连接器变更

(2)重大事件

1996年,开始开展工程预可行性研究工作。

1997年1月,通过省内审查并上报国家计委和交通部。

1998年,交通部以交函规划〔1998〕421号文审查同意立项。

1999年2月,完成项目的工程可行性研究报告并通过省内审查。

2000年,国家发展计划委员会以计基础〔2000〕1092号文批复项目可行性研究报告。

2000年8月,以计投资〔2000〕1153号文批准开工建设。

2000年10月,项目设计单位福建省交通规划设计院完成本项目的初步设计并上报交通部审查,11月交通部组织专家组进行现场察看,并于2000年12月以交公路发〔2000〕706号文批复初步设计。

2000年12月,完成《北京至福州国道主干线福建三明际口至福州兰圃公路环境影响报告书》的编制工作。

2001年7月,完成施工图设计。

2001年11月,全面开工。2002年7月,国家环保总局以环审〔2002〕177号文批复了项目环境影响报告书。

2004年10月25日,建成通车。

(三)复杂技术工程

特长隧道:美菰林隧道长5560m,为当时全省最长隧道,且地质情况复杂,易塌方。

(四)科技创新

根据研究成果,在美菰林隧道首次采用纵向射流通风与横向轴流斜井通风相结合的经济、安全通风模式;在国内公路隧道中首次采用单侧6.3m高布灯方的宽体高效逆光照明技术;在隧道施工过程中应用现场围岩监控量测和地质超前预报数据对支护参数及形式进行调整。通过上述课题研究及新技术的运用,极大地降低隧道施工风险,降低长隧道通风、照明设备购置成本,有效节约运营成本,提高了运营安全,具有重大的经济和社会效益。

结合福州段特殊的地形地质条件,开展了高路堤填方稳定与施工控制技术研究,提出高路堤填方的合理结构形式、施工工艺及质量控制的相关参数,有效提高了高填方路堤的施工质量。同时,还结合工程实际,开展了大跨度悬浇桥梁的施工控制、高边坡动态设计、边坡生态防护以及高塑性黏土填筑路基等相关课题的研究,均取得了较好的社会与经济效益。

(五)运营管理

1. 服务区设置

福银高速公路共设置1个服务区,2个停车区:竹岐服务区总建筑面积约3800m^2,内设办公楼、宿舍、公厕、加油站、汽修间等,主体结构为钢筋混凝土结构。上街以及白樟停车区总建筑面积约2500m^2,内设办公楼、宿舍、公厕、加油站、汽修间等,主体结构为钢筋混凝土结构。

2. 收费站点设置(表10-2-3)

收费站点设置情况表　　　　　表10-2-3

站点名称	车道数	收费方式
福州南	19(8入11出)	人工、ETC、自助取卡
福州西	12(4入8出)	人工、ETC、自助取卡
闽候	5(3入3出)	人工、ETC、自助取卡
闽清	8(3入5出)	人工、ETC、自助取卡
金沙	6(3入3出)	人工、ETC、自助取卡
梅溪	10(4入6出)	人工、ETC、自助取卡

3. 车流量发展状况(表10-2-4)

交通流量发展状况表　　　　　表10-2-4

年份(年)	日均车流量(辆)	年份(年)	日均车流量(辆)
2004	438	2010	8915
2005	3749	2011	11083
2006	5172	2012	11517
2007	11099	2013	20101
2008	14675	2014	27381
2009	11884	2015	34039

二、福银线三明至福州高速公路三明段(三福高速公路三明段)(建设期：2000.11~2004.10)

(一)项目概况

1. 基本情况

三福高速公路三明段是国家高速公路网"五纵七横"国道主干线的"一纵"，是北京至福州国道主干线福建境内路段的一期工程，也是国家高速公路干线"7918"的福银高速公路、长深高速公路在福建境内的组成部分，是福建省联结江西等内陆省份的一条重要通道，对完善国家及福建省高速公路主骨布局，打通内地出海通道，连接长江三角洲、珠江三角洲，实施山海协作、联动发展的战略，加快福建省闽西北经济发展，建设海峡西岸经济繁荣带和促进对台"三通"以及国防建设等都具有重要意义。三福高速公路三明段全长111.6km，起点位于三明市梅列区东新六路，经三明连接线与京福际口互通相接(K136+000)，沿京福线至尤溪猫坑溪(K250+555)与福州相连(其中京福线 K163+80~K191+000 段为南平市境内，由南平市负责建设)，设计采用交通部颁《公路工程技术标准》(JTJ 001—97)，全线按山岭重丘区高速公路标准建设，设计行车速度80km/h，路基宽度24.5m，中央分隔带宽1.5m，双向四车道，行车道3.75m，硬路肩2.75m，土路肩0.75m，左右侧路缘带各0.5m；全线桥梁设计荷载为汽车—超20级、挂车—120；全线为封闭控制出入。项目设计概算部批金额为46.75亿元，完成投资46.07亿元，节约0.68亿元。

三福高速公路三明段途经梅列区、沙县和尤溪三个县(区)，该路段地处戴云山脉北部，属于200~750m的中低山丘陵地貌，地形切割较为强烈，山沟呈"V"形深沟，地形陡峭。路轴线经过位置多为低山和丘陵的斜坡、山脊鞍部、冲沟、山间溪谷(或河谷)。整段仅联合洋中两处为山间小盆地，地势稍平坦开阔。主线桥梁(单座)212座，共长39249m(其中特大桥2座，总长2111m)；隧道(单洞)29个，6处互通，全线设置5个收费站(三明北征管所、沙县征管所、青州征管所、尤溪征管所、洋中征管所)，1对服务区(官洋服务区)，3对停车区(垄东停车区、沙县停车区、洋中停车区)；共有主线涵洞、通道303道。三福高速公路三明段项目基本情况统计详见表10-2-5。

三福高速公路三明段项目基本情况统计表　　表10-2-5

序号	项　　目		单位	数　　量	备注
一	技　术　标　准					
1	计算行车速度		km/h	80	
2	路基宽度	整体式路基	m	24.5	
		分离式路基	m	12.5	

续上表

序号	项目		单位	数量	备注
3	桥面净宽(整体式)		m	2×11	
	桥面净宽(分离式)		m	11.25	
4	设计洪水频率			特大桥1/300;大、中、小桥和涵洞及路基均为1/100	
5	路面		万m²	256.348	
6	桥梁设计荷载			汽车—超20级、挂车—120	
二	主要工程规模				
1	路线里程		km	111.6	
2	征用土地		亩	16991.14	
3	拆迁房屋		m²	228538	
4	路面		万m²/km	256.348/118.893	
	其中:沥青混凝土路面		万m²/km	246.018/114.502	
	水泥混凝土路面		万m²/km	10.33/4391	
5	路基	三级以上边坡	延km	25	
		边沟、排水沟、截水沟	延km	210.35	
6	主线桥梁(单座)		延m/座	39249/212	
	其中:特大桥		延m/座	2111/2	
	匝道桥		延m/座	1611/11	
	上跨立交		延m/座	955/13	
7	主线涵洞		延m/道	13981/303	
	其中:主线通道		延m/道	2000/48	
	匝道涵洞		延m/道	785/26	
8	隧道(单洞)		m/个	25593/29	
	其中≥1000m		m/个	14332/5	
9	可绿化里程		km	77.485	
10	广场绿化		万m²	40.504	
11	边坡绿化		万m²	372.8	
12	主线收费站		处	5	
13	服务区		处	1	
14	停车区		处	3	

三福高速公路三明段分三阶段开工建设:2000年11月开工建设三明北互通到市区梅列互通段4.4km,2001年3月开工建设三明北互通至沙县际口枢纽互通主线SA1~SA3标,2001年8月开工建设主线SA4~SA13标。全部工程于2004年11月建成通车。

2.前期决策情况

1992年交通部制订了"五纵七横"国道主干线系统规划方案,计划用30年的时间,在全国建成3.5万km左右的以高速公路、一级、二级汽车专用公路组成的国道主干线系统。京福高速公路为国道主干线系统"五纵七横"中的一纵,拟建的国道主干线北京至福州高速公路福建段也是福建省干线公路网的重要路段。路线所经三明、南平、福州等地市经济发展较快,为了推动和满足该区域经济的发展,适应交通量快速发展的需要,抓住机遇加快实施本项目迫在眉睫。

为此,1998年2月福建省政府在福州召开全省高速建设工作会议,要求在2010年前全面建设福厦漳高速公路、漳沼高速公路、漳龙高速公路、双福高速公路、京福高速公路(福建段)及南平、三明连接线,形成连接九地市,沿海与山区贯通的长达1228km的福建省"一纵两横"高速公路网,使福建省初步具备以高速公路为主的公路网络骨架。1998年7月,省政府召开加快福建省公路建设漳州会议,把京福国道主干线福建段全线开通时间定为2007年,其中一期工程2004年建成。

该项目自1996年开始开展工程预可行性研究工作,1997年1月通过省内审查,并上报国家计委和交通部,交通部于1998年以交涵规划〔1998〕421号文审查同意立项。1999年2月完成项目的工程可行性研究报告并通过省内审查,2000年国家发展计划委员会以计基础〔2000〕1092号文批复项目可行性研究报告,并于2000年8月以计投资〔2000〕1153号文批准开工建设。2000年10月,项目设计单位福建省交通规划设计院完成了本项目的初步设计并上报交通部审查,11月交通部组织专家组进行现场察看,并于2000年12月以交公路发〔2000〕706号文批复初步设计,2001年7月完成了施工图设计。

3. 参建单位主要情况

(1) 建设单位

按照省高指的要求,全省高速公路建设实行统筹规划、分级管理的建设管理体制。为了加强对全市高速公路建设的统筹管理工作,三明市政府于1998年成立了三明市高速公路建设总指挥部(以下简称"市高指")和三明市高速公路有限责任公司,市高指负责三明市境内高速公路规划、建设的领导、组织和协调,总指挥由分管副市长担任,市高速公路有限责任公司作为市政府对高速公路的投资主体,在项目经营管理上行使股东权益。按照交通部《公路建设四项制度》的规定,本项目实行项目法人负责制。为此,三明市高速公路有限责任公司与福建省高速公路有限责任公司于2001年4月共同出资组建三明京福高速公路有限责任公司,作为项目法人对本项目实施具体的建设管理。

(2) 设计单位

福建省交通规划设计院和中交第二勘察设计研究院、辽宁省交通勘测设计院、交通部公路科学研究所共同完成本项目的勘察设计任务,并由福建省交通规划设计院负责协调与汇总。

(3) 施工单位

三福高速公路三明段施工单位共32家,全线划分18个路基合同段,4个路面合同段,3个机电工程合同段,1个三大系统合同段,7个房建合同段。

(4)监理单位

三福高速公路三明段监理单位共9家,共划分16个监理标段,其中8个路基监理标、3个路面监理标、2个房建监理标、2个机电监理标、1个三大系统监理标。三福高速公路三明段施工及监理单位详见表10-2-6。

三福高速公路三明段施工及监理单位一览表　　　　　　　表10-2-6

标段号	标段所在地	工程内容	长度(km)	施工单位	监理单位
SLA1	沙县	K0+500～K10+035.314连接线路基、防护、桥梁、隧道、互通式立交	9.54	中国第四冶金建设公司	湖南交通建设监理公司
SLA2	沙县	K10+035.314～K16+500连接线路基、防护、桥梁、隧道、互通式立交	6.46	中铁四局集团有限公司	湖南交通建设监理公司
SLA3	梅列区	K16+500～K21+108.87三明连接线路基、防护、桥梁、隧道、互通式立交	4.6	中铁一局集团有限公司	湖南交通建设监理公司
SLA4	梅列区	K21+108.87～K24+728.87三明市瑞云路项目	3.62	天津五市政公路工程有限公司	湖南交通建设监理公司
SLA5	梅列区	K24+728.87～K25+500.28三明市瑞云路项目	0.77	中铁十二局集团有限公司	湖南交通建设监理公司
SA1	沙县	K136+000～K141+400路基、防护、大桥、隧道、互通式立交	5.4	中铁第十七工程局厦门工程处	江苏交通工程咨询监理公司
SA2	沙县	K141+400～K149+000路基、防护、大桥、中桥、隧道	7.6	福建省闽西交通工程公司	江苏交通工程咨询监理公司
SA3	沙县	K149+000～K156+400路基、防护、大桥、中桥、隧道	7.4	中铁第十四局第一工程处	江苏交通工程咨询监理公司
SA4	沙县	K156+400～K158+350路基、防护、特大桥、大桥	1.95	中港第二航务工程局	江苏华宁交通咨询监理公司
SA5	沙县	K158+350～YK163+080路基、防护、大桥、隧道、互通式立交	4.7	山西省路桥建设总公司	江苏华宁交通咨询监理公司
SA6	尤溪	YK191+000～K194+400路基、防护、大桥、隧道	3.4	中铁第十五工程局	北京育才交通工程咨询监理公司
SA7	尤溪	K194+265～K202+452.007路基、防护、大桥座、隧道	8.19	中铁第十六工程局	北京育才交通工程咨询监理公司
SA8	尤溪	K202+452.007～K208+900路基、防护、特大桥、大桥、隧道、互通	6.45	中铁一局集团第二工程有限公司	江苏交通工程咨询监理公司

第十章 高速公路建设项目实况

续上表

标段号	标段所在地	工程内容	长度(km)	施工单位	监理单位
SA9	尤溪	K208+900~GK220+000 路基、防护、大桥、中桥	11.1	中铁第十三工程局	江苏交通工程咨询监理公司
SA10	尤溪	GK220+000~K232+600 路基、防护、大桥、互通	12.6	中铁二局股份有限公司	厦门路桥建设监理公司
SA11	尤溪	K232+600~YK238+820 路基、防护、大桥座、隧道	6.22	中铁三局集团第二工程有限公司	厦门路桥建设监理公司
SA12	尤溪	YK238+820~K245+300 路基、防护、特大桥、大桥、隧道	6.48	中铁一局集团有限公司	铁四院工程监理咨询公司
SA13	尤溪	K245+300~K250+555.524 路基、防护、特大桥、大桥、中桥	5.26	吉林省交通建设集团有限公司	铁四院工程监理咨询公司
SLB1	梅列区	K0+500~K25+391.4 三明连接线沥青混凝土、水泥混凝土路面、交通安全设施、中央分隔带绿化等	24.9	吉林省交通建设集团有限公司	湖南建设监理公司
SB1	沙县	K136+000~K163+080 主线沥青混凝土路面、交通安全设施、中央分隔带绿化等	27.1	大成工程股份有限公司	江苏交通工程咨询监理公司
SB2	尤溪	K191+000~GK220+000 主线沥青混凝土路面、交通安全设施、中央分隔带绿化等	29	中铁一局集团有限公司	山西交通建设工程监理总公司
SB3	尤溪	GK220+000~K250+555.524 主线沥青混凝土路面、交通安全设施、中央分隔带绿化等	30.55	山东省公路工程总公司	山西交通建设工程监理总公司
JA1	三明市	监控、收费、通信系统工程供货与安装	111.6	中铁电气化局集团第一工程有限公司	北京兴通交通工程监理有限公司
DA1	梅列区、沙县	K0+500~K25+391.4 三明连接线隧道通风、照明、消防及沿线供配电系统供货与安装	24.9	中铁十二局集团电气化工程有限公司	湖南省交通建设监理有限公司
DA2	沙县	K136+000~K163+080 主线隧道通风、照明、消防及沿线供配电系统供货与安装	27.08	中铁四局集团有限公司	湖南省交通建设监理有限公司
DA3	尤溪	K191+000~K250+555 主线隧道通风、照明、消防及沿线供配电系统供货与安装	59.56	中铁一局集团建筑安装工程有限公司	湖南省交通建设监理有限公司
SC1	梅列区	三明北征管所办公楼、宿舍楼等		福建省永富建筑工程公司	江苏交通工程咨询监理公司
SC2	梅列区	三明北收费棚等		中国水利水电闽江工程局	江苏交通工程咨询监理公司

续上表

标段号	标段所在地	工程内容	长度(km)	施工单位	监理单位
SC3	沙县	沙县、青州收费棚及收费站等		福建省林业工程公司	江苏交通工程咨询监理公司
SC4、SC7	沙县、尤溪	尤溪收费棚及收费站、沙县收费站生产管理楼等		三明市第一建筑工程公司	厦门路桥建设监理公司
SC5	尤溪	洋中征管所综合楼等		中铁二十四局福建铁建集团	厦门路桥建设监理公司
SC6	尤溪	洋中征管所宿舍楼等		龙岩龙津建筑工程公司	厦门路桥建设监理公司

(二)建设情况

1.项目准备阶段

(1)立项审批

项目立项:交通部于1998年以交函规划〔1998〕421号文《关于国道主干线北京至福州公路福建段项目建议书审查意见的函》审查同意立项。

工程可行性研究:项目自1996年开始开展工程预可行性研究工作;1997年1月,通过省内审查,并上报国家计委和交通部;1999年2月,完成项目的工程可行性研究报告并通过省内审查;2000年,国家发展计划委员会以计基础〔2000〕1092号文批复项目可行性研究报告。

初步设计:2000年10月,项目设计单位福建省交通规划设计院完成了本项目的初步设计并上报交通部审查,11月交通部组织专家组进行现场察看,并于2000年12月以交工路发〔2000〕706号文批复初步设计。

环境影响评价:本项目的环境影响评价工作由交通部重庆公路科学研究所承担,2000年12月完成了《北京至福州国道主干线福建三明际口至福州兰圃公路环境影响报告书》的编制工作,经有关部门审查后上报国家环保总局,国家环保总局于2002年7月以环审〔2002〕177号文批复了项目环境影响报告书。

建设用地批复:国土资源部《关于京福国道主干线三明际口至福州兰圃公路工程建设用地的批复》(国土资函〔2002〕48号)、福建省人民政府《关于关于京福国道主干线三明际口至福州兰圃公路三明段工程建设用地的批复》(闽政文〔2002〕83号)批复三福高速公路三明段建设用地。

开工批复:2000年8月以计投资〔2000〕1153号文批准开工建设。

(2) 资金筹措

该项目初步设计概算部批金额为46.75亿元,其中,国家专项资金投入7.7亿元,福建省交通建设基金投入8.88亿元,三明市公路建设基金投入5.7亿元,共计22.28亿元,占总投资的47.66%,资本金以外的投资向国家开发银行和中国建设银行贷款(24.09亿元)。

(3) 招投标工作

根据国家基本建设程序要求以及有关法律法规的规定,开展施工、监理等各项招投标工作。

设计单位招投标情况:由于三福高速公路的可行性研究报告委托福建省交通规划设计院编制,为了保持设计的延续性,省市高指委托福建省交通规划设计院承担三福高速公路初步设计和施工图阶段的勘测、设计工作。

施工单位招投标情况:三福高速公路三明段施工单位共32家,共划分为33个合同段,其中18个路基合同段,4个路面合同段,7个房建合同段,3个机电合同段,1个三大系统合同段。采用国内竞争性公开招标,招标过程严格执行《中华人民共和国招标投标法》和国家、交通部有关招投标管理办法的规定及福建省的有关规定,所有招标均在公开媒体刊登招标公告。资格预审文件和招标文件均按规定上报主管部门审批,资格评审和投标文件评标工作由依法组成的评标委员会负责,评标委员会推荐第一至第三中标候选人。项目法人召开董事会研究审定后,报备省交通厅、省高指。评标报告报经交通主管部门核备后确定中标人。在整个招标过程中,由纪检监察部门及省、市高速公路专项执法监察办公室进行全过程监督,并形成监督报告。在开标时,由公证机关对开标过程进行公正。

监理单位招投标情况:三福高速公路三明段监理单位共9家,共划分16个监理标段,其中8个路基监理标、3个路面监理标、2个房建监理标、2个机电监理标、1个三大系统监理标。通过国内招标的方式与施工单位招标同步进行,在公开媒体刊登招标公告,采用资格预审的办法,由评标专家委员会根据各监理单位的业绩、信誉、履约能力、财务状况等方面进行综合评价比较,择优选择监理单位承担各合同段的驻地监理工作。

(4) 合同段划分

全线共划分18个路基合同段、4个路面合同段、3个机电合同段、1个三大系统合同段、7个房建合同段,7个路基监理合同段、3个路面监理合同段、2个机电监理合同段、1个三大系统监理合同段。房建及绿化工程监理工作由工程所在地路基或路面监理合同段承担。

(5) 征地拆迁

三福高速公路三明段建设用地严格按2002年4月1日福建省人民政府《福建省人民政府关于京福国道主干线三明际口至福州兰圃公路工程建设用地的批复》(闽政文〔2002〕83号)的批复要求和意见进行。全线共征用土地16991.14亩,拆迁房屋

228538m², 征迁果树 103647 棵, 迁移坟墓 4586 座, 迁移各种杆线 4549 根, 迁移电、光缆 197770m, 迁移 22 万伏电塔 19 座。全线共支付征迁费用 30655.20 万元。

三福高速公路三明段征地拆迁在三明市高速公路建设总指挥部中专门设立征地拆迁办公室,沿线设立梅列区高速公路指挥部、沙县高速公路建设指挥部、尤溪县高速公路建设指挥部。市征迁办根据国家的有关法律法规和政策,负责征迁经费的预算包干测算、各县工作责任状的起草,督促各县按照签订的责任状和经费包干协议按时完成各项工作内容,负责包干以外项目的征迁工作和协调工作。各县高速公路建设指挥部按各自签订的工作责任状和经费包干协议内容,按时完成工作,为本项工程顺利实施奠定良好的基础,创造良好施工环境,详见表 10-2-7。

征地拆迁情况统计表　　　　　　　　表 10-2-7

项目名称	征地拆迁安置起止时间	征用土地(亩)	拆迁房屋(m²)	支付补偿费用(元)
一期	1999.08～2005.11	16991.14	228538	30655.20

2. 项目实施阶段

(1) 重大决策

青州大桥桥位调整:2000 年 11 月 28 日,省高速公路建设总指挥部就三福高速公路三明青州大桥桥轴线问题召开专题研究会,省交通规划设计院根据交通部委托的华天弘工程咨询有限责任公司对青州沙溪大桥路线方案的咨询审查意见,对正线方案进一步优化调整后的路线平面线形较好,线路缩短 100 多米,并取消澄江楼 270m 的连拱隧道。会议从工程技术、经济等方面综合比较,认为调整后的方案是合理可行的,同意设计单位按调整后的方案进行施工图设计。

分离式立交桥改桥为路:2001 年 11 月 16 日,三明京福高速公路有限责任公司就原设计在三福高速公路三明段 K18+975.92 处一座上跨高速公路的分离式立交机耕道中桥作为大源村的林业便道召开专题研究会,认为大源村及梅列区高指提出改桥为路的要求是合理的:一是能够解决目前几十万斤的农副产品下山问题;二是可减少为解决几十万斤农副产品下山而修筑临时便道的费用;三是可确保今后高速公路的运营安全;四是可解决分离式立交中桥桥头接线困难。因此,会议同意将 K18+975.92 处分离式立交中桥改为从瑞云 2 号桥下修建 1.5km 机耕道。

(2) 重大变更(表 10-2-8)

重大设计变更表　　　　　　　　表 10-2-8

序号	设 计 变 更 内 容
1	K18+975.92 分离式立交桥取消
2	尤溪互通式立交主线路改桥
3	尤溪互通 A 匝道路改桥

续上表

序号	设 计 变 更 内 容
4	上樟田二号桥桥孔布置变更
5	梓山分离式立交取消
6	樟田1号桥取消
7	下过溪2号特大桥增加一孔
8	董坪2、3号大桥附近左侧挡墙变更为桥梁
9	K218+700~K218+825新增大仓尾声号大桥
10	官洋溪特大桥左幅引桥新增一孔
11	猫坑溪特大桥左幅引桥新增一孔
12	猫坑溪特大桥桥面变更为水泥混凝土面层
13	K245+069.96~K245+259.04新增老虎坑1号大桥

(3) 重大事件

1996年6月19日,京福国道干线三明段前期工作领导小组成立。

1998年7月21日,三明市高速公路建设总指挥部成立。

1998年9月4日,三明市高速公路有限责任公司成立。

2000年11月9日,开工建设三明北互通到市区梅列互通段4.4km。

2001年3月4日,开工建设三明北互通至沙县际口枢纽互通主线SA1~SA3标。

2001年8月16日,开工建设主线SA4~SA13标。

2004年10月,猫坑溪特大桥合龙贯通。

2004年10月26日,三福高速公路三明段通过交工验收,质量等级优良。

2004年11月3日,全线建成通车。

2008年12月5日,通过交通部组织的竣工验收。

(三) 复杂技术工程

特大桥:猫坑溪大桥(长484.307m),跨越山谷,为大跨度,高桥墩、小半径悬浇预应力连续刚构高桥墩弯箱梁桥(主跨85m+150m+85m,平曲线半径620m,主墩高度75m)。施工重点对主桥箱梁及各个高墩控制截面位置的应力、应变、位移及变形进行监控,随时检查结构的扭转变形及上拱对桥梁线形和结构内力的影响程度,以正确选定立模高程。确保结构安全。施工关键:①箱梁0号块结构及受力复杂,纵向坚向预应力管道集中,钢筋密集,混凝土方量大,施工时合理确定分层位置,采用分层浇筑,控制混凝土水化热影响;②主墩承台大体积混凝土温度控制,主墩平面尺寸12m×24.5m,高5.0m,体积1470m³,混凝土级别C30,基桩嵌入承台20cm。

(四)科技创新

1. 隧道施工方面

小净距隧道施工技术。三福高速公路三明段有隧道25593m/29座(单洞),本着节约用地的原则,小净距隧道技术就有明显的优越性。全路段共有4座小净距隧道,为了确保小净距隧道的施工安全和施工质量,积极组织设计单位、科研单位开展施工工艺和施工要求的研究,进行施工方案论证。在实施过程中组织有关单位勤测勤查,每个工作面紧跟紧监,积极配合小净距技术课题组采集各种地质构造条件下应力、应变、围岩收敛变化等参数数据工作,指导、监督承包人中隔岩预应力锚杆施加、各工序紧跟作业等,使小净距隧道新技术在三福高速公路三明段成功应用。

2. 桥梁施工方面

桥面混凝土铺装层凿毛工艺。三福高速公路三明段山高坡陡,桥梁大多纵坡大,弯道急,又地处高温地域,为了克服陡坡、弯道的桥面沥青装层产生横向推移的病害,在调查研究基础上,在省内首次引进了桥面混凝土铺装面层凿毛工艺,提高了桥面沥青层与混凝土铺装层黏结力,预防桥面沥青层横向推移。三年试通车运营情况表明该项措施极为有效。

3. 安全性能方面

中央分隔带"闽华Ⅰ号"混凝土护栏。为了提高山区高速公路的安全性能,三福高速公路三明尤溪段境内59.5km中央分隔带护栏选用了安全性能更高的"闽华Ⅰ号"混凝土护栏,改进了混凝土护栏连接构造,及时总结施工工艺和经验。该项技术成果于2006年8月通过交通部评审验收,陆续在全省山区高速公路全面推广应用。

4. 专题科研项目

(1)高速公路中央分隔带新型混凝土护栏试验研究

本课题在国内首次采用动力学理论,结合动态模拟试验,提出混凝土护栏力学计算模式和碰撞力计算公式,进一步完善了混凝土护栏结构设计的理论和方法,具有创新性和实用性。研发的具有防撞、防眩、绿化、排水等综合功能的中央分隔带新型混凝土护栏,通过400余公里的工程实践证明,减少了重特大事故数量,降低了事故严重程度,节省了养护成本,综合经济效益和社会效益显著,具有良好的推广前景。该课题在国内尚属首次,其研发成果总体达到国际先进水平。

(2)高液限土室内试验

交通部公路科学研究所与三明京福高速公路有限责任公司合作,进行了大量的高液限土室内试验,掌握了高液限土的物理力学与路用特性。通过在SLA1、SLA2合同段修筑高液限土试验段,进行高液限土路基修筑技术研究,提出了京福高速公路三明段高液限土路基填筑的施工工艺与质量控制标准,为高液限土的利用提供了技术保证,减少借方和弃土的工程数量,节约工程用地。

(五)运营管理

1. 服务区设置

三福高速公路三明段共设置 1 对服务区、3 对停车区:官洋服务区总建筑面积约 8819.5m²,内设办公楼、宿舍、公厕、加油站、汽修间等,主体结构为钢筋混凝土结构;洋中停车区总建筑面积约 3336.5m²,内设办公楼、宿舍、公厕、加油站等,主体结构为钢筋混凝土结构;沙县停车区总占地面积约 5076.6m²,内设办公楼、宿舍、公厕、加油站、加水站、餐厅、超市等,主体结构为钢筋混凝土结构;垄东停车区总建筑面积约占为 4811.9m²,内设办公楼、宿舍、公厕、加油站等,主体结构为钢筋混凝土结构。

2. 收费站点设置(表10-2-9)

收费站点设置情况表　　　　　　　表10-2-9

站点名称	车道数	收费方式
三明北征管所	9(3入6出)	人工、ETC、自动取卡
沙县征管所	7(3入4出)	人工、ETC、自动取卡
青州征管所	6(2入4出)	人工、ETC、自动取卡
尤溪征管所	6(2入4出)	人工、ETC、自动取卡
洋中征管所	4(2入2出)	人工、ETC、自动取卡

3. 车流量发展状况(表10-2-10)

交通流量发展状况表　　　　　　　表10-2-10

年份(年)	日均车流量(辆)	年份(年)	日均车流量(辆)
2004	2748	2010	7533
2005	2973	2011	8940
2006	4517	2012	9565
2007	6531	2013	10198
2008	6040	2014	9913
2009	6548	2015	9680

三、福银线三明至福州高速公路南平段(三福高速公路南平段)(建设期:2001.11~2004.10)

(一)项目概况

1. 基本情况

三福高速公路南平段建设里程 46.42km,其中,主线长 27.91km,南平连接线长

18.51km。批准概算232614万元,其中,交通部38300万元、省交通专项资金19340万元、省财政专项资金17630万元、南平市自筹41300万元、银行贷款108650万元(开发银行68400万元、建设银行40250万元),其他建设资金7394万元。

项目于2001年11月全面开工至2004年10月25日建成,工期3年。京福高速公路福建段二期工程邵武—三明段完工通车后,京福高速公路福建段改名为福银高速公路。

本项目主线及连接线均按山岭重丘区高速公路标准设计,设计行车速度80km/h。整体式路基宽24.5m,分离式单幅宽12.5m,设计荷载为路面标准轴载BZZ-100,桥涵设计荷载为汽车—超20级、挂车—120。设计洪水频率特大桥为1/300,其他桥涵、小型排水构造物及路基为1/100。路面结构类型及宽度:整体式为沥青混凝土路面,宽2×10.75m;分离式为沥青混凝土路面,宽11.0m;隧道内水泥混凝土路面宽2×8.5m。项目起点位于三明市沙县胜地村(主线桩号:YK163+080~YK191+000),穿越叶坑隧道达本市延平区西芹吉洋村,经跃村、塔前至菖上,穿越金鸡山隧道与尤溪县交界。连接线起点位于跃村互通(K0+032.286~K18+510),经坑甲、堵兜,在西芹跨越沙溪,经长沙、龙德寺、上洋、小作接上规划中的浦南高速公路,近期临时在南平小作连接线接上G205。主线在西芹镇跃村设枢纽式互通,在塔前设服务区;连接线在西芹长沙设南平互通、南平收费站,在小作设南平北临时收费站,详见表10-2-11。

三福高速公路南平段项目基本情况统计表　　　　　表10-2-11

序号	项　　目		单位	数　　量	备注
一	技　术　标　准				
1	计算行车速度		km/h	80	
2	路基宽度	整体式路基	m	24.5	
		分离式路基	m	12.5	
3	桥面净宽		m	2×11.0	小桥与路基同宽
4	路面			整体式为沥青混凝土路面,宽2×10.75m;分离式为沥青混凝土路面,宽11.0m;隧道内水泥混凝土路面宽2×8.5m。设计荷载为路面标准轴载BZZ-100	
5	路基、桥涵设计洪水频率			特大桥1/300,其他桥涵、小型排水构造物及路基1/100	
6	桥涵设计车辆荷载			汽车—超20级、挂车—120	

续上表

序号	项目	单位	数量	备注
二	主要工程规模			
1	路线里程	km	27.91	
2	征用土地	亩	3803.4	
3	拆迁房屋	m²	96660	
4	路基土石方	万 m³	2740	
5	软土地基处理	km	4.401	
6	桥梁(主线)	m/座	16663.3/67	
7	互通式立交	处	3	
8	分离式立交	处	—	
9	涵洞、通道	道	4928/109	
10	隧道	m/座	1902/20	单洞
11	路面(主线)	万 m²	66.24	
12	主线收费站	处	—	
13	服务区	处	1	
14	停车区	处	—	

主要工程量：路基土石方 2740 万 m³（挖方 1274 万 m³、填方 1013 万 m³）；桥梁 67 座 13630m（含互通匝道，以单幅计 114 座，长 22909.8m）；隧道（单洞）20 座 1902m；涵洞、通道 109 座 4928m；互通式立交 3 座（其中塔前互通停建）；服务区 1 处，软基处理 4.401km；不良地质高边坡 54 处（锚索 150157m，锚杆 21229m）；防护工程 72.9 万 m³，排水工程 18.4 万 m³；水泥路面 16.4 万 m²；沥青路面 94 万 m²；完成全线中压供电系统及隧道通风、照明、消防系统和监控、收费、通信系统，完成房建面积 6500m²，运营生产、生活管理设施较为完备；完成绿化面积 155.3 万 m²，种植乔灌木 9.7 万株，花卉 6 万株。

2. 前期决策情况

"七五"（20 世纪 80 年代）末，交通部对我国交通建设的长远规划进行了研究和部署，提出用几个五年计划的时间，重点建设国道主干线、水运主通道、港站主枢纽和交通支持保障系统（即三主一支持），1993 年 6 月经国务院批准，出台了以"五纵七横国道主干线"为主骨架的 30 年公路网建设总规划。其中第二纵规划的"GZ20：北京—福州（台北）"线，从北京开始，经湖北省的黄梅市进入江西省的九江市、南昌市，福建省的南平市到福州市（跨海到达台北市）。比较方案（线路里程较短）是从安徽的合肥、安庆，江西的景德镇，进入福建的南平、福州。

1993 年，为尽快改善福建省公路交通的瓶颈问题，省委作出了开展"先行工程"建设的重大决策，全省掀起了对原有国、省道公路进行大规模改建的高潮。1996 年，"先行工程"取得丰硕成果,公路行车条件有了很大的改善。与此同时,1994年,福建省的第一条高速公路——泉厦高速公路动工建设,极大地鼓舞和吸引了全省各地对修建高速公路的欲望和期待。泉厦高速公路于1997年12月建成通车,并由此掀起了福建省修建高速公路建设热潮。几年间,全省九地(市)中的的七个地(市)已纷纷先后相继开始了高速公路的开工建设,但处于闽北山区的南平、三明两个地(市),却因种种原因,只能翘首期望。

北京至福州高速公路是我国国道主干线的重要组成部分,是规划中沟通我国南北向(第二纵)的一条公路快速通道。该公路途经全国七省市,在福建省境内西起邵武沙塘隘,终至福州市兰圃,在福建省内分两期建设。1995年初,地处闽北山区的南平市终于看到了高速公路的希望之光,省交通规划办公室按照统一部署,着手京福高速公路工程预可行性研究的方案论证。三明市得到消息,提出福建省西出北上内地的只有一条316国道不能满足需要,建议从三明市开辟一条福建省新的西出北上大通道。经过踏勘,省交通规划办提出了京福高速公路从江西省进入福建省的四个入省方案,即光泽县的花山界,邵武市的王虎关、沙塘隘,建宁县的竹叶隘。推荐了线路进省后,走泰宁、将乐、沙县、尤溪、闽清、福州的主方案(大内线方案),和走光泽、邵武、顺昌、南平、闽江南岸到福州的比较方案(大外线方案)。

南平市提出了由沙塘隘隘口入闽,走邵武和平镇、泰宁、将乐、沙县夏茂、青州、南平跃村、闽清、福州的折中方案(中线方案)。中线方案经多次比较、完善、论证,兼顾三明、南平两市的要求,得到两市的认同,并且多次得到各层次专家咨询会、方案论证会的评审采纳。

3. 参建单位主要情况

(1)建设单位

按照省政府关于高速公路建设"统一规划、统一设计、统一质量、统一运营和分段筹资、分段建设,分段收益"的管理体制,2001年6月由省、市高速公路公司共同出资组建了南平京福高速公路有限责任公司,履行业主职能,全面负责项目的建设、筹资、运营和还贷工作。

(2)设计单位

由于三福高速公路的可行性研究报告委托福建省交通规划设计院编制,为了保持设计的延续性,省市高指委托福建省交通规划设计院承担三福高速公路的初步设计和施工图阶段的勘测、设计工作。

(3)施工单位

三福高速公路南平段分为9个路基施工合同段,路面和交通工程1个施工合同段,机电工程1个施工合同段,监控、收费、通信三大系统工程1个施工合同段,房建工程1个施工合同段。

(4)监理单位

路基施工监理3个合同段,路面交安工程施工监理1个合同段,机电施工监理1个合同段,房建工程施工监理1个合同段。

各合同段基本情况见表10-2-12。

三福高速公路南平段一期施工及监理单位一览表　　　表10-2-12

标段号	标段所在地	工程内容	合同金额（万元）	施工单位	监理单位
NA1	南平	路基工程	13855	中港四航局第一工程公司	北京中交公路桥梁工程监理有限公司
NA2	南平	路基工程	24507	中铁五局集团第三工程有限责任公司	北京中交公路桥梁工程监理有限公司
NA3	南平	路基工程	19721	中铁十九局	北京华宏建设咨询公司
NA4	南平	路基工程	30841	福建省第二公路工程公司	北京华宏建设咨询公司
NA5	南平	路基工程	9719	中铁十六局第一工程处	北京华宏建设咨询公司
NB	南平	路面工程	22051	中铁十四局第二工程有限公司	福建省交通建设工程监理咨询公司有限公司
NDJ	南平	机电三大系统工程	4883.7	北京云星宇交通工程有限公司	北京兴通交通监理有限责任公司
NSA2J	南平	供配电工程	2161	中铁电气化局第一工程有限公司	北京兴通交通监理有限责任公司
NHJ	南平	房建工程	913	南平第四建筑工程公司	南平泰宇监理公司

(二)建设情况

1. 项目准备阶段

按照省政府关于高速公路建设"统一规划、统一设计、统一质量、统一运营和分段筹资、分段建设,分段收益"的管理体制,南平市在1996年成立了南平市高速公路建设领导小组并下设办公室,1999年成立南平市高速公路建设总指挥部(原高速办职能并入),总指挥由市政府主要领导兼任,常务副总指挥由市政府分管领导兼任,成员由沿线(市、区)和市直有关部门组成。市高指的主要职责是代表政府协调处理工程建设与其他部门及地方政策的有关问题,发挥政府的行政职能保证和促进工程建设。贯彻实行项目业主法人责任制,2001年6月,由省、市高速公路公司共同出资组建了南平京福高速公路有限责任公司,由该公司履行业主职能,全面负责项目的建设、筹资、运营和还贷工作。全面执行工程招投标制、工程监理制与合同管理制。项目业主负责征地拆迁和民事协调，以及工程招投标、工程质量的管理控制和工程合同管理、投资控制等。

(1) 立项审批

项目自1996年起开展工程预可行性研究工作，1997年1月通过省内审查，并于1998年下半年上报国家计委和交通部（闽计交〔1998〕150号），1999年3月三明际口—福州兰圃公路工程可行性研究报告通过省内、交通部的审查后也上报国家计委。经国家有关部门历时约1年半的多方评估和程序审查，国家计委于2000年8月3日以计基础〔2000〕1092号文正式批准，并同时被确定为国家2000年第七批基本建设新开工大中型项目计划（计投资〔2000〕1153号）。2000年10月，项目设计单位福建省交通规划设计院完成初步设计并上报交通部审查；2000年12月，交通部以交公路发〔2000〕706号文批复初步设计。

(2) 资金筹措

三福高速公路南平段初步设计交通部批准概算为232614万元。其中：交通部38300万元，省交通专项资金19340万元，省财政专项资金17630万元，南平市自筹41300万元，银行贷款108650万元（国家开发银行68400万元、中国建设银行40250万元），其他建设资金7394万元。

(3) 标段划分及招投标工作

根据国家基本建设程序要求以及有关法律法规的规定，开展施工、监理等各项招投标工作。

三福高速公路南平段土建、路面、房建工程等13个施工标段，3个土建、1个路面、1个交安、1个房建工程等6个监理标。均采用国内竞争性公开招标，招标过程严格执行《中华人民共和国招标投标法》和国家、交通部有关招投标管理办法的规定及福建省的有关规定，所有招标均在公开媒体刊登招标公告。资格预审文件和招标文件均按规定上报主管部门审批，采用资格预审、封闭评标的形式进行。业主依法组建评审委员会，资格评审和投标文件评标工作由依法组成的评标委员会负责，评审委员会首先对评审细则进行审定，再根据审定的评审细则对所有递交的资格申请书和投标文件进行评审，最后评审委员会编写资格预审报告和评标报告。评标委员会推荐第一至第三中标候选人。项目法人召开董事会研究审定后，报备省交通厅、省高指。评标报告报经交通主管部门核备后确定中标人。在整个招投标过程中，由纪检监察部门及省、市高速公路专项执法监察办公室进行全过程监督，并形成监督报告。在开标时，由公证机关对开标过程进行公证。

业主根据评审委员会的资格预审报告和评标报告，资格预审结果上报省高指批复，招标结束经公司董事会研究定标，上报省高指和省交通厅核备。在规定的核备期后，上报单位无异议，向中标单位发送中标通知。

(4)征地拆迁

本项目征地拆迁工作涉及延平区沿线 4 个乡镇街道办事处、16 个行政村和 35 个工矿企事业单位。设计征地 6446.97 亩,设计拆迁房屋 17.36 万 m^2,部批征迁概算 4480.2 万元。全线实际征用土地 6339 亩,比设计节约 108 亩,其中耕地 2104 亩(含商品菜地 297 亩),租用临时用地 2309 亩(其中耕地 1257 亩),拆迁各类房屋 161100m^2,迁移三杆三线 69km。累计支付征迁费用 2.09 亿元,其中:勘测费 111.9853 万元,税费(开垦费、植被费等)1902.8174 万元,文物勘探费、水土保持费、评估费等其他费用 1327.9714 万元,详见表 10-2-13。

征地拆迁情况统计表　　　　　表 10-2-13

征地拆迁安置起止时间	征用土地(亩)	拆迁房屋(m^2)	支付补偿费用(亿元)	备注
2000.06~2003.11	6339	161100	2.09	含电力线路迁移

2. 项目实施阶段

(1)重大决策

三福高速公路南平段是南平业主第一次建设高速公路,基础弱,经验少,在省高指的指导下,坚持以合同管理为主线,在施工全过程中不放松合同管理工作。在工程后期,要求各承包商法人代表向业主出具按期完工、确保质量的履约承诺,保证有始有终地完成建设任务。

工程项目实施过程中,南平福银高速公路有限责任公司根据实际情况,并报请省高指(省公司)同意,作出了塔前收费站暂缓实施的决定。

(2)重大变更

本项目地处山岭重丘区,地形地质条件极其复杂多变,工程变更上严格按照省高指批准的《工程变更程序》执行,按管辖权限审查批准相关工程设计变更。重要、重大工程设计变更的主要路段(项目)有:

①沿线高边坡动态设计 54 处,其中锚索 150157m,锚杆 21229m,排水孔 15132m,增加投资 1.25 亿元。主要有主线 K181~K183 牛头山路段。该段路基处于地质断裂地带,2001 年省交规院协作单位辽宁交通勘测设计院设计为 7 级边坡,路基横断面为全路幅,坡率采用 1∶0.5~1∶1;2002 年 1 月开工后省交规院有关地质人员发现该段地质破碎,于 2002 年 6 月变更设计为高低线;2003 年 5 月将高低线中线混凝土挡土墙变更为锚索肋板挡墙;2003 年 8 月发生滑坡后,变更上边坡坡率,增设锚索加固边坡。

②连接线南平北互通由于与 G205 临时连接线工程及浦南高速公路的建设将改在浦南项目实施,取消互通 1 处,增加正线里程 0.5km,临时接线工程 0.3km。

③路面工程:面层厚度从 16cm 增加到 18cm,在高填路段上下基层增设钢筋网 21000m^2,增加造价约 800 万元。

④沿线中央分隔带防撞栏原设计为钢板防撞栏,变更为混凝土预制防撞栏,共计变更20400m,增加造价600万元。

(3)重大事件

1996年,成立了南平市高速公路建设领导小组,开展工程预可行性研究工作。

1997年1月,通过省内审查,并上报国家计委和交通部。

1998年,交通部以交函规划〔1998〕421号文审查同意立项。

1999年2月,完成项目的工程可行性研究报告并通过省内审查。

1999年,成立南平市高速公路建设总指挥部。

2000年,国家发展计划委员会以计基础〔2000〕1092号文批复项目可行性研究报告,并于2000年8月以计投资〔2000〕1153号文批准开工建设。

2000年10月,项目设计单位福建省交通规划设计院完成了本项目的初步设计并上报交通部审查,并于2000年12月以交公路发〔2000〕706号文批复初步设计。

2000年12月,完成《北京至福州国道主干线福建三明际口至福州兰圃公路环境影响报告书》的编制工作,上报国家环保总局。

2001年6月,由省、市高速公路公司共同出资组建了南平京福高速公路有限责任公司。

2001年7月,完成施工图设计。

2001年11月,全面开工。

2002年7月,国家环保总局以环审〔2002〕177号文批复项目环境影响报告书。

2004年10月25日,建成并通过交工验收,试通车。

2007年12月,通过交通部组织的竣工验收。

(三)科技创新

(1)在隧道施工过程中应用现场围岩监控量测和地质超前预报数据对支护参数及形式进行调整。通过上述课题研究及新技术的运用,极大地降低了隧道施工风险,降低了长隧道通风、照明设备购置成本,有效节约了运营成本,提高了运营安全,具有重大的经济和社会效应。

(2)开展大跨度悬浇桥梁的施工控制、路堑高边坡动态设计、边坡绿化生态防护、中央分隔带"闽华Ⅰ号"混凝土护栏应用、桥面混凝土铺装凿毛工艺、高塑性黏土填筑路基技术试验等研究,均取得较好的社会与经济效益。

(3)本项目经过路段填方路段多,且多为高填方,为确保填方路段路基工程质量,在严格按施工规范要求进行填筑后,每填筑2m后就采用冲击碾进行冲击碾压,减少填方路段工后沉降,为今后运营提供安全舒适的行车环境。

(四)运营管理

1. 服务区设置

南平福银高速公路一期项目设塔前1对服务区,由福建省高速公路华陆管理有限公司投资经营管理,南平管理分公司负责行业监管。塔前服务区总建筑面积7811.4m²,内设办公楼、宿舍、公厕、加油站、汽修间等,主体结构为钢筋混凝土结构。

2. 收费站点设置(表10-2-14)

收费站点设置情况表　　　　　　　　　　　　　　　　表10-2-14

站 点 名 称	车 道 数	收 费 方 式
南平北收费站	5(2入3出)	车型+计重(现金+电子)

3. 车流量发展状况(表10-2-15)

自2004年通车至2014年12月底,共进出各型车辆32048534万辆,日均车流量8780辆,2005—2008年交调口径流量保持较快增长,平均增长达14.45%;2009年受经济危机影响增长放缓,同比只增长5.78%;2010年浦南高速公路通车与福银一期对接后(浦南高速公路于2009年12月24日通车运营),交通量恢复较快增长,2010—2014年平均增长达15.37%。

交通流量发展状况表　　　　　　　　　　　　　　　　表10-2-15

年份(年)	日均车流量(辆)	年份(年)	日均车流量(辆)
2005	2604	2011	3945
2006	2988	2012	4384
2007	3539	2013	4700
2008	3933	2014	5039
2009	2822	2015	4932
2010	3526		

四、福银线邵武至三明高速公路三明段(邵三高速公路三明段)(建设期:2003.01~2006.01)

(一)项目概况

1. 基本情况

邵三高速公路三明段是邵三国道主干线的重要组成部分,主线全长106.6km。本项目按山岭重丘区高速公路标准建设,设计行车速度80km/h,路基宽度24.5m,中央分隔带宽1.5m,双向四车道,纵坡较大路段设有爬坡车道,爬坡车道在行车道右侧加宽1.25m,

全线桥梁设计荷载为汽车—超20级、挂车—120；每车道宽度为3.75m，爬坡车道宽度为3.5m，全线为全封闭控制出入。项目初步设计概算部批金额为44.62亿元，其中，国家专项资金投入6.84亿元，福建省交通建设基金投入6.63亿元，三明市公路建设基金投入3.78亿元，其他2.91亿元，共计20.17亿元作为项目资本金，占总投资的45%，资本金以外的投资向国家开发银行和中国建设银行贷款(19.58亿元)。

邵三高速公路三明段路线始于闽赣两省交界处的沙塘隘，接江西省温家圳至沙塘隘高速公路，止于沙县际口，与已建成通车的三福高速公路相连，途经邵武市的桂林、肖家坊、和平、大埠岗及泰宁的龙湖、朱口，将乐的万安、将乐、漠源、夏茂等乡(镇)，全线共有各类桥梁114座(其中特大桥2座)；隧道21座；互通枢纽4处；全线设有4个收费所(夏茂征管所、将乐征管所、万安征管所、泰宁征管所)，3对服务(停车)区(泰宁服务区、将乐停车区、高桥服务区)；共有各类涵洞、通道377道。详见表10-2-16。

邵三高速公路三明段项目基本情况统计表 表10-2-16

序号	项目		单位	数量	备注
一	技术标准				
1	计算行车速度		km/h	80	
2	路基宽度	整体式路基	m	24.5	
		分离式路基	m	12.5	
3	桥面净宽		m	2×11.0	
4	路面			沥青混凝土路面，设计年限15年，标准轴载BZZ-100kN	
5	路基、桥涵设计洪水频率			特大桥1/300，其余均为1/100	
6	桥涵设计车辆荷载			汽车—超20级、挂车—120	
二	主要工程规模				
1	路线里程		km	106.703	
2	征用土地		亩	13915.26	
3	拆迁房屋		m²	53805	
4	路基土石方		万m³	6027.4	
5	软土地基处理		km	0	
6	桥梁(主线)		m/座	25690/114	
	其中：特大桥、大桥		m/座	2028/2	
7	匝道桥梁		m/座	514/5	
8	上跨分离		m/座	191/2	
9	互通式立交		处	4	
10	分离式立交		处	0	
11	涵洞		道	325	

续上表

序号	项 目	单位	数 量	备注
12	通道	道	52	
13	隧道	m/座	33374（单洞）/21	
14	路面（主线）	万 m²	241.034	
15	主线收费站	处	4	
16	服务区	处	2	
17	停车区	处	1	

邵三高速公路从2003年1月开工至2006年1月15日建成通车，总工期为3年，比计划工期提前1年。

2. 前期决策情况

1992年交通部制订了"五纵七横"国道主干线系统规划方案，计划用30年的时间，在全国建成3.5万km左右的高速公路，京福高速公路为国道主干线系统"五纵七横"中的一纵，它是沟通我国南北的又一条公路快速通道。拟建的国道主干线北京至福州高速公路福建段（邵武沙塘隘至福州兰圃）也是福建省干线公路网的重要路段。路线所经三明、南平、福州等地市经济发展较快，南平市邵武沙塘隘至三明际口之间的公路交通量发展也很快，为了推动和满足该区域经济的发展，适应交通量快速发展的需要，抓住机遇加快实施本项目已刻不容缓。

1997年1月9日、10日，福建省计划委员会在福州召开"京福国道主干线福建境内路线规划方案省内审查会"，并产生会议纪要。该纪要反映了省内审查的意见，包含建设的必要性、交通量预测、建设规模及采用的技术标准、路线走向及问题建议。本次会议指出，必须尽快确定设计单位，尽早开展预可研究工作。

2002年11月，国家计委以计基础〔2002〕2340号文《关于北京至福州国道主干线福建省邵武沙塘隘至三明际口公路可行性研究报告的批复》对项目工可作出了批复，根据交通部交公路发〔2002〕621号文《关于北京至福州国道主干线福建省邵武沙塘隘至三明际口公路初步设计的批复》对本项目初步设计的批复，按照国家计委计投资〔2002〕2400号文《国家计委关于下达2002年第十三批基本建设新开工大中型项目计划的通知》下达的新开工项目计划，控制性工程于2003年1月开工建设。

3. 参建单位主要情况

（1）建设单位

根据省政府"统一规划、统一设计、统一质量、统一运营和分段筹资、分段建设、分段收益"的高速公路建设和运营管理体制，由福建省、三明市组建了三明邵三高速公路有限责任公司作为本项目的法人单位，全面负责项目的建设、筹资、运营和还贷工作。项目业主成立后,在借鉴和总结省内外高速公路建设管理经验的基础上,结合本项目特点,制定并建立健全了各项建设管理制度。根据国家基本建设程序要求以及有关法律法规的规定,开展施工、监理等各项招标工作。

(2)设计单位

福建省交通规划设计院作为本项目的设计单位,根据部颁技术标准等有关规定,综合考虑建设规模、技术标准、地形、地貌、地质、水文、人文环境等因素,对项目设计进行多方案论证,确保设计质量。同时派出业务水平较高的技术骨干,全过程跟踪项目实施,为项目顺利完工提供强有力的技术支持。

(3)施工单位

本项目共划分为25个合同段,其中13个路基合同段,3个路面(含交通工程)合同段,3个边坡绿化生态防护合同段,4个房建工程合同段,2个通信、监控、收费三大系统工程合同段。各施工单位针对各自所承担任务的实际情况,投入人力、设备、资金等资源,按照技术规范和标准,实行质量责任制,执行项目业主和驻地监理的各项指令,文明施工、规范管理,确保项目按期优质建成通车。

(4)监理单位

本项目监理共分10个合同段,其中路基工程监理4个合同段,路面工程监理2个合同段,房建工程监理1个合同段,机电工程和三大系统监理2个合同段,绿化工程监理1个合同段。监理工作严格按照《监理工作程序》的规定,根据技术规范执行,对项目的"三大控制"尤其是质量控制起到至关重要的作用。施工及监理单位详见表10-2-17。

邵三高速公路三明段施工及监理单位一览表　　　　表10-2-17

标段号	标段所在地	工 程 内 容	长度(km)	施 工 单 位	监 理 单 位
MA1	泰宁县	K23+910~K36+400 路基	12.49	中国铁路工程总公司	厦门路桥建设监理有限公司
MA2	泰宁县	K36+400~K41+665 路基	5.265	天津五市政公路工程有限公司	厦门路桥建设监理有限公司
MA3	将乐县	K41+665~K51+644.665 路基	9.98	中铁十七局集团远通工程有限公司(现已更名为中铁十七局集团第六工程有限公司)	厦门路桥建设监理有限公司
MA4	将乐县	K51+644.665~K62+462.106 路基	10.817	中铁十八局集团有限公司	江苏东南交通咨询监理有限公司
MA5	将乐县	K62+462.106~K68+550 路基	6.088	中铁十七局集团有限公司	江苏东南交通咨询监理有限公司

续上表

标段号	标段所在地	工程内容	长度（km）	施工单位	监理单位
MA6	将乐县	K68+550~K80+600 路基	12.05	中铁十四局集团第一工程有限公司(现已更名为中铁二十三局集团第一工程有限公司)	江苏东南交通咨询监理有限公司
MA7	将乐县	K80+600~K87+209.48 路基	6.609	福建省第一公路工程公司	江苏东南交通咨询监理有限公司
MA8	将乐县	K87+209.48~K93+753.5 路基	6.544	中铁十五局集团有限公司	重庆中宇工程咨询监理有限公司
MA9	将乐县	K93+753.5~K99+100 路基	5.346	中铁一局集团有限公司	重庆中宇工程咨询监理有限公司
MA10	沙县	K99+100~K104+580 路基	5.48	中铁二十局集团第一工程有限公司	江苏交通咨询监理有限公司
MA11	沙县	K104+580~K113+700 路基	9.12	中铁二局股份有限公司	江苏交通咨询监理有限公司
MA12	沙县	K113+700~K123+556 路基	9.856	福建省第二公路工程公司	江苏交通咨询监理有限公司
MA13	沙县	K123+556~K130+515.406 路基	6.959	中铁十六局集团有限公司	江苏交通咨询监理有限公司
MB1	泰宁县	K23+910~K56+190 路面	32.3	福建路桥建设有限公司	福建省交通建设工程监理咨询公司
MB2	将乐县	K56+190~K93+750	37.56	浙江省交通工程建设集团有限公司	江苏东南交通咨询监理有限公司
MB3	沙县	K93+750~K130+515.406	36.765	中铁二十三局集团第一工程有限公司	江苏东南交通咨询监理有限公司

（二）建设情况

1. 项目准备阶段

（1）立项审批

项目立项：根据交通部《关于审批国道主干线北京至福州高速公路福建段项目建议书的请示》（闽计交〔1998〕172号），同意建设国道主干线北京至福州高速公路福建段。

工程可行性研究：2002年11月，国家计委以计基础〔2002〕2340号文《关于北京至福州国道主干线福建省邵武沙塘隘至三明际口公路可行性研究报告的批复》对项目工可作出了批复。

初步设计：根据交通部交公路发〔2002〕621号文《关于北京至福州国道主干线福建省

邵武沙塘隘至三明际口公路初步设计的批复》对本项目初步设计的批复,按照国家计委计投资〔2002〕2400号文下达的新开工项目计划,控制性工程于2003年1月开工建设。

环境影响评价:本项目的环境影响评价工作由重庆交通科研设计院承担,2002年11月完成了《北京到福州国道主干线福建省邵武沙塘隘至三明际口高速公路环境影响报告书》的编制工作,经有关部门审查后上报国家环保局,国家环保局于2003年12月以环审〔2003〕354号《关于北京至福州国道主干线福建省邵武沙塘隘至三明际口高速公路影响到报告书审查意见的复函》对项目环境影响报告书作出了批复。

建设用地批复:根据国土资源部《关于福建省京福国道邵武沙塘隘至三明际口公路工程建设用地的批复》(国土资函〔2004〕117号),京福国道邵武沙塘隘至三明际口公路工程建设用地已经国务院批准。

开工批复:按照国家计委《国家计委关于下达2002年第十三批基本建设新开工大中型项目计划的通知》(计投资〔2002〕2400号)下达的新开工项目计划,控制性工程于2003年1月开工建设。

(2)资金筹措

邵三高速公路三明段初步设计概算部批金额为446291万元,其中:项目资本金208430万元(交通部拨款68416万元、省级资本金88214万元、三明市级资本金51800万元);银行贷款217000万元;其他建设资金20861万元。截至2008年5月31日,累计到位建设资金384285万元。

(3)招投标工作

设计单位招标情况:由于邵三高速公路的可行性研究报告委托福建省交通规划设计院编制,为了保持设计的延续性,省市高指委托福建省交通规划设计院承担邵三高速初步设计和施工图阶段的勘测、设计工作。

施工单位招标情况:本项目施工单位招标全部工程采用国内竞争性公开招标,招标过程严格执行《中华人民共和国招标投标法》和国家、交通部有关招投标管理办法的规定及福建省的有关规定,所有招标均在公开媒体刊登招标公告,资格预审文件和招标文件均按规定上报主管部门审批,资格评审和投标文件评标工作由依法组成的评标委员会负责,评标委员会推荐第一至第三中标候选人。项目法人召开董事会研究审定后,报备省交通厅、省高指。评标报告报经交通主管部门核备后确定中标人。在整个招投标过程中,由纪检监察部门及省、市高速公路专项执法监察办公室进行全过程监督,并形成监督报告。在开标时,由公证机关对开标过程进行公证。

监理单位招标情况:本项目监理招标通过国内公开招标的方式与施工单位招标同步进行,在公开媒体刊登招标公告,采用资格预审的办法,由评标专家委员会根据各监理单位的业绩、信誉、履约能力、财务状况等方面进行综合评价比较,择优选择监理单位承担各合同段的监理工作。

(4) 合同段划分

全线共划分13个路基合同段,3个路面(含交通工程)合同段,3个边坡绿化生态防护合同段,4个房建合同段,2个通信、监控、收费三大系统合同段,2个隧道通风、照明、消防及沿线供配电系统合同段;4个路基工程监理合同段,2个路面工程监理合同段,1个房建工程监理合同段,1个机电工程和三大系统合同段,2个绿化工程监理合同段。

(5) 征地拆迁

本项目征地数量以设计单位出具的红线图为依据,按实际用地情况计量征用数量;征拆的房屋、果树、坟墓等地面物数量,以项目业主会同设计、沿线县、区高指及沿线乡(镇)政府和村委会现场联合丈量、清点并签认的数量为准。对于沿线涉及的电力、电信、广电杆线、地下光(电)缆、学校及军用设施等,由设施所有权单位按照拆迁要求,以重置标准编制工程建安成本,由项目业主审定,以审定金额作为补偿费用。

本项目永久征地共计13915.26亩,拆迁建筑物共计53805m²,共发生征迁费用21697.19万元。详见表10-2-18。

征地拆迁情况统计表 表10-2-18

征地拆迁安置起止时间	征用土地(亩)	拆迁房屋(m²)	支付补偿费用(元)	备注
2002.09~2017.01	13915.26	53805	300986000	

2. 项目实施阶段

(1) 重大决策

为满足交通量日益增长的需要,将乐互通收费广场车道数由原设计2入3出变更为2入4出。

(2) 重大变更(表10-2-19)

重大设计变更表 表10-2-19

序号	设 计 变 更 内 容
1	挖方路段原设计矩形边沟变更为浅碟形边沟,并相应取消其路侧的波形钢护栏
2	中央分隔带防撞护栏由原设计的波形护栏变更为混凝土防撞护栏。中央分隔带排水设施、手孔等亦作相应变更
3	老虎坑大桥变更为路基填筑,路基右侧采用挡土墙防护,同时增加排水涵洞及行人通道各1座
4	将乐互通收费广场车道数由原设计2入3出变更为2入4出,将乐互通F匝道路基宽度由原设计12m变更为17m,路面宽度由原设计9m变更为14m
5	坡坑隧道变更为明挖
6	雪峰山Ⅱ号隧道右洞YK96+313~YK96+341段因地质原因发生塌方,根据塌方的情况采用中、小导管配合超前注浆的方案进行塌方处理

续上表

序号	设 计 变 更 内 容
7	K102+456～K102+590段原设计为粉煤灰混凝土桩,工程造价高,施工难度较大且工期较长。根据现场实际情况,结合地质钻探资料,决定取消粉煤灰混凝土桩,对淤泥厚度小于1.5m的段落,采用全部挖除淤泥后直接填筑土方;对淤泥厚度大于1.5m的段落,采用挖除1.5m淤泥后再抛石挤淤的处理方案
8	高桥大桥变更为路基填筑
9	高速公路主线路基段沥青混凝土路面总厚度由原设计16cm变更为18cm,即上面层为4cm厚沥青混凝土抗滑表层(AK16-A),中面层为6cm厚中粒式沥青混凝土(AC-20I),下面层为粗粒式沥青混凝土(AC-25I)
10	高速公路主线中桥、小桥、明涵(通道)沥青混凝土桥面铺装层厚度原设计9cm变更为10cm(含桥头搭板)
11	取消互通立交匝道特大桥、大桥、中桥原设计的沥青混凝土桥面铺装层,变更为防水混凝土桥面铺装
12	取消原设计隧道内6cmSMA阻燃沥青混凝土铺装层,变更为26cm厚的水泥混凝土路面
13	K27+000～K32+000段铺设沥青混凝土路面试验段,试验段沥青混凝土路面上面层采用4cm厚沥青混凝土抗滑表面层(AC-13C),中面层采用6cm厚中粒式沥青混凝土(AC-20C),下面层采用15cm沥青稳定级配碎石下面层(ATB-25),基层采用16cm厚级配碎石,底基层采用30cm厚的3%水泥稳定级配碎石

(3)重大事件

2003年1月,邵三高速公路正式动工。

2003年6月底,邵三高速公路三明段各参建单位全部完成驻地建设。

2003年9月27日,MA8合同段洋坊大桥右幅8-3T梁一次试吊成功,标志着邵三高速公路T梁正式开始安装。

2003年11月26日,梨树隧道开始浇筑第一幅二衬。

2003年12月30日,MA4合同段红牙山隧道左线(全长1187m)安全、顺利、精确地贯通,比计划提前了58天。

2004年3月4日,MA9合同段雪峰山Ⅲ号隧道顺利贯通。

2004年3月28日,MA7合同段路口大桥率先完成了全桥T梁的安装(湿接缝浇筑)工作,成为邵三高速公路项目全线第一个贯通的大桥。

2004年4月30日,MA8合同段承建的洋坊大桥顺利贯通。

2004年5月22日,MA7合同段玉华洞分离式大桥顺利贯通。

2004年6月6日,MA8中铁十五局、MA9中铁一局共同承建的全长4317m的雪峰山Ⅰ号隧道右线顺利贯通。

2004年6月13日,MA10合同段中尾庵Ⅱ号大桥全幅贯通。

2004年6月22日,MA5合同段店前大桥全幅贯通。

2004年7月3日,MA5合同段芦前Ⅱ号大桥全幅贯通。

2004年7月6日,MA5合同段福匡隧道双洞贯通。

2004年7月6日,MA5合同段的福匡隧道右洞顺利贯通。至此,MJ2总监办所辖的

MA4～MA7施工合同段的7座分离式隧道及1座连拱隧道全部安全贯通，贯通总长度为14864.5延米。

2004年9月2日，MA5合同段新路大桥架通。到9月2日止，MA5合同段全标段5座大桥、2座隧道已全部贯通。

2004年9月2日，MA5合同段新路大桥T梁预制与吊装工作全部完成，MA5全线贯通。

2004年9月16日，MA4合同段良坊大桥T梁吊装架设全部完成，MA4全线贯通。

2004年9月17日，MA7合同段曹溪大桥T梁顺利架通，至此，MA7合同段全线贯通。

2004年9月20日，MA3合同段西田特大桥顺利贯通，至此，MA3合同段全线贯通。

2004年10月10日，邵三高速公路三明段路面标开始进场。

2005年12月31日，邵三高速公路通过交工验收，质量等级合格。

2006年1月15日，邵三高速公路全线建成通车。

2009年11月19日，通过交通部组织的竣工验收。

(三)复杂技术工程

雪峰山Ⅰ号隧道全长4317m(以左线计)，地处低山丘陵区，地形波状起伏大，下伏基岩为震荡系吴墩组石英片岩，基岩节理、裂隙发育，地下水以基岩裂隙为主，该隧道区断裂破碎带富水性较好，对隧道施工非常不利，带来了施工难度。

(四)科技创新

1. 椰纤维网(RRS)边坡植被防护系统喷混植生技术应用研究

在K11+350～K11+560段开展了椰纤维网(RRS)边坡植被防护系统喷混植生技术应用研究，是在喷混植生技术的基础上结合椰纤维地衣等工程材料，在坡面构建一个具有自身生长能力的防护系统，通过固坡植物的生长对边坡进行加固或美化的一门新技术。

2. 单侧目6.3m高布灯方式的宽体高效逆光照明技术

在国内公路隧道中首次采用单侧目6.3m高布灯方式的宽体高效逆光照明技术，与原双侧布灯方式相比更便于运营期间的维修与保养。

3. 一明一暗进洞技术

龙峰溪连拱隧道进口采用了一明一暗的进洞技术，属国内少见，它克服了进口段地形陡、边、仰坡较高，不利边、仰坡稳定和环境保护及施工不安全等因素。

4. 使用激光断面仪

为了更好地控制隧道超、欠挖，使用了较先进的激光断面仪，使断面开挖尺寸控制得更为准确,初支、二衬厚度得到了有效保证。

5. 应用现场围岩监控测量和地质超前预报数据

在隧道施工过程中,通过应用现场围岩监控测量和地质超前预报数据对支护参数及形式进行调整,极大地降低了隧道施工风险,降低了长隧道通风、照明设备购置成本,有效节约了运营成本,提高了运营安全,具有重大的经济和社会效益。

6. 加筋陡坡路堤防护技术

采用加筋陡坡路堤防护技术,使用路堤坡度可达到1:0.75和1:1.0,使特殊路段路基边坡处理更加多样化,节约用地。

7. 专题科研项目:邵三高速公路中央分隔带新型混凝土护栏试验研究

本项目在福建省高速公路有限责任公司、三明京福高速公路有限责任公司、福建省交通规划设计院、北京深华达交通工程技术开发有限公司等课题主持单位与参加单位的密切合作和课题人员的努力下联合进行。

近几年来,我国高速公路建设高速发展,但是对于护栏尚缺乏系统深入的试验和研究,特别是对混凝土护栏性能了解不够。我国目前大量使用的中央分隔带波形梁护栏存在防护能力较低,横向位移大,立柱穿透路基防水隔离层,在多雨地区影响路基稳定,易对通信管道造成连带破坏等问题。

本项目开发的新型混凝土护栏具有防撞、防眩、绿化、排水等综合交通功能,并简化了通信管线设施,本项目成果的应用,可以提高行车安全性、舒适性,减少人员伤亡和财产损失,降低维护费用和其他相关费用,从而提高公路运输效益,将会产生显著的社会效益。同时,本项目研究成果及所取得的数据也为制(修)订我国公路护栏技术规范积累了宝贵资料,从而提供科学依据。本项目采用静力和动力学理论、模型试验、动态数值模拟技术等先进手段,经3期10次实车碰撞验证试验,成功开发出防护能力达到400kJ的新型中央分隔带混凝土护栏,护栏各项指标均满足安全评价标准要求。项目主要研究成果:

(1)系统研究分析了新型中央分隔带混凝土护栏稳定性影响因素,提出了护栏基础的支撑块是影响护栏稳定性的决定因素,确定了护栏结构形式;

(2)建立了混凝土护栏动力学强度设计理论模型,给出了护栏碰撞力和护栏位移的关系公式,提出了动力荷载作用下护栏钢材的屈服应力值和护栏的钢筋布置方式,为今后混凝土护栏强度设计提供了理论基础;

(3)编写了新型中央分隔带混凝土护栏施工工艺指导手册,简化了施工,提高施工质量;

(4)通过试验和现场研究,优化绿化植物组合;

(5)护栏在标准路段不设纵向排水沟,只在混凝土护栏基础地下设置防水隔离层,避

免水分渗入路基排水系统,简化路基排水及通信管道施工;

(6)新型中央分隔带混凝土护栏与波形梁钢护栏相比减少了99%以上的维修工作量,路产损失降低了96.7%,虽然新型中央分隔带混凝土护栏一次性投入比波形梁钢护栏造价增加了2.57倍,但防护能力增加了4.34倍,性价比好。

(五)运营管理

1. 服务区设置

全线设有2个服务区,1个停车区:泰宁及高桥服务区总建筑面积约153846m²,内设办公楼、宿舍、公厕、加油站、汽修间等,主体结构为钢筋混凝土结构;将乐停车区总建筑面积约39600m²,内设办公楼、宿舍、公厕、加油站、汽修间等,主体结构为钢筋混凝土结构。

2. 收费站点设置(表10-2-20)

收费站点设置情况表　　　　　　　　　　表10-2-20

站点名称	车道数	收费方式
夏茂征管所	5(2入3出)	人工、ETC、自动取卡
将乐征管所	7(3入4出)	人工、ETC、自动取卡
万安征管所	6(2入4出)	人工、ETC、自动取卡
泰宁征管所	10(4入6出)	人工、ETC、自动取卡

3. 车流量发展状况(表10-2-21)

交通流量发展状况表　　　　　　　　　　表10-2-21

年份(年)	日均车流量(辆)	年份(年)	日均车流量(辆)
2006	4274	2011	9502
2007	6348	2012	8349
2008	5066	2013	8219
2009	6036	2014	8214
2010	7927	2015	8385

五、福银线邵武至三明高速公路南平段(邵三高速公路南平段)(建设期:2003.05~2005.12)

(一)项目概况

1. 基本情况

邵三高速公路南平段建设主线全长24.095km,连接线全长5.207km,采用四车道高速公路标准建设,设计行车速度80km/h,路基宽度24.5m,另外根据交通部初步设计批复,另建顺昌连接线 20.819km(采用二级公路标准),邵三高速公路南平段工程项目总投资 132970 万元。

本项目沿线处于闽西北低山丘陵地形区,总体地势西北高东南低,主要地貌类型以低山丘陵为主,间夹沟谷与溪流。沿线"U"形沟谷发育,山坡陡峻,山坡坡度一般为 15°~40°。山脉总体走向多为北东南向和东北向。

项目起于闽赣两省交界的沙塘隘,接江西省温家圳至沙塘隘高速公路,终于三明龙湖镇邵三高速公路三明段起点,沿线经过邵武市的桂林、肖家坊、和平 3 个乡(镇)。全线设肖家坊枢纽式互通式立交 1 处和朱洋服务区 1 处,在邵武市桂林乡朱洋设闽赣省际收费所 1 处,在邵武市和平镇楼下村设落地互通和平收费所 1 处。主要有桥梁 32 座,6575.4 延米,隧道(单洞)14 座,11215 延米,详见表 10-2-22。

邵三高速公路南平段基本情况统计表　　　表 10-2-22

序号	项目		单位	数量	备注
一	技术标准				
1	计算行车速度		km/h	80	
2	路基宽度	整体式路基	m	24.5	
		分离式路基	m	12.5	
3	桥面净宽		m	2×11.0	小桥与路基同宽
4	路面			沥青混凝土路面,设计年限 15 年,标准轴载 100kN	
5	路基、桥涵设计洪水频率			特大桥 1/300,其余均为 1/100	
6	桥涵设计车辆荷载			汽车—超 20 级、挂车—120	
二	主要工程规模				
1	路线里程			主线全长 24.095km,连接线全长 5.207km	
2	征用土地		亩	3004.5957	
3	拆迁房屋		m²	9979	
4	路基土石方		万 m³	1112.54	
5	软土地基处理		m³	131340.3	
6	盲沟		m	10329.85	
7	边沟、排水沟、截水沟急流槽		m	55748.8	
8	涵洞		m/道	2459.4/43	
9	护坡		m³	167547	
10	锚索(锚杆)		m	43242.2	
11	挡墙		m³	112237	
12	水泥混凝土路面		万 m²/km	17.33/5.732	
13	特大桥		延米/座	2460.55/6	
14	大桥		延米/座	3894/17	

续上表

序号	项目	单位	数量	备注
15	中桥	延米/座	140.85/3	
16	小桥	延米/座	80/6	
17	长隧道	m/座	7955/4	单洞
18	中、短隧道	m/座	3260/10	单洞
19	路面	万 m^2	53.28	
20	收费站	处	2	其中主线站1处
21	服务区	处	1	

项目主线及邵武连接线右幅于2003年5月开工,2005年12月建成试通车;邵武连接线左幅于2007年7月开工,2010年11月建成试通车。

2.前期决策情况

近年来,南平、三明、福州等地市经济发展较快,由于经济的快速发展和江西等内地省份经济协作的不断增强,南平市邵武沙塘隘至三明沙县际口之间的公路交通发展很快,本项目的建设,将带动沿线各地市的经济快速发展,使内地出海通道直达、快速、便捷。由于本项目的存在,海峡两岸内陆省份、福建省闽西北等经济辐射区增大,诱增转移交通量相当可观,本项目实施后预测2007年高速公路交通量为6489辆,老路日均交通量550辆,预测到2020年日均交通量为14601辆,老路为1499辆。因此,为适应交通量的快速发展的需求,迫切需要另建一条高等级公路来充当沟通内地出海的主通道,加快本项目的实施已刻不容缓。

南平市的武夷山、三明市的泰宁金湖及将乐玉华洞是国家级旅游景点,1998年中外游客武夷山达301万人次,是1997年的2倍,而三明的玉华洞、金湖和上青溪达200万人次,是1997年的3倍。武夷山、金湖、玉华洞已形成福建省绿三角旅游带,旅游业作为福建省五大经济产业支柱之一,其前景是乐观的。京福高速公路路线经过泰宁、将乐、南平,它的修建将大大改善旅客量快速增长带来的交通问题。

福建省是国防任务繁重的省份,福州往闽西北现有公路路况差、标准低,不能适应大规模的现代化军事需要,本项目在军事战略上是有独特意义的,将来一旦需要,沿海前线必须通过快速通道与内地后方建立密切的联系以完成快速集结与转移,对于构筑我国东南沿海军事防御体系起着十分重要的军事作用。在这一方面,高速公路有铁路无法替代的作用。因此,本项目建成通车后,对加强国防交通保障,促进祖国和平统一,具有重要的政治军事意义。

本项目路线所经三明、南平、福州等地市近年来经济发展较快。1998年三地市生产总值过1297亿元,比1997年的1168亿元增长11.04%,预测到2020年将达到1200亿元以上。现有公路难以满足区域经济的发展,拟建的项目对带动内地经济的发展,促进闽北、闽西北贫困山区的脱贫致富,实施福建省"山海协作,联运发展"战略,建设海峡西岸经济繁荣带具有重大的意义。

国道主干线京福高速公路一期工程三明际口至福州兰圃段已经交通部审查通过,而京福线江西段也正抓紧前期工作,因此,抓紧实施本项目工程亦迫在眉睫。为此,1998年2月省政府在福州召开了全省高速公路建设工作会议,确定京福高速公路福建段开通时间为2007年。

3. 参建单位主要情况

(1) 建设单位

按照福建省高速公路"四统三分"和以地市为主建设的建设体制,邵三高速公路南平段项目业主为南平京福高速公路有限责任公司。由省、市高速公路公司于2001年6月共同出资组建,履行业主职能,全面负责项目的建设、筹资、运营、还贷工作。贯彻执行项目业主法人责任制、工程招投标制、工程监理制和合同管理制,对工程建设进行质量、安全、进度、投资控制管理。

业主在建设期间派出现场管理指挥机构南平京福高速公路有限责任公司邵三代表处,内设合约部、工程部、综合部。邵三代表处负责具体实施工程质量、安全、进度、投资、合同管理,并配合地方政府和高指开展征地拆迁和民事协调工作。

本路段业主中心试验室分别委托南平公路工程试验检测中心(路基)和福州市公路局中心试验室(路面)进行,2个试验单位根据委托协议,在业主监督、指导和协调下开展试验工作。个别特殊试验项目委托有资质的试验室进行。

(2) 设计单位

根据当时国家政策,设计工作没有强制实行设计招标。邵三高速公路南平段设计工作于1999年与三福高速公路南平段一并委托给福建省交通规划设计院。

(3) 施工单位

采用公开招标方式择优选择施工单位,评标工作在省高指及上级各部门指导监督下,严格按照《中华人民共和国招标投标法》、国家7部委和福建省招投标的有关规定执行,坚持"公开、公正、公平"的原则,按照"专家评标、业主定标、上级监督"的评标体系进行。招标前资格预审文件、资格预审评审办法、招(投)标文件、招标评标办法均上报省高指、省交通厅批准后执行,各个标段(含土建、路面、机电、三大系统、房建和各监理)均向全国公开招标。邵三高速公路南平段共分为土建工程5个施工标段,路面及交通工程1个施工标段,供配电工程1个施工标段,监控、收费、通信三大系统工程1个施工标段,隧道机电工程设备供货1个施工标段,房建工程1个施工标段,绿化工程1个施工标段。

(4) 监理单位

本项目1个路基土建监理PJ合同段与路基土建施工单位主线招标同期进行,于2003

年4月18日完成;路面监理MBJ1合同段监理单位招标与施工单位招标同期进行,于2004年3月11日发布资格预审公告,9月30日完成;房建监理FJ标监理单位招标与中石化福建石油分公司联合进行,于2005年2月25日完成招标;机电监理SJ标监理单位招标,与三明路段合为一个合同段联合组织,委托福建省机电设备招标公司开展招标活动,于2005年3月25日完成;绿化标监理工作量小,由路基土建监理PJ驻地办承担。施工及监理单位详见表10-2-23。

邵三高速公路南平段施工及监理单位一览表　　　　表10-2-23

标段号	标段所在地	工程内容	长度（km）	施工单位	监理单位
PA1	邵武	路基工程	5.36	中铁十七局集团远通工程有限公司	福建省交通建设工程监理咨询公司
PA2	邵武	路基工程	6.89	中铁十七局集团有限公司	福建省交通建设工程监理咨询公司
PA3	邵武	路基工程	5.636	中铁十六局集团第一工程有限公司	福建省交通建设工程监理咨询公司
PA4	邵武	路基工程	6.173	路桥集团第一公路工程局厦门工程处	福建省交通建设工程监理咨询公司
PLA1	邵武	路基工程	4.14	广西公路桥梁工程总公司	福建省交通建设工程监理咨询公司
PB	邵武	路面工程	28.235	中铁十五局集团有限公司、北京华纬交通工程公司(联营体)	福建省交通建设工程监理咨询公司
ME	邵武	机电三大系统	28.235	成都曙光光纤网络有限公司、福建新大陆公司(联营体)	北京兴通交通工程监理公司
PD	邵武	供配电系统	28.235	铁道部第一工程局建设安装总公司	北京兴通交通工程监理公司
PSB	邵武	通风照明和隧道消防系统	28.235	中铁一局电务公司	北京兴通交通工程监理公司
PC	邵武	房建工程	28.235	福建省七建工程有限公司	福建建专工程建设监理公司
PL	邵武	绿化工程	28.235	厦门厦生园林绿化工程公司	福建省交通建设工程监理咨询公司

(二)建设情况

1.项目准备阶段

(1)立项审批

项目立项、工程可行性研究:邵三与三福高速公路作为京福高速公路福建段的组成部分,于1996年开展前期工作。国家计委2002年11月6日下发《国家计委关于北京至福州国道主干线福建邵武沙塘隘至三明际口公路可行性研究报告的批复》(计基础〔2002〕

2340号),批复工程可行性研究报告,同意路线方案、技术标准、投资控制和建设工期。

初步设计:交通部2002年12月27日下发《关于北京至福州国道主干线福建省邵武沙塘隘至三明际口公路初步设计的批复》(交公路发〔2002〕621号),正式批复初步设计。

环境影响评价:国家环保局2002年11月下发《北京至福州国道主干线福建邵武沙塘隘三明际口段高速公路环境影响报告书(报批稿)》(国环评证甲字第3102号),《关于北京至福州国道主干线福建邵武沙塘隘至三明际口段高速公路环境影响评价大纲审查意见的复函》(环监发〔2000〕121号),通过邵三高速公路全线环境保护和水土保持评价工作。

(2)资金筹措

邵三高速公路南平段工程项目总投资132970万元,投资来源为:交通部投入20384万元,省交通厅投入9893万元,省财政投入9893万元,南平市自筹17900万元,银行贷款64600万元(国家开发银行43100万元,中国建设建行21500万元),其他建设资金10300万元。

(3)招投标工作

根据国家基本建设程序要求以及有关法律法规的规定,开展施工、监理等各项招投标工作。

施工单位招投标情况:邵三高速公路南平段施工单位共11家。全部工程采用国内竞争性公开招标,招标过程严格执行《中华人民共和国招标投标法》和国家、交通部有关招投标管理办法的规定及《福建省高速公路施工招投标资格预审办法》和《福建省高速公路施工招标评标办法》,所有招标均在《中国经济导报》《中国交通报》上刊登招标资格预审通告,由业主组织或委托招标办实施招投标,各项招标均采用资格预审的方式进行。资格预审文件和招标文件均按规定上报主管部门审批,资格评审和投标文件评标工作由依法组成的评标委员会负责,评标报告经交通主管部门核备后确定中标人。招标全过程接受专项监察执法领导小组的监督,坚持"公开、公平、公正、客观准确"的原则,严格执行招、评标工作纪律。

监理单位招投标情况:依据交通部《公路工程施工监理招标投标管理办法》、《关于规范全省高速公路工程监理管理》(闽高路工〔1999〕24号)的通知精神,结合邵三高速公路南平段构造物多的特点以及施工标段划分的情况,由福建省高指会同业主组织招标,在《中国交通报》上刊登招标通告,面向全国择优选择监理队伍,分别完成了全线路基工程1个监理标段、路面工程1个监理标段、机电工程1个监理标段、房建工程1个监理标段的招投标工作。

(4)合同段划分

路基工程共划分为5个合同段,路面及交通安全设施工程划分为1个合同段,绿化工程划分为1个合同段,房建工程划分为1个合同段,交通三大系统工程划分为1个合同段,供配电工程划分为1个合同段,隧道消防与通风照明工程划分为1个合同段。

(5)征地拆迁

①基本情况。本项目征地拆迁工作涉及邵武市沿线4个乡镇、泰宁县1个乡镇(11个行政村)。设计征地2809.82亩,设计拆迁房屋13095m^2,部批征迁概算为4768.576万元。征地拆迁工作从2002年底开始至2003年底红线内的征地拆迁基本结束(除变更扩征外),之后征迁工作重点转向民事协调以及设计遗漏和变更扩征所增的征迁工作。

②征迁工作的机构设置和工作的一般程序。在南平市高指、邵武市高指、各相关乡镇设立三级征迁工作机构。为了便于协调理顺,三杆拆迁征迁工作以南平市高指征迁办为主负责,其余的征迁工作以邵武市高指为主,邵武市高指根据2003年3月与南平市高指签订的《京福高速公路邵武境内征地拆迁工作协议》,对红线内征地拆迁和民事协调工作实行包干。

征迁工作的一般程序是:

a. 依据用地图和征迁数量表,按照有关法规和政策规定,会同有关部门测算征地和拆迁补偿标准后,邵武市政府以《邵武市政府关于印发京福高速公路南平段征地补偿和拆迁安装若干规定的通知》(邵政〔2003〕综62号)批准后执行。

b. 根据征地红线图,放样测量勘界地类面积,并按程序办理征地报批手续。

c. 有关各方到征迁现场核实确认被征征物的类别、等级、数量、权属等,经签字确认、造表,签订征迁补偿协议书,并由各村委会张榜公布。

d. 邵武市将所签订补偿协议书集中上报南平市高指审核并拨付征迁补偿费。

③本项目由于线路经过邵武市桂林乡、肖家坊镇等地段属于崇山峻岭,情况复杂,因此征地拆迁工作异常困难,但通过业主和邵武市各有关部门的努力,在妥当的措施和适当的力度下,征迁过程中未发现违章用地行为,有关征迁及民事有关纠纷问题均得到了积极协调解决。累计支付征迁费用6677.6198万元。

全线实际征用土地3004.5957亩,已拨付征地款4010.3486万元,其中耕地1104.8585亩,租用临时用地788.5622亩(其中耕地439.804亩),拆迁各类房屋9979m^2,迁移三杆三线52km,架设10kV施工用电专线4条35km,架设35kV施工用电专线1条24km,安装变压器25台,已支付费用1080.9237万元。架勘测费39.3708万元。税费(开垦费、植被费等)861.3974万元。文物勘探费、持费、评估费等其他费用685.5792万元。详见表10-2-24。

征地拆迁情况统计表　　表10-2-24

项目名称	征地拆迁安置起止时间	征用土地(亩)	拆迁房屋(m^2)	支付补偿费用(万元)	备注
邵三主线	2003.03~2003.12	3004.5957	9979	4010.3486	

2. 项目实施阶段

(1)重大决策

2003年9月,省高指根据当时高速公路路网规划与实际情况下发闽高路工

[2003]209号文《关于邵三高速公路南平段邵武连接线按右幅实施的批复》，本项目邵武连接线只实施右幅，同时和平互通匝道只建设A匝道和G匝道，与省道对接通往邵武。

（2）重大变更（表10-2-25）

重大设计变更表　　　　　　　　　　　　　表10-2-25

序号	设　计　变　更　内　容
1	朱洋隧道洞身缩短及进出洞口取消或缩短管棚变更元
2	沙塘隘隧道进洞口延长
3	根据省高指要求朱洋服务区及闽赣收费站变更扩大并改善其排水系统，通道涵变更
4	根据隧道监控量测结果，将隧道V类围岩初喷混凝土厚度由8cm改为6cm，节省资金约123万元
5	隧道围岩实际比设计类别高，稳定性好，降低支护节省造价约246万元
6	取消高温隔热防火涂料和水泥漆，节省造价约192万元
7	邵武互通B匝道桥压缩第1联和第6联共10跨，优化为填土路堤，节省造价473.5万元
8	为减少PA4标借土方量，将互通区A、B匝道间山包挖除，取消防护和避免借方，可节约造价约187万元
9	冲元大开挖放缓坡率，加大平台宽度，取消预应力锚索和框架，减少服务区填土借方量，节省投资约180万元
10	邵武连接线改单幅实施，减少投资约4000万元
11	邵武连接线路面结构层变更，减少投资约248万元
12	全线软基处理因地质变更增加投资约520万元
13	取消和合并涵洞通道工程，节省投资约200万元
14	高挡墙地形、地质变化引起挡墙加高，基础加深，增加投资约400万元

（3）重大事件

2001年6月，由省、市高速公路公司共同出资组建了南平京福高速公路有限责任公司。

2002年4月1日，福建省计委下发闽计重点[2002]17号《福建省发展计划委员会关于印发北京至福州国道主干线福建邵武沙塘隘至三明际口高速公路初步设计省内审查会议纪要的通知》，邵三高速公路完成省内审查。

2002年11月6日，国家计委下发计基础[2002]2340号《国家计委关于北京至福州国道主干线福建邵武沙塘隘至三明际口公路可行性研究报告的批复》。

2002年11月，国家环保局下发国环评证甲字第3102号《北京至福州国道主干线福建邵武沙塘隘三明际口段高速公路环境影响报告书（报批稿）》。

2002年12月27日，交通部下发交公路发[2002]621号《关于北京至福州国道主干线福建省邵武沙塘隘至三明际口公路初步设计的批复》。

2003年6月，项目全面开工。

2005年12月30日，建成通过交工验收。

2006年1月15日,试通车。

2011年4月16日,通过交通部组织的竣工验收。

(三)复杂技术工程

1. 高边坡动态设计

由于南平境内地形陡峭,路基高边坡多,邵三高速公路引用高边坡路基动态设计理念。根据路基开挖揭示后的地质、地形条件,选择适宜有效的边坡防护形式,采用预应力锚索、锚杆防护等方案。每个坡面正式开工前均实施试验孔进行实地现场试验,采集各试验孔不同孔位、孔深抗拔应力等第一手翔实数据,提供给设计单位;设计部门及时对设计参数进行修正,使高边坡锚固工程更加安全可靠。

2. 特大桥

本项目建设桥梁工程主要有层溪Ⅲ号桥梁、桥梁等关键桥梁。在悬浇梁施工前,组织专家对施工方案、施工工艺进行专题论证,对悬浇挂篮、结构受力、制作要求等进行专题验算、复核,施工过程中对悬浇梁进行全程监控量测,分析形变量,复核预留变形量,全线所有悬浇梁均实现了无外力条件自然合龙,且合龙精度达到设计要求。

(四)科技创新

(1)邵三高速公路南平段在K11+350~K11+560段开展了椰纤维网(RRS)边坡植被防护系统喷混植生技术应用研究。椰纤维网边坡植被防护喷混植生技术是指在喷混植生技术的基础上结合椰纤维地衣等工程材料,在坡面构建一个具有自身生长能力的防护系统,通过固坡植物的生长对边坡进行加固或美化的一门新技术。主要技术要点为:使用专用的喷射机将拌和均匀的厚层基材(客土掺加外加剂)混合物按设计厚度喷射到岩石喷面上,使客土物料紧贴岩石坡面,并用椰纤维地衣覆盖表面,创造草类与灌木生存的良好环境,最终恢复坡面生态复合功能。由工具式锚钉或锚杆、复合材料网、厚层基材料、表面椰纤维网四大部分组成。

椰纤维网边坡植被防护喷混植生技术综合了椰纤维和植物护坡的优点,起到了复合护坡的作用,与传统的喷混植生技术相比具有以下优点:

①由于椰纤维的柔韧性,能适应不规则的坡面铺设,可以减少边坡的修整工作量,椰纤维网为工业化产品,在施工非常紧张的时候,可以大量减少边坡工作时间,让成形的椰纤维网能在极短的时间内完成覆盖,以抵抗雨水的冲刷。

②在边坡没有植被覆盖的时间,椰纤维网抵抗雨水冲刷径流速度可达到3m/s,可以抵抗大雨的冲刷。待植物生长茂盛时,由于椰纤维的存在,能抵抗冲刷的径流速度达6m/s,为一般草皮的2倍多,植物的庞大根系与椰纤维的网筋连接在一起,形成一个板块结构

(相当于边坡表层土壤加筋),从而增加防护层的抗张强度和抗剪强度,限制在冲蚀情况下引起的"逐渐破坏"(侵蚀作用会对单株植物直接造成破坏,随时间推移,受损面积加大)现象的扩展,最终限制边坡浅表层滑动和隆起的发生。

③椰纤维网的存在,对减少边坡土壤的水分蒸发、增加入渗量有显著的作用。对于抵抗连续干旱和减少后期养护工作有着显著的效果。由于椰纤地衣材料为天然的植物纤维,具有吸热保温的作用,可促进种子发芽,有利于植物生长。5~10年后,椰纤维网自然降解为有机土壤,非常环保。

椰纤维网边坡植被防护喷混植生技术有效地解决了公路、铁路及市政工程中边坡防护中存在的大量岩质边坡、高陡边坡防护等问题。该技术完全可以替代现行的骨架防坡,并可替代部分锚喷和浆砌片石护坡,不仅显著地提高了边坡的整体和局部稳定性,还使岩石上生长植被成为现实,有效地解决了清山挂白的生态问题,而且施工速度快、成本低、管理简单,符合边坡工程的发展方向,在我国水土保持中有很大的应用价值。

(2)在国内公路隧道中首次采用单侧6.3m高布灯方式的宽体高效逆光照明技术。

(3)在隧道施工过程中应用现场围岩监控量测和地质超前预报数据对支护参数及形式进行调整。通过上述课题研究及新技术的运用,极大地降低了隧道施工风险,降低了长隧道通风、照明设备购置成本,有效节约了运营成本,提高了运营安全,具有重大的经济和社会效应。

(4)同时还开展大跨度悬浇桥梁的施工控制、路堑高边坡动态设计、边坡绿化生态防护、中央分隔带"闽华Ⅰ号"混凝土护栏应用、桥面混凝土铺装凿毛工艺、高塑性黏土填筑路基技术试验等研究,均取得较好的社会与经济效益。

(5)采用加筋陡坡路堤防护技术,使用路堤坡度可达到1:0.75和1:1.0,使特殊路段路基边坡处理更加多样化,可节约用地。

(五)运营管理

1.服务区设置

邵三高速公路南平段共设置1对服务区:朱洋服务区总建筑面积约2450m^2,内设办公楼、宿舍、公厕、加油站、汽修间等,主体结构为钢筋混凝土结构。

2.收费站点设置(表10-2-26)

收费站点设置情况表　　　　表10-2-26

站 点 名 称	车 道 数	收 费 方 式
福银闽赣(主线站)	12(4入8出)	人工、ETC、自动取卡
和平	5(2入3出)	人工、ETC、自动取卡

3. 车流量发展状况(表10-2-27)

交通流量发展状况表　　　　　　　　　表10-2-27

年份(年)	日均车流量(辆)	年份(年)	日均车流量(辆)
2006	2077	2011	3770
2007	2574	2012	4577
2008	2645	2013	4735
2009	3092	2014	4971
2010	3862	2015	5504

第三节　G76厦门至成都国家高速公路福建段(厦蓉线)

一、厦蓉线厦门(海沧)至漳州(天宝)高速公路厦门段(厦漳高速公路厦门段)(建设期:2010.10~2015.02)

(一)项目概况

1. 基本情况

厦漳高速公路厦门段项目起点为厦门市海沧区角嵩路与兴港路的平交口,路线以高架桥形式沿角嵩路由东往西经海沧的宁坑、马垄、北市、瑶村,分别设置海沧港互通和海新互通连接芦澳路和海新路,至院前设青礁枢纽互通连接厦漳跨海大桥,再穿青新隧道后在山边洪村设置新阳互通,经厦门第一农场、东埔,设箱形通道下穿鹰厦铁路东孚编组站,于林后村西南角设厦门海沧枢纽互通与沈海高速公路贯通,在厦、漳两市交界的汀洋与本项目的漳州段相接。路线全长约18.00km。

路线全程采用100km/h高速公路设计速度标准,起点K0+000~K0+750段为厦蓉线与角嵩路共用段,路基采用整体宽度57.5m(含1.75m侧分带、7.5m宽辅道、2.5m宽人行道);海沧港互通—新阳互通K11+837.057采用双向六车道标准,分离式路基宽度33.5m,无整体式路基(海沧港互通—青礁枢纽互通地面层角嵩路双向六车道,并设7.5m宽辅道、2.5m宽人行道);新阳互通K11+837.057~厦门海沧枢纽K16+109.73采用双向八车道标准,路基宽度41m,其中K11+837.057~K12+206.291、K14+470~K15+754.204采用分离式路基,K12+206.291~K14+470、K15+754.204~K16+109.73采用整体式路基;厦门海沧枢纽K16+109.73~K18+000采用双向六车道标准,整体式路基标准宽度33.5m。

沿线设厦门西主线及厦门西(新阳)、海沧匝道3个收费站,海沧枢纽、新阳、青礁枢纽、海新及海沧港 5 个互通式立交,青新隧道、东孚隧道 2 座隧道,角嵩路高架桥 1 座特大桥。项目建设工期为 6 年,其中主段 K0+000~K18+000 段及海沧枢纽互通匝道于 2015 年 2 月 13 日建成通车。

2. 前期决策情况

本项目的建设将有利于完善全国及区域的交通网络,缓解区域交通压力,充分发挥东南沿海港口资源优势,为内陆通往东南沿海提供了一条更为便捷的出海大通道;本项目的建设有利于发挥对台区位优势,进一步吸引台湾产业转移和扩大闽台合作交流;本项目与厦门机场及规划中的福厦、龙厦、厦深铁路的有机结合,将有利于将厦门建设成为国家综合交通枢纽,提高厦门的区域综合竞争力。

本项目的实施将与已建成通车的漳龙、龙长高速公路共同构成横贯福建省的山海主通道,不仅缩短了闽西、湘、赣等内陆地区至厦门湾港口的时空距离,完善了厦门湾港口集疏运输系统,还可以使厦门湾港口经济腹地向赣南、粤东及湘南等地区推进。通过本项目的建设,完善了国家和区域路网,对强化长三角、珠三角和海西区域间的经济协作,拓展福建腹地的前沿基地,激励旅游事业,全面提升福建及周边区域的社会经济水平,以及提高国防交通保障能力,促进祖国和平统一,构筑和谐社会都具有十分重要的意义。

(1) 任务来源

①完善国家和海峡西岸高速公路网的需要;

②扩大对台交流合作的需要;

③建设海峡西岸经济区的需要;

④促进区域经济发展和适应交通量增长的需要;

⑤增强国防交通保障的需要。

(2) 任务依据

①《交通运输部关于厦门(海沧)至漳州(天宝)公路初步设计的批复》(交公路发〔2009〕592 号);

②厦门(海沧)至漳州(天宝)高速公路厦门段两阶段初步设计省内初审会议纪要及专家组意见;

③厦门(海沧)至漳州(天宝)高速公路厦门段两阶段初步设计厦门市初审会议纪要及专家组意见;

④《厦门(海沧)至漳州(天宝)高速公路厦门段两阶段初步设计文件》(2009 年 6 月);

⑤厦门高速公路工程建设指挥部关于厦门(海沧)至漳州(天宝)高速公路厦门段施工图定测外业验收会议纪要;

⑥国家高速公路网厦成线厦门(海沧)至漳州(天宝)高速公路厦门段勘察设计合同(2008 年 2 月);

⑦国家高速公路网厦成线厦门(海沧)至漳州(天宝)高速公路厦门段勘察设计招投标文件(2008年2月)。

(3)建设条件

厦漳高速公路厦门段沿线分布较多的环境敏感点,主要包括:海沧区野生动物园、角嵩路沿线的居住小区、厂区、村庄及学校、圣地亚哥居住小区、规划的蔡尖尾山休闲旅游片区、山边洪村、规划的T项目、东浦村、中浦路两侧的厂区、山边村等。其中圣地亚哥居住小区、山边洪村、规划的T项目、中浦路两侧的厂区对路线方案的确定起着决定性作用。

沿线重要设施包括角嵩路沿线的多种地下管线(包括军用油管)、厦门出口加工区、规划中的海沧物流园区、220kV京口变电站输电线路、500kV海沧变电站输电线路、北溪引水左干渠($12m^3/s$)及特区供水管($6m^3/s$)、鹰厦铁路东孚编组站。针对沿线的各种管线搜集了相关资料,确定了位置及形式,并于2008年6月10日在厦门规划局与各类管线主管部门召开了协调会并进行了沟通,有关拆迁方案有待进一步落实。北溪引水渠及特区供水管道采用桥梁方式跨越。鹰厦铁路编组站采用下穿通道形式穿越。

本项目在南部工业区沿已建的角嵩路高架,一方面,离海沧港区较近,便于港口交通的快速集疏,充分发挥了本项目疏港通道的功能;另一方面,本项目离海沧新市区仅约7km,既便于城市交通的出行,又可减轻对城市的干扰。蔡尖尾山作为海沧的休闲旅游片区、海沧区绿地系统的主要核心之一,片区主要功能是发展以山体主题公园为主要形式的假日休闲和旅游项目,同时结合片区内的宗教寺庙开展宗教文化旅游,成为海沧主要的旅游基地。其环保景观要求较高,本项目以隧道形式通过,符合此片区规划的环保要求。新阳片区路线沿规划的T项目西南边缘预留的本项目通道布置,尽量减轻对总体规划的干扰。东孚片区利用了规划中预留的本项目通道和沈海高速公路林后互通通道,尽量减少了沿线房屋的拆迁。本项目线位的选择充分考虑了与海沧总体规划相适应,同时既要考虑充分发挥本项目城市交通及港区交通的快速集散功能,又要减少公路用地和沿线房屋拆迁。

3.参建单位主要情况

建设管理单位:福建省高速公路建设总指挥部。

设计单位:中交公路规划设计院有限公司。

监理单位:厦门中平工程监理咨询有限公司、合诚工程咨询股份有限公司、铁四院工程监理咨询有限公司。

施工单位:中铁十局集团有限公司、中城建第二工程局有限公司、中铁十五局集团有限公司、中铁电气化局集团西安铁路工程有限公司、中交第一公路工程局有限公司等。

(二)建设情况

1. 项目准备阶段

(1)立项审批

2009年5月29日,国家发展和改革委员会以《国家发展和改革委员会关于福建省厦门(海沧)至漳州(天宝)公路可行性研究报告的批复》(发改基础〔2009〕1287号)批准了项目立项。2009年11月6日,交通运输部《关于厦门(海沧)至漳州(天宝)公路初步设计的批复》(交公路发〔2009〕592号)批复了厦成高速公路的初步设计方案。后根据市高指〔2009〕05号《厦门高速公路工程建设指挥部关于征地拆迁及工程建设问题协调会议纪要》精神,为节约建设成本,"该项目下穿东孚铁路编组站300m通道工程的建设问题,会议同意由市路桥公司负责,直接委托铁路部门承担施工和监理任务"。厦门路桥集团和新建鹰厦、厦深铁路东孚编组站施工单位中铁二十四局集团有限公司协商,下穿新、旧鹰厦铁路隧道段300多米隧道(K15+055~K15+395)由二十四局负责实施,监理为铁四院工程监理咨询有限公司。

(2)资金筹措

厦漳高速公路厦门段项目投资分为三部分,包括:国家安排中央专项基金(车购税)2.11亿元;厦门市财政资金投入15.67亿元;银行贷款28.73亿元。

(3)征地拆迁

全线总用地面积2840亩(含漳州龙海用地),厦门境内新征用地约1149亩;临时用地59.69亩,拆迁20.63万m²。涉及的管线主要有电力、自来水、污水、林德气体、部队油管、电信、移动、联通、部队光缆、厦门钨业原水管等,管线迁改量极大,涉及沿线线路长。

本工程厦门境内征地拆迁工作由海沧区政府负责,具体实施由海沧区东孚镇负责。由于工程途经村庄、企业较多,沿线地下管网复杂,拆迁工作进展十分困难,工程施工举步维艰。为加快征地拆迁的进度,代建业主厦门路桥建设集团有限公司主动承担了电力、军用管线部分的迁移任务,并全面监督和主动介入协调各种拆迁工作。最终,在政府和各级部门的大力支持下,影响海沧枢纽互通的大部分拆迁问题于2013年10月基本得到了解决,保证了工程顺利完工。征地拆迁情况详见表10-3-1。

征地拆迁情况统计表 表10-3-1

项目名称	征地拆迁安置起止时间	征用土地(亩)	拆迁房屋(万m²)	支付补偿费用(亿元)	备注
一期	2010.01~2013.10	1149	20.63	6.41	

(4)招投标及合同段划分

厦漳高速公路厦门段主体工程分为7个标段,全部工程实行国内竞争性招标。根据该项目的性质、特点,依照国家的招标程序和"菲迪克"合同条款,该工程采用合理低价中

第十章
高速公路建设项目实况

标、单价承包形式。厦门段工程分为 26 个合同段,其中主体工程按工程量及性质分为 7 个合同段,路面工程及交通工程 4 个合同段,房建工程 1 个合同段,机电工程 3 个合同段,绿化工程 8 个合同段,监理 3 个合同段。

①设计单位招标

通过公开招标,于 2008 年 1 月确定中交第二公路勘察设计研究院有限公司作为设计单位。

②施工单位及监理单位招标

为保证工程质量和工期,必须尽可能选择国内优秀和负责任的大型施工、监理单位参与本工程建设。项目针对厦成高速公路厦门段工程实际情况,组织编制了详细的招标文件、严格的资格审查条件、技术规范及各种强制性条款。在招标相关文件中对报名参与投标的施工和监理单位的资质、经验、信誉、拟投入人员和设备等各方面要求均作了严格的规定,经评标委员会严格评审和层层筛选后推荐中标单位,报上级主管部门审批后依法产生中标单位。详见表 10-3-2。

标段划分情况表　　表 10-3-2

标段号	标段所在地	工程内容及长度	施工单位
A1	厦门海沧区	路线全长 4.0935km(起止里程为 K0+000~K4+093.5)。主要施工范围包括海沧港互通式立交、角嵩路高架桥;路基土石方:挖方 17.6 万 m^3,填方 17.8 万 m^3	中铁十局集团有限公司
A2	厦门海沧区	路线全长 2.135km(K4+093.500~K6+228.500)。主要施工范围包括角嵩路高架桥(主线桥)左幅 2132.5m,右幅 2135.0m,海新互通 1 座,含匝道桥 1626.99m/8 座。全线桩基共 470 根,桩基总长 18279m。桥墩、承台各 215 个,桥台 11 个	中城建第二工程局有限公司
A3	厦门海沧区	路线全长 0.7715km(K6+228.500~K7+000.500)。主要内容包括路基、青礁枢纽互通桥,均为现浇预应力混凝土箱梁。主线桥长 1177.4m/4 座,匝道总长 6558.958m,连接线长 1065m;涵洞 3 道;地方道路改路全长 3778.286m	中铁十五局集团有限公司
A4	厦门海沧区	路线全长 3.88km(ZK7+000~ZK10+880)。本合同段路线总长 2.170km,主要施工范围包括青新隧道进口端长 3437m(其中左线 1711m,右线 1726m);青礁枢纽互通北鼻端约 400m 路基工程,涵洞工程 5 座	中铁电气化局集团西安铁路工程有限公司
A5	厦门海沧区	路线全长 2.46km(ZK10+880~ZK13+340)。主要施工内容包括新阳互通及青新隧道,具体数量路基填方 73 万 m^3,挖方 80 万 m^3,大桥 3 座,地道桥 1 座,涵洞 12 座,隧道 3009.6 延米	中铁十五局集团第五工程有限公司
A6	厦门海沧区	路线全长 4.66km(K13+340~K18+000)。主要工程包括天桥 190.8m/7 座,小桥 33.6m/2 座,中桥 415.2m/8 座,分离式立交 329m/4 座,超大断面东孚明挖隧道 1 座,海沧枢纽互通 1 座,收费站 1 处,涵洞 22 座,通道 3 座	中交第一公路工程局有限公司
A7	厦门海沧区	(K15+055~K15+395)主要施工范围包括东孚隧道下穿厦深高铁段	中铁二十四局有限公司

2. 项目实施阶段

项目实施过程中,福建省高速公路建设总指挥部及时根据施工进程中出现的问题、困难和新情况,进行了几个方面的设计调整和工程优化,以进一步提升工程质量和设计合理性。

(1)青路北侧三层立交削坡处理及防护变更事宜

马青路北侧山坡花岗岩的不均匀风化程度较为严重,岩体节理多,较为破碎,局部球状风化严重,与原施工图设计地质相差较大,边坡无法按原设计成型,甚至部分段落截水平台也未能按设计成型,坡面上悬石参差不齐。为确保边坡的安全,设计院提出的对部分边坡及匝道之间的夹角重新削坡变缓、部分地段增加 SNS 边坡防护形式的总体方案。

(2)主线 2 号桥桥台处理问题

主线 2 号桥 3 号台位置地质为中风化与强风化相间,同时岩石节理发育,在控制爆破过程中造成部分裂缝处岩石脱落,对松散部位清理后局部超挖,为确保主线 2 号桥 3 号台施工,采用 C30 素混凝土填补超挖部分。此外,由于主线 2 号桥 1 号墩及 3 号台局部为主 A 匝道及 NG3 边坡处,施工承台及墩柱时需对边坡进行爆破,桥梁墩柱施工完成后局部段落无法采用绿化进行防护,采用片石混凝土挡墙执行支挡。

(3)新增 NG3 辅道

NG3 辅道是厦漳高速公路厦门段青礁枢纽互通原市政道路改道一部分,位于厦门市海沧区青礁村。原设计属于 A3 标,后因征拆原因,对线形进行调整,部分段落在 A4 标范围内,约长 161.113m,其中地道桥长 23.88m,其余为路基工程。

(4)翁角路地道桥位置调整

由于翁角路位置发生变化,导致翁角路地道桥位置和高程相应发生变化。平面位置向厦成高速公路主线小里程方向平移 10m,基坑开挖最大降幅近 4m。

(5)海沧枢纽互通改渠 GQK0+413~GQK0+488 段明渠改暗涵工程

海沧枢纽互通改渠设计整体流水面较低,其中 GQK0+413~GQK0+488 段改渠流水面与左侧山坡顶面高差 14.2m,由于连日降雨,雨水渗透到土体内,使土体饱和度增加,引起抗剪强度大幅度下降,导致山体发生大面积溜坡,而且溜坡有进一步扩大的趋势。

根据调查了解,该山坡是钢宇有限公司在进行厂房建设时弃土堆积形成的,工程地质性质差。山体溜坡对原本已经施工完的改渠墙身进行挤压,改渠墙身设计本身不起支挡防护作用,无法承受溜坡推力最终倒塌,改渠被堵塞,严重影响互通内排水。同时该山体溜坡后,会导致 I 匝道 2 号桥 9 号桥台外露,桥台锥坡被破坏,且对台后路基影响较大。

通过认真讨论研究确定,对海沧枢纽互通 GQK0+413~GQK0+488 段改渠进行如下调整:

①将 GQK0+413~GQK0+488 段梯形明渠改成 φ3200mm 带底座钢筋混凝土圆管

涵,与涵洞相接处设置混凝土矩形检查井,方便维护和清淤。

②管涵安装完后,再沿 I2 桥 9 号桥台锥坡按照 1:2 坡率填筑微地形,起反压作用,确保山坡稳定和 9 号桥台安全,防止溜坡影响进一步扩大。

(6)东孚隧道 K15+630~K15+826 段边坡防护变更

东孚隧道左辅 K15+630~K15+826 段边坡为匝道收费服务区,目前已提交施工用地,将该处边坡由围护桩加锚索结构改为自然放坡加围护桩,可减少至少 2 层锚索施工,同时可缩短工期约 1 个月,将节约投资约 300 万元。

(三)运营管理

1. 收费站点设置(表 10-3-3)

收费站点设置情况表　　　　　　　　　　　　　　　　表 10-3-3

站点名称	车道数	收费方式
海沧站	13(5入8出,含进出两道ETC)	人工、ETC、自动取卡
厦门西站	15(4入11出,含进出两道ETC)	人工、ETC、自动取卡
厦门西(新阳)站	12(5入7出,含进出两道ETC)	人工、ETC、自动取卡

2. 车流量发展状况

自 2015 年厦蓉段通车以来,高速公路交通量迅速增长,随着项目影响区域社会经济的迅速发展,厦蓉段交通量仍将保持较高的增长速度。详见表 10-3-4。

交通流量发展状况表　　　　　　　　　　　　　　　　表 10-3-4

年份(年)	日均车流量(辆)
2015	7739

二、厦蓉线厦门(海沧)至漳州(天宝)高速公路漳州段(厦漳高速公路漳州段)(建设期:2010.03~2014.09)

(一)项目概况

1. 基本情况

厦漳高速公路漳州段(含华安连接线)起于厦门段终点海沧枢纽互通厦漳交界处(桩号:K18+005.124),经龙海、长泰、华安、芗城 4 个县(市、区),终点在天宝镇的高林设天宝枢纽互通接漳龙高速公路(桩号:K58+254.923),主线全长 40.261km,按双向六车道高速公路标准设计,设计行车速度 100 km/h,路基宽 33.5m。另建华安连接线长 5.94km(含永漳高速玉兰至丰山段 2.403km),其中,起点(玉兰枢纽互通出口处)至永漳高速公路丰山互通段 2.403km 按双向四车道高速公路标准设计,设计速度 80km/h,路基宽度 24.5m。项目设计概算总投资 43.25 亿元,实际完成投资 40.71 亿元,节约投资 2.54 亿元。

全线共有各类桥梁 67 座(其中大桥 28 座),隧道 1 座;全线设天柱山、长泰、丰山、石亭等 4 处一般服务性互通及陈巷、玉兰、天宝等 3 处枢纽互通,兴泰服务区 1 对,长泰管理中心 1 处,分离式立交 6 座。详见表 10-3-5。

厦漳高速公路漳州段项目基本情况统计表 表 10-3-5

序号	项目		单位	数量	备注
一	技术标准				
1	计算行车速度		km/h	100	
2	路基宽度	整体式路基	m	33.5	
		分离式路基	m	16.75	
3	桥面净宽		m	2×15.5	
4	路面			沥青混凝土路面,设计年限 15 年,标准轴载 100kN	
5	路基、桥涵设计洪水频率			特大桥 1/300,其余均为 1/100	
6	荷载标准			公路—Ⅰ级	
二	主要工程规模				
1	路线里程		km	厦成高速公路漳州段 40.261km,华安连接线 5.94km(含永漳高速公路玉兰至丰山段 2.403km)	
2	征用土地		亩	6070	
3	拆迁房屋		m²	111427	
4	路基土石方		万 m³	1624.22	
5	软土地基处理		km	9.001	
6	桥梁(主线)		m/座	10098.42/48	
	其中:特大桥、大桥		m/座	9257.2/28	
7	匝道桥梁		m/座	1532/12	
8	上跨分离		m/座	65/1	
9	互通式立交		处	7	3 处为枢纽互通
10	分离式立交		处	6	
11	涵洞		道	94	
12	通道		道	52	
13	隧道		m/座	3.38/1	
14	路面		万 m²	147.346	
15	主线收费站		处	4	
16	服务区		对	1	

本项目于2007年筹备,2010年3～10月分四次开工,其中先行开工段A4合同段于2010年3月开工,A1、A2、A6合同段于2010年6月开工,A5合同段于2010年7月开工,A3合同段开工于2010年10月。除项目起点(K18+005.124)至十里大桥(K24+099.6)段长6.094km由于天成山隧道发生重大突泥灾害,于2014年9月30日建成通车外,其余全线于2013年12月28日建成通车。

2. 前期决策情况

随着厦门、漳州经济的快速发展和厦门港口吞吐量的不断增长,厦门海沧至漳州段公路交通量增长较快,而厦门海沧至漳州公路沿线有台商投资区和各类开发区及城镇等,基本已街道化,随着交通量的增长,交通事故时有发生,已有道路无法适应未来交通量增长的需求。因此建设厦门海沧至漳州高速公路是促进区域经济发展和适应交通量增长的需要。

福建省交通规划设计院编制完成厦成线厦门(海沧)至漳州(天宝)高速公路工程可行性研究报告。2009年9月,国家发改委以《关于福建省厦门(海沧)至漳州(天宝)公路可行性研究报告的批复》(发改基础[2009]1287号)批复本项目"工可"。

3. 参建单位主要情况

(1)建设单位

按照福建省高速公路建设管理体制,工程建设以漳州市为主负责并组织建设。2007年12月7日,组建漳州厦成高速公路有限责任公司,全面负责项目筹资、建设管理工作。

(2)设计单位

中交第二公路勘察设计研究院承担厦成高速公路漳州段(含华安连接线)初步设计阶段和施工图阶段的勘测、设计工作。

(3)勘察监理及设计咨询单位

中交公路规划设计院有限公司承担厦成高速公路漳州段(含华安连接线)勘察监理及设计咨询工作。

(4)施工单位

施工单位共10家。路基工程共划分为6个合同段,路面、交通安全设施、绿化及房建工程划分为2个合同段,监控、收费、通信系统工程划分为1个合同段,通风、照明及沿线供配电系统工程划分为1个合同段。

(5)监理单位

监理单位共3家。全线路基土建工程、路面及交通安全设施及景观绿化工程、房建等工程的监理服务工作(不含试验检测服务工作)2个监理标段,机电项目1个监理标段。

（6）检测单位

检测单位共3家。全线路基土建工程的试验检测服务工作2个检测标段，全线路面及交通安全设施及景观绿化工程、房建等工程的试验检测服务工作1个检测标段。施工、监理及试验检测单位详见表10-3-6。

厦漳高速公路漳州段施工、监理、试验检测单位一览表　　表10-3-6

标段号	标段所在地	工程内容	长度(km)	施工单位	监理单位	检测单位
A1	龙海市角美镇	K18+005.124~K22+650	4.645	中国中铁股份有限公司	福建省交通建设工程监理咨询公司	四川正信重点公路工程试验检测有限责任公司
A2	长泰县十里村	K22+650~K29+530	6.91	中铁七局集团第三工程有限公司		
A3	长泰县陈巷镇	K29+530~GK37+300	7.77	中铁十四局第三工程有限公司		
A4	长泰县武安镇	GK37+300~K43+700	6.4	中铁一局集团有限公司	中交建工程咨询（北京）有限公司	福建省交通建设试验检测中心
A5	华安县玉兰村	K43+700~K48+500	4.8	江苏省镇江市路桥工程总公司		
A6	芗城区石亭镇	K48+400~K58+254.923	9.85	中铁七局集团有限公司		
B1	龙海市、长泰县	K18+005.124~GK37+300	19.295	中铁十二局集团有限公司	福建省交通建设工程监理咨询公司	厦门合诚工程检测有限公司
B2	长泰县、华安县、芗城区	GK37+300~K58+254.923	21.05	大成工程建设有限公司	中交建工程咨询（北京）有限公司	
E	龙海、长泰、华安、芗城	K18+005.124~K58+254.928	40.345	北京瑞华赢科技发展有限公司	北京泰克华诚技术信息咨询有限公司	—
ED	龙海、长泰、华安、芗城	K18+005.124~K58+254.928	40.345	福建新大陆电脑股份有限公司		—

（二）建设情况

1. 项目准备阶段

（1）立项审批

环境影响报告书：本项目于2007底开始筹建，2008年7月16日，环境保护部以《关于国家高速公路网厦门（海沧）至漳州（天宝）高速公路环境影响报告书的批复》（环审〔2008〕248号）批复本项目环境影响报告书。

用地预审：2009年2月13日，国土资源部以《关于国家高速公路网厦门（海沧）至漳州

(天宝)高速公路用地预审意见的复函》(国土资预审字[2009]68号)批复本项目用地预审。

水土保持方案：2009年7月30日，水利部以《关于国家高速公路网厦门(海沧)至漳州(天宝)高速公路水土保持方案的复函》(水保函[2009]238号)批复本项目水土保持方案。

工程可行性研究：2009年9月19日，国家发改委以《关于福建省厦门(海沧)至漳州(天宝)公路可行性研究报告的批复》(发改基础[2009]1287号)批复本项目"工可"。

初步设计：2009年11月2日，交通运输部以《关于厦门(海沧)至漳州(天宝)公路初步设计的批复》(交公路发[2009]592号)批复本项目初步设计。

工程建设用地：2010年12月29日，国土资源部以《关于国家高速公路网厦门(海沧)至漳州(天宝)公路工程建设用地的批复》(国土资函[2010]1058号)批复本项目工程建设用地。

施工图设计：2011年1月11日，福建省交通运输厅以《关于福建省厦门(海沧)至漳州(天宝)高速公路施工图设计文件的批复》(闽交建[2011]3号)批复本项目施工图设计。

开工批复：2012年2月1日，交通运输部同意批准开工(交工路施工许可[2012]3号)。

(2) 资金筹措

本项目批准概算总投资43.2473亿元，筹融资方案采取省市自筹和银行贷款方式并部分争取部级资金投入。投资股比：省级65%、市级35%。资金来源构成：项目资本金15.1366亿元，分别为部级5.58亿元、省级4.2588亿元、市级5.2978亿元；其余28.1107亿元申请国内银行贷款。本项目最终投资计40.71亿元，节约投资2.54亿元。

(3) 投投标工作

本项目招标工作严格按照《中华人民共和国招标投标法》、交通运输部《公路工程施工招投标管理办法》以及福建省交通运输厅《关于进一步规范我省高速公路建设项目招标投标工作的指导意见》等有关法律、法规、制度、办法的规定执行，业主根据有关批复自行组织招标工作，采用国内竞争性公开招标形式，成功完成勘察设计、勘察监理及设计咨询、施工、监理、检测等招标工作。

勘察设计、勘察监理及设计咨询招投标情况：勘察设计、勘察监理及设计咨询招标采用国内竞争性公开招标，在中国采购与招标网、福建招标与采购网等媒体发布招标公告。招标文件按规定上报主管部门审批，投标文件评标工作由依法组成的评标委员会负责，评标报告经交通主管部门核备后确定中标人。招标全过程接受漳州市交通运输局和漳州市纪委驻市交通局纪检监察室的监督，坚持"公开、公平、公正、客观准确"。

施工单位招投标情况：施工单位共10家。路基土建工程共划分6个标段，路面、交通安全设施、绿化及房建工程划分2个标段，监控、收费、通信系统工程划分1个标段，通风、照明及沿线供配电系统工程划分1个标段。采用国内竞争性公开招标，在中国采购与招标网、福建招标与采购网等媒体发布招标公告。招标文件按规定上报主管部门审批，投标文件评标工作由依法组成的评标委员会负责,评标报告经交通主管部门核备后确定中标人。招标全过程接受漳州市交通运输局和漳州市纪委驻市交通局纪检监察室的监督,坚持"公开、公平、公正、客观准确"。

监理单位招投标情况:施工监理单位共3家。路基土建、路面、交通安全设施、绿化及房建工程施工监理划分2个施工监理标,机电工程划分1个施工监理标。采用国内竞争性公开招标,在中国采购与招标网、福建招标与采购网等媒体发布招标公告。招标文件按规定上报主管部门审批,投标文件评标工作由依法组成的评标委员会负责,评标报告经交通主管部门核备后确定中标人。招标全过程接受漳州市交通运输局和漳州市纪委驻市交通局纪检监察室的监督,坚持"公开、公平、公正、客观准确"。

试验检测单位招投标情况:试验检测单位共3家。路基土建工程试验检测服务划分2个试验检测标,路面、交通安全设施、绿化及房建工程试验检测服务划分1个试验检测标。采用国内竞争性公开招标,在中国采购与招标网、福建招标与采购网等媒体发布招标公告。招标文件按规定上报主管部门审批,投标文件评标工作由依法组成的评标委员会负责,评标报告经交通主管部门核备后确定中标人。招标全过程接受漳州市交通运输局和漳州市纪委驻市交通局纪检监察室的监督,坚持"公开、公平、公正、客观准确"。

(4)合同段划分

路基土建工程共划分为6个合同段,路面、交通安全设施、绿化及房建工程工程划分为2个合同段,监控、通信、收费系统三大系统工程划分为1个合同段,隧道通风、照明、消防及沿线供配电系统工程划分为1个合同段。

(5)征地拆迁

厦漳高速公路漳州段建设用地严格按2010年12月29日国土资源部国土资函〔2010〕1058号《关于国家高速公路网厦门(海沧)至漳州(天宝)公路工程建设用地的批复》的要求和意见进行。全线共征用土地5753.916亩,拆迁房屋111427m²,迁移三杆112处,迁移部队光缆2处。

该项目途经4个县、市、区(龙海市、长泰县、华安县、芗城区),厦成公司根据漳州市人民政府对各县、市、区征地拆迁补偿安置实施方案的批复(其中龙海市根据《国家高速公路网厦成线(龙海段)征地拆迁安置补偿方案》漳政综〔2009〕62号文件,长泰县根据《关于同意厦成高速公路长泰段(含福广高速公路长泰段)征地拆迁补偿安置实施方案的批复》漳政综〔2009〕63号文件,华安县根据《国家高速公路网厦成线海沧至漳州天宝高速公路漳州段(华安县境内)征地拆迁安置补偿方案》漳政综〔2009〕64号文件,芗城区根据《国家高速公路网厦成高速公路(芗城段)征地拆迁安置补偿方案》漳政综〔2009〕66号文件)精神,并依据相关法律法规与各县、市、区高速公路建设总指挥部签订征地拆迁补偿安置工作协议书,征地、拆迁和安置工作由各县、市、区政府负责组织实施,均下设高速公路建设总指挥部及沿线乡镇(场)人民政府具体负责征地、拆迁和安置补偿等工作。征地拆迁情况详见表 10-3-7。

征地拆迁情况统计表　　　　　　　　　　　表 10-3-7

项目名称	征地拆迁安置起止时间	征用土地(亩)	拆迁房屋(m^2)	支付补偿费用(元)	备注
一期	2010.04~2013.03	5758	111427	242000000	
二期	2011.03~2013.03	312		12000000	

2. 项目实施阶段

(1) 重大变更(表 10-3-8)

重大设计变更表　　　　　　　　　　　表 10-3-8

序　号	设计变更内容
1	天成山隧道 ZK21+200~ZK21+295 Ⅲ 级变更为 Ⅴ 级
2	天成山隧道 YK21+350~YK21+470 Ⅲ 级变更为 Ⅴ 级
3	天成山隧道 ZK21+425~ZK21+535 Ⅲ 级变更为 Ⅴ 级
4	天成山隧道 YK22+235~YK22+515 Ⅲ 级变 Ⅴ 级 S3 变 S5b
5	天成山隧道 ZK22+288~ZK22+475 Ⅲ 级变 Ⅴ 级 S3 变 S5b
6	天成山隧道 ZK22+595~ZK22+650 Ⅲ 级变 Ⅴ 级 S3 变 S5b
7	天成山隧道 ZK23+920~ZK23+755 Ⅲ 级变 Ⅴ 级 S3 变 S5b
8	天成山隧道 YK23+860~YK23+598 Ⅲ 级变 Ⅴ 级 S3 变 S5b
9	天成山隧道 YK23+511.4~YK23+422 Ⅲ 级变 Ⅴ 级 S3 变 S5b
10	天成山隧道 ZK23+114~ZK22+895 Ⅲ 级变 Ⅴ 级 S3 变 S5b
11	天成山隧道 YK23+131~YK22+935 Ⅲ 级变 Ⅴ 级 S3 变 S5b
12	天成山隧道 ZK22+803~ZK22+650 Ⅲ 级变 Ⅴ 级 S3 变 S5b
13	天成山隧道 YK22+721~YK22+650 Ⅲ 级变 Ⅴ 级 S3 变 S5b

(2) 重大事件

2007 年 12 月 7 日,组建漳州厦成高速公路有限责任公司。

2008 年 4 月 30 日,发出勘察设计、勘察监理及设计咨询中标通知书。

2008 年 5 月 16 日,签订勘察设计合同书。

2008 年 11 月 21~23 日,省交通厅和省高指组织有关专家经现场踏勘,对厦成高速公路厦门海沧至漳州天宝漳州段(含福广高速公路漳州长泰段)初测外业进行验收。

2008 年 12 月 19 日,省国土厅通过了国家高速公路网厦成线厦门(海沧)至漳州(天宝)高速公路建设用地预审。

2009 年 5 月 19 日,国家发展改革委员会批复了福建省厦门(海沧)至漳州(天宝)公路可行性研究报告。

2009年6月19日,中交第二公路勘察设计研究院有限公司完成了厦成高速公路漳州段初步设计修编。

2010年3月,先行标段A4标开工。

2010年6月,A1、A2、A6合同段开工。

2010年7月,A5合同段开工。

2010年10月,A3合同段开工。

2010年12月29日,国土资源部以国土资函〔2010〕1058号批复厦成线厦门(海沧)至漳州(天宝)高速公路工程建设用地。

2012年3月20日,A1标荣获福建省交通厅2010—2011年度公路水运工程"平安工地"建设活动先进单位。

2012年5月,天成山隧道(原灯火寨隧道)发生重大突水突泥,没有人员伤亡。

2013年12月25日,完成第一次交工验收。

2014年9月28日,完成第二次交工验收。

(三)复杂技术工程

1. 隧道

天成山隧道(原名:灯火寨隧道)为三车道大跨特长隧道,天成山隧道洞身穿越多处断层破碎带,且存在浅埋段和富水地段等不良地质地段,开挖揭露时,围岩变化频繁,地质条件复杂,施工安全风险较大。2012年5月在穿越F1断层时,因该段地质极其复杂,天成山隧道右线突发了不可预见的突泥地质灾害。开挖揭露YK22+096~YK22+235(ZK22+047~ZK22+275)为F1断层及突泥影响带,岩体极破碎,以全~强风化花岗岩为主,地下水发育,是本线路的难点工程。

在突泥处治工程中,坚持"超前钻探、提前引排、释能降压"的思路,采用综合排水措施,利用泄水孔提前将前方开挖轮廓线范围内的出水从两侧引排。仰拱施工后,及时施作井点降水,补充排水。对围岩采取帷幕注浆进行超前预加固,大管棚护顶,开挖采用超前导洞结合双侧壁法,分部快速掘进,及时封闭成环,确保施工安全。

2. 大桥

九龙江大桥是厦成高速公路桥梁施工的技术难点工程,跨越九龙江,桥梁为双幅,总宽33.5m,起点里程为K50+394.5,终点里程为K51+001.5,全长607m。引桥0~5号、5~10号、13~18号墩上构为5×30m先简支后连续预应力T梁,下构为柱式墩,钻孔桩基础。主桥10~13号墩上构为40m+70m+40m预应力连续箱梁,下构为薄壁墩身,钻孔桩承台基础。

现场测量九龙江常水位为6.25m,常水位时水面宽度213m,最大水深6m,水流湍急,施工期间最大水位达11m,常水位时2~9号墩位于旱地,10~14号墩均位于水中,11~14号水深为5~7m,施工时需修建栈桥,搭设钢栈桥240m,搭设钻孔平台。共4个,钻孔桩施工完毕后采用钢吊箱(后变更为钢板桩围堰)施工工艺进行主桥主墩、过渡墩承台的施工,上部结构现浇连续箱梁采用菱形挂篮施工。

(四)科技创新

科技创新、技术进步是工程质量进一步提高的源泉,建设高品质的高速公路必须要有强有力的技术支撑,必须采用先进的工艺、先进的技术、先进的设备和优质的材料。厦成高速公路漳州段工程建设过程中,十分重视科学技术对高速公路建设的指导作用,在充分吸收应用近年来高速公路施工各项研究课题成果的同时,积极展开了工艺及技术创新,取得了良好效果。

1. 推广运用预应力智能张拉与管道循环压浆系统

传统预应力张拉与压浆施工完全依靠工人人工操作、肉眼判断、手工记录,施工质量难以控制,各个环节都存在劣质施工的漏洞,给桥梁预应力结构耐久性留下了极大的安全隐患。本项目推广运用预应力智能张拉与压浆系统,通过计算机软件控制实现预应力张拉与压浆全过程自动化,杜绝人为因素干扰,能有效确保预应力张拉施工质量。在桥梁预制施工中投入使用预应力智能张拉与压浆系统,实现了张拉压浆过程全智能控制,消除人工操作误差,能精确控制有效预应力大小,使预应力施工质量上了一个新台阶。智能压浆系统依靠创新性的"大循环"概念,通过智能系统精确操控,提高压浆密实度与充盈度,真正解决了传统预应力管道压浆施工时管道内压浆不饱满,内残留空气难以排空,影响钢绞线耐久性的难题。能有效实现预应力张拉、压浆施工全过程质量控制,达到实时跟踪,智能控制,及时纠错,真实记录施工过程,为本项目桥梁结构的安全耐久提供可靠的保障。

2. 采用新技术、新设备提高涵台背回填效果

涵台背回填质量达不到设计规定的压实度要求,造成通车后工后沉降量偏大,产生桥头跳车,一直以来都是经常发生的质量通病。设计涵台背回填材料一般都是砂砾、碎石砂、碎石、石渣等透水性材料,由于施工工作面狭小,重型压路机难以发挥作用,多采用小型夯实机具,且对砂砾等透水性材料没有有效压实度检测手段,只能通过测量每层碾压后的沉降量来推算,准确度差。为了治理涵台背较容易出现的回填质量通病,尽量避免出现桥头跳车,提高路面平整度及行车舒适度,在全线推行使用涵台背瑞雷波检测,同时采用高速液压夯实机对桥台背进行补强夯实。瑞雷波检测能较准确地测出已完工的涵台背深

度达10m范围内的断面压实度情况,通过对经瑞雷波检测压实度达不到设计值的进行严厉处罚并落实返工处理,对回填施工不到位的行为起到很好的震慑作用。高速液压夯实机最大击打能量不小于36kJ,通过对已填好的台背两倍搭板长度范围进行全面积补强夯实,可有效减少工后沉降量,夯击完下沉量一般达到3~7cm,个别填筑质量较差的达到10cm以上。通过以上新技术、新设备的联合应用,有效提高了涵台背回填质量。

3. 创新超高段缝隙式排水沟施工工艺

超高段缝隙式排水沟设计一般采用预制拼装,需另外设立小型预制构件场,占用场地大,装卸过程中易缺边掉角,现场拼装时若拼接缝处理不到位容易引起漏水,造成路面结构层长期泡水而发生早期损坏。施工单位创新改进施工工艺,采用整体式钢模现浇施工,内埋塑料管,杜绝了漏水问题,能准确控制高程,外观线形平顺,表面平整美观,提升了施工质量。

4. T梁安装后采用整体式小挂篮施工

T梁安装后的工序主要为:T梁横隔板、墩顶和湿接缝现浇工作、负弯矩预应力施工和临时支座拆除体系转换工作。以前施工过程中,通常采用在中横隔板处的湿接缝预留一段(80cm左右)不施工,安装小挂篮以作为中横隔板施工、负弯矩预应力施工及临时支座拆除的通道,待施工完毕后方二次将预留洞口部分的湿接缝补浇混凝土。这种做法导致湿接缝要多处预留施工通道口,T梁湿接缝无法一次性浇筑完成,且采用的分离式小挂篮作业面小、稳定性差,施工人员长时间高空作业,存在较大的安全隐患,工作效率低。本项目推广运用整体式小挂篮,挂篮整体采用钢结构,用4个$\phi16$的螺纹钢筋作为吊杆,在吊杆顶端穿过5号槽钢用六角螺帽进行固定,5号槽钢再横放在T梁顶面,确保了吊点的安全性。采用整体性挂篮施工时,在端头、横隔板、齿板位置不用预留人孔,避免了预留和封堵的工作,可以在三孔或四孔及一联的钢筋湿接头、湿接缝钢筋绑扎完毕、模板安装就位后,采用混凝土汽车泵一次浇筑成型,极大地提高了工作效率和混凝土的整体性。整体式挂篮施工有利于组织流水施工作业,由于一道挂篮能覆盖半幅桥的一排横隔板及齿板,工人可以在挂篮内自由穿行,交叉作业时也可以在挂篮内部穿行,避免了工人在人孔中反复上下,极大程度降低了安全风险,提升了工人的工作效率,尤其适用于长桥的施工。

(五)运营管理

1. 服务区设置

厦漳高速公路漳州段共设置1对服务区:兴泰服务区总建筑面积约5500m²,内设办公楼、宿舍、公厕、加油站、汽修间等,主体结构为钢筋混凝土结构。

2. 收费站点设置（表10-3-9）

收费站点设置情况表 表10-3-9

站点名称	车道数	收费方式
天柱山	8（3入5出）	人工、ETC、自动取卡
长泰	11（4入7出）	人工、ETC、自动取卡
石亭	9（3入6出）	人工、ETC、自动取卡
丰山	9（3入6出）	人工、ETC、自动取卡

3. 车流量发展状况（表10-3-10）

交通流量发展状况表 表10-3-10

年份（年）	日均车流量（辆）	年份（年）	日均车流量（辆）
2013	247	2015	12840
2014	3015		

三、厦蓉线漳州至龙岩高速公路漳州段（漳龙高速公路漳州段）（建设期：1998.12～2004.12）

（一）项目概况

1. 基本情况

漳龙高速公路漳州段起于沈海国道主干线厦漳高速公路长洲互通，经龙海市、龙文区、芗城区、南靖县，终于漳州与龙岩两市交界的石崆山中部，与已建成通车的漳龙高速公路龙岩段相接，主线全长79.413km，2条连接线长9.8km。全线设漳州北（原龙文）、漳州西（原芗城）、南靖、金山、和溪5处互通式立交及天宝服务区1处，朝阳、金山停车区2处。交通部批准项目概算总投资32.60亿元，建设工期36个月。

主线按双向四车道高速公路标准建设，全封闭、全立交。根据沿线地形地貌特点，采用平原微丘区和山岭重丘区高速公路两种设计标准：

（1）主线K0+000～K38+138段：采用平原微丘区标准，设计行车速度100km/h，整体式路基宽度26m，桥涵与相应区段的路基同宽。设计荷载为汽车—超20级，验算荷载为挂车—120；设计洪水频率，特大桥为1/300，其他桥涵、小型排水构造物及路基为1/100。

（2）主线K38+138～K79+413段：采用山岭重丘区标准，设计行车速度80km/h。其中，K38+138～K73+913段整体式路基宽度24.5m；K73+913～K79+413段整体式路基宽度23m；桥涵与相应区段的路基同宽。设计荷载为汽车—超20级，验算荷载为挂车—

120;设计洪水频率,特大桥为1/300,其他桥涵、小型排水构造物及路基为1/100。

芗城、南靖2条连接线按二级公路标准建设,设计行车速度分别为80km/h、40km/h,路基宽度12m。项目基本情况详见表10-3-11。

项目基本情况统计表   表10-3-11

规模	建设性质	设计行车车速	永久占地(亩)	概算(亿元)	决算(亿元)	建设时间(开工~通车)	备注
79.413km 四车道	新建	100(80)km/h	9885.6	32.6	32.04	1998.12~2004.12	

漳龙高速公路漳州段起、终点9.1km试验段于1998年底动工建设,其中终点和溪至石崆山段(5.50km)经交工验收后于2002年元月投入试运营;控制性工程万松关至朝阳7.86km软基段于2001年2月开工,与起点长洲至万松关段(3.6km)于2003年7月同步建成试通车;朝阳至和溪段62.453km主体工程于2002年8月开工,2004年12月建成试通车。

本项目共完成(含互通、连接线)路基土石方2017.5万m^3,防护、排水砌体98.8万m^3,锚索(杆)加固边坡33处,涵洞、通道13265.4延米/348座,分离式立交27处,平面交叉13处;桥梁12440.2延米/93座,其中特大桥5383.5延米/5座,大桥4605.9延米/23座,中小桥2450.8延米/65座;隧道7923.3延米/10座;路面955.7万m^2;房屋建筑面积11781m^2。全线共征用土地9885.6亩,租用土地1278.6亩,拆迁房屋约75100m^2,迁移三杆726根、电力线路77.118km、光缆85.4km。

2. 前期决策情况

漳龙高速公路漳州段是福建省规划建设的"三纵四横"高速公路网中的重要组成部分,是"十五"期间福建省的重点工程建设项目,也是漳州市修建的第三条高速公路。

2000年3月,国家计委以《国家计委关于审批福建省漳州至龙岩公路(漳州段)项目建议书的请示的通知》(计基础〔2000〕263号)批复漳龙高速公路漳州段项目建议书,同意立项;2001年7月,国家计委以《印发国家计委关于审批福建省漳州至龙岩公路(漳州段)可行性研究报告的请示的通知》(计基础〔2001〕1179号)批复项目可行性研究报告,下达了设计任务书;2001年11月,交通部以《关于福建省漳州至龙岩公路(漳州段)初步设计的批复》(交公路发〔2001〕670号)批复初步设计;国家发展改革委以《国家发展改革委关于下达2003年第八批新开工固定资产投资大中型项目计划的通知》(发改投资〔2003〕567号),批准漳龙高速漳州段项目开工建设。此外,与本项目相关的环境影响评价报告书、水土保持方案、地质灾害危险性评估、建设用地等分别由国家有关部委批复。

交通部批准本项目概算总投资32.60亿元。其中,资本金11.24亿元,分别为部级4.49亿元、省级3.15亿元、市级3.60亿元;其余21.36亿元申请国内银行贷款,分别为中国工商银行13亿元、中国建设银行5亿元、中国银行3.36亿元。

第十章
高速公路建设项目实况

3.参建单位主要情况

参与本项目监督、设计、检测、施工、监理等单位共有56家。其中监督单位1家;设计单位5家;检测单位3家;路基施工单位14家,路面及交通工程施工单位6家,房建施工单位3家,交通机电施工单位11家,绿化工程施工单位3家;路基、路面及交通安全设施工程监理单位6家,交通机电及三大系统监理单位2家,房建、绿化工程监理单位2家。主要参建单位见表10-3-12~表10-3-17。

漳龙高速公路漳州段监督单位、设计单位、检测单位一览表　　表10-3-12

监督单位	福建省交通质监站
设计单位	福建省交通规划设计院(主体工程设计)
	中铁西北科学研究院(高边坡动态设计及监测)
	福建省七建设计院(房建设计)
	漳州市建筑设计院(房建设计)
	漳州电力勘察设计所(金山35kV变电站设计)
检测单位	福建省交通建设工程试验检测中心
	福建省交通科研所
	漳州市公路局中心试验室

路基、路面及交通安全设施参建单位一览表　　表10-3-13

施工合同号	施工桩号	施工单位名称	监理合同号	监理单位名称
A_{0-1}	K0+000~K2+400	福建省第二公路工程公司	$A_{0-1,2}$	福建省交通建设工程监理咨询公司
A_{0-2}	K2+400~K3+600	中铁十二局集团公司		
A_{1-1}	K3+600~K8+939.5	中铁大桥工程局	J1	江西省公路工程监理有限公司
A_{1-2}	K8+939.5~K11+460	中铁第三工程局		
A2	K11+460~K25+000	中铁十九局集团有限公司	J2	江苏交通工程咨询监理总公司
A3	K25+000~K38+138	中铁三局集团有限公司		
NL	LK0+000~LK6+236	福建省漳州公路交通工程有限公司	J3	福建省交通建设工程监理咨询公司
A5	K38+138~K49+588	路桥集团第一公路工程局厦门工程处		
A6	K49+588~K55+000	中铁一局集团有限公司		
A7	K55+000~K63+412	江西省公路桥梁工程局	J4	安徽省高等级公路工程监理有限公司
A8	K63+412~K68+248	中铁十八局集团有限公司		
A9	K68+248~K73+913	中铁十七局集团第一工程有限公司		
A_{4-1}	K73+913~K76+913	漳州市路通公路工程有限公司	$A_{4-1,2}$	铁道部第二勘测设计院工程建设监理公司
A_{4-2}	K76+913~K79+413	福建省第一公路工程公司		
A0-1JT	K0+000~K3+600	漳州市公路局机械修配厂	$A_{0-1,2}$	福建省交通建设工程监理咨询公司
E1	K3+600~K11+460	福建省筑路机械厂	J1	江西省公路工程监理有限公司

续上表

施工合同号	施工桩号	施工单位名称	监理合同号	监理单位名称
E4	K73+913~K79+413	福州京鹏交通工程有限公司	A$_{4-1,2}$	铁道部第二勘测设计院工程建设监理公司
B1	K11+460~K38+138	福建路桥建设有限公司	JB1	江苏东南监理咨询有限公司
B2	K38+138~K73+913	中铁十六局集团有限公司	JB2	福建省交通建设工程监理咨询公司
B4	K73+913~K79+413	厦门路桥工程有限公司	JB4	

交通机电工程参建单位一览表　　表10-3-14

施工合同号	施工内容	施工单位	监理单位	设计单位
JD	石崆山隧道通风照明系统	中铁隧道集团一处有限责任公司	北京市泰克公路科学技术研究所	福建省交通规划设计院
H1	万松关隧道通风照明消防及供配电系统	河南辰星交通实业有限公司	江苏交通工程咨询监理有限公司	
DH1	风霜岭隧道通风照明消防、供配电及全线的电力监控系统	河南辰星交通实业有限公司		
DH2	大龙头山隧道通风照明消防及供配电系统	中铁十二局集团电气化工程有限公司		
DH3	后眷—南清隧道通风照明消防及供配电系统	上海经达实业发展有限公司		
DH4-1	金山35kV专用变供货与安装	漳州新源电力工程有限公司电控设备厂		漳州电力勘察设计所
DH4-2	金山35kV专用变供货与安装	上海中发电气集团有限公司		

三大系统工程参建单位一览表　　表10-3-15

施工合同号	施工内容	施工单位	监理单位	设计单位
SF	和溪收费系统	福建新大陆电脑股份有限公司	北京市泰克公路科学技术研究所	福建省交通规划设计院(北京交科公路勘察设计研究院)
JT	和溪监控、通信系统	江西方兴科技有限公司	江苏交通工程咨询监理有限公司	
G1	龙文收费系统	亿阳集团有限公司		
DG	芗城至金山段的监控、通信、收费系统及全线系统升级、改造	北京云星宇交通工程有限公司		

房建工程参建单位一览表　　表10-3-16

施工合同号	施工的征费站名称	施工单位	监理单位	设计单位
F2	漳州北(原龙文)	福建恒盛建筑有限公司	漳州市建设工程监理中心	福建省七建设计院
F3	漳州西(原芗城)	福建七建集团有限公司	厦门港湾咨询监理有限公司	漳州市建筑设计院
F3	南靖	福建七建集团有限公司	厦门港湾咨询监理有限公司	漳州市建筑设计院
F3	金山	福建七建集团有限公司	厦门港湾咨询监理有限公司	漳州市建筑设计院
F1	和溪	龙海市第二建设有限公司	漳州市建设工程监理中心	福建省交通规划设计院

绿化工程参建单位一览表　　表10-3-17

施工合同号	施工部位	单位名称	监理单位	备注
D4	和溪互通	漳州路通园林绿化有限公司	漳州市建设工程监理中心	
D1	龙文互通	武夷山市园林绿化工程公司	漳州市建设工程监理中心	
D2	芗城、南靖、金山互通	福州绿榕花卉工程有限公司	厦门港湾咨询监理公司	

(二)建设情况

1. 项目准备阶段

(1)立项审批

项目立项:2000年3月,国家计委以《国家计委关于审批福建省漳州至龙岩公路(漳州段)项目建议书的请示的通知》(计基础〔2000〕263号)批复漳龙高速公路漳州段项目建议书,同意立项。

工程可行性研究:2001年7月,国家计委以《印发国家计委关于审批福建省漳州至龙岩公路(漳州段)可行性研究报告的请示的通知》(计基础〔2001〕1179号)批复项目可行性研究报告,下达了设计任务书。

初步设计:2001年11月,交通部以《关于福建省漳州至龙岩公路(漳州段)初步设计的批复》(交公路发〔2001〕670号)批复初步设计。

环境影响评价:2001年10月20日,国家环保总局根据交通部《关于对〈漳州至龙岩高速公路漳州市境段(长洲至石崆山)环境影响报告书〉预审意见的函》,批复了漳龙高速公路漳州市境段(长洲至石崆山)环境影响报告书。

建设用地批复:国土资源部于2000年12月以《关于漳州至龙岩高速公路漳州段建设用地预审意见的复函》(国土资厅函〔2000〕269号)批复本项目用地预审,并于2003年10月以《关于漳州至龙岩高速公路漳州段工程建设用地的批复》(国土资函〔2003〕386号)批复本项目工程建设用地。福建省人民政府于2003年11月以《福建省人民政府关于漳州至龙岩高速公路漳州段工程建设用地的批复》(闽政文〔2003〕322号)批复本项目建设用地。

开工批复:国家发展和改革委员会以《国家发展改革委关于下达2003年第八批新开工固定资产投资大中型项目计划的通知》(发改投资〔2003〕567号),批准漳龙高速公路漳州段项目开工建设。

（2）资金筹措

交通部批准本项目概算总投资32.60亿元。其中，资本金11.24亿元，分别为部级4.49亿元、省级3.15亿元、市级3.60亿元；其余21.36亿元申请国内银行贷款，分别为中国工商银行13亿元、中国建设银行5亿元、中国银行3.36亿元。项目实际完成投资31.62亿元，其中建安投资23.47亿元、设备投资0.72亿元、待摊投资7.43亿元，与批准的概算相比，节约投资0.98亿元，节余率3.01%。平均每千米造价3981.72万元。

（3）招投标工作

①设计单位招标情况

工程建设之初，国内尚未要求勘察设计招投标。本项目主体工程委托福建省交通规划设计院进行勘察、设计，委托中铁西北科学研究院进行高边坡动态设计。

为提高设计质量，使工程设计更安全可靠、适用和经济，2002年3月和2003年8月，我司会同省重点办、省高指先后两次组织漳州北以及漳州西、南靖、金山征费站设计方案招标，择优确定省七建设计院、漳州市建筑设计院分别为漳州北及漳州西、南靖、金山征费站房建工程的设计单位；委托漳州电力勘察设计所进行金山35kV专用变电站设计。

②施工单位招标情况

全线共划分为14个路基合同段，6个路面及交通安全设施合同段，3个房建合同段，11个交通机电合同段及3个绿化合同段。除1998年底由漳州市政府申请并经省高指批准，采取议标方式确定漳州市路通公路工程有限公司为A4-1合同段施工单位外，其余均通过国内公开竞争招标确定中标单位。

根据工程开工时间的不同，漳州段分三期分别实施，前后共进行16次招投标，其中路基工程3次，路面工程2次，交通安全设施工程2次，房建工程3次，交通机电工程3次，绿化工程3次。其中，和溪至石崆山段的附属工程B4、D4、E4、G4、JT、H4等合同由省高指协调委托龙岩漳龙高速公路公司统一招标确定中标单位。每次招标均严格按交通部颁发的《公路工程施工招标投标管理办法》执行，采取专家评标、项目法人定标、政府监督的方式进行招标工作，并报省高指、省交通厅备案。按规定在全国性媒体上刊登招标公告；资格预审文件、招标文件、评标细则等依据国家以及福建省的有关规定、规范编制，并经省高指、省交通厅审批；招标活动都由监察部门或专监办和公证处全过程监督，按照公开、公平、公正和诚实信用的原则进行，没有暗箱操作和其他形式回避招标，也没有搞"人情标""关系标"和"形式标"。确定中标单位后，按照招标文件及中标人的投标文件签订合同并严格履行。

③监理单位招标情况

1998年底，经省高指推荐，委托有甲级资质、信誉好的福建省交通建设工程监理咨询公司、铁道部第二勘测设计院工程建设监理公司分别组建漳龙高速公路A0-1、A0-2、A4-1、A4-2驻地监理工程师办公室,分别承担A0-1、A0-2和A4-1、A4-2合同段的监理任务。其他合同段均按国家和省内有关规定公开招标确定中标单位。全线共选定了路基、路面、交通安全设施、房建、交通机电及绿化等10家监理单位。

(4)合同段划分

路基工程共划分为15个合同段,路面及交通安全设施工程划分为5个合同段,绿化工程划分为3个合同段,房建工程划分为3个合同段,交通三大系统工程划分为4个合同段,交通机电工程划分为7个合同段。

(5)征地拆迁

漳龙高速公路漳州段途经龙海、龙文、芗城、南靖4个县(市)区,10个镇,2个农场,54个行政村,1个农科所,需征用土地面积9885.6亩,根据《中华人民共和国土地管理法》《福建省土地管理条例》和《漳州市人民政府关于同意漳龙高速公路(漳州段)征地拆迁补偿等标准的批复》(漳政〔2002〕综81号)精神,制订了征地拆迁工作计划和实施方案,漳州市政府多次召开沿线各县(市)主要领导干部会议,研究布置征迁工作。分别与沿线县(市)政府签订了征迁协议书,按漳政〔2002〕综81号规定的补偿标准,由沿线县(市)高速办、镇(乡)、村派员组成征迁工作小组,负责丈量和核实征用的土地、房屋和地面物。采取一户一卡制由地方政府统一发放征迁补偿款项,及时拨付并多次组织对其使用情况进行跟踪检查审计,保证征迁补偿费专款专用、及时拨付到位。工程施工期间,与地方政府密切配合,及时解决、协调处理因工程建设对当地水利、道路、农田等造成的影响。施工完成后,及时恢复了被破坏的水利灌溉系统及乡村道路。由于工作做得细,提前介入,及时准确掌握情况,并予以协调解决,得到地方干群的大力支持和好评,为工程建设提供了良好的外部施工环境。

全线共征用土地9885.6亩,租用土地1278.6亩,拆迁房屋约75100m^2,迁移三杆726根、电力线路77.118km、光缆85.4km。征迁拆迁情况详见表10-3-18。

征地拆迁情况统计表 表10-3-18

项目名称	征地拆迁安置起止时间	征用土地(亩)	拆迁房屋(m^2)
一期	1999.01~2004.02	9885.6	75100

2. 项目实施阶段

(1)重大变更

①根据福建省高速公路建设总指挥部文件闽高路工〔2003〕215号文件精神,为保证工程质量和工程建设工期,对A2、A3合同段路堤填料为高液限土的处理方案:90区在省交通科研所提供的高液限土试验成果指导下利用,93、95区采用换填土方案。

②根据福建省高速公路建设总指挥部闽高路工〔2003〕62号文《关于京福、漳龙(漳

州段)高速公路若干设计问题的函》及闽高路工〔2003〕173号文《关于我省在建高速公路中央分隔带试用混凝土防撞护栏及挖方边沟变更设计的批复》的精神,对原设计的中央分隔带波形护栏变更为混凝土防撞栏,挖方边沟原设计矩形变更为浅碟形边沟。

③根据福建省高速公路建设总指挥部闽高路工〔2003〕62号文《关于京福、漳龙(漳州段)高速公路若干设计问题的函》及2003年5月12日由省高指主持的有关地市业主、设计单位参加的福建省在建高速公路路面等问题的会议精神及对本段路面施工图设计审查的意见,对本段高速公路路面沥青面层厚度等问题作如下变更:

a. 主线左、右幅路基段沥青混凝土面层总厚度均变更为18cm,结构组合为(4+6+8)cm,即上面层厚4cm改性沥青混凝土抗滑表面层(AK-16B),中面层厚6cm中粒式改性沥青混凝土(AC-20I),改性剂均选用SBS,下面层厚8cm粗粒式沥青混凝土(AC-25Ⅱ),并相应变更中、小桥沥青混凝土桥面铺装层的厚度。

b. 匝道路面结构层次相应变更为:4cm改性沥青混凝土抗滑表面层(AK-16B),6cm改性中粒式沥青混凝土中面层(AC-20I),改性剂均选用SBS。

c. 互通立交匝道大、中桥桥面原设计厚10cm沥青混凝土桥面铺装层,变更为同厚度的防水混凝土铺装层,桥头搭板范围铺装层变更为同厚度钢纤维防水混凝土。

d. 在基层与沥青混凝土下面层之间原设计设置1cm封层,应业主要求变更为0.5cm的改性乳化沥青稀浆封层。

④根据漳龙路〔2003〕工67号文《关于要求对A5合同段防护工程进行部分变更设计的函》的精神,鉴于该合同段石料来源匮乏的实际情况,为保证工程进度,对路堤原设计拱形或网格骨架浆砌片石防护,变更为浆砌C20混凝土预制块防护;对原设计部分土质边坡的砌石防护,变更为三维植物网防护。

⑤根据2002年12月15日由业主召集主持、由各方参建单位参与的对A2合同段低洼积水的软弱地段及鱼塘现场处理形成的处理方案29条会议纪要精神,对所涉及段落进行相应的变更,并对芗城互通的AK0+620~AK0+800、连接线K0+829~K0+919.9和主线K3+300~K3+377.8软基段采用打砂桩处理。

⑥大龙头山分离式桥桥下冲沟与便道和主线斜交角度较大,且桥台处地质较软弱,经四方代表会议讨论后决定左线桥由原来2孔25m简支T梁变更为4孔25m连续T梁,且为保证左右线T梁外观构造一致,右线T梁外观构造亦同时变更,左线桥台由原桩基箱形台变更为肋式台,右线龙岩台由原箱形台变更为扶壁式桥台。

(2)重大事项

1998年12月27日,根据漳州市委、市政府要求,漳龙高速公路起点段、终点段提前开工建设。

1999年5月11日,漳龙高速公路漳州段项目办正式成立。

2000年3月28日,国家计委以《国家计委关于审批福建省漳州至龙岩公路(漳州段)项目建议书的请示的通知》(计基础〔2000〕263号)批复漳龙高速公路漳州段项目建议书,同意立项。

2000年9月26日,漳龙高速公路万松关隧道顺利贯通。

2001年1月3日,漳龙高速公路兰田至朝阳段土建工程开标。

2001年7月,国家计委以《印发国家计委关于审批福建省漳州至龙岩公路(漳州段)可行性研究报告的请示的通知》(计基础〔2001〕1179号)批复项目可行性研究报告,下达了设计任务书。

2001年11月,交通部以《关于福建省漳州至龙岩公路(漳州段)初步设计的批复》(交公路发〔2001〕670号)批复初步设计。

2002年1月15日,漳龙高速公路和溪至石崆山隧道段通过交工验收;1月20日,该段正式通车运营。

2002年6月15~20日,漳龙高速公路朝阳至和溪段土建工程开工、评标。

2002年7月12日,漳龙高速公路全线开工典礼在漳州市芗城互通举行。

2003年7月18日,漳龙高速公路长州至朝阳段通过交工验收;7月20日,该段正式通车运营。

2003年10月,国家发改委以《国家发展改革委关于下达2003年第八批新开工固定资产投资大中型项目计划的通知》(发改投资〔2003〕567号),批准漳龙高速公路公州段项目开工建设。

2004年12月22日,漳龙高速公路朝阳至和溪段通过交工验收;12月28日,该段正式通车运营。

(三)复杂技术工程

K11+140~K38+100段路基开挖的土方大多为高液限黏土,鱼塘众多,沿线防护、排水砌体所需的石料资源匮乏;K38+100~K79+413段地处山岭重丘区,深挖高填,线弯坡陡,地形复杂,尤其是K50+000~K79+413段,在深山峡谷中布线,桥梁、隧道等大型构造物占该段长度的40%以上,其中分离式隧道和连拱隧道各4座,最长的达2484延米,3座连拱隧道的地质较差,基本为Ⅱ类围岩;大、中桥21座,部分桥隧相连;路基土石方1384.5万m^3,路堤最高处56m,路堑最深处78m,高边坡锚索加固处理23处,施工条件差、难度大。

(四)科技创新

1. 利用高液限土填筑路堤

K11+460~K38+138段路基开挖的土料大部分为高液限土,按规定不得直接利用,需要利用时,必须采取满足设计要求的技术措施,经检验合格后方可使用。本着节约用地、节省投资、就地取材的原则,委托省交通科学技术研究所通过室内试验分析,得出最佳含水率、干密度、饱和度等物理参数控制范围,使相应土样满足规范 CBR 指标要求,并在现场做不同碾压参数的碾压试验,取得正确、适用的检验标准及施工控制参数以指导现场施工。在省交通科研所的技术指导下,K11+460~K38+138 段 90 区路堤利用高液限土填筑约 270 万 m^3。通过 3 年多的变形监测,高液限土路堤稳定,变形量小,表明该处理方法可靠、实用。

2. 引进平孔排水新工艺

漳龙高速公路漳州段路堑边坡多为坡积层,路基水隐患十分严重。为彻底解决坡体积水问题,保证边坡长期稳定,在采取一般防护措施的同时,与中铁西北科学研究院合作,积极引进平孔排水工艺与技术,对穿过坡积层的路堑施作排水平孔引排坡体积水,释放坡体水压力。实际使用表明,平孔排水技术具有施工简单、灵活、排水效果好的特点,对同类型地形地质边坡的引排水具有很强的适用性。

3. 高边坡及不良地质边坡加固技术研究

总结本项目一期工程的经验,会同省高指、省交规院、中铁西北科学研究院成立"类土质路堑边坡稳定性及锚固技术加固的应用研究"课题组,积极开展路堑边坡工程理论研究和工程实践,指导全线的高边坡加固设计、施工。同时,重视锚固工程试验与检测及其工程效果评价,开展了预应力锚杆(索)基本试验和验收试验工作,对重点复杂的路堑高边坡及滑坡等不良地质路段开展了坡体深部位移工后监控量测。该课题被福建省人民政府授予 2006 年度科学技术奖三等奖、被中国公路协会评为科技进步三等奖。

4. 连拱隧道施工工艺研究

斗米 1、2、3 号三座隧道为连拱隧道,围岩类别低,基本为Ⅱ类及以下强风化岩层,而且含水率大。为确保工程顺利进行,会同设计和施工单位,根据地形、地质和结构特点,提出了"弱爆破、少扰动、短开挖、强支护、勤测量、衬砌紧跟"的施工原则,采取严禁开挖洞口浅埋、弱质围岩连拱隧道的施工技术和工艺,对连拱隧道进行了成功的施工实践,为福建山区今后同类型隧道的设计和施工积累了经验。

5. 引进乳化沥青稀浆封层技术

为提高路面整体性能,提供沥青面层施工平台,漳龙高速公路 K11+460~K73+913 段下封层采用乳化沥青稀浆封层新技术。实践证明乳化沥青稀浆封层可有效保护基层在沥青面层施工时不被破坏,加强半刚性基层与沥青面层之间的黏结,防止面层水渗入基层、底基层,对水稳基层具有良好的弥缝作用。同时,由于乳化沥青无须加热,可在常温下工作,改善了施工条件,避免了烟熏火烧,降低了对环境的污染,具有良好的社会效益和经济效益。

6. 加厚左幅水稳厚度,沥青面层采用双层改性

结合龙岩地区矿产资源丰富,重车多,地处东南亚热带气候区及本省部分路段开通后几年路面就出现较严重的车辙、坑槽等病害的实际情况,本项目客观地将路面结构按作用轴次不同分为左、右幅路面厚度不同进行设计,将左幅水稳加厚20cm,沥青面层采用双层改性沥青。通过以上措施,大大提高了沥青混凝土路面强度、平整度、透水性、防滑性、耐磨耗性、耐久性、行车舒适度等。

7. SMA路面施工研究及尝试使用国产沥青

本项目在终点和溪至石崆山段5.5km采用SMA路面。与常规沥青混凝土路面相比,SMA路面增加了粗集料、矿粉和沥青用量,增加了纤维稳定添加剂的使用,并对混合料的拌和和生产工艺作相应调整。2002年元月建成通车至今,该段路面保持良好的路用性能,路面平整密实,无泛油、松散、坑槽、推移、裂纹等病害,至今没有修补记录。实践证明,SMA路面具有高温抗车辙、低温抗开裂、耐老化、防滑防水性能好等优点。虽然施工期费用增加约30%,但使用寿命较常规路面延长40%~50%,建成后养护费用较少,全寿命成本明显低于常规路面,同时避免了因路面维修断交而导致其他费用的发生,具有长期的社会效益和经济效益显著。

另外,本项目在起点万松关至朝阳段11.46km尝试采用国产沥青作为路面混合料的胶结料。2003年7月建成通车以来,该段路面未出现明显的质量病害。通过该段工程的有益尝试,认为用满足重交通石油沥青技术要求的国产沥青铺筑高速公路路面,其路用性能达到进口沥青水平,因而可以取代进口沥青水平,有效节省工程投资。

8. 避险车道试验研究

为减少高速公路长大下坡路段的事故损失,提高山区高速公路运营安全,会同省高指及有关单位开展对避险车道的试验研究。本项目通过实车试验和理论分析的研究方法,找出了碎石路面避险车道中平均阻尼系数与车辆质量、驶入速度、纵坡形式等因素的定性关系,并确定了碎石及卵石路面平均阻尼系数的偏于安全的取值办法,在我国第一次取得了对避险车道试验研究的宝贵数据,为避险车道的合理设计提供了可靠依据。并且通过试验研究,提出了避险车道施救工作的有效措施,提高了避险车道设计的科学性和实用性,为福建省乃至全国高速公路避险车道的设计提供了可靠依据,对于提高山区公路运营的安全度,减小重大恶性事故发生的概率,从而减少人员伤亡和财产损失,提高我国公路交通的运营效益具有重要作用。

9. 中压供电及微机综合自动化管理技术研究与应用

根据漳龙高速公路漳州段途经山区、地方电网供电薄弱和雷害严重的特点,通过反复的研讨、论证,进行大胆的设计创新,经批准在省内率先采用集中供电、中压电能传输的供

配电方式。即在金山互通自建35kV专用变电站,采用10kV配电等级传输,配合小容量的埋地变压器分两侧双回路环网向智能交通设备供电;利用既有的通信平台,借助微型RTU的实时采集供配电信息数据,引入符合高压钠灯运行特性的可控硅自动调压节能装置,配合隧道口的光强检测仪和能见度检测数据自动控制隧道照明灯的亮度,实现监控中心能实时掌握供配电系统的运行状态,取消隧道管理站和开关站的值班人员,只在监控室配备检修人员及时处理缺陷和抢修故障,达到解放人力、减人增效、节能的综合自动化管理目标。

(五)运营管理

1. 服务区设置

漳龙高速公路漳州段2004年全线通车,全线养护里程99.773km,分沥青混凝土路面和水泥混凝土路面两种结构形式,其中沥青混凝土路面91.928km,水泥混凝土路面7.845km,全线隧道单洞长15588.8m、桥梁长23577.92m、涵洞313道、景观绿化49.918万m^2、边坡绿化140.51万m^2。路段内设有石亭1处养护站,有朝阳、天宝、金山3处服务区。

2. 收费站点设置(表10-3-19)

收费站点设置情况表　　　　　　　　　　　　　表10-3-19

站点名称	车道数	收费方式
漳州北收费站	9(3入6出)	人工、ETC
漳州西收费站	9(3入6出)	人工、ETC
南靖收费站	6(2入4出)	人工、ETC
金山收费站	9(3入6出)	人工、ETC
和溪收费站	5(2入3出)	人工、ETC

3. 车流量发展状况(表10-3-20)

交通流量发展状况表　　　　　　　　　　　　　表10-3-20

年份(年)	日均车流量(辆)	年份(年)	日均车流量(辆)
2006	12675	2011	17088
2007	20241	2012	18425
2008	15456	2013	21753
2009	14098	2014	20340
2010	15310	2015	17819

四、厦蓉线漳州至龙岩高速公路龙岩段(漳龙高速公路龙岩段)(建设期:1996.08~2001.12)

(一)项目概况

1. 基本情况

漳龙高速公路龙岩段是福建省"三纵八横"高速公路网的重要组成部分,1998年列为省重点建设项目,是龙岩市第一条高速公路,主线全长38.643km,连接线3.8km。按山岭重丘区高速公路标准建设,设计行车速度一、二期工程(K79+000～K105+100)为60km/h,三期工程(K65+500～K79+000)为80km/h,双向四车道,一、二期工程整体式路基宽度为23.0m,分离式路基宽2×11.75m,陡坡段增设爬坡道宽2.0m;三期工程桥面净宽整体式路基为右线13.25m,左线11.75m,分离式路基左线为12.75m,右线为13.75m;隧道净宽9.75m,净高5.0m。路面一期工程采用水泥混凝土、二期工程采用沥青混凝土,三期工程采用SMA结构和改性沥青铺筑。设计荷载为汽车—超20级、挂车—120;全线全封闭、全立交。工程设计总概算22.45亿元,竣工决结算为17.5亿元,节约投资4.95亿元(其中龙岩大道0.9亿元)。

漳龙高速公路龙岩段起于漳州交界石崆山隧道,途经建安关、九沙溪、东家畲、如山头、乌石山、陈坑尾、新祠、上郑、合溪、马坑、坑头、洋潭、华龙机械厂、西山、财经学校、省煤机厂,终于龙门镇,地处闽西山区,地质条件复杂,山高谷深,深挖高填,线弯坡陡,长隧道,高架特、大桥多,桥隧相连,施工难度罕见。全线共有各类桥梁工程91座(特大桥5座,大桥14座),隧道16座(折合成单洞),在新祠、龙岩设置2处互通式立交,分离式立交3处,1个监控分中心,3个收费站(其中龙门站为临时收费站),房屋建设面积11570.37m²。项目基本情况详见表10-3-21。

漳龙高速公路龙岩段项目基本情况统计表 表10-3-21

序号	项　　目		单位	数　　量	备　　注
一	技　术　标　准				
1	计算行车速度		km/h	60	一、二期工程
2	路基宽度	整体式路基	m	23	一、二期工程
		分离式路基	m	2×11.75	一、二期工程
3	桥面净宽		m	所有同路基同宽	一、二期工程
4	路面			一期工程为水泥混凝土,二期工程为沥青混凝土,设计年限15年,标准轴载100kN	一、二期工程
5	路基、桥涵设计洪水频率			特大桥1/300,其余均为1/100	一、二期工程
6	桥涵设计车辆荷载			汽车—超20级、挂车—120	一、二期工程
7	设计行车速度		km/h	80	三期工程
8	路基宽度	整体式路基	m	23,设有爬坡车道的路段宽25	三期工程
		分离式路基	m	左线12.75,右线13.75	三期工程
9	桥面净宽		m	高架桥整体式25.5(设爬坡车道),分离式左线12.75,右线13.75	三期工程

续上表

序号	项目	单位	数量	备注
10	路面		SMA 结构和改性沥青铺筑,设计年限 15 年,标准轴载 100kN	三期工程
11	路基、桥涵设计洪水频率		特大桥 1/300,其余均为 1/100	三期工程
12	桥涵设计车辆荷载		汽车—超 20 级、挂车—120	三期工程
二	主要工程规模			
1	路线里程	km	38.643	
2	征用土地	亩	5304.28	
3	拆迁房屋	m²	59046	
4	路基土石方	万 m³	1489.97	
5	软土地基处理	km	—	
6	桥梁	m/座	11540.41/91	
	其中:特大桥	m/座	5365.25/5	
	大桥	m/座	4038.43/14	
7	互通式立交	处	2	
8	分离式立交	处	3	
9	涵洞	m/道	5059.98/145	
10	隧道	m/座	14295.4/16	
11	路面	万 m²	90.47	
	水泥混凝土路面	万 m²	51.87	
	沥青混凝土路面	万 m²	38.6	
12	收费站	处	3	其中龙门站为临时收费站
13	监控分中心	个	1	
14	管理及养护用房	m²	11570.37	

漳龙高速公路龙岩段分三期建设实施。一、二期主体工程分别于 1996 年 8 月和 1997 年 8 月开工建设,2000 年 1 月完工并通过交工验收;三期工程于 1999 年 6 月开工建设,2001 年 12 月完工并通过交工验收。

2. 前期决策情况

漳龙高速公路未动工建设前,国道 319 线为连接我国东南沿海开放城市和内陆腹地的交通干线。改革开放以来,漳州、龙岩两地市经济发展迅速,汽车交通量日益增长,虽然"先行工程"对国道 319 线进行拓改,但仍不适应经济迅速发展的需要,建设漳龙高速公路对完善道路功能,加强沿海港口的后方疏运公路,对扩大运输能力,开发闽西资源,促进闽西老区脱贫致富,以及加强国防交通建设等具有重要意义。

1992 年 10 月 24 日,对漳州至龙岩汽车专用公路召开可行性研究调查材料审查会。

1993年5月18日,省计委批复项目建议书,漳州至龙岩段按二级汽专公路立项。

3. 参建单位主要情况

(1) 建设单位

漳龙高速公路成立建设业主单位(龙岩漳龙高速公路有限公司)及监理机构(漳龙高速公路龙岩段总监理工程师办公室,由市高指委派总监理工程师)。业主公司负责工程筹资、建设及运营管理、资金还贷及滚动发展全过程,总监办负责管辖本项目工程建设监理的组织、日常监理业务及内部管理,贯彻落实有关监理制度和程序。通过贯彻落实项目业主制和总监办制,工程建设有了具体的管理者和执行者,同时明确了办公室业主、总监办的职责、权利及义务,对工程建设质量、工期、投资等进行有效的监控和把关。

(2) 设计单位

福建省交通规划设计院承担第三期13.2km的线路、路基、路面、桥涵、互通以及石崆山、东家畲、如山头隧道(包括隧道通风、照明、供配电、消防部分);辽宁省公路勘测设计公司承担第一、第二期线路、路基、路面、桥涵、互通等设计任务;铁道部第四勘测设计院厦门设计处承担一、二、三期中龙门隧道、部岭隧道、合溪隧道、后祠隧道,左右线共计10座隧道的设计任务,并承担乌石山隧道的供电、照明、通风、消防工程设计;中国公路工程咨询监理总公司承担漳龙高速公路龙岩段交能工程初步设计工作,设计内容包括管理体制、安全设施、监控系统、收费系统、供电照明通风系统(仅包括一、二期工程部分)、通信管道及以上各系统的概算。

(3) 施工单位

漳龙高速公路龙岩段共分三期建设。一期工程土建部分划分为11个合同段,二期工程土建部分划分为7个合同段,三期工程土建部分划分为10个合同段。全线交通工程、绿化工程、拦渣坝等附属工程划分为24个施工合同段。

(4) 监理单位

承担漳龙高速公路龙岩段一、二期工程的监理单位有3家,分别为:福建省交通建设工程监理咨询公司龙岩分公司(一驻地办)、甘肃铁科院工程建设监理公司(二驻地办)、中国公路工程咨询监理总公司(交通工程驻地办)。

承担漳龙高速公路龙岩段三期工程的监理单位有4家,分别为:福建省交通建设工程监理咨询公司龙岩分公司(三驻地办)、铁道部第四勘测设计院工程监理公司(四驻地办)、甘肃铁科院工程建设监理公司(五驻地办)、中国公路工程咨询监理总公司北京泰克公路科学技术研究所(交通监理二驻地办、三驻地办)。

漳龙高速公路龙岩段施工及监理单位详见表10-3-22。

漳龙高速公路龙岩段主要施工及监理单位一览表

表 10-3-22

标 段 号	标段所在地	工程内容及长度	施 工 单 位	监 理 单 位
一期：一合同段	曹溪镇月山村	K91+650~K94+367.56 路基共2.717km	闽西交通工程公司	福建省交通建设监理咨询公司
一期：二合同段	西陂镇华龙居委会	K97+000~K99+980 路基共2.98km	闽西交通工程公司	福建省交通建设监理咨询公司
一期：三-Ⅰ合同段	西陂镇石桥村	K99+980~K101+900 路基共1.92km	福建省龙岩市公路工程处	福建省交通建设监理咨询公司
一期：三-Ⅱ合同段	西陂镇	K101+900~K102+660 路基共0.76km	福建省龙岩市公路工程处	福建省交通建设监理咨询公司
一期：三-Ⅲ合同段	龙门镇	K104+490~K105+038.4 路基共0.5484km	福建省龙岩市公路工程处	福建省交通建设监理咨询公司
一期：四合同段	龙门镇	K102+660~K102+880 路基共0.22km	福州铁路工程总公司第二工程公司	福建省交通建设监理咨询公司
一期：五合同段	龙门镇	K102+880~K104+490 路基共1.61km	铁道部第十一工程局第四工程处	福建省交通建设监理咨询公司
一期：六合同段	西陂镇坪尾村	K95+840~K97+000 路基共1.16km	铁道部第十七工程局厦门工程处	福建省交通建设监理咨询公司
一期：七合同段	曹溪镇	K94+367.56~K95+840 路基共1.472km	铁道部第十七工程局厦门工程处	福建省交通建设监理咨询公司
一期：龙岩互通	龙岩互通	K95+546.35~K96+115 路基共0.569km	铁道部第十七工程局厦门工程处	福建省交通建设监理咨询公司
一期：水泥混凝土路面	适中—曹溪	K90+960~K105+074 路面共14.114km	厦门市路桥工程公司	福建省交通建设监理咨询公司
二期：二(A)	适中镇上郑	K79+000~K82+020 路基共3.02km	闽西交通工程公司	福建省交通建设监理咨询公司
二期：二(B)	适中镇合溪	K82+020~K85+120 路基共3.1km	交通部三航六公司	甘肃铁科院工程建设监理公司
二期：二(C)	曹溪镇马坑	K85+120~K88+080 路基共2.96km	闽西交通工程公司	福建省交通建设监理咨询公司
二期：二(D)	曹溪镇坑头	K88+080~K89+589.87 路基共1.510km	福州铁路工程总公司第二工程公司	福建省交通建设监理咨询公司
二期：二(E)	曹溪镇坑头	K89+589.933~K91+650 路基共2.06km	铁道部第二十工程局第三工程处	福建省交通建设监理咨询公司

续上表

标段号	标段所在地	工程内容及长度	施工单位	监理单位
二期:沥青混凝土路面	适中—曹溪	K79+000~K93+000 路面共14km	厦门市路桥工程公司	福建省交通建设监理咨询公司
二期:边坡防护锚喷	适中—曹溪		省煤炭工业基本建设公司	福建省交通建设监理咨询公司
三期:三(A)	龙岩与漳州交界	左K65+500~K65+915 右K65+500~K65+732 石崆山隧道	龙岩市林业工程公司	铁道部第四勘测设计院工程监理公司
三期:三(B)	适中镇九沙溪	左K65+910~K67+880 右K65+732~K67+880 路基共1.97km	福建省第二公路工程公司	铁道部第四勘测设计院工程监理公司
三期:三(C)	适中镇东家畲	K67+800~K69+920 路基共2.12km	福建省第一公路工程公司	铁道部第四勘测设计院工程监理公司
三期:三(D)	适中镇如山头	K69+920~K71+800 路基共1.88km	铁道部第十七局第一工程处	福建省交通建设监理咨询公司
三期:三(E左)	适中镇乌石山	左K71+800~K73+600 路基共1.8km	铁道部第十七局第一工程处	福建省交通建设监理咨询公司
三期:三(E右)	适中镇乌石山	右K71+800~K73+649.5 路基共1.849km	铁道部第十八工程局	福建省交通建设监理咨询公司
三期:三(F)	适中镇新祠	左K73+600~K75+100 右K73+649.5~K75+100 路基共1.5km	中铁十二集团有限公司	甘肃铁科院工程建设监理公司
三期:三(G)	适中镇新祠	K75+100~K77+100 路基共1.5km	闽西交通工程公司	甘肃铁科院工程建设监理公司
三期:三(H)	适中镇新祠	K77+100~K78+695.631 路基共1.596km	龙岩市新宇公路工程公司	福建省交通建设监理咨询公司
三期:沥青路面	新罗区适中镇	K65+500~K79+612.5 路基共14.113km	厦门市路桥公司	福建省交通建设监理咨询公司

(二)建设情况

1.项目准备阶段

(1)立项审批

漳龙高速公路龙岩段项目最初按二级汽车专用路立项。项目实施后经历了由二级汽车专用路变更为一级汽车专用路,再由一级汽车专用路变更为高速公路两次建设标准和规模的提高。

项目立项:1993年5月18日,省计委以闽计交〔1993〕048号文批复漳州至龙岩段的二级汽车专用路项目建议书,同意立项。

工程可行性研究:1994年1月19日,省计委以闽计交〔1994〕005号文批复本工程新祠至石埠段二级汽车专用路的工可报告。

初步设计：1994年7月30日，省交通厅以闽交基〔1994〕132号文批复本工程新祠至石埠段二级汽车专用路的初步设计文件。

二级汽车专用路改一级汽车专用路标准变更：1996年6月27日，省计委以闽计交〔1996〕062号文批复漳州至龙岩二级汽车专用路改一级汽车专用路的标准变更。

一级汽车专用路标准工程可行性研究：1996年8月30日，省计委以闽计交〔1996〕103号文批复一级汽车专用路和溪至龙门段工可报告。

一级汽车专用路标准工程初步设计：1996年12月14日，省建委以闽建设〔1996〕147号文批复一级汽车专用路和溪至龙门段初步设计文件。

一级汽车专用路标准更改为高速公路标准：按1997年交通部新颁布的《公路工程技术标准》（JTJ 001—97）规定取消汽专公路。1999年2月23日，省计委以闽计交〔1999〕5号文同意漳龙一级汽车专用公路龙岩段更改为高速公路。

高速公路标准工程可行性研究：1999年3月26日，省计委以闽计交〔1999〕22号文批复本工程石崆山至龙门段高速公路建设规模（代工可批复）。

高速公路标准初步设计：1999年4月6日，省建委、计委联合以闽建设〔1999〕25号批准和溪至龙门段工程初步设计。

2000年8月16日，省建设厅、省发展计划委员会联合以闽建设〔2000〕85号文批复龙岩新祠（石崆山）至龙门（石埠）段高速公路初步设计。

环境影响评价：1999年7月21日，省环境保护局以闽环保〔1999〕然61号文批准本项目的《环境影响评价大纲》；2000年5月31日，省环境保护局以闽环保〔2000〕然16号文批准了本项目的《环境影响评价报告书》；2001年10月29日，龙岩市水土保持事业局以岩水保〔2001〕016号文批复漳龙高速公路龙岩市境（石崆山至龙门）水土保持方案报告书。

地震安全性评价：根据1990年国家地震局编制《中国地震烈度区划图》，本工程项目区域内地震烈度为6度，所以工程设计未考虑抗震设计，仅采取防震措施。

建设用地批复：1996年12月20日，省人民政府以闽政〔1996〕文354号文《福建省人民政府关于国道319线漳州至龙岩汽车专用公路龙岩段（坑头—龙门）建设征（拨）用地的批复》批复本项目按二级汽车专用路标准建设用地。

1998年3月16日，省人民政府以闽政〔1998〕文79号文《福建省人民政府汽车专用路关于国道319线漳龙一级汽车专用路路龙岩新祠坑头段建设用地的批复》批复本项目按一级汽车专用路标准建设用地。

1999年3月14日，省人民政府以闽政〔1999〕文46号文《福建省人民政府关于省重点工程漳龙高速公路龙岩段（和溪至新祠）建设用地的批复》批复本项目按高速公路标准建设用地。

开工批复：1997年6月5日，省交通厅下达了漳州至龙岩一级汽车专用公路新祠至龙门段(K79+000~K104+616.625,新祠至龙门)公路工程开工报告;1999年5月24日,福建省交通厅下达了漳州至龙岩高速公路龙岩境内和溪交界至新祠段(K65+500~K78+708,第三期工程)公路工程开工报告。

(2)资金筹措

漳龙高速公路龙岩段批准概算投资22.45亿元,其中:建安投资总额为16.69002416亿元,设备及工具器具购置费0.64759481亿元,其他基本建设费用3.06435590亿元,预留费用1.97455621亿元,电站受干扰停电赔偿费0.0691亿元。其资金拼盘为交通部投资2.73亿元,省交通厅投资2.289亿元,发行企业债券2.0亿元,地方财政内预算专项资金1.5亿元,中国建设银行、中国工商银行、中国银行贷款各3.0亿元,其余资金4.931亿元由龙岩市筹措解决。

漳龙高速公路累计到位建设资金15.759亿元,其中:国家资本6.259亿元(交通部2.73亿元,省交通厅2.289亿元,龙岩市政府1.24亿元);基建投资借款9亿元(中国建设银行龙岩分行3亿元,新罗区工商银行3亿元,中国银行龙岩分行3亿元);国债专项借款0.5亿元。

(3)招投标工作

漳龙高速公路根据交通部颁发的《公路工程招投标管理办法》和《公路建设市场管理办法》规定,无论是道路主体工程还是绿化、房建、交通安全设施、防护等附属工程,均按有关规定和程序,严格执行招投标制度,成立招评标领导机构和工作机构,全过程接受纪检监察、公证机关的监督,始终坚持公平、公正、公开、合理竞争的原则,开展招投标工作,择优选择施工队伍。

主体工程招标工作分三期进行,第一期工程坑头至龙门段,于1995年10~12月进行公开招投标;第二期工程新祠至坑头段,于1996年10月22日~12月29日进行了公开招投标;第三期工程石崆山至新祠段,于1998年9月~1999年1月进行公开招投标。在省、市高指和招标领导小组的领导下,招标方案、评标方法、投标单位资格、中标结果等均按程序报批,通过评标小组、评标委员会、评标领导小组自下而上的原则,确定中标人。此外,路面工程、绿化工程、交通工程及有关工程主材等附属项目也按正规的程序进行公开招标。

(4)合同段划分

漳龙高速公路龙岩段共分三期建设,一期工程土建部分划分为11个合同段,二期工程土建部分划分为7个合同段,三期工程土建部分划分为10个合同段。全线交通工程、绿化工程、拦渣坝等附属工程划分为24个施工合同段。

(5)征地拆迁

漳龙高速公路龙岩段建设用地根据国家有关规定及龙岩市政府龙政〔1996〕综008号文《关于颁发龙漳汽车专用公路征地拆迁安置补偿、补助费用标准的通知》精神,各级政府部门认真落实补偿标准,及时下拨资金,组织人员加强检查指导,督促征迁补偿经费尽快到位,同时市高指召开协调会议,按照"谁家孩子谁抱走"的原则,下达任务、明确分工、包干负责,并妥善解决好关系群众生产、生活的水利、供电、广播电视等基础设施问题,确保征地拆迁工作顺利进行,保证了工程施工需要。

全线征地拆迁工作于1996年1月开始,2003年底结束。共征用土地5304.28亩,其中临时用地140亩,租用地92亩,永久性用地5072亩(其中耕地1906.5亩,非耕地3165.5亩);拆迁房屋59046m²,天井、灰坪12500m²;沿线动迁中、小型号企业12个;动迁光缆7条21km,动迁有线电视400多部、电话200多台;全线共征用安置地103.5亩,详见表10-3-23。

征地拆迁情况统计表 表10-3-23

项目名称	征地拆迁安置起止时间	征用土地（亩）	拆迁房屋（m²）	支付补偿费用（元）	备注
一期	1996.01~2003.12	5304.28	59046	51487400	

2.项目实施阶段

(1)重大决策

建设标准和规模的提高:1993年5月,漳龙高速公路龙岩段项目以二级汽车专用路公路立项;1996年6月,漳龙高速公路龙岩段由二级汽车专用路变更为一级汽车专用路标准;因1997年交通部颁布的《公路工程技术标准》(HTJ 001—97)规定取消汽专公路,1999年2月,漳龙高速公路龙岩段由一级汽车专用公路变更为高速公路。

(2)重大变更

①路面

原设计为水泥混凝土结构路面,一期行车道路面采用此结构;二期采用沥青混凝土路面;三期工程根据省高速公路建设总指挥部闽高路工〔2000〕55号《关于漳龙高速龙岩段三期工程路面变更设计的批复》、闽高路工〔2000〕135号《关于漳龙高速公路沥青混凝土路面采用改性沥青有关问题的通知》、闽高路工〔1999〕94号《关于漳龙高速公路龙岩段三期隧道沥青路面类型有关问题的批复》等文件精神,对路面进行变更设计,采用SMA-13改性沥青混凝土路面。

a.隧道路面

隧道左幅采用30cm厚水泥混凝土层,15cm厚10号贫混凝土调平层,右幅采用26cm厚水泥混凝土面层,15cm厚10号贫混凝土调平层。隧道洞口转向车道采用20cm水泥混凝土面层,15cm10号素混凝土基层,15cm级配碎石底基层。东家畲、如山头隧道水泥混凝土路面上加设4cmSMA-13改性沥青混凝土面层。

b.路基路面

路面结构各层次组合:4cm细粒式改性沥青混凝土(AC-13K)上面层,6cm中粒式改性沥青 ACS-16 下面层,38cm 5% 水泥稳定碎石基层,20cm 3% 水泥稳定碎石底基层,改性沥青选用 SBS 改性剂。

c. 桥梁路面

路面结构各层次组合:4cm 细粒式改性沥青混凝土(AC-13K)上面层,4cm 中粒式改性沥青(ACS-16)下面层。

②隧道

a. 取消陈坑尾隧道,变更为大开挖,为平衡土石方数量,同时取消陈坑尾大桥、湖洋大桥、新祠大桥,变更为路基。

b. 根据现场实际地形、地质情况,结合建设单位意见,部分洞口洞门进行设计变更。

c. 围岩类别(衬砌形式)变更。隧道开挖后实际揭示的隧道围岩类别、地下水情况与工程地质勘察报告提供的情况有一定出入,所以施工图因围岩变化而引起的衬砌类型变更较多。

d. 不良地质地段衬砌采用新技术、新材料、新工艺改进设计,安全、高质量地通过软弱围岩地段。

e. 照明、通风、供配电。石崆山隧道洞内照明、通风及供配电系统,按地区界线分开设置;备用发电的切换由手动改为自动;如山头、东家畲隧道发电机与市电切换改手动为自动,增设自动切换机,取消洞口路灯。为统一漳龙高速公路龙岩市境内全线设备,将原 GGD 框架式开关柜改为 GCS 抽出式开关柜;根据隧道长度变化,对隧道内照明灯具的数量进行相应变更;风机选座改为可正反转;主线设计 3 线槽明设方案。

③桥梁工程

a. 取消崎濑大桥,优化为路基挡墙。

b. 施工中发现高架桥部分段落靠近边坡,为防止落石,增设柔性防护网。

c. 施工中发现山洪暴发时对河道中桥墩的冲撞较为严重,增设防撞岛保护桥墩。

d. 桥隧连接处,原设计均采用桥台搭板的形式,现取消桥台,改为台墩,加设 1 孔实心板,直接与隧道相连接。

④互通式立体交叉工程

曹溪、石桥头两处互通式立交,因龙岩大道的兴建引起互通位置的变更而取消。

(3)重大事件

1997 年 5 月 14 日,省交通厅组织在福州对漳龙汽车专用公路和溪至新祠段乌石山隧道及接线设计方案进行会审。

1997 年 9 月 2 日,召开厦门、漳州、龙岩三市联席座谈会,就联合建设漳龙汽车专用公路有关问题进行了商讨。

1997 年 9 月 23 日,漳龙汽车专用公路和溪至新祠段通过省交通厅组织的初步设计审查。

1998年5月3日,漳龙高速公路一期工程全长1247m的龙门隧道全线贯通。

1998年8月13日,对省交规院、铁四院提交的漳龙高速公路龙岩段三期工程设计方案作了初步论证。

1998年12月6日,漳龙高速公路二期全长1844m的部岭隧道全线贯通。

1999年1月18~22日,省计委、建委召开漳龙高速公路和溪至龙门段建设规模调整和初步设计审查会议,正式将漳龙公路由一级汽车专用路变更为高速公路,并通过了初步设计审查。

1999年7月7日,省高指、省环保科研所、市环保局、市环境科研设计院召开漳龙高速公路龙岩新祠(石崆山)至龙门(石埠)段环境影响评价大纲技术审查会,通过了环评大纲。

1999年12月3日,省质检站根据基本建设管理程序组织对漳龙高速公路龙岩段一、二期工程进行质量核验,工程质量评为优良。

2000年1月30日,龙岩市委、市政府在漳龙高速公路龙岩收费广场举行漳龙高速公路新祠至龙门段通车仪式。

2001年11月26日,省质检站根据基本建设管理程序组织对漳龙高速公路龙岩段三期工程进行质量核验,工程质量评定为优良。

2002年1月19日,龙岩市委、市政府在漳龙高速公路新祠互通举行漳龙高速公路全线贯通仪式。

2002年10月20日,省环保局组织漳龙高速公路龙岩段环境保护竣工验收,评定该段工程环境优美,植被恢复良好。

(三)复杂技术工程

该项目克服重重困难,始终保持了高涨的施工热情,精心组织、精心施工,取得了一个又一个"会战"的胜利,工程质量进度和安全生产工作齐头并进,保证了整个工程以优良的质量按期完成。

1.路基工程

在路基施工中,采用桩板墙和陡边坡土工格栅路堤新技术、新材料的支挡结构,建立了电力、交通监控系统,解决了基地承载力低无法设置常规支挡结构物的技术难题。在边坡防护中采用了橡草绿化防护等新技术、新材料、新工艺。在路堑高边坡的治理方面聘请了铁道部科学研究防西北分院落滑坡治理专家,采用预应力锚索加固边坡新技术,解决了滑坡稳定的技术难题。

2. 隧道工程

各隧道承包单位精心组织施工，克服了隧道地质复杂的困难，在光面爆破技术、整体式台车衬砌技术、安全施工和文明生产等方面取得可喜的成绩，同时在工程施工中，积极配合课题研究，获得了大量的研究数据和科研成果。全线隧道采用的整体式台车衬砌施工工艺在全省推广，二衬平顺光洁，解决了小模板衬砌接头多、错台、空腔等严重问题；在初期支护施工中率先应用湿喷混凝土新技术，并取得了宝贵的应用经验；边拱隧道在隧道大断面开挖中确保了安全施工，并在大断面隧道开挖方法上取得了初步经验。各施工单位互学互比克服重重困难，全线隧道施工在复杂的地质条件下没有发生大的隧道塌方，保证了隧道施工质量、进度和安全。在隧道施工中注重文明生产，率先做到了"穿皮鞋进洞"的文明施工现场，受到社会各界的好评，被评为样板工程。

3. 桥梁工程

三期高架桥工程是本段高速公路最艰巨路段，其所处位置险峻、地质条件复杂、施工场地狭小、结构复杂堪称全国罕见。承包单位在施工中从加大机械设备投入入手，以保证工程质量和工期为前提，针对高架桥工程特点和施工条件，根据工程需要最大限度地投入施工模板、支架、挂篮、吊装设备和混凝土泵送设备等，满足了工程施工要求。其次是优化施工方案，加快施工进度。在桩基施工中对于在干处的桩基都采用人工开炸成孔，既方便了施工，又直观地展现了桩身及桩底的地质情况，整个高架桥桩基优良率达90%；在现浇空心板施工中采取了倒挂支架新方法；在空心墩身施工中采取爬模、滑模工艺；T梁吊装中采取双导梁，既加快架梁进度，又保证了施工安全；在箱梁悬浇中聘请专家对施工过程进行严格监控，保证箱梁按预定的线形延伸和顺利合龙。在高架桥建设中还配合施工进行了课题研究，成功应用墩粗直螺纹钢筋连接新工艺，取得了满意的效果；同时在大跨度箱拱单肋合龙吊装技术方面取得了成功的经验。

4. 路面工程

三期路面工程采用了当时最先进的沥青路面结构，全线采用SMA面层，首次在隧道路面中采用沥青面层结构。整个施工过程都由科研课题组现场指导，是科研项目和施工实践紧密结合的成功范例。一期路面根据龙岩市盛产水泥的特点，采用水泥混凝土路面结构形式，并在施工中首次采用水泥混凝土路面机械滑模摊铺技术，既保证了路面强度和平整度，又加快了施工进度，是本段高速公路的特点之一。

（四）科技创新

漳龙高速公路龙岩段工程技术含量高。为确保工程质量，创建优质工程，大胆地采用新技术、新工艺、新材料，积极开展合理化建议、优化设计和科学施工的科研活动。通过自身的技术力量,结合科研机构雄厚的技术实力,根据工程实际大胆应用先进技术和经验,组织科技攻关,先后开展了"公路隧道软弱围岩支护系统可靠度分析""公路隧道湿喷混凝土综合技术研究""公路隧道纤维喷射混凝土力学性能及工艺装备试验研究""高架桥大跨度弯坡高 PC 刚构桥结构特性及施工动态监控研究""SMA 技术在山区高速公路上的应用研究""高速公路桥梁护栏研究"等多项课题的研究,解决了一系列工程难题,取得较好的成果。同时还注意引进技术力量,聘请了隧道、桥梁、路基、路面等专家,成立专家咨询小组,为工程施工和管理提供技术指导和咨询服务,协助解决施工中的技术难题。

漳龙高速公路龙岩段工程由于地形险峻、地质复杂,路基、桥梁、隧道等各种新结构、新技术、新工艺、新材料应用多,堪称山区高速公路的"博物馆"。通过一系列课题研究,并结合项目特点指导工程施工,将科技成果直接转化为生产力,获得了较好经济效益。工程中所进行的科研项目研究内容丰富,体现了理论与实践的相结合,解决了许多施工中的技术难题,对提高山区高速公路的建设质量和水平都有着十分重要的意义。

(五)运营管理

1. 服务区设置

漳龙高速公路龙岩段共设置 1 个服务区:适中服务区建筑面积 $5218.14m^2$,内设办公楼、宿舍、公厕、加油站、汽修间等,主体结构为钢筋混凝土结构。

2. 收费站点设置(表 10-3-24)

收费站点设置情况表　　　　表 10-3-24

站 点 名 称	车 道 数	收 费 方 式
适中收费站	7(3入4出)	人工、ETC、自动取卡
龙岩收费站	11(4入7出)	人工、ETC、自动取卡

3. 车流量发展状况(表 10-3-25)

交通流量发展状况表　　　　表 10-3-25

年份(年)	日均车流量(辆)	年份(年)	日均车流量(辆)
2004	8424	2010	15178
2005	10088	2011	17097
2006	11125	2012	19044
2007	13326	2013	20587
2008	13896	2014	21854
2009	14182	2015	22547

五、厦蓉线龙岩至长汀高速公路(龙长高速公路)(建设期:2004.12~2007.12)

(一)项目概况

1. 基本情况

龙长高速公路是国家高速公路网厦蓉线的重要组成部分,是福建连接江西等内陆省份的一条重要国防交通通道,主线全长136.037km,设计采用交通部颁《公路工程技术标准》(JTJ 001—97),设计行车速度80km/h,标准路基全宽24.5m,行车道宽$2 \times 2 \times 3.75m$,中央分隔带宽2m,桥涵与路基同宽。路面设计荷载为标准轴载BBZ-100 kN,桥涵路基设计荷载为汽车超—20级、验算荷载为挂车—120,全线为双向四车道全立交全封闭高速公路。交通部批复工程概算61.38亿元,实际完成投资60.62亿元,节约投资7616.96万元。

龙长高速公路起点位于漳龙高速公路终点龙门,经新罗区、上杭县、连城县(在连城新泉的北村枢纽互通与长深高速公路相交叉连接),终于长汀县古城镇闽赣交界的隘岭,接江西省隘岭至瑞金高速公路。穿越武夷山脉和玳瑁山脉的龙长高速公路是典型的山区高速公路,在深山峡谷中布线,地质复杂,施工难度大,造价高,桥梁、隧道大型物占总里程的三分之一以上。全线共有桥梁工程(含互通)209座(其中特大桥2座,大桥131座),隧道45座,在龙岩西、古田、蛟洋、新泉、涂坊、河田、长汀、古城设置8个收费站,古田、长汀2对服务区;预留龙门、新泉、涂坊、古城4个停车区。详见表10-3-26。

龙长高速公路项目基本情况统计表　　　　　表10-3-26

序号	项目		单位	数量	备注
一	技术标准				
1	计算行车速度		km/h	80	
2	路基宽度	整体式路基	m	24.5	
		分离式路基	m	2×12.25	
3	桥面净宽		m	所有同路基同宽	
4	路面			沥青混凝土,设计年限15年,标准轴载100kN	
5	路基、桥涵设计洪水频率			特大桥1/300,其余均为1/100	
6	桥涵设计车辆荷载			汽车—超20级、挂车—120	
二	主要工程规模				
1	路线里程		km	136.037	
2	征用土地		亩	15275.92	
3	拆迁各类构(建)物		m²	260294.95	

续上表

序号	项目	单位	数量	备注
4	路基土石方	万 m³	3750.1	
5	预应力锚索(杆)	万 m	18.889	
6	桥梁	m/座	41309.8/209	单幅计
	其中:特大桥	m/座	703.5/2	
	大桥	m/座	36461/131	
7	互通式立交	处	8	
8	涵洞通道(含互通)	m/道	24272.865/495	
9	隧道	m/座	40534.9/45	单洞计
10	路面	万 m²	327	
	水泥混凝土路面	万 m²	50.4	
	沥青混凝土路面	万 m²	276.6	
11	收费站	处	8	
12	服务区	个	2	
13	停车区	个	4	

龙长高速公路路基控制性工程于2003年12月开工,路基其余合同段分两阶段分别于2004年11月、12月开工,路面、房建、景观绿化、机电三大系统随着路基工程的进展陆续开工建设。经过各参建单位努力拼搏和精心施工,于2007年12月25日建成通车。

2. 前期决策情况

龙长高速公路是福建省规划建设的"二纵三横"公路主骨架的重要组成部分,也是江西省等内陆地区通往福建东南沿海地区的一条重要国防交通干线。项目直接影响区龙岩市是闽西的革命老区,拥有丰富的旅游资源,同时又是福建省重要的矿区、林区、烟草产区和侨区,当时已有的龙岩至长汀公路为国道319线的一段,为山岭重丘区二级公路,随着地区经济的快速增长和过境交通量的增加,319国道已不能适应交通量的需求,因此新建龙长高速公路十分必要。

龙长高速公路项目前期工作自1999年12月始,龙岩市高指委托福建省交通规划设计院进行规划设计,设计院于2000年5月完成龙长高速公路工程可行性研究报告。2000年11月,省计委正式向国家计委上报项目建议书。2001年11月22日,国家计委以计基础〔2001〕2451号文批准龙长项目立项。2003年1月,该项目通过国家交通部的行业审查;3月,该项目通过了中国国际工程咨询公司的评估;7月8日,国务院总理办公会通过龙长高速公路可行性研究报告;7月21日,国家发改委正式批准龙长高速公路可行性研究报告;8月26日,建设用地通过了国土资源部的审批。

3. 参建单位主要情况

(1) 建设单位

2002年8月2日,龙岩市人民政府以龙政综〔2002〕164号《关于设立龙长高速公路筹备工作小组的通知》,成立了龙长高速公路筹备办公室,负责龙长高速公路前期筹备、工程报批工作。2003年7月19日,福建省高速公路有限责任公司与龙岩交通国投公司签署协议,以联合控股的形式组建"龙岩龙长高速公路有限公司",作为项目业主公司,负责龙长高速公路的建设、筹资、运营、管理工作,全面实行项目法人责任制。

(2) 设计单位

福建省交通规划设计院承担了龙长高速公路初步设计和施工图设计阶段的勘察设计工作;交通工程、机电项目分别由中国公路工程咨询集团有限公司和福建省交通规划设计院(供电及隧道通风、照明与消防部分)承担;房建项目也分别由中国公路工程咨询监理总公司和福建省交通规划设计院设计;绿化项目由福建省交通规划设计院设计。

(3) 施工单位

龙长高速公路施工单位共45家。路基工程共划分为25个合同段,路面及交通安全设施工程划分为4个合同段,景观绿化工程划分为4个合同段,交通机电工程划分为2个合同段,房建工程划分为10个合同段。

(4) 监理单位

龙长高速公路监理单位共8家。全线路基工程共5个监理标段,路面及交通安全设施工程、景观绿化、房建工程为2个监理标段,交通机电工程为1个监理标段。

龙长高速公路施工及监理单位详见表10-3-27。

项目施工及监理单位一览表　　表10-3-27

标段号	标段所在地	工程内容及长度	施 工 单 位	监 理 单 位
A1	新罗区龙门镇	K0+000~K6+760 路基共6.76km	贵州省公路桥梁总公司	河北华达公路工程咨询监理有限公司(LJ1)
A2	新罗区小池镇	K6+760~K11+090 路基共4.33km	中铁十二局第四工程有限公司	
A3	新罗区小池镇	K11+090~K15+600 路基共4.51km	上海警通路桥建设有限公司	
A4	新罗区小池镇	K15+600~K19+081 路基共3.481km	中铁十六局集团第四工程有限公司	
A5	上杭县古田镇郭车村	K19+081~K25+330 路基共6.249km	中铁三局集团第二工程有限公司	福建省交通建设工程监理咨询公司(LJ2)
A6	上杭县蛟洋镇	K25+330~K34+330 路基共9km	唐山公路建设总公司	

续上表

标段号	标段所在地	工程内容及长度	施工单位	监理单位
A7	上杭县蛟洋镇	K34+330~K38+330 路基共4km	中铁十一局集团第二工程有限公司	福建省交通建设工程监理咨询公司(LJ2)
A8	上杭县蛟洋镇	K38+330~K42+107.677 路基共1.16km	中铁二十三局集团第一工程有限公司	
A9	上杭县蛟洋镇	K42+130.882~K45+679.754 路基共3.549km	中铁四局集团有限公司	
A10	连城县新泉镇	K45+679.754~K50+400 路基共4.720km	成都市路桥工程股份有限公司	
A11	连城县新泉镇	K50+400~K55+800 路基共5.4km	四川公路桥梁建设集团有限公司	铁二院咨询监理公司(LJ3)
A12	连城县新泉镇	K55+800~K61+167 路基共5.367km	中铁十五局集团第二工程有限公司	
A13	连城县新泉镇	K61+167~K65+321.388 路基共4.154km	中铁四局集团第一工程有限公司	
A14	长汀县涂坊镇	K65+008.71~K68+220.5 路基共3.212km	中铁十六局集团第五工程有限公司	
A15	长汀县涂坊镇	K68+220.5~K70+900 路基共2.680km	江西省交通工程集团公司	
A16	长汀县涂坊镇	K70+900~K74+192.107 路基共3.292km	中铁二十一局集团第三工程公司	
A17	长汀县涂坊镇	K73+500~K82+000 路基共8.5km	中铁十五局集团第二工程有限公司	厦门中平工程监理咨询有限公司(LJ4)
A18	长汀县南岭村	K82+000~K89+000 路基共7km	大成工程股份有限公司	
A19	长汀县河田镇	K89+000~K96+000 路基共14km	湖南路桥建设集团公司	
A20	长汀县河田镇	K96+000~K102+400 路基共6.4km	中铁十七局集团第一工程有限公司	
A21	长汀县策武镇	K102+400~K109+884.256 路基共7.484km	湖南怀化公路桥梁建设总公司	
A22	长汀县	K109+884.256~K117+515 路基共7.631km	四川路航建设工程有限责任公司	厦门路桥咨询监理有限公司(LJ5)
A23	长汀县	K117+515~K124+240 路基共6.725km	湖南湘潭公路桥梁建设有限责任公司	
A24	长汀县古城镇	K124+240~K130+900 路基共6.66km	胜利油田胜利工程建设(集团)有限责任公司	
A25	长汀县古城镇	K130+900~K135+062 路基共4.162km	洛阳路桥建设总公司	

第十章
高速公路建设项目实况

续上表

标段号	标段所在地	工程内容及长度	施工单位	监理单位
B1	龙门—蛟洋	K0+000~K37+905 路面共37.905km	江西省交通工程集团公司	福建省交通建设工程监理咨询公司(LJ6)
B2	蛟洋—涂坊	K37+905~K70+470 路面共32.565km	大成工程股份有限公司(联营体主办人) 沈阳高等级公路建设总公司(联营体成员)	
B3	涂坊—河田	K70+470~K101+530 路面共31.06km	杭州市交通工程集团有限公司(联营体主办人) 杭州公路交通设施工程有限公司(联营体成员)	0厦门路桥咨询监理有限公司(LJ7)
B4	河田—古城	K101+530~K135+062 路面共33.532km	福建路桥建设有限公司	
LH1	龙门—蛟洋	K0+000~K37+905 共37.905km	厦门建南环境艺术有限公司	福建省交通建设工程监理咨询公司(LJ6)
LH2	蛟洋—涂坊	K37+905~K70+470 共32.565km	泉州市耀华园林工程有限公司	
LH3	涂坊—河田	K70+470~K101+530 共31.06km	福州好乐园艺工程有限公司	厦门路桥咨询监理有限公司(LJ7)
LH4	河田—古城	K101+530~K135+062 共33.532km	漳州大农花卉园林有限公司	
C1			福建新大陆电脑股份有限公司	北京兴通交通工程监理有限责任公司(LJ8)
C2			中铁三局集团电务工程有限公司	
龙门考塘互通	新罗区龙门镇		福建省杭辉建设工程有限公司	福建省交通建设工程监理咨询公司(LJ6)
蛟洋互通	上杭县蛟洋镇		福建鑫泰建筑有限公司	
古田互通	上杭县古田镇		龙岩市兰天建筑工程有限公司	
新泉互通	连城县新泉镇		福建省九建建筑工程有限公司	
古田服务区	上杭县古田镇		龙岩市西安建筑工程有限公司	
涂坊互通	长汀县涂坊镇		福建省同源建设工程有限公司	厦门路桥咨询监理有限公司(LJ7)
河田互通	长汀县河田镇		龙岩市新龙门建筑工程有限公司	
长汀互通	长汀县		福建丰田建筑工程有限公司	

续上表

标段号	标段所在地	工程内容及长度	施工单位	监理单位
古城互通	长汀县古城镇		福建省惠一建设工程有限公司	厦门路桥咨询监理有限公司(LJ7)
长汀服务区	长汀县		福建宏大建设工程有限公司	

(二)建设情况

1. 项目准备阶段

(1)立项审批

项目立项:2001年11月22日,国家计委以计基础[2001]2451号文《印发国家计委关于审批福建省龙岩至长汀(闽赣界)公路项目建议书的请示的通知》批复福建省龙岩至长汀(闽赣界)公路项目建议书,同意立项。

工程可行性研究:2003年7月21日,国家发改委以发改交运[2003]759号文《印发国家发展改革委关于审批福建省龙岩至长汀(闽赣界)公路可行性研究报告的请示的通知》批复龙长高速公路工程可行性研究报告。

初步设计:2003年11月21日,交通部以交公路发[2003]504号文《关于福建省龙岩至长汀(闽赣界)公路初步设计的批复》批复龙长高速公路初步设计。

环境影响评价:2005年3月1日,国家环境保护总局以环审[2005]210号文《关于厦门至昆明国家重点公路干线福建龙岩至长汀(闽赣界)高速公路工程环境影响报告书审查意见的复函》批复龙长高速公路环境保护工作。2005年2月2日,水利部以水函[2005]66号文《关于厦门至昆明国家重点公路干线福建龙岩至长汀(闽赣界)高速公路水土保持方案的复函》批复龙长水土保持方案。

地震安全性评价:根据1990年国家地震局编制《中国地震烈度区划图》,本工程项目区域内地震烈度为6度,抗震设防烈度为Ⅵ度,对重要的结构物按Ⅶ度设防。

建设用地批复:2004年12月7日,国土资源部以国土资函[2004]503号文《关于龙岩至长汀(闽赣界)公路工程建设用地的批复》批复龙长高速公路建设用地。

开工批复:交通部于2006年11月9日批复了龙长高速公路施工许可申请书,建设工期48个月。龙长高速公路全面动工建设。

(2)资金筹措

龙长高速公路批复概算61.379亿元,其中:建安投资总额为48.54007452亿元,设备及工具器具购置费1.84833744亿元,其他基本建设费用8.20978789亿元,预留费用2.78083506亿元。其资金拼盘为:国家专项基金安排9.07亿元,福建省交通建设基金安排 5.5 亿元,福建省财政安排 5.5 亿元,龙岩市财政和公路建设资金安排 5.93 亿元,国家开发银行贷款 22.5 亿元,中国工商银行贷款 12.88 亿元。

龙长高速公路项目累计到位建设资金共 56.037 亿元,资本金投入 23.112 亿元(其中:部级 9.07 亿元、省级 11 亿元、市级 3.042 亿元),银行贷款 32.91 亿元(其中:国家开发银行福建省分行贷款 20.79 亿元、中国工商银行岩城支行贷款 12.12 亿元),福建省高速公路有限责任公司拨入 150 万元。

(3)招投标工作

龙长高速公路严格工程招标制度,所有工程发包及材料采购均通过招标方式进行,择优选择承包商和供应商。先后进行了勘察设计、路基工程的施工及监理、路面及交通工程的施工及监理、房建工程、绿化工程、机电施工、机电设备采购、机电监理以及沥青采购等项目的招标工作。项目业主十分重视工程招标组织及管理工作,所有招标严格遵守国家、部委的各项招标法规和招标程序,使招标过程做到合法化、规范化和程序化。招标中始终坚持公平、公正、公开、合理竞争的原则,实行阳光操作,全过程自觉接受纪检监察部门的监督,并聘请公证部门对招标过程进行公证。

设计单位招投标情况:严格按照《中华人民共和国招标投标法》、国家七部委发布实施的《评标委员会和评标方法暂定规定》、交通部 2001 年第 6 号令《公路工程勘察设计招标投标管理办法》《公路工程勘察设计招标评标办法》《福建省龙岩至长汀(闽赣界)高速公路勘察设计招标评标办法》等有关规定执行,2003 年 3 月 22 日完成招标,最终选择福建交通规划设计院作为第 1、2 合同段中标单位,中国公路工程咨询监理总公司作为第 3 合同段中标单位。

施工招标单位招投标情况:全线分 25 个路基土建标,4 个路面标,3 个沥青采购标,2 个机电标,4 个绿化标,10 个房建标。

依据《中华人民共和国招标投标法》、国家七部委发布实施的《评标委员会和评标方法暂定规定》、交通部《公路工程施工招标投标管理办法》《公路工程施工招标评标委员会评标工作细则》《公路工程国内招标文件范本》(2003 版)进行施工招投标活动。2004 年 5 月 21~25 日出售路基土建标第一阶段招标文件,2004 年 6 月 24 日完成了第一阶段招标工作;2004 年 6 月 26~30 日出售路基土建标第二阶段招标文件,2004 年 8 月 16 日完成了第二阶段施工招标工作。2005 年 11 月 18~22 日出售路面标招标文件,2005 年 12 月 17 日完成了路面标施工招标工作。2006 年 10 月 13~17 日出售沥青采购标施工招标文件,2006 年 11 月 5 日完成采购招标工作。2007 年 2 月 14~27 日出售机电标施工招标文件,2007 年 4 月 1 日完成了施工招标工作。2006 年 11 月出售房建标施工招标文件,2006 年 12 月 1 日完成了房建施工招标工作。2007 年 2 月 10~14 日出售绿化标施工招标文件,2007 年 3 月 7 日完成了绿化施工招标工作。

监理单位招投标情况:路基土建部分为 LJ1~LJ5 五个监理标,路面及交通安全设施工程为 LJ6、LJ7 两个监理标,机电、三大系统工程为 LJ8 一个监理标。

依据《中华人民共和国招标投标法》、国家七部委发布实施的《评标委员会和评标方法暂定规定》、交通部《公路工程施工监理招标投标管理办法》《公路工程施工招标评标委员会评标工作细则》《公路工程国内招标文件范本》(2003 版)进行监理招投标活动。2003 年 11 月完成监理 LJ1 标的招标。2004 年 5 月 21~25 日出售 LJ2~LJ5 招标文件,2004 年 6 月 24 日完成了监理标 LJ2~LJ5 的招标工作。2005 年 11 月 18~22 日出售路面监理招标文件,2005 年 12 月完成了路面工程监理标 LJ6、LJ7 标的招标工作。2007 年 2 月 28 日~3 月 6 日出售机电监理招标文件,2007 年 3 月 28 日完成 LJ8 机电监理单位招标工作。

(4)合同段划分

龙长高速公路施工单位共 45 家。路基工程共划分为 25 个合同段,路面及交通安全设施工程划分为 4 个合同段,景观绿化工程划分为 4 个合同段,交通机电工程划分为 2 个合同段,房建工程划分为 10 个合同段。

(5)征地拆迁

龙长高速公路全长 136.0km,途经新罗、上杭、连城、长汀四县(区)的 12 个乡(镇)58 个村。全线总征地 15275.92 亩,其中耕地 5449.3 亩,果园 801.27 亩,林地 8072.79 亩,其他地类 951.36 亩;拆迁各类构(建)物 260294.98 m^2,三杆迁移 69.3km;施工用电线路架设 209km;下拨征资金 3.8 亿元,其中合同内征迁资金 16561.65 万元,个案资金 9835.71 万元,各种税费 8072.19 万元。在工程开工前,基本完成了征迁任务,整个征迁过程,不存在违章用地行为。征地拆迁情况统计详见表 10-3-28。

征地拆迁情况统计表 表 10-3-28

项目名称	征地拆迁安置起止时间	征用土地(亩)	拆迁房屋(m^2)	支付补偿费用(元)	备注
一期	2004.12~2007.12	15275.92	260294.98	380000000	

2.项目实施阶段

(1)重大决策

龙长高速公路 A8 合同段林岭路段原设计为右洞设置单洞隧道,左线以棚洞及路基挡墙形式通过。因左侧棚洞及高挡墙施工较困难且右洞隧洞覆盖层也偏薄,且施工过程对现有植被破坏较严重,由省高指组织专家会审决定路线右移,变更为小净距隧道。

龙长高速公路 A12 合同段白石岭隧道原设计为连拱隧道,依据相关会议纪要,白石岭隧道右幅线位不变,将原设计的隧道调整为大开挖,并设高边坡防护,左幅左移 70m 为单洞隧道。

(2)重大变更

①A3 合同 K12+260~K12+580 何家坡路基高填方段路基共设 7 阶,最大边坡高度 54.13m。原路基下边坡是规划中的水库,因此将本段路基抬高,并对在水位下路基进行填石处理。由于情况有变而取消水库的建设,并且该路段路堑挖方均为强风化岩,无法满足填石路基的石料要求,同时周边石料较缺,因此施工过程中经业主、监理、设计与施工单位等四方研究确定,坡脚设护脚挡墙而路基改为填土路堤。2005—2006 年初,经大雨的侵袭而出现局部变形,又因不建水库而路堤下村庄没有拆迁,根据 2006 年 1 月 25 日关于龙长高速公路高填加筋陡坡路堤设计施工讨论会精神及省市高指关于该段路基加固工程的指导和要求,以保护路基稳定和安全为原则,设计采用预应力锚索框架和坡脚挡墙加厚以加固路基,设置土工格栅控制不均匀沉降,同时结合边坡封闭、截水渗沟、排水平孔等措施引排地表地下水。(因本段路堤坡脚下未确定是否建水库,变更设计及计算书均未考虑坡脚水库的影响。)

②A8、A9 合同 YK41+048~YK42+300.332 林岭路段原设计为右洞设置单洞隧道,左线以棚洞及路基挡墙形式通过。因左侧棚洞及高挡墙施工较困难且右洞隧洞覆盖层也偏薄,且施工过程对现有植被破坏较严重,由省高指组织专家会审决定路线右移,变更为小净距隧道。同时为节省造价,缩短工期,林岭大桥也由原连续刚构变更为预制 T 梁(本改线右线短 34.668m,左线短 17.634m)。

③A12、A13 合同 K60+260~YK61+754.650 段,依据龙岩龙长高速公路有限公司〔2006〕6 号《关于龙长高速公路白石岭路段路线变更的会议纪要》和〔2006〕7 号《关于龙长高速公路 A12、A13 及 A16 标段变更设计会议纪要》,右线保留了原设计整体式路基的位置,将原设计的隧道调整为大开挖,并设高边坡防护;左线左摆 2~70m,并按分离式路基重新设计。本路段变更将对上曹屋大桥、白石岭隧道、白石岭大桥、十二排大桥等进行变更设计(本改线右线长度不变,左线长 45.564m)。

④A19 标段的河田互通连接线由于地方政府强烈要求,并经有关人员与专家现场察看论证,为方便交通吸引车流量,由原连接到县道 651 线变更为直接接至 319 国道。

(3)重大事件

2002 年 8 月 2 日,成立龙长高速公路筹备办公室。

2003 年 7 月 19 日,福建省高速公路有限责任公司与龙岩交通国投公司以联合控股的形式组建"龙岩龙长高速公路有限公司"。

2003 年 7 月 21 日,国家发展和改革委员会批准龙长高速公路立项申请。

2003 年 12 月,龙长高速公路路基控制性工程 A2 合同段开工。

2004 年 11 月、12 月,龙长高速公路路基其余合同段分两阶段分别全面开工。

2005 年 11 月 10 日,元坑大桥架设最后一片梁,全桥贯通。

2005年12月,官庄隧道左右洞贯通。
2006年1月,新泉隧道左右洞贯通。
2006年3月20日,芷民大桥架设最后一片梁,全桥贯通。
2006年5月20日,南塘大桥架设最后一片梁,全桥贯通。
2006年10月10日,萝卜岭隧道顺利贯通。
2006年11月30日,十二排隧道左右线贯通。
2007年1月14日,白石岭大桥左幅桥中跨合龙,右幅桥贯通。
2007年1月26日,东坑Ⅰ大桥架设最后一片梁,全桥贯通。
2007年2月1日,上曹屋大桥架设最后一片梁,全桥贯通。
2007年4月1日,牛角岗大桥悬浇段最后一块完成,全桥贯通。
2007年6月,移炉隧道左右线贯通。
2007年6月,船岭崟特大桥悬浇段最后一块完成,全桥贯通。
2007年12月18日,龙长高速公路通过交工验收。
2007年12月25日,龙长高速公路全线建成通车。
2011年12月,龙长高速公路通过竣工验收。

(三)复杂技术工程

穿越武夷山脉和玳瑁山脉的龙长高速公路是典型的山区高速公路,在深山峡谷中布线,地质复杂,施工难度大,造价高,桥梁、隧道大型构造物占总里程的三分之一以上。全线共有209座桥梁(单座)、45座隧道(单洞),且桥隧相连,工程艰巨程度罕见。其中位于长汀涂坊的船岭崟特大桥,墩台全部建在悬崖峭壁的山腰间,桥面至沟底垂直高度超过135m。

1. 隧道工程

A8合同段的林岭隧道是本项目的控制性工程。该隧道按新奥法原理组织施工。隧道施工始终坚持"早预报、勤量测、管超前、弱爆破、短进尺、强支护、快封闭、紧衬砌"的原则。对于Ⅱ类围岩采用正向单侧壁导坑法,该法有利于及早对中夹岩柱进行加固,及早对中夹岩柱进行监控量测,为开挖后存在的风险提供超前预报,以便及时处理。遇隧道断面较大、围岩条件较差、隧道浅埋、地下水丰富时,围岩难以自稳,应对围岩进行超前预加固、地表加固或对单侧壁的上、下台阶进一步采用分步开挖。围岩状况较好,掌子面稳定性好,为发挥大型设备的优势,加快施工进度,也可以将单侧壁的上、下台阶合为一步开挖或采用上下台阶与正向单侧壁导坑组合法,但应控制开挖进尺。对于Ⅲ类围岩,采用反向单侧壁导坑,有利于减小爆破振动对中夹岩柱的影响。当围岩条件较好、掌子面易稳时,对于土质、软质岩石条件,可采用上下台阶与正向单侧壁导坑组合法;对于硬质岩石条件,可采用上下台阶与反向单侧壁导坑组合法或上下台阶法。Ⅳ类围岩段采用全断面光面爆破法施工,采用超前导坑预留光面层的开挖方法,增加开挖临空面,降低爆破对岩柱的影响。Ⅳ类围岩自稳定性好,开挖的关键在于减小爆破振动对岩柱的影响,由于超前导坑的存在,二次扩挖(预留光爆层)的爆破装药量可以大大减小,从而降低爆破对岩柱的影响。岩柱较厚时,可采用上下台阶和全断面开挖法。

隧道施工投入装运大型机械设备,形成挖、装、运机械化作业线。坚持信息化动态施工管理,规范实施监控量测和地质超前预报,用量测信息指导施工,及时反馈信息,修正设计和采取应急措施,以确保施工安全。科学选择施工方法,合理安排施工顺序及支护施作时机,严格按《锚喷构筑法技术规则》和图纸设计要求施作初期支护及衬砌,做到开挖光爆成型、支护锚喷及时和二衬内实外美。切实搞好隧道施工防尘和施工排水工作,改善洞内作业环境,提高工作效率。

2. 桥梁工程

船岭崇特大桥墩台全部建在悬崖峭壁的山腰间,桥面至沟底垂直高度超过135m,施工难度大。船岭崇特大桥的大直径深孔基桩、薄壁空心高墩及大跨度连续刚构箱梁是本工程难点工程项目。

(1)薄壁空心墩墩身采用翻升钢模板施工,塔吊或提升架提升材料,混凝土集中拌制,输送泵输送入模浇筑,覆盖塑料膜法养护。

翻模施工方案:①液压翻模结构由工作平台、提升架、内外吊架、模板系统、液压提升设备、抗风架、中线控制系统和附属设备等组成,全桥共配备4套液压翻模,4座主桥墩平行施工。②在地面上拼装成各组大件,利用塔吊在承台上组拼成整体结构,通过液压千斤顶顶升使翻模结构整体爬升。③配置三节大模板,每循环一节模板,循环交替翻升施工;当第三节模板浇筑并终凝后提升工作平台,绑扎第四节钢筋,拆除并翻升第一节模板安装于第三节模板之上,再进行第四节混凝土浇筑和养护。④过渡墩临近墩帽处时,提前在墩身上预埋托架,支立墩帽模板,浇筑墩顶实心段和墩帽混凝土。

翻模施工技术保证措施:①顶杆提升高度自由长度不超过1.8m,平台偏斜量控制在5~10cm内;平台的中线、水平要勤观测、勤纠偏。②施工中因大风、大雨或其他原因必须停工时,切断措施处理,以防套管与混凝土发生黏结;停工前将混凝土灌满模板并振捣完毕。③停工后正常气温下每小时爬升千斤顶一次,爬升次数量满足混凝土终凝时间即可,一般为7~8次;复工后要加强中线观测,并处理好新老混凝土接茬。④过渡墩临近墩帽处时,提前在墩身上预埋托架,支立墩帽模板,浇筑墩顶实心段和墩帽混凝土。

(2)大跨度连续刚构箱梁

箱梁施工方案:①刚构连续箱梁采用菱形挂篮分段浇筑,悬臂对称施工,0号块在墩顶托架上现浇,边跨直线段及合龙段采用导梁现浇施工,中跨合龙段采用一端挂篮施工。

②模板、钢筋和小型机具等垂直运输采用附着式塔吊,施工人员上下作业采用施工爬梯;混凝土集中拌制,搅拌输送车运输,泵送入模。输送泵选择输送量在 60m³/h 以上的高压输送泵,输送管道沿塔吊爬升。③梁体悬灌分左、右幅同时进行,全桥共投入 4 对(8 个)挂篮,各 T 构同时施工;合龙段施工顺序为:先边跨合龙,再中跨合龙。

悬灌梁施工技术保证措施:①为防止混凝土开裂,悬灌梁段混凝土采用一次浇筑成型,并在底板混凝土凝固前全部浇完。②预应力筋张拉完后尽早压浆,所用水泥须经过滤处理。长大的孔道在最高点设排气孔,而且持荷强度与时间要足够,以保证压浆的密实。③施工过程中,加强施工、设计、监理、检测单位的联系。

承包单位在施工中首先从加大机械设备投入入手,以保证工程质量和工期为前提,针对高架桥工程特点和施工条件,根据工程需要最大限度地投入施工模板、支架、挂篮、吊装设备和混凝土泵送设备等,满足了工程施工要求。其次是优化施工方案,加快施工进度。

3. 路面工程

本项目结合福建省高等级路面的设计和施工经验,打破了传统的沥青路面结构设计模式,进行了沥青路面新型结构设计。主线:4cm 改性沥青混凝土抗滑表层 +6cm 中粒式沥青混凝土中面层 +16cm 沥青稳定碎石层 +16cm 级配碎石基层 +30(20)cm 水泥稳定碎石底基层;匝道:4cm 改性沥青混凝土抗滑表层 +6cm 中粒式沥青混凝土中面层 +10cm 沥青稳定碎石层 +16cm 级配碎石基层 +20cm 水泥稳定碎石底基层;桥面:4cm 改性沥青混凝土抗滑表层 +5(6)cm 中粒式沥青混凝土中面层。

施工中采用先进的设备,提高施工质量水准,加快施工工期,创造出更好的施工效益。主要有以下几个方面:

(1)在施工路面水稳层中,根据路面大型压实机械施工特点,对构造物连接处、边脚部等压路机碾压不到的薄弱环节,在路面施工中引进戴纳帕克 LG-500 新型平板夯,保证了水稳层边角部的碾压,提高了水稳层的施工质量。

(2)根据龙长高速公路构造物众多、渐变段多的特点,引进新型戴纳帕克伸缩型混凝土摊铺机,保证了在渐变段施工中可随意调整混凝土的摊铺宽度,提高面层的施工质量。

(3)本工程采用国内外通用的热拌沥青混凝土施工工艺,目前世界上沥青混合料设计方法以马歇尔法应用最为普遍,马歇尔法的优点是考虑到沥青混合料的密实度和空隙特性,可进行体积分析,以确保获得合适的空隙率,适应现代高速公路重荷载、高负荷运营的要求。根据热拌沥青混凝土的特点,重点研究、探讨并掌握了沥青混合料的技术性能指标和施工工艺特点,保证施工质量达到设计和规范要求。在配合比设计和施工中做到了精心设计、精心施工,得到省、市高指的好评。

(四)科技创新

龙长高速公路工程技术含量高,为确保工程质量,创建优质工程,建设者们始终保持一种科学的态度,大胆采用新技术、新工艺、新材料,积极开展合理化建议、优化设计和科学施工的科研活动。通过自身的技术力量,结合科研机构雄厚的技术实力,根据工程实际,大胆应用先进技术和经验,组织科技攻关,先后开展了多项课题研究。

1. "福建省高速公路沥青路面新型结构研究"课题

结合福建省高等级路面的设计和施工经验,打破了传统的沥青路面结构设计模式,进行了沥青路面新型结构设计。通过龙长高速公路新型沥青路面结构课题的研究,有利于减少路面裂缝的产生,改善沥青路面的内部排水,提高路面使用的耐久性,可降低后期维修养护的费用。

2. "公路隧道洞口段照明参数研究"课题

研究隧道洞口构造物的亮度对行车视觉的适应情况,为优化隧道洞口安全设计提供有力的依据。

3. "T梁与墩固结刚构连续桥梁的受力性能研究"课题

研究 30~50m 高墩下 T 梁与墩固结体系桥梁的结构受力特性,了解该结构体系桥梁的静动力受力性能及全桥整体受力和墩梁固结区域复杂受力性能,为该结构的设计提供理论依据,同时有助于进一步优化设计,完善该桥梁体系的设计理论与计算方法。

4. "高速公路山区雾区行车诱导系统"课题

研究山区雾区地段行车诱导系统的实际使用情况和效果,为进一步完善和优化雾区诱导系统提供有力、可靠依据。

通过以上课题的研究,并结合项目特点指导工程施工,将科技成果直接转化为生产力,获得了较好的经济效益。工程中所进行的科研项目研究内容丰富,体现了理论与实践的相结合,解决了许多施工中的技术难题,对提高山区高速公路的建设质量和水平都有着十分重要的意义。除了开展课题研究外,还注重引进技术力量,聘请了隧道、桥梁、路基、路面等专家,成立专家咨询小组,为工程施工和管理提供技术指导和咨询服务,协助解决施工中的技术难题。

(五)运营管理

1. 服务区设置

龙长高速公路共设置 2 个服务区、3 个停车区:古田和长汀服务区总建筑面积约 19918m^2,内设办公楼、宿舍、公厕、加油站、汽修间等,主体结构为钢筋混凝土结构;芷溪、涂坊、古城停车区总建筑面积约 11702m^2,内设办公楼、宿舍、公厕、加油站等,主体结构为钢筋混凝土结构。

2. 收费站点设置(表10-3-29)

收费站点设置情况表　　　　　　　　　　　　　表10-3-29

站 点 名 称	车 道 数	收 费 方 式
龙岩西收费站	8(3入5出)	人工、ETC、自动取卡
古田收费站	6(2入4出)	人工、ETC、自动取卡
蛟洋收费站	7(3入4出)	人工、ETC、自动取卡
新泉收费站	7(3入4出)	人工、ETC、自动取卡
涂坊收费站	5(2入3出)	人工、ETC、自动取卡
河田收费站	6(3入3出)	人工、ETC、自动取卡
长汀收费站	8(3入4出)	人工、ETC、自动取卡
厦成闽赣界收费站	13(5入8出)	人工、ETC、自动取卡

3. 车流量发展状况(表10-3-30)

交通流量发展状况表　　　　　　　　　　　　　表10-3-30

年份(年)	日均车流量(辆)	年份(年)	日均车流量(辆)
2008	13156	2012	24624
2009	14935	2013	27114
2010	17288	2014	30027
2011	20236	2015	32810

第四节　G3北京至台北国家高速公路福建段(京台线)

一、京台线浦南至南平高速公路(浦南高速公路)(建设期:2015.12~2008.12)

(一)项目概况

1. 基本情况

浦南高速公路是国家高速公路规划网北京至台北高速公路以及长深高速公路的组成部分,是交通部确定的全国12个公路勘察设计典型示范工程,是国家重点公路干线北京至台北、长春至深圳高速公路的重要路段,也是福建省"三纵四横"高速公路路网的重要组成部分,是东南沿海地区的一条重要国防交通干线。全线建设里程 244.4km,其中京台线 184.554km(闽浙界至建瓯弓鱼),长深线 56km,武夷山支线 3.846km。

浦南高速公路设计技术标准遵照交通部对本工程初步设计的批复分别采用设计行车速度 80km/h 和设计行车速度 100km/h 两种标准,其中:80km/h 区间路基宽度:整体式路基 24.5m,分离式路基 2×12.25m;桥面净宽:整体式路基 2×11m,分离式路基 2×11.25m;路面:沥青混凝土路面,设计年限 15 年,标准轴载 100kN;路基、桥涵洪水设计频率:特大桥 1/300,其余均为 1/100;桥梁设计车辆荷载:汽车—超 20 级、挂车—120;100km/h 区间路基宽度:整体式路基 26.0m,分离式路基 2×13m;桥面净宽:整体式路基 2×11.75m,分离式路基 2×12.0m;路面:沥青混凝土路面,设计年限 15 年,标准轴载 100kN;路基、桥涵洪水设计频率:特大桥为 1/300,其余均为 1/100;桥梁设计车辆荷载:汽车—超 20 级、挂车—120。

项目起点位于浦城(闽浙界)官路乡沙排,接浙江省衢南高速公路,经浦城、武夷山、建阳,至建瓯弓鱼与同步建设的浦南长深高速公路(建瓯段)在建瓯弓鱼互通对接。线路自北向南纵贯南平市 4 个县(市、区)。全线共预留互通 4 个,即分别在建阳徐市预留 1 个一般互通,在建阳将口预留与宁武高速公路连接的枢纽互通,在建瓯弓鱼预留与松建高速公路连接的枢纽互通。沿线设有 10 个收费站、2 个监控分中心、1 个通信监控所、4 个养护工区。征用红线内土地 13518.05 亩,拆迁房屋 13.34 万 m^2,迁移电力杆线 96.5km,迁移"三杆二线"362.16km。

项目概算总投资 786117.29 万元,由中铁十一局集团、中铁十五局集团、中铁十八局集团 3 家公司承建。

沿线地形起伏变化大,所穿越地貌单元属闽北丘陵地貌,间夹山间盆地及河谷。海拔最高 493.0m,最低 64.0m,山坡坡度一般 15°~25°,局部可达 30°。沿线水系发育,河谷深切多呈 V 形,相对平坦的河谷盆地多分布第四系冲洪积砂砾及黏性土,沉积厚度一般小于 20m。天然边坡一般较稳定,偶见小崩塌。沿线主要有大、中、小桥 29895.14m/275 座;其中单孔跨径 100m 以上的大桥有延安大桥、常坑大桥、五里亭 1 号大桥;有隧道 26209.5m/26 座(单洞)。该项目基本情况统计详见表 10-4-1。

浦南高速公路项目基本情况统计表　　　表 10-4-1

序号	项目		单位	数量	备注
一	技术标准				
1	计算行车速度		km/h	80/100	
2	路基宽度	整体式路基	m	24.5/26	
		分离式路基	m	12.25/13	
3	桥面净宽		m	2×11.75	

续上表

序号	项　　目	单位	数　　量	备注
4	路面		沥青混凝土路面,设计年限15年,标准轴载100kN	
5	路基、桥涵设计洪水频率		特大桥1/300,其余均为1/100	
6	桥涵设计车辆荷载		汽车—超20级、挂车—120	
二			主要工程规模	
1	路线里程	km	184.554	
2	征用土地	亩	13518.05	
3	拆迁房屋	m²	133420	
4	路基土石方	万m³	5791.99	
5	软土地基处理	km	3.1	
6	桥梁(主线)	m/座	29895.14/275	
	其中:特大桥、大桥	m/座	20885.58/89	
7	匝道桥梁	m/座	1622.42/15	
8	上跨分离	m/座	56.6/1	
9	互通式立交	处	12	
10	分离式立交	处	12	
11	涵洞	道	356	
12	通道	道	315	
13	隧道	m/座	26209.5/26	
14	路面(主线)	万m²	395.84	
15	主线收费站	处	10	
16	服务区	处	4	
17	停车区	处		

浦南高速公路控制性工程于2005年10月动工,2005年12月1日全线正式下达开工令,历经三年的建设,于2008年12月24日建成通车试运营。

2.前期决策情况

20世纪90年代我国的高速公路在总量和质量上都实现了重大突破,特别是1998年以来,为应对东南亚金融危机,国家实施了扩大内需,拉动国民经济增长的重大举措。公路建设,特别是高等级公路建设获得了难得的发展机遇,年度建设投资连续三年超过2000亿元。基于此,在京福高速公路南平段做前期工作时,南平市委、市政府就设想修建一条能够联系闽北众多县市,又能与沿海和外地相通的高速公路。

彼时,闽北经济进入结构调整时期,与外界经济的联系不断增加,县、市的区域之间、城乡之间经济需要协调发展,都离不开高速便捷的公路网。在一次专题会议上,市委、市政府提出如果能把延平区到武夷山的断头路,建成与浙江等地相连的路网,对闽北经济以及武夷山旅游产业的发展都具有十分重要的意义。会议决定,由武夷山北上浦城接浙江的衢州。

1999年初,南平市委托省规划设计院做了一份路线规划方案,并于同年4月成立了浦南高速公路筹建处,次年又委托省交通设计院做预可行性研究报告。虽然当时项目还没有眉目,但市里认为,把项目储备的前期工作做细了,就能为项目立项创造机遇,并多次与省交通部门协商,分析路线走向,等待上报项目的时机。

国家从"八五"计划开始组织实施国道主干线系统的规划,其中"五纵七横"为全国高速公路的主框架,但随着社会经济的发展,高速公路建设面临如何适应经济快速发展的巨大挑战。我国的高速公路总里程与发达国家相比差距甚大,全国高速公路仅覆盖省会城市和城镇人口超过50万人的大城市,在城镇人口超过20万人的中等城市中,只有60%有高速公路连接,对一个经济总量已跻身世界前6位的国家来说,高速公路建设已十分迫切。2000年下半年,国家在原有高速公路建设"五纵七横"的基础上,又规划了一个全国区域经济干线网,其中天津至汕尾国道主干线的一部分正好与规划的浦南高速公路线重合,这为浦南高速公路立项提供了一个极好的机遇。该年在郑州举行的一个全国交通厅局长会议,成为浦南高速公路与浙江、安徽等地同步实施项目的切入点。筹建处立即派人赶往郑州,与有关省份的交通厅长沟通,市领导也向省上汇报了浦南高速公路的规划以及前期工作情况,取得了省领导的支持。2001年5月,浙江、安徽、福建三省交通厅领导和衢州、黄山、南平三市领导共同召开协调会,沿规划路线边开会边实地踏勘,会议确定了福建与浙江路线的交接点,认为规划的路线方案可行,可以同步实施。该会议为浦南高速公路项目上报国家立项审查奠定了基础。2001年10月,项目"预可"报告通过省内审查。

2002年8月,省计委向国家计委上报浦南项目建议书,2003年8月国务院办公会议研究通过了"项目建议书"。2003年11月工可报告上报国家有关部门,次年7月获得国务院办公会议研究通过并立项。2004年10月项目初步设计上报交通部,项目计划在2008年底建成通车。

按照国家规定,高速公路建设的资本金不得低于总投资的35%,浦南高速公路的资本金组成分别为:国家专项基金12.97亿元,省交通建设资金9.4亿元,市交通建设资金9.2亿元。而总投资98.25亿元的"浦南"项目,将有65%的建设资金来自银行贷款,分别由国家开发银行、中国工商银行、兴业银行承担贷款事宜。

浦南高速公路全长244.4km,沿途设有仙阳、浦城等12个互通式立交,同时预留徐市一般互通式立交及与规划中的宁德至上饶、丽水至南平高速公路相接的枢纽互通式立交,在五县市(区)经济发展相对快的乡镇及区域都有上下高速公路的道口,这些原先因道路交通不便利的乡镇因此而成为"近水楼台先得月"的区域,无疑对其经济、社会发展都将产生重大的影响。

专家认为,高速公路经济圈的形成,将改善招商引资环境,加快产业转移的速度;土地开发速度明显加快,特别是房地产投资将急剧升温;乡镇工业迅猛发展,县域经济的开放特点异常突出。专家指出,漳州、宁德等地近年来经济的突飞猛进,就是得益于高速公路的建成。对闽北来说,浦南高速公路的建成对旅游业的发展尤为重要,以武夷山为中心的旅游经济圈将在高速公路的支撑下成为一个整体,扩大了旅游半径,一些由于交通瓶颈而散落深山的景点将脱颖而出,重现光彩。南平市在京福、浦南等高速公路的建设中,将实现"构筑东出西进交通网 打造邻港型经济"的目标。东,就是沿海港口的建设;西,就是西北部山区高速公路、干线公路的建设,让江西、湖南等内地省份成为闽北乃至全省港口物流延伸的广阔腹地。高速公路经济圈的形成,将使闽北经济上连内地、下临沿海。

3. 参建单位主要情况

(1)建设单位

浦南高速公路项目建设中试行业主加顾问公司及项目施工总承包的管理办法——代建制中的一种模式,其具体做法是:业主南平浦南高速公路有限公司全面负责项目建设管理,对项目建设承担业主的全部责任。成建制聘请在高速公路建设方面具有丰富经验的顾问公司,经业主授权,直接承担业主部分管理和现场服务的职能,对项目建设提出咨询意见,协助业主对项目进行工程管理。顾问公司对项目投资、进度、质量不承担直接责任,但要对参与建设管理监督中所提出意见建议的正确性和及时性负责。

根据福建省高速公路建设体制,本项目工程以南平市为主负责组织建设,2004年10月项目法人南平浦南高速公路有限责任公司依法成立并注册,项目法人组织机构于2005年8月组建完毕,符合甲级公路建设项目法人标准,并于2005年9月按有关规定以南浦高工〔2005〕65号文报福建省交通厅、省高指备案,依法组建了项目法人南平浦南高速公路有限责任公司,对项目筹资、建设、经营、管理、还贷等全过程负责,执行项目法人责任制、招投标制、工程监理制和合同管理制,并实行政府监督、法人管理、社会监理、企业自检的质量保证体系。业主浦南公司在南平设公司本部,并在各总承包合同段各设一个办事处。

项目建设管理服务单位:项目经公开招标,确定福建省交通建设工程监理咨询公司为建设管理服务单位,由其提供专业化管理和技术服务。管理服务单位在南平设项目管理部1个,在各总承包合同段设代表处3个,业主设中心试验室3个;通过建设管理期间的不断磨合适应,浦南公司本部和项目管理部、办事处和代表处之间,在工程管理上合署办公。

(2)设计单位

设计单位设3个设计代表处。经设计投标,福建省交通规划设计院承担了浦南高速公路勘察设计初步设计阶段第1、3、4合同段和施工图阶段A、C合同段的勘察设计,D合同段(D为交通工程及沿线设施专项)交通工程、机电项目、房建项目、景观绿化项目的设计工作。

第十章
高速公路建设项目实况

浙江省交通规划设计研究院投标中得浦南高速公路勘察设计初步设计阶段第 2 合同段和施工图阶段 B 合同段勘察设计工作。设计单位基本情况详见表 10-4-2。

设计单位基本情况表　　　　　表 10-4-2

序　号	参 建 单 位	承 建 工 程	合同段编号
1	福建省交通规划设计院	A、C、D	13301
2	浙江省交通勘察设计院	B	3498

（3）施工单位

为鼓励施工企业投入资源，浦南高速公路在以往高速公路施工总承包每个合同段 1.52 亿元规模左右的基础上，扩大各合同段施工发包规模，全线只分三个施工总承包合同段，由三个施工公司总承包。中标施工企业必须组建现场总项目部，并由施工企业总部的高层领导直接担任总项目经理。浦南高速公路是公路施工第一个采取总价包干的总承包模式的施工项目，大标段、总承包、总价包干一揽子交易；绿化、机电等辅助工程由分部招投标，改为由施工单位负责到底；过去由业主负责对外协调工作，现在将由施工单位"各显神通"。这种社会化大生产的施工组织模式，将对习惯于各自为战、边干边算、边干边变的传统施工理念，提出严峻挑战。分工越来越细、联系越来越紧密的社会化大生产的施工理念，各单位之间的协同合作，科学准确的工程设计，严密周到的组织计划，着眼于每一个细节的精确计算，流水线式的均衡生产，高效有序的集约化管理，将成为参建单位今后的发展方向。

浦南高速公路 A、B、C 三个施工总承包合同段分别由中铁十一局集团有限公司、中铁十五局集团有限公司、中铁十八局集团有限公司中标后，各施工单位分别成立了局项目经理部，局项目经理部设项目总经理、项目副总经理、总工程师、总会计师、总经济师及五部两室，五部两室包括工程技术部、安质环保部、物资设备部、计划合同部、财务部、综合办公室、中心试验室。局项目经理部下属的土建、路面、房建、绿化、机电及交通设施标段均相应成立项目部，设立项目经理、副经理、总工程师和五部两室。

中铁十一局局项目经理部设在浦城县，中铁十五局局项目经理部设在建阳市，中铁十八局局项目经理部设在建瓯市。

施工总承包单位设项目经理部 3 个，路基土建工程小标段经理部 25 个，路面工程小标段经理部 6 个，机电工程小标段 3 个，房建工程小标段 13 个，三大系统工程小标段 2 个，绿化景观工程小标段 11 个，全线工程共划分为 60 个小标段。

（4）监理单位

项目全线共分 4 个监理标，其中 3 个土建工程监理标、1 个机电工程监理标；按合同划分，共设总监办 4 个、驻地办 22 个。

A 合同段设置 1 个总监办，由江苏东南监理承建，下设 6 个分驻地办（A1～A6-7），现场7个小标段与驻地办对应开展监理工作。两个路面驻地办(A8、A9),房建驻地办和总监办设在一起,独立办公。

B合同段设置1个总监办,由厦门市路桥咨询监理有限公司承建,下设3个分驻地办(BJ1~BJ3),8个标段监理组(B1~B8),房建驻地办与路面驻地办和总监办设在一起,独立办公。

C合同段设置1个总监办,由江苏交通工程咨询监理有限公司承建,下设3个分驻地办(CJ1~CJ3),10个标段监理组(C1~C10),2个路面驻地办(CJB1、CJB2),房建驻地办和总监办设在一起,独立办公。

三年的监理工作实践证明,该监理组织形式适应了"业主+项目建设管理单位"的管理模式和施工总承包模式,有效地增强了监理工作力度,提高了监理工作效率,保证了工程建设按计划顺利实施。三大系统工程由广东公路工程监理站实施监理服务,详见表10-4-3。

浦南高速公路施工及监理单位一览表　　表10-4-3

序号	参建单位	承建工程	合同段编号	合同价(万元)
1	中铁十一局集团有限公司	施工总承包单位	A	200854
	中铁十五局集团有限公司		B	220026
	中铁十八局集团有限公司		C	259957
2	江苏东南交通工程咨询监理有限公司	监理单位	AJ	4026
	厦门市路桥咨询监理有限公司		BJ	3635
	江苏交通工程咨询监理有限公司		CJ	4301
3	广东公路工程监理站	三大系统工程监理单位	JDJ	395
4	福建新大陆电脑有限公司	三大系统工程施工单位	JD1	9350
	广东新粤交通投资有限公司		JD2	6912
5	福州日晖建筑工程有限公司	浦城服务区	AF4	2596
	福建省隆丰建设发展有限公司	临江服务区	AF5	2372
	南平市银河市库区建设工程有限公司	建阳服务区	BF3	2421
	福建泉丰建设有限公司	丰乐服务区	BF4	2274
	福建省南平市隆鑫建筑工程有限公司	建瓯服务区	CF3	2436
	福建康城建筑工程有限公司	南平服务区	CF4	2263

浦南高速公路于2008年12月24日正式竣工通车,至此,京台线衢州至南平高速公路全线贯通。

(二)建设情况

1.项目准备阶段

(1)立项审批

项目立项:2003年9月,国家发改委以发改交运〔2003〕1096号文批准立项。

工程可行性研究:2004年7月,国家发改委以发改交运〔2004〕1058号文批准工程可行性研究报告。

初步设计:2004年12月,交通部以交公路发〔2004〕776号文批准工程初步设计。

2005年12月,省交通运输厅以闽交建〔2005〕148号文正式批准施工图设计文件。

环境影响评价:水利部水保监测中心出具项目水保方案大纲技术评估意见(水保监方案〔2004〕005号),2005年12月水利部以水保函〔2005〕507号文批准项目水保方案;2004年1月,国家环保总局环境工程评估中心出具项目环评大纲评估意见;2005年10月,国家环保总局以环审〔2005〕845号文批准项目环境影响报告书,通过浦南高速公路全线环境保护和水土保持评价工作。

地震安全性评价:省地震局以闽震〔2004〕72号文《关于〈浦城至南平高速公路线路工程地震安全性评价报告〉的批复》,通过浦南高速公路地震安全性评价工作。

建设用地批复:2005年7月,国土资源部以国土资厅函〔2005〕404号文批复控制工期的单体工程先行用地,2006年6月国务院批准工程建设用地,7月福建省人民政府以闽政文〔2006〕293号文转批国土资源部国土资函〔2006〕356号文,正式批准项目工程建设用地。

开工批复:交通部于2006年7月签署施工许可。建设工期3年。至此,浦南高速公路全面动工建设。

(2)资金筹措

本项目交通部批准投资概算980387万元,投资来源为:交通部投入129700万元,省级资本金投入146000万元(其中省高速公路有限责任公司52000万元,福建发展高速公路股份有限公司94000万元),南平市级资本金投入40000万元,银行贷款664687万元,见表10-4-4。2010年3月10日,交通部以交公路发〔2010〕125号文批复对本项目的初步设计概算进行调整,调整增加概算55037万元,调整后项目概算总额为1035424万元,调概增加投资通过银行贷款解决。

资金筹措基本情况表　　　　　　　　　　　表10-4-4

序号	资金来源单位	金额(万元)
1	交通部	129700
2	省高速公路有限责任公司	52000
3	福建发展高速公路股份有限公司	94000
4	南平市级资本金	40000
5	银行贷款	664687

(3)招投标工作

浦南高速公路共分为4个勘察设计合同段、1个建设管理服务合同段、3个施工监理合同段和3个施工总承包合同段、60个工程小标段。浦南高速公路招标工作,坚持"公开、公平、公正"和诚实信用的原则,严格按照《中华人民共和国招标投标法》、国家七部委和福建省的有关规定执行。招标前资格预审文件、招(投)标文件均上报福建省高指、省交通厅审查备案后执行,各个合同段均通过国内公开招标(除项目建设管理服务单位经批准采取邀请招标外)方式进行。业主依法组建评审委员会,分别从交通部、省交通厅专家库中抽取专家和业主代表共同组成,评审委员会严格按规定依法开展评标工作,编写资格预审报告和评标报告。业主在评标过程中,邀请上级纪委、监察部门对评标工程进行全过程跟踪监督,并采取超常规措施保证不发生违法违纪行为。在定标过程中,业主根据评审委员会的资格预审报告和评标报告提交的资格预审结果及评标结果,召开公司董事会研究定标,按程序上报福建省高指和省交通厅核备,按规定向中标单位发送中标通知。最后,业主与中标单位进行合同谈判,达成一致签订合同协议书,质量管理目标责任书、安全生产合同、廉政合同。

设计单位招标。浦南高速公路是福建省第3个进行勘察设计招标的项目,共分4个设计合同段,勘察设计工作(初步设计、施工图设计及后续服务)向国内市场公开招标。业主(原浦南筹建处)于2003年11月28日发布招标公告,2003年12月完成资格预审工作,招标文件在报交通厅审查并向交通部报备后于2004年1月出售,2004年2月完成评标工作,评标专家按规定从交通部专家库中抽取,确定正选中标人。

建设管理服务单位招标。经省交通运输厅、省高指闽交建函〔2005〕22号《福建省交通厅、福建省高速公路建设总指挥部关于浦南高速公路建设有关事项的函》呈报省政府研究同意,建设管理服务单位(一个合同段)采用邀请招标方式。业主从省内外从事高速公路建设的技术实力强、信誉好的监理、咨询单位中选择5家单位发出投标邀请书,5家单位均在规定时间内响应,6月26日进行公开开标,6月28日完成评审工作,确定福建省交通建设工程监理咨询公司为中标人。

(4)施工总承包标段划分情况

施工总承包分为A、B、C三个合同段(其中A合同段89.03km,B合同段86.95km,C合同段68.43km),详见表10-4-5。

标段划分情况表 表10-4-5

标段号	标段所在地	工程内容及长度	施工单位
A	浦城	A合同段89.03km,大、中、小桥梁(主线)60座,全长4785m;互通式立交4处,分离式立交12处;隧道4座全长为5799m;涵洞、通道266道;路基土石方2686.59万 m^3;软基处理3102.5m;路面(主线)186.3363万 m^2;收费站5处;服务区2处;避险车道2处;另外还有绿化、机电、交通工程等	中铁十一局集团有限公司

第十章
高速公路建设项目实况

续上表

标段号	标段所在地	工程内容及长度	施 工 单 位
B	武夷山、建阳、建瓯	B合同段86.95km,大、中、小桥梁(主线)61座(包括互通式立交3处),全长8368.43m;隧道6.5座,全长8916m(右线);涵洞通道243道;路基土石方3105.4万 m^3;路面209.5万 m^2;另外还有房建、绿化、机电、交通工程等	中铁十五局集团有限公司
C	建瓯、延平	C合同段68.43km,其中京台部分15.42km,大、中、小桥梁(主线)61座,全长13335.75m;隧道13座全长为12443.35m(右线);涵洞、通道168道;路基土石方2355.4万 m^3;路面(主线)126.5517万㎡;收费站4处;服务区2处;另外还有绿化、机电、交通工程等	中铁十八局集团有限公司

面向国内公开招标,采用合理低价法评标。业主于2005年4月27日发布资格预审公告,6月4日完成资格预审工作,7月1日向通过资格预审的20家施工单位发出投标邀请书,并于9月15~18日完成开标评标工作,确定中标候选人。

其他工程招标。2007年7~11月,分别对总承包范围外的三大系统工程施工监理1个合同段、三大系统工程施工2个合同段、服务区房建工程施工6个合同段,面向国内公开招标。

(5)征地拆迁

浦南高速公路征地拆迁涉及南平市5个县(市、区)、24个乡镇、93个行政村,共征用各类土地13518.05亩,拆迁各类房屋及构筑物13.34万 m^2,迁移"三杆二线"335.72km。经报请省政府批准,由南平市政府负责浦南高速公路征地拆迁和营造施工环境工作,对征地拆迁实行费用总包干,包干费用9.44亿元,见表10-4-6。沿线县(市、区)政府对辖区内征地拆迁、民事协调、社会稳定、社会治安工作实行经费总额包干、任务包干、责任包干。南平市委、市政府高度重视征迁工作,从市、县两级国土、建设、林业等有关部门抽调大批人员,分别成立市、县两级指挥部和征迁机构,负责征迁和营造施工环境工作的具体实施。按照国土资源管理的有关法律、法规,本着既要维护沿线被征地农民的合法权益,又要确保工程顺利实施的原则,出台了征地拆迁补偿安置指导意见和实施意见,依法开展征地拆迁工作,并将征地拆迁补偿安置工作列入了南平市政府创业竞赛考核内容,实行县(市、区)主要领导负总责、分管领导具体负责的工作责任制,层层签订责任状,把工作任务落实到部门和乡、村。沿线各县(市、区)政府于2005年11月基本完成红线内征迁工作。征地拆迁资金严格按照国家规定实行专户管理,分别建立包干经费和管理费专户,做到专款专用、专户核算,市政府定期组织审计部门开展审计调查,规范管理。

征地拆迁情况统计表　　表10-4-6

浦南高速公路	征地拆迁安置起止时间	征用土地（亩）	拆迁房屋（万 m²）	支付补偿费用（亿元）	备注
G3线（浦城至南平）	2002年6月~2005年11月	13518.05	13.34	9.44	含电力线路迁移，补偿费为全线包干（含浦南长深线）

2. 项目实施阶段

工程于2005年12月正式开工，浦南公司坚持建设"优质工程、廉政工程、和谐工程"的建设方针，严格执行"施工自检、社会监理、业主管理、政府监督"的建设质量管理体制，狠抓"质量、安全、进度、资金、环保、廉政"六大控制，稳步推进各项建设工作。

浦南高速公路南北贯穿闽北腹地，南渐的中原文化和闽文化在这里相融衍生，孕育了八闽大地最古老的文明。工程开工前，浦南项目投入160余万元，在原故宫博物院院长、研究员张忠培为组长的国家文物局专家组的指导下，请考古单位对沿线17处古遗址、古墓葬群进行抢救性考古发掘，保护了众多古代遗迹，出土了一大批珍贵文物，其中位于浦城县的猫耳弄山商代龙窑遗址群和管九西周土墩墓，将福建的文明史向前推前了上千年，先后被国家文物局、中国社科院授予2005年"全国十大考古发现"和2006年"全国考古六大发现"的考古界最高荣誉。猫耳弄山是我国首次发现如此大规模的商代窑群遗址，被专家誉为"中国第一烟囱"，专家认为"此次发现的窑群，形成一定的规模，保存较完整，全国罕见，属重大考古发掘，对于探索我国南方窑业技术的发展和龙窑的起源及原始瓷的产地提供了非常珍贵的实物资料，具有重要的学术研究价值和保存价值"。西周土墩墓出土的青铜剑，被专家称为"福建第一剑"，中国社科院用"东南地区青铜文化的新探索"评述土墩墓群的入选理由，认为"这一发现填补了中国南方地区土墩墓分布区域的空白，对研究土墩墓的演变规律有重要价值"。为保护遗址，省交通厅、省高指、浦南公司给予高度重视，经专家多次论证，作出了将浦南高速公路移线绕道200多米的重大决策，开了福建省重点工程给文物保护让路的先河。

（1）重大决策

建阳南互通为浦南高速公路预留互通，在设计阶段考虑预留互通设置位置，主线平纵面指标按互通要求控制。为对促进当地社会经济发展、缓解建阳市区交通压力，浦南公司根据当地政府意见，将原预留互通提前进行建设。根据南发改〔2008〕基础5号《南平市发展和改革委员会关于浦南高速公路徐市互通立交工程可行性研究报告的批复》并经南平市发改委批复同意立项。项目于2008年4月开工，2009年9月底完工。

（2）重大变更

①B1标段祝源隧道出口增加转向车道，取消店下1号桥右幅4孔；转向车道离隧道

洞口稍远,距离有 1km;因中央分隔带开口部宽度较小,长大车道转向困难;可利用隧道弃方作路基填方,减少弃方场征地。

②B3 标段 K107+310~K108+443 纵断面调整:此段跨河路段,受下游拦水堤影响,适当提高路基高度。

③B4 标段 K115+265~K118+200 纵断面调整:此段缺方量较大,采取压坡增加挖方,减少取土场征地。

④武夷山支线四车道改为六车道:宁武高速公路规划变更。

⑤林墩隧道取消:隧道为连拱隧道,地质条件差,施工难度大,隧道埋深浅,隧道改路堑可改善行车条件和行车视线。

⑥C2 标段建瓯互通连接 204 省道,由于建瓯东区开发规划进行变更。

⑦C3 标段上水南路段地方战备路线位改移,使得原设计的上水南桥分离式立交取消,中水南分离式立交移位。

⑧C6 标段马踏岭 2、3 号桥桥改路。

⑨C6 标段南雅互通 F 匝道变更。

⑩C8 标段 YK225+910 处增加分离式立交,桥型为 2×25m 预应力混凝土 T 梁桥。

⑪由于南平城区连接线实施,原设计的 C9 合同段南平北互通 A、F、G 匝道需变更。

(3)重大事件

1999 年 4 月,成立"浦南高速公路筹建处"。

2001 年 3 月 27 日,马头岗隧道和坑门里隧道左右线贯通。

2001 年 3 月 28 日,吉坑隧道左右线贯通。

2001 年 4 月 13 日,蔡家山隧道左右线贯通。

2001 年 6 月 16 日,吴楼隧道左右线贯通。

2001 年 10 月 20 日,赤岭隧道右线贯通。

2001 年 11 月 15 日,二铺塘连拱隧道贯通。

2001 年 11 月 28 日,赤岭隧道左线贯通。

2001 年 12 月 14 日,巨口特大桥合龙贯通。

2001 年 12 月 29 日,后港特大桥合龙贯通。

2002 年 6 月 26 日,八尺门特大桥合龙贯通。

2004 年 10 月,成立"南平浦南高速公路有限责任公司"。

2005 年 7 月,国土资源部、省人民政府正式批复浦南高速公路建设用地。

2005 年 12 月底,浦南高速公路 3 个施工总承包标段全部开工。

2008 年 12 月,浦南高速公路通过交工验收,质量等级优良。

2013 年 10 月,通过省交通质监局组织的竣工验收。

(三) 复杂技术工程

项目 B 合同段祝源隧道为全线埋深最大、洞身最长、地质条件复杂的关键性控制工程。隧道按新奥法原理进行设计,内轮廓采用单心圆复合式结构,以锚杆、钢筋网、喷射混凝土等为初期支护,辅以钢拱架、超前大管棚、超前小导管注浆等加固措施,充分调动和发挥围岩的自承能力,在监控量测信息的指导下施作初期支护和二次模筑衬砌。隧道二次衬砌明洞结构为现浇钢筋混凝土,暗洞衬砌结构按新奥法原理,采用复合式支护结构形式,初期支护以锚杆、钢筋网、钢格栅及喷射混凝土组成联合支护体系,二次衬砌采用模注防水混凝土结构,初期支护与二次衬砌结构之间设防排水夹层。

本工程项目埋藏较深。隧道施工过程中,在高地应力、脆性岩体中,因施工爆破扰动原岩,岩体受到破坏,使掌子面的岩体突然释放出能量,产生脆性破坏,这时围岩表面发生爆裂声,随之有大小不等的片状岩体弹射剥落出来而发生岩爆。岩爆有时频繁出现,有时会延续一段时间后才能逐渐消失。岩爆不仅直接威胁作业人员与施工设备的安全,而且严重影响施工进度,增加了工程造价。施工过程主要采取以下措施:一是超前锚杆预加固处理开挖采用减震光面爆破,严格按短进尺、弱爆破的要求,做到控制循环进尺不大于2.0m,减少一次爆破用药量;二是支护及时,初期支护采用锚、喷、网、钢架综合支护体系,使超前锚杆、径向锚杆、钢架、网喷混凝土有机结合连为一体,固结围岩,增强支护效果;三是加强监控量测工作,增大监控量测频率,每5m设置一个量测断面,开挖后及时将量测桩埋好,做好拱顶下沉和水平收敛量测,尽早取得初始量测数据,做好开挖面和初期支护观察记录;四是及时根据围岩量测结果不断调整爆破参数和优化施工方案,评价支护变形情况及质量,为二次衬砌施工提供依据。

(四) 科技创新

作为全国第一批、省内第一个被交通部列为公路勘察设计典型示范工程的项目,有力地实践了"安全、舒适、环保、和谐"的设计理念,工程与运营安全、保护生态、环保设施同步设计、同步建设,投入300余万元的科研经费,创新的建设理念,创新的管理手段,创新的科研技术,展现出了浦南高速公路建设者们崭新的建设风貌,体现了精益求精、注重实效的求实精神,体现了尊重知识、不断创新的科学精神。

浦南高速公路作为交通部第一批勘察设计典型示范项目,从决策到立项,从设计至施工,从业主到承包商,从监理到施工单位,按照"舒适、和谐、安全、环保"的理念,积极开展科研工作,大力推广应用"新技术、新工艺、新材料、新设备"四新技术。实现公路建设与自然环境、人文环境的和谐统一。驱车在浦南高速公路,处处有景,景景有典,以事实彰显了浦南建设者不负众望的智慧与群策群力、兢兢业业、无私奉献的精神。全线采用了长寿

命路面结构设计等14项新科技、新工艺,主要有:

(1)贯彻长寿命路面设计理念,积极参与省高指组织的长寿命路面结构课题研究,全线路面推广采用了交通部科研所新研究的柔性基层路面结构,即:4cm沥青混凝土抗滑表层(AC-13)+6cm中粒式沥青混凝土下面层(AC-20C)+16cm沥青稳定碎石上基层(ATB-25)+15cm级配碎石中基层+不同厚度的水泥稳定碎石底基层。该新型路面结构考虑了福建南平所在地多雨潮湿的气候特点,并借鉴国外路面结构最新技术和国内"调整公路早期病害预防措施的研究"课题成果,能适应福建高温、多雨潮湿的环境,可解决高速公路路面结构早期病害问题。本项目该项科研经费投入239万元,科研课题获福建省科技进步二等奖。

(2)提倡与推行路基边坡软防护,改善道路两侧景观。边坡防护采用动态设计,绿化采用新工艺。为保证边坡绿化效果及质量,将原设计传统的浆砌防护变更为"3+2"工艺三维网植草防护,达到了很好的效果,浦南高速公路沿线地质复杂,高边坡防护数量较多,很多坡体结构稳定性差,在施工过程中遵循开挖一级防护一级的原则,将开挖过程中的地质情况及时反馈至设计部门,通过业主、设计、监理、施工四家单位进行现场查看,确定边坡坡率、平台宽度、坡面防护类型等设计参数,待上级边坡防护全部实施并产生加固作用后再进行下一级边坡的土石方开挖作业,如有地质偏差,及时再组织变更设计,确保坡体的稳定和结构安全。

(3)推广隧道监控量测与地质超前预报技术。隧道采用新奥法进行设计和施工,对于地质复杂或小净距隧道、连拱隧道,强制要求施工单位委托有资质的专业队伍进行隧道监控和地质超前预报工作,以利隧道动态调整设计和指导施工。

(五)管理体制创新

浦南高速公路有两个全省第一。在设计上,它是全省第一个列为交通部公路勘察设计典型示范工程;在建设上,它被列为全省公路建设体制创新第一路。因为这两个特殊性,"浦南"项目的建设将为闽北今后的高速公路建设提供更多的经验。

管理体制创新,在"浦南"项目上实施建设管理体制创新是一个必然趋势,在《国务院关于投资体制改革的决定》中就明确指出:"对非经营性政府投资项目应加快推行代建制。"本项目采用了全国首创的"业主+顾问公司"的管理模式,有效解决了业主技术管理力量不足的问题。"浦南"项目的体制创新将实行项目代建制,以取代原来公路建设采取的由建设单位具体负责项目建设的管理体制。通过招标等方式,选择专业化的项目管理单位负责项目建设实施,严格控制项目投资、质量和工期,竣工验收后移交给使用单位。建设单位从具体的建设项目中解脱出来,主要负责项目规划、筹融资、监督管理等工作,因而不需要太多人员和专业经验,其工作过程与国际上专业工程项目管理公司向业主承包项目建设业务是相同的。"代建制"突破了政府工程旧有的方式,使投资行为更加规范,因此有人称之为抑制腐败、克服"三超"(概算超估算、预算超概算、结算超预算)现象的有效武器。

在工程管理和计量支付管理中,采用了业主委托珠海同望软件公司开发的"高速公路建设管理系统"的计量管理支付管理平台,以业主为中心,与施工单位、监理以及上级主管部门联网,实行计量支付"零距离"管理,有效解决了文件传送、签认、批准等中间途径的人力消耗和时间浪费的问题。本项科研经费投入89万元。

公路勘察设计典型示范工程是按照"安全、环保、舒适、和谐"的原则,在设计上坚持地形选线、地质选线、环保选线和安全选线。浦南高速公路途经五个县市(区),沿线有众多风景名胜、农田和茂密的植被,为充分调整公路建成后交通量变化对环境变化的影响,工程建设对农田水利设施与水土保持的影响,路基开挖填筑对自然植被覆盖的影响,路线对生态环境、行政划区、农村耕作区、水利排灌系统等设施分割产生的影响,以及对文物古迹、风景名胜景观的影响,"浦南"项目在路线、路基、桥隧、互通式立交等设计上都从环保出发,采取相应的措施,如避免高边坡、高填方,以防止或减缓不良影响。

(六)运营管理

1. 服务区设置

浦南高速公路设1个京台闽浙省际征管所及10个互通收费站、3对服务区。服务区由南平浦南高速公路有限责任公司投资经营管理。

2. 收费站点设置

自2008年通车至2014年12月底,浦南高速公路共进出各类型车辆1510.2939万辆,日均11744辆。车流量日均增长13.83%,根据历年车流量增长情况分析显示,2006—2011年车流量增长超出可行性研究报告中预期年增长5.5%的交通流量,成为福建省主要的进出省通道。2012年,泉南线开通运营,部分原由福银闽赣省际口进出的车辆分流至泉南闽赣通行,造成2012年车流量与2011年同期相比下降23.5%。2012—2014年年平均车流量增长量为5%,与工可调查结果基本吻合。详见表10-4-7。

收费站点设置情况表　　　　　　　　表10-4-7

站点名称	车道数	收费方式
京台闽浙省际收费站	13(4入9出)	车型+计重(现金+电子)
仙阳收费站	5(2入3出)	车型+计重(现金+电子)
浦城收费站	7(3入4出)	车型+计重(现金+电子)
临江收费站	5(2入3出)	车型+计重(现金+电子)

续上表

站点名称	车道数	收费方式
石陂收费站	4(2入2出)	车型+计重(现金+电子)
五夫收费站	5(2入3出)	车型+计重(现金+电子)
兴田收费站	8(3入5出)	车型+计重(现金+电子)
建阳收费站	11(4入7出)	车型+计重(现金+电子)
建阳南收费站	5(2入3出)	车型+计重(现金+电子)
徐墩收费站	5(2入3出)	车型+计重(现金+电子)
建瓯收费站	11(4入7出)	车型+计重(现金+电子)

3. 车流量发展状况(表10-4-8)

交通流量发展状况表　　　　　　　　表10-4-8

年份(年)	日均车流量(辆)	年份(年)	日均车流量(辆)
2009	7372	2013	14722
2010	9303	2014	16346
2011	10251	2015	18249
2012	11336		

二、京台线建瓯至闽侯高速公路南平段(建闽高速公路南平段)(建设期：2011.02~2015.11)

(一)项目概况

1. 基本情况

建闽高速公路南平段路线起点位于南平市建瓯市东安村弓鱼，与浦南高速公路及松建高速公路在东安村弓鱼相交，设置弓鱼枢纽互通，路线经过的主要地点为建瓯建安街道、通济街道、小桥镇、南雅镇、迪口镇、延平区的洋后镇至古田县的凤都镇，在洋后镇中洋村设枢纽互通，与宁光高速公路相连，终点位于南平市延平区洋后镇大演村。路线全长62.686km，总概算67.3449亿元，其中项目资本金及部、省、市投资金额27.275亿元，占40.5%，银行贷款金额40.07亿元，占59.5%。

本项目采用双向四车道高速公路标准，设计速度100km/h，路基宽度26m，分离式单幅路基宽度为13m。汽车荷载等级：公路—I级；设计洪水频率：特大桥1/300，大桥1/100，中、小桥、涵洞1/100。主要控制性工程为岩前隧道，长6.79km。沿线设弓鱼枢纽互通和中洋枢纽互通2个枢纽互通、小桥落地互通和迪口落地互通2个落地互通,设小桥收费站和迪口收费站2个收费站,设建州(原名霞抱)服务区1对,风机房1座。

主要工程量:路基土石方1471.05万m^3(挖方737.51万m^3、填方733.57万m^3);桥梁40座17081.53m(不含匝道桥),其中特大桥2651.15延米/2座);隧道16.5座27628.74m(其中特长隧道15680.74延米/3.5座);涵洞、通道68道4001.33m;落地互通2处,枢纽互通2处;服务区1对,软基处理47.49m^3;锚索168510m,锚杆52548m;防护排水工程331055m^3;沥青路面117.5万m^2;全线设中压供电系统,隧道通风、照明、消防系统和监控、收费、通信系统;房建面积12820.09m^2,绿化面积138038m^2,种植乔灌木146250株。详见表10-4-9。

建闽高速公路南平段项目基本情况统计表　　　　　表10-4-9

序号	项目		单位	数量	备注
一				技术标准	
1	计算行车速度		km/h	100	
2	路基宽度	整体式路基	m	26	
		分离式路基	m	13	
3	桥面净宽	整体式桥面	m	2×11.75	小桥与路基同宽
		分离式桥面		12	
4	路面			沥青混凝土路面,设计使用年限15年,标准轴载BZZ-100	
5	路基、桥涵设计洪水频率			特大桥1/300,其余均为1/100	
6	桥涵设计车辆荷载			公路—Ⅰ级	
二				主要工程规模	
1	路线里程		km	62.686	
2	征用土地		亩	4691.37	
3	拆迁房屋		m^2	29565.42	
4	路基挖方		万m^3	737.51	
5	软基填方		万m^3	733.57	
6	软基处基		万m^3	47.49	
7	涵洞		m/道	3051.63/50	含互通匝道
8	通道		m/道	949.7/18	含互通匝道
9	防护排水工程		m^3	331055	
10	锚索		m	168510	
11	锚杆		m	52548	
12	特大桥		延米/座	2651.15/2	不含匝道桥
13	大桥		延米/座	13705.6/28	不含匝道桥
14	中桥		延米/座	535.3/7	不含匝道桥

续上表

序号	项目	单位	数量	备注
15	分离式立交	延米/座	189.08/3	
16	特长隧道	延米/座	15680.74/3.5	
17	长隧道	延米/座	8173.5/5	
18	中隧道	延米/座	2056.5/3	
19	短隧道	延米/座	1718/5	
20	沥青混凝土路面	万 m²	117.5	
21	落地互通	处	2	
22	枢纽互通	处	2	
23	服务区	对	1	
24	风机房	座	1	

本项目建设工期为4年，路基土建先行施工标A1标于2011年2月15日开工，合同工期2年；后续施工标A2～A10标于2012年8月1日开工，除A5标的合同工期为2.5年外，其他标段合同工期为2年；路面、房建、交安和景观绿化工程于2014年9月1日开工，合同工期为1年；机电及三大系统工程于2015年2月1日开工，合同工期为7个月，2015年10月底建成，具备通车条件。项目于2015年11月26日通过交工验收，2015年12月18日通车试运营。

2. 前期决策情况

项目自2006年2月起开展工程预可行性研究工作。2007年2月5日，通过省内审查（省发改委会议纪要〔2007〕5号）。2007年12月，省路港交通咨询中心完成了《国家高速公路北京至台北射线福建境内建瓯至闽侯段工程可行性研究报告》，在此期间，省路港交通咨询中心项目组对《国家高速公路北京至台北射线福建境内建瓯至闽侯段及古田至屏南连接线方案预可行性研究补充调整报告》进行了认真的分析研究，同时也对省内部分专家对路线方案的意见予以充分考虑，并广泛收集了项目影响区的社会经济、交通运输、城镇发展、旅游资源现状、规划，以及筑路材料等资料，在"预可"路线走廊基础上，对路线方案进行筛选、优化、补充和完善，并加大沿线地质调绘、水文地质条件调查、重点工程场址地质勘探等工作，在上述各项工作的基础上完成了本项目的工程可行性研究报告。

2008年1月18日，省发改委对本项目工程可行性研究报告进行了省内审查。会后，省路港交通咨询中心项目组根据审查会议纪要的精神，重点对设计速度、闽侯洋里至白沙段的长下坡小半径路段等问题进行了补充比较和论证，最终于2008年4月下旬完成了本项目工可报告的修订。

2008年5月27日，省发改委再次组织沿线相关单位。对本项目工可修订报告进行了审查。会后,项目组根据审查会议的精神,对古屏连接线的建设必要性进行了补充,同时增长了闽侯大目溪互通的连接线长度,于2008年6月完成了本项目工可报告的再次修订。

2008年9月3日,在省发改委牵头"京台线建瓯至闽侯段上报国家审查协调会"上,提出了将延平北岸互通改为枢纽互通,便于与正在修编的海西高速公路网衔接,同时确定增长闽清东桥互通的连接线长度。项目组在完成上述修订后,最终于2008年9月完成了本项目工可报告的上报国家审查稿。

2009年7月,根据业主要求,将屏古连接线剔除后重新对工可进行修编。

2011年2月,国家发展和改革委员会对项目工可进行了批复[《国家发展和改革委员会关于福建省建瓯至闽侯公路可行性研究报告的批复》(发改基础〔2011〕397号)]。

3. 参建单位情况

(1)建设单位

建设单位为南平京台高速公路有限责任公司。按照省政府关于高速公路建设"统一规划、统一设计、统一质量、统一运营和分段筹资、分段建设,分段收益"的管理体制,2010年4月由省、市高速公路公司共同出资组建了南平京台高速公路有限责任公司,作为本项目法人单位,履行业主职能,全面负责项目的建设、筹资、运营和还贷工作。

(2)设计单位

中交第一公路勘察设计研究院有限公司承担建闽高速公路南平段初步设计和施工图阶段的勘测、设计工作;北京交科公路勘察设计研究院有限公司承担建闽高速公路南平段交通安全设施、公路机电系统、服务设施及房建设施施工图设计工作。

(3)施工单位

建闽高速公路南平段分为10个路基施工合同段,即中铁电气化局集团西安铁路工程有限公司A1、中铁十五局集团第五工程有限公司A2、中铁十七局集团有限公司A3、中铁十九局集团第二工程有限公司A4、中铁隧道股份有限公司A5、中铁十七局集团第六工程有限公司A6、中铁二十三局集团第一工程有限公司A7、中铁十八局集团有限公司A8、中铁二十三局集团有限公司A9、中交第二公路工程局有限公司A10;路面、交安、房建和景观绿化工程施工合同段,即中交一公局厦门工程有限公司B合同段;机电工程3个施工标段;监控、收费、通信三大系统工程1个施工标段。各合同段基本情况详见表10-4-10。

各合同段基本情况表 表10-4-10

标段号	标段所在地	工程内容	长度(km)	施工单位	合同价(万元)	备注
A1	建瓯	K0+000~K7+700 路基	7700	中铁电气化局集团西安铁路工程有限公司	39449.9	

续上表

标段号	标段所在地	工程内容	长度(km)	施工单位	合同价(万元)	备注
A2	建瓯	K7+700~K17+700 路基	10000	中铁十五局集团第五工程有限公司	38401.8	
A3	建瓯	K17+700~K23+700 路基	6000	中铁十七局集团有限公司	39142.4	
A4	建瓯	K23+700~K29+540 路基	5840	中铁十九局集团第二工程有限公司	40917.7	
A5	建瓯	K29+540~K37+550 路基	8010	中铁隧道股份有限公司	53166.3	
A6	建瓯	K37+550~K43+600 路基	6050	中铁十七局集团第六工程有限公司	46661.5	
A7	建瓯	K43+600~K48+300 路基	4700	中铁二十三局集团第一工程有限公司	38231.2	
A8	建瓯延平	K48+300~K53+900 路基	5600	中铁十八局集团有限公司	40969.4	
A9	延平	K53+900~K57+825 路基	3925	中铁二十三局集团有限公司	49804.4	
A10	延平	K57+825~K62+686 路基	4861.087	中交第二公路工程局有限公司	31652.0	
B	建瓯延平	K0+000~K62+686 路面、交安、房建和景观绿化工程	62686	中交一公局厦门工程有限公司	46676.2	
E	建瓯延平	K0+000~K62+686 三大系统工程	62686	中铁十二局集团电气化工程有限公司	10588.8	
ED1	建瓯	K0+000~K28+370 机电工程	28370	上海电科智能系统股份有限公司	4896.4	
ED2	建瓯	K28+370~K37+335 机电工程	8965	北京公科飞达交通工程发展有限公司	5586.0	
ED3	建瓯延平	K37+335~K62+686 机电工程	25351	江苏安防科技有限公司	5432.1	

(4) 监理单位

福建省交通建设工程监理咨询公司 J1(土建、路面、交安、绿化和房建工程监理),山东省交通工程监理咨询公司 J2(土建监理),福建新路达交通建设监理有限公司 J3(土建监理),北京兴通交通工程监理有限责任公司EJ(机电、三大系统监理)。各监理单位基本情况详见表10-4-11。

监理单位基本情况表　　　　　　　　　　　　表10-4-11

标段号	标段所在地	工程内容	长度（km）	监理单位	合同价（万元）	备注
A1	建瓯延平	土建 K0+000~K23+700；路面、交安、绿化和房建工程 K0+000~K62+686	土建23.700km；路面、交安、绿化和房建工程62.686km	福建省交通建设工程监理咨询公司	1823.8	
A2	建瓯	土建 K23+700~K43+600	19.9	山东省交通工程监理咨询公司	1808.0	
A3	建瓯延平	土建 K43+600~K62+686	19.086	福建新路达交通建设监理有限公司	2053.4	
A4	建瓯延平	机电、三大系统 K0+000~K62+686	62.686	北京兴通交通工程监理有限公司	423.5	

(二)建设情况

1. 项目准备阶段

(1)立项审批

工程可行性研究：2011年2月25日，国家发展和改革委员会发改基础〔2011〕397号文《国家发展和改革委员会关于福建省建瓯至闽侯公路可行性研究报告的批复》批复工程可行性研究，同意路线方案、技术标准、投资控制。

初步设计：2011年7月15日，交通运输部交公路发〔2011〕348号文《关于建瓯至闽侯公路初步设计的批复》正式批复初步设计，批准了项目总工期和工程概算。

环境影响评价：2009年8月21日，环保部以环审〔2009〕386号文批复《关于国家高速公路北京至台北射线福建境内建瓯至闽侯段环境影响报告书的批复》，通过京台高速公路全线环境保护影响评价工作。

水土保持方案：2009年6月9日，水利部以水保函〔2009〕198号文《关于国家高速公路北京至台北射线福建省境内建瓯至闽侯段工程水土保持方案的复函》批复京台高速公路全线水土保持方案。

地震安全性评价：2011年4月15日，省地震局以闽震〔2011〕97号文《关于〈国家高速公路北京至台北射线福建省境内南平段隧道工程场地地震安全性评价报告〉的批复》，通过了京台高速南平段地震安全性评价工作。

建设用地批复：2012年4月19日，国土资源部以国土资函〔2012〕292号文《国土资源部关于建瓯至闽侯公路工程建设用地的批复》批复了京台高速公路全线建设用地。

开工批复：2013年9月6日，交通运输部批复了京台高速公路建瓯至闽侯段《施工许可申请书》。

(2)资金筹措

建闽高速公路南平段初步设计概算交通运输部批复金额为总概算67.3449亿元,其中建筑安装工程费53.16920253亿元,设备及工具、器具购置费9.68176685亿元,预备费2.95349393亿元,新增加费用项目(不作预备费基数)123.8060万元。其建设资金拼盘:项目资本金及部、省、市投资金额27.275亿元,占比例40.5%,银行贷款金额40.07亿元,占比例59.5%。

建闽高速公路南平段项目累计到位建设资金60.044亿元,其中资本金到位25.964亿元(部级资本金9.2649亿元,省级资本金7.771亿元,市级资本金8.9281亿元)。

基建投资借款累计34.08亿元(国家开发银行福建省分行贷款10亿元,中国工商银行延平支行7.8亿元,中国农业银行南平分行6.48亿元,交通银行厦门分行4亿元,中国银行南平分行2.5亿元,兴业银行南平分行2亿元,招商银行福州分行0.8亿元,民生银行福州分行0.5亿元)。

(3)招投标工作

建闽高速公路南平段各合同段招标评标工作,在省、市高指及市交通运输局等上级各部门指导监督下,严格按照《中华人民共和国招标投标法》、国家七部委和福建省招投标的有关规定执行,坚持"公开、公正、公平"的原则,按照"专家评标、业主定标、上级监督"的评标体系进行。无论设计招标、施工招标、监理招标及试验检测招标,招标前招标文件、评标办法均上报省高指、省交通运输厅批准后执行,各个标段(含设计、土建、路面、交安、房建、景观绿化、机电、三大系统和监理)均向全国公开招标,采用资格后审及采用"合理低价法"评标,招标评标过程实行全过程封闭、全过程监督的方式进行。监督工作由南平市交通运输局纪委、南平市高速公路有限责任公司监察室及本公司监察室负责。评标委员会根据招标文件对投标人投标文件的商务及技术文件进行形式评审与响应性评审并进行资格审查,进行信用分评分;对通过商务及技术文件评审的投标文件进行报价文件符合性审查;对通过符合性审查的报价文件进行算术性修正及评分,在总评分依序排名的基础上,评标委员会编写评标报告,向招标人推荐中标候选人。

评标结束后,业主根据评审委员会的评标报告,经公司董事会研究定标,上报省高指和省交通运输厅核备并上网公示,在规定的核备和公示期后,向无异议的中标单位发送中标通知。业主与中标单位进行合同谈判,达成一致意见后签订承包合同、质量管理目标责任书、安全生产合同、廉政合同等。

除按照招投标法律法规和有关规定外,开展勘察设计、施工、监理、试验检测、咨询等招标活动,严格执行招标文件审查备案制度,执行业绩、人员、保函复核公示制度和清单勘误、不平衡报价调整制度外,公司平时加强廉正教育,在招投标方面严格执行内控制度,在出售招标文件环节随机确定人员参与,投标人名单直接由监察室封存,有效控制招标人名单外流;所有参与开标或清标人员由纪检、检察室根据平时表现临时抽签确定;同时还采取回避制度,参与招标工作的工作人员若遇外界干扰可自行申请回避。

(4)合同段划分

本项目共分2个设计标,1个设计咨询标,10个路基土建施工合同段,1个路面、交通安全设施、房建和景观绿化合同段,1个交通机电工程监控、通信、收费系统供货与安装合同段,3个沿线供配电及隧道通风、照明、消防系统工程供货与安装合同段及4个施工监理合同段,4个试验检测服务合同段。

(5)征地拆迁

本项目严格按2012年4月19日征迁工作国土资源部以国土资函〔2012〕292号文《国土资源部关于建瓯至闽侯公路工程建设用地的批复》要求和意见进行。委托福建南平高速公路建设总指挥部负责,具体由建瓯市、延平区通过包干形式,承担辖区内高速公路建设过程用地的征地拆迁补偿安置工作。

本项目征迁工作于2012年2月24日开始,全线共征地4691.37亩,征地费用12978.91万元;房屋拆迁面积29565.42m^2,拆迁补偿费2523.05万元;坟墓迁移799座,费用100.6万元;杆线迁移费用2299.572万元;附属物拆迁费用142.3639万元。2012年底,征迁拆迁工作全面完成,详见表10-4-12。

征地拆迁情况统计表 表10-4-12

名 称	征地拆迁安置起止时间	征用土地(亩)	拆迁房屋(m^2)	支付补偿费用(元)	备 注
G3线(建瓯至古田)	2000.06~2003.11	4691.37	29565.42	180444959	含电力线路迁移

2.项目实施阶段

(1)重大决策

中洋枢纽互通:2008年9月3日,在省发改委牵头"京台线建瓯至闽侯段上报国家审查协调会"上,提出了将延平北岸(中洋)互通改为枢纽互通,重新修编了《工程可行性研究报告》。2011年2月25日,国家发展和改革委员会发改基础〔2011〕397号文《国家发展和改革委员会关于福建省建瓯至闽侯公路可行性研究报告的批复》对该项目工可行性进行了批复。

(2)重大变更(表10-4-13)

重大设计变更表 表10-4-13

序号	设计变更内容
1	K3+210~K3+500段左侧路堑边坡(动态变更)
2	K3+520~K3+580段左侧滑坡治理
3	电缆槽、排水沟变更
4	小型预制构件变更
5	霞抱服务区B广场建设规模变更

续上表

序号	设计变更内容
6	迪口互通桥改路
7	K45+000~K45+240段路基开挖控制爆破
8	K44+660~K44+850左侧滑坡体治理
9	值源中桥、值源3号桥改路
10	A匝道2号桥现浇箱梁改预制
11	中洋1号中桥改路
12	特长隧道路面加铺沥青结构层

(3)重大事件

2009年1月5日,完成勘察设计招标。

2009年3月1日,设计单位进场开展本项目初步勘测。

2009年6月8月,工程水土保持方案获水利部批复。

2009年8月21日,环境影响报告书获国家环保总局批复。

2010年4月9日,南平京台有限责任公司挂牌成立。

2010年8月4日,省住房和城乡建设厅为本项目颁发了建设项目选址意见书。

2010年10月1日,设计单位完成先行施工A1合同段的施工图设计。

2010年12月15日,先行开工标A1合同段完成招标。

2011年2月15日,先行施工标A1合同段开工。

2011年2月25日,工程可行性研究报告获国家发改委批准。

2011年4月18日,召开后续开工标详勘定测验收会。

2011年5月15日,召开本项目全线初步设计审查会。

2011年7月15日,初步设计文件获交通运输部批复。

2011年12月10日,设计单位完成全线施工图设计。

2011年12月30日,征占用林地获国家林业局审核同意。

2012年3月1日,后续开工标A2~A10标完成施工招标。

2012年4月19日,建设用地获国土资源部批准。

2012年7月18日,举办全省隧道标准化信息化观摩会。

2012年8月1日,后续开工A2~A10标全部开工。

2012年10月1日,施工图设计文件报省交通运输厅批准。

2013年12月1日,设计单位完成交通安全设施、房建工程设计。

2014年5月10日,路面、房建、交通安全设施、绿化工程施工标完成招标。

2014年5月20日,举办全省高速公路隧道路面标准化施工观摩会。

2014年8月5日,全线控制性工程A5合同段岩前隧道(6.8km)提前半年顺利贯通。

2014年9月1日,路面、房建、交通安全设施、绿化工程施工标开工。

2014年10月3日,全线控制性工程A6合同段土建主体工程(1480片预制梁)按期全线贯通。

2014年11月2日,设计单位完成本项目机电、三大系统等工程设计。

2015年1月10日,机电及三大系统工程E标ED1、ED2、ED3合同段完成施工招标。

2015年2月1日,机电及三大系统工程E标,ED1、ED2、ED3合同段开工。

2015年9月25日,全线完成路面摊铺,交通安全设施、绿化、房建及机电工程基本结束。

2015年11月26日,通过交工验收,工程建成,具备通车条件。

2015年12月18日,项目通车,进入试运营阶段。

2016年10月19日,通过房建工程竣工验收。

2017年9月20日,通过交通运输部档案馆项目档案专项验收。

2018年7月19日,通过工程竣工环保验收。

(4)标准化建设

本项目作为福建省标准化管理示范项目。在项目实施过程中,按《福建省高速公路施工标准化管理指南》要求,积极全面推行施工标准化管理。具体做法如下:

①本项目以"一流的材料、一流的设备、一流的工艺、一流的管理"为准则,创国内一流水平。通过标准化管理,以抓好工程质量为中心,科学管理、精心组织,严格按规范、合同条款进行施工、监理和管理。建立完善的质量管理和保障体系,强化对工程质量的管理与控制,确保本工程实体质量安全可靠、经久耐用,功能上以人为本、方便使用,外观质量上与生态景观协调统一。

②严格执行工程质量的控制程序。从分项工程开始,就认真履行合同,执行规范和标准,对施工质量进行有效的控制。

③全面推行高速公路标准化施工管理。通过开展深化高速公路建设标准化管理活动,建立科学系统的标准化管理体系,将标准化管理要求贯穿工程建设管理各个环节,促进管理制度更加完善,管理行为更加规范,施工工法更加先进,人员技能更加娴熟,施工工艺更加精细,施工作业更加安全,施工行为更加文明,试验检测更加可靠,项目信息更加公开透明,质量、安全、造价控制更加有效;实现从业人员一流、管理水平一流、材料制备一流、施工工艺一流、作业环境一流、建设成果一流。

④划分工程质量责任。明确划分承包人、监理单位、试验检测服务单位的质量责任。

⑤工程质量检查及评比奖励。为确保工程质量能得到有效控制,业主强化质量工作的管理力度,实行日常工程检查工作,促使每一个施工者和管理者严格执行规范、标准,消除和杜绝质量通病,并树立先进的分项工程样板,根据新的质量要求及先进的技术工艺,

业主组织召开全路段分项工程现场观摩会,树立典型模范工程,推广先进的施工技术工艺及先进的施工经验,以点带面,促进建设水平提高。

(三)复杂技术工程

1. 隧道

杨柏洋隧道(长3280m,以右线计)埋藏深度大,岩石强度高,有可能产生中等岩爆,洞口段土质松散,隧道洞口仰坡岩体稳定性极差,局部有偏压,断层附近雨季开挖时易出现涌水现象。

岩前隧道(长6785m,以右线计)属深埋特长隧道,岩石强度高,有可能产生中等岩爆,隧道洞口边坡、仰坡岩土体稳定性差,岩体裂隙较发育,属透水层,此隧道为项目主要控制性工程。

下房隧道(长3125m,以右线计)围岩主要为中风化~微风化片岩组成。洞口段围岩结构松散,岩体破碎,洞口仰坡岩体稳定性极差,断层影响带内岩石破碎,围岩级别低,强透水,易产生偏压。

黄坑隧道(全长3975m,路段内长2529.087m,以右线计)围岩主要为中风化~微风化凝灰岩组成。洞口段围岩结构松散,岩体破碎,洞口仰坡岩体稳定性极差,断层影响带内岩石破碎,围岩级别低,强透水,易产生偏压。

2. 特大桥

右线杉洋特大桥(长1147m)和迪口特大桥(长1145.9m)、左线浮山特大桥(长1140.8m)制约工程,是该线路的控制性工程,右线杉洋、迪口特大桥均为A6合同段境内,该标段地形复杂,预制梁场受地形限制,预制梁达1480片,是该线路的难点工程。

(四)科技创新

本项目在实施过程中,高度重视科研课题的研究及新技术、新材料、新工艺的采用,采用了预应力智能张拉技术、新型压浆材料等新工艺和新材料,并重点开展了福建省公路隧道超前地质预报技术研究、高速公路隧道机电预留预埋管道创新应用研究、公路建设项目文件材料过程管理及归档标准规范与信息化研究三个科研项目的课题研究,提高京台高速公路南平段的技术含量。

1. 路基高边坡监测

本项目地处山岭重丘区,地质情况复杂,深挖高填的段落多,为确保深挖路堑边坡的稳定,项目业主委托中铁西北科学研究院有限公司进行边坡工程监测,根据监测方案要求和规定的频率和时间及时进行监测,提交监测报告,中间对于出现病害发展风险的边坡或有特殊风险的边坡,在监测后3天内形成简报报告项目业主。对于变形较大的边坡监测,次日将监测主要成果以电话、邮箱的方式立即报告项目业主,项目业主根据监测成果及时进行处理。对欠稳定的边坡采取动态设计,进行加强防护处理,对施工出现的问题,及时进行设计调整。

2. 桥梁工程施工方面

(1)全面采用专业化工厂加工生产的定位模板(横隔板、梁端模板、翼缘板等)、模具、定位架等钢筋定位安装辅助措施。

(2)采用专业化工厂生产的圆饼形、梅花形高强度砂浆垫块,保证钢筋位置准确、间距均匀及保护层厚度,保证桥面铺装层厚度、平整度。

(3)抓好混凝土浇筑振捣工艺控制,采取喷淋养生和温室养生措施,试点应用透水模板布,保证混凝土强度和外观质量。

(4)抓好预应力张拉工艺控制,试点应用自动穿索技术、预应力张拉自动化监控系统及真空压浆技术,保证施加应力满足设计要求和耐久性使用要求。

(5)全线后张法预应力孔道压浆统一采用专用压浆料或专用压浆剂配制的浆液。

3. 隧道施工方面

(1)全面推行"零开挖"进洞理念。

(2)按照超前地质预报、监控量测及掌子面揭露的围岩状况,由业主、设计、施工、监理、监控量测五方代表及时判定围岩类别,及时调整开挖方法、爆破参数、支护措施和支护参数。

(3)采用门禁系统加强安全管理,确保隧道工程质量和施工安全。

4. 专题科研项目

(1)福建省公路隧道超前地质预报技术研究课题

以本项目岩前特长隧道为基础,通过调研国内外各行业隧道超前地质预报方法、技术,对福建省在建的公路隧道施工过程中的超前地质预报工作进行调研,分析地质预报工作中存在的问题和不足,对各种预报方法的优劣进行比较分析,研究各种地质预报方法的适用条件、预报精度、地质预报的操作程序等,研究建立一套适用于福建省地质情况和施工水平的超前地质预报标准化操作规程,提高超前地质预报的管理水平和质量;并根据超前地质预报成果,研究制定公路隧道围岩级别判定工作指南,规范、指导全省的超前地质预报和隧道围岩级别判定工作。课题研究成果已获2016年度省科技三等奖。

(2)高速公路隧道机电预留预埋管道创新应用研究课题

以本项目苦竹1号隧道及苦竹2号隧道二次衬砌预埋通风、照明、监控、通信等工程预埋管道为基础,对高速公路常用的多种管道材料进行研究对比,结合隧道的预埋特点,选择一种或两种可完全替代钢管,解决钢管所产生的质量通病问题,为后续机电工程施工提供良好的操作界面。通过现场试验,验证新管道的合理性及施工方式可行性。通过本项目课题研究,采用 PVC 栅格管代替镀锌钢管使用,试验产品比预埋钢管的劳动强度减少将近一半,施工效果达到预期效果,产品应用达到设计要求,在全省推广使用。课题研究成果已申报省级科学技术进步奖。

(3)公路建设项目文件材料过程管理及归档标准规范与信息化研究课题

以本项目为依托,开展公路建设项目文件材料过程管理及归档标准规范与信息化课题研究,并进行了试点应用,在本项目公路建设项目文件材料过程管理及归档标准规范与信息化管理中效果较好,课题已通过交通运输部的验收。

(五)运营管理

1. 服务区设置

建闽高速公路南平段设置建州服务区,总建筑面积约 $6441m^2$,内设办公楼、宿舍、公厕、加油站、车库、汽修间、水电房等,主体结构为钢筋混凝土结构。

2. 收费站点设置(表10-4-14)

收费站点设置情况表　　　　　　　　　　　表10-4-14

站 点 名 称	车　道　数	收 费 方 式
小桥收费站	7(3入4出)	人工、ETC、自动取卡
迪口收费站	7(3入4出)	人工、ETC、自动取卡

3. 车流量发展状况(表10-4-15)

交通流量发展状况表　　　　　　　　　　　表10-4-15

年份(年)	日均车流量(辆)
2015	1820

三、京台线建瓯至闽侯高速公路宁德段(建闽高速公路宁德段)(建设期:2011.7~2015.11)

(一)项目概况

1. 基本情况

建闽高速公路宁德段起于南平、宁德两市交界处的黄坑隧道内(桩号 K58+901),与京台高速公路南平段相接,经古田县凤都镇、城西街道、泮洋乡,终于宁德、福州两市交界处的黄竹山隧道内(桩号 K98+793.731),与京台高速公路福州段相接。路线全长40.084km,设凤都、古田、排头(枢纽)互通3处,五华山服务区1处。全线共有各类桥梁21座(其中特大桥1座,大桥14座)、隧道8座,在古田、凤都、排头设置3处互通式立交,其中排头互通为枢纽互通;全线设置五华山1个服务区;设置古田、凤都2个收费站;共有各类涵洞、通道61道。

本项目采用高速公路建设标准,设计速度100km/h,双向四车道,路基宽度26m。路面结构层为35cm厚3%水泥稳定碎石底基层+17cm厚级配碎石下基层+16cm厚密级配沥青稳定碎石上基层(ATB-25)+5.5cm厚中粒式改性沥青混凝土下面层(AC-20C)+4.5cm厚改性沥青混凝土抗滑上面层(AC-16C)。设计荷载公路—Ⅰ级,设计洪水频率为特大桥采用1/300、路基及大(中、小)桥采用1/100。其余技术指标按部颁《公路工程技术标准》(JTG B01—2003)的规定执行,详见表10-4-16。

建闽高速宁德段项目基本情况统计表　　　　表10-4-16

序号	项　　目		单位	数　　量	备　　注
一	技　术　标　准				
1	计算行车速度		km/h	100	
2	路基宽度	整体式路基	m	26	
		分离式路基	m	13	
3	桥面净宽		m	2×11.5	小桥与路基同宽
4	路面			沥青混凝土路面,设计年限15年,标准轴载100kN	
5	路基、桥梁设计洪水频率			特大桥1/300,其余均为1/100	
6	桥涵设计车辆荷载			汽车—超20级、挂车—120	
二	主要工程规模				
1	路线里程		km	40	
2	征用土地		亩	3212	
3	拆迁房屋		m²	16100	
4	路基土石方		万 m³	1177	
5	桥梁(主线)		m/座	6451/15	
	其中:特大桥、大桥		m/座	645/15	
6	匝道桥梁		m/座	1355/6	
7	互通式立交		处	3	
8	涵洞、通道		道	61	
9	隧道		m/座	18.062/8	
10	路面(主线)		万 m²	90.7	
11	主线收费站		处	2	
12	服务区		处	1	
13	停车区		处	1	

2.前期决策情况

古田县的交通建设曾经走在闽东前列。然而,进入21世纪后,随着各地高速公路建成通车,古田县渐渐被边缘化了,后来成为闽东九县市区中交通较落后的山区县。十多年前建设的福银高速公路走向靠近古田,可惜因种种原因,没有争取到从古田经过并设互通口,以至于从古田上高速较近的互通口也在几十公里外的闽清县。交通瓶颈的制约阻碍了古田的发展。古田县便决心以争取高速公路为突破口,实现交通建设的新跨越。

2005年8月,省交通厅完成了《国家高速公路网福建省境内路线规划》,明确提出国家高速公路京台线在福建境内的路线走向为"浦城—建阳—建瓯—古田—闽侯—福州",该方案比原规划"由浦城经建阳、建瓯后,与长深线共线至南平,再与福银线共线至福州"方案缩短里程约70km,在向交通部汇报后,得到有关领导的充分肯定。本项目广泛收集了项目影响区的社会经济、交通运输、城镇发展、旅游资源的现状、规划以及筑路材料等资料,在"预可"路线走廊带基础上对路线方案进行筛选、优化、补充和完善,并加大对沿线地质调绘、水文地质条件调查、重点工程场址地质勘探等工作。2009年6月9日,水利部批复了项目水土保持方案(水保函〔2009〕198号);2009年8月21日,环境保护部批复了项目环境影响报告书(环审〔2009〕386号);2011年2月25日,国家发展和改革委员会批复了工程可行性研究报告(发改基础〔2011〕397号)。

3. 参建单位主要情况(表10-4-17～表10-4-19)

路基土建工程、路面工程、机电工程施工一览表　　　　　表10-4-17

合同段	中标单位	工程规模	长度(km)
A1	中铁二十二局集团有限公司	K58+901～K65+380	6.48
A2	四川公路桥梁建设集团有限公司	K65+380～K78+180	12.80
A3	中铁十二局集团有限公司	K78+180～K85+100	6.92
A4	福建省第一公路工程公司	K85+100～K91+100	6.0
A5	中铁二十三局集团有限公司	YK91+100～YK98+793.731	7.69
B1	福建路桥建设有限公司	K58+901～YK98+793.731	39.90
E	福建新大陆电脑股份有限公司	K58+901～YK98+793.731	39.90
ED1	北京路安交通科技发展有限公司	K58+901～K85+100	26.20
ED2	亿阳信通股份有限公司	K85+100～K98+793.731	12.69

施工监理单位一览表　　　　　表10-4-18

合同段	中标单位	监理内容	工程规模
J1	西安华兴公路工程咨询监理有限公司	路基土建工程、路面工程(含房建、交通安全设施和绿化工程)的监理服务工作	A1、A3合同段路基土建工程和B1合同段路面工程
J2	厦门中平工程监理咨询有限公司	路基土建工程(含试验检测服务)的监理服务工作	A2合同段路基土建工程
J3	厦门中平工程监理咨询有限公司	路基土建工程的监理服务工作	A4、A5合同段路基土建工程

续上表

合同段	中标单位	监理内容	工程规模
EJ	江西通慧科技发展有限公司	机电工程的监理工作	E、ED1、ED2 合同段机电工程

试验检测单位一览表　　　　　　　　表10-4-19

合同段	中标单位	监理内容	工程规模
JC1	福建省公路工程试验检测中心站	路基土建工程、路面工程(含房建、交通安全设施和绿化工程)试验检测服务工作	A1、A3、A4、A5 合同段路基土建工程和 B1 合同段路面工程

(二)建设情况

1. 项目准备阶段

(1)立项审批

建闽高速公路宁德段前期工作经国家有关部门审批,完成了国家规定的各项基本建设程序。具体如下:

①2009年6月9日,水利部批复了项目水土保持方案(水保函〔2009〕198号);

②2009年8月21日,环境保护部批复了项目环境影响报告书(环审〔2009〕386号);

③2011年2月25日,国家发展和改革委员会批复了工程可行性研究报告(发改基础〔2011〕397号);

④2011年7月15日,交通运输部批复了初步设计文件(交公路发〔2011〕348号);

⑤2011年12月30日,林业局批复了使用林地审核同意书(林资许准〔2011〕368号);

⑥2012年4月26日,国土资源部批复了项目工程建设用地(国土资函〔2012〕292号);

⑦2013年9月12日,福建省交通运输厅批复了施工图设计文件(闽交建〔2013〕1号);

⑧2013年9月6日,交通运输部批复了施工许可申请书(交公路施工许可〔2013〕18号);

⑨2014年1月26日,福建省交通质监局下达了工程质量监督通知书(闽交质监〔2013〕152号)。

(2)资金筹措

该项目总概算40.66亿元,其中:项目资本金16.47亿元(省部级资本金10.71亿元、市级资本金5.76亿元),银行贷款24.19亿元。

(3)招投标工作

各合同段的招标具体情况如下:

①工程勘察设计S2、S4合同段,工程勘察监理、设计审查(咨询)SZX合同段:

2008年12月18日发布招标公告,2009年2月4日开标。经评标委员会评审,确定中标单位S2合同段为福建省交通规划设计院设计;S4合同段为北京交科公路勘察设计研究院有限公司;SZX合同段为中交公路规划设计院有限公司。

②施工、监理、试验检测服务单位招标:

路基土建工程施工A2合同段,施工监理服务J2合同段:2010年11月5日发布招标公告,12月6日开标。经评标委员会评审,确定中标单位A2合同段为四川公路桥梁建设集团有限公司;J2合同段为厦门中平工程监理咨询有限公司。

路基土建工程施工A1、A3、A4、A5合同段,施工监理服务J1、J3合同段,试验检测服务JC1合同段:2012年1月9日发布招标公告,2月29日开标。经评标委员会评审,确定中标单位A1合同段为中铁二十二局集团有限公司;A3合同段为中铁十二局集团有限公司;A4合同段为福建省第一公路工程公司;A5合同段为中铁二十三局集团有限公司;J1合同段为西安华兴公路工程咨询监理有限公司;J3合同段为厦门中平工程监理咨询有限公司;JC1合同段为福建省公路工程试验检测中心站。

路面工程(含房建、交安和绿化工程)B1合同段:2014年4月30日发布招标公告,6月13日开标。经评标委员会评审,确定中标单位B1合同段为福建路桥建设有限公司。

机电工程E、ED1、ED2合同段,施工监理EJ合同段:2015年1月8日发布招标公告,2月13日开标。经评标委员会评审,确定中标单位E合同段为福建新大陆电脑股份有限公司;ED1合同段为北京路安交通科技发展有限公司;ED2合同段为亿阳信通股份有限公司;EJ合同段为江西通慧科技发展有限公司。

(4)合同段划分

本项目共分路基土建工程5个合同段(A1~A5合同段),路面工程(含房建、交通安全设施和绿化工程)1个合同段(B1合同段)、机电工程3个合同段(E、ED1、ED2合同段);施工监理服务4个合同段(J1、J2、J3、EJ合同段),试验检测服务1个合同段(JC1合同段);工程勘察设计2个合同段(S2、S4合同段),工程勘察监理、设计审查(咨询)1个合同段(SZX合同段)。

(5)征地拆迁

该项目征地拆迁涉及古田县凤都镇、城西街道、泮洋乡3个乡镇(街道)、24个村。安置征迁工作自2011年4月25日启动以来,古田县严格按照省、市高指的时间节点要求,于2012年11月底全面完成征迁工作。全线完成征收主线用地3212亩;迁移坟墓864座;迁移杆线、光缆89km,500余处;征迁房屋45幢、1.61万m^2;征迁临时建(构)筑物面积

9.37万 m²；征用各类林木 1161.2 亩；临时用地 794.8 亩，详见表 10-4-20。

征地拆迁情况统计表　　　　　　　　表 10-4-20

征迁起止时间	征用土地(亩)	拆迁房屋(m²)	支付补偿费用(元)	备注
2012.12～2015.12	3307.8225	31756.18	178879120	

2. 项目实施阶段

（1）重大变更（表 10-4-21）

重大设计变更表　　　　　　　　表 10-4-21

序号	设计变更内容
A1 标	碗厂大桥桥跨调整（2×30m 变更为 2×40m）
	黄坑隧道缩短
A3 标	小型预制构件变更
A4 标	边坡滑坡病害治理工程
A5 标	2 号、3 号弃渣场改河及整治工程

（2）重大事件

2005 年底，京台高速公路建瓯—古田—福州（闽侯）和古屏连接线正式列入《海峡西岸经济区高速公路规划》"三纵、八横、三环、二十五联"，其中京台高速公路建瓯—古田—福州（闽侯）属于"二横"国高北京—台北线，古屏连接线属于"二十五横"之古田至杨源联络线。

2006 年 8 月，京台线建瓯—古田—福州（闽侯）和古屏连接线预可开始编制，标志着本项目前期工作正式启动。2007 年 1 月，由省发改委、省高指牵头，召集南平、宁德、福州三市在古田县召开预可评审会。

2010 年 12 月 20 日，京台高速公路宁德段举行了先行开工标段（A2 合同段）开工仪式。

2011 年 2 月 25 日，国家发展和改革委员会（发改基础〔2011〕397 号）批复了京台高速公路项目工程可行性研究报告。

2011 年 7 月 15 日，交通运输部（交公路发〔2011〕348 号）正式批复了京台高速公路初步设计文件。

2011 年 12 月 30 日，林业局（林资许准〔2011〕368 号）批复了使用林地审核同意书。
2013 年 4 月 26 日，国土资源部（国土资函〔2012〕292 号）批复了项目工程建设用地。

2012 年 7 月 12 日，京台高速公路宁德段全线开工建设。

2012 年 7 月 26 日，A2 合同段古田隧道左洞顺利贯通，成为首条贯通的隧道。

2013 年 1 月 4 日，福建省交通运输厅审查批复了京台高速公路施工图设计文件。

2014 年 7 月 12 日，A4 合同段排头枢纽互通主线桥（桥长 1308m）左幅顺利架通。

2014年12月31日，A3合同段古田溪2号大桥(66m+120m+66m)连续梁顺利合龙，成为全线第一个悬浇桥合龙的大桥。

2015年1月30日，全线墩高最高(77.4m)、跨度最大的A1合同段碗厂大桥主跨顺利合龙。

2015年4月10日，A5合同段黄竹山隧道长4403m(全长8668.4m，为我省当时在建的第二长公路隧道)顺利贯通。

2015年8月，全线开始进行交工检测工作。

2015年11月13日，京台高速公路通过交工验收。

2015年11月24日，京台高速公路安全专项验收。

2015年12月18日，京台高速公路顺利建成通车。

(三)复杂技术工程

(1)宁德京台高速公路A1合同段碗厂大桥为山区高墩大跨连续刚构桥，左桥桥跨设计为30m简支T梁+(66+3×120+66)m连续刚构箱梁+2×30m连续刚构T梁，左桥全长588.54m；右桥桥跨设计为(66+3×120+66)m连续刚构箱梁+2×30m刚构T梁，右桥全长556.65m；桥梁位于$R=1480$m的圆曲线上，桥梁纵坡4%，受小曲线半径和大纵坡影响，大跨连续梁线形控制难度大。本桥跨越"W"形沟谷，两侧山谷70°以上坡，地势陡峭，桥位地势落差大，场地狭小，桥梁设计矩形薄壁空心墩10个，其中50m以上墩8个，最高墩墩身高77.336m，桥面高96m，是京台高速公路福建境内重点控制性工程。该桥受地形、地质条件限制，各墩位均需搭设钢管贝雷梁施工平台创造施工条件，承台施工均需搭设支架进行高空现浇；为确保施工工期，该桥空心墩在全线首次采用CB-240悬臂桁架式模板爬模施工技术，0号块支架首次采用全预应力托架体系并一次性浇筑完成。

(2)互通区内工程量大、工期短，施工交叉较多，施工组织安排的合理与否直接影响到互通桥梁能否顺利按期完工。互通区桥梁柱墩墩高30m以上较多，薄壁箱墩共24根，且均为高墩，高度最低为39.97m，最高为58.17m，高墩施工周期长，施工难度大，下部墩身施工的顺利与否，直接影响到上部T梁吊装的进度。B匝道桥上跨主线桥，7~10号墩为现浇箱梁，墩高达42m，施工难度和安全隐患较大，现浇箱梁另列专项施工方案。

B匝道第三联(7~10跨)跨径为(29+30+30+29)m的高架跨线桥，采用现浇施工的预应力箱梁，联内桥墩高在40m上下，且位于线路平面$R=190$m的圆曲线上，施工支架是本桥的施工难点。箱梁为等高度箱梁，截面为单箱双室。梁高1.8m，梁面宽10.5m，底板宽6.5m，腹板宽45cm，外侧无倾斜，翼板宽2.0m，顶板厚25cm，底板厚25cm，翼板厚为

15~45cm 直线形变厚。其横向布置为 0.5m(防撞护栏)+9.5m(行车道)+0.5m(防撞护栏)。桥面横坡为单向坡 6.00%。实体墩(7~9号)顶端纵向 2.0m 宽,横向 6.5m 宽,6、10号交接墩为柱式墩,台帽长 10.5m、宽 2.3m、高 1.55m。全联上跨主线桥及 A 匝道桥。箱梁的 C50 混凝土数量为 1239m³,HRB335 钢筋数量为 166558.7kg,预应力钢绞线 31759.9kg。

(四)科技创新

结合项目实际情况以及公司多年的施工经验,项目部针对黄竹山特长隧道的施工,制订了相应的高压电、风、水进洞方案以及单向掘进 4.4km 最难的通风方案,并组织了专家论证,优化方案并实施。对黄竹山隧道进口段 4.4km 进行分三阶段送风、电、水等,第一阶段为 0~1.5km,第二阶段为 1.5~3.0km,第三阶段为 3.0~4.4km,其中第一阶段为正常送风、电、水,由洞外往洞内输送;第二、三阶段为高压风、水、电进洞,将空压机、变压器、增压泵等设备移至洞内 1.5km 和 3.0km 处,巷道式通风封闭左洞交通,成为清洁空气的送风通道,所有机械人员均通过横洞经过右洞出入隧道,污浊空气也通过右洞排出洞外,大大改善了通风效率,加快了工程进度。黄竹山隧道排水分顺坡和反坡两种方式,前期距进口段约 3km 为顺坡排水,后 1.4km 为反坡排水,反坡排水采用逐级抽水方式。

本项目荣获福建省人民政府高速公路滑坡灾害超前预测技术及其灾害风险防控对策研究 2017 年度科学技术进步三等奖(闽政文〔2018〕293 号)。

(五)运营管理

1. 服务区设置

京台高速公路宁德段高速公路设置 1 个五华山服务区,总建筑面积约 5308m²,内设办公楼、宿舍、公厕、加油站、汽修间等,主体结构为钢筋混凝土结构。

2. 收费站点设置(表 10-4-22)

收费站点设置情况表   表 10-4-22

站 点 名 称	车 道 数	收 费 方 式
古田凤都	7(3入4出)	人工、ETC、自动取卡
宁德古田	9(4入5出)	人工、ETC、自动取卡

3. 车流量发展状况(表 10-4-23)

交通流量发展状况表   表 10-4-23

年份(年)	日均车流量(辆)
2015	3451

四、京台线建瓯至闽侯高速公路福州段(建闽高速公路福州段)(建设期:2012.09~2015.12)

(一)项目概况

1. 基本情况

建闽高速公路福州段起自建瓯弓鱼,接浦城(浙闽界)至建瓯高速公路,途经南平、宁德、福州,全长155.285km。京台高速公路福州段接京台高速公路宁德段,起于宁德古田县与福州闽清县两市交界处的黄竹山特长隧道中部,桩号K99+128;终于福州闽侯县荆溪镇港头村,与福州绕城高速公路西北段衔接,桩号K152+079.607,线路全长52.951607km。

项目采用双向四车道高速公路标准建设,设计速度100km/h(大目溪互通K120+500~K126+000段设计速度80km/h),路基宽度26m,全线设计荷载采用公路—I级,设计洪水频率特大桥1/300、路基及大(中、小)桥涵1/100,交通工程及沿线设施等级A级,服务水平二级,路面设计标准轴载双轮组单轴100kN;其余技术标准按《公路工程技术标准》(JTG B01—2003)执行。根据发改基础[2011]397号文、交公路发[2011]348号文批复,以及闽高监审[2013]24号文件对项目建设资金落实情况的审计意见,京台线建瓯至闽侯公路概算总投资173.36亿元,项目资本金比例40.5%计70.21亿元;其中福州段概算投资65.36亿元,资本金26.47亿元,银行贷款38.89亿元。福州段26.47亿元的项目资本金按照省(部)65%、市35%的出资比例投入,其中福州市交通建设投资有限公司投入资本金9.26亿元,其余资本金17.21亿元由福建省高速公路有限责任公司投入(其中部投入9.42亿元,省公司投入7.79亿元),项目的资本金及国家开发银行、兴业银行等国内银行贷款均按建设进度到位,满足工程建设需要。

本项目桥隧比例占67.2%,隧道21.586km/4.5座、桥梁13.992km/58座,共有2.5座特长隧道和2座特大桥,其中牛岩山特长隧道、黄竹山隧道分别是当时本省已建和在建最长和第二长的公路隧道,同时也是本项目主要控制点。建闽高速公路福州段全线在东桥、洋里、大目溪、白沙、闽侯设置5处互通式立交,在荆溪设置枢纽互通,在洋里、关东设置2处服务区,全线共设置闽清东桥和闽侯洋里、大湖、白沙、甘蔗5个收费站。

项目基本情况统计见表10-4-24。

建闽高速福州段项目基本情况统计表　　　　表10-4-24

序号	项　目	单位	数　量	备　注
一	技　术　标　准			
1	计算行车速度	km/h	100	

续上表

序号	项目		单位	数量	备注
2	路基宽度	整体式路基	m	26	
		分离式路基	m	13	
3	桥面净宽		m	12.5	小桥与路基同宽
4	路面			沥青混凝土路面,设计年限15年,标准轴载100kN	
5	路基、桥涵设计洪水频率			特大桥1/300,其余均为1/100	
6	桥涵设计车辆荷载			公路—Ⅰ级	
二				主要工程规模	
1	路线里程		km	52.952	
2	征用土地		亩	5243.3	
3	拆迁房屋		m²	100318	
4	路基土石方		万m³	1634	挖方1032万m³ 填方602万m³
5	桥梁(主线)		m/座	12201.9/40	
	其中:特大桥、大桥		m/座	12115.9/38	
6	匝道桥梁		m/座	4438.65/20	
7	互通式立交		处	6	5个落地互通 1个枢纽互通
8	涵洞、通道		道	3448m/97道	
9	隧道		m/座	21506m/4.5	斜井7246.1m/6座; 竖井368.49m/1座
10	路面(主线)		万m²	132	
11	主线收费站		处	5	
12	服务区		处	2	

根据交通运输部2011年7月15日《关于建瓯至闽侯公路初步设计的批复》(交公路发〔2011〕348号),本项目总工期(自开工之日起)4年。在省、市高指统一指导协调下,按照国家有关法律法规和基本建设程序规定,京台线建瓯至闽侯高速公路福州段路基土建工程于2012年9月17日开工,合同工期36个月;路面、房建、交通安全设施及绿化景观工程于2015年2月16日开工,合同工期10个月(不含备料期);机电工程于2015年6月25日开工,计划工期6个月;本项目计划工期至2016年12月24日。为响应省交通运输厅、省高速公路建设总指挥部2015年底实现"县县通高速"的号召,京台高速公路福州段列入2015年通车项目。本项目路基、路面、机电工程于2015年12月完工,2015年12月16日项目交工,2015年12月18日项目全线通车试运营。

2. 前期决策情况

根据交通部"关于开展国家高速公路网路线规划的通知"（交规划发〔2005〕56号文），2005年8月，省交通厅完成了《国家高速公路网福建省境内路线规划》，明确提出国家高速公路京台线在福建境内的路线走向为"浦城—建阳—建瓯—古田—闽侯—福州"，本方案比原规划"由浦城经建阳、建瓯后与长深线共线至南平，再与福银线共线至福州"方案缩短里程约70km，在向交通部汇报后，得到有关领导的充分肯定。

2006年5月，为了加快海峡西岸经济社会发展，推进区域经济协调发展，提升我国东南沿海整体经济实力和国际竞争力，促进两岸关系发展和两岸融合，交通部下发了《海峡西岸公路水路交通基础设施发展规划指导意见》，明确了国家高速公路京台线在福建境内的路线走向为"浦城—建阳—建瓯—古田—闽侯—福州"。其规划建设将极大促进台湾与大陆之间经济贸易和人员交流，实现两岸优势互补、互动发展，推进两岸关系不断向前。同时，本线进一步沟通了华北、华中与东南沿海，加速区域经济合作、交流，促进商品等各种要素在全国范围内自由流动、充分竞争。本项目的建设，对于构筑国家高速公路网，尽快发挥网络整体效益具有重要意义。

3. 参建单位主要情况

（1）建设单位

项目前期工作于2009年正式启动，沿线福州、宁德、南平三市项目建设单位在福建省高速公路建设总指挥部统一协调分工之下，遵照国家基本建设程序和国家有关法规，共同完成了项目建设所需的全部审批事项，建设依据齐全。2009年2月6日，福州市人民政府以《福州市人民政府关于同意组建福州建闽高速公路有限责任公司的批复》（榕政综〔2009〕28号），同意由福州市交通建设投资有限公司与福建省高速公路有限责任公司共同出资成立福州建闽高速公路有限责任公司，并作为京台线建瓯至闽侯福州段项目业主，负责该项目的筹划、资金筹措、建设实施、运营管理、债务偿还和资产管理等相关事宜。2009年9月3日，福州市人民政府以《福州市人民政府关于同意将福州建闽高速公路有限责任公司名称变更为福州京台高速公路有限责任公司的批复》（榕政综〔2009〕159号），同意公司名称变更为福州京台高速公路有限责任公司。

（2）设计咨询单位

中交公路规划设计院有限公司承担全线工程勘察、初步设计、施工图设计、施工阶段等勘察监理、设计审查（咨询）工作。

（3）勘察设计单位

福建省交通规划设计院承担本项目土建工程（K99+128~K152+079.607）的初步设计阶段和施工图阶段的勘测与设计工作，北京交科公路勘察设计研究院有限公司承担本项目房建工程、交通安全设施工程、机电工程(K99+128~K152+079.607)的初步设计阶段和施工图阶段的勘测与设计工作。

(4)施工单位

建闽高速公路福州段施工单位共15家。路基工程共划分为9个合同段,路面及交通安全设施工程1个合同段,机电工程5个合同段。

(5)监理单位

项目监理标段共4个合同段,其中路基土建工程(含房建、绿化等)3个合同段,机电工程共1个合同段,详见表10-4-25。

建闽高速福州段施工及监理单位一览表　　　　表10-4-25

序号	标段	单位名称	工程规模
一			施工单位
1	JTA1	中铁十九局集团第二工程有限公司	K99+128~K103+718.5(路基土建)
2	JTA2	福建省第一公路工程公司	K103+718.5~K108.796.5(路基土建)
3	JTA3	中铁二十四局集团有限公司	K108.796.5~K114+720(路基土建)
4	JTA4	中铁隧道股份有限公司	K114+720~K120+500(路基土建)
5	JTA5	中铁十一局集团第四工程有限公司	K120+500~K126+000(路基土建)
6	JTA6	中铁四局集团第四工程有限公司	K126+000~K133+400(路基土建)
7	JTA7	中铁二十二局集团有限公司	K133+400~K139+350(路基土建)
8	JTA8	中铁十二局集团有限公司	K139+350~K146+650(路基土建)
9	JTA9	中铁十六局集团第一工程有限公司	K146+650~K152+079.607(路基土建)
10	JTB1	中铁十二局集团第一工程有限公司	路面、房建、交安、绿化
11	E1	福建新大陆电脑股份有限公司	K99+128~YK126+000
12	E2	重庆市华驰交通科技有限公司	YK126+000~K152+079.607
13	ED1	安徽皖通科技股份有限公司	K99+128~K114+720
14	ED2	中铁十二局集团电气化工程有限公司	K114+720~YK126+000
15	ED3	中铁十四局集团电气化工程有限公司	YK126+000~K152+079.607
二			监理单位
1	JTJ1	合诚工程咨询股份有限公司	JTA1、JTA2、JTA3
2	JTJ2	福建路信交通建设监理有限公司	JTA4、JTA5、JTA6
3	JTJ3	厦门中平工程监理咨询有限公司	JTA7、JTA8、JTA9、JTB1
4	EJ	北京兴通工程咨询有限公司	E1、E2、ED1、ED2、ED3
三			试验检测单位
1	JTJC1	福建省交通建设试验检测中心	JTA1、JTA2、JTA3
2	JTJC2	湖南中大建设工程检测技术有限公司	JTA4、JTA5、JTA6
3	JTJC3	福州建通工程试验检测有限公司	JTA7、JTA8、JTA9、JTB1

续上表

序号	标段	单位名称	工程规模
四		设 计 单 位	
1	S3	福建省交通规划设计院	路基、路面、桥梁、隧道、绿化
2	S4	北京交科公路勘察设计研究院有限公司	房建、机电、交安
五		勘察监理、设计审查(咨询)单位	
1	SZX	中交公路规划设计院有限公司	K99+128～K152+079.607

(二)建设情况

1. 项目准备阶段

(1)立项审批

项目立项:为完善国家高速公路网、改善区域交通条件、保障福建沿海港口与腹地公路通道的畅通、促进沿线地区资源开发和经济社会发展,国家发展和改革委员会审批同意建设建瓯至闽侯公路。

工程可行性研究:2011年2月25日,国家发改委下发《国家发展和改革委员会关于福建建瓯至闽侯公路可行性研究报告的批复》(发改基础〔2011〕397号),同意建设建瓯至闽侯公路。

初步设计:2011年7月15日,交通运输部下发《关于建瓯至闽侯公路初步设计的批复》(交公路发〔2011〕348号),确定了京台线建瓯至闽侯高速公路建设规模与技术标准和概算总投资,同时对路线方案进行了确定,并明确了路基、路面、桥梁、涵洞、隧道、互通式立交等结构物的初步设计方案及数量。

施工图设计审查:2013年1月4日,福建省交通运输厅下发《福建省交通运输厅关于建瓯至闽侯公路施工图设计的审查意见》(闽交建〔2013〕1号),认为"项目施工图设计文件基本符合初步设计批复要求,满足公路工程强制性标准、有关技术规范和规程规定,设计文件齐全,设计深度符合要求,同意交付使用"。

水土保持方案:2009年6月8日,水利部以《关于国家高速公路北京至台北射线福建境内建瓯至闽侯段工程水土保持方案的复函》(水保函〔2009〕198号)同意水土保持方案。

环境影响评价:2009年8月21日,环境保护部以《关于国家高速公路北京至台北射线福建境内建瓯至闽侯段环境影响报告书的批复》(环审〔2009〕386号)同意按照报告书中所列建设项目的地点、性质、规模、环境保护措施进行工程建设。

防洪评价报告:2010年6月28日,福州市水利局以《关于京台高速公路建瓯至闽侯段(福州市境内)涉河大桥防洪评价报告审查意见的复函》(榕水利管〔2010〕317号)同意防洪影响评价结论及补救措施。

林地用地批复：国家林业局以《使用林地审核同意书》（林资许准〔2011〕368号）同意福建省建瓯至闽侯高速公路项目占用征收林地466.4707hm²，其中福州段闽侯县国有林地6.518hm²，征收集体林地120.798hm²；福州段闽清县集体林地59.802hm²。

建设用地批复：2012年4月19日，国土资源部以《国土资源部关于建瓯至闽侯公路工程建设用地的批复》（国土资函〔2012〕292号）批复本项目建设用地。

公路工程质量监督：2013年2月22日，福建省交通质监局以《福建省交通质监局关于印发京台线建瓯至闽侯高速公路福州段工程质量监督通知书的通知》（闽交质监〔2013〕57号）文件正式受理京台线建瓯至闽侯高速公路福州段工程质量监督工作，并成立工程质量监督组。

施工许可：2013年9月6日，交通运输部在建瓯至闽侯公路《施工许可申请书》上正式签注审批意见，审批施工许可号为"交公路施工许可〔2013〕18号"。

征收补偿批复：2012年6月6日，福州市人民政府下发《福州市人民政府关于京台线建瓯至闽侯高速公路福州段土地、房屋及其附着物征收补偿有关事项的批复》（榕政综〔2012〕86号）。

(2)资金筹措

福州市交通建设集团有限公司与福建省高速公路有限责任公司作为投资方，成立项目法人单位福州京台高速公路有限责任公司，负责京台高速公路福州段的投资建设。

根据发改基础〔2011〕397号、交公路发〔2011〕348号批复，以及闽高监审〔2013〕24号文件对项目建设资金落实情况的审计意见，京台线建瓯至闽侯公路概算总投资173.36亿元，项目资本金比例40.5%，计70.21亿元；其中福州段概算投资65.36亿元，资本金26.47亿元，银行贷款38.89亿元。

根据项目公司组建合同约定及相关股东会决议，福州段26.47亿元的项目资本金按照省(含部)65%、市35%的出资比例投入，其中福州市交通建设投资有限公司投入资本金9.26亿元，其余资本金17.21亿元由福建省高速公路有限责任公司投入(部投入9.42亿元，省公司投入7.79亿元)。

本项目的资本金及国家开发银行、兴业银行等国内银行贷款均按建设进度到位，满足工程建设需要。

(3)招投标工作

①设计单位招投标情况：

2008年12月18日，由南平市高速公路有限责任公司、宁德市高速公路投资发展有限公司和福州市交通建设投资有限公司共同为招标人，对京台线建闽高速公路项目的勘察设计、后续服务工作以及勘察监理和设计审查(咨询)单位进行国内竞争性公开招标。

勘察设计、后续服务工作招标分为4个合同段：S1合同段为南平境内路段；S2合同段为宁德境内路段;S3合同段为福州境内路段。S1、S2、S3合同段设计范围含路线、路基、路面、桥梁、隧道(包括通风、消防、供电照明、监控及紧急救援等附属设施)、交叉、交通安全设施、其他工程(包括绿化景观)的工程勘察、初步设计、施工图设计,设计概、预算文件编制,施工、监理招标文件(图纸及工程量清单)编制及后续服务工作等。S4合同段设计范围含全线交通工程及沿线设施(含管理养护、监控、通信、收费、供配电、照明、房建、服务)的工程勘察、初步设计、施工图设计,设计概、预算文件编制,施工、监理招标文件(图纸及工程量清单)编制及后续服务工作等。SZX合同段为全线工程勘察、初步设计、施工图设计、施工阶段等勘察监理、设计审查(咨询)工作。

2009年3月,招标人按法定招标工作程序,完成全部合同段的评标、定标工作,2009年3月底至4月初,各合同段相继完成合同谈判并正式签署合同。

②施工、监理及检测单位招投标情况:

根据省高指《关于京台线建瓯至闽侯高速公路福州段标段划分重新调整的批复》(闽高路工[2011]412号)和《福州京台高速公路机电工程建设协调会议纪要》(省高指专题会议纪要[2014]67号),京台线建瓯至闽侯高速公路福州段路基土建工程施工划分为JTA1~JTA9共9个标段,路面含房建、景观绿化及安全设施工程施工,为JTB1共1标段,路基土建工程监理服务及试验检测服务均分为JTJ1~JTJ3、JTJC1~JTJC3等各3个标段,其中JTJ3、JTJC3标段包括全线路面、房建、绿化及安全设施工程的监理服务及试验检测服务;机电工程监控、收费、通信三大系统施工划分为E1、E2共2个标段,隧道通风、照明、消防设施及沿线供配电系统施工划分为ED1~ED3共3个标段,机电工程监理为EJ1共1个标段。根据工程进展,路基土建工程及施工监理、路面工程(含房建、景观绿化及安全设施工程)、机电工程及机电监理的分别于2012年1月、2014年8月、2015年4月分三次进行招标。

路基土建工程施工、监理(含路面工程)及试验检测(含路面工程)施工、监理招标自2012年1月21日发布招标公告,至2012年3月4日完成招标评审工作。福州京台公司于2012年3月5日召开第一届第五次董事会,研究并通过了评审委员会的推荐意见,评审结果于2012年3月8日至2012年3月17日在福建省交通运输厅网站发布招标评标结果公示;2012年4月,各合同段相继完成合同谈判并正式签署合同。因福建新路达交通建设监理有限公司(JTJ3合同段)在项目施工监理投标中提供虚假业绩,根据交通运输委《关于福建新路达交通建设监理有限公司投标提供虚假业绩处理意见的批复》(榕交建[2013]59号)精神和福州京台公司董事会决议,对福建新路达公司进行清退,重新组织招标。施工监理JTJ3合同段重新招标公告自2013年3月23日发布,至2013年4月20日完成招标评审工作;福州京台公司于2013年4月23日召开第一届第九次董事会决议,研究并通过了评审委员会的推荐意见,评审结果于2013年4月25日至2013年5月4日由福建省交通运输厅网站发布招标评标结果公示。2013年5月完成合同谈判并正式签署合同。

路面工程施工招标自2014年8月28日发布招标公告,至2014年9月30日完成招标评审工作。2014年10月8日福州京台公司召开第一届第十一次董事会,研究通过评标委员会的推荐意见。评审结果于2014年10月8日至2014年10月17日在福建省交通运输厅发布招标评标结果公示。2014年11月,完成合同谈判并正式签署合同。

机电工程施工及监理招标自2015年4月3日发布招标公告,至2015年5月6日完成招标评审工作。2015年5月7日福州京台公司召开第一届第十三次董事会,研究通过评标委员会的推荐意见。评审结果于2015年5月7日至2015年5月17日在福建省交通运输厅发布招标评标结果公示。2015年6月,各合同段相继完成合同谈判并正式签署合同。

(4)合同段划分

项目施工单位共15家:路基工程共划分为9个合同段,路面及交通安全设施工程(含绿化工程、房建工程)划分为1个合同段,机电工程划分为5个合同段;项目监理单位共4家:土建工程监理单位3个总监办,机电工程1个总监办;项目检测单位共3家:土建工程检测单位3家。

(5)征地拆迁

为确保征迁工作顺利进行,并营造良好的施工环境,按照省委、省政府的要求,积极推广和谐征迁工作法,在福州市政府及省、市高指的领导下,密切与县、乡、村三级地方政府沟通、协调,健全各项工作机制,努力推行"无障碍施工"。整个征迁过程,分以下三个阶段:

第一阶段为宣传发动,提交控制性工程作业面阶段。2012年5月,路基土建工程施工、监理等单位陆续进场。福州京台公司及时组织设计单位进行用地红线放样、打边桩、挖界沟,并配合两县征地拆迁指挥部做好各类征收补偿现场清点丈量数量的确认。至2012年底,全线交地过半,部分房屋、杆线开始迁移,为控制性特长隧道及悬浇桥梁工程施工创造了良好条件,但位于闽侯县荆溪镇和甘蔗街道的JTA9合同段征迁难度极大,交地不足10%,可以施工的工点十分有限。

第二阶段为齐心协力,进入征迁高潮阶段。2013年是征迁工作关键性的一年,各合同段施工进度与征迁进程息息相关。经方方面面共同努力,至2013年底,全线交地达94%,房屋及杆线迁移约65%,主要剩余JTA2合同段下溪坪电站等复杂个案尚未解决。JTA9合同段因龙台山、液化气站、电线厂等集中大宗个案未能解决,施工单位无法全面铺开施工作业面,使得该标段工期已过60%,而造价实际仅完成合同价的30%,造成后期工期压力巨大,成为控制主线通车时间最主要的标段。

第三阶段为攻坚克难,解决征迁难点阶段。2014年开始,福州京台公司紧紧围绕龙台山生态园等疑难个案,加大协调力度,逐项落实上级协调要求完成的限定时间节点,步步推进、扫除障碍,各个案问题在边施工中边逐步得到解决。至2015年9月,JTA9合同段龙台山、荆溪枢纽互通等处遗留问题在最后扫尾工程施工中才得以解决,排除施工干扰。

经统计,全线共征用土地5243.3亩,房屋拆迁(含厂房)10.03万 m^2,迁移坟墓2152台、各类杆线156处,全线大小个案204宗,详见表10-4-26。

征地拆迁情况统计表　　　　　　　　　　　　　　表10-4-26

序号	征地拆迁安置起止时间	征用土地(亩)	拆迁房屋(m^2)	支付补偿费用(亿元)	备注
1	2012.03～2015.10	5243.3	100318	尚未结算	榕政办〔2011〕185号、榕政综〔2012〕86号文件

2. 项目实施阶段

(1) 重大决策

为解决闽侯县洋里乡片区交通出行问题,促进区域经济社会发展,完善路网功能,提高京台高速公路服务水平和辐射半径,福建省发改委审批同意利用京台高速公路福州洋里服务区建设洋里出入口工程;2013年11月28日,福建省发改委下发《福建省发展和改革委员会关于京台高速公路福州洋里出入口工程可行性研究报告的批复》(闽发改网交通〔2013〕93号);2014年12月31日,福建省交通运输厅、福建省发改委联合下发《福建省交通运输厅福建省发展和改革委员会关于京台高速公路福州洋里出入口工程初步设计的批复》(闽交建〔2014〕175号);2015年5月6日,福建省交通运输厅下发《福建省交通运输厅关于京台高速公路福州洋里出入口工程施工图设计文件的审查意见》。为保证福州洋里出入口工程与高速公路主线同步实施、同步交付运营,建设用地已先期划入主线范围内一并完成报批。

(2) 重大变更(表10-4-27)

重大设计变更表　　　　　　　　　　　　　　表10-4-27

序号	设计变更内容
1	黄竹山隧道通风斜井变更
2	改河导流隧洞变更
3	黄竹山隧道K99+128～K103+387路面变更
4	小型预制构件变更
5	小型预制构件变更
6	东桥互通主线2号桥右幅第一、二联桥跨变更
7	K110+950～K111+140左侧边坡防护加固工程
8	短路基路面结构形式变更
9	小型预制构件
10	洋里出入口小型预制构件变更
11	牛岩山隧道右斜井方案优化变更及洞口标高调整变更
12	小型预制构件
13	隧道混凝土路面厚度变更

续上表

序号	设计变更内容
14	牛岩山隧道明洞长度增减及洞门墙变更
15	大目溪互通A匝道3号桥改路基
16	大目溪互通B匝道桥预制梁改现浇梁
17	牛岩山隧道左洞竖井位置变更及送排风联络通道支护形式变更
18	隧道混凝土路面厚度变更
19	G改路边坡处理变更
20	小型预制构件变更
21	K130+730~K130+940左侧高边坡防护加固变更
22	短路基结构形式变更
23	小型预制构件变更
24	隧道路面结构变更
25	小型预制构件变更
26	K144+210~K144+380右侧高边坡防护工程
27	天龙山隧道洞内路面厚度变更
28	小型预制构件变更
29	闽侯互通主线4号桥变更为路基
30	荆溪互通A匝道2号桥AK1+497.283、B匝道1号桥BK0+236.29桥跨调整、交叉方式、结构形式变更
31	闽侯互通A匝道拓宽变更(路基宽度由10m变更成18m)
32	闽侯互通主线1号桥桥跨调整
33	铁岭特大桥T梁变更
34	铁岭大桥桥跨、梁片变更
35	铁岭特大桥滞洪区桩基及墩柱变更
36	短路基路面结构形式变更
37	小型预制构件变更

(3) 重大事件

2011年2月25日,国家发改委下发《国家发展和改革委员会关于福建建瓯至闽侯公路可行性研究报告的批复》(发改基础〔2011〕397号)。

2011年7月15日,交通运输部下发《关于建瓯至闽侯公路初步设计的批复》(交公路发〔2011〕348号)。

2012年4月19日,经国务院批准,国土资源部下发《国土资源部关于建瓯至闽侯公路工程建设用地的批复》(国土资函〔2012〕292号)。

2012年6月6日,市人民政府下发《福州市人民政府关于京台线建瓯至闽侯高速公路福州段土地、房屋及其附着物征收补偿有关事项的批复》(榕政综〔2012〕86号)。

2012年6月18日,京台公司组织全线设计、监理、施工单位召开京台公路设计图纸技术交底会。

2012年8月27日，A8合同段天龙山特长隧道开挖。

2012年9月14日，A3合同段拌和站、钢筋厂通过省市高指联合验收。

2012年11月5日，A2标段控制性工程东桥特大桥桩基开孔。

2012年11月6日，省人民政府下发《福建省人民政府关于建瓯至闽侯公路（福州段）工程建设用地的批复》（闽政文〔2012〕433号）。

2013年8月5日，A3合同段浇筑第一片T梁。

2013年8月13日，A4合同段牛岩山隧道完成斜井开挖并参与主动开挖。

2013年10月28日，A9合同段西山隧道贯通。

2014年3月17日，A6合同段完成员溪2号桥合龙段浇筑。

2014年7月18日，全省最长公路隧道牛岩山特长隧道左洞贯通。

2014年9月5日，A2标段东桥特大桥左幅悬浇梁合龙段浇筑。

2014年9月28日，A8合同段天龙山隧道全线贯通。

2014年10月13日，B1合同段进场即路面、交安、绿化、房建工程开工。

2014年10月31日，A3合同段朝心岗1号大桥左幅连续梁合龙，A3合同段连续梁全线完成。

2014年12月31日，A1合同段黄竹山隧道右洞贯通。

2015年1月6日，A7合同段洋中大桥架通。

2015年1月8日，全省最长公路隧道牛岩山特长隧道右洞贯通，标志着牛岩山隧道左右线全线贯通。

2015年3月24日，A5合同段牛岩山隧道竖井导向孔完成开挖并开始锁扣圈开挖。

2015年4月2日，A1合同段黄竹山隧道左洞贯通。

2015年9月5日，A5合同段牛岩山隧道通风竖井贯通。

2015年12月15日，B1合同段完成全线沥青摊铺工作。

2015年12月16日，全线通过交工验收。

2015年12月18日，全线通车试运营。

（三）复杂技术工程

1.隧道工程

（1）牛岩山特长隧道：隧道全长9226.5m，为当时福建省在建最长公路隧道，隧道设有斜井、竖井各一处，其中隧道最大埋深约500m，主要岩性为微风化（晶屑）熔结凝灰岩、（晶屑）熔结凝灰岩，为较硬～坚硬岩，岩体呈大块状，洞身围岩大部较完整。牛岩山隧道左洞采用三区段斜竖井送排式分段纵向通风，左洞斜井水平距长度1366.66m，倾角

8.284°(纵坡14.56%),斜井洞轴线与隧道道路线设计交角为12.032°;牛岩山隧道右线采用两区段斜井送排式分段纵向通风,右洞斜井水平距长度1030m,倾角9.118°(纵坡16.05%),斜井洞轴线与隧道道路线设计交角为16.119°。斜井坡度大、出渣难度大、通风条件差,项目部在施工过程中充分考虑质量、进度、安全等问题,提出了一系列解决办法,确保了整体项目进度满足要求。

(2)天龙山隧道:隧道位于福州市白沙镇楼阁村—关东村一带,双洞分离式特长隧道,全长6551(3800)m。隧道采用复合式衬砌,初期支护采用喷锚支护,开挖宽度约12.7m,高度约8.5m。隧道为四车道分离式公路隧道,按行车速度100km/h设计,建筑限界按《公路隧道设计规范》(JTG D70—2004)设计。本标段隧道设出口、斜井,4个开挖工作面。

工程地质特征:隧道洞身穿越地层主要燕山晚期花岗闪长岩和侏罗系南园组熔结凝灰岩为主,全线岩性变化较大,但软硬程度变化较小。沟床及坡脚上覆第四系坡积土,可塑性粉质黏土,局部为人工填筑碎石土及错落堆积块石土。

工程地质构造:隧道所在区地处闽东火山断坳带之福鼎—云霄断陷带的东北部,其西北、西南面靠近福安—南清北东向、顺昌—福清北西向深大断裂,北面及南面分别与明溪—罗源东西向、连江—永定北东向大断裂毗邻。区内有记录的地质年代较短,自中生代以来,经历了燕山期、喜马拉雅期构造演化,以燕山早期构造变动最为强烈,总体以地壳—表构造层次脆性变形为主要特征。经地质调绘、浅层地震物探及钻探成果揭露,存在有5条岩性接触带、2条节理裂隙带及2条断层,洞身有2组节理裂隙较发育,且与洞轴线成小角度相交,第一组产状为800∠45°,频率为10~15条/m,见硅化;第二组走向110°产状近直立,频率为3~8条/m,可延伸约50~100m;断层、岩性接触带及裂隙发育处,岩体导水性较好,对隧道围岩的稳定性和级别有一定影响。

水文地质特征:隧道地下水主要为风化基岩中网状裂隙-孔隙水,以及基岩构造裂隙水。由于隧道洞身沟谷较多,小水库、水塘及稻田分布较广泛,岩层受区域构造影响节理较发育,完整性较差,表层风化破碎,地表水及大气降水下渗形成基岩裂隙水。隧道洞身基岩裂隙水较发育。基层裂隙水主要受大气降水的补给,在干旱季度补给地表水,地下水水质较好,对圬工无侵蚀性。

2.桥梁工程

东桥特大桥为本项目的控制性工程,设计为单线桥,分左右两幅,左桥长1157m、右桥长1159.8m,共29跨;主桥桥跨结构布置为:(3×30+60+2×110+60+6×40+16×30)m,单幅桥宽12.75m,共有56个桥墩、4个桥台。主桥桥型布置为(60+2×110+60)m的变截面箱梁,采用挂篮悬臂浇筑施工,引桥均为预制安装T梁桥。东桥特大桥4号、5号、6号为主桥桥墩,高度分别达到65m、85m和71m。主桥桥墩墩身采用变截面箱形空心墩,箱形空心墩壁厚90cm，墩顶纵桥向4.5m、横桥向6.75m，墩身尺寸纵桥向按1∶100斜率变化，纵横向垂直，墩顶3m、墩底4m高度范围内为实心段，中间为空心段，每15m设置一道厚度50cm横隔板。主墩承台厚4.0m，基础采用4根桩径2.8m灌注桩。

（四）科技创新

本项目是交通运输部档案馆《公路建设项目文件材料过程管理及归档标准规范与信息化研究》课题试点路段（档指函〔2012〕3号，项目代号201222）。课题应用ISO标准体系，形成可以在全国推广的标准规范和最佳实践案例。课题承担单位为省交通运输厅，合作单位为省交通档案学会及福建华闽通达信息技术有限公司。课题子任务《公路建设项目用表规范》，已于2014年8月19日在北京通过了交通运输部档案馆组织的专家鉴定。为保证交通运输部课题研究的顺利进行以及本项目内业资料工作的质量和进度，我司指定专门人员配合课题单位工作，积极组织各参建单位参与课题试验，并总结出许多试点实践经验，提出了许多宝贵建议，为推动课题研究做出一定贡献，确保实现项目文件材料与工程建设同步收集、同步整理、同步归档"三同步"的目标。项目课题于2017年12月结题并通过专家组验收，获得专家一致好评，项目课题系统已全面推广，并运用于福建省内高等级公路建设。

除此之外各项目部依托自身强大技术优势，针对建设过程中遇到的各项施工问题开展技术攻关、不断创新工艺工法，其中A3合同段提出的"高速公路大横坡现浇梁施工工法"获得福建省住房和城乡建设厅"省级工法"，其他合同段如JTA7合同段白沙互通设计利用高液限土填方量达43万 m^3，高液限土改良处理采用改变土体含水率、增加压实功、掺砂或料场石粉等处治技术，取得较好效果；JTA1合同段黄竹山特长隧道、JTA8合同段天龙山特长隧道、JTA4和JTA5合同段牛岩山特长隧道单口掘进长度最长达5.333km，隧道施工前段采用压入式通风方式排烟，后段成功使用巷道式通风技术，通风效果明显改善，为特长隧道快速掘进提供保障，其中JTA8合同段天龙山特长隧道荣获中国建筑业协会工程质量管理分会"中国铁建杯"；JTA2合同段东桥特大桥变截面空心薄壁墩墩身采用北京卓良悬臂轻型模板施工技术，因操作简便、施工速度快、墩身最高85m、混凝土外观质量控制较好、棱角分明美观等，东桥特大桥荣获福建省"闽江杯"。

项目设计单位根据国家的标准及规范，针对本工程的特点，借鉴省内外已建高速公路的成功经验，吸取消化国内外高速公路设计的先进技术，精心组织设计，线形布设和构造物的设置较好地考虑了高速公路的行车要求，设计总体方案监理程序科学规范，监理措施合理有效，坚持全过程、全环节、全方位的监理，坚持各施工阶段过程控制，经济合理，线形顺畅，符合福州城郊高速公路路线走向的要求，较大程度地保护资源环境，满足国家有关技术标准与规范的要求，设计文件完整合规，符合编制要求，未发现严重错、漏现象，未发生任何因设计原因造成的质量事故,错漏较少,因设计原因变更增加合同造价费用较低;后续服务阶段及时派驻设计代表,积极配合施工和监理单位现场解决设计问题,为本项目建设提供了较好的技术保障,项目荣获福建省勘察设计协会"2017年度福建省优秀工程勘察设计奖工程设计一等奖"。

(五)运营管理

1. 服务区设置

建闽高速福州段工程共设置2个服务区,项目建设规划与设计方案分别经省高指闽高路工〔2012〕333号文件、〔2013〕26号会议纪要批准闽高房〔2013〕14号文对功能设置及建设规模进行调整以及〔2015〕120号会议纪要要求设计,其中关东服务区总建筑面积约6200.77m^2,内设办公楼、宿舍、公厕、加油站、汽修间等,主体结构为钢筋混凝土结构;洋里服务区总建筑面积约6151.05m^2,内设办公楼、宿舍、公厕、加油站、汽修间等,主体结构为钢筋混凝土结构。

2. 收费站设置(表10-4-28)

收费站点设置情况表 表10-4-28

站点名称	车道数	收费方式
甘蔗收费站	9(4入5出)	自动发卡机+ETC+MTC
白沙收费站	7(3入4出)	自动发卡机+ETC+MTC
大湖收费站	7(3入4出)	自动发卡机+ETC+MTC
洋里收费站	7(3入4出)	自动发卡机+ETC+MTC
东桥收费站	7(3入4出)	自动发卡机+ETC+MTC

3. 车流量发展状况(表10-4-29)

交通流量发展状况表 表10-4-29

年份(年)	日均车流量(辆)
2015	1300

第五节　G25长春至深圳国家高速公路福建段(长深线)

一、长深线松溪至建瓯高速公路(松建高速公路)(建设期:2009.08~2012.11)

(一)项目概况

1. 基本情况

松建高速公路是国家高速公路网第三纵长春至深圳在福建省境内的重要路段,是海峡西岸经济区高速公路网第三纵松溪至武平的组成部分,是福建省南接北联快速入闽交通主干道。线路全长106.66km,同步建设连接线长度5.218km(其中旧县互通连接线1.926km,东游互通连接线1.232km,东峰互通连接线2.060km),设计技术标准遵照交通运输部对本工程初步设计的批复,采用设计速度100km/h标准。路基宽度:整体式路基26.0m,分离式路基(2×13)m;桥面净宽:整体式路基(2×11.75)m,分离式路基(2×12.0)m。路面:沥青混凝土路面,设计年限15年,标准轴载100kN。路基、桥涵洪水设计频率:特大桥1/300,其余均为1/100。桥梁设计车辆荷载:汽车—超20级、挂车—120,项目投资总概算68.07亿元,征用土地面积11188亩,拆迁房屋48978㎡,迁移三杆137.03km。

线路起于松溪县旧县乡木城(闽浙省界处),与浙江省丽水市龙泉至庆元高速公路相连,沿松溪河经松溪县城关、郑墩,在政和县东平镇范屯与宁武高速公路相交,过西津经建瓯市境内川石、东游、东峰,止于建瓯市区城东弓鱼枢纽互通,连接国高网京台线。共设互通式立交8处(旧县互通、松溪互通、郑墩互通、范屯枢纽互通、川石互通、东游互通、东峰互通、弓鱼枢纽互通)。

松建高速公路全线共有各类涵洞、通道365道;各类桥梁67座(其中大桥39座、中小桥28座),隧道18座;全线设置湛卢、北苑两个服务区;设置收费站7个:省界收费站、旧县收费站、松溪收费站、郑墩收费站、川石收费站、东游收费站、东峰收费站,详见表10-5-1。

松建高速公路项目基本情况统计表　　　　　　　　　　表10-5-1

序号	项目		单位	数量	备注
一	技术标准				
1	计算行车速度		km/h	100	
2	路基宽度	整体式路基	m	26	
		分离式路基	m	13	
3	桥面净宽		m	2×11.75	小桥与路基同宽
4	路面			沥青混凝土路面,设计年限15年,标准轴载100kN	
5	路基、桥涵设计洪水频率			特大桥1/300,其余均为1/100	
6	桥涵设计车辆荷载			汽车—超20级、挂车—120	
二	主要工程规模				
1	路线里程		km	106.66	
2	征用土地		亩	11188	
3	拆迁房屋		m²	48978	
4	路基土石方		万m³	1881	
5	软土地基处理		万m³	103	
6	桥梁(主线)		m/座	14704/67	
	其中:大桥		m/座	12910/39	

续上表

序号	项目	单位	数量	备注
7	落地式互通	处	6	
8	枢纽立交	处	2	
9	涵洞	m/道	14132/365	
10	隧道	m/座	15726.6/18	
11	沥青路面(主线)	万 m²	233.2	
12	主线收费站	处	7	其中省际站1处
13	服务区	处	2	

松建高速公路建设工期为36个月,2009年8月完成路基土建标的招标工作,2011年4月完成路面、交安、房建及景观绿化工程招标工作,2011年11月完成三大系统及机电工程招标工作。2009年11月06日下发路基土建标开工令,2011年11月16日下发路面、交安、房建及景观绿化工程开工令。松建高速公路于2012年11月建成,并通过省质监局组织的交工检测。

2. 前期决策情况

松建高速公路项目的建设,对完善国家和福建省高速公路主骨架网,构筑快速入闽通道,打通闽北内陆山区通往长江三角洲地区的便捷快速通道,加强福建省与长江三角洲、珠江三角洲之间的经济协作,加快海峡西岸经济区建设,推动闽北地区经济崛起,构筑旅游快速交通网、推动省际旅游经济发展都具有重要意义。松建高速公路项目建成后,将新增一条福建与浙江紧密联系的高速通道,对此福建省、南平市及沿线各县(市、区)政府和人民群众都十分重视和渴望本路段高速公路的建设。

该项目前期工作自2005年开始可行性研究,2006年完成《预可行性研究报告》的编制工作,2007年根据国家发展和改革委员会《国家发改委关于福建省松溪(闽浙界)至建瓯公路项目建议书的批复》(发改交运〔2007〕734号)批复松建高速公路项目建议书,同意立项。

3. 参建单位主要情况(表10-5-2)

(1)建设单位

按照我省高速公路建设体制,松建高速公路项目业主为南平松建高速公路有限责任公司,由省、市高速公路公司于2007年12月共同出资组建,履行业主职能,全面负责项目的建设、筹资、运营、还贷工作。贯彻执行项目业主法人负责制、工程招投标制、工程监理制和合同管理制,对工程建设进行质量、安全、进度、投资、环保控制管理。

业主在建设期间派出现场管理指挥机构南平松建高速公路有限责任公司松溪代表处和建瓯代表处,内设工程部、综合部。松溪代表处和建瓯代表处负责具体实施工程质

第十章 高速公路建设项目实况

量、安全、进度、投资、合同管理,并配合地方政府和高指开展征地拆迁和民事协调工作。

松建高速公路参建单位一览表　　　表10-5-2

标段号	标段所在地	工程内容	合同价(万元)	施工单位	备注
A1	松溪	路基土建工程	29338	北京市海龙公路工程公司	
A2	松溪	路基土建工程	28672	云南第一公路桥梁工程有限公司	
A3	松溪	路基土建工程	17311	湖南省永州公路桥梁建设有限公司	
A4	松溪	路基土建工程	35607	大成工程股份有限公司	
A5	松溪、建瓯	路基土建工程	23521	中国对外建设总公司	
A6	建瓯	路基土建工程	28285	中铁二十局集团有限公司	
A7	建瓯	路基土建工程	25819	四川武通路桥工程局	
A8	建瓯	路基土建工程	26840	中铁三局集团第五工程有限公司	
A9	建瓯	路基土建工程	29689	中铁二局第二工程有限公司	
A10	建瓯	路基土建工程	33588	陕西明泰工程建设有限责任公司	
A11	建瓯	路基土建工程	24633	中国建筑第七工程局有限公司	
B1	松溪	路面、交安、房建和景观绿化工程	54191	中铁十二局集团有限公司	
B2	松溪、建瓯	路面、交安、房建和景观绿化工程	37297	中铁十二局集团第一工程有限公司	
B3	建瓯	路面、交安、房建和景观绿化工程	37963	中铁十四局集团有限公司	
E1	松溪、建瓯	三大系统工程	6742	福建新大陆电脑股份有限公司	
ED1	松溪、建瓯	机电工程	4694	中铁电气化局集团第三工程有限公司	
ED2	建瓯	机电工程	4707	广东新粤交通投资有限公司	
J1	松溪	土建、路面监理	1722	温州市交通工程咨询监理有限公司	
J2	建瓯	土建、路面监理	2084	安徽省公路工程建设监理有限责任公司	
J3	建瓯	土建、路面监理	2107	南平市路达公路工程监理服务有限公司	
EJ	松溪、建瓯	机电、三大系统监理	533	北京兴通交通工程监理有限责任公司	
JC1	松溪、建瓯	土建检测	480	山东省公路检测中心	
JC2	建瓯	土建检测	533	南平市公路工程试验检测中心	
JC3	建瓯	土建检测	532	福建省交通建设试验检测中心	
JC4	松溪、建瓯	路面、交安、房建检测	403	江苏省交通科学研究院股份有限公司	

本项目路面中心试验室委托福建省公路工程试验检测中心站进行,试验单位根据委托协议,在业主监督、指导和协调下开展试验工作。个别特殊试验项目委托有资质的试验室进行。

(2）设计单位

福建省交通规划设计院为设计单位,中铁第四勘察设计院集团有限公司为设计咨询单位。

(3）施工单位

松建高速施工单位共17家。路基工程共划分为11个合同段,路面、交安、房建和景观绿化工程划分为3个合同段,交通三大系统工程划分为1个合同段,机电工程划分为2个合同段。

(4）监理单位

松建高速监理单位共4家,全线路基、路面项目3个监理标段、机电、三大系统1个监理标段。

(5）试验检测单位

松建高速试验检测单位共4家,全线土建项目3个试验检测标段、路面、交安、房建项目1个试验检测标段。

(二）建设情况

1. 项目准备阶段

(1）立项审批

项目立项:根据国家发展和改革委员会《国家发改委关于福建省松溪(闽浙界)至建瓯公路项目建议书的批复》(发改交运〔2007〕734号)批复松建高速项目建议书,同意立项。

工程可行性研究:根据国家发展和改革委员会《国家发改委关于福建省松溪(浙闽界)至建瓯公路可行性研究报告的批复》(发改基础〔2008〕2875号)批复工程可行性研究报告,同意路线方案、技术标准、投资控制和建设工期。

初步设计:根据交通运输部《关于松溪(浙闽界)至建瓯公路初步设计的批复》(交公路发〔2009〕133号)正式批复初步设计。

环境影响评价:根据国家环保总局《国家高速公路长春至深圳福建境内松溪(闽浙界)至建瓯段环境影响报告书的批复》(环审〔2008〕81号),通过松建高速公路全线环境保护和水土保持评价工作。

(2）资金筹措

根据松建高速公路项目初步设计批复,该路段高速公路主线长106.626km(另建互通连接线长5.218km),批复概算6807235.951万元,省、市公司股比83.34%:16.66%,项目资本金占35%、银行贷款占65%,其中交通部、省公司投资198560.3836万元;南平市公司投资39693.0164万元,银行贷款442470.60万元。

(3）招投标工作

本项目招标工作共分5次进行,2009年6月份完成路基土建标资格预审,7月完成施工土建、路面监理和试验检测招标工作,2009年8月完成路基土建标的招标工作,2011年4月完成路面、交安、房建及景观绿化工程招标工作,2011年11月完成三大系统及机电工程招标工作。2009年11月06日下发路基土建标开工令,2011年11月18日下发路面、交安、房建及景观绿化工程开工令。

(4)合同段划分

松建高速公路全线共分25个标段,其中11个路基土建施工合同段,3个路面、交安、房建和景观绿化合同段,1个交通机电工程监控、通信、收费系统供货与安装合同段,2个沿线供配电及隧道通风、照明、消防系统工程供货与安装合同段及4个施工监理合同段,4个试验检测服务合同段。

(5)征地拆迁

松建高速公路总长106.66km,途经3个县市、10个乡镇街道、40个行政村,征地面积11188亩,拆迁房屋面积48978m^2,迁移"三杆"137.03km。自2009年7月以来,经过半年的努力,在沿线各县市、乡镇政府和有关部门的共同努力下,全面完成松建高速公路红线内征迁工作任务,支付征迁补偿费17004万元。已办理搅拌站和取、弃土场等使用临时用地35宗528.676亩,有力地保证了高速公路施工用地需要。在线外工程和民事协调方面,在招标文件中明确线外工程的完善和正常施工影响委托当地高速公路建设指挥部包干处理,在100章中列支。施工单位与地方高指签订红线外附属工程包干协议书,明确权利义务关系,由业主在计量中扣除代支付给地方高指,减少了民事干扰,确保了民事协调的效率。

松建高速公路征地拆迁工作在沿线设立市、县、乡三级征地拆迁机构,均由政府主要领导任总指挥,县级指挥部确定一名县(市、区)委或政府副职领导任常务副指挥,专职抓高速公路建设征地拆迁安置工作,通过坚持宣传、统一标准、规范程序、公开公正等方式,保证征拆工作顺利开展,详见表10-5-3。

一期征地拆迁情况统计表　　　　表10-5-3

征地拆迁安置起止时间	征用土地(亩)	拆迁房屋(m^2)	支付补偿费用(万元)	备注
2009.08~2012.11	11188	48978	17004	

2.项目实施阶段

(1)重大变更

K2816+630左侧滑坡治理工程,共设置3m×2.5m抗滑桩32根,清理土方6万余立方米。

(2)重大事件

2007年,发改交运〔2007〕734号文批准立项。

2009年9月,松建高速公路全面开工。

2012年12月,通过交工验收。

2017年12月,通过竣工验收。

(三)复杂技术工程

杜布隧道位于松建高速公路A6合同段,属于小净距隧道,隧道长度477m。左洞进口桩号ZK59+309,设计高程179.794m,出口桩号ZK59+786,设计高程179.838m;右洞进口桩号YK59+305,设计高程155.653m,右洞出口桩号YK59+779,设计高程177.953m。隧道长度474m,隧道进口属构造-剥蚀低丘地貌,相对高差达60m,沿线地形呈波浪状起伏,自然山坡坡度进口10°~20°,出口20°~30°,洞体围岩以Ⅳ级为主,近洞口为Ⅴ级围岩,隧道进洞口处仰坡和两侧开挖边坡稳定性差,采用放坡开挖,并采用相应的坡面防护设施。

(四)科技创新

本项目系统研究了高速公路施工用电与运营用电相结合(以下简称"永临结合")的供电关键技术和方法,该成果的应用,彻底改变长期以来高速公路前期施工用电和永久运营供电网络分别建设、各自管理以及重复建设的浪费现象,使高速公路施工用电和永久用电能够紧密结合,避免了重复建设,可节约大量供电线路设备投资,缩短施工工期,实现质优、低耗、环保。

(五)运营管理

1. 服务区设置

松建高速公路共设置湛卢及北苑2个服务区,内设办公楼、宿舍、公厕、加油站、汽修间等,主体结构为钢筋混凝土结构。

2. 收费站点设置(表10-5-4)

收费站点设置情况表　　表10-5-4

站点名称	车道数	收费方式
长深闽浙省界收费站	20(6入14出)	人工、ETC、自动取卡
旧县	9(3入6出)	人工、ETC、自动取卡
松溪	11(4入7出)	人工、ETC、自动取卡
郑墩	8(3入5出)	人工、ETC、自动取卡
川石	9(3入6出)	人工、ETC、自动取卡
东游	11(4入7出)	人工、ETC、自动取卡
东峰	10(4入6出)	人工、ETC、自动取卡

3. 车流量发展状况(表10-5-5)

交通流量发展状况表　　　　　　表10-5-5

年份(年)	日均车流量(辆)	年份(年)	日均车流量(辆)
2012	2650	2015	2650
2013	3931	2016	3931
2014	5350	2017	5350

二、长深线建瓯弓鱼互通至南平北高速公路(浦南高速公路)(建设期：2005.12～2008.12)

(一)项目概况

1. 基本情况

浦南高速公路是国家高速公路规划网北京至台北高速公路以及长深高速公路的组成部分，是交通部确定的全国12个公路勘察设计典型示范工程，是国家重点公路干线长春至深圳高速公路的重要路段，也是福建省"三纵四横"高速公路路网的重要组成部分，是东南沿海地区的一条重要国防交通干线，同时也是我省首次采用大标段、总价包干施工总承包的方式和"业主+建设管理服务单位"的建设管理模式的高速公路项目，项目于2005年10月控制性工程动工，2005年12月1日全线正式下达开工令，历经三年的建设，于2008年12月24日建成通车试运营。

浦南高速公路全线建设里程244.4km，其中长深线全长56km，项目起点位于建瓯弓鱼互通，终于西黄连接线南平北收费站，弓鱼互通往北与同步建设的浦南高速公路京台段相连，沿线设收费站3处；服务区2处，共有大、中、小桥梁(主线)61座，隧道13座，涵洞、通道168道，设计技术标准遵照交通部对本工程初步设计的批复采用设计速度100km/h标准。路基宽度：整体式路基26.0m，分离式路基(2×13)m。桥面净宽：整体式路基(2×11.75)m，分离式路基(2×12.0)m。路面：沥青混凝土路面，设计年限15年，标准轴载100kN。路基、桥涵洪水设计频率：特大桥1/300，其余均为1/100。桥梁设计车辆荷载：汽车—超20级、挂车—120，见表10-5-6。

浦南高速公路长深段项目基本情况统计表　　　　　　表10-5-6

序号	项目	单位	数量	备注
一	技术标准			
1	计算行车速度	km/h	100	

续上表

序号	项 目		单位	数 量	备 注
2	路基宽度	整体式路基	m	26	
		分离式路基	m	13	
3	桥面净宽		m	2×11.75	
4	路面			沥青混凝土路面,设计年限 15 年,标准轴载 100kN	
5	路基、桥涵设计洪水频率			特大桥 1/300,其余均为 1/100	
6	桥涵设计车辆荷载			汽车—超 20 级、挂车—120	
二	主要工程规模				
1	路线里程		km	56	
2	征用土地		亩	7672.113	
3	拆迁房屋		m²	75714.6	
4	路基土石方		万 m³	2355.4	
5	桥梁(主线)		m/座	13335.75/61	
6	互通式立交		处	4	
7	涵洞、通道		道	168	
8	隧道		m/座	19522.727(右线)/14	
9	路面(主线)		万 m²	126.5517	
10	主线收费站		处	3	
11	服务区		处	2	

2．前期决策情况

20 世纪 90 年代,闽北经济进入结构调整时期,与外界经济的联系不断增加,县、市的区域之间、城乡之间经济需要协调发展,都离不开高速便捷的公路网。在一次专题会议上,市委、市政府提出如果能把延平区到武夷山的断头路,建成与浙江等地相连的路网,对闽北经济以及武夷山旅游产业的发展都具有十分重要的意义。会议决定,由武夷山北上浦城接浙江的衢州。

1999 年初,南平市委托省规划设计院做了一份路线规划方案,并于这年的 4 月成立了浦南高速公路筹建处,次年又委托省交通设计院做预可行性研究报告。2000 年下半年,国家在原有高速公路建设"五纵七横"的基础上,又规划了一个全国区域经济干线网,其中天津至汕尾国道主干线的一部分正好与市规划的浦南高速公路线重合。这为浦南高速公路立项提供了一个极好的机遇。2002 年 8 月省计委向国家计委上报浦南"项目建议书",2003 年 8 月国务院办公会议研究通过了"项目建议书"。2003 年 11 月"工可报告"上报国家有关部门,次年 7 月获得国务院办公会议研究通过并立项。2004 年 10 月项目"初步设计"上报交通部。

浦南高速公路的建成，促进了闽北高速公路经济圈的形成，改善招商引资环境，加快产业转移速度；土地开发速度加快；乡镇工业迅猛发展，县域经济的开放特点异常突出。专家们指出，漳州、宁德等地近年来经济的突飞猛进，就是得益于高速公路的建成。对闽北来说，浦南高速公路的建成对旅游业的发展尤为重要，以武夷山为中心的旅游经济圈将在高速公路的支撑下成为一个整体，扩大了旅游半径，一些由于交通"瓶颈"而散落深山的景点将脱颖而出，重现光彩。南平市在京福、浦南等高速公路的建设中，将实现"构筑东出西进交通网，打造邻港型经济"的目标。东，就是沿海港口的建设；西，就是西北部山区高速公路、干线公路的建设，让江西、湖南等内地省份成为闽北乃至全省港口物流延伸的广阔腹地，高速公路经济圈的形成，将使闽北经济上连内地下临沿海。

3. 参建单位主要情况

（1）建设单位

浦南高速公路项目建设采用业主加顾问公司及项目施工总承包的管理办法，属于代建制中的一种模式，具体做法是：业主南平浦南高速公路有限公司全面负责项目建设管理，对项目建设承担业主的全部责任。成建制聘请在高速公路建设方面具有丰富经验的顾问公司，经业主授权，直接承担业主部分管理和现场服务的职能，对项目建设提出咨询意见，协助业主对项目进行工程管理。顾问公司对项目投资、进度、质量不承担直接责任，但要对参与建设管理监督中所提出意见、建议的正确性和及时性负责。

根据我省高速公路建设体制，本项目工程以南平市为主负责组织建设，2004年10月项目法人南平浦南高速公路有限责任公司依法成立并注册，项目法人组织机构于2005年8月组建完毕，符合甲级公路建设项目法人标准，并于2005年9月份按有关规定以南浦高工〔2005〕65号文报福建省交通厅、省高指备案，依法组建了项目法人南平浦南高速公路有限责任公司，对项目筹资、建设、经营、管理、还贷等全过程负责，执行项目法人责任制、招投标制、工程监理制和合同管理制，并实行政府监督、法人管理、社会监理、企业自检的质量保证体系；业主浦南公司在南平设公司本部并在各总承包合同段各一个设办事处。

项目建设管理服务单位：项目经公开招标，确定福建省交通建设工程监理咨询公司为建设管理服务单位，由其提供专业化管理和技术服务。管理服务单位在南平设项目管理部1个、在各总承包合同段设代表处3个，业主设中心试验室3个；通过建设管理期间的不断的磨合适应，浦南公司本部和项目管理部、办事处和代表处之间，在工程管理上合署办公。

（2）设计单位

设计单位设3个设计代表处。经设计投标，福建省交通规划设计院承担了浦南高速公路勘察设计初步设计阶段第1、3、4合同段和施工图阶段A、C合同段的勘察设计、D合同段（D为交通工程及沿线设施专项）交通工程、机电项目、房建项目、景观绿化项目的设计工作。浦南高速公路长深线属于C合同段福建省交通规划设计院设计范围（表10-5-7）。

设计单位基本情况表　　　　　　　　　　表 10-5-7

序　号	参建单位	承建工程	合同段
1	福建省交通规划设计院	A、C、D	13301
2	浙江省交通勘察设计院	B	3498

（3）施工单位

为鼓励施工企业投入资源,浦南高速公路在以往高速公路施工总承包每个合同段一般在1.52亿元规模的基础上,扩大各合同段施工发包规模,中标施工企业必须组建现场总项目部,并由施工企业总部的高层领导直接担任总项目经理。浦南高速公路全线只分A、B、C三个施工总承包合同段,由三家单位总承包,分别为中铁十一局集团有限公司、中铁十五局集团有限公司、中铁十八局集团有限公司,其中长深线由C标段中铁十八局集团有限公司承建（表10-5-8）。

施工单位基本情况表　　　　　　　　　　表 10-5-8

序　号	参建单位	承建工程	合同段编号	合同价(万元)
1	中铁十一局集团有限公司	施工总承包单位	A	200854
2	中铁十五局集团有限公司		B	220026
3	中铁十八局集团有限公司		C	259957

（4）监理单位

浦南全线分3个土建工程监理标及1个机电工程监理标,其中长深线属于监理C合同段内,监理单位为江苏交通工程咨询监理有限公司,下设三个分驻地办（CJ1~CJ3）,十个标段监理组（C1~C10）,两个路面驻地办（CJB1、CJB2）,房建驻地办和总监办设在一起,独立办公。机电、三大系统工程由广东公路工程监理站对浦南高速公路全线实施监理服务（表10-5-9）。

监理单位基本情况表　　　　　　　　　　表 10-5-9

序号	参建单位	承建工程	合同段编号	合同价(万元)
1	江苏东南交通工程咨询监理有限公司	土建工程监理单位	AJ	4026
2	厦门市路桥咨询监理有限公司		BJ	3635
3	江苏交通工程咨询监理有限公司		CJ	4301
4	广东公路工程监理站	三大系统工程监理单位	JDJ	395

（二）建设情况

1. 项目准备阶段

（1）立项审批

项目立项:2003年9月,国家发改委以发改交运〔2003〕1096号文批准立项。

工程可行性研究:2004年7月,国家发改委以发改交运〔2004〕1058号文批准工程可行性研究报告。

初步设计:2004年12月,交通部以交公路发〔2004〕776号文批准工程初步设计。

环境影响评价:2004年1月,国家环保总局环境工程评估中心出具项目环评大纲评估意见,2005年10月,国家环保总局以环审〔2005〕845号文批准项目环境影响报告书;2004年2月,水利部水保监测中心出具项目水保方案大纲技术评估意见(水保监方案〔2004〕005号),2005年12月,水利部以水保函〔2005〕507号文批准项目水保方案。

建设用地批复:2005年7月,国土资源部以国土资厅函〔2005〕404号文件批复控制工期的单体工程先行用地,2006年6月国务院批准工程建设用地,7月福建省人民政府以闽政文〔2006〕293号文转批国土资源部国土资函〔2006〕356号文,正式批准项目工程建设用地。

开工批复:2005年9月本项目基本完成开工前期准备工作,并于9月底申报施工许可,经福建省高指初审,福建省交通厅审查后在2006年3月以闽交建〔2006〕27号文报交通部审批,交通部于2006年7月签署施工许可。

(2)资金筹措

本项目交通部批准投资概算980387万元,投资来源为交通部投入129700万元,省级资本金投入146000万元(其中省高速公路有限责任公司52000万元,福建发展高速公路股份有限公司94000万元),南平市级资本金投入40000万元,银行贷款664687万元。2010年3月10日,交通运输部以交公路发〔2010〕125号文批复对本项目的初步设计概算进行调整,调整增加概算55037万元,调整后项目概算总额为1035424万元,调概增加投资通过银行贷款解决。

(3)招投标工作

根据国家基本建设程序要求以及有关法律法规的规定,开展施工、监理等各项招投标工作。

①设计单位招标

浦南高速公路是我省第3个进行勘察设计招标的项目,共分4个设计合同段,勘察设计工作(初步设计、施工图设计及后续服务)向国内市场公开招标。业主(原浦南筹建处)于2003年11月28日发布招标公告,2003年12月完成资格预审工作,招标文件在报交通厅审查并向交通部报备后于2004年1月出售,2004年2月完成评标工作,评标专家按规定从交通部专家库中抽取,确定正选中标人。

②建设管理服务单位招标

经省交通厅、省高指《福建省交通厅、福建省高速公路建设总指挥部关于浦南高速公路建设有关事项的函》闽交建函〔2005〕22号呈报省政府研究同意,建设管理服务单位(一个合同段)采用邀请招标方式。业主共向省内外从事高速公路建设的技术实力强、信誉好的监理、咨询单位中选择5家单位发出投标邀请书,5家单位均在规定时间内响应,6月26日进行公开开标,6月28日完成评审工作,确定福建省交通建设工程监理咨询公司为中标人。

③监理单位招标

施工监理分3个合同段面向国内公开招标,于2005年4月27日发布资格预审公告,6月4日完成资格预审工作,6月15日发出投标邀请书,并于7月15～17日完成开标评标工作。

④施工总承包单位招标

施工总承包分为A、B、C三个合同段面向国内公开招标,采用合理低价法评标。业主于2005年4月27日发布资格预审公告,6月4日完成资格预审工作,7月1日向通过资格预审的20家施工单位发出投标邀请书,并于9月15日至18日完成开标评标工作,确定中标候选人。

⑤其他工程招标

2007年7月至11月,分别对总承包范围外的三大系统工程施工监理1个合同段、三大系统工程施工2个合同段、服务区房建工程施工6个合同段,面向国内公开招标。

(4)合同段划分

浦南高速公路长深线由C标段中铁十八局集团有限公司承建,总项目经理部设在建瓯市,下设项目经理分部3个、路基土建工程小标段经理部25个,路面工程小标段经理部6个,机电工程小标段3个,房建工程小标段13个,三大系统工程小标段2个,绿化景观工程小标段11个,全线工程共划分为60个小标段。

(5)征地拆迁

浦南高速公路长深线征地拆迁涉及南平市2个县(市、区),共征用各类土地7672.113亩,拆迁各类房屋及构筑物75714.6m^2,迁移"三杆二线"143.88km。经报请省政府批准,由南平市政府负责浦南高速公路征地拆迁和营造施工环境工作,对征地拆迁实行费用总包干,包干费用9.44亿元。沿线县(市、区)政府对辖区内征地拆迁、民事协调、社会稳定、社会治安工作实行经费总额包干、任务包干、责任包干。南平市委、市政府高度重视征迁工作,从市、县两级国土、建设、林业等有关部门抽调大批人员,分别成立市、县两级指挥部和征迁机构,负责征迁和营造施工环境工作的具体实施。按照国土资源管理的有关法律、法规,本着既要维护沿线被征地农民的合法权益,又要确保工程顺利实施的原则,出台了征地拆迁补偿安置指导意见和实施意见,依法开展征地拆迁工作,并将征地拆迁补偿安置工作列入了南平市政府创业竞赛考核内容,实行县(市、区)主要领导负总责、分管领导具体负责的工作责任制,层层签订责任状,把工作任务落实到部门和乡、村。沿线各县(市、区)政府于2005年11月份基本完成了红线内征迁工作。征地拆迁资金严格按照国家规定实行专户管理,分别建立包干经费和管理费专户,做到专款专用,专户核算,市政府并定期组织审计部门开展审计调查,规范管理,详见表10-5-10。

征地拆迁情况统计表　　　　　　　　　　　　表10-5-10

征地拆迁安置起止时间	征用土地（亩）	拆迁房屋（m²）	支付补偿费用（元）	备　　注
2002.06～2005.11	7672.113	75714.6	944000000	补偿费用为全线总包干费用(含浦南京台线)

2．项目实施阶段

(1)重大决策

浦南高速公路于2005年12月正式开工,浦南公司坚持建设"优质工程、廉政工程、和谐工程"的建设方针,严格执行"施工自检、社会监理、业主管理、政府监督"的建设质量管理体制,狠抓"质量、安全、进度、资金、环保、廉政"六大控制,稳步推进各项建设工作。

浦南高速公路南北贯穿闽北腹地,南渐的中原文化和闽文化在这里相融衍生,孕育了八闽大地最古老的文明。工程开工前,浦南项目投入160余万元,请考古单位并在原故宫博物院院长、研究员张忠培为组长的国家文物局专家组的指导下,对沿线17处古遗址、古墓葬群进行抢救性考古发掘,保护了众多古代遗迹,出土了一大批珍贵文物,其中位于浦城县的猫耳弄山商代龙窑遗址群和管九西周土墩墓,将福建省的文明史向前推进了上千年,先后被国家文物局、中国社科院授予2005年"全国十大考古发现"和2006年"全国考古六大发现"的考古界最高荣誉。猫耳弄山是我国首次发现如此大规模的商代窑群遗址,被专家誉为"中国第一烟囱",专家认为"此次发现的窑群,形成一定的规模,保存较完整,全国罕见,属重大考古发掘,对于探索我国南方窑业技术的发展和龙窑的起源及原始瓷的产地提供了非常珍贵的实物资料,具有重要的学术研究价值和保存价值。"西周土墩墓出土的青铜剑,被专家称为"福建第一剑",中国社科院用"东南地区青铜文化的新探索"评述土墩墓群的入选理由,认为"这一发现填补了中国南方地区土墩墓分布区域的空白,对研究土墩墓的演变规律有重要价值"。为保护遗址,省交通厅、省高指、浦南公司给予高度重视,经专家多次论证,作出了将浦南高速公路移线绕道200多米的重大决策,开创了我省重点工程给文物保护让路的先河。

建阳南互通为浦南高速公路预留互通,在设计阶段考虑预留互通设置位置,主线平纵面指标按互通要求控制。为对促进当地社会经济发展、缓解建阳市区交通压力,浦南公司根据当地政府意见,将原预留互通提前进行建设。《南平市发展和改革委员会关于浦南高速公路徐市互通立交工程可行性研究报告的批复》(南发改〔2008〕基础5号)并经南平市发改委立项批复同意。项目于2008年4月开工,2009年9月底完工。

(2)重大变更(表10-5-11)

重大设计变更表 表10-5-11

序　号	设 计 变 更 内 容
1	B3标段K107+310~K108+443纵断面调整:此段跨河路段,受下游拦水堤影响,适当提高路基高度
2	B4标段K115+265~K118+200纵断面调整:此段缺方量较大,采取压坡增加挖方,减少取土场征地
3	C3标段上水南路段地方战备路线位改移,使得原设计的上水南桥分离式立交桥取消,中水南分离式立交桥移位
4	C6标段马踏岭2、3号桥桥改路
5	C6标段南雅互通F匝道变更
6	古岭下高边坡加固
7	C8标段YK225+910处增加分离式立交桥,桥型为2×25m预应力混凝土T梁桥
8	由于南平城区连接线实施,原设计的C9合同段南平北互通A、F、G匝道需变更

(3)重大事件

1999年4月,成立"浦南高速公路筹建处"。

2004年10月,成立"南平浦南高速公路有限责任公司"。

2005年7月,国土资源部、省人民政府正式批复浦南高速建设用地。

2015年12月,浦南高速公路3个施工总承包标段全部开工。

2008年12月,浦南高速公路通过交工验收,质量等级优良。

2013年10月,通过省交通质监局组织的竣工验收。

(三)复杂技术工程

本工程项目埋深较深。隧道施工过程中,在高地应力、脆性岩体中,因施工爆破扰动原岩,岩体受到破坏,使掌子面的岩体突然释放出能量,产生脆性破坏,这时围岩表面发生爆裂声,随之有大小不等的片状岩体弹射剥落出来。而发生岩爆。岩爆有时频繁出现,有时会延续一段时间后才能逐渐消失。岩爆不仅直接威胁作业人员与施工设备的安全,而且严重影响施工进度,增加了工程造价。施工过程主要采取以下措施:①超前锚杆预加固处理开挖采用减震光面爆破,严格按"短进尺,弱爆破"的要求,做到控制循环进尺不大于2.0m,减少一次爆破用药量;②支护及时初期支护采用锚、喷、网、钢架综合支护体系,使超前锚杆、径向锚杆、钢架、网喷混凝土有机结合联为一体,固结围岩,增强支护效果;③加强监控量测工作,增大监控量测频率,每5m设置一个量测断面,开挖后及时将量测桩埋好,做好拱顶下沉和水平收敛量测,尽早取得初始量测数据。做好开挖面和初期支护观察记录。④及时根据围岩量测结果不断调整爆破参数和优化施工方案,评价支护变形情况及质量,为二次衬砌施工提供依据。

(四)科技创新

作为全国第一批、省内第一个被交通部列为公路勘察设计典型示范工程的项目,南平浦南高速公路有限责任公司有力地实践了"安全、舒适、环保、和谐"的设计理念,工程与运营安全、保护生态、环保设施同步设计、同步建设,投入300余万元的科研经费,创新的建设理念、创新的管理手段、创新的科研技术,展现出了浦南高速公路建设者们崭新的建设风貌,体现了精益求精、注重实效的求实精神,体现了尊重知识、不断创新的科学精神。

浦南高速公路作为交通部第一批勘察设计典型示范项目,从决策到立项、从设计至施工,从业主到承包商、从监理到施工单位,按照"舒适、和谐、安全、环保"的理念,积极开展科研工作,大力推广应用"新技术、新工艺、新材料、新设备"四新技术。实现公路建设与自然环境、人文环境的和谐统一。驱车在浦南高速公路,处处有景,景景有典,以事实彰显了浦南建设者不负众望的智慧与群策群力、兢兢业业和无私奉献的精神。

全线采用了长寿命路面结构设计等14项新科技、新工艺,主要有:

(1)路面施工方面

贯彻长寿命路面设计理念,积极参与省高指组织的长寿命路面结构课题研究,全线路面推广采用了交通部科研所新研究的柔性基层路面结构,即:4cm沥青混凝土抗滑表层(AC-13),6cm中粒式沥青混凝土下面层(AC-20C),16cm沥青稳定碎石上基层(ATB-25),15cm级配碎石中基层,下为不同厚度的水泥稳定碎石底基层。该新型路面结构考虑了福建南平所在地多雨潮湿的气候特点,并借鉴国外路面结构最新技术和国内"调整公路早期病害预防措施的研究"课题成果,能适应福建的高温、多雨潮湿的环境,可解决高速公路路面结构早期病害的问题。本项目该项科研经费投入239万元,科研课题获福建省科技进步奖二等奖。

(2)边坡绿化防护方面

提倡与推行路基边坡软防护,改善道路两侧景观。边坡防护采用动态设计,绿化采用新工艺。为保证边坡绿化效果及质量,将原设计传统的浆砌防护变更为"3+2"工艺三维网植草防护,达到了很好的效果,浦南高速公路沿线地质复杂,高边坡防护数量较多,很多坡体结构稳定性差,在施工过程中遵循开挖一级防护一级的原则,将开挖过程中的地质情况及时反馈至设计部门,通过业主、设计、监理、施工四家单位进行现场查看,确定边坡坡率、平台宽度、坡面防护类型等设计参数,待上级边坡防护全部实施并产生加固作用后再进行下一级边坡的土石方开挖作业,如有地质偏差,及时再组织变更设计,确保坡体的稳定和结构安全。

(3)隧道施工方面

推广隧道监控量测与地质超前预报技术。隧道采用新奥法进行设计和施工,对于地质复杂或小净距隧道、连拱隧道,强制要求施工单位委托有资质的专业队伍进行隧道监控和地质超前预报工作,以利隧道动态调整设计和指导施工。

(4)管理体制方面

浦南高速公路在管理体制上开创了两个全省第一。在设计上,它是全省第一个列为交通部公路勘察设计典型示范工程;在建设上,它被列为全省公路建设体制创新第一路。因为这两个特殊性,"浦南"项目的建设将为闽北今后的高速公路建设提供更多的经验。

在"浦南"项目上实施建设管理体制创新是一个必然趋势,《国务院关于投资体制改革的决定》中明确指出:"对非经营性政府投资项目应加快推行代建制。"本项目采用了全国首创的"业主+顾问公司"的管理模式,有效解决了业主技术管理力量不足的问题。"浦南"项目的体制创新将实行项目代建制,以取代原来公路建设采取的由建设单位具体负责项目建设的管理体制。通过招标等方式,选择专业化的项目管理单位负责项目建设实施,严格控制项目投资、质量和工期,竣工验收后移交给使用单位。建设单位从具体的建设项目中解脱出来,主要负责项目规划、筹融资、监督管理等工作,因而不需要太多人员和专业经验,其工作过程与国际上专业工程项目管理公司向业主承包项目建设业务是相同的。"代建制"突破了政府工程旧有的方式,使投资行为更加规范,因此有人称之为抑制腐败、克服"三超"(概算超估算、预算超概算、结算超预算)现象的有效武器。

公路勘察设计典型示范工程是按照"安全、环保、舒适、和谐"的原则,在设计上坚持地形选线、地质选线、环保选线和安全选线。浦南高速公路途经五个县市(区),沿线有众多风景名胜、农田和茂密的植被,为充分调整公路建成后,交通量变化对环境变化的影响,工程建设对农田水利设施与水土保持的影响,路基开挖填筑对自然植被覆盖的影响,路线对生态环境、行政划区、农村耕作区、水利排灌系统等设施造成分割所产生的影响,以及对文物古迹、风景名胜景观的影响,"浦南"项目在路线、路基、桥隧、互通式立交等设计上都从环保出发,采取相应的措施,如避免高边坡、高填方,以防止或减缓不良影响。本项目的勘察设计分别由浙江省交通设计院和福建省交通规划设计院承担。

(五)运营管理

1.服务区设置

浦南高速共设置2个服务区:小桥及新村服务区,内设办公、宿舍、公厕、加油站、汽修间等,主体结构为钢筋混凝土结构。

2. 收费站点设置(表10-5-12)

收费站点设置情况表　　　　　　　　　　　　表10-5-12

站 点 名 称	车 道 数	收 费 方 式
南雅	2(1入1出)	人工、ETC、自动取卡
大横	4(2入2出)	人工、ETC、自动取卡
南平北	7(3入4出)	人工、ETC、自动取卡

3. 车流量发展状况(表10-5-13)

交通流量发展状况表　　　　　　　　　　　　表10-5-13

年份(年)	日均车流量(辆)	年份(年)	日均车流量(辆)
2009	3341	2014	9223
2010	4034	2015	9791
2011	4902	2016	10183
2012	6109	2017	10731
2013	8698		

三、长深线永安至武平高速公路三明段(永武高速公路三明段)(建设期:2007.04～2010.04)

(一)项目概况

1. 基本情况

永武高速公路位于福建省三明市、龙岩市,是连接福建省与广东省的交通纽带,三明段全长39.86km,设计采用交通部颁《公路工程技术标准》(JTG B01—2003),全线按山岭重丘区高速公路标准建设,设计速度80km/h,整体式路基:全宽24.5m,其中行车道宽2×2×3.75m,硬路肩宽2×2.5m,路缘带宽2×0.5m,中央分隔带宽2m,土路肩宽2×0.75m。分离式路基:全宽12.25m,其中行车道宽2×3.75m,硬路肩宽2.5m,路缘带宽0.75m,土路肩宽2×0.75m。桥面净宽:整体式路基为2×11m,左右幅桥净距0.5m;分离式路基大桥为11.25m,两侧防撞护栏座均为0.5m,路面标准荷载为BZZ-100km,桥涵设计设计荷载标准为汽车—超20级、验算荷载为挂车—120;隧道设计标准:隧道净宽10.75m,隧道净高5.0m;设计洪水频率:特大桥为1/300;大、中、小桥和涵洞及路基均为1/100;路面:4cm AC-13C 改性沥青混凝土抗滑表面层,6cm AC-20C 改性沥青混凝土中面层,16cm ATB-25 沥青混凝土下面层,17cm 级配碎石基层,30cm 的 3% 水泥稳定碎石底基层;路线交叉:全线采用全封闭、全部控制出入;沿线设施:按高速公路标准总体设计。项目设计概算 27.33 亿元,实际完成投资 27.59 亿元。

永武高速公路三明段起自永安市吉山枢纽互通,经永安市的燕西街道办、洪田镇和小陶镇,终于永安市下湖口村,全长 39.86km;采用双向四车道高速公路标准建设,设计速度 80km/h,路基宽度 24.5m,全线地形复杂、工程量大,施工难度大,沿线有桥梁工程 24855m/92 座,其中大桥 86 座、中桥 6 座;隧道工程 14986m/24 座。沿线共设置吉山(枢纽)、小陶、洪田 3 处互通式立交,小陶、洪田收费站 2 个,八一服务区 1 处,详见表 10-5-14。

永武高速三明段项目基本情况统计表　　　表 10-5-14

序号	项目		单位	数量	备注
一	技术标准				
1	计算行车速度		km/h	80	
2	路基宽度	整体式路基	m	24.5	
		分离式路基	m	12.25	
3	桥面净宽		m	2×11.0	桥面与路基同宽
4	路面			BZZ-100	
5	路基、桥涵设计洪水频率			特大桥 1/300,其余均为 1/100	
6	桥涵设计车辆荷载			汽车—超 20 级、挂车—120	
二	主要工程规模				
1	路线里程		km	194.95	三明 39.86km、龙岩市 155.09km
2	征用土地		亩	5314	三明市
3	拆迁房屋		m²	51044	三明市
4	路基土石方		万 m³	698.9	三明市
5	软土地基处理		km	0	
6	桥梁(主线)		m/座	24855/92	三明市
	其中:特大桥、大桥		m/座	24443/86	三明市
7	匝道桥梁		m/座	1421/10	三明市
8	上跨分离		m/座	48/1	三明市
9	互通式立交		处	3	三明市
10	分离式立交		处	0	三明市
11	涵洞		道	124	三明市
12	通道		道	26	三明市
13	隧道		m/座	14986/24	三明市
14	路面(主线)		万 m²	45.707	三明市
15	主线收费站		处	2	洪田、小陶
16	服务区		处	1	八一服务区
17	停车区		处	0	三明市

交通部于2006年10月6日批复永武高速公路开工报告,建设工期4年;永武高速公路三明段项目工程于2007年4月25日开工建设,2010年6月29日全线建成通车。

2. 前期决策情况

永武高速公路三明段作为省际公路通道天汕线的重要组成部分,其起点的选择必须首先考虑与天汕线的顺接。本项目起点接泉三公路纵线与横线交叉的预留十字枢纽互通,位置在永安城郊吉山。根据福建省"三纵四横"高速公路网布局方案,永安作为省内"二纵"与"三横"的节点,往北为天汕线省内北段,往东为"泉毕"线省内东段,往西为"泉毕"线西段(该段经三明市辖的清流、宁化县出省接江西路网至贵州毕节),往南为本项目接广东路网。吉山位于永安溪,属燕西街道办事处,该十字枢纽互通位置具有较好的工程建设条件,并且处于永安城区规划外围,距泉三高速公路永安北互通约9km,距永安南互通约5.5km,泉三高速公路项目已经国家评估立项,路线控制点和走廊带已基本明确,设计投标工作已完成。2003年10月,福建省交通规划设计院根据福建省高速公路总指挥部的计划安排和项目委托单位的委托,依据交通部1988年6月颁发的《水运、公路建设项目可行性研究报告编制办法》,并参照执行交通部1996年12月下发的《公路建设项目可行性研究报告编制办法》(讨论稿)和《公路工程技术标准》(JTG B01—2003)对永安至武平高速公路进行预可研究。

在2003年10月至2004年12月的14个月里,福建省交通规划设计院成立的"永武高速公路预可行性研究"项目组成员在三明市、龙岩市有关部门及项目沿线交通局的大力支持和帮助下,多次深入项目所在地进行大量的细致的调研工作,在"预可"路线走廊带基础上,对路线方案进行筛选、优化、补充和完善,并加大了对沿线地质调绘、水文地质条件调查、重点工程场址地质勘探等工作。收集项目影响区社会发展现状及规划、交通运输发展现状及规划、城镇发展现状及规划、旅游资源、筑路材料等资料,在此基础上完成了永武高速公路工程可行性研究报告。

2005年3月7~8日,省发改委在福州主持召开了《永安至武平高速公路工程可行性研究报告》省内审查会,并形成会议纪要。根据会议纪要要求和专家组意见,福建省交通规划设计院对报告进行了修订和补充,于2005年3月30日完成报告。

3. 参建单位主要情况

(1)建设单位

建设单位为三明市高速公路公路有限责任公司、三明永武高速公路有限公司。根据福建省高速公路建设管理体制要求,本项目由福建省高速公路有限责任公司与三明市高速公路有限责任公司共同出资组建三明永武高速公路有限责任公司,作为项目业主负责项目的筹资、建设、经营、管理和还贷,全面实行项目法人责任制。三明永武高速公路有限责任公司在总结和借鉴省内外高速公路建设管理经验的基础上,本着机构精简、合理、高效设置的原则,结合项目实际情况,设总共办、综合科、工程科、计划科、财务科、监审科、征安科等职能科室,各部门根据职责分工,开展各项职能工作。三明永武高速公路有限责任公司作为本项目法人单位,全面负责永武高速公路三明段项目的建设、筹资、运营和还贷工作。

(2)设计单位

福建省交通规划设计院和中国公路工程咨询集团有限公司组成的联合投标体,承担永武高速公路的初步设计阶段和施工图阶段的勘测与设计工作,本项目全线195.22km,其中三明市境内39.86km,龙岩市境内155.09km。本项目各设计标段划分为土建工程施工合同标段 A1~A3(三明境内)、A4~A11(龙岩境内),路面等工程施工合同标段 B1(三明境内)、B2~B5 合同段(龙岩境内)。经设计投标,本工程项目土建标的初步设计 S1~S3 和施工图勘察设计 A1~A3 标、A6~A11 标工作由福建省交通规划设计院承担,A4、A5 标由中国公路工程咨询集团有限公司承担;交通工程、机电项目设计分别由中国公路工程咨询集团有限公司和福建省交通规划设计院(供电及隧道照明与消防部分)承担,房建项目由福建省交通规划设计院设计;绿化项目由福建省交通规划设计院设计。

(3)施工单位

永武高速公路三明段项目共有 5 个施工单位(表10-5-15)。其中,路基施工单位 3 个、路面及交通安全设施施工单位 1 个、房建施工单位 2 个(表10-5-16)、绿化施工单位 1 个,机电、三大系统施工单位 2 个(表10-5-17)。

(4)监理单位

永武高速公路三明段项目共有 3 个监理单位(表10-5-15)。其中,土建监理单位 1 个,机电、三大系统监理单位 2 个,国外监理单位 1 个。

施工及监理单位一览表　　　　　　表10-5-15

标段号	标段所在地	工 程 内 容	长度(km)	施工单位	监理单位
A1	三明市	K0+000~K13+500 路基	13.50	胜利油田胜建集团公司	厦门中平工程监理咨询有限公司
A2	三明市	K13+500~K25+500 路基	12.00	中铁十八局集团有限公司	
A3	三明市	K25+500~K40+494.80 路基	14.99	中铁九局集团有限公司	
B1	三明市	K0+000~K40+494.80 路面	40.49	中铁十二局集团有限公司	
L1	三明市	K0+000~K40+494.80 园林	40.49	福州禾鑫园林工程有限公司	
		国外监理咨询服务			加拿大超豪国际咨询有限公司

第十章
高速公路建设项目实况

房建工程参建单位一览表　　　　表10-5-16

标段号	标段所在地	工程内容	施工单位	监理单位
C1	三明市	小陶、洪田收费站	广西建工集团第一建筑工程有限责任公司	厦门中平工程监理咨询有限公司
C2	三明市	八一服务区	福建省第一建筑工程公司	

交通机电工程及三大系统工程参建单位一览表　　　　表10-5-17

标段号	标段所在地	工程内容	长度(km)	施工单位	监理单位
E	三明市	K0+000~K40+494.80监控、通信、收费系统供货与安装	40.49	福建新大陆电脑股份有限公司	北京兴通交通工程监理有限责任公司(机电)
D	三明市	K0+000~K40+494.80隧道通风、照明及沿线供配电系统供货与安装	40.49	上海隧道工程股份有限公司	

(二)建设情况

1. 项目准备阶段

(1)立项审批

项目立项：2003年5月，三明市高速公路有限责任公司成立项目筹备办公室，负责项目前期的筹备、工程报批工作，并委托福建省交通规划设计院进行路线规划方案和预可路线初步方案等前期工作。2004年8月26日，省发改委以《福建省永安至武平(闽粤界)高速公路的项目建议书》(闽发改委交能〔2004〕323号)向国家发改委上报项目建议书；2005年6月13日，国家发改委以《国家发展和改革委员会关于福建省永安至武平(闽粤界)公路项目建议书的批复》(发改交运〔2005〕1020号)批准立项。

工程可行性研究：2006年5月22日，国家发改委以《国家发展和改革委员会关于福建省永安至武平(闽粤界)公路可行性研究报告的批复》(发改交运〔2006〕910号)批准工程可行性研究报告，同意路线方案、技术标准、投资控制和建设工期。

初步设计：2006年8月21日，交通部以《关于永安至武平(闽粤界)公路初步设计的批复》(交公路发〔2006〕432号文)批准工程初步设计。

环境影响评价：本项目立项后，委托交通部公路科学研究所积极开展环境影响评价和水土保持工作，编制《环境影响评价大纲》《环境影响报告书》《水土保持方案大纲》和《水土保持方案报告书》，2006年8月11日水利部以水保函〔2006〕364号文批准项目水土保持方案；2006年10月20日国家环保总局以环审〔2006〕531号文批准项目环境影响报告书。

地震安全性评价：2005年6月7日，福建省地震安全性评定委员会以闽震〔2005〕96号文《关于永安至武平高速公路线路工程场地地震安全性评价报告的批复》，通过永武高速公路地震安全性评价工作。

建设用地批复:2006年10月27日国家林业局以林资许〔2006〕214号文批准项目公路林地使用方案;2006年12月19日、2007年10月20日,国土资源部分别以国土资厅函〔2006〕685号文、国土资函〔2007〕828号文批准公路控制工期的单体工程先行用地和工程建设用地。

开工批复:2008年10月6日,交通运输部批复《福建省永安至武平(闽粤界)高速公路建设项目施工许可申请书》,建设工期4年。至此,永武高速公路全面开工建设。

(2)资金筹措

永武高速三明段初步设计概算交通部批复金额为27.33亿元,其中建安投资总额为23.83亿元,设备及工器具购置费3.16亿元,其他基本建设费用0.42亿元。其建设资金拼盘为交通部补助2.55亿元,福建省5.32亿元,三明市自筹1.89亿元,银行贷款17.89亿元,本项目最终投资计27.59亿元。

永武高速三明段项目累计到位建设资金27.59亿元,其中国家资本9.57亿元(交通部2.55亿元,福建省级资金5.32亿元,三明市级资金1.89亿元)。

基建投资借款17.89亿元(国开行福建省分行3.25亿元、农行三明分行3.8亿元,工行列东支行1.5亿元、中行三明分行6.014亿元、世界银行33.306亿元)。

(3)招投标工作

根据国家基本建设程序要求以及有关法律法规的规定,开展施工、监理等各项招投标工作。

施工单位招投标情况:永武高速公路三明段全线分3个路基合同段、1个路面合同段、2个房建合同段、2个机电合同段、1个绿化合同段。1个路基、路面国外监理,2个路基、路面、绿化、房建监理合同段(国内监理)、1个机电监理合同段,采用国内竞争性招标方式选择中铁十八局集团有限公司等9个施工单位承担了永武高速公路三明段工程的施工任务。

监理单位招投标情况:永武高速公路三明段采取一级监理模式,全线共划分3个合同段,其中路基工程、路面工程、房建工程、绿化工程监理2个合同段、机电工程和三大系统监理1个合同段。总监办主要职责是对所辖路段工程质量、进度、投资负责全面监控。各总监办设立了工程技术部、合约部、综合部;根据工程需要,在各施工合同段内相应设立监理组,推行"总监理工程师负责制"与"现场监理员对驻地专监负责、专监对监理组长负责、监理组长对总监理工程师负责"的一体化相结合管理模式,实践证明在随后的监理工作中取得了较为理想的成效。

(4)合同段划分

永武高速公路三明段全线分3个路基合同段、1个路面合同段、2个房建合同段、2个机电合同段、1个绿化合同段。1个路基、路面国外监理,2个路基、路面、绿化、房建监理合同段(国内监理)、1 个机电监理合同段。

(5)征地拆迁

永武高速公路三明段建设用地严格按国土资源部办公厅以国土资厅函〔2006〕685 号文件批复控制性工程用地、国土资源部以国土资函〔2007〕828 号文正式批准项目工程建设用地的要求和意见进行。本项目完成征地 5314 亩,支付土地征收补偿款 8371.24 万元;拆迁房屋面积 35096.49m²,支付补偿款 11487.32 万元;补偿拆迁安置费用 709.93 万元;完成企业拆迁 15383m²,支付补偿款 218.4 万元;完成"三杆"迁改 20km,支付补偿款 1980.6 万元。坟墓迁移 653 个,支付补偿款 30.96 万元。

永武高速公路三明段征地拆迁工作按照三明市政府与永安市政府签订征迁和营造施工环境责任状,按照"分段负责、费用包干、限期完成"的原则,依据世行批准的《安置行动计划》的要求,市、县两级高指签订了征地拆迁补偿安置费用包干协议书。省、市高度重视征迁工作,市领导多次召开专题会议推动征迁进度,出台有关文件大力营造良好施工环境。各级各有关部门树立全局观念,齐心协力,积极为高速公路建设提供优质服务,及时解决工程建设中遇到的柴油、火工用品供应紧张等各种困难和问题。同时,在施工队伍中大力倡导文明施工,尽可能减少影响群众生产、生活问题,共同营造和谐施工环境,详见表 10-5-18。

征地拆迁情况统计表　　　　　　　表 10-5-18

征地拆迁安置起止时间	征用土地(亩)	拆迁房屋(m²)	支付补偿费用(元)	备注
2006.08~2011.12	5314	51044	2279845	

2. 项目实施阶段

(1)重大决策

为了降低行车噪声,减少洞内交通事故,有效提高公路的通行能力,水西隧道、南后隧道、百勺洋隧道、黄竹坑一号隧道的洞内路面由原设计的水泥混凝土路面变更为沥青混凝土路面。

(2)重大变更(表 10-5-19)

重大设计变更表　　　　　　　表 10-5-19

序　号	设 计 变 更 内 容
1	A1 合同段的 205 国道改线段 GK0+850~GK1+445 以挖方路基的形式改移
2	A3 合同段下洋池 3 号大桥变更为路基形式
3	A1 合同段的五港隧道左洞进口、左右洞出口;A2 合同段的水西隧道进口、南后隧道进出口;A3 合同段的黄竹坑二号隧道右洞出口由原设计的端墙式洞门变更为削竹式洞门
4	A2 合同段的水西隧道及南后隧道、A3 合同段的百勺洋隧道、黄竹坑一号隧道的洞内路面由原设计的水泥混凝土路面变更为沥青混凝土路面
5	A5 合同段坪岗 2 号大桥修改路基方案
6	A1 合同段贵湖洋大桥溶洞处理变更设计

(3)重大事件

2007年4月25日,永武高速公路三明段开工建设。

2007年6月19日,完成了(隧道监控量测)询标工作。

2007月12日,在永武代表处召开了"三明永武高速公路有限责任公司第一届职工大会第一次会议"。会议通过了公司基本管理制度、财务制度、人事制度、绩效考评办法、福利待遇暂行办法。

2007年9月12日,在确保安全、质量的前提下,为了加快完成年度投资计划的步伐,永武公司组织召开了"百日劳动竞赛活动"动员大会。

2008年4月29日,在全体参建者的共同努力和奋力拼搏下,长深左线2号桥(T梁桥)和泉南线C匝道(现浇桥)实现全幅贯通。

2008年6月26日,A1合同段吉山互通长深左线1号桥(T梁桥)实现全幅架通;五港隧道于6月15日实现双洞贯通。

2008年,A3合同段百勺洋隧道左洞和黄竹坑1号隧道左洞分别于6月11日和15日实现贯通。

2008年,桐林大桥左幅于8月17日实现架通;黄竹坑1号隧道右洞于8月25日贯通。

2008年,洪田互通主线桥于9月10日架通,梨坪1号桥于9月15日双幅架通,水东大桥左幅、候龙塘大桥右幅于9月28日架通。马洪隧道右洞于9月28日贯通。

2008年,竹林尾1号大桥、法积板大桥于10月20日双幅架通;洪田互通主线右幅于10月2日架通;古竹大桥右幅于月10月9日架通;桐林大桥右幅于10月13日架通;南后隧道右洞于10月13日贯通。

2008年11月30日,全线共有4座隧道开挖与二衬全部完成,分别为:五港隧道、马洪隧道、百勺洋隧道、黄竹坑1号隧道。截至11月全线共有16座桥梁架通,分别为:竹林尾1号大桥、法积板大桥、泉南1号左幅、泉南1号右幅、长深左线1号、长深左线2号、长深右线1号、长深右线3号、A1合同段C匝道2号桥、A1合同段D匝道1号桥、A1合同段D匝道3号桥、A1合同段F匝道2号桥、洪田互通主线桥、梨坪1号大桥、桐林大桥、小陶互通F匝道桥。

2008年12月30日,马洪隧道左、右洞路面全部完成;南后隧道右洞二衬已完成。贯通的隧道有:贵湖隧道左洞、邓坑隧道右洞、永浆隧道右洞、水西隧道左洞、南后隧道左洞、黄竹坑2号隧道右洞。架通的桥梁有:泉南1号桥左幅、前林大桥右幅、九尾松大桥右幅、洪田互通A匝道、墩头2号大桥左幅、梨坪2号大桥右幅、百勺洋大桥左幅、下湖口2号大桥左幅、小陶互通主线桥左幅。

2009年1月30日五港隧道左、右洞路面全部完成。架通的桥梁有:C匝道1号桥、

D匝道2号桥、林湾大桥右幅、墩头1号大桥右幅、旗尾山大桥右幅、梨坪2号大桥左幅、横垄大桥左幅、下洋池1号大桥右幅、下湖口1号大桥右幅、小陶互通主线桥右幅。

2009年2月28日,贯通的隧道:曹坑隧道右洞、黄竹坑2号隧道左洞。

2010年3月25日,永武速公路三明段交工验收。

2010年6月29日,永武速公路三明段建成通车。

(三)复杂技术工程

永安箭丰尾山体滑坡治理工程情况:永武高速公路三明段通车试运营后,因受2010年夏季持续强降雨影响,2010年6月,永安洪田箭丰尾路段(K10+500～K12+000)边坡出现严重变形、滑动的重大险情,危及高速公路通车运营安全。在省、市高指领导、协调下,三明永武公司果断采取措施,及时确定治理方案,在较短时间内,按基建程序要求,选择中铁西北院等设计、施工、监理单位对巨型山体滑坡实施综合治理,于2012年4月完成治理工程。由于组织严密、措施得力,滑坡体得到顺利治理,避免了巨大滑坡体堵塞文川河、出现堰塞湖危及上游多个乡镇人民的生命财产安全和次生灾害的发生。根据监测报告显示,该滑坡体已总体处于基本稳定状态。

2011年3月25日,省高指以闽高路工〔2011〕72号文批复,永安箭峰尾滑坡治理工程列入永武高速公路建设项目。

2012年9月,三明永武高速公路有限责任公司在三明组织召开了箭峰尾滑坡治理工程交工验收会议。交工验收委员会检查了现场,听取了项目业主、设计、监理、施工和检测报告及查阅了有关资料后,经交工验收委员会认真审议,同意工程交工验收。

(四)科技创新

为确保施工质量、进度,组织人员对全线技术含量较高的项目组织科技攻关,从施工方案开始就进行了认真研究、优化,从技术上挖潜力,在施工单位、监控单位、监理单位通力配合下,大力优化应用新技术、新材料和开展科研工作,提高了永武高速公路的科技含量。

1.隧道套拱管棚结合施工进洞工艺

隧道洞口段、软弱围岩或断层破碎带等地质不良地段采用长管棚或超前小导管注浆等施工技术,在地质条件复杂的情况下,确保了隧道的安全。

2.采取光面爆破进行石方开挖工艺

隧道开挖采用光面爆破,开挖轮廓圆顺,断面整齐,炮眼残痕率达到85%,个别地段达95%以上,平均线性超挖量控制在15cm以内,路堑高边坡开挖,石质地段采用预留光爆层,二次爆破。

3. 初期支护采用湿喷混凝土施工技术

在隧道洞身初期支护时,采用了湿喷混凝土技术,降低喷混凝土回弹量,减少粉尘,净化环境,从而大大增强了喷射混凝土的强度及密度。

4. 高边坡采用锚杆、锚索框架进行防护

永武高速公路三明市境合同段内高边坡段落较多且大部分坡面坡体岩质较差,坡体极不稳定,特别是雨季来临时极易发生垮塌。为此路堑边坡防护工程多数采用锚杆、锚索框架加固,有效地控制了路堑坡面的大面积坍塌,确保了工程的顺利施工,同时减少了今后行车过程中的安全隐患。

5. 高填方路段进行冲击碾压

路堤施工过程中,对高填方段路堤每填筑2.0m厚便采用冲击碾压进行增强补压,以保证其压实度及减少工后沉降系数,大大提高了高填方路堤的施工质量。

6. 路基高液限黏土填筑

对高液限土进行改良处理后回填路基,有效利用了本标段内高液限土,减少弃方。

7. 孔窗式护面墙土坯块植草绿化护坡

采用此项新工艺,彻底解决了边坡绿化植草成活率低、碎岩边坡经长久风化易滑塌的问题,同时降低了工程造价,增强了坡面的牢固性。

8. 溶洞桩基采用钢护筒

桥梁桩基钻孔施工过程中遇到溶洞时,为防止塌孔影响施工进度并造成钻机损毁及其他意外事故的发生,对出现溶洞的桩基钻孔过程中采用放置钢护筒进行支护,从而有效加快施工进度,避免了安全事故的发生。

9. 路堑边坡TBS植草及植被混凝土防护技术的应用

针对部分路堑边坡坡体破碎容易坍塌滑落等现象,施工过程中大量采用TBS植草防护新技术,从而节省了工程造价,加快了工程施工进度。植被混凝土植草技术的应用使植被迅速覆盖,恢复开挖坡面生态功能,保持水土流失,避免雨水对坡面的冲刷和侵蚀,快速美化沿线边坡。

(五)运营管理

1. 服务区设置

永武高速公路三明段共设置1个服务区:八一服务区(总建筑面积108667m^2),内设办公楼、宿舍、公厕、加油站、汽修间等,主体结构为钢筋混凝土结构。

2.收费站点设置(表10-5-20)

收费站点设置情况表 表10-5-20

站点名称	车道数	收费方式
洪田	7(3入4出)	人工、ETC、自动取卡
小陶	7(3入4出)	人工、ETC、自动取卡

3.车流量发展状况(表10-5-21)

交通流量发展状况表 表10-5-21

年份(年)	日均车流量绝对值(辆)	日均车流量折算值(辆)
2010	1868	2348
2011	2504	3202
2012	2751	3554
2013	2749	3708
2014	2845	3917
2015	3283	4643

四、长深线永安至武平高速公路龙岩段(建设期:2007.04~2010.06)

(一)项目概况

1.基本情况

永武高速公路龙岩段是国家高速公路"7918网"中第三纵"长春至深圳"福建省境内的组成部分,全长155.09km,项目概算为94.32亿元,全线按双向四车道高速公路标准建设。其中起点至连城文亨段33.631km,设计速度80km/h,路基全宽24.5m,行车道宽2×2×3.75m,中央分隔带宽3m;连城文亨至终点武平岩前段121.459km,设计速度100km/h,路基全宽26.0m,行车道宽2×2×3.75m,中央分隔带宽3.5m。路面设计荷载为标准轴载BZZ-100,桥涵路基设计荷载为汽车—超20级,验算荷载为挂车—120,设计洪水频率特大桥为1/300,其他桥涵及构造物为1/100。

永武高速龙岩段起点位于永安市与连城县分界处的莲花山,沿线途经连城、上杭、武平4县16个乡(镇)56个行政村至岩前终点闽粤界。全线共有各类桥梁265座(其中大桥194座,中小桥71座),隧道40座;沿线共设置姑田、连城、朋口、北村枢纽、才溪、上杭、武平、岩前互通式立交8处,长深闽粤主线站等8个收费站,冠豸山、新泉、七峰山、十方4个服务区,大地1个停车区;共有各类通道、涵洞485道,详见表10-5-22。

永武高速公路龙岩段项目基本情况统计表

表 10-5-22

序号	项目		单位	数量	备注
一	技术标准				
1	计算行车速度		km/h	80	起点至连城文亨段
2	路基宽度	整体式路基	m	24.5	起点至连城文亨段
		分离式路基	m	2×12.25	起点至连城文亨段
3	桥面净宽		m	整体式路基 2×11.0 分离式路基 2×11.25	起点至连城文亨段
4	路面			沥青混凝土路面,设计年限15年, 标准轴载 100kN	起点至连城文亨段
5	路基、桥涵设计洪水频率			特大桥 1/300,其余均为 1/100	起点至连城文亨段
6	桥涵设计车辆荷载			公路—Ⅰ级	起点至连城文亨段
7	计算行车速度		km/h	100	连城文亨至武平岩前段
8	路基宽度	整体式路基	m	26	连城文亨至武平岩前段
		分离式路基	m	2×13	连城文亨至武平岩前段
9	桥面净宽		m	整体式 11.75+2×0.5 分离式 12.00+2×0.5	连城文亨至武平岩前段
10	路面			沥青混凝土路面,设计年限15年, 标准轴载 100kN	连城文亨至武平岩前段
11	路基、桥涵设计洪水频率			特大桥 1/300,其余均为 1/100	连城文亨至武平岩前段
12	桥涵设计车辆荷载			公路—Ⅰ级	连城文亨至武平岩前段
二	主要工程规模				
1	路线里程		km	155.09	
2	征用土地		亩	22165.63	
3	拆迁房屋		m²	249653.27	
4	路基土石方		万 m³	5531	
5	软土地基处理		km	—	
6	桥梁		m/座	64197.25/265	
	其中:特大桥		m/座	—	
	大桥		m/座	59525.55/195	
7	互通式立交		处	8	
8	分离式立交		处	—	
9	通道、涵洞		m/道	20532.95/485	
10	隧道		m/座	42886.15/40	

续上表

序号	项 目	单位	数 量	备 注
11	路面	万 m²	381.42	
	水泥混凝土路面	万 m²	—	
	沥青混凝土路面	万 m²	381.42	
12	收费站	处	8	
13	监控分中心	个	2	
14	管理及养护用房	m²	62024	

永武高速公路龙岩段项目建设工期4年,于2007年4月开始陆续开工建设,2010年6月29日全线建成试通车。

2. 前期决策情况

(1)国内方面:2003年5月,成立项目筹备办公室,负责项目前期的筹备、工程报批工作,并委托福建省交通规划设计院进行路线规划方案和预可路线初步方案等前期工作。2004年8月26日,福建省发改委以《福建省永安至武平(闽粤界)高速公路的项目建议书》(闽发改委交能〔2004〕323号)向国家发改委上报项目建议书;2005年6月13日,国家发改委以《国家发展和改革委员会关于福建省永安至武平(闽粤界)公路项目建议书的批复》(发改交运〔2005〕1020号)批准立项;2006年5月22日,国家发改委以《国家发展和改革委员会关于福建省永安至武平(闽粤界)公路可行性研究报告的批复》(发改交运〔2006〕910号)批准工程可行性研究报告;2006年8月21日,交通部以《关于永安至武平(闽粤界)公路初步设计的批复》(交公路发〔2006〕432号)批准工程初步设计;2008年10月6日,交通运输部批复《福建省永安至武平(闽粤界)高速公路建设项目施工许可申请书》。

本项目立项后,委托交通部公路科学研究所积极开展环境影响评价和水土保持工作,编制《环境影响评价大纲》《环境影响报告书》《水土保持方案大纲》和《水土保持方案报告书》,2006年8月11日,水利部以水保函〔2006〕364号文批准项目水土保持方案;2006年10月20日,国家环保总局以环审〔2006〕531号文批准项目环境影响报告书;2006年10月27日,国家林业局以林资许〔2006〕214号文批准项目公路林地使用方案;2006年12月19日、2007年10月20日,国土资源部分别以国土资厅函〔2006〕685号文、国土资函〔2007〕828号文批准公路控制工期的单体工程先行用地和工程建设用地。

(2)世界银行方面:2005年1月世界银行对本项目进行预鉴别,5月完成项目鉴别,并形成预鉴别、鉴别备忘录;2006年1月进行了项目预评估,4月完成项目正式评估工作,并形成项目评估文件;2006年3月世行批复了《安置行动计划》;2007年8月与本项目正式签订贷款协定。

3. 参建单位主要情况

(1)建设单位

建设单位为龙岩永武高速公路有限公司。根据福建省高速公路建设管理体制要求,福建省高速公路有限责任公司与龙岩市交通国有资产投资经营有限公司共同出资组建了龙岩永武高速公路有限公司,作为项目业主负责项目的筹资、建设、经营、管理和还贷,全面实行项目法人责任制。

(2)设计单位

福建省交通规划设计院和中国公路工程咨询集团有限公司组成联合投标体。福建省交通规划设计院承担全线初步设计工作和连城朋口至武平岩前段施工图勘察设计工作,中国公路工程咨询集团有限公司承担连城姑田至文亨段的施工图勘察设计工作,中国公路工程咨询集团有限公司和福建省交通规划设计院(供电及隧道照明与消防部分)共同承担交通工程、机电项目设计工作,福建省交通规划设计院设计承担房建项目和绿化项目设计工作。

(3)施工单位

永武高速公路龙岩段施工单位总共24家。土建路基工程共划分为8个合同段,路面及交安工程共划分4个合同段,交通机电及三大系统共划分为4个合同段,房建工程共划分为8个合同段。

(4)监理单位

永武高速公路龙岩段监理单位共6家,土建路基、路面、房建工程4个标段,机电工程及三大系统1个标段,国外监理咨询服务单位1家。施工及监理单位详见表10-5-23。

施工及监理单位一览表　　　　　表10-5-23

标段号	标段所在地	工程内容	长度(km)	施工单位	监理单位
A4	连城姑田镇	K41+671.701~K57+400	15.73	中铁二十三局集团有限公司	安徽省公路工程建设监理有限责任公司
A5	连城文亨乡	K57+400~K75+282.645	17.88	中铁六局集团有限公司	
A6	连城朋口镇	K73+920~K102+600	28.68	中国路桥工程有限公司	海南交通工程监理公司
A7	连城新泉镇	K102+600~K124+500	21.9	中国中铁股份有限公司	
A8	上杭旧县镇	K124+500~K140+700	16.2	中铁隧道集团有限公司	福建省交通建设工程监理咨询公司
A9	上杭县	K140+700~K154+895	14.195	中铁四局集团有限公司	

续上表

标段号	标段所在地	工程内容	长度（km）	施工单位	监理单位
A10	武平十方镇	K156+963~K182+600	25.637	中交第一公路工程局有限公司	山东格瑞特监理咨询有限公司
A11	武平岩前镇	K182+600~K197+513.545	14.913	中铁隧道集团有限公司	山东格瑞特监理咨询有限公司
B2	姑田—文亨	K41+671.701~K75+282.645	33.61	中铁二十三局集团第一工程有限公司	安徽省公路工程建设监理有限责任公司
B3	朋口—新泉	K73+920~K124+500	50.58	大成工程股份有限公司	海南交通工程监理公司
B4	旧县—上杭	K124+500~K152+800	28.3	中交一公局厦门工程有限公司	福建省交通建设工程监理咨询公司
B5	十方—岩前	K152+800~K197+513.545	44.71	中交第一公路工程局有限公司	山东格瑞特监理咨询有限公司

（二）建设情况

1. 项目准备阶段

（1）立项审批

项目立项：2005年6月13日，国家发改委以《国家发展和改革委员会关于福建省永安至武平（闽粤界）公路项目建议书的批复》（发改交运〔2005〕1020号）批准立项。

工程可行性研究：2006年5月22日，国家发改委以《国家发展和改革委员会关于福建省永安至武平（闽粤界）公路可行性研究报告的批复》（发改交运〔2006〕910号）批准工程可行性研究报告。

初步设计：2006年8月21日，交通部以《关于永安至武平（闽粤界）公路初步设计的批复》（交公路发〔2006〕432号）批准工程初步设计。

环境影响评价：2006年8月11日，水利部以水保函〔2006〕364号文批准项目水土保持方案；2006年10月20日，国家环保总局以环审〔2006〕531号文批准项目环境影响报告书。

地震安全性评价：根据1990年国家地震局编制《中国地震烈度区划任制图》，本工程项目区域内地震烈度为Ⅵ度，抗震设防裂度为Ⅵ度，对重要的结构物按Ⅶ设防。

建设用地批复：2006年10月27日，国家林业局以林资许〔2006〕214号文批准项目公路林地使用方案；2006年12月19日、2007年10月20日，国土资源部分别以国土资厅函〔2006〕685号文、国土资函〔2007〕828号文批准公路控制工期的单体工程先行用地和工程建设用地。

开工批复:2008年10月6日,交通运输部批复《福建省永安至武平(闽粤界)高速公路建设项目施工许可申请书》。

(2)资金筹措

本项目批复概算94.3196亿元。其中部级资本金为9.88亿元、省级资本金为15.44亿元、市级资本金为7.7亿元,贷款总额为61.3亿元(其中世行贷款13.9821亿元,国内银行贷款47.3256亿元)。

永武高速公路龙岩段项目累计到位建设资金83.088亿元,其中:部级资本金到位9.88亿元,省级13.5359亿元(含中央新增投资拨入7200万元)、市级4.2931亿元。

取得国内银行贷款44.86585亿元,世界银行贷款10.51305亿元。

(3)招投标工作

根据国家基本建设程序要求以及有关法律法规的规定,开展施工、监理等各项招投标工作。

施工单位招投标情况:永武高速公路龙岩段施工单位总共24家。土建路基工程共划分为8个合同段,路面及交安工程共划分为4个合同段,交通机电及三大系统共划分为4个合同段,房建工程共划分为8个合同段。全部招标工作坚持"公开、公平、公正"和诚实信用的原则,严格执行《中华人民共和国招标投标法》、国家七部委、福建省和世行的有关规定。项目招标资格预审文件、招标文件均按程序上报福建省高指、省交通厅和世行审查批复后执行,各个合同段均通过国际公开招标方式进行。项目业主依法组建评审委员会,从交通部专家库中抽取专家和项目业主代表共同组成,评审委员会严格按规定依法开展评标工作,编写评标报告。项目业主根据评审委员会评标报告提交的结果,召开董事会研究定标,按程序上报福建省高指、省交通厅、交通部和世行审批,按规定向中标单位发送中标通知书。最后,项目业主与中标单位进行合同谈判,达成一致签订合同协议书(含工程质量合同、安全生产合同、廉政合同)。整个招标全过程接受纪检监察部门的监督和公证机关的公证,杜绝人为因素,充分营造健康、有序的竞争环境,始终坚持"公平、公正、客观、择优"原则和"阳光"操作开展招投标工作,做到程序合法、公平、公正。

监理单位招投标情况:国外咨询服务采用邀请招标方式(邀请经世界银行批准的国外咨询服务公司)进行招标,2006年9月世行对施工监理国外咨询服务招标邀请文件提出不反对意见,并于2006年12月完成招标评标工作,按规定确定加拿大超豪国际咨询有限公司为中标人。国内施工监理分4个监理合同段,采用资格后审方式向国内外公开招标,省交通厅于2006年9月批复国内监理招标文件,10月8日发售招标文件,招标评标工作于2006年11月8日结束。机电、三大系统工程分为1个监理合同段,采用资格后审方式向国内公开招标,2009年2月5日发售招标文件,3月5日完成招标工作。

(4) 合同段划分

土建路基工程共划分为 8 个合同段，路面及交安工程共划分 4 个合同段，交通机电及三大系统共划分为 4 个合同段，房建工程共划分为 8 个合同段。

(5) 征地拆迁

永武高速公路龙岩段建设项目的征迁补偿及安置工作，委托各县、区高指组织实施，包干使用，共拆迁房屋 272093m²、受影响人口 47801 人、征迁占地面积 17532.55 亩。各县区高指与被征迁人签订了拆迁安置补偿合同，征迁安置补偿费 628532625 元已支付，详见表 10-5-24。

征地拆迁情况统计表　　　　表 10-5-24

征地拆迁安置起止时间	征用土地（亩）	拆迁房屋（m²）	支付补偿费用（元）	备 注
2007.04~2010.06	17532.55	272093	628532625	

2. 项目实施阶段

(1) 重大决策

省交通规划设计院于 2006 年 9 月至 12 月期间，根据龙岩永武高速公路有限公司关于永武高速公路应避免 30m 以上高边坡和 20m 以上高填方工程设计的要求，多次对路线进行优化调整，并结合铁二院设计咨询报告对路线做了进一步优化调整。2006 年 12 月 24 日，省、市高指同意了优化调整后的路线方案。2007 年 1 月 12 日，福建省交通规划设计院以《关于请求增加永武高速公路高边坡移线方案新增勘察设计费用的报告》（交设经〔2007〕21 号）请求龙岩永武高速公路有限公司增加该项目高边坡移线方案新增勘察设计费用；2007 年 8 月 24 日，福建省交通厅主持召开会议同意追加勘察设计费用（〔2007〕29 号专题会议纪要）；2008 年 2 月 14 日，福建省交通厅以《关于永武高速公路高边坡段落移线设计新增勘察设计费事宜的函》（闽交建函〔2008〕11 号）同意按省交通造价站核定的新增勘察费用 2981.92 万元予以追加勘察设计费。

(2) 重大变更（表 10-5-25）

重大设计变更表　　　　表 10-5-25

序 号	设 计 变 更 内 容
1	坪岗 2 号大桥 0 号台~3 号墩范围桥梁改成路基
2	上杭互通 A 匝道桥变更为现浇箱梁
3	K175+483~K175+730 段右侧边坡加固
4	K182+280~K182+365 段左侧边坡加固
5	K190+080~K190+160 段右侧填方路基整治
6	连城文亨 G205 改线与文保村接线
7	K85+932~K85+950、K84+345~K84+495 路段路基换填
8	北村互通 B、E、G 匝道变更

续上表

序 号	设 计 变 更 内 容
9	马洋洞隧道左线整治
10	溪背山隧道出口处右侧改设拖拉机通道兼排水涵洞
11	横山隧道进口 ZK136+911~ZK136+948 段二次衬砌变更
12	K130+840~K130+960 段左侧边坡卸载
13	渡头大桥 14 号（武平）台左侧增设 C15 片石混凝土挡土墙
14	梅溪隧道左洞出口 ZK145+148~ZK145+146 段整治
15	古石背隧道左洞 ZK149+775~ZK149+763 整治
16	九洲村村道改线
17	梅溪隧道进口二衬开裂整治
18	金鸡岭隧道延长右洞出口明洞，增长 6m
19	取消岩前大桥 8 号桥台，压缩一孔桥梁
20	K189+750~K189+930 段挖方路基夯填
21	K195+300~K195+500 段路基整治
22	岩前大桥左 5 号墩在桩基顶增加扩大基础

（3）重大事件

2003 年 5 月，成立项目筹备办公室，负责项目前期的筹备、工程报批工作，并委托福建省交通规划设计院进行路线规划方案和预可路线初步方案等前期工作。

2004 年 8 月 26 日，福建省发改委以《福建省永安至武平（闽粤界）高速公路的项目建议书》（闽发改委交能〔2004〕323 号）向国家发改委上报项目建议书。

2005 年 1 月，世界银行对永武高速公路龙岩段进行预鉴别，5 月完成项目鉴别，并形成预鉴别、鉴别备忘录。

2005 年 6 月 13 日，国家发改委以《国家发改委关于福建省永安至武平（闽粤界）公路项目建议书的批复》（发改交运〔2005〕1020 号）批准立项。

2005 年 8 月，省、市合作组建成立龙岩永武高速公路有限公司。

2006 年 1 月，世界银行对永武高速公路龙岩段项目进行了预评估，4 月完成项目正式评估工作，并形成项目评估文件。

2006 年 3 月，世界银行批复了《安置行动计划》。

2006 年 8 月 11 日，水利部以水保函〔2006〕364 号文批准项目水土保持方案。

2006 年 8 月 21 日，交通部《关于永安至武平（闽粤界）公路初步设计的批复》（交公路发〔2006〕432 号）批复准工程初步设计。

2006 年 10 月 20 日，国家环保总局以环审〔2006〕531 号文批准项目环境影响报告书。

2006 年 10 月 27 日，国家林业局以林资许〔2006〕214 号文批准项目公路林地使用方案。

2006 年 12 月 19 日、2007 年 10 月 20 日，国土资源部分别以"国土资厅函〔2006〕685

号文、国土资函〔2007〕828号文批准公路控制工期的单体工程先行用地和工程建设用地。

2007年4月,永武高速公路陆续开始开工建设。

2007年8月,世界银行与本项目正式签订贷款协定。

2010年6月29日,永武高速公路开始通车试运营。

(三)复杂技术工程

隧道:马坑隧道属中低山地貌,地形起伏较大,进洞口自然坡度30°~35°,出洞口自然坡度20°~30°,围岩风化较强烈,岩体破碎,边坡稳定性差,隧道最大埋深约480m,可能会发生岩爆现象。进出口处地面高程630.50~703.73m,隧道轴线最高点海拔约1217.0m,洞顶板最大埋深高差526m,地层为燕山早期侵入的花岩岗,整体上抗压强度相对较低,风化层较厚,差异风化大。隧道区发现6条断裂构造发育。隧道围岩经过花岗岩地层,放射性背景值高,挤压破碎造带,在断裂破碎带处可能形成局部性富集,一旦聚集将存在放射性危害,是本线路难点工程。

隧道为分离式双洞,平均长度为4719m。左洞进口桩号ZK57+695,设计高程610.797m;出口桩号ZK62+403,设计高程692.951m;全长4708m,纵坡采用+2.192%、+1.73%的上坡段。右洞进口桩号YK57+655,设计高程610.098m;出口桩号YK62+385,设计高程692.860m;全长4730m,纵坡采用+2.86%、+1.73%的上坡段。

桥梁:山峰一号大桥(左线长599m,右线长634m,桥面宽度12m)、享堂大桥制约工期,是该线路的控制性工程,且两桥所处位置地质复杂,跨径分别为[35+(45+82+45)+11×35]m、[7×30+(56+100+56)+4×30]m,围岩风化严重土层松软,施工难度大,属该线路的难点工程。

(四)科技创新

永武高速公路在工程建设过程中,结合工程项目特点,积极开展"创亮点、搞示范"活动,推行新工艺、新材料、新技术的应用,不断提高高速公路的建设水平。

1.新工艺、新材料、新技术的应用

①建设标准化混凝土拌和站,采取集中拌和,确保混凝土质量。②隧道洞口施工采用"零开挖"进洞,确保不破坏原有自然生态,及时施作洞口段二衬,真正做到"隧道进洞,台车进场",确保洞口施工安全和边仰坡的稳定。③对桥梁梁片采取集中预制,结合"首例评审制",从规范预制场地建设、T梁台座设置、模板加工、钢筋加工、梁片止浆、喷淋养护及混凝土保护层控制等方面入手,确保了预制梁片质量。④注重边坡绿化防护,建设生态型高速公路。结合项目实际和本地气候条件,对边坡采用"零污染环保型椰网植物护坡技术"和客土喷播草、灌结合的绿化防护形式,实现路与自然的和谐、统一。

2. 高速公路隧道照明节能关键技术

金鸡岭隧道照明采用太阳能发电系统发电。50kW金鸡岭太阳能光伏发电工程位于龙岩市武平县，是福建高速公路太阳能光伏发电的试点工程项目，也是福建省首次在高速公路上使用的太阳能光伏发电站。2009年9月15日顺利投运至今，运行正常，取得较好的社会与经济效益。在国家大力推广太阳能电池商业化应用的背景下，作为影响力较大的福建省高速公路，率先对太阳能电池工程进行试点应用，为福建省推广及应用太阳能电池方面起了带头作用，因此具有里程碑意义，并获得福建省2011年科技进步奖三等奖。

3. 交通安全保障措施研究

A4、A5合同段地处闽西山区，经常出现大雾天气，能见度低，雨雾天气可能影响交通安全，同时受到地形条件限制，该路段设有长大纵坡、特长隧道等，道路安全形势较为严峻。为营造安全、舒适的交通环境，保证行车安全，本项目通过收集国内外有关资料及本项目所在地历史气象资料、典型山区高速公路交通事故资料、项目的设计文件等，分析潜在的事故易发、多发路段，并进行交通安全风险评价，提出大雾天气恶劣气候条件下、长大纵坡路段、隧道洞口安全保障措施以消除事故隐患，保障交通安全。本项目通过交通安全保障措施的实施及连城段雾灯诱导系统技术开发应用，大大提高了运营的安全度，减少交通事故发生的概率，从而减少人员伤亡和财产损失，提高运营效益。

4. 酸性集料沥青混凝土路用关键技术研究

永武高速公路所在地辉绿岩、玄武岩等石料稀缺，项目业主会同福建省交通科学技术研究所成立"酸性集料沥青混凝土路用关键技术研究"课题组，积极开展酸性石料在沥青路面面层中应用的理论研究与工程实践。通过试验与观测，分析了沥青材料在不同种改善措施下与酸性石料的黏附特性，总结了不同改善方法的作用规律；提出了改进的试验评价方法，研究了不同集料、不同级配、不同改性措施时沥青混合料的水稳定性差异。通过分析总结，采取长效措施，本项目，B4合同段实现了酸性石料在沥青路面面层的应用。2010年6月通车试运营至今B4合同段路面保持较好的使用性能，无任何相关病害产生，并获得福建省2013年科技进步奖三等奖。

5. 福建省山区高速公路边坡工程成套技术研究

结合福建省高速公路建设中突出的边坡工程问题，开展了福建省山区高速公路边坡工程成套技术研究，目标明确，实用性强。经过大量的实际工程经验的总结分析，采用理论分析、数值仿真、室内试验、现场检测等研究手段，开展了广泛而系统的研究，在勘察、设计、施工、质量检测、工程管理等方面取得了丰富的研究成果，形成了福建省山区高速公路边坡工程成套技术。主要提出了基于物质组成和坡体结构特征的路堑边坡分类方法、提出了基于边坡类型的工程地质综合勘察技术、开发了锚固工程的新结构与新技术、研究了锚固工程的锚筋体长度检测技术和预应力锚索锚下应力快速检测技术,研究获得福建省2009年科技进步奖二等奖。

(五)运营管理

1. 服务区设置

永武高速公路龙岩段共设置4个服务区,冠豸山、新泉、七峰山、十方服务区的总建筑面积约28499m²,内设办公、宿舍、公厕、加油站、汽修间等,主体结构为钢筋混凝土结构。

2. 收费站点设置(表10-5-26)

收费站点设置情况表　　　　　　　　　　表10-5-26

站点名称	车道数	收费方式
姑田	9	人工、ETC、自动取卡
连城	12	人工、ETC、自动取卡
朋口	10	人工、ETC、自动取卡
才溪	7	人工、ETC、自动取卡
上杭	11	人工、ETC、自动取卡
武平十方	10	人工、ETC、自动取卡
岩前互通	8	人工、ETC、自动取卡
长深闽粤主线	12	人工、ETC、自动取卡

3. 流量发展状况(表10-5-27)

交通流量发展状况表　　　　　　　　　　表10-5-27

年份(年)	日均车流量(辆)	年份(年)	日均车流量(辆)
2009	3906	2013	19189
2010	8821	2014	20764
2011	14650	2015	21934
2012	15035		

第六节　G72泉州至南宁国家高速公路福建段(泉南线)

一、泉南线泉州至三明高速公路泉州段(泉三高速公路泉州段)(建设期:2005.11~2009.03)

(一)项目概况

1. 基本情况

泉三高速公路位于福建省中东部,作为与中西部地区公路干线网相连的一条重要出海通道,泉三高速公路泉州段全长127.53km,其中主线长114.63km,同时建设永春蓬壶至德化连接线长12.90km。主线起自晋江市苏塘村,接福厦高速公路,经泉州开发区、鲤城区、南安市、永春县,止于永春县下洋镇泉州与三明交界处。主线起点至永春互通式立交段63km,采用双向六车道标准,设计速度100km/h,路基宽度33.5m;永春互通式立交至三明交界处51.63km,采用双向四车道标准,设计速度80km/h,路基宽度24.5m;德化连接线采用双向四车道标准,设计速度80km/h,路基宽度21.5m。设计荷载为公路—Ⅰ级,桥梁与路基同宽,采用沥青混凝土路面。

泉三高速公路泉州段项目贯穿沿海和山区,自然环境优美,环保水保技术要求高;地形地质条件复杂,存在软土、滑坡、岩堆、熔岩、危岩体、断裂带与煤系地质等各种不良地质;高墩大跨桥梁和特长隧道多,深路堑边坡和高填路堤突出,南方湿热气候对沥青路面寿命的影响较大,施工难度大,需突破的技术难题多,全线共有各类桥梁160座(其中大桥79座)、隧道20座;有晋江、泉州南、泉州西、南安、码头、永春、蓬壶、汤城、下洋共9处互通式立交,其中晋江、汤城互通为枢纽互通;全线设置省新、达埔两个服务区;设置泉州南等8个收费站;共有各类涵洞、通道429道,详见表10-6-1。

泉三高速公路泉州段项目基本情况统计表　　　表10-6-1

序号	项目	单位	数量	备注
一	技术标准			
1	计算行车速度	km/h	100、80	
2	路基宽度	m	33.5、24.5	
3	桥面净宽	m	33.5、24.5	与路基同宽
4	桥涵设计车辆荷载		公路—Ⅰ级	
二	主要工程规模			
1	路线里程	km	127.53	
2	征用土地	亩	17300	
3	拆迁房屋	m²	300000	
4	路基土石方	万 m³	4636.86	
5	软土地基处理	km	23.743	
6	桥梁(主线)	m/座	34480/160	
	其中:特大桥、大桥	m/座	29600/79	
7	互通式立交	处	9	
8	涵洞(通道)	道	429	
9	隧道	m/座	17000/20	
10	路面(主线)	万 m²	321.43	
11	收费站	处	8	其中主线站1处
12	服务区	处	2	
13	停车区	处	0	

泉三高速公路泉州段试验工程于2005年10月动工建设；交通部于2007年3月20日批复泉三高速公路开工报告，建设工期4年；2006年4月全线动工建设，2009年3月全线建成通车。

2. 前期决策

泉州是福建省的重要港口，福建省经济最活跃、发展速度最快的地区之一；而三明是福建省重要的工业基地。山区与沿海之间交通不便成为山海协作的主要制约因素。泉州至三明的公路主要由省道S306、S307、S308和国道G205部分路段组成，虽然经过多年技术改造，大部分已建成山岭重丘二级公路，但全线22.3%的路段已街道化，混合交通严重，交通事故频繁，严重影响了运输安全与畅通，截至2009年原有公路基本处于饱和，远不能适应交通流量发展，建设新公路势在必行。

泉三高速公路泉州段是国家"71118"高速公路网的组成部分，是我省"三纵八横三环三十三联"海西高速公路规划网的重要组成部分。该项目的建设对于进一步完善东南沿海国家重点干线公路网、开发沿海港口资源、打通闽中快速通道、增强福建沿海与内陆省份之间的经济协作、提高国防交通保障能力，对于建设海峡西岸经济区和泉州现代化工贸港口城市，都具有十分重要的意义。

3. 参建单位主要情况

(1) 建设单位

泉州泉三高速公路有限责任公司。从项目实施起，依法组建项目法人泉州泉三高速公路有限责任公司，全面负责泉三高速公路泉州段项目筹资、建设、经营、管理和还贷工作。

(2) 设计单位

福建省交通规划设计院和中交第一公路勘察设计研究院，承担泉三高速泉州段土建初步设计阶段和施工图阶段的勘测与设计工作，交通工程和机电项目分别由中国公路工程咨询集团有限公司和福建省交通规划设计院（供电及隧道照明与消防部分）承担，房建项目也分别由中国公路工程咨询集团有限公司和福建省交通规划设计院设计。

(3) 施工单位

泉三高速公路泉州段施工单位共30家。路基工程共划分为17个合同段，路面及交通安全设施工程划分为3个合同段，绿化工程划分5个合同段，房建工程划分为2个合同段，通信、监控、收费三大系统工程划分为1个合同段，隧道通风、照明、消防及沿线供配电系统工程划分为2个合同段。

(4) 监理单位

泉三高速公路泉州段监理单位共5家，全线路基工程3个监理标段、路面项目3个监理标段、机电项目1个监理标段、房建项目1个监理标段。泉三高速公路泉州段施工及监理单位详见表10-6-2。

泉三高速公路泉州段共分2个设计标、5个监理标和17个路基施工标、3个路面标、5个绿化标、1个机电三大系统标、2个机电标、2个房建标（各合同段简明情况详见表10-6-2）。

各项目合同标段简明情况　　　　　　　　　　　　　　　　　表10-6-2

标段	起讫桩号	长度（km）	工期	合同总价（万元）	施工单位	监理单位
路基QA1	K0+000~K4+600	4.60	24个月	22472	中铁十三局集团第四工程有限公司	QJ1 福建省交通建设工程监理咨询公司
QA2	K4+600~K10+535.73	5.94	24个月	19311	中天路桥有限公司	
QA3	K11+389.598~K24+796.082	13.41	24个月（2005.11.05~2007.11.05）	25218	福建省第一公路工程公司	
QA4	K25+083.767~K31+900	6.82	21个月	35053	江西通威公路建设集团有限公司	
QA5	K31+900~K39+341.573	7.44	21个月	27796	中铁十三局集团第一工程有限公司	
QA6	K39+341.573~K47+782906	8.44	21个月	31636	中铁十八局集团第五工程有限公司	QJ2 湖南省交通建设工程监理有限公司
QA7	K47+804.555~K56+496.155	8.69	21个月	27879	中铁二十四局南昌铁路工程有限公司	
QA8	K58+1920.18~K69+360.233	11.17	24个月（2005.11.5~2007.11.5）	25994	中铁十九局集团第三工程有限公司	QJ2 湖南省交通建设工程监理有限公司
QA9	K64+322.54~K71+000	6.68	21个月	22576	中铁五局（集团）有限公司	
QA10	K71+000~K80+600	9.60	21个月	16299	山西路桥第二工程有限公司	
QA11	K80+600~YK85+900	5.30	21个月	19256	湖南省建筑工程集团总公司	
QA12	左:ZK85+900~ZK92+070 右:YK85+900~YK91+830	6.17	21个月	27049	中铁十八局集团第一工程有限公司	QJ3 重庆中宇工程咨询监理有限责任公司
QA13	左:ZK92+070~ZK96+900 右:YK91+830~YK96+900	4.83	24个月	20868	中铁十六局集团有限公司	
QA14	左:ZK96+000~ZK101+000 右:YK96+900~YK101+000	5.00	21个月	18430	中铁十八局集团第二工程有限公司	

第十章
高速公路建设项目实况

续上表

标段	起讫桩号	长度（km）	工期	合同总价（万元）	施工单位	监理单位
QA15	左：ZK101+000～ZK105+970 右：YK101+000～K105+970	4.97	21个月	24500	中铁一局集团第四工程有限公司	QJ3 重庆中宇工程咨询监理有限责任公司
QA16	左：ZK105+970～ZK112+419 右：YK105+950～YK112+406	6.45	21个月	17467	中铁十一局集团第一工程有限公司	
QA17	LK0+645.561～LK13+549.918	12.90	21个月	25847	中铁十七局集团第六工程有限公司	
路面QB1	K0+000～K39+341.57	37.3	15个月	49505	天津第一市政公路工程有限公司	QJ1 福建省交通建设工程监理咨询公司
QB2	K0+341.57～K80+600	46.2	15个月	45761	中铁十九局集团第三工程有限公司	QJ2 湖南省交通建设工程监理有限公司
QB3	K80+600～K112+341.57 LK0+645～LK13+549.92	44.9	15个月	30651	福建路桥建设有限公司	QJ3 重庆中宇工程咨询监理有限责任公司
绿化QL1	K0+000～K24+796.08	24.796	90天	289	福建省高速公路养护工程有限公司	QJ1 福建省交通建设工程监理咨询公司
QL2	K25+083.77～K39+341.57	14.258	90天	358	福建速超园艺工程有限公司	
QL3	K39+341.57～K69+360.23	30.019	90天	280	福建旗山园林绿化工程有限公司	QJ2 湖南省交通建设工程监理有限公司
QL4	K64+322.54～K80+600	16.277	90天	196	厦门市员当园林绿化工程有限公司	
QL5	K80+600～K112+419 LK0+000～LK13+549.92	45.368	90天	261	福州花乡园艺有限公司	QJ3 重庆中宇工程咨询监理有限责任公司
三大系统QC	K0+000～K112+406 （含德化连接线12.9km）	128.5		10186	亿阳通信股份有限公司	QDJ 北京泰克华诚技术信息咨询有限公司
机电QD1	K0+000～K78+714	83.14		8889	中铁一局集团建筑安装工程有限公司	
QD2	K78+714～K112+406 （含德化连接线12.9km）	45.36		7540	中铁建电气化局集团有限公司	
房建QF1			5个月	6601	福建七建集团有限公司	QFJ 福州市建设工程有限公司
QF2			5个月	7364	福建省第五建筑工程公司	

续上表

标段	起讫桩号	长度(km)	工期	合同总价(万元)	施工单位	监理单位
	K0+000~K69+360.233及全线交通工程设计单位				福建省交通规划设计院	
	K64+322.54~K112+341.57及LK0+645~LK13+549.92设计单位				中交第一公路勘察设计院	
监督检测单位					福建省交通基本建设工程质量监督检测站	

(二)建设情况

1. 项目准备阶段

(1)立项审批

项目立项:2003年11月,国家发展和改革委员会以发改交运〔2003〕1314号文《国家发展和改革委员会关于审批福建省泉州至三明公路项目建议书的请示》批准立项。

工程可行性研究:2004年6月,交通部以交函规划〔2004〕171号文批准项目工程可行性研究报告;2004年12月,国家发改委员会以发改交〔2004〕3073号文《国家发展和改革委员会关于福建省泉州至三明公路可行性研究报告的批复》批复可行性研究报告,同意路线方案、技术标准、投资控制。

初步设计:2005年7月,交通部以交公路发〔2005〕300号文《关于福建省泉州至三明公路初步设计的批复》正式批复初步设计。

环境影响评价:2006年3月20日,国家水利部以水保函〔2006〕117号文《于泉州至毕节、天津至汕尾国家重点干线公路福建省泉州至三明高速公路水土保持方案的复函》正式批准水土保持方案。2006年3月24日,国家环境保护总局以环审〔2006〕142号文批复《关于泉州至毕节、天津至汕尾国家重点干线公路福建省泉州至三明高速公路环境影响报告书的批复》,通过泉三高速公路环评工作。2006年3月29日,国家林业局以林资许准〔2006〕053号文《使用林地审核同意书》正式批复。

建设用地批复:2004年10月16日,国土资源部以国土资厅函〔2004〕534号文件批复控制性工程先行用地;2006年6月国务院批准工程建设用地,11月福建省人民政府以闽政文〔2006〕502号文转批国土资源部国土资函〔2006〕503号文《关于泉州至三明公路工程建设用地的批复》,正式批准项目工程建设用地。

施工图设计批复:2006年7月14日,福建省交通厅以闽交建〔2006〕78号文《福建省交通厅关于泉三高速公路施工图设计的批复》批准施工图设计。

施工许可:2007年3月20日,交通部同意泉三高速公路工程施工许可,建设工期4年。

(2)资金筹措

泉三高速公路泉州段总投资76.6亿元,其中建安投资总额为56.11亿元。投资股比为省级占55.63%,市级股占44.37%。具体资金来源构成:资本金24.38亿元,银行贷款52.22亿元(其中建行20.72亿元、兴业银行10亿元、农业银行5亿元、开发银行10亿元、中信银行4.5亿元、招商银行2亿元)。本项目经政府部门审计工程竣工决算为74.65亿元,节约概算投资1.95亿元。

(3)招投标工作

本项目采取专家评标、项目法人定标、政府监督的方式进行设计、监理、施工单位的招标工作,并报省高指、省交通厅备案;按规定在全国性媒体上刊登招标公告;资格预审文件、招标文件、评标细则等依据国家以及福建省的有关规定、规范编制,并经省高指、省交通厅审批;招标活动都由监察部门、专监办和公证处全过程监督,按照公开、公平、公正和诚实信用的原则进行。确定各项目中标单位后,项目业主均按照招标文件及中标人的投标文件及时签订合同并严格履行。

①设计单位招标情况:

2004年2月28日至3月2日,招标人在《中国经济导报》《中国采购与招标网》刊登了招标公告,共有福建省交通规划设计院等7家设计单位通过了资格预审。

2004年4月24日,在省高速公路专项监察办、三明、泉州两市高速公路专项监察办及省高指监督下,经过评审,最后确定泉三高速公路泉州段第一设计合同段中标人为福建省交通规划设计院,第二设计合同段中标人为中交第一公路勘察设计院。

②施工单位招标情况:

经过一系列招投标前期工作,2005年8月23日至8月25日,省专监办、市监察局联合组成监督组,对福建省泉州至三明高速公路工程泉州段QA3、QA8标段路基施工招标评标工作进行全过程监督,确定QA3和QA8中标单位;2005年11月25日至11月29日确定了路基工程施工等其他15家中标单位;在省跟审办驻泉三高速公路泉州段审计组、泉州市高速公路专项执法监察办公室、泉州市交通局的全过程监督下,2007年8月22日至8月25日进行路面工程及交通安全设施招投标,确定了3家中标单位;2008年1月18日至20日,确定了交通机电工程供货与安装的3家施工单位;2008年7月10日至12日,确定了绿化工程的5家施工单位;2008年7月15日至16日,进行房建工程第二次(第一次取消)招投标,确定了2家施工单位。

③监理单位招标情况:

在省专监办、市监察局、市交通局的全过程监督下,2005年8月8日,经评审确定了土建工程QJ1、QJ2、QJ3三个监理合同段中标单位;在省跟审办驻泉三高速公路泉州段审计组、市专监办的全过程监督下,2007年12月7日至8日,确定机电、房建工程施工QDJ、

QFJ 两个监理合同段中标单位。

福建省交通建设工程监理咨询公司、湖南省交通建设工程监理有限公司和重庆中宇工程咨询监理有限责任公司分别为QJ1、QJ2、QJ3三个监理合同段的中标单位,分别承担路基工程QA1-QA17及路面、交通工程QB1-QB3、绿化工程施工合同段的监理任务。北京泰克华诚技术信息咨询有限公司和福州市建设工程监理有限公司分别为机电、房建工程施工QDJ、QFJ两个监理合同段的中标单位。

(4)合同段划分

路基工程共划分为17个合同段,路面及交通安全设施工程划分为3个合同段,绿化工程划分5个合同段,房建工程划分为2个合同段,交通三大系统工程划分为1个合同段,隧道通风、照明、消防及沿线供配电系统工程划分为2个合同段。

(5)征地拆迁

根据省、市政府高速公路建设征迁安实施方案,泉州市高速公路建设指挥部对征迁工作统一领导和协调,专门出台该项目的征迁安工作方案下发沿线各县市区执行,依法开展征地拆迁工作,实行县(市、区)主要领导负总责、分管领导具体负责的工作责任制,层层签订责任状,把工作任务落实到部门和乡、村。泉州泉三高速公路有限责任公司负责全线的征迁补偿工作。泉州市政府专门抽调了交通、土地、房管、公安及监察人员,组成高速公路征迁处,作为具体的办事机构,沿线各县市区、乡镇也相应成立高速公路建设分指挥部等相应机构,对辖区内征迁、民事协调、社会稳定、社会治安工作实行经费总额包干、任务包干、责任包干。

泉三高速公路泉州段征地拆迁工作涉及鲤城区、晋江市、南安市、永春县、德化县和泉州经济开发区6个县(市、区)24个乡镇(街道办事处)104个行政村,需征地近1.6万亩,拆迁房屋32万 m^2,征拆迁安置费用设计总概算5.2亿元。开工以来,共实际征地1.73万亩,拆迁房屋30万 m^2,完成"三杆"迁移463km,发放征地拆迁安置补偿费8.5亿元,详见表10-6-3。

泉三高速公路泉州及征地拆迁情况统计表　　表10-6-3

项目	征地拆迁安置起止时间	征用土地(亩)	拆迁房屋(m^2)	支付补偿费用(元)	备注
一期	2005.05~2009.01	1.73万	30万	8.5亿	

2.项目实施阶段

(1)项目管理机构设置及职能

本项目实行项目法人责任制。省委、省政府及泉州市委、市政府对本项目建设高度重视,按照"统一规划、统一设计、统一质量"的高速公路建设管理体制,成立泉州泉三高速公路有限责任公司(以下简称"泉州泉三公司"),全面负责项目的建设、筹资和还贷工作。泉州泉三公司内设综合、工程技术、计划财务、总工、征地拆迁、监察六个处室,人员大部分在市公司中聘请,部分人员由其他单位调入,沿线设立四个标段工程师组和一个现场代表处,以提升信息收集、反馈和现场管理、协调能力。在工程质量控制上,泉州泉三公司成立路基、桥梁、隧道专业检查组,与标段组形成"条块结合"的管理模式。泉州泉三公司领导和分管领导常驻工地,处理和协调建设期间的有关问题,做到指挥在现场,发现问题在现场,解决问题在现场,大大提高了办事效率。工程监理采取一级监理机构进行,即社会监理通过竞标中标后组建的总监理工程师及其办公室(简称总监办)。

在项目建设过程中,省、市高指对项目的设计、建设、标准、质量等方面给予全面指导、协调和管理。各县(市、区)分指挥部则配合业主对项目的建设实施全面的协调和管理。

(2)质量控制措施与效果

工程建设伊始,项目公司就明确提出要将泉三高速公路泉州段建成优良工程的建设目标。在工程建设中,泉州泉三公司紧紧围绕这一目标,坚持"质量第一"的方针,认真执行"企业自检、社会监理、业主管理、政府监督"四级质量保证体系;严格工程施工事前检查、事中控制、事后检测程序;认真落实各项质量保证措施,使工程质量得到较好的控制。整个项目工程质量经监理工程师独立检测,全部达到合格,93%以上达到优良标准。

(3)工程变更

泉三高速公路泉州段工程无重大设计变更事项,较大设计变更共24项。为做好工程变更管理,保证工作效率和工作质量,泉州泉三公司在交通部《公路工程施工监理规范》(JTG G10)《公路工程设计变更管理办法》(2005年第5号令)和省高指《福建省高速公路工程设计变更管理办法(试行)》有关规定的基础上,总结了三福、邵三高速公路建设管理经验与教训,制定了适合泉三高速公路工程特点和管理要求的工程变更管理办法,编入《泉三高速公路监理管理实施细则(试行)》,经省高指审查批准后实行。

①采用"除外包干"合同方式。"除外包干"方式,每个标段合同额在3亿~5亿之间,即在招标文件中确要求承包人在报价中明确列明不少于100~700章,合计2%,作为包干风险金,并在招标文件中列出九项可变更计价数量的工程项目,其余工程项目采用合同包干并承担主要材料(水泥、钢筋、钢绞线和隧道的钢支撑用型钢)价格变化10%范围内的风险方式。实行部分项目包干的合同方式,除少数规定的项目外,其他项目的变更不涉及合同造价的增减。

②严格变更设计审查、审批程序。根据交通部《公路工程变更设计管理办法》,制定相应的配套办法《福建省高速公路设计变更管理办法》,通过召开四方会议进行方案论证进行变更设计;工程变更令实行内审制度,对项目的各种变更设计进行严格管理。

(三)复杂技术工程

泉三高速公路泉州段项目贯穿沿海和山区,自然环境优美,环保水保技术要求高;地形地质条件复杂,存在软土、滑坡、岩堆、熔岩、危岩体、断裂带与煤系地质等各种不良地质;高墩大跨桥梁和特长隧道多,深路堑边坡和高填路堤突出,南方湿热气候对沥青路面寿命的影响较大,施工难度大,需突破的技术难题较多。

(四)科技创新

1. 高墩大跨连续刚构桥梁关键技术研发与应用

为监测高墩大跨连续刚构桥梁施工,确保成桥性能和安全,为山区高墩大跨连续刚构桥梁建设和养护维修提供依据,泉州泉三高速公路有限责任公司以 QA14 标黄沙 1 号高墩大跨连续刚构桥为工程背景,联合福州大学等有关科研单位开展"高墩大跨连续刚构桥关键技术"的研发与应用。该桥采用预应力混凝土连续刚构方案,跨径组成为 50 + 90 + 50 = 190m。空心薄壁桥墩,墩高 60m,钻孔灌注桩基础。该桥上部结构为单箱单室断面,顶板宽 12.25m,底桥宽 6.25m,箱梁根部梁高 5m,跨中梁高 23m。研发内容主要是高墩大跨连续刚构桥施工阶段应力、温度场与桥梁线形监测;高墩大跨连续刚构桥静动力分析;高墩大跨连续刚构桥施工和运营阶段的空间稳定性分析等。该科研项目于 2009 年 5 月提交总结报告,并组织鉴定验收。

2. 单片式混凝土护栏研究

福建省交通厅在省交通建设科技项目 2007 年度计划中,立项进行高速公路中央分隔带单片式混凝土护栏研究的课题任务,由福建省高指、泉州泉三公司和北京中路安交通科技有限公司共同研究开发。针对地处山区重丘区的泉三高速公路,研究开发单片式中央分隔带混凝土护栏,其防护能力强,能够有效节省路基宽度,对于全国山区高速公路建设具有现实意义。

单片式混凝土护栏结构防护能力达到 SAM 级,防撞能量 400kJ,安全性能满足各项指标标准要求。景观效果好,便于施工和养护维修。预制工艺单片式护栏获得一项实用新型专利(专利证书号第 1279459 号,专利号 ZL2008 2 0136629.9)。

泉三高速公路德化连接线路段采用单片式混凝土护栏研究成果修建试验路段,通过实际施工应用,预制段连接方法灵活简单,便于安装拆卸。护栏结构混凝土钢材用量较少,与原设计槽形中央分隔带相比,每公里节省 13.3 万元。单片式混凝土护栏基础宽为 60cm,每公里可节约土地资源 0.75 亩。自通车以来,没有发生车辆穿越中央分隔带事故和造成人员伤亡。由此证明,采用这一成果防护能力安全可靠、效果好、社会效益和经济效益显著。

3. 高墩大跨连续刚构桥关键技术研发与应用

福建省交通厅在 2006 年交通建设科技项目中,立项进行"高墩大跨连续刚构桥关键技术研发与应用"的课题任务,由泉州泉三公司和福州大学共同完成课题研究。课题来源于在建的泉三高速公路泉州段黄沙Ⅰ号大桥施工监控项目。黄沙Ⅰ号大桥位于泉三高速公路K98+365.97处。该桥采用预应力混凝土连续刚构方案,跨径组成为50+90+50=190m。空心薄壁式桥墩,墩高60m,钻孔灌注桩基础。该桥上部结构为单箱单室断面,顶板宽12.25m,底板宽6.25m,箱梁根部梁高5.0m,跨中梁高23m。研究的内容包括:①高墩大跨连续刚构桥的施工监控;②施工和运营阶段的空间稳定分析;③车—桥—墩耦合振动作用分析;④地震响应与耐震评价;⑤长期健康监测、安全性和耐久性评估;⑥高墩大桥刚构桥养护维修方法和技术措施。

(五)运营管理

1. 服务区设置

泉三高速公路泉州段共设置2对服务区、1个加水区,服务区为双侧结构,分AB两区:省新服务区总建筑面积约7970m^2,内设办公楼、宿舍、公厕、餐厅、超市、小吃、加油站、汽修间、充电桩、加水点等,主体结构为钢筋混凝土结构。达埔服务区总建筑面积约为8000m^2,内设办公楼、宿舍、公厕、加油站、餐厅、超市、小吃、汽修间、香道馆、加气站等,主体结构为钢筋混凝土结构。黄沙加水区总建筑面积约为600m^2,内设宿舍、公厕、加水点,主体结构为钢筋混凝土结构。

2 收费站点设置(表10-6-4)

收费站点设置情况表　　　表10-6-4

站点名称	车道数	收费方式
泉州南	11(4入7出)	人工、ETC、自动取卡
泉州西	11(4入7出)	人工、ETC、自动取卡
南安北(省新)	11(4入7出)	人工、ETC、自动取卡
码头	8(3入5出)	人工、ETC、自动取卡
永春	10(4入6出)	人工、ETC、自动取卡
蓬壶	7(3入4出)	人工、ETC、自动取卡
德化	11(4入7出)	人工、ETC、自动取卡
下洋	7(3入4出)	人工、ETC、自动取卡

3. 车流量发展状况(表10-6-5)

交通流量发展状况表　　　表10-6-5

年份(年)	日均车流量(辆)	年份(年)	日均车流量(辆)
2009	20153	2013	49969
2010	28408	2014	53986
2011	33951	2015	58046
2012	39246		

二、泉南线泉州至三明高速公路三明段（泉三高速公路三明段）（建设期：2006.03～2008.12）

（一）项目概况

1. 基本情况

泉三高速公路路线起点于晋江市苏塘村，接 G15 沈海线，经泉州开发区、鲤城区、南安市、永春县、大田县、永安市、三元区及梅列区，止于福银高速公路三明连接线北互通，全长 281.67km。其中主线起点至永春互通式立交段 63.9km，采用双向六车道标准，设计速度 100km/h，路基宽度 33.5m；其余主线均采用双向四车道标准，设计速度 80km/h，路基宽度 24.5m。项目概算 86.1625 亿元。

泉三高速公路三明段起于泉州与三明交界大田石门格，途经大田县、永安市、三元区及梅列区，止于福银高速公路三明连接线北互通，主线长 149.258km，三明南连接线长 4.885km，全长 154.143km；均采用双向四车道高速公路标准建设，全线共有各类桥梁 220 座，隧道 26 座；线共设置吴山、大田、桃源、西洋、永安南、吉山（枢纽）、永安北、莘口（明溪）、三明南、三明北 10 处互通式立交；全线设吴山、上京、西洋、贡川 4 处服务区；设置包括闽浙省界主线站等 9 个收费站；共有各类涵洞、通道 605 道，分离式立交 20 座，详见表 10-6-6。

泉三高速公路三明段项目基本情况统计表　　表 10-6-6

序号	项　　目	单　位	数　量	备　注
一	技　术　标　准			
1	计算行车速度	km/h	80	
2	路基宽度	m	24.5	
3	桥面净宽（整体式）	m	2×11	
	桥面净宽（分离式）	m	11.25	
4	路面	万 m²	399.31	
5	路基、桥涵设计洪水频率		1/100	
6	桥涵设计车辆荷载		公路—Ⅰ级	
二	主要工程规模			
1	路线里程	km	148.449	
2	征用土地	亩	17619.6	
3	拆迁房屋	m²	226879.227	
4	路基土石方	万 m³	11413.3436	
5	软土地基处理	km	24.591	

续上表

序号	项目	单位	数量	备注
6	桥梁(主线)	m/座	52120/220	
	其中:特大桥	m/座	0	
7	匝道桥梁	m/座	3234/19	
8	上跨分离	m/座	142/2	
9	互通式立交	处	20	
10	涵洞	道	605	
11	通道	道	137	
12	隧道	m/座	56330/26	
13	路面(主线)	万 m²	399.31	
14	主线收费站	处	8	
15	服务区	处	4	
16	停车区	处	4	

泉三高速三明段建设项目于2006年3月全线正式开工建设；主线工程于2008年12月18日提前建成，实际工期2年9个月，比批复工期提前15个月建设完成。

2.前期决策情况

泉三高速公路未动工建设前，泉州至三明的公路主要由S306、S307、S308、国道G205部分部段组成，虽然多年技术改造，部分路段已街道化，混合交通严重，交通事故频繁，严重影响运输安全与畅通，不能适应本地区经济发展和交通运输的需要，当地政府和人民群众都十分重视和渴望本路段高速公路的建设。

泉三高速公路三明段项目前期工作自2002年9月开始可行性研究，并于2003年12月完成工程可行性研究报告编制。2004年12月31日，国家发改委以《国家发展和改革委员会关于福建省泉三至三明公路可行性研究报告的批复》（发改交运〔2004〕3073号）批准工程可行性研究报告，同意路线方案、技术标准、投资控制和建设工期。

3.参建单位主要情况

(1)建设单位

根据我省高速公路建设管理体制要求，本项目工程以地市为主负责组织建设，项目建成投入运营后由省高速公路有限责任公司统一管理。从项目实施起，依法组建项目法人三明泉三高速公路有限责任公司，全面负责项目筹资、建设、经营、管理、还贷等工作。

(2)设计单位

福建省交通规划设计院，承担泉三高速公路K116+000～K193+930.1段公路工程[含路线、路基、路面、桥梁、隧道(包括通风、照明、消防、供配电系统等)、交叉、连接线、其他工程等]的勘察设计。并负责全线初步设计、施工图设计的总体设计，各设计单位的协调,设计文件和设计概算、预算文件的汇总,提交全线的设计工作总结报告以及承担 K191+700～K265+590.23 段及三明连接线公路工程[含路线、路基、路面、桥梁、隧道(包括通风、照明、消防、供配电系统等)、交叉、连接线、其他工程等]的勘察设计。并负责全线初步设计,施工图设计的总体设计,各设计单位的协调,设计文件和设计概算、预算文件的汇总,提交全线的设计工作总结报告。中国公路工程咨询监理总公司(中国建筑北京设计研究院)承担 K116+000～K265+590.23 段及三明连接线交通工程(含收费、监控、通信等)及沿线设施(含安全、养护、服务、房屋建筑、绿化、景观等)等的勘察设计。

(3)施工单位

泉三高速公路三明段施工单位共 35 家。路基工程共划分为 16 个合同段,路面及交通安全设施工程划分为 4 个合同段,绿化工程划分 4 个合同段,房建工程划分为 8 个合同段,机电工程划分为 3 个合同段。各合同段施工及监理单位见表 10-6-7。

各合同段施工及监理单位 表 10-6-7

合同段	中标单位	工程内容	长度(km)	监理单位
SMA1	中铁四局集团有限公司第一工程公司	K116+000～K125+200 路基	9.20	福州路信交通建设监理有限公司
SMA2	中国路桥(集团)总公司	K125+200～K130+900 路基	5.70	福州路信交通建设监理有限公司
SMA3	中铁十八局集团第二工程有限公司	K130+900～K142+300 路基	11.40	福州路信交通建设监理有限公司
SMA4	中铁十六局集团有限公司	K142+300～K150+300 路基	10.00	福州路信交通建设监理有限公司
SMA5	中铁十六局集团第一工程有限公司	K150+300～K159+367 路基	9.067	江苏华宁交通工程咨询监理公司
SMA6	路桥华东工程有限公司	K155+350～K159+900 路基	4.55	江苏华宁交通工程咨询监理公司
SMA7	中铁十七局集团有限公司	K159+900～K173+900 路基	14.00	江苏华宁交通工程咨询监理公司
SMA8	中铁二局股份公司	K173+900～K181+000 路基	8.00	江苏华宁交通工程咨询监理公司
SMA9	中铁十四局集团第五工程有限公司	K181+000～K190+018 路基	9.02	江苏华宁交通工程咨询监理公司
SMA10	中铁十三局集团第一工程有限公司	K198+472～K213+800 路基	15.33	铁科院(北京)工程咨询有限公司
SMA11	中铁十九局集团第二工程有限公司	K213+800～K225+450 路基	11.65	铁科院(北京)工程咨询有限公司

第十章
高速公路建设项目实况

续上表

合同段	中标单位	工程内容	长度（km）	监理单位
SMA12	湖南省路桥建设集团公司	K225+450~K243+011 路基	17.56	铁科院（北京）工程咨询有限公司
SMA13	中铁十六局集团第三工程有限公司	K243+011~K254+000 路基	10.99	安徽省高等级公路工程监理公司
SMA14	中铁五局集团第一工程有限公司	K254+000~K260+618.75 路基	6.62	安徽省高等级公路工程监理公司
		K0+000~K2+149.407 路基	2.15	安徽省高等级公路工程监理公司
SMA15	中铁二局第五工程有限公司	K260+618.75~K270+062 路基	9.44	安徽省高等级公路工程监理公司
SMLA	中铁十四局集团第二工程有限公司	K2+149.407~K4+869 路基	2.72	安徽省高等级公路工程监理公司
SMB1	山东省公路建设（集团）有限公司	K116+000~K150+100 路面	34.10	福州路信交通建设监理有限公司
SMB2	中铁四局集团有限公司	K150+100~K190+018 路面	39.918	江苏华宁交通工程咨询监理有限公司
SMB3	天津五市政公路工程有限公司	K198+472~K243+011 路面	44.54	铁科院（北京）工程咨询有限公司
SMB4	杭州交通工程集团有限公司	K243+011~K270+062 路面	27.05	安徽省高等级公路工程监理公司
		K0+000~K4+876.8 路面	4.88	安徽省高等级公路工程监理公司
SMC1	福建省七建集团公司	吴山服务区、吴山收费站		安徽省建科建设监理有限公司
SMC2	广东省第二建筑工程公司	大田收费站		安徽省建科建设监理有限公司
SMC3	福建省华茂建设工程有限公司	上京服务区		安徽省建科建设监理有限公司
SMC4	三明市第一建筑工程公司	桃源收费站		安徽省建科建设监理有限公司
SMC5	福建省永富建筑工程有限公司	西洋服务区、西洋收费站		厦门路桥咨询监理有限公司
SMC6	福州铁建建筑有限公司	永安南收费站、永安北收费站		厦门路桥咨询监理有限公司
SMC7	福建省第一建筑工程公司	贡川服务区		厦门路桥咨询监理有限公司
SMC8	长春建工集团有限公司	莘口收费站、三明南收费站		厦门路桥咨询监理有限公司
SMD1	上海经达实业发展有限公司	K116+000~K160+000 机电	44.00	山西兴路交通监理技术咨询有限公司
SMD2	中铁十二局集团电气化工程有限公司	K160+000~K225+450 机电	65.45	山西兴路交通监理技术咨询有限公司

续上表

合同段	中标单位	工程内容	长度（km）	监理单位
SMD3	中铁电气化局集团有限公司	K225+450～K270+062 机电	44.61	山西兴路交通监理技术咨询有限公司
		K0+000～K4+885 机电	4.89	山西兴路交通监理技术咨询有限公司
SMS1	北京瑞华赢科技发展有限公司	K116+000～K182+228 机电	66.23	山西兴路交通监理技术咨询有限公司
SMS2	福建新大陆电脑股份有限公司	K182+228～K270+062 机电	87.83	山西兴路交通监理技术咨询有限公司
		K0+000～K4+885 机电	4.89	山西兴路交通监理技术咨询有限公司
SML1	福建大农景观建设有限公司	K116+000～K150+100 绿化	34.10	福州路信交通建设监理有限公司
SML2	三明市宏景园林工程有限公司	K150+100～K190+018 绿化	39.918	江苏华宁交通工程咨询监理公司
SML3	江苏八达园林建设有限公司	K198+472～K243+011 绿化	44.54	铁科院（北京）工程咨询有限公司
SML4	漳州阳光建设发展有限公司	K243+011～K270+062 绿化	27.05	安徽省高等级公路工程监理公司
		K0+000～K4+876.8 绿化	4.88	安徽省高等级公路工程监理公司

(二) 建设情况

1. 项目准备阶段

（1）立项审批

项目立项：2013年10月27日，国家发改委以《关于审批福建省泉州至三明项目建议书的请示的通知》（发改交运〔2003〕2040号）批准立项。

工程可行性研究：2014年12月31日，国家发改委以《关于福建省泉州至三明公路可行性研究报告》（发改交运〔2004〕3073号）批准工程可行性研究报告，同意路线方案、技术标准、投资控制和建设工期。

初步设计：2005年7月4日，交通部以《关于福建省泉州至三明公路初步设计的批复》（交公路发〔2005〕300号）批准工程初步设计。

环境影响评价：2006年3月24日，国家环保总局以《关于福建省泉州至三明环境影响报告书的批复》(环审〔2006〕142号)批准项目环境影响报告书,通过泉三高速公路全线环境保护和水土保持评价工作。

水土保持:2006年3月9日,水利部以《关于泉州至毕节、天津至汕尾国家重点干线公路福建省泉州至三明高速公路水土保持方案的复函》(水保函〔2006〕117号)批准项目水保方案。

林业用地:2006年1月24日,国家林业局以林资许准〔2006〕021、053号文批准全线林地征用。

建设用地批复:2004年10月16日,国土资源部以国土资源厅函〔2004〕534号文批复控制性工程先行用地;2006年6月国务院批准工程建设用地,11月福建省人民政府以闽政文〔2006〕502号文转批国土资源部国土资函〔2006〕503号文,正式批准项目工程建设用地。

开工批复:交通部于2007年3月20日批复施工许可。至此,泉三高速公路三明段全面动工建设。

(2)资金筹措

本项目批复概算投资为86.1625亿元,其中:交通部资本金8.91亿元,占10.34%;省级资本金12.17亿元,占14.12%;市级资本金6.86亿元,占7.96%;银行贷款58.22亿元,占67.57%。

(3)招投标工作

根据国家基本建设程序要求以及有关法律法规的规定,开展施工、监理等各项招投标工作。

施工单位招投标情况:泉三高速公路三明段施工单位共35家。路基工程共划分为16个合同段,路面及交通安全设施工程划分为4个合同段,绿化工程划分4个合同段,房建工程划分为8个合同段,机电工程划分为3个合同段。全部工程采用国内竞争性公开招标,招标过程严格执行《中华人民共和国招标投标法》和国家、交通部有关招投标管理办法的规定及《福建省高速公路施工招投标资格预审办法》和《福建省高速公路施工招标评标办法》进行,所有招标均在《中国经济导报》《中国交通报》上刊登招标资格预审通告,由业主组织或委托招标办实施招投标,各项招标均采用资格预审的方式进行。资格预审文件和招标文件均按规定上报主管部门审批,资格评审和投标文件评标工作由依法组成的评标委员会负责,评标报告经交通主管部门核备后确定中标人。招标全过程接受专项监察执法领导小组的监督,坚持"公开、公平、公正、客观准确"的原则,严格执行招、评标工作纪律。

监理单位招投标情况:全线共计7个施工监理标,依据交通部《公路工程施工监理招标投标管理办法》《关于规范全省高速公路工程监理管理》(闽高路工〔1999〕24号)的通知精神,结合泉三高速公路三明段构造物多的特点以及施工标段划分的情况,由福建省高指会同业主组织招标,在《中国交通报》上刊登招标通告,面向全国择优选择监理队伍,分别完成了全线路基工程 11 个监理标段、路面项目 4 个监理标段、机电项目 4 个监理标段、房建项目 5 个监理标段的招投标工作。绿化及声屏障工程监理任务较小,直接委托相应的路面工程监理单位承担。二铺塘河道工程由于工程量较小,其监理委托福大土木建筑工程监理咨询公司承担。

(4)合同段划分

泉三高速公路设计共分 3 个合同段;监理共分 7 个合同段;施工共分 35 个合同段,其中路基工程共划分为 16 个合同段,路面及交通安全设施工程划分为 4 个合同段,绿化工程划分 4 个合同段,房建工程划分为 8 个合同段,机电工程划分为 3 个合同段。

(5)征地拆迁

泉三高速公路三明段建设用地严格按 2005 年 11 月福建省人民政府以闽政文〔2006〕502 号文转批国土资源部国土函〔2006〕503 号文的批复的要求和意见进行。全线共征用土地 17619.6 亩,拆迁各类建筑物 226879.227m^2,迁移坟墓 4276 座,迁移电力、通信、广播电视各类杆线 153.1821km,迁移国防通信、二炮部队军缆 67.6km/27 处、迁移自来水管道 1200m。

2. 项目实施阶段

(1)重大决策

为了减少变更作价工作量、减少合同争议、有效控制工程建安造价,泉三高速三明段在全省率先采用"除外包干"合同管理模式。

(2)重大变更(表 10-6-8)

重大设计变更表　　　　　　　　　　　　　　　　　表 10-6-8

序　号	设 计 变 更 内 容
1	永安南互通连接线 F 匝道 1 号桥宽度和 FK0+400～FK0+800 路基宽度改为 24m
2	永安北互通与 S307 省道平交口位置变更
3	YK201+YK830～YK201+980 段滑坡段增设护脚墙、锚索抗滑桩、锚索框架及刷方减载
4	取消台江分离式中桥
5	K235+630～K237+240 段纵坡降低调整
6	桃源互通主线 1 号桥及 A 匝道 2 号桥墩桩基溶洞地质动态设计
7	曹源隧道左洞出口增设小导管注浆、加强支付并调整开挖方案
8	三阳隧道特大突泥涌水段洞身支护衬砌动态设计及施工方案调整
9	3% 水泥稳定碎石底基层厚度增加 2cm,级配碎石下基层厚度减小 2cm

(3)重大事件

2003 年 11 月,泉三高速公路项目批准立项。

2004年12月31日,国家发改委以批准项目工程可行性研究报告。

2005年3月,三明泉三高速公路有限责任公司依法成立并注册。

2005年8月1日,国土资源部批复控制性工程先行用地;2006年6月国务院批准工程建设用地,11月福建省人民政府转批国土资源部国土资函〔2006〕503号文,正式批准项目工程建设用地。

2006年7月17日,省交通厅批准施工图设计文件。

2007年3月20日,交通部批复施工许可,项目正式动工。

2008年12月25日,泉三高速公路三明段建成通车。

(三)复杂技术工程

隧道:三阳隧道地处低山丘陵区,地势较陡,洞身围岩以砂岩为主,隧道中部为灰岩和砂岩的交汇带,隧道中部岩溶洞穴和砂岩空腔发育,水文地质条件复杂。设计上判断沿隧道轴线发育3条大的断层破碎带,但实际施工中大的断层破碎带达8条,每条破碎带对隧道施工影响长度平均达到100m以上。隧道实际出水量超出设计出水量上百倍,最大涌水量达到11万 m^3/h。在隧道施工过程中共发生3次大的涌水,是本线路的难点工程。

特大桥:虎尾大桥(全长780m)桥型布置为 $6 \times 30m$ T梁连续刚构 + $(50 + 3 \times 90 + 50)m$ 变截面箱梁连续刚构,箱梁横截面为单箱单室直腹板。大桥斜跨山谷,山谷呈U字形,高差100多米,墩高且主墩位于深水区域,属该线路的难点工程。

(四)科技创新

为适应高速公路施工工艺水平的不断创新,适应质量要求不断提高的新形势,泉三高速公路项目不断探索研究山区高速公路建设新思路、新方法、新举措,不断总结、改进、创新管理理念。

1.锌网植草绿化技术

以往的高速公路边坡防护通常采用单纯的工程技术,如浆砌片块石、干砌片石、喷射混凝土等,由于施工复杂、造价昂贵而且影响公路两侧的环境和生态景观已不能满足生态建设和环境保护的要求。公路沿线边坡的生态治理、恢复和重建路侧生态植被,成为当前公路环境的一大难题。其中岩石边坡缺乏植物生长的基本条件,是当前边坡生态防护的最大技术难题。喷混植物技术实现了边坡防护和景观绿化两大功能的完美结合,是环境和保护国土绿化工程的一大突破。不但能应用于在建高速公路边坡的生态防护,还适用于恢复和重建已通车路段路侧生态植被(主要指浆砌片石防护、喷锚防护、岩石坡面、贫瘠土质坡面、水毁修复工程等坡面的生态恢复)。对于我省的绿色通道建设和生态建设有着极其重要的意义。

喷混植生纱系统即为解决不具备植物生长条件及45°以上边坡栽植物的问题。喷混植生技术是以工程力学和生物学理论为依据，利用客土抄混黏剂和锚杆加固铁丝网技术，运用物制喷混机械将土壤、肥料、有机物质、保水材料、黏结材料、植物种子等混合干料加水后喷身到坡面上，形成10cm厚度的具有连续空隙的硬化体，种子可以在空隙中生根、发芽、生长，而一定程度的硬化又可防止雨水冲刷，从而达到恢复植被、改善景观、保护环境的目的。它是集岩石工程力学、生物学、土学、肥料学、园艺学、环境生态学等学科于一体的综合环保技术，其核心是通过成孔物质的合理配置，在岩石坡面上营造一个既能让植物生长发育，而种植基质又不被冲刷的多孔稳定结构，使建植层固、液、气三相物质基于平衡，创造草类与灌木生存的良好环境、以恢复坡面生态复合功能。喷混植生新技术，适用于年平均降水量大于60cm，连续干旱时间小于50天，非高寒地区的坡度小于1:0.3的硬质岩石边坡、软质边坡、土石混合边坡以及片石面、混凝土面、贫瘠土质坡面的植被防护。

2. 长大隧道施工技术

三阳隧道围岩以砂岩为主，隧道中部为灰岩和砂岩的交汇带，隧道中部岩溶洞穴和砂岩空腔发育，水文地质条件复杂，隧道轴线发育有8条大的断层破碎带。在隧道施工过程中共发生过3次大涌水，最大涌水量达到11万 m^3/h。

三阳隧道对地质超强预报采用了TSP200长距离预报、瑞利波和水平地质钻短距离预报结合的综合预报手段，较成功地预报了施工地质情况，几次大的突泥、涌水未造成任何人员伤亡。

隧道排水采用了裂隙水和洞内路面水分开排放的技术，达到了环保要求，在隧道路面下施工排水暗沟；止水采用了水泥-水玻璃双液浆和HSC单液化学浆；防水采用了膨润土防水毯和背贴式止水带等新材料、新技术。

3. 专题科研项目

（1）高塑性黏土填筑路基技术试验研究

本项目高塑性土分布广泛，三明段高塑性土约181万 m^3，由于高塑性土塑性指数大，路用性能非常特殊，高塑性土在高速公路中的应用难以避免。为了正确利用高塑性土，委托交通部公路科学研究所进行高速公路高塑性土试验及施工技术研究，在SMA6合同段修筑了高塑性土路基试验段，对高塑性土路基施工技术进行了研究，并埋设沉降板，对高塑性土路基施工过程的沉降及工后沉降进行观测分析，主要内容包括已建高塑性土路基的使用情况调查，高塑性土的分布状况及路用特性、高塑性土路基的强度与变形规律及其影响因素课题研究，高塑性土路堤修筑技术与质量控制，零填、挖方路段高塑性土路基修筑技术与质量控制。对技术试验研究，制订高塑性土填筑路基应用技术指南，指导工程施工。

（2）隧道超前地质预报应用研究

深埋于山体之中的长隧道及地质不良隧道,前期地勘工作由于受技术水平和经费的限制,因而施工前不可能详细查清隧道围岩的地质情况。这时在施工过程中更需要采取有效方法对前方不良地质体进行准确的超前预报,以便及时修正开挖和支护设计方案,避免工程事故发生。由于三阳隧道地质复杂,围岩破碎,为保障隧道施工安全,委托福建交通职业技术学院就"泉三高速公路三阳隧道地质灾害超前预报"课题开展研究。课题研究的主要内容有:调查三阳隧道周围地质,研究地质构造及围岩分布规律;采用瑞利波法对三阳隧道地质灾害进行探测,并根据施工计划和开挖实际情况,准确及时地做出超前地质预报;及时提交简要地质分析报告,根据实际情况对围岩的分级进行重新判定,提出更合理的判断方法或建议;提出优化掘进方式、初期支护及二次衬砌设计的建议;对施工单位围岩检测数据进行跟踪,并对其真实性、准确性做评价,根据围岩收敛情况对初支及二衬设计参数的合理性做出评价。课题研究为三阳隧道的安全顺利施工提供了有利的技术支撑,在隧道施工过程中,采取有效方法对前方不良地质灾害进行准确及时地超前预报,降低工程造价、减少施工中的盲目性、消除工程安全隐患,确保施工安全。

（五）运营管理

1. 服务区设置

泉三高速公路三明段共设置4个服务区:吉州、西洋、上京、贡川4个服务区总面积约293085m²,内设办公楼、宿舍、公厕、加油站、汽修间等,主体结构为钢筋混凝土结构。

2. 收费站点设置（表10-6-9）

收费站点设置情况表　　　　表10-6-9

站点名称	车道数	收费方式
三明北	7(2入5出)	人工、ETC、自动取卡
三明南	7(2入5出)	人工、ETC、自动取卡
莘口	3(1入2出)	人工、ETC、自动取卡
永安北	5(2入3出)	人工、ETC、自动取卡
永安南	6(3入3出)	人工、ETC、自动取卡
西洋	6(2入4出)	人工、ETC、自动取卡
桃源	3(1入2出)	人工、ETC、自动取卡
大田	8(3入5出)	人工、ETC、自动取卡
吴山	5(2入3出)	人工、ETC、自动取卡

3. 车流量发展状况(表10-6-10)

交通流量发展状况表　　　　　　　表10-6-10

年份(年)	日均车流量(辆)	年份(年)	日均车流量(辆)
2008	1678	2012	7513
2009	3537	2013	8128
2010	5372	2014	8475
2011	6556	2015	9034

三、泉南线永安至宁化高速公路(永宁高速公路)(建设期:2009.03~2011.12)

(一)项目概况

1. 基本情况

永宁高速公路是国家规划的重点干线公路"泉州至南宁"的组成部分,是东部沿海地区通往中部地区重要的省际通道,同时也是一条重要的国防交通干线和快速入闽通道。永宁高速公路起于永安市的吉山枢纽互通,接长深线,经永安市、明溪县、清流县及宁化县,止于闽赣界五里亭,对接江西省石城至吉安高速公路,路线主线全长123.5km,连接线长31.17km(其中明溪连接线19.8km、嵩口连接线6.6km、清流连接线3.9km、石壁互通连接线0.87km),设计采用交通部颁《公路工程技术标准》(JTJ 001—1997),全线按山岭重丘区高速公路标准建设,设计速度100km/h,路基宽度26m;连接线按二级公路标准建设,设计速度60km/h,路基宽度10~12m。主线中央分隔带宽3.5m,双向四车道,行车道3.75m,硬路肩3m,土路肩0.75m,左右侧路缘带各0.75m;桥涵与路基同宽,设计荷载等级为公路—Ⅰ级;全线采用全封闭、全立体交叉。项目设计概算91.02亿元,实际完成投资82.282亿元,节约投资8.7401亿元,节约率9.6%。

永宁高速公路永安至清流段地形较复杂,施工难度大,清流至宁化段地势较平缓。全线共有路基挖方3177万m^3、填方2832.7万m^3,涵洞通道23153.1m/420道;软基处理114668.1m;高边坡:锚索98099.63m,锚杆44659m,20m以上高边坡171处;各类桥梁94座(其中特大桥1座、大桥72座、中桥1503m/20座,小桥30m/1座);隧道17座(特长隧道3594.5m/1座、长隧道8578.3m/5座、中长隧道2604m/4座、短隧道2220.75m/7座);在吉山、永安西、明溪南、嵩口、清流、宁化、石壁设置7处互通式立交;全线设置温郊、翠城两个服务区;设置永安西、明溪南、嵩口、清流、宁化、石壁、泉南闽赣站7个收费站,详见表10-6-11。

永宁高速公路项目基本情况统计表

表10-6-11

序号	项目		单位	数量	备注
一	技术标准				
1	计算行车速度		km/h	100	
2	路基宽度	整体式路基	m	26	
		分离式路基	m	13	单幅
3	桥面净宽		m	26	
4	路面			沥青混凝土路面,设计年限15年,标准轴载(BZZ-100),设计弯沉值为$L_d=0.340$mm	
5	路基、桥涵设计洪水频率			特大桥1/300,其余均为1/100	
6	桥涵设计车辆荷载			公路—Ⅰ级	
二	主要工程规模				
1	路线里程		km	123.5+31.17	主线+连接线
2	征用土地		亩	14107	
3	拆迁房屋		m²	106731	
4	路基土石方		万m³	6009.7	
5	软土地基处理		km	114.668	
6	桥梁(主线)		m/座	22355.35/94	
	其中:特大桥、大桥		m/座	20822.35/73	
7	互通式立交		处	7	
8	涵洞、通道		道	420	
9	隧道		m/座	16997.55/17	
10	路面(主线)		万m²	297.19	
11	主线收费站		处	7	
12	服务区		处	2	
13	停车区		处	0	

永宁高速公路路基土建A13、A14合同段于2009年3月先行开工建设,其余路基合同段于2009年6月开工;路面工程于2010年9月开工;房建、绿化工程于2010年12月开工;机电工程于2011年1月开工。各项工程于2011年12月建成通车并转入试运营。

2.前期决策情况

泉州是"海上丝绸之路"的起点,泉南线福建境内连通泉州清源山、永安桃源洞、宁化客家文化和红色旅游胜地等著名风景名胜区,建设该项目有利于带动福建省旅游业发展,促进对外开放和社会进步。湄洲湾是我国不可多得的天然良港,该项目的建设是拓展港口腹地、发挥福建深水港口资源优势的重要基础设施,同时也为江西、湖南等内陆省份增加一条快速通往沿海港口的通道。近年来,该通道公路交通量发展快,但普通公路翻山越岭,绕道和混合交通、街道化里程严重,事故时有发生,已不能适应未来交通量增长和社会经济发展的需要,永宁高速公路的建设有利于完善国家高速公路网和我省高速公路网布局,加强我省与江西、湖南等省的经济联系,促进闽西北革命老区、原中央苏区经济发展。

永宁高速公路项目自 2006 年 5 月开始项目前期工作,于 2007 年 1 月底完成项目立项工作,2008 年 6 月 5 日完成工程可行性研究报告批复,2008 年 11 月 21 日完成工程初步设计批复。

3. 参建单位主要情况

(1) 建设单位

三明市高速公路建设指挥部、三明永宁高速公路有限责任公司。

本项目由三明市高速公路建设指挥部前期办负责预工可前期工作,同时根据福建省"省市共建,建设期以市为主"的高速公路建设管理体制,本项目工程以三明市为主负责组织建设,省、市投资主体(省、市高速公路有限公司)共同出资,项目建成投入运营后由省高速公路有限责任公司统一管理。从项目实施起,按照《公路建设四项制度实施办法》(交通部 2000 年 7 号令)的要求依法组建项目法人三明永宁高速公路有限责任公司,作为本项目法人单位,全面负责永宁高速公路项目的建设、筹资、运营和还贷工作。

(2) 设计单位

福建省交通规划设计院,承担永宁高速公路 K0+000~K71+708.69 段的初步设计阶段和施工图阶段的勘测与设计工作,路段长 71.708km;中铁第四勘察设计院集团有限公司承担永宁高速公路 K71+708~K121+768.27 段的初步设计阶段和施工图阶段的勘测与设计工作,路段长 50.06km;中国公路工程咨询集团有限公司承担机电工程三大系统设计工作,福建省交通规划设计院承担机电工程供配电系统设计工作;中国公路工程咨询集团有限公司承担房建工程设计;福建省交通规划设计院、南通城中园林工程有限公司、深圳市万信达环境绿化建设有限公司承担绿化工程设计。

(3) 施工单位

永宁高速公路施工单位共 35 家。路基工程共划分为 15 个合同段,路面及交通安全设施工程划分为 4 个合同段,绿化工程划分 4 个合同段,房建工程划分为 7 个合同段,交通机电工程划分为 5 个合同段。

(4) 监理单位

永宁高速公路监理单位共 5 家,全线路基、路面、房建和绿化工程共 4 个监理标段、机电项目 1 个监理标段。永宁高速公路施工及监理单位详见表 10-6-12。

第十章
高速公路建设项目实况

施工及监理单位一览表　　　　　表 10-6-12

标段号	标段所在地	工程内容	长度（km）	施工单位	监理单位
A1	永安	K0+000～K8+140 路基	8.137	中铁一局集团第二工程有限公司	江苏东南交通工程咨询监理有限公司
A2	永安	K8+140～YK15+855 路基	7.717	中国中铁股份有限公司	
A3	永安	YK15+855～YK25+020 路基	9.165	中铁十八局集团有限公司	
A4	永安	YK25+020～K31+860 路基	6.837	中交第二航务工程局有限公司	
LA	明溪	K0+160～K19+957.061 路基（明溪连接线）	19.833	中铁十九局集团第二工程有限公司	安徽省高等级公路工程监理有限公司
A5	明溪	K31+860～K40+800 路基	8.703	中铁六局集团有限公司	
A6	明溪	K40+800～K49+300 路基	8.503	福建省第一公路工程公司	
A7	明溪	K49+300～K62+900 路基	13.576	中铁十七局集团有限公司	
A8	清流	K62+900～K71+708.690 路基	8.809	中铁十七局集团有限公司	厦门市路桥咨询监理有限公司
A9	清流	K69+700～K74+900 路基	5.2	中铁六局集团有限公司	
A10	清流	K74+900～K83+990 路基	9.09	中铁七局集团有限公司	
A11	清流	K83+990～K91+940 路基	7.95	中铁二十二局集团有限公司	
A12	宁化	K91+940～K103+210 路基	11.27	中铁十六局集团第四工程有限公司	福建路信交通建设监理有限公司
A13	宁化	K103+210～K114+300 路基	11.09	中铁大桥局股份有限公司	
A14	宁化	K114+300～K121+768.270 路基	7.468	福建省第一公路工程公司	
B1	永安	K0+000～K31+860 路面	31.857	中交一公局厦门工程有限公司	
B2	明溪	K31+860～K62+900 路面	30.782	福建路桥建设有限公司	
B3	清流	K62+900～K91+940 路面	31.049	大成工程股份有限公司	
B4	宁化	K91+940～K121+768.27 路面	29.828	四川川交路桥有限责任公司	
ED1	永安	K0+000～K31+860 机电	31.857	福建新大陆电脑股份有限公司	
ED2	明溪	K31+860～K49+300 机电，K0+160～K19+957.061（明溪连接线）	17.206 19.833	北京云星宇交通工程有限公司	北京兴通交通工程监理有限责任公司
ED3	清流、宁化	K49+300～K121+768.270 机电	74.453	中铁十四局集团电气化工程有限公司	
E1	永安	K0+000～K35+500 机电	35.5	北京瑞华赢科技发展有限公司	
E2	明溪、清流、宁化	K35+500～K121+768.27 机电	86.27	安徽皖通科技股份有限公司	
C1	永安	永安西收费站		福建省第五建筑工程公司	
C2	明溪	明溪南收费站		福建三明阳光工程建设有限公司	
C3	清流	温郊服务区、嵩口收费站		厦门市吉兴集团建设有限公司	

续上表

标段号	标段所在地	工 程 内 容	长度（km）	施 工 单 位	监理单位
C4	清流	清流收费站、三明高速交警支队五大队综合楼		福建煤炭工业基本建设有限公司	
C5	宁化	宁化收费站		福州第七建筑工程有限公司	
C6	宁化	翠城服务区		福州市第三建筑工程公司	
C7	宁化	石壁收费站、泉南闽赣收费站		福建璟榕工程建设发展有限公司	
L1	永安	K0+000～K31+860绿化	31.857	深圳万信达环境绿化有限公司	
L2	明溪	K31+860～K62+900 K0+160～K19+957 （明溪连接线）绿化	30.782 19.833	常州市新景园林建设有限公司	
L3	清流	K62+900～K91+940绿化	31.049	江苏金苗园林建设发展有限公司	
L4	宁化	K91+940～K121+768.27绿化	29.828	江苏世邦园林工程有限公司	

（二）建设情况

1. 项目准备阶段

（1）立项审批

项目立项：2007年1月25日，国家发改委以发改交运〔2007〕186号文《国家发展和改革委员会关于福建省永安至宁化（闽赣界）公路项目建议书》批复永安至宁化高速公路项目建议书，同意立项。

工程可行性研究：2008年6月5日，国家发改委以发改交运〔2008〕1324号文《国家发展和改革委员会关于福建省永安至宁化（闽赣界）公路可行性研究报告的批复》批复工程可行性研究报告，同意路线方案、技术标准、投资控制和建设工期。

初步设计：2008年11月21日，交通运输部以交公路发〔2008〕475号文《关于永安至宁化（闽赣界）公路初步设计的批复》正式批复初步设计。

环境影响评价：2007年12月18日，水利部以水保函〔2007〕358号文《关于国家高速公路泉州至南宁横线福建省境内永安至宁化（闽赣界）高速公路水土保持方案胡复函》正式批准项目水保方案；2008年1月4日，国家环保总局以环审〔2008〕1号文批复《关于国家高速公路泉州至南宁横线福建省境内永安至宁化（闽赣界）高速公路环境影响报告书的批复》，通过永宁高速公路全线环境保护和水土保持评价工作。

建设用地批复：2008年12月17日，国土资源部以国土资厅函〔2008〕920号文件批复控制性工程先行用地；2008年12月，国务院批准工程建设用地，2009年6月，福建省人民政府以闽政文〔2009〕153号文转批国土资源部国土资函〔2009〕582号文《国土资源部关于永安至宁化(闽赣界)公路工程建设用地的批复》,正式批准项目工程建设用地。

林地征用批复:2009年1月4日,国家林业局以林资许准〔2009〕8号文《使用林地审核同意书》批准全线林地征用。

施工设计图批复:2009年8月14日,福建省交通运输厅以闽交建〔2009〕125号文《福建省交通运输厅关于永安至宁化(闽赣界)高速公路施工图设计文件的批复》正式批准施工图设计文件。

开工批复:本项目于2009年3月基本完成开工前期准备工作,并于9月申报施工许可。经福建省高指初审,福建省交通运输厅审查后在2009年10月报交通运输部审批,交通运输部于当月以交公路施工许可〔2009〕22号批复施工许可,计划建设工期42个月。

(2)资金筹措

永宁高速公路初步设计概算交通运输部批复金额为91.0220947亿元,其中建安投资总额为65.02596145亿元,设备及工器具购置费1.43130762亿元,其他基本建设费用20.66034265亿元,预留费用4.12075616亿元,水土保持费4355.0782万元。其建设资金拼盘为交通部资本金8.23亿元,省级资本金12.477亿元,市级资本金11.15亿元,银行贷款59.163亿元,本项目最终投资计82.282亿元,节约投资8.7401亿元,节概率9.6%。

永宁高速公路项目累计到位建设资金84.45954亿元,其中:资本金到位23.67504亿元(交通部资本金8.23亿元,省级资本金7.495亿元,市级资本金7.95004亿元)。

银行贷款60.7845亿元(兴业银行三明分行营业部2.1亿元,建设银行三明市分行营业部4亿元,工商银行三明列东支行8.4亿元,农业银行三明市分行营业部4.938亿元,中国银行三明分行8.272亿元,国家开发银行福建省分行33.0745亿元)。

(3)招投标工作

施工单位招投标情况:永宁高速公路施工单位共35家。路基工程共划分为15个合同段,路面及交通安全设施工程划分为4个合同段,绿化工程划分4个合同段,房建工程划分为7个合同段,机电工程划分为5个合同段。全部工程采用国内竞争性公开招标,招标过程严格执行《中华人民共和国招标投标法》和国家、交通部有关招投标管理办法的规定及《福建省高速公路施工招投标资格预审办法》和《福建省高速公路施工招标评标办法》进行,所有招标均在《中国经济导报》《中国采购与招标网》上刊登招标公告,由业主组织或委托招标办实施招投标,各项招标均采用资格预审的方式进行。资格预审文件和招标文件均按规定上报主管部门审批,资格评审和投标文件评标工作由依法组成的评标委员会负责,评标报告经交通主管部门核备后确定中标人。招标全过程接受专项监察执法领导小组的监督,坚持"公开、公平、公正、客观准确"的原则,严格执行招、评标工作纪律。

监理单位招投标情况:全线共计5个施工监理标,依据交通部《公路工程施工监理招标投标管理办法》、《关于规范全省高速公路工程监理管理》(闽高路工〔1999〕24号)的通知精神,结合永宁高速公路构造物多的特点以及施工标段划分的情况,由业主组织或委托招标办实施招投标,在《中国交通报》《中国采购与招标网》上刊登招标公告,面向全国择优选择监理队伍,分别完成了全线路基工程4个监理标段(同时还负责该范围内路面、房间和绿化工程施工监理)、机电工程1个监理标段。

(4)合同段划分

路基工程共划分为15个合同段,路面及交通安全设施工程划分为4个合同段,绿化工程划分4个合同段,房建工程划分为7个合同段,机电工程划分为5个合同段。

(5)征地拆迁

永宁高速公路项目征地拆迁涉及三明市4个县(市)、15个乡镇、62个行政村,征用土地合计14107亩,拆迁房屋面积约 106731m^2,砍伐林木8142亩、杆线迁移约为479km。为确保永宁高速公路征地拆迁、补偿安置和营造良好施工环境工作的顺利完成,市政府与沿线县(市)政府签订征迁和营造施工环境责任状,按照"分段负责、费用包干、限期完成"的原则,市、县两级高指还签订了征地拆迁补偿安置费用包干协议书。三明市委、市政府十分重视征迁工作,市领导多次召开专题会议、现场办公会议推动征迁进度,市政府出台有关文件大力营造良好施工环境。沿线县(市)政府实行主要领导负总责、分管领导具体负责的工作责任制,层层签订责任状,把工作落实到部门和乡(镇、街道)、村,依法依规开展征迁工作。到2009年第二季度,全线红线内征迁工作已基本完成,确保了施工需要。征地拆迁资金严格按照国家规定实行专户管理,分别建立包干经费和管理费专户,做到专款专用,专户核算,市高指定期组织财务、监审部门开展审计调查。永宁公司积极贯彻市政府关于营造良好施工环境文件精神,切实履行督促、指导、服务职责,为施工企业提供便利和优质服务。同时,施工队伍大力倡导文明施工,尽可能减少影响群众生产、生活问题,共同营造无障碍施工环境,详见表10-6-13。

征地拆迁情况统计表　　　　　　　　　表10-6-13

征地拆迁安置起止时间	征用土地(亩)	拆迁房屋(m^2)	支付补偿费用(元)	备注
2009.03~2011.12	14107	106731	424303718	

2.项目实施阶段

(1)重大决策

三明市高指、三明永宁公司在结合以往高速公路建设工作经验的基础上,谋划提升高速公路建设水平,针对山区高速公路的特点,进行了探索研究,率先在全省高速公路项目建设中推行"三个集中、两项准入"标准化管理,为福建省高速公路标准化建设后续全面推进奠定了基础。

永宁高速公路的招标先于省高指"三个集中、两项准入"标准化建设的推广,合同文件中未明确约定"三个集中、两项准入"标准化建设的管理要求,为了提高工程质量,落实三明高速公路建设应一条比一条好的建设要求,切实地提高永宁高速公路的建设管理水平,努力实现一流的材料、一流的设备、一流的工艺、一流的管理,即"四个一流"的目标,永宁公司多次召开专题会议,传达贯彻标准化建设管理要求精神,从思想上提高各参建单位对推广"三个集中、两项准入"标准化建设活动必要性和重要性的认识,切实把活动融入全面推进高速公路建设标准化管理中,明确"三个集中、两项准入"标准化建设的工作目标,加强组织领导,采取有效措施,精心组织实施。同时在 A4、A8、A13 等合同段召开本项目的钢筋集中加工、二衬台车、T 梁模板和拌和站建设现场会观摩会,组织各总监、项目经理到兄弟标段参观学习,大力宣传、总结和推广典型经验,通过典型引路,营造良好的活动氛围,提高开展"三个集中、两项准入"标准化建设活动的效果和水平。

针对工期已进行数月,合同条款未明确约定,落实"三个集中、两项准入"要求难度较大的困难,先从条件较好的标段入手,推广"八大"建设(大拌和站、大预制场、大钢筋制作场、大面积模板、大施工便道、大集中居住点、大试验检测环境、大混凝土泵送车),落实"五防"要求(防错台、防冷缝、防过振、漏振、防钢筋错位、防漏浆),再逐步在全线推广,做到以点带面,并在"两项准入"的基础上提出了更高的要求,在部分标段探索试用通道、涵洞整体钢模进行施工,既提高了施工效率,又有力地保障了混凝土结构的质量。

根据"三集中、两制度"标准化建设的有关要求,结合工程实际情况,把标准化建设作为全面推进项目创新管理的活动,通过季度考核评比加分、制定奖惩办法,调动项目部贯彻落实力度和积极性,切实加强拌和站、梁片集中预制场及钢筋集中加工场的建设与管理。

标准化管理的推行,为施工单位营造良好的施工环境和施工秩序,促进安全生产,加快施工进度,保证工程质量,降低工程成本,取得积极良好的成效,受到上级部门的一致肯定。2009 年 11 月 26～27 日,省高指在永宁项目召开全省高速公路建设项目标准化管理现场会,并进行《福建省高速公路标准化管理系列指南》宣贯,2011 年 11 月 4 日,全省高速公路机电工程建设标准化示范工程现场观摩会再次在永宁高速公路召开。

(2)重大变更(表 10-6-14)

重大设计变更表 表 10-6-14

序 号	设 计 变 更 内 容
1	石林隧道右线 YK14+293～YK14+394 特殊不良地质段支护变更
2	石林隧道左线 ZK14+384～ZK14+474 特殊不良地质段支护变更
3	石林隧道左线 ZK14+135～ZK14+208 特殊不良地质段支护变更
4	收费站车道数调整设计变更

续上表

序　号	设 计 变 更 内 容
5	LA 合同段明溪连接线大焦口段拓宽设计变更
6	LA 合同段明溪连接线增加胡坊支线设计变更
7	A9 合同段清流连接线线路调整设计变更
8	A12 合同段新圩大桥优化设计变更
9	A13 合同段上屋墩中桥优化设计变更
10	A13 合同段 K105+450～K105+800、CK0+234～CK0+340 右侧山体滑坡治理设计变更
11	A13 合同段 K106+260～K106++580 右侧山体滑坡治理设计变更
12	A14 合同段 K116+940～K117+140 右侧山体滑坡治理设计变更

（3）重大事件

2006年5月，三明市高速公路建设指挥部前期办开展永宁高速项目前期工作。

2008年9月18日，成立"三明永宁高速公路有限责任公司"。

2008年11月6日，发布 A13～A14 合同段、J1～J4 监理招标公告。

2008年12月，国务院批准工程建设用地。

2008年12月25日，永宁高速公路项目开工典礼。

2009年6月1日，发布 B1～B4 合同段招标公告。

2009年6月16日，A1～A12、LA 合同段开工。

2009年11月26日至27日，省交通运输厅、省高指在三明永宁项目召开全省高速公路建设项目标准化管理现场会。

2010年1月1日，由中铁十八局集团公司承建的永宁高速公路 A3 合同段下李坊隧道左洞顺利贯通。

2010年6月19日，接省交通运输厅、省高指指示，永宁公司派出两批抢险队伍进行驻闽北重灾区（顺昌）抢险救灾，救援队分别由梁道盛、陈海仙副总经理带队，投入3台挖掘机、20台装载车、10辆自卸汽车等施工设备，近100人，对顺昌至邵武段公路（共10km）进行抢通抢险。

2010年6月21日，永宁公司调遣3台装载车前往泰宁抗灾救援。

2010年8月，根据省高指指示，永宁公司组织在建项目部的8个优秀作业班120人为突击队，自带施工设备，由项目部副经理带队，支援渔平高速公路建设。

2010年9月6日，B1～B4 路面合同段开工。

2010年9月25日，发布 C1～C7、L1～L4 合同段招标公告。

2010年11月12日，永宁公司组织各参建单位招考桥梁桥面系和锚索框架梁施工、路槽及弃土整理现场会。

2010年11月25日，发布 ED1～ED3、E1～E2 合同段和 EJ 监理招标公告。

2010年12月12日,房建工程开工。

2010年12月29日,绿化工程开工。

2011年1月29日,机电工程开工。

2011年5月9日,永宁公司组织在B4标召开路面工程标准化建设、施工现场会。

2011年12月16日,建成通车并转入试运营。

2013年11月1日,通过交通运输部档案馆档案验收。

2014年3月28日,通过国家水利部水土保持设施验收。

2015年4月11~13日,通过交通运输部组织的竣工验收。

2015年9月,通过政府审计。

2016年1月6日,通过省环境保护厅环保验收。

(三)复杂技术工程

(1)隧道:石林隧道长1996m,为分离式隧道,隧道区域表层为第四系坡积层(Qd_1),其下伏基岩较为复杂,由于受区域构造影响,隧道区的地层因褶皱倒转,由于受沉积环境影响,各岩性变化规律性不强,并相互夹带,对隧道围岩稳定影响较大,且隧道洞身局部为岩溶发育区,在施工过程中,连续出现突泥涌水、流沙现象,且几次出现洞顶塌方,初期支护变形,换拱现象,是本线路的难点工程。

(2)石壁滑坡:K105+450~CK0+303右侧,位于宁化县石壁镇上屋墩村,处在石壁古断裂构造带上,原设计为7级挖方边坡,坡高46m,坡区为丘陵地貌,丘陵高程介于360~470m,相对高差110m,地质复杂,上覆坡积粉质黏土,伴随大量碎石孤石,下伏全风化、碎块状强风化、中风化泥质粉砂岩和硅化破碎带,裂隙水较多,原设计采用锚固工程加固,边坡开挖后遇暴雨,大量集中降水以及复杂的地质构造导致出现滑坡,后期采用抗滑桩+抗滑桩挡墙+预应力锚索+拱形骨架护坡防护的变更方案进行处治,属该线路的难点工程。

(四)科技创新

为适应高速公路施工工艺水平的不断创新、质量要求不断提高的新形势,永宁项目在全面贯彻落实省高指《标准化施工指南》《工地建设标准化指南》和"三个集中、两项准入"制度的同时,积极摸索研究山区修建高速公路的新思路、新方法、新举措,不断总结、改进、创新管理理念。具体如下:

1. 推广运用新工艺(材料、设备)

为进一步推进永宁项目规范化建设与标准化施工,提高各参建单位施工技能和管理水平,积极开展创精品亮点活动,制定《永宁高速公路工程召开现场观摩会、新工艺(材料、设备)推广的暂行管理办法》,鼓励各参建单位采用新设备、新材料和新工艺等手段,提高工程质量和工作效率,减少劳务用工和人为操作偏差。主要体现在:①全面推行钢筋机械化加工、工厂化生产,提高工效减少人为误差;②针对以往小型构件预制存在质量缺陷,率先引进高强度塑料模具配合振动台、干压成型两种施工工艺,采用工厂化集中预制小型构件,提高工程实体质量;③各路面标小型构件预制场均配备振动台对小型预制块进行振捣,确保小型构件的外观质量和混凝土密实度;④采用冲击式碾压机进行压实补强,减少工后沉降;⑤全面推行整体式大面积钢模使用于涵洞通道施工,对减少混凝土接缝、提高混凝土外观质量和加快施工进度取得一定成效;⑥提倡桥梁工程桥台基础和台背填筑提前施作,桥台、涵背回填采用每20cm画标记控制回填土厚度,减少工后沉降;⑦预制梁场全面推行移动式遮雨遮阳棚,加快工程施工进度;⑧全面推行使用钢筋定位架进行T梁钢筋骨架和桥梁护栏钢筋绑扎,提高钢筋间距的准确率和操作工效;⑨T梁钢筋骨架使用多点整体吊运,提高施工工效;⑩预制T梁端头模板进行改进,分2~3段设置,并采用法兰盘配合橡胶垫连接,既有效防止漏浆又容易拆模,提高混凝土外观质量水平;⑪创新钢绞线穿索技术,研制钢绞线穿索机,提高工作效率,确保操作人员安全;⑫全线预制梁场均配备定时自动喷淋系统和高压水池对T梁进行养护,减少劳务用工和提高养护效果;⑬调整施工工序,提前施作洞门及洞口工程,洞口临时性场地硬化与后续永久性路面工程实现永临结合,减少浪费,有效提高洞口段标准化水平;⑭对隧道二衬台车进行改装,做到矮边墙与二衬连体浇筑,基本解决矮边墙接缝的质量通病问题并提高混凝土整体性;⑮全线通信机房采用上走线架方式进行缆线敷设,其优点在于整体美观、便于检修、易于扩容;⑯隧道灯具采用全隧道单侧布灯,减少电缆和辅助材料,节约建设成本,维护方便;⑰所有长隧道供配电均采用横洞变电所,其优点在于相对洞口变配电所能减少供电半径,从而减小低压电缆的截面积、降低建设成本,同时易于设备的检修,保障维护人员安全;⑱各收费站入口收费车道率先引进散卡式自动发卡机,采用柔性材料和弧线运动方式,不易损伤卡片或将卡顶死,能够有效降低自动发卡机故障率。

2. 开展课题研究

依托科研、设计单位的技术力量,要求施工、监理单位,积极探讨和研究新工艺、新方法,解决施工过程中遇到的各种难题,提升工程建设科技含量。主要有:①引进液压强夯设备,首次使用于我省高速公路,对三背回填进行补强,减少工后沉降,避免桥台桥头跳车;②委托专业检测机构采用瑞利波检测技术对桥台涵背和填挖交界处填筑质量进行检测;③全面推行T梁出坑检测,各梁场均设置检测维修台座,配置混凝土裂缝测宽仪、U520超声波检测仪等检验检测仪器,在出坑前对梁板进行检测,减少工程交工检测存在的问题;④委托专业机构进行隧道初支检测和隧道监控量测及超前地质预报。

(五)运营管理

1. 服务区设置

永宁高速公路共设置3个服务区:虹桥服务区总建筑面积约2500m^2,内设办公楼、宿舍、公厕、加油站、汽修间等,主体结构为钢筋混凝土结构;虎屿岛及福安服务区总建筑面积约5940m^2,内设办公、宿舍、公厕、加油站、汽修间等,主体结构为钢筋混凝土结构。

2. 收费站点设置(详见表10-6-15)

收费站点设置情况表　　　　　　　　　　表10-6-15

站点名称	车道数	收费方式
永安西	7(2入5出)	人工、ETC、自动取卡
明溪南	8(2入6出)	人工、ETC、自动取卡
嵩口	5(2入3出)	人工、ETC、自动取卡
清流	13(4入9出)	人工、ETC、自动取卡
宁化	13(4入9出)	人工、ETC、自动取卡
石壁	9(3入6出)	人工、ETC、自动取卡
泉南线闽赣	25(7入19出)	人工、ETC、自动取卡

3. 车流量发展状况(表10-6-16)

交通流量发展状况表　　　　　　　　　　表10-6-16

年份(年)	日均车流量(辆)	年份(年)	日均车流量(辆)
2011	1542	2014	3799
2012	2514	2015	4361
2013	3507		

第七节　G1514宁德至上饶国家高速公路福建段(宁上线)

一、宁上线福安湾坞至福安江家渡连接线(福安连接线)(建设期:2000.01～2005.06)

(一)项目概况

1. 基本情况

福安连接线是部批沈海高福鼎分水关至宁德城关公路(福宁高速公路)的捆绑项目,

是福宁高速公路连接福安市的连接线,全长 32.723398km(交通部初步设计批复全长 31.350km,实际增加 1.223398km)。本工程全线采用部颁《公路工程技术标准》(JTJ 001—97)中的山岭重丘双向四车道、部分控制出入的一级公路建设标准,设计速度 60km/h,分离式路基宽 11.25m,整体式路基宽度 22.5m,桥涵与路基同宽,桥涵设计车辆荷载采用汽车—超 20 级、挂车—120、地震基本烈度Ⅵ度。初步设计批复工程概算为 7.1398 亿元(扣减工程造价增长预备费 0.4423 亿元,实际概算投资 6.6975 元),实际完成投资 10.6882 亿元,超概 3.99 亿元。

路线起于福宁高速公路主线福安互通式立交(福安市湾坞乡),经苏阳、赛岐,止于福安市江家渡,福安连接线建设里程全长 31.645218km(其中 18m 宽路基 1.687209km),经过沿海滩涂地带及软土地区需进行特别处理的路段长达 8.8km,全线桥、互通构造和软基路段总长达 15.5km,地形较复杂,施工难度较大。隧道 2 座,总长 2096m(徐江、白沙隧道);特大桥 2 座,总长 1422.247m(狮子头特大桥、江家渡大桥);大桥 5 座,总长 1183m(下塘、泥湾、澳里、莆后、江家渡大桥Ⅲ桥、);中桥 9 座,总长 634.68m;小桥 7 座,总长 214.88m;人行天桥一座 78.94m;匝道桥 2 座总长 91.16m;涵洞通道 91 座,互通式立交 1 处(赛岐互通);收费站 3 个(湾坞收费站、赛岐收费站、江家渡收费站)。福安连接线项目基本情况统计表详见表 10-7-1。

福安连接线项目基本情况统计表 表 10-7-1

序号	项目		单位	数量	备注
一	技术标准				
1	计算行车速度		km/h	60	
2	路基宽度	整体式路基	m	22.5	
		分离式路基	m	11.25	
3	桥面净宽		m	2×11.0	小桥与路基同宽
4	路面			沥青混凝土路面,设计年限 15 年,标准轴载 100kN	
5	路基、桥涵设计洪水频率			特大桥 1/300,其余均为 1/100	
6	桥涵设计车辆荷载			汽车—超 20 级、挂车—120	
二	主要工程规模				
1	路线里程		km	32.723398	
2	征用土地		亩	4665	
3	拆迁房屋		m²	55327	
4	路基土石方		万 m³	847.3	
5	软土地基处理		km	8.8	
6	桥梁(主线)		m/座	3664.064/29	
	其中:特大桥、大桥		m/座	2607.282/7	
7	匝道桥梁		m/座	25.04/1	

续上表

序号	项 目	单位	数 量	备 注
8	上跨分离	m/座	78.94/1	
9	互通式立交	处	2	
10	涵洞、通道	道	108	
11	隧道	m/座	2085/2	
12	路面(主线)	万 m^2	57.03	
13	主线收费站	处	3	

交通部于2000年1月8日批复福宁高速公路(含福安连接线)开工报告,建设工期4年;福安连接线由于设计和招投标工作滞后,于2001年3月1日正式开工建设,于2005年6月25日全线建成通车,2008年9月通过竣工验收。

2. 前期决策情况

福安市是闽东地区主要的工业城市,是闽东历史以来的经济、文化中心和交通枢纽,福安连接线工程项目建设前,福安市地方交通条件落后,陆上交通主要依赖从境内通过的104国道,由于历史和自然条件的限制,境内104国道等级低、坡陡、弯急、路窄,影响着福安地方经济的发展,考虑到建设福安连接线可有效发挥福安交通枢纽优势,带动腹地闽东北乃至浙西南区域经济发展。因此在规划福宁高速公路工程项目之时把福安连接线工程项目作为捆绑项目立项,纳入主线管理体系,同步建设。

1997年7月,宁德地区交通局委托交通部第二公路勘察设计院进行福宁高速公路以及福安连接线的预可行性研究并上报审批。交通部于1998年11月以交规划〔1998〕176号文批复同意立项。

3. 参建单位主要情况

建设单位:宁德市高速公路建设指挥部、宁德市福宁高速公路有限公司、福宁高速公路福安连接线投资发展有限公司。

根据宁德地区行署宁署〔1999〕121号文中精神,1999年由福安市出资组建了福宁高速公路福安连接线投资发展有限公司,作为福宁高速公路福安连接线项目业主负责本项目的建设、筹资、运营和还贷工作,全面实行项目法人责任制。

2001年12月宁德市政府以宁政〔2001〕251号文撤销了福安连接线投资发展有限公司,将福安连接线项目并入福宁高速公路主线管理,宁德市福宁高速公路有限公司作为本项目法人单位,全面负责福宁高速公路项目(含福安连接线)的建设、筹资、运营和还贷工作。

设计单位:中交第二公路勘察设计研究院承担福安连接线的初步设计阶段和施工图阶段的勘测与设计工作,武汉大通公路桥梁工程监理公司负责设计勘察;北京市泰克公路科学技术研究院负责交通机电工程设计;宁德市建筑设计院负责房建工程设计;重庆公路交通科研所负责绿化工程设计;上海市城市建设设计研究院负责声屏蔽项目设计。

施工单位:本项目施工单位共13家,即路基施工单位8家、路面施工单位1家、房建施工单位1家、三大系统工程施工单位1家、配电施工单位1家、绿化施工单位1家。

监理单位:本项目施工单位共7家,即路基监理单位2家、路面监理单位1家、房建监理单位1家、三大系统工程监理单位1家、供配电监理单位1家、绿化工程监理单位1家。

(二)建设情况

1. 项目准备阶段

(1)立项审批

项目立项:1997年7月,宁德地区交通局委托交通部第二公路勘察设计院进行福宁高速公路以及福安连接线的预可行性研究并上报审批。交通部于1998年11月以交规划〔1998〕176号文批复同意立项。

工程可行性研究:1998年9月,交通部以交规划发〔1998〕577号文《关于福鼎分水关至宁德城关公路可行性研究报告的批复》批复工程可行性研究报告,同意路线方案、技术标准、投资控制和建设工期,并将福安连接线约31km纳入建设规模,与主线同步建设。

初步设计:1999年6月,交通部交以公路发〔1999〕143号文《关于福鼎分水关至宁德城关公路初步设计的批复》正式批复初步设计,明确福安连接线起于主线福安互通式立交,经苏阳、赛岐,止于福安江家渡,全长31.350km。

环境影响评价:2000年9月,福建省环境保护局以闽环保〔2000〕62号文《同江至三亚国道主干线福宁高速公路福安支线环境影响报告书的批复》对福安支线环境影响报告书给予了批复,通过福安连接线公路工程项目全线环境保护和水土保持评价工作。

地震安全性评价:1999年1月,省地震局以闽震发抗〔1999〕001号文《关于福宁高速公路下白石大桥工程场地地震安全性评价报告等三个报告评审结果的批复》通过福宁高速公路(包括福安连接线公路工程项目)地震安全性评价工作。

建设用地批复:国土资源部以国土资函〔1999〕334号文《关于福鼎至宁德高速公路用地的批复》批复福宁高速公路建设用地。

开工批复:交通部于2000年1月8日下达了同三国道主干线福鼎分水关至宁德城关段高速公路(主线部分)公路工程开工报告,建设工期4年。福安连接线由于设计和招投标工作滞后,于2001年3月1日正式开工建设。

(2)资金筹措

交通部批复福宁高速公路初步设计概算金额为81.13亿元,其中福宁高速公路主线73.99亿元,福安连接线7.14亿元。扣除物价增长预备费后,工程概算为76.43亿元,其中福宁高速公路主线69.73亿元,福安连接线6.7亿元。福宁高速公路最终投资计75.31亿元,总概算节约0.88亿元,其中福安连接线最终投资10.6882亿元,超概算3.99亿元。

福安连接线建设资金拼盘为交通部补助1.19亿元,省交通专项资金0.53亿元,地方自筹500万元,国债资金0.62亿元,银行贷款3.78亿元,其他0.53亿元。

(3)招投标工作

根据国家基本建设程序要求以及有关法律法规的规定,开展施工、监理等各项招投标工作。

①施工单位招投标情况:

福宁高速公路福安连接线路基共划分为8个合同段,路面及交通安全设施工程划分为1个合同段,边坡绿化生态防护划分1个合同段,收费站房建工程划分为1个合同段,通信、监控、收费三大系统划分1个合同段,沿线供配电系统划分为1个合同段。

全部工程采用国内竞争性公开招标,招标过程严格执行《中华人民共和国招标投标法》和国家、交通部有关招投标管理办法的规定及福建省的有关规定,所有招标均在《中国经济导报》《中国交通报》上刊登招标资格预审通告,由业主组织或委托招标办实施招投标,除房建、供配电和绿化标采用资格后审外,其他各项招标均采用资格预审的方式进行。资格预审文件和招标文件均按规定上报主管部门审批,资格评审和投标文件评标工作由依法组成的评标委员会负责,评标报告经交通主管部门核备后确定中标人。招标全过程接受专项监察执法领导小组的监督,坚持"公开、公平、公正、客观准确"的原则,严格执行招、评标工作纪律。

②监理单位招标情况:

本项目共分4个监理合同段,其中路基工程分LJ1、LJ2共2个监理合同段,路面及生态防护为LBJ1个监理合同段,房建为LCJ1个监理合同段。通过国内公开招标的方式与施工单位招标同步进行,在《中国交通报》上刊登招标公告,采用资格预审的办法,由评标专家委员会根据各监理单位的业绩、信誉、履约能力、财务状况等方面进行综合评价比较,择优选择监理单位承担各合同段的驻地监理工作。

(4)合同段划分(表10-7-2)

福安连接线合同段划分情况表　　　　　表10-7-2

标段号	标段所在地	工程内容	施 工 单 位	监 理 单 位
LA1-1	福安	ZK0+591.5~ZK2+578.820 路基	福建路桥建设有限公司	山西省交通建设工程监理总公司
LA1	福安	YK0+9.585~YK2+197.913 ZK0+5.915~ZK2+175.443 路基	中铁第十五工程局	山西省交通建设工程监理总公司

续上表

标段号	标段所在地	工程内容	施工单位	监理单位
LA2	福安	K2+540.811～K9+850 路基	山东省交通工程总公司	山西省交通建设工程监理总公司
LA3	福安	K9+850～K21+000 路基	中国水利水电总公司	山西省交通建设工程监理总公司
LA4	福安	K21+000～K25+295.36 路基	中国建筑第二工程局	河北华达公路工程咨询监理公司
LA5	福安	K25+295.360～K31+288.311 路基	中国华北冶金建设公司	河北华达公路工程咨询监理公司
LA6	福安	K31+288.311～K32+964.115 路基	中铁十七局远通公司	河北华达公路工程咨询监理公司
LA7	福安	K26.357～K27.295 路基	中铁十六局集团有限公司	贵州省交通建设咨询监理有限公司
LB	福安	YK0+009.565（ZK0+005.915）～K31+288.311 路面	中铁十六局集团有限公司	贵州省交通建设咨询监理有限公司
LC	福安	福安、赛岐、湾坞收费站	闽东荣冠建设工程有限公司	宁德市建设工程咨询监理公司
LHⅠ	福安	沿线绿化工程	福建省高速公路养护工程有限公司	贵州省交通建设咨询监理有限公司
LF	福安	沿线供配电系统工程	福建宁德市水利电力工程局	江苏交通工程监理总公司

(5)征地拆迁

福宁高速公路建设用地严格按1999年7月23日国土资源部《关于福鼎至宁德高速公路建设用地的批复》(国土资函〔1999〕334号)的批复的要求和意见进行。全线共征用土地3472.631亩,其中耕地1246.887亩,旱地560.941亩,林地873.076亩,园地511.981亩,交通用地64.098亩(其中国有道路无偿划拨29.739亩),水域39.991亩(其中国有水域无偿划拨33.006亩),未利用土地39.866亩(其中国有土地无偿划拨5.151亩);房屋拆迁共65788.16m²,新建安置点8个,安置拆迁户253户,各种杆线迁移52处,田间机耕道15条。

福安连接线征地拆迁工作按照原宁德地区行署《关于福宁高速公路建设征地拆迁安置工作的实施意见》(宁署〔1999〕综250号)精神,设立市、县、乡三级征地拆迁机构,均由政府主要领导任总指挥,县级指挥部确定一名县(市、区)委或政府副职领导任常务副指挥,专职抓高速公路建设征地拆迁安置工作,通过坚持宣传、统一标准、规范程序、公开公正等方式,保证征拆工作顺利开展,详见表10-7-3。

征地拆迁情况统计表 表10-7-3

征地拆迁安置起止时间	征用土地（亩）	拆迁房屋（m²）	支付补偿费用（元）	备注
2000.01~2003.06	3472.631	65788.06	81057323	

2. 项目实施阶段

(1) 重大决策

建设方案调整：本项目根据交通部初步设计的批复意见，考虑连接线交通量发展情况，为节约投资，建议连接线上两隧道一次设计、分期实施，先修建右幅单洞隧道。福安互通式立交是福安至湾坞一级公路与福宁高速公路连接的重要出入口，交通量大，初步设计批准方案为双喇叭形式，一次设计、分期实施。2002年2月工程建设体制发生变更，从原有的由福安市高速公路投资发展有限公司作为独立业主方负责建设调整为宁德市福宁高速公路有限公司做业主，并入主线建设管理。按福建省高速公路规划布局的需要，福安连接线考虑作为第四横的组成部分，根据省高指闽高路工〔2002〕4号文《关于福宁高速公路福安连接线安全设施和站点设置调整方案的批复》意见，福安连接线采用全立交、全封闭控制出入管理，与福宁主线联网收费，取消原福安互通区内的收费站，主线福安互通调整为枢纽互通，原主要技术指标不变，全线采用全封闭、全立交，沿线设有标志、标线、波形梁护栏、视觉诱导、防眩板、隔离栅等交通安全设施；增加了与104国道的连接线、徐江、白沙隧道的左线隧道、福安湾坞互通二期工程等。实际建设里程为31.645218km，比部批初步设计增加0.145218km。

(2) 重大变更

LA6标路基宽度由原单幅11.25m变更为一级公路全幅18m路基宽。

黄蓝分离式立交从K24+275处移至K24+300.687处，因斜交角度变小，原设计一孔16m钢筋混凝土预应力空心板改为一孔13m钢筋混凝土预应力空心板。

YK1+500徐江小桥原为2×13m，变更为1×20m钢筋混凝土预应力空心板桥。

徐江隧道进口洞口仰坡坡度很大，且高度超过了30m，增设10m明洞。

LA3标赛岐互通2号桥、3号桥由1×13m变更为1×20m预应力空心板桥。

LA5标江家渡Ⅰ、Ⅱ中桥和柳堤中桥处已被施工单位作为弃土场，原有山沟已堆填弃土，取消三座中桥变更为每处两孔5m涵洞。

LA5标江家渡Ⅲ号中桥5号桥台基础处在软基中，将原设计江家渡Ⅲ号中桥4孔13m预应力空心板，变更为5孔20m预应力空心板桥。

(3) 重大事件

工期延期：本项目按照福宁高速公路部批总工期为4年，从2000年1月8日起至

2004年1月8日,由于设计和招投标工作滞后,本项目于2001年3月1日全线动工建设,至2005年6月建成,比交通部批复工期延期1年零5个月。工期滞后的主要原因是2002年2月工程建设并入主线管理后,根据闽高路工〔2002〕4号文《关于福宁高速公路福安连接线安全设施和站点设置调整方案的批复》,由原全线部分控制出入的一级公路标准改为全线全封闭控制出入,工程项目大量变更,其次增加土建LA1-1、LA6、LA7标段、房建LC标段、交通三大系统LD标段、绿化LH1标段等二期工程招投标和施工,相对延长了工期,此外地方征拆工作干扰严重,对工程进度造成影响。

建设单位变更:2001年12月,宁德市政府以宁政〔2001〕251号文撤销了福安连接线投资发展有限公司,将福安连接线项目并入福宁高速公路主线管理,宁德市福宁高速公路有限公司作为本项目法人单位,全面负责福宁高速公路项目(含福安连接线)的建设、筹资、运营和还贷工作。并入主线建设管理后,福安连接线的建设管理模式按主线的形式调整。设立福安连接线总监代表处,全面负责福安连接线建设现场"三大控制"和日常管理工作。

(三)科技创新

根据福建省高速公路网的规划布局,福安连接线通车时是采用过渡路面,沥青上面层暂不铺筑,采用稀浆封层作为下封层开放通车。稀浆封层(下封层)施工难度大、成本高,当时在全省没有施工先例。对此项目业主配合路面施工单位多次研究、调研,选用材料和专业施工单位,聘请专家指导使用新技术、新材料、新工艺,严格控制施工过程,使施工的每个环节规范细实,确保质量。经严格施工后的下封层表面平整密实,与基层的黏附性好,重车(运输水稳混合料车、每车30t以上)行驶后未出现松散和沥青油膜被破坏等现象,效果良好。其成果得到了省级专家和交工验收专家组的肯定,为福建省今后推广稀浆封层(下封层)积累了可贵经验。

(四)运营养护管理

1.服务区设置

福安连接线未设置服务。

2.收费站点设置(表10-7-4)

收费站点设置情况表　　　　　　　　　　　表10-7-4

站点名称	车道数	收费方式
赛岐	8(4入4出)	人工、ETC、自动取卡
福安	11(4入7出)	人工、ETC、自动取卡

3. 车流量发展状况(表10-7-5)

交通流量发展状况表　　　　　　　　　　　　　　　　表10-7-5

年份(年)	日均车流量(辆)	年份(年)	日均车流量(辆)
2005	3116	2011	18034
2006	7258	2012	21003
2007	9394	2013	24445
2008	11744	2014	25230
2009	13055	2015	26532
2010	14814		

二、宁上线宁德至武夷山高速公路宁德段(宁武高速公路宁德段)(建设期：2008.12~2012.06)

(一)项目概况

1. 基本情况

宁武高速公路是国家高速公路主干线沈阳至海口线的第四条联络线，是沿海主线与闽浙赣相邻区域间实现交通转换的重要纽带。本项目的建成对促进闽浙赣、泛珠三角区域的经济合作和福建旅游产业发展，对提高以宁德白水洋、太姥山、南平武夷山、江西清源山、龙虎山为代表的旅游资源效益和国防交通发挥了重要作用，社会效益显著。本项目起自宁德湾坞，接同江至三亚国道主干线福鼎(浙闽界)至宁德高速公路，止于武夷山市分水关(闽赣界)，接江西省拟建的武夷山(闽赣界)至上饶高速公路。宁武高速公路宁德段利用已建成的沈海线福宁高速公路福安连接线29.7km至福安城郊，经福安市康厝，周宁县八埔、七步，终于南平市政和交界，与南平段相接；另修屏南连接线，经屏南县深洋村、章岭村、双溪镇、棠口乡至屏南城关。项目建设里程84.69km，其中，主线修建里程62.07km，连接线修建里程22.62km。全线按四车道高速公路标准建设，设计速度80km/h，路基宽度24.5m，桥梁与路基同宽，设计荷载为公路—Ⅰ级。建设工期4年，项目概算68.36亿元，执行概算64.68亿元，实现了省内高速公路建设系统两个"第一"，一是实现了通车一年就完成了工程竣工决算审计，二是工程建设期间，省市股东按拼盘提前如数到位项目资本金；工程概算控制较好，项目概算有较大盈余。

宁武高速公路宁德段全线按山区高速公路设计速度80km/h、双向四车道、路基宽度24.5m标准设计。整体式路基：全宽24.5m，其中行车道宽2×7.5m，中间带宽3.0m(含路缘带宽2×0.5m)，硬路肩宽2×2.5m(含右侧路缘带2×0.5m)；土路肩宽2×

0.75m。分离式路基：单幅宽度12.25m，其中行车道宽2×3.75m，右侧硬路肩宽2.5m（含路缘带宽0.5m），左侧路缘带宽0.75m，土路肩宽2×0.75m。桥涵设计荷载：公路—Ⅰ级。设计洪水频率：特大桥为1/300；大、中、小桥和涵洞及路基均为1/100。桥面宽度：整体式24.5m＝2×[0.5m（防撞栏）＋11.00m（行车道）＋0.5 m（防撞栏）]＋0.5m（分隔带）；分离式12m＝0.5m（防撞栏）＋11m（行车道）＋0.5 m（防撞栏）。涵洞与路基同宽。

本项目地处鹫峰山脉，属强切割中低山丘陵，峰峦叠嶂，山岭耸立，最高山峰为小麻岭，海拔为1494.4m，千米以上山峰较多，地势总体西北高东南低。从福安起点近海平面沿着路线跨过交溪、穆阳溪，向北西逐渐上升，翻越鹫峰山脉后至南平段逐渐下降，路线最高海拔达1200m（洞宫山隧道顶），详见表10-7-6。

宁武高速公路宁德段项目基本情况统计表 表10-7-6

序号	项 目		单位	数 量	备注
一				技 术 标 准	
1	计算行车速度		km/h	80	
2	路基宽度	整体式路基	m	24.5	
		分离式路基	m	12.25	
3	桥面净宽		m	2×11.0	
4	路基、桥涵设计洪水频率			特大桥为1/300；大、中、小桥和涵洞及路基均为1/100	
5	桥涵设计车辆荷载			公路—Ⅰ级	
二				主要工程规模	
1	路线里程		km	84.69	
2	征用土地		亩	7185.7902	
3	拆迁房屋		m²	74743.955	
4	路基土石方		万m³	2573.3	
5	桥梁（主线）		m/座	21194.84/62	
	其中：特大桥、大桥		m/座	20237.84/49	
6	匝道桥梁		m/座	1742.17/11	
7	上跨分离		m/座	185/3	
8	互通式立交		处	5	
9	涵洞、通道		道	188	
10	隧道		m/座	30385.8/20.5	
11	路面（主线）		万m²	0.2075	
12	主线收费站		处	5	
13	服务区		处	2（其中岐山服务区取消建设）	
14	停车区		处	1	

宁武高速公路宁德段建设项目路基土建 A2 合同段于 2009 年 4 月 3 日正式开工，2012 年 6 月底建成通车试运营。

2. 前期决策情况

宁上线贯穿闽东、闽北、赣东北地区，原有公路技术标准偏低，省道 302、303 线均为二级、三级等级标准并存，且二级公路所占比例较低，仅为 29%。路线平纵指标差，坡陡弯急，行车条件较差，不利于发挥干线公路的作用，同时也不能满足国防战备的要求。另外尚有部分路段为泥结碎石路面，由于超载现象严重，路面破坏较严重，经常由于洪涝灾害导致交通局部中断，且原有公路穿越城镇，混合交通和横向干扰严重，通行能力降低、交通事故频繁。恰逢"十一五"期间，为加快建成骨干通道，以提高公路等级、完善公路网络、扩大通达覆盖面、增强普遍服务为重点，促进泛珠三角区域经济发展、推进闽浙赣经济合作，构筑旅游快速交通网，推动福建省旅游业发展，加强国防交通、保障国家安全和统一等需要，2005 年 3 月 16 日，省高速公路建设总指挥部组织召开宁德至武夷山（闽赣界）高速公路宁德市境路线方案审查会，会议同意本项目路线走向。2005 年 9 月 2 日，省发改委向国家发改委呈报宁德至武夷山（闽赣界）高速公路项目建议书；2006 年 6 月 30 日，国家发改委同意建设宁德至武夷山（闽赣界）高速公路；2006 年 7 月 19 日，完成工程可行性研究报告编制工作，并于 11 月 17 日完成工可（修订本）修编工作；2007 年 4 月，省高指组织召开初测验收会议；2007 年 9 月 11 日，交通部同意可行性研究报告；2008 年 9 月 23 日，国家发改委以发改交运〔2008〕2540 号文批准工程可行性研究报告。

3. 参建单位主要情况

宁武高速公路建设单位为宁德宁武高速公路有限责任公司，全线共分为 12 个路基土建工程施工标（其中主线 A1~A9，屏南连接线 A10~A12），3 个路面、房建（含绿化）及交安工程施工标（B1~B3），6 个机电工程施工标（E1~E3，ED1~ED3）；5 个监理标（J1~J4，EJ），3 个路基试验检测标（JC1~JC3），1 个路面试验检测标（BJC）；1 个勘察设计标（S1：福建省交通规划设计院）以及 1 个设计咨询标（SZX：中交第二公路勘察设计研究院有限公司）。参建单位详见表 10-7-7~表 10-7-11。

路基土建工程一览表　　表 10-7-7

标段号	中标单位	工程规模	长度（km）
A1	中交第一公路工程局有限公司	K29+860~K36+300	6.44
A2	中铁十五局集团第六工程有限公司	K36+300~K45+480	8.189
A3	中铁十七局集团有限公司	K45+480~K52+485	7.035
A4	中铁一局集团有限公司	K52+485~K58+765	6.278

续上表

标段号	中标单位	工程规模	长度(km)
A5	中铁隧道股份有限公司	K58+765~K64+780	6.015
A6	北京市公路桥梁建设集团有限公司	K64+780~K72+000	7.238
A7	中铁四局集团有限公司	K72+000~K78+160	6.16
A8	湖北省路桥集团有限公司	K78+160~K86+065	7.905
A9	福建省第二公路工程有限公司	K86+065~K94+592	6.794
A10	中铁四局集团第四工程有限公司	K6+280~K13+600	7.32
A11	中铁十五局集团有限公司	K13+600~K18+680	5.08
A12	福建省第一公路工程公司	K18+680~K28+900	10.22

路面、房建(含绿化)及交通安全单位一览表　　表10-7-8

标段号	中标单位	工程规模	长度(km)
B1	福建路桥建设有限公司	K29+860~K58+765	29.024
B2	中交第一公路工程局有限公司	K58+765~K94+592	35.827
B3	中铁十二局集团有限公司	K6+280~K28+900	22.62

机电工程一览表　　表10-7-9

标段号	中标单位	工程规模	长度(km)
ED1	中铁十三局集团电务工程公司	K29+860~K47+740	17.880(含长短链)
ED2	葛洲坝集团电力有限责任公司	K47+740~K74+283	25.543(含长短链)
ED3	北京瑞华赢科技发展有限公司	K74+283~K94+592 LK6+280~LK28+900	43.929(含长短链)
E1	福建新大陆电脑股份有限公司	K29+860~K74+283	43.423(含长短链)
E2	紫光捷通科技股份有限公司	K74+283~K94+592 LK6+280~LK28+900	43.929(含长短链)
E3	福建新大陆电脑股份有限公司	K91+403~K94+605	3.202

监理单位一览表　　表10-7-10

标段号	中标单位	监理内容	工程规模	长度(km)
J1	厦门市路桥咨询监理公司	路基土建工程、路面工程、交通安全设施工程、景观绿化工程、房建等工程的监理工作	K29+860~K52+485 路基土建 K29+860~K58+765 路面、房建(含绿化)、交安工程(含试验检测)	21.781 28.061
J2	福建省交通建设工程监理咨询公司	路基土建工程等工程的监理工作	K52+485-K72+000 路基土建	19.419
J3	武汉大通公路桥梁工程咨询监理有限责任公司	路基土建工程、路面工程、交通安全设施工程、景观绿化工程、房建等工程的监理工作	K72+000~K94+592 路基土建 K58+765~K94+592 路面、房建(含绿化)、交安工程	20.848 34.079
J4	安徽省高等级公路工程监理有限公司		K6+280~K28+900 路基土建、路面、房建(含绿化)、交安工程	22.62

续上表

标段号	中标单位	监理内容	工程规模	长度(km)
EJ	北京路桥通国际工程咨询有限公司	监控、通信、收费系统(三大系统)和外供电、隧道照明、通风、消防及沿线供配电系统施工监理	K29+860～K94+592 K6+280～K28+900	60.383 22.62

试验检测单位一览表　　　　　　　　　　表10-7-11

标段号	中标单位	监理内容	工程规模	长度(km)
JC1	厦门建通工程技术开发有限公司	路基土建工程的试验检测服务工作	K52+485～K72+000	19.419
JC2	福建省公路工程试验检测中心站		K72+000～K94+592	20.848
JC3	宁德市交通建设工程试验检测中心		K6+280～K28+900	22.62
BJC1	厦门合诚工程检测有限公司	路面、房建(含绿化)及交通安全设施工程的试验检测服务工作	K58+765～K94+592 K6+280～K28+900	34.112 22.62

(二)建设情况

1.项目准备阶段

(1)立项审批

本项目前期工作经国家有关部门评估和审查,完成了国家规定的各项基本建设程序。具体如下:

2006年6月30日,国家发改委以发改交运〔2006〕1267号文批准立项。

2007年7月13日,国土资预审字〔2007〕177号文批复控制性工程先行用地。

2007年8月27日,环保总局以环审〔2007〕337号文批准项目环境影响报告书。

2007年11月15日,水利部以水保函〔2007〕312号文批准项目水保方案。

2008年9月23日,国家发改委以发改交运〔2008〕2540号文批准工程可行性研究报告。

2008年12月23日,交通运输部以交公路发〔2008〕507号文批准工程初步设计。

2009年2月3日,林业局以林资许准〔2009〕037号文批准全线林地征用。

2009年4月,福建省人民政府以闽政文〔2009〕13号文转批国土资源部国土资函〔2009〕423号文,正式批准项目工程建设用地。

2010年6月16日,福建省交通运输厅以闽交建〔2010〕74号文正式批准施工图设计文件。

2010年7月20日,向省质监站报送公路工程质量监督申请书和相关资料,2010年8月2日,省交通质监站正式下达质量监督通知书。

本项目于2010年9月申报施工许可,经福建交通运输厅初审,福建省交通厅审查后在2010年10月报交通运输部审批,交通运输部于11月以交公路施工许可〔2010〕42号批复施工许可。

(2)资金筹措

本项目概算批复总投资为68.36亿元,其中项目资本金定为239246万元[部级资本金(省公司)96000万元、省属子公司资本金(福宁公司)71472万元、市级资本金(宁德高速公路投资公司)71774万元],银行贷款444340万元。2013年8~11月,省审计厅开展竣工决算审计工作,经审计审核后,项目总投资为646845.17万元(其中:建安工程投资492423.15万元,设备购置费29268.94万元,其他基本建设费125153.09万元),比批复的概算总投资683561.08万元,节约36715.91万元。

(3)招投标工作

宁德宁武高速公路招标工作坚持"公开、公平、公正"和诚实信用的原则,严格按照《中华人民共和国招标投标法》、交通运输部有关公路工程设计、施工、监理的招标、评标办法及福建省人民政府、交通厅有关法规、办法执行。

(4)合同段划分

宁武高速公路宁德段主线共分为12个路基土建工程施工标(A1~A12),3个路面、房建(含绿化)及交安工程施工标(B1~B3),6个机电工程施工标(E1~E3、ED1~ED3);5个监理标(J1~J4、EJ),3个路基试验检测标(JC1~JC3),1个路面试验检测标(BJC1);1个勘察设计标(S1)以及1个设计咨询标(SZX)。

(5)征地拆迁

本项目批复建设用地507.7466hm^2(7616.169亩),实际征用红线内永久性用地为7185.7902亩,节约430.3788亩;共拆迁地面建筑物面积74743.955m^2,施工用电线路里程165.062km。自开工建设以来,经过沿线各县(市)高指、电力公司以及相关部门的不懈努力,克服重重困难,2009年11月份完成征地拆迁工作,2010年3月31日全线全面通电。交通运输部审批的安征迁概算费用为40209.3万元,经竣工审计后,安征迁费用为39191.87万元,节约1017.43万元。为确保宁德宁武高速公路征地拆迁、补偿安置和营造良好施工环境工作的顺利完成,市政府与沿线县(市)政府签订征迁和营造施工环境责任状,按照"分段负责、费用包干、限期完成"的原则,市、县两级高指还签订了征地拆迁补偿安置费用包干协议书,详见表10-7-12。

征地拆迁情况统计表　　　　表10-7-12

征地拆迁安置起止时间	征用土地(亩)	拆迁房屋(m^2)	支付补偿费用(万元)	备注
2008.12~2009.11	7185.79	74743.955	39191.87	

2. 项目实施阶段

本项目开工伊始,认真总结借鉴以往高速公路建设管理经验,推动工程建设一开始就站在一个较高的起点上。在合同谈判期间,就把混凝土集中拌和、混凝土构件集中预制、项目标准化管理作为重要内容,实施过程探索实践山区高速公路大混凝土泵送车、大施工便道、大试验检测环境等"八大"建设的管理思路。

3. 工程变更

根据交通部《公路工程设计变更管理办法》(2005年第5号令)、《福建省高速公路工程设计变更管理办法(试行)》(闽高路工〔2005〕34号)和《转发交通部"公路工程设计变更管理办法"的通知》(闽高路工〔2006〕4号)等规定,以及结合宁武高速公路宁德段施工招标文件及合同约定所制定的《设计变更实施细则(试行)》执行。

一般变更由四方现场确定,重要变更、重大变更尽可能采取会议集体研究,并邀请项目跟踪审计组参加,确保由四方共同确认变更方案,变更费用经监理审核后报送业主会审、会签批准。同时采用动态管理模式,建立工程变更台账和变更形象图,避免出现重复变更的问题。本项目一般、重要变更共926项;重大变更共27项。

(三)复杂技术工程

1. 桥梁施工情况

(1) 采取覆盖保温和箱体加温相结合方式的新型养生技术

本项目主线有大坑大桥、西山角大桥和深洋大桥三座悬交桥,施工过程中通过委托有资质的桥梁监控量测单位对整桥的高程及线形进行实时监测,用数据指导现场施工。在冬季浇筑悬臂主梁施工时,为了克服冬季施工混凝土浇筑后养护不足的缺陷,在混凝土浇筑完毕后采取覆盖保温和箱体加温相结合方式的新型养护技术,即混凝土浇筑完毕后,在顶板混凝土面铺设塑料薄膜,薄膜上覆盖黑心棉被,棉毡上覆盖彩条布防风。在箱梁端部及底部采用帆布遮风,梁体内箱养护段不大于3个连续块段,且需将2个连续块段全封闭(内端也采用篷布严密隔离)并采用蒸汽养护机进行蒸汽养生。在钢模板外侧安装玻璃棉保温隔热板。

(2) 采用新型数控弯曲机及数控弯箍机进行钢筋加工

在T梁预制及盖梁施工中,钢筋加工采用新型数控弯曲机及数控弯箍机进行钢筋加工,不但极大地提高了生产效率,而且在控制钢筋弯曲度及物理精度上得到极大提高;梁片的钢筋骨架在精心加工的台架上进行绑扎定位极大地提高了钢筋间距及保护层精度;大直径主筋连接采用套筒连接而非常规焊接技术,试验证明不仅质量稳定性得到提高而且减少了材料浪费。

(3) 设立专项小组,确保施工质量

针对T梁预制过程常见的质量通病,宁武高速公路项目部决定启用QC小组进行质量攻关措施,系统解决T梁混凝土外观和内在质量缺陷。小组系统地调查了T梁的制作过程及完成后的一些病害,针对这些病害产生情况,小组进行了一系列的工艺调整:①优化模板设计,对模板细节进行调整。②通过混凝土外加剂改善混凝土性能。③通过选用新型材料——消泡脱模剂消减混凝土表面气泡。④调整附着式振动器的布设位置,由于T梁钢筋较密,再加之波纹管位置的影响,波纹管以下腹板混凝土无法采用插入式振动器,插入式振动器不能振捣的部位必须由附着式振动器完成。⑤合理划分混凝土分层、分段施工,30mT梁混凝土采用分3层8~10段连续浇筑,第一层浇筑到马蹄以上20cm左右,有利于马蹄上口斜面混凝土气泡一次性的排出,剩余部分混凝土分两层浇筑完成,浇筑过程中要连续、快速,分层过多和分段过少混凝土会初凝,特别是在天气较热的情况下,拆模后会留下若断若续的层印或暗纹。⑥采用手摇式千斤顶拆卸模板,能较好避免边角损坏现象的发生。

2. 隧道施工情况

在隧道施工过程中,严格遵循"管超前、严注浆、短开挖、强支护、快封闭、勤量测"的原则,运用TSP203超前地质预报系统,提前预测隧道前方100~200m范围内的地质情况,结合设计施工图纸的围岩类别分别采用CD法、上下台阶法、全断面开挖法等方法。同时,采用光面爆破技术、整体式台车、衬砌技术,克服小模板衬砌接头多、错台空腔等问题。施工过程中,为了降低粉尘,减少回弹量,提高喷射混凝土的质量,隧道喷射混凝土均采用湿喷法喷射混凝土新技术,喷射混凝土作业采取分段、分块,先墙后拱、自下而上的顺序进行。喷射时,喷嘴做反复缓慢的螺旋形运动,以保证混凝土喷射密实。同时掌握风压、水压及喷射距离。当岩面局部渗水时,先喷砂浆,并加大速凝剂掺量,保证初喷后,再按原配比施工。在局部出水量较大时采用埋管、凿槽,树枝状排水盲沟等措施,将水引导流出后,再喷混凝土,确保隧道施工质量。

(四)科技创新

为适应高速公路施工工艺水平的不断创新,质量要求不断提高的新形势,宁德宁武项目在全面贯彻落实省高指《标准化施工指南》《工地建设标准化指南》和"三个集中、两项准入"制度的同时,积极摸索研究山区修建高速公路的新思路、新方法、新举措,不断总结、改进、创新管理理念。具体如下:

(1)推广运用新工艺(材料、设备)。为进一步推进宁德宁武项目规范化建设与标准化施工,提高各参建单位施工技能和管理水平,积极开展创精品亮点活动,鼓励各参建单位采用新设备、新材料和新工艺等手段,提高工程质量和工作效率,减少劳务用工和人为操作偏差。主要体现在:①全面推行钢筋机械化加工、工厂化生产,提高工效减少人为误差。②实行小型预制构件集中预制。针对以往小型构件预制存在的质量缺陷问题,率先引进高强度塑料模具配合振动台、干压成型两种施工工艺,集中预制小型构件,提高工程实体质量。③采用冲击式碾压机进行压实补强,减少工后沉降。④提倡桥梁工程桥台基础和台背填筑提前施作,桥台、涵背回填采用每15cm画标记控制回填土厚度,减少工后沉降。⑤冬季低温预制梁采用蒸汽养护,加快工程施工进度。⑥全面推行使用钢筋定位架进行T梁钢筋骨架和桥梁护栏钢筋绑扎,提高钢筋间距的准确率和操作工效。⑦预制T梁端头模板进行改进,分2~3段设置,并采用法兰盘配合橡胶垫连接,既有效防止漏浆又容易拆模,提高混凝土外观质量水平。⑧全线预制梁场均配备定时自动喷淋系统和高压水池对T梁进行养护,减少劳务用工和提高养护效果。⑨调整施工工序,提前施作洞门及洞口工程,洞口临时性场地硬化与后续永久性路面工程实现永临结合,减少浪费,有效提高洞口段标准化水平。⑩对隧道二衬台车进行改装,做到矮边墙与二衬连体浇筑,基本解决矮边墙接缝的质量通病问题并提高混凝土整体性。⑪全线通信机房采用上走线架方式进行缆线敷设,其优点在于整体美观、便于检修、易于扩容。⑫隧道灯具采用全隧道单侧布灯,减少电缆和辅助材料,节约建设成本,维护方便。⑬所有长隧道供配电均采用横洞变电所,其优点在于相对洞口变配电所能减少供电半径,从而减小低压电缆的截面积,降低建设成本;同时易于设备的检修,保障维护人员安全。⑭各收费站入口收费车道率先引进散卡式自动发卡机,采用柔性材料和弧线运动方式,不易损伤卡片或将卡顶死,能够有效降低自动发卡机故障率。⑮伸缩缝施工,在工作职责方面,首先是分析土建标施工预留存在问题,并强制切割给有经验的施工队伍进行整改,整改后须经五方确认。在工序安排方面,科学合理安排施工工序,提前施工沥青混凝土路面,确保伸缩缝施工和养护周期。在施工工艺上,严格按以下工艺流程:安装前准备工作;画线、开槽;缝体安装;混凝土浇筑;养护。

(2)开展课题研究。依托科研、设计单位的技术力量,要求施工、监理单位,积极探讨和研究新工艺、新方法,解决施工过程中遇到的各种难题,提升工程建设科技含量。主要有:①引进液压强夯设备,对三背回填进行补强,减少工后沉降,避免桥台桥头跳车。②委托专业检测机构采用瑞雷波检测技术对桥台涵背和填挖交界处填筑质量进行检测。③全面推行T梁出坑检测,各梁场均设置检测维修台座,在出坑前对梁板进行检测,减少工程交工检测存在的问题。④委托专业机构进行隧道初支检测和隧道监控量测及超前地质预报。⑤针对高海拔山区雨雾多的特点,委托相关交通科研院所进行雾灯诱导设计施工,确保行车安全。⑥对连续长下坡采用设置紧急停车处、固定加水点、优化沥青混凝土路面设计、设置减速带等综合处理措施,确保行车安全。⑦开展福建省长大纵坡事故成因分析及防治对策研究,为提高高速公路长大纵坡安全设计与管理的水平和效率,有效避免恶性事故,通过长大纵坡安全隐患排查和整治,采取理论分析、数据统计、行为调查、事故深度研究等多种手段和方法,对高速公路长大纵坡事故成因、风险辨识技术和交通安全综合保障技术进行研究,深入探究高速公路长大纵坡交通事故的发生机理,为长大下坡安全设计和管理决策提供依据。⑧开展山区高速公路特殊路段运营期养护作业区交通安全保障技术研究,提出山区高速公路特殊路段养护作业区的交通安全设施设置标准和交通安全保障体系并编制安全保障指南,进而研发山区高速公路特殊路段养护作业区的安全设施配置专家决策系统软件,将山区高速公路养护作业区交通安全保障规范化、标准化,降低养护区域的交通事故率,提高道路的通行效率和整体交通安全水平,同时也为高速公路养护作业中的交通组织和管理提供技术支撑。

(五)运营管理

1. 服务区设置

宁武高速公路宁德段设置周宁服务区,1处总建筑面积约4001m^2,内设办公楼、宿舍、公厕、加油站、汽修间等,主体结构为钢筋混凝土结构。

2. 收费站点设置(表10-7-13)

收费站点设置情况表　　　　　　　　　　　　　　　　　　　　　表10-7-13

站点名称	车道数	收费方式
白云山	7(3入4出)	人工、ETC、自动取卡
周宁	8(3入5出)	人工、ETC、自动取卡
白水洋	10(7入6出)	人工、ETC、自动取卡
屏南	8(3入5出)	人工、ETC、自动取卡

3. 车流量发展状况(表10-7-14)

交通流量发展状况表　　　　　　　　　　　　　　　　　　　　　表10-7-14

年份(年)	日均车流量(辆)
2015	2547

三、宁上线宁德至武夷山高速公路南平段(宁武高速公路南平段)(建设期:2008.08~2012.12)

(一)项目概况

1. 基本情况

宁武高速公路南平段工程起点位于福建省宁德、南平两市交界处的楼坪村附近,经政和县的杨源、石屯、西津,建阳市的漳墩、回龙、水吉、将口,武夷山市的兴田、武夷、综合农场、洋庄,终点位于武夷山分水关。项目全长215.48km(其中主线198.144km,连接线

17.366km),新建高速公路里程203.034km,其中路线主线198.144km(含断链),屏南连接线4.89km(高速公路标准),同时修建一级公路连接线4.766km,二级公路连接线7.68km。

项目总投资概算151.63亿元,全线按高速公路标准建设,桥涵设计荷载等级为公路—Ⅰ级;政和杨源起点至政和互通段54.293km,设计为双向四车道,行车速度为80km/h,路基宽度为24.5m;政和互通至松柏枢纽互通段80.11km,设计为双向四车道,行车速度100km/h,路基宽度26m;松柏枢纽互通至兴田互通段(四改六)合并浦南高速公路建设;兴田互通至武夷山互通段27.166km,设计为双向六车道,行车速度100km/h,路基宽度33.5m;武夷山互通至终点36.575km,设计为双向四车道,行车速度80km/h,路基宽度24.5m;屏南连接线4.89km,设计为双向四车道,设计行车速度80km/h,路基宽度24.5m。

沿线共设互通式立交13处(其中枢纽互通3处、落地互通9处、预留1处),设5对服务区,1个停车区,9个收费站,1个监控收费通信分中心,1个养护工区,3个养护站,全线特大桥2座1571.4m、大桥109座32547.4m、中小桥61座3010.9m、隧道42座56468.7m,涵洞584道23425.4m及配套的机电工程。项目基本情况详见表10-7-15~表10-7-17。

宁武高速南平段项目基本情况表(S2合同段)　　表10-7-15

指标名称		高速公路
桩号范围		YK129+000~YK134+370
路段长度(km)		5.370000
设计速度(km/h)		80
车道数		4
平曲线最小半径(m)	一般值	400
	最小值	250
不设超高最小平曲线半径(m)		2500
停车视距(m)		110
凸形竖曲线最小半径(m)	一般值	4500
	最小值	3000
凹形竖曲线最小半径(m)	一般值	3000
	最小值	2000
路基宽度(m)		24.5
桥梁设计荷载		公路—Ⅰ级
桥面净宽(m)	整体式	2×11
	分离式	11.25
路面设计标准轴载		BZZ-100
设计洪水频率	特大桥	1/300
	大、中桥	1/100
	小桥涵、路基	1/100

续上表

指标名称	高速公路
路线交叉	全封闭、全立交
沿线设施	全段按高速公路总体设计要求进行修建

宁武高速公路南平段项目基本情况表（S3 合同段）　　表 10-7-16

序号	项目	单位	规范值	采用值	备注
1	设计速度	km/h		100	
2	路基宽度	m		26.0	
3	平均每公里交点	个/处		0.909	
4	平曲线最小半径	m/处		700/1	
5	平曲线最大半径	m/处		5000/1	
6	平曲线占路线比例	%		91.81	
7	最大直线长度	m		3935.976	
8	平曲线最小长度	m		170	
9	平曲线最大长度	m		2017.69	
10	同向曲线间最小直线长	m		—	
11	反向曲线间最小直线长	m		275.622	
12	平均每公里纵坡变坡次数	处		1.048	
13	最大纵坡	%		4.0/1	
14	最小纵坡	%		0.3/2	
15	最大坡长	m		2950	
16	最小坡长	m		210.433	
17	凸形竖曲线最小半径	m		10750/1	
18	凹形竖曲线最小半径	m		9303.419/1	
19	竖曲线占路线比例	%		36.27	

宁武高速公路南平段项目基本情况表（S4 合同段）　　表 10-7-17

序号	项目	单位	规范值	采用值	备注
1	设计速度	km/h		80	
2	路基宽度	m		24.5	
3	平均每公里交点	个/处		0.633	
4	平曲线最小半径	m/处		600/1	
5	平曲线最大半径	m/处		2500/3	
6	平曲线占路线比例	%		56.95	
7	最大直线长度	m		4965.15（分水关隧道）	

续上表

序号	项目	单位	规范值	采用值	备注
8	平曲线最小长度	m		435.75	
9	平曲线最大长度	m		2061.12	
10	同向曲线间最小直线长	m		610.6	
11	反向曲线间最小直线长	m		184.3	
12	平均每公里纵坡变坡次数	处		1.128	
13	最大纵坡	%		3.5	
14	最小纵坡	%		0.3	
15	最大坡长	m		3690(分水关)	
16	最小坡长	m		350	
17	凸形竖曲线最小半径	m		8645.438	
18	凹形竖曲线最小半径	m		10000	

2.前期决策情况

宁武高速公路是国家高速公路沈阳至海口纵线(沈海高速公路)的第四条联络线——福建宁德至江西上饶高速公路(宁上高速公路)福建境内段,也是福建省境内国高网规划的主干线之一,是海峡西岸经济区高速公路规划网"三纵八横,三环三十三联"中的第一横。将国家高速公路网沈海、长深、京台、沪昆四条主线有机地联系在一起,构成闽浙赣相邻区域间实现交通转换的重要纽带,以及中西部内陆腹地和闽北山区通往沿海港区的快速通道,对于构筑完善国家和福建高速公路网,尽快发挥路网整体效益,促进泛珠三角区域经济发展,推进闽浙赣经济合作,构筑旅游快速交通网,推动福建省旅游业发展,加快海峡西岸经济区建设,以及加强国防交通,有效保障国家安全和统一等都具有重要的意义和作用。

2006年6月30日,国家发展和改革委员会以《国家发展改革委关于福建省宁德至武夷山(闽赣界)公路项目建议书的批复》(发改交运[2006]1267号)批准项目立项。

3.参建单位主要情况(表10-7-18)

(1)建设单位

按照福建省高速公路"四统三分"和建设以地市为主的建设体制,宁武高速公路南平段项目业主为南平宁武高速公路有限责任公司,由省、市高速公路公司于2007年8月共同出资组建,履行建设业主职能,全面负责项目的建设、筹资、运营和还贷工作。贯彻执行项目业主法人责任制、工程招投标制、工程监理制和合同管理制,对工程建设进行质量、安全、进度、投资控制管理。

(2)设计单位

福建省交通规划设计院、中国公路工程咨询集团有限公司、中铁第四勘察设计院集团有限公司为设计单位,中交第二公路勘察设计研究有限公司为设计咨询单位。

(3)施工单位

宁武高速公路南平段施工单位共43家。路基土建工程共划分为27个合同段,路面、交安、房建和景观绿化工程划分为6个合同段,交通三大系统工程划分为3个合同段,机电工程划分为7个合同段。

(4)监理单位

宁武高速公路南平段监理单位共12家,全线路基、路面项目9个监理标段、机电、三大系统3个监理标段。

(5)试验检测单位

宁武高速公路南平段试验检测单位共7家,全线土建项目5个试验检测标段、路面、交安、房建项目2个试验检测标段。

宁武高速公路南平段参建单位一览表　　　　　　　　表10-7-18

序号	参建单位	承建工程	合同号	合同价（万元）
1	南平宁武高速公路有限责任公司	项目业主		
2	福建省交通建设质量安全监督局	监督单位		
3	福建省交通规划设计院	设计单位	S2	7446.1
	中国公路工程咨询集团有限公司		S3	6067.3
	中铁第四勘察设计院集团有限公司		S4	5946
	西安公路研究院			
4	中交第二公路勘察设计研究有限公司	设计咨询单位		1768
5	中铁隧道集团三处有限公司	路基土建工程	A1	40718.3
6	中铁七局集团有限公司		A2	32959.6
7	中铁四局集团有限公司		A3	23948.0
8	中铁隧道集团有限公司		A4	34035.5
9	中铁二十五局集团有限公司		A5	30792.2
10	中交二公局第四工程有限公司		A6	25693.3
11	中铁十六局集团第五工程公司		A7	33801.9
12	山东省公路建设(集团)有限公司		A8	7567.3
13	中铁十五局集团第六工程公司		A9	34619.4
14	福建省闽西交通工程有限公司		A10	40882.1
15	中铁八局集团有限公司		A11	36231.6
16	中铁十五局集团第五工程有限公司		A12	36808.7
17	中国水电建设集团路桥工程有限公司		A13	30661.4
18	大成工程股份有限公司		A14	25133.4
19	天津五市政公路工程有限公司		A15	28577.0

第十章
高速公路建设项目实况

续上表

序号	参建单位	承建工程	合同号	合同价（万元）
20	中铁隧道股份有限公司	路基土建工程	A16	26312.4
21	中交二公局第一工程有限公司	路基土建工程	A17	29919.6
22	中交第二公路工程局有限公司	路基土建工程	A18	39283.6
23	中铁四局集团有限公司	路基土建工程	A19	28718.5
24	中铁十九局集团有限公司	路基土建工程	A20	30637.6
25	河南路桥建设集团有限公司	路基土建工程	A21	23977.4
26	中铁十三局集团有限公司	路基土建工程	A22	40718.3
27	中铁十六局集团有限公司	路基土建工程	WA1	20127.0
28	福建建工集团总公司	路基土建工程	WA2	23140.6
29	中交第三航务工程局有限公司	路基土建工程	WA3	22269.9
30	中交二公局第一工程有限公司	路基土建工程	将口大道	12340.4
31	上海远东国际桥梁建设有限公司	路基土建工程	WL	10916.8
32	天津五市政公路工程有限公司 天津第四市政建筑工程有限公司	路面、房建、交安及绿化工程	B1	42099.7
33	浙江交工集团有限公司 福建金鼎建筑发展有限公司	路面、房建、交安及绿化工程	B2	33452.2
34	中铁十二局集团第一工程有限公司 中铁十二局集团建筑安装工程有限公司 江苏泓益交通工程有限公司	路面、房建、交安及绿化工程	B3	37112.5
35	江西省交通集团	路面、房建、交安及绿化工程	B4	36323.4
36	中铁十二局集团有限公司 安徽天洋交通工程有限公司	路面、房建、交安及绿化工程	B5	29896.3
37	福建省交建集团工程公司	路面、房建、交安及绿化工程	FJ4	3288.3
38	福建新大陆电脑股份有限公司	监控、收费、通信系统供货与安装工程	E1	7519.7
39	北京瑞华赢科技发展有限公司	监控、收费、通信系统供货与安装工程	E2	5236.0
40	北京云星宇交通工程有限公司	监控、收费、通信系统供货与安装工程	E3	4920.7
41	北京云星宇交通工程有限公司	供配电系统及隧道通风、照明、消防供货与安装工程	ED1	5574.0
42	中铁十二局集团电气化工程有限公司	供配电系统及隧道通风、照明、消防供货与安装工程	ED2	4954.5
43	福建新大陆电脑股份有限公司	供配电系统及隧道通风、照明、消防供货与安装工程	ED3	5516.1
44	安徽皖通科技股份有限公司	供配电系统及隧道通风、照明、消防供货与安装工程	ED4	5725.7
45	江苏安防科技有限公司	供配电系统及隧道通风、照明、消防供货与安装工程	ED5	5531.0
46	江苏智运科技发展有限公司	供配电系统及隧道通风、照明、消防供货与安装工程	ED6	6560.2
47	福建新大陆电脑股份有限公司	供配电系统及隧道通风、照明、消防供货与安装工程	JD4	2344.3
48	厦门高诚信建设监理有限公司	路基土建工程监理	J1	1581.8880

续上表

序号	参建单位	承建工程	合同号	合同价（万元）
49	山东恒建工程监理咨询有限公司	路基土建、路面、绿化、交安、房建工程监理	J2	1802.5128
50	江西交通工程监理公司	路基土建工程监理	AJ3	1632.7928
51	浙江公路水运工程监理有限公司	路基土建、路面、绿化、交安、房建工程监理	J4	2052.9704
52	南京交通建设项目管理有限责任公司	路基土建工程监理	J5	1535.3272
53	厦门市路桥咨询监理有限公司	路基土建、路面、绿化、交安、房建工程监理	J6	1479.9180
54	武汉大通公路桥梁工程咨询监理有限责任公司	路基土建、路面、绿化、交安、房建工程监理	J7	1485.8250
55	河北华达公路工程技术咨询有限公司	路基土建工程监理	J8	1425.9707
56	福建省交通建设工程监理咨询有限公司	路基土建、路面、绿化、交安、房建工程监理	WJ1	2287.5650
57	北京兴交交通工程监理有限责任公司	供配电、三大系统工程监理	EJ1	530.2686
58	中国公路工程咨询集团有限公司	供配电、三大系统工程监理	EJ2	527.23
59	北京兴交交通工程监理有限责任公司	供配电、三大系统工程监理	DJ4	70.0
60	福建路信交通建设监理有限公司试验检测中心	路基土建试验检测	JC1	620.3102
61	南平市公路工程试验检测中心	路基土建试验检测	JC2	583.6176
62	中交第二公路勘察设计研究院有限公司	路基土建试验检测	JC3	569.057
63	福建省公路工程试验检测中心站	路基土建试验检测	JC4	814.2496
64	福建省交通建设试验检测中心	路基土建试验检测	JC5	862.9331
65	福建建通工程试验检测有限公司	路面(含绿化)及交安试验检测	JC6	462.8463
66	福建省交通建设工程监理咨询有限公司	路面(含绿化)及交安试验检测	JC7	448.9749

(二)建设情况

1.项目准备阶段

(1)立项审批

项目立项:2006年6月30日,国家发展和改革委员会以《国家发展和改革委员会关于福建省宁德至武夷山(闽赣界)公路项目建议书的批复》(发改交运〔2006〕1267号)批准项目立项。

环境影响评价:2007年8月28日,国家环境保护总局以《关于国家高速公路沈阳至海口纵线宁德至上饶联络线福建境内段(宁德至武夷山)环境影响报告书的批复》(环审〔2007〕337号)批准项目环境影响报告书。

水土保持评价:2007年11月15日,水利部以《关于国家高速公路沈阳至海口纵线宁德至上饶联络线福建境内段(宁德至武夷山)水土保持方案的复函》(水保函〔2007〕312号)批准项目水土保持方案。

工程可行性研究:2008年9月23日,国家发展和改革委员会以《国家发展和改革委员会关于福建省宁德至武夷山(闽赣界)公路可行性研究报告的批复》(发改基础〔2008〕2540号)批准工程可行性研究报告,同意路线方案、技术标准、投资控制和建设工期。

初步设计:2008年12月23日,交通运输部以《关于宁德至武夷山(闽赣界)公路初步设计的批复》(交公路发〔2008〕507号)批准工程初步设计。

地震安全性评价:2006年4月5日,地震安全性评价报告得到福建省地震局审查批复(闽震〔2006〕70号)。

项目选址意见:2008年12月12日,南平市城乡规划局颁发建设项目选址意见书(选字第350700200800088号);2011年1月13日颁发福建省住房与城乡建设厅颁发建设项目选址意见书(选字第350000201100001号)。

建设用地批复:

2009年2月3日,国家林业局以《使用林地审核同意书》(林资许准〔2009〕03号)批准项目林地征用。

2009年3月14日,国土资源部以《国土资源部关于宁德至武夷山(闽赣界)公路工程建设用地的批复》(国土资函〔2009〕423号)批准工程建设用地。

2009年5月12日,福建省人民政府以《福建省人民政府关于宁德至武夷山(闽赣界)公路工程建设用地的批复》(闽政文〔2009〕128号)批准项目工程建设用地。

2009年7月22日,南平市人民政府以《南平市人民政府关于宁德至武夷山(闽赣界)政和段公路建设用地的批复》(南政〔2009〕地126号)、《南平市人民政府关于宁德至武夷山(闽赣界)建阳段公路建设用地的批复》(南政〔2009〕地127号)、《南平市人民政府关于宁德至武夷山(闽赣界)武夷山段公路建设用地的批复》(南政〔2009〕地128号)批准项目工程建设用地。

施工图设计:2010年6月16日,福建省交通运输厅以《福建省交通运输厅关于宁德至武夷山(闽赣界)高速公路施工图设计文件的批复》(闽交建〔2010〕74号)正式批准施工图设计文件。

开工批复:2010年11月23日,交通运输部以(交公路施工许可〔2010〕42号)批复施工许可。同意申请开工日期为2009年12月5日,计划竣工日期为2013年12月4日,建设工期4年。

(2)资金筹措

根据宁武高速公路南平段项目初步设计批复及福建省高速公路建设总指挥部《关于

转发宁武高速公路部批初步设计概算分解的通知》(闽高路工〔2009〕175号),该段新建高速公路里程203.034km,其中路线主线198.144km(含断链),屏南连接线4.89km(高速公路标准),同时修建一级公路连接线4.766km,二级公路连接线7.68km。批复概算151.63亿元,按项目资本金35%比例,其中交通运输部及省公司投资37.14935亿元(省、部级出资占公司股本金的70%),南平市公司15.92115亿元(占公司股本金的30%),银行贷款98.5595亿元(占项目投资的65%)。

(3)招投标工作

宁武高速公路南平段各合同段招标评标工作,在省高指及上级各部门指导监督下,均严格按照招投标法、国家七部委和福建省招投标的有关规定执行,坚持"公开、公正、公平"的原则,按照"专家评标、业主定标、上级监督"的评标体系进行。招标前招标文件、评标办法均上报省高指、省交通厅批准后执行,各个标段[含设计、路基土建、路面(包含绿化、交安、房建)、机电工程、各施工监理和路基土建、路面试验检测]均向全国公开招标,采用资格审查、封闭评标的形式进行。业主依法组建评审委员会,评审委员会首先对评审细则进行审定,再根据审定的评审细则对所有递交的投标文件进行评审,最后评审委员会编写评标报告。

宁武高速公路南平段共分为:路基土建工程27个施工标段,路面、交安及绿化房建工程6个施工标段,9个路基土建工程监理标段(含5个路面监理路面、交安及绿化房建工程标段),供配电和三大系统工程10个施工标段和3个监理标段,5个路基土建中心试验室及2个路面中心试验室,共62个标段的招标工作共分9次进行。

本路段路基土建工程A1~A8、A10~A22合同段于2009年6月开始公开招标,于2009年10月正式开工建设,其中A9合同段于2008年10月开始公开招标,于2009年2月正式开工建设;WA1~WA3合同段于2008年5月开始公开招标,于2008年10月正式开工建设。

路基土建工程监理标段J1~J8合同段(含4个路面监理路面、交安及绿化房建工程标段)于2009年5月开始公开招标,于2009年10月全面进场履职;WJ1合同段于2008年5月开始公开招标,于2008年10月正式开工建设;路面、房建及交安绿化工程B1~B3、B5合同段于2010年12月开始公开招标,于2011年9月正式开工建设;B4合同段2009年10月组织公开招标,于2010年1月开始开工建设;路基土建试验检测中心试验室JC1~JC5合同段于2009年5月开始组织公开招标,于2009年10月全面进场履职;路面、房建及交安绿化工程试验检测中心试验室JC6~JC7合同段于2011年6月开始组织公开招标,于2011年9月全面进场履职;机电工程及监理E1~E3、ED1~ED6及EJ1、EJ2合同段于2011年12月开始组织公开招标,于2012年4月正式开工建设;JD4合同段于2010年4月组织公开招标,于2010年9月正式开工建设。

(4)合同段划分

项目业主：

按照福建省高速公路"四统三分"和建设以地市为主的建设体制,宁武高速公路(南平段)项目业主为南平宁武高速公路有限责任公司,由省、市高速公路公司于2007年8月共同出资组建,履行建设业主职能,全面负责项目的建设、筹资、运营、还贷工作。贯彻执行项目业主法人责任制、工程招投标制、工程监理制和合同管理制,对工程建设进行质量、安全、进度、投资控制管理。

业主在建设期间派出现场管理指挥机构南平宁武高速公路有限责任公司杨源代表处、政和代表处、建阳代表处及武夷山代表处,各代表处内设工程部、综合部。4个代表处负责具体实施工程质量、安全、进度、投资、合同管理,并配合地方政府和高指开展征地拆迁和民事协调工作。

路基土建、路面、交安、房建及绿化工程监理：J1~J8、WJ1总监办(其中J2、J4、J6、J7和WJ1包含路面、交安、房建及绿化工程监理)是由各相应中标单位委派,经业主确认履行路基土建、路面及交通工程、房建、景观绿化工程监理合同的全权负责人,行使监理合同授予的权限,对本项目工程负监理责任：

①根据合同文件,制订监理计划、规章制度、监理办法和程序,并检查其落实和执行情况。

②主持编写本项目施工监理规划及监理实施细则。

③对驻地监理组的报告和文件进行研究,为驻地监理工程师批准支付证明、设计变更、工程延期、费用索赔、合同管理和重大技术问题等提供依据。

④指导各驻地监理组的监理工作和协调各合同段的施工活动。

⑤领导和帮助各现场监理组的工作,有权检查承包人的工程进度、质量、安全、合同执行、计量支付和资料管理的情况。

⑥主持监理会议,决定奖罚、查处有失职和违约行为的监理人员。

⑦主持处理工程质量、安全及其他事故,参加各合同段的工地会议和有关施工、监理活动。

⑧负责向上级主管部门、业主及其他方面提交有关报告和文件,组织协调与业主、设计、施工及质量监督部门的工作。

供配电、三大系统工程监理：EJ1、DJ4和EJ2总监办是分别由北京兴通交通工程监理有限责任公司、中国公路工程咨询集团有限公司委派,业主确认履行供配电、三大系统工程监理合同的全权负责人,行使监理合同授予的权限,对本项目工程负监理责任,对本项目监理工作有最后的决定权：

①组织领导监理工程师开展监理工作。负责编制监理工作计划,并组织实施、督促、检查执行情况。

②保持与业主代表的密切联系,弄清其要求与愿望,努力维护业主利益；与工程承包商负责人联系,建立良好的工作关系,在合同允许的范围内,根据实际情况,帮助承包商解决一些

问题,在严格监理的同时,尽量减少人为因素给工程造成的损失。

③审查工程承包商的实施性施工组织设计、施工技术方案和施工进度计划。

④督促、检查工程承包商的开工准备工作,签发开工令。

⑤参加设计单位向工程承包商的技术交底会议。

⑥参加业主组织的与本工程建设有关的生产、技术、安全、质量、进度等会议或检查。

⑦签发工程质量通知单、工程质量事故分析、处理报告;返工、停工命令,审签往来公文函件及报送的各类综合报表。

⑧出具工程变更审查意见。

⑨审查并签署验工计价汇总表,提出工程付款意见并签署支付证书。

⑩监督、检查监理工程师执行监理制度的情况。

⑪督促、审核工程承包商编制的工程量统计表。

⑫督促整理各种技术文件、资料归档。

⑬参加工程决算工作。

⑭定期、及时向业主报告工作情况。

⑮分析监理工作状况,不断总结经验,按时完成各阶段的监理工作总结,按月编制监理月报。

试验检测:路基土建试验检测中心试验室JC1~JC5合同段及路面、房建及交安绿化工程试验检测中心试验室JC6~JC7合同段是分别由各中标单位委派,业主确认履行督促指导路基土建和路面施工单位的日常试验工作,对工程实体、各种材料、成品和半成品进行抽检的全权负责人,行使试验检测合同授予的权限,配合本项目业主及监理做好项目施工阶段和验收阶段的质量评定工作:

①根据合同文件,制订质量检测计划,并按照监理工程师的工作计划、要求和工作联系单,独立开展验证试验、工艺试验、标准试验、抽样试验和验收试验工作。

②加强原材料控制,确保工程质量。

③采取动态管理,加强施工过程检测控制。

④在施工阶段中积极开展验证试验、标准试验、抽样试验、工艺试验、验收试验,及时提交数据,用数据来保证工作质量。

⑤加强对工地试验室的管理,深入了解项目部工地试验室的工作情况,配合业主与监理单位对其在试验工作流程、工作质量中发现问题进行指导,及时解决问题,保证工作效率和工作质量。

⑥针对日常试验中发现的异常情况,负责向业主及监理提交异常信息通知单,保证工程质量始终处于可控状态。

⑦严格内业管理,规范内业资料,不断总结经验,按时完成各阶段的试验检测工作总结,认真统计试验工作的月度汇总,并及时向总监办、业主等机构上报。

(5)征地拆迁

本项目拆迁工作涉及政和、建阳、武夷山3个县(市),共需征用土地18277.9亩,其中耕地7323.48亩,林地9440.4亩,建设用地609.85亩,未利用地904.17亩;共需拆迁房屋11万m^2,迁移杆线273km。目前,已完成全线203km的18277.9亩土地的征用工作。政和县全部完成征地87.27km(6109亩),占100%;完成协议拆迁建筑物33118m^2,占100%;完成杆线迁移151.17km,占总量151.57km的100%。建阳市完成征地51.74km(4972亩),占100%;完成协议拆迁建筑物25075m^2,占100%;完成杆线迁移191.75km,占总量191.75km的100%。武夷山市完成征地62.2km(6130亩),占该市境内征地总量100%;完成协议拆迁建筑物44682m^2,占总量44682m^2的100%;完成杆线迁移199km,占总量199km的100%。征地拆迁工作从2006年底开始至2010年底红线内的征地拆迁基本结束(除变更扩征外),之后征地拆迁工作重点转向民事协调以及设计遗漏和变更扩征所增的征地拆迁工作。

2.项目实施阶段

(1)重大决策

宁武高速公路地处自然区划为浙闽山地过湿区(Ⅳ-4),沿路线基土属黏质土地基居多,从地质、施工、材料来源、维修养护、投资等方面对比刚性路面和柔性路面,本项目的路面结构原设计为除隧道洞内、收费广场采用水泥混凝土路面外,其余均为沥青混凝土路面,后根据省高指《关于隧道水泥混凝土路面提高抗滑性能设计方案审查会会议纪要》(〔2011〕79号)精神对隧道洞内路面结构进行以下调整:隧道路面长度≤3000m的短、中及长隧道,水泥混凝土路面变更为复合沥青混凝土路面;隧道路面长度>3000m的特长隧道,行车方向进口500m范围内水泥混凝土路面变更为复合沥青混凝土路面,其余采用水泥混凝土路面。

①主线沥青混凝土路面结构:4cm AC-13C细粒式改性沥青混凝土抗滑表层+6cm AC-20C中粒式沥青混凝土中面层+16cm ATB-25沥青稳定级配碎石+16cm级配碎石+1cm改性沥青稀浆封层+30cm的3%水泥稳定碎石底基层。

②收费广场水泥混凝土路面结构层次为:26cm水泥混凝土面层,20cm厚C15素混凝土基层及15cm级配碎石底基层。

③隧道水泥混凝土路面结构:原设计路面结构层次为26cm厚水泥混凝土面层+20cm的C20素混凝土调平层;变更后复合路面结构层次为6cmAC-16C中粒式改性沥青混凝土抗滑表层+24cm水泥混凝土下面层+20cm的C20素混凝土调平层。

(2)重大变更(表10-7-19)

重大设计变更表　　　　　　　　　　　　　　　　　表10-7-19

序　号	设　计　变　更　内　容
1	K101+360~K101+450仰斜式挡土墙变更为坑塘中桥
2	T2改路天桥(不含改路)取消

续上表

序号	设计变更内容
3	仙岩1号大桥孔桩偏移及坡体变形变更
4	南地洋隧道进口左线ZK116+549~ZK116+748段围岩级别及支护型式变更
5	仙岩隧道进口左线ZK121+945~ZK122+118围岩级别及支护变更
6	仙岩隧道进口右线YK121+777~YK121+935围岩级别及支护变更
7	南地洋隧道进口左线ZK117+825~ZK118+048围岩级别及支护变更
8	山岗隧道出口右洞成洞面由YK128+162移至YK128+157,洞门由YK128+166移至YK128+161。山岗左洞ZK128+179~ZK128+193支护形式调整为明洞(Z0型明洞),出口左洞洞门由ZK128+195移至ZK128+193
9	隧道内原有变压器洞室全部取消,并新增横洞变电所
10	YK129+415~YK129+670段增设紧急制动车道取消原设计大绍大桥变更为高填方填石路基
11	YK164+745~YK164+885段围岩为Ⅴ级变为Ⅲ级,支护形式由Z5调整为Z3
12	YK166+527~YK166+703段路基调整为8×20mPC连续T梁
13	YK168+371.5~YK168+495段路基调整为4×30mPC连续T梁
14	源头4号大桥与源头5号大桥右线桥连接成一座桥,增加1-20m简支T梁
15	K172+430-K172+665段路基为高填路基变更为8×30m桥梁
16	茶桐岭隧道YK168+983~YK169+200段变更为Ⅵ级,YK168+983~YK169+180为Ⅵ级围岩,支护形式为Z6,以F2-2施工辅助措施和F6,YK169+190~YK169+180支护形式为Z6,以F2-2施工辅助措施、YK169+190~YK169+200作为Ⅵ至Ⅴ级过渡段,支护型式为Z6和F2-2施工辅助措施,YK168+983~YK169+200并辅以深孔降水
17	ZK169+028~ZK169+140段围岩Ⅴ级变更为Ⅵ级,其中ZK169+140~ZK169+150段为围岩Ⅵ级至Ⅴ级加强过渡段,支护形式采用Z6,施工辅助措施采用F2-2超前小导管;ZK169+028~ZK169+100段仰拱基底采用F6注浆加固
18	龙安大桥右幅由12×30m的PC连续T梁调整为11×30mPC连续T梁,减少一跨,并在K175+779.5~K175+809.5左幅右侧增加30m长衡重式路肩墙,K175+809.5~K175+855右幅右侧增加45.5m衡重式路肩墙
19	原设计竹口大桥不满足百年一遇洪水行洪标准,对K178+686.713~K181+047.955段路基进行调坡
20	K218+173~K218+687隧道出口软土地基处理
21	根据福建省高速公路建设总指挥部〔2010〕227号文件《宁武高速公路南平段设计变更方案审查会议纪要》,因将口区域规划调整,拟建京福高铁站点和武夷山机场,南平市政府要求对宁武高速公路将口互通段设计进行调整,涉及傅屯大桥、将口互通及其连接线、主线崇阳溪大桥变更设计。为支持地方社会经济发展,会议确定将主线桥崇阳溪大桥进行变更。因将口区域规划调整,主线崇阳溪大桥第一、二孔跨滨江东路,起点承台地面高程由150.7m降至148.8m,其他图纸采用原设计维持不变。傅屯大桥由11×25m的PC连续T梁变更为9×35m箱梁调整设计变更。主线崇阳溪大桥第11~13跨原设计3×30mPC连续T梁变更为2×45mPC连续箱梁,桥宽为2×12.75m,采用单箱双室截面,梁高2.70m,本桥横系梁均采用钢筋混凝土横梁。第13~14跨采用PC简支T梁、桥面连续

续上表

序号	设 计 变 更 内 容
22	大安分离式立交桥左幅原设计10跨变更为22跨,右幅原设计10跨变更为19跨
23	根据南平高司工函〔2009〕12号文《关于要求对宁武高速公路九曲互通路段进行变更设计的函》要求,规划的武夷山"大红袍山庄"在宁武高速公路九曲互通的东南400m处,原预留进出道路下穿宁武高速公路K251+778通道桥无法满足项目要求,经上级研究决定,拟从南武路修建一条专用快捷通道,该连接道路对在建的宁武高速公路有一定影响,需调整宁武高速公路九曲互通以北主线及相关匝道纵坡
24	考虑B4合同段路堑段已设置路侧护栏,为方便运营期间路堑边沟的养护,根据省高指对路面及交安工程的审查要求,将盖板式路堑边沟变更为开口式路堑边沟。路堑边沟除侧墙顶取消盖板企口外,其他尺寸不变
25	服务区内贯穿车道、主要车辆通道采用沥青路面,其余路面采用混凝土结构,场坪结构层做法由原设计48cm厚(30cm厚级配砂石垫层,18cm厚C25混凝土面层)调整为61cm厚(15cm厚级配砂石基层,20cm厚C15素混凝土基层,26cm厚5.0抗折混凝土面层)

(3)重大事件

2007年5月9日,南平宁武高速公路有限责任公司成立。

2008年12月23日,在政和县举行全线开工典礼。

2009年4月15日,在建阳市召开全线征地拆迁动员大会。

2009年6月30日,召开全过程跟踪审计进点会。

2010年6月16日,省交通运输厅批复施工图设计。

2010年8月5日,召开大干150天劳动竞赛动员誓师大会。

2010年11月16日,本项目兴田互通至下坝互通段建成通车。

2010年11月23日,获得了交通运输部施工许可。

2011年1月16日,下坝互通至九曲互通段建成通车。

2011年8月28日,九曲互通至武夷山互通段建成通车。

2012年10月9日,项目起点至武夷山闽赣主线收费站(兴田互通至武夷山互通段除外)通车试运行。

2012年12月30日,武夷山闽赣主线收费站至项目终点通车试运行,全线建成通车。

2012年12月,通过交工验收,质量等级优良。

2013年9月27日,通过省质监局和省高指房建工程竣工验收。

2013年11月2日,通过交通运输部档案馆档案专项验收。

2014年4月11日,通过南平市消防支队沿线房建消防工程专项验收。

2014年4月28日,通过南平市避雷装置技术监测中心沿线房建工程防雷设施专项验收。

2015年6月,省审计厅完成本项工程决算审计工作。

2016年1月18日,通过水利部水土保持设施竣工验收。

2016年6月28日,通过省环保厅环境保护竣工验收。

2018年5月10日,通过省质监局工程质量鉴定专项验收,质量等级优良。

2018年6月15日,通过省交通运输厅组织的竣工验收。

(三)复杂技术工程

宁武高速公路是同期福建省通车及在建高速公路项目中建设里程最长(总里程203km)、投资最大(概算总投资151.6亿元)、桥隧比最高(隧比达47.4%,其中政和县杨源乡的南地洋隧道至石屯镇的石门隧道,连续长度27km,由14座隧道和5座桥梁组成,桥隧比占92.4%)、路线海拔最高(经过政和高山区杨源乡、镇前镇,路面海拔最高处为907m)、单个隧道最长(洞宫山隧道长达6556m)、地形最复杂、气候最恶劣、工程最艰巨、施工难度最大的建设项目。其中主要控制性工程如下:

1. 洞宫山特长隧道

洞宫山隧道为宁武高速公路控制性工程之一,洞宫山隧道按山岭重丘区高速公路标准设计,设计行车速度为80km/h,双洞单向行车,单洞两车道,左右洞分离布置,其中左洞长6541m,右洞长6532m。洞宫山隧道进口采用墙式洞门,出口采用倒削竹式洞门,洞口成洞面采用喷锚网防护。

洞宫山隧道地处山岭重丘,洞体围岩级别以Ⅱ、Ⅲ级为主,洞体采用曲墙式复合衬砌,既可保证大断面开挖的可靠性,又能加快施工进度。洞内设行人横洞16条,行车横洞8处,以方便维护、养护,提高运营条件。洞内设置照明、通风、消防及配套的机电设施,左洞采用竖井送排式两段纵向通风,右洞采用全射流通风,并将排烟口与左洞的排风竖井相连,发生火灾时采用分段排烟,以满足隧道在车速低速及火灾工况条件下通风要求。

2. 分水关特长隧道

分水关特长隧道为宁武高速公路控制性工程之一,分水关隧道南平段单线长3349m(全长6067.5m),由于属于单头掘进,排烟压力较大,尤其是施工到2500m以后,每次出完渣后均需要4~5个小时排烟。因此,根据现场实际情况,在经过专家论证及多次尝试后,在隧道2200~2500m的位置增设接力通风机,用于加强通风,同时根据通风竖井的特征,采用抽烟机接入竖井,可以更快排除掌子面烟雾,效果显著,每次出完渣后30min左右即可进行下道工序施工。

分水关隧道设计为反坡隧道,排水压力较大,根据设计图纸,单洞每天涌水量高达8400m³,针对这种状况,经过多次尝试,采用固定水箱及移动泵站相结合的方式,逐级排水,每级水箱间距500~700m,水管采用$\phi 80$及$\phi 125$两种钢管,水泵采用15kW、22kW及37kW的离心泵,并与抽水车结合使用,涌水量能够得到明显控制。分水关隧道通风竖井深221.78m,传统施工工艺为正向吊笼提升法,此种工艺在出渣时安全风险较大,因此,经过福建省高指、省质监局组织的专家组论证后,合同段采用安全系数较高的反井钻机法施工,即先用反井钻机在井位中心从上向下钻250mm导向孔,直达排风联络通道顶,待井下左线隧道排风联络通道与竖井贯通后自下向上扩孔至1400mm;最后自上向下进行全断面光面爆破,炮渣直落井底,装载机装渣,自卸汽车通过左线隧道运送至路基填筑,最大程度降低安全风险。

3. 翠溪2号特大桥

翠溪2号特大桥为宁武高速公路控制性工程之一,翠溪2号特大桥位于政和县杨源乡黄淡坑村北向,上跨山间河沟及S202。桥梁起始桩号K2+193.500,终点桩号K2+705.500,中心桩号K2+449.5,全长512m,桥面宽度为$2\times12m$。左幅桥桥孔分三联布设,第一联为$5\times30m$预应力混凝土连续—刚构组合T梁,第二联为$(85+155+85)m$预应力混凝土变截面箱梁连续刚构,第三联为$1\times30m$预应力混凝土简支T梁;右幅桥桥孔分三联布设,第一联为$5\times30m$预应力混凝土连续T梁,第二联为$(85+155+85)m$预应力混凝土变截面箱梁连续刚构,第三联为$1\times30m$预应力混凝土简支T梁。主桥下部:变截面箱梁主桥主墩6号、7号墩采用箱形墩、桩基础;交界墩5号、8号墩采用薄壁墩、桩基础;引桥桥墩采用柱式墩、桩基础;桥台为柱台、桩基础。本桥位于$R=950m$、$L_s=200m$的缓和曲线上、直线段上。桥孔T梁按直梁预制,通过调整内外翼缘宽度或防撞栏位置变化来顺应路线线形;箱梁通过平曲线内外侧箱梁长度差,实现平曲线。墩台基础均为径向布置。本桥的设计流量为781.142m^3/s。本桥预制场考虑设在屏南台后的YK2+750路基上。桥址区属低山地貌,地形起伏较大,呈V形,黄海高程为742~885m,两侧桥台山体自然坡度约18°~30°。坡面植被较发育,天然山坡处于较稳定状态;桥址区上部覆盖层较薄,沟底及现有公路两侧基岩直接大面积裸露。山坡地段上覆薄层的残坡积土层,河谷地段上覆第四系冲洪积层,下伏基岩为侏罗系南园组凝灰熔岩及其风化层。拟建大桥主要横跨山间河沟,沟宽约10~17m,水流量较小。桥址区区域性构造较稳定,表层风化层薄,除距屏南桥台约70m处有一压扭性断层F901构造破碎带通过,岩石硅化破碎,裂隙发育,可见构造角砾岩外,未见对线路有明显影响的断裂构造和活动性断裂构造及其他滑坡、崩塌、泥石流等不良地质现象。河谷内风化岩层裸露,河流冲刷对桥台的岸坡稳定无影响,但应注意沟谷内洪水季节的漂、滚石对坐落于河谷中的桥墩(桩)的冲撞作用。杨源向台处主要为大于10m的砂石状强风化岩出露地表,屏南向桥台处地表上部覆盖约3m的残坡积土层,其下为强风化岩~弱风化岩,无软弱地层分布,地基土分布较稳定。

4. 新兴特大桥

新兴特大桥为宁武高速公路控制性工程之一,位于凉伞(新岭后)附近,左右线桥均2

次上跨西溪支流(水尾河)及上跨省道 S303 线,分离式路基断面。大桥中心桩号左线为 K293.630.5,全长为1084.3m;右线为 ZK293+658,全长 1037.5m。

桥址区地貌属于构造剥蚀低山-丘陵区、河流阶地及河漫滩;根据地质测绘资料,桥址区无活动断裂,但岩体受构造影响较强烈,局部岩体破碎,未发现不良地质现象,适合桥梁建设。桥形布置方案:上部结构采用先简支后连续 T 梁,左线桥采用 3×(4×30m)+3×30m+2×(3×35m)+3×(4×35m)预应力混凝土 T 梁桥,右交角90°,桥长 1084.3m;右线桥采用 3×(4×30m)+3×35m+4×(4×35m)预应力混凝土 T 梁桥,右交角90°,全长1037.5m。下部结构采用桩柱式墩,薄壁墩配群桩基础;桥台采用柱式台配装基础,U 形桥台配扩大基础。

(四)科技创新

宁武高速公路南平段起于宁德、南平两市交界处的楼坪村,经政和县、建阳市、武夷山市,终于分水关(闽赣界)。建设里程203km,沿线共设互通式立交13处,5对服务区,1个停车区,9个收费站,1个监控收费通信分中心,1个养护工区、3个养护站,全线路基土石方:6174 万 m^3;沥青混凝土路面11732016m^2,水泥混凝土路面 172394m^2;桥梁特大、大桥 111 座 34120.7 延米,中、小桥 61 座 3010.9 延米;隧道 42 座 56468 延米;涵洞 584 道 23425 延米及配套的机电工程。项目概算总投资为151.6亿元。

为确保施工质量、进度,组织人员对全线技术含量较高的项目组织科技攻关,从施工方案开始就进行了认真研究、优化,从技术上挖潜力,在施工单位、监控单位、监理单位通力配合下,应用新技术、新材料和开展科研工作,提高了南平宁武高速公路的科技含量。

1. 隧道施工方面

宁武高速公路沿线崇山峻岭、山高谷深,因此造成隧道较多较长,共计 42 座隧道,其中特长隧道8座,洞宫山隧道全长 6536.5m,分水关隧道6067.5m,采用超前地质预报、地质雷达技术对全线隧道的开挖、初期支护、二次衬砌的质量、厚度等进行了全面检查,对存在质量问题的地方进行返工或整改,有效地控制了隧道初期支护、二次衬砌的质量。

针对特长隧道通风困难问题,省高速公路公司带领宁武高速公路公司组织了"公路隧道通风技术研究",为福建省山区高速公路特长隧道通风排烟和运行安全解决了技术难题,为宁武高速公路中特长隧道的顺利建成提供科学保障。

2. 桥梁施工方面

在各标段开展"三个集中"建设。以"三个集中、两项准入"为载体,进一步规范建设管理行为,组织了桥面铺装工程、桥梁预制、混凝土工程、桥梁钻孔灌注桩、混凝土构件钢筋间距和保护层厚度墩粗直螺纹钢筋接头钢筋保护层厚度以及钢筋加工制作等质量通病专项检查,加强对重点部位的质量监管。使质量通病得到有效控制,实体工程施工质量、施工安全得到全面提高。

3.路基施工方面

宁武高速公路沿线崇山峻岭、山高谷深,造成沿线桥梁隧道数量较多,因此台后填土质量的好坏决定着整条宁武高速公路质量的好坏。在施工过程中,宁武高速公司牵头,对台后填土检测方法进行深入研究,将瑞雷波应用到涵台背回填质量检测中。及时有效地发现台涵背后填料的质量问题并及时处理,解决了沿线的三背回填质量问题,保证了工程的顺利进行及工程质量。

4.路面施工方面

为解决长期以来国内高等级公路沥青混凝土路面主要依赖进口沥青的局面,宁武高速公路公司还与省交通科研所合作组织了"高硫、高沥青质国产沥青应用技术研究"课题,解决了国产沥青在高速公路中的使用问题,有力支持了国家石化企业的发展。

5.专题科研项目

为适应高速公路施工工艺水平不断创新、质量要求不断提高的新形势,本项目在全面贯彻落实省高指《标准化施工指南》《工地建设标准化指南》和"三个集中、两项准入"制度的同时,积极摸索研究山区修建高速公路的新思路、新方法、新举措,不断总结、改进、创新管理理念,同时依托科研、设计单位的技术力量,要求施工、监理单位,积极探讨和研究新工艺、新方法,解决施工过程中遇到的各种难题,提升工程建设科技含量。

超深孔大直径山岭隧道通风竖井反井法施工技术研究

①技术目标:以超深孔大直径山岭隧道通风竖井作为研究课题,结合在建的宁武高速公路(南平段)洞宫山隧道的送、排风竖井,以导孔施工偏斜率控制、钻孔钻进参数确定、反井法光面爆破技术、软弱围岩支护技术、混凝土滑模施工质量控制技术、深井施工监控量测技术、施工应急与风险管理技术、施工环境保护管理技术等相关方面为主要内容,做好类似工程项目的超深孔大直径山岭隧道通风竖井反井法施工技术的系列研究工作。形成一套完整的具有国内外先进水平的超深孔大直径山岭隧道通风竖井反井法施工技术,应用于高速公路建设,确保超深孔大直径山岭隧道通风竖井的工程施工安全。

②技术经济指标:保护洞宫山风景区,使本工程周边环境受施工的影响程度降至最低,使本工程的安全保障方面得到极大提高,使结构达到设计标准,满足工程服务期内的安全运营需要。

(五)运营管理

1.服务区设置

宁武高速公路南平段共设置洞宫山、佛子山、仁山、武夷山、洋庄5对服务区、洞宫山

1个停车区,内设办公楼、宿舍、公厕、加油站、汽修间等,主体结构为钢筋混凝土结构。

2. 收费站点设置(表10-7-20)

收费站点设置情况表　　　　　　表10-7-20

站点名称	车道数	收费方式
杨源	6(3入4出)	人工、ETC、自动取卡
政和	7(3入5出)	人工、ETC、自动取卡
回龙	6(3入3出)	人工、ETC、自动取卡
水吉	6(3入3出)	人工、ETC、自动取卡
将口	7(3入4出)	人工、ETC、自动取卡
九曲	12(4入8出)	人工、ETC、自动取卡
武夷山	12(4入8出)	人工、ETC、自动取卡
武夷山北	8(3入5出)	人工、ETC、自动取卡
宁上闽赣	14(5入8出)	人工、ETC、自动取卡

3. 车流量发展状况(表10-7-21)

交通流量发展状况表　　　　　　表10-7-21

年份(年)	日均车流量(辆)	年份(年)	日均车流量(辆)
2011	2905	2014	10464
2012	4323	2015	11721
2013	8760		

第八节　G1501福州绕城高速公路

一、福州绕城高速公路西北段(建设期:2007.08~2012.03)

(一)项目概况

1. 基本情况

福州绕城高速公路西北段是国家高速公路网重要组成部分,属于国家"十五"计划项目。项目起于福银线三福高速公路闽侯县竹岐乡白龙村,跨越闽江后,经闽侯县荆溪镇白头村及永丰村,鼓楼区大夫领,晋安区新店、宦溪,连江县潘渡、东湖,终至沈海线罗长高速公路洋门。项目建设里程51.54km,其中:主线49.35km,机场高速公路二期工程连接线2.19km,交通部批准概算总投资为66.61亿元。

本项目工程分两期建设,其中:

一期工程:里程为 K9+955.377~K46+324.959,起于西岭互通、止于洋门互通,主线长 36.37km,机场高速公路二期工程连接线长 2.19km,全长 38.56km。全线按高速公路标准建设,双向四车道、路基宽度 24.5m(其中:主线 K9+955.377~K10+312.714 及机场高速公路二期工程连接线为双向六车道,路基宽度 33.5m)、设计速度 80km/h。沿线设铜盘—西岭(枢纽互通)、福州北、贵安、飞石(预留)、洋门(枢纽互通)等 5 处互通式立交,服务区 1 处,主线收费站 1 处,匝道收费站 1 处。

二期工程:包含 RA1~RA3-2 合同段里程为 K0+000~K12+988.078,起于白龙互通、止于永丰互通,主线长 12.98km。全线按高速公路标准建设、双向六车道、路基宽度 33.5m、设计速度 100km/h。沿线设白龙(枢纽互通)、荆溪(枢纽互通)、永丰(枢纽互通) 3 处互通式立交,主线收费站 1 处。详见表 10-8-1。

福州绕城高速西北段项目基本情况统计表　　　　表 10-8-1

序号	项　　目		单位	数　　量		
一	技术标准			一期工程	二期工程	
1	设计行车速度		km/h	80	100	
2	路基宽度	整体式路基	m	24.5	33.5	
		分离式路基	m	12.5	16.75	
3	桥面净宽		m	2~11.0	2~15.5	
4	路面			沥青混凝土路面,设计年限 15 年,标准荷载 BZZ-100kN		
5	路基、桥涵设计洪水频率			特大桥 1/300;其他 1/100		
6	桥涵设计车辆荷载			公路—I 级		
二	主要工程规模			一期工程	二期工程	合计
1	路线里程		km	38.56	12.98	51.54
2	征用土地		亩	4017	1328	5345
3	拆迁房屋		m²	303798	285000	588798
4	路基土石方		万 m³	1036.2	142.57	1178.77
5	桥梁(主线)		m/座	9241.2/16	7233/3	16474.2/24
	其中:特大桥、大桥		m/座	9062.2/14	7233/3	16295.2/22
6	互通式立交		处	5	3	8
7	分离式立交		处	3		3
8	涵洞、通道		道	76	11	87
9	隧道		m/座	5		5
10	路面(主线)		万 m²	90.5408	48.36	138.9008
11	主线收费站		处	1	1	2
12	服务区		处	1		1

一期工程路基土建工程于2007年8月开工建设,于2010年6月完工,路面工程于2010年9月完工,于2010年10月通过交工验收并投入试运营。

二期工程路基土建工程于2009年10月30日开工建设,于2012年2月完工,路面工程于2012年2月完工,于2012年3月通过交工验收并投入试运营。

2. 前期决策情况

福州位于沈海和福银两条国道主干线和国道104、国道316和国道324等多条国道交汇处,随着经济的快速增长和福州城市化进程的推进,需要通过福州绕城高速公路来缓解不断增加的出入境和过境交通压力。各级政府及部门对建设本项目都非常关心和重视,于2004年正式启动前期工作,2005年3月完成《京福、同三国道主干线福州绕城高速公路工程可行性研究报告》并上报国家发改委,经充分论证评估和审查,2006年6月19日,《国家发展和改革委员会关于福建省福州绕城公路西北段可行性研究报告的批复》(发改交运〔2006〕1135号)批准本项目立项。

2006年10月,为完善福州市高速公路路网布局,更好地衔接京台线建闽高速公路,使京台线更便捷地连接福银高速公路,缩短京台线建设里程,闽侯县政府提出本项目起点至闽侯互通段改线意见,经省市政府同意后,即开展改线段工程预可行性研究和工程可行性研究,于2008年3月完成《国道主干线福州绕城公路西北段工程可行性研究调整报告》并上报审批,2009年4月15日,《国家发展和改革委员会办公厅关于调整福州绕城公路西北段建设方案的复函》(闽发改交能〔2008〕169号)同意对起点段建设方案进行调整。

本项目的建成,将与福银、沈海国道主干线形成福州外大环高速公路闭合段,闭合区域内城区面积达$332km^2$,对城市发展起到核心保护作用,同时连接福州长乐国际机场高速公路和福州三环快速路,形成福州内环高速公路。对于完善高速公路路网布局,充分发挥干线公路整体功能,缓解中心城区交通压力,增强省会城市形象;适应福州沿江向海发展战略需求,推进港口建设与发展,增强经济协作与辐射能力,促进社会经济跨越发展,满足交通战备需求,充分发挥对台优势等都具有十分重要意义。

3. 参建单位主要情况

(1)建设单位

按照福建省高速公路建设管理体制,本项目工程以福州市为主负责组织建设,项目建成投入运营后由省高速公路有限责任公司统一管理。2007年5月,依法组建福州绕城高速公路有限责任公司,其对项目筹资、建设等全过程管理,执行项目法人责任制、招投标制、工程监理制和合同管理制,并实行政府监督、法人管理、社会监理、企业自检的质量保证体系。

(2)设计单位

福建省交通规划设计院,承担福州绕城公路西北段初步设计阶段与施工图设计阶段的勘测及设计工作,包括路基土建工程、路面工程、交通安全设施、机电工程、房建工程及绿化工程的勘测与设计工作。

(3)施工单位

福州绕城公路施工单位共18家。路基土建工程共划分10个合同段、路面及交通安全设施工程划分1个合同段、机电划分2个合同段,伸缩缝划分2个合同段,房建划分3个合同段等。

(4)监理单位

福州绕城公路监理单位共4家。全线路基、路面及房建工程3个监理标段。机电1个监理标段。参建单位主要情况详见表10-8-2。

参建单位一览表 表10-8-2

序号	标段号	参建单位	工程范围	合同价格(万元)
一		施 工 单 位		
1	RA1	中交路桥北方工程有限公司	K0+000~K2+910	37448
2	RA2	吉林省亨通公路建设集团有限责任公司	K2+910.000~K6+406.529	22529
3	RA3-1	中交第三航务工程局有限公司	K6+406.529~K10+020.929	32827
4	RA3-2	中交路桥北方工程有限公司	K10+020.929~K12+988.078	40681
5	RA4	天津第一市政公路工程有限公司	主线:K9+955.377~YK12+120; 连接线:LK0+000~LK2+190.028	41271
6	RA5	中铁二十三局集团第一工程有限公司	YK12+120~K16+455	23993
7	RA8	贵州省桥梁工程总公司	K16+455~YK12+150	20478
8	RA9	中交隧道工程局有限公司	YK21+150~K26+400	22950
9	RA10	中铁四局集团有限公司	K26+400~YK33+980	35890
10	RA11	福建路桥建设集团	YK33+980~YK46+324.959	36688
11	RB1	福建路桥建设集团	K0+000~K12+989.499	36698
12	RS1	衡水华工工程橡胶有限责任公司	一期工程伸缩缝	76800
13	RS2	衡水市橡胶总厂有限公司	二期工程伸缩缝	1289
14	RC1	福建地矿建设集团公司	桂湖收费站、桂湖服务区、贵安收费站	5651
15	RC2	核工业华东建设工程集团公司	荆溪收费站	2515
16	RC3	福建博成建筑工程有限公司	荆溪养护(路政)管理设施	1203
17	RD1	北京星云宇交通工程有限公司	K0+000~K12+989.499 K9+955.377~YK12+120 LK0+000~LK2+190.028	4810

续上表

序号	标段号	参建单位	工程范围	合同价格（万元）
18	RD2	中铁十二局电气化工程有限公司	K0+000~K12+989.499 K9+955.377~K46+324.959 LK0+000~LK2+190.028	4905
二		监理单位		
1	RJ1	厦门港湾监理咨询有限公司	RA1、RA2、RA3-1、RA3-2 合同段路基土建工程施工监理	1422
2	RJ2	福建路信交通建设监理有限公司	RA4、RA5、RA8、RA9 合同段路基土建工程施工监理	1731
3	RJ3	福建省交通建设工程监理咨询公司	RA10、RA11合同段路基土建工程， RB1合同段路面工程， RC1、RC2、RC3房建工程， RS1、RS2伸缩缝施工监理	1645
4	RDJ	北京兴通交通监理公司	RD1、RD2合同段工程监理	306
三		设计单位		
1		福建省交通规划设计院	初步设计、施工图设计	8323

（二）建设情况

1. 项目准备阶段

（1）立项审批

环境影响评价：2006年5月29日，国家环境保护总局以《关于京福同三国道主干线福州绕城高速公路环境影响报告书的批复》（环审〔2006〕223号）批复了项目环境影响报告书。

项目立项：2006年6月19日，《国家发展和改革委员会关于福建省福州绕城公路西北段可行性研究报告的批复》（发改交运〔2006〕1135号）批准立项。2009年4月15日，《国家发展和改革委员会办公厅关于调整福州绕城公路西北段建设方案的复函》（闽发改交能〔2008〕169号）同意对起点段建设方案进行调整。

初步设计：2006年10月19日，交通部以《关于福州绕城公路西北段初步设计的批复》（交公路发〔2006〕566号）批复初步设计。

建设用林：2007年2月15日，国家林业局以《使用林地审核同意书》（林资许准〔2007〕097号）批复了项目建设用林。

建设用地：2007年10月20日，国土资源部以《关于福州绕城公路西北段工程建设用地的批复》（国土资函〔2007〕833号）批复了项目建设用地。

(2) 资金筹措

项目概算总投资为66.61亿元。工程资金来源为中央补助,省、市自筹和银行贷款,资金拼盘为资本金占35.27%、银行贷款占64.73%,其中:项目资本金23.49亿元(省部级资本金15.27亿元,占65%;市级资本金8.22亿元,占35%)、银行贷款43.12亿元。

项目实际筹措资金65.94亿元,其中:部级资本金8.81亿元,省级资本金6.46亿元,市级资本金8.22亿元。银行贷款42.45亿元,其中:兴业银行9亿元、中信银行3000万元、民生银行2.1亿元、光大银行3.35亿元、中国银行3亿元、建设银行5亿元、农业银行5.2亿元、交通银行6000万元、工商银行3.9亿元、国家开发银行10亿元。

(3) 招投标工作

福州绕城高速公路西北段项目,依据《中华人民共和国招标投标法》和交通部有关公路工程设计、施工、监理的招标、评标办法及福建省人民政府、省交通运输厅有关法规、办法,对符合招标条件的设计、施工、监理全部实行国内公开招标,招标文件参照使用部颁招标文件范本2003版。

整个招投标过程,由福州市高速公路专项执法监察领导小组办公室进行全过程监督。设计、施工、监理单位招标情况如下:

勘察设计单位招标:勘察设计招标采用公开招标,资格后审的方式。2005年6月7日刊登招标公告,2005年6月7~13日公开发售招标文件,2005年7月15~16日进行开标及评审工作。评标委员会评审并推荐中标候选人,经招标人定标,报市高指专题会议研究通过及报备省交通运输厅公示后,确定中标单位为第一中标候选人福建省交通规划设计院。

施工单位招标:RA4-RA11合同段(路基土建)采用资格预审,公开招标方式。RA8-RA9合同段:资格预审阶段,2006年10月26日刊登资格预审招标公告,2006年10月27日~11月2日公开发售资格预审文件。2006年11月16~18日进行资格预审评审工作。招评标阶段,2006年12月30日向所有通过资格预审的投标单位发出投标邀请书,2007年1月3~10日,发售招标文件,2007年4月11~13日进行开标及评审工作。评标委员会评审并推荐中标候选人,经招标人定标,报市高指专题会议研究通过及报备省交通运输厅公示后,确定RA8合同段中标单位为第一中标候选人贵州省桥梁工程总公司,RA9合同段中标单位为第一中标候选人中交隧道工程局有限公司。

RA4、RA5、RA10、RA11合同段:资格预审阶段,2007年8月16日刊登资格预审招标公告,2007年8月20~25日公开发售资格预审文件。2007年9月8~10日进行资格预审评审工作。招评标阶段,2007年10月16日向所有通过资格预审的投标单位发出投标邀请书,2007年10月18~24日,发售招标文件,2007年11月18~20日开标及评审工作。评标委员会评审并推荐中标候选人,经招标人定标,报市高指专题会议研究通过及报备省交通厅公示后,确定 RA4 合同段中标单位为第一中标候选人天津市政第一公路工程有限公司,RA5 合同段中标单位为第一中标候选人中铁二十三局集团第一工程有限公司,RA10 合同段中标单位为第一中标候选人中铁四局集团有限公司,RA11 合同段中标单位为福建路桥建设有限公司。

RA1-RA3-2 合同段(路基土建):采用国内公开招标,资格后审方式。2009 年 5 月 7 发布招标公告,2009 年 5 月 8~14 日公开发售招标文件,2009 年 6 月 9~11 日进行开标及评审工作。评标委员会评审并推荐中标候选人,经招标人定标,报市高指专题会议研究通过及报备省交通厅公示后,确定 RA1 合同段中标单位为中交路桥北方工程有限公司,确定 RA2 合同段中标单位为吉林省亨通公路建设集团有限责任公司,确定 RA3-1 合同段中标单位为中交第三航务工程局,确定 RA3-2 合同段中标单位为中交路桥北方工程有限公司。

RB1 路面合同段:采用公开招标,资格后审的方式,2009 年 7 月 30 日公开发布招标公告,2009 年 7 月 31 日~8 月 6 日公开发售招标文件,2009 年 9 月 2~3 日进行开标及评审工作。评标委员会评审并推荐中标候选人,经招标人定标,报市高指专题会议研究通过及报备省交通运输厅公示后,确定 RB1 合同段中标单位为福建路桥建设有限公司。

RC1 房建合同段:采用公开招标,资格后审的方式,2009 年 12 月 21 日发布招标公告,2009 年 12 月 22~28 日公开发售招标文件,2010 年 1 月 21~22 日进行开标及评审工作。评标委员会评审并推荐中标候选人,经业主定标、市高指专题会议审定及报备省交通运输厅公示,在公示期间,招标人收到一份投诉关于在 RC1 合同段招投标时,原公示第一中标候选人湖南星大建设集团股份有限公司安全生产许可证无效,经招标人与上级监督部门实地核查,情况属实。经招标人再次研究,重新上报市高指审定及报备公示后,取消湖南星大建设集团股份有限公司第一中标候选人资格,RC1 合同段最终确定中标单位为第二中标候选人福建地矿建设集团公司。

RC2 房建合同段:采用公开招标,资格后审的方式,2011 年 1 月发布招标公告,2011 年 2 月 21~22 日进行开标及评审工作。评标委员会评审并推荐中标候选人,经业主定标、市高指专题会议审定及报备省交通运输厅公示,RC2 合同段最终确定中标单位为第一中标候选人核工业华东建设工程集团公司。

RS1 伸缩缝合同段:采用邀请招标,资格后审方式,2009 年 12 月 21 日发出投标邀请书,2009 年 12 月 22~28 日发售招标文件,2010 年 1 月 21~22 日进行开标及评审工作。评标委员会提交评标报告并推荐中标候选人,经业主定标、市高指专题会议审定及报备省交通运输厅公示后,RC1 合同段确定中标单位为第一中标候选人衡水华工建工程橡胶有限公司。

RS2 伸缩缝合同段:采用公开招标,经评审的最低投标价法评标。2011 年 1 月 17 日发布招标公告,2011 年 1 月 18~24 日公开发售招标文件;2011 年 2 月 21~22 日进行评标。评标委员会提交评标报告并推荐中标候选人,经招标人定标,报市高指专题会议研究通过及报备省交通运输厅公示后,RS2 合同段确定中标单位为衡水市橡胶总厂有限公司。

RD1、RD2 机电合同段:采用公开招标,资格后审方式,2010 年 3 月 4 日发布招标公告,2010 年 3 月 5~11 日公开发售招标文件,2010 年 4 月 7~8 日进行开标及评审工作。评标委员会提交评标报告并推荐中标候选人,经业主定标、市高指专题会议审定及报备省交通运输厅公示后,RD1 合同段确定中标单位为第一中标候选人北京云星宇交通工程有限公司,RD2 合同段确定中标单位为第一中标候选人中铁十二局集团电气化工程有限公司。

监理单位招标:RJ1 合同段(监理 RA1-RA3-2 4 个施工合同段)采用国内公开招标,资格后审方式。2009 年 5 月 7 日发布招标公告,2009 年 5 月 8~14 日公开发售施工监理招标文件,2009 年 6 月 9~11 日进行开标及评标工作。评标委员会提交评标报告并推荐中标候选人,经招标人定标,报市高指专题会议研究通过及报备省交通运输厅公示后,RJ1 合同段确定中标单位为厦门港湾咨询监理有限公司。

RJ2 合同段(监理 RA4、RA5、RA8、RA9 4 个施工合同段)采用公开招标,资格后审方式,2007 年 3 月 10 日公开发布招标公告,2007 年 3 月 14~20 日公开发售监理招标文件,2007 年 4 月 11~13 日进行开标及评审工作。评标委员会提交评标报告并推荐中标候选人,经招标人定标,报市高指专题会议研究通过及报备省交通运输厅公示后,RJ2 合同段确定中标单位为第一中标候选人福州路信交通建设监理有限公司。

RJ3 合同段(监理 RA10、RA11、RB1、RC1、RC2 及 RS1、RS2 7 个施工合同段)采用公开招标,资格后审方式,2007 年 10 月 16 日公开发布招标公告,2007 年 10 月 18~24 日公开发售监理招标文件,2007 年 11 月 18~20 日进行开标及评审工作,评标委员会提交评标报告并推荐中标候选人,经招标人定标,报市高指专题会议研究通过及报备省交通厅公示后,RJ3 合同段确定中标单位为第一中标候选人福建省交通建设工程监理咨询公司。

RDJ 合同段(RD1、RD2 2 个机电合同段)采用公开招标,资格后审方式,2010 年 3 月 4 日公开发布招标公告,2010 年 3 月 5~11 日公开发售监理招标文件,2010 年 4 月 7~8 日进行开标及经评审工作,评标委员会提交评标报告并推荐中标候选人,经业主定标、市高指专题会议审定及报备省交通运输厅公示后,RDJ 合同段确定中标单位为第一中标候选人北京兴通交通工程监理有限公司。

（4）合同段划分

福州绕城公路西北段项目，共设 18 个合同段，其中路基分为 10 个合同段，具体情况见表 10-8-3。

项目合同段划分情况表　　　表 10-8-3

标段号	标段所在地	工程内容及长度	施工单位
RA1	闽侯	K0+000～K2+910	中交路桥北方工程有限公司
RA2	闽侯	K2+910.000～K6+406.529	吉林省亨通公路建设集团有限责任公司
RA3-1	闽侯	K6+406.529～K10+020.929	中交第三航务工程局有限公司
RA3-2	闽侯	K10+020.929～K12+988.078	中交路桥北方工程有限公司
RA4	鼓楼区、晋安区	主线：K9+955.377～YK12+120；连接线：LK0+000～LK2+190.028	天津第一市政公路工程有限公司
RA5	闽侯	YK12+120～K16+455	中铁二十三局集团第一工程有限公司
RA8	晋安区	K16+455～YK12+150	贵州省桥梁工程总公司
RA9	晋安区	YK21+150～K26+400	中交隧道工程局有限公司
RA10	连江	K26+400～YK33+980	中铁四局集团有限公司
RA11	连江	YK33+980～YK46+324.959	福建路桥建设集团
RB1	全线	K0+000～K12+989.499	福建路桥建设集团
RS1	全线	伸缩缝	衡水华工建工程橡胶有限责任公司
RS2	全线	伸缩缝	衡水市橡胶总厂有限公司
RC1	连江	桂湖收费站、桂湖服务区、贵安收费站	福建地矿建设集团公司
RC2	闽侯	荆溪收费站	核工业华东建设工程集团公司
RC3	闽侯	荆溪养护（路政）管理设施	福建博成建筑工程有限公司
RD1	全线	K0+000～K12+989.499 K9+955.377～YK12+120 LK0+000～LK2+190.028	北京星云宇交通工程有限公司
RD2	全线	K0+000～K12+989.499 K9+955.377～K46+324.959 LK0+000～LK2+190.028	中铁十二局电气化工程有限公司

（5）征地拆迁

根据 2007 年 1 月 8 日福州市人民政府《关于研究福州绕城高速公路、机场高速公路二期征地拆迁和向莆铁路（福州段）房屋拆迁补偿标准有关问题的会议纪要》（〔2007〕14 号）和市政府办公厅《关于研究机场高速公路（二期）、绕城高速公路、三环辅路征迁工作经费问题的会议纪要》（〔2007〕133 号）精神，福州绕城高速公路征地拆迁工作委托福州市省重点建设项目征地拆迁指挥部负责实施。征地、拆迁、安置补偿标准按照市政府《关于印发福州绕城高速公路（西北段）房屋拆迁补偿标准的通知》（榕政综〔2007〕187 号）、《市土地管理委员会 2006 年第 8 次会议纪要》（市委办公厅会议纪要 76 号）规定执行。

为加快征地拆迁进度,公司现场指挥部会同市征地拆迁指挥部及相关人员实地了解了征地拆迁范围,并积极做好群众的宣传动员工作。由于本项目地处福州城郊,周边房屋林立,征地拆迁数量大,涉及单位和居民多,难度极大,对工程施工进度造成了一定影响。

①征地拆迁的数量。共征用土地5345亩,房屋拆迁58.88万 m^2(不含安置地),发生征迁费用190059.3万元。

②征地拆迁开展情况。福州绕城高速公路西岭至洋门段的征地拆迁工作涉及3个县区6个乡镇30个行政村。征地拆迁总体还比较顺利,一是市委、市政府高度重视征地拆迁工作,市领导定期召开专题协调会议,推动征地拆迁工作进度,把各项工作落实到各级政府部门。二是市征地拆迁指挥部按照"分段负责、逐点突破"的原则,与沿线镇(街)村各级政府密切配合,促进征地拆迁工作扎实推进。三是制定征地拆迁补偿统一标准,确保征地拆迁工作公开、公平,确保征地拆迁环境和谐、社会稳定。四是征地拆迁资金严格按照国家规定实行专户管理,做到专款专用,专户核算。经各方共同努力,绝大部分征地拆迁问题均在可控范围内。征地拆迁情况见表10-8-4。

征地拆迁情况表　　　　　　　　　　　　　　表10-8-4

项目工期	征地拆迁安置起止时间	征用土地(亩)	拆迁房屋(m^2)	支付补偿费用(万元)	备注
一期	2007.08~2010.09.28	4017	303798	118981.6	
二期	2008.03~2012.02.25	1328	285000	71077.7	

2. 项目实施阶段

(1)重大决策

2006年12月22日,福州市人民政府下发《福州市人民政府关于同意组建福州绕城高速公路有限责任公司的批复》(榕政综字〔2006〕317号),同意组建福州绕城高速公路有限责任公司作为福州绕城高速公路工程建设项目业主单位。

2007年7月23日,福州市政府榕政综〔2007〕187号福州市人民政府关于印发福州绕城高速公路(西北段)房屋拆迁安置补偿标准的通知,这个决策,让征地拆迁有了标准依据。

(2)重大变更(表10-8-5)

重大设计变更表　　　　　　　　　　　　　　表10-8-5

序　号	设　计　变　更　内　容
1	白龙互通C匝道2号桥增加1跨,D匝道2号桥增加1跨
2	荆溪收费站新增人行通道
3	荆溪特大桥68~71号墩跨径调整
4	荆溪特大桥118~121号墩跨径调整
5	永丰互通新增H、G落地匝道

续上表

序号	设计变更内容
6	机场二期连接线 2 号桥连续箱梁截面调整
7	西岭互通 S 左线 1 号桥、S 右线 1 号桥宽度增加 1 个车道
8	后垄大桥左幅桥宽度增加 1 个车道
9	桂湖收费站新增 2 条落地匝道
10	贵安收费站车道数由 2 进 3 出变更为 4 进 5 出

（3）重大事件

2007 年 5 月,福州绕城高速公路有限责任公司成立。

2007 年 5 月,召开福州绕城高速公路有限责任公司第一次股东会暨第一届一次董事会。

2007 年 8 月,一期工程正式动工。

2007 年 9 月 13 日,贵新隧道左洞进洞。

2009 年 1 月 18 日,贵安隧道左线贯通。

2009 年 2 月 17 日,贵新隧道左线贯通。

2009 年 4 月 7 日,潘渡隧道左线贯通。

2009 年 6 月 24 日,贵新隧道右线贯通。

2009 年 7 月 7 日,西岭隧道左线贯通。

2009 年 8 月 8 日,大坪寺隧道左线贯通。

2010 年 9 月 28 日,一期工程(西岭至洋门互通段)通过交工验收,质量等级优良。

2010 年 10 月 1 日,一期工程(西岭至洋门互通段)试通车。

2009 年 10 月 30 日,二期工程正式动工。

2011 年 10 月 10 日,荆溪特大桥右幅悬浇桥合龙。

2012 年 1 月 12 日,荆溪特大桥左幅悬浇桥合龙。

2011 年 12 月 17 日,闽江特大桥右幅悬浇桥合龙。

2011 年 12 月 24 日,闽江特大桥左幅悬浇桥合龙。

2012 年 3 月 3 日,二期工程(白龙至西岭互通)通过交工验收,质量等级优良。

2012 年 3 月 5 日,福州绕城高速西北段全线建成通车。

（三）复杂技术工程

福州绕城高速公路西北段,沿线多山水,地质也比较复杂,桥隧道较多,建设上具有一定技术难度,主要表现在桥隧建造上。

1. 桥梁建设情况

本项目共有主线桥梁 24 座,总长 16474.2m,占总里程 31.9%;其中特大桥 5 座,永丰互通等立交桥 5 座。主要桥梁有：

(1)闽江特大桥。位于闽侯县竹岐乡,桥孔布置:13×35m+13×40m+(70m+4×110m+70m),全长 1555m,净高 21.85m,主跨采用挂篮悬浇施工。

(2)荆溪特大桥。跨越甘洪路等公路,桥孔布置:11×30m+4×32m+(68.5m+110m+68.5m)+4×32m+16×30m+28m+2×30m+(25m+30m+25m)+71×30m+3×30m+3×25m+3×35m+11×30m+(25m+30m+25m)+6×30m,全长 4474.5m,为全线最长的桥梁。

(3)古城 1 号特大桥。位于福州市晋安区新店镇新店村古城自然村。本桥为跨越城区高架桥,桥孔布置:11×30m+(33m+45m+33m)+4×25m+15×30m+7×25m+(40m+55m+40m),预应力混凝土连续 T 梁+变截面连续箱梁,桥长 1304.5m。

(4)古城 2 号特大桥。本桥为跨越城区高架桥,桥孔布设为 11×30m+3×25m+28×30m 预应力混凝土连续 T 梁,桥长 1248.5m。

(5)五峰寺大桥。本桥位于贵新隧道出口处,桥孔布置:23×30m+23m,桥长 723m。大桥沿线地形较为复杂,地势高低起伏大,最高桥墩 41.67m,为福州绕城高速公路西北段第一高墩。

2. 隧道建设情况

福州绕城高速公路西北段,共建有 5 座隧道,总长 9062m,占总里程 17.58%,主要隧道如下:

西岭隧道,位于晋安区新店镇,为分离式隧道,左洞长 1008m,右洞长 997m。施工过程克服了偏压和地下水丰富等不利因素。

贵新隧道,位于新店镇,左洞长 4938m,右洞长 4904m,为特长隧道,曾为福建省第二长隧道。

(四)科技创新

1. 路基边坡生态恢复技术课题研究

为切实做好福州绕城高速公路沿线的边坡绿化工作,确保绿化工程效果与沿线自然生态更加协调统一,实现福州绕城高速公路"绿色长廊、和谐公路"的总体目标,公司与省交通规划设计院、厦门鹭路兴绿化工程建设有限公司联合在福州绕城高速公路沿线选取了 7 处有代表性的路基边坡进行不同边坡生态恢复技术的试验段。绿化工程试验段自 2009 年 3 月开始施工,至 2009 年 11 月结束,根据不同边坡地质情况,分别采用 CS 混合纤维全灌工法、TBS 草灌工法、CF 网植灌工法、客土喷播法等施工方法。试验段边坡生态恢复较好,沿线绿化总体效果达到了稳定边坡、遮光防眩、美化环境的作用,得到了省、市高指等上级部门的充分肯定,并在全线进行推广应用。

2. 建筑渣土填路基技术课题研究

福州绕城高速公路在途经福州城区时,由于旧城改造和建筑施工产生了大量的建筑渣土,该建筑渣土未经任何处理即被运往郊外或乡村,采用露天堆放或填埋的方式处理,耗用大量土地、垃圾清运费等建设经费,同时在清运和堆放过程中造成遗撒、粉尘、灰砂飞扬等环境污染问题。为促进绿色交通建设,创建资源节约和环境友好型社会,福州绕城高速公路联合福建省交通科学技术研究所以此为契机,积极开展建筑渣土填筑路基技术课题研究,利用建筑渣土强度高、并具有良好的水稳性的特点,运用离散元数值仿真模拟方法,挖掘建筑渣土隐藏的特性和振动压实技术。自2008年6月至2009年11月,历时一年四个月,在对建筑渣土工程特性系统研究的基础上,通过现场试验确定合理施工工艺,直接填筑,变废为宝。此课题被列为2009年福建省交通科技发展计划重点科研项目,并通过了省交通运输厅组织的专家评审,得到了评审专家的高度评价,认为其实践水平达到了国内先进,理论水平达到国际先进。该课题的研究对完善我国现行的公路路基设计、施工技术规范,完善现行路基的现场检测技术,丰富路基填料源具有重要的意义。

3. 新型沥青改性剂试验段

根据交通部《公路沥青施工技术规范》(JTG F40—2004),为推广新材料、新技术、新工艺,福州绕城高速公路在部分路段采用"MPE沥青混合料改性剂",改变传统改性沥青在工厂加工的做法,而采用普通沥青加各级集料及矿粉制成固体颗粒,直接投放入拌和锅中加入MPE沥青混合料改性剂生成改性沥青混合料。运用沥青改性剂的沥青混凝土铺设的路面,既提高了沥青混合料与沥青路面的高温稳定性、低温变形性,又提高了抗疲劳性能,沥青与集料的黏聚力、水稳定性得了明显改善与提高,且完全没有改性沥青加工中的高能耗、高污染、高排放等问题,节约了大量的能源且清洁环保,从而提高路面工程质量,延长了高速公路的使用年限,达到节能减排绿色环保的目的。

(五)运营管理

1. 服务区设置

本项目共设置桂湖服务区1处,用地面积90000m^2,建筑面积共6296m^2,内设办公楼、宿舍、公厕、加油站、汽修间等,主体结构为钢筋混凝土结构。

2. 收费站点设置(表10-8-6)

收费站点设置情况表   表10-8-6

站 点 名 称	车 道 数	收 费 方 式
荆溪	28(9入19出)	人工、ETC、自动取卡
桂湖	16(5入11出)	人工、ETC、自动取卡
贵安	9(4入5出)	人工、ETC、自动取卡

3. 车流量发展状况(表10-8-7)

交通流量发展状况表　　　　　　表10-8-7

年　份	日均车流量(辆)	年　份	日均车流量(辆)
2010	6895	2013	17862
2011	8947	2014	20028
2012	12854	2015	22236

二、福州绕城高速公路东南段

该项目起于福州市连江县洋门村,终于连江县浦口镇浦口村,建设里程74.19km,项目概算总投资119.32亿元。截至2015年12月底,已通车里程11.081km。

第九节　G1502泉州绕城高速公路

一、泉州绕城高速公路南安至惠安段(南惠高速公路)(建设期:2008.09~2011.07)

(一)项目概况

1. 基本情况

南惠高速公路是泉三高速公路的延伸,也是泉州绕城高速公路的组成部分。项目位于福建省东南沿海,全长56.024km,设计采用交通部颁《公路工程技术标准》(JTG B01—2003),全线按高速公路标准建设,设计行车速度100km/h。其中,起点位于南安至惠安锦水枢纽互通(约33km),路基宽度33.5m,中央分隔带宽2.0m,双向六车道;锦水枢纽互通至终点段约33km,路基宽度26m,中央分隔带宽2.0m,双向四车道,行车道3.75m;硬路肩3.0m(包括右路绿带0.5m)、土路肩0.75m,左侧路缘带各0.75m;桥涵与路基同宽,设计荷载为公路—Ⅰ级;全线采用全封闭、全立体交叉。项目基本情况见表10-9-1。项目投资概算43.88亿元,实际完成投资43.02亿元,节约投资0.86亿元。

南惠高速公路西起张坑互通立交,接泉三高速公路和南石高速公路,途经南安、丰泽、洛江、台商和惠安等五县(市区),终点于惠安斗尾港,其中锦水枢纽互通与泉州湾大桥连接,地形和地质复杂、工程量大,施工难度大,桥、隧等构造物总长达18.8km,占路线总长的33.6%,全线共有各类桥梁62座(其中大桥28座),隧道7座;在张坑、泉州北、洛江、草铺园、惠安南、涂寨、东岭设置8处立交。全线设置上田服务区1个,设置泉州北等5个收费站;共有各类涵洞、通道211道。

南惠高速公路项目基本情况统计表

表 10-9-1

序号	项目	单位	数量	备注
一	技术标准			
1	计算行车速度	km/h	100	
2	整体式路基宽度	m	33.5、26	
3	桥面净宽	m	2-14.75、2-11.0	小桥与路基同宽
4	路面		沥青混凝土路面,设计年限15年,标准轴载100kN	
5	路基、桥涵设计洪水频率		特大桥1/300,其余均为1/100	
6	桥涵设计车辆荷载		公路—Ⅰ级	
二	主要工程规模			
1	路线里程	km	56.024	
2	征用土地	亩	7048.18	
3	拆迁房屋	m²	15.54	
4	路基土石方	万m³	1630	
5	桥梁(主线)	m/座	12722.04/62	
	其中:大桥	m/座	10035.8/28	
6	互通式立交	处	5	
7	分离式立交	处	3	
8	涵洞	道	211	
9	隧道	m/座	6100(右线)/7	
10	路面(主线)	万m²	170.376	
11	主线收费站	处	5	
12	服务区	处	1	

南惠高速公路试验工程于2008年9月动工建设;福建省交通运输厅于2009年2月批复南惠高速公路开工报告,建设工期36个月;2009年12月全线动工建设,2011年7月全线提前建成通车。

2.前期决策情况

南惠高速公路项目前期工作自2004年开始可行性研究,委托福建省交通规划设计院编制泉三高速公路泉州支线(南安至惠安)工程预可行性研究报告。2005年1月4日,福建省发展和改革委员会以闽发改交能〔2005〕3号批准立项;2006年10月23日,福建省发展和改革委员会以闽发改交能〔2006〕884号文批准工程预可行性研究报告。

3.参建单位主要情况

(1)建设单位

泉州南惠高速公路有限责任公司成立之前,泉州市交通局作为南惠高速公路建设的主管部门配合省高指负责开展项目预工可前期工作。2006年1月,南惠高速公路筹建处成立,全面负责项目前期筹建工作。福建省高速公路有限责任公司和泉州市高速公路投资有限公司共同出资,成立泉州南惠高速公路有限责任公司,作为项目法人单位,全面负责南惠高速公路项目的建设、筹资还贷工作。

(2) 设计单位

浙江省交通规划设计院承担初步设计阶段和施工图阶段的勘察与设计工作;中交公路规划设计院有限公司承担工程勘察设计咨询工作。

(3) 施工单位

施工单位共12家。路基工程共划分为6个合同段,路面及交通安全设施工程划分为2个合同段,房建工程划分为2个合同段,机电工程划分为2个合同段,供配电工程划分为1个合同段。

(4) 监理单位

监理单位共3家。全线路基工程、路面工程及房建项目2个监理标段,机电项目1个监理标段。

施工和监理单位详见表10-9-2。

施工及监理单位一览表　　　　表10-9-2

标段	起讫桩号	长度(km)	工期(月)	合同总价(万元)	施工单位	监理单位
路基NHA1	K0+000~YK8+500	8.5	24	39864	中交第三航务工程局有限公司	NHJ1 厦门中平工程监理咨询有限公司
NHA2	YK8+500~YK14+800	6.3	24	26490	中铁十三局第五工程有限公司	
NHA3	YK14+800~K19+760	4.96	24	31497	中铁十三局第一工程有限公司	
NHA4	K19+760~K28+300	8.54	24	39465	福建省第一公路工程公司	NHJ2 江苏交通工程咨询监理有限公司
NHA5	K28+300~K39+955	11.65	12	33101	中铁十一局第四工程有限公司	
NHA6	K39+955~K56+031.25	16.07	24	29264	中交一公局厦门工程有限公司	
路面交安绿化NHB1	-K0+190~K23+850	24.04	12	31548	江西省交通工程集团公司	NHJ1、2

续上表

标　段	起讫桩号	长度（km）	工期（月）	合同总价（万元）	施工单位	监理单位
NHB2	K23+850~K56+031.25	32.18	12	39292	中交第一公路工程局有限公司	NHJ2
房建NHF1-1			5	4111	福建省第五建筑工程公司	NHJ1
NHF2			5	5875	福建省闽南建筑工程有限公司	NHJ2
机电NHE1	-K0+190~K56+031.25	56.22	6	5223	福建新大陆电脑股份有限公司	NHEJ 北京兴通交通工程监理有限责任公司
NHE2	-K0+190~K56+031.25	56.22	6	6015	安徽皖通科技股份有限公司	
设计单位				浙江省交通规划设计研究院		
监督检测单位				福建省交通建设质量安全监督局		

（二）建设情况

1. 项目准备阶段

（1）立项审批

项目立项：2005年1月4日，福建省发展和改革委员会以《关于泉三高速公路泉州支线（南安至惠安）项目建议书的批复》（闽发改交能〔2005〕3号）文批复南惠高速公路项目建议书，同意立项。

工程可行性研究：2006年10月23日，福建省发展和改革委员会以《关于泉三高速公路泉州支线（南安至惠安）工程可行性报告的批复》（闽发改交通〔2006〕884号）批复可行性研究报告，同意路线方案、技术标准、投资控制和建设工期。

初步设计：2007年11月21日，福建省交通厅以《关于泉三高速公路泉州支线（南安至惠安）工程初步设计的批复》（闽交建〔2007〕128号）文正式批复工程初步设计。

施工图设计：2009年1月20日，福建省交通厅以《关于泉三高速公路泉州支线（南安至惠安）施工图设计的批复》（闽交建〔2009〕25号）正式批复施工图设计。

环境影响评价：2007年12月4日，福建省环保局以《关于泉三高速公路泉州支线（南安至惠安）环境影响报告书的函》（闽环保监〔2007〕123号）通过生态环境保护评价工作。

水土保持评价：2007年9月10日，福建省水利厅以《关于泉三高速公路泉州支线（南安至惠安）水土保持方案告书报批命令的批复》（闽水水保〔2007〕22号）通过水土保持评价工作。

建设用地批复：2008年3月31日，国土资源部以《关于泉三高速公路泉州支线（南安至惠安）公路建设用地的批复》（国土资函〔2008〕171号）批复施建设用地。

开工批复：2009年12月29日，福建省交通运输厅审批同意开工。

（2）资金筹措

南惠高速公路投资概算43.87829987亿元，由省、部、泉州市共同出资建设，投资股比：省级股比51%，市级股比49%。具体：省级资本金7.83亿元，市级资本金7.53亿元，银行贷款28.52元。其中，征地拆迁安置投资总额为31.23561700亿元，设备及工具、器具购置费0.67931078亿元，工程建设其他费用10.02211591亿元，预留费用1.94125619亿元。最终投资计43.02亿元，节约投资0.86亿元。

（3）招投标工作

本项目采取专家评标、项目法人定标、政府监督的方式进行设计、监理、施工单位的招标工作，并报省高指、省交通厅备案；按规定在全国性媒体上刊登招标公告；资格预审文件、招标文件、评标细则等依据国家以及福建省的有关规定、规范编制，并经省高指、省交通厅审批；招标活动都由监察部门、专监办和公证处全过程监督，按照公开、公平、公正和诚实信用的原则进行，严格执行招投标法律法规。确定各项目中标单位后，项目业主均按照招标文件及中标人的投标文件及时签订合同并严格履行。

设计单位招标情况：2006年10月30日~11月1日，招标人在《中国经济导报》、中国采购与招标网刊登了设计单位招标公告，2006年12月8~10日在省高速公路专项监察办、泉州市监察局和泉州市交通局监察室监督下，经过评审，最后确定南惠高速公路勘察设计项目合同段中标人为浙江省交通规划设计研究院。2007年4月26~28日在省高速公路专项监察办、泉州市监察局和泉州市交通局监察室监督下，经过评审，最后确定南惠高速勘察设计咨询项目合同段中标人为中交公路规划设计研究院有限公司。

施工单位招标情况：本项目共分6个路基施工标、2个路面交安绿化标、2个房建标、2个机电标。2008年4月12~14日，在泉州市检察院、监察局、高速公路执法专项监察办全过程监督下，确定NHA1~NHA6合同段中标单位；在泉州市高速公路专项执法监察办全过程监督下，分别于2009年12月17~18日确定了NHA5合同段剩余路基工程施工标段中标单位，于2010年2月5~6日进行路面工程及交通安全设施（含绿化工程）招投标，确定了2家中标单位；于2010年11月16~17日确定了房建工程的2家施工单位，于2011年1月7~9日进行机电工程招投标，确定了2家施工单位。

监理单位招标情况：共分3个监理标。在泉州市纪委驻市交通局纪检组及泉州市高速公路专监办的全过程监督下，2008年1月8~9日，经评审，确定了土建工程NHJ1、NHJ2（含路基、路面、交安、房建、绿化工程）2个监理合同段中标单位；在泉州市高速公路专项执法监察办的全过程监督下，2011年1月7~9日，确定机电工程施工NHEJ 1个监理合同段中标单位。

(4) 征地拆迁

南惠高速公路建设用地严格按 2008 年国土资源部国土资函〔2008〕171 号文《关于泉三高速公路泉州支线（南安至惠安）公路建设用地的批复》的批复的要求和意见进行。全线共征用土地 467.5913 公顷，其中水田 41.864 公顷、旱地 218.3545 公顷、园地 82.7513 公顷、林地 57.173 公顷、居民点工矿用地 30.0179 公顷、其他农用地 4.2743 公顷、交通用地 5.9968 公顷、水利设施 1.6313 公顷、未利用土地 25.5282 公顷。房屋拆迁 178234.56m²。

2. 项目实施阶段

（1）重大决策

2005 年 1 月 4 日，福建省发展和改革委员会以《关于泉三高速公路泉州支线（南安至惠安）项目建议书的批复》（闽发改交能〔2005〕3 号）批复路线终点位于惠安东岭，与省道 201 衔接，全线约 48km。2006 年 10 月 23 日，福建省发展和改革委员会以《关于泉三高速公路泉州支线（南安至惠安）工程可行性报告的批复》（闽发改交通〔2006〕884 号）批复路线终于斗尾港，与斗尾港疏港公路相接，全长 54.8km。2007 年 11 月 21 日，福建省发展和改革委员会以《关于泉三高速公路泉州支线（南安至惠安）初步设计的批复》（闽发改交通〔2007〕128 号）批复路线止于惠安县东南通港大道的南端，全长 56.184km。2009 年 1 月 20 日，福建省交通厅以《关于泉三高速公路泉州支线（南安至惠安）施工图设计的批复》（闽交建〔2009〕25 号）批复终点位于惠安县净峰镇后型村附近，与通港大道相交，路线全长 56.024km。

（2）重大变更（表 10-9-3）

重大设计变更表　　　　　　　　　　　表 10-9-3

序　号	设　计　变　更　内　容
1	下蒲岭石岩隧道进口右洞段围岩按 55-2 支护，卸载花岗岩坡体采用加长苗干防护
2	下蒲岭石岩隧道出口左右洞顶山体卸载，右洞长度缩短 12m，左洞长度缩短 19m，洞顶采用预应力锚索，挂网喷播及 TBS 防护
3	福厦公铁立交桥变更桩基位置、桩径、桩长、墩柱位置、桥梁斜交角度、桥梁、跨径、梁高等
4	泉州北互通 F 匝道桥 9 号、13 号跨上部结构变更为路基
5	鹏山岭隧道出口右线洞门结构形式由削比或变更为断墙式
6	草铺园枢纽互通 A 匝道 4 号桥第 2 联跨径 3×20m 变更为 21.5m+21.5m+21.5m
7	草铺园枢纽互主线 2 号桥跨城西大道跨径调整
8	草铺园枢纽互通 B 匝道 1 号桥、C 匝道桥第 10~20 跨、H 匝道桥变更为路基
9	正兜 2 号隧道进口端长度缩短
10	正兜 2 号隧道出口长度缩短，洞门形式变更为断墙式
11	通港分离式主交桥减少一跨

续上表

序号	设计变更内容
12	印石大桥6~9号墩下部结构形式变更
13	潘湖3×20m中桥变更为3孔5m×3m连续盖板涵洞
14	大丘3×16m中桥变更为1孔6m×4.5m的涵洞
15	大丘汽车通道6m×4m变更为5×20m大桥
16	隧道混凝土路面变更为沥青混凝土路面
17	泉州高速公路应急中心

(3)重大事件

2006年1月,成立"泉三高速公路泉州支线(南安至惠安)筹建处"。

2007年12月28日,在双阳镇举行工程奠基仪式。

2008年3月18日,成立"泉州南惠高速公路有限责任公司"。

2008年3月30日,国土资源部批复建设用地467.5931公顷。

2008年8月15日,路基一标互通主线开工。

2008年9月,正式动工。

2009年12月,南惠高速公路6个路基标段全部开工。

2010年7月28日,印石大桥合龙贯通。

2010年11月16日,大坵大桥合龙贯通。

2010年12月4日,龙庙大桥合龙贯通。

2010年12月19日,敬长大桥合龙贯通。

2010年12月30日,草铺园互通立交贯通。

2011年1月25日,芸内大桥贯通。

2011年1月30日,仙石大桥贯通。

2011年4月30日,正兜大桥贯通。

2011年7月15日,南惠高速公路通过交工验收,质量评定合格。

2011年7月19日,南惠高速公路顺利通车。

2016年1月22日,通过省交通运输厅组织的竣工验收,质量评定优良。

(三)科技创新

南惠高速公路沿线地质结构复杂,大中桥53座(其中大桥28座),沿线隧道7座,桃源隧道部分段落邻近水库底。为确保施工质量、进度,项目公司组织人员对全线技术含量较高的项目组织科技攻关,从施工方案开始就进行了认真研究、优化,从技术上挖潜力,在施工单位、监控单位、监理单位通力配合下,应用新技术、新材料和开展科研工作,提高南惠高速公路的质量安全。

1. 隧道施工方面

(1)采用地质雷达技术对全线隧道的初期支护、二次衬砌的质量、厚度等进行全面检查,对存在质量问题的地方进行返工或整改,有效地控制隧道初期支护、二次衬砌的质量。

(2)采用超前地质预报技术,根据围岩地质确定开挖设计和支护结构调整,确保隧道施工安全,尤其是桃源隧道高质量安全通过邻近水库段。

(3)隧道受力变形监控量测技术应用。NHA2合同段朋山岭隧道及进口段路基上跨已通车运营的省道307线朋山岭公路隧道市政隧道,新建路基顶面与既有隧道顶部之间的净距较小,最近仅7m,且上下斜交角度仅39°。上下交叠处围岩地质情况和布局对现场施工十分不利,稍有不慎将危及既有隧道。项目公司多次邀请重庆交通公路科研所、省高指和市高指的隧道专家到现场对施工方案进行会诊,确定最终设计及施工方案,较原设计方案节约了1300多万元的注浆加固费用。施工期间,委托福州大学隧道科研组对新建隧道和既有隧道的关键性参数进行实时监控,保证了质量、安全。

2. 桥梁施工方面

桥梁钢筋加工采用数控钢筋弯曲机。南惠高速公路NHA5合同段项目部(中铁十一局第四工程有限公司)在部分高速公路建设中率先采用新型的数控钢筋弯曲机。该机械具有强大的加工能力和快速的加工速度,能存储几万条钢筋加工程序,随时调用、随时加工,且操作方便,工作时只需一个开关便可完成整个复杂弯制过程,加工出来的钢筋形状一致,极大地提高了钢筋加工效率。

3. 隧道机电工程方面

隧道采用LED灯照明。南惠高速公路隧道照明列入国家LED隧道照明应用示范项目。LED灯为半导体灯,光效较高,显色性好,寿命长,对环境温度要求不高,启动时间和再启动时间短。按LED照明节能35%计算,南惠高速公路隧道LED照明一年节电约一百万千瓦时,大大节省了照明费用。

(四)运营管理

1. 服务区设置

南惠高速公路共设置1对服务区,服务区为双侧结构,分A、B两区。上田服务区总建筑面积约3717m^2,内设办公楼、宿舍、公厕、超市、加油站、汽修、充电桩等,主体结构为钢筋混凝土结构。

2.收费站点设置(表10-9-4)

收费站点设置情况表　　　　　　　　　　　表10-9-4

站点名称	车道数	收费方式
泉州北	13(5入8出)	人工、ETC、自动取卡
洛江	9(4入5出)	人工、ETC、自动取卡
惠安南	10(4入6出)	人工、ETC、自动取卡
崇武	10(4入6出)	人工、ETC、自动取卡
惠东	10(4入6出)	人工、ETC、自动取卡

3.车流量发展状况(表10-9-5)

交通流量发展状况表　　　　　　　　　　　表10-9-5

年份(年)	日均车流量(辆)	年份(年)	日均车流量(辆)
2011	7334	2014	21598
2012	11166	2015	25234
2013	16669		

二、泉州绕城高速公路泉州湾跨海大桥工程(泉州湾跨海大桥)(建设期：2012.01~2015.05)

(一)项目概况

1.基本情况

泉州湾跨海大桥是海西高速公路网的重要组成部分，也是泉州市高速公路网"两纵一横一环三联"的组成部分，并与其他高速公路形成联网，成为粤、浙、赣进出泉州市区的重要通道。项目起于晋江新塘街道南塘村(桩号K17+904.9)，接环城高速公路晋江至石狮段，于石狮蚶江跨越泉州湾，在台商投资区顶宫村进入陆域，止于惠安塔埔(桩号K44+603.436)，接环城高速公路南安至惠安段。路线全长26.7km，跨海大桥长12.45km，北岸接线长14.25km。项目的控制性工程泉州湾跨海大桥分为南岸陆地区引桥、南岸浅水区引桥(双向六车道)、蚶江互通主线桥、南岸浅水区引桥(双向八车道)、南岸深水区引桥(双向八车道)、主桥、北岸深水区引桥(双向八车道)、北岸浅水区引桥(双向八车道)、秀涂互通主线桥9个区段，其中主桥长800m(70m+130m+400m+130m+70m)，为主跨400m双塔分幅组合梁斜拉桥，主塔高157.1m，通航净高44.57m。全线按高速公路标准设计，设计荷载为公路—Ⅰ级；共设蚶江、秀涂、张坂3处落地互通和塔埔1处枢纽互通，其中:蚶江互通至秀涂互通段采用双向八车道标准,设计速度 100 km/h,路基宽度 41 m;其余路段采用双向六车道标准,设计速度 100 km/h,路基宽度 33.5 m,路桥同宽。全线主要技术指标见表 10-9-6。

全线主要技术指标表　　　　表 10-9-6

指标名称	单位	主要采用值
路线长度	km	26.7
公路等级		高速公路
设计速度	km/h	100
行车道宽		蚶江互通~秀涂互通路段双向八车道,其余双向六车道
路基宽度	m	33.5
设计荷载		①构造物:公路—Ⅰ级;②路面:BZZ-100kN
通航水位(1985 国家高程基准)		最高通航水位:4.30m;最低通航水位:-3.42m
设计基准期	年	100
地震基本烈度	度	Ⅶ
风参数	m/s	运营阶段:39.9m/s;施工阶段:35.1m/s
设计水位及设计波高		桥梁设计水位按 300 年一遇计算 桥梁墩身基础结构采用 100 年一遇波流作用进行计算
设计纵坡		不大于 2.35%
桥面横坡		2%
平曲线半径		不小于 1140m
竖曲线半径		凸曲线不小于 16000m;凹曲线不小于 15000m

全线路基土石方 534.8 万 m³,桥梁 7 座 16037.1m(其中:特大桥 2 座 13603.6m,大桥 4 座 1722.5m,小桥 1 座 13m,分离式立交桥 6 座 698m),涵洞、通道 50 道 2265.43m,共设置蚶江、秀涂、张坂 3 处落地互通,塔埔 1 处枢纽互通,监控通信分中心 1 处。全线主要工程数量详见表 10-9-7。

全线主要工程数量　　　　表 10-9-7

序号	工程项目		单位	总数量	备注
1	路线长度		km	26.67	
2	土石方		万 m³	534.8	
	其中	挖方	万 m³	259.2	
		填方	万 m³	275.6	
3	排水与防护工程		万 m³	10.72	
4	软基处理		km	1.579	

续上表

序号	工程项目		单位	总数量	备注
5	路面工程	水稳层	m	10651.3	
		级配碎石层		10651.3	
		ATB碎石层		10651.3	
		中面层		26675.9	
		上面层		26675.9	
6	桥梁工程	特大桥	m/座	13603.6/2	
		大桥		1722.5/4	
		中小桥		13/1	
		分离式立交桥		698/6	
7	涵洞及通道		m/道	2265.43/50	蚶江、秀涂、张坂3处落地互通，塔埔1处枢纽互通
8	互通立交		处	4	
9	收费站棚		处	3	
10	征用土地	陆地	亩	2280.362	
		海域		1184.39	
11	拆迁房屋		m²	61243	
12	绿化工程		公路公里	10.65	

泉州湾跨海大桥交通运输部批复工期为4年。路基土建工程2012年1月10日下达开工令，2014年6月30日主桥实现合龙，2014年底路基土建工程基本完成；路面、交通安全设施（含绿化景观）工程于2014年3月开工，2015年4月上旬全部完成。房建、机电工程于2014年8月开工，2015年4月上旬全部完成。2015年4月27日福建省交通质监局出具本项目交工验收前质量检测意见（闽交质监〔2015〕112号）；2015年4月28日进行交工验收，2015年4月29日进行安全交工验收，2015年5月12日建成通车试运营。

2. 前期决策情况

项目建设前，因泉州湾、晋江和洛阳江的阻隔，泉州各片区之间，尤其是分处泉州湾两岸的泉州台商投资区秀涂与石狮蚶江之间，需要绕行一大段路程才能彼此到达。2004年石狮市人大代表团提出的"石狮跨海大桥"动议；2006年，跨海大桥设想正式写入泉州市党代会报告，通道两端的地址选取分别选在惠安的秀涂和石狮的蚶江；2005年泉州市交通局委托福建省交通规划设计院进行预、工可行性研究。其间多次广泛征集各方面意见，还相继开展环评、水土、地质、气象、海洋、渔业资源影响等多项专题咨询、评估和论证会。

2008年4月，交通运输部委托部规划研究院专家在泉州召开项目预可行性研究报告审查会。同年9月，交通运输部以交函规划〔2008〕183号文向国家发改委上报关于泉州湾跨海公路通道项目建议书的审查意见。同年12月国家发改委以发改基础〔2008〕3634

号文批复本项目建议书。2009年始,泉州市交通局委托组织进行地质、港航、海洋、船舶通航、交通量调查、水文、桥梁防撞、抗震、抗风、用海、用地、渔业资源影响等多项论证评价。2009年4月,福建省发改委以闽发改交能〔2009〕317号上报《泉州湾跨海通道可行性研究报告的请示》。2009年8月,交通运输部在北京组织项目工可行业审查会,9月,业主公司"泉州跨海大桥有限责任公司"注册成立。2009年11月,交通部规划研究院将项目工可审查意见正式上报国家发改委。2010年1月,交通运输部正式上报国家发改委项目工可行业审查意见,2月,项目获批用海、用地预审,水土保持方案和环境影响报告书获核准。2011年2月24日,国家发改委批复跨海大桥工程可行性研究报告。

项目建成后,泉州市将由"河口型"转变为"海湾型"城市,从晋江、石狮到惠安、泉州港将更加方便,让桥南到桥北的距离从27km缩短到7km,驱车跨泉州湾只需短短8min,大大节约出行时间;大桥横跨泉州湾南北,连接泉州经济最活跃、发展最快的环湾区域,串联全球著名的服装、鞋业、石雕、树脂、陶瓷等产业基地,推动各县市(区)、中心城市向湾区聚集,盘活环泉州湾980km^{2}的区域资源,对于发挥东南沿海港口的资源优势、加快区域经济社会协调发展、促进泉州海湾型城市的形成和中心规划的实施具有重要意义。

3.参建单位主要情况

(1)建设单位

为加快推进泉州湾跨海通道工程前期各项工作,2009年2月,泉州市委、市政府下发《中共泉州市委 泉州市人民政府关于成立泉州湾跨海通道工程指挥部的通知》(泉委〔2009〕17号)成立泉州湾跨海通道工程指挥部。

2009年9月,泉州市政府下发《关于同意组建泉州湾跨海大桥有限责任公司的批复》(泉政函〔2009〕124号)同意由泉州市高速公路投资有限公司与福建省高速公路有限公司共同出资组建泉州跨海大桥有限责任公司作为项目业主公司,履行业主职责,加快推进项目建设。泉州湾跨海大桥有限责任公司的管理组织机构设置为"五部二处",即综合部、征迁民事协调部、工程部、财务部、安全环保部、大桥两岸各设一业主代表处。

(2)设计单位

经福建省政府研究,同意福建省发展和改革委员会《关于泉州湾跨海公路通道项目有关情况的报告》(闽发改交能〔2010〕134号)的意见,即同意本项目勘察设计招标采用邀请招标的方式。确定中交公路规划设计院有限公司、中交路桥技术有限公司联合体承担泉州湾跨海大桥工程的初步设计和施工图阶段的勘察与设计。

(3)施工单位

泉州湾跨海大桥共有施工单位13家,其中栈桥工程施工共划分为2个标段,路基工程划分为6个标段,路面、交安及绿化景观工程划分为1个标段,房建工程划分为1个标段,机电工程划分为2个标段,桥梁助航标志设置工程划分为1个标段。

(4) 监理单位

泉州湾跨海大桥共有监理单位4家。栈桥工程划分为1个标段,路基、路面、交安、房建及景观绿化工程划分为2个标段(其中路面、交安、房建及景观绿化工程列在J2监理标中),机电工程划分为1个标段。项目主要施工及监理单位见表10-9-8。

项目主要施工及监理单位一览表　　　　表10-9-8

标段号	标段所在地	工程内容	长度(km)	施工单位	监理单位
路基A1标	晋江、石狮市	南岸陆地区引桥预应力混凝土连续箱梁结构上、下部;南岸浅水区引桥(六车道)上部50m箱梁节段预制拼装及下部;南岸浅水区引桥(八车道)上部50m箱梁节段预制拼装	5.913	中铁大桥局集团有限公司(原中铁大桥局股份有限公司)	中铁武汉大桥工程咨询监理有限公司
路基A2标	石狮市	蚶江互通主线现浇箱梁及匝道和接线;南岸浅水区引桥(八车道)下部	2.25	四川公路桥梁建设集团有限公司	
路基A3标	石狮市、台商投资区	南岸深水区引桥(八车道)上部70m箱梁节段预制悬臂拼装及下部;北岸深水区引桥(八车道)上部70m箱梁节段预制悬臂拼装	3.5	中交第二公路工程局有限公司	
路基A4标	石狮市、台商投资区	主桥过渡墩、辅助墩及基础、索塔及基础、上部结构施工;北岸深水区引桥(八车道)下部	1.85	中交第二航务工程局有限公司	
路基A5标	台商投资区	北岸浅水区引桥(八车道)上下部、秀涂互通主线、匝道及接线;北岸接线路基	6.752	中交第一航务工程局有限公司	福建省交通建设工程监理咨询公司
路基A6标	台商投资区、惠安县	北岸接线路基	8.533	福建省第一公路工程公司	
路面B标	晋江、石狮市、台商投资区、惠安县	全线路面工程、交通及景观绿化工程	26.7	福建路桥建设有限公司	
房建F标	石狮市、台商投资区	房建、收费广场	26.7	福州市第三建筑工程公司	
机电E标	晋江、石狮市、台商投资区、惠安县	沿线供配电、照明系统(含景观照明)	26.7	江苏安防科技有限公司	北京泰克华诚技术信息咨询有限公司
机电ED标		监控、收费、通信系统	26.7	中铁电气化局集团第三工程有限公司	

(5) 试验检测单位

泉州湾跨海大桥共有试验检测单位1家。

(二)建设情况

1. 项目准备阶段

(1)立项审批

项目立项:2008年12月,国家发展和改革委员会以《国家发展和改革委员会关于福建省泉州湾跨海公路通道项目建议书的批复》(发改基础〔2008〕3634号)批复项目建议书,同意立项。

地震安全性评价:2008年7月,福建地震局以《福建地震局关于泉州湾跨海大桥通道工程场地地震安全性评价报告的批复》(闽震〔2008〕160号)同意地震安全评价。

水土保持方案批复:2010年4月,水利部以《中华人民共和国水利部关于泉州湾跨海通道水土保持方案的复函》(水保函〔2010〕78号)批复同意项目水土保持方案。

环境影响报告书批复:2010年4月,国家海洋局以《国家海洋局关于泉州湾跨海公路通道工程环境影响报告书核准意见的复函》(国海环字〔2010〕241号)核准项目环境影响报告书。

工程可行性研究:2011年2月,国家发展和改革委员会以《国家发展改革委员会关于福建省泉州湾跨海公路通道可行性研究报告的批复》(发改基础〔2011〕380号)批复工可报告,同意项目路线方案、技术标准、建设规模和工期等。

初步设计:2011年6月,交通运输部以《交通运输部关于泉州湾跨海公路通道初步设计的批复》(交公路发〔2011〕268号)批复项目初步设计。

林地批复:2011年10月,国家林业局以《使用林地审核同意书》(林资许准〔2011〕267号)同意用林。

用海批复:2011年10月,国家海洋局以《国家海洋局关于泉州湾跨海公路通道工程项目用海的批复》(国海管字〔2011〕728号)核准用海。

施工图设计:2011年12月,福建省交通运输厅以《福建省交通运输厅关于泉州湾跨海公路通道施工图设计的批复》(闽交建〔2011〕148号)批复施工图设计。

项目建设用地批复:2012年4月,国土资源部以《国土资源部关于泉州湾跨海公路通道工程建设用地的批复》(国土资函〔2012〕293号)批复项目建设用地。

施工许可:2012年8月,福建省交通运输厅批复本项目施工许可。

(2)资金筹措

本项目工程概算总投资约为69.23亿元,来自中央专项基金、省级投资、地方投资及国内银行贷款,出资比例为部、省、市投资占35%,银行贷款65%。其中,中央专项基金(车购税)6.39亿元,省交通建设资金9.09亿元,市财政性资金8.75亿元,银行贷款45亿元。

(3) 招投标工作

①勘察设计招标

经省政府研究,同意省发展和改革委员会《关于泉州湾跨海公路通道项目有关情况的报告》(闽发改交能〔2010〕134号)的意见,即同意本项目勘察设计招标采用邀请招标的方式。2010年3月21日,招标人发出投标邀请书。2010年3月22~23日发售招标文件,2010年4月20~21日进行评标工作,确定中交公路规划设计院有限公司、中交路桥技术有限公司联合体位第一中标候选人,经公示无异议后谈判并签订合同。

②勘察监理、设计咨询招标

经省政府研究,同意省发展和改革委员会《关于泉州湾跨海公路通道项目有关情况的报告》(闽发改交能〔2010〕134号)的意见,即同意本项目勘察监理、设计咨询招标采用邀请招标的方式。2010年3月21日,招标人发出投标邀请书。3月22~23日发售招标文件,4月20~21日进行评标工作,确定中铁大桥勘测设计院有限公司、招商局重庆交通科研设计院有限公司第一中标候选人,经公示无异议后谈判并签订合同。

③施工单位招标

a. 栈桥工程。2010年8月1日发布招标公告进行公开招标,8月2~6日发售招标文件,8月23~24日进行评标工作,分别确定中铁大桥局股份有限公司、中交第二航务工程局有限公司为栈Ⅰ、栈Ⅱ合同段第一中标候选人,经公示无异议后签订合同。

b. 施工临时航标设施。为确保大桥施工期间主航道过往船舶通航安全,避免过往船舶碰撞施工栈桥或其他设施造成安全事故,必须在施工水域设置临时航标设施。鉴于泉州湾辖区实施航标的申请批准、施工监督、交工和效能验收、大桥运营期航标维护等事项均由上海海事局厦门航标处统一监管且航标设置工程专业性强、技术高,具备国家规定相关施工资质的单位少,厦门航标处是厦门、泉州地区唯一一家航标管理和施工单位,承担过厦门、泉州所有航标的抛设和管理工作,经验丰富。经市政府批准,项目航标设置施工委托该航标处组织实施。

c. 路基土建工程。2011年4月27日发布招标公告进行公开招标,4月27日~5月4日发售招标文件;6月4~6日进行评标工作,分别确定中铁大桥局股份有限公司、四川公路桥梁建设集团有限公司、中交第二公路工程局有限公司、中交第二航务工程局有限公司、中交第一航务工程局有限公司、福建省第一公路工程公司为A1~A6合同段第一中标候选人,经公示无异议后签订合同。

d. 路面、交通安全设施及绿化景观工程。2013年9月9日发布招标公告进行公开招标,9月9~13日发售招标文件;10月9~10日进行评标工作,确定福建路桥建设有限公司为B合同段第一中标候选人,经公示无异议后签订合同。

e. 房建工程。2014年3月27日发布招标公告进行公开招标,3月27日~4月2日发售招标文件；4月29～30日进行评标工作,确定福州市第三建筑工程公司为F合同段第一中标候选人,经公示无异议后签订合同。

f. 机电工程。2014年3月27日发布招标公告进行公开招标,3月27日～4月2日发售招标文件；4月29～30日进行评标工作,分别确定江苏安防科技有限公司、中铁电气化局集团第三工程有限公司为E、ED合同段第一中标候选人,经公示无异议后签订合同。

g. 桥梁助航标志设置工程。2015年1月19日发布招标公告进行公开招标,1月19～23日发售招标文件；2月10日进行评标工作,确定厦门海安捷航标技术工程有限公司为HB合同段第一中标候选人,经公示无异议后签订合同。

④监理单位招标

a. 栈桥监理。2010年8月1日发布招标公告进行公开招标,8月2～6日发售招标文件,8月23～24日进行评标工作,确定江苏交通工程咨询监理有限公司为第一中标候选人,经公示无异议后签订合同。

b. 路基、路面、房建监工程理。2011年4月27日发布招标公告进行公开招标,4月27日～5月4日发售招标文件；6月4～6日进行评标工作,分别确定中铁武汉大桥工程咨询监理有限公司、福建省交通建设工程监理咨询有限公司为J1、J2合同段第一中标候选人,经公示无异议后签订合同。

c. 机电监理。2014年3月27日发布招标公告进行公开招标,3月27日～4月2日发售招标文件；4月29～30日进行评标工作,确定北京泰克华诚技术信息咨询有限公司为JC标段第一中标候选人,经公示无异议后签订合同。

⑤试验检测单位

2011年4月27日发布招标公告进行公开招标,4月27日～5月4日发售招标文件；6月4～6日进行评标工作,确定中交路桥技术有限公司为JC合同段第一中标候选人,经公示无异议后签订合同。

(4)合同段划分

栈桥工程划分为2个合同段,路基工程划分为6个合同段,路面、交安及景观绿化工程划分为1个合同段,房建工程划分为1个合同段,机电工程划分为2个合同段。

(5)征地拆迁

为使征地拆迁工作顺利进行,泉州市高速公路建设指挥部、泉州湾跨海大桥有限责任公司征迁部和沿线各县市区分高指、镇村部门积极组织、密切配合,认真安排部署,扎实开展征地拆迁协调工作,有力地保障泉州湾跨海大桥工程征地拆迁工作的顺利进行。主要做法：健全组织机构,强化征地拆迁工作组织领导；统一政策措施,保障征地拆迁工作有序开展；实行任务包干,保证征地拆迁工作高效运作；严格工作程序,确保征地拆迁工作依法有序;严格财经纪律,规范征地拆迁资金管理使用。按时完成征地拆迁任务,依法依规办理征地拆迁用地手续。征地拆迁情况见统计表10-9-9。

征地拆迁情况统计表   表10-9-9

项目工期	征地拆迁安置起止时间	征用土地(亩)	拆迁房屋(m^2)	支付补偿费用(元)	备注
一期	2011.08~2014年底	2397.0622	65035.29	426753100	

2. 项目实施阶段

(1)重大变更

本项目设计变更严格按照省高指和本项目项目管理办法有关规定执行,其中较大和重大设计变更均按要求上报有权部门审批,主要涉及A1标南岸陆地区引桥第十~第十三联、第十九联上部结构变更、南岸浅水区引桥N008号墩移位变更;A2合同段蚶江互通A匝道路基及濠江北路路基变更、蚶江互通连接线变更;A4标反拱变更;A5标秀涂互通出入口变更、南北主干道分离立交移位变更、杏坑通道桥桥跨布置变更、K34+320处增加一座人行天桥;A6标张坂互通出入口变更、长箱尾分离立交移位变更等。其余均为一般变更。

①A1合同段南岸浅水区引桥(六车道)N008号墩墩位调整:根据福建省高速公路建设总指挥部《关于泉州湾跨海大桥设计变更的批复》(闽高路工〔2012〕238号),鉴于南岸浅水区引桥N008号墩位处石砌小庙经多方协调仍无法拆迁重建,将此墩位向小桩号方向移动6.8m,即相邻跨由50m跨径分别变更为43.2m和56.8m。

南岸陆地区引桥第十九联结构变更:根据福建省高速公路建设总指挥部《关于泉州湾跨海大桥设计变更的批复》(闽高路工〔2012〕238号),鉴于箱梁预制场地调整后,南岸陆地区引桥第十九联不再需要作为运梁通道,将第十九联$3\times30m$现浇箱梁变更为$3\times30m$预制小箱梁,与第十四~第十八联结构形式一致,以便于标准化预制施工。

南岸陆地区引桥第十~第十三联结构变更:根据福建省高速公路建设总指挥部《关于泉州湾跨海大桥设计变更的批复》(闽高路工〔2012〕238号),为解决南岸陆地区引桥第十、第十一联与泉州市规划的市政一环路交叉问题,第十联变更为$3\times30m$预制小箱梁;第十一联变更为35.35m+50m+50m+44.65m(左幅)和44.65m+50m+50m+35.35m(右幅)现浇箱梁;为节省造价,便于标准化预制施工,第十二、第十三联变更为$5\times30m$预制小箱梁。

②A2合同段蚶江互通A匝道路基及濠江北路路基变更:原路基地质情况与现场实际不符,根据地质补充勘察资料对A匝道及濠江北路特殊路基地基处理方式进行变更。

蚶江互通连接线变更:依据福建省交通运输厅《关于泉州湾跨海大桥工程施工图设计审查会议纪要》(会议纪要〔2011〕3号),同意将A2标蚶江互通连接线由石狮市政府捆绑建设,核减 A2 标相应工程量。

③A4 标反拱变更。主桥主梁采用钢-混凝土组合梁干拼工艺,结构形式较新颖,梁段间的混凝土桥面板采用剪力键+环氧涂层干拼的接头形式为国内首创,混凝土桥面板采用对钢箱梁施加反拱从而使其获得横向预应力的设计工艺。但施工图中原反拱方案仅有示意图,并要求施工单位根据示意图自行考虑局部构造,补充具体措施以实现反拱。根据福建省高速公路建设总指挥部《关于泉州湾跨海大桥 A4 合同段反拱变更方案的意见》(闽高路工〔2015〕40 号)同意 A4 合同段项目部提出的变更优化反拱方案。

④A5 合同段南北主干道分离式立交移位变更:根据福建省高速公路建设总指挥部《关于泉州湾跨海大桥设计变更的批复》(闽高路工〔2012〕238 号),为解决本工程与台商投资区南北主干道新规划线位的交叉问题,将原中心桩号为 K31+520.7 调整到 K31+586.3,原桥跨布置 25m+40m+40m+25m 变更为 33.5m+38m+33.5m。

秀涂互通出入口位置变更:根据省高指《关于泉州湾跨海大桥张坂和秀涂互通变更设计的批复》(闽高路工〔2013〕26 号),对秀涂互通出入口由原设计与省道 201 连接变更为与规划的南北主干道二期连接,以实现高速公路与城市快速路的连接。

杏坑分离立交结构变更:根据省高指《关于泉州湾跨海大桥接线工程杏坑分离立交桥再次变更的批复》(闽高路工〔2013〕227 号),杏坑分离立交桥所处杏坑自然村及当地镇政府多次以本项目影响其全村出入为由强烈要求变更,为此,经业主多次实地考察,并与当地政府多次协商,将 K32+921.6 杏坑分离式立交桥 3×20m 变更为 5×30m 预应力小箱梁,位于 K32+882.1。

K34+320 处增加一座人行天桥:根据福建省高速公路建设总指挥部《关于泉州湾跨海大桥接线工程路段变更设计的批复》(闽高路工〔2013〕65 号),本项目路线经过台商区东园镇山紫阳村,将该村村落与村民所耕种的百亩田地一分为二,原设计未考虑预留通道问题。为方便当地群众生活及生产需要,在 K34+320 处增设一座 16m+20m+20m+16m 的人行天桥,桥宽 4.5m。

⑤A6 合同段长箱尾分离立交位置等调整:根据福建省高速公路建设总指挥部《关于泉州湾跨海大桥设计变更的批复》(闽高路工〔2012〕238 号),为解决本工程与惠安县惠城大道新规划线位的交叉问题,将 K43+689 长箱尾分离立交移至 K43+520,取消 K43+575 涵洞,并在原长箱尾分离立交处增设 4m×3m 机耕路通道。

张坂互通出入口变更:根据福建省高速公路建设总指挥部《关于泉州湾跨海大桥张坂和秀涂互通变更设计的批复》(闽高路工〔2013〕26 号),对张坂互通出入口由原设计与东张公路连接变更为与规划的东西主干道连接。以实现高速公路与城市快速路的连接,形成台商投资区与东海、晋江和石狮组团的快速通道。

(2) 重大事件

2005年4月,泉州市交通局委托开展本项目预可、工可研究。

2008年12月29日,国家发改委以发改基础〔2008〕3634号文批复本项目建议书。

2009年12月31日,项目奠基,先行工程栈桥动工。

2010年3~5月,勘察设计和勘察监理、设计咨询招投标。

2010年4月23日,水利部以水保函〔2010〕78号批复同意项目水土保持方案。

2010年4月29日,国家海洋局以国海环字〔2010〕241号核准项目环境影响报告书。

2010年5月14~16日,原交通运输部总工周海涛等国内知名专家在泉州召开大桥工程方案研讨会。

2010年12月31日,栈桥工程Ⅰ、Ⅱ标施工合龙。

2011年2月24日,国家发改委批复跨海大桥工程可行性研究报告。

2011年3月17~18日,交通运输部在泉州召开泉州湾跨海公路通道工程初步设计审查会。

2011年5月17~19日,泉州湾跨海大桥主桥上部结构及索塔施工图设计审查会。

2011年6月1日,交通运输部批复泉州湾跨海大桥初步设计。

2011年6月4~6日,泉州湾跨海大桥工程土建施工、施工监理及试验检测招标、评标、开标。

2011年12月28日,福建省交通厅批复泉州湾跨海大桥施工图设计。

2012年1月10日,项目正式开工。

2012年3月30日,原交通运输部副部长林祖乙视察泉州湾跨海大桥建设。

2012年6月23日,大桥北岸主墩防撞钢套箱整体吊装沉放成功。

2012年7月12日,大桥南岸主墩防撞钢套箱整体吊装沉放成功。

2012年3月1日,项目获2012年省高速公路施工标准化管理典型示范优胜项目。

2013年11月30日,大桥主桥索塔封顶。

2013年12月13日,大桥主桥第一片主梁吊装。

2014年6月30日,大桥主桥全桥合龙。

2015年4月28日,通过交工验收。

2015年5月12日,通车试运营。

(三)复杂技术工程

(1)技术特征

项目的控制性工程泉州湾跨海大桥长12.45km,分为南岸陆地区引桥、南岸浅水区引桥(六车道)、蚶江互通主线桥、南岸浅水区引桥(八车道)、南岸深水区引桥(八车道)、主桥、北岸深水区引桥(八车道)、北岸浅水区引桥(八车道)、秀涂互通主线桥9个区段。

主桥为项目重点和难点,技术复杂、工艺新,桥型方案为双塔分幅组合梁斜拉桥,跨径布置为70m+130m+400m+130m+70m=800m。桥面位于$R=20000m$、切线长$T=400m$、外矢距$E=4m$的圆弧竖曲线上,最大纵坡为2%。顶板设2%单向横坡,利用主梁内外侧高度差来实现,主梁底板保持水平。

结构体系为单幅主梁在辅助墩、过渡墩处各设置一个单向滑动支座和一个双向滑动支座,在索塔处各设2个双向滑动支座。同时在每个索塔处,单幅主梁两侧均设置一个横向抗风支座,全桥共8个。单幅主梁两端各设置一道960mm伸缩装置,全桥共4道。单幅桥每个塔梁连接处安装2套黏滞阻尼器,全桥共8套,在静力作用下不约束塔梁纵向相对变形,而在动力作用下对结构动力响应进行耗能。

根据构造及施工架设的需要,全桥主梁划分166个梁段。标准梁段长度10.5m,边跨标准梁段长9.9m。标准梁段最大起吊质量为290.5t(F梁段,10.5m)。

主梁采用分幅形式,单幅主梁为抗风性能好、造型美观的PK式流线型扁平组合梁,除索塔处主梁外,两侧均设置风嘴。两幅梁全宽56.49m(含风嘴),单幅梁含风嘴宽27.41m(含风嘴)、不含风嘴顶板宽23.85m,梁高3.5m(单幅箱梁中心线处),其中钢梁中心线处梁高3.1m。

混凝土桥面板分为预制板与现浇两部分制作。桥面板全宽20.918m,标准厚度28cm,在箱梁纵腹板及横隔板上翼缘处加厚至40cm,在拼装每块预制板前,要求保证6个月以上的存放时间。

斜拉索采用抗拉标准强度为1670MPa平行钢丝斜拉索,根据索力的不同,采用PES7-109、PES7-121、PES7-139、PES7-163、PES7-187、PES7-211、PES7-223、PES7-241八种规格,拉索最长213.8m(Z18号索,型号为7-223),单根最大质量为15.4t(B18号索,型号为7-241)。全桥共288根斜拉索。斜拉索在主梁上采用锚拉板构造锚固,在索塔上采用钢锚梁构造锚固,张拉端设置在塔端。斜拉索梁端均安装外置阻尼器减振装置,外置阻尼器安装在桥面以上3.5m高度位置处。

索塔采用三柱式门型索塔,包括塔座、塔柱、横梁、塔冠、装饰块、钢锚梁及牛腿等。塔座底面高程5.500m,塔顶高程162.600m,索塔总高度157.100m。塔柱采用空心箱形断面,索塔采用C50混凝土。索塔的整体造型以及各部分的断面形式既考虑了受力要求,又考虑了景观的要求,同时尽可能方便施工。通过空间及平面分析计算,在动、静载作用下,索塔结构满足受力及稳定性要求。索塔上、下横梁以及上塔柱斜拉索锚固区为预应力混凝土结构,其他塔柱部分为普通钢筋混凝土结构。

塔基础为承台+群桩基础,承台倒圆角的矩形截面,边塔柱分承台截面尺寸为15.3m

(横桥向)×17.9m(顺桥向),中塔柱分承台截面尺寸25.7m(横桥向)×17.9m(顺桥向),承台之间通过两根系梁连接,单根系梁尺寸为4.6m(宽)×4.5m(高)×8m(长)。承台顶高程为5.5m,厚度为6.0m。边塔柱承台下设9根钻孔灌注桩,中塔柱承台下设15根钻孔灌注桩,均按嵌岩桩设计,桩径2.5m,桩长30.7~47.8m。

辅助墩和过渡墩均采用双柱式花瓶墩身+承台+群桩基础形式。辅助墩Z2号、Z5号采用墩顶横向展开加横梁的双柱式花瓶墩身,单个墩柱底为倒圆角矩形,截面尺寸为3.2m(横桥向)×3.8m(顺桥向),横向2个墩柱净距为3.1m,墩外侧展开半径为30m,内侧展开半径为33.2m,墩顶宽13.6m。横梁中部高度3.0m,宽3.2m,下缘为半径8m圆弧。承台底高程为-0.7m,承台平面为倒圆角的矩形截面,截面尺寸11.6m×9.8m,厚度为4.0m。桩基为钻孔灌注桩,按嵌岩桩设计,桩径2.5m,桩长33.7~55.7m。

过渡墩Z1号、Z6号采用墩顶横向展开加横梁的双柱式花瓶墩身,单个墩柱底为倒圆角矩形,截面尺寸3.2m(横桥向)×3.8m(顺桥向),横向2个墩柱净距为3.1m,墩外侧展开半径为30m,内侧展开半径为33.2m,墩顶宽13.6m。横梁中部高度3.0m,下缘为半径8m圆弧。承台底高程为-0.7m,墩顶顺桥向展开半径为30m,墩顶顺桥向宽5.4m。承台平面为倒圆角的矩形截面,截面尺寸11.6m×9.8m,厚度4.0m。桩基为钻孔灌注桩,按嵌岩桩设计,桩径2.5m,桩长35.6~51.4m。

索塔防撞设施采用防撞钢套箱,对Z3号、Z4号索塔设置钢套箱进行保护。防撞套箱顶部设置挂腿,底部设置倒钩,采用外挂方式与大桥索塔承台连接。套箱长82.1m,宽22.7m,高8.8m。主要板厚10mm,横梁、肋骨、纵骨L160×100×10、加强构件T10×350/12×120。护舷材高度300mm,板厚10mm。单个套箱分8个分段通过高强度螺栓连接,其中单个分段1(有A、B、C、D共4个类型)质量约100t,单个分段2(有A、B、C、D4个类型)质量约126t,单个套箱质量约906t。套箱外侧设置两道水平的钢质护舷。航道侧套箱外侧壁安装飘浮圆筒形橡胶。

主桥桥面系桥面防撞护栏采用金属梁柱式护栏。防撞护栏立柱采用钢板焊接成形,材质为Q345C钢。桥面选用双层沥青玛蹄脂碎石,表面层为SMA-13、下面层为SMA-20,均为设计空隙率≤4%的密级配沥青混合料。主航道桥与引桥的衔接处设置两道伸缩量为960mm的大型模数式伸缩装置。灯柱沿顺桥向按36m间距布置在主梁外侧,附着于外侧防撞护栏基座上,灯柱底座与防撞护栏底座等高,从防撞护栏底座横向伸出400mm,纵向长度600mm,钢筋与防撞护栏底座整体设置,底座内预埋地脚螺栓和钢板。为减小桥面横向风对行车的影响,在主桥外侧设置风障。风障立柱高1510mm,焊接在防撞护栏立柱上。立柱之间设置5片风障条,立柱与风障条采用连接套连接。

(2)建设情况

泉州湾位于江河入海口,沉积大量的泥沙层,主要为松散岩类孔隙水,地下水丰富;基岩花岗岩类裂隙水,节理裂隙多为剪切状、闭合裂隙,地下水不发育。局部发育构造裂隙脉动水。线路上分布的特殊性岩土及不良地质作用对桥梁建设的不利影响易于克服、处理;基岩风化层分布较稳定,承载力较高,工程地质条件较好,适宜进行桥梁的建设。

泉州湾跨海大桥位于沿海高速风带,是典型的季风区,冬季盛行东北风、夏季盛行西南风,热带气旋是影响大桥的主要灾害天气,风速大、风况复杂;潮流属正规半日潮,最大潮差达 6.92m,最高潮位时最大水深 14.73m,受涨退潮影响,施工难度较大。

大桥可保证 5000 吨级杂货船双向通行、10000 吨级杂货船单向通行,为确保大桥安全采用质量接近 900t 整体防撞钢套箱,如此大的钢结构海上长距离运输,1000n mile 的航程,需要穿过交通繁忙的长江口水域,进行海上运输时,需要穿过风浪潮相当复杂的平潭海峡和泉州湾湾口,运输的安全风险极大。吊装时,实施水域存在施工栈桥,须占用主航道,而主航道净宽度仅 375m,大型船舶一旦走锚,就会对栈桥形成致命威胁,安装的安全风险极高。同时主航道上游,有后渚港集装箱海运公司的班轮(5000~10000 吨级)和杂货船定期和不定期通行,施工期间 1200 吨级大型起重船抛锚定位需要占用整个主航道,必须封航才能确保套箱安装期间的船舶。

为了缩短复杂海域作业时间、降低施工风险,主桥主梁采用节段干拼的钢-混凝土组合梁结构形式,工艺复杂、安装难度大、精度要求高,工艺为国内首创;引桥上部结构采用节段梁干拼工艺,预制和安装精度要求高;互通区桥梁采用变截面大吨位移动模架法施工,最大截面 31.6m,浇筑质量最大跨达 4200t,为国内少有。

(四)科技创新

1. 钢-混凝土组合梁斜拉桥"干拼"成套技术研究及应用

本项目大桥主桥拼装采用钢-混凝土组合梁结构,该结构通过充分发挥钢材与混凝土的材料特性,显示了很好的受力性能和使用性能,但传统组合梁的节段间湿接头连接却常常成为组合梁斜拉桥节段施工周期的制约,湿接头连接不仅严重滞后了施工进度而且加大了施工安全风险。为此,基于钢-混凝土组合梁斜拉桥发展的需要,在深入研究以往的组合梁"湿接"与混凝土梁"干拼"的基础上,本项目设计提出了钢-混凝土组合梁斜拉桥"干拼"的理念。该理念从本质上改进了组合梁连接工艺,但其对制造精度、拼装工艺、焊接工艺等均提出了新的要求。为此,业主公司泉州湾跨海大桥有限责任公司联合中交公路规划设计院有限公司、中交第二航务工程局有限公司、中交路桥技术有限公司、成都合众桥梁科技有限公司等单位以本项目为依托工程,从设计、工厂预制、现场安装、施工过程控制等方面开展了钢-混凝土组合梁斜拉桥主梁安装新工艺——"干拼"工艺的研究及应用。

该科研项目经过一系列的分析、试验及现场验证在钢-混凝土组合梁斜拉桥"干拼"

的设计、施工及监控方面取得了一系列的创新成果：①系统建立了钢-混凝土组合梁斜拉桥节段"干拼"连接的设计方法。该方法将过去组合梁节段连接由混凝土板"湿接"方式改变为"干拼"的方式，提高了连接质量缩短了安装工期。建立了钢梁施焊导致混凝土板残余应力的分析模型，并提出了减少该项应力的工艺措施；提出了混凝土板剪力键、预应力管专用对接接头、钢梁导向装置等"干拼"构造措施。②建立了钢-混凝土组合梁斜拉桥"干拼"节段的预制工艺体系。进行了"干拼"组合梁预制足尺寸模型试验，提出了"干拼"组合梁预制拼装的精度控制标准及预制工艺流程，建立了"干拼"组合梁节段预制工厂标准化生产线并在依托工程中取得成功应用。③建立了钢-混凝土组合梁斜拉桥"干拼"节段的现场安装工艺体系。进行了"干拼"组合梁架桥机拼装足尺寸模型试验，提出了"干拼"组合梁现场拼装精度控制标准及拼装工艺流程。国内首次建立了"整装"组合梁节段"干拼"连接的施工工法并在实桥取得成功。④建立了钢-混凝土组合梁斜拉桥"干拼"施工监控体系。提出了拼装梁段全过程误差监控体系，建立了预制误差管理系统及拼装预测调整体系，确保了现场"干拼"的精度和进度。针对钢梁焊接收缩对混凝土板的应力及梁段变形影响进行了现场监测及工艺调整指导，将钢梁焊接收缩对混凝土板的应力影响及梁段变形影响降至最低的程度，确保了拼装精度。

钢-混组合斜拉桥混凝土板"干拼"成套技术研究及应用获得中国公路学会科学技术二等奖。

2. 大宽度变截面移动模架优化及施工控制关键技术研究

泉州湾跨海大桥工程 A5 合同段北岸浅水区引桥、秀涂互通主线桥桥位在北岸浅水区和滩涂区域，最大墩身高度 26.5m，泥面高程最低为 -2.0m，梁底高程最大为 30.298m，所以桥下最大净空 32.298m，加之在水上施工，本地区多有台风出现，因此采用常规的支架现浇方案，安拆支架困难且施工安全性难以保证，因此北岸浅水区引桥（八车道）、秀涂互通主线桥部分桥跨上部结构采用移动模架施工工艺进行现浇。同时，泉州湾跨海大桥工程 A2 合同段蚶江互通主线桥施工范围处于浅滩区域，涨潮时，水位在承台以上 1m 左右，退潮时则全部处于淤泥之上，为了满足使用要求，降低施工成本和施工难度，亦采用下行式移动模架进行施工。

上述桥梁特点与难点是混凝土箱梁断面形式复杂多样，既有 16.5m 和 20.25m 两种等宽的标准断面，又有变宽的渐变断面，并且施工荷载变化较大，箱梁吨位重。根据工程的特点以及施工环境等综合因素确定采用大宽度变截面移动模架设备进行施工，而这种变宽截面的移动模架在国内外研究并不多，仍有很多问题需要计算和分析。

为此，业主公司泉州湾跨海大桥有限责任公司联合福建省交通建设工程监理咨询公司、长安大学、中交第一航务工程局有限公司、四川公路桥梁建设集团有限公司等单位从移动模架优化以及施工控制关键技术方面对变截面移动模架施工中的关键工法和施工控制指标进行研究和分析,对变截面移动模架提出相关要求,确定施工安全,完善变截面移动模架的施工工艺,从而推动我国桥梁建设事业的发展,研究成果将具有普遍适用性与推广价值。

该科研项目进行了以下几项课题研究:①大宽度变截面移动模架设备结构受力性能仿真分析。②大宽度变截面移动模架设备对桥梁结构影响仿真分析及后退控制技术研究。③大宽度变截面移动模架设备变宽关键技术研究。④大宽度变截面移动模架设备预拱度设置技术研究。⑤大宽度变截面移动模架设备稳定性控制研究。⑥大宽度变截面移动模架设备施工安全保障体系研究。

通过上述研究,将相关计算成果和影响变宽度移动模架施工进度控制关键工序和关键因素及时反馈给中交一航务工程局有限公司和四川公路桥梁建设集团有限公司,保证了施工质量、安全和进度。同时,根据课题研究成果,编制《大宽度变宽度移动模架施工操作指南》,使其得以推广运用。研究取得了以下奖项:

①A2标段泉州湾跨海大桥移动模架QC小组荣获2013年度全国工程建设优秀质量管理小组二等奖。A5标段泉州湾跨海大桥移动模架QC小组荣获天津市QC小组成果发表"优秀奖"。

②泉州湾跨海大桥工程A2标段工程荣获2016年度四川省建设工程天府杯金奖。

③国家发明专利:下行非自动式移动模架牛腿机构的倒运系统及其安装方法。

④国家发明专利:适应大跨度单边变宽箱梁施工的移动模架主梁装置及其操作方法。

⑤国家发明专利:一种变截面移动模架可调整体式模板。

(五)运营管理

1. 收费站点设置(表10-9-10)

收费站点设置情况表　　　　　　　　　　　　　　　　表10-9-10

站 点 名 称	车 道 数	收 费 方 式
泉州东(秀涂)	13(5入8出)	人工、ETC、自助取卡
石狮北(石湖港)	12(5入7出)	人工、ETC、自助取卡
台商投资区(张坂)	12(5入7出)	人工、ETC、自助取卡

2. 车流量发展状况(表10-9-11)

交通流量发展状况表　　　　　　　　　　　　　　　　表10-9-11

年份(年)	日均车流量(辆)
2015	4554

三、泉州绕城高速公路晋江至石狮段（晋石高速公路）（建设期：2010.04~2012.12）

（一）项目概况

1. 基本情况

晋石高速公路经福建泉州晋江市、石狮市，是海峡西岸经济区高速公路网和泉州市干线公路网的重要组成部分，也是泉州绕城高速公路的重要组成部分。项目全线总里程13.194135km（含S1573共线段5.978713km），设计采用《公路工程技术标准》（JTJ B01—2003），全线按高速公路标准建设，设计行车速度100km/h，路基宽度为33.5m，中间带宽度3.5m（中央分隔带2.0m + 路缘带2×0.75m），行车道2×11.25m，外侧路缘带及硬路肩宽度2×3m，土路肩宽度2×0.75m，设计荷载公路—Ⅰ级、验算荷载为挂车—120；全线采用全封闭、全立体交叉。项目设计概算40.07亿元（含G1573围头疏港高速公路），实际完成投资39.96亿元，节约投资0.12亿元。

晋石高速公路北起新塘街道南塘村，接泉州湾跨海大桥，经石泉二路、石狮宝盖鞋业规划区、新塘片区规划、省道308、金山安息堂，从樟井互通由北往南，经永和镇、止于龙湖镇，接泉厦漳城市联盟路。全线共有各类桥梁18座（其中特大桥3座、大桥10座），隧道2座；设置2个收费站；共有各类涵洞、通道30道。详见表10-9-12。

项目基本情况统计表　　　　表10-9-12

序号	项　目		单位	数　　量	备　注
一	技　术　标　准					
1	计算行车速度		km/h	100	
2	路基宽度	整体式路基	m	33.5	
		分离式路基	m	16.75	
3	桥面净宽		m	2 - 15.5	
4	路面			沥青混凝土路面，设计年限15年，标准轴载100kN	
5	路基、桥涵设计洪水频率			特大桥1/300，其余均为1/100	
6	桥涵设计车辆荷载			汽车—超20级，挂车—120	
二	主要工程规模					
1	路线里程		km	13.194135	
2	征用土地		亩	1769.933	
3	拆迁房屋		m²	48423.43	
4	路基土石方		万 m³	259.5	

续上表

序号	项　　目	单位	数　　量	备　　注
5	软土地基处理	km	0.5	
6	桥梁(主线)	m/座	8207.7/13	
	其中:特大桥、大桥	m/座	7924.7/9	
7	匝道桥梁	m/座	555/4	
8	上跨分离	m/座	127/1	
9	互通式立交	处	3	
10	分离式立交	处	9	
11	涵洞	道	23	
12	通道	道	7	
13	隧道	m/座	953.6/2	
14	路面	万 m²	54.544	
15	主线收费站	处	2	
16	服务区	处	0	
17	停车区	处	0	

晋石高速公路项目计划工期48个月。2010年4月,路基A3、LA1合同段先行开工建设;2010年7月,路基A4合同段开工;2012年12月21日,交工验收;2012年12月31日,通车试运营。

2.前期决策情况

泉州市地处东南沿海,境内的城市呈散状分布,经济发达的晋江、南安、石狮、惠安等县市均环绕在城区周围,港口资源集中在上述四县市及泉港区。晋江市、石狮市经济发展迅速,城市规模不断扩大,相关公路交通量增长较快,主要公路街道化严重,且泉州市区和晋江市、石狮市已接近连成一体,部分路段已较为拥挤,难以适应未来经济发展和交通发展的需要。当时,该区域尚无一条快速便捷的南北岸通道连接晋江、石狮、惠安,也没有一条直接的疏港快速通道连接南北岸石湖港区和秀涂港区。泉州要发展,交通需先行,要构筑发展新平台,需在成网、快速、配套方面下功夫。晋石高速公路是泉州绕城环城高速公路的重要组成部分,同时也是泉州市高速公路网"二纵三横一环四支"的组成部分,是做大做强泉州中心城市的重要基础设施。它连接国家高速公路网,与其他几个路段一同构成泉州绕城高速公路。建设晋石高速公路,有利于各卫星城市的形成,对分流城区交通缓解拥堵,缩短晋江、石狮与省城福州及闽东城市的距离均有较大的意义。这样就全面形成了泉州未来发展格局:以鲤城、丰泽、洛江为核心,石狮、晋江、南安的市区、惠安县城为次中心,各城市(县)众星拱月,形成半小时城市群,使大泉州由"河口型"向"海湾型"迈进。

晋石高速公路项目2007年8月由福建省发展和改革委员会批准立项,开始可行性研究,2009年9月,福建省发展和改革委员会批复项目工程可行性研究报告,同意路线方案、技术标准、投资控制和建设工期。

3.参建单位主要情况

(1)建设单位

晋石高速公路前期工作由泉州市交通局和泉州市高速公路前期工作办公室负责。2009年9月,由福建省高速公路集团有限公司和泉州市高速公路投资有限公司共同出资组建泉州晋石高速公路有限责任公司,作为本项目法人单位,全面负责投资、建设等工作。

(2)设计单位

福建省交通规划设计院承担本项目的初步设计阶段和施工图阶段的勘察设计工作,以及机电项目、绿化项目、交通工程、房建项目的设计工作。

(3)施工单位

晋石高速公路施工单位共7家。路基工程共划分为3个合同段,路面及交通安全设施工程划分为1个合同段,绿化工程划分为1个合同段,房建工程划分为1个合同段,机电工程分为1个合同段。

(4)监理单位

晋石高速公路监理单位共2家,全线路基、路面及交通安全设施、房建、绿化工程为1个监理标段,机电工程为1个监理标段。

详见表10-9-13。

施工及监理单位一览表　　　　表10-9-13

标段号	标段所在地	工程内容	长度(km)	施工单位	监理单位
A3	晋江	K11+775~K12+640 路基土建	0.865	中交第三公路工程局有限公司	内蒙古华讯工程咨询监理有限责任公司
A4	石狮晋江	K12+640~K17+922.9 路基土建	5.21	中铁七局集团有限公司	内蒙古华讯工程咨询监理有限责任公司
LA1	晋江	LK0+860~LK9+630 路基土建	8.845	中铁十四局集团	内蒙古华讯工程咨询监理有限责任公司
B	晋江石狮	路面工程	13.19	江西省交通工程集团公司	内蒙古华讯工程咨询监理有限责任公司
F	晋江石狮	房建工程	13.19	福建省第五建筑工程公司	内蒙古华讯工程咨询监理有限责任公司
C	晋江石狮	绿化工程	13.19	福建大农景观建设有限公司	内蒙古华讯工程咨询监理有限责任公司
E	晋江石狮	机电工程	13.19	亿阳信通股份有限公司	北京兴通工程咨询有限责任公司

(二)建设情况

1. 项目准备阶段

(1)立项审批

项目立项:2007年8月16日,根据《福建省发展和改革委员会关于泉州市环城高速公路晋江至石狮段项目建议书的批复》(闽发改交能〔2007〕778号)批复项目建议书,同意立项。

工程可行性研究:2009年9月7日,根据《福建省发展和改革委员会关于泉州市环城高速公路晋江至石狮段工程可行性研究报告的批复》(闽发改交能〔2009〕830号)批复工程可行性研究报告,同意路线方案、技术标准、投资控制和建设工期。

初步设计:2009年11月2日,根据《福建省交通厅、福建省发展和改革委员会关于泉州市环城高速公路晋江至石狮段工程初步设计的批复》(闽交建〔2009〕166号)批复初步设计。

环境影响评价:2009年8月27日,福建省水利厅下发《福建省水利厅关于〈泉州市环城高速公路晋江至石狮段水土保持方案报告书(报批稿)〉的批复》;2009年9月3日,根据《福建省环保厅关于批复泉州市环城高速公路晋江至石狮段环境影响报告书的函》(闽环保监〔2009〕78号)通过水土保持和环境保护评价工作。

地震安全性评价:2007年6月4日,福建省地震局批复同意《泉州市环城高速公路二期线路工程场地地震安全性评价报告》。

建设用地批复:2010年12月29日,根据《国土资源部关于泉州市环城高速公路晋江至石狮段建设用地的批复》(国土资函〔2010〕1104号)批复晋石高速公路建设用地。

概算批复:2010年5月10日,根据《福建省交通厅、福建省发展与改革委员会于泉州市环城高速公路晋江至石狮段工程初步设计概算的批复》(闽交建〔2010〕60号)批复概算。

开工批复:福建省交通运输厅于2011年6月14日批复施工许可。

(2)资金筹措

晋石高速公路(含围头疏港高速公路)初步设计概算经福建省交通运输厅、福建省发展和改革委员会批复,金额为40.07653820亿元(含建设期贷款利息2.91626575亿元)。其中,建筑安装工程费26.96155817亿元,设备及工具、器械购置费0.50694020亿元,工程建设其他费用10.83850305亿元,预备费1.76953678亿元,实际概算投资39.957184818亿元。建设资金拼盘为资本金14.02678837亿元,银行贷款26.04974983亿元,本项目最终投资计39.957184818亿元,节约投资0.119353382亿元。

(3)招投标工作

本项目根据国家基本建设程序要求以及有关法律法规的规定,严格执行《中华人民共和国招标投标法》和国家、交通部有关招投标管理的规定及《福建省高速公路施工招投标资格预审办法》和《福建省高速公路施工招标评标办法》,采取专家评标、项目法人定标、政府监督的方式进行设计、监理、试验检测、施工单位的公开招标工作,并报省高指、省交通厅备案;按规定在全国性媒体上刊登招标公告;资格预审文件、招标文件、评标细则等依据国家以及福建省的有关规定、规范编制,经省高指、省交通厅审批;招标活动由泉州市高速公路专项监察办、泉州市检察院全过程监督,公证处参与,按照公开、公平、公正和诚实信用的原则进行。经认真严格评审,确定各中标单位,项目业主及时与中标人签订合同并严格履行。

(4)合同段划分

设计分为1个合同段,设计咨询分为1个合同段,路基工程共划分为3个合同段,路面及交通安全设施工程划分为1个合同段,绿化工程划分为1个合同段,房建工程划分为1个合同段,机电工程分为1个合同段,监理分为2个合同段,试验检测分为2个合同段。

(5)征地拆迁

晋石高速公路建设用地严格按2010年12月29日国土资源部《关于泉州市环城高速公路晋江至石狮段建设用地的批复》(国土资函〔2010〕1104号)进行。全线共征用土地1769.933亩。房屋拆迁48423.43m²,各种杆线迁移111处。

晋石高速公路征地拆迁工作按照泉州市人民政府《关于泉州市环城高速公路工程建设征地拆迁补偿安置工作意见的函》(泉政函〔2009〕189号)精神,设立市、县、镇(街道)三级征地拆迁领导机构,均由政府主要领导任领导小组组长,下设办公室,专门负责具体实施高速公路建设征地拆迁安置工作,通过坚持宣传、统一标准、规范程序、公开公正等方式,保证征拆工作顺利开展。详见表10-9-14。

征地拆迁情况统计表　　　　表10-9-14

项目名	征地拆迁安置起止时间	征用土地(亩)	拆迁房屋(m²)	支付补偿费用(元)	备注
晋石高速公路	2009.12~2012.10	1769.933	48423.43	243685822.2	

2.项目实施阶段

(1)重大变更(表10-9-15)

重大设计变更表　　　　表10-9-15

序号	设计变更内容
1	连接樟井特大桥的部分路基变更为高架桥(樟井特大桥桥长增加)
2	新塘互通线位偏移
3	南塘段部分路基变更为高架桥(荆山特大桥桥长增加),取消南塘中桥
4	荆山特大桥上跨石泉路现浇变截面箱梁变更为悬浇变截面箱梁
5	新塘段211m路基变更为高架桥

(2) 重大事件

2007年8月16日,福建省发展与改革委员会批复项目建议书,同意立项。

2009年9月7日,福建省发展与改革委员会批复泉州市环城高速公路晋江至石狮段工程可行性研究报告。

2009年9月25日,泉州晋石高速公路有限责任公司登记成立。

2009年11月2日,泉州市环城高速公路晋江至石狮段工程初步设计获福省交通运输厅福建省发展和改革委员会批复。

2010年3月21日,英林特大桥第一根钻孔灌注桩开钻。这也是全线的开钻的第一根钻孔灌注桩开钻。

2010年4月1日,晋石高速公路J1合同段总监办发出泉州市环城高速公路晋江至石狮段工程开工令,晋石高速公路正式开工建设。

2010年6月6日,A3合同段樟井特大桥首个墩身浇筑完成。这也是晋石高速公路全线首个钻孔桩、首个承台、首个墩身完工。

2010年12月29日,该项目建设用地获国土资源部批复。

2012年3月3日,荆山隧道左洞贯通。

2012年4月30日,荆山隧道右洞贯通。

2012年9月30日,A3合同段桥梁全幅贯通。

2012年12月31日,全线建成通车,投入试运营。

2018年6月8日,通过省交通运输厅组织的工程竣工验收。

(三)复杂技术工程

特大桥:荆山特大桥(长1500m)、新塘特大桥(长590m)、新塘互通主线桥(长1037.4m)、荆山新塘特大桥之间路基改桥(长220m)制约工期,是控制性工程。受地方征地拆迁影响,原设计荆山新塘特大桥之间的路基变更为桥梁,将原设计的荆山特大桥与新塘特大桥连接,最终变更为新塘特大桥(长3347.4m)。桥梁跨越晋江、石狮市城市中心,施工环境复杂,加上工期短,属该项目的难点工程。

隧道:灵秀山隧道(分离式,左线长392m,右线长418m)虽然较短,但隧道洞口段岩层风化强烈,围岩级别低,稳定性差;隧道穿过区节理裂隙发育,节理密集带内岩体破碎,易坍塌;小净距段隧道双洞间岩柱需进行加固处理。

(四)科技创新

为确保施工质量、进度,项目组织人员对全线技术含量较高的项目组织科技攻关,从施工方案开始就进行了认真研究、优化,从技术上挖潜力,在施工单位、监控单位、监理单位通力配合下,应用新技术、新材料和开展科研工作,提高科技含量。

(1)大跨度预应力混凝土盖梁采用贝雷片与传统的满堂支架结合的施工工艺代替了传统的常规支架法或托架法支模技术,免去基础处理的麻烦,充分利用了钢管支架搭拆的娴熟技术,既节约了施工成本,又极大地加快了施工进度。

(2)30m预制T梁原设计伸缩缝预留槽的加厚部分是在梁场和T梁一起预制,通过深入研究其作用和功能,变更为在梁体预制、吊装后与桥面系一起施工,既能保证混凝土的整体性,又保证了伸缩缝预埋钢筋位置准确和线形,缩短了预制时的钢筋绑扎和模板安装的时间。

(3)模板布应用。工程墩身柱较多,为了提高其外观质量,采用了模板布,就是在钢模板表面粘贴采购的模板布,模板布可以有效地减少混凝土表面的麻面、气泡等质量通病,混凝土外观光滑、无气泡、色泽一致。模板布的采用对结构物的外观质量起到了非常重要的作用,在桥梁施工可以得到广泛应用。

(4)钢筋网片在桥面上应用。桥面工程量较大,工期紧张,为了提高施工速度,原设计采用现场绑扎10mm钢筋施工,采用等强度代换的原创,经与设计单位沟通,变更采用R8冷拉带肋钢筋网片施工,为沥青层早日摊铺节约了大量时间。

(5)钢筋笼滚焊机的应用。钢筋笼滚焊机制作的钢筋笼成品,外观标准统一,间距均匀,缠绕紧密,同心度高,一改传统手工作业方式难以从根本上提高质量弱项指标的弊端,采用预设参数、机械作业、一次焊接成型,具有机械化程度高、加工速度快、质量稳定可靠、占用场地小等特点。而且主筋、箍筋间距均匀,所有焊点饱满一致,钢筋笼直径整齐划一,质量完全满足规范要求,基本可以实行"免检"。特别适合人工难以保证的工程、绕筋较密或工期较紧的工程中,经济高效、节省时间、节省成本。

(6)数控自动钢筋弯曲机的应用。与以往纯人工加工钢筋相比,精度高、操作简单、方便、人员投入少、有效减低成本、节约钢筋用量、降低施工成本。

(7)混凝土整平机在桥面铺装中的应用。具有以下优点:实现11.75m桥面宽度全副整体铺装,避免纵向施工缝的出现,有效提高铺装层的整体质量;可以人工调节桥梁横向坡度,尤其在曲线、超高地段,只需要提前设定好高度即可高效完成复杂的摊铺工作;实现整平、振捣的全部工作,控制过程只需1人完成,只需配备布料人员等辅助工即可,大大节省了劳动力及施工设备的投入,有效降低了施工成本,加快了施工速度,一次可以铺筑150m以上;经过混凝土整平机施工的桥面铺装,高程整体满足设计要求,无坑洼,厚度均匀,整体平顺,外观良好;混凝土整平机质量轻,安、拆、运输方便,可以前后反复走行,确保铺装质量。

（五）运营管理

1. 收费站点设置（表10-9-16）

收费站点设置情况表　　　　　表10-9-16

站 点 名 称	车 道 数	收 费 方 式
石狮	12（5入7出）	人工、ETC、自动取卡
晋江龙湖	10（5入5出）	人工、ETC、自动取卡

2. 车流量发展状况（表10-9-17）

交通流量发展状况表　　　　　表10-9-17

年份（年）	日均车流量（辆）	年份（年）	日均车流量（辆）
2012	7757	2014	20741
2013	17507	2015	22764

四、泉州绕城高速公路南安至石井高速段（南石高速公路）（建设期：2008.09～2013.12）

（一）项目概况

1. 基本情况

南石高速公路起于泉三高速公路张坑枢纽互通，沿途经南安市霞美镇、柳城街道、官桥镇、水头镇和石井镇，止于规划的泉厦漳城市联盟高速公路预留互通，并与省道201线连接。全线设张坑（枢纽）、南安东、南安南、官桥、朴山、西锦（枢纽）和促进（预留枢纽）7处互通式立交和南安、南安南、南安官桥、南安水头西和南安石井收费站5处，榕桥服务区1处。路线全长42.081km（其中，主线全长40.852km，连接线长1.229km），主线路基宽33.5m、双向六车道、设计速度100km/h；连接线路基宽24.5m、双向四车道、设计速度80km/h，概算投资42.02亿元。

全线共有特大桥2座6792.5m，分别为西溪特大桥（桥长2338m）和寿溪特大桥（桥长4454.5m）；隧道3座3804m，分别为倩内隧道（长1201.5m）、秀峰隧道（长2366.5m）、天竺寺连拱隧道（长236m）；大桥17座4315m；中小桥26座1643m；涵洞通道111道；桥梁桩基2663根；预制梁片5975片（其中，T梁4636片、空心板梁1300片、箱梁39片）；14联现浇箱梁（其中2联悬臂现浇混凝土）；4座天桥；路基土石方1300.9万m^3（其中，挖方709.5万m^3、填方591.4万m^3）；防护砌体20.4万m^3。详见表10-9-18。

第十章
高速公路建设项目实况

项目基本情况统计表

表10-9-18

序号	项目		单位	数量	
一	技术标准				
1	计算行车速度		km/h	主线100，连接线80	
2	路基宽度	整体式路基	m	主线33.5，连接线24.5	
		分离式路基	m	2×16.75	
3	桥面净宽		m	2×16.5	
4	路面			沥青混凝土路面，设计年限15年，标准轴载100kN	
5	路基、桥涵设计洪水频率			特大桥1/300，其余均为1/100	
6	桥涵设计车辆荷载			汽车—超20级，挂车—120	
二	主要工程规模				
1	路线里程		km	主线40.852，连接线1.229	
2	征用土地		亩	4960	
3	拆迁房屋		m²	28万	
4	路基土石方		万m³	1300.9	
5	软土地基处理		km	0.4	
6	桥梁(主线)		m/座	12750.5/45	
	其中：特大桥、大桥		m/座	11107.5/19	
7	匝道桥梁		m/座	80/4	
8	上跨分离		m/座	260/5	
9	互通式立交		处	6	
10	分离式立交		处	2	
11	涵洞		道	111	
12	通道		道	27	
13	隧道		m/座	3804/3	
14	路面(主线)		万m²	150.885	
15	主线收费站		处	5	
16	服务区		处	1	
17	停车区		处	1	

项目2011年2月18日全线动工建设，2013年12月建成，经业主组织交工验收，质量合格，已通车运营，并完成交通安全、环保、水保等专项验收工作。

2.前期决策情况

南石高速公路全线均在泉州南安市境内。项目建成后，能够促进泉州沿海与山区、产业与港口对接连通，也是港口延伸腹地的便捷疏港通道，打通泉州市与厦门的第二条快速通道。2008年4月30日，福建省发展和改革委员会以《福建省发展和改革委员会关于泉三高速公路南安至石井支线项目建议书的批复》(闽发改交能〔2008〕309号)批复项目建议书;2010年3月30日,福建省发展改革委员会以《福建省发展和改革委员会关于泉州市环城高速公路南安至石井段工程可行性研究报告的批复》(闽发改交能〔2010〕233号)批复工可报告。

3. 参建单位主要情况

本项目建设业主单位为泉州南石高速公路有限责任公司。

设计单位4个,分别为:浙江省交通规划设计研究院、中交第二公路勘察设计研究院有限公司、中国中铁二院工程集团有限责任公司、福建省交通规则设计院。

监理单位3个,路基施工标7个,路面交安绿化施工标2个。

房建施工标3个,分别为:福建省惠裕建设工程有限公司、福建省华厦建设发展有限公司、中铁二十二局集团第三工程有限公司。

机电施工标2个,分别为:中铁十四局集团电气化工程有限公司、紫光捷通科技股份有限公司。

试验检测标2个,分别为:江苏东南交通工程试验检测有限公司、福州路信公路工程技术检测有限公司。

详见表10-9-19。

项目施工及监理单位一览表　　表10-9-19

标段号	标段所在地	工程内容	长度（km）	施工单位	监理单位
A1	南安市霞美镇、柳城街道	K0+000~K4+290 路基	4.29	中铁五局机械化工程有限公司	江苏伟信工程咨询有限公司
A2	南安市霞美镇、柳城街道	K4+290~K9+995 路基	5.705	中交第三公路工程局	江苏伟信工程咨询有限公司
A3	南安市柳城街道	K9+995~K15+900 路基	5.905	中铁十五局集团第五工程有限公司	江苏伟信工程咨询有限公司
A4	南安市官桥镇	K15+900~K22+524 路基	6.624	中铁四局集团有限公司	江苏伟信工程咨询有限公司
A5	南安市官桥镇、水头镇	K22+524~K31+341 路基	8.817	葛洲坝集团第五工程有限公司	福建省交通建设工程监理有限公司
A6	南安市水头镇	K31+341~K36+043 路基	4.702	四川公路桥梁建设集团有限公司	福建省交通建设工程监理有限公司

续上表

标段号	标段所在地	工程内容	长度(km)	施工单位	监理单位
A7	南安市水头镇、石井镇	K36+043~K42+081 路基	6.038	福建省第一公路工程公司	福建省交通建设工程监理有限公司
B1	南安市霞美镇、柳城办、官桥镇	K0+000~K22+452 路面	22.452	杭州市交通工程集团有限公司	江苏伟信工程咨询有限公司
B2	南安市官桥镇、水头镇、石井镇	K22+452~K42+081 路面	19.629	福建路桥建设有限公司	福建省交通建设工程监理有限公司

(二)建设情况

1. 项目准备阶段

(1) 立项审批

项目立项：2008年4月30日，福建省发展和改革委员会以《福建省发展和改革委员会关于泉三高速公路南安至石井支线项目建议书的批复》(闽发改交能〔2008〕309号)批复项目建议书，同意立项。

工程可行性研究：2010年3月30日，福建省发展和改革委员会以《福建省发展和改革委员会关于泉州市环城高速公路南安至石井段工程可行性研究报告的批复》(闽发改交能〔2010〕233号)批准工可报告。

初步设计：2010年9月26日，福建省交通运输厅、福建省发展和改革委员会于以《福建省交通运输厅、福建省发展和改革委员会关于泉州市环城高速公路南安至石井段初步设计的批复》(闽交建〔2010〕135号)批准初步设计。

施工图设计：2012年6月20日，福建省交通运输厅以《福建省交通运输厅关于泉州市环城高速公路南安至石井段施工图设计的批复》(闽交建〔2012〕65号)批准施工图设计。

工程建设用地批复：2011年10月29日，国土资源部以《国土资源部关于泉州市环城高速公路南安至石井段工程建设用地的批复》(国土资函〔2011〕809号)批准项目建设用地。

(2) 资金筹措

本项目概算总投资45.8亿元，平均每公里1.0884亿元，施工图预算42.0187亿元。其中，项目资本金比例为35%，即14.707亿元，分别由福建省高速公路有限责任公司、泉州市高速公路投资有限公司和南安市政府统筹解决，其余27.3117亿元为利用国内银行贷款。投资股比:省高速公路有限责任公司51%、泉州市高速公路公司14%、南安市政府35%。

(3)招投标工作

本项目经福建省发展和改革委员会以《关于泉州环城高速南安至石井段项目招标事项的复函》(闽发改函〔2010〕167号)批准,采取自行组织招标方式办理招标事宜。

路基土建工程:2010年11月15~19日发售招标文件,12月15~16日进行评标工作,确定中铁五局集团机械化工程有限责任公司、中交第三公路工程局有限公司、中铁十五局集团第五工程有限公司、中铁四局集团有限公司、葛洲坝集团第五工程有限公司、四川公路桥梁建设集团有限公司、福建省第一公路工程公司分别为A1、A2、A3、A4、A5、A6、A7标段第一中标候选人,经公示无异议后谈判并签订合同。

路面及交通安全设施、绿化景观工程:2012年11月15~21日发售招标文件,12月24~25日进行评标工作,确定杭州市交通工程集团有限公司、福建路桥建设有限公司分别为B1、B2标段第一中标候选人,经公示无异议后谈判并签订合同。

房建工程:2013年3月28~4月3日发售招标文件,5月7~8日进行评标工作,确定福建省惠裕建设工程有限公司、福建省华厦建设发展有限公司、中铁二十二局集团第三工程有限公司分别为FJ1、FJ2、FJ3标段第一中标候选人,经公示无异议后签订合同。

机电工程:2013年5月10~16日发售招标文件,6月19~21日进行评标工作,确定中铁十四局集团电气化工程有限公司、紫光捷通科技股份有限公司分别为E、ED合同段第一中标候选人,经公示无异议后签订合同。

监理单位招标:①路基、路面、房建监理:2010年11月15~19日出售招标文件,12月15~17日进行评标工作,确定江苏纬信工程咨询有限公司为J1合同段第一中标候选人,福建省交通建设工程监理咨询公司为J2合同段第一中标候选人;经公示无异议后签订合同。②机电监理:2013年5月10~16日出售招标文件,6月19~21日进行评标工作,确定北京华路捷公路工程技术咨询有限公司为EJ合同段第一中标候选人,经公示无异议后签订合同。

试验检测单位招标:①路基工程试验检测单位:2010年11月15~19日出售招标文件,12月15~17日进行评标工作,确定江苏东南交通工程试验检测有限公司、福州路信公路工程技术检测有限公司分别为JC1、JC2合同段第一中标候选人,经公示无异议后签订合同。②路面及交安设施试验检测单位:2012年11月15~21日出售招标文件,12月24~25日进行评标工作,确定江苏东南交通工程试验检测有限公司为JC3合同段第一中标候选人,经公示无异议后签订合同。

详见表10-9-20。

第十章 高速公路建设项目实况

各标段划分及工程量情况表

表10-9-20

路基土建施工标	A1	A2	A3	A4	A5	A6	A7
路基施工单位名称	中铁五局机械化工程有限责任公司	中交第三公路工程局	中铁十五局集团第五工程有限公司	中铁四局集体有限公司	葛洲坝集团第五工程有限公司	四川公路桥梁建设集团有限公司	福建省第一公路工程公司
路面施工单位名称		杭州市交通工程集团有限公司 B1 标					福建路桥建设有限公司 B2 标
监理单位		江苏纬信工程咨询有限公司				福建省交通建设工程监理咨询有限公司	
检测单位		江苏东南试验检测有限公司				福州路信公路工程技术检测有限公司	
起讫桩号	K0+700～K4+290	K4+290～K9+995	K9+995～K15+900	K15+900～K22+524	K22+524～K31+340.905	K31+350～K36+043.424	K36+043.424～K42+784.323
里程(公里)	3.59	5.705	5.905	6.624	8.195	4.693	6.74
施工合同总价(万元)	27040	24783	30785	27370	34023	29158	29317
施工合同净标价(万元)	24003	21923	27297	24261	30295	25918	26061
土石方 填方(万方)	41.76	20.1	76.72	138.38	109.06	20	102.51
土石方 挖方(万方)	36.44	28.3	130.17	59.65	133.78	161.8	112.65
主要工程数量 桥梁工程(含互通匝道桥)(m/座)	2510.72/5	157/1	1421.56/8	1194/10	1329.16/7	2805/4.5	2339.72/3.5
其中:特大桥(m/座)	2338/1	157/1			1030/3	2378/0.5	2079.72/0.5
大桥(m/座)			1163/4	710.9/3			132/1
悬浇桥(m/座)							281.84m/2 联
隧道工程(m/座)		1199/1	1153/0.5	1213.5/0.5	236/1		
其中:长隧道(米/座)		1199/1	1153/0.5	1213.5/0.5	236/1		
小净距隧道(m/座)							
特长隧道、特大桥名称及长度	西溪特大桥 2338m					寿溪特大桥 2378m	寿溪特大桥 2079.72m

(4)征地拆迁

本项目安征迁费用约5.6亿元(初步概算)。全线需征用土地4912.904亩,需拆迁房屋及厂房建筑面积280650m²(不含简易搭盖17129m²),需迁移"三杆"约121km、坟墓等地上物约6430座。全线安征迁工作已完成,实际征地拆迁费用约5.3亿元。项目征地拆迁工作主要依托南安市高速公路建设指挥部;具体的征地拆迁补偿安置实施方案,由南安市政府报经泉州市人民政府批复同意(泉政函[2010]140号)。沿线乡镇成立分指挥部,宣传高速公路建设的法律法规和拆迁补偿的政策规定,将征用土地、房屋拆迁补偿标准上墙公示。实施过程中,委托有资质机构进行房屋及附属物评估,经市、乡(镇)指挥部现场土地丈量和地上物清点,统计造册公示,并把补偿款直接发放到各农户指定的银行账户。详见表10-9-21。

征地拆迁情况统计表　　　　　　　　　表10-9-21

安征迁起止时间	征用土地(亩)	拆迁房屋(m²)	支付补偿费用(元)	备注
2010.08~2013.12	4960	28万	5.3亿	

2.项目实施阶段

(1)重大决策

本项目是南安市第一条主要由市建设管理的高速公路项目,南安市委、市政府高度重视,抽调相关专职人员成立专门的工作机构,保证工程建设顺利推进。

一是明确工作目标。按照计划通车时间倒计时安排工作计划,逐项、逐户、限时落实完成。沿线主要领导亲自负责,分管领导具体抓,明确具体责任,将工作任务细化分解,集中人员、时间、精力,全力以赴,深入做好群众思想工作,及时签订拆迁协议,及时提供节点工程用地。二是科学合理安排。指挥部根据工作进展情况,及时召开协调会,对征地拆迁工作中出现的个案问题,及时协调解决;涉及的工作部门予以全力支持,加快审批速度,第一时间进行办理,多次协调相关部门召开现场工作会,分析、部署、督促安征迁工作,强化上下畅通、运作高效的协调机制,形成安征迁工作的强大合力。同时,加强与泉州高指等相关部门之间的沟通协调,指定专人及时跟踪。三是稳步推进工作。依法、有序开展征地拆迁工作,通过加大宣传、提高工作透明度,引导和教育沿线广大群众自觉遵守法律法规,满足群众的合理诉求,消除群众的后顾之忧,提高群众的配合度和自觉性。四是严格落实责任。由南安市委督查室、市政府督查室、效能办开展跟踪督查,对沿线相关乡镇落实征地拆迁计划完成情况进行效能督查,对未按时限要求完成征地拆迁任务的要向市政府说明原因,启动效能告诫。

(2)重大变更

本项目设计变更分为重大设计变更、重要设计变更、一般设计变更等三大类。重大设计变更,如A4标段官桥互通MK0+612.5高架桥施工图调整设计(预制箱梁变更为现浇箱梁施工)、A6 标段福山大道上跨桥方案设计调整(上跨桥桥面加宽方案),均由省高指审批。其余的变更由施工、设计、监理、业主四方研究确认,办理批复。建设期间约发生变更 308 份(其中,A1 标段段 25 份、A2 标段 36 份、A3 标段 38 份、A4 标段 45 份、A5 标段 56 份、A6 标段 48 份、A7 标段 32 份),增加金额约 7900 万元;同时变更减少投资约 2600 万元。

(3)重大事件

2007 年 12 月 17 日,预可行性研究报告获省发改委通过批复。

2008 年 4 月 30 日,省发改委同意立项批复,列入海西高速公路路网。

2008 年 5 月,分别完成环保评价报告,压矿评价报告,水土保持评价报告,地震安全评价报告,土地申报省国土资源厅预审。

2009 年 5 月 12 日,国家交通战备办公室同意南石高速公路用地列入国防交战用地指标。

2009 年 12 月,完成全线初设测量外业验收。

2010 年 3 月 30 日,工程可行性研究报告获省发改委批准。

2010 年 3 月,完成初步勘察设计审查。

2010 年 6 月,完成初步外业定测验收。

2010 年 6 月 29 日,成立泉州南石高速公路有限责任公司。

2010 年 9 月 26 日,初步设计获省交通运输厅、省发改委批复。

2010 年 9 月,完成施工图图纸设计审查。

2010 年 10 月,完成施工图纸修编审核。

2011 年 2 月 18 日,路基工程全线开工。

2011 年 4 月 25 日,西溪特大桥桩基第一根桩孔灌注桩灌注成功。

2011 年 5 月 7 日,寿溪特大桥桩基第一根桩孔灌注桩灌注成功。

2011 年 7 月 8 日,秀峰隧道开工建设。

2011 年 8 月 2 日,倩内隧道开工建设。

2011 年 9 月 26 日,天竺寺连拱隧道开工建设。

2012 年 11 月 6 日,西溪特大桥合龙贯通。

2012 年 12 月 16 日,秀峰隧道左右线贯通。

2012 年 12 月 30 日,天竺寺连拱隧道左右线贯通。

2013 年元月 17 日,倩内隧道左右线贯通。

2013 年 3 月 1 日,寿溪特大桥合龙贯通。

2013 年 12 月 15 日,南石高速公路全线交工验收,质量优良。

2013 年 12 月 31 日,南石高速公路全线建成通车。

(三)复杂技术工程

南石高速公路位于重丘区,地形地质条件极其复杂,在施工过程中着重抓好以下几个方面。

1. 路基工程高填方路堤稳定与施工控制

为了保证高填方路堤的稳定,尽量避免路堤不均匀沉降、减少工后沉降,项目先进行试验路段施工,通过试验数据的分析和研究,总结出不同地质条件下路基不均匀沉降的总和及处置办法,研究高路堤填方的合理结构形式、施工工艺和施工质量控制的关键参数,有效提高高填方路堤的施工质量。

2. 桥梁工程质量控制

南石高速公路全线共有桥梁(含互通桥梁)45座共1.275万m。桥梁施工中,对所有现场材料进行严格检测,加强工艺控制,在确保施工质量前提下,要求加强外形质量控制,全面采用组合钢模板。所有桩基均进行无破损检测,并按技术规范的规定比率进行了钻孔取芯检测,桩基无破损检测合格率百分之百。同时,积极应用新工艺、新材料,如桩基钢筋笼的主筋连接,采用G25等强度接头连接;预应力梁片注浆采用新材料,如压浆料、压浆剂配置水泥浆。

3. 路基质量难点的防治与控制

在填挖交界处铺设土工格栅处理,并在基层上加铺钢筋网,在填石、土石混填路堤路段中,严格控制填石粒径、厚度,并采用凸轮强夯压路机,对路基进行补强碾压,确保路基压实度,减小工后沉降量,加强对桥台涵背回填的填筑工艺控制,全部采用透水性材料,压实度达到98%,基本消除桥台涵背跳车现象。

4. 隧道工程施工控制

南石高速公路共有隧道3座3804m,采用超前地质预报进行动态设计,施工中采用光面爆破等控制爆破技术,尽量减少对围岩的扰动;严格控制超挖和欠挖,初期支付采用湿喷混凝土施工技术保证初支质量;防水板采用双缝焊接无钉铺挂工艺,接缝充气检测,保证防水效果。

5. 路面工程设计施工控制

南石高速公路全线主线和匝道路面均采用沥青混凝土路面柔性基层结构,沥青混凝土面层结构为AC-16C中粒式密级配SBS改性沥青混凝土,下层为AC-20C中粒式密级配SBS改性沥青混凝土,上基层为ATB-25粗粒式密级配沥青碎石,下基层为GRH-25级配碎石,底基层为3%水泥稳定碎石。改性沥青各项技术指标应达到SBS改性沥青I-D型标准;改性沥青的基质沥青及下面层的沥青均采用A级道路石油沥青70号。在施工中严格控制混合料的配合比,对级配、水泥、沥青含量等重要指标采取有效的控制措施,并加强检验,确保满足要求。对基层含水率面层料温度等决定质量的重要因素,根据确定的最佳数据进行施工,对路面压实试行规范化管理,按最优机械组合、最佳遍数和合理顺序进行,对高程厚度等指标进行了精确控制,高标准、高要求。

(四)科技创新

1. 隧道开挖采用的新技术和新工艺

为降低坍塌造成的安全隐患,A2合同段倩内隧道请专业队伍对开挖进行超声波检测,并在施工中采用激光断面仪对隧道进行稳定检测,使测量数字的获得变得简单、迅速、精确。在上导坑开挖时,采用双排锁脚锚杆加固,避免初期支护不稳定引起的拱脚下沉;在下导坑开挖时,采用左右交错开挖,确保隧道开挖、支护处于可控状态。这项新技术是在实践工作中,碰到具体的困难,通过集思广益、群策群力,靠集体的力量逐步完善,为安全施工,文明施工,确定良好的施工辅助条件。

2. 控制爆破的应用

A7合同段施工地带周边经济较发达,房屋密集。路基石方开挖大量采用控制爆破施工工艺,精准测算确定孔径、孔深、孔数、孔距、排距和炸药单耗,选择合适的装药方法和起爆方式,使每个炮孔所产生的爆破能量与炮孔周围介质所需能量相等,达到爆破松动而无剩余能量造成飞石;将炸药进行分散化和微量化处理,采取"密布孔,浅打眼,少装药"的方法,将总装药量"化整为零",合理、微量地分布在多孔之中,爆破时"碎而不抛""松动而不散"或"预裂无飞"。在施工过程中,爆破未对附近民房造成大的影响,维护和谐施工环境,确保施工安全和进度。

3. 钢筋加工采用数控钢筋弯曲机

南石高速公路A4合同段项目部(中铁四局集团有限公司)在钢筋加工过程中采用新型的数控钢筋弯曲机。该机械具有强大的加工能力和快速的加工速度,能存储大量的钢筋加工程序,随时调用,随时加工且操作方便,工作时只需一个开关便可完成整个复杂弯制过程,对各种型号的钢筋都能准确、快捷地加工生产,节省了大量的人工费用,极大地提高了钢筋加工效率和准确度。

4. 隧道LED灯照明

南石高速公路隧道照明列入国家LED隧道照明应用示范项目,三座隧道的用电照明全部采用LED灯。LED灯为半导体灯,光效较高,显色性好,寿命长,对环境温度要求不高,启动时间和再启动时间短,和传统灯具相比有着明显的优势,大大节省了照明用电费用和人工管理费用。

5. 工程施工信息化管理

各项目部配备了充足的现代办公硬件设备,利用各自的信息化管理平台对工程施工进行全过程、全方位、全员的全面管理,有效提高管理水平和工程质量,并大大地缩短了各项工作环节的交叉时间,提高工作效率,加快施工进度。

(五)项目管理亮点

南石高速公路项目区属闽东南丘陵地形,沿线穿越的地貌以丘陵坡地及台地为主,局部路段穿越台地间的河谷洼地,地形地貌、地质情况复杂。设计工作严格按照全面质量管理的要求,应用 GPS 控制测量、航测遥感等新技术,提高勘察设计的科技含量。在初步设计阶段,加强对路线走向、桥梁、隧道、互通及路基路面等的方案比较、论证;施工图设计阶段结合专家的审查意见,加强对初步设计方案的局部优化;在项目实施过程中,根据现场实际情况深化设计,做到动态设计。在隧道的进洞阶段,根据洞口的地形、地貌、地质等实际条件,现场确定隧道进洞桩号、洞门形式,尽量做到少开挖少破坏;在隧道的开挖过程中,根据隧道开挖面的实际地质情况,现场判定围岩级别,确定开挖和支护形式。桥梁基础施工中,由现场地质、地形情况确定桩底高程、桩顶高程、中系梁高程,做到底系梁全部埋入地下,中系梁根据路线纵断面、地形,起伏有序。总之,动态设计不但使本项目整个路段与地形、周围环境相协调,更贴近于自然,与自然更和谐,而且大大缩短了设计变更周期,加快了工程进度,在以后的项目中应多推广。

(六)运营管理

1. 服务区设置

南石高速公路全线设置榕桥 1 对服务区,服务区为双侧结构,分 A、B 两区;总建筑面积约 $5619m^2$,内设办公楼、宿舍、公厕、超市、加油站、汽修间、充电桩等,主体结构为钢筋混凝土结构。

2. 收费站点设置(表 10-9-22)

收费站点设置情况表 表 10-9-22

站 点 名 称	车 道 数	收 费 方 式
南安	11(4入7出)	人工、ETC、自动取卡
南安南	9(4入7出)	人工、ETC、自动取卡
南安官桥	10(4入6出)	人工、ETC、自动取卡
南安水头西	9(4入5出)	人工、ETC、自动取卡
南安石井	12(4入8出)	人工、ETC、自动取卡

3. 车流量发展状况(表10-9-23)

交通流量发展状况表 表10-9-23

年份(年)	日均车流量(辆)	年份(年)	日均车流量(辆)
2013	7403	2015	30432
2014	26420		

第十节 G4012溧阳至宁德国家高速公路福建段(溧宁线)

溧宁线福安至寿宁高速公路(福寿高速公路)(建设期:2013.01~2016.01)

(一)项目概况

1.基本情况

福寿高速公路是国家高速公路网江苏溧阳至福建宁德段的重要组成部分,是福建东北出省的又一条通道。该项目北承浙江泰顺、南接沈海复线高速公路,与宁武高速公路相交,是发挥"山海协作",打通内陆出海,沟通"长三角"的快速通道。项目起于福安坂中乡长汀村(设坂中枢纽互通接沈海高速公路复线),经福安社口、寿宁武曲、斜滩、竹管垄、南阳、犀溪等乡镇,止于犀溪镇双港与浙江高速公路对接,线路全长54.479km,项目概算总投资46.86亿元。

全线采用高速公路建设标准,设计速度80km/h,双向四车道,路基宽度24.5m。设计荷载公路—Ⅰ级,设计洪水频率:特大桥采用1/300、路基及大(中、小)桥采用1/100,其余技术指标按部颁《公路工程技术标准》(JTG GB01—2003)的规定执行。全线路基土石方3318万m^3,防护工程43.77万m^3,桥梁总长35座9.532km,其中主线桥27座共8.691km、互通匝道桥梁8座共0.841km,隧道14座共15.832km,涵洞、通道共116道,互通式立交5处,服务区1处,设有社口、斜滩、寿宁、犀溪、闽浙主线等5个收费站,管理养护工区1处。详见表10-10-1。

项目基本情况统计表 表10-10-1

序号	项目		单位	数量	备注
一	技术标准				
1	计算行车速度		km/h	80	
2	路基宽度		m	24.5	
3	桥面净宽	整体式	m	2×11.0	
		分离式	m	2×11.25	

续上表

序号	项目	单位	数量	备注
4	路面		沥青混凝土路面,路面设计标准轴载 BZZ-100kN	
5	路基、桥涵设计洪水频率		特大桥 1/300,其余均为 1/100	
6	设计荷载		公路—Ⅰ级	
二	主要工程规模			
1	路线里程	km	54.479	
2	征用土地	亩	6371.874	
3	拆迁房屋	m²	85484.57	
4	路基土石方	万 m³	3318	
5	桥梁(主线)	m/座	8691/27	
	其中:特大桥、大桥	m/座	8691/27	
6	匝道桥梁	m/座	841/8	
7	互通式立交	处	5	其中枢纽互通 1 处
8	涵洞、通道	道	116	
9	隧道	km/座	15.832/14	
10	路面	万 m²	142.02	
11	收费站	处	5	其中主线站 1 处
12	服务区	处	1	

福建省发展和改革委员会于 2012 年 4 月 27 日批复福寿高速公路工程可行性研究报告,项目建设工期三年。福寿高速公路先行动工 A4 合同段于 2013 年 1 月动工建设;A1~A3 合同段于 2013 年 3 月,A5、A6 合同段于 2014 年 5 月分别开工建设。2015 年 8 月 10 日,福安坂中互通至寿宁互通段建成通车。2016 年 1 月 21 日,寿宁互通至闽浙界段建成通车。

2.前期决策情况

《海峡西岸经济区高速公路网布局规划(修编)》于 2008 年 11 月经福建省政府批准实施,海峡西岸经济区高速公路网布局方案为"三纵、八横、三环、三十三联"。本项目福寿高速公路是海西区高速网规划"三十三联"其中重要区域联络线,是浙西南经福安、宁德通往福州最便捷的省际快速通道。它的建设加强了寿宁、福安等闽东北地区与浙西南的联系,为闽浙两省增辟了一条省际快速通道,同时解决了寿宁县连通高速公路的问题,有利于福建省县县通高速公路目标的实现。随着经济全球化加速推进,区域经济一体化也已全面展开。福建作为海峡西岸经济区的主体,必须确立自身在区域竞争与协作中的地位和优势,与兄弟省份在发展中融合、在融合中发展,加强与两大三角洲之间的对接。

福寿高速公路于 2009 年 9 月 30 日由福建省发展和改革委员会(闽发改交能〔2009〕

938号)批准立项,2010年4月,省发展和改革委员会组织了本项目的"工可报告"的初步审查会,并形成了会议纪要(〔2010〕37号)。2010年7月8号,省发展和改革委员会在福州再次召集省交通运输厅、高指、交通规划办、宁德市政府及有关部门、寿宁县、福安市政府及有关部门、特邀专家等共同研究审定工可补充路线方案及项目工可修编报批等问题。8月17日再次召集相关部门进一步共同研究,并就项目建设标准、路线方案及互通设置等达成一致意见并形成会议纪要(〔2010〕74号),根据该会议纪要内容要求重新修编了工程可行性研究报告。2011年12月,根据新的材料单价、利率及资本金比例再次修编工可报告。福建省发展和改革委员会于2012年4月27日批复福寿高速工程可行性研究报告。

3. 参建单位主要情况

(1)建设单位:根据"省市共建,建设期以市为主"的管理体制,本项目工程以宁德市为主,负责组织建设,省、市投资主体(省、市高速公路有限公司)共同出资,项目建成投入运营后由省高速公路有限责任公司统一管理。按照《公路建设四项制度实施办法》(交通部2000年7号令)的要求依法组建项目法人"宁德福寿高速公路有限责任公司",对项目筹资、建设等全过程负责,执行法人责任制、招标投标制、工程监理制和合同管理制。宁德福寿公司内部机构为综合部、财务部、技术工程部、计划合同部、征迁部、安保部、寿宁代表处。

(2)勘察设计及设计咨询单位:福建省交通规划设计院,承担福寿高速公路初步设计阶段和施工图阶段的勘察与设计工作;中交公路规划设计院有限公司,承担福寿高速公路初步设计阶段和施工图阶段的勘察与设计咨询工作。

(3)施工单位:全线共为6个路基土建施工合同段(A1~A6合同段),2个路面、房建、交安、绿化工程施工合同段(B1、B2合同段),4个机电工程施工合同段(E、ED1~ED3)。

(4)监理及试验检测单位:全线共有3个监理合同段(J1、J2、EJ),1个试验检测合同段(JC1)。

详见表10-10-2。

项目施工、监理及试验检测单位一览表　　　　表10-10-2

标段号	标段所在地	工程内容	长度(km)	中标单位
A1	福安	K0+000~K10+060 路基土建施工	10.291	中交一公局第六工程有限公司
A2	福安、寿宁	K10+060~K20+380 路基土建施工	10.332	中铁二十二局集团有限公司
A3	寿宁	K20+380~K27+162 路基土建施工	6.641	中交第一公路工程局有限公司

续上表

标段号	标段所在地	工程内容	长度（km）	中标单位
A4	寿宁	K27+162~K37+420 路基土建施工	10.249	陕西明泰工程建设有限责任公司
A5	寿宁	K37+420~K45+100 路基土建施工	7.68	中铁十九局集团有限公司
A6	寿宁	K45+100~K54+520.859 路基土建施工	9.372	中铁十四局集团第三工程有限公司
B1	福安、寿宁	K0+000~K37+420 路面（含房建交安）施工	37.513	中交一公局厦门工程有限公司
B2	寿宁	K37+420~K54+520.859 路面（含房建交安）施工	17.052	中交第一公路工程局有限公司
ED1	福安、寿宁	K0+000~K20+380 机电通风、照明、消防、供配电施工	20.623	上海电科智能系统股份有限公司
ED2	寿宁	K20+380~K37+420 机电通风、照明、消防、供配电施工	16.89	葛洲坝集团电力有限责任公司
ED3	寿宁	K37+420~K54+520.859 机电通风、照明、消防、供配电施工	17.052	陕西汉唐计算机有限责任公司
E	福安、寿宁	K0+000~K54+520.859 机电收费、通信、监控系统施工	54.479	成都曙光光纤网络有限责任公司
J1	福安、寿宁	A1~A4标路基土建及B1标路面（含房建交安）监理	37.513	武汉大通公路桥梁监理咨询有限公司
J2	寿宁	A5、A6标路基土建及B2标路面（含房建交安）监理、试验检测	17.052	福建省交通建设工程监理咨询公司
EJ	福安、寿宁	ED1~ED3、E标机电监理	54.479	北京华路捷公路工程技术咨询有限公司
JC1	福安、寿宁	A1~A4标路基土建及B1标路面（含房建交安）试验检测	37.513	厦门合诚工程检测有限公司

（二）建设情况

1. 项目准备阶段

（1）立项审批

2009年9月30日，省发改委（闽发改交能〔2009〕938号）批准立项。

2011年12月12日，省水利厅（闽水保监〔2011〕101号）批准项目水保方案。

2012年2月7日，省环境保护厅（闽环保评〔2012〕7号）批准项目环境影响报告书。

2012年4月27日，省发改委（闽发改交通〔2012〕430号）批准工程可行性研究报告。

2012年7月6日，省交通运输厅和福建省发改委（闽交建〔2012〕76号）批准工程初步设计。

2012年12月27日,国家林业局(林资许准〔2012〕437号)批准全线林地征用。

2013年4月26日,国土资源部(国土资函〔2013〕300号)批准项目工程建设用地。

2013年9月12日,省交通运输厅(闽交建〔2013〕119号)批准福寿高速公路坂中互通至寿宁互通(K0+000~K37+420)施工图设计文件。

2015年5月26日,福建省交通运输厅(闽交建〔2015〕64号)批准福寿高速公路寿宁互通至闽浙界(K37+420~K54+520.859)施工图设计文件。

(2)资金筹措

本项目概算经批复的总投资为46.8645亿元,其中项目资本金比例为总投资的40%共计18.7458亿元,包含部级资本金45800.00万元、省级资本金72245.00万元、市级资本金69412.00万元,其余的60%共计28.1186亿元建设资金由宁德福寿高速公路有限责任公司向国内银行贷款。投资股比:省级51%,宁德市级49%。

(3)招投标工作

福寿高速公路招标工作严格按照《中华人民共和国招标投标法》、交通运输部有关公路工程设计、施工、监理的招标、评标办法及省政府、省交通运输厅有关法规执行,坚持"公开、公平、公正"和诚实信用的原则。

①设计单位招标

2011年6月29日发布招标公告;2011年7月30日下午至7月31日进行评标。经评标委员会评审、评审结果报备、评标结果公示、中标结果公示后,确定中标单位为福建省交通规划设计院。

②施工单位招标

a.路基土建:2012年8月16日发布招标公告,2012年9月13~14日进行评标。经评标委员会评审、评审结果报备、评标结果公示、中标结果公示后,确定A4合同段中标单位为陕西明泰工程建设有限责任公司。2012年10月26日发布招标公告,2012年11月22~23日进行评标。确定A1合同段中标单位为中交一公局第六工程有限公司,A2合同段中标单位为中铁二十二局集团有限公司,A3合同段中标单位为中交第一公路工程局有限公司。2014年1月15日发布招标公告,2014年2月12~13日进行评标。确定A5合同段中标单位为中铁十九局集团有限公司,A6合同段中标单位为中铁十四局集团第三工程有限公司。

b.路面(含房建交安):2013年11月29日发布招标公告,2014年1月3日进行评标。确定B1合同段中标单位为中交一公局厦门工程有限公司。2014年12月12日发布招标公告,2015年1月9~10日进行评标,确定B2合同段中标单位为中交第一公路工程局有限公司。

c.机电工程:2014年8月13日发布招标公告,2014年9月20~21日进行评标。确定中标单位为 E 合同段为成都曙光光纤网络有限责任公司,ED1 合同段为上海电科智能系统股份有限公司,ED2 合同段为葛洲坝集团电力有限责任公司,ED3 合同段为陕西汉唐计算机有限责任公司。

③监理单位招标

2012 年 8 月 16 日发布招标公告,2012 年 9 月 13~14 日进行评标,确定 J1 合同段中标单位为武汉大通公路桥梁工程咨询监理有限责任公司。2014 年 1 月 15 日招标人发布招标公告,2014 年 2 月 12~13 日进行评标。经评审相关程序后,确定 J2 合同段中标单位为福建省交通建设工程监理咨询公司。

EJ 标段,2014 年 8 月 13 日发布招标公告;8 月 13~17 日发售招标文件,发售 EJ 标段招标文件 3 套;至投标截止期 2014 年 9 月 20 日 10:00 时(北京时间),EJ 标段共收到 3 家投标人提交的投标文件。在 EJ 合同段开标时,投标人北京兴通工程咨询有限公司因其投标文件"商务文件和技术建议书""财务建议书"未分别包装,封套格式不符合《海西高速公路网福安至寿宁(闽浙界)高速公路机电工程施工监理招标文件》P17 投标人须知章节第四点"投标文件的递交"第 14 款相关规定,根据招标文件规定不予接收;同时,因参投 EJ 合同段的有效投标人不足 3 名,根据《中华人民共和国招标投标法》规定,当场宣布 EJ 合同段招标失败。招标人重新组织于 2014 年 10 月 15 日发布 EJ 标段招标公告,2014 年 11 月 12 日进行评标。经评审等相关程序后,确定 EJ 合同段中标单位为北京华路捷公路工程技术咨询有限公司。

④试验检测单位招标

2012 年 8 月 16 日发布招标公告,2012 年 9 月 13~14 日进行评标。经评审等相关程序后,确定 JC1 合同段中标单位为厦门合诚工程检测有限公司。

(4)合同段划分

全线共为 6 个路基土建施工合同段(A1~A6 合同段),2 个路面、房建、交安、绿化工程施工合同段(B1、B2 合同段),4 个机电工程施工合同段(E、ED1~ED3);3 个监理合同段(J1、J2、EJ),1 个试验检测合同段(JC1),1 个勘察设计合同段(S1)以及 1 个设计咨询合同段(SX1)。

(5)征地拆迁

福寿高速公路征地拆迁涉及福安、寿宁两个县(市)7 个乡镇,征用土地 6371.874 亩、拆迁房屋面积 85484.57m^2、坟墓 2632 座、杆线迁移 87.4km,详见表 10-10-3。采取的主要措施:一是制定征地拆迁补偿办法。根据宁德市人民政府《宁德市人民政府关于对寿宁县福安至寿宁(闽浙界)高速公路安征拆迁补偿标准的批复》(宁政文〔2012〕278 号)文件精神及《宁德市人民政府关于对福安市沈海复线、福寿和溪南疏港高速公路福安段安征迁补偿标准的批复》(宁政文〔2012〕279 号)文件精神,福寿项目沿线各市(县)制定相应的补偿标准。二是适时召开专题会议。为确保安征迁工作顺利完成,宁德市委、市政府十分重视,市领导多次召开专题会议、现场办公会议推动征地拆迁进度。三是签订责任状。市政府与沿线县(市)签订"安征迁和营造施工良好环境责任状",沿线县(市)政府实行主要领导负总责、分管领导具体抓的工作机制,层层落实,促进依法依规有序开展。四是征地拆迁经费实行合同包干。按照"分段负责、费用包干、限期完成"的原则,市、县两级高指签订安征迁补偿安置费用包干协议书。五是征地拆迁资金实行专款专用。征地拆迁资金严格按照国家规定实行专户管理,分别建立包干经费和管理费专户,做到专款专用,专户核算,市高指定期组织财务、监审部门开展审计。

征地拆迁情况统计表　　　　　　　　　　　　表10-10-3

项目工期	征地拆迁安置起止时间	征用土地(亩)	拆迁房屋(m²)	支付补偿费用(万元)	备注
一期	2012.10~2016.01	6371.874	235425.67	26508.7	

2. 项目实施阶段

(1) 重大决策

设计行车速度的采用:本项目是海峡西岸经济区"三纵、八横、三环、三十三联"高速公路布局网中的一条重要的区域联络线,是浙西南经福安、宁德通往福州最便捷的省际快速通道。根据本项目 OD 调查及交通量预测结果显示,远景设计年限年平均昼夜交通量里程加权平均值为39958辆/日,根据《公路工程技术标准》(JTG B01—2003)规定,四车道高速公路一般能适应按各种汽车折合成小客车的远景设计年限年平均昼夜交通量为25000~55000辆,因此本项目选用四车道标准能满足通行能力要求。本项目充分考虑路网功能及沿线经济、交通量发展情况,以远期发展为出发点,采用设计速度80km/h双向四车道高速公路的技术标准。

(2) 重大变更

严格根据交通部《公路工程设计变更管理办法》(2005年第5号令)和《福建省高速公路工程设计变更管理规定》(闽高路工〔2012〕246号)等文件精神,结合项目施工招标文件及合同约定所制定的《宁德福寿高速公路设计变更实施细则(试行)》执行,控制工程造价。福寿高速公路重大变更主要有以下内容:

①根据福建省高速公路建设总指挥部文件《关于沈海复线柘荣至福安段高速公路施工图设计文件的复审意见》(闽高总工〔2013〕51号)要求,对本工程项目A2、A3、A4标段曲线段落设置的制动失效缓冲车道进行优化。按照行车速度120km/h对平、纵、横及超高渐变率进行调整。

②根据宁德市公路局文件(宁路程〔2013〕50号)《宁德市公路局关于省道301线K95+880~K96+582段进行改路的批复》意见,对省道301改线平面线位及纵断进行调整。

③根据福建省高速公路建设总指挥部文件要求,对本工程项目互通区边坡、部分路基边坡和桥头部分锥坡防护由原设计的浆砌片石变更为混凝土小型预制构件。

④根据福寿高路函〔2014〕6号文,T梁预制场地建设极为困难,元潭1号桥左桥缩减一孔,变更为路基。元潭1号桥左桥缩减一孔,由原先3×40m+2×(4×40m)PC连续刚构T梁变更为2×(3×40m)+4×40m的PC连续刚构T梁,3号墩由交接墩需变更为刚构墩,4号墩原为刚构墩变更为交接墩。

⑤根据《关于福安至寿宁(闽浙界)高速公路沿线收费站车道、房建主体功能设置及建设规模的批复》(闽高路计〔2013〕16号),社口互通功能设置为匝道收费站,建设收费车道为3入4出,按4入5出征用建设用地;斜滩功能设置为匝道收费站,建设收费车道为3入4出,按4入5出征用建设用地。

⑥A4合同段白日潭2号大桥左桥福安台及第一跨桥梁跨度变更进行现场勘察,并召开了现场办公会,形成变更会议纪要(总监办A2-146),结合现场实际情况,四方研究决定对白日潭2号大桥左桥福安台及第一跨桥梁跨度进行变更,将白日潭2号大桥左桥第一跨设计跨度由25m变更为30m,1号墩位置不变,福安台背墙桩号由ZK27+178变更为ZK27+173,桥台形式变更为U形桥台配群桩基础。

(3)重大事件

2009年3月,省交通规划设计院受宁德市高速公路建设指挥部委托,对福寿高速公路进行规划设计。

2013年1月30日,先行动工A4合同段开工建设。

2013年3月31日,A1~A3合同段开工建设。

2014年4月8日,控制性工程之一、全长3051m的半岭隧道右幅贯通。

2014年5月1日,A5、A6合同段开工建设。

2014年11月25日,A4合同段金鸡巢大桥最后一片梁片吊装完成,A4标为福寿高速公路最先初通合同段。

2015年2月8日,施工难度最大的南澳特大桥主桥箱梁右幅中跨顺利合龙。

2015年8月10日,福安坂中互通至寿宁互通建成通车。

2016年1月21日,寿宁互通至闽浙界段建成通车。

(三)复杂技术工程

(1)南澳特大桥:桥长752.0m,桥形布置为2×30m预应力混凝土连续T梁+(85m+155m+85m)预应力混凝土变高刚构箱梁+3×30m预应力混凝土刚构T梁+4×30m预应力混凝土刚构T梁+5×30米预应力混凝土连续T梁。桥梁平面位于$R=650m$缓和曲线、直线段、$R=900m$缓和曲线和圆曲线上,墩台径向正交。桥梁主桥上跨晓汾溪,水流

设计流量 $Q_1 = 3895\text{m}^3/\text{s}$，流速为 2.78m/s。主墩最高达 80m，墩柱采用滑模工艺施工，其工艺原理是预先在墩身混凝土结构中埋置支承杆，利用千斤顶与提升架将滑升模板的全部施工荷载转至支承杆上，待混凝土具备规定强度后，通过自身液压提升系统将整个装置沿支承杆上滑，模板定位后又继续浇筑混凝土并不断循环。相较于传统的翻模施工，其速度快、安全度高。箱梁采用挂篮悬臂浇筑施工，同时高空作业、省道交叉作业、桥梁施工便道车辆通行等为安全监管的重点、难点。

(2) 半岭隧道：半岭隧道左右洞呈分离布置，为特长隧道，右洞长 3051m，左洞长 3060m；隧道进口位于平面曲线范围内，右线曲线半径均为 $R = 955\text{m}$，左线曲线半径均为 $R = 950\text{m}$，隧道出口也位于平面曲线范围内，右线曲线半径为 $R = 1640\text{m}$，左线曲线半径为 $R = 1620\text{m}$，其他段位于直线段。隧道洞口段，表层局部覆盖薄层可塑的坡积土层，强风化晶屑熔结凝灰岩，裂隙发育，围岩呈碎、裂状松散结构，地下稳定水位一般低于洞顶。该长隧道掘进距离长，通风、排烟较困难。

隧道洞口施工场地狭窄，临建布置难度大。洞口附近地势陡峭，进口下方为一深谷场地狭小，出口下方为河流，被高山深谷封闭，附近可利用场地有限。同时，隧道出口四面全部便道开挖方量大，布置比较困难，运输能力较差，对尽早进洞有很大影响。隧道所处地形复杂，不利于尽早进场，不利于加快隧道施工进度，是整条线路的难点工程。

(四)科技创新

1. 推广运用新工艺(材料、设备)

①安装隧道 LED 门禁信息化管理系统。②建成远程视频监控系统，时时监控重要工点施工动态。③建成全线试验室数据管理系统。④全线统一使用电子科技档案管理。⑤全面推行钢筋使用数控加工设备，提高工效减少人为误差。⑥推广梁片预应力智能张拉、压浆设备及自动蒸汽养护设备。⑦T 梁钢筋安装胎模化，腹板增设 4 根纵向螺纹筋定位增加摩擦力，T 梁钢筋骨架使用多点整体吊运，有效控制钢筋间距和保护层合格率，提高工作效率。⑧预制 T 梁端头模板进行改进，分 2~3 段设置，并采用法兰盘配合橡胶垫连接，通过使用泡沫止浆剂配合止浆塞，有效控制 T 梁横隔板和端头板的漏浆，提高混凝土外观质量水平。⑨T 梁钢绞线创新使用自动穿索机提高工作效率。⑩全线预制梁场均配备定时自动喷淋系统和高压水池，完善场内循环排水系统，使用大功率增压泵，喷淋养生效果较好。⑪分析伸缩缝质量通病，完善伸缩缝预埋筋设计，控制好桥上封锚及桥台垂直度，及时进行伸缩缝临时混凝土回填，保证伸缩缝质量。⑫预制梁场全面推行移动式遮雨遮阳棚，加快工程施工进度。⑬布设薄壁墩自动养护喷淋系统，薄壁墩混凝土采用汽车泵施工。⑭悬浇桥薄壁墩采用滑模施工工艺，悬浇桥 0 号块采用反力构件预压，即保证施工安全，又缩短施工工期，同时减少施工成本。

⑮小型构件预制引进高强度塑料模具配合振动台、干压成型两种施工工艺集中预制,提高工程实体质量。⑯引进液压强夯设备,对三背回填进行补强,减少工后沉降,避免桥台桥头跳车。⑰提倡桥梁工程桥台基础和台背填筑提前施作,桥台、涵背回填采用每15cm画标记控制回填土厚度,减少工后沉降。⑱调整施工工序,提前施作洞门及洞口工程,洞口临时性场地硬化与后续永久性路面工程实现永临结合,减少浪费,有效提高洞口段标准化水平。⑲对隧道二次衬砌台车进行改装,做到矮边墙与二次衬砌连体浇筑,基本解决矮边墙接缝的质量通病问题并提高混凝土整体性。⑳全线通信机房采用上走线架方式进行缆线敷设,整体美观、便于检修、易于扩容。㉑隧道灯具采用全隧道单侧布灯,减少电缆和辅助材料,节约建设成本,维护方便。㉒所有长隧道供配电均采用横洞变电所,相对洞口变配电所能减少供电半径,从而减小低压电缆的截面积,降低建设成本;同时易于设备的检修,保障维护人员安全。㉓各收费站入口收费车道引进散卡式自动发卡机,采用柔性材料和弧线运动方式,不易损伤卡片或将卡顶死,能够有效降低自动发卡机故障率。㉔伸缩缝施工,在工作职责方面,首先是分析土建标施工预留存在问题,并要求施工单位委托有经验的施工队伍进行整改,整改后经五方确认;在工序安排方面,科学合理安排施工工序,提前施工沥青混凝土路面,确保伸缩缝施工和养护周期;在施工工艺上,严格按以下工艺流程:安装前准备工作,画线、开槽、缝体安装,混凝土浇筑,养护。

2.课题研究

一是本着"以人为本"、建设"平安高速"的理念,加强科研联系,依托福寿高速公路工程的调研、论证及实施工作等,于2013年委托交通运输部公路科研所开展高速公路交通安全设施设置课题研究,并在福寿高速公路上进行了实际应用,对研究成果进行了检验和提升。并对依据本课题研究成果编制的《福建省高速公路限速标志设置技术指南》(闽交建〔2015〕116号)等技术指南和《福建省高速公路交通安全设施设置技术规范(试行)》进行了实际应用,并提出了进一步完善建议。二是南澳特大桥悬浇桥薄壁墩采用滑模施工工艺,悬浇桥0号块采用反力构件预压,即保证施工安全,又缩短工期,还减少施工成本。

(五)运营管理

1.服务区设置

福寿高速公路设置1个南阳服务区,总建筑面积约4500m^2,内设办公楼、宿舍、公厕、加油站、汽修间等,主体结构为钢筋混凝土结构。

2. 收费站点设置（表10-10-4）

收费站点设置情况表　　　　　　　　　　　表10-10-4

站点名称	车道数	收费方式
寿宁犀溪	6(3入3出)	人工、ETC、自动取卡
寿宁	9(4入5出)	人工、ETC、自动取卡
寿宁斜滩	7(3入4出)	人工、ETC、自动取卡
福安社口	7(3入4出)	人工、ETC、自动取卡

3. 车流量发展状况（表10-10-5）

交通流量发展状况表　　　　　　　　　　　表10-10-5

年份（年）	日均车流量（辆）
2015	1630

第十一节　G1517莆田至炎陵国家高速公路福建段（莆炎线）

一、莆炎线莆田高速公路

项目一：莆田埭头至涵江萩芦段（建设期：2013.11～2015.12）

项目二：莆田萩芦至仙游五星段（建设期：2013.05～2015.12）

（一）项目概况

1. 基本情况

（1）项目功能、定位、技术标准

功能定位：莆田高速公路是莆炎线起点段，是国家中西部地区至沿海港口综合运输大通道的重要组成部分，是兴化湾通往江西内陆的便捷通道，是海西区重要城市、重要旅游景区和军事战略要地的快速通道，是沿海港口和机场等交通枢纽的集疏运快速通道。莆田高速公路连接国高网G15沈海线、G15W3甬莞线及厦沙高速公路，并通过它们连接闽东沿海福州、厦门、漳州、宁德、福鼎地区，进而连通浙江、广东高速公路网；往北通过厦沙高速公路连接G25长深线，同时可以连接浙江、广东高速公路网，再往北通过G70福银线连江西高速公路网。莆田高速公路的建设有利于加快海峡西岸经济区建设，实施国务院海西经济区域振兴战略，促进对台交流与合作；是打通莆田港区物流集疏运通往闽西赣东地区快捷通道的需要，是促进区域经济发展和适应交通量迅速增长的需要。

技术标准:莆田高速公路分莆田埭头至涵江萩芦和莆田萩芦至仙游五星两段进行施工。两段均采用高速公路标准,双向六车道,设计速度为110km/h,路基宽度33.5m。

(2)里程、投资规模

莆田埭头至涵江萩芦段:起于秀屿区埭头镇胡柄村(汀塘),与石城疏港公路相接,路线由南往北前行,于武盛村北渚设埭头主线收费站,沿北高西侧山边展线,于北高镇附近设北高互通连接莆田机场规划路,于木兰溪西侧设三江口特大桥,于三江口设三江口枢纽互通与沈海线T形相交,利用沈海高速公路13.377km至江口镇,于江口港后设港后枢纽互通与沈海线T形相交,路线继续往北前行,在石狮村设江口互通连接规划中的省道201线及涵江火车站站前道路,穿院里隧道至萩芦镇,在林美村设萩芦互通连接省道202,穿林美隧道至萩芦镇崇福村。该线路总里程52.058km,扣除与沈海线共线13.377km,新建里程38.681km,总投资43.41亿元。

莆田萩芦至仙游五星段:起于萩芦镇崇福村,穿崇联隧道,经白沙镇龙东、龙西村,在龙西村设龙西服务区,穿龙西隧道至狮亭、田厝,建设田厝大桥跨萩芦溪,于白沙镇港头村下穿的向莆铁路,穿白沙隧道至新厝,经长兴至庄边镇,于庄边梨坑设庄边互通连接省道202,路线继续绕山边前行,建溪岑大桥连续跨越萩芦溪,穿顶峰隧道至黄龙,穿明福隧道至岐山村设游洋互通(预留)连接县道231,穿岐山特长隧道至仙游县游洋沽洲村,路线连续跨越小河沟,穿古寨、乌里隧道至本项目终点五星村,设五星枢纽互通与沈海复线莆田段T形相交。该线路全长41.3km,扣除与沈海复线共线1.281km,新建里程40.019km。项目总投资47.59亿元。

(3)主要控制点

莆田埭头至涵江萩芦:起点、埭头主线收费站、北高互通、黄石高架桥、三江口枢纽互通、沈海共线段、港后枢纽互通、LNG管道、成品油管道、福厦铁路、马龙造纸厂、江口江滨公园、江口高架桥、江口互通、院里隧道、萩芦互通、林美隧道、崇联隧道。

莆田萩芦至仙游五星:龙西服务区、省道S202、外渡水库水源保护区、庄边互通、顶峰隧道、黄龙大桥、明福隧道、游洋互通(预留)、岐山隧道、古寨隧道、乌里隧道、项目终点五星枢纽互通。

(4)沿线主要地形及地貌

莆田高速公路位于福建省中东部莆田市境内,属戴云山脉东南侧,从兴化湾畔的冲海积莆田平原(起点)逐渐过渡到丘陵及中低山(终点)地貌区。沿线主要的地貌单元有中低山、丘陵、残坡积台地及山间河谷、冲洪积阶地、冲海积平原等。

莆田埭头至涵江萩芦:线路起点至K37+000左右以冲海积平原为主,高程为3~10m;K37+000~K49+020以丘陵、残坡积台为主,高程为25~190m。

莆田萩芦至仙游五星:K49+020~K71+000以丘陵、残坡积台为主,高程为25~

190m;K71+000 至终点以低山、中低山为主,高程为 200~1019m。

（5）主要构造物

莆田埭头至涵江萩芦：全线共有特大桥 2 座 6309m,大桥 13 座 4488m,桥梁占路线里程 11.6%；长隧道 3 座 3819m,隧道占路线里程 9.87%,桥隧占路线比例 37.8%；互通式立体交叉 5 处（其中枢纽互通 2 处）。

莆田萩芦至仙游五星：全线共有大桥 10 座 4629.75m,中小桥 3 座 277m,桥梁占路线里程 12.3%；特长隧道 1 座 8041.5m（路线米,下同）,长隧道 3 座 2448m,中短隧道 3 座 1379.5m,隧道占路线里程 29.7%,桥隧占路线比例 41.97%；互通式立体交叉 2 处（其中枢纽互通 1 处）。

（6）开工及通车时间

莆田埭头至涵江萩芦段于 2013 年 11 月 18 日正式动工建设。

莆田萩芦至仙游五星段于 2013 年 5 月 28 日正式动工建设。

莆田高速公路于 2015 年 12 月 26 日建成通车试运营。

项目基本情况详见表 10-11-1、表 10-11-2。

莆田埭头至涵江萩芦段基本情况统计表　　表 10-11-1

序号	项目		单位	数量
一	技术标准			
1	计算行车速度		km/h	100
2	路基宽度	整体式路基	m	33.5
		分离式路基	m	16.75
3	桥面净宽		m	整体式 2×15.5,分离式 2×15.75
4	路面		m	混凝土沥青路面
5	路基、桥涵设计洪水频率			特大桥 1/300,其他 1/100
6	桥涵设计车辆荷载			公路—I 级
二	主要工程规模			
1	路线里程		km	新建里程 38.681
2	征用土地		亩	5711
3	拆迁房屋		m²	174289
4	路基土石方		万 m³	1385.02
5	软土地基处理		km	5.685
6	桥梁（主线）		m/座	8516/11
	其中:特大桥、大桥		m/座	8245.5/7
7	匝道桥梁		m/座	3412.7/6
8	上跨分离		m/座	4144.7/12
9	互通式立交		处	4
10	分离式立交		处	0

续上表

序 号	项 目	单位	数 量
11	涵洞	道	138
12	通道	道	43
13	隧道	m/座	3819/3
14	路面(主线)	万 m²	73.544
15	主线收费站	处	1
16	服务区	处	0
17	停车区	处	0

莆田萩芦至仙游五星段基本情况统计表　　表10-11-2

序 号	项 目		单位	数 量
一	技 术 标 准			
1	计算行车速度		km/h	100
2	路基宽度	整体式路基	m	33.5
		分离式路基	m	16.75
3	桥面净宽		m	整体式2×15.5,分离式2×15.75
4	路面		m	混凝土沥青路面
5	路基、桥涵设计洪水频率			特大桥1/300,其他1/100
6	桥涵设计车辆荷载			公路—Ⅰ级
二	主要工程规模			
1	路线里程		km	新建里程40.019km
2	征用土地		亩	3523
3	拆迁房屋		m²	91528
4	路基土石方		万 m³	1443.66
5	软土地基处理		km	0
6	桥梁(主线)		m/座	4484.9/12
	其中:特大桥、大桥		m/座	4399.9/12
7	匝道桥梁		m/座	228/2
8	上跨分离		m/座	31/1
9	互通式立交		处	1
10	分离式立交		处	0
11	涵洞		道	66
12	通道		道	22
13	隧道		m/座	11867.75/7
14	路面(主线)		万 m²	94.038

续上表

序号	项　目	单位	数　量
15	主线收费站	处	0
16	服务区	处	1
17	停车区	处	1

2. 前期决策情况

通过对项目影响区域的社会经济、综合交通运输体系的现状和发展趋势，以及拟建项目在综合交通运输网中的地位和作用的分析研究，提出莆田高速公路建设的必要性和重要性。

在 OD 调查的基础上，研究拟建公路走廊内综合交通运输特点，分析和预测拟建公路、相关公路的交通量及拟建互通式立交的出入交通量；研究拟建项目的通行能力和技术标准；在实地调研和勘察的基础上，研究拟建项目的建设条件，提出备选路线方案；结合项目沿线环境特征，进行工程环境影响分析；估算工程造价，研究资金筹措方案；研究拟建项目的国民经济效益及财务效益，评价项目的经济合理性和财务的可行性；进行节能分析；综合选定项目建设方案、确定建设规模；研究实施方案。

3. 参建单位主要情况

（1）监理单位：福建路信监理交通建设监理有限公司、江苏东南交通工程咨询监理有限公司、福建省交通建设工程监理咨询公司、山东格瑞特监理咨询有限公司、北京华路捷公路工程技术咨询有限公司。

（2）试验检测单位：福建省交通建设试验检测中心、中铁西北科学院有限公司、中铁西北科学院有限公司、福建省交通建设试验检测中心。

（3）施工单位：中铁隧道集团三处有限公司、浙江省交通工程建设集团有限公司、中铁十七局集团第六工程有限公司、中铁十七局集团第一工程有限公司、中铁十四局集团第三工程有限公司、中交第一公路工程局有限公司、中铁十二局集团有限公司、中铁二十三局集团有限公司、中铁十二局集团第一工程有限公司、福建省第二公路工程有限公司、中铁隧道集团三处有限公司、中铁航空港集团第一工程有限公司、中铁十二局集团有限公司、福建路桥建设有限公司、中铁十二局集团有限公司、江苏安防科技有限公司、江苏智运科技发展有限公司、重庆市华驰交通科技有限公司、中国铁建电气化局集团第一工程有限公司、北京瑞华赢科技发展有限公司、中铁建大桥工程局集团电气化工程有限公司。详见表 10-11-3、表 10-11-4。

福建

莆田埭头至涵江荻芦段施工及监理单位一览表

表 10-11-3

标段号	标段所在地	工程内容	长度(km)	施工单位	监理单位
A1	北高镇、埭头镇、东峤镇	K0+000～K14+700 路基	14.7	中铁隧道集团三处有限公司	福建省交通建设工程监理咨询公司
A2	黄石镇	K14+700～K19+990 路基	5.29	浙江省交通工程建设集团有限公司	福建省交通建设工程监理咨询公司
A3	黄石镇、白塘镇	K19+990～K22+618.121 路基	2.628	中铁十七局集团第六工程有限公司	福建省交通建设工程监理咨询公司
A4	江口镇	K33+867.518～K37+060 路基	3.192	中铁十七局集团第一工程有限公司	山东格瑞特监理咨询有限公司
A5	江口镇、荻芦镇	K37+060～K46+360 路基	9.3	中铁十四局第三工程有限公司	山东格瑞特监理咨询有限公司
A6	荻芦镇	YK46+360～YK52+395.696 路基	6.04	中交第一公路工程局有限公司	山东格瑞特监理咨询有限公司
B1	北高镇、埭头镇、东峤镇、黄石镇	K0+000～K22+618.121 路面	22.618	中铁十二局集团有限公司	福建省交通建设工程监理咨询公司
B2	江口镇、荻芦镇	K33+867.518～YK52+400 路面	18.83	福建路桥建设有限公司	山东格瑞特监理咨询有限公司
E1	埭头镇、北高镇、江口镇、秋荻镇	K0+000～K49+607 机电	49.61	江苏安防科技有限公司	北京华路捷公路工程技术咨询有限公司
E3	华亭镇	莆田市信息分中心		重庆市华驰交通科技有限公司	北京华路捷公路工程技术咨询有限公司
ED1	埭头镇、北高镇、江口镇、秋荻镇	K0+000～K49+607	49.61	中国铁建电气化局集团第一工程有限公司	北京华路捷公路工程技术咨询有限公司

莆田荻芦至仙游五星段施工及监理单位一览表

表 10-11-4

标段号	标段所在地	工程内容	长度(km)	施工单位	监理单位
A7	白沙镇	K52+400～K62+600 路基	10.26	中铁十二局集团有限公司	福建路信交通建设监理有限公司
A8	庄边镇	K62+660～K70+800 路基	8.14	中铁二十三局集团有限公司	福建路信交通建设监理有限公司
A9	庄边镇	K70+800～K75+800 路基	5.00	中铁十二局集团第一工程有限公司	福建路信交通建设监理有限公司
A10	庄边镇	K75+800～K79+380 路基	3.58	福建省第二公路工程有限公司	江苏东南交通工程咨询监理有限公司

续上表

标段号	标段所在地	工 程 内 容	长度(km)	施工单位	监理单位
A11	游洋镇	K75+380~K84+129 路基	4.749	中铁隧道集团三处有限公司	江苏东南交通工程咨询监理有限公司
A12	游洋镇	K84+129~K89+687.66 路基	5.56	中铁航空港集团第一工程有限公司	江苏东南交通工程咨询监理有限公司
B	白沙镇、庄边镇、游洋镇	K52+400~K89+687.66 路面	37.29	中铁十二局集团有限公司	江苏东南交通工程咨询监理有限公司
E2	庄边镇、游洋镇	K49+607~K89+687.66 机电	40.08	江苏智运科技发展有限公司	北京华路捷公路工程技术咨询有限公司
ED2	庄边镇	K49+607~K75+950	26.34	北京瑞华赢科技发展有限公司	北京华路捷公路工程技术咨询有限公司
ED3	华亭镇、游洋镇	K75+950~K89+687.66	13.79	中铁建大桥工程局集团电气化工程有限公司	北京华路捷公路工程技术咨询有限公司

(二)建设情况

1. 项目准备阶段

(1)立项审批

①莆田埭头至涵江萩芦段

项目立项:2011年10月6日,根据《福建省发展和改革委员会关于湄洲湾至重庆高速公路莆田(埭头)至涵江(萩芦)段工程可行性研究报告的批复》(闽发改交通〔2011〕1251号)批复项目立项。

初步设计:2012年2月14日,根据《福建省交通运输厅 福建省发展和改革委员会关于湄洲湾至重庆高速公路莆田(埭头)至涵江(萩芦)段工程初步设计的批复》(闽交建〔2012〕13号)批复项目初步设计。

初步概算:2012年6月21日,根据《福建省交通运输厅 福建省发展和改革委员会关于湄洲湾至重庆高速公路莆田(埭头)至涵江(萩芦)段工程初步设计概算的批复》(闽交建〔2012〕66号)批复项目初步审计概算。

施工图设计:2014年8月6日,根据《福建省交通运输厅关于湄洲湾至重庆高速公路莆田(埭头)至涵江(萩芦)段施工图设计的审查意见》(闽交建〔2014〕82号)批复项目施工图设计。

质量监督:2014年9月22日,福建省交通质监局以闽交质监〔2014〕341号印发莆炎高速公路莆田埭头至涵江萩芦路段工程质量监督通知书。

施工许可:2014年10月8日,《关于准予行政审批的通知》(闽交建审批〔2014〕07号)批复了项目施工许可申请。

②莆田萩芦至仙游五星段

项目立项:2011年10月6日,根据《福建省发展和改革委员会关于湄洲湾至重庆高速公路莆田(萩芦)至仙游(五星)段工程可行性研究报告的批复》(闽发改交通〔2011〕1255号)批复项目立项。

初步设计:2012年2月14日,根据《福建省交通运输厅 福建省发展和改革委员会关于湄洲湾至重庆高速公路莆田(萩芦)至仙游(五星)段工程初步设计的批复》(闽交建〔2012〕14号)批复项目初步设计。

初步概算:2012年7月5日,根据《福建省交通运输厅 福建省发展和改革委员会关于湄洲湾至重庆高速公路莆田(萩芦)至仙游(五星)段工程初步设计概算的批复》(闽交建〔2012〕75号)批复项目初步审计概算。

施工图设计:2013年9月12日,根据《福建省交通运输厅关于湄洲湾至重庆高速公路莆田(萩芦)至仙游(五星)段施工图设计的审查意见》(闽交建〔2013〕118号)批复项目施工图设计。

质量监督:2013年12月7日,福建省交通质监局以闽交质监〔2013〕456号印发莆炎高速公路莆田萩芦至仙游五星路段工程质量监督通知书。

施工许可:2014年10月8日,根据《关于准予行政审批的通知》(闽交建审批〔2014〕07号)批复了项目施工许可申请。

(2)资金筹措

莆田埭头至涵江萩芦段:初步设计概算总投资为43.41亿元。其中项目资本金17.48亿元占40.27%,除部级补助资金4.18亿元外,由省交通运输厅和莆田市政府按51∶49共同筹措;其余25.93亿元占总投资59.73%由项目法人申请国内银行贷款。

莆田萩芦至仙游五星段:项目初步设计概算总投资为47.59万元。其中项目资本金19.17亿元占40.27%,除部级补助资金4.8亿元外,由省交通运输厅和莆田市政府按51∶49共同筹措;其余28.43亿元占总投资59.73%由项目法人申请国内银行贷款。

(3)招投标工作

根据国家基本建设程序要求以及有关法律法规的规定,开展施工、监理等各项招投标工作。

施工单位招投标情况:莆田高速公路工程采用公开招标,招标过程严格执行《中华人民共和国招投标法》和国家、交通部有关招投标管理办法的规定及《福建省高速公路施工招投标资格预审办法》和《福建省高速公路施工招标评标办法》进行,所有招标均在中国采购与招标网、福建省招标与采购网上同时发布招标公告,由业主组织或委托招标办实施招投标,各项招标均采用资格后审的方式进行。招标文件按规定上报主管部门审批,资格评审和投标文件评标工作由依法组成的评标委员会负责,评标报告经交通主管部门核备后确定中标人。招标全过程接受专项监察执法领导小组的监督,坚持"公开、公平、公正、客观准确"的原则,严格执行招、评标工作纪律。

监理单位招投标情况:莆田高速公路莆田埭头至涵江萩芦共计3个施工监理标,莆田萩芦至仙游五星共计2个施工监理标。依据交通部《公路工程施工监理招标投标管理办法》和《关于规范全省高速公路工程监理管理》(闽高路工〔1999〕24号)文件精神,结合莆炎高速公路莆田段构造物多的特点以及施工标段划分的情况,由业主组织招标,在中国采购与招标网、福建省招标与采购网上同时发布招标公告,面向全国择优选择监理队伍。

(4)合同段划分

莆田埭头至涵江萩芦段:路基工程共划分为6个合同段,路面工程划分为2个合同段,施工监理划分为3个合同段,通风照明工程划分为2个合同段,供配电工程划分为1个合同段。

莆田萩芦至仙游五星段:路基工程共划分为6个合同段,路面工程划分为1个合同段,施工监理划分为2个合同段,通风照明工程划分为1个合同段,供配电工程划分为2个合同段。

(5)征地拆迁

莆田高速公路在建设中建立了"市政府(市高指) – 市高速公司(县区政府) – 项目业主 – 各参建单位"四级管理,总结形成了征地拆迁责任机制、协作机制、通报机制、督查制度、例会制度和联席会议制度"六个工作机制",有力有效促进征迁工作的开展。在项目沿线各县区,对应市里也相应成立了指挥部,负责辖区内的征地拆迁和民事干扰协调,由分管领导亲自挂帅,充分发挥县(区)、镇、村的作用,采取"无延时征迁、无缝隙对接、无障碍施工"的措施,逐项逐个把征迁问题解决在一线。详见表10-11-5。

征地拆迁情况统计表 表10-11-5

征地拆迁安置起止时间	征用土地(亩)	拆迁房屋(m²)	支付补偿费用(万元)	备注
2012.05～2015.12	9234	265817	122222	

2. 项目实施阶段

（1）重大变更（表10-11-6）

重大设计变更表　　　　　　　表10-11-6

序号	设计变更内容
1	山区段冲积层及沿海段小湖泊冲积层较厚的淤泥层采用换填处理
2	湖柄分离式桥增加4孔桥跨
3	K15+993～K16+130右侧机砖厂堆土处增设挡墙及PTC桩软基处理
4	与国省干道联十一线交叉处增加前墩分离式桥
5	K16+145箱涵变更为2～20m简支空心板桥（惠上中桥）
6	YK46+090～K46+360右侧边坡滑塌变更
7	崇联隧道进口左、右洞暗洞加长2.5m，采取"零开挖"技术进洞施工
8	K62+380～K62+480左侧滑坡段增设挡墙
9	K64+940～K65+360左侧滑坡治理变更
10	岐山隧道水泥混凝土路面变更为沥青混凝土路面
11	古寨隧道左洞出口增加8m明洞

（2）重大事件

2011年10月6日，项目工可获得福建省发展和改革委员会批复。

2012年2月14日，项目初步设计获得福建省交通运输厅、福建省发展和改革委员会批复。

2012年6月21日，莆田埭头至涵江萩芦段工程初步设计概算获得福建省交通运输厅、福建省发展和改革委员会（闽交建〔2012〕66号）批复。

2012年7月5日，莆田萩芦至仙游五星段工程初步设计概算获得福建省交通运输厅、福建省发展和改革委员会（闽交建〔2012〕75号）批复。

2012年9月28日，项目召开开工动员大会。

2012年10月19日下午，召开莆田萩芦至仙游五星段路基土建施工进场动员会。

2012年12月27日，莆田萩芦至仙游五星段项目工程建设用地获得国土资源部（国土资函〔2012〕1017号）批复。

2013年5月16日，莆田萩芦至仙游五星段第一根桥梁桩基在A8合同段溪岑大桥成功灌注。

2013年5月28日，莆田萩芦至仙游五星段正式下发开工令。

2013年9月12日，莆田萩芦至仙游五星段施工图设计获得福建省交通运输厅（闽交建〔2013〕118号）批复。

2013年9月14日，莆田埭头至涵江萩芦段工程建设用地获得国土资源部（国土资函〔2013〕689号）批复。

2013年9月26日,段莆田埭头至涵江萩芦段首根桩基在A3合同段实现开孔。

2013年9月30日,莆炎高速公路莆田段莆田萩芦至仙游五星路段首个隧道在A7合同段白沙隧道实现右洞安全贯通。

2013年11月18日,莆田埭头至涵江萩芦段正式签发开工令。

2014年8月6日,莆田埭头至涵江萩芦段施工图设计获得福建省交通运输厅(闽交建〔2014〕82号)批复。

2015年5月28日,游洋互通工程完成《水土保持方案报告书》技术评审。

2015年7月21日至22日,省水利厅联合省国土资源厅、环保厅、林业厅和省高指等省直有关单位,对项目进行水土保持专项检查。

2015年9月28日上午,岐山隧道右洞贯通,全长8041.5m,是当时全国最长的双向六车道高速公路隧道。

2015年11月1日下午18时,A4合同段江口高架桥完成左幅梁片架设,实现双幅贯通。

2015年11月2日上午10时,岐山特长隧道左洞胜利贯通,实现了双洞全面贯通,比原设计工期40个月提前了10个月。

2015年12月24日,省质监局出具了交工验收前工程质量检测意见。

2015年12月24日,交工验收会议召开。

2015年12月26日上午,项目通车试运营。

(三)复杂技术工程

(1)黄石高架桥:起点位于莆田市黄石镇东洋村,终点位于黄石镇海滨村,桥址区多为农田、河沟。桥梁起点桩号为K17+046.5,终点桩号为K21+823.5,中心桩号为K19+435.0,桥长为4777.0m;黄石高架桥横跨A2、A3两个合同段,分界桩号为K19+990.000。其中A2合同段桥长2943.5m,A3合同段桥长1833.5m。本桥设计桥面宽度为2×16.5m,最大桥高为10m,上部结构为PC连续矮箱梁,下部结构为柱式墩、钻孔桩基础;肋台,桩基础。A3合同段内桥梁处在直线段长1215.681m、缓和曲线段长190.000m、$R_1 = \infty$、$R_2 = -1500.000$m、圆曲线段长912.202m、$R = -1500.000$m路段内。

黄石高架桥全长近5km,是全线最长的桥梁。位于平原地段,水系发达,软基多,桩基长(最长达70多米),频繁穿越河沟,梁片预制数量大(共约1600梁片),由A2标和A3标共同承建。在梁片预制过程中,施工单位特别是A2标项目部既严格执行标准化施工指南要求,又敢于工艺创新,做到规范化施工,精细化管理,是莆炎高速公路莆田段建设的一个品牌和亮点。

(2)江口高架桥:位于莆田市涵江区江口镇新前村、圆下村、桥尾村三村交界位置,呈南西至北东向展布,跨乡村水泥路及国道G324,右侧临近萩芦溪。桥址区内乡村路网较发达,交通较便利。桥梁中心桩号为 K35+271.0;桥长为 1532.0m。

左桥:本桥上部结构采用 4×(5×30)m+4×30m+5×35m+4×30m+5×30m+3×(4×30)mPC 连续箱梁。下部构造采用柱式墩配桩基础;肋台配桩基础;本桥处于圆曲线段长 870.667、$R=-1100.000$m、缓和曲线段长 205.000m、$R_1=-1100.000$m、$R_2=\infty$、直线段长 600.067m、缓和曲线段长 205.000m、$R_1=\infty$、$R_2=-1100.000$m、圆曲线段长 351.858m、$R=-1100.000$m 路段内。右桥:本桥上部结构采用 3×(5×30)m+4×30m+5×35m+4×30m+3×(5×30)m+4×30m+3×30m PC 连续箱梁。下部构造采用柱式墩配桩基础;肋台配桩基础;本桥处于圆曲线段长 870.667m、$R=-1100.000$m、缓和曲线段长 205.000m、$R_1=-1100.000$m、$R_2=\infty$、直线段长 600.067m、缓和曲线段长 205.000m、$R_1=\infty$、$R_2=-1100.000$m、圆曲线段长 351.858m、$R=-1100.000$m 路段内。

(3)黄龙大桥:全线墩柱最高的桥梁,位于莆田市涵江区庄边镇黄龙村(度坑)南西约 100m,丘陵间冲洪积谷地中,由东转向北西,斜跨多条山间小溪及乡村水泥路。桥址区内乡村路较发达,交通较便利。桥梁起点桩号为 K70+936.5,终点桩号为 K71+643.5,中心桩号为 K71+290.0,桥长为 707.0m。本桥设计洪水频率为 100 年一遇,设计流量为 $261m^3/s$,设计洪水位为 $H_1\%=204.0^3m$,设计流速为 3m/s。

本桥上部结构采用 2×(4×30)m+3×30m+3×40m+4×40m+3×30m PC 连续 T 梁、PC 连续刚构 T 梁。下部构造采用柱式墩、箱形墩配桩基础;肋台配桩基础。本桥处于缓和曲线段长 230.000m、$R_1=\infty$、$R_2=1230.000$m、圆曲线段长 677.964、$R=1230.000$m 路段内。本桥最大桥墩高达 65m,其中 11 号~18 号墩均采用箱形墩配群桩基础,最大墩高为右桥 16 号墩 62.7m。

(4)岐山特长隧道:全国已通车最长的六车道大断面公路隧道,地处游洋镇与庄边镇交界处,长度为 8041m,是莆炎高速公路莆田段最关键的控制性工程之一。该隧道为双向六车道高速公路分离式隧道,采用竖井送排式通风,送风竖井 261.3m,排风竖井 275.6m,是目前福建省规模最大的隧道。隧道区地形复杂,洞身围岩受到 18 条断层、节理裂隙发育带等地质构造的影响,复杂多变,地下水丰富,影响局部洞身围岩的稳定,同时隧道最大埋深 623m,局部围岩为高地应力,设计、施工均存在很大的难度。隧道进出口地质条件较差,出口桥隧相连且施工场地狭小,施工便道修建跨越沟谷,难度很大,主要采用长管棚和小导管注浆进洞方案,双侧壁导坑开挖,确保隧道进洞施工的安全稳妥;隧道采用新奥法原理设计,复合式支护,以大管棚、超前小导管、超前锚杆为施工辅助措施,充分发挥围岩的自承能力;隧道地下水丰富,设计中采用了帷幕注浆预案和小导管双液注浆堵水预案,施工过程中局部涌水段落采用了中管棚双液注浆堵水兼施工辅助措施以保证开挖安全,出现局部断面淋雨状出水,主要采用环向小导管双液注浆堵水的措施,起到了良好的效果;隧道送排风竖井长度均超过 250m,采用反井法施工,施工难度系数较大。岐山隧道的成功建成,为长大隧道的设计和施工积累了大量的经验,为福建省隧道技术提高做出了积极的贡献。

(四)科技创新

莆田高速公路工程建设十分重视科学技术对高速公路建设的指导作用,在充分吸收应用近年来高速公路施工各项研究课题成果的同时,积极展开了一系列的科研攻关与技术创新,取得了良好效果。

(1)超深孔大直径山岭隧道通风竖井反井法施工技术研究。以超深孔大直径山岭隧道通风竖井作为研究课题,结合在建的岐山隧道的送、排风竖井,以导孔施工偏斜率控制、钻孔钻进参数确定、反井法光面爆破技术、软弱围岩支护技术、混凝土滑模施工质量控制技术、深井施工监控量测技术、施工应急与风险管理技术、施工环境保护管理技术等相关方面为主要内容,做好类似工程项目的超深孔大直径山岭隧道通风竖井反井法施工技术的系列研究工作,形成一套完整的具有国内外先进水平的超深孔大直径山岭隧道通风竖井反井法施工技术,应用于高速公路建设,确保超深孔大直径山岭隧道通风竖井的工程施工安全。超深孔大直径山岭隧道通风竖井反井法应用使本工程周边环境受施工的影响程度降至最低,使本工程的安全保障方面得到极大提高,使结构达到设计标准,满足工程服务期内的安全运营需要。

(2)湿喷机械手在岐山隧道施工过程中的应用。随着现代城市群不断扩容和现代物流业的蓬勃发展,为提高高速公路运营能力,新建、改建高速公路的设计参数不断提高,其中特长、大跨度隧道设计所占比例逐渐增大。为了保证特长、大跨度隧道快速安全施工和运营安全,对隧道初期支护提出了更高要求,为此,在岐山隧道施工过程中推行隧道湿喷混凝土施工工艺。目前岐山隧道初期支护湿喷混凝土工艺采用主要是采用大型移动喷射混凝土机组(简称机械手)作业。大型移动喷射混凝土机械手混凝土喷射量达到15～25m^3/h,相当于多台小型喷射机同时作业,作业效率显著提高。

(3)预应力智能张拉与管道循环压浆系统在桥梁施工中的应用。由于传统预应力张拉与压浆施工完全依靠工人人工操作、肉眼判断、手工记录,施工质量难以控制,各个环节都存在劣质施工的漏洞,给桥梁预应力结构耐久性留下了极大的安全隐患。为克服上述质量通病,莆炎高速公路莆田段全线桥梁均采用应力智能张拉、智能压浆系统,有效实现预应力张拉、压浆施工全过程质量控制,实时跟踪,智能控制,及时纠错,真实记录施工过程,为本项目桥梁结构的安全耐久提供可靠的保障。

(4)360°玻璃猫眼路面突起路标在交安工程中的应用。由于过去传统塑料、铝合金等反光片的突起路标,具有强度低、易破裂、易磨砂、易积垢及易脱落等问题,使高速公路养护单位造成人力、经费上的重大负担,道路品质一直无法提升,行车安全也无法获得一劳永逸的保障。对此,莆炎高速公路莆田段在全线推广使用360°玻璃猫眼路面突起路标,猫眼路标是高强度、高耐磨、高亮度、无棱角、不积垢的360°反光标记,有效解决了道路标界反光设施难题,大雨、浓雾夜间行车安全得以保障。

(5)基于岩土控制变形分析法的软弱围岩隧道开挖及形控制技术研究。岐山隧道左线长8039m,右线长8041m,竣工时为全国最长的双向六车道高速公路隧道,也是所在标段的重点控制性工程。隧道最大开挖断面积约184m², 最大开挖跨度约19m,隧址区发育有18条断层,隧道地质情况变化反复,Ⅳ、Ⅴ级软弱围岩占隧道全长超过30%,软弱围岩段的顺利通过是工程施工的关键。为确保在合同工期内顺利完工,利用滑动测微计对隧道左线 ZK79+047~ZK79+073 和 ZK79+065~ZK79+089 处 F215 构造破碎带区域进行了两循环掌子面-超前核心土挤出位移监测试验,分析了依托工程超前核心土变形特点,并基于岩土控制变形分析法中考虑掌子面约束作用的隧道特性曲线、利用数值计算方法对试验段围岩稳定性进行了评估。结合现场实际情况,对通过缩短单次开挖进尺设置掌子面坡度、适当加强超前支护、优化爆破参数、减少围岩扰动次数等系列措施实现了Ⅳ、Ⅴ级岩质围岩的全断面开挖,大大提高了施工效率,共节省资金约2960万元,并提前10个月完成贯通,同时为今后类似Ⅳ、Ⅴ级岩质围岩隧道工程的施工提供了良好的借鉴,社会效益显著。

(五)运营管理

1.服务区设置

莆田高速公路设置1对服务区,即:白沙服务区,其总建筑面积约7000m²,内设办公楼、宿舍、公厕、加油站、汽修间等,主体结构为钢筋混凝土结构。

2.收费站点设置(详见表10-11-7)

收费站点设置情况表　　　　表10-11-7

站点名称	车道数	收费方式
秀屿埭头	10(4入6出)	人工、ETC、自动取卡
荔城北高	8(3入5出)	人工、ETC、自动取卡
涵江江口	9(4入5出)	人工、ETC、自动取卡
涵江萩芦	8(3入5出)	人工、ETC、自动取卡
涵江庄边	8(3入5出)	人工、ETC、自动取卡
仙游游洋	7(3入4出)	人工、ETC、自动取卡

3.车流量发展状况(表10-11-8)

交通流量发展状况表　　　　表10-11-8

年份(年)	日均车流量(辆)
2015	3537

二、莆炎线三明莘口至明溪城关高速公路(明溪联络线)(建设期:2013.06~2015.11)

(一)项目概况

1. 基本情况

明溪联络线位于福建省三明西北部,是福州、莆田等沿海地区通往三明、江西乃至湖南、重庆等内陆地区的最便捷通道,同时也是一条纵贯闽中沿海及闽西北山区的主干道,全长30.38km,设计采用交通部颁《公路工程技术标准》(JTG B01—2003),全线按山岭重丘区高速公路标准建设,设计行车速度100km/h,路基宽度26m,中央分隔带宽2m,双向四车道,行车道3.75m、硬路肩3m、土路肩0.75m,左右侧路缘带各0.75m;桥涵与路基同宽,设计荷载采用公路—Ⅰ级;全线采用全封闭、全立体交叉。项目设计概算27.24亿元,实际完成投资24亿元,节约投资2.03亿元(不含工程造价增长预备费1.21亿元)。

项目线路起于K112+860长深高速公路交叉点,设置畔溪枢纽互通连接既有长深高速公路,沿线途经三元、明溪两(区)县,全线共有各类桥梁30座(其中大桥28座、中桥2座),隧道3座(其中长隧道2座、短隧道1座);在畔溪、岩前和明溪城关设置3处互通式立交,其中畔溪互通为枢纽互通,预留吉口、沙溪2处互通;设置岩前、明溪2个收费站;共有各类涵洞、通道67道。详见表10-11-9。

项目基本情况统计表　　　　表10-11-9

序号	项目		单位	数量	备注
一	技术标准				
1	计算行车速度		km/h	100	
2	路基宽度	整体式路基	m	26	
		分离式路基	m	26	
3	桥面净宽		m	2×12.75	
4	路面			沥青混凝土路面	
5	路基、桥涵设计洪水频率			特大桥1/300,其余均为1/100	
6	桥涵设计车辆荷载			公路—Ⅰ级	
二	主要工程规模				
1	路线里程		km	30.38	
2	征用土地		亩	3782	
3	拆迁房屋		m²	6830	
4	路基土石方		万m³	1592	

续上表

序号	项 目	单位	数 量	备 注
5	软土地基处理	km		
6	桥梁(主线)	m/座	4986/30	
	其中:特大桥、大桥	m/座	4977/28	
7	匝道桥梁	m/座	2345/11	
8	上跨分离	m/座		
9	互通式立交	处	2	
10	分离式立交	处	1	
11	涵洞	道	67	含通道
12	通道	道		
13	隧道	m/座	4372/3	
14	路面(主线)	万m²	73.48	
15	主线收费站	处	2	
16	服务区	处	0	
17	停车区	处	0	

项目工程于2013年6月26日下达开工令,2015年11月28日主线建成通车(其中岩前互通2018年2月13日通车)。

2. 前期决策情况

明溪联络线位于莆炎线福建段的中间,未动工建设前只有省道306路段连接三明与明溪县两地,306省道三明至明溪城关段始建于解放初期,限于当时的历史条件,路线在闽西北腹地山区翻山越岭而过,路线里程长、等级低,且受沿线城镇干扰较大。该路段虽经历年改建,但限于沿线自然条件的制约,公路的使用条件及通行能力受到极大的制约。虽经多次改建,也只是在一定程度上改善了路线平、纵面技术指标和路面等级,大多数路段仍达不到二级公路的技术标准,不能适应本地区经济发展和交通运输的需要,更不能适应三明经济开放、开发,加强闽、台贸易发展,建立海峡西岸经济区和满足国防建设的需要,对此福建省、三明市及沿线各县(区)政府和人民群众都十分重视和渴望本路段高速公路的建设。

2008年10月27日,《海峡西岸经济区高速公路网规划(修编稿)》获得通过,项目前期工作自2009年9月开始可行性研究。2009年9月30日,福建省发展和改革委员会以《关于海西高速公路网三明联络线、明溪联络线等项目开展前期工作的意见》同意海西高速公路网明溪联络线项目立项。项目建成后,能够充分发挥海峡西岸高速公路整体效益,进一步加密路网,充实完善《海峡西岸经济区公路水路交通发展规划》;同时,构筑福州、莆田等沿海地区通往三明、江西乃至湖南、重庆等内陆地区的最便捷通道,连接海西中部沿海与西南山区,组成湄州湾港往内陆的重要疏港通道。

3. 参建单位主要情况

(1) 建设单位

三明市高速公路建设指挥部、三明市交通建设集团有限公司(原三明市高速公路有限责任公司),在项目业主成立之前,作为项目的主管部门配合省高指负责开展本项目的预工可前期筹建工作,2012年7月23日,福建省高速公路有限责任公司与三明市交通建设集团有限公司共同出资组建三明湄渝高速公路有限责任公司,作为本项目法人单位,全面负责项目的建设、筹资、运营和还贷工作。

(2) 设计单位

中铁二院工程集团有限责任公司,承担项目的初步设计阶段和施工图阶段的勘测与设计工作,中交第一公路勘察设计研究院有限公司,承担项目的勘察设计监理工作。

(3) 施工单位

本项目施工单位共8家。路基工程共划分为5个合同段,路面、绿化、房建(明溪收费站房建)和交通安全设施工程划分为1个合同段,机电工程划分为1个合同段,岩前(三明西)收费站房建工程划分1个合同段。

(4) 监理单位

本项目监理单位共2家,全线路基、路面和房建工程1个监理标段、机电项目1个监理标段。项目施工及监理单位详见表10-11-10。

项目施工及监理单位一览表 表10-11-10

标段号	标段所在地	工程内容	长度(km)	施工单位	监理单位
A1	三元	K112+860~K116+500 路基	3.64	中交第一公路工程局有限公司	安徽省高等级公路工程监理有限公司
A2	三元、明溪	K116+500~K126+400 路基	9.9	中铁十一局集团第四工程有限公司	
A3	明溪	K126+400~K134+000 路基	7.6	中铁隧道局集团有限公司	
A4	明溪	K134+000~K140+399 路基	6.399	中交第二公路工程局有限公司	
A5	三元	K29+600~K33+760 路基(K117+740~K118+860)	4.19	中铁十七局集团第六工程有限公司	
B1	三元、明溪	K112+860~K140+399 路面	27.539	福建路桥建设有限公司	
C1	三元、明溪	岩前(三明西)收费站房建		福州第七建筑工程有限公司	
E1	三元、明溪	K112+860~K140+399 机电	27.539	福建新大陆电脑股份有限公司	北京兴通工程咨询有限公司

(二)建设情况

1.项目准备阶段

(1)立项审批

项目立项:2009年9月30日,福建省发展和改革委员会以闽发改交能〔2009〕939号文《关于海西高速公路网三明联络线、明溪联络线等项目开展前期工作的意见》同意明溪联络线项目立项。

2011年8月12日,福建省发改委以闽发改交通〔2011〕1003号文批准立项。

2011年8月31日,福建省环保厅以闽环保评〔2011〕111号文批准项目环境影响报告书。

2011年10月20日,福建省发改委以闽发改交通〔2011〕1329号文批准工程可行性研究报告。

2011年11月30日,福建省交通运输厅、福建省发改委以闽交建〔2011〕140号文批准工程初步设计。

2013年3月12日,福建省发改委以闽发改交通〔2013〕177号文对工可调整进行批复,同意全线采用双向四车道高速公路标准建设,路基宽度26m,起点至吉口段预留六车道走廊条件,将原预留岩前互通改为同期建设并更名为三明西互通,将原同期建设的吉口互通改为预留互通,投资估算调整为28.2亿元。

2014年12月31日,福建省交通运输厅、福建省发改委以闽交建〔2014〕174号文对调整初步设计进行批复。

环评水保批复:2011年8月15日,福建省水利厅以闽水保监〔2011〕57号文批准项目水保方案。

地震安全性评价:2010年8月16日,省地震局以闽震〔2010〕202号文《关于福建省海西高速公路网明溪联络线线路工程地震安全性评价报告》的批复,通过湄渝高速公路三明莘口至明溪城关段项目地震安全性评价工作。

建设用地批复:2012年12月27日,国家林业局以林资许准〔2012〕414号文批准全线林地征用。

2013年9月14日,国土资源部以国土资函〔2013〕686号文正式批准项目工程建设用地。

开工批复:2015年7月28日,福建省交通运输厅以闽交建〔2015〕92号文正式批准施工图设计文件。

2015年7月29日,福建省交通质监局以闽交质监〔2015〕197号文正式下达质量监督通知书。

2015年7月31日,福建省交通运输厅批复施工许可。

(2)资金筹措

明溪联络线初步设计概算省交通运输厅批复金额为27.23692631亿元,其中建安投资总额为21.03306877亿元,设备及工器具购置费0.52729653亿元,工程建设其他费用4.46846886亿元,预留费用1.21385529亿元。扣减工程造价增长预备费1.21385529亿元,实际概算投资26.02307102亿元。其建设资金拼盘为交通部补助2.8亿元,福建省高速公路有限责任公司3.4338亿元、三明市交通建设集团有限公司3.2991亿元,银行贷款17.704亿元,本项目最终投资约24亿元,节约投资3.2369亿元。

明溪联络线累计到位建设资金23.5041亿元,其中:

法人资本金8.1491亿元(交通部补助2.8亿元,福建省高速公路有限责任公司2.05亿元、三明市交通建设集团有限公司3.2991亿元)。

基建投资借款15.355亿元(国家开发银行福建省分行3.905亿元,工行三明列东支行3.7亿元、交行厦门分行3.65亿元、农行三明分行2.1亿元,中行三明分行2亿元,部分资金未到位)。

(3)招投标工作

根据国家基本建设程序要求以及有关法律法规的规定,开展施工、监理等各项招投标工作。

施工单位招投标情况:本项目施工单位共8家。路基工程共划分为5个合同段,路面、绿化、房建(明溪收费站房建)和交通安全设施工程划分为1个合同段,机电工程划分为1个合同段,岩前(三明西)收费站房建工程划分1个合同段。全部工程采用国内竞争性公开招标,招标过程严格执行《中华人民共和国招标投标法》和国家、交通部有关招投标管理办法的规定及《福建省高速公路施工招投标资格预审办法》和《福建省高速公路施工招标评标办法》进行,所有招标均在《中国经济导报》《中国交通报》上刊登招标资格预审通告,由业主组织实施招投标,各项招标均采用资格预审的方式进行。资格预审文件和招标文件均按规定上报主管部门审批,资格评审和投标文件评标工作由依法组成的评标委员会负责,评标报告经交通主管部门核备后确定中标人。招标全过程接受专项监察执法领导小组的监督,坚持"公开、公平、公正、客观准确"的原则,严格执行招、评标工作纪律。

监理单位招投标情况:全线共计2个施工监理标,依据交通部《公路工程施工监理招标投标管理办法》《关于规范全省高速公路工程监理管理》(闽高路工〔1999〕24号)的通知精神,结合三明湄渝高速公路构造物多的特点以及施工标段划分的情况,由省高指会同业主组织招标,在《中国交通报》上刊登招标通告,面向全国择优选择监理队伍,分别完成了全线路基、路面和房建工程1个监理标段、机电项目1个监理标段的招投标工作。

(4)合同段划分

路基工程共划分为5个合同段,路面、绿化及交通安全设施工程划分为1个合同段(含明溪收费站房建),房建(岩前收费站房建)工程划分为1个合同段,机电工程划分为1个合同段。

(5)征地拆迁

建设用地严格按2013年9月14日国土资源部《关于湄洲湾至重庆高速公路三明(莘口)至明溪(城关)段工程设用地的批复》(国土资函〔2013〕686号)的批复要求和意见进行。全线共征用土地3782亩,房屋拆迁6830m²。详见表10-11-11。

征地拆迁情况统计表　　　　表10-11-11

征地拆迁安置起止时间	征用土地(亩)	拆迁房屋(m²)	支付补偿费用(万元)	备注
2012.08~2015.12	3782	6830	9386	

2.项目实施阶段

(1)重大决策

2013年3月12日,福建省发改委以闽发改交通〔2013〕177号文对工可调整进行批复,同意全线采用双向四车道高速公路标准建设,路基宽度26m,起点至吉口段预留六车道走廊条件,将原预留岩前互通改为同期建设并更名为三明西互通(现岩前互通),将原同期建设的吉口互通改为预留互通,投资估算调整为28.2亿元。

(2)重大事件

2012年7月23日,成立"三明湄渝高速公路有限责任公司"。

2013年6月26日,下发全线开工令。

2014年7月27日,永涌隧道右洞贯通。

2014年11月6日,路面、交安、绿化工程开工。

2015年5月22日,机电工程开工。

2015年9月9日,吉口大桥全幅贯通。

2015年11月15日,本项目通过交工验收。

2015年11月28日,本项目全线建成通车。

(三)科技创新

明溪联络线大中桥30座;沿线隧道3座;高边坡地质结构复杂,施工难度相当大。为确保施工质量、进度,组织人员对全线技术含量较高的项目组织科技攻关,从施工方案开始就进行了认真研究、优化,从技术上挖潜力,在施工单位、监控单位、监理单位通力配合下,应用新技术、新材料和开展科研工作,提高项目的科技含量。如在隧道施工方面:采用地质雷达技术对全线隧道的初期支护、二次衬砌的质量及厚度等进行了全面检查,对存在质量问题的地方进行返工或整改,有效地控制了隧道初期支护、二次衬砌的质量。

1. 病害高边坡治理方面

本项目地处山区,地质情况复杂,深挖高填的段落多。为确保深挖路堑边坡的稳定,项目业主在省高指的指导下,组织中科院西北分院在原设计的基础上,分别对全线挖方边坡进行设计复核,对边坡稳定情况进行定性评价,将全线边坡分为稳定、基本稳定、欠稳定和不稳定四类。对欠稳定的边坡进行加强防护处理,对不稳定的边坡进行专题加固处治,为保证边坡加固设计切合实际地质状况,采用动态设计,对施工出现的问题,及时进行设计调整,保证加固效果。

2. 路面施工方面

(1)沥青中、下面层所用沥青材料为韩国 SK-70 重交通石油沥青,其技术要求满足我国重交通道路石油沥青 AH-70 要求外(其中含蜡量不大于 2%),还满足美国"SHRP"沥青使用等级 PG64-22 级的要求。沥青抗滑表层使用壳牌 SBS 成品改性沥青,成品改性沥青的各项技术指标符合 SBS 改性沥青技术要求同时符合美国"SHRP"沥青使用等级 PG76-22 级要求。

(2)对上面层 AK-13 的级配进行改进,使粗集料骨架结构更加稳定,沥青玛蹄脂稠度提高,从而使改进后的 AK-13A 混合料成为一种骨架型间断级配的密实混合料,这样即保证了路面的抗滑特性,同时也做到基本不渗水。

(3)采取特殊工艺,在填料(矿粉)中掺入 20% 消石灰,改善矿料与沥青结合料的黏附性能,取得较好的效果。

(4)在半填半挖的路段及高填方段落,路面下底基层与上底基层间加铺钢筋网。

(四)运营管理

1. 收费站点设置(表 10-11-12)

收费站点设置情况表　　　表 10-11-12

站点名称	车道数	收费方式
明溪	7(3入4出)	人工、ETC、自动取卡

2. 流量发展状况(表 10-11-13)

交通流量发展状况表　　　表 10-11-13

年份(年)	日均车流量(辆)	年份(年)	日均车流量(辆)
2015	2175	2017	3790
2016	2916		

第十二节 G15W3 宁波至东莞国家高速公路福建段(甬莞线)

一、甬莞线宁德柘荣至福安高速公路(柘福高速公路)(建设期:2012.12~2016.07)

(一)项目概况

1. 基本情况

柘福高速公路是国家高速公路沈阳至海口纵线扩容工程、海峡西岸经济区"三纵、八横、三环、三十三联"高速公路网布局中"二纵"的重要组成部分,是沟通"海峡西岸"和"长三角"两大经济区的快速通道,也是省、市"十二五"县县通高速公路项目。项目由东北向西南纵贯柘荣县、福安市中部地区,路线起于福鼎与柘荣县交界的乍洋乡水礁村,与同期设计的贯岭至柘荣高速公路终点对接,终于福安市康厝畲族乡岐山村附近,与同期设计的福安至漳湾高速公路起点相接,路线全长52.82km。全线设柘荣、福安北、坂中(枢纽)、康厝(枢纽)等4处互通式立交,停车加水区(富溪)、服务区(柘荣)各1处,核定全线管养及服务设施房屋建筑面积13690m^2,占地123亩。主体控制性工程有:交溪特大桥、赐敢岩隧道、铜岩隧道。项目设计概算43.65亿元,实际完成投资约43亿元,工程建设期共4年。

全线采用高速公路标准建设,设计速度80km/h,双向四车道,路基宽24.5m,共设桥梁16座,隧道9座,桥、隧总长约占路线总长的46.7%。全线分6个路基土建施工标段及1个路面施工标段,路基挖方664.43万m^3,填方665.66万m^3,防护工程269073.6立m^3,桥梁23座6825.8m(其中:特大桥1座619.5m,大桥15座5038.3m,中小桥5座366m,悬浇桥2座802m),隧道9座17459.5m(其中特长隧道2座10626.5m,长隧道3座4929.5m,中短隧道3座1903.5m),涵洞、通道63道3400.79m,分离式立交桥4座273m,软基处理8.79km。详见表10-12-1。

项目基本情况统计表　　　　　　　　　　　　　　　表10-12-1

序号	项目		单位	数量	备注
一	技术标准				
1	计算行车速度		km/h	80	
2	路基宽度	整体式路基	m	24.5	
		分离式路基	m	12.5	
3	桥面净宽		m	2×11.0	小桥与路基同宽

续上表

序号	项目	单位	数量	备注
4	路面		沥青混凝土路面,设计年限15年,标准轴载100kN	
5	路基、桥涵设计洪水频率		特大桥1/300,其余均为1/100	
6	桥涵设计车辆荷载		汽车—超20级、挂车—120	
二			主要工程规模	
1	路线里程	km	52.82	
2	征用土地	亩	6659.37	
3	拆迁房屋	m²	13690	
4	路基土石方	万 m³	路基挖方664.43万 m³,填方665.66万 m³	
5	软土地基处理	km	8.79	
6	桥梁(主线)	m/座	6825.8m/23座	
	其中:特大桥、大桥	m/座	特大桥619.5m/1座,大桥5038.3m/15座	
7	匝道桥梁	m/座		
8	上跨分离	m/座	273m/4座	
9	互通式立交	处	4	
10	分离式立交	处		
11	涵洞	道	3400.79m/63道	
12	通道	道		
13	隧道	m/座	17459.5m/9座	
14	路面(主线)	万 m²	177.8	
15	主线收费站	处	2	
16	服务区	处	1	
17	停车区	处	2	

2. 前期决策情况

本项目向南穿越宁德城东沿海,可拓宽中心城市发展空间,推进蕉城区、东侨新城区、工业集中区和三都澳港区空间整合,促进城市、港口、工业"三位"一体,发展壮大海峡西岸经济区东北翼中心城市;往北穿越福鼎与浙江境内的甬台温高速公路相接,便捷连通福安市、寿宁县、周宁县、柘荣县,连接了闽东南经济集聚区、内地山区经济推进区和周边经济协作区,可极大增强中心城市极聚集、辐射和带动作用,提升中心城市经济实力和综合竞争力。同时,可与现沈海高速公路和规划的横向联络线共同构成满足国家政治、经济和国防安全以及抢险救灾等应急事件处理需要的高速公路网络。

3. 参建单位主要情况

(1)建设单位

宁德沈海复线高速公路有限责任公司。在项目业主成立之前,宁德市高速公路建设指挥部作为柘福高速公路的主管部门,配合省高指负责开展本项目的预、工可以及初步设计批复等前期工作。

(2)设计单位

福建省交通规划设计院承担柘福高速公路的初步设计阶段和施工图阶段的勘测与设计工作;

北京交科公路勘察设计研究院有限公司承担交通工程及沿线设施(含管理养护、监控、通信、收费、供配电、照明、房建、服务)的工程勘察、初步设计、技术设计(如需要)、施工图设计。

(3)施工单位

本项目施工单位共23家。路基工程共划分为6个合同段(A5～A10),路面、交通安全设施、绿化及房建工程划分为2个合同段(B1、B2),机电三大系统、通风照明、供配电工程划分为3个合同段(E1、ED1、ED2),3个监理合同段(J1、J2、EJ),2个试验检测合同段(JC2、JC3),1个监理、检测合同段(J2-1负责A5标的监理和检测),1个交工检测合同段(JGC1),1个竣工检测合同段(JGJC1),1个尾工工程合同段(WG1)。

(4)监理、试验检测单位

本项目监理、试验检测单位共6家,3个监理合同段(J1、J2、EJ),2个检测合同段(JC2、JC3),1个监理、检测合同段(J2-1负责A5合同段的监理和检测)。

(5)交(竣)工检测单位

本项目共有1个交工检测单位,1个竣工检测单位。

项目施工及监理单位详见表10-12-2。

项目施工及监理单位一览表　　　　　表10-12-2

标段号	标段所在地	工程内容	长度(km)	施工单位	监理单位
A5	柘荣	K31+380～K43+060路基	11.64	中铁十四局集团第三工程有限公司	合诚工程
A6	柘荣	K43+060～YK54+400路基	11.34	中铁四局第四工程有限公司	北京华宏监理
A7	柘荣	ZK54+420～ZK61+715路基	7.3	四川公路桥梁建设集团有限公司	

第十章
高速公路建设项目实况

续上表

标段号	标段所在地	工程内容	长度(km)	施工单位	监理单位
A8	福安	ZK61+715~ZK70+840.971 路基	5.1	中铁八局集团有限公司	福建省交通建设监理
A9	福安	ZK70+840.971~ZK79+705 路基	8.86	中铁一局集团有限公司	
A10	福安	ZK79+705~ZK84+236.958 路基	4.54	福建省第一公路工程公司	
B1	柘荣	K31+380~K57+019 路面	8.86	中铁十二局集团第一工程有限公司	北京华宏监理
B2	福安	K57+019~K84+236 路面	34	大成工程建设有限公司	

(二)建设情况

1. 项目准备阶段

(1)立项审批

项目选址:建设项目选址意见书于2011年7月16日由宁德市城乡规划局核准审批。

工程可行性研究:工程可行性研究报告(闽发改交通〔2012〕431号)于2012年4月27日由福建发展和改革委员会批复。

初步设计:工程初步设计(闽交建〔2012〕77号)于2012年7月6日由福建省交通运输厅、福建省发展和改革委员会核准审批。

环境影响评价:环境影响报告书(闽环保评〔2012〕17号)于2012年2月21日由福建省环境保护厅核准审批。

地震安全性评价:地震安全性评价(闽震〔2011〕218号)于2011年7月29日由福建省地震局批复。

建设用地批复:工程建设用地的审查报告(闽国土资〔2012〕221号)于2012年12月3日由福建省国土资源厅上报国土资源部核准审批。两阶段施工图由市高指分别以宁高指工〔2012〕91号和宁高指工〔2012〕112号文上报省高指核准审批。

(2)资金筹措

柘福高速公路项目初步设计概算交通运输部批复金额为43.65亿元,其中建安投资总额为33.46亿元,设备及工器具购置费1.01亿元,其他基本建设费用7.24亿元,预留费用1.94亿元。其建设资金拼盘为交通部补助4.17亿元,省、市股东自筹13.29亿元,银行贷款26.19亿元。本项目因后期还需进行尾工工程施工建设,未完成最终财务决算,预计2019年完成。

项目累计到位建设资金 14.11 亿元,其中:部级资金 4.17 亿元、省级 5.38 亿元(实际到位 5.56 亿元,其中经营补亏土地专项资金 0.18 亿元)、市级 4.56 亿元(实际到位 5.15 亿元,其中经营补亏土地专项资金 0.60 亿元)项目资本金未到位 3.36 亿元(省级 1.40 亿元、市级 1.96 亿元)。基建投资借款 28.25 亿元(农行宁德蕉城支行 1.86 亿元,国家开发银行福建省分行 12.84 亿元,建设银行宁德分行 1.49 亿元,工商银行福安支行 6.68 亿元,中国银行宁德分行 1.26 亿元,兴业银行宁德分行 2.45 亿元,交通银行宁德分行 1.67 亿元。)

(3)招投标工作

本次施工招标采用了资格后审法评标,根据省交通运输厅、省高指的招标评标办法的有关规定,路基施工采用在合理造价区间随机抽取中标人办法;路面施工、机电施工招标采用了资格后审法评标,根据省交通运输厅、省高指的招标评标办法的有关规定,采用合理低价中标法。详见表 10-12-3 ~ 表 10-12-8。

设计单位招标情况一览表　　　　　　　　　　　　　　　　　表 10-12-3

合同段	中标单位	工作内容	备注
S2	福建省交通规划设计院	公路工程的勘察、初步设计、技术设计(如需要)、施工图设计、设计概、预算文件编制,施工招标文件(图纸及工程量清单)编制及后续服务工作等	柘荣至福安段
SJT	北京交科公路勘察设计研究院有限公司	交通工程及沿线设施(含管理养护、监控、通信、收费、供配电、照明、房建、服务)的工程勘察、初步设计、技术设计(如需要)、施工图设计、设计概、预算文件编制,施工招标文件(图纸及工程量清单)编制及后续服务工作等	贯岭至柘荣段、柘荣至福安段、福安至漳湾段
SZX	中交第一公路勘察设计研究院有限公司	公路工程[含路线、路基、路面、桥梁、隧道(包括通风、照明、消防、供配电系统等)、交叉及其他附属工程]、交通工程及沿线设施(含管理养护、监控、通信、收费、供配电、照明、房建、服务)的工程勘察、初步设计、技术设计(如需要)、施工图设计、施工阶段等勘察监理、设计审查(咨询)工作	福鼎(闽浙界)至秦屿段、贯岭至柘荣段、柘荣至福安段、福安至漳湾段

路基土建工程招标情况一览表　　　　　　　　　　　　　　表 10-12-4

合同段	中标单位	工程规模	长度(km)
A5	中铁十四局集团第三工程有限公司	K31+380 ~ K43+060	11.64km
A6	中铁四局集团第四工程有限公司	K43+060 ~ YK54+400(ZK54+420)	11.34km
A7	四川公路桥梁建设集团有限公司	ZK54+420 ~ ZK61+715 YK54+400 ~ YK61+700	7.3km

第十章
高速公路建设项目实况

续上表

合同段	中标单位	工程规模	长度(km)
A8	中铁八局集团有限公司	ZK61+715~ZK70+840.971 YK61+700~YK70+840	9.14km
A9	中铁一局集团有限公司	ZK70+840.971~ZK79+705 YK70+840~YK79+700	8.86km
A10	福建省第一公路工程公司	K79+700-K84+236	4.54km

路面、房建(含绿化)及交通安全工程招标情况一览表　　表10-12-5

合同段	中标单位	工程规模	长度(km)
B1	中铁十二局集团第一工程有限公司	K31+380~YK54+400(ZK54+420)	22.98km
B2	大成工程建设有限公司	ZK54+420~ZK84+236.958 YK54+400~YK84+236.137	29.84km

机电工程招标情况一览表　　表10-12-6

合同段	中标单位	工程规模	长度(km)
ED1	紫光捷通科技股份有限公司	K43+060~K57+547	14.49
ED2	中铁建大桥工程局集团电气化工程有限公司	K57+547~K84+237	26.69
E	安徽皖通科技股份有限公司	K43+060~K84+237	41.18

监理单位招标情况一览表　　表10-12-7

合同段	中标单位	监理内容	工程规模	长度(km)
J2	北京华宏工程咨询有限公司	路基土建工程、路面工程、交通安全设施工程、景观绿化工程、房建等工程的监理工作	K43+060~ZK61+715(YK61+700)路基土建； K31+380~ZK84+236.958(YK84+236.137)路面、房建(含绿化)、交安工程	18.64 52.82
J3	福建省交通建设工程监理咨询公司	路基土建工程等工程的监理工作	ZK61+715~ZK84+236.958 (YK61+700~YK84+236.137)路基土建	22.54
EJ	北京华路捷公路工程技术咨询有限公司	监控、通信、收费系统(三大系统)和外供电、隧道照明、通风、消防及沿线供配电系统施工监理	K43+060~K84+237	41.18
J2-1	合诚工程咨询股份有限公司	A5施工合同段路基土建工程的施工监理(含监理试验检测)服务工作	K31+380~K43+060	11.64

试验检测单位招标情况一览表　　　　　　　　　　　　　　　　　　　表10-12-8

合同段	中标单位	检测内容	工程规模	长度(km)
JC2	厦门合诚工程检测有限公司	路基土建工程的试验检测服务工作；路面、房建(含绿化)及交通安全设施工程的试验检测服务工作	K43+060~ZK61+715(YK61+700)路基土建；K31+380~ZK84+236.958(YK84+236.137)路面、房建(含绿化)、交安工程	18.64 52.82
JC3	福州建通工程试验检测有限公司	路基土建工程的试验检测服务工作	ZK61+715~ZK84+236.958；(YK61+700~YK84+236.137)路基土建	22.54

(4)合同段划分

柘福高速公路施工单位共23家。路基工程共划分为6个合同段(A5~A10)，路面、交通安全设施、绿化及房建工程划分为2个合同段(B1、B2)，机电三大系统、通风照明、供配电工程划分为3个合同段(E1、ED1、ED2)，3个监理合同段(J1、J2、EJ)，2个检测合同段(JC2、JC3)，1个监理、检测合同段(J2-1负责A5标的监理和检测)，1个交工检测合同段(JGC1)，1个竣工检测合同段(JGJC1)，1个尾工工程合同段(WG1)，本项目于2012年12月31日正式开工。宁德沈海复线高速公路柘荣至福安段监理、试验检测单位共6家，3个监理合同段(J1、J2、EJ)，2个检测合同段(JC2、JC3)，1个监理、检测合同段(J2-1负责A5合同段的监理和检测)。宁德沈海复线高速公路柘荣至福安段共有1个交工检测单位，1个竣工检测单位。

(5)征地拆迁

沈海复线柘荣至福安段境内高速公路征地任务6659.37亩(其中主线征地4703亩，临时用地1955.6亩)，房屋拆迁59098m²，三杆两线135处，坟墓迁移2472座，特殊构筑物85处，涉及宁德市2个县(市)、11个乡镇。详见表10-12-9。

征地拆迁情况统计表　　　　　　　　　　　　　　　　　　　　　　　表10-12-9

项目工期	征地拆迁安置起止时间	征用土地(亩)	拆迁房屋(m²)	支付补偿费用(亿元)	备注
一期	2012.12~2016.07	6659.37	59098	4.81	

2.项目实施阶段

(1)重大决策

根据宁德市人民政府办公室《关于福安市人民政府要求扩宽沈海复线高速公路福安北互通J匝道桥的答复函》(宁政办函〔2013〕42号)文件精神以及福建省高速公路建设总指挥部《关于印发〈福建省高速公路工程设计变更管理规定〉的通知》(闽高路工〔2012

246号)等文件规定,完成了宁德沈海复线高速公路柘荣至福安段A9合同段福安北互通J匝道桥的扩宽工程设计变更及实施,桥宽由原设计12m变更为24m,并与主线同步建成通车运营。其中本项设计变更增加费用送审金额为19180630元。

(2)重大变更

福安北互通J匝道与富春大道交叉口至终点104国道段扩宽为24m。

(3)重大事件

2012年9月28日,柘福高速公路开工典礼在柘荣举行。

2014年3月21日,尖峰顶隧道左洞顺利贯通,成为柘福高速公路第一条贯通的隧道。

2014年12月22日,交溪特大桥左幅主桥混凝土连续钢构梁顺利合龙,标志着闽东第一高墩大桥项目桥梁施工取得重大进展。

2015年1月5日,控制性工程铜岩隧道右洞顺利贯通。

2015年1月28日,赐敢岩隧道顺利贯通。

2015年6月6日,交溪特大桥双幅合龙贯通。

2015年8月10日,坂中枢纽互通至A10标终点(K74+926~K84+236)率先通车试运营。

2015年9月25日,柘福高速公路(A6~A10)正式通车运营。

(三)复杂技术工程

(1)隧道:铜岩隧道进口下穿县道952路段,起讫桩号为右洞YK77+735~YK82+679,长4944m,属特长隧道;左洞ZK77+727~ZK82+661,长4934m;左右洞平均长4939m,施工中应加强监控量测,确定安全合理可靠的施工措施,确保施工安全。对进口ZDK-3段落严格按双侧壁导坑法短进尺开挖,对进口Z5-1(b)段落应严格按单侧壁导坑法短进尺开挖。隧道进口洞顶靠近县道952区域应安装混凝土防撞护栏及其防护网。采用分离式双洞布置,隧道左右洞进口及洞身均位于直线上,右洞出口处在半径为1300m的平曲线上,左洞出口处在半径为1400m的平曲线上。右洞纵坡为0.5%和-0.50%,左洞纵坡为0.502%和-0.5%。

赐敢岩隧道进出口均采用端墙式洞门,其中右洞进口和左洞出口均采用斜交35°进洞,其余采用正交进洞。成洞面洞顶最小覆盖层厚度分别为:左洞进口2.28m、右洞进口2.03m;左洞出口4.52m、右洞出口2.39m,为本项目控制性工程。该隧道在Ⅲ级及以上围岩采用全断面法施工;Ⅳ级围岩采用上下台阶法开挖施工,必要时配合超前锚杆等措施防止坍塌;Ⅴ级围岩采用小导管预注浆超前支护,采用CD法开挖;Ⅳ级围岩采用超前锚杆进行预支护;Ⅴ级围岩采用"ϕ108管棚+注浆"预支护或小导管注浆预支护。各级围岩爆破开挖后应及时施作初喷混凝土,封闭围岩外露面,初喷厚度当初期支护设有钢支撑时不得小于4cm;当初期支护不设钢支撑时不得小于2cm,并紧跟掌子面。对Ⅴ、Ⅳ级围岩在初喷后应立即安装钢拱架、钢筋网、锚杆等,钢拱架与围岩之间的间隙应及时用楔形块顶紧(楔形块环向间距不大于0.8m),紧接着混凝土喷至设计的初支厚度;Ⅲ、Ⅱ级围岩初喷后也应尽快喷至设计的初支厚度。钢支撑法兰盘螺孔应采用冷制作。

(2)特大桥:交溪特大桥左线桥梁中心桩号为ZK71+241.5,上部结构采用$5\times30m+(85m+155m+85m)+4\times30m$预应力混凝土连续刚构T梁+变截面预应力混凝土连续刚构箱梁,桥长607m,桥梁处于$R=1450m$、$L_s=150m$平曲线上;右线桥中心桩号为YK71+255.5,上部结构采用$5\times30m+(85m+155m+85m)+5\times30m$预应力混凝土连续刚构T梁+变截面预应力混凝土连续刚构箱梁,桥长632m,桥处于$R=1300m$、$L_s=150m$及$R=1000m$、$L_s=150m$平曲线上;下部构造采用柱式墩、箱形墩配群桩基础;板凳配桩基础、U台扩大基础、U台配桩基础。变截面PC连续刚构箱梁采用悬浇挂篮施工;T梁采用直梁预制,通过调整内外翼缘宽度或防撞栏位置变化来调整路线线型,墩台基础均为径向布置,施工受及天气影响,属该线路的难点工程。

(四)科技创新

1. 标准化管理

在项目建设伊始,宁德沈海复线公司就以工程标准化管理为抓手,围绕创精品工程的目标,努力构建"管理科学、流程优化、运作规范、监督高效"的标准化管理体系,把标准化管理的各项要求、措施落实到施工管理的全过程,不断提升标准化管理水平。公司在招标文件中就明确提出标准化施工的要求和相应的建设费用,并在工程开工伊始就对所有参建单位上至公司领导下至施工班组进行标准化宣贯、培训和考试,将标准化施工理念贯彻落实到施工一线;施工过程全面推行标准化管理责任制、"典型观摩、落后剖析"制,分阶段、分重点做好三集中建设、验收和路基、桥梁、隧道、路面、机电等标准化施工管理。A7标还被省高指评为标准化管理典型示范优胜标段。同时大力推进信息化数据化建设,全线的三集中场地、特长隧道、重要桥梁、工地试验室等都安装了远程视频监控摄像头。全面推广先进工艺。针对本项目长大隧道多的特点,率先在施工中配备喷射混凝土机械手,确保隧道初支质量和安全,在隧道预留洞室推广使用钢模,做到不变形、不跑模、不偏位;桥梁施工中全面推行智能张拉设和大循环智能压浆,且工后采用"动态波"进行检测校验,有效控制桥梁张拉和压浆质量,特别是负弯矩的压浆质量;为了提高路基总体质量,根据近几年来全省高速公路路基工程普遍使用高速液压强夯补强取得良好的效果,引进三明重工高速液压强夯机对全线"三背"回填进行夯实补强,减少路基交工后发生桥台、涵墙背跳车现象。

在项目每个隧道工程施工现场,都可以看到隧道口挂着一块醒目的 LED 电子屏幕,上面显示进入隧道工作工人的姓名、进出时间以及人数,同时还安装了门禁系统,以实时掌握进隧道工作人员的情况,确保安全施工。

2. 专题科研项目

宁德沈海复线公司与宁德宁武公司、交通运输部公路科学研究所等单位联合开展福建省长大纵坡事故成因分析及防治对策研究。

本研究基于主动安全理念的长大纵坡事故多发段预防技术的相关成果用于指导沈海复线高速公路的设计方案,通过长大纵坡事故易发路段辨识与预防及交通安全综合保障技术方案的集成应用,从设计和运营阶段来确保宁德沈海复线长大下坡段的行车安全。

(1) 基于主动安全理念的长大纵坡段事故预防技术。采用宏观与微观分析相结合的方法,探寻既有公路长大纵坡事故多发的根本原因,总结导致长大纵坡事故多发情况下各种因素的特性及各种因素的不利组合,研究长大纵坡事故易发路段辨识方法。

(2) 长大纵坡交通安全综合保障技术。对国内外已有的各类长大纵坡安保措施(如各种速度控制技术、引导设施、防护措施)在福建省特定环境下的可行性、适用性、经济性进行分析,针对福建省长大纵坡所处地理、气候、环境特征(如山区、多雨、雾大等),研究确定各种安保措施的综合设置方案。

(3) 长大纵坡事故多发路段应急救援体系关键技术。研究事故多发点监控设施的设置方法,包括车辆速度的监控、交通事件的监控、大雾天气能见度的监测和紧急停车处的占用信息的发布以及交通事故救助设施的合理配置等。

(4) 福建省典型长大纵坡安全评价示范与应用。针对福建省内几条已通车的高速公路,收集其通车期内的交通事故、交通流等数据,运用本项目中的研究成果,对其事故多发段进行识别与分析,根据事故多发点特征,提出相应的安全改善对策与措施。

立足福建省高速公路实际运营状态,在充分借鉴目前已有的研究成果的基础上,研究福建省连续长大下坡路段的事故机理,从各个环节制定适合福建省的高速公路连续长大下坡综合安全保障技术和应急救援技术,研究成果从设计规范、工程措施、运营管理等多个方面分不同阶段提出合理的建议,用于指导和协助设计人员、施工人员和决策部门的工作,有效地预防事故或降低事故危害,避免群死群伤恶性事故,减少人员伤亡和财产损失,有效改善福建高速公路交通的安全水平。

(五) 运营管理

1. 服务区设置

柘福高速公路设置 1 个东狮山服务区,总建筑面积约 4160m^2,内设办公楼、宿舍、公厕、加油站、汽修间等,主体结构为钢筋混凝土结构。

2. 收费站点设置(表10-12-10)

收费站点设置情况表　　　　表10-12-10

站 点 名 称	车 道 数	收 费 方 式
柘荣	10(4入6出)	人工、ETC、自动取卡
福安北	10(4入6出)	人工、ETC、自动取卡

3. 车流量发展状况(表10-12-11)

交通流量发展状况表　　　　表10-12-11

年份(年)	日均车流量(辆)
2015	1601

二、甬莞线宁德(漳湾)至连江(浦口)高速公路宁德段(宁连高速公路宁德段)(建设期:2011.7~2016.11)

(一)项目概况

1. 基本情况

宁连高速公路宁德段的建成有利于完善海西高速公路网,构筑福建公路主骨架网,合理分流"国高"网沈海线交通量,解决"国高"沈海线罗源至宁德段技术指标偏低而造成的沿海公路大动脉未来交通瓶颈问题;是宁德拓展城市发展空间、推进蕉城区、东侨新城区、工业集中区和三都澳港区发展战略空间整合,加快宁德三都澳开发开放,促进沿线经济发展具有重要意义。项目起点位于宁德市蕉城区漳湾镇增坂村附近,与G15沈海线相接,经蕉城区漳湾镇、城南镇、飞鸾镇,终点位于宁德市蕉城区飞鸾镇清水下村设置油车岭隧道与沈海复线宁德漳湾至连江浦口(福州境)相接。全长25.69km(含代建福州宁连路段0.96km、沈海复线增坂枢纽互通C、D匝道),设增坂枢纽、宁德东、飞鸾复合3处互通,设宁德东、飞鸾2处收费站,设宁德东养护工区1处。概算投资34.09亿元,批复建设工期三年。

该项目采用高速公路标准建设,双向六车道,全封闭,全立交,设计速度100km/h,路基宽度33.5m,桥梁设计荷载为公路—Ⅰ级,设计洪水频率路基、大中桥、涵洞1/100、特大桥1/300,地震基本烈度Ⅵ度,按Ⅶ度设防,其他各项技术指标按交通部颁布的《公路工程技术标准》(JTG B01—2003执行)。

项目主要控制点为漳湾增坂、小塘、飞鸾、油车岭,跨越处位于宁德三沙湾海域。全线主要构造物有增坂枢纽、宁德东与飞鸾复合3处互通,杭深、天山分离式立交2处,宁德东、飞鸾匝道收费站2处,宁德东养护工区1处,隧道4.5座(其中:增坂隧道1089.5m、飞鸢1号隧道308m、飞鸢2号隧道729m、油车岭隧道2624.5m、龟岩Ⅰ匝道隧道421m),桥梁24座(其中主线桥:王坑特大桥2130m、杭深桥88m、支龙桥127m、蒋澳大桥247m、跨海桥11.11km、宫后门中桥97m)。详见表10-12-12。

项目基本情况统计表　　　　　　　　　　表10-12-12

序号	项目		单位	数量	备注
一	技术标准				
1	计算行车速度		km/h	100	
2	路基宽度	整体式路基	m	33.5	
		分离式路基	m	33.5	
3	桥面净宽		m	2×15.5	
4	路面			沥青混凝土路面,设计年限15年,标准轴载BZZ-100kN	
5	路基、桥涵设计洪水频率			特大桥1/300,其他桥涵及路基1/100	
6	桥涵设计车辆荷载			公路—Ⅰ级	
二	主要工程规模				
1	路线里程		km	24.73	
2	征用土地		亩	2546.10	
3	拆迁房屋		m²	15304.30	
4	路基土石方		万m³	619.7221	
5	软土地基处理		km	5.4468	
6	桥梁(主线)		m/座	14.342km/11道	
	其中:特大桥、大桥		m/座	特大桥13191m/2座、大桥784m/4座	
7	匝道桥梁		m/座	4.044703 km/12座	
8	上跨分离		m/座		
9	互通式立交		处	3处	
10	分离式立交		处	127m/2处	
11	涵洞		道	459.69m/17道	
12	通道		道		
13	隧道		m/座	4182m/4.5座	
14	路面(主线)		万m²	19.44524	
15	主线收费站		处	1	
16	服务区		处	—	
17	停车区		处	—	

2. 前期决策情况

宁连高速宁德段项目前期工作自2009年3月开始工作,至2009年7月完成"工程可行性研究报告",历时5个月。在此期间,项目组同志对《国家高速公路沈阳—海口线福建境内福州连江至宁德蕉城段预可行性研究报告》进行认真的分析研究,在"预可"路线走廊带基础上,对路线方案进行筛选、优化、补充和完善,并加大对沿线地质调绘、水文地质条件调查、重点工程场址地质勘查等工作,在此基础上于2009年4月完成本项目路线方案的拟定。2009年4月26日,根据宁德市政府意见,项目组对路线方案进行补充完善,于2009年6月完成初稿。2009年6月20日,省高指组织召开本项目工可报告(初稿)的内部审查会,2009年7月完成工可报告(7月份版)。2009年10月19日,省发改委在福州召开本项目工可报告(7月份版)审查会。2011年12月,宁德市高指《关于要求编修沈海公路复线宁德漳湾至连江浦口高速公路宁德段工程可行性研究报告的函》再次对工可报告进行修编,并完成报告(修编版)。2010年12月30日,省发改委《关于沈海复线宁德(漳湾)至连江(浦口)宁德段工程可行性研究报告的批复》(闽发改交通〔2010〕1260号),批复项目工可。

3. 参建单位主要情况

(1) 建设单位

根据省高指《关于研究宁德京台及宁德蕉城至连江浦口建设专题会议纪要》(〔2010〕158号)的精神和《关于成立宁德沈海复线宁连高速公路有限公司的批复》(闽高路人〔2010〕78号)的批复意见,福宁高速公路有限责任公司作为宁连项目投资主体,同意设立宁德沈海复线宁连高速公路有限公司负责沈海高速公路复线(漳湾至飞鸾段)建设管理任务。2010年10月15日,组建宁德沈海复线宁连高速公路有限公司并完成公司注册、登记相关工作。作为项目业主负责本项目的建设、筹资、营运和还贷工作,全面实行项目法人责任制。

根据省交通运输厅、省高指《关于发布福建省高速公路建设项目征地拆迁补偿安置包干实施意见(试行)的通知》(闽交建〔2010〕89号)的要求,与市高指协商明确安征迁工作及地方性问题协调处理由地方政府负责。

(2) 设计单位

福建省交通规划设计院,承担本项目的初步设计阶段和施工图阶段的勘测与设计工作,承担绿化工程、房建工程和交通安全设施设计。

由于本路段上跨温福铁路,根据南昌铁路局《关于进一步加强地方铁路建设管理工作的通知》(南铁企发〔2011〕313号)的要求,跨铁路段由交规院切割给中铁第四勘察设计院集团有限公司勘察设计,设计长度5.128km,设计里程桩号YK10+300~YK15+428.334。

(3) 施工单位

本项目路基土建工程施工单位4家、路面施工单位1家(含绿化、房建、交安设施)、机电工程施工单位1家(三大系统、通风照明、供配电、隧道消防)。

（4）监理单位

本项目监理单位3家,试验检测单位2家。

施工及监理单位详见表10-12-13。

项目施工及监理单位一览表　　　　　　　　　　表10-12-13

标段号	标段所在地	工程内容	长度（km）	施工单位	监理单位
A1	宁德	K0+000～14+000 路基	8.6989	中铁航空港集团第一工程有限公司	武汉大通公路桥梁工程咨询监理有限公司、中铁第四勘察设计院集团有限公司
A2		K14+000～K22+300 路基	5.43	中交第二航务工程局有限公司	武汉大通公路桥梁工程咨询监理有限公司
A3		ZK22+022～ZK24+442.29 路基	4.998	中铁十二局集团有限公司	
A4		ZK24+442.290～ZK31+085 路基	6.5605	中铁十六局集团第一工程有限公司	
B1		K0+000～YK30+123.53182 路面	25.69	中交第一公路工程局有限公司	
E1		K0+000～YK30+123.53182 机电	25.69	北京公科飞达交通工程发展有限公司	北京华路捷公路工程技术咨询有限公司

（二）建设情况

1.项目准备阶段

（1）立项审批

工程可行性研究批复：2010年12月,福建省发展和改革委员会以闽发改交通〔2010〕1260号《福建省发展和改革委员会关于沈海复线宁德（漳湾）至连江（浦口）宁德段工程可行性研究报告的批复》,批复项目工程可行性研究报告,同意路线方案、技术标准、投资控制和建设工期。

初步设计批复：2012年9月19日,福建省交通运输厅、福建省发展和改革委员会《关于沈海复线宁德（漳湾）至连江（浦口）宁德段工程初步设计的批复》（闽交建〔2012〕101号）批复项目初步设计,明确项目项目建设规模和技术指标等。

林地批复：2012年12月27日,国家林业局《使用林地审核同意书》（林资许准〔2012〕435号）核准林地使用面积。

建设用地批复：2013年4月20日,中华人民共和国国土资源部《关于沈海复线宁德

(漳湾)至连江(浦口)宁德段工程建设用地的批复》(国土资函〔2013〕267号)同意宁连项目建设用地。

宁德铁基湾海域使用批复:2013年5月16日,福建省人民政府《关于同意宁德沈海复线宁连高速公路有限公司海域使用申请的批复》(闽政文〔2013〕193号)批准了宁德铁基湾海域使用。

施工图设计文件批复:2013年9月23日,福建省交通运输厅《关于沈海复线宁德漳湾至连江浦口高速公路宁德段施工图设计的审查意见》(闽交建〔2013〕127号)核准了施工图设计文件,同意交付使用。

环境影响评价:1999年11月5日,国家环境保护局以环函〔1999〕402号《关于同江至三亚国道主干线福鼎分水关至宁德城关段高速公路环境影响报告书的批复》批复通过福宁高速公路全线环境保护和水土保持评价工作。

工程质量安全监督:2013年11月20日,福建省交通建设质量安全监督局《关于印发海西高速公路网沈海复线宁德漳湾至连江浦口高速公路宁德段工程质量监督通知书的通知》(闽交质监〔2013〕430号)受理了本项目工程质量监督工作,并成立工程质量安全监督工作组。

施工许可批复:2014年1月9日,福建省交通运输厅《关于准许行政许可的通知》(闽交建审批〔2014〕1号)申请符合法定条件和标准,同意施工许可。

(2)资金筹措

本项目批准投资总概算34.095亿元,其中第一部分建筑安装工程费28.038亿元,第二部分设备及工具、器具购置费0.421亿元,第三部分工程建设其他费用4.351亿元,预备费1.544亿元。35%项目资本金11.93亿元由福建省高速公路有限责任公司筹措,剩余65%资金22.16亿元申请贷款,以项目建成后享有的通行费收费权作质押向国家开发银行福建省分行和中国农业银行宁德蕉城支行贷款。

(3)招投标工作

根据国家基本建设程序要求,以及《中华人民共和国招标投标法》、交通部相关公路工程设计、施工、监理招标、评标办法及福建省人民政府、交通运输厅、省高指有关法规、办法的要求,公平、公正、公开、诚信地开展设计、施工、监理等单位的招投标工作。招标公告在中国采购与招标网、福建招标与采购网发布,评标结果在福建省交通运输厅门户网站公示,中标结果在中国采购与招标网、福建招标与采购网公示。招标文件依据《福建省高速公路招标文件范本》,并结合本项目特点进行补充完善、报省高指审查并修改完善后,报省高指备案。招标评标全过程接受市高指监察室监督,严格执行招、评标工作纪律。评标报告报省高指核备。

设计单位招投标情况:勘察设计中标单位为福建省交通规划设计院。由于本路段上跨温福铁路,根据南昌铁路局《关于进一步加强地方铁路建设管理工作的通知》(南铁企发〔2011〕313号)的要求,跨铁路段由交规院切割给中铁第四勘察设计院集团有限公司勘察设计。

施工单位招投标情况:A1标段中标单位为中铁航空港集团第一工程有限公司;A2标段中标单位为中交第二航务工程局有限公司;A3标段中标单位为中铁十六局集团第一工程有限公司;A4标段中标单位为中铁六局集团有限公司;B1标段中标单位为中交第一公路工程局;E1标段中标单位为北京公科飞达交通工程发展有限公司。

监理单位招标情况:J1标段中标单位为武汉大通公路桥梁工程咨询监理有限公司;EJ1标段中标单位为北京华路捷公路工程技术咨询有限公司。

跨铁路段监理委托情况:根据南昌铁路局《关于进一步加强地方铁路建设管理工作的通知》(南铁企发〔2011〕313号)和省重点办《关于福建省高速公路建设与铁路交叉等有关问题协调会议纪要》(专题会议纪要〔2014〕17号)的要求,2014年9月25日委托北京方达工程管理有限公司负责A1标上跨温福铁路下坂隧道路段监理工作。

试验检测单位招标情况:中标单位为福建南平市天茂公路工程试验检测有限公司。

(4)合同段划分

路基土建标工分4家施工单位、勘察设计单位2家,监理单位3家,路基施工单位4家、路面施工单位1家(含绿化、房建、交安设施)、机电工程施工单位1家(三大系统、通风照明、供配电、隧道消防)、试验检测单位2家。

(5)征地拆迁

项目安征迁工作由宁德市高速公路建设指挥部负责,征地补偿标准依据福建省交通运输厅、省高指《关于福建省高速公路项目征地拆迁补偿安置包干实施意见的通知》(闽交建〔2010〕89号)、宁德市人民政府《关于沈海复线宁德漳湾至连江浦口高速公路蕉城段安征迁补偿标准的批复》(宁政文〔2011〕39号)和宁德市蕉城区人民政府《关于印发沈海复线宁德漳湾至连江浦口高速公路蕉城段安征迁补偿标准的通知》(宁区政文〔2011〕12号),主线征地任务2546.10亩,房屋拆迁15304.30m^2,三杆两线迁移50处,坟墓迁移715处,特殊构筑物迁改27处,涉及蕉城区、东侨区、罗源县4个乡镇。2014年初,红线内征迁工作基本完成,满足工程建设需要。征地拆迁情况详见表10-12-14。

征地拆迁情况统计表 表10-12-14

项目工期	征地拆迁安置起止时间	征用土地(亩)	拆迁房屋(m^2)	备注
一期	2010.01~2016.06	2546.10	15304.30	

2.项目实施阶段

(1)重大决策

计算行车速度的采用:根据《公路工程技术标准》(JTJ B01—2003),高速公路可选用120km/h,100km/h,80km/h的设计速度。本项目线推荐方案2033年平均交通量54607

辆/日。与本项目衔接高速公路路段的设计速度为：沈海高速福鼎至宁德段设计速度80km/h，沈海高速宁德至罗源段设计速度为100km/h，沈海公路复线宁德（福安）至漳湾设计速度为100km/h，沈海公路复线宁德（漳湾）至福州连江（浦口）福州段设计速度为100km/h。综合以上，从适应项目功能定位、远景交通量需求、工程造价、项目效益等方面分析，综合与本项目衔接高速公路设计速度，2011年12月编制的沈海公路复线宁德（漳湾）至福州连江（浦口）宁德段《工程可行性研究报告》（修编本）按照《公路工程技术标准》（JTJ B01—2003），本项目采用100km/h的设计速度上报获批。

根据2013年6月中共宁德市第三届委员会（[2013]17号）会议纪要精神，经申报省、市高指核准同意，A1标段宁德增坂枢纽互通半T形互通变更为全T形枢纽互通，涉及路线K0+000~K11+398.18（王坑桥26号墩）4.93km工程变更，互通区桥梁由3座增加至7座，软基处理增加CFG桩，由A1标段负责施工。

根据2013年11月宁德市人民政府（[2013]125号）专题会议纪要精神，经申报省、市高指核准同意，A2标段宁德滨海特大桥航孔位布置在主桥36~37号墩之间水道深水区，通航净空高程从原方案8.3m抬高4m至12.3m（限高门架底高程），栈桥通航孔梁底高程调整为12.9m，栈桥桥面高程调整为14.7m。

（2）重大变更

根据宁德市人民政府、宁德海事局、市高指等有关主管部门要求，宁连高速建设项目结合施工现场实际，向省高指申请同意8项重大变更，其中A1标4项、A2标1项，A3标3项，见表10-12-15。

重大设计变更表　　　　　　　　　　　　　　　　　　　　表10-12-15

标段	序号	变更名称	变更性质	批复文件	时间
A1标合同段	1	增坂互通纵坡调整、增加C、D匝道	重大	福建省高速公路建设总指挥部（[2014]13号）专题会议纪要	2014.01.23
	2	K14+076~K14+353段高填方路基变更为8×30m桥梁（蒋澳大桥）	重大	闽高路工[2014]327号	2014.12.03
	3	在YK0+919处增设1-16m桥梁（增坂小桥）	重大	宁政办[2014]144号、宁连高速公路有限公司会议纪要（三十八）	2014.03.16
	4	王坑特大桥第一联原设计5×30m桥跨变更为4×40m，0号台往小里程移动10m，5号墩位置不变	重大	闽高路工[2014]82号	2014.04.28

续上表

标段	序号	变更名称	变更性质	批复文件	时间
A2标合同段	5	宁德滨海特大桥金蛇头水道段施工图变更设计	重大	闽高路工〔2014〕165号	2014.07.14
A3标合同段	6	飞鸾复合互通I匝道线路方案调整	重大	闽高路工〔2014〕2号	2014.02.18
	7	飞鸾复合互通I匝道滑坡体二期处置变更	重大	闽高指工〔2017〕8号	2017.01.23
	8	F匝道第五联现浇梁桥跨结构调整变更	重大	闽高路工〔2015〕27号	2015.02.09

(3)重大事件

2011年5月28日,宁连高速公路宁德段项目举办开工典礼。

2012年12月4日,飞鸾互通2号隧道首次贯通。

2015年5月23日,全省最长高速公路隧道——油车岭隧道顺利贯通。

2015年12月24日,宁连高速公路第一阶段YK23+182~YK31+060、ZK22+022~ZK31+085路段(含代建福州宁连路段0.96km)顺利通过交工验收。

2015年12月30日,项目第一阶段投入通车试运营。

(三)复杂技术工程

(1)宁德滨海跨海特大桥:起点位于蕉城区漳湾镇马山村北侧丘陵,止于飞鸾镇上郑村南侧山体,桥梁跨越金蛇头村、二都、飞鸾、沿途多为滩涂、围垦、水道。桥梁总长11.12km,宽度2×16.75m,设计双向六车道,设计速度为100km/h。桥梁上部采用预应力混凝土连续箱型梁,最长为40m,下部桩基为钻孔灌注桩,最大桩径2.0m。桩基均位于沿海滩涂,伴有潮汐,地质情况复杂。受潮汐影响,海上桩基施工难度大;成孔率较低。桥梁主体结构均位于海水环境类别Ⅲ,施工过程严格控制混凝土保护层厚度和海工混凝土配合比,保障桥梁钢筋混凝土防腐蚀性和耐久性。桥梁工程项目2013年6月开工,2016年6月全桥合龙贯通,历时36个月。

(2)油车岭隧道:油车岭隧道为特长隧道,右洞长度为5726m,左洞5754m,为沈海复线宁德漳湾至连江浦口高速公路控制性工程。隧道内设计采用左右洞共用一座竖井排烟,即在竖井井底(高程75.045m)处通过左排烟联络通道与左主洞连接,在高程83.376m处通过右排烟联络通道与右主洞连接。该竖井位于油车岭特长隧道左洞一侧偏54m,中心位置桩号:ZK30+520。井深 $H=392.955m$,竖井成井净径5.840m。深部围岩为侏罗系南园组凝灰熔岩及其风化层,以微风化熔结凝灰岩为主,为坚硬岩,属于中等应力区,地下水类型主要为风化带孔隙裂隙水,围岩受主断层影响,裂隙发育。施工采用BM400反井钻机进行 $\phi1400$ 导孔正向定位钻孔、反井扩孔提升、正向爆破进尺3次扩孔施工,从控爆、锚杆、小导管、注浆、挂网、喷混凝土、护壁完成初期支护,到二次衬砌滑模施工,施工各项工序繁多,供水、通风等安全保障措施检查、管控严。隧道竖井2013年11月开工,历时16个月,于2015年2月顺利完成。

(四)技术创新

(1)发挥科技支撑作用,科研成果取得重要进展。按照省交通运输厅要求,2012年始与长安大学合作开展"福建海域混凝土桥梁耐久性评估及建养防腐关键技术研究"科研项目研究,已编写完成《福建海域混凝土桥梁养护管理手册(初稿)》《福建海域混凝土桥梁防腐指南(初稿)》,补充完善了桥梁养护的内容;并通过省交通审查验收,科研成果在福建海域桥梁的建设和养护中已得到了应用,取得了良好的效果及经济效益与社会效益。有效指导了桥梁设计、施工,提高了施工质量安全保障。

(2)打造滨海特大桥样板工程。全线推广普及高性能混凝土双掺技术、桥梁预应力智能张拉和智能压浆技术、箱梁预制的不锈钢外模、钢筋的胎模化绑扎、整体吊装工艺、梁体混凝土"三位一体"自动喷淋养生系统等先进工艺技术,涌现了A1标隧道光面爆破和桥梁桩基旋挖钻施工、A1~A3标箱梁预制、A4标油车岭隧道竖井施工、A2标安全管理等标准化亮点。建立并完善了"跨海大桥关键施工技术标准化体系",初步完成了《小箱梁预制标准化施工要点》编写工作,重点打造了宁德滨海特大桥样板工程。

(3)全面推行信息化常态化管理技术。在全线的隧道口、大桥的适当位置、拌和站、钢筋加工棚、试验室均设置远程视频监控,进行全天候监管;实施了工地试验室数据监管技术,实现了试验数据实时上传;全线推广预应力智能张拉和压浆技术,提升了预应力施工质量;在预制箱梁和混凝土防撞护栏施工中全面推广不锈钢复合模板,打造混凝土内实外美效果;开展了工地用砂专项整治活动,探索采用机制砂和淡化砂替代的可行性,从源头严控海砂进入宁德宁连项目工地,确保了桥隧工程混凝土的质量。

(五)运营管理

1.收费站点设置(表10-12-16)

收费站点设置情况表　　　　　表10-12-16

站点名称	车道数	收费方式
宁德东	11(4入7出)	人工、ETC、自动取卡

2. 车流量发展状况(表10-12-17)

交通流量发展状况表　　　　　　　　　　　表10-12-17

年份(年)	日均车流量(辆)
2016.12.20~2016.12.31	11298

三、甬莞线宁德(漳湾)至连江(浦口)高速公路福州段(宁连高速公路福州段)(建设期:2012.04~2015.12)

(一)项目概况

1. 基本情况

宁连高速公路福州段项目起于罗源县起步镇,路线由北往南延伸,经罗源县松山镇、连江县马鼻镇、透堡镇,终于官坂镇梅里村,与福州绕城高速公路东南段衔接。起讫桩号为YK31+060~K55+422.11,项目里程总长25.09km,是规划的海西"三纵、八横、三环、三十三联"高速公路骨架网中第二纵重要部分。全线按双向六车道高速公路标准建设,路基宽度33.5m,设计荷载公路—Ⅰ级,设计速度100km/h。在区域位置上分布于闽东南滨海断隆带与闽东火山断拗带中,沿线穿越地貌单元有低山、丘陵、残积台地、山间盆地、滨海平原等。路线走廊带地形在公路工程上属滨海重丘区。路线处在闽东南滨海隆带与闽东火山断拗带之间,场地分布有:松溪—宁德断裂带、福鼎—云霄断裂带、寿宁—连江断裂带、罗源—明溪断裂带等,以其为主导,控制了区内次级构造,形成以北东向构造为主北西向次之构造格局。项目概算总投资35.11亿元,全路段共设罗源湾收费站和马鼻收费站2处,透堡服务区1处。详见表10-12-18。

项目基本情况统计表　　　　　　　　　　　表10-12-18

序号	项目		单位	数量	备注
一	技术标准				
1	计算行车速度		km/h	100	
2	路基宽度	整体式路基	m	33.5	
		分离式路基	m	16.75	
3	桥面净宽		m	整体式33.5	
4	路面			沥青混凝土路面,设计年限15年,标准轴载100kN	
5	路基、桥涵设计洪水频率			特大桥1/300,其余均为1/100	
6	桥涵设计车辆荷载			公路—Ⅰ级	

续上表

序号	项目	单位	数量	备注
二	主要工程规模			
1	路线里程	km	25.09	
2	征用土地	亩	1895	
3	拆迁房屋	m²	12181	
4	路基土石方	万 m³	393.2	
5	软土地基处理	km	5.5	
6	桥梁(主线)	m/座	8851/13	
	其中:特大桥、大桥	m/座	7481/6	
7	互通式立交	处	4	
8	分离式立交	处	2	
9	隧道	m/座	9117/2.5	
10	主线收费站	处	2	
11	服务区	处	1	

项目于 2012 年 4 月正式动工建设,2015 年 12 月建成通车。

2. 前期决策情况

宁连高速福州段于 21 世纪初即进行规划,并于 2009 年正式启动前期工作,经有关部门充分论证评估和审查,完成了国家规定各项基本建设程序。

3. 参建单位主要情况

本项目根据省高指《关于沈海复线宁德漳湾至连江浦口福州段标段划分的批复》(闽高路工〔2011〕49 号文)与相关要求,全线共设置 5 个路基土建工程合同段,1 个路面房建(含绿化)及交通安全设施工程等合同段,具体情况详见表 10-12-19、表 10-12-20。

项目参建单位情况表 1　　　　　　表 10-12-19

标段号	标段所在地	工程内容及长度	施工单位
A1	罗源	YK31+060(ZK31+085)~K35+600,长度 4.540km。主要工程:路基 1.4245km,油车岭隧道 3115.5m/0.5 座	中铁二十局集团第一工程有限公司
A2	罗源	K35+600~K39+411.5,长度 3.812km。主要工程:路基 0.3655km,罗源湾互通 1 座(其中互通主线桥 982.5m),罗源湾特大桥 2463.5m/1 座	中铁十七局集团有限公司
A3	罗源	K39+411.5~YK44+280(ZK44+289),长度 4.551km。主要工程:路基 1.2543km,石狮山隧道 1654.5m/0.5 座,北山特大桥 1642m/1 座	中铁十七局集团第六工程有限公司
A4	连江	YK44+280(ZK44+289)~K49+565.5,长度 5.347km。主要工程:路基 5.347km,石狮山隧道 1302m/0.5 座,拱头特大桥 1567m/1 座,半田下大桥 907m/1 座,马鼻互通 1 座(其中互通主线桥 65m)	中铁十五局集团第五工程有限公司

续上表

标段号	标段所在地	工程内容及长度	施工单位
A5	连江	K49+565.5~K55+422.11,长度5.857km。 主要工程:路基1.989km,大帽山隧道2063m/1座,下濂大桥443m/1座,塘边大桥457.5m/1座,梅里互通0.5座(其中互通主线1号桥59.5m,2号桥82m)	中交第二公路工程局有限公司
B1	罗源 连江	YK30+099~K55+422.11,路线长25.09km。 主要工程:水稳层369958.45m²;级配碎石层286709.95m²;ATB-25下面层269083m²;AC-20中面层567442m²;AC-16上面层798622m²;标志标牌1886个;波形护栏26071延米,闽华型护栏5311.5延米,房建工程建筑总面积17900m²(罗源湾收费站2203m²,马鼻收费站7671m²,透堡服务区8026m²)	大成工程建设有限公司
E	罗源 连江	YK30+099~K55+422.11,路线长25.09km。 主要工程:全线设罗源湾收费站(3入5出)、马鼻收费站(3入5出)、服务区1处(透堡服务区)、各站均含1入1出ETC车道。本路段的监控系统主要包括5个子系统:火灾报警子系统、隧道通风控制子系统、隧道照明控制子系统、交通监控子系统(含本地控制系统)、视频监视子系统;其中监控管理站1处,监控外场摄像机10套,交通信号灯6套,车道指示标志102套,本地控制器30套,电光标志1364套等监控设施。全线设有人通信站(马鼻收费站)1处(ONU 1套),无人通信站(罗源湾收费站、透堡服务区)2处(ONU 2套)等通信设施	北京瑞华赢科技发展有限公司
ED	罗源 连江	YK30+099~K55+422.11,路线长25.09km。 主要工程:高低压柜139面,变压器19台、柴油发电机组3套、中低压电缆186266m、射流风机32台、高压钠灯2721套、LED灯2572套、消防镀锌管道25793.48m、消防箱350套等。起讫里程YK28+439(ZK28+457)~K55+422.11,路线长26.75km	北京云星宇交通科技股份有限公司

项目参建单位情况表2　　　　　　　　　　表10-12-20

		监 理 单 位	
9	J1	福建路信交通建设 监理有限公司	A1~A3合同段工程施工监理
10	J2	厦门市路桥咨询 监理有限公司	A4~A5合同段路基土建工程、B1合同段路面工程施工监理
11	EJ	江西通慧科技发展有限公司	E、ED机电合同段
		检 测 单 位	
12	JC1	福建省交通建设 试验检测中心	A1、A2、A3
13	JC2	厦门中平工程监理 咨询有限公司	A4、A5、B1

续上表

		设 计 单 位	
15	S1	福建省交通规划设计院	初步设计、施工图设计
16	S$_{ZX}$	中交第一公路勘察设计研究院有限公司	勘察监理、设计审查（咨询）

(二)建设情况

1. 项目准备阶段

(1)立项审批

项目立项:2010年12月29日,福建省发展和改革委员会批准项目立项《关于沈海复线宁德(漳湾)至连江(浦口)福州段工程可行性研究报告的批复》(闽发改交通〔2010〕1261号)。

初步设计:2011年3月24日,福建省交通运输厅、福建省发展和改革委员会批复初步设计《关于沈海复线宁德(漳湾)至连江(浦口)福州段工程初步设计的批复》(闽交建〔2011〕20号)。

环境影响评价:2010年12月13日,福建省环保局批复了项目环境影响报告书《关于批复海西高速公路网沈海复线宁德漳湾至连江浦口福州段工程环境影响报告书的函》(闽环保监〔2010〕137号)。

地震安全性评价:2010年2月11日,福建省地震局批复了抗震报告《关于〈国家高速公路沈阳至海口纵线扩容工程福州连江至宁德蕉城段线路工程场地地震安全性评价报告〉的批复》(闽震〔2010〕36号)。

建设用地批复:2011年4月1日,福州市人民政府批复了项目连江段建设用地《福州市人民政府关于沈海复线宁德(漳湾)至连江(浦口)连江段工程建设用地的批复》(榕政地〔2012〕48号);罗源段建设用地《福州市人民政府关于沈海复线宁德(漳湾)至连江(浦口)罗源段工程建设用地的批复》(榕政地〔2012〕49号)。

用林用地批复:2011年4月25日,福建省林业厅批复建设用林《福建省林业厅使用林地审核同意书》(闽林地审〔2011〕145号)。12月27日,国土资源部批复了项目建设用地(《关于沈海复线宁德(漳湾)至连江(浦口)福州段高速公路工程建设用地的批复》(国土资函〔2011〕995号)。

施工图设计批复:2012年1月31日,福建省交通运输厅批复了项目施工图设计《关于沈海复线宁德(漳湾)至连江(浦口)福州段高速公路施工图设计的批复》(闽交建〔2012〕9号)。

(2)资金筹措

宁连高速福州段项目概算总投资为35.11亿元,工程资金来源为中央补助和省、市自筹,其余为银行贷款。其中,交通运输部36100万元,省级资本金44260万元,市级资本金42525万元,国内贷款228227万元。

(3)招投标工作

宁连高速福州段工程项目依据《中华人民共和国招标投标法》和交通运输部有关公路工程设计、施工、监理的招标、评标办法及福建省人民政府、省交通运输厅有关法规、办法,对符合招标条件的设计、施工、监理全部实行国内公开招标,招标文件参照使用交通运输部部颁招标文件范本2009版。招标程序严格按照有关规定执行,招投标工作接受福州市高速公路专项执法监察领导小组办公室全过程监督。

设计、施工、监理单位的招标情况如下。

①勘察设计及勘察监理、设计审查(咨询)招标

勘察设计S1合同段及勘察监理、设计审查(咨询)S_{ZX}合同段招标采用资格后审的方式公开招标。S1合同段中标单位为福建省交通规划设计院,S_{ZX}合同段中标单位为中交第一公路勘察设计研究院有限公司。

②施工单位招标

A1~A5合同段路基土建施工招标采用资格后审的方式公开招标。A1合同段中标单位为中铁二十局集团第一工程有限公司、A2合同段中标单位为中铁十七局集团有限公司、A3合同段中标单位为中铁十七局集团第六工程有限公司、A4合同段中标单位为中铁十五局集团第五工程有限公司、A5合同段中标单位为中交第二公路工程局有限公司。

B1合同段路面、交通安全设施、景观绿化及房建工程采用资格后审的方式公开招标。B1合同段中标单位为大成工程建设有限公司。

③监理单位招标

J1、J2合同段路基土建施工监理招标采用资格后审的方式公开招标。J1合同段中标单位为福建路信交通建设监理有限公司、J2合同段中标单位为厦门市路桥咨询监理有限公司(在合同实施过程中更名为合诚工程咨询股份有限公司)。

④试验检测单位招标

JC1、JC2合同段招标采用公开招标,资格后审的方式。JC1合同段中标单位为福建省交通建设试验检测中心,JC2合同段中标单位为厦门中平工程监理咨询有限公司。

(4)合同段划分

宁连高速公路福州段项目,2011年启动招标工作,全线共分5个路基土建工程合同段,1个路面房建(含绿化)及交通安全设施工程合同段,2个机电工程合同段,3个监理合同段和2个试验检测合同段。

(5)征地拆迁

根据福州市政府办公厅《关于印发福州市境内新建(改建、扩建)高速公路建设项目土地、房屋及其附着物等征收与补偿实施意见(试行)的通知》(榕政办〔2011〕185号)文件精神,本项目工程土地、房屋及其附着物的征收与补偿工作的实施主体为罗源、连江两县政府。两县分别成立项目征迁指挥部,负责征收与补偿的具体工作,征收补偿及其工作经费按照《福州市人民政府关于沈海复线宁德(漳湾)至连江(浦口)福州段高速公路土地、房屋及其附着物征收与补偿有关事项的批复》(榕政综〔2011〕194号)计取;福州市高指按市政府授权,负责对征收补偿工作进行监督、检查、指导、协调;我司负责分别与连江、罗源两县政府授权成立的建设指挥部签订《征收补偿协议书》,根据拆迁进度及时完成征迁补偿款的筹融资与拨付。

征迁实际交地1895亩、占总交地面积的100%;拆迁房屋13074m^2,占总拆迁面积100%;三杆两线迁改53处,占总迁改数量的100%;个案处理完成16项,占总数量的100%。征迁概算金额为20425.5012万元。具体情况见表10-12-21。

征地拆迁情况统计表　　　　　　表10-12-21

征地拆迁安置起止时间	征用土地(亩)	拆迁房屋(m^2)	支付补偿费用(万元)	备注
2012.04~2015.12	1895	12181	20425.5012	

2.项目实施阶段

(1)重大变更

①根据《关于沈海复线宁德漳湾至连江浦口福州段高速公路隧道路面结构型式变更的批复》(闽高路工〔2012〕313号),本项目各标段隧道主线路面全部调整采用6cm改性沥青AC-16C+26cm水泥混凝土路面板的复合式路面结构,基层按原设计采用20cmC20素混凝土。

②根据《关于沈海复线宁连福州段高速公路油车岭隧道出口改路方案变更的批复》(闽高路工〔2012〕186号),对A1标油车岭隧道出口洞顶地方路进行保通改建。

③根据《关于沈海复线宁连福州段高速公路罗源湾特大桥右幅第79跨桥跨方案等变更的批复》(闽高路工〔2012〕239号)、《沈海复线宁德漳湾至连江浦口福州段高速公路罗源湾互通及罗源湾特大桥水中承台等设计变更方案审查会议纪要》(〔2012〕103号),对A2标罗源湾特大桥(含互通主线桥)水中承台由矩形变更为哑铃形,承台高程统一由0m调整为+2.4m,同时采用预制钢筋混凝土圈对钢护筒进行套箍保护、罗源湾特大桥右幅第16联、第17联4×30m预应力连续刚构T梁分别调整为4×30.5m、4×29.5m预应力连续刚构T梁。

④根据《关于沈海复线宁德漳湾至连江浦口福州段高速公路罗源湾互通收费广场软

基处理方案变更的批复》(闽高路工〔2014〕52号),因华能物流堆场属抛石回填,塑料排水板无法打设,将A2标罗源湾互通收费广场塑料排水板变更为轻夯多遍处理。

⑤根据《研究福州绕城公路东南段曹阳山隧道出口路基纵坡调整和宁连高速福州段官坂镇塘边村凤山岗天桥设计方案专题会议纪要》(〔2014〕59号),在A5标塘边村凤山岗K53+950处增设一座天桥,上部结构为4×20m预制预应力混凝土空心板。

(2)重大事件

2010年11月5日,福州沈海复线高速公路有限公司成立。

2010年12月20日,宁连高速公路福州段举行开工仪式。

2011年5月18日,各标段施工单位进场并举行动建仪式。

2012年4月8日,罗源湾大桥钢栈桥成功合龙。

2012年4月24日,成功完成罗源湾特大桥第一根长度68m的桩基灌注。

2012年9月26日,全省高速公路施工标准化观摩大会在本项目举办。

2013年5月30日,罗源湾互通、罗源湾特大桥现浇梁成功合龙。

2013年7月23日,石狮山隧道贯通。

2013年7月28日,大帽山隧道贯通。

2014年5月16日,油车岭隧道右洞安全顺利贯通。

2014年6月18日,油车岭隧道左洞安全顺利贯通。

2015年12月26日,本项目全线建成通车。

(三)复杂技术工程

宁连高速公路福州段复杂技术工程主要表现在桥隧建设和软地基处理上,全线桥隧比达71.8%。

1. 桥梁建设

宁连高速公路福州段主线桥梁共8851m/12座,桥梁长度占路线总长的35.28%。其中特大桥5673m/3座,大桥1808m/3座,分离式立交桥182m/2座,互通主线桥1189m/4座。桥梁上部结构采用了连续T梁和等(变)截面的连续箱梁;下部构造分别采用:柱式墩、柱式台、肋式台、U台等;基础采用钻孔桩和扩大基础,罗源湾大桥和北山大桥是宁连高速公路福州段重点难点工程。主要桥梁如下。

(1)罗源湾特大桥(跨越海湾),位于罗源县城关,工程区域内地表水系较发育,所测的丘陵地貌地表水对混凝土无腐蚀性,海积平原地表水对混凝土具有弱腐蚀性。场地环境类型的分类为Ⅱ类。地下水主要受大气降水补给,水位季节性变化大。大部分路段地下水主要为赋存基岩层中的孔隙-裂隙水。海湾、滩涂、冲海积平原等路段,直接临水或强透水层中的地下水,受海水侵蚀影响,对混凝土有弱～中等腐蚀性。根据勘察结果,软基路段(K36+101~K39+385),所测得的地下水对混凝土具弱分解类碳酸型腐蚀性。桥全长2463.5m,穿过罗源湾内滩水库,地质情况较复杂,淤泥层厚并夹有流动性沙层,桩基平均长达40余米,其中最长桩基达82m。

(2)北山特大桥(高架),大桥起点位于罗源县松山镇北山村东侧,桥梁跨越松山围垦等,终点位于罗源县松山镇北山村南侧,左幅起点桩号为K39+845.500,终点桩号ZK41+472.500,桥长1627.0m,桥型布置为4×30m+10×(5×30m)预应力混凝土连续T梁、连续刚构T梁;右幅起点桩号为K39+815.500,终点桩号YK41+472.500,桥长1657.0m,桥型布置为11×(5×30)m预应力混凝土连续T梁、连续刚构T梁。桥梁平面位于$R1=1300m$、$R2=1500m$、$R3=1150m$圆曲线及缓和曲线上,曲线上桥墩、桥台横桥向均沿曲线的法线方向布置,T梁平面线形通过翼缘板调整。桥墩采用柱式墩,桩基采用灌注桩基础;桥台采用柱式台、肋台,灌注桩基础。桥台处设D80型伸缩缝、交接墩处设置D160型伸缩缝。

2. 隧道建设

宁连高速福州段隧道共9117m/2.5座,占主线总里程36.34%。隧道设计采用分离式双向六车道,行车道宽度为3×3.75m(单洞),按新奥法原理进行设计和施工。

隧道监控系统主要包括5个子系统:火灾报警子系统、隧道通风控制子系统、隧道照明控制子系统、交通监控子系统(含本地控制系统)、视频监视子系统。

油车岭隧道,位于罗源县与宁德交界处,起讫桩号为左洞ZK28+457~ZK34+211,右洞YK28+439~YK34+165。左洞长5754m,右洞长5726m,左右洞平均长5740m,属特长隧道。采用分离式双洞布置。隧道左洞进出口分别处于半径为1215m和1250m平曲线上。隧道右洞进出口分别处于半径为1300m和1100m平曲线上。左洞纵坡为-0.669%,右洞纵坡为-0.67%。油车岭隧道分属两个标段即宁德境A4标段和福州境A1标段,宁德境平均长2624.5m(左洞2628m、右洞2621m),福州境内平均长3115.5m(左洞3126m、右洞3105m)。油车岭隧道由于受地形限制,隧道掘进方向为上坡,整个隧道施工过程通风、排烟工程是影响隧道施工进度主要因素之一,项目施工单位通过多方调查研究,最后确定采用大功率通风机接力送风办法,有效地解决开挖作业面通风排烟问题。

隧道单向掘进3115.5m,施工工期短,工期压力大,项目在各个施工工序上进行优化,合理缩短工序作业时间,同时采用大型机械手湿喷机,减少初喷时间,二次衬砌及时施作,在计划的时间内完成施工任务。油车岭隧道洞口上方有一条地方道路,该道路是三金碎石场的运输道路,由于该碎石场道路无法封闭,且道路与顶的距离在3~5m,经过业主、设计单位、施工单位、监理单位的多次商讨,最后确定采用道路两次改线,隧道左洞采用管棚进洞、二次衬砌加强,右洞采用先施工明洞,将道路改到明洞上方通行,再进洞施工,二次衬砌后将道路改回设计位置。

油车岭隧道为特长隧道,是宁连高速公路福州段工程项目重点难点工程,其难点有3个方面:①是隧道地质条件较复杂,多次穿越地质断裂带,且隧道洞顶附近有一水库,影响隧道掘进施工;②是隧道整体埋深较大,其中最大埋深约440m,在施工中曾产生局部岩爆;③是受开挖工作面限制,隧道采用单向掘进施工,通风和照明设施影响隧道施工进度。油车岭隧道采用射流风机外加通风竖井进行通风,在横洞配电所设风机软起动控制柜,控制通风机起动及运行。

石狮山隧道,左洞长2950m,右洞长2963m。采用射流风机方式通风。

大帽山隧道,左洞长2048m,右洞长2078m,采用射流风机方式通风。

3. 软基处理

本项目软基处理采用钻孔桩施工,基础施工质量控制:在施工过程中主要以成孔孔径、孔深、沉渣厚度,钢筋笼制作、安装、保护层控制、导管安装、水下混凝土浇筑等工序施工质量监控把关。首先在施工前应做好详细技术交底工作,施工过程中做好原始记录,钻孔过程中若发现地质情况有变化,应及时请示设计部门和勘探部门进行核对,研究处理。其次是验孔:当钻孔达到设计要求孔深后,及时采用验孔器对孔位、孔深、孔径、垂直度进行检验合格后方能进行清孔工作。当一次清孔完成后,及时检验沉渣厚度和沉浆比重、含砂率等指标,检验合格后方能进行安放钢筋笼并对中固定,而后安装灌注水下混凝土导管,再次清孔,待各项指标检测合格后,方能灌注水下混凝土。最后是灌注水下混凝土:①是首批混凝土储备量必须满足施工技术规范要求方能开始灌注,一旦开始灌注必须连续进行,中途不得停歇;②是控制埋管深度和提升导管高度;③是混凝土超灌量控制,必须保证凿除桩头桩顶混凝土的完整性和混凝土质量。④是对成桩及时检测,确保桩基合格才能进入下道工序施工。在施工过程中,通过与设计单位不断沟通,最终确定以整个路基土夯沉量为整个软基处理施工控制指标。

(四)科技创新

1. 桥梁施工方面

(1)全线采用标准化施工模式,钢筋加工棚采用数控钢筋笼滚焊机和数控钢筋弯曲中心。

(2)为提高T梁预应力张拉及压浆施工质量控制,在预制T梁上全面推行智能张拉及智能压浆设备,从源头上减少了施工人员人为操作不利影响,提高T梁预应力张拉精确度,并有效提高发波纹管压浆饱满度,提高预制T梁施工质量。

(3)为提高钢筋加工精度,本项目全面推行钢筋加工智能系统,在各路基土建单位配备智能弯曲机与弯箍机设备,不仅提高了钢筋加工精度,而且提高了工作效率。

(4)为提高预制T梁钢筋安装精度,确保钢筋保护层厚度满足设计与规范要求,本项目全面推行预制T梁钢筋胎模化绑扎新工艺,不仅提高了钢筋绑扎工作效率,而且较好地解决了预制T梁钢筋数量及钢筋间距等方面质量控制,从源头上较好地控制T梁预制质量。

(5)对混凝土桥梁(包括:空心板、T梁及箱梁桥)防裂对策及预防性建养关键技术进行研究。通过对双永、福宁、泉三高速公路中43座T梁桥,泉三高速公路及福宁高速公路中12座小箱梁桥,福宁、漳龙及泉厦高速公路中5座大箱梁桥主桥的主要承重构件的裂缝参数的调研,得出福建地区混凝土桥梁的主要裂缝及裂缝发生的主要位置。

T梁桥中影响结构承载力裂缝主要有两种:翼缘板斜向裂缝(占裂缝总数22.22%)、翼缘板与腹板交接处纵向裂缝(占裂缝总数66.3%);T梁桥裂缝多发生于支座1/4及1/5跨径附近处。

小箱梁桥中影响结构承载力的主要裂缝有三种:箱梁底板纵向裂缝及横向裂缝(纵向裂缝占总数的18.53%、横向裂缝占总数的54.1%),具体位置主要集中在$L/5 \sim L/3$处;箱梁间湿接缝横向裂缝(占裂缝总数的15.80%),具体位置在梁间湿接缝;预制箱梁间现浇段竖向裂缝(占裂缝总数的4.63%),具体位置在梁间现浇段。

大箱梁桥中影响结构承载力的主要裂缝有:箱梁底板纵向裂缝及箱梁顶板纵向裂缝(箱梁底板纵向裂缝占78.14%,箱梁顶板纵向裂缝占15.41%)。大箱梁底板纵向裂缝多发生于梁端、墩台附近及$L/4$至$3L/4$范围内;箱梁内顶板裂缝主要发生在靠近墩台、$L/4$及跨中附近。

2. 隧道施工方面

拱部沉降、拱脚收敛及隧底上鼓的控制措施,加强监控量测。对整座隧道按照设计要求做好施工监控量测,根据量测结果及时调整施工方案,将变形控制在允许范围内。及时施作初期支护,缩短土体暴露时间,减少围岩变形。避免拱脚积水,软化拱脚而导致的拱脚承载力降低。及时施作仰拱,形成环形封闭结构,改善结构受力。

保证拱顶填充密实的措施,对拱顶部位混凝土采用合适的水灰比,减少运输时间,防止坍落度损失,以保证混凝土良好的泵送性能,防止输送过程中堵管。灌注过程中加强捣固,防止漏捣、过振。灌注顺序应从两侧拱脚向拱顶对称进行,间歇及封顶的层面应呈辐射状。同时加强施工中的动态管理,出现问题,及时处理。

衬砌混凝土防裂措施,把好材料进场关,严格控制原材料的质量和技术标准。水泥、砂、碎石、水等原材料严把进场关,做好原材料的检验、试验,确保原材料的质量和技术参数符合混凝土施工要求。不同品牌、不同规格、不同批次的水泥不能混用。严格控制砂、碎石的含泥量和泥块含量;严格控制泵送混凝土的用水量和混凝土的坍落度。推广掺加粉煤灰和高效减水剂的双掺技术,等量替代水泥,以减少水泥用量,降低水化热,延缓水化热释放速度,从而控制温度裂缝的产生。加强隧道开挖断面检测,严格控制超欠挖,为衬砌施工创造良好的条件。二次衬砌施作时间,应在围岩和初期支护变形基本稳定时进行。当围岩变形较大、流变特征明显,需提前进行二次衬砌时,必须对初期支护或衬砌结构进行加强。混凝土拆模时的强度必须符合设计或规范要求,严禁未经试验人员同意提前脱模,脱模时不得损伤混凝土,混凝土的养护使用喷膜法进行养护。

提高混凝土耐久性的主要技术措施,选用质量稳定,利于改善混凝土抗裂性能的水泥、集料和外加剂。特别注意选用粒型级配优越和空隙率较小的骨料。适当降低混凝土水胶比并掺入定量的掺和料和高性能混凝土外加剂。在选择外加剂方面,要采用早强剂、减水剂,特别应优先选择高效减水剂。严格控制混凝土保护层厚度。在混凝土密实成型方面,要采用强制式搅拌机搅拌,采用高频加压振捣工艺,以提高混凝土的密实度。浇筑混凝土时表层与环境之间的温差不得大于20℃,结构内外侧表面温差不得大于15℃,混凝土内部开始降温前不得拆模。保证混凝土及时养护,适当延长混凝土养护时间,并在养护过程中实行防裂温度控制。

保证混凝土外观质量措施,为保证混凝土表面美观,根据施工中可能出现的混凝土表面质量通病及其产生原因,采取一定的预防保证措施和处理措施,通常情况下主要从原材料、配合比、混凝土捣固、养护等几方面着手考虑。

大断面隧道施工技术保证措施,做好施工综合地质预测预报工作,以地质预报指导断面的开挖掘进工作,对各地质情况不同区域提前制订不同的施工方案和技术措施,及时进行反馈调整,实现优化设计和安全施工。在人力和物资、机械方面作好充足准备,随时应对不同的施工情况。施工中根据围岩具体情况分别采用双侧壁导坑法法、CD法、单侧壁导坑法全断面法等多种隧道掘进方法,并作好各类地质情况下技术措施的预案,以合理有效的施工技术措施指导工程施工。

隧道防渗漏施工技术保证措施,衬砌结构不允许渗水,衬砌结构表面无湿渍。在具体施工中遵循"防、排、截、堵相结合,因地制宜,综合治理"的原则,采取切实可靠的施工措施,达到防水可靠、排水通畅、经济合理的目的。

防噪声、防尘的处理方案,施工噪声主要包括施工现场、机械作业时和车辆运输时产生的噪声。为减少噪声影响,机械设备选型配套时优先考虑低噪声设备,尽可能采取液压设备和摩擦设备代替振动式设备,并采取消声、隔音、安装防震底座等措施。加强机械设备的维修保养,保证机械设备的完好率,确保施工噪声达到环境保护标准要求。合理布置施工和生活区域。进入施工现场的机械车辆少鸣笛、不急刹车、不带故障运行,减少噪声。

3. 软基处理方面

钻孔桩基础施工质量控制:在施工过程中主要以成孔孔径、孔深、沉渣厚度,钢筋笼制作、安装、保护层控制、导管安装、水下混凝土浇筑等工序施工质量监控把关。

(1)在施工前应做好详细技术交底工作,施工过程中做好原始记录,钻孔过程中若发现地质情况有变化,应及时请示设计部门和勘探部门进行核对、研究处理。

(2)验孔:当钻孔达到设计要求孔深后,及时采用验孔器对孔位、孔深、孔径、垂直度进行检验,合格后方能进行清孔工作。当一次清孔完成后,及时检验沉渣厚度和沉浆比重、含砂率等指标,检验合格后方能安放钢筋笼并对中固定,而后安装灌注水下混凝土导管,再次清孔,待各项指标检测合格后,方能灌注水下混凝土。

(3)灌注水下混凝土:①是首批混凝土储备量必须满足施工技术规范要求方能开始灌注,一旦开始灌注必须连续进行,中途不得停歇;②是控制埋管深度和提升导管高度;③是混凝土超灌量控制,必须保证凿除桩头桩顶混凝土的完整性和混凝土质量。④是对成桩及时检测,确保桩基合格才能进入下道工序施工。

(五)运营管理

1. 服务区设置

宁连高速公路福州段设置1处服务区——透堡服务区,服务区的总体布置采用分离式对外开向型,并充分考虑汽车的行驶流线,将加油站设计为出口加油,减少加油车辆与非加油车辆之间的干扰。另外还重点解决车辆进出、停车、人员上下车之间的干扰。区内设置有商店、免费休息室、公厕、加油站如公共停车场,并为此设立综合楼。

2. 收费站点设置(表10-12-22)

收费站点设置情况表　　　表10-12-22

站点名称	车道数	收费方式
罗源湾	8(3入5出)	人工、ETC、自动取卡
马鼻	8(3入5出)	人工、ETC、自动取卡

3. 车流量发展状况(表10-12-23)

交通流量发展状况表　　　表10-12-23

年份(年)	日均车流量(辆)
2015	3501

四、甬莞线福州至永泰高速公路(福永高速公路)(建设期:2009.09~2013.12)

(一)项目概况

1. 基本情况

福永高速公路全线位于福建省福州市,是规划的海峡西岸经济区"三纵八横"高速公路骨架网中第二纵"国高"沈海复线宁德至诏安线的重要组成路段,项目起于福州闽侯县南屿枢纽互通与福银高速公路及福州市湾边特大桥连接线衔接路线由东向西经永泰县葛岭镇、城峰镇、赤锡乡,终于永泰县梧桐镇潼关村(与仙游交界处)。本项目路线全长66.3km,路基宽度33.5m,设计行车速度为100km/h,采用双向六车道,沿线设南屿枢纽互通、旗山互通、葛岭互通、永泰东互通、永泰西互通和梧桐互通共6处,青云山服务区1处,全线共有各类桥梁60座(其中特大桥4座、大桥42座),隧道14座(其中特长隧道1座)。项目设计概算73.59亿元。项目建成后将开辟福州南出口新通道,对增强省会中心城市辐射带动功能、发挥永泰山区资源及旅游资源优势、提升产业竞争力等具有重要意义。本项目的建设不仅能够完善福建海西高速公路网,构筑福建公路主骨架网,合理分流沈海高速公路交通量,也将提升带动沿海县、市经济发展,对建设海峡西岸经济区经济发展起重要作用。项目基本情况见表10-12-24。

项目基本情况统计表 表10-12-24

序号	项目		单位	数量	备注
一	技术标准				
1	计算行车速度		km/h	100	
2	路基宽度	整体式路基	m	33.5	
		分离式路基	m	2×16.75	
3		桥面净宽	m	33.5	小桥与路基同宽
		整体式	m	2×[15.5m(行车道)+2×0.5m(防撞栏)]+0.5m(分隔带)=33.5m	
		分离式	m	15.75m(行车道)+2×0.5m(防撞栏)=16.75m	
4	路面			沥青混凝土路面,设计年限15年,标准轴载100kN	
5	路基、桥涵设计洪水频率			特大桥1/300,其余均为1/100	
6	桥涵设计车辆荷载			公路—Ⅰ级	
二	主要工程规模				
1	路线里程		km	66.319	
2	征用土地		亩	6449.66	
3	拆迁房屋		m²	57397.88	
4	路基土石方		万m³	838.405	
5		桥梁(主线)	m/座	13575.1/29	
		其中:特大桥	m/座	4150.5/2	
		大桥	m/座	9342.1/26	
		中桥	m/座	82.5/1	
6	互通主线桥		m/座	1908.75/3	

续上表

序号	项目	单位	数量	备注
7	上跨分离式桥	m/座	126.16/2	
8	互通式立交	m/座	5.5	
9	分离式立交	m/座	152.08/3	
10	涵洞	m/座	4040.4/73	
11	通道	m/座	718.06/10	
12	隧道	m/座	17760/14	
13	路面（主线）	万 m²	157.1119	
14	收费站	处	5	
15	服务区	处	1	
16	停车区	处	0	
17	避险车道	处	0	

2010年9月29日，福建省交通运输厅批复施工许可申请书，项目建设工期3年；福永高速公路工程于2009年9月动工建设；2013年12月20日全线建成通车（其中A1～A11合同段2013年5月18日通车）。

2. 前期决策情况

福永高速公路所在走廊带内相关公路为省道203线闽侯祥谦至永泰梧桐段，该段存在以下问题：①公路技术标准偏低，为二级、四级公路并存。②抗灾能力差，经常由于洪涝灾害导致交通局部中断。③通道内穿越城镇较多，混合交通和横向干扰严重，通行能力降低，行车速度慢。④无法适应大型军用车辆快速通过，不能满足国防战备要求。⑤不能适应远期交通量发展需求。综上，现有公路已不能满足区域经济发展要求。

福永高速公路项目前期编制路线规划方案工作于2005年11月完成；2006年12月完成预可行性研究报告编制；2007年省市相关部门进行了现场调研，根据调研内容修改了路线方案、投资估算及经济评价，于2007年10月31由福建省发改委主持召开预可行性研究报告审查会；2008年3月17日，福建省发展和改革委员会以《关于福州至永泰高速公路项目建议书的批复》（闽发改交能〔2008〕174号）同意立项。

3. 参建单位主要情况

（1）建设单位

福州福永高速公路有限责任公司。按照福建省高速公路建设管理体制，本工程项目以福州市为主，负责并组织建设，项目建成投入运营后由省高速公路有限责任公司统一管理。在项目业主成立之前，福州市交通建设集团负责开展本项目的预可行性研究和工程可行性研究前期工作。2008年3月，福州地区成立了福永高速公路筹建组，全面负责本项目的前期筹建工作。2009年2月，依据福州市人民政府《福州市人民政府关于同意组建福州福永高速公路有限责任公司的批复》(榕政综〔2008〕160号)依法组建路段公司——福州福永高速公路有限责任公司,对项目筹资、建设等全过程负责,执行项目法人责任制、招投标制、工程监理制和合同管理制,并实行政府监督、法人管理、社会监理、企业自检的质量保证体系。

(2)设计单位

福建省交通规划设计院承担福永高速公路初步设计阶段和施工图阶段的勘测与设计工作。

(3)施工单位

福永高速公路施工单位共21家。路基工程共划分13个合同段(含1个尾工合同段),路面、房建(不含旗山收费站)及交通安全设施工程划分2个合同段,交通三大系统工程划分为1个合同段,通风照明及供配电工程划分为2个合同段,景观绿化工程划分为2个合同段,旗山收费站房建工程划分为1个合同段。

(4)监理单位

福永高速公路监理单位共5家,全线路基工程3个监理标段、尾工工程1个监理标段,路面项目由路基第1、3标段负责,机电项目1个监理标段。福永高速施工及监理单位详见表10-12-25。

项目施工及监理单位一览表　　　　表10-12-25

标段号	标段所在地	工程内容	长度(km)	施工单位	监理单位
A1	闽侯	K0+000~K3+479路基	4.127	中交第三公路工程局有限公司	J1 厦门中平监理咨询有限责任公司
A2	闽侯	K3+479~YK8+060路基	4.581	中交第四航务工程局有限公司	J1 厦门中平监理咨询有限责任公司
A3	闽侯	YK8+060~YK15+920路基	7.87	中铁十六局集团第五工程有限公司	J1 厦门中平监理咨询有限责任公司
A4	永泰	YK15+920~YK19+364路基	3.444	中铁十四局集团第三工程有限公司	J1 厦门中平监理咨询有限责任公司
A5	永泰	YK19+364~K25+901.641路基	6.54	中铁十七局集团有限公司	J2 铁四院(湖北)工程监理咨询有限公司
A6	永泰	K26+040~YK31+299.262路基	5.26	中国第四冶金建设公司	J2 铁四院(湖北)工程监理咨询有限公司
A7	永泰	YK31+256.518~YK37+510路基	6.25	中交第一公路工程局有限公司	J2 铁四院(湖北)工程监理咨询有限公司
A8	永泰	K37+510~K43+270路基	5.76	中国中铁股份有限公司	J2 铁四院(湖北)工程监理咨询有限公司
A9	永泰	K43+270~K49+100路基	5.83	中铁七局集团有限公司	J3 北京华宏工程咨询有限公司

续上表

标段号	标段所在地	工 程 内 容	长度(km)	施 工 单 位	监 理 单 位
A10	永泰	K49+100~K54+240 路基	5.14	浙江省交通工程建设集团有限公司	J3 北京华宏工程咨询有限公司
A11	永泰	K54+240~K60+270 路基	6.03	中铁隧道集团三处有限公司	J3 北京华宏工程咨询有限公司
A12	永泰	K60+270~K65+752 路基	5.482	中铁十七局集团第六工程有限公司	J3 北京华宏工程咨询有限公司
B1	闽侯、永泰	K0+00~YK31+056 路面	31.056	中交第一公路工程局有限公司	J1 厦门中平监理咨询有限责任公司
B2	永泰	YK31+056~K65+752 路面	34.696	中交一公局厦门工程有限公司	J3 北京华宏工程咨询有限公司
L1	闽侯、永泰	K0+00~YK31+056 绿化	31.056	福州鑫绿园林发展有限公司	J1 厦门中平监理咨询有限责任公司
L2	永泰	YK31+056~K65+752 绿化	34.696	杭州萧山园林集团有限公司	J3 北京华宏工程咨询有限公司
E1	闽侯、永泰	K0+000~K65+752	65.752	安徽皖通科技股份有限公司	EJ 北京兴通工程咨询有限公司
ED1	闽侯、永泰	K0+000~K31+056	31.056	上海隧道工程股份有限公司	EJ 北京兴通工程咨询有限公司
ED2	永泰	K31+056~K65+752	34.696	中铁十二局集团电气化工程有限公司	EJ 北京兴通工程咨询有限公司
FJ	闽侯	旗山收费站房建		福建省华茂建设工程有限公司	J1 厦门中平监理咨询有限责任公司
G	永泰	葛岭互通变更及福州南收费站拓宽变更工程(尾工)	1.546	中铁十七局集团第三工程有限公司	GJ 福建工程建设监理有限公司

(二)建设情况

1. 项目准备阶段

(1)立项审批

项目立项:2008年3月17日,福建省发展和改革委员会以《关于福州至永泰高速公路项目建议书的批复》(闽发改交能〔2008〕174号)同意立项。

工程可行性研究:2009年2月13日,福建省发展和改革委员会以《福建省发展和改革委员会关于福州至永泰高速公路工程可行性研究报告的批复》(闽发改交能〔2009〕140号)批复工程可行性研究报告,确定路线方案、技术标准、投资控制和建设工期。

初步设计:2009年5月22日,福建省交通厅、福建省发展和改革委员会以《福建省交

通厅 福建省发展和改革委员会关于福州至永泰高速公路初步设计的批复》(闽交建〔2009〕90号)批复了初步设计。

环境影响评价:2008年12月10日,福建省环保局以《福建省环保局关于批复福州至永泰高速公路环境影响报告书的函》(闽环保监〔2008〕134)号)通过福永高速公路全线环境保护和水土保持评价工作。

地震安全性评价:2008年1月31日,福建省地震局《关于〈福州至永泰高速公路工程地震安全性评价报告〉的批复》(闽震〔2008〕23号)通过福永高速公路地震安全性评价工作。

建设用地批复:2010年5月18日,国土资源部以《国土资源部关于海西高速公路网福州至永泰高速公路建设用地的批复》(国土资函〔2010〕272号)、福建省人民政府以《关于海西高速公路网福州至永泰高速公路建设用地的批复》(闽政文〔2010〕221号)批复福永高速公路建设用地。

开工批复:2010年9月29日,福建省交通运输厅批复施工许可申请书,至此,福宁高速公路全面动工建设。

(2)资金筹措

福永高速公路初步设计概算为73.59亿元,其中建安投资总额为56.83亿元,设备及工具、器械购置费1.12亿元,工程建设其他费用12.45亿元,预备费3.30亿元。其建设资金拼盘为省级投资13.14亿元,福州市投资12.62亿元,银行贷款47.83亿元。

项目累计到位建设资金68.172亿元,其中省级资本金13.1357亿,市级资本金12.6206亿元,建设期银行贷款42.4157亿元(国家开发银行福建省分行28亿,中国银行福州市市中支行4.9亿元,中国农业银行永泰县支行6亿元,交通银行福州华林支行2.17亿元,邮政储蓄银行福建省分行1.3457亿元)。

(3)招投标工作

根据国家基本建设程序要求以及有关法律法规的规定,开展施工、监理等各项招投标工作。

施工单位招投标情况:福永高速公路施工单位共21家。路基工程共划分13个合同段(含1个尾工合同段),路面、房建(不含旗山收费站)及交通安全设施工程划分2个合同段,交通三大系统工程划分为1个合同段,通风照明及供配电工程划分为2个合同段,景观绿化工程划分为2个合同段,旗山收费站房建工程划分为1个合同段。全部工程采用国内竞争性公开招标,招标过程严格执行《中华人民共和国招标投标法》和国家、交通部、福建省有关招投标管理办法的规定进行,所有招标均在《中国经济导报》、中国采购与招标网等媒体上刊登招标公告,由业主组织或委托招标机构实施招投标,各项招标均采用资格后审的方式进行。招标文件均按规定上报主管部门审批,投标文件评标工作由依法组成的评标委员会负责,评标报告经交通主管部门核备后确定中标人。招标全过程接受专项监察执法领导小组的监督,坚持"公开、公平、公正、客观准确"的原则,严格执行招、评标工作纪律。

监理单位招投标情况:全线共计5个施工监理标,依据交通部《公路工程施工监理招标投标管理办法》《关于规范全省高速公路工程监理管理》(闽高路工〔1999〕24号)的通知精神,结合福永高速公路构造物多的特点以及施工标段划分的情况,由业主组织招标,在《中国经济导报》、中国采购与招标网等媒体上刊登招标公告,面向全国择优选择监理队伍,分别完成了全线路基工程3个监理标段、尾工工程1个监理标段、机电项目1个监理标段的招投标工作。其中路面、房建、交通安全设施工程及景观绿化工程由相应J1与J3两个路基土建监理单位负责监理。

(4)合同段划分

路基工程共划分13个合同段(含1个尾工合同段),路面、房建(不含旗山收费站)及交通安全设施工程划分2个合同段,交通三大系统工程划分为1个合同段,通风照明及供配电工程划分为2个合同段,景观绿化工程划分为2个合同段,旗山收费站房建工程划分为1个合同段。

(5)征地拆迁

福永高速公路建设用地严格按国土资源部《国土资源部关于海西高速公路网福州至永泰高速公路建设用地的批复》(国土资函〔2010〕272号)、福建省人民政府《关于海西高速公路网福州至永泰高速公路建设用地的批复》(闽政文〔2010〕221号)批复的要求和意见进行。

全线交地6718亩,房屋拆迁104834m²,三杆两线迁改260处,个案处理180项。项目征迁概算金额为48680万元,已发生征迁费用61802万元,见表10-12-26。

征地拆迁情况统计表 表10-12-26

征地拆迁安置起止时间	征用土地(亩)	拆迁房屋(m²)	支付补偿费用(元)	备注
2009.09~2013.12	6718	104834	61802	

2.项目实施阶段

(1)重大决策

①福永高速公路旗山互通位于闽侯县南屿镇尧沙村,为A形单喇叭高速公路一般互通,2010年,随着旗山互通所在福州市生物医药与机电产业园区(以下简称"园区")规划的启动,旗山互通的设置将极大地制约该片土地的开发利用。根据福州市政府分别于2010年8月3日、2011年4月15日组织召开的福永高速公路旗山互通变更设计有关问题协调会议(市政府专题会议纪要〔2010〕251号、〔2011〕113号)要求,旗山互通变更包括两部分内容:取消原旗山互通,原互通区主线路基变更为高架桥并调整了主线K2+

049.978~K6+540 路段路线纵坡,以满足园区规划道路的桥下净空要求;改在靠近茹莲山隧道进口处设置旗山互通。

②根据福建省重点办专题会议纪要〔2011〕7号文《关于福永高速公路闽侯段路线避让碗窑山宋代窑址文物问题协调会议纪要》,为保护闽侯县碗窑山宋代窑址,经省重点办、省交通运输厅、福州市政府和省高指同意,对福永高速公路碗窑山宋代窑址原 YK8+060~YK10+560 路段进行线位变更设计。将原设计高速公路路线往右移约 160m(即往北方向移),保持原设计双龙大桥段平纵不变,调整茹莲山隧道出口位置。调整后的新线位从碗窑山文物保护区外围靠山侧地带穿越,避开了古代文化遗存区域。为保护碗窑山 Y2 窑址,变更增加碗窑山大桥 1 座,桥长 217m,沿线增加涵洞 4 道,同时利用原涵洞 2 道。由于路线线位调整,茹莲山隧道出口位置往北方向移 130m,隧道长度减少 80m。

③本项目与兴尤线在本项目终点路段存在路线交叉,两个项目间采用双"T"交叉衔接,因兴尤线建设时间较本项目滞后,为避免部分潼关枢纽互通匝道的实施影响本项目的运营安全,经省高指审批同意,潼关枢纽互通路段内本项目与兴尤线交叉部分及匝道衔接处的项目按变更工程由本项目先行实施。

(2)重大变更(表 10-12-27)

重大设计变更表　　　　　表 10-12-27

序　号	设　计　变　更　内　容
1	旗山互通移位
2	YK8+060~YK10+574.359 碗窑山窑址改线
3	A12 合同段增加潼关枢纽互通
4	隧道水泥混凝土路面变更

(3)重大事件

2008 年 3 月 18 日,市交通局批复福永筹建组正式成立。

2008 年 9 月 1 日,市政府同意成立福州福永高速公路有限责任公司。

2009 年 6 月 25 日,福州至永泰高速公路工程动工仪式顺利召开。

2009 年 9 月 25 日,福永高速公路第一条隧道 A7 洋中隧道贯通。

2009 年 12 月 25 日,A6 标天马岭隧道双线贯通(全线首条千米隧道)。

2011 年 7 月 8 日,成功举办全省隧道防坍塌应急演练。

2011 年 11 月 25 日,福永高速公路路面、房建及交通安全设施施工检测定标。

2012 年 9 月 28 日,全线最长隧道 A3 标门前山隧道左右线贯通。

2013 年 5 月 11 日,福永高速公路 A1~A11 合同段通过交工验收。

2013 年 5 月 18 日,福永高速公路举行通车仪式,主线工程试通车。

2013 年 12 月 19 日,福永高速公路全线试通车。

(三)复杂技术工程

1. 隧道

门前山隧道是长达3.6km的特长隧道,该隧道隧址区发育有节理裂隙密集带与隧道轴线相交,对隧道的稳定性和围岩级别有一定的影响。门前山隧道工程施工是本项目的控制工期工程,工期紧张,施工组织要求高,施工难度大。

为保证工期,隧道左右洞均同时开始掘进。①按新奥法原理组织施工。隧道施工采用光面控制爆破、自卸汽车运输、液压钻孔台车钻孔、侧卸式装载机装渣,衬砌台车、混凝土输送泵全断面模筑混凝土,通风采用大功率、大风量风机配大直径风管进行通风。②明洞与隧道衔接段采用先做明洞后进隧道的施工顺序,先开挖明洞,模注一次衬砌和仰拱后,再回填反压,然后进行暗洞开挖,等模板台车就位后再进行明洞二次衬砌,确保明洞段边仰坡的稳定和结构安全。③洞口开挖遵循"早进洞、晚出洞"的原则,尽量采用零开挖进洞技术,确保洞口边坡及仰坡的稳定。④隧道暗洞采用新奥法施工,洞口加强段和Ⅴ级围岩段采用双侧壁导坑法开挖;洞身Ⅳ级围岩段采用CRD法开挖;Ⅲ级围岩段地段采用CD法开挖;Ⅱ级围岩可采用全段面开挖;Ⅱ级围岩紧急停车带段落采用CRD法开挖。隧道出渣采用无轨运输方式。装载机配合大型出渣车进行出渣运输。施工中加强通风、供电设施。⑤为确保施工中"不坍不塌",施工中严格遵循"先探测、管超前、预注浆、短进尺、弱爆破、强支护、紧封闭、勤量测"的施工原则,并提前做好施工方案,确保施工安全通过。⑥隧道洞口设集中空压机站、混凝土拌和站、高位水池等,火工品库根据当地公安机关部门的要求放置于远离驻地和施工现场的山上。⑦针对不良地质段和较弱围岩地段,把地质超前预报作为一个施工工序,超前探明前方地质条件,以利采取措施;修改设计参数,做到信息化设计、动态施工。地质超前预报采用物探与钻探、长距离与短距离相结合的地质预报方法对隧道全过程进行地质超前预报。监控量测紧跟开挖面实施、及时施测、及时反馈,并根据反馈结果及时调整支护参数与预留变形量,保证施工安全与结构稳定。

2. 大桥

赤锡1号桥全长566m,主跨长度40m,20个箱形墩,墩身高度在29.35~54.03m,是该合同段的控制性工程,该桥箱形墩存在墩身高、方量大的特点,是施工的难点,施工单位编制专项施工方案指导施工,按照先水中桩后陆地桩的顺序,在雨季来临前抢出水中桩,保证桥梁连续不间断施工。由于赤锡1号桥大部分墩身为箱形墩设计,为保证混凝土浇筑质量,考虑采用翻模工艺分层施工,每层厚度4m(曲线段3m),模板采用塔吊进行吊装。桩基、系梁、承台、墩柱及盖梁充分形成流水作业。左、右幅3~12号墩墩身均为箱形墩身,采用翻模施工,翻模分三节,每节浇筑高3m,采用塔吊作为提升设备。

(四)科技创新

1. 隧道方面

LED 照明是一项节能新技术，是国家"十二五"节能减排重点扶持产业，也是我省"十二五"重点发展的战略性新兴产业。根据省政府推广应用 LED 照明、做好节能减排工作的有关指示精神，继续开展 LED 照明在高速公路隧道照明中的试点应用，在福州至永泰高速公路隧道应用 LED 照明。

2. 软土地基处理方面

采用了小直径灌注桩、PTC 桩、水泥粉煤灰碎石桩，有效处治软土地基，达到了设计预期效果。

3. 专题科研项目

公司与长安大学、福建省交通科学技术研究所、武汉理工大学等单位联合进行三大科研项目研究。

(1) 山区陡坡地段桥梁桩基施工质量控制与安全防护技术研究

① 项目工作的基本过程

"山区陡坡地段桥梁桩基施工质量控制与安全防护技术研究"项目是 2009 年 3 月由福建省交通厅批准立项的福建省交通科技项目，项目由福建省交通建设质量安全监督局、福州福永高速公路有限责任公司与长安大学共同承担。项目研究针对山区陡坡环境下修建的高速公路桥梁桩基存在的施工空间狭小、材料运输困难、施工连续性差、质量控制难度大、安全防护和处治技术针对性差等会影响到福州福永高速公路施工进度与质量的问题，依托福州福永高速公路工程，开展山区陡坡地段桥梁桩基施工质量控制与安全防护技术研究，研究期限为 2009 年 3 月至 2012 年 12 月。

2009 年 3～10 月，课题组完成了调研与资料收集工作，归纳总结调研成果并制订了详细的总体研究计划及研究大纲。

2009 年 11 月～2010 年 5 月，课题组开展现场调研，形成了初步现场调研总结阶段报告，针对施工现场中存在的问题提出了解决对策。确定了现场试验依托工程，制订现场试验方案，组织课题组人员进驻现场开展现场测试工作，同时开展了室内模型试验方案制定与实施工作。

2010 年 6 月～2011 年 4 月，课题组完成了室内模型试验的设计与加工并布设测试元件。常驻现场的课题组成员完成了现场试验测试元件的布设与安装，测试并分析桩在不同施工阶段的桥梁荷载传递规律，给工程施工提出合理化建议。同时课题组人员完成了陡坡地段桥梁桩基础工作性能的数值模拟分析工作，完成了桩基础在竖直向和水平向荷载作用下工作特性的理论分析工作。

2011年5月~2012年5月,课题组开展并完成了室内模型试验,分析了模型桩在不同工况下的荷载传递规律。常驻现场的课题组成员继续现场试验的测试并分析,同时课题组进一步跟踪现场陡坡地段桥梁桩基的实施情况,调查了现场桥梁桩基灾害状况,递交了桥梁桩基在施工中存在的问题及解决对策报告,完成了阶段性的研究报告。

2012年6~12月,课题组完成了现场试验、室内模型试验、理论成果分析研究工作,撰写技术报告、经济社会效益报告、工作报告等。

2013年1~6月,统审研究鉴定材料,完成了研究成果查新工作。

2013年7月,课题组已完成全部研究工作,准备申请研究成果验收或鉴定。

2013年12月,课题结题验收通过。

②项目取得的主要研究成果

项目以福州福永高速公路工程为依托,利用理论方法、有限元分析、现场试验及室内模型试验对山区陡坡地段桥梁桩基展开研究,深入、系统地研究了山区陡坡地段桥梁桩基施工质量控制与安全防护技术,为福永高速公路陡坡地段桥梁桩基工程提供重要的设计施工依据与技术保证,取得的主要研究成果如下:

首次基于自主研发的、能充分反映陡坡桩基础工作性能的大型模型试验平台,研究了陡坡坡度变化情况下桩在竖直向与水平向荷载的承载力性状,提出了陡坡桥梁桩基在水平向与竖直向荷载作用下的有效桩长计算公式;探明了坡度变化桩的破坏机理。

揭示了陡坡桥梁桩基在竖直向荷载作用下的荷载传递机理,指出陡坡桥梁桩基在竖直向荷载作用下属偏心受压传递荷载,桩侧土通过变形协调桩基的受力,桩侧土压力的不平衡影响桩侧阻力的发挥程度。当桩埋深增大到某深度以下时,其工作性状与平坡情况相当。

研究了陡坡桥梁桩基础水平荷载下的工作性状,指出陡坡桩基础的桩侧土抗力受坡度大小影响明显,桩的破坏模式会因坡度变化发生由弹性到刚性的变化;提出用影响度指标评判陡坡对桩的横向抗力影响,该指标综合性涵盖了桩长、桩径、桩周土的工程特性及施工工艺。

建立了适于陡坡桥梁桩基础的设计计算方法,该方法在分析考虑陡坡现有设计计算方法存在的局限性的基础上,建立了有效桩长的计算公式,提出了陡坡桩基竖向承载力确定方法及其关键计算参数。

提出了陡坡桥梁桩基础的施工技术及不同陡坡、不同地质条件下的桩基础的施工质量控制指标,丰富并完善了《公路桥涵地基与基础设计规范》及相关施工技术。

研究坡面水冲刷、入渗及水岩作用对桩基的影响,提出山区陡坡桥梁桩基防水原则及坡面排水设计体系,通过对福永高速公路受坡面水冲刷引起的工程病害桥梁进行汇总分析,提出山区陡坡桥梁桩基下部结构加固措施,以及滑坡、危岩的处置方法,并将其应用于依托工程桩基病害处治,取得了较好效果。

③项目取得的经济效益与社会效益

高速公路建设向山区延伸,不可避免地修建大量沿山区陡坡地段公路桥梁。福永高速公路沿线地形地貌变化很大,工程及水文地质条件复杂,全线有多处沿陡坡地段修建桥梁,其设计与施工工艺对于确保福永高速公路工程建设成功有着极为重要的影响。

采用课题中山区陡坡地段桥梁桩基施工技术研究成果,减少了山区陡坡段桥梁桩基工程开挖量,其推荐的桩基施工开挖方法及工序安排用于福永高速公路A5合同段,减少桩基土石方的开挖量近7.3万 m^3,依据福建省土石方开挖市场价格100元/m^3,节省项目投资730万。采用研究成果中适用于山区陡坡地段的特殊钢筋笼制作及吊装方案,加快了桩基施工的进度,缩短了桩基成孔的时间,提前两个月完成了桩基施工,节省投资近2600万元。采用课题研究成果中合理的安全防护技术,提高了工程安全度,为工程节约费用4000余万元。

课题研究不仅为山区桥梁桩基础建设提供了一定的技术保障,同时也培养了一批设计、科研、施工、监督等专业人才,提升了各个单位参与山区桥梁建设的核心竞争力,为未来诸多山区桥梁建设项目提供坚实的技术支撑及示范,产生了巨大的社会效益,对福建省乃至全国山区桥梁桩基础的建设有着深远的影响。课题研究成果的采用节约了大量的土地资源,减少了山区的大切大挖与陡坡段坍塌病害,摆脱了以往施工后维护的施工模式,最大可能地保持了施工中的山区原生态,生态环境受工程施工影响较小,并改善了当地居民的生活条件,进一步提高公路运营水平,生态效益显著。

研究项目实施和完成后,研究成果一方面能直接用于指导福永高速公路山区陡坡地段桥梁基础工程的设计和施工,并科学指导桥梁运营期间的维护与安全,其直接经济效益显著;另一方面对全国山区公路建设具有极其重要的指导意义,还可以在铁路等多个领域进行推广,应用前景广阔。

(2)预应力工程施工中有效预应力检测控制和评估指南研究

①项目工作的基本过程

"预应力工程施工中有效预应力检测控制和评估指南研究"为2011年交通运输科技重点项目,由福建省高速公路建设总指挥部、福建省交通科学技术研究所和福永高速公路有限责任公司共同承担。

课题组在上海应用技术学院的配合下完成了锚下有效预应力判定标准的理论计算,包括不同长度预制T梁预应力损失分析,超张拉、欠张拉及预应力管道偏位等状况下结构的对应效应,预应力补张拉分析及整束预应力检测与单根检测之间的计算公式推导,并于2012年1月12日通过省交通运输厅组织的中间成果评审。2012年4月在福永高速公路

A5标梁场完成了足尺寸25m T梁的锚圈口损失试验、孔道摩阻损失试验和分工况加载试验,试验结果验证了理论分析计算结果的准确性和锚下有效预应力取值范围评定标准的合理性,并编制完成成果报告。该项目已结题验收通过。

该课题现阶段继续在全省部分高速公路路段进行数据采集,以获得更多的实际工程预应力张拉数据,对理论分析结果进一步验证,并着手进行建立福建省有效预应力的控制标准,检测和评估指南的编制工作。

②项目取得的主要研究成果

项目以福州福永高速公路为依托,开展了预应力工程施工中有效预应力检测控制和评估指南研究,系统、深入地研究了桥梁工程预制梁锚下有效预应力检测的关键技术,为桥梁工程预制梁锚下有效预应力检测在福永高速公路工程中的推广应用提供了理论依据和技术支撑,取得的主要研究成果如下:

通过理论分析,分析预应力偏位、超张拉和低张拉等各种状况下结构的对应效应,结合现场试验,归纳总结有效预应力抽检的范围;

在工程实践中运用,积累了预应力测试与控制的宝贵经验,编写完成了《桥梁预应力及索力张拉施工质量检测验收规程》;

根据设计张拉控制预应力确定单根钢绞线张拉锚固后锚下有效预应力,再根据张拉原理,对于不同长度的构件,其预应力损失率差异较大,对有效预应力的控制要求进行深入研究,制定精确的有效预应力的控制标准;

为了提高检测效率和精度,深入研究整束预应力的有效预应力检测与单根检测之间的关系;

在预应力张拉施工中,当有效预应力检测结果小于评估要求时,深入研究如何控制补张拉预应力值使得补张拉后有效预应力满足设计要求。

③项目取得的经济效益与社会效益

针对预应力施工现状,提出合理的施工方案,优化张拉顺序,尽量减少张拉对结构变形影响。

利用研制的预应力测试仪,首检张拉结果,分析张拉工艺,找出相关技术问题,指导正确张拉施工。

配备研制开发的预应力张拉数显控制仪,测试实用摩阻系数(含锚具管道),排除一般双控法的人为因素干扰,掌握预应力分布规律,保证张拉施工质量,提高施工效率。

建立实用性强的有效预应力检测控制和验收标准,配备相应的实施指南和测试手段,全面控制有效预应力的施工质量,为我国预应力施工控制与验收评估标准的建立奠定基础。

在研究过程中,通过在全省部分高速公路现场检测数据采集,建立在试验与现场检测的基础上获得比较可信的结果进行分析,结合理论计算得到一些实质性结果,针对施工现场存在的一些问题,建立预应力工程施工检测评估标准,配备相应手段,使之有可操作性和实用价值,用于指导预应力张拉施工,并获得较好的进层。

本研究着眼于工程实际,能在研究过程中,解决在建典型工程施工中有效预应力检测控制的技术问题,提供充分的科学依据和测试手段,保证预应力施工质量,加速施工进度,排除人为因素带来的负面影响,具有较大的实用价值,带来了良好的社会效益和显著的经济效益。

(3)机制砂混凝土在福永高速公路工程中的应用技术研究

①项目工作的基本过程

"机制砂混凝土在福永高速公路工程中的应用技术研究"是2010年6月由福建省交通运输厅批准立项的福建省交通科技项目(闽交科教〔2010〕8号),由福州福永高速公路有限责任公司与武汉理工大学共同承担。项目要求针对福州地区天然砂资源稀缺、机制砂生产制备及机制砂混凝土应用技术不成熟,从而影响福州福永高速公路的建设进度与建设质量的问题,以福州福永高速公路为依托,开展机制砂制备技术与质量控制、机制砂在桥梁工程、隧道工程以及隧道路面中的应用关键技术研究,研究时间为2010年6月~2012年12月。

2010年6~10月,课题组在武汉开展了机制砂在混凝土中应用的基础研究,系统研究了低强机制砂混凝土的配制与性能、高强机制砂混凝土的配制与性能、路面机制砂混凝土的配制与路用性能等方面。

2010年10月,福州福永高速公路有限责任公司的技术管理人员与武汉理工大学的科研人员成立了"福永高速公路机制砂混凝土推广应用工作小组",同期编制并印发了《福州福永高速公路工程机制砂定点生产管理暂行办法》《关于明确使用机制砂混凝土的程序与要求的通知》等相关技术文件,同时对全线的技术管理人员进行了"机制砂混凝土"相关的技术培训。

2010年10月~2011年9月,课题组成员长期驻扎在施工现场,以A7机制砂生产基地、A10机制砂生产基地、A7合同段、A10合同段为核心,在福永高速公路全线展开了机制砂混凝土应用技术研究。工作内容主要有:开展了机制砂制备技术与质量控制研究,指导建立了A7及A10两家机制砂生产基地;开展了机制砂混凝土在桥梁工程、隧道工程以及隧道路面中的应用关键技术研究,协助A6~A12标7个标段进行了各类机制砂混凝土的配合比设计以及施工指导;在A7标进行了机制砂二次衬砌混凝土、机制砂桥梁下构混凝土、机制砂路面混凝土的工程试验研究,在A10标进行了机制砂C50 T梁混凝土的工程试验研究;同时还对机制砂的生产质量、机制砂混凝土的施工质量进行了不间断的监控。

2011年12月9日,福建省交通运输厅在福州组织召开了"机制砂混凝土在福永高速公路工程中的应用技术研究"课题中间成果评审会,专家组一致同意该项目通过中间成果评审,其中间成果可继续应用于依托工程。

2011年12月,在前期研究的基础上,课题组编撰并提交了《福永高速公路机制砂混凝土应用技术指南》,为机制砂混凝土的进一步推广应用奠定了基础。

2011年12月起,机制砂混凝土在福州福永高速公路开展了大规模的推广应用,涵盖了福永高速公路12个一期合同段中的8个,使用领域涉及了路基工程(涵洞、排水、防护等)、桥梁工程(桩基、下部结构、护栏、预制T梁等)、隧道工程(初期支护、二次衬砌、调平层、路面等)等。

2012年7~12月,课题组着手进行试验资料的收集与整理工作、相关报告的编撰工作,准备鉴定与验收,相关资料已基本齐全(尚有用户报告、部分检测报告、应用证明等少量文件需要进一步准备),基本满足验收、鉴定的要求。

②项目取得的主要研究成果

项目以福州福永高速公路为依托,开展了机制砂制备技术与质量控制的研究,系统、深入地研究了机制砂在桥梁工程、隧道工程以及隧道路面中的应用关键技术,为机制砂混凝土在福永高速公路工程中的推广应用提供了理论依据和技术支撑,取得的主要研究成果有:研究了机制砂的制备工艺及相关设备选型,提出了机制砂生产的工艺、设备要求以质量保证措施,编制了《福永高速公路机制砂混凝土应用技术指南》和《福州福永高速公路机制砂定点生产管理办法》;明确了石粉含量对不同等级混凝土性能的影响,拓宽了机制砂石粉含量的限值;探讨了路面机制砂混凝土力学及耐磨性的影响因素,提出了改善路面机制砂混凝土耐磨性的技术措施;总结提出了机制砂混凝土在福永高速公路工程中的应用技术并进行积极推广应用,编制了《福永高速公路机制砂混凝土应用技术指南》,为机制砂混凝土在福州福永高速公路中的推广应用提供了技术保证。

③项目取得的经济效益与社会效益

天然砂是地方性和不可再生的资源,天然砂不能满足工程实际需要是长期存在的问题。特别是山区砂少石多,交通不便、运输条件差、运距远,运费就决定了天然砂的价格。对于河砂资源匮乏地区,如在混凝土路面修筑中采用河砂,运输成本大幅度提高会增加工程造价。具体到依托工程所在地福州市,据统计该市2010年河砂资源缺口达到1000万m^3以上,河砂价格也由原先的几十元/t激增至近200元/t,已严重影响到了相关工程的建设质量与进度。而同时当地又有丰富的岩石资源闲置,不能得到充分的利用。因此,山区高速公路的修筑迫切需要用机制砂代替天然砂配制混凝土的技术支持,以合理利用当地资源、降低建设成本。

本项目是福建省首次在高速公路工程中大规模推广应用机制砂混凝土,且使用广度涵盖了福永高速公路12个一期合同段中的8个,使用领域涉及了路基工程(涵洞、排水、防护等)、桥梁工程(桩基、下部结构、护栏、预制T梁等)、隧道工程(初期支护、二次衬砌、调平层、路面等)等。通过本项目的实施,明确了机制砂混凝土在公路工程中应用的技术可行性,获得了机制砂的生产制备关键技术、机制砂混凝土在不同强度等级、不同部位的应用关键技术,形成了《福永高速公路机制砂混凝土应用技术指南》,大大拓宽了机制砂在公路工程中的应用范围,为包括福永高速公路在内的山区高速公路及其他河砂资源匮乏地区的桥梁和路面等工程建设"因地制宜、就地取材"创造有利条件,大幅降低工程造价,推动地方经济发展,具有显著的技术效益与社会效益。

在经济效益方面,以依托工程为例,据不完全统计,全线应用机制砂混凝土超过60万m^3,累计使用机制砂约25万m^3,节约投资约1500万元[机制砂成本按80元/m^3计(含运输费),河砂按平均140元/m^3计(含运输费)],取得了显著的经济效益。

我国正进入高速公路发展的最迅猛时期,据不完全统计,规划山区高速公路超过1.5万km。因此,机制砂混凝土应用技术的推广有着巨大的经济效益和社会效益。

(五)运营管理

1. 服务区设置

福永高速公路共设置服务区1处,青云山服务区总建筑面积约6500m^2,内设办公楼、宿舍、公厕、加油站、汽修间等,主体结构为钢筋混凝土结构。

2. 收费站点设置(表10-12-28)

收费站点设置情况表 表10-12-28

站点名称	车道数	收费方式
旗山	10(4入6出)	人工、ETC、自动取卡
葛岭	8(3入5出)	人工、ETC、自动取卡
永泰东	11(4入7出)	人工、ETC、自动取卡
永泰西	10(4入6出)	人工、ETC、自动取卡
梧桐	7(3入4出)	人工、ETC、自动取卡

3. 车流量发展状况(表10-12-29)

交通流量发展状况表 表10-12-29

年份(年)	日均车流量(辆)	年份(年)	日均车流量(辆)
2013	4200	2015	6944
2014	5037		

五、甬莞线莆田(仙游)至南安(金淘)高速公路莆田段(莆田至南安高速公路莆田段)(建设期:2010.12~2013.12)

(一)项目概况

1. 基本情况

莆田至南安高速公路莆田段全线均在莆田市仙游县境内,路线起于仙游县游洋镇五星村,与福永高速公路相接,于五星村附近设五星枢纽互通,路线由北往南经高阳、金钟,至莱溪乡设莱溪互通,经钟山镇阮溪、榜头镇后坑村,跨县道X241线后,于桃源设仙游北互通连接县道X231线,便捷服务仙游城区、榜头、盖尾等周边乡镇,在大济镇蒲峰村附近设蒲峰枢纽互通与莆永高速公路莆田段十字交叉,而后跨县道X242线及木兰溪,至后林村设仙游南互通连接省道S306线,经林内村,跨省道S306线,止于龙华镇金溪村,与宁波至东莞高速公路泉州段相连,项目的建成对极大改善沿海山区的公路交通条件,合理分流国高沈海高速公路交通量,确保沿海公路主通道能力充分、运营快捷,促进仙游县经济发展,推动莆田在海峡西岸城市群中发展壮大起到积极作用。

项目主线全长50.332km,起点至五星段1.373km采用双向八车道高速公路标准建设,设计行车速度100km/h,路基宽度41m;五星至蒲峰枢纽互通段37.566km采用双向六车道高速公路标准建设,设计行车速度80 km/h,路基宽度32m;蒲峰枢纽互通至终点段11.393km采用双向四车道高速公路标准建设,设计行车速度100km/h,路基宽度28m,同时增设港湾式紧急停车带。概算总投资50.124亿元,其中交通运输部补助4.83亿元,省、市政府分别自筹6.8亿元和6.5亿元,银行贷款32.6亿元。

项目路线位于福建省东南部的莆田市仙游县,戴云山脉东侧的丘陵地带,走向由北至西南。路线呈弧形分布于闽东南滨海断隆带与闽东火山断拗带中,总体地势略呈北东高、西南低。沿线有低山、丘陵、残积台地、山间盆地、河床阶地等地貌。路线走廊带从起点至蒲峰枢纽互通为上属山岭重丘区,蒲峰枢纽互通至终点为平原微丘区。

全线路基填挖土石方2113万 m^3,桥梁39座,隧道6座,涵洞、通道104座,沥青混凝土路面140.5万 m^2,防撞、波形护栏121.7km,隔离栅99.5km,标线61.5km,标志牌752块,里程碑92块,通信管道69.6km,沿线设莱溪、榜头、龙华互通收费站3处,莱溪服务区1处,五星、蒲峰枢纽互通2处。具体情况详见表10-12-30。

项目基本情况统计表　　　　　　表10-12-30

序号	项目	单位	数量	备注
一	技术标准			
1	计算行车速度	km/h	100/80/100	

续上表

序号	项目		单位	数量	备注
2	路基宽度	整体式路基	m	41	
		分离式路基	m	32.0/28.0	
3	桥面净宽		m	14.75/15/12.75	
4	路面			双轮组单轴100kN	
5	路基、桥涵设计洪水频率			1/100	
6	桥涵设计车辆荷载			公路—Ⅰ级	
二	主要工程规模				
1	路线里程		km	50.332	
2	征用土地		亩	5477.57	
3	拆迁房屋		m²	92800	
4	路基土石方		万 m³	2113	
5	软土地基处理		km	1681.2	
6	桥梁(主线)		m/座	10693.5/39	
	特大桥、大桥		m/座	特大桥1/300,其余均为1/100	
7	匝道桥梁		m/座	351.5/2	
8	上跨分离		m/座	0	
9	互通式立交		处	5,其中2为枢纽互通	
10	分离式立交		处	0	
11	涵洞		道	72	
12	通道		道	32	
13	隧道		m/座	10763.5/6	
14	路面(主线)		万 m²	140.56	
15	主线收费站		处	3	
16	服务区		处	1	
17	停车区		处	0	

2.前期决策情况

根据福建省人民政府批复的《海峡西岸经济区高速公路网布局规划(2006—2020年)》,本项目是海峡西岸经济区高速公路网布局规划(修编)"三纵八横三环三十三联"中"二纵"沈海复线的重要组成部分(2013年6月,根据交规划发〔2013〕369号和发改基础〔2013〕980号文件,经国务院批准,原海西高速公路网中的沈海高速公路复线被提升为国家高速公路网路线。该路线主线为沈阳至海口,路线类别为并行线,路线起讫点为宁波至东莞,编号为G1523),于2008年正式启动前期工作。

3.参建单位主要情况

(1)设计单位:福建省交通规划设计院、中国公路工程咨询集团有限公司、安徽省交通规划设计研究院。

(2)监理单位:福建省交通建设工程监理咨询公司、山东格瑞特监理咨询有限公司、北京兴通工程咨询有限公司。

(3)试验检测单位:厦门市交通建设工程检测有限公司、厦门中平工程监理咨询有限公司、河南省交院工程检测加固有限公司。

(4)施工单位:中交第三航务工程局有限公司、中铁九局集团有限公司、中铁十五局集团有限公司、中铁七局集团第三工程有限公司、中铁二十二局集团有限公司、中交路桥北方工程有限公司、福建省闽西交通工程有限公司、福建路桥建设有限公司、天津五市政公路工程有限公司、中铁十二局集团电气化工程有限公司、福建新大陆电脑股份有限公司。

施工及监理单位详见表10-12-31。

项目施工及监理单位一览表 表10-12-31

标段号	标段所在地	工程内容	长度(km)	施工单位	监理单位
A1	仙游县游洋镇、石苍乡	路基土石方262.1万m³,桥梁3009m/10座,涵洞通道9道,避险车道1处	6.211	中交第三航务工程局有限公司	福建省交通建设工程监理咨询公司
A2	仙游县石苍乡、菜溪乡	路基土石方81.7万m³,隧道4816m/2座,桥梁306.3m/2座,涵洞通道3道	5.68	中铁九局集团有限公司	
A3	仙游县石苍乡、菜溪乡、钟山镇	路基土石方499.4万m³,隧道2384m/2座,桥梁749.5m/4座,涵洞通道27道,互通式立交1处,服务区1处	8.16	中铁十五局集团有限公司	
A4	仙游县菜溪乡、钟山镇、社硎乡	路基土石方249.5万m³,隧道965m/1座,桥梁2745.25m/5座,涵洞通道7道,避险车道1处	6.5	中铁七局集团第三工程有限公司	
B1	仙游县游洋镇、石苍乡、菜溪乡、钟山镇	沥青混凝土路面长27.1km,混凝土护栏9.6km,波型梁钢护栏34.8km,隔离栅48.8km,标线38351m²	26.551	福建路桥建设有限公司	

续上表

标段号	标段所在地	工程内容	长度(km)	施工单位	监理单位
A5	仙游县榜头镇、书峰乡	路基土石方355.8万 m³,桥梁2491.7m/9座,涵洞通道27道,互通式立交1处,避险车道2处	5.98	中铁二十二局集团有限公司	山东格瑞特监理咨询有限公司
A6	仙游县榜头镇、书峰乡、大济镇	路基土石方212.5万 m³,隧道2598m/1座,桥梁33m/1座,涵洞通道12道	4.973	中交路桥北方工程有限公司	
A7	仙游县大济镇、龙华镇	路基土石方452.3万 m³,桥梁1344.8m/8座,涵洞通道49道,互通式立交1处	10.621	福建省闽西交通工程有限公司	
B2	仙游县榜头镇、书峰乡、大济镇、龙华镇	沥青混凝土路面长24.74km,混凝土护栏6.9km,波型梁钢护栏72.6km,隔离栅50.7km,标线22994m²	21.44	天津五市政公路工程有限公司	
E	仙游县	3个收费站,1个服务区,6座隧道和交通监控、收费、通信系统供货与安装	50.332	中铁十二局集团电气化工程有限公司	北京兴通工程咨询有限公司
ED	仙游县	6座隧道的通风、照明、消防及沿线供配电系统供货与安装	50.332	福建新大陆电脑股份有限公司	

(二)建设情况

1.项目准备阶段

(1)立项审批

地震安全性评价:2009年4月15日,福建省地震局以《关于〈国家高速公路沈阳至海口复线福建境内莆田仙游(福州界)至南安金淘段高速公路线路工程地震安全性评价报告〉的批复》(闽震〔2009〕84号)批复了抗震报告。

用地预审:2010年3月16日,福建省国土资源厅以《建设用地预审意见书》(省国土资源厅〔2010〕205号)对建设用地初步预审。

水保批复:2010年3月31日,福建省水利厅以《关于〈海西区高速公路网沈海复线仙游(福州界)至南安金淘高速公路莆田段水土保持方案报告书(报批稿)〉的批复》(闽水保监〔2010〕33号)批复了水土保持方案。

项目公司成立:2010年8月6日,莆田市人民政府以莆政综〔2010〕117号文同意成立项目业主莆田沈海复线高速公路有限责任公司。

环保批复:2010年9月27日,福建省环境保护厅以《关于沈海复线仙游(福州界)至南安金淘高速公路环境影响报告书的批复》(闽环保监〔2010〕102号)批复了项目环境影响报告书。

工程可行性研究报告批复:2010年10月11日,福建省发展与改革委员会以《关于海西高速公路网沈海复线仙游至南安金淘莆田段工程可行性研究报告的批复》(闽发改交通〔2010〕970号)批准立项。

初步设计批复:2010年10月25日,福建省发展和改革委员会、福建省交通运输厅以《关于海西高速公路网沈海复线仙游至南安金淘莆田段工程初步设计的批复》(闽交建〔2010〕144号)批复了项目初步设计。

用林批复:2011年4月7日,国家林业局以《使用林地审核同意书》(林资许准〔2011〕075号)批复了项目建设用林。

用地批复:2011年8月10日,国土资源部以《关于海西区高速公路网沈海复线仙游至南安金淘高速公路莆田段工程建设用地的批复》(国土资函〔2011〕551号)批复了项目建设用地。

施工图批复:2011年10月11日,福建省交通运输厅以《关于沈海复线仙游至南安金淘莆田段工程施工图设计的批复》(闽交建〔2011〕105号)批复了施工图设计文件。

(2)资金筹措

项目批准概算总投资为50.12亿元,筹融资方案采取省市自筹和银行贷款方式并部分争取部级资金投入。投资股比为省级51%、市级49%。资金来源构成为银行贷款32.58亿元(占65%),交通运输部补助4.83亿元(占8.38%),省级自筹6.81亿元(占13.58%),地市自筹6.54亿元(占13.04%)。本项目最终投资计49.924亿元,节约投资0.2亿元。

(3)招投标工作

项目招投标工作严格按照招标有关法律、法规、制度、办法的规定执行,成功完成勘察设计、路基土建、隧道地质超前预报、路面、交通安全设施、绿化及房建、机电工程等招标工作。

(4)合同段划分

全线分7个路基土建工程合同段,2个路面、交通安全设施、绿化及房建工程合同段,2个交通机电工程合同段。

(5)征地拆迁

项目建设用地严格按2011年8月10日国土资源部国土资函〔2011〕551号文《国土

资源部关于海西高速公路网沈海复线仙游至南安金淘莆田段工程建设用地的批复》的要求和意见进行。全线共征用土地5477.57亩(其中水田1611.2亩、旱地736亩、茶园310.3亩、果园1386.6亩、林地1112.8亩、其他农用地29.03亩、村庄工矿土地50.86亩、未利用土地67.6亩、公路用地1.86亩、河网10.32亩、重建房征地161亩)。房屋拆迁92800m², 新建安置点12个, 安置拆迁户713户, 各种杆线迁移300多处, 排水渠、田间机耕道305处、自来水管道350处, 详见表10-12-32。

征地拆迁情况统计表   表10-12-32

项目工期	征地拆迁安置起止时间	征用土地(亩)	拆迁房屋(m²)	支付补偿费用(元)	备注
一期	2010.12~2013.12	5477.57	92800	548623370.9	

2. 项目实施阶段

(1) 重大决策

按照福建省高速公路建设管理体制, 成立莆田沈海复线高速公路有限责任公司, 在省、市高指的领导下, 作为莆田至南安高速公路莆田段项目建设单位, 行使业主职能, 对项目筹资、建设管理等全面负责, 执行项目法人制、招投标制、工程监理制和合同管理制, 并实行政府监督、法人管理、社会监理、企业自检的质量安全保证体系。在项目建设过程中, 考虑到沈海复线高速公路莆田段路线长、施工难度大, 为更好地加强现场管理, 公司将管理机构前移, 在沿线设立两个业代组, 每个施工合同段各分配一个业主代表, 加快信息收集和反馈。工程中后期实行公司领导挂点到标段。

(2) 重大变更

①A1合同段起点段路基宽度及线型调整的变更:根据全省高速公路规划需要, 对A1合同段五星枢纽互通与潼关枢纽互通之间共线段(K64+948.8~K65+708.5)的路基宽度由原设计33.5m调整为41m, 设计高程相应调高0.262m, 潼关大桥右幅上部结构变更采用5×30m+4×30m预应力混凝土连续(刚构)T梁, 潼关枢纽互通往返福州方向匝道采用双车道单出入口, 往返莆田方向匝道采用双车道双出入口的设计变更。变更造价增加986.88万元。

②A4合同段燕山大桥1~13号墩桩基设计参数调整与边坡防护的变更:A4合同段燕山大桥桥址位置山体坡度大、岩层陡峭、表面局部破碎, 且部分桥墩坐落在近40m高的近乎垂直的陡峭岩壁上, 为确保高墩桥梁施工及运营期间的安全, 对1~13号墩桩位开挖坡面采取挡墙与锚索地梁相结合的深层加固以及坡面采取系统锚杆挂网喷射混凝土的浅层防护方式的设计变更。变更造价增加1007.87万元。

③A5合同段仙游北互通L连接线桥梁改为路基的变更:A5合同段仙游北互通L连接线桥与仙水溪及其堤坝存在干扰, 且右幅4~5号墩桩基位置离玉华堂(庙宇)只有2.2m, 为节约成本, 确保堤坝和玉华堂的安全, 桥梁变更为填石路堤。变更造价减少

298.97万元。

(3)重大事件

2010年9月,莆田沈海复线高速公路有限责任公司挂牌成立,并召开公司首届一次股东会和董事会。

2010年12月,莆田至南安高速公路莆田段召开工程建设征迁动员大会。

2010年12月,路基土建工程施工、监理、试验检测完成招投标工作。

2010年12月,在仙游县大济镇蒲峰村蒲峰枢纽互通举行开工仪式。

2011年1月,路基土建工程施工、监理、试验检测合同谈判暨签约仪式在福州举行。

2011年5月,路基土建工程开工令正式下发。

2011年6月,项目A2合同段金钟1号隧道顺利进洞。

2012年4月,项目成功采用智能张拉工艺完成首片T梁预应力张拉。

2013年1月,路面、交通安全设施、绿化及房建工程开工令正式下发。

2013年6月,交通机电工程开工令正式下发。

2013年10月,路基土建工程全线完工。

2013年11月,路基土建工程完成交工验收前质量检查、复查及内业资料审查。

2013年12月,路面、交通安全设施、绿化及房建工程全线完工,交通机电工程完成安装调试。

2013年12月,项目交工验收。

2013年12月,项目通车试运营。

(三)复杂技术工程

作为全线控制性工程的A4合同段湖洋1号大桥,上跨双溪口水库,左幅全长553.5m,孔跨布置为$(25+2\times30)$m连续T梁$+3\times30$m连续刚构T梁$+(59+110+59)$m变截面连续刚构箱梁$+(4\times30+25)$m连续刚构T梁;右幅全长558.5m,孔跨布置为(3×30)m连续T梁$+3\times30$m连续刚构T梁$+(59+110+59)$m变截面连续刚构箱梁$+(4\times30+25)$m连续刚构T梁。该桥6~9号桥墩为$(59+110+59)$m变截面悬臂现浇箱梁,主跨(110m)7号、8号桥墩位于双溪口水库库区,下部结构为$6\phi2.5$m桩基础,14.3m$\times$9.2m$\times$4m承台,薄壁空心墩,最大墩高66.73m。主墩位于V形陡坡上,山坡坡度为35°~45°,覆盖层薄,局部基岩裸露。施工单位进场后,多次对双溪口水库水位进行监测,发现库区水位变化大且频繁。7号、8号桥墩桩顶位于水下最大高差达到6m,库区水位对桩基及承台施工影响较大。经业主、设计、施工、监理单位多次现场查看并召开专题会议研究讨论后,确定7号、8号桥墩由原设计的陆地施工变更为水中局部填土围堰配钢平台施工方案,并上报省高指审批后组织实施。7号、8号主墩悬浇挂篮施工方案由特邀桥梁专家及有关单位专门评审。为有效降低施工安全风险、提高施工效益,施工单位对挂篮预压采取千斤顶反拉预压进行施工,对整个施工过程进行跟踪记录分析,并形成一套理论报告以指导现场施工。工程有效地降低整个施工安全风险,提高施工工效。

由于悬浇挂篮施工工序复杂、技术难度大,为确保该桥保质保量完工,项目公司积极指导施工单位邀请专家参与编制施工方案、优化施工组织、细化施工工序,并采取领导全程跟班作业、现场安全管控、安装视频监控等措施,悬浇梁中跨于 2013 年 6 月 20 日顺利合龙。

(四)科技创新

1. 机制砂混凝土在工程中的应用技术研究

随着福建省基础建设投资规模的迅速扩大和环境保护观念的进一步增强,建筑用砂供需矛盾日趋突出。天然砂的使用成本逐步增加,使用机制砂较为经济合适。为保证项目建设质量、进度,降低工程造价,在 A3、A4 合同段因地制宜开展利用隧道洞渣资源生产机制砂的研究工作,使用机制砂代替天然砂并进行全线推广。为充分掌握机制砂和机制砂混凝土的特点,控制好机制砂的质量标准,合理设计机制砂混凝土的配合比,有效遏制混凝土质量通病,提高混凝土使用寿命,项目公司还邀请交通运输部公路科学研究院的专家教授对全线参建单位进行机制砂控制技术讲座培训;与武汉理工大学开展机制砂制备技术与质量控制的研究,系统、深入地研究机制砂在桥梁工程、隧道工程以及隧道路面中的应用关键技术,为机制砂混凝土在工程中的推广应用提供理论依据和技术支撑。随着本项目最后一片机制砂 T 梁架设准确落位,标志着机制砂应用于高速公路项目的高等级混凝土施工课题研究取得又一重大阶段性成果,对机制砂在高速公路工程研究及推广应用具有重要意义。

2. 预应力智能张拉与管道循环压浆系统在桥梁施工中的应用

传统预应力张拉与压浆施工完全依靠工人人工操作、肉眼判断、手工记录,施工质量难以控制,各个环节都存在劣质施工的漏洞,给桥梁预应力结构耐久性留下了极大的安全隐患。采用预应力智能张拉与压浆系统,通过计算机软件控制实现预应力张拉与压浆全过程自动化,杜绝人为因素干扰,能有效确保预应力张拉施工质量,是国内预应力张拉领域最先进的工艺。在桥梁预制施工中投入使用预应力智能张拉与压浆系统,实现了张拉压浆过程全智能控制,消除人工操作误差,能精确控制有效预应力大小,使预应力施工质量上了一个新台阶。智能压浆系统依靠创新性的"大循环"概念,通过智能系统精确操控,提高压浆密实度与充盈度,真正解决了传统预应力管道压浆施工时管道内压浆不饱满、内残留空气难以排空、影响钢绞线耐久性的难题。项目全线桥梁均采用由湖南联智桥隧技术有限公司自主研发的高科技产品预应力智能张拉、智能压浆系统。结合项目实际，能有效实现预应力张拉、压浆施工全过程质量控制，达到实时跟踪、智能控制、及时纠错、真实记录施工过程，为本项目桥梁结构的安全耐久提供可靠的保障。

(五)运营管理

1.服务区设置

项目设置1对服务区，即菜溪岩服务区，其总建筑面积约7516m²，内设办公楼、宿舍、公厕、加油站、汽修间等，主体结构为钢筋混凝土结构。

2.收费站点设置(表10-12-33)

收费站点设置情况表　　　　　　　　　　　　表10-12-33

站点名称	车道数	收费方式
仙游龙华	11(4入7出)	人工、ETC、自动取卡
仙游榜头	10(4入6出)	人工、ETC、自动取卡
仙游菜溪	7(3入4出)	人工、ETC、自动取卡

3.车流量发展状况(表10-12-34)

交通流量发展状况表　　　　　　　　　　　　表10-12-34

年份(年)	日均车流量(辆)	年份(年)	日均车流量(辆)
2012	6674	2014	16160
2013	12176	2015	17018

六、甬莞线莆田(仙游)至南安(金淘)高速公路泉州段(莆田至南安高速公路泉州段)(建设期:2012.06~2014.12)

(一)项目概况

1.基本情况

莆田至南安高速公路泉州段起于莆田市仙游县与泉州市洛江区交界的虎头山，顺接沈海高速公路复线莆田段，经洛江区罗溪镇、南安市乐峰镇、罗东镇、梅山镇、金淘镇，终点位于金淘镇亭川村，经亭川枢纽互通与泉三高速公路相接，实现交通流转换，长度35.34km。全路段共设罗溪、乐峰、梅山和亭川枢纽互通4处、匝道收费站3处、服务区1处、管理分中心1处；全线按准六车道高速公路标准建设，设计行车速度100km/h，路基宽度28m，同时增设港湾式紧急停车带；全线设计荷载采用公路—Ⅰ级，设计洪水频率为大、中、小桥和涵洞及路基1/100。地震基本烈度Ⅵ度，按Ⅶ度设防。项目设计概算31.77亿元，实际完成投资31.05亿元，节约投资0.72亿元。主要工程数量见表10-12-35。

第十章 高速公路建设项目实况

项目基本情况统计表

表 10-12-35

序号	项目		单位	数量	备注
一	技术标准				
1	计算行车速度		km/h	100	
2	路基宽度	整体式路基	m	28	
		分离式路基	m	12.5	
3	桥面净宽		m	2×11.0	小桥与路基同宽
4	路面			沥青混凝土路面,设计年限 15 年,标准轴载 100kN	
5	路基、桥涵设计洪水频率			特大桥 1/300,其余均为 1/100	
6	桥涵设计车辆荷载			汽车—超 20 级、挂车—120	
二	主要工程规模				
1	路线里程		km	35.34	
2	征用土地		亩	4468.1982	
3	拆迁房屋		m²	115688	
4	路基土石方		万 m³	1519	
5	软土地基处理		km	1.38	
6	桥梁(主线)		m/座	11300/35	
	其中:特大桥、大桥		m/座	10933/31	
7	互通式立交		处	4	
8	分离式立交		处	0	
9	涵洞		道	89	
10	通道		道	18	
11	隧道		m/座	4370.96/2	
12	路面(主线)		万 m²	106445.6	
13	主线收费站		处	3	
14	服务区		处	1	

莆田至南安高速公路泉州段工程于 2012 年 6 月全线动工建设,2014 年 12 月 28 日全线提前建成通车。

2.前期决策情况

莆田至南安高速公路泉州段是海西高速公路网规划的连接长三角和珠三角的重要纵线之一,是国家高速公路网沈海复线宁波至东莞福建段的重要补充通道。项目建设对于完善国家高速公路网和海西高速公路网布局,提高沿海综合运输通道能力,促进经济社会协调发展,提高交通保障能力具有重要意义。项目于 2008 年正式启动前期工作,经有关部门的充分论证评估和审查,完成了国家规定的各项基本建设程序。

3.参建单位主要情况

(1)建设单位

泉州沈海复线高速公路有限公司。项目业主成立之前,泉州市交通局(2010年后改为"泉州市交通运输委员会")作为泉州沈海复线公路建设的主管部门泉州市交通局配合省高指负责开展本项目的预可行性研究和工程可行性研究前期工作;2011年3月,福建省高速公路有限责任公司与泉州市泉三高速公路投资有限责任公司签订合同组建泉州沈海复线高速公路有限公司,作为本项目法人单位,全面负责泉州沈海复线高速公路项目的建设、筹资和运营工作。

(2)设计单位

福建省交通规划设计院承担莆田至南安高速公路泉州段的初步设计阶段和施工图阶段的勘测与设计工作;中交第二公路勘察设计研究院有限公司承担工程勘察监理设计咨询工作;福建省路港交通咨询中心承担工程预、工可、地勘工作;湖南化工医药设计院厦门分院承担罗东服务区加油站设计;泉州市水利水电勘测设计院承担金淘河道整治工程设计。

(3)施工单位

施工单位共9家。包括5个路基合同段(A1~A5)、1个路面(包含景观绿化及交通安全设施工程标)标段、1个房建标段、2个机电标段。

(4)监理单位

监理单位共3家。全线路基工程(含路面、房建)分为2个监理标段,机电项目1个监理标段。

项目单位见表10-12-36。

项目参建单位一览表　　　　　　　　　　　　　表10-12-36

序号	标段	参建单位	工程范围	合同价格(万元)
一			施 工 单 位	
1	A1	中交第三公路工程局有限公司	K115+399~K120+190	32776
2	A2	中铁十五局集团第二工程有限公司	K120+190~K124+360	38481
3	A3	中交第二航务工程局有限公司	K124+360~K130+187	34462
4	A4	中交第一公路工程局有限公司	K130+187~K141+760	40145
5	A5	中铁十七局集团第一工程有限公司	K141+760~K150+779	40124
6	B	福建路桥建设有限公司	K115+399~K150+779	43052
7	F	福建七建集团有限公司	K115+399~K150+779	5153
8	E	北京公科飞达交通工程发展有限公司	K115+399~K150+779	4468
9	ED	中铁建大桥局集团电气化工程有限公司	K115+399~K150+779	3476
二			监 理 单 位	
1	J1	江苏交通工程咨询监理有限公司	K115+399~K130+187	1429

续上表

序号	标段	参建单位	工程范围	合同价格(万元)
2	J2	福建省交通建设工程监理咨询公司	K130+187~K150+779 含路面及房建	1591
3	EJ	北京兴通工程咨询有限公司	K115+399~K150+779	174
三		试验检测单位		
1	JC1	福建省交通建设试验检测中心	K115+399~K130+187	497
2	JC2	江苏交通规划设计院股份有限公司	K130+187~K150+779	522
四		设计单位		
1	S1	福建省交通规划设计院	初步设计、施工图设计	4341
五		监督单位		
1		福建省交通建设质量安全监督管理局	工程质量、安全监督	
六		专项检测(监测)及科研单位		
1	SJ1	上海同济建设工程质量检测站	隧道工程施工超前预报及隧道监控量测技术服务	
2		福建省交通科学技术研究所(福建省公路工程试验检测中心站、福建省交通环境检测中心)	沥青路面施工质量监控、沥青路面配合比三阶段验证、隧道初期支护检测、施工环境监测	
3		中铁西北科学研究院有限公司	重点路堑高边坡深部位移动态工程监测	

(二)建设情况

1. 项目准备阶段

(1)立项审批

项目立项:2008年12月5日,省发改委以闽发改交能〔2008〕1003号文批复开展前期工作。

工程可行性研究:2010年10月11日,省发改委以闽发改交通〔2010〕969号文批复工程可行性研究报告,同意路线方案、技术标准、投资控制和建设工期。

初步设计:2010年11月8日,省交通运输厅、省发改委以闽交建〔2010〕165号文批复工程初步设计。

环境影响评价:2010年9月27日,省环保厅以闽环保监〔2010〕102号文批复工程环境影响报告书,通过泉州沈海复线高速公路全线环境保护和水土保持评价工作。

林业使用批复:2011年12月6日,国家林业局以林资许准〔2011〕333号文批复林业审核使用同意书。

建设用地批复:2012年1月21日,国土资源部以国土资函[2012]83号文批复工程建设用地。

(2)资金筹措

2009年11月2日,省交通运输厅以《关于沈海高速公路复线仙游至南安金淘泉州段工程初步设计概算的批复》(闽交建[2010]176号)批复项目的初步设计概算总投资3177082807元(含建设期贷款利息139077469元)。其中,建筑安装工程费248878.57万元,设备及工具、器具购置费5765.52万元,工程建设其他费用48597.50万元,预备费14466.69万元。

项目筹融资方案采取省市自筹和银行贷款方式并争取部分部级资金投入。银行贷款206500.00万元,占总投资的65%。项目资本金111198.00万元,占总投资的35%(部级资本金31500.00万元,占项目资本金28.33%;省级资本金40646.00万元,占项目资本金36.55%;市级资本金39052.00万元,占项目资本金35.12%。)

(3)招投标工作

本项目依据《中华人民共和国招标投标法》和交通部有关公路工程设计、施工、监理的招标、评标办法及福建省人民政府、省交通厅有关法规、办法,对符合招标条件的设计、施工、监理、试验及监控量测等工作全部实行国内公开招标,招标文件参照使用交通部部颁招标文件范本2009版,所有招标程序严格按照有关规定执行。

本项目先后组织了6次招评标工作。2010年2月6日,完成勘察设计及勘察监理、设计审查(咨询)招评标;2011年2月20日,完成路基土建工程施工、监理、试验检测招评标;2012年8月25日,完成隧道地质超前预报招评标;2013年8月14日,完成路面、交通安全设施、绿化工程施工招评标;2014年1月11日,完成房建工程施工招评标;2014年5月2日,完成交通机电工程施工、监理招评标。过程中均未发现不良招评标行为,也未接到任何针对投标人的有效投诉,招标评标工作规范有序,总体情况良好。

(4)合同段划分

莆田至南安高速公路泉州段共划分9个合同段,其中有5个路基合同段(A1~A5)、1个路面(包含景观绿化及交通安全设施工程标)标段、1个房建标段、2个机电标段。

(5)征地拆迁

根据泉州市人民政府泉政函[2010]268号文件精神,沈海复线泉州段的征地、拆迁和安置工作由洛江区、南安市负责组织实施。洛江区、南安市政府成立相应的项目征迁指挥协调机构,具体负责征地、拆迁和安置补偿等工作。项目业主根据相关法律法规测算征地、拆迁补偿安置总费用,按征地进度分期预拨付洛江区、南安市高指征迁专户,用于补偿被征迁单位和群众。同时,按照省交通运输厅和省高指的要求,本项目采用包干办法,开展安征迁工作。

第十章
高速公路建设项目实况

2012年1月21日，国土资源部以《关于海西高速公路网沈海复线仙游至南安金淘泉州段工程建设用地的批复》（国土资函〔2012〕83号），同意泉州市洛江区、南安市征收农民集体所有农用地242.5723公顷（其中耕地60.1955公顷）、建设用地11.6001公顷、未利用地6.9388公顷；同意使用国有农用地2.8043公顷、建设用地12.3852公顷、未利用地2.7469公顷。共计批准建设用地279.0656公顷（4185.9838亩）。

实际征用土地共4468.1982亩，其中洛江区批准征用土地745.194亩，实际征用土地853.986亩，多征土地108.792亩；南安市批准征用土地3440.7898亩，实际征用土地3614.2122亩，多征土地173.4224亩。

截至2018年4月，累计已支付各市（县、区）征迁款及征迁经费用共计360787504.89元。

2. 项目实施阶段

（1）重大变更（表10-12-37）

重大设计变更表　　　　　　　　　　　　　　　　表10-12-37

序号	设计变更内容
1	白石格隧道围岩YK119+518~629 Z2变更为Z4
2	白石格隧道YK119+750~831段Z2变更为Z4、YK119+871~890段Z2变更为Z4
3	白石格隧道YK119+490~518 Ⅱ变更为Ⅴ级加强
4	AK0+080~EK0+160段右侧边坡加固变更
5	白石格隧道右洞YK120+385~YK120+304段Z3变更为Z5及Z2变更为Z4
6	白石格隧道左洞ZK120+471~ZK120+437段突水处理
7	罗溪互通GL3变更及地方路扩建
8	EK0+180~280段边坡水毁治理
9	白石格隧道右洞YK120+581~YK120+527段Ⅱ级围岩变更为Ⅳ级围岩
10	路堑浆砌片石边沟变更为整体现浇混凝土边沟
11	YK129+062处增设一座上跨天桥
12	K137+640~K137+730段右侧路堑边坡采用衡重式挡土墙进行坡面防护
13	K134+430~K134+750段右侧边坡增设锚索框架等
14	K137+640~K137+800段右侧路堑边坡外侧增设泄水渠
15	K131+020排水涵洞（1-4.0m×4.0m）变更为通行兼排水的通道（1-6.0m×6.0m）
16	罗东服务区K136+840通道移位，结构由箱涵改为盖板涵，同时增设接线改路
17	K148+370~K148+520段左侧边坡加固
18	K149+370~K149+660右侧增设锚索框架梁；增设C15片石混凝土护面墙
19	亭川枢纽互通主线3号桥预制T梁变更为现浇箱梁
20	SK0+779~SK0+971段增设路肩挡土墙，SK0+790~SK0+826段挡墙增设桩基础
21	K144+400~K144+560路基填方段路基变更增设路堤挡土墙以少占库容
22	K147+420处增设一道兼排水功能的通道（1-4.5m×4.5m）

续上表

序 号	设 计 变 更 内 容
23	沥青混合料集料料场及拌和站位置变更
24	寺浦中桥变更为路基段,路面及交通安全设施工程量进行相应调整
25	全线桥梁搭板范围下的填筑体进行钻孔注浆
26	对部分标志、标线及突起路标进行适当的调整

(2)重大事件

2011年3月,成立泉州沈海复线高速公路有限公司。

2011年4月,与中标的5个路基合同段签订合同协议书。

2012年6月,泉州沈海复线路基工程全线开工。

2013年12月1日,路面标段开工。

2014年3月30日,控制性工程白石格隧道左线重大涌水塌方。

2014年9月15日,房建室外工程全部完成。

2014年9月30日,全线控制性工程白石格隧道左线贯通。

2014年12月24日,项目通过交工验收。

2014年12月30日,沈海复线泉州段顺利通车。

(三)复杂技术工程

白石格隧道全长4787.5m,左右洞呈分离布置,右洞全长4793m,左洞全长4782m,为特长隧道。A1和A2合同段的分界桩号为YK120+190(ZK120+210.704),位于本隧道中部。隧道区地下水主要为风化基岩中网状裂隙-孔隙水,以及基岩裂隙水。风化基岩中的裂隙-孔隙水赋存于第四系坡残层底部及碎块状强风化岩层中,富水性及导水性较强。根据估算结果,双洞同时开挖最大总涌水量为4915.71m^3/天(左洞2587.15m^3/天,右洞2328.56m^3/天),正常总涌水量为2736.87m^3/天(左洞1431.48 m^3/天,右洞1305.44 m^3/天)。隧址区发育4条断层带及4条节理裂隙带(YF3、YF4、YF5、YF7A及f1,f2,f2a,f6)与隧道轴线呈17°~85°不等角度相交,影响本隧道围岩的级别和稳定性,是本线路的难点及控制性工程。该隧道ZK119+545处于2014年3月30日发生突发涌水自然灾害,拱顶大面积坍塌,并造成左右洞停工,历时3个多月才整治成功。

(四)科技创新

为确保施工质量、进度,组织人员对全线技术含量较高的项目组织科技攻关,从施工方案开始就进行了认真研究、优化,从技术上挖潜力,在施工单位、监控单位、监理单位通力配合下,应用新技术、新材料和开展科研工作,提高泉州沈海复线高速公路的科技含量。

1. 隧道施工方面

（1）纵向施工缝采用遇水膨胀型单液密封胶。施工方便密封可靠，能确保纵向施工缝防水。

（2）正反循环注浆中空锚杆，采用正反循环注浆技术，能确保拱部及边墙中空锚杆的砂浆饱满，施工方便。

2. 桥梁施工方面

桥梁工程后张预应力孔道压浆采用新材料技术推广。后张预应力孔道压浆施工质量直接影响到预应力混凝土结构的耐久性和安全性，浆液质量不高，压浆不饱满已成为预应力混凝土的主要病害之一。为克服上述质量通病，进一步提高后张预应力孔道压浆质量，增强预应力混凝土结构的耐久性和安全性，沈海复线泉州段全线桥梁后张预应力孔道压浆采用专用压浆材料或专用压浆剂配制的浆液进行压浆，所用压浆料或压浆剂均由工厂化制造生产，并经具有资质的检测单位检测合格，为本项目桥梁结构安全耐久提供可靠的保障。

3. 病害高边坡治理方面

本项目地处山海之交，地质情况复杂，深挖高填的段落多。为确保深挖路堑边坡的稳定，项目业主在省高指的指导下，组织中铁院西北科学研究院在原设计的基础上，分别对全线挖方边坡进行设计复核，对边坡稳定情况进行定性评价，将全线边坡分为稳定、基本稳定、欠稳定和不稳定四类。对欠稳定的边坡进行加强防护处理，对不稳定的边坡进行专题加固处治，为保证边坡加固设计切合实际地质状况，采用动态设计，对施工出现的问题及时进行设计调整，保证加固效果。对重点的加固段落，依托科研单位进行施工监测，如对罗溪互通 E 匝道滑坡体的实时监控、对 A1～A5 高边坡预应力锚索施工的监测等。

（五）运营管理

1. 服务区设置

莆田至南安高速公路泉州段共设置 1 对服务区，服务区为双侧结构，分 AB 两区。总建筑面积约 $7273m^2$，内设办公楼、宿舍、公厕、加油站、充电桩等，主体结构为钢筋混凝土结构。

2. 收费站点设置（表 10-12-38）

收费站点设置情况表　　　　表 10-12-38

站点名称	车道数	收费方式
南安梅山	10(4入6出)	人工、ETC、自动取卡
南安乐峰	9(4入5出)	人工、ETC、自动取卡
洛江北（罗溪）	9(4入5出)	人工、ETC、自动取卡

3. 车流量发展状况（表10-12-39）

交通流量发展状况表　　　　表10-12-39

年份(年)	日均车流量(辆)	年份(年)	日均车流量(辆)
2014	2696	2015	4516

七、甬莞线长泰美宫至陈巷高速公路（建设期：2010.04～2014.09）

（一）项目概况

1. 基本情况

长泰美宫至陈巷高速公路处于福建省漳州市长泰县境内，是海峡西岸经济区高速公路网中沈海复线及环厦高速公路的重要组成部分。它的建设有利于完善海峡西岸经济区高速公路网，有效提高国家高速公路网的通行能力，合理分流沈海高速公路的交通量，同时也能有效分流各条国省道通向广东省的交通量，确保沿海公路主通道安全、快捷运营，提高综合交通运输效率。该项目是漳州市规划高速公路网的重要组成部分，也是厦门市规划高速公路网中环厦高速公路的重要组成部分。

项目起于漳州长泰县枋洋镇美宫（与厦门环城高速厦门段相接），经枋洋镇林墩、科山、岩溪镇田头，终于长泰县陈巷镇的庵下，通过陈巷枢纽互通与厦成高速公路漳州段相接，路线全长25.075km，设计行车速度100km/h，其中，起点K0+286.656～K16+000段15.713km按双向四车道高速公路标准设计，路基宽度26m；K16+300～K25+360.341段9.06km按双向六车道高速公路标准设计，路基宽度33.5m；K16+000～K16+300为路基宽度26m渐变为33.5m的过渡段。项目概算总投资为18.78亿元，实际完成投资18.18亿元，节约投资0.6亿元。

全线共有各类桥梁14座（其中大桥7座），隧道4座（其中特长隧道1座，连拱隧道1座）；全线设林墩、岩溪两处一般服务性互通。项目基本情况详见表10-12-40。

项目基本情况统计表　　　　表10-12-40

序号	项目		单位	数量	备注
一	技术标准				
1	计算行车速度		km/h	100	
2	路基宽度	整体式路基	m	26/33.5	
		分离式路基	m	13/16.75	
3	桥面净宽		m	2×11.75	

续上表

序号	项目	单位	数量	备注
4	路面		沥青混凝土路面,设计年限15年 标准轴载100kN	
5	路基、桥涵设计洪水频率		特大桥1/300,其余均为1/100	
6	荷载标准		公路—Ⅰ级	
二			主要工程规模	
1	路线里程	km	25.075	
2	征用土地	亩	2673	
3	拆迁房屋	m²	25757.35	
4	路基土石方	万m³	870.1	
5	软土地基处理	km	0.476	
6	桥梁(主线)	m/座	2811.93/9	
	其中:特大桥、大桥	m/座	2680.56/7	
7	匝道桥梁	m/座	140/2	
8	上跨分离	m/座	163.84/3	
9	互通式立交	处	2	
10	分离式立交	处	5	
11	涵洞	道	51	
12	通道	道	31	
13	隧道	m/座	4336.5/4	
14	路面	万m²	59.1123	
15	主线收费站	处	2	

本项目于2007年筹备,于2010年4～10月分两次开工,其中,先行开工段FA1合同段于2010年4月开工,FA2、FA3合同段于2010年10月开工,路面FB合同段于2012年12月开工,由于与项目起点连接的厦门罗溪连接线无法在2013年底通车,整个长泰美宫至陈巷项目分两期交工。首期交工路段为林墩互通至项目终点陈巷枢纽互通段(K5+543.57～K25+360.341),交工标段为FA1～FA3、FB合同段(其中FA1、FB为部分路段交工),主线长19.817km,于2013年12月25日通过交工验收并于12月28日通车试运营。第二期交工路段为长泰美宫至陈巷项目起点至林墩互通段(K0+286.124～K5+543.57),交工标段为FA1、FB合同段(剩余未交工段落),主线长5.257km,于2014年9月28日通过交工验收,全面通车。

2. 前期决策情况

2009年2月,委托福建省交通规划设计院编制长泰美宫至陈巷高速公路工程可行性研究报告;2009年8月,完成长泰美宫至陈巷高速公路工程可行性研究报告的编制工作;2009年9月,福建省发改委以《关于海西高速公路网长泰美宫至陈巷高速公路工程可行性研究报告的批复》(闽发改交能〔2009〕925号)批复本项目工程可行性研究。

3. 参建单位主要情况

(1)建设单位

按照福建省高速公路建设管理体制,工程建设以漳州市为主负责并组织建设。2007年12月7日,组建漳州厦成高速公路有限责任公司,全面负责项目筹资、建设管理工作。

(2)设计单位

中交第二公路勘察设计研究院,承担长泰美宫至陈巷高速公路的初步设计阶段和施工图阶段的勘测与设计工作,本路段长25.075km。

(3)勘察监理及设计咨询单位

中交公路规划设计院有限公司,承担长泰美宫至陈巷高速公路勘察监理及设计咨询工作。

(4)施工单位

项目施工单位共5家,路基工程共划分为3个合同段,路面、交通安全设施、绿化及房建工程工程划分为1个合同段,机电工程划分为1个合同段。

(5)监理单位

项目监理单位共2家,全线路基土建工程、路面及交通安全设施及景观绿化工程、房建等工程的监理服务工作(不含试验检测服务工作)为1个监理标段、机电项目为1个监理标段。

(6)检测单位

项目检测单位共2家,全线路基土建工程的试验检测服务工作为1个检测标段,全线路面及交通安全设施及景观绿化工程、房建等工程的试验检测服务工作为1个检测标段。

长泰美宫至陈巷高速公路施工、监理及试验检测单位详见表10-12-41。

项目施工、监理、试验检测单位一览表 表10-12-41

标段号	标段所在地	工程内容	长度(km)	施工单位	监理单位	检测单位
FA1	长泰县枋洋镇	K0+286.656~K7+640	7.354	中铁十三局集团有限公司	东北林业大学工程咨询设计研究院有限公司	山东东泰工程试验检测有限公司
FA2	长泰县枋洋镇	K7+640~K12+400	4.76	中铁十七局集团有限公司		
FA3	长泰县岩溪镇	K12+400~K25+360.341	12.96	中铁十四局第三工程有限公司		
FB	长泰县	K0+286.656~K25+360.341	25.075	中铁十二局集团第一工程有限公司		中交四公局(北京)公路试验检测科技有限公司
EF	长泰县	K0+286.656~K25+360.341	25.075	江苏智运科技发展有限公司	北京泰克华诚技术信息咨询有限公司	

(二)建设情况

1. 项目准备阶段

(1)立项审批

工程可行性研究:2009年9月29日,福建省发改委以《关于海西高速公路网长泰美宫至陈巷高速公路工程可行性研究报告的批复》(闽发改交能〔2009〕925号)批复本项目工程可行性研究。

初步设计:2010年1月19日,福建省交通运输厅、省发改委以《关于海西高速公路网长泰美宫至陈巷高速公路初步设计的批复》(闽交建〔2010〕16号)批复本项目初步设计。

水土保持方案:2010年3月23日,福建省水土保持监督站以《关于要求补充完善海西高速公路网长泰美宫至陈巷高速公路水土保持方案报告书(送审稿)相关内容的函》(闽水监督〔2010〕22号)批复本项目水土保持方案。

环境影响报告书:2010年5月26日,福建省环境保护厅以《关于批复海西高速公路网长泰美宫至陈巷高速公路工程环境影响报告书的函》(闽环保监〔2010〕67号)批复本项目环境影响报告书。

施工图设计:2010年11月2日,福建省交通运输厅以《关于长泰美宫至陈巷高速公路施工图设计文件的批复》(闽交建〔2010〕149号)批复本项目施工图设计。

工程建设用地:2011年4月13日,国土资源部以《关于海西高速公路网长泰美宫至陈巷高速公路工程建设用地的批复》(国土资函〔2011〕190号)批复本项目工程建设用地。

开工许可:2011年12月31日,福建省交通运输厅批准开工。

(2)资金筹措

本项目概算总投资18.78亿元,筹融资方案采取省市自筹和银行贷款方式。投资股比为省级51%、市级49%。资金来源构成为项目资本金6.573亿元,分别为省级3.3522亿元、市级3.2208亿元;其余12.207亿元申请国内银行贷款。本项目最终投资18.18亿元,节约投资0.6亿元。

(3)招投标工作

本项目招标工作严格按照《中华人民共和国招标投标法》、交通运输部《公路工程施工招投标管理办法》,以及福建省交通运输厅《关于进一步规范我省高速公路建设项目招标投标工作的指导意见》等有关法律、法规、制度、办法的规定执行,业主根据有关批复自行组织招标工作,采用国内竞争性公开招标形式,成功完成勘察设计、勘察监理及设计咨询、施工、监理、检测等招标工作。

勘察设计、勘察监理及设计咨询招投标情况：

勘察设计、勘察监理及设计咨询招标采用国内竞争性公开招标，在中国采购与招标网、福建招标与采购网等媒体发布招标公告。招标文件按规定上报主管部门审批，投标文件评标工作由依法组成的评标委员会负责，评标报告经交通主管部门核备后确定中标人。招标全过程接受漳州市交通运输局和漳州市纪委驻市交通局纪检监察室的监督，坚持"公开、公平、公正、客观准确"。

施工单位招投标情况：长泰美宫至陈巷高速公路施工单位共5家。路基土建工程共划分3个标段，路面、交通安全设施、绿化及房建工程划分1个标段，机电工程划分为1个合同段。采用国内竞争性公开招标，在中国采购与招标网、福建招标与采购网等媒体发布招标公告。招标文件按规定上报主管部门审批，投标文件评标工作由依法组成的评标委员会负责，评标报告经交通主管部门核备后确定中标人。招标全过程接受漳州市交通运输局和漳州市纪委驻市交通运输局纪检监察室的监督，坚持"公开、公平、公正、客观准确"。

监理单位招投标情况：长泰美宫至陈巷高速公路施工监理单位共2家。路基土建、路面、交通安全设施、绿化及房建工程施工监理划分1个施工监理标，机电工程划分1个施工监理标。采用国内竞争性公开招标，在中国采购与招标网、福建招标与采购网等媒体发布招标公告。招标文件按规定上报主管部门审批，投标文件评标工作由依法组成的评标委员会负责，评标报告经交通主管部门核备后确定中标人。招标全过程接受漳州市交通运输局和漳州市纪委驻市交通运输局纪检监察室的监督，坚持"公开、公平、公正、客观准确"。

试验检测单位招投标情况：长泰美宫至陈巷高速公路试验检测单位共2家。路基土建工程试验检测服务划分1个试验检测标，路面、交通安全设施、绿化及房建工程试验检测服务划分1个试验检测标。采用国内竞争性公开招标，在中国采购与招标网、福建招标与采购网等媒体发布招标公告。招标文件按规定上报主管部门审批，投标文件评标工作由依法组成的评标委员会负责，评标报告经交通主管部门核备后确定中标人。招标全过程接受漳州市交通运输局和漳州市纪委驻市交通运输局纪检监察室的监督，坚持"公开、公平、公正、客观准确"。

(4) 合同段划分

路基土建工程共划分为3个合同段，路面、交通安全设施、绿化及房建工程工程划分为1个合同段，机电工程划分为1个合同段。

(5) 征地拆迁

长泰美宫至陈巷高速公路建设用地严格按2011年4月13日国土资源部国土资函〔2011〕190号文《关于海西高速公路网长泰美宫至陈巷高速公路工程建设用地的批复》

的要求和意见进行。全线共征用土地 2673 亩,拆迁房屋 25757.35m²,迁移三杆 45 处,迁移部队光缆 1 处。

长泰美宫至陈巷高速公路线路长,征迁任务重、难度大,涉及 3 个乡镇、1 个工业区、1 个林场、1 个农场、10 个行政村。厦成公司根据漳州市人民政府《国家高速公路网厦成高速公路长泰段(含福广高速公路长泰段)征地拆迁安置补偿方案的通知》(漳政综〔2009〕63 号)精神,并依据相关法律法规与长泰县高速公路建设总指挥部签订征地拆迁补偿安置工作协议书,征地、拆迁和安置工作由长泰县政府负责组织实施,下设高速公路建设总指挥部及沿线乡镇(场)人民政府具体负责征地、拆迁和安置补偿等工作。详见表10-12-42。

征地拆迁情况统计表　　　　　　　　　　　　　　　　表 10-12-42

项目工期	征地拆迁安置起止时间	征用土地(亩)	拆迁房屋(m²)	支付补偿费用(万元)	备注
一期	2010.04～2013.03	2476	25757.35	11000	
二期	2011.03～2013.03	197		700	

2. 项目实施阶段

(1)重大变更(表 10-12-43)

重大设计变更表　　　　　　　　　　　　　　　　　表 10-12-43

序　号	设 计 变 更 内 容
1	YK10+127～YK9+848 段围岩Ⅲ级调整为Ⅴ级,支护衬砌类型调整为 S5a、S5b,并对 YK10+101～YK10+095 段采用双排 φ42 小导管进行超前支护
2	ZK10+040～ZK9+838 段围岩Ⅲ级调整为Ⅴ级,支护衬砌类型调整为 S5a、S5b

(2)重大事件

2007 年 12 月 7 日,组建漳州厦成高速公路有限责任公司。

2008 年 4 月 30 日,发出勘察设计、勘察监理及设计咨询中标通知书。

2008 年 5 月 16 日,签订勘察设计合同书。

2009 年 12 月 24 日,长泰美宫至陈巷高速公路开工典礼在长泰县林墩镇举行。

2010 年 4 月 10 日,下达 FA1 合同段开工令。

2011 年 12 月 29 日,FA3 标狮子头隧道双洞顺利贯通。

2012 年 3 月 19 日,FA3 第一片梁(田头分离式中桥)架设。

2012 年 3 月 26 日,FA1 合同段后料隧道顺利贯通。

2012 年 12 月 27 日,FB 路面工程开工。

2013 年 6 月 25 日,FA2 科山隧道左洞顺利贯通。

2013 年 12 月 25 日,完成第一次交工验收工作。

2014 年 9 月 28 日,完成第二次交工验收工作。

(三)复杂技术工程

1. 隧道

科山隧道(3575m,以左线计)纵深长,隧道区域性构造较稳定,隧址区构造发育,两条断层破碎带 F08、F10 交汇于该隧道区,破碎带内岩石硅化、破碎严重。地下水主要为强风化带孔隙裂隙水赋存于第四系残坡积层底部及基岩强风化带,估算涌水量约为 $2955.4m^3$/天,是本线路的难点工程。

新村隧道(205m)是连拱隧道,隧址所在地区属热带海洋性季风气候,气候温和、雨量充沛,夏长冬短,春季受冷暖空气交替影响,雨多潮湿,夏季多东南风,气温高,湿度大,多暴雨。进洞口、出洞口均为Ⅴ级围岩全~强风化凝灰熔岩为主,围岩自稳能力差,易出现大坍塌,侧壁经常小范围坍塌,在雨水作用下仰坡易产生滑塌,雨季或强降雨时洞内地下水出水状态为淋雨或涌流状,是本线路的难点工程。

2. 大桥

本项目重点工程为乔美大桥。乔美大桥位于枋洋镇林墩工业区林口村北侧,桥梁跨龙津溪、村道及乔美村,属于高架桥。初步设计桥孔左右幅均采用 $2×(4×30m) + 2×(4×35m) + 3×35m + 5×30m$ 的预应力混凝土连续刚构 T 梁,桥长 787.0m。施工图设计阶段综合实际地形、路线平面线位、纵坡、桥梁高度及桥下河道、村道,将左右幅桥孔设计为 $2×(3×30m) + 3×(4×40m) + 4×30m$ 预应力混凝土连续刚构 T 梁,桥梁全长 787.0m。本桥平面位于 $R=2400m$ 的左偏圆曲线上;纵面位于 $R=40000m$ 的凹曲线上(-3.5% 接 -2.50% 的下坡上)。

下部构造:桥墩采用双柱墩、空心墩、桩基础,桥台采用分离式承台及肋板台,桩基础。乔美大桥采用薄壁空心墩,乔美大桥虽然墩身较高,但其断面尺寸单一,无曲线变化,适合大模板施工,采用翻模施工不仅模板拼装简单且混凝土外观质量可得到保证;现场为满足桩基和墩身施工合理地布置塔吊;同时也满足墩身机具、材料垂直运输的需要,采用翻模施工,充分利用已有设备,无须另行投入滑升或爬升设备,经济优势明显。

(四)科技创新

科技创新、技术进步是工程质量进一步提高的源泉,建设高品质的高速公路必须要有强有力的技术支撑,必须采用先进的工艺、先进的技术、先进的设备和优质的材料。长泰美宫至陈巷高速公路工程建设过程中,十分重视科学技术对高速公路建设的指导作用,在充分吸收应用近年来高速公路施工各项研究课题成果的同时,积极展开了工艺及技术创新,取得了良好效果。

1. 推广运用预应力智能张拉与管道循环压浆系统

传统预应力张拉与压浆施工完全依靠工人人工操作、肉眼判断、手工记录,施工质量难以控制,各个环节都存在劣质施工的漏洞,给桥梁预应力结构耐久性留下了极大的安全隐患。本项目推广运用预应力智能张拉与压浆系统,通过计算机软件控制实现预应力张拉与压浆全过程自动化,杜绝人为因素干扰,能有效确保预应力张拉施工质量。在桥梁预制施工中投入使用预应力智能张拉与压浆系统,实现了张拉压浆过程全智能控制,消除人工操作误差,能精确控制有效预应力大小,使预应力施工质量上了一个新台阶。智能压浆系统依靠创新性的"大循环"概念,通过智能系统精确操控,提高压浆密实度与充盈度,真正解决了传统预应力管道压浆施工时管道内压浆不饱满、内残留空气难以排空、影响钢绞线耐久性的难题。能有效实现预应力张拉、压浆施工全过程质量控制,达到实时跟踪、智能控制、及时纠错、真实记录施工过程,为本项目桥梁结构的安全耐久提供可靠的保障。

2. 采用新技术、新设备提高涵台背回填效果

涵台背回填质量达不到设计规定的压实度要求,会造成通车后工后沉降量偏大,产生桥头跳车,一直以来都是经常发生的质量通病。设计涵台背回填材料一般都是沙砾、碎石砂、碎石、石渣等透水性材料,由于施工工作面狭小,重型压路机难以发挥作用,多采用小型夯实机具,且对沙砾等透水性材料没有有效的压实度检测手段,只能通过测量每层碾压后的沉降量来推算,准确度差。为了治理涵台背较容易出现的回填质量通病,尽量避免出现桥头跳车,提高路面平整度及行车舒适度,项目全线推行使用涵台背瑞雷波检测,同时采用高速液压夯实机对桥台背进行补强夯实。瑞雷波检测能较准确地测出已完工的涵台背深度在10m范围内的断面压实度情况,通过对经瑞雷波检测压实度达不到设计值的进行严厉处罚并落实返工处理,对回填施工不到位的行为起到很好的震慑作用。高速液压夯实机最大击打能量不小于36kJ,通过对已填好的台背两倍搭板长度范围进行全面积补强夯实,可有效减少工后沉降量,夯击完下沉量一般达到3~7cm,个别填筑质量较差的达到10cm以上。通过以上新技术、新设备的联合应用,有效提高了涵台背回填质量。

3. 创新超高段缝隙式排水沟施工工艺

超高段缝隙式排水沟设计一般采用预制拼装,需另外设立小型预制构件场,占用场地大,装卸过程中易缺边掉角,现场拼装时若拼接缝处理不到位容易引起漏水,造成路面结构层长期泡水而发生早期损坏。施工单位创新改进施工工艺,采用整体式钢模现浇施工,内埋塑料管,杜绝了漏水问题,能准确控制高程、外观线形平顺、表面平整美观,提升了施工质量。

4. 运用EFE(康丽德)环保生物绿化技术

对于石质含量较高的路堑边坡,采用拱形骨架客土喷播植草灌护坡往往无法对浆砌

片石拱形骨架进行施工,喷播绿化难以成活。为了尽快达到绿化效果,施工单位对传统绿化种植方法难以成活的石质边坡采用 EFE 环保生物绿化技术,通过工厂规模化生产,利用天然农作物植物纤维和纵横向具有强抗拉力的纤维网编织成环保基质材料,具备防雨水冲刷、防风、防晒、保湿、保温、保养分功能,与植物根系共同结成自然且具备生命力的生态防护网,牢牢固定并保护住坡面,构筑成新的生态"植被层"。施工不受季节影响,一个月内绿化、美化覆盖率达 90% 以上,三个月内达 98% 以上。

(五)运营管理

1. 收费站点设置(表 10-12-44)

收费站点设置情况表　　　　　表 10-12-44

站点名称	车道数	收费方式
枋洋	9(4入5出)	人工、ETC、自动取卡
岩溪	9(4入5出)	人工、ETC、自动取卡

2. 车流量发展状况(表 10-12-45)

交通流量发展状况表　　　　　表 10-12-45

年份(年)	日均车流量(辆)	年份(年)	日均车流量(辆)
2013	290	2015	3307
2014	2201		

八、甬莞线漳州天宝至诏安高速公路(天宝至诏安高速公路)(建设期:2011.04~2013.12)

(一)项目概况

1. 基本情况

天宝至诏安高速公路是海峡西岸经济区高速公路网的重要组成部分,路线途经芗城区、南靖县、平和县及诏安县,起于芗城区天宝镇高林村,接在建的厦成高速公路和已建的漳龙高速公路,止于诏安县太平镇新营村,接广东省规划的饶平至惠东高速公路,全长 107.1km。其中 K0+000~K11+480 段双向六车道,设计行车速度 100km/h,路基宽度 33.5m;K11+480~K105+830 段双向四车道,设计行车速度 100km/h,路基宽度 26m。沿线设漳州(天宝)、南靖、平和三平、平和、平和灵通山及沈海复线闽粤主线收费站共 6 处,天宝、靖城枢纽互通 2 处,小溪、官陂服务区 2 处。项目设计概算总投资 71.58 亿元,实际完成投资 69.52 亿元,按概算口径,剔除前三年运营亏损资本化 5.03 亿元,节约投资 7.09 亿元,为概算的 9.91%。

第十章

高速公路建设项目实况

项目地处山岭重丘区,地形地貌及地质情况复杂,施工难度大,桥隧总长达26.248km,占路线总长24.5%。全线共有各类桥梁45座(其中特大桥1座、大桥30座),隧道9座。在芗城区天宝镇、南靖丰田镇、平和县文峰镇和坂仔镇及安厚镇、诏安县霞葛镇等设有8处互通式立交,其中漳州(天宝)、南靖、平和三平、平和、平和灵通山为落地互通,诏安霞葛为闽粤主线收费站兼落地互通,另有天宝、靖城枢纽互通2处。全线设置小溪、官陂2处服务区,共有各类涵洞、通道353道,分离式立交4座。详见表10-12-46。

项目基本情况统计表　　　　表10-12-46

序号	项　　目		单位	数　　量	备　　注
一	技 术 标 准				
1	计算行车速度		km/h	100	
2	路基宽度	整体式路基	m	33.5/26	
		分离式路基	m	16.75/13	
3	桥面净宽		m	净−15.75,2×净−15.5/净−12,2×净−11.75	小桥与路基同宽
4	路面			沥青混凝土路面,设计年限15年,标准轴载100kN	
5	路基、桥涵设计洪水频率			特大桥1/300,其余均为1/100	
6	桥涵设计车辆荷载			公路—Ⅰ级	
二	主要工程规模				
1	路线里程		km	107.1	
2	征用土地		亩	10799	
3	拆迁房屋		m²	67383	
4	路基土石方		万m³	3648.481	
5	软土地基处理		km	1.4	
6	桥梁(主线)		m/座	13604.02/45	
	其中:特大桥、大桥		m/座	12345/31	
7	匝道桥梁		m/座	758.1/8	
8	上跨分离		m/座	452/6	
9	互通式立交		处	8	
10	分离式立交		处	4	
11	涵洞		道	316	
12	通道		道	37	
13	隧道		m/座	12644.75/9	
14	路面(主线)		万m²	278.9553	
15	主线收费站		处	6	其中主线站1处
16	服务区		处	2	

2. 前期决策情况

项目于2008年正式启动前期工作，经有关部门的充分论证评估和审查，完成了国家规定的各项基本建设程序。2008年11月3日，福建省发展和改革委员会以《关于海西高速公路网福广线漳州（天宝）至诏安段项目建议书的批复》（闽发改交能〔2008〕836号）批复项目立项。2010年9月16日，福建省发展和改革委员会以《关于海西高速公路网沈海复线高速公路漳州天宝至平和段工程可行性研究的批复》（闽发改交通〔2010〕884号）、《关于海西高速公路网沈海复线高速公路平和至诏安段工程可行性研究的批复》（闽发改交通〔2010〕886号）批复项目工程可行性研究。

3. 参建单位主要情况

（1）建设单位

漳州市高速公路建设总指挥部、漳州市高速公路有限公司，在项目业主成立之前，作为沈海复线高速公路漳州天宝至诏安段建设业主，在省交通厅、省高指的统一领导下，按照漳州市政府的工作部署，配合漳州市交通局负责开展项目的前期工作。2010年4月16日，经漳州市交通运输局批复，成立漳州沈海复线高速公路有限公司作为项目法人单位，全面负责项目的建设、筹资、运营和还贷工作。

（2）勘察设计及勘察监理、设计审查（咨询）单位

天宝至诏安高速公路设计单位共分3个合同段，分别为：S1合同段中标单位为福建省交通规划设计院、S2合同段中标单位为中国公路工程咨询集团有限公司、S3合同段中标单位为中交第二公路勘察设计研究院有限公司。勘察监理、设计审查（咨询）单位分1个合同段，中标单位为中铁二院工程集团有限公司。

（3）施工单位

项目施工单位共19家。路基工程共划分为12个合同段，路面、交通安全设施、绿化及房建工程划分为3个合同段，机电工程划分为4个合同段。

（4）监理单位

项目监理单位共4家，其中土建工程3个监理合同段、机电工程1个监理合同段。

（5）试验检测单位

项目试验检测单位共4家，其中路基土建工程3个检测合同段、路面工程1个检测合同段。

（6）隧道监控量测单位

项目隧道监控量测单位共2家，SJ1合同段中标单位为上海同济建设工程质量检测站，SJ2合同段中标单位为中交第二公路勘察设计研究院有限公司。

参与项目设计、设计咨询、监理、检测、施工及隧道工程超前地质预报等单位共33家。

其中设计单位3家,设计咨询单位1家,监理单位4家,检测单位4家,路基施工单位12家,路面、交通安全设施、绿化及房建施工单位3家,机电工程施工单位4家,隧道超前地质预报、无破损检测及监控量测单位2家。主要参建单位见表10-12-47。

主要参建单位一览表　　　　　　　　　　表10-12-47

序号	合同段	工程所在地	参建单位	工程范围	长度(km)
一			设计单位		
1	S1	芗城、南靖、平和	福建省交通规划设计院	主体工程勘察设计	51.2
2	S2	平和、诏安	中国公路工程咨询集团有限公司	主体工程勘察设计	55.9
3	S3	芗城、南靖、平和、诏安	中交第二公路勘察设计研究院有限公司	房建、机电工程勘察设计	107.1
4	Szx	芗城、南靖、平和、诏安	中铁二院工程集团有限公司	勘察监理、设计审查(咨询)	107.1
二			监理单位		
1	J1	芗城、南靖	厦门中平工程监理咨询有限公司	A1~A4、B1施工监理	30.0
2	J2	平和	合诚工程咨询股份有限公司	A5~A8、B2施工监理	35.3
3	J3	平和、诏安	西安华兴公路工程咨询监理有限公司	A9~A12、B3施工监理	41.8
4	EJ	芗城、南靖、平和、诏安	北京泰克华诚技术信息咨询有限公司	机电工程施工监理	107.1
三			试验检测单位		
1	AJC1	芗城、南靖	四川正信重点公路工程试验检测有限公司	A1~A4路基试验检测	30.0
2	AJC2	平和	厦门中平工程监理咨询有限公司	A5~A8路基试验检测	35.3
3	AJC3	平和、诏安	信阳市公路工程试验检测中心	A9~A12路基试验检测	41.8
4	JC4	芗城、南靖、平和、诏安	福建省交通建设试验检测中心	B1、B2、B3路面试验检测	107.1
四			施工单位		
1	A1	芗城	中铁一局集团有限公司	K0+000~K6+356路基土建	6.356
2	A2	芗城、南靖	中铁电气化局集团西安铁路工程有限公司	K6+356~K13+110路基土建	6.754
3	A3	南靖	中铁十五局第二工程有限公司	K13+110~K21+000路基土建	7.89
4	A4	南靖、平和	中铁十六局集团有限公司	K21+000~K30+000路基土建	9.0
5	A5	平和	中铁十七局集团第六工程有限公司	K30+000~K41+900路基土建	11.9
6	A6	平和	中铁十七局集团有限公司	K41+900~K52+192路基土建	10.292
7	A7	平和	中铁二十二局集团有限公司	K51+000~K59+000路基土建	8.0
8	A8	平和	中交第二公路工程局有限公司	K59+000~K64+900路基土建	5.9

续上表

序号	合同段	工程所在地	参建单位	工程范围	长度(km)
9	A9	平和	中铁十四局第五工程有限公司	K64+900~K74+600路基土建	9.7
10	A10	平和	中交第一公路工程局有限公司	K74+600~83+600路基土建	9.0
11	A11	平和、诏安	中铁十三局集团第一工程有限公司	K83+600~K94+500路基土建	10.9
12	A12	诏安	中国中铁股份有限公司	K94+500~K105+830路基土建	11.33
13	B1	芗城、南靖、平和	天津五市政公路工程有限公司	K0+000~K30+000路面、交安、绿化、房建	30.0
14	B2	平和	大成工程建设有限公司	K51+000~K64+900路面、交安、绿化、房建	35.3
15	B3	平和、诏安	福建路桥建设有限公司	K64+900~K105+830路面、交安、绿化、房建	41.85
16	E1	芗城、南靖、平和	福建新大陆电脑股份有限公司	K0+000~K52+192机电工程三大系统	52.192
17	ED1	芗城、南靖、平和	中铁十二局集团电气化工程有限公司	K0+000~K52+192供配电、隧道通风、照明、消防系统	52.192
18	E2	平和、诏安	北京瑞华赢科技发展有限公司	K51+000~K105+830机电工程三大系统	54.83
19	ED2	平和、诏安	中铁十四局集团电气化工程有限公司	K51+000~K105+830供配电、隧道通风、照明、消防系统	54.83
五			专项检测(监测)及科研单位		
1	SJ1	南靖、平和	上海同济建设工程质量检测站	A3~A7合同段隧道工程超前地质预报	28.8
2	SJ2	平和	中交第二公路勘察设计研究院有限公司	A8、A10合同段隧道工程施工超前地质预报	14.9

(二)建设情况

1.项目准备阶段

(1)立项审批

项目立项:2008年11月3日,福建省发展和改革委员会以《关于海西高速公路网福广线漳州(天宝)至诏安段项目建议书的批复》(闽发改交能〔2008〕836号文)批复项目立项。

水土保持:2010年1月22日,福建省水利厅关于《海西高速公路网福广线漳州至诏安段水土保持方案报告书(报批稿)》的批复(闽水保监〔2010〕4号)批复项目水土保持方案。

环境影响评价:2010年6月11日,福建省环保厅以《关于批复海西高速公路网福广线漳州至诏安段工程环境影响报告书的函》(闽环保监〔2010〕79号)批复项目环境影响报告书。

工程可行性研究:2010年9月16日,福建省发展和改革委员会以《关于海西高速公路网沈海复线高速公路漳州天宝至平和段工程可行性研究的批复》(闽发改交通〔2010〕884号)、《关于海西高速公路网沈海复线高速公路平和至诏安段工程可行性研究的批复》(闽发改交通〔2010〕886号)批复项目工程可行性研究。

初步设计:2010年11月30日,福建省交通运输厅、福建省发展和改革委员会以《关于沈海复线高速公路平和至诏安段工程初步设计的批复》(闽交建〔2010〕177号)、《关于沈海复线高速公路漳州天宝至平和段工程初步设计的批复》(闽交建〔2010〕178号)批复项目初步设计。

施工图设计:2011年10月18日和2012年2月25日,福建省交通运输厅分别以《关于沈海复线漳州天宝至平和段施工图设计文件的批复》(闽交建〔2011〕106号)、《关于沈海复线平和至诏安段施工图设计文件的批复》(闽交建〔2012〕176号)批复施工图设计。

建设用地批复:2012年7月24日,中华人民共和国国土资源部以《关于海西高速公路网沈海复线漳州天宝至诏安高速公路工程建设用地的批复》(国土资函〔2012〕566号)批复项目工程建设用地。

开工批复:2012年8月31日,福建省交通运输厅同意项目施工许可。

(2)资金筹措

福建省交通运输厅、福建省发展和改革委员会批准概算总投资71.58亿元,其中资本金25.055亿元,银行贷款46.545亿元。项目实际完成投资69.52亿元(含前三年运营亏损资本化5.03亿元)。实际筹措资金68.609亿元,其中到位资本金23.574亿元(部级6.74亿元、省级8.104亿元、市级8.73亿元),银行贷款45.035亿元。

(3)招投标工作

根据国家基本建设程序要求以及有关法律法规的规定,开展施工、监理、检测及隧道监控量测单位等各项招投标工作。

勘察设计及勘察监理、设计审查(咨询)单位招投标情况:项目设计单位共分3个合同段,勘察监理、设计审查(咨询)单位分1个合同段。因前期工作项目业主公司未成立,勘察设计及咨询单位于2009年5月由漳州市高指组织完成。

施工单位招投标情况:项目施工单位共19家。路基工程共划分为12个合同段,路面、交通安全设施、绿化及房建工程划分为3个合同段,机电工程划分为4个合同段。施工单位招标分三次进行,2010年9月进行路基土建工程施工招标,2012年10~11月进行路面、交安、绿化及房建工程施工招标,2013年4~5月进行机电工程施工招标。

监理单位招投标情况:项目监理单位共4家,其中土建工程3个监理合同段、机电工程1个监理合同段。监理单位招标分两次进行,2010年9~10月进行土建工程施工监理招标,2013年4~5月进行机电工程施工监理招标。

试验检测单位招投标情况:项目试验检测单位共4家,其中路基土建工程3个检测合同段、路面工程1个检测合同段。2010年9~10月进行路基土建工程试验检测服务招标,2012年10~11月进行路面、交安、绿化及房建工程试验检测服务招标。

隧道监控量测单位招投标情况:项目隧道监控量测单位共2家,2个合同段于2011年3月进行招标。

(4)征地拆迁

天宝至诏安高速公路建设用地严格按2012年7月24日国土资源部《关于海西高速公路网沈海复线漳州天宝至诏安高速公路工程建设用地的批复》(国土资函〔2012〕566号)批复的要求和意见进行。项目征地拆迁由各县区政府负责,设立县(区)、乡及村三级征地拆迁机构,均由政府主要领导任总指挥,县级指挥部确定一名县(区)委或政府副职领导任常务副指挥,专职抓高速公路建设征地拆迁安置工作,通过坚持宣传、统一标准、规范程序、保证公开公正等方式,保障征拆工作顺利开展。各县(区)根据地方自身情况结合项目实际,出台项目征迁补偿标准,报市政府批复后实施(漳州市政府分别以漳政综〔2010〕138号文、漳政综〔2010〕139号文、漳政综〔2010〕150号文和漳政综〔2010〕158号文批复的土地征迁和青苗补偿方案)。征迁个案由县(区)高速办委托中介机构进行评估,根据评估结果,当地政府、县(区)高速办、业主公司及产权人协商补偿方案,报市政府批复后实施。

全线征地10799亩,拆迁房屋553户67383m²,迁移三杆445处,坟墓13539座。征迁概算5.44亿元,受征地拆迁标准提高、地质灾害等引起变更的扩补征地及征迁个案等影响,实际发生7.759亿元,超出概算2.319亿元。详见表10-12-48。

征地拆迁情况统计表   表10-12-48

征地拆迁安置起止时间	征用土地(亩)	拆迁房屋(m²)	迁移三杆(处)	支付补偿费用(亿元)
2010.10~2013.12	10799	67383	13539	7.759

2.项目实施阶段

(1)重大变更(表10-12-49)

重大设计变更表   表10-12-49

序号	设计变更内容
1	K1+615、K2+975及天宝互通DK0+350三处涵洞改为1×20m中梁
2	天宝特大桥跨径62~65号4×30mT梁变更为3×40mT梁
3	天宝互通主线桥3×30mT梁变更为3×40mT梁

续上表

序 号	设 计 变 更 内 容
4	南靖互通收费站规模扩大,扩征地19.25亩
5	K13+110～K17+600长4.5km改线
6	三平互通收费站规模扩大,扩征地31.85亩
7	三平互通收费广场及A、F匝道拓宽
8	文峰分离式立交桥7×30m预制T梁变更为30m+40m+30m现浇连续箱梁
9	溪尾中桥变更为2×7m×6.5m钢筋混凝土箱涵
10	取消K57+925天桥增设改路
11	K65+130～K65+310右侧路堑边坡滑坡治理
12	K64+875～K65+130右侧路堑边坡滑坡治理
13	K87+245处增设2×30m预应力混凝土T梁天桥
14	霞葛互通主线收费站扩大及优化

(2)重大事件

2008年11月3日,福建省发展和改革委员会批复项目立项。

2010年4月16日,项目公司漳州沈海复线高速公路有限公司成立。

2010年9月16日,福建省发展和改革委员会批复工程可行性研究。

2010年9月28日,举行开工典礼。

2010年11月30日,福建省交通运输厅、福建省发展和改革委员会批复初步设计。

2011年4月1日,路基土建工程开工。

2012年8月31日,福建省交通运输厅批准开工。

2013年3月1日,路面、交通安全设施、绿化及房建工程开工。

2013年8月1日,机电工程开工。

2013年12月25日,项目通过交工验收。

2013年12月28日,全线通车。

2014年12月11日,安全"三同时"通过验收。

2015年9月17日,机电工程通过交工验收。

2015年10月29日,房建工程通过竣工验收。

(三)复杂技术工程

建设高品质的高速公路必须要有强有力的技术支撑,必须采用先进的工艺、先进的技术、先进的设备和优质的材料。天宝至诏安高速公路工程建设过程中,项目十分重视科学技术对高速公路建设的指导作用,在充分吸收应用近年来高速公路施工各项研究课题成果的同时,积极展开了一系列的科研攻关与技术创新,取得了良好效果。

1. 隧道洞顶地表注浆施工技术

A3合同段K14+320.737~K14+344.737段路基从龙厦高铁猪公寨隧道上方通过,属于浅埋地段,该场区下伏基岩为侏罗系下统梨山组砂岩(J_1L)及其风化层。地层结构为全风化砂岩:灰黄色、紫红色,岩芯呈土状。砂土状强风化砂岩:灰黄色、紫红色、灰色,风化强烈,砂感强,岩芯呈致密砂土状,局部夹块状,手可掰断。碎块状强风化砂岩:灰黄色、紫红色、灰色,风化不均匀,裂隙很发育,裂面呈暗黑色,岩芯呈砾石状,局部夹砂土状,手可掰断。中风化砂岩:灰黄色、紫红色、灰色,巨厚-厚层状构造,砂状结构,节理裂隙发育,风化痕迹明显,岩体破碎,岩芯呈短柱状,局部夹碎块状。岩性为Ⅴ级围岩,强度低,为确保施工安全,在该段采用地表注浆加固处理。根据沿线地形、地质条件,并结合龙厦铁路现状,路基方案具体设计如下:路基设计高程与铁路隧道二次衬砌拱顶高程净距为10.62m,在此范围内采用水泥注浆加固拱顶土层强度,地表注浆采用$\phi 89mm \times 6mm$无缝钢管,间距$1.5m \times 1.5m$梅花形布置,同时在高速公路路面底部采用60cm厚级配碎石,碎石上铺设26cm的钢筋混凝土整体基层,基层上面再铺设沥青路面面层,经计算以上措施能够满足高速公路路基对猪公寨隧道二次衬砌结构安全度的要求。

2. 宝丰隧道施工技术

A5标段宝丰隧道(原新店隧道)全长430m,左右洞呈分离布置,隧道区属剥蚀区丘陵地貌,地表植被发育,地形起伏变化一般,山体较圆缓,隧道左、右洞出口段处于不良地质地段,出口处地貌为冲沟地貌,表层覆盖2.2~7.9m的坡积黏性土,同时地下水极其丰富,坡积层土体在地下水的作用下处于饱和状态且夹有大量的孤石,围岩自稳性极差。施工单位自开工以来,曾多次尝试强制进洞施工,但由于该处地质条件极其特殊,一直无法正常进洞施工,边仰坡土体一经开挖,立即开裂坍塌,进洞施工后,掌子面出现富水、流泥、失稳、初期支护变形严重等现象,且整体沉降量较大。业主、设计、监理和施工单位代表多次到现场勘察,并邀请了国内知名隧道大师史玉新、地质勘查大师范士凯、省高指赵宣宪副总经理、省质监局总工林作雷以及有经验的专家、学者先后召开了5次专题研究会,并认定该段围岩为Ⅵ级围岩。最终采用明洞先行施工的方案,明洞施工完毕后再对出口段洞口山体进行帷幕注浆加固处理,同时为保证施工明洞时边仰坡土体的稳定性,在边仰坡坡脚处增设$\phi 108$钢管抗滑桩,将出口段削竹式洞门变更为端墙式洞门。进洞后,制订了加密工钢间距、增设径向小导管、增设双排超前小导管并注泥-水玻璃双液注浆、换拱、洞内大管棚及洞口管井降水等措施方案,并经实际施工验证,取得了较好的效果,确保了工程质量与工期。

3. 高边坡滑坡治理技术

A9合同段K65+130~K65+310右侧路堑原设计为三级路堑边坡,设计最大坡高约

25m。2012年5月上旬,在开挖到第一边坡时出现局部边坡坍塌现象,路堑坡顶外水平距离40~50m范围处发现有微小裂缝迹象。为控制边坡变形发展、保证施工安全,现场及时采取了坡脚堆载反压和裂缝填补等应急工程措施。在设计进行地质补勘期间,受坡体蠕滑拉张及强台风暴雨影响,坡体外形出现两条贯通性的较大裂缝,其中一条在滑坡顶部排水沟处,近南北走向,呈弧形,裂缝长度约170多米,宽度10~50cm,最大错落高度130cm;另一条在滑坡后缘距高速公路中线约100m处,总体近南北走向,呈弧形,裂缝长度130多米,宽度10~20cm,最大错落高度约60cm。设计单位紧急组织对该边坡进行补充工程地质勘查,增补地质钻孔6个,累计进尺215.45m。根据现场钻探揭示的覆盖层土质及地勘报告推测的滑动面,测算滑体纵长(滑动轴向)约100m,横宽(范围)约165m,滑动面深度8~18m,平均厚度约14m,总体积约23万m^3。业主、设计、监理和施工单位代表多次到现场勘察,并邀请了刘代文、陈桂华、廖晓平等高边坡专家参与论证,确定了以卸载土方,第二级边坡采用预应力锚索抗滑桩,第三、四预应力锚索框架,第一级坡脚设置抗滑半挡墙加固方案,外加坡面注浆小导管浅层、平孔排水,布设深部位移监测断面等的解决措施。经过施工单位精心组织、科学安排、全力抢险,最终保证了工程质量及工期。经过近五年的运营监测,该处坡体稳定,运营安全。

(四)科技创新

1.T梁施工

(1)新技术

所有钢筋工程施工时,$\phi 20$以上螺纹钢连接均采用墩粗套筒连接,既节省了原材料和时间,更保证了施工质量;在T梁生产时,T梁模板均采用横坡调节装置,保证了T梁架设后整体线型的质量与美观。

(2)新工艺

在T梁肋板钢筋绑扎时,事先安装好肋板钢筋绑扎定位架。在肋板钢筋绑扎时,通过定位架进行钢筋绑扎,钢筋位置准确,间距可控,施工时间短;T梁养护采用自动喷淋养护,肋板及翼缘板底部均能全方位进行养护,节约了人力,同时能够大大提高T梁混凝土质量;T梁预应力孔道采用新型的橡胶抽拔管施工工艺,利用橡胶的特性,可以重复使用,节约了成本,保证了孔道成孔的完整性。

(3)新设备

在T梁预应力张拉时,采用了数控张拉机,避免了人工张拉时的误差,提高了预应力数据的准确性;钢筋加工厂采用数控钢筋加工设备,避免了人工加工钢筋下料不齐、弯起位置不准确、角度不对的问题,同时提高了工作效率。

(4)新材料

T梁预应力张拉完成后,孔道注浆全部采用了预应力孔道专用压浆材料,保证了张拉及孔道压浆的质量。

2.预应力智能张拉与管道循环压浆系统在桥梁施工中的应用

由于传统预应力张拉与压浆施工完全依靠工人人工操作、肉眼判断、手工记录,施工质量难以控制,各个环节都存在劣质施工的漏洞,给桥梁预应力结构耐久性留下了极大的安全隐患。采用预应力智能张拉与压浆系统,通过计算机软件控制实现预应力张拉与压浆全过程自动化,杜绝人为因素干扰,能有效确保预应力张拉施工质量,是国内预应力张拉领域最先进的工艺。在桥梁预制施工中投入使用预应力智能张拉与压浆系统,实现了张拉压浆过程全智能控制,消除人工操作误差,能精确控制有效预应力大小,使预应力施工质量上了一个新台阶。智能压浆系统依靠创新性的"大循环"概念,通过智能系统精确操控,提高压浆密实度与充盈度,真正解决了传统预应力管道压浆施工时管道内压浆不饱满、内残留空气难以排空、影响钢绞线耐久性的难题。采用由湖南联智桥隧技术有限公司自主研发的高科技产品预应力智能张拉、智能压浆系统。结合项目实际,能有效实现预应力张拉、压浆施工全过程质量控制,达到实时跟踪、智能控制、及时纠错、真实记录施工过程,为本项目桥梁结构的安全耐久提供可靠的保障。

(五)运营管理

1.服务区设置

天宝至诏安高速公路共设置小溪及官陂2个服务区,总建筑面积约8500m²,内设办公楼、宿舍、公厕、加油站、充电站、汽修间等,主体结构为钢筋混凝土结构。

2.收费站点设置(表10-12-50)

收费站点设置情况表　　　　　　表10-12-50

站点名称	车道数	收费方式
沈海闽粤(主线站)	15(6入9出)	人工、ETC、自动取卡
漳州天宝	10(4入6出)	人工、ETC、自动取卡
南靖	9(4入6出)	人工、ETC、自动取卡
平和三平	9(4入5出)	人工、ETC、自动取卡
平和	9(4入5出)	人工、ETC、自动取卡
平和灵通山	8(3入5出)	人工、ETC、自动取卡

3.车流量发展状况(详见表10-12-51)

交通流量发展状况表　　　　　　表10-12-51

年份(年)	日均车流量(辆)	年份(年)	日均车流量(辆)
2013	340	2015	3695
2014	2708		

第十三节　S10 宁德至光泽高速公路(宁光线)

一、宁光线延平至顺昌连接线(延顺高速公路)(建设期:2013.08～2015.12)

(一)项目概况

1. 基本情况

延顺高速公路是海西高速公路网规划"三十三联"中的一条重要联络线,也是南平市第一条省市合作建设的海西网高速公路,是海峡西岸门户连接内陆省份最便捷快速通道(闽赣通道)的重要组成部分,也是福银线福建境内的重要辅助通道。与在建的顺邵高速公路、已通车的邵光高速公路、南平联络线组成福建省中北部地区通往内陆的又一出省快速通道,实现"十二五"末"县县通高速"的目标。项目建设对完善区域高速公路路网布局,充分发挥海西高速公路整体效益,实现闽北"县县通高速"的目标,促进福建经济均衡协调发展和提高国防交通保障能力具有重要意义。

延顺高速公路起于国家高速公路网长春至深圳高速公路下马石枢纽互通,经延平区西芹镇、来舟镇、王台镇、峡阳镇、顺昌县洋口镇,终于顺昌县井垄村,与建设中的顺昌至邵武高速公路相接。全长47.36km,双向四车道,路基宽24.5m。设计行车速度80km/h,七座及以下限速100km/h。主线桥梁总长度为5704.9m/23座,隧道总长14385m/12座,桥隧比为42.42%。全线设1处枢纽互通(西芹枢纽)、3处一般互通式立交(来舟、峡阳、顺昌)、3处收费站(来舟、峡阳、顺昌)、1处服务区(安窠服务区)和1处养护基地(来舟养护基地)。概算总投资41.33亿元,由福建省高速公路有限责任公司占股40%、南平市高速公路有限责任公司占股60%,共同出资建设。详见表10-13-1。

项目基本情况统计表　　　　　表10-13-1

序号	项目	单位	数量	备注
一	技术标准			
1	计算行车速度	km/h	80	
2	路基宽度(整体式路基)	m	24.5	
3	桥面净宽(整体式)	m	2×11	
	桥面净宽(分离式)	m	2×11.25	
4	路面		沥青混凝土路面,设计年限15年,标准轴载100kN	

续上表

序 号	项 目	单位	数 量	备 注
5	路基、桥涵设计洪水频率		1/100	
6	桥涵设计车辆荷载		公路—Ⅰ级	
二	主要工程规模			
1	路线里程	km	47.36	
2	征用土地	亩	4961.1	
3	拆迁房屋	m²	45642	
4	路基土石方	万 m³	2365.68	
5	软土地基处理	万 m³	110.7	
6	桥梁(主线)	m/座	5704.9/23	
7	涵洞、通道	道	126	
8	隧道	m/座	14385/12	
9	路面(主线)	万 m²	339.31	
10	主线收费站	处	3	
11	服务区	处	1	
12	停车区	处	—	

项目于2013年8月20日正式开工,2015年12月建成通车试运营。

2.前期决策情况

南平至顺昌高速公路是海西区高速公路网的组成部分,也是江西等内陆省份入闽的快速通道之一,项目建设对完善区域高速公路路网布局、充分发挥海西高速公路整体效益、促进福建经济均衡协调发展和提高国防交通保障能力具有重要意义。

3.参建单位主要情况

(1)建设单位

按照福建省高速公路"四统三分"和建设以地市为主的建设体制,延顺高速公路项目业主为南平延顺高速公路有限责任公司,由省、市高速公路公司于2013年4月共同出资组建,履行项目业主职能,全面负责项目的建设、筹资、运营、还贷工作。贯彻执行项目业主法人责任制、工程招投标制、工程监理制和合同管理制,对工程建设进行质量、安全、进度、投资控制管理。

业主在建设期间派出现场管理指挥机构南平延顺高速公路有限责任公司代表处(来舟),代表处内设计工部、综合部。代表处负责具体实施工程质量、安全、进度、投资、合同管理,并配合地方政府和高指开展征地拆迁和民事协调工作。

(2)设计单位

福建省交通规划设计院承担南平至顺昌高速公路的初步设计阶段和施工图阶段的勘

测与设计工作。

(3) 施工单位

延顺高速公路分为5个路基施工合同段,即A1合同段为中铁十七局集团第六工程有限公司、A2合同段中铁十七局集团第一工程有限公司、A3合同段浙江交通建设集团有限公司、A4合同段中交第一公路局有限公司、A5合同段中交一公局厦门工程有限公司;路面工程施工合同段1个,即B合同段福建路桥建设有限公司;机电工程3个施工标段,即E合同段福建新大陆电脑股份有限公司、ED1合同段亿阳信通股份有限公司、ED2合同段中铁电气化局集团第三工程有限公司。

(4) 监理单位

J1合同段为福建省交通建设工程监理咨询公司,J2合同段为江苏东南工程咨询有限公司,EJ合同段为北京兴通工程咨询有限公司。

项目施工及监理单位详见表10-13-2。

项目施工及监理单位一览表　　表10-13-2

标段号	标段所在地	施 工 单 位	施工里程桩号	长度(km)	承建工程	监理单位
A1	延平	中铁十七局集团第六工程有限公司	K0+141.5~YK7+000	7.21	路基土建工程	福建省交通建设工程监理咨询公司
A2	延平	中铁十七局集团第一工程有限公司	YK7+000~K13+9507	6.95		
A3	延平	浙江交通工程建设集团有限公司	K13+950~K25+000	11.05		
A4	延平、顺昌	中交第一公路工程局有限公司	K25+000~YK38+170	13.17		江苏东南工程咨询有限公司
A5	顺昌	中交一公局厦门工程有限公司	YK38+170~K47+000	8.88		
B	延平、顺昌	福建路桥建设有限公司	K0+141.5~K47+000	47.36	路面工程	
E	延平、顺昌	福建新大陆电脑股份有限公司	K0+141.5~K47+000	47.36	机电工程	北京兴通工程咨询有限公司
ED1	延平	亿阳信通股份有限公司	K0+000~K13+950	13.95	机电工程	
ED2	延平、顺昌	中铁电气化局集团第三工程有限公司	K13+950~K47+000	33.05	机电工程	

(二)建设情况

1. 项目准备阶段

(1)立项审批

项目立项:2008年12月21日,福建省发展和改革委员会以《福建省发展和改革委员会关于同意海西高速公路网南平至顺昌高速公路开展前期工作的批复》(闽发改交能〔2008〕1067号)对延顺高速公路前期作批复。

工程可行性研究:2011年10月6日,福建省发展和改革委员会以《福建省发展和改革委员会关于南平至顺昌高速公路工程可行性研究报告的批复》(闽发改交能〔2010〕218号)对延顺高速公路工可进行批复。

初步设计:2012年6月28日,《福建省交通运输厅 福建省发展和改革委员会关于南平至顺昌高速公路公路工程初步设计的批复》(闽交建〔2012〕69号)正式批复初步设计。

环境影响评价:2009年9月11日,福建省环境保护局以《福建省环保厅关于批复南平至顺昌高速公路工程环境影响报告书的函》(闽环保监〔2009〕82号)通过延顺高速公路全线环境保护和水土保持评价工作。

地震安全性评价:2008年12月31日,福建省地震局以《福建省地震局关于南平延平—顺昌高速公路线路工程地震安全性评价报告的批复》(交震〔2009〕1号)通过延顺高速公路地震安全性评价工作。

建设用地批复:《国土资源部关于南平至顺昌高速公路工程建设用地的批复》(国土资函〔2013〕435号)批复延顺高速公路建设用地。

开工批复:交通运输部于2013年8月20日下达了延顺高速公路工程开工报告,建设工期2.4年。至此,延顺高速公路全面动工建设。本项目总投资为363675.2280万元。

(2)资金筹措

根据《福建省交通运输厅、福建省发展和改革委员会关于南平至顺昌高速公路工程初步设计的批复》(闽交建〔2012〕69号),该段全长约47.353km,批复概算41.327亿元,按项目资本金35%比例,其中福建省公司投资5.786亿元(占资本金的40%),南平市公司8.679亿元(占资本金的60%),银行贷款26.86亿元(占项目投资的65%)。

(3)招投标工作

延顺高速公路各合同段招标评标工作,在省高指及上级各部门指导监督下,均严格按照《中华人民共和国招标投标法》、国家七部委和福建省招投标的有关规定执行,坚持"公开、公正、公平"的原则,按照"专家评标、业主定标、上级监督"的评标体系进行。招标前,招标文件、评标办法均上报并在省高指、省交通运输厅批准后执行,各个标段[含勘察设计、路基土建、路面(包含绿化、交安、房建)、机电、三大系统等施工标及各施工监理和试验检测标]均向全国公开招标,采用资格审查、封闭评标的形式进行。业主依法组建评审委员会,评审委员会首先对评审细则进行审定,再根据审定的评审细则对所有递交的投标文件进行评审,最后评审委员会编写评标报告。

本项目路基土建工程 A1~A5 合同段于 2013 年 5 月开始公开招标,于 2013 年 8 月正式开工建设;路基土建工程监理标段 J1、J2 合同段及试验检测中心试验室 JC1、JC2 合同段于 2013 年 6 月开始公开招标,于 2013 年 8 月全面进场履职;路面、房建及交安绿化工程 B 合同段于 2014 年 7 月开始公开招标,于 2014 年 11 月正式开工建设;机电工程及监理 E、ED1、ED2 及 EJ 合同段于 2015 年 1 月开始组织公开招标,2015 年 4 月正式开工建设,15 个合同段的招标工作共分 5 次进行。

(4) 合同段划分

延顺高速公路合同段共分为:勘察设计 1 个标段,路基土建工程 5 个施工标段,路面、交安、绿化及房建工程 1 个施工标段,路基土建工程 2 个监理标段(J2 总监办除对路基土建工程施工监理外,还含路面、交安、绿化及房建工程的监理工作),路基土建中心试验室 2 个(JC2 中心试验室除对路基土建工程进行试验检测外,还含路面、交安、房建等工程的试验检测工作),供配电和监控、收费、通信三大系统工程 3 个施工标段和 1 个监理标段。

(5) 征地拆迁

本项目拆迁工作涉及延平区、顺昌县,共需征用土地 4961.1 亩,其中耕地 949.7 亩、林地 2702 亩,建设用地 1241.6 亩,未利用地 67.8 亩;共需拆迁房屋 4.6 万 m^2,迁移杆线 682 根。其中:延平区的征迁总面积 4226 亩,总里程 29.2km;房屋拆迁总面积 111 栋/27542m^2;杆线共迁改 212 根。顺昌县的征迁总面积 1219 亩,征迁总里程 8.04km;房屋拆迁总面积 56 栋/18100m^2;杆线共迁改 470 根/52 处。

征地拆迁工作从 2013 年 8 月开始,至 2014 年底红线内的征地拆迁基本结束(除变更扩征外),之后征迁工作重点转向民事协调以及设计遗漏和变更扩征所增的征迁工作。征迁费用累计支付给南平市高速公路建设总指挥部 4.30 亿元,具体情况见表 10-13-3。

征地拆迁情况统计表　　　　表 10-13-3

项目工期	征地拆迁安置起止时间	征用土地(亩)	拆迁房屋(m^2)	支付补偿费用(亿元)	备注
一期	2013.08~2014.12	4961.1	45642	4.30	

2. 项目实施阶段

(1) 重大决策

本项目工程设计变更按省高指有关文件、工程计量支付与变更管理实施细则等实行分级管理,为了不影响工程正常施工、缩短工程变更的审批周期,本工程变更先进行变更方案审批。再进行变更报告审批,变更方案一经审批,施工单位可先行着手施工,变更报告仍按规定程序申报及审批,变更报告审批流程结束后,由总监办根据业主计划工程部下发的审批单签发《工程变更令》一式七份,施工单位、设代、总监办、代表处各留档一份,延顺公司留档三份。

(2)重大变更

①施工单位对 AK0+115~AK0+370 段右侧路堑边坡防护设计提出优化,减小对原高边坡防护的破坏,并力求最大限度减小石方开挖量和施工持续时间,以减小对长深线南平段通车运营安全的影响。

②岩仔头隧道水泥路面变更为沥青复合式路面。

③K13+950~K14+850 段经过来舟镇蛟湖,占用新曙光奶牛场的用地,对 K13+520~K13+950 路线向右改移变更设计。

④坑尾大桥顺昌台施工对岩仔头隧道施工影响较大,为方便岩仔头隧道施工,保持浆甲大桥第一联 1、2 跨跨径不变,将左右幅第 3 跨跨径缩短 2m,同时将转向车道随之向大里程方向平移 2m 变更设计。

⑤大窠山 2 号隧道出口(ZK7+943)与浆甲大桥起点(ZK7+974)长度为 16m 路段(扣除隧道洞外过渡段 10m 和桥梁搭板 8m)路面结构层变为复合式路面;大窠山 2 号隧道出口(YK7+920)与坑尾大桥起点(YK7+946)长度为 6m(扣除隧道洞外过渡段 10m 和桥梁搭板 8m),现将桥梁搭板延长 6m,路面结构层采用桥梁搭板路面结构层。

⑥傍溪大桥终点(K20+266)与王台 1 号大桥起点(K20+321.5)长度为 39.5m 路段(扣除两桥梁搭板共 16m)路面结构层变为复合式路面。

⑦对 A4 标段下际服务区及其他不良地质灾害治理工程设计及 K32+850~K33+060 段左侧滑坡治理工程设计。

⑧在费用包干的情况下将峡阳互通主线桥由 1×30m 斜交预制 T 梁变更为现浇箱梁方案。

⑨顺昌 1 号隧道出口(ZK45+013)与顺昌 2 号隧道进口(ZK45+092)长度为 59m 路段(扣除两隧道洞外过渡段 20m)路面结构层变为复合式路面;顺昌 1 号隧道出口(YK45+015)与顺昌 2 号隧道进口(YK45+097)长度为 62m 路段(扣除两隧道洞外过渡段 20m)路面结构层变为复合式路面;沙阴垄分离式桥终点(ZK45+878)与顺昌 3 号隧道进口(ZK45+892)长度为 4m,现将桥梁搭板延长 4m,路面结构层采用桥梁搭板路面结构层。

⑩鉴于顺昌互通收费站管理区原设计场地建设需拆迁房屋较多(约 2.6 万 m^2),拆迁安置难度大、费用高,将顺昌互通收费站管理区场地从右侧移至左侧。

⑪对顺昌互通 AK0+550~CK0+050 段右侧滑坡治理工程设计,具体方案由设计单位根据地质补充勘探的情况等资料比选后进行变更设计。

(三)运营管理

1. 服务区设置

延顺高速公路设1个顺昌管理中心、3个互通收费站、1对服务区。南平管理分公司负责行业监管。自2015年通车至2018年3月底,共进出各型车辆1888629辆。

2. 收费站点设置(表10-13-4)

沿线收费站设置表　　　　　　　　　　表10-13-4

站点名称	车道数	收费方式
南平来舟	8(4入4出)	车型+计重(现金+电子)
南平峡阳	8(4入4出)	车型+计重(现金+电子)
顺昌	8(3入5出)	车型+计重(现金+电子)

3. 车流量发展状况(表10-13-5)

交通流量发展状况表　　　　　　　　　表10-13-5

年份(年)	日均车流量(辆)
2015	2453

二、宁光线邵武至光泽高速公路(邵光高速公路)(建设期:2012.06~2015.12)

(一)项目概况

1. 基本情况

邵光高速公路是海峡经济区高速公路网"三纵、八横、三环、三十三联"中的一条重要连接线,是福建中北部地区通往内地的又一条快速通道。该通道的建设,可将福州港与国家"7918"高速公路网中的济南广州线相连,拓展了福州港的经济腹地,促进海峡西岸经济区东出西进战略格局的形成。本项目开辟了福建与江西等内陆省份又一快速连接通道,有利于加强闽北地区与江西鹰潭、抚州、资溪等地的经济交流,促进福建与江西乃至中西部地区的经济合作。本项目的实施还将极大改善南平市交通条件,带动南平区域经济发展,有利于促进福建省高速公路"县县通高速"总体目标的实现。

邵光高速公路起点位于邵武市下沙镇下王塘村,终点位于光泽县华桥乡铁关村龚家际(闽赣界)的铁关隧道,与江西省规划的花山界至里木高速公路对接,路线全长66.22km。全线桥隧比32.55%,路基宽度24.5m,另有二级公路标准的连接线7.55km。全线土石方挖方1389万 m^3,桥梁8212m/26座,隧道13344m/9.5座;涵洞通道9162m/162道,互通式立交4处,服务区1处,主线收费站1处,普通收费站3处。项目总概算48.05亿元,邵光高速公路采用社会投资,属BOT项目,原股东三家为湖南路桥持股

41%,南平高速持股40%,武夷汇华公司持股19%;武夷汇华公司所持股份转让后,福建邵光高速公路发展有限公司的持股比例为:湖南路桥持股51%、南平高速持股49%。施工采用"设计+施工"的总承包模式,由湖南路桥建设集团有限责任公司总承包。路线经过的主要地点为邵武市、光泽县,在下王塘互通与建成的浦建(武邵)高速公路相连。沿线设下王塘枢纽互通、邵武水北落地互通、光泽落地互通及光泽金岭落地互通,设邵武水北收费站、光泽收费站、金岭收费站及闽赣主线收费站,设云灵山(原名水北)服务区1个。其主要技术指标采用双向四车道高速公路标准,设计行车速度80km/h,路基宽度24.5m,分离式单幅路基宽度为12.25m。汽车荷载等级为公路—Ⅰ级;设计洪水频率为特大桥1/300,大桥1/100,中、小桥、涵洞1/100。主要控制性工程为茅坪隧道,长4.49km。详见表10-13-6。

项目基本情况统计表　　　　　　　　表10-13-6

序号	项目		单位	数量	备注
一	技术标准				
1	计算行车速度		km/h	80	
2	路基宽度	整体式路基	m	24.5	
		分离式路基	m	12.5	
3	桥面净宽		m	2×11.0	小桥与路基同宽
4	路面			沥青混凝土路面,设计年限15年,标准轴载100kN	
5	路基、桥涵设计洪水频率			特大桥1/300,其余均为1/100	
6	桥涵设计车辆荷载			汽车—超20级、挂车—120	
二	主要工程规模				
1	路线里程		km	66.22	
2	征用土地		亩	6574	
3	拆迁房屋		m²	22231.49	
4	路基土石方		万m³	1389	
5	软土地基处理		km	13.52	
6	桥梁(主线)		m/座	8212/26	
	其中:特大桥、大桥		m/座	7610.05/19	
7	匝道桥梁		m/座	1682.8/13	
8	上跨分离		m/座	1097.3/9	
9	互通式立交		处	4	
10	分离式立交		处	13	
11	涵洞		道	53	
12	通道		道	122	

续上表

序号	项目	单位	数量	备注
13	隧道	m/座	13344/9.5	
14	路面(主线)	万 m²	151.11	
15	主线收费站	处	4	其中主线站 1 处
16	服务区	处	1	
17	停车区	处	1	

2.前期决策情况

邵光高速公路是海西区高速公路网的组成部分,也是江西等内陆省份入闽的快速通道之一,它的建设对完善路网布局,提高国防交通保障能力,带动闽北老区经济发展,加强闽赣经贸合作和促进全省经济协调均衡发展具有重要意义。2008年4月15日,省发改委以闽发改交能〔2008〕258号文《关于海西公路网邵武至光泽(闽赣界)高速公路项目建议书的批复》批准了项目立项。2010年8月9日,福建省交通运输厅、福建省发改委以闽交建〔2010〕110号文《关于海西公路网邵武至光泽(闽赣界)高速公路初步设计的批复》批复了邵光高速公路的初步设计方案。国土资函〔2011〕817号文《国土资源部关于海西高速公路网邵武至光泽高速公路工程建设用地的批复》及福建省人民政府闽政文〔2012〕293号文《福建省人民政府关于海西高速公路网邵武至光泽高速公路工程建设用地的批复》批复了邵光高速公路的工程建设用地。

3.参建单位主要情况

(1)建设单位

由资本投资方南平高速公路公司及湖南路桥建设集团有限责任公司共同组建了福建邵光高速公路发展有限公司,履行业主职能,全面负责项目的建设、筹资、运营和还贷工作。

(2)设计单位

邵光高速采用"设计+施工"总承包模式,由福建省交通规划设计院与湖南路桥建设集团有限责任公司组成的联合体中标,设计工作由福建省交通规划设计院完成。

(3)施工单位

湖南路桥建设集团有限责任公司为总承包单位,下设土建分部7个,路面分部2个,交安分部2个,机电分部2个,机电三大系统分部1个,房建分部2个,绿化分部2个。

(4)监理单位

共分为2个监理标段及1个专业监理标段,监理J1标单位为福建省交通建设工程监理咨询公司,监理J2标为福建省新路达交通监理建设监理有限公司,专业监理为三大系统专业监理,单位为中国公路工程咨询有限公司。

(5)检测单位

共分为两个检测标段,检测 JC1 标单位为厦门市工程检测中心有限公司,检测 JC2 标单位为厦门合诚工程检测有限公司。

项目施工及监理单位详见表10-13-7。

项目施工及监理单位一览表　　　　　　　　　　表 10-13-7

标段号	标段所在地	工程内容	长度（km）	施工单位	监理单位
A1	邵武	K0+000~K8+370 路基	8.37	湖南路桥建设集团有限责任公司	福建省交通建设工程监理咨询公司
A2	邵武	K8+370~K19+000 路基	10.63	湖南路桥建设集团有限责任公司	福建省交通建设工程监理咨询公司
A3	邵武	YK19+000~YK26+730 路基	7.73	湖南路桥建设集团有限责任公司	福建省交通建设工程监理咨询公司
A4	光泽	YK26+730~K37+420 路基	10.69	湖南路桥建设集团有限责任公司	福建省新路达交通监理建设监理有限公司
A5	光泽	K37+420~K50+600 路基	13.18	湖南路桥建设集团有限责任公司	福建省新路达交通监理建设监理有限公司
A6	光泽	K50+600~YK58+800 路基	8.2	湖南路桥建设集团有限责任公司	福建省新路达交通监理建设监理有限公司
A7	光泽	YK58+800~YK66+222 路基	7.422	湖南路桥建设集团有限责任公司	福建省新路达交通监理建设监理有限公司
B1	邵武	K0+000~K30+130 路面	30.13	湖南路桥建设集团有限责任公司	福建省交通建设工程监理咨询公司
B2	光泽	K30+130~K66+222 路面	36.092	湖南路桥建设集团有限责任公司	福建省新路达交通监理建设监理有限公司
F1	邵武	K0+000~K30+130 房建	30.13	湖南路桥建设集团有限责任公司	福建省交通建设工程监理
F2	光泽	K30+130~K66+222	36.092	湖南路桥建设集团有限责任公司	福建省新路达交通建设监理有限公司
JA1	邵武	K0+000~K30+130	30.13	湖南路桥建设集团有限责任公司	福建省交通建设工程监理

续上表

标段号	标段所在地	工程内容	长度（km）	施工单位	监理单位
JA2	光泽	K30+130~K66+222	36.092	湖南路桥建设集团有限责任公司	福建省新路达交通建设监理有限公司
L1	邵武	K0+000~K30+130	30.13	湖南路桥建设集团有限责任公司	福建省交通建设工程监理
L2	光泽	K30+130~K66+222	36.092	湖南路桥建设集团有限责任公司	福建省新路达交通建设监理有限公司
ED1	邵武	K0+000~K30+130	30.13	湖南路桥建设集团有限责任公司	中国公路工程咨询集团有限公司
ED2	光泽	K30+130~K66+222	36.092	湖南路桥建设集团有限责任公司	中国公路工程咨询集团有限公司
SC	邵武、光泽	K0+000~K66+090	66.222	湖南路桥建设集团有限责任公司	中国公路工程咨询集团有限公司

（二）建设情况

1．项目准备阶段

（1）立项审批

项目立项：福建省发展和改革委员会以《关于海西高速公路网邵武至光泽（闽赣界）高速公路项目建议书的批复》（闽发改交能〔2008〕258号）同意项目立项。

工程可行性研究：福建省发展和改革委员会以《关于海西高速公路网邵武至光泽高速公路可行性研究报告（调整本）的批复》（闽发改交能〔2011〕1253号）批复工程可行性研究报告，同意路线方案、技术标准、投资控制和建设工期。

初步设计：福建省交通运输厅、福建省发展和改革委员会以《关于海西高速公路网邵武至光泽（闽赣界）高速公路初步设计的批复》（闽交建〔2010〕110号）对初步设计进行了批复。

环境影响评价：福建省环保局以《关于批复邵武至光泽（闽赣界）高速公路环境影响报告书的函》（闽环保监〔2009〕23号）通过邵光高速公路全线环境保护和水土保持评价工作。

地震安全性评价：福建省地震局以《关于〈邵武至光泽（界）高速公路线路工程地震安全性评价报告〉的批复》（闽震〔2008〕201号）通过邵光高速公路地震安全性评价工作。

建设用地批复:国土资源部以《关于海西高速公路网邵武至光泽高速公路工程建设用地的批复》(国土资函〔2011〕817号)批复邵光高速公路建设用地。

(2)资金筹措

邵光高速公路项目概算总投资48.05亿元,其中建安工程费360359万元,设备购置费10257万元,土地征迁补偿费31617万元,建设项目管理费10202万元,研究试验费50万元,勘察设计费6953万元,专项评估费366万元,建设期贷款利息费用29803万元,预备费21114万元。

项目资金来源主要为福建南平市高速公路有限责任公司和湖南路桥建设集团有限责任公司股东自有资金168188万元以及银行贷款312350万元。其中自有资金构成明细为:福建南平市高速公路有限责任公司出资82412万元,占总投资17.15%;湖南路桥建设集团有限责任公司出资85776万元,占总投资17.85%;银行贷款312350万元,占总投资65%。

(3)招投标工作

邵光高速公路投资人招标、监理、检测等合同段招标评标工作,在省、市高指及市交通运输局等上级各部门指导监督下,严格按照《中华人民共和国招标投标法》、国家七部委和福建省招投标的有关规定执行,坚持"公开、公正、公平"的原则,按照"专家评标、业主定标、上级监督"的评标体系进行。无论投资人招标、监理招标及试验检测招标,招标前招标文件、评标办法均上报并在省高指、省交通厅批准后执行。各个标段均向全国公开招标,采用资格后审评标,招标评标过程实行全过程封闭、全过程监督的方式。监督工作由南平市交通运输局纪委、南平市高速公路有限责任公司监察室等负责。评标委员会根据招标文件对投标人投标文件中的商务及技术文件进行形式评审与响应性评审并进行资格审查、信用分评分;对通过商务及技术文件评审的投标文件进行报价文件符合性审查;对通过符合性审查的报价文件进行算术性修正及评分,在总评分依序排名的基础上,评标委员会编写评标报告,向招标人推荐中标候选人。

评标结束后,业主根据评审委员会的评标报告,经公司董事会研究定标,上报省高指和省交通运输厅核备并上网公示,在规定的核备和公示期后,向无异议的中标单位发送中标通知。业主与中标单位进行合同谈判,达成一致意见后签订承包合同、质量管理目标责任书、安全生产合同、廉政合同等。

(4)合同段划分

路基工程共划分为7个合同段,路面工程划分为2个合同段,交通安全设施工程划分为2个合同段,绿化工程划分2个合同段,房建工程划分为2个合同段,交通三大系统工程划分为1个合同段,通风照明及供配电工程划分为2个合同段。

(5)征地拆迁

本项目征迁工作委托福建南平高速公路建设总指挥部负责,具体由邵武市、光泽县通过包干形式,承担辖区内邵光高速公路建设过程用地的征地拆迁补偿安置工作。

本项目征迁工作于2012年2月24日开始,全线共征地6574.00亩,征地费用11542.808万元;房屋拆迁面积22231.49m²(其中个案3957.97m²),拆迁补偿费1629.3428万元(其中个案拆迁费用119.0194万元);坟墓迁移1347座,费用82.35万元;杆线迁移费用3461.7764万元。2013年底,征地拆迁工作全面完成。详见表10-13-8。

征地拆迁情况统计表　　　　　　　　　　　　　表10-13-8

征地拆迁安置起止时间	征用土地(亩)	拆迁房屋(m²)	支付补偿费用(万元)	备 注
2012.02~2013.12	6574	22231.49	11542.808	

2.项目实施阶段

(1)重大决策

本项目长及特长隧道路面结构原设计为:26cm厚水泥混凝土面层+20cm厚C20素混凝土调平层,水泥混凝土路面设计弯拉强度为5.0MPa。为提高隧道路面抗滑性能和行车舒适性,按照省高指《关于研究新建高速公路路面结构设计原则的会议纪要》(〔2014〕4号)精神,将本项目长及特长隧道的路面结构均优化变更为复合式路面结构。

(2)重大变更(表10-13-9)

重大设计变更表　　　　　　　　　　　　　　　表10-13-9

序　号	设 计 变 更 内 容
1	全线路堑边沟沟壁C20预制块变为C20现浇混凝土
2	北溪大桥桥面抬高及增设四跨
3	K47+592.5~K47+809.5段路基改桥
4	华侨收费站受考古影响变更
5	K28+450~K28+650左侧边坡变更
6	K30+660~K30+800右侧挖方段高边坡变更
7	和顺1号隧道水泥混凝土路面调整为复合式水泥混凝土路面
8	K19+280~K19+445右采空区加固
9	上元头1号隧道出口YK61+570~YK61+605段右侧向回填区变更
10	茅坪隧道(ZK56+161~ZK58+795/YK56+175~YK58+800)洞内水泥混凝土路面调整为复合式路面
11	ZK53+687~ZK54+088/YK53+710~YK54+113高家垄隧道洞门墙变更

(3)重大事件

2014年9月25日,龙斗大桥合龙贯通。

2014年10月20日,和顺1号隧道左右线贯通。

2014年11月26日,和顺2号隧道左右线贯通。

2015年1月30日,高家垄隧道左右线贯通。

2015年3月5日,茅坪隧道右线贯通。

2015年5月12日,莫口2号隧道左右线贯通。

2015年5月28日,茅坪隧道左线贯通。

2015年6月30日,下沙隧道合龙贯通。

2015年6月15日,中坊大桥合龙贯通。

2015年7月16日,莫口1号隧道左右线贯通。

2015年12月26日,邵光高速公路全线建成通车。

(三)复杂技术工程

隧道:茅坪隧道(4749m,以左线计)属构造中低山地貌,地形起伏大、下缓上陡,天然山坡坡度20°~45°,山脊(顶)陡峭,基岩出露。进口处地面高程470~490m,出口处地面高程430~450m,隧道轴线最大海拔高程1020m,植被发育。进口段自然坡度20°~30°,出口段自然坡度35°~45°。

拟建路线区域位于新华夏系第二复式隆起及南岭东西向复杂构造带的复合部位的闽西北华夏隆起带内,长期的历史演变,强烈的褶皱及岩浆活动,使之历次构造运动相互复合、彼此干扰和迁就,形成区域构造形式多样复杂。拟建隧道最大埋深555m,深部围岩为微风化花岗岩,为较坚硬岩~坚硬岩,岩体呈块体状。场区主要发育7条断层构造带和节理密集带,与隧道轴向相交,对隧道围岩的稳定性有影响。根据地勘报告,茅坪隧道洞身发生岩爆可能性较大,开挖爆破作业是本线路的难点工程。

(四)科技创新

本项目在实施过程中,高度重视科研课题的研究及新技术、新材料、新工艺的采用,采用了预应力智能张拉技术、特长隧道路面沥青混凝土温拌技术等新工艺和新材料,并重点开展了下面3个科研项目的课题研究。

1.桥梁预应力智能张拉技术

为了有效杜绝邵光高速公路桥梁预应力T梁和现浇预应力箱梁在预应力张拉过程中人为因素的干扰,保证桥梁预应力张拉施工质量满足规范和设计要求,邵光高速公路各土建标段在桥梁预应力张拉过程中均采用了桥梁预应力智能张拉技术(智能张拉设备)进行张拉,做到自动、同步、精确控制张拉应力、加载速率、停顿点、持荷时间等要素,自动采集并校核伸长值误差。

2.特长隧道路面沥青混凝土温拌技术

茅坪特长隧道长4749m,由于隧道内路面施工空间狭小,相对较封闭,采用热拌沥青混合料施工可能会导致施工人员高温中暑、尾气废气中毒、摊铺机"开锅"停机等问题。

不连续的沥青混合料摊铺、碾压施工很大程度影响了路面的压实度和平整度等各种性能。为保障施工人员安全、改善施工作业环境和提高路面施工质量,茅坪特长隧道在摊铺沥青路面时除了采用强制通风的措施外,还采用了沥青混凝土温拌技术,即在沥青混合料中加入表面活性温拌外加剂,用来降低混合料的温度。

3. 新材料应用

隧道机电预留预埋管道从设计的镀锌管变更为隧道纵向 PVC 格栅管和隧道环向 PE 管,既方便隧道机电预留预埋的二次衬砌施工,又方便机电工程线缆穿线,同时消除因金属管道口毛刺划破线缆绝缘的质量隐患。

(五)运营管理

1. 服务区设置

邵光高速公路设 3 个互通收费站,1 个主线收费站,设云灵山(原名水北)服务区 1 个。

2. 收费站点设置(表 10-13-10)

收费站点设置情况表　　　　　　　　　　　　　表 10-13-10

站 点 名 称	收 费 方 式
水北	车型 + 计重(现金 + 电子)
光泽	车型 + 计重(现金 + 电子)
金岭	车型 + 计重(现金 + 电子)
闽赣	车型 + 计重(现金 + 电子)

3. 车流量发展状况(表 10-13-11)

交通流量发展状况表　　　　　　　　　　　　　表 10-13-11

年份(年)	日均车流量(辆)
2015	1339

第十四节　S12 莆田至永定高速公路(莆永线)

一、莆永线莆田至秀屿高速公路(莆秀高速公路)(建设期:2007.04~2009.12)

(一)项目概况

1. 基本情况

莆秀高速公路是莆田市、仙游及周边地区通往秀屿港及湄洲岛国家级旅游区的重要公路,也是福建省第一条采用 BOT 方式投资建设的高速公路,全长 23.583km,设计采用交通部颁《公路工程技术标准》(JTG B01—2003),设计行车速度为 100km/h,路基宽度为 26m 的四车道高速公路标准,单向行车道宽 2×3.75m,中间带宽度 3.5m(含中央分隔带宽 1.5m 和两侧路缘带宽各 1.0m),硬路肩宽 3.0m(含路缘带宽 0.5m),土路肩宽 0.75m;桥涵与路基同宽,设计汽车荷载等级为公路—Ⅰ级;全线采用全封闭、全立体交叉。项目概算总投资 16.3395 亿元,实际完成投资 16.2532 亿元。

该项目起点位于莆永高速公路 K9+821,途经莆田市城厢、荔城、秀屿三区六乡镇,终点位于莆永高速公路 K33+404 连接,主线全长 23.583km,全线设莆田西、西埔、秀屿 3 处互通。全线共有大、中、小桥梁共 31 座;各类涵洞、通道 140 道;在莆田西、西埔、秀屿设置 3 处互通式立交,其中西埔互通为枢纽互通;全线设置善乡 1 对服务区;设置莆田西、秀屿 2 个收费站。详见表 10-14-1。

项目基本情况统计表　　　　　　　　　　　　　　　　表 10-14-1

序号	项目	单位	数量	备注
一	技术标准			
1	计算行车速度	km/h	100	
2	路基宽度(整体式路基)	m	26	
3	桥面净宽	m	2×11.5	
4	路面		沥青混凝土路面,设计年限 15 年,标准轴载 100kN	
5	路基、桥涵设计洪水频率		特大桥 1/300,其余均为 1/100	
6	桥涵设计车辆荷载		汽车—超 20 级、挂车—120	
二	主要工程规模			
1	路线里程	km	23.583	
2	征用土地	亩	2850	
3	拆迁房屋	m²	53000	
4	路基土石方	万 m³	573	
5	软土地基处理	km	3.8	
6	桥梁(主线)	m/座	2818.51/19	
	其中:特大桥、大桥	m/座	2407.18/4	
7	匝道桥梁	m/座	2352.69/12	
8	互通式立交	处	3	
9	涵洞、通道	道	140	
10	路面	万 m²	229.672	
11	匝道收费站	处	2	
12	服务区	处	1	

2007年1月18日,项目控制性工程木兰溪大桥动工;2007年4月20日,全面开工。建设期为3年,于2009年12月1日全线提前建成通车。

2.前期决策情况

莆田地处福建省东南沿海的中部,是国家级旅游度假区和妈祖文化的发祥地。莆秀高速公路是连接福建省规划的沿海高速公路复线、同三线及秀屿、湄洲岛国家级旅游度假区快速通道的一段,有利于完善福建省高速公路网功能,进一步发挥福泉高速公路的整体效益;有利于改善湄洲湾北岸港口的集疏条件和扩大秀屿港的经济腹地,并带动当地经济发展和港区发展。该项目的建设对满足交通量增长的需要,发挥湄洲岛妈祖文化的独特作用具有积极意义。

莆秀高速公路项目前期工作由莆田市高速公路有限责任公司开展,2001年6月,委托福建省交通规划设计院编制预可行性研究和工程可行性研究报告。2001年11月,福建省发展计划委员会组织完成了预可行性研究报告的审查工作。2001年12月,福建省交通规划设计院完成预可行性研究报告修编工作,2003年7月25日,福建省发展计划委员会《关于同三国道主干线福泉高速公路莆田至秀屿支线公路项目建议书的批复》(闽计基础〔2003〕202号)批复莆秀高速公路项目建议书,同意立项。

3.参建单位主要情况

(1)建设单位

莆田市高速公路有限公司在项目业主成立之前,作为莆秀高速公路建设的主管部门配合省高指负责开展本项目的前期工作。2006年6月,经有关部门批准,由莆田市组织该项目公开招标选择项目投资者,经公开招标确定由福建正荣集团有限公司和湖南建工集团总公司组成的联合体中标。福建省发展和改革委员会《关于变更福泉高速公路莆田至秀屿支线项目业主的批复》(闽发改交能〔2007〕700号)由中标联合体和福建省高速公路有限责任公司、莆田市高速公路有限责任公司合资成立莆田市莆秀高速公路有限公司,负责莆秀高速公路资金筹措、建设实施、经营、运营管理、养护维修、债务偿还和资产管理。

(2)设计单位

中交第一公路勘察设计研究院承担莆秀高速公路的初步设计阶段和施工图阶段的勘测与设计工作,全长23.583km。

(3)施工单位

项目施工单位共8家,其中路基工程共划分为4个合同段,路面及交通安全设施工程划分为1个合同段,绿化工程划分1个合同段,房建工程划分为1个合同段,交通机电工程划分为1个合同段。

（4）监理单位

项目监理单位共2家,全线路基工程1个监理标段、路面项目1个监理标段、机电项目1个监理标段、房建项目1个监理标段。莆秀高速公路施工及监理单位详见表10-14-2。

项目施工及监理单位一览表　　表10-14-2

标段号	标段所在地	工程内容	长度(km)	施工单位	监理单位
A	城厢区	K31+774～K33+404 路基	1.63	福建省第一公路工程公司	福州路信交通建设监理有限公司
B	荔城区	K23+945～K31+774 路基	7.829	中铁十五局集团第四工程有限公司	福州路信交通建设监理有限公司
C	荔城区	K20+389～K23+945 路基	3.556	路桥集团国际建设股份有限公司	福州路信交通建设监理有限公司
D	秀屿区	K9+821～K20+389 路基	10.568	江西有色工程有限公司	福州路信交通建设监理有限公司
E	城厢区、荔城区、秀屿区	K9+821～K33+404 路面	23.583	江西省交通工程集团公司	福州路信交通建设监理有限公司

（二）建设情况

1. 项目准备阶段

（1）立项审批

项目立项:2003年7月25日,福建省发展计划委员会以闽计基础〔2003〕202号文《关于同三国道主干线福泉高速公路莆田至秀屿支线公路项目建议书的批复》批复莆秀高速公路项目建议书,同意立项。

工程可行性研究:2005年6月14日,福建省发展和改革委员会以闽发改交能〔2005〕562号文《关于福泉高速公路莆田至秀屿支线可行性研究报告的批复》批复工程可行性研究报告,同意路线方案、技术标准、投资控制和建设工期;因海西高速公路网的规划实施、福泉高速公路扩建、莆田市城市规划调整、湄洲湾疏港铁路支线规划实施及征地拆迁政策调整等变化,原审批规模与投资发生较大的变化。2008年4月2日,福建省发展和改革委员会以闽发改交能〔2008〕227号文《关于福泉高速公路莆田至秀屿支线可行性研究报告调整的批复》批复了可行性研究报告调整。

初步设计:2006年4月4日,福建省交通厅、福建省发展和改革委员会以闽交建〔2006〕54号文《关于福泉高速公路莆田至秀屿支线公路初步设计的批复》联合批准工程初步设计;2008年6月2日,福建省交通厅、福建省发展和改革委员会以闽交建〔2008〕75号文《关于福泉高速公路莆田至秀屿支线公路初步设计调整的批复》联合批准工程初步设计调整。

施工图:2008年7月28日,福建省交通厅以闽交建〔2008〕100号文《关于福泉高速公路莆田至秀屿支线公路施工图设计文件的批复》批复了施工图设计文件。

环境影响评价:2005年3月22日,福建省环境保护局以闽环保监〔2005〕25号文《关于批复同三国道主干线福泉高速公路莆田至秀屿支线公路环境影响报告书的函》,通过莆秀高速公路全线环境保护和水土保持评价工作。

地震安全性评价:2004年12月27日,福建省地震局以闽震〔2004〕184号文《关于福泉高速公路莆田至秀屿支线公路工程地震安全性评价报告的批复》通过莆秀高速公路地震安全性评价工作。

建设用地批复:2008年1月24日,福建省人民政府以闽政文〔2008〕28号文《关于福泉高速公路莆田至秀屿支线公路建设用地的批复》批复莆秀高速公路建设用地。

开工批复:福建省交通厅于2008年10月签署施工许可。

(2)资金筹措

莆秀高速公路初步设计调整后概算经福建省交通厅、福建省发展和改革委员会批复金额为16.34亿元,其中建安投资总额为9.30亿元,设备及工具、器械购置费0.18亿元,工程建设其他费用6.13亿元,预留费用0.73亿元,税金差13.6961万元。其建设资金为:省级(福建省高速公路有限责任公司)资本金投入1亿元,莆田市级(莆田市高速公路有限责任公司)资本金投入0.5亿元,项目投资人(正荣集团)4.2188亿元,银行贷款10.6207亿元。

(3)招投标工作

根据国家基本建设程序要求以及有关法律、法规的规定,开展施工、监理等各项招投标工作。

施工单位招投标情况:路基土建工程施工招标面向国内公开招标,采用合理低价法评标;分两次进行。第一次业主于2006年10月20日发布招标公告,招标文件在报省高指、省交通厅审查报备后于2006年10月出售,2006年11月完成开标评标工作,确定中标候选人。第二次业主于2006年12月4日发布招标公告,招标文件在报省高指、省交通厅审查报备后于2006年12月出售,2007年1月完成开标评标工作,确定中标候选人。其他施工合同段招标,在本项目经过股东会研究确定采用概算包干管理模式后,经与省交通厅、省高指等有关主管部门协商,为加快推进莆秀项目建设进度,均采取邀请招标方式进行,采用合理低价法评标。路面及交通安全设施工程从省内外从事高速公路路面施工的技术实力强、信誉好的施工单位中选择3家单位发出投标邀请书,3家单位均在规定时间内响应,2007年10月18日完成评审工作。绿化工程从省内外从事高速公路绿化施工的技术实力强、信誉好的施工单位中选择3家单位发出投标邀请书,3

家单位均在规定时间内响应,2008年8月30日完成评审工作。收费站房建工程从省内外从事高速公路收费站房建工程施工的技术实力强、信誉好的施工单位中选择3家单位发出投标邀请书,3家单位均在规定时间内响应,2009年3月5日完成评审工作。交通机电工程从省内外从事高速公路交通机电工程施工的技术实力强、信誉好的施工单位中选择6家单位发出投标邀请书,6家单位均在规定时间内响应,2009年4月28日完成评审工作。

监理单位招投标情况:全线共计2个施工监理标,施工监理面向国内公开招标,业主(原莆田市高速公路有限责任公司)于2006年8月9日发布招标公告,招标文件在报省高指、省交通厅审查报备后于2006年8月出售,2006年9月完成开标评标工作。

(4)合同段划分

路基工程共划分为4个合同段,路面及交通安全设施工程划分为1个合同段,绿化工程划分1个合同段,房建工程划分为1个合同段,交通机电工程划分为1个合同段。

(5)征地拆迁

莆秀高速公路征地拆迁涉及莆田市3个区、7个乡镇、28个行政村,征用土地合计2850亩,拆迁房屋面积约5.3万m^2(城厢、荔城),迁移三杆约20km。莆秀高速公路项目对征地拆迁实行劳务费用总包干,沿线各政府对辖区内征地拆迁、民事协调、社会稳定、社会治安工作实行经费总额包干、任务包干、责任包干。市委、市政府高度重视征迁工作,从市、县两级国土、交通等有关部门抽调大批人员,分别成立市、区两级指挥部和征迁机构,负责征迁和营造施工环境工作的具体实施。按照国土资源管理的有关法律、法规,本着既要维护沿线被征地农民的合法权益,又要确保工程顺利实施的原则,出台了征地拆迁补偿安置指导意见和实施意见,依法开展征地拆迁工作,沿线各区政府于2007年2月份基本完成了红线内征迁工作。征地拆迁资金严格按照国家规定实行专户管理,分别建立包干经费和管理费专户,做到专款专用,专户核算。详见表10-14-3。

征地拆迁情况统计表　　　　表10-14-3

征地拆迁安置起止时间	征用土地(亩)	拆迁房屋(m^2)	支付补偿费用(元)	备注
2006.05~2007.02	2850	约53000	449073175	

2.项目实施阶段

(1)重大决策

因海西高速公路网的规划实施、福泉高速公路扩建、莆田市城市规划调整、湄洲湾疏港铁路支线规划实施及征地拆迁政策调整等变化,原审批规模与投资发生较大的变化。2008年4月2日,福建省发展和改革委员会以闽发改交能[2008]227号文《关于福泉高速公路莆田至秀屿支线可行性研究报告调整的批复》批复了可行性研究报告调整。

(2)重大变更(表10-14-4)

重大设计变更表　　　　　　　　　　　　　　　　表10-14-4

序　号	设　计　变　更　内　容
1	木兰溪大桥15~21号墩水中桩顶高程提高
2	渡槽进出口改渠变更
3	K6+408.3分离式立交基础及下部构造变更
4	莆田西互通收费站变更(增加车道、高程提高)
5	莆田西互通E、G、F、I匝道路基换填变更
6	莆田西互通与324国道、凤凰加油站连接处增加路面工程
7	渠桥分离式立交桥增加7跨、取消K6+625中桥、增加K6+627.5圆管涵
8	K3+620~K4+943段路基掺石灰土改良土
9	岐厝大桥1~4跨和26~34跨共计12跨桥梁变更为路基
10	枫笏路分离式立交交角由原设计的75°调整为71.94°，相应桩号也由K16+036.516移至K16+041.455
11	A匝道跨东圳渠2×20m箱梁桥变更为1×7×2.7m钢筋混凝土箱形涵洞变更
12	AK0+553路基反开挖新增1×3×2.5m钢筋混凝土盖板通道
13	K20+235.742处增设1×3×2.5m钢筋混凝土盖板通道

(3)重大事件

2006年6月，莆田市莆秀高速公路有限公司成立。

2007年1月18日，控制性工程木兰溪大桥动工。

2007年2月12日，控制性工程木兰溪大桥第一根桩基动工。

2007年4月20日，莆秀高速公路全面开工。

2007年5月11日，路基试验段开工。

2008年11月28日，路面标正式开工。

2008年12月20日，3%水泥稳定碎石底基层试验段取得成功。

2009年3月23日，级配碎石基层试验段取得成功。

2009年4月27日，沥青混凝土下面层试验段取得成功。

2009年7月6日，沥青混凝土中面层试验段取得成功。

2009年9月3日，沥青混凝土上面层试验段取得成功。

2009年11月18日，莆秀高速公路通过交工验收，质量等级优良。

2009年12月1日，莆秀高速公路全线建成通车。

2012年11月，福建省交通质监局按《公路工程竣(交)工验收办法实施细则》中《公路工程质量鉴定办法》对该工程项目进行竣工验收质量鉴定。经鉴定本工程项目质量鉴定得分为92.1分，质量等级为优良。

2014年12月，莆秀高速公路通过省交通运输厅组织的竣工验收。

(三)复杂技术工程

西埔枢纽互通式立交与福建省车流量最大的福泉高速公路交叉,施工涉及福泉高速公路2.29km的路基改造,并新建莆秀高速公路主线桥、互通C匝道跨线桥、D匝道跨线桥、新桂路跨线天桥4座大桥横跨福泉高速公路,4座跨线桥梁上构形式都为现浇预应力连续箱梁、桩柱式桥墩。桩基础施工考虑挖孔成桩。箱梁采用搭设支架现浇施工,施工时在高速公路行车道支架中间预留车辆通行门洞,门洞净宽7.5m。门洞通行净高在主线桥、C匝道桥为5.53m,在D匝道桥、新桂路跨线桥为5.03m。施工方案、安全布控、行车道路的多次转换,每次都是对安全工作的挑战,项目部认真编制专项施工方案,涵盖施工方法、施工时间安排、安全布控、安全预案等多项内容。在监理验算、复核、调整、完善、审查的基础上,市高速办、莆秀公司、设计单位进行再审查、再论证,省高指多次组织福泉公司、交警、路政、养护等多个部门进行联合审查,确保方案可行后实施。

(四)科技创新

(1)贯彻长寿命路面设计理念。全线路面采用了交通运输部科研所新研究的柔性基层路面结构,即:4cm沥青混凝土抗滑表层(AC-13),6cm中粒式沥青混凝土下面层(AC-20C),16cm沥青稳定碎石下基层(ATB-25),20cm或28cm厚度的级配碎石中基层,20或28cm厚度的水泥稳定碎石底基层。该新型路面结构考虑了福建莆田所在地多雨潮湿的气候特点,并借鉴国外路面结构最新技术和国内"调整公路早期病害预防措施的研究"课题成果,能适应福建的高温、多雨潮湿的环境,可解决高速公路路面结构早期病害的问题。

(2)提倡路基边坡软防护,改善道路两侧景观。边坡软防护主要采用:①挂铁丝网客土喷播植草绿化技术,提高植被在不利植被生长的路堑边坡(硬质岩石挖方路基边坡)生存率。②浆砌片石拱形骨架护坡(适用于路基填土高度>6m)。③三维植被网垫湿法喷播植草护坡(适用于填方路基边坡高度≤6m)。

(3)在部分标段推广应用路基填方高液限土改良应用技术,减少路基废方、借方和土地占用以及水土流失等问题。

(4)根据本项目靠近东圳渠、渗水严重的特点部分路段采用了填石路基。

(5)互通主线桥(上跨)跨径≥25m采用现浇箱梁桥型,相对以往T梁桥型建筑高度低,从而降低桥两端路基高度,达到节约造价的目的。

(6)莆秀高速公路所有桥梁的桥面铺装均采用$\phi 8$的冷轧带肋钢筋网片替代普通的$R235\phi 8$钢筋,有效地提高了施工效率和施工工艺,便于施工过程控制,防止产生质量通病,提高了经济效益。

(7)收费站均推广设置自动发卡、ETC 电子不停车收费系统和计重收费系统,以减少收费人员和缩短车辆经过收费站时间。

(8)监控外场的摄像机采用分光互补供电系统设备供电。

(9)在地质不良地段的软基工程中,一般采用挖除换填处理,局部软土厚度较大的地段采用了挤密砂桩、预压处理和混凝土管桩等技术。

(10)桥梁设计中,空心板由以往的先张法工艺改为后张法工艺,方便施工,并克服底板混凝土难以保证质量和芯模上下浮动不易控制的缺陷。在空心板梁预制施工中,全部推广采用组合钢内模,加快施工进度,提高施工质量。

(11)为尝试推广一新型材料,在 K18+757.7 小桥采用高强合金钢丝网(规格:直径 3mm,网格间距 5cm×10cm)代替 D8、D10(网格间距 10cm×10cm)冷轧带肋钢筋网进行桥面铺装施工试验,节约了成本,提高了施工质量。

(12)对个别桥检存在病害的桥梁裂缝,采用了"毕可法"注结构胶、粘贴碳纤维和 CCM 混凝土灌浆料的新技术,保证了构造物的质量和外观形状。

(13)在计量支付管理中,采用了省高指的"高速公路建设管理系统"的计量管理支付管理平台,以业主为中心,与施工单位、监理以及上级主管部门联网,实行计量支付"零距离"管理,有效解决了文件传送、签认、批准等中间途径的人力消耗和时间浪费问题。

(14)为尝试推广新型材料和新工艺,秀屿互通 A 匝道 AK0+730~AK1+200 段路面面层改性沥青材料替换为基质沥青+MPE 外加剂进行施工,有效提高改性沥青混合料的施工性能。

(15)为提高绿化景观效果,全线重点路段和建筑区进行精心设计、施工,做到与沿线自然景观的完美结合,对沿线石质的边坡绿化进行设计,采用 TBS 植被防护,取得了不错的绿化效果。

(五)运营管理

1.服务区设置

莆秀高速公路设置 1 个善乡服务区,总建筑面积约 2.6 万 m^2,内设办公、宿舍、公厕、加油站、汽修间等,主体结构为钢筋混凝土结构。

2.收费站点设置(表 10-14-5)

收费站点设置情况表　　　　表 10-14-5

站点名称	车道数	收费方式
莆田西(匝道)	10(4入6出)	人工、ETC、自动取卡
秀屿(匝道)	10(4入6出)	人工、ETC、自动取卡

3. 车流量发展状况(表10-14-6)

交通流量发展状况表　　　　　　　　　　　　　表10-14-6

年份(年)	日均车流量(辆)	年份(年)	日均车流量(辆)
2010	2746	2013	5543
2011	2848	2014	7064
2012	3615	2015	7662

二、莆永线莆田段(莆田段)(建设期:2010.01~2012.11)

(一)项目概况

1. 基本情况

莆永线莆田段为海峡西岸经济区高速公路网布局规划(修编)(2008—2020年)总体方案"三纵八横"中的第四横,是湄洲湾通往龙岩、粤北的便捷通道。线路起于莆田湄洲湾,经莆田市区、仙游县、泉州永春县、安溪县、龙岩漳平市、龙岩市区、永定区,止于永定下洋(闽粤界),通往广东省梅州市,全长约362km。

该项目起点位于莆田市北岸管委会山亭乡冯厝村,起点桩号K0+000,接省道S202(新文路)的环岛,后利用莆秀高速公路23.583km至莆田西互通(顶墩山)后,经华亭、盖尾、榜头、鲤南、鲤城、大济,止于莆田和泉州交界处的白鸽岭隧道,终点桩号K91+400,全长88.110km,项目建设里程64.527km。采用双向四车道高速公路标准进行建设,起点至蒲峰枢纽互通设计行车速度100km/h,路基宽度26m;蒲峰枢纽互通至终点设计行车速度80km/h,路基宽度24.5m。批复概算总投资43.08亿元,实际完成投资42.31亿元,节约投资0.77亿元。详见表10-14-7。

项目基本情况统计表　　　　　　　　　　　　　表10-14-7

序号	项目	单位	数量	备注
一	技术标准			
1	计算行车速度	km/h	K0+000~K10+220、K37+060~K71+300段100km/h,K71+300~K91+400段80km/h	
2	路基宽度	m	26/24.5	
3	桥面净宽	m	2×11.75/2×11.0	
4	路面		沥青混凝土路面	

续上表

序号	项目	单位	数量	备注
5	路基、桥涵设计洪水频率		特大桥1/300,其余均为1/100	
6	桥涵设计车辆荷载		公路—Ⅰ级	
二	主要工程规模			
1	路线里程	km	64.527	
2	征用土地	亩	7327.06	
3	拆迁房屋	m²	91043.83	
4	路基土石方	万m³	2673.66	
5	软土地基处理	km	2.483	
6	桥梁(主线)	m/座	8072.4/28	
	其中:特大桥、大桥	m/座	7471.4/21	
7	匝道桥梁	m/座	1742/18	
8	上跨分离式桥	m/座	1384/19	
9	互通式立交	处	6	
10	分离式立交	处	—	
11	涵洞	道	154	
12	通道	道	61	
13	隧道	m/座	4080.5/3.5	
14	路面(主线)	万m²	274.03	
15	主线收费站	处	6	其中主线站1处
16	服务区	处	1	
17	停车区	处	0	

本项目A4合同段于2010年1月18日开工,其他的路基合同段于2010年5月1日开工,经过各参建单位的通力协作、共同努力,截至2012年10月,全线除仙游西互通至白鸽岭段(约12.6km)由于泉州段未完成,不能安装机电设备外,其余已基本完成建设任务。2012年11月18日,正式通车试运营。仙游西互通至白鸽岭段(约12.6km)于2013年12月底与泉州段同步通车。2013年3月8日,房建工程通过竣工验收并移交。机电工程起点至大济收费站约52km于2013年7月30日通过完工验收;大济收费站至白鸽岭隧道段于2013年12月与泉州段同步通车,2014年10月14日通过完工验收。全线的机电工程于2015年1月29日通过交工验收。2018年9月13~14日项目通过竣工验收。

2.前期决策情况

本项目的建设完善了海峡西岸经济区高速公路网,构筑永春—仙游—莆田—秀屿的快速通道,形成湄洲岛国家旅游度假区的旅游对外快速通道,充分发挥旅游经济带动作用。与此同时,整合优势资源,促进湄洲湾港口城市建设,加快忠门临港工业组团发展,带动仙游、永春县域经济发展,推动莆田、泉州在海峡西岸城市群中发展壮大。此外,建设该项目也是改善交通条件、满足人民生活、弘扬妈祖文化、密切对台交流与合作的重要举措。

本项目规划由《福建省人民政府关于同意海峡西岸经济区高速公路网布局规划(修编)(2008—2020年)》(闽政文〔2008〕340号)批复,委托福建省路港交通咨询中心进行线路规划设计、预可行性研究和工程可行性研究报告编制,2009年9月30日,项目工程可行性研究报告由《福建省发展和改革委员会关于海西高速公路网莆永线莆田段工程可行性研究报告的批复》(闽发改交能〔2009〕937号)同意(工程可行性研究和立项合并审批)。

3. 参建单位主要情况

(1) 建设单位

项目实行法人责任制,按照福建省高速公路建设管理体制,成立莆田莆永高速公路有限责任公司。公司主要负责莆永高速公路莆田段建设管理,履行项目业主职责。公司下设工程部(安办)、计划合同部、财务部、综合部、征迁办5个部门。

(2) 设计单位及设计咨询单位

福建省交通规划设计院承担全线主体的勘察设计任务和交通工程的设计任务。中交公路规划设计院有限公司承担全线勘察监理和设计咨询工作。

(3) 施工单位

路基施工分6个合同段,施工单位分别是四川路桥建设股份有限公司、中铁十七局集团第一工程有限公司、中铁一局集团有限公司、中铁十二局集团第一工程有限公司、中交第三航务工程局有限公司、中国中铁股份有限公司。路面施工分2个合同段,施工单位分别是大成工程股份有限公司(大成工程建设有限公司)、福建路桥建设有限公司。房建施工分3个合同段,施工单位分别是福建省涵城建设工程有限公司、厦门市建安集团有限公司、福建旷宇建设工程有限公司。景观绿化施工分2个合同段,施工单位分别是福建省万鑫绿化工程有限公司、厦门鹭路兴绿化工程建设有限公司。机电施工分1个合同段,施工单位是福建新大陆电脑股份有限公司。

(4) 监理单位

土建监理分2个合同段,监理单位分别是合诚工程咨询股份有限公司(厦门市路桥咨询监理有限公司)、西安华兴公路工程咨询监理有限公司。机电监理1个合同段,监理单位是北京泰克华城技术信息咨询有限公司。

具体施工及监理单位详见表10-14-8。

第十章
高速公路建设项目实况

项目施工及监理单位一览表　　　　　表10-14-8

标段	标段所在地	工程内容	施工单位	监理单位
A1	北岸秀屿	K0+000~K10+220路基	四川路桥建设股份有限公司	合诚工程咨询股份有限公司
A2	城厢仙游	K37+051~K47+720路基	中铁十七局集团第一工程有限公司	合诚工程咨询股份有限公司
A3	仙游	K47+720~K63+380路基	中铁一局集团有限公司	合诚工程咨询股份有限公司
A4	仙游	K63+380~K70+500路基	中铁十二局集团第一工程有限公司	西安华兴公路工程咨询监理有限公司
A5	仙游	K70+500~K80+400路基	中交第三航务工程局有限公司	西安华兴公路工程咨询监理有限公司
A6	仙游	K80+400~K91+400路基	中国中铁股份有限公司	西安华兴公路工程咨询监理有限公司
B1	北岸秀屿城厢仙游	K0+000~K10+220、K37+051.595~K63+380路面	大成工程股份有限公司(大成工程建设有限公司)	合诚工程咨询股份有限公司
B2	仙游	K63+380~K91+400路面	福建路桥建设有限公司	西安华兴公路工程咨询监理有限公司
F1	北岸秀屿城厢	冯厝收费站、忠门收费站和华亭收费站3个收费站房建	福建省涵城建设工程有限公司	合诚工程咨询股份有限公司
F2	仙游	榜头收费站、仙游东收费站和度尾收费站3个收费站房建	厦门市建安集团有限公司	合诚工程咨询股份有限公司
F3	仙游	尾坂(大济)服务区房建	福建旷宇建设工程有限公司	西安华兴公路工程咨询监理有限公司
BL1	北岸秀屿城厢仙游	后角隧道、忠门互通、华亭互通、榜头互通、仙游东互通、冯厝收费站、忠门收费站、华亭收费站、榜头收费站、仙游东收费站等景观绿化	福建省万鑫绿化工程有限公司	合诚工程咨询股份有限公司
BL2	仙游	佛堂隧道、古濑隧道、白鹤岭隧道、仙游西互通、度尾收费站、尾坂服务区等景观绿化	厦门鹭路兴绿化工程建设有限公司	西安华兴公路工程咨询监理有限公司
E	北岸秀屿城厢仙游	K0+000~K91+400机电	福建新大陆电脑股份有限公司	北京泰克华城技术信息咨询有限公司

(二)建设情况

1. 项目准备阶段

(1)立项审批

列入规划:《福建省人民政府关于同意海峡西岸经济区高速公路网布局规划(修编)(2008—2020年)》(闽政文〔2008〕340号)批复。

立项和工程可行性研究:2009年9月30日,《福建省发展和改革委员会关于海西高速公路网莆永线莆田段工程可行性研究报告的批复》(闽发改交能〔2009〕937号)同意工程可行性研究和立项合并审批。

初步设计:2009年11月19日,《福建省交通运输厅福建省发展和改革委员会关于海西高速公路网莆永线莆田段工程初步设计的批复》(闽交建〔2009〕160号)批复项目全线初步设计。

环境影响评价:2009年5月20日,《福建省环保局关于批复福建莆田至龙岩永定(闽粤界)高速公路莆田境内段环境影响报告书的函》(闽环保监〔2009〕36号)批复了项目环境影响报告书。

水土保持方案:2009年6月19日,《福建省水利厅关于〈福建莆田至永定(闽粤界)高速公路莆田境内段水土保持方案报告书〉(报批稿)的批复》(闽水保监〔2009〕32号)批复了水土保持方案。

建设用地批复:2011年4月13日,《国土资源部关于海西高速公路网莆永线莆田段工程建设用地的批复》(国土资函〔2011〕174号)批复了项目土地用地。

(2)资金筹措

本项目为省市合作项目,省、市股比为65∶35,项目批复初步设计概算总投资43.0771亿元,建设资金来源为资本金11.9720亿元(福建省高速公路有限责任公司出资7.7818亿元,占65%;莆田市高速公路有限责任公司出资4.1902亿元,占35%),股东资本金占项目总投资27.79%;银行贷款31.1051亿元,占项目总投资72.21%。截至2016年6月30日,项目实际累计到位建设资金42.0834亿元(股东资本金11.9720亿元,银行贷款30.1114亿元),累计支出41.3024亿元。

(3)招投标工作

本项目的勘察设计、路基、路面、房建、景观绿化、机电的施工和监理招标工作,在莆永项目公司未成立之前由莆田市高速公路有限责任公司作为代业主承担,在项目公司成立后由莆永公司进行招标工作,均采取国内公开招标方式。为确保招投标的公平、公正、公开,防止串标围标行为,本项目招标根据《福建省交通厅印发关于进一步规范我省高速公路建设项目招标投标工作意见的通知》，招标文件严格执行报批程序，招标文件由招标人根据福建省高速公路招标文件范本编制后报市高指初审，后报省高指审查，审查修改后报有关部门备案后，在《中国建设报》《中国交通报》《中国经济导报》、福建招标与采购网、中国采购与招标网等有关媒体上发布招标公告。评标工作采取全过程封闭式进行，由市交通运输局和市国资委纪检监察室派出纪检监督人员进行全过程监督。工作人员及业主代表评标专家（如有）由监督人员在业主推荐的符合条件的名单内差额随机抽取，其他评标专家在省专监办人员的监督下，按规定相应在交通部或省综合评标专家库中随机抽选。在评标过程中工作人员及评标专家签订了评标纪律廉政承诺书。所有招标工作符合招标程序要求，招标结果合法有效，没有发生有关程序等方面投诉和举报。

（4）合同段划分

全线分6个路基合同段，2个路面合同段，3个房建合同段，2个绿化合同段；2个土建监理合同段；1个机电合同段，1个机电监理合同段；2个路基试验检测合同段和1个路面试验检测合同段。

（5）征地拆迁

项目征地拆迁工作自2010年1月开始，至2010年7月基本完成主线征迁任务并进入扫尾阶段。本项目土地征用及拆迁补偿费执行数66056.72万元。土地征用面积约7327.06亩（其中水田2110.36亩、旱地1715.05亩、林果地2683.45亩、其他经济林461.75亩、交通用地5.88亩、水域316.28亩、特殊用地0.48亩、其他农用地17.43亩、未利用土地16.37亩），拆迁房屋面积约91043.83m^2（其中北岸13609.40m^2、秀屿区800.58m^2、城厢区18538.05m^2、仙游县58095.80m^2）。详见表10-14-9。

征地拆迁情况统计表 表10-14-9

项目工期	征地拆迁安置起止时间	征用土地（亩）	拆迁房屋（m^2）	支付补偿费用（万元）	备注
一期	2010.01~2012.08	7327.06	91043.83	66056.7	

2.项目实施阶段

（1）重大变更

根据省高指《福建省高速公路工程设计变更管理办法（试行）》（闽高路工〔2005〕34号）以及《福建省高速公路工程设计变更管理规定》（闽高路工〔2012〕246号）有关精神，设计变更分为重大设计变更、重要设计变更、一般设计变更等三大类，其中重大设计变更由省高指审批。按照上述原则，莆永公司适时召开专题会议，加强工程变更管理。

2011年2月，市高指以《关于莆永高速公路A1合同段K7+000~K8+340主线调坡等工程重大设计变更的请示》（莆高指〔2011〕7号）上报省高指，主要包括K7+000~K8+340段主线调坡、西园2号大桥湄州台K9+264.8~K9+354.8增跨、后角隧道YK42+

353～K42+381明洞增长、西山大桥永定台K47+509～K47+534增跨、K39+440郑庄下穿主线桥桥位变化、K37+620～K37+920涵洞调整、MK44+720～MK45+160段右侧边坡(华亭互通)防护加固、K38+770～K39+080段右侧边坡防护加固、K64+503.5～K65+380变更、尾坂服务区主线桥(乌石分离式中桥)湄洲台K75+942.5～K75+967.5增跨、尾坂大桥湄洲台K73+618～K73+668增跨、溪口1号和2号大桥斜坡古滑坡处理、K83+640～K83+890段右侧边坡防护加固。

2012年10月,市高指以《莆田市高速公路建设总指挥部关于莆永高速公路莆田段A1合同段软基处理等重大设计变更的请示》上报省高指,主要包括:K1+953.1～K4+413软土地基处理方案、华亭互通MK44+720～MK45+160右侧边坡防护方案变更、莆田西互通新增D匝道工程、后角隧道YK42+365～K42+393明洞变更、关于石方路段路堑边坡防护设计变更、变更聚仙主线下穿分离式中桥结构形式、仙游东互通连接线增设通道桥即仙游东F匝道3号桥、仙游东互通A匝道增设人行天桥、溪口1号大桥和溪口2号大桥不稳定斜坡治理、6个收费广场混凝土路面、隧道弃渣远运(报备)。其余的有关变更由施工、设计、监理、业主四方研究确认,办理批复。

(2)重大事件

2007年11月,省高指委托省路港交通咨询中心(省交通厅规划办)开展海西规划莆田至永定高速公路莆田至泉州段预可行性研究工作。

2008年11月1日,《福建省人民政府关于同意海峡西岸经济区高速公路网布局规划(修编)(2008—2020年)》(闽政文〔2008〕340号)将本项目列入规划。

2009年8月19日,莆田莆永高速公路有限责任公司挂牌成立,并召开了公司首届一次股东会和董事会。

2009年11月30日,先行开工的A4合同段在仙游县榜头镇泉山村举行开工仪式。

2010年1月12日,莆永高速公路莆田段工程建设征迁动员大会在莆田市交通运输局召开。

2011年3月31日,项目A2合同段后角隧道全线顺利贯通。

2011年4月22日,全省高速公路标准化观摩会在莆田召开。

2011年8月15日,项目A6合同段古濑大桥右线完成最后一片T梁安装,实现了古濑大桥全桥贯通。

2012年5月14日,项目A5合同段主线路基工程路槽全线交验,并完成了主线路基的水稳铺筑。

2012年11月15日,召开项目工程交工验收会议。

2012年11月18日,举行项目通车仪式。

2012年12月21日,召开项目工程路基路面移交会议。
2013年3月8日,召开项目房建工程竣工验收会议。
2013年7月5日,召开项目站所绿化景观工程验收会议。
2016年10月,项目取得省质监局出具的质量鉴定报告。
2018年9月13~14日,项目顺利通过省交通运输厅组织的竣工验收。

(三)复杂技术工程

(1)忠门分离式大桥:位于忠门镇安柄村,跨越省道202,与路线交角60°,本桥桥跨组合为6×30m PC连续T梁,桥长187m。下部结构采用柱式墩、肋式台,基础为灌注桩基础。

(2)肖厝大桥:位于榜头镇肖厝村,为跨越木兰溪及X231的整体式桥梁,最大桥高约26m。综合考虑桥跨与墩高的比例、地形、县道净空、经济性等因素,采用13×30m预应力混凝土连续T梁+(40+50+40)m预应力混凝土现浇箱梁+5×30m预应力混凝土连续T梁,桥梁长677m。下部结构为柱式墩、肋式台、桩基础。

(3)后角隧道:位于莆田市华亭镇,设计行车速度为100km/h,按双向分离式四车道设计,进口左右间距约24m,出口约36m。左线长1320m,右线长1413m。

(4)白鸽岭隧道为特长隧道:位于莆田、泉州两市交界处的白鸽岭,全长4142.5m,其中莆田境内长1626.5m,采用双线双洞分离形式。隧道进口采用端墙式洞门,隧道洞身围岩以Ⅱ~Ⅲ级为主,近洞口及断层发育处为Ⅳ~Ⅴ级。受2条断裂构造影响,裂隙带水量较丰富,施工时的排水及支护工作极其重要。

(5)仙游东互通:位于仙游县东侧泉山村,距仙游城区约2km,是仙游城区及周边乡镇对外连通的主要出入口,互通形式为单喇叭A形。

(6)蒲峰枢纽互通:位于仙游县大济镇尾坂村附近,是本项目与沈海复线交通转换的十字混合型枢纽互通。

(四)科技创新

1.路堤填土的夯实-检测-评价一体化技术研究

2012年5月~2013年5月,福建省交通建设质量安全监督局、莆永公司、西安长大公路养护技术有限公司和西安理工大学在莆永高速公路莆田段项目开展路堤填土的夯实-检测-评价一体化技术研究。路堤在高速公路中所占比重很大,由于路堤填筑质量不合格引起的路面下沉、开裂和桥头跳车已成为影响高速公路运营安全和维修费用增加的主要因素。因此,在高速公路施工过程中采取有效的技术和管理措施,确保路堤填筑质量具有十分重要的现实意义。选用合适的填料和压实机械,加强填筑质量的检测和控制,对桥台、挡墙、涵洞等构筑物背后填筑质量难保证的区域采取针对性的措施进行填筑,是保证路堤填筑质量的有效途径。

过程控制是保证质量、避免大面积返工的重要手段。就路堤填筑而言,如果能在填筑过程中对填土压实质量进行全面的检测并将检测结果实时反馈施工、进而指导或自动控制填土压实,无疑可大大提高路堤填筑质量。为实现这一目的,需研制一种在路堤压实过程中能对填土压实质量进行自动夯实-检测-评价技术。

连续强夯机用液压缸将夯锤(质量 3~5t)提升至一定高度(落距 0.3~2.2m)后释放,通过夯锤自由下落的能量(最大为 110kJ)夯实路堤,方便、灵活、击打面积和形状可调,特别适宜于桥台、挡墙、涵洞后背填土的施工和路基补强夯实。

本课题在现有夯实机的基础上通过技术改造,使之能在夯实过程中对反映填土压实质量的主要参数进行实时、自动记录;通过理论分析、室内和现场试验,提出基于锤击次数-沉降量曲线的填土压实评价方法和技术标准;在此基础上开发根据自动记录参数进行土体压实质量实时、自动评价的软件,实现路堤填土的夯实-检测-评价一体化。研究成果对提高路堤填筑质量有重要意义,具有显著的经济效益和社会效益。

2. 福建省高速公路沥青路面材料与结构提升应用技术

根据福建省的气候、交通荷载条件,以解决福建省高速公路沥青路面主要问题、实现福建省路面材料、结构技术的综合提升为目标,开展本研究。其中在莆永高速公路莆田段 B2 合同段选择 5km 路段开展沥青路面课题试验研究,即施作 30 号沥青试验段 5km。采购中石化上海沥青公司 30 号沥青施作 ATB 基层试验段。

3. 预应力锚索张拉及质量检测技术规程研究

莆永高速公路莆田段项目特殊路基高边坡约 20 个,其中预应力锚索(杆)工程约 1.6 万延米。在高边坡施工过程中,莆田莆永公司特别注重预应力锚固工程施工质量管理,强化施工队伍的专业技术培训,加强施工人员的技术指导,确保预应力锚固工程的建设质量。总体全线高边坡工程稳定状况良好,预应力锚固工程防护措施工况稳定。

(五)运营管理

1. 服务区设置

莆永高速公路莆田段设置 1 对服务区,即大济服务区,总建筑面积约 7558m^2,内设办公楼、宿舍、公厕、加油站、汽修间等,主体结构为钢筋混凝土结构。

2. 收费站点设置(表10-14-10)

收费站点设置情况表 表10-14-10

站 点 名 称	车 道 数	收 费 方 式
湄洲岛	14(5入9出)	人工、ETC、自动取卡
莆田忠门	8(3入5出)	人工、ETC、自动取卡
莆田华亭	8(3入5出)	人工、ETC、自动取卡
仙游盖尾	8(3入5出)	人工、ETC、自动取卡
仙游城区	10(4入6出)	人工、ETC、自动取卡
仙游大济	7(3入4出)	人工、ETC、自动取卡

3. 车流量发展状况(表10-14-11)

交通流量发展状况表 表10-14-11

年份(年)	日均车流量(辆)	年份(年)	日均车流量(辆)
2012	6674	2014	16160
2013	12176	2015	17018

三、莆永线泉州段(泉州段)(建设期:2011.04~2013.12)

(一)项目概况

1. 基本情况

莆永高速公路泉州段自西向东横跨福建省莆田、泉州、龙岩三地,是海西高速公路网规划"三纵八横"中第四横的中间段,其建设可构筑广东梅州经龙岩至莆田通往福州最便捷的快速通道,形成一条连接闽中沿海、闽西山区和广东东部的交通主干道,强化海峡西岸经济区和珠江三角洲之间的经济协作。莆田至永定高速公路泉州段是莆永高速公路的中间段落,项目建设将进一步完善海西高速公路主骨架网络,有利于发挥东南沿海港口资源优势,有利于海西纵深推进、连片发展,是适应交通量日益增长的需要,也是提高国防战备交通保障能力的需要。

莆永高速公路泉州段总里程合计长99.766km,初设批复概算合计89.4388亿元。

(1)仙游至永春泉州段(仙永段)

该路段总里程长36.78km(其中新建里程30.12km,共用泉三高速公路6.66km),路线起于莆田市与泉州市交界处的白鸽岭隧道内(与莆永高速公路莆田段顺接),经永春县湖洋镇、东平镇、东关镇、桃城镇、岵山镇,新建段终点位于岵山镇磻溪村,设置磻溪枢纽互通与泉三高速公路相接,而后与泉三高速公路共线6.66km,到本项目终点达埔枢纽互通;

设计行车速度80km/h,采用双向四车道,路基宽度24.5m。初设批复概算24.61亿元,实际完成投资23.8586亿元,节约投资0.754亿元。全线共有各类桥梁24座(其中主线桥12座、匝道桥梁10座、上跨分离式桥2座),隧道11298m/4.5座,沿线设湖洋、永春东、磻溪(枢纽)等3处互通式立交、2处收费站、1处服务区;主线各类涵洞、通道39道。详见表10-14-12。

项目基本情况统计表 表10-14-12

序号	项目		单位	数量	备注
一	技术标准				
1	计算行车速度		km/h	80	
2	路基宽度	整体式路基	m	24.5	
		分离式路基	m	12.25	
3	桥面净宽	整体式桥面	m	2×11.0	
		分离式桥面	m	2×11.25	
4	路面			沥青混凝土路面,设计年限15年,标准轴载100kN	
5	路基、桥涵设计洪水频率			特大桥1/300,其余均为1/100	
6	桥涵设计车辆荷载			公路—Ⅰ级	
二	主要工程规模				
1	路线里程		km	30.122	
2	征用土地		亩	3285.338	
3	拆迁房屋		m²	19991.31	
4	路基土石方		万m³	1185.33	
5	桥梁(主线)		m/座	3166.78/12	
	其中:大桥		m/座	2981.78/9	
6	匝道桥梁		m/座	3402/10	
7	上跨分离式桥		m/座	137/2	
8	互通式立交		处	3	
9	分离式立交		处	2	
10	涵洞、通道		道	39	主线
11	隧道		m/座	11298/4.5	
12	路面(主线)		万m²	50.9290	
13	收费站		处	2	
14	服务区		处	1	

仙永段路基土建工程于2012年1月开工,路面工程于2013年5月开工,机电和三大系统工程于2013年8月开工,房建工程于2013年5月开工。2013年12月25日完成交工验收,2013年12月31日顺利通车试运营。

(2)永春至永定泉州段(双永段)

该路段总里程长62.986km,路线起于永春达埔镇东园村,与泉三高速公路相接,经安溪金谷镇、湖头镇、剑斗镇、白濑乡、感德镇、长坑乡、福田乡,终于福田乡云中山,接莆永高速公路龙岩段,设计行车速度80km/h。达埔枢纽至洋中枢纽(预留)段为与厦沙高速公路共用段(约5.96km),采用双向六车道,路基宽度32m;洋中枢纽(预留)至终点(约57.03km),采用双向四车道,路基宽度24.5m。初设批复概算64.8288亿元,实际完成投资59.5742亿元,节约投资5.2546亿元。

全线共有各类桥梁57座(其中主线桥35座、匝道桥梁18座、上跨分离式桥4座),隧道33371.16 m/16.5座,沿线设达埔(枢纽)、洋中(预留枢纽)、湖头、剑斗、感德、福田等6处互通式立交、4处收费站、1处服务区;主线各类涵洞、通道68道。详见表10-14-13。

项目基本情况统计表 表10-14-13

序号	项目		单位	数量	备注
一	技术标准				
1	计算行车速度		km/h	80	
2	路基宽度	K0+000~K5+960段整体式路基	m	32	
		K0+000~K5+960段分离式路基	m	16	
		K5+960~终点段整体式路基	m	24.5	
		K5+960~终点段分离式路基	m	12.25	
3	桥面宽度	K0+000~K5+960段桥面	m	2×15.75	
		K0+000~K5+960段分离式桥面	m	2×12	
4	路面			沥青混凝土路面,设计年限15年,标准轴载100kN	
5	路基、桥涵设计洪水频率			特大桥1/300,其余均为1/100	
6	桥涵设计车辆荷载			公路—I级	
二	主要工程规模				
1	路线里程		km	62.986	
2	征用土地		亩	5214.328	
3	拆迁房屋		m²	112008.89	
4	路基土石方		万 m³	1988.6	
5	桥梁(主线)		m/座	9166.8/35	
	其中:大桥		m/座	8612.3/24	
6	匝道桥梁		m/座	3168.5/18	
7	上跨分离式桥		m/座	328.8/4	
8	互通式立交		处	6	
9	分离式立交		处	5	

续上表

序号	项目	单位	数量	备注
10	涵洞、通道	道	68	主线
11	隧道	m/座	33371.16/16.5	
12	路面（主线）	万 m²	116.4391	
13	收费站	处	4	
14	服务区	处	1	

双永段路基土建工程于2011年4月开工，路面工程于2013年2月开工，机电和三大系统工程于2013年8月开工，房建工程于2013年5月开工。2013年12月25日完成交工验收，2013年12月31日顺利通车试运营。

2．前期决策情况

（1）仙永段

2007年正式启动前期工作，经有关部门的充分论证评估和审查，完成了国家规定的各项基本建设程序。

2008年12月5日，省发改委以闽发改交能〔2008〕1003号文批复开展前期工作。

2010年6月12日，省水利厅以闽水保监〔2010〕41号文批复工程水土保持方案报告书。

2010年10月19日，省环保厅以闽环保监〔2010〕109号文批复工程环境影响报告书。

2010年10月22日，省发改委以闽发改交通〔2010〕1008号文批复工程可行性研究报告。

2010年11月12日，省交通运输厅、省发改委以闽交建〔2010〕168号文批复工程初步设计。

2010年11月30日，省交通运输厅、省发改委以闽交建〔2010〕179号文批复工程初步设计概算。

2011年7月21日，国家林业局以林资许准〔2011〕185号文批复林业审核使用同意书。

2011年12月27日，国土资源部以国土资函〔2011〕994号文批复工程建设用地。

2012年3月8日，省交通运输厅以闽交建〔2012〕22号文批复施工图设计。

2012年12月30日，省交通运输厅批复施工许可申请书。

（2）双永段

2006年正式启动前期工作，经有关部门的充分论证评估和审查，完成了国家规定的各项基本建设程序。

2007年12月3日,省发改委以闽发改交能〔2007〕1138号文批复永春至永定高速公路项目建议书。

2010年10月8日,省水利厅以闽水保监〔2010〕79号文批复工程水土保持方案报告书。

2010年10月19日,省环保厅以闽环保监〔2010〕109号文批复工程环境影响报告书。

2010年10月22日,省发改委以闽发改交通〔2010〕1007号文批复工程可行性研究报告。

2010年11月12日,省交通运输厅、省发改委以闽交建〔2010〕169号文批复工程初步设计。

2010年11月30日,省交通运输厅、省发改委以闽交建〔2010〕180号文批复工程初步设计概算。

2011年8月22日,国家林业局以林资许准〔2011〕211号文批复林业审核使用同意书。

2011年10月29日,国土资源部以国土资函〔2011〕808号文批复工程建设用地。

2012年3月19日,省交通运输厅以闽交建〔2012〕27号文批复施工图设计。

2012年12月30日,省交通运输厅批复施工许可申请书。

3. 参建单位主要情况

(1) 建设单位

泉州市莆永高速公路有限公司。作为本项目建设单位,全面负责莆永高速公路泉州段项目(仙游至永春泉州段、永春至永定泉州段)的建设、筹资、运营和还贷工作。

(2) 设计单位

仙永段:福建省交通规划设计院承担莆永高速公路仙游至永春泉州段初步设计阶段和施工图阶段的勘测与设计工作;中交第二公路勘察设计研究院有限公司承担勘察监理、设计审查(咨询)工作。

双永段:中交第二公路勘察设计研究院有限公司承担莆永高速公路永春至永定泉州段初步设计阶段和施工图阶段的勘测与设计工作;中交公路规划设计院有限公司承担勘察监理、设计审查(咨询)工作。

(3) 施工单位

莆永高速公路泉州段(仙永、双永)施工单位共24家。路基工程共划分为13个合同段,路面及交安设施、绿化景观工程划分为3个合同段,房建工程划分为3个合同段,机电工程划分为5个合同段。其中:

仙永段:路基工程为4个合同段,路面及交安设施、绿化景观工程为1个合同段,房建工程为1个合同段,机电工程为2个合同段。

双永段:路基工程为9个合同段,路面及交安设施、绿化景观工程为2个合同段,房建工程为2个合同段,机电工程为3个合同段。

(4)监理单位

莆永高速公路泉州段(仙永、双永)监理单位共5家,全线路基工程4个监理标段(其中2个监理标段含路面项目监理内容)、机电项目1个监理标段。详见表10-14-14。

施工及监理单位一览表 表10-14-14

标段号	标段所在地	工程内容	长度(km)	施工单位	监理单位
仙永A1	永春	仙永K90+320~K97+180路基	6.86	中铁十七局集团第一工程有限公司	内蒙古华讯工程咨询监理有限责任公司
仙永A2	永春	仙永K97+180~K105+880路基	8.70	中铁四局集团第四工程有限公司	
仙永A3	永春	仙永K105+880~K114+960路基	9.08	中铁十一局集团有限公司	
仙永A4	永春	仙永K114+960~K120+461路基	5.501	中交一公局厦门工程有限公司	
仙永B	永春	仙永K90+320~K120+461路面	30.141	中交第一公路工程局有限公司	
双永A1	永春	双永K0+000~K3+900路基	3.90	中铁隧道集团有限公司	山东东泰工程咨询有限公司
双永A2	安溪	双永K3+900~K11+400路基	7.50	中铁十一局集团有限公司	
双永A3	安溪	双永K11+400~K21+500路基	10.10	中铁十局集团第二工程有限公司	
双永A4	安溪	双永K21+500~K27+900路基	6.40	中交第三公路工程局有限公司	
双永A5	安溪	双永K27+900~K35+000路基	7.10	中交一公局厦门工程有限公司	山东格瑞特监理咨询有限公司
双永A6	安溪	双永K35+000~K42+550路基	7.55	中铁十五局集团第二工程有限公司	

续上表

标段号	标段所在地	工程内容	长度(km)	施工单位	监理单位
双永 A7	安溪	双永 K42+550～K49+340 路基	6.79	中铁十七局集团第一工程有限公司	江苏东南交通工程咨询监理有限公司
双永 A8	安溪	双永 K49+340～K55+050 路基	5.71	中铁十局集团有限公司	
双永 A9	安溪	双永 K55+050～K62+882 路基	7.832	中交路桥建设有限公司	
双永 B1	永春、安溪	双永 K0+000～K28+675 路面	28.675	中交一公局厦门工程有限公司	山东格瑞特监理咨询有限公司
双永 B2	安溪	双永 K28+675～K62+882 路面	34.207	福建路桥建设有限公司	

(二)建设情况

1．项目准备阶段

(1)立项审批

①项目立项

仙永段:2008年12月5日,省发改委以闽发改交能〔2008〕1003号文批复开展前期工作。

双永段:2007年12月3日,省发改委以闽发改交能〔2007〕1138号文批复永春至永定高速公路项目建议书。

②工程可行性研究

仙永段:2010年10月22日,省发改委以闽发改交通〔2010〕1008号文批复工程可行性研究报告。

双永段:2010年10月22日,省发改委以闽发改交通〔2010〕1007号文批复工程可行性研究报告。

③初步设计

仙永段:2010年11月12日,省交通运输厅、省发改委以闽交建〔2010〕168号文批复工程初步设计。

双永段:2010年11月12日,省交通运输厅、省发改委以闽交建〔2010〕169号文批复工程初步设计。

④环境影响评价

仙永段:2010年10月19日,省环保厅以闽环保监〔2010〕109号文批复工程环境影响报告书。

双永段:2010年10月19日,省环保厅以闽环保监〔2010〕109号文批复工程环境影响报告书。

⑤林业使用批复

仙永段:2011年7月21日,国家林业局以林资许准〔2011〕185号文批复林业审核使用同意书。

双永段:2011年8月22日,国家林业局以林资许准〔2011〕211号文批复林业审核使用同意书。

⑥建设用地批复

仙永段:2011年12月27日,国土资源部以国土资函〔2011〕994号文批复工程建设用地。

双永段:2011年10月29日,国土资源部以国土资函〔2011〕808号文批复工程建设用地。

⑦开工批复

仙永段:2012年12月30日,省交通运输厅批复施工许可申请书。

双永段:2012年12月30日,省交通运输厅批复施工许可申请书。

(2)资金筹措

仙永段:项目初设批复概算24.61亿元,工程资金来源为中央补助,省、市自筹,其余为银行贷款。其中:省、部级资本金4.39亿元,占17.85%;市级资本金4.22亿元,占17.15%;银行贷款16.00亿元,占65%。

双永段:项目初设概算总投资为64.83亿元,工程资金来源为中央补助,省、市自筹,其余为银行贷款。其中:省、部级资本金11.57亿元,占17.85%;市级资本金11.12亿元,占17.15%;银行贷款43.14亿元,占65%。

(3)招投标工作

①勘察设计招标

仙永段:勘察设计S1合同段招标采用公开招标、资格后审的方式,采用"综合评估法"进行评标。2010年1月11日~2月6日进行招投标及评审工作,确定中标单位为福建省交通规划设计院。

双永段:勘察设计S1、S2合同段采用公开招标、资格后审的方式,采用"综合评估法"进行评标。2008年11月18~26日进行招投标及评审工作,确定S1合同段中标单位为第一中标候选人福建省交通规划设计院。S2合同段由于投标人少于3个,不予开标。

②勘察监理、设计审查(咨询)招标

仙永段:勘察监理、设计审查(咨询)Szx合同段招标采用公开招标、资格后审的方式,采用"综合评估法"进行评标。2010年1月11日~2月6日进行招投标及评审工作,确定中标单位为第一中标候选人中交第二公路勘察设计院有限公司。

双永段:勘察监理、设计审查(咨询)泉州段Szx合同段招标采用公开招标、资格后审的方式,采用"综合评估法"进行评标。2008年11月18日~11月26日进行招投标及评审工作,确定Szx合同段中标单位为第一中标候选人中交公路规划设计院有限公司。

③路基、路面施工单位招标

仙永段:A1~A4合同段路基土建施工采用公开招标、资格后审的方式,采用"合理低价法"进行评标,确定仙永A1合同中标单位为中铁十七局集团第一工程有限公司,仙永A2合同段中标单位为中铁四局集团第四工程有限公司,仙永A3合同段中标单位为中铁十一局集团有限公司,仙永A4合同段中标单位为中交一公局厦门工程有限公司。B合同段路面及交安设施、绿化景观工程采用公开招标、资格后审的方式,采用"合理低价法"进行评标,确定仙永B合同段中标单位为中交第一公路工程局有限公司。

双永段:A1~A9合同段路基土建施工招标采用公开招标、资格后审的方式,采用"合理低价法"进行评标,确定双永A1合同段中标单位为中铁隧道集团有限公司,双永A2合同段中标单位为中铁十一局集团有限公司,双永A3合同段中标单位为中铁十局集团第二工程有限公司,双永A4合同段中标单位为中交第三公路工程局有限公司,双永A5合同段中标单位为中交一公局厦门工程有限公司,双永A6合同段中标单位为中铁十五局集团第二工程有限公司,双永A7合同段中标单位为中铁十七局集团第一工程有限公司,双永A8合同段中标单位为中铁十局集团有限公司,双永A9合同段中标单位为路桥集团国际建设股份有限公司。B1、B2合同段路面及交安设施、绿化景观工程采用公开招标、资格后审的方式,采用"合理低价法"进行评标,确定双永B1合同段中标单位为中交一公局厦门工程有限公司,双永B2合同段中标单位为福建路桥建设有限公司。

④房建施工单位招标

PYF1~PYF3合同段房建工程采用公开招标、资格后审的方式,采用"在合理造价区间随机抽取中标人办法"进行评审,确定PYF1合同段中标单位为福建省第五建筑工程公司,PYF2合同段中标单位为福建七建集团有限公司,PYF3合同段中标单位为恒亿集团有限公司。

⑤机电施工单位招标

采用公开招标、资格后审的方式,采用"综合评估法"进行评标,确定E1合同段中标单位为福建新大陆电脑股份有限公司,确定E2合同段中标单位为北京云星宇交通工程有限公司,ED1合同段中标单位为中国铁建电气化局集团第一工程有限公司,ED2合同段中标单位为中铁电气化局集团有限公司,ED3合同段中标单位为中铁十三局集团电务工程有限公司。

⑥监理单位招标

监理合同段共划分为5个合同段,其中仙永泉州段J1合同段(监理仙永A1~A4、B、PYF1 6个施工合同段)、双永J1合同段(监理双永A1~A3共3个路基土建合同段)、双永J2合同段(监理双永A4~A6共3个路基土建合同段及双永B1、B2共2个路面及交安设施、绿化景观工程合同段和房建 PYF2、PYF3 共 2 个合同段）、双永 J3 合同段（监理双永 A7~A9 3 个路基土建合同段）、EJ 合同段（监理 E1、E2、ED1、ED2、ED3 5 个机电合同段）。

仙永段 J1 合同段施工监理招标采用公开招标、资格后审的方式，采用"综合评估法"进行评标，确定仙永泉州段 J1 合同段中标单位为内蒙古华讯工程咨询监理有限公司。

双永段 J1~J3 合同段施工监理采用公开招标、资格后审的方式，采用"综合评估法"进行评标，确定双永 J1 合同段中标单位为山东东泰工程咨询有限公司，双永 J2 合同段中标单位为山东格瑞特监理咨询有限公司，双永 J3 合同段中标单位为江苏东南交通工程咨询监理有限公司。

EJ 合同段机电监理采用公开招标、资格后审的方式，采用"综合评估法"进行评标。2013 年 1 月 31 日~3 月 19 日进行招投标及评审工作，确定 EJ 合同段中标单位为北京兴通工程咨询有限公司。

⑦试验检测单位招标

仙永段 JC1 合同段招标采用公开招标、资格后审的方式，采用"综合评估法"进行评标，确定仙永 JC1 合同段中标单位为江苏省交通科学研究院股份有限公司。

双永段 JC1~JC3 合同段招标采用公开招标、资格后审的方式，采用"综合评估法"进行评标，确定双永 JC1 合同段中标单位为厦门合诚工程检测有限公司，双永 JC2 合同段中标单位为厦门市交通建设工程检测有限公司，双永 JC3 合同段中标单位为福建省交通建设试验检测中心。

双永 JC4 合同段招标采用公开招标、资格后审的方式，采用"综合评估法"进行评标，确定路面试验检测 JC4 合同段中标单位为厦门市交通建设工程检测有限公司。

⑧隧道超前地质预报及隧道监控量测技术服务招标

SJ1~SJ4 合同段合同段招标采用公开招标、资格后审的方式，采用"综合评估法"进行评标，确定 SJ1 合同段中标单位为江苏省交通科学研究院股份有限公司，确定 SJ2 合同段中标单位为武汉中科岩土工程中心，SJ3 合同段中标单位为上海同济建设工程质量检测站，SJ4 合同段中标单位为河南省交院工程测试咨询有限公司。

（4）合同段划分

路基工程共划分为 13 个合同段（仙永 A1~A4、双永 A1~A9），路面及交安设施、绿化景观工程划分为 3 个合同段（仙永 B、双永 B1~B2），房建工程划分为 3 个合同段（PYF1~PYF3），机电工程划分为 5 个合同段（E1~E2、ED1~ED3），监理划分为 5 个合同段（仙永 J1、双永 J1~J3、机电 EJ），试验检测划分为 5 个合同段（仙永 JC1、双永 JC1~JC4），隧道超前地质预报及隧道监控量测技术服务划分为 4 个合同段（SJ1~SJ4）。

（5）征地拆迁

莆永高速公路泉州段工程建设征地拆迁工作按照泉州市人民政府《关于福建省莆田

至永定高速公路泉州境内工程建设征地拆迁补偿安置工作的意见》(泉政函〔2010〕120号)精神,设立市、县、乡三级征地拆迁机构,均由政府主要领导任总指挥,县级指挥部确定一名县委或政府副职领导任常务副指挥,专职抓高速公路建设征地拆迁安置工作,征迁补偿严格按照补偿标准,确保征迁补偿费及时发放,征迁工作做到规范程序和公开公正,征迁保障工作顺利开展。

仙永段:建设用地严格按照2011年12月27日国土资源部《关于海西高速公路网莆永线仙游至永春泉州段工程建设用地的批复》(国土资函〔2011〕994号)要求进行。全线共征用土地3285.3339亩(其中水田1666.7942亩、园地1323.7477亩、林地71.122亩、工业用地204.255亩、村庄工矿用地0.071亩、交通用地0.783亩、水域16.886亩、未利用地1.675亩),房屋拆迁19991.31m²,安置拆迁户136户,各种杆线迁移45处。

双永段:建设用地严格按照2011年10月29日国土资源部《关于海西高速公路网莆永线永春至永定泉州段工程建设用地的批复》(国土资函〔2011〕808号)要求进行。全线共征用土地5214.3284亩(其中水田2517.0177亩、旱地54.0836亩、园地1914.895亩、林地547.2238亩、村庄工矿用地113.9753亩、交通用地43.49亩、水域20.215亩、未利用地3.428亩),房屋拆迁112008.89m²,安置拆迁户369户,各种杆线迁移106处。征地拆迁情况见表10-14-15。

征地拆迁情况统计表　　　　　　　　　　　　　　表10-14-15

莆永高速公路	征地拆迁安置起止时间	征用土地(亩)	拆迁房屋(m²)	支付补偿费用(元)	备注
仙永段	2010.01~2014.10	3285.334	19991.31	111372741	
双永段	2010.01~2014.10	5214.328	112008.89	198499235	
合计	2010.01~2014.10	8499.662	132000.20	309871976	

2.项目实施阶段

(1)重大变更(表10-14-16)

重大设计变更表　　　　　　　　　　　　　　表10-14-16

序　号	设计变更内容
1	感德互通E匝道桥上部结构现浇箱梁改预制箱梁
2	感德分离式桥设计方案调整
3	尾洋大桥右幅第8、9孔桥梁改为路基
4	剑斗互通A匝道站外接线(AK0+600~AK3+023.64)沥青混凝土路面变更为水泥混凝土路面
5	天马山隧道右线进口YK1+755~YK1+875段Ⅴ级围岩复合式衬砌变更
6	天马山隧道左线ZK1+782~ZK1+840段Ⅴ级围岩复合式衬砌变更
7	受厦沙高速公路的影响取消工程设计的变更
8	K33+100红星村中桥左、右幅桥梁桥位、基础形式变更

续上表

序号	设 计 变 更 内 容
9	鼓旗山隧道（永春端）洞门形式由端墙式变更为削竹式洞门
10	大鼓山隧道右洞进口明洞变更加长
11	大鼓山隧道进口左右洞洞内加固处理
12	感德分离桥的改路变更
13	大岭兜人行天桥线位调整及改路起点边坡的防护
14	剑斗互通桥梁桩基遇到溶洞和地质破碎带的处理
15	磻溪枢纽互通 B 匝道新旧路基沉降处理
16	马岭山隧道 YK110+780～YK111+020 线位改移
17	永春东互通 F 匝道改移
18	永春东互通 E 匝道滑坡变更
19	磻溪枢纽互通 A、B 匝道变更
20	湖洋收费站原设计 3 入 5 出变更为 3 入 4 出
21	永春东收费站原设计 3 入 7 出变更为 4 入 5 出

（2）重大事件

2010 年底，泉州市莆永高速公路有限公司成立。

2011 年 4 月，泉州双永段路基土建工程开工建设。

2012 年 1 月，泉州仙永段路基土建工程开工建设。

2013 年 2 月，泉州双永段路面及交安设施、绿化景观工程开工建设。

2013 年 5 月，项目房建工程开工建设。

2013 年 5 月，泉州仙永段路面及交安设施、绿化景观工程开工建设。

2013 年 8 月，项目机电和三大系统工程开工建设。

2013 年 12 月 25 日，项目完成交工验收。

2013 年 12 月 31 日，莆永高速公路泉州段顺利通车试运营。

（三）复杂技术工程

1. 隧道

（1）大鼓山隧道

大鼓山隧道左线长 3085m、右线长 3043m，位置为全线海拔最高处，隧道最大埋深 575m，隧址区地层岩性复杂，隧道区域内断层、裂隙密集，裂隙水影响严重，为全线控制性工程。因埋置深、围岩应力大，隧道中段区域开挖时岩爆现象突出，对施工进度、人员安全造成很大的挑战。工程技术人员经过不懈努力和试验总结，制订了以"钻超前孔+浇注水"的方式来降低围岩应力的施工方案，最后克服了岩爆影响，及时开挖贯通，为后期的路面、机电施工提供了施工通道条件。

(2)云中山隧道

由原狮子炉隧道改名,左线全长5481m,右线全长5453m;其中泉州段左线长2317m,右线长2304m,为莆永高速公路泉州段与龙岩段的交界处。隧道最大埋深855m,隧址区地质复杂,且处于云中山自然保护区内,对施工的环境保护措施要求高。隧道中段区域围岩开挖施工过程中,岩爆现象突出,对施工进度、人员安全造成很大挑战,是本线路的难点工程。

2.桥梁

感化溪大桥长455.4m,桥址区地势陡峻,地形起伏大,地面高程相对高差约140m;本桥起点接格口连拱隧道(云中山自然保护区内),并跨越斜交漳泉肖铁路;孔跨布置为30m+(70m+130m+70m)+(5×30)m,其中主桥70m+130m+70m采用变截面预应力混凝土连续刚构箱梁;两岸引桥采用预应力混凝土T梁。该桥施工环境受地形、铁路、云中山自然保护区等各方面的环境影响和制约,施工难度大,是项目的控制性工程和难点工程。

(四)科技创新

1.预应力智能张拉系统在桥梁施工中的应用

莆永高速公路泉州段工程路线长,桥梁预制梁片多。由于传统预应力张拉施工时完全依靠工人人工操作、肉眼判断和手工记录,施工质量难以控制,各个环节都存在不确定性,给桥梁预应力结构耐久性留下了极大的安全隐患。为克服上述问题,莆永高速公路泉州段全线桥梁均采用由湖南联智桥隧技术有限公司等单位自主研发的高科技产品预应力智能张拉系统,达到实时跟踪、智能控制、及时纠错、真实记录,有效实现全过程质量控制。

2.湿热山区高速公路沥青路面新型结构成套技术推广

福建省高速公路建设总指挥部、交通运输部公路科学研究所组织湿热山区高速公路沥青路面新型结构成套技术推广,选定莆永高速公路泉州段为项目示范工程的实施地点,主要进行新型结构、级配碎石和沥青稳定碎石柔性基层、功能层等技术的工程示范;同时进行深化研究中沥青路面混合料施工离析评价技术的现场试验。通过开展调研与室内外试验、铺筑示范工程、召开现场观摩会、技术人员培训等方法,通过进行工程示范,宣传和传播新型沥青路面结构成套技术,并取得良好成效。

3.福建省高速公路弯梁桥爬移机理与对策研究

为了弄清高速公路弯梁桥爬移机理,制订应对策略,福建省高速公路建设总指挥部、福州大学、福州东南绕城公司、福建省高速公路管理公司福州分公司与泉州市莆永高速公路有限公司共同开展"高速公路弯梁桥爬移机理对策研究",课题列入福建省交通运输厅2013年重点科技项目。

4.福建省高速公路交通安全设施设置标准研究

福建省高速公路建设总指挥部、交通运输部公路科学研究所、宁德福寿公司与泉州市莆永高速公路有限公司共同开展"福建省高速公路交通安全设施设置标准研究",课题列入福建省交通运输厅2013年一般科技项目。课题旨在全面提升福建省高速公路交通安全设施的设置水平,指导福建全省高速公路交通标志、标线、护栏等各类交通安全设施的设计、建设和管理,不断完善高速公路交通安全设施,适应公路建设的可持续发展,以满足社会发展的需要。

(五)运营管理

1.服务区设置

莆永高速公路泉州段共设置2个服务区。其中仙永段设置岵山服务区,总建筑面积6587.6m²,内设综合楼、汽修间、加油站、保安室及车棚等,主体结构为钢筋混凝土结构。双永段设置感德服务区,总建筑面积6374.6m²,内设综合楼、机械维修间、加油站等,主体结构为钢筋混凝土结构。

2.收费站点设置(详见表10-14-17)

收费站点设置情况表　　　　　表10-14-17

站点名称	车道数	收费方式
永春湖洋	7(3入4出)	人工、ETC、自动取卡
永春东	9(4入5出)	人工、ETC、自动取卡
安溪湖头	7(3入4出)	人工、ETC、自动取卡
安溪剑斗	7(3入4出)	人工、ETC、自动取卡
安溪感德	7(3入4出)	人工、ETC、自动取卡
安溪福田	6(3入3出)	人工、ETC、自动取卡

3.车流量发展状况(表10-14-18)

交通流量发展状况表　　　　　表10-14-18

年份(年)	日均车流量(辆)	年份(年)	日均车流量(辆)
2013	3531	2015	11667
2014	8503		

第十五节　S17 漳州至永安高速公路（漳永高速公路）

一、漳永高速公路漳州段（建设期：2012.09～2015.09）

（一）项目概况

1. 基本情况

漳永高速公路即漳州至永安高速公路，是规划建设中的海峡西岸经济区"三纵八横三环三十三联"高速公路网中的一条区域联络线。项目位于龙岩市、漳州市及三明市境内。南接漳州市境段，与国高网"厦成线"海沧至天宝段高速公路相连；北接国高网"泉南线"泉三高速公路，与海西网四横"莆永线"成十字交叉，是闽中西部及江西、湖南等内陆地区通往厦门、漳州沿海港口的快速通道，也是闽中与其他地区跨越区域间实现交通转换的重要纽带。该项目的建设有利于加快闽南、闽中西部地区经济发展，增强国防交通保障能力。

漳永高速公路漳州段项目设计采用交通运输部《公路工程技术标准》（JTG B01—2003），全线按山岭重丘区高速公路标准建设，设计行车速度80km/h，路基宽度24.5m，中央分隔带宽2m，双向四车道，行车道3.75m，硬路肩2.5m，土路肩0.75m，左右侧路缘带各0.5m；桥涵与路基同宽，设计荷载标准为公路—Ⅰ级；全线采用全封闭、全立体交叉。项目批复总概算61.13亿元，其中漳州境51.64亿元。另建坂里连接线8.188km，二级公路标准，路基宽度12m，设计行车速度60km/h。

项目起于漳州市华安县丰山镇玉兰村，顺接厦成高速公路漳州段玉兰枢纽互通，沿线经华安县丰山镇、沙建镇、新圩镇、华安县城，再经官田隧道于桩号K50+193进入龙岩境，经石门岭至坪山村，在桩号K58+807重新进入漳州境，再经华安县湖林乡至终点小杞（漳州市与龙岩交界处），路线全长67.141km，漳州境主线长58.728km（其中路线起点2.403km已由厦成高速公路实施并建成）。项目在华安县境内沿线设丰山养护基地1处，华安经济开发区、华安沙建、华安土楼、华安4处通行费收费站，华丰服务区1处。全线路基土石方2475.1万m³，大桥12915m/39座，中、小桥796m/12座，隧道17832m/11座，4跨鹰厦铁路、6跨九龙江，沿线地形复杂，施工技术难度大，桥隧比例高达56%。其中控制性工程青良山大桥悬浇梁跨径为70m+120m+70m，薄壁墩最大高度为55m。详见表10-15-1。

项目基本情况统计表

表 10-15-1

序号	项 目		单位	数 量	备 注
一	技 术 标 准				
1	计算行车速度		km/h	80	
2	路基宽度	整体式路基	m	24.5	
		分离式路基	m	12.25	
3	桥面净宽		m	2×12.25	小桥与路基同宽
4	路面			沥青混凝土路面,设计年限15年,标准轴载(BZZ-100kN)	
5	路基、桥涵设计洪水频率			特大桥1/300,其余均为1/100	
6	桥涵设计车辆荷载			公路—Ⅰ级	
二	主要工程规模				
1	路线里程		km	58.728	
2	征用土地		亩	6015.1634	
3	拆迁房屋		m²	31260	
4	路基土石方		万 m³	2475.1	
5	软土地基处理		km	0	
6	桥梁(主线)		m/座	13711/51	
	其中:大桥		m/座	12915/39	
7	匝道桥梁		m/座	630/6	
8	上跨分离		m/座	590/7	
9	互通式立交		处	3	
10	分离式立交		处	9	
11	涵洞		道	62	
12	通道		道	19	
13	隧道		m/座	17832/11	
14	路面(主线)		万 m²	101.5933	
15	收费站		处	3	
16	服务区		处	1	

本项目分别于2012年9月、2013年2月分两次开工,其中先行开工的A1合同段于2012年9月28日开工,A2~A5合同段于2013年2月1日开工,B1合同段于2014年6月6日开工,B2合同段于2014年7月18日开工,全线于2015年9月30日建成通车,历时36个月。

2. 前期决策情况

2006年5月,交通部下发《海峡西岸经济区公路水路交通基础设施发展规划指导意见》,指出海峡西岸高速公路规划布局应以国家高速公路网相关路线和具有区域通道作用的路线为重点,本项目是连接两条国家高速公路的重要联络线,具有山海通道特征,因此加快本项目建设,对于完善海峡西岸经济区高速公路网、强化闽中与沿海地区之间的经济协作等具有重要意义。

按照海西高速公路网"八方纵横、加密沿海、覆盖全区"规划目标,即"计划在2009年,全省高速公路通车里程要突破2000km,2012年要突破3000km,形成'两纵四横'主通道;2015年要突破5000km;力争全省提前三年(2017年),福州、厦门、泉州等沿海设区市提前5年(2015年)基本建成海西网规划的主要项目。"本项目符合这一规划思路,能够加快形成并完善海西高速公路网。

漳州市地处福建省南部,与台湾地区隔海相望,是闽南"金三角"经济圈中的一角,土地总面积1.26万km^2,地势东南临海,西北多山,海岸线长682km,而且是著名的历史文化名城,也是著名的侨乡,辖八县一市二区。漳州作为福建第一层面的城市,在建设海峡西岸经济区中,发挥着重大的作用。

2009年8月5日,省交通运输厅于福州西方财富酒店召开海西高速公路漳州至永安段路线方案审查会。2009年8月24日,福建省发改委以《海西高速公路网漳州至永安联络线路线方案审查会议纪要》(专题会议纪要〔2009〕58号)批复本项目路线方案。2009年9月30日,福建省发改委以《福建省发展和改革委员会关于海西高速公路网漳州至永安联络线开展前期工作的意见》(闽发改交能〔2009〕940号)批复本项目立项。

3. 参建单位主要情况

(1) 建设单位

项目建设单位为漳州市高速公路建设指挥部、漳州漳永高速公路有限责任公司。按照福建省高速公路建设管理体制,工程建设以漳州市为主负责并组织建设。在项目业主成立之前,作为漳永高速公路漳州段建设的主管部门,漳州市地区交通局、市高指配合省高指负责开展本项目的预可行性研究和工程可行性研究前期工作,全面负责本项目的前期筹建工作。2012年1月21日,省高指以《关于成立漳州漳永高速公路有限责任公司的批复》(闽高管〔2012〕4号)批复本项目成立漳州漳永高速公路有限责任公司并作为本项目法人单位,全面负责漳永高速公路漳州段项目的建设、筹资、还贷等工作。

(2) 设计单位

中交公路规划设计院有限公司承担漳永高速公路漳州华安(玉兰)至新圩段及漳州华安段可行性研究及勘察设计工作,北京交科公路勘察设计研究院有限公司承担漳永高速公路漳州华安(玉兰)至新圩段及漳州华安段交通工程勘察设计工作,中交第二公路勘察设计研究院有限公司承担勘察监理、设计咨询工作。

(3)施工单位

漳永高速公路漳州段施工单位共14家。路基工程共划分为9个合同段,路面、交通安全设施、绿化及房建工程划分为2个合同段,交通机电工程隧道照明、消防及沿线供配电系统供货与安装工程划分为2个合同段,机电工程监控、收费、通信系统施工工程划分为1个合同段。

(4)监理单位

漳永高速公路漳州段监理单位共4家,全线路基、路面工程3个监理标段、机电项目1个监理标段。

项目施工及监理单位详见表10-15-2。

项目施工及监理单位一览表　　　　表10-15-2

标段号	标段所在地	工程内容	长度(km)	施工单位	监理单位
A1	华安	K2+403.336～K9+021.5 路基	6.618	中交二公局第四工程有限公司	厦门中平工程监理咨询有限公司
A2	华安	K9+021.5～K13+330 路基	4.309	中铁十六局集团有限公司	
A3	华安	K13+330～K20+703 路基	7.373	福建省第一公路工程公司	
A4	华安	K20+703～K27+365 路基	6.662	天津五市政公路工程有限公司	北京华宏工程咨询有限公司
A5	华安	K27+365～K34+320 路基	6.955	浙江省交通工程建设集团	
B1	华安	K2+403.336～K34+320 路面	31.917	大成工程建设有限公司	
A6	华安	K34+320～K41+230 路基	6.910	中铁九局集团有限公司	江苏东南交通工程咨询监理有限公司
A7	华安	K41+230～K50+193.084 路基	8.963	四川公路桥梁建设集团有限公司	
A8	华安	K58+807～K63+246 路基	4.439	中铁隧道集团有限公司	
A9	华安	K63+246～K67+195.696 路基	3.950	中铁一局集团有限公司	
B2	华安	K34+320～K50+193.08 路面 K58+807～K67+195.69 路面	24.262	中交一公局厦门工程有限公司	
ED1	华安	K2+403.336～K34+320 机电	31.917	中铁十二局集团电气化工程有限公司	北京泰克华诚技术信息咨询有限公司
ED2	华安	K34+320～K50+193.08 机电 K58+807～K67+195.69 机电	24.262	北京云星宇交通工程有限公司	
E	华安	K2+403.336～K50+193.08 机电 K58+807～K67+195.69 机电	56.178	福建新大陆电脑股份有限公司	

(二)建设情况

1. 项目准备阶段

(1)立项审批

路线方案审查:2009年8月24日,福建省发改委以《海西高速公路网漳州至永安联络线路线方案审查会议纪要》(专题会议纪要〔2009〕58号)批复本项目路线方案。

项目立项:2009年9月30日,福建省发改委以《福建省发展和改革委员会关于海西高速公路网漳州至永安联络线开展前期工作的意见》(闽发改交能〔2009〕940号)批复本项目立项。

工程可行性研究:2011年11月30日,福建省发改委以《福建省发展和改革委员会关于漳州至永安高速公路华安(玉兰)至新圩段工程可行性研究报告的批复》(闽发改交通〔2011〕1626号)批复本项目华安(玉兰)至新圩段工可。福建省发改委以《福建省发展和改革委员会关于漳州至永安高速公路华安段工程可行性研究报告的批复》(闽发改交通〔2011〕1625号)批复本项目华安段工可。同意路线方案、技术标准、投资控制和建设工期。

初步设计:2011年12月23日,福建省交通运输厅、福建省发展和改革委员会以《关于漳州至永安高速公路华安(玉兰)至新圩段工程初步设计的批复》(闽交建〔2011〕154号)批复本项目华安(玉兰)至新圩段初步设计。福建省交通运输厅、福建省发展和改革委员会以《关于漳州至永安高速公路华安段工程初步设计的批复》(闽交建〔2011〕155号)批复本项目华安段初步设计。

工程可行性研究:2012年7月1日,福建省交通运输厅、福建省发展和改革委员会以《关于漳州至永安高速公路华安(玉兰)至新圩段工程初步设计概算的批复》(闽交建〔2012〕70号)批复本项目华安(玉兰)至新圩段设计概算。福建省交通运输厅、福建省发展和改革委员会以《关于漳州至永安高速公路华安段工程初步设计概算的批复》(闽交建〔2012〕71号)批复本项目华安段设计概算。

环境影响报告批复:2011年11月10日,福建省环境保护厅以《福建省环保厅关于批复海峡西岸经济区公路网漳州至永安联络线漳州华安(玉兰)至新圩段环境影响报告书的函》(闽环保评〔2011〕132号)批复本项目华安(玉兰)至新圩段环境影响报告书。福建省环境保护厅以《福建省环保厅关于批复海峡西岸经济区公路网漳州至永安联络线漳州华安段环境影响报告书的函》(闽环保评〔2011〕133号)批复本项目华安段环境影响报告书。

水土保持方案批复:2011年9月29日,福建省水利厅以《关于海峡西岸经济区高速公路网漳州至永安联络线漳州华安(玉兰)至新圩段水土保持方案报告书(报批稿)的批复》(闽水保监〔2011〕74号)批复本项目华安(玉兰)至新圩段水土保持方案。福建省水利厅以《关于海峡西岸经济区高速公路网漳州至永安联络线漳州华安段水土保持方案报告书(报批稿)的批复》(闽水保监〔2011〕75号)批复本项目华安段水土保持方案。

地震安全性评价:2011年4月8日,福建省地震局以《关于海西高速公路网漳州至永安联络线漳州段线路工程场地地震安全性评价报告的批复》(闽震〔2011〕92号)批复本项目工程场地地震安全性评价。

建设用地批复:2012年12月27日,国土资源部以《关于漳州至永安高速公路华安(玉兰)至新圩段工程建设用地的批复》(国土资函〔2012〕1023号)批复本项目华安(玉兰)至新圩段工程建设用地。国土资源部以《关于漳州至永安高速公路华安段工程建设用地的批复》(国土资函〔2012〕1024号)批复本项目华安段工程建设用地。

项目开工:2012年9月28日上午,漳永高速公路漳州段在华安县沙建镇大坑村举行隆重的开工典礼,漳州市委书记陈冬宣布开工令,建设工期为3年。至此,漳永高速公路漳州段全面动工建设。

(2)资金筹措

漳永高速公路漳州段初步设计概算:福建省交通运输厅、福建省发展和改革委员会批复金额为61.13亿元(漳州市境内51.64亿元),其中建筑安装工程费为46.67亿元,设备及工具、器械购置费1.59亿元,工程建设其他费用10.15亿元,预备费用2.72亿元。筹融资方案采取省市自筹和银行贷款方式并部分争取部级资金投入。投资股比为省级51%、市级49%。资金来源中,项目资本金18.075亿元,省级9.218亿元、市级8.857亿元;其余33.5691亿元申请国内银行贷款。

(3)招投标工作

招投标工作严格按照《中华人民共和国招标投标法》、交通运输部《公路工程施工招投标管理办法》,以及福建省交通运输厅《关于进一步规范我省高速公路建设项目招标投标工作的指导意见》等有关法律、法规、制度、办法的规定执行,成功完成勘察设计,路基土建,隧道地质超前预报,路面、交通安全设施、绿化及房建,机电工程等多次招标工作,未发现不良招评标行为,总体情况良好。

施工单位招投标情况:漳永高速公路漳州段施工单位共14家。路基工程共划分为9个合同段,路面、交通安全设施、绿化及房建工程划分为2个合同段,交通机电工程隧道照明、消防及沿线供配电系统供货与安装工程划分为2个合同段,机电工程监控、收费、通信系统施工工程划分为1个合同段。

监理单位招投标情况:全线共计4个施工监理标,采用公开招标、资格后审的方式,采用"综合评标法"的方式进行评标。

(4)合同段划分

路基工程共划分为9个合同段,路面、交通安全设施、绿化及房建工程划分为2个合同段,交通机电工程隧道照明、消防及沿线供配电系统供货与安装工程划分为2个合同段,机电工程监控、收费、通信系统施工工程划分为1个合同段。

(5)征地拆迁

漳永高速公路漳州段根据《福建省人民政府关于耕地年产值和征地补偿标准的通知》(闽政〔2011〕5号)《建设项目安置用地预审意见书》《拆迁安置用地的地类说明》《征地补偿安置情况的补充说明》以及漳州市人民政府对各县(市)、区征地拆迁补偿安置实施方案批复的精神,并依据相关法律法规与县人民政府签订征地拆迁补偿安置工作协议书,征地、拆迁和安置工作由当地政府设立的高速公路征地搬迁(建设)指挥部负责组织实施,沿线乡镇(场)人民政府均设高速公路征地搬迁办事处具体负责征地、拆迁和安置补偿等工作。全线共征用土地6015.1634亩,拆迁房屋31260m^2,迁移三杆144处、迁移部队光缆2处。详见表10-15-3。

征地拆迁情况统计表　　　　　　　　　　　　　表10-15-3

征地拆迁安置起止时间	征用土地(亩)	拆迁房屋(m^2)	支付补偿费用(元)	备注
2012.09~2015.09	6015.1634	31260	249266023.3	

2.项目实施阶段

(1)重大决策

项目公司坚持不懈地抓好党风廉政建设,在建管一条优质公路的同时,培育出一支纯洁的队伍。公司建立了党政联席会、支部委员会等决策形式,健全监督约束机制,层层签订廉政建设责任状,将廉政内容纳入工程正常管理范畴,并通过每季度考核加强检查监督。凡重大措施出台、投资项目安排和大额资金使用等,决策前都要深入细致地调查研究、提出方案并征求职能部门和参建单位的意见,请有关专家进行论证和决策咨询,然后才能上会集体讨论,根据多数意见作出决策,决策后还要跟踪监督,及时完善和纠正偏差。项目建设期间,未发生违纪违法现象。

(2)重大事件

2012年1月21日,福建省高指批复本项目成立漳州漳永高速公路有限责任公司。

2012年9月28日,漳永高速公路漳州段在华安县沙建镇大坑村举行开工典礼。

2012年12月5日,漳州漳永公路建设指挥部、漳州漳永高速公路有限责任公司在华安驻地举行揭牌仪式。

2013年12月25日下午,由浙江省交工集团有限公司承建的天宫隧道顺利贯通,这是漳永高速公路全线第一座1km以上长隧道的顺利贯通。

2015年9月28日,福建省交通质量安全监督局印发本项目交工验收前工程质量检测意见的通知,同意本项目工程交工验收并交付使用。

2015年9月29日,召开漳永高速公路漳州段工程交工验收会会议及工程安全设施验收会会议。

2015年9月30日,项目全线通车。漳州市实现"县县通高速"。

(三)科技创新

科技创新、技术进步是工程质量进一步提高的源泉,建设高品质的高速公路必须要有强有力的技术支撑,必须采用先进的工艺、先进的技术、先进的设备和优质的材料。漳永高速公路漳州段工程建设过程中,十分重视科学技术对高速公路建设的指导作用,在充分吸收应用近年来高速公路施工各项研究课题成果的同时,积极展开了工艺及技术创新,取得了良好效果。

1. 推广运用预应力智能张拉与管道循环压浆系统

传统预应力张拉与压浆施工完全依靠工人人工操作、肉眼判断、手工记录,施工质量难以控制,各个环节都存在劣质施工的漏洞,给桥梁预应力结构耐久性留下了极大的安全隐患。本项目推广运用预应力智能张拉与压浆系统,通过计算机软件控制实现预应力张拉与压浆全过程自动化,杜绝人为因素干扰,能有效确保预应力张拉施工质量。在桥梁预制施工中投入使用预应力智能张拉与压浆系统,实现了张拉压浆过程全智能控制,消除人工操作误差,能精确控制有效预应力的大小,使预应力施工质量上了一个新台阶。智能压浆系统依靠创新性的"大循环"概念,通过智能系统精确操控,提高压浆密实度与充盈度,真正解决了传统预应力管道压浆施工时管道内压浆不饱满、内残留空气难以排空、影响钢绞线耐久性的难题。能有效实现预应力张拉、压浆施工全过程质量控制,达到实时跟踪、智能控制、及时纠错、真实记录施工过程,为本项目桥梁结构的安全耐久提供可靠的保障。

2. 采用新技术、新设备提高涵台背回填效果

涵台背回填质量达不到设计规定的压实度要求,会造成通车后工后沉降量偏大,产生桥头跳车,一直以来都是经常发生的质量通病。设计涵台背回填材料一般都是砂砾、碎石砂、碎石、石渣等透水性材料,由于施工工作面狭小,重型压路机难以发挥作用,多采用小型夯实机具,且对砂砾等透水性材料没有有效的压实度检测手段,只能通过测量每层碾压后的沉降量来推算,准确度差。为了治理涵台背较容易出现的回填质量通病,尽量避免出现桥头跳车,提高路面平整度及行车舒适度,公司在全线推行采用高速液压夯实机对桥台背进行补强夯实。高速液压夯实机最大击打能量不小于25kJ,通过对已填好的台背2倍搭板长度范围进行全面积补强夯实,可有效减少工后沉降量,夯击完下沉量一般达到3~

7cm,个别填筑质量较差的达到10cm以上。通过以上新技术、新设备的联合应用,有效提高了涵台背回填质量。

3. 创新超高段缝隙式排水沟施工工艺

超高段缝隙式排水沟设计一般采用预制拼装,需另外设立小型预制构件场,占用场地大,装卸过程中易缺边掉角,现场拼装时若拼接缝处理不到位容易引起漏水,造成路面结构层长期泡水而发生早期损坏。施工单位创新性地改进施工工艺,采用整体式钢模现浇施工,内埋塑料管,杜绝了漏水问题,能准确控制高程、外观线形平顺、表面平整美观,提升了施工质量。

4. 采用定时自动喷雾养护系统养护T梁

在桥梁工程中,T梁连续结构被广泛应用。根据省高指推行的标准化建设提出的"三集中、两准入",T梁预制越来越标准化、工厂化,这对于T梁预制后的养护工艺也提出了新的要求。该系统采用养护土工布密封包裹T梁,形成封闭空间,内部间隔悬挂喷雾喷头。外部增压机上增设定时装置。整个系统工作时,密闭空间内类似试验室的标准养护室可以通过湿度计调整喷雾时间及间隔,对T梁起到全面的养护。整个定时自动喷雾养护系统具有节省人工、节省用水、养护效果好等优点,能有效地保证成品混凝土构件的强度。

5. 采用高墩自动喷淋养护系统

针对本项目桥梁结构物多,且墩柱高度高(最高达55m)等特点,原来采用塑料薄膜包裹养护已满足不了要求,我司根据施工现场实际情况,创新桥梁墩柱养护系统,该系统采用抽水扬程高的抽水设备配备定时装置,在墩柱模板下方悬挂方形(薄壁墩,可随模板一起提升)镀锌钢管(四周打孔)或在墩顶(柱式墩)的四周悬挂一圈镀锌钢管(四周打孔),通过塑料软管与定时抽水设备相连,通过调整喷淋时间间隔,对墩柱进行全面养护,该养护系统具有节省人工、养护效果好等优点,能有效保证墩柱混凝土构件的强度。

6. 衬砌养护喷淋系统及钢拱架机械辅助工艺

西陂隧道A9项目部自主设计安装"衬砌养护喷淋系统",主要组成部分包括:定位架、喷头、水泵、储水箱。利用定位架将喷头进行固定,使所有喷头垂直于衬砌表面,利用储水箱内的水泵将水加压后喷出,达到衬砌喷淋养护,预防了二衬开裂现象,确保了二衬实体质量。学习石林隧道施工经验,引进了"防水板挂设机械臂",减少作业人员劳动强度,加快挂设速度。同时还引进了"钢拱架机械辅助工艺",加快了拱架安装速度,保证了施工质量,设计制作网片加工定位架,加强网片间距控制,还设计制作格栅拱架制作胎模,保证拱架焊接线性能及质量,为西陂隧道提前贯通奠定了坚实的基础。

(四)运营管理

1. 服务区设置

漳永高速公路漳州段设置了1个华丰服务区,房建主体建筑面积4500m²,内设办公楼、宿舍、公厕、加油站、汽修间等,主体结构为钢筋混凝土框架结构。

2. 收费站点设置(表10-15-4)

收费站点设置情况表　　　　　　　　　　　　　　　　　　表10-15-4

站 点 名 称	车 道 数	收 费 方 式
华安沙建	7(3入4出)	人工、ETC、自动取卡
华安土楼	7(3入4出)	人工、ETC、自动取卡
华安	8(3入5出)	人工、ETC、自动取卡

3. 车流量发展状况(表10-15-5)

交通流量发展状况表　　　　　　　　　　　　　　　　　　表10-15-5

年份(年)	日均车流量(辆)
2015	6418

二、漳州至永安高速公路龙岩段(漳永高速公路龙岩段)(建设工期:2012.08~2015.09)

(一)项目概况

1. 基本情况

漳永高速公路龙岩段起于漳平市官田乡小杞村,路线由南往北延伸,经芦芝乡、桂林街道、和平镇、新桥镇,终于漳平市新桥镇城口村,全长79.85km。全线批复概算74.28亿元,分三个项目立项审批,其中华安段(龙岩境)8.42km,投资9.49亿元;漳平段36.35km,投资35.86亿元;漳平(钱坂)至三明(永安)段35.08km,投资28.93亿元。全线采用双向四车道高速公路标准建设,设计行车速度80km/h,路基宽度24.5m。桥涵设计汽车荷载等级采用公路—Ⅰ级,其余技术指标按《公路工程技术标准》(JTG B01—2003)执行。

项目沿线地形地质复杂,施工难度大,桥隧比近50%,主要工程量为:土石方3956万m³,大桥8172m/37座,隧道29488m/23座,涵洞通道109道,设漳平南、新桥2处落地互通式立交,和平1处枢纽互通式立交,新桥1对服务区,其中控制性工程和新隧道长5173m,官田隧道长6145m。全线共分11个土建施工标、2个路面施工标,建设工期3年,于2015年9月建成通车。

2. 前期决策情况

漳永高速公路是规划的海峡西岸经济区"三纵八横三环三十三联"高速公路网中的一条区域联络线,是国家高速公路网厦蓉线的重要组成部分,是龙岩市开工建设的第7条高速公路。漳州至永安高速公路的建设将形成海峡西岸经济区中部一条重要的对台战略通道,对于完善国家高速公路网及海西高速公路网布局起着重要的作用。2009年8月24日,福建省发展和改革委员会以《海西高速公路网漳州至永安联络线路线方案审查会议纪要》(〔2009〕58号会议纪要)批准立项。2011年12月完成工可、环评水保、初步设计批复。

3. 参建单位主要情况

(1) 建设单位

在项目业主成立之前,作为龙岩高速公路建设的主管部门,龙岩市高速公路建设指挥部配合省高指负责开展本项目的预工可前期工作和项目前期筹建工作。2011年6月1日,成立龙岩漳永高速公路有限责任公司,作为本项目法人单位,全面负责龙岩漳永高速公路项目的建设、筹资、运营和还贷工作。

(2) 设计单位

中交公路规划设计有限公司承担漳州至永安高速公路华安段(龙岩境)的初步设计阶段和施工图阶段的勘测与设计工作,负责路段长8.58km;中国公路咨询集团有限公司承担漳州至永安高速公路漳平段的初步设计阶段和施工图阶段的勘测与设计工作,负责路段长35.924km;福建省交通规划设计院承担漳州至永安高速公路漳平(钱坂)至三明(永安)段的初步设计阶段和施工图阶段的勘测与设计工作,负责路段长35.07km。

(3) 施工单位

本项目施工单位共17家。路基工程划分11个合同段,路面工程路面项目(交安设施及绿化工程)划分为2个合同段,机电工程划分为4个合同段。

(4) 监理单位

本项目监理单位共4家,全线路基土建工程(含路面、交安设施及绿化工程)3个监理标段,机电工程1个监理标段。

项目施工及监理单位详见表10-15-6和表10-15-7。

项目施工单位一览表　　　　　　表10-15-6

工程项目	合同段	起止桩号	施工单位	项目经理	项目总工
路基工程	A1	K50+193~K54+700	中铁十二局集团有限公司	郭继林	张育坪
	A2	K54+700~K58+807	中铁隧道集团三处有限公司	胡再春	曾哲平
	A3	K75+070~K81+080	中铁大桥局集团股份有限公司	黄升利	莫洪柳
	A4	K81+080~K88+880	中铁十六局集团第一工程有限公司	亢子明	叶见喜

续上表

工程项目	合同段	起 止 桩 号	施 工 单 位	项目经理	项目总工
路基工程	A5	K88+880～K96+500	福建省闽西交通工程有限公司	周宏平	张源顺
	A6	K96+500～K104+970	中铁十六局集团有限公司	吴国英	张学武
	A7	K104+970～K112+780	中铁二十三局集团第一工程有限公司	姚绍涛	张功波
	A8	K112+780～K119+378	中铁十七局集团第六工程有限公司	练华洪	余冬科
	A9	K119+378～K129+400	中交第四公路工程局有限公司	朱雄	马俊杰
	A10	K129+400～K138+650	河北路桥集团有限公司	崔洪峰	孟祥马
	A11	K138+650～K148+300	中交路桥北方工程有限公司	董兴舒	王超生
路面工程（交安设施及绿化工程）	B1	K50+193～K58+807 K75+070～K110+993	浙江省交通工程建设集团有限公司	舒育正	夏俊吾
	B2	K112+780～K155+071	中交第一公路工程局有限公司	洪伟华	秦永明
机电工程	E1	K50+193.084～K58+807 K75+070～K95+593	北京云星宇交通科技股份有限公司	李坚	张素芬
	ED1	K50+193.084～K58+807 K75+070～K95+593	安徽皖通科技股份有限公司	何结海	柏歆剑
	E2	K95+593～K148+300	紫光捷通科技股份有限公司	周迅	陈卓
	ED2	K95+593～K148+300	葛洲坝集团电力有限责任公司	魏爱军	赵德强

项目监理单位一览表　　　　　　表10-15-7

合同段	工程项目	起 止 桩 号	监 理 单 位	监理服务费（万元）	总监理工程师
J1	路基工程	K50+193～K88+880	合诚工程咨询股份有限公司	2230.77	韩宝山
J2	路基工程	K88+880～K112+780	厦门中平工程监理咨询有限公司	2390	邢喜乐
	路面工程	K50+193～K112+780			
	交通安全设施				
	绿化工程				
J3	路基工程	K112+780～K148+300	福建省交通建设工程监理咨询公司	2407.25	张吉平
	路面工程				
	交通安全设施				
	绿化工程				
EJ	机电工程	K50+193.084～K58+807 K75+070～K148+300	北京华路捷公路工程技术咨询有限公司	520.57	刘双岭

（二）建设情况

1. 项目准备阶段

（1）立项审批

项目立项：2009年8月24日，福建省发展和改革委员会以《海西高速公路网漳州至永安联络线路线方案审查会议纪要》(〔2009〕58号会议纪要)批准立项。

工程可行性研究:2011年4月28日,《福建省发展和改革委员会关于海西高速公路网漳永线龙岩漳平段工程可行性研究报告的批复》(闽发改交通〔2011〕416号)、《福建省发展和改革委员会关于海西高速公路网漳永线漳平(钱坂)至三明(永安)段工程可行性研究报告的批复》(闽发改交通〔2011〕422号)批复了漳平段、漳平(钱坂)至三明(永安)段工可文件;2011年11月30日,《福建省发展和改革委员会关于漳州至永安高速公路华安段工程可行性研究报告的批复》(闽发改交通〔2011〕1625号)批复了华安段工可文件。

初步设计:福建省发展和改革委员会、福建省交通运输厅于2011年12月23日、2012年7月1日,以闽交建〔2011〕155号文、闽交建〔2012〕71号文批复华安段工程初步设计;2011年7月1日,福建省交通运输厅、福建省发展和改革委员会以闽交建〔2011〕37号文批复漳平段工程初步设计;2011年6月13日,福建省交通运输厅、福建省发展和改革委员会以闽交建〔2011〕28号文批复漳平(钱坂)至三明(永安)段工程初步设计。

施工图设计:2013年1月15日,福建省交通运输厅以《关于漳州至永安高速公路华安段施工图设计的审查意见》(闽交建〔2013〕106号)批复华安段施工图设计;2012年9月17日,福建省交通运输厅以《关于海西高速公路网漳永线漳平段施工图设计文件的批复》(闽交建〔2012〕116号)批复漳平段施工图设计;2012年7月29日,福建省交通运输厅以《关于海西高速公路网漳永线漳平(钱坂)至三明(永安)段施工图设计文件的批复》(闽交建〔2012〕82号)批复漳平(钱坂)至三明(永安)段施工图设计。

环境影响评价:2011年11月9日,省环保厅以闽环保评〔2011〕132号文、闽环保评〔2011〕133号文批复华安段环境影响报告书;2011年2月22日,省环保厅以闽环保评〔2011〕33号文批复漳平段环境影响报告书;2011年3月31日,省环保厅以闽环保评〔2011〕34号文批复漳平(钱坂)至三明(永安)段环境影响报告书。

水土保持批复:2011年11月9日,水利厅以闽水保监〔2011〕75号文批复华安段水土保持方案;2011年3月31日,水利厅以闽水保监〔2011〕23号文批复漳平段水土保持方案;2011年2月22日,水利厅以闽水保监〔2011〕23号文批复漳平(钱坂)至三明(永安)段水土保持方案。

建设用地批复:2012年12月27日,国土资源部以国土资函〔2012〕1024号文同意批复华安段工程建设用地;2011年12月27日,国土资源部以国土资函〔2011〕996号文同意批复漳平段和漳平(钱坂)至三明(永安)段工程建设用地。

开工批复:2013年11月15日,福建省交通运输厅批复华安段施工许可申请书。2012年12月30日,福建省交通运输厅批复漳平段施工许可申请书。2013年3月29

日,福建省交通运输厅批复漳平(钱坂)至三明(永安)段施工许可申请书。建设工期为3年。

(2)资金筹措

漳永高速公路初步设计概算福建省发改委批复金额为74.29亿元,其中建安投资总额为58.31亿元,设备及工器具购置费1.23亿元,工程建设其他费用11.44亿元,预备费3.31亿元。截至2017年12月31日,其建设资金拼盘为交通运输部补助7.0975亿元,省级资本金8.959亿元,市级资本金9.6503亿元,银行贷款41.7809亿元。本项目截至2017年12月31日,累计完成投资70.8525亿元,节约投资3.434亿元。

截至2017年12月31日,漳永高速公路项目累计到位建设资金67.4878亿元,其中:国家资本25.7068亿元(交通运输部7.0975亿元,省级资本金8.959亿元,市级资本金9.6503亿元);基建投资借款41.7809亿元(农业银行龙岩分行3.345亿元,国家开发银行福建省分行16.103亿元,兴业银行总行5.03625亿元,浦发银行厦门分行1.585亿元,中国银行龙岩分行3.84亿元,建设银行福建省分行4.73亿元,交通银行厦门分行7.141675亿元)。

(3)招投标工作

本项目招投标工作严格按照《中华人民共和国招标投标法》、交通运输部《公路工程施工招投标管理办法》,以及福建省交通运输厅《关于进一步规范我省高速公路建设项目招标投标工作的指导意见》等有关法律、法规、制度、办法的规定执行,成功完成勘察设计、路基土建、路面、交通安全设施、绿化及房建、机电工程等多次招标工作,未发现不良招评标行为,总体情况良好。

①勘察设计、勘察监理及设计咨询单位招投标情况

华安段(龙岩境)勘察设计、勘察监理及设计咨询招标由漳州漳永高速公路有限责任公司负责组织实施,确定中交公路规划设计院有限公司为设计中标单位,中交第二公路勘察设计研究院有限公司为咨询中标单位。

龙岩漳平段和漳平(钱坂)至三明(永安)段勘察设计、勘察监理及设计咨询招标采用国内竞争性公开招标,资格后审的方式,采用"综合评价法"进行评标,确定S1合同段中标单位为中国公路工程咨询集团有限公司,S2合同段中标单位为福建省交通规划设计院,SZX合同段中标单位为北京交科公路勘察设计研究院有限公司。

②路基土建工程施工单位招投标情况

A1、A2合同段(施工单位):A1、A2合同段路基土建施工招标均采用国内竞争性公开招标、资格后审的方式,采用"合理低价法"的方式进行评标,确定A1合同段中标单位为中铁十二局集团有限公司,A2合同段中标单位为中铁隧道集团三处有限公司。

③A3～A11合同段(施工单位):A3～A11合同段路基土建施工招标均采用国内竞争性公开招标、资格后审的方式,采用"合理低价法"的方式进行评标,确定A3合同段中标单位为中铁大桥局股份有限公司,A4合同段中标单位为中铁十六局集团第一工程有限公司,A5合同段中标单位为福建省闽西交通工程有限公司,A6合同段中标单位为中铁十六局集团有限公司,A7合同段中标单位为中铁二十三局集团第一工程有限公司,A8合同段中标单位为中铁十七局集团第六工程有限公司,A10合同段中标单位为河北路桥集团有限公司,A11合同段中标单位为中交路桥北方工程有限公司。A9合同段先行进行开标及评审工作。

④路基土建,路面、交安设施、绿化及房建施工监理单位招投标情况

J1、J2、J3合同段路基土建,路面、交安设施、绿化及房建施工监理招标均采用公开招标、资格后审的方式,采用"综合评标法"的方式进行评标。确定J1合同段中标单位为厦门市路桥咨询监理有限公司,下辖A1～A4合同段;J2合同段中标单位为厦门中平工程监理咨询有限公司,下辖A5～A7、B1合同段;J3合同段中标单位为福建省交通建设工程监理咨询公司,下辖A8～A12、B2合同段。

⑤路面、交通安全设施、绿化及房建工程施工单位招投标情况

B1、B2合同段路面、交通安全设施、绿化及房建工程施工招标采用国内公开招标、资格后审的方式,采用"合理低价法"的方式进行评标,确定B1合同段中标单位为浙江省交通工程建设集团有限公司,B2合同段中标单位为中交第一公路工程局有限公司。

⑥机电工程施工单位招投标情况

E1、E2、ED1、ED2合同段监控、通信、收费系统和隧道通风、照明、消防及沿线供配电系统供货与安装施工招标采用公开招标、资格后审的方式,采用"合理低价法"的方式进行评标。确定E1合同段中标单位为北京云星宇交通科技股份有限公司;E2合同段中标单位为紫光捷通科技股份有限公司;ED1合同段中标单位为安徽皖通科技股份有限公司;ED2合同段中标单位为葛洲坝集团电力有限责任公司。

⑦机电工程监理单位招投标情况

EJ合同段机电工程施工监理服务招标采用公开招标、资格后审的方式,采用"综合评标法"的方式进行评标,确定EJ合同段中标单位为北京华路捷公路工程技术咨询有限公司,下辖E1、E2、ED1、ED2合同段。

(4)合同段划分

漳永高速公路龙岩段施工单位共17家。路基工程划分11个合同段,路面工程路面项目(交安设施及绿化工程)划分为2个合同段,机电工程划分为4个合同段。详见表10-15-8。

项目标段划分情况表

表 10-15-8

标段号	标段所在地	工程内容及长度	施工单位
A1	漳平市官田乡	挖方16.3万 m^3；填方0.88万 m^3；软基处理946m^3；涵洞1道；（单洞）官田隧道6714m/1座。长度：6.691km	中铁十二局集团有限公司
A2	漳平市官田乡坪山村	挖方100.96万 m^3；填方191.36万 m^3；软基处理3040m^3；涵洞9道；（单洞）官田隧道5571m/1座。长度：4.91km	中铁隧道集团三处有限公司
A3	漳平市芦芝乡	挖方40.27万 m^3，填方43.65万 m^3；软基处理1276.7m^3；桥梁2座，计长464m；涵洞7道；（单洞）隧道8927m/5座。长度：6.01km	中铁大桥局集团股份有限公司
A4	漳平市芦芝村	挖方131.67万 m^3；填方67.98万 m^3；软基处理17437.5m^3；桥梁4座，计长1233.4m；涵洞6道；（单洞）隧道8813m/3座。路线长度：7.80km	中铁十六局集团第一工程有限公司
A5	漳平市芦芝乡、和平镇	路基挖方609.1万 m^3、填方377.1万 m^3；桥梁2073m/12座等。长度：7.63km	福建省闽西交通工程有限公司
A6	漳平市和平镇、新桥镇	路基挖方128.3万 m^3、填方147.1万 m^3；桥梁304m/2座；涵洞700.99m/12座；隧道5172.5m/1座。长度：8.47km	中铁十六局集团有限公司
A7	龙岩市漳平市新桥镇钱坂村	路基挖方21.5万 m^3、填方45.13万 m^3；隧道6座/3409米；桥梁1279.2m/6座等。长度：6.023km	中铁二十三局集团第一工程有限公司
A8	漳平市新桥镇城门村	路基挖方139.7万 m^3、填方140.5万 m^3；桥梁708m/4座等。长度：6.6km	中铁十七局集团第六工程有限公司
A9	漳平市新桥镇逢湖村	路基挖方360.2万 m^3、路基填方390万 m^3；隧道左右洞合计1255延米；桥梁875m/5。长度：10km	中交第四公路工程局有限公司
A10	漳平市新桥镇产坑村	本项目共有填方286万 m^3，挖方282万 m^3，桥梁1182m/6座，涵洞1441m/29道，隧道1425m/2座，互通式立交1处，改移道路1460m/5处。长度：9.21km	河北路桥集团有限公司
A11	新桥镇城口村	路基挖方333.1万 m^3、填方242.1万 m^3；桥梁1731m/9座等。长度：9.32km	中交路桥北方工程有限公司

续上表

标段号	标段所在地	工程内容及长度	施工单位
JC1	漳平市芦芝乡梅水坑	K50+107~K88+880路基土建工程的试验检测服务工作。长度：38.773km	四川正信重点公路工程试验检测有限责任公司
JC2	福建省漳平和平镇	路基土建工程、路面工程、房建景观绿化及交安工程的试验检测服务工作。长度：42.2km	南平天茂公路工程试验检测有限公司
JC3	漳平市新桥镇	路基、路面房建及交安工程试验检测服务工作。长度：42.3km	厦门市交通建设工程检测有限公司
J1	芦芝乡	路基土建工程监理服务工作。长度：25.411km	合诚工程咨询股份有限公司
J2	漳平市和平镇	路基土建工程及交通安全设施及景观绿化工程、房建等工程的监理服务工作。长度：44.593km	厦门中平工程监理咨询有限公司
J3	漳平市新桥镇	路基土建工程及交通安全设施及景观绿化工程、房建等工程的监理服务工作。长度：42.3km	福建省交通建设工程监理咨询公司
B1	漳平市和平镇	官田段K50+193.084~K58+807和漳平段K75+070~K110+993.487路面工程、房建工程、安全设施工程、景观绿化工程等。长度：44.593km	浙江省交通工程建设集团有限公司
B2	漳平市新桥镇产坑村	K112+780~K155+071.422路面工程、房建工程、安全设施工程、景观绿化工程等。长度：41.94km	中交第一公路工程局有限公司

（5）征地拆迁

漳永高速公路龙岩段建设用地严格按2011年12月27日国土资源部国土资函〔2011〕996号文《关于海西高速公路网漳永线漳平（钱坂）至三明（永安）建设用地的批复》、2011年12月27日国土资源部国土资函〔2011〕999号文《关于海西高速公路网漳永线龙岩漳平段建设用地的批复》、2012年12月27日国土资源部国土资函〔2012〕1024号文《关于漳州至永安高速华安段工程建设用地的批复》的批复要求和意见进行。全线共征用土地8337.3257亩（其中水田2404.5440亩、园地520.9928亩、林地5411.7889亩）。居民点工矿用地68.782亩、交通用地167.9256亩、水域53.6951亩。房屋拆迁19659.69m²，各种杆线迁移125.46km，光缆27.71km，变压器6台，迁改农林渠、排水渠145处、自来水管道96处、田间机耕道76处。详见表10-15-9。

征地拆迁情况统计表　　　　　　　　　　表10-15-9

征地拆迁安置起止时间	征用土地（亩）	拆迁房屋（m²）	支付补偿费用（元）	备注
2012.04~2013.12	8337.3257	19659.69	279000000	

2. 项目实施阶段

（1）重大决策

市委、市政府领导对高速公路建设的高度重视和大力关心支持，为进一步深化提升我市高速公路标准化建设，对打造优质精品工程提出了更高的要求，明确了奋斗的方向，同时为其他行业重点项目建设提供了借鉴和参考。2013年1月7日，龙岩市人民政府办公室首次以龙政办〔2013〕1号文印发了《龙岩漳永高速公路创建示范路实施方案》，文件要求龙岩漳永高速公路建设按照"三高"（高起点、高标准、高品质）的管理目标与现代工程"五化"管理理念，努力创建"六个示范路"，即"和谐征迁示范路、标准施工示范路、信息管控示范路、多元筹资示范路、包容稳定示范路、生态友好示范路"，并具体明确了创建内容、目标要求及保障措施。

（2）重大变更（表10-15-10）

重大设计变更表　　　　　　　　　　表10-15-10

序号	设计变更内容	序号	设计变更内容
1	官田隧道竖井及其联络通道变更	3	和新隧道特大涌水地质灾害处置
2	取消岭脚中桥	4	曳船板大桥标溶洞处理

（3）重大事件

2011年6月1日，成立龙岩漳永高速公路有限责任公司。

2012年6月27日，龙岩漳永高速公路在漳平市芦芝乡华寮村举行开工典礼仪式。

2012年8月25日，A3~A11标路基土建工程正式动工。

2013年2月25日，A1和A2标（华安段龙岩境）全线开工。

2014年1月18日，控制性工程芦芝大桥左幅全桥贯通。

2014年8月22日，全省高速公路房建工程建设管理交流会在龙岩漳永高速公路项目现场召开。

2014年10月29日，海西高速公路网漳州至永安联络线龙岩段荣获交通运输部第四批部级"平安工地"示范创建项目。

2014年12月15日，龙岩最长公路隧道（全长6151m）官田隧道顺利贯通，比合同工期提前近6个月。

2015年2月11日，和新隧道左线贯通。

2015年4月，和新隧道右线贯通。

2015年9月22日,漳永高速公路(龙岩段)项目通过交工验收。

2015年9月30日,漳永高速公路龙岩段全线建成通车。

2016年8月25日,漳永高速公路(龙岩段)项目档案通过福建省档案局和福建省交通运输厅联合组织的档案专项验收。

2017年3月1日,海西高速公路网漳州至永安联络线龙岩段荣获交通运输部公布2015年度公路水运建设"平安工程"冠名示范项目。

(三)复杂技术工程

1. 和新特长隧道涌水段施工

A6合同段和新特长隧道全长5173m,是全线的控制性工程,该隧道围岩差、裂隙多、水量大、施工难度大。特别是在2014年7月1日~8月20日,隧道进口段发生特大涌水地质灾害,左右洞日最大涌水量达10.2万 m^3/天,项目邀请上级领导、隧道专家及设计院等相关人员召开专题会议,形成了特大涌水工程地质灾害施工方案如下。

(1)涌水处理原则

"堵排结合、以堵为主、限量排放",在管棚施工、洞身开挖及初期支护施工中均以排水为原则,初支完成后,二衬施工前以堵为主,初支局部渗水采取 $\phi15cm$ 盲管限量排放。

左右洞可以同步施工,考虑到工期紧,在探明地质情况、加大引水量引排、确保安全的前提下,左右洞可以同步施工。

(2)左洞处理

①排水及榻腔处理:出水口在拱顶位置,对出水口预埋2根钢管进行引排水,出水口周围堆沙袋将原坍塌部分堆满,用冲出的石块或洞渣对掌子面进行反压回填,清除多余石渣后回填的掌子面进行挂网喷混凝土,厚度不少于20cm,对松散体进行注浆加固。在距掌子面15m左右,在上导拱脚处两侧采用不同角度打眼泄水,长度25~30m,或在已开挖的配电横洞内向掌子面方向打孔泄水,打眼数量以降低水头为原则,尽量使拱顶不再出水。

左洞空腔注C30混凝土:为防止管棚施工时钻到空腔,对掌子面前方空腔通过预埋管和打孔插管对前方空腔注入混凝土,拱顶混凝土可分2~3次注入,总回填厚度不少于15m。

左洞套拱施工:套拱在左洞已完初支部分施工,尽量靠近掌子面,采用Ⅰ20型钢及喷射混凝土施工做套拱,套拱中预埋导向钢管,间距为30cm。

左洞周边帷幕注双液浆:不采用全断面帷幕注浆,可在开挖轮廓线内外2m左右范围注浆,确保开挖时周边不坍塌。

②管棚施工:采用 $\phi108$ 钢花管,间距30cm作为管棚,遇到松散堆积体无法成孔时,采用跟管方式成孔,管棚可以分段施工,每段在10m左右,总长度根据现场实际地质条件确认。

开挖方法：采用三台阶法施工。

初期支护：初支预留沉落量按 20cm 考虑，初支采用 I22 型钢，间距为 50cm，超前小导管角度调大，环向间距 20cm，纵向间距 1cm，除系统锚杆用注浆小导管代替外，纵向连接筋等参数参考 Z5-1 支护参数实施。

③堵水及注浆处理：初支完成后选取专业注浆队伍对初支背后岩体按 1m×1m 梅花形布置施作 5m 长 φ50mm 小导管进行全断面双液注浆止水加固。对于施工过程中集中排水点，关闭原预埋钢管上的法兰盘，连接注浆管，边注浆边打开法兰盘，此处注浆压力可达到 3.5MPa，直至注浆满为止。

④防水及二衬设计：防水板设计，在出水段前后 50m，采用 2.4mm 厚 EVA 防水，卷材及 500g/m² 无纺布，并进行半包，防水板背后环向盲管要加密加大。二衬设计参数参照 Z0 明洞衬砌参数，为防止隧道两侧涌水导致出现一侧较大排水困难，可在仰拱中预埋钢管连通，使两侧水沟排水均衡，同时避免雨季出水量较大，在涌水段下游增加集水井，必要时可采用抽水排水。

（3）右洞施工

采用中 φ108 管棚进行分段施工，每段在 10m 左右，总长度根据现场实际地质条件确认。围岩支护参数为 Z5-1，辅助措施采用 F2-1，遇到断层或空腔及松散堆积体采用 I22 型钢 50cm 间距，进行加强支护。

套拱施工：不拆除原有初支，在已完成初支内施作套拱，侵限部分在初支完成后凿除。右洞还需继续打眼泄水，减小水压。右洞管棚注浆等其他方案、方法、设计参数同左洞一致。

（4）由于特大涌水现场情况复杂，施工具有时效性，总体处置方案采用"动态设计，动态施工"原则，根据现场情况及结合会议纪要要求，设代及时调整设计参数，变更图纸及时跟上。

经过施工单位严格按上述方案施工，设代、监理及时做好服务工作，历时 2 个月顺利通过涌水区段，确保了隧道的顺利贯通。

2. 官田特长隧道竖井施工

官田隧道为特长分离式隧道，左线长 6139m，右线长 6151m，采用纵向射流通风结合竖井排烟通风方案，左右线隧道均设置排风（排烟）联络道。竖井位于官田隧道右线桩号为 K52+273.75，井底里程距离隧道进口约为 1730m，通过地下风机房、运输通道及左右线排风联络通道与主线隧道相连。

竖井为圆形断面，净空直径 4.4m，井身长 343.04m；垂直线路方向，于隧道右侧设置排风联络道，右线隧道右侧设置地下风机房及运输通道。竖井井身及通风联络道均采用复合式衬砌结构，即初期支护+二次衬砌的形式。竖井井筒开挖采用反井法施工，地下风机房、运输通道及左右线排风联络通道开挖采用水平钻爆开挖法施工。

竖井井筒开挖采用反井法施工,施工方案为:

(1)进场完成施工准备,场地平整,完善供电、压风、供水系统后,进行锁口段基坑明挖,锁扣环底板浇筑,同时完成C15片石混凝土回填,降低片石混凝土高程,使其作为锁口一部分,增加锁口结构强度,锁口C25防水混凝土浇筑后,在基坑浇筑C20强度的2.0m×2.0m中心混凝土桩,并做好反井钻机基础孔预留。

(2)完成锁口后,并进行反井钻机基础混凝土(预留孔)的局部混凝土浇筑,LM-400反井钻机进行 $\phi1400mm$ 导孔施工。将反井钻机安装在上部浇筑好的混凝土基础上,由上向下钻进小直径导向孔,导孔和下部隧洞贯通后,拆掉导孔钻头,连接扩孔钻头,由下向上扩孔,完成 $\phi1400mm$ 反井。

(3) $\phi1400mm$ 导孔成孔后,安装封口盘及绞车、井架。各提升、悬吊系统完善后,人员及小型材料升降通过绞车提升吊笼运行。"自上而下"进行井筒全断面钻爆掘进、初期支护施工。掘进石渣通过 $\phi1400mm$ 导井溜入井底,装载机井底装渣,自卸汽车外运排矸。

(4)自上而下完成官田隧道竖井的掘进及初期支护后,井底组装滑模、调试(同时在井底进行左排烟联络通道、右送风联络通道与竖井连接处水平送排风道立模),地面建立混凝土输送系统,混凝土从井口通过输料系统将混凝土输送至仓面,再进行井筒浇筑作业。

(5)自下而上不间断井身混凝土滑模衬砌,至井口地坪位置,停盘,进行地面以上9.9m外侧模板骨架、支撑,模板与滑模同步上升,完成官田隧道竖井的衬砌施工。

(四)科技创新

本项目着力创新创造,应用科技创新手段提升工程建设管理水平、降低综合管理成本、延长道路使用寿命、提升道路使用品质,达到了科技创新、节能减排和生态环保的目的。主要通过高边坡锚固工程智能张拉系统、钢筋数控加工、T梁不锈钢模板、梁片钢筋骨架胎模绑扎及整体吊装、T梁预应力智能张拉及压浆、隧道钢筋安装设置定位架、湿喷机组、信息化管控系统、路面温拌沥青、钢化玻璃突起路标等的应用,取得较好效果,保证了工程质量、安全始终处于可控范围。下面对T梁预应力智能张拉及压浆、信息化管控系统及钢化玻璃突起路标的应用作重点介绍。

1.全面使用T梁预应力智能张拉及压浆系统

T梁预制工程中的张拉及压浆工序是桥梁施工中的一项极其重要的控制性环节,张拉及压浆的施工质量将直接影响着桥梁工程的后期运营安全,相对于传统人工张拉,智能张拉工序更规范,同时采用循环压浆又保证压浆质量。

(1)工作原理

对于智能张拉系统来说,通常情况下是由油泵、千斤顶、主机共同组成。其中,应力是预应力智能张拉系统的控制指标,伸长量偏差是校核指标。通过采用传感技术完成每台张拉设备(千斤顶)的工作压力和钢绞线的伸长量(含回缩量)等数据的系统采集,将数据实时传输给系统主机进行分析判断,同时张拉设备(油泵站)接收系统指令,实时调整变频电机工作参数,进而对油泵电机转速的高精度在一定程度上进行实时调控,同时实时精确控制张拉力及加载速度。

对于大循环智能压浆系统来说,通常情况下是由系统主机、测控系统、循环压浆系统共同组成。浆液通过持续循环进而排除由预应力管道、制浆机、压浆泵组成的回路内的空气,同时消除引发压浆不密实的各种因素;在管道进、出浆口分别反馈信息给系统主机,供其进行分析判断,根据主机指令,测控系统对压力与流量进行调整,在施工技术规范要求下,保证预应力管道完成压浆过程,同时确保压浆饱满和密实;在一定的时间内,进出浆口压力差是否恒定是判断主机管道充盈的依据。

(2)预应力智能张拉主要技术特点

①精确施加应力。

对施加的预应力值能够进行系统的精确控制,将传统张拉误差范围由±10%缩小到±1%。

②及时对伸长量的校核,实现"双控"。

在张拉过程中能实现应力与伸长量同步"双控",实时采集钢绞线生产量、自动计算伸长量,对伸长量可以及时进行校核,有效控制在±6%范围内。

③张拉实施对称同步进行。

两台或多台千斤顶同时、同步对称张拉可以由一台计算机得以控制,实现"多顶同步张拉"工艺。

④智能控制张拉过程,减少预应力损失。

张拉程序智能控制,不受环境及人为影响;加载速率、持荷时间、卸载速率、停顿点等张拉过程要素完全符合桥梁设计和施工技术规范要求(规范规定持荷时间为5min),预应力损失在张拉过程中能够最大限度减少。

(3)智能压浆主要技术特点

①自动管理精确调节,保持灌浆压力;

②判定管道充裕情况,以进出口压力差进行判定;

③对流量和压力大小调整主要通过进出口端调节阀进行,对水胶比准确控制;

④一次压注双孔,提高工效。

(4)社会综合效益

系统智能让混凝土构件形成牢固的有效预应力体系,能保证桥梁结构中的安全性和耐久性,预应力结构寿命显著延长,全寿命周期成本明显降低,节约大量社会资源。

2. 强化信息化系统管控

"标准成为习惯,习惯符合标准,结果达到标准",这是现代工程标准化管理的核心理念。项目将"大数据""云计算"和"高速互联网"等现代信息工程技术引入高速公路建设管理中,率先开发建设了龙岩漳永高速公路信息化管理系统,构建了6个功能模块组成的综合数字管理平台。实现了"远程监控、远程管理、远程预警"和数字、集约、高效管控。

(1) 隧道人员考勤定位系统:通过隧道内信息基站及电子识别卡,实现了进出洞人员考勤登记及精确度达3m的定位,实时将考勤定位信息发布至洞外LED公告牌。通过系统平台可以远程查询洞内人员的作业状态,并可对历史数据进行统计和回放。电子识别卡同时具有预警提示、报警求救和感应搜救功能。实现了隧道进出人员、生产状态的实时管控,方便应急搜救,提高了隧道施工的本质安全。

(2) 试验数据管理系统:全线3个中心试验室、11个工地试验室均配备了全自动控制的试验机,并接入云端管理平台,实现试验过程的自动操作,试验数据自动上传、试验记录、报告、台账自动生成。试验过程可追溯,数据成果不可更改,永久保存,保证了试验数据的真实、准确、全面,消除人为操作误差,杜绝数据弄虚作假,质量管控有了"火眼金睛"。

(3) 建设文档管理系统:通过"云存储、云计算、网络化"的文控管理平台,实现了内业文档、质保资料的"无纸化"录入,自动生成相关表格、上传数据及汇总评定、立卷归档,实现了内业档案与工程建设同步收集、同步整理、同步归档,确保文档资料的及时、准确及安全可靠,为交竣工验收、决算审计及运营管理提供可靠保障。

(4) 远程视频监控系统:在全线拌和站、钢筋加工厂、试验室、梁场及桥隧控制性工程布设了92个720P高清摄像头,实现24小时监控,图像云端存储30天,为建管人员配上了一副"千里眼",随时随地实时掌控施工动态,强化质量安全监管及防灾减灾应急救援。

(5) LED信息发布系统:在全线拌和站、隧道洞口设立28块LED电子公告牌,可远程发布混凝土配合比、隧道考勤定位及天气预报、监控预警等信息,实现了施工管理信息的双向及时发布、资源共享。

(6) 隧道围岩监测系统:全线打包、统一招标、统一管理隧道监控量测单位,各监测单位实时将隧道监控量测及超前地质预报成果上传系统,若出现异常数据,系统将通过邮件、信息自动向指定用户预警提示,实现了隧道施工安全风险的动态管理。

信息化管理系统的成功运用,提质降本增效,丰富了管理手段,提高了管理水平。

3. 专题科研项目

龙岩漳永高速公路有限责任公司与福建省高速公路建设总指挥部、中铁西北科学研究院有限公司、宁德京台高速公路有限责任公司等单位联合进行了一项专题科研项目研究——高速公路滑坡灾害超前预测技术及其灾害风险防控对策研究。

本项目在福建省高速公路有关边坡工程理论研究成果与滑坡灾害治理工程实践积累的基础上，充分发挥国内外当前先进科学技术的应用和发展，结合福建山区高速公路边坡工程特点与滑坡灾害防治要求，归纳了福建山区公路滑坡灾害发育特点与分布规律；研究了滑坡灾害判识及主要影响因素，提出一种古老滑坡灾害超前判识技术和方法；研究公路滑坡灾害防治对策技术，总结了滑坡工程地质勘察、滑坡稳定性分析与评价、滑坡推力计算、滑坡治理工程、滑坡监测与动态设计等工作原则和技术方法，并结合箭丰尾滑坡灾害治理工程实例归纳了超大型滑坡灾害的认识历程与整治对策；研究滑坡灾害信息调查与稳定性分析评价，提出滑坡灾害治理工程工后评估方法；研究滑坡灾害风险因子及主要影响因素，提出滑坡灾害风险评估方法；研究滑坡灾害监测新技术，开发了一种滑坡灾害自动化监测预警方法；研究 RS 技术和 Web-GIS 技术在边坡工程与滑坡灾害管理中的应用，融合本项目研究新成果，开发了一个滑坡灾害风险管理与决策支持系统平台。

通过大量的调查分析，深入的研究开发，并引入新技术和新方法，开拓创新，取得了一些新资料和数据，提出了一些新的观点和认识，并在福建漳永高速公路龙岩段和京台高速公路宁德段等依托工程实践中成功示范和应用。总结其主要研究结论及技术创新成果如下：

①总结归纳山区公路滑坡的发育特点，补充完善超大型滑坡调查和分类方法，提出一套系统的滑坡灾害超前判识技术方法。

②总结永武高速公路箭丰尾超巨型滑坡、浦南高速公路金斗山巨型滑坡和双永高速公路的 K227 特大高陡边坡滑坡灾害治理工程，提出超大型滑坡灾害认识策略与整治对策。

③采用工程地质类比评估法、数值分析计算评估法和工程检测监测评估法相结合，提出一套滑坡灾害治理工程工后评估方法。

④基于滑坡灾害易发性评价、危险性评价和易损性评价研究，提出一套山区高速公路滑坡灾害风险评估方法。

⑤基于 TDR 技术，开发滑坡灾害实时动态自动监测预警系统。

⑥基于 Web-GIS 平台，开发滑坡灾害风险防控管理决策支持系统。

"高速公路滑坡灾害超前预测技术及其灾害风险防控对策研究"可以有效降低滑坡灾害在山区公路工程建设与交通运营过程中产生的危害和威胁，对我国福建等山区公路滑坡灾害减灾防灾工作具有重要的指导意义和实用价值。

2016 年该课题获得 2016 年度中国公路学会科学技术奖三等奖；2017 年获得福建省

科学技术进步三等奖。

(五)运营管理

1.服务区设置

漳永高速公路龙岩段共设置1个服务区即和睦服务区,总建筑面积约5588m²,内设办公室、宿舍、公厕、加油站、汽修间等,主体结构为钢筋混凝土结构。

2.收费站点设置(表10-15-11)

收费站点设置情况表　　　　　　　　　　　　　表10-15-11

站点名称	车道数	收费方式
漳平新桥收费站	8(4入4出)	人工、ETC、自动取卡
漳平南收费站	9(4入5出)	人工、ETC、自动取卡

3.车流量发展状况(表10-15-12)

交通流量发展状况表　　　　　　　　　　　　　表10-15-12

年份(年)	日均车流量(辆)
2015	4292

三、漳州至永安高速公路三明段(漳永高速公路三明段)(建设期:2012.08~2015.09)

(一)项目概况

1.基本情况

漳永高速公路三明段是海峡西岸经济区高速公路网规划的三十三条联络线之一,是闽中区域通往沿海的又一条便捷通道,也是东南沿海的重要疏港通道之一。路线起于永安市西洋镇半岭湖附近(YK148+300 = ZK148+297.480),穿上坪格隧道(2408m),经上坪格、胡芹,至岭头村建岭头大桥(373m)跨越省道S307及鹰厦铁路,路线终点位于岭头村冀东北侧(K155+071.422),接泉南高速公路,路线全长6.795859km。主线采用双向四车道高速公路标准建设,设计行车速度80km/h,路基宽度24.5m,分离式路基宽12.25m。沿线设置变异B形单喇叭岭头枢纽互通1处。上坪格隧道、岭头大桥及岭头枢纽互通为项目的控制性工程。项目设计概算5.9188亿元,实际完成投资5.4495亿元,节约投资0.4693亿元。

本项目路线穿越的地貌单元较复杂,地貌上属闽西低山丘陵地貌,地形起伏大,总体地势中间高两端低。穿越的地貌单元有丘陵、低山、冲洪积谷地等。沿线丘陵坡地天然坡度多为20°~35°,一般海拔450~750m,相对高差150~250m;冲洪积谷地主要分布于山间谷地、溪流两侧,多呈"V"形。路基土石方:挖方216万 m^3,填方178万 m^3;涵洞、通道:1121.64m/24道;高边坡:锚索3532m,锚杆6068m,20m以上高边坡9处。桥梁(含互通区):大桥1座(岭头大桥长373m),中桥2座(岭头枢纽互通泉三主线大桥,长81m;岭头枢纽互通E匝道桥,长77m)。隧道:长隧道1座(分离式,左洞长2376m,右洞长2408m)。岭头枢纽互通式立体交叉1处。路面及交通安全工程:水稳层(单幅单层)26.2km;级配碎石层(单幅)13.1km;ATB-25上基层(单幅单层)13.1km;AC-20C下面层(单幅)19km;AC-16C上面层(单幅)19km;沥青混凝土路面46.71万 m^2。详见表10-15-13。

项目基本情况统计表 表10-15-13

序号	项　　目	单位	数　　量	备注
一			技　术　标　准	
1	计算行车速度	km/h	80	
2	路基宽度 整体式路基	m	24.5	
	分离式路基	m	12.25	
3	桥面净宽	m	整体式24.5m=2×[0.5m(防撞栏)+11m(行车道)+0.5m(防撞栏)]+0.5m(分隔带);分离式12.25m=0.5m(防撞栏)+11.25m(行车道)+0.5m(防撞栏)	
4	路面		沥青混凝土路面,设计年限15年,标准轴载100kN	
5	路基、桥涵设计洪水频率		特大桥为1/300;大、中、小桥和涵洞及路基均为1/100	
6	桥涵设计车辆荷载		公路—Ⅰ级	
二			主要工程规模	
1	路线里程	km	6.8	
2	征用土地	亩	651.6	
3	拆迁房屋	m^2	1887	
4	路基土石方	万 m^3	挖方216万 m^3,填方178万 m^3	
5	软土地基处理	万 m^3	7.86	
6	桥梁(主线)	m/座	373/1	
	其中:特大桥、大桥	m/座	373/1	
7	匝道桥梁	m/座	77/1	
8	互通式立交	处	1	
9	涵洞	道	18	
10	通道	道	6	
11	隧道	m/座	2408(右线)/1	

第十章 高速公路建设项目实况

续上表

序号	项　　目	单位	数　　量	备注
12	路面（主线）	万 m²	4.671	
13	主线收费站	处	0	
14	服务区	处	0	
15	停车区	处	0	

项目于2012年8月18日全线开工，2015年9月底建成通车试运营。

2. 前期决策情况

漳永高速公路经过漳州、龙岩、三明三个地区的3个市县，处于海西纵深推进和连片发展的要地，是福建漳厦沿海港口拓展内陆山区腹地的重要通道之一。项目的规划实施有利于提升直接影响区漳州、华安、漳平、永安等中小城市的核心竞争力，对加强与周边城市的经济交流，提高海峡西岸经济区纵深发展和对外辐射能力，促进区域经济的均衡和协调发展等具有重要的意义。

2010年1月开始漳州至永安段（龙岩、三明段）高速公路工程可行性研究的资料收集和各项准备工作，并成立了漳州至永安段（龙岩、三明段）高速公路工程可行性研究项目组。项目组组织具有较丰富公路工程前期工作经验的专业技术人员，深入项目所在地进行细致的实地勘察和调研工作，收集影响区社会经济发展现状、规划、交通运输发展现状、规划城镇发展现状及规划、旅游资源、筑路材料等资料，结合拟建项目的功能，初步拟定项目的建设标准及规模，对路线走廊带、路线方案比选、沿线地质等进行实地勘察（勘探），征求地方政府意见，充分考虑项目沿线建设条件及城市规划，利用1∶50000地形图拟定路线方案走廊带，并与地方政府（委托方）就走廊带的合理性及与地方民生项目的协调性进行了充分的讨论，在保证与区域交通骨架网相协调的前提下，确定了本项目可行的路线方案走廊带。在1∶10000数字地形图上进行路线方案布设，采用CARD/1先进设计软件进行平纵面设计，确定多条路线方案比选，初步拟定了各方案中桥梁、隧道等主要构造物的分布，互通式立交设置地点、规模和形式，对各方案进行技术经济等综合比较，并进行工程投资估算，于2010年3月15日完成《漳州至永安段（龙岩、三明段）高速公路工程可行性研究报告（初稿）》。

2010年10月18日至21日，福建省发展和改革委员会在福州市组织召开了海西高速公路网漳永联络线龙岩、三明段工程可行性研究报告评审会，并形成会议纪要。根据会议纪要精神，我院对拟推荐路线方案进行调整，并按照新编办重新修改工可报告，于2011年2月完成《漳州至永安段高速公路[漳平（钱坂）至三明（永安）段]工程可行性研究报告（修订本）》。

3. 参建单位主要情况

(1) 建设单位

建设单位为三明市高速公路建设总指挥部、三明漳永高速公路有限责任公司。2009年福建省发展和改革委员会同意项目开展前期工作（闽发改交能〔2009〕940号）。因路线里程短，为了加快该项目的前期工作，争取2011年上半年动工建设，2010年1月三明市高速公路建设总指挥部委托龙岩市高速公路建设指挥部统一开展项目工可、勘察设计、设计咨询（审查）招标、工可前置条件审批等前期工作。2011年7月14日成立三明漳永高速公路有限责任公司，作为本项目法人单位，全面负责福宁高速公路项目的建设、筹资、运营和还贷工作。

(2) 设计单位

土建工程设计单位为福建省交通规划设计院；交安工程设计单位为中国公路工程咨询集团有限公司；设计咨询单位为北京交科公路勘察设计研究院有限公司。

(3) 施工单位

项目施工单位共3家。路基工程施工单位为顺吉集团有限公司；路面交安绿化房建施工单位为中交第一公路工程局有限公司；机电施工单位为亿阳信通股份有限公司。

(4) 监理单位

项目监理单位共2家，路基、路面监理单位为福建省交通建设工程咨询有限公司；机电监理单位为北京华路捷公路工程技术咨询有限公司。

项目设计、施工及监理单位详见表10-15-14。

项目施工及监理单位一览表 表10-15-14

合同段	标段所在地	工程内容	中标单位	备注
S1	永安	交安工程设计	中国公路工程咨询集团有限公司	
S2	永安	土建工程设计	福建省交通规划设计院	
SZ	永安	设计咨询	北京交科公路勘察设计研究院有限公司	
J3	永安	路基、路面监理	福建省交通建设工程咨询有限公司	
A12	永安	路基工程施工	顺吉集团有限公司	
B2	永安	路面工程施工	中交第一公路工程局有限公司	
EJ	永安	机电监理	北京华路捷公路工程技术咨询有限公司	
E	永安	机电施工	亿阳信通股份有限公司	

(二) 建设情况

1. 项目准备阶段

(1) 立项审批

项目立项：2009年9月30日，福建省发改委以闽发改交能〔2009〕940号文批准立项。

工程可行性研究：2011年4月28日，福建省发改委以闽发改交通〔2011〕422号文批准工程可行性研究报告。

初步设计：2011年6月13日，福建省交通运输厅、福建省发改委以闽交建〔2011〕28号文批准工程初步设计。

水保方案：2011年2月20日，福建省水利厅以闽水质监〔2011〕23号文批准项目水保方案。

环境影响评价：2011年3月31日，福建省环保厅以闽环保评〔2011〕34号文批准项目环境影响报告书。

林地征用批复：2011年8月22日，国家林业局以林资许准〔2011〕212号文批准全线林地征用。

建设用地批复：2011年12月27日，国土资源部以国土资函〔2011〕996号文正式批准项目工程建设用地。

施工图设计批复：2012年7月29日，福建省交通运输厅以闽交建〔2012〕82号文正式批准施工图设计文件。

施工许可：2013年3月29日，福建省交通运输厅批复施工许可。

(2) 资金筹措

漳永高速公路三明段项目概算总投资5.918813亿元，其中：建安投资4.644833亿元、设备投资0.102561亿元、待摊投资0.907698亿元、预备费0.263721亿元。其建设资金拼盘为项目资本金2.0716亿元、基建借款3.8472亿元。本项目5.4495亿元，节约投资0.4693亿元。

漳永高速公路三明段项目累计到位建设资金6.0049亿元，其中：国家资本2.5149亿元(交通部0.5485亿元，省级资本金0.86亿元，市级资本金0.7464亿元)，基建投资借款3.85亿元(中国银行三明分行1.45亿元，交通银行厦门分行2.4亿元)。

(3) 招投标工作

根据国家基本建设程序要求以及有关法律法规的规定，开展施工、监理等各项招投标工作。

漳永高速公路三明段因路线里程短，经省高指协调，委托龙岩漳永高速公路有限公司责任代为招标。中标单位见表10-15-15。

项目中标单位情况一览表　　　　　　　　　　　　　　表10-15-15

合 同 段	中 标 单 位	工 程 内 容
S1	中国公路工程咨询集团有限公司	交安工程设计
S2	福建省交通规划设计院	土建工程设计

续上表

合同段	中标单位	工程内容
SZ	北京交科公路勘察设计研究院有限公司	设计咨询
J3	福建省交通建设工程咨询有限公司	路基、路面监理
A12	顺吉集团有限公司	路基工程施工
B2	中交第一公路工程局有限公司	路面工程施工
EJ	北京华路捷公路工程技术咨询有限公司	机电监理
E	亿阳信通股份有限公司	机电施工

(4) 征地拆迁

漳永高速公路三明段征地拆迁涉及永安市、1个乡镇、1个行政村，征用土地合计651.6亩，拆迁房屋面积约1887m²，砍伐林木378亩、杆线迁移约为8.446km。为确保漳永高速公路三明段征地拆迁、补偿安置和营造良好施工环境工作的顺利完成，市政府与永安市政府签订征迁和营造施工环境责任状，按照"分段负责、费用包干、限期完成"的原则，三明市高指与永安市高指还签订了征地拆迁补偿安置费用包干协议书。三明市委、市政府十分重视征迁工作，市领导多次召开专题会议、现场办公会议推动征迁进度，市政府出台有关文件大力营造良好施工环境。永安市政府实行主要领导负总责、分管领导具体负责的工作责任制，层层签订责任状，把工作落实到部门和乡（镇、街道）、村，依法依规开展征迁工作。到2013年第一季度，全线红线内征迁工作已基本完成，确保了施工需要。详见表10-15-16。

征地拆迁情况统计表　　　　　表10-15-16

项目	征地拆迁安置起止时间	征用土地（亩）	拆迁房屋（m²）	支付补偿费用（元）	备注
漳永高速公路三明段	2011.08~2013.03	651.6	1887	22973046.00	

2. 项目实施阶段

2011年7月，成立三明漳永高速公路有限责任公司。

2012年8月18日，漳永高速公路三明段全线开工。

2014年6月28日，岭头大桥上跨鹰厦线K442+848工程竣工验收。

2014年8月15日，上坪格隧道顺利贯通。

2015年9月25日，漳永高速公路三明段通过交工验收，质量等级优良。

2015年9月30日，漳永高速公路三明段建成通车。

(三)科技创新

为适应高速公路施工工艺水平的不断创新,质量要求不断提高的新形势,漳永三明段项目在全面贯彻落实省高指《标准化施工指南》的同时,积极摸索研究山区修建高速公路的新思路、新方法、新举措,不断总结、改进、创新管理理念。具体如下:

推广运用新工艺(材料、设备)。为进一步推进漳永三明段项目规范化建设与标准化施工,提高各参建单位施工技能和管理水平,积极开展创精品亮点活动,制定《漳永高速公路三明段工程召开现场观摩会、新工艺(材料、设备)推广的暂行管理办法》,鼓励各参建单位采用新设备、新材料和新工艺等手段,提高工程质量和工作效率,减少劳务用工和人为操作偏差。主要体现在:①是将上边坡拱形骨架护坡由预制改为现浇,不但有利于整体的稳定性,也有利于排水;②是尝试使用液压三模对接衬砌台车,有效地控制了二次衬砌错台并加快了施工进度。

(四)运营管理

车流量发展状况(详见表10-15-17)

交通流量发展状况表　　　　　　　　　　　　　　表10-15-17

年份(年)	漳永高速公路三明段	年份(年)	漳永高速公路三明段
2015	2683	2017	5028
2016	3729		

第十六节　S1522渔溪至平潭高速公路(渔平高速公路)及S1551江阴疏港支线

一、渔平高速公路(含江阴疏港支线)(建设期:2009.03~2010.12)

(一)项目概况

1. 基本情况

渔平高速公路(含江阴疏港支线)线路总长55.95km,设计概算45.75亿元,是沈海线与平潭大桥、江阴港区连接的主通道,它与国道G324、沈海线共同构成海峡西岸经济区公路主骨架。它的建成有利于完善区域高速公路网,充分发挥沿海大通道的能力,提高综合运输效率;有利于改善区域路网布局,实现平潭综合实验区便捷连接高速公路;有利于进一步吸引台湾产业转移和扩大闽台合作交流;有利于推进江阴港区建设与发展,增强经济协作与辐射能力,促进社会经济跨越发展,满足交通战备需求,充分发挥对台优势等都具有十分重要的意义。本项目主线起于渔溪镇下里村(与沈海线福泉高速公路相接)经庄前、江镜、港头、三山、高山,终于东瀚(接平潭海峡大桥),主线全长41.424km;江阴疏港支线起于庄前村,止于江阴港区,支线全长14.529km。

全线设渔溪(复合式枢纽)、庄前(枢纽)、江镜、港头、高山、东瀚等6处互通式立交,平潭、江阴新港2个主线收费站,江镜、港头、高山、东瀚等4处互通匝道收费站,1个监控通信分中心,1个养护工区。

全线采用高速公路标准建设,其中主线起点至庄前互通段采用双向六车道标准,设计速度100km/h,路基宽度33.5m;庄前互通至东瀚互通段采用双向四车道高速公路标准,设计速度100km/h,路基宽度26m;东瀚互通起点至主线终点采用设计速度80km/h,按路基宽度19m与平潭大桥顺接过渡;江阴疏港支线采用双向六车道标准,设计速度100km/h、路基宽度33.5m。

项目渔溪互通几条匝道多处上跨福泉高速公路主线,或与福泉高速公路拟建的匝道桥多处交叉。为了便于建设管理和施工安全,经上级批准,由福州福泉高速公路扩建工程建设有限公司实施组织代建,其中路基工程由中铁十六局集团有限公司中标承建、路面工程由中铁十二局集团有限公司中标承建,监理单位为厦门中平监理咨询有限公司。项目基本情况详见表10-16-1。

项目基本情况表 表10-16-1

序号	工程项目	主要工程数量
1	路基土石方	1334.09万m³
2	桥梁	特大桥14192m/7座,大桥2488.9m/7座,中小桥152.5m/2座,分离式立交桥梁1375.5m/15座,互通区桥梁3773.4m/21座
3	涵洞、通道	198座
4	互通式立交	渔溪枢纽互通、庄前枢纽互通、江镜互通、港头互通、高山互通、东瀚互通共6处
5	路面	底基层1195058m²、下基层1167928m²、沥青稳定碎石上基层1091513m²、沥青混凝土下面层1104586m²、沥青混凝土上面层1113143m²
6	交通安全设施	波形梁护栏167117m、标志765个、标线79376m²、隔离栅88500m、防眩板17744块
7	服务区、养护工区	三山服务区1处,江镜养护工区1处

项目于2009年3月底正式开工,预定工期三年,计划至2012年3月建成通车。2010年2月,为加快平潭综合试验区建设,省委、省政府做出重要决策:渔平高速公路必须提前至2010年底前建成通车,工期提前了15个月,总工期仅21个月。

2.前期决策情况

渔平高速公路项目前期工作自2007年下半年正式启动前期工作,经有关部门的充分论证评估和审查,完成了国家规定的各项基本建设程序。2007年9月20日,福建省发展和改革委员会印发《关于福清市渔溪至平潭大桥高速公路及江阴疏港支线工程项目建议书的批复》(闽发改交能〔2007〕913号);2008年4月16日,福建省发展和改革委员会印发《关于福清市渔溪至平潭大桥高速公路及江阴疏港支线工程可行性研究报告的批复》(闽发改交能〔2008〕266号)批准立项。

3. 参建单位主要情况

(1)渔平高速公路(含江阴疏港支线)参建单位情况

本项目共有7个路基土建工程合同段(2个为切割工程合同段)、3个路面及交通安全设施工程合同段、2个房建工程合同段、1个机电工程合同段、1个绿化合同段、3个土建监理合同段、1个机电监理合同段等,详见表10-16-2。

项目施工、监理单位一览表　　　　　　　　　　　表10-16-2

序号	标段	参建单位	工程范围	合同价(万元)
一			施工单位	
1	A1	湖南永州公路桥梁建设有限公司	K1+261.5~K5+680	33631.1798
2	A2	路港集团	K5+680~K16+406.5	40959.1097
3	A3	中铁隧道集团有限公司	K16+406.500~K26+000	30596.1656
4	A4	中铁二十五局集团有限公司	K26+000~K41+424	45887.5434
5	A1-1	中铁十七局集团有限公司	A1标切割工程:K1+471.5~K1+641.5渔溪高架桥跨铁路悬浇箱梁	5560
6	A4-1	中铁十七局集团有限公司	A4标切割工程:高山大桥、高山互通、K37+241~K41+424部分工程	—
7	FA6	中铁十六局集团有限公司	渔溪互通二期工程路基	11939.8481
8	B1	中交第一公路工程局有限公司	K1+261.5~K22+150,LK0+840~LK14+529.49路面、交通安全设施	39417.3270
9	B2	中铁十二局集团有限公司	K22+150~K41+424.2路面、交通安全设施	20920.9784
10	FB2	中铁十二局集团有限公司	渔溪互通二期工程路面	1895.3999
11	F1	中国水利水电第八工程局有限公司	江镜、港头、江阴收费站	3591.3427
12	F2	福建六建集团有限公司	三山服务区、高山及平潭、东瀚收费站	5237.4619
13	C	福建新大陆电脑股份有限公司	全线机电工程	4631.5288
14	绿化	福州成建园林景观工程有限公司	全线景观绿化	1509.2841
二			监理单位	
1	J1	福建省交通建设工程监理咨询公司	K1+261.5~K16+406.5　LK0+840~LK14+529.49	2326.4411

续上表

序号	标段	参建单位	工程范围	合同价(万元)
2	J2	福建路信交通建设监理有限公司	K16+406.5～K41+424.189	2089.9200
3	CJ	北京泰克华诚技术信息咨询有限公司	机电监理	137.9840
4	FJ1	厦门中平监理公司	渔溪互通二期工程	
三			设计单位	
1		福建省交通规划设计院	工可、初设、施工图设计	4886.5587
四			设计咨询单位	
1		中国公路工程集团咨询公司	初设、施工图设计咨询	517.9421
五			监督单位	
1		福建省交通建设质量安全监督局	工程质量、安全监督	
六			检测单位	
1		福建省交通建设工程试验检测中心	交工检测	
2		福建省交通科学技术研究所 福建省公路工程试验检测中心站	路面施工质量监控	
七			专项检测(监测)及科研单位	
1		福州大学	悬浇箱梁桥施工监控	

(2)渔溪互通代建项目参建单位情况(表10-16-3)

建设单位:福州市高速公路建设指挥部、福州市交通建设集团有限公司、福州渔平高速公路有限责任公司。在项目业主成立之前,作为福州渔平高速公路建设的主管部门福州市交通运输委员会配合省高指负责开展本项目的预工可前期工作,2007年9月福州市交通局成立了福清渔溪至平潭高速公路项目筹建处,全面负责本项目的前期筹建工作,2008年4月《福州市人民政府关于同意组建福州渔平高速公路有限责任公司的批复》(榕政综〔2008〕78号)同意组建福州渔平高速公路有限责任公司,作为本项目法人单位,全面负责福清渔溪至平潭高速公路项目的建设、筹资和还贷工作。

设计单位:福建省交通规划设计院,承担福清渔溪至平潭高速公路及江阴疏港支线项目的工程可行性研究报告、初步设计阶段和施工图阶段的设计工作。

设计咨询单位:中国公路工程集团咨询公司,承担福清渔溪至平潭高速公路及江阴疏港支线项目的初步设计、施工图设计咨询工作。

施工单位:福州渔平高速公路施工单位共15家。路基工程共划分为8个合同段(2个为切割工程合同段),路面及交通安全设施工程划分为3个合同段,绿化工程划分1个合同段,房建工程划分为2个合同段,交通三大系统工程划分为1个合同段。

监理单位:渔平高速公路监理单位共4家,全线路基、路面工程2个监理标段、机电项目1个监理标段、代建工程项目1个监理标段。

第十章

高速公路建设项目实况

项目施工及监理单位一览表

表 10-16-3

序号	标段	参建单位	工程范围	合同价(万元)
一		施 工 单 位		
1	A1	湖南永州公路桥梁建设有限公司	K1+261.5~K5+680	33631.1798
2	A2	路港集团	K5+680~K16+406.5	40959.1097
3	A3	中铁隧道集团有限公司	K16+406.500~K26+000	30596.1656
4	A4	中铁二十五局集团有限公司	K26+000~K41+424	45887.5434
5	A1-1	中铁十七局集团有限公司	A1标切割工程:K1+471.5~K1+641.5渔溪高架桥跨铁路悬浇箱梁	5560
6	A4-1	中铁十七局集团有限公司	A4标切割工程:高山大桥、高山互通、K37+241~K41+424部分工程	—
7	FA6	中铁十六局集团有限公司	渔溪互通二期工程路基	11939.8481
8	B1	中交第一公路工程局有限公司	K1+261.5~K22+150、LK0+840~LK14+529.49路面、交通安全设施	39417.3270
9	B2	中铁十二局集团有限公司	K22+150~K41+424.2路面、交通安全设施	20920.9784
10	FB2	中铁十二局集团有限公司	渔溪互通二期工程路面	1895.3999
11	F1	中国水利水电第八工程局有限公司	江镜、港头、江阴收费站	3591.3427
12	F2	福建六建建设集团有限公司	三山服务区、高山及平潭、东瀚收费站	5237.4619
13	C	福建新大陆电脑股份有限公司	全线机电工程	4631.5288
14	绿化	福州成建园林景观工程有限公司	全线景观绿化	1509.2841
二		监 理 单 位		
1	J1	福建省交通建设工程监理咨询公司	K1+261.5~K16+406.5 LK0+840~LK14+529.49	2326.4411
2	J2	福建路信交通建设监理有限公司	K16+406.5~K41+424.189	2089.9200
3	CJ	北京泰克华诚技术信息咨询有限公司	机电监理	137.9840
4	FJ1	厦门中平监理公司	渔溪互通二期工程	
三		设 计 单 位		
1		福建省交通规划设计院	工可、初设、施工图设计	4886.5587
四		设计咨询单位		
1		中国公路工程集团咨询公司	初设、施工图设计咨询	517.9421
五		监 督 单 位		
1		福建省交通建设质量安全监督局	工程质量、安全监督	
六		检 测 单 位		
1		福建省交通建设工程试验检测中心	交工检测	
2		福建省交通科学技术研究所 福建省公路工程试验检测中心站	路面施工质量监控	
七		专项检测(监测)及科研单位		
1		福州大学	悬浇箱梁桥施工监控	

(二)建设情况

1. 项目准备阶段

（1）立项审批

2007年下半年正式启动前期工作，经有关部门的充分论证评估和审查，完成了国家规定的各项基本建设程序。

项目立项：2007年9月20日，《福建省发展和改革委员会关于福清市渔溪至平潭大桥高速公路及江阴疏港支线项目建议书的批复》（闽发改交能〔2007〕913号）批准立项。

工程可行性研究：2008年4月16日，《福建省发展和改革委员会关于福清市渔溪至平潭大桥高速公路及江阴疏港支线工程可行性研究报告的批复》（闽发改交能〔2008〕266号）批准工可。

初步设计：2008年7月9日，《福建省交通厅、福建省发展和改革委员会关于福清市渔溪至平潭大桥高速公路及江阴疏港支线工程初步设计的批复》（闽交建〔2008〕94号）批复初步设计。

施工图设计：2009年8月14日，《福建省交通运输厅关于福清渔溪至平潭大桥高速公路及江阴疏港支线工程施工图设计文件的批复》（闽交建〔2009〕176号）批准了项目施工图设计文件。

环境影响评价：2008年1月18日，《福建省环保局关于批复福清市渔溪至平潭大桥高速公路及江阴疏港支线项目环境影响报告书的函》（闽环保监〔2008〕9号）批复项目环境影响报告书。

水土保持：2008年5月28日，《福建省水利厅关于福清渔溪至平潭大桥高速公路及江阴疏港支线工程水土保持方案报告书（报批稿）的批复》（闽水保监〔2008〕14号）。

使用林地：2008年9月14日，国家林业局以《使用林地审核同意书》（林资许准〔2008〕239号）批准林地使用。

建设用地：2008年11月27日，《国土资源部关于福清市渔溪至平潭大桥高速公路及江阴疏港支线公路建设用地的批复》（闽国土资函〔2008〕799号）。

质量监督：福建省交通建设质量安全监督局以《公路工程质量监督通知书》正式受理工程质量监督工作。

（2）资金筹措

项目概算总投资为45.75亿元，工程资金来自省、市自筹及银行贷款，其中：省级资本金应到位7.8461亿元，市级资本金应到位8.1664亿元，银行贷款29.7375亿元。项目竣工审计审定工程实际总造价为42.419亿元，资本金及银行贷款同比例调减，调减后资本金14.7亿元(省级资本金7.572亿元,市级资本金7.275亿元)调减后应到位银行贷款27.3亿元。截至2012年10月累计到位建设资金40.47亿元,其中:项目资本金14.72亿元(省级资本金7.572亿元,市级资本金7.275亿元),银行贷款25.75亿元(含已归还贷款0.03亿元);截至2012年10月31日,累计支出4314035461.88元,其中,建筑安装工程投资3167435836.85元,设备投资44813110.00元、待摊投资1101786515.03元。

(3)招投标工作

根据国家基本建设程序要求以及有关法律法规的规定,开展施工、监理等各项招投标工作。

设计及设计咨询招标情况:2007年10月25日,采用面向全国进行竞争性公开招标(资格后审)的方式进行招标。经评审,由福建省交通规划设计院中标承接本项目设计任务,中国公路工程集团咨询公司承接本项目设计咨询任务。

施工招标情况:全线路基、房建、机电、景观绿化施工标段均采用国内公开招标方式,路面工程经福建省发展和改革委员会、福建省交通运输厅联合下发《福建省发展和改革委员会、福建省交通运输厅关于渔平高速公路路面及交通安全设施工程施工招标方式的批复》(闽发改交能〔2010〕206号)批准同意采取邀请招标方式择优确定施工单位。邀请熟悉福建省高速公路沥青路面标准化施工要求及其气候条件和施工环境,有现场的路面成套设备在福建境内,能快速调遣进场组织施工,且在2009年度福建省高速公路路面施工信用考核等级为AA、A级的施工企业,从中选择施工单位。通过公开及邀请招标,节约工程投资5928万元,中标价比预算下降9%,大大降低了工程造价,节约建设资金。

施工监理招标情况:路基土建工程监理及机电工程监理招标分别于2008年11月份展开,均采用国内公开招标方式,所有招标均在《中国经济导报》、中国采购与招标网、《中国交通报》上发布,择优选择福建省交通建设工程监理咨询公司、福建路信交通建设监理有限公司承担本项目路基土建工程监理。

机电及机电监理招标情况:招标情况均在《中国经济导报》、中国采购与招标网、福建采购与招标网、福州交通局网站上发布,择优选择北京泰克华诚技术信息咨询有限公司为机电标段监理、福建新大陆集团有限公司为机电施工单位。

(4)合同段划分

路基工程共划分为8个合同段(2个为切割工程合同段),路面及交通安全设施工程划分为3个合同段,绿化工程划分1个合同段,房建工程划分为2个合同段,交通三大系统工程划分为1个合同段。

(5)征地拆迁

根据福州市人民政府《市十三届政府2008年第29次常务会议纪要》〔2008〕29号精神,本项目征地拆迁工作委托福清市渔平高速公路建设领导小组办公室、福州交通建设拆迁工程有限公司负责实施。征地拆迁采取福清市单价包干、数量按实结算的方式。

项目共征地4380.08亩,其中耕地2511.79亩(含重建房征地134.77亩);园地83.95亩;林地806.41亩;交通用地16.39亩;其他农用地264.98亩,建设用地61.6亩,未利用地153.35亩;居民工矿用地112.96亩;其他农用地633.63亩。

临时租用土地包括:料场、弃土场、施工场地及施工便道。共计510.58亩。

共拆迁房屋64894m², 猪圈3449m², 坟墓3130座, 围墙3165m, 水井21口, 水泥地3478m²。

共拆迁电力杆331根(其中高压杆190根、低压杆141根),拆迁电线杆317根,地下光缆21.5km。详见表10-16-4。

征地拆迁情况统计表　　　　　　　　　　　　　　　　　　　表10-16-4

征地拆迁安置起止时间	征用土地（亩）	拆迁房屋（m²）	支付补偿费用（亿元）	备　注
2009~2010	4380.08	64894	4.77	主线

2. 项目实施阶段

(1) 重大决策

项目于2009年3月底正式开工,预定工期三年,计划至2012年3月建成通车。2010年2月,为加快平潭综合试验区建设,福建省委、省政府做出重要决策:渔平高速公路必须提前至2010年底前建成通车,工期提前了15个月,总工期仅21个月。

(2) 重大变更(表10-16-5)

重大设计变更表　　　　　　　　　　　　　　　　　　　　表10-16-5

序　号	设　计　变　更　内　容
1	LK3+300~LK3+600路基变更为高岭大桥
2	增设岸兜天桥
3	庄前互通B匝道增加4孔
4	港头互通F匝道桥桥型由1-3×13m空心板梁变更为1-1×20m空心板梁
5	道北分离式桥桥型由1孔40m预应力混凝土T梁变更为2×20m空心板梁
6	改变高山互通F匝道与305线平交口形式
7	K33+000~K35+000纵坡调整
8	东瀚互通F匝道沥青混凝土路面变更为水泥混凝土路面
9	提高三山服务区高程
10	庄前互通1号桥、高山大桥优化减少跨数
11	渔溪特大桥跨福厦铁路纵坡调高并增设防护棚
12	江阴支线与兴林路平交口调坡

续上表

序　号	设 计 变 更 内 容
13	增设玉楼分离式中桥
14	放缓洋门山高边坡坡率,改变防护形式
15	增设岸兜2号中桥
16	增设东瀚收费站
17	K25+030~K23+230纵坡调整

(3)重大事件

2008年12月19日,项目召开开工动员大会。

2010年3月30日,在福清召开全省高速公路无障碍施工现场大会。

2015年12月17日,通过福建省交通运输厅组织的竣工验收。

(三)复杂技术工程

(1)渔溪特大桥:长1857m。渔溪特大桥横跨西港及福厦铁路,与铁路交叉点桩号为K1+583.95,西港现已被围垦养殖,海水被引入养殖区,大桥中心桩号K2+190。桥孔分为十三联设置,第一、二联均为4×30m预应力混凝土连续T梁,第三联为45m+80m+45m预应力混凝土连续箱梁,横跨福厦铁路,与铁路交叉点桩号为K1+583.95,施工环境恶劣,对桥梁施工可靠安全系数要求很高。因此上跨福厦铁路的三跨连续梁按照跨越铁路营业性施工的相关要求增设防护措施(即电气化防电棚)。桥位水文及地质条件差,且需上跨福厦铁路,施工期间要保持铁路正常运行将给施工造成很大的安全隐患,施工中必须加大安全投入。而且施工工期紧张,仅为7个月。渔溪特大桥建设是本线路的施工难点。

(2)江镜特大桥:起点桩号K13+556.802,终点桩号K18+630,桥长5077m,上部结构为16×(5×30m)+2×(4×30m)+14×(5×30m)+4×30m先简支后预应力连续T梁,下部结构为混凝土灌注桩基础,柱式墩,肋板式桥台。桥面宽度设计为整体式2×(0.5m+11.75m+0.5m)=25m。

桥型布置为:95×30m跨预应力混凝土连续T梁。桥墩采用柱式墩、钻孔灌注桩基础;桥台采用U形台、扩大基础。

(3)东港特大桥(含庄前枢纽互通主线2号桥):起点桩号K8+485,终点桩号K9+523,桥长1038m,桥型布置为:34×30m预应力混凝土连续T梁。桥墩采用柱式墩、钻孔灌注桩基础;桥台采用U形台、扩大基础。庄前枢纽互通主线2号桥并入东港特大桥。

（四）科技创新

1. 首创桥梁锚杆静压桩基础

岸兜扩建桥、2 号分离式中桥中墩原设计为扩大基础，因承载力不足变更为锚杆静压桩。以锚杆静压桩作为桥梁基础在全省高速公路设计方面首次应用，同时解决了灌注桩基础施工工序多、施工周期长、养护期长等问题，避免了桩身混凝土质量风险，有效地加快了施工进度。

2. 桩基持力层注浆加固工艺

洋门分离式中桥紧邻民居，挖孔爆破、钻孔施工均对居民干扰较大，村民反映强烈。经多次论证，采取挖孔桩桩底扩径、成桩后持力层高压注浆加固提高桩底承载力的新工艺。

3. 渔平高速公路项目进度优化控制技术研究与应用

项目单位从 2009 年开始对自主开发的"生产调度管理系统"进行使用。在整个项目期间，通过该系统实现了多层次计划，彻底改变以往多级计划容易产生的上下矛盾、脱离实际以及赢得值管理的问题，同时对工程整体起到了很好的监控作用。由于易接受的管理思想，友好的系统界面，操作简易、执行速度快，系统运行又稳定，各基层施工单位反映良好。

生产调度系统对施工起到了很好的指导，对工程的精确计划和及时监控更有着举足轻重的作用，尤其是在工期压缩后的赶工期间，各基层施工单位实现了每日一计划、每日一监控，确保项目的进展顺利。

根据施工实际情况，录入日报。赶工之前可以根据工程实际状况做出月计划或旬计划，并按要求每周提供更新的总报表，将这些报表更新到系统中后，对整个工程的进度可以进行实时的监控，以便对原有计划做出调整，确保工程顺利进行。赶工之后，各施工单位实现了利用生产计划模块，实现了日计划与日监控，系统中的数据也能得到每天更新，使得整个项目的管理更为精细化。我们亦可根据实际需要定期对报表进行时间段内的统计，来查看本段时间内的进度情况，修正计划并及时反馈给施工单位，使整个工程处于一个良好的监控循环中。两套系统相辅相成、相得益彰，大大提高了工程信息化的管理，减轻了很多的文档处理工作，信息传递更快更准，整个工程的如期交付。

（五）运营管理

1. 服务区设置

三山服务区位于福州渔平高速公路平潭连接线中心桩号 K27 处，于 2010 年正式投入运营,分 A、B 区双向两区,总占地面积 60 亩,建筑面积 6600m²,停车区面积 26960m²,绿化面积距 9700m²。距离福建平潭综合试验区,仅相距 35km,是平潭出岛高速公路出行通往著名侨乡福清、省会城市福州的必经驿站。

2. 收费站点设置(表 10-16-6)

收费站点设置情况表　　　　　　　　　　　　　表 10-16-6

站点名称	车道数	收费方式
江境收费站 港头收费站	6(3入3出)	人工、ETC、自动取卡
港头收费站	6(3入3出)	人工、ETC、自动取卡
高山收费站	6(3入3出)	人工、ETC、自动取卡
平潭收费站	17(6入11出)	人工、ETC、自动取卡
东翰收费站	6(1入5出)	人工、ETC、自动取卡
福州新港(江阴)收费站	9(4入5出)	人工、ETC、自动取卡

3. 车流量发展状况(表 10-16-7)

交通流量发展状况表　　　　　　　　　　　　　表 10-16-7

年份(年)	日均车流量(辆)	年份(年)	日均车流量(辆)
2010	7016	2013	12771
2011	7788	2014	16000
2012	9905	2015	18723

二、渔平高速公路延伸线(建设期:2010.12～2014.06)

(一)项目概况

1. 基本情况

渔平高速公路延伸线位于福建省福清市和平潭综合实验区内,沿线经过城镇主要有福清市东瀚镇、平潭综合实验区的北厝镇,全长6km,设计采用交通部颁《公路工程技术标准》(JTG B01—2003),渔平高速公路延伸线全线按高速公路右幅标准建设,与原平潭海峡公路大桥(一桥)组合成双向六车道高速公路,设计行车速度80km/h。跨海坛海峡大桥通航标准为5000吨级海轮,采用双孔单向通航。设计荷载公路—Ⅰ级。地震基本烈度Ⅶ度。路线交叉:全封闭、全立交;沿线设施:全段按高速公路总体设计要求进行修建。路基宽度17m,桥涵与路基同宽,全线采用全封闭、全立体交叉。项目设计概算14.33亿元。

渔平高速公路延伸线起点于K39+576.812处,与东瀚互通相接,位于原渔平高速公路南面,建赤表特大桥(1061m)跨坑尾澳,至小山东半岛海岸边建平潭海峡大桥,经北青屿,跨越平潭海峡主航道,终于平潭娘宫岸,与金井湾大道相接,终点桩号 K45+577.422,

扩建路段里程全长6.001km。特大桥2座,其中赤表大桥1061m,平潭大桥3464m。东瀚互通右线桥全长154.68m,海峡大桥右接线二号通道桥1座(38座),其他接线公路1283.32m;涵洞1道;东瀚互通右线桥桥面宽21m,其余桥面与路基同宽,均为17m。详见表10-16-8。

项目基本情况统计表　　　　　　　　表10-16-8

序号	项目		单位	数量	备注
一	技术标准				
1	计算行车速度		km/h	80	
2	路基宽度				
	整体式路基		m	21/17	
3	桥面净宽		m	16	与路面同宽
4	路面			沥青混凝土路面,设计年限15年,标准100kN	
5	路基、桥涵设计洪水频率			特大桥1/300,其余均为1/100	
6	桥涵设计车辆荷载			公路—Ⅰ级	
二	主要工程规模				
1	路线里程		km	6	
2	征用土地		亩	土地:76.95;滩涂:30.58	
3	拆迁房屋		m²	9842	
4	路基土石方		万m³	15.8	
5	桥梁(主线)		m/座	4680/3	
	其中:特大桥、大桥		m/座	4525/2	
6	涵洞		道	1	
7	通道		道	1	
8	路面(主线)		km	6	
9	互通收费站		处	1	其中主线站1处

渔平高速公路延伸线工程于2010年12月动工建设,2014年6月全线建成通车。建设工期3年6个月。

2.前期决策情况

渔平高速公路延伸线建设是在平潭海峡大桥(一桥)建设的基础上,省政府提出建设渔平高速公路延伸线(复线桥)。

平潭县城地理位置特殊,海岛资源丰富、旅游资源丰富、旅游风光迷人,但海岛建设和经济发展较为缓慢。改革开放后,平潭的建设与发展步入正轨,出入岛车流量也快速增长,但跨越海坛海峡的出入岛汽车交通仍依靠轮渡,交通制约已成为平潭发展最严重的瓶颈,修建平潭海峡大桥,使平潭岛与陆地直接相连,已成为平潭发展的迫切需要,当然,也有利于提高东南沿海国防交通保障能力。

2009年5月,《国务院关于支持福建省加快建设海峡西岸经济区的若干意见》出台,把海西定位为"两岸人民交流合作先行区域"。两个月后,福建省委、省政府决定成立"福州(平潭)综合实验区",和海峡西岸经济区"科学发展的先行区",确立了近中期和中长期发展目标,全岛规划、基础设施建设等各项工作全面铺开。因此,根据省委、省政府关于高水平、高层次加快平潭综合实验区建设要求,从今后几年更好服务实验区加速建设发展的角度出发,确保2010年底平潭海峡公路大桥(一桥)通车前提下,实施大桥扩建工程(渔平高速公路延伸线)十分必要。渔平高速公路延伸线由福州渔平高速公路有限责任公司作为项目业主进行融资,福州平潭海峡大桥有限公司进行建设管理。

渔平高速公路延伸线主要控制点为平潭海峡大桥(复线桥),也是全线路关建施工点,平潭公路大桥(一桥)与渔平高速公路延伸线(复线桥)水平间距42m,地质条件、桥型结构均相同,平潭公路大桥在实施阶段攻克了许多施工难题,为渔平高速公路延伸线(复线桥)提供了充足的施工经验和施工工艺。

3.参建单位主要情况

(1)建设单位

渔平高速公路延伸线项目由福州渔平高速公路有限责任公司负责融资,福州平潭海峡大桥有限公司负责建设管理。

(2)设计单位

本项目设计合同段共3个,设计单位分别为福建省交通规划设计院、中交公路规划设计院有限公司、宁波大学建筑设计研究院。

(3)施工单位(表10-16-9)

项目施工单位共3个合同段。路基土建设施1个合同段,监控系统供与安装工程1个合同段,平潭海峡大桥引桥防船撞设施A、C区1个合同段。

(4)监理单位(表10-16-9)

项目监理单位共2个合同段,全线路基、路面、机电工程1个监理标段、平潭海峡大桥引桥防船撞设施A、C区1个监理标段。

项目施工及监理单位一览表   表10-16-9

标段号	标段所在地	工程内容	长度(km)	施工单位	监理单位
渔平高速公路延伸线T标	福清平潭	K39+576.812~K45+577.422 路基土建、路面、交安设施	6	中交第二航务工程局有限公司	山东省交通工程监理咨询公司
渔平高速公路延伸线监控系统与安装	福清平潭	K39+576.812~K45+577.422 全线监控系统安装	6	厦门兴南洋信息技术有限责任公司	山东省交通工程监理咨询公司

续上表

标 段 号	标段所在地	工程内容	长度（km）	施 工 单 位	监 理 单 位
渔平高速公路延伸线平潭海峡大桥引桥防船撞设施A、C区	平潭海坛海峡	防撞设施距大桥中心线200m，A区位于平潭海峡大桥东引桥47号墩~51号墩；C区位于平潭海峡大桥西引桥38号墩~41号墩。预警设备		中交第二航务工和局有限公司	厦门港湾咨询监理有限公司

（二）建设情况

1.项目准备阶段

（1）立项审批

工程可行性研究：2010年9月14日，福建省发改委以闽发改交通〔2010〕876号文《关于渔平高速公路延伸线工程可行性研究报告的批复》批复工程可行性研究报告，同意路线方案、技术标准、投资控制和建设工期。

初步设计：2010年9月21日，福建省交通运输厅及福建省发展和改革委员会以闽交建〔2010〕133号文《关于渔平高速公路延伸线初步设计的批复》正式批复初步设计。

根据福建省交通运输厅及福建省发展和改革委员会在原初步设计批复基础上，对渔平高速公路延伸线概算进行了补充批复，2010年11月8日，福建省交通运输厅和福建省发展和改革委员会以闽交建〔2010〕166号文《关于渔平高速公路延伸线初步设计概算的补充批复》，通过了概算批复。

环境影响评价：2010年9月13日，福建省环境保护厅以闽环监函〔2010〕153号文批复《关于渔溪至平潭高速公路延伸线项目环境影响评价事宜的复函》，通过了环境影响评价。

海洋环境影响评价：2010年9月2日，福建省海洋渔业厅以闽海渔涵〔2010〕381号文批复《关于渔平高速公路延伸线工程海洋环境影响报告书的核准意见》，通过海洋环境批复。

海域使用批复：2011年2月26日，福建省人民政府以闽政文〔2011〕64号文《关于同意福州平潭海峡大桥有限公司海域使用批复》通过用海批复；2011年3月11日，福建省海洋与渔业厅正式批复"海洋使用权批准通知书"。

地震安全性评价：2010年8月23日，省地震局以闽震〔2010〕207号文《关于渔平高速公路延伸线工程场地地震安全性评价报告批复》，通过渔平高速公路延伸线地震安全性评价工作。

建设用地批复：2011年6月15日，福建省人民政府以闽政文〔2011〕186号文《渔平高速公路延伸线(平潭段)建设农转用和土地征收的批复》批复渔平高速公路延伸线建设用地；2011年6月20日，福建省人民政府以闽政地〔2011〕415号文《渔平高速公路延伸线(福清侧)建设农转用和土地征收的批复》批复渔平高速公路延伸线建设用地。

（2）资金筹措

渔平高速公路延伸线初步设计概算：省发改委批复金额为14.32612769亿元，其中建安投资总额为11.69079208亿元，设备及工器具购置费234.7293万元，工程建设其他费用2.03542463亿元，预备费用6500.7155万元。根据省高指闽高监审〔2012〕31号文件，建设资金来源构成为：部省级资本金35%，计5.02亿元；其余9.31亿元建设投资由渔平公司向国内银行贷款解决。

项目累计到位建设资金13.81亿元，其中：福建省高速公路建设总指挥部投入资本金5.03亿元，向各商业银行累计融资8.78亿元。

（3）招投标工作

根据国家基本建设程序要求以及有关法律法规的规定，开展施工、监理等各项招投标工作。

施工单位招投标情况：渔平高速公路延伸线共3个合同段。土建工程1个合同段，监控系统供货与安装1个合同段，平潭大桥引桥防船撞设施A、C区1个合同段。根据福建省发展和改革委员会《关于渔平高速公路延伸线工程施工、监理等有关事项的函》及福建省交通运输厅以闽交建函〔2010〕95号文批复《关于渔平高速公路延伸线工程施工、监理单位招标事项的意见》的意见，该项目路基土建采用邀请招标方式选择施工单位，招标形式采用资格后审。分别向4家施工企业发出投标邀请书，评标方法采用双信封综合评估法，评标报告经交通主管部门核备后确定中标人。

渔平高速公路延伸线监控系统供货与安装合同段和渔平高速公路平潭海峡大桥引桥防船撞设施A、C区均采用公开招标的方式选择施工单位，招标形式采用资格后审，招标公告均在《中国经济导报》、中国采购与招标网、福州市交通运输委员会网站、福州建设工程电子招标平台等媒体上发布，评标方法采用合理低价法，评标报告经交通主管部门核备后确定中标人。

监理单位招投标情况：全线共计2个施工监理标，根据福建省发展和改革委员会《关于渔平高速公路延伸线工程施工、监理等有关事项的函》及福建省交通运输厅以闽交建函〔2010〕95号文批复《关于渔平高速公路延伸线工程施工、监理单位招标事项的意见》的意见，监理单位采用邀请招标方式进行招标，分别向3家监理企业发出投标邀请，评标方法采用综合评标法,评标报告经交通主管部门核备后确定中标人。

(4)合同段划分

路基土建1个合同段,监控系统供货与安装合同1个合同段,平潭海峡大桥引桥防船撞设施A、C区1个合同段。

(5)征地拆迁

渔平高速公路延伸线工程项目,线路途经福清、平潭,本项目拆迁量主要有:福清侧土地34.95亩,建筑811.27m²,滩涂30.58亩;平潭侧土地42亩,建筑9031m²。通过坚持宣传、统一标准、规范程序、公开公正等方式在福清市政府、平潭综合实验区政府及沿线老百姓的大力支持下,按照福清市、平潭综合实验区政府确定的征地拆迁、安置补偿方案,及时支付了相关的补偿资金,2013年5月交地工作全线完成,保证征拆工作顺利开展从而有效保证了该项目征地拆迁、建设的顺利有序进展。详见表10-16-10。

征地拆迁情况统计表　　　　　表10-16-10

征地拆迁安置起止时间	征用土地（亩）	滩涂（亩）	拆迁房屋（m²）	支付补偿费用（元）	备注
2010.10~2013.05	76.95	30.58	9842	63116573	

2.项目实施阶段

(1)重大决策

平潭海峡大桥拓宽段:考虑到平潭综合实验区远期交通量的发展,为适应平潭综合实验区的发展,平潭岛规划实施了环岛路工程。为了使平潭大桥与环岛公路无缝对接,在平潭娘宫一侧(即平潭大桥东引桥设立了娘宫互通式立交),为了使互通的F匝道接入在建的渔平高速公路延伸线平潭大桥,决定将平潭大桥第十二联(即位于主通航孔桥东侧46号~51号墩)逐渐加宽。在51号墩处分出去往吉钓岛的F匝道。

加宽段下部结构采用钻孔桩基础,带圆倒角矩形承台,箱形墩身。上部结构为单箱多室等高度变截面(由17m渐变至29m)现浇箱梁,共5跨分为两联,采用$3 \times 50m + 2 \times 50m$的分布形式,全部采用异形移动模架进行施工。

(2)重大事件

2010年8月13日,确定渔平高速公路延伸线由福州渔平高速公路有限责任公司为项目业主,由福州平潭海峡大桥有限公司建设管理,并与渔平高速公路分账户独立核算。

2010年12月28日,下发项目开工令,正式开工建设。

2011年1月11日,项目主桥首根桩基础42号墩8号钻孔桩混凝土浇筑顺利完成。

2013年4月28日,平潭大桥主桥中跨合龙。

2013年12月8日,全桥最后一个墩身浇筑完成。

2014年3月26日,项目监控系统正式开工。

2014年4月6日,全桥最后一跨箱梁浇筑完成,全线贯通。
2014年5月27日,主体工程通过交工验收,投入试运营。
2017年7月21日,项目完成工程质量验收,正式投入运营期。

(三)复杂技术工程

1. 平潭海峡特大桥加宽段

平潭综合实验区环岛公路娘宫互通式立交工程位于平潭岛娘宫码头北侧,在建的平潭海峡大桥与环岛公路相交处,是环岛公路项目的一个节点工程。为确保今后娘宫互通式立交与平潭海峡大桥有效衔接,确保匝道桥的建设,决定对在建的平潭海峡大桥46号~51号墩之间进行加宽,加宽段长度为250m,为单箱多室等高度变宽度现浇箱梁,桥面宽度由17m渐变至29m。由于加宽段位于海上,墩高达40m,风大浪高,地质条件复杂,采用支架现浇安全风险较高,为有效降低风险,确保箱梁施工的质量和安全,采用特殊形状移动模架进行加宽段箱梁施工。采用特殊形状移动模架进行加宽段箱梁施工,属全国首创。

2. 平潭海峡大桥桩基成孔

海坛海峡地质属于凝灰岩地质,基岩强度较高,大部分的桩位基岩强度高达近200MPa,地层情况复杂,嵌岩深度较深,覆盖层中埋藏大量孤石,并存在海底深槽,有的桩孔岩面起伏,高低相差6~7m之多。钻孔桩时常会被卡在两个孤石之间不能拔出,造成桩基施工难度系数成倍增加。本项目的桩基为大直径、超长嵌岩钻孔桩。给钻孔桩施工带来了前所未有的困难。45号主桥墩总计22根钢护筒,共计变形18根。为了能解决这个难题,项目业主组织设计、施工、监理进行专题讨论,与省交通质监局、长安大学合作,开展"海上深水长大直径桩基础施工工艺研究"课题研究,成功应用于平潭海峡大桥桩基础的施工,取得了显著的社会效益和经济效益,为今后推广应用提供了工程范例。该课题研究成果整体达到国际先进水平。

(四)科技创新

平潭海域地质条件复杂,岩层强度普遍高达200多兆帕,基岩面严重倾斜,地层中淤泥及砂层较厚,局部夹杂着较多孤石,桩基施工成孔困难。海坛海峡风浪较大,潮差明显受恶劣气候条件影响,一年内有1/3时间处于停工或工效极为不高的状态,同时台风季多发,对于本项目高空悬臂现浇梁安全有更高要求。平潭海域也是重要的航道枢纽,必须确保过往船舶安全通过该段航线,保证大桥结构安全。

为确保施工质量、进度,组织人员对全线技术含量较高的项目组织科技攻关,从施工方案开始就进行了认真研究、优化,从技术上挖潜力,在施工单位、监控单位、监理单位通力配合下,应用新技术、新材料和开展科研工作,提高本项目的科技含量。

1. 海上深水长大直径桩基础施工工艺研究

与省交通质监局、长安大学合作,开展"海上深水长大直径桩基础施工工艺研究"课题研究。课题研究创新点如下:

(1)针对平潭海峡水域宽、风大浪急以及水深的特点,提出了采用 GPS 和传统量测技术相结合的方法建立了桥梁桩基础施工定位网,实现了桩基础及其施工机械的高精度定位。

(2)基于数值模拟和理论分析,提出了桩长小于 70m 和大于 70m 的垂直度控制标准分别小于1%和0.5%及其垂直度控制方法,较好解决了复杂海洋环境的深水长大直径桩成孔过程中的垂直度问题。

(3)明确提出海水泥浆可用于海上深水长大直径桩的施工,提高了施工效率,节约了成本,其经济效益与社会效益显著。

(4)完善了海上深水长大直径桩基础的施工工艺与质量控制技术,提出了防腐技术以及潮汐变化、台风等海洋环境对施工质量影响的解决对策。

(5)深入研究了海上深水桥梁桩基础大体积混凝土承台施工关键技术,提出集防撞、防腐于一体的承台模板,即钢套箱的制作、安装与就位技术;在分析温度与应力变化规律的基础上提出了科学合理的温控技术。

该研究成果成功应用于平潭海峡大桥桩基础的施工,取得了显著的社会效益和经济效益,为今后推广应用提供了工程范例。该课题研究成果整体达到国际先进水平。

2. 强台风作用下跨海连续刚构桥长悬臂施工安全研究

与上海同济大学合作,开展"强台风作用下跨海连续刚构桥长悬臂施工安全研究"。课题研究采用理论分析、数值模拟与风洞试验相结合的方法,并紧密依托平潭海峡大桥工程实际,针对风浪的概率性参数、主梁架设过程中的静动力特性、施工期间波浪荷载作用下结构响应、基于气弹模型的跨海连续刚构桥风致振动、跨海连续刚构桥强风下施工安全标准及其对策、桥梁运营安全管理等方面,开展了深入的研究。

本课题的研究为类似设计、施工提供了有力参考,所取得的成果可直接降低施工成本,为缩短施工周期、降低人员机具风险提供有力依据,提出的抗台风对策能够极大地提高施工期结构抗台风能力,提出的施工安全标准及运营管理对策具有极大的社会效益与经济效益。

3. 跨海大桥引桥防船撞技术研究

与宁波大学合作,开展"跨海大桥引桥防船撞技术研究"。课题创新如下:

(1)基于理论分析自适应单元的结构动态响应,实现快速提升拦截网的设计思想;利用高强聚合物材料大变形、破断吸能的原理,提出了拖阻力基本恒定的装置设计技术,建立了一套新型非通航孔防船舶撞击的拦截技术。

（2）首次开展了实船拦截试验，多次撞击试验证实了自适应恒阻力拦截设施的有效性和可靠性。研制的拦截设施能有效拦截偏航的船舶，使船舶在较低的拦阻力下停止前进，有效保护了桥梁和船舶。

（3）该设施中的拦截网采用高强度缆绳，通过试验，提出了高强度缆绳接头的编织技术，从而实现了拦截网强度，增强了拦截设施的抗撞击能力。

该项目研究成果具有多项独立知识产权，是我国首创成果。该成果对提高桥梁引桥防船舶撞击的防护技术水平具有重大意义，有显著的经济社会效益和重要的推广应用价值。研究成果达到国际领先水平。

4. 加宽段箱梁施工用特殊形状移动模架设计制造及施工研究

（1）研发目的：平潭综合实验区环岛公路娘宫互通式立交工程位于平潭岛娘宫码头北侧，在建的平潭海峡大桥与环岛公路相交处，是环岛公路项目的一个节点工程。为确保今后娘宫互通式立交与平潭海峡大桥有效衔接，确保匝道桥的建设，决定对在建的平潭海峡大桥46号~51号墩之间进行加宽，加宽段长度为250m，为单箱多室等高度变宽度现浇箱梁，桥面宽度由17m渐变至29m。由于加宽段位于海上，墩高达40m，风大浪高，地质条件复杂，采用支架现浇安全风险较高，为有效降低风险，确保箱梁施工的质量和安全，采用特殊形状移动模架进行加宽段箱梁施工。

（2）必要性：移动模架目前施工的箱梁均为等宽度，还未施工过变宽度箱梁，特殊形状移动模架施工变宽度箱梁可以进一步提升移动模架的施工范围，另外，可以进一步提高我国桥梁施工技术和桥梁机械设备制造水平。

（3）研究成果：

①移动模架牛腿支撑采用对穿钢箱梁上放置托梁结构形式，有效减小了墩身受力不均、偏心等问题，受力明确、结构形式合理。

②主梁采用不平行、不对称结构设置，移动模架横梁位于主梁之上，可以实现横向自由滑动，开模状态下部分横梁相互连接，保证了过跨行走状态下移动模架的稳定性和安全性。

③横梁上设置了外模板滑轨，外模板可以横向移动，保证了变宽度箱梁的施工需求。

④横梁分组开合，确保了移动模架在行走过跨时的安全。

5. 专题科研项目

（1）强台风作用下跨海连续刚构桥长悬臂施工安全研究。

平潭海峡大桥位于福清市东瀚镇小山东，跨越海坛海峡，桥梁总长3510m，其中主通航孔为四跨双薄壁墩连续刚构桥，主梁架设采用悬臂施工方案。由于主梁施工架设期较长，且处于台风频发地区，针对强台风作用下跨海连续刚构桥悬臂施工状态安全进行相关研究具有十分重要的意义。

连续刚构桥梁施工最长双悬臂阶段,由于结构尚未合龙,结构整体刚度较低,在空气作用下,容易引起最不利振型的复杂振动,如最不利竖向振型、最不利横向振型,其频率都相对较低,横向振型频率一般在0.1~0.2Hz,竖向振型频率一般在0.2~0.5Hz范围之内,而风谱中卓越频率也在0.1~1Hz左右。另外,桥梁施工阶段的风荷载也难以确定。通过本项目的研究,建立施工阶段连续刚构桥风、浪荷载分析基本理论和方法,发展跨海连续刚构桥施工安全标准确定方法,并针对跨海连续刚构桥施工安全提出相应对策。本项目的研究也将为沿海强风区特大连续刚构桥梁施工安全及其对策提供有力参考。

课题研究采用理论分析、数值模拟与风洞试验相结合的方法,并紧密依托平潭海峡大桥工程实际,针对风浪的概率性参数、主梁架设过程中的静动力特性、施工期间波浪荷载作用下结构响应、基于气弹模型的跨海连续刚构桥风致振动、跨海连续刚构桥强风下施工安全标准及其对策、桥梁运营安全管理等方面,开展了深入的研究。本课题的研究为类似设计、施工提供了有力参考,所取得的成果可直接降低施工成本,为缩短施工周期、降低人员机具风险提供有力依据,提出的抗台风对策能够极大地提高施工期结构抗台风能力,提出的施工安全标准及运营管理对策具有极大的经济与社会效益。

该课题研究于2014年1月获得福建省科技进步三等奖。

(2)大跨度桥梁引桥防船撞技术研究。

福建平潭海峡大桥水运交通繁忙,是我国中小型船舶南北航行的主要航路之一。每天过往的千吨级以上船舶达200多艘,在大风浪气象期间,大量中小型船舶无法穿越台湾海峡大风浪区,均通过海坛海峡航行,海峡航行密度就更大。但在平潭海峡大桥桥区附近的航道较为复杂,大桥南侧附近有暗礁和沉船,使得北上航道呈S形通向大桥主通航孔,如操作不当,船舶容易碰撞东桥靠近主桥通航孔的部位;如果驾驶员对航道不熟悉而操作失误,或船舶发生故障等时,船舶撞击平潭海峡大桥引桥风险将更高。平潭海峡大桥施工期间,大桥引桥前后共遭遇6次船舶的撞击。为此,大桥引桥装设防船撞设施是十分必要的,所以迫切需要研究有效和可靠的大桥引桥防船撞技术。

本研究项目的目的是发明一种大型桥梁引桥防船舶撞击的新型技术,确定该技术在实际应用中的关键参量设计,并将其应用于依托工程——平潭海峡大桥引桥的防船撞设施的设计和建设中。该拦截设施设置于引桥前方,当偏离航道的船舶碰撞到拦截设施时,该设施将自动快速提升拦截网、包住船头,拦截网通过缆绳连接与恒阻力装置上,当船舶拖带拦截网向前移动时,恒阻力装置对拦截网将提供一个大致恒定的拖阻力阻碍船舶向前运动,消耗船舶动能,直至船舶停止运动。达到阻止船舶靠近大桥,保护大桥安全的目的。

本科研课题研究的成果:①发明了自适应撞击拦截技术;②发明了恒阻力装置的设计技术;③发明了高强度(强度100t)绳网的编织技术;④完成了国内外首个"自适应恒阻力

船舶拦截设施"的设计,并作为大型桥梁引桥防船撞的示范工程,应用于福建平潭海峡大桥;⑤进行了国内外首次实船拦截试验,即组织并成功实施了1千吨级实船撞击"自适应恒阻力船舶拦截设施"的试验,验证了所设计并已竣工的"自适应恒阻力船舶拦截设施"能够达到设计目的,实现既保护桥梁,又保护船舶和人员,还保护桥区海水不会因船撞事故而受到污染的设计理念。本课题研究获得国家多项发明专利,专家一致认为该科研课题达到了国际先进水平。

本课题的研究降低大桥受船舶撞击的风险,该防撞装置保护平潭县的对外交通,交通事故经济的命脉。如果福建平潭海峡大桥受到船舶的撞击而损毁,即使修复期仅一个月,平潭的经济也会遭受重大损失。保护桥梁、船舶和海域环境安全,以及人民生命财产安全。所以本课题研究带来的社会效益和经济效益是显著的。

第十七节 S0311浦城至建宁高速公路(浦建线)

一、浦建高速公路邵武肖家坊连接线(邵武肖家坊连接线)(建设期:2003.10~2010.11)

(一)项目概况

1. 基本情况

邵武肖家坊连接线为浦建高速公路组成部分,是海西高速公路网规划"三十三联"中的重要组成部分,东接浙江省龙泉市与长深高速公路(G25)相连,西往江西省广昌县与济广高速公路(G35)相接,全长329km,是闽北山区连接"长三角"地区的便捷通道,打通了浙江中部地区经福建省往江西等内陆省份的一条便捷通道。

本项目与G70福银线邵三高速公路南平段同步批复建设。由南平市福银高速公路有限责任公司负责组建南平邵三高速公路有限责任公司邵武代表处,负责项目建设现场管理。筹资、运营和还贷工作由南平市福银高速公路有限责任公司负责。

本项目沿线处于闽西北低山丘陵地形区,总体地势西北高东南低,主要地貌类型以主要以低山丘陵为主间夹沟谷与溪流。沿线U形沟谷发育,山坡陡峻,山坡坡度一般为15°~40°。山脉总体走向多为北东南向和东北向。

邵武肖家坊连接线建设主线全长4.1km,设计标准为双向四车道高速公路,计算行车速度为80km/h,路基宽度24.5m,工程项目总投资15000万元。项目起于邵武和平肖家坊,终点至邵武市和平镇楼下村。设肖家坊枢纽式互通立交1处和和平收费所1处。主要有隧道2座,960延米。详见表10-17-1。

项目基本情况统计表

表10-17-1

序号	项目	单位	数量	备注
一	技术标准			
1	计算行车速度	km/h	80	
2	路基宽度			
	整体式路基	m	24.5	
	分离式路基	m	12.5	
3	桥面净宽	m	2×11.0	小桥与路基同宽
4	路面		沥青混凝土路面,设计年限15年,标准轴载100kN	
5	路基、桥涵设计洪水频率		特大桥1/300,其余均为1/100	
6	桥涵设计车辆荷载		汽车—超20级、挂车—120	
二	主要工程规模			
1	路线里程	km	连接线全长4.14	
2	征用土地	亩	300	
3	拆迁房屋	m²	1250	
4	路基土石方	万m³	119.83	
5	软土地基处理	m³	75503	
6	盲沟	m	2339	
7	边沟、排水沟、截水沟急流槽	m	17510	
8	涵洞	m/道	702.12/19	
9	护坡	m³	30490	
10	锚索(锚杆)	m	3570(1216)	
11	挡墙	m³	3941	
12	水泥混凝土路面	m²/km	19652/0.48	
13	特大桥	延米/座	—	
14	大桥	延米/座	—	
15	中桥	延米/座	50/1	
16	小桥	延米/座	—	
17	长隧道	m/座		双洞
18	中、短隧道	m/座	右459,左477/1	双洞
19	路面	万m²	0.80698	
20	收费站	处	1	
21	服务区	处	—	

项目右幅于2003年10月开工,2005年12月建成通车;项目左幅于2007年6月开工,2010年11月建成通车。

2. 前期决策情况

近年来,南平、三明、福州等地市经济发展较快,由于经济的快速发展和江西等内地省份经济协作的不断增强,南平市邵武沙塘隘至三明沙县际口之间的公路交通发展很快,本项目的建设,必将带动沿线各地市的经济快速发展,解决了内地出海通道必须直达、快速、便捷的功能问题。

地处南平市的武夷山,三明市的泰宁金湖及将乐玉华洞是国家级旅游景点,1998年武夷山中外游客达301万人次,是1997年的2倍,而三明的玉华洞、金湖和上青溪游客达200万人次,是1997年的3倍。武夷山、金湖、玉华洞已形成福建省绿三角旅游带,旅游业作为我省五大经济产业支柱之一,其前景是乐观的,京福高速公路路线经过泰宁、将乐、南平,它的修建必将大大改善旅客量快速增长的交通问题。

福建省是国防任务繁重的省份,福州往闽西北现有公路路况差,标准低,不能适应大规模的现代化军事需要,本项目在军事战略上是有独特意义的,将来一旦需要,沿海前线必须通过快速通道与内地后方建立密切的联系以完成快速集结与转移,对于构筑我国东南沿海军事防御体系起着十分重要的军事作用。在这一方面,高速公路有铁路无法替代的作用,因此,本项目建成通车后,对加强国防交通保障、促进祖国和平统一具有重要的政治军事意义。

3. 参建单位主要情况

(1) 建设单位

按照我省高速公路"四统三分"和以地市为主建设的建设体制,项目业主为南平京福高速公路有限责任公司。由省、市高速公路公司于2001年6月共同出资组建,履行业主职能,全面负责项目的建设、筹资、运营、还贷工作。贯彻执行项目业主法人责任制、工程招投标制、工程监理制和合同管理制,对工程建设进行质量、安全、进度、投资控制管理。

业主在建设期间派出现场管理指挥机构南平京福高速公路有限责任公司邵三代表处,内设合约部、工程部、综合部。邵三代表处负责具体实施工程质量、安全、进度、投资、合同管理,并配合地方政府和省高指开展征地拆迁和民事协调工作。

(2) 设计单位

本项目设计工作于1999年与三福高速公路南平段一并委托福建省交通规划设计院设计。

(3) 施工单位

施工单位采用公开招标方式择优选择施工单位,标评标工作,在省高指及上级各部门指导监督下,均严格按照《中华人民共和国招投标法》、国家七部委和福建省招投标的有关规定执行,坚持"公开、公正、公平"的原则,按照"专家评标、业主定标、上级监督"的评标体系进行。招标前资格预审文件、资格预审评审办法、招(投)标文件、招标评标办法均上报省高指、省交通厅批准后执行,各个标段(含土建、路面、机电三大系统、房建和各监理)均向全国公开招标。邵三高速公路南平段邵武连接线右幅施工单位共7个,分别为:路基土建工程1个施工标段,路面及交通工程1个施工标段,供配电工程1个施工标段,监控、收费、通信三大系统工程1个施工标段,隧道机电工程设备供货1个施工标段,房建工程1个施工标段,绿化工程1个施工标段。邵三高速公路南平段邵武连接线左幅施工单位共2个,分别为:路基土建绿化工程和机电工程、交通工程1个施工标段,路面1个施工标段。

(4)监理单位

本项目右幅施工监理单位4个:路基土建监理PJ合同段与路基土建施工单位主线招标同期进行,于2003年4月18日完成;路面监理MBJ1合同段监理单位与施工单位招标同期进行,于2004年3月11日发布资格预审公告,9月30日完成;房建监理FJ标监理单位招标与中石化福建石油分公司联合招标,于2005年2月25日完成招标;机电监理SJ标监理单位与三明路段合为一个合同段联合组织招标,委托福建省机电设备招标公司开展招标活动,于2005年3月25日完成。绿化标监理工作量小由路基土建监理PJ驻地办承担。详见表10-17-2。

项目施工及监理单位一览表 表10-17-2

标段号	标段所在地	工程内容	长度(km)	施工单位	监理单位
PLA1	邵武	路基工程	4.14	广西公路桥梁工程总公司	福建省交通建设工程监理咨询公司
PB	邵武	路面工程	28.235	中铁十五局集团有限公司、北京华纬交通工程公司(联营体)	福建省交通建设工程监理咨询公司
ME	邵武	机电三大系统	28.235	成都曙光光纤网络有限公司、福建新大陆公司(联营体)	北京兴通交通工程监理公司
PD	邵武	供配电系统	28.235	铁道部第一工程局建设安装总公司	北京兴通交通工程监理公司
PSB	邵武	通风照明和隧道消防系统	28.235	中铁一局电务公司	北京兴通交通工程监理公司
PC	邵武	房建工程	28.235	福建省七建工程有限公司	福建建专工程建设监理公司

续上表

标段号	标段所在地	工程内容	长度(km)	施工单位	监理单位
PL	邵武	绿化工程	28.235	厦门厦生园林绿化工程公司	福建省交通建设工程监理咨询公司
PLA2	邵武	路基、交安设施、机电、绿化	4.14	中铁十六局第四工程有限公司与北京中咨华科公司	福建省交通建设工程监理咨询公司
MLA	邵武	路面	4.14	浙江正方交通建设有限公司	福建省交通建设工程监理咨询公司

(二)建设情况

1. 项目准备阶段

(1)立项审批

项目立项、工程可行性研究：2002年11月6日国家计委以计基础〔2002〕2340号文《国家计委关于北京至福州国道主干线福建邵武沙塘隘至三明际口公路可行性研究报告的批复》批复工程可行性研究报告，同意路线方案、技术标准、投资控制和建设工期。

初步设计：2002年12月27日交通部以交公路发〔2002〕621号文《关于北京至福州国道主干线福建省邵武沙塘隘至三明际口公路初步设计的批复》正式批复初步设计。

环境影响评价：2002年11月国家环保总局以国环评证甲字第3102号文《北京至福州国道主干线福建邵武沙塘隘三明际口段高速公路环境影响报告书(报批稿)》、环监发〔2000〕121号文《关于北京至福州国道主干线福建邵武沙塘隘至三明际口段高速公路环境影响评价大纲审查意见的复函》通过邵三高速公路全线环境保护和水土保持评价工作。

本项目分二期设施。2003年9月，省高指根据当时高速公路网规划与实际情况，下发闽高路工〔2003〕209号文《关于邵三高速公路南平段邵武连接线按右幅实施的批复》，本项目邵武连接线只实施右幅，同时和平互通匝道只建设A匝道与G匝道与省道对接通往邵武。右幅工程与主线同步建设，2006年1月15日建成通车。

省高指于2006年下发《关于续建邵三高速公路邵武连接线另半幅道路工程的通知》(闽高路计〔2006〕15号)，于2007年6月开工，2010年11月建成通车。

(2)资金筹措

本连接线左幅(续建)工程作为原邵三高速公路南平段项目的一个组成部分，其资金为原邵三高速公路南平段项目工程交工验收并经竣工决算中预留的资金。

邵三高速公路南平段工程项目于2006年1月15日交工通车，2007年福建省财政投资评审中心对原邵三高速公路南平段项目进行了竣工决算评审，2008年福建省审计厅对其进行了竣工决算审计,在评审与审计前,上报审计送审文件时根据省高指《关于续建邵三高速公路邵武连接线另半幅道路工程的通知》(闽高路计〔2006〕15号)中"本项目……经初步估算可不超概算且有一定节余……将项目节余投资用于建设邵武连接线的另半幅建设,并应控制不突破项目总概算"精神,对该续建工程所需资金进行了预留报审,经审计部门审定,通过了邵三高速公路南平段邵武连接线左幅工程预留建设资金为7276.26万元。

(3)招投标工作

根据国家基本建设程序要求以及有关法律法规的规定,开展施工、监理等各项招投标工作。

设计单位招投标情况:邵三高速公路南平段设计工作是在国家实行强制设计招标政策之前,于1999年与三福高速公路南平段一并委托福建省交通规划设计院设计。本连接线工程作为原邵三高速公路南平段项目的组成部分,为保持设计工作的连续性,业主按照省高指《关于续建邵三高速公路邵武连接线另半幅道路工程的通知》(闽高路计〔2006〕15号)通知精神,于2006年3月29日以《关于请求邵三高速公路南平段邵武连接线左幅设计的函》(南高工函〔2006〕13号)通知福建省交通规划设计院邵三高速公路南平段邵武连接线左幅续建工程进行施工图设计。

施工单位招投标情况:邵三高速公路南平段邵武连接线施工单位分两次招标,分别为路基工程PLA2(含机电、交通安全设施)、路面工程MLA两个合同段。在省高指及上级各部门指导、监督下,均严格按照《中华人民共和国招投标法》、国家七部委和福建省招投标的有关规定执行,坚持"公开、公正、公平"的原则,按照"专家评标、业主定标、上级监督"的评标体系进行。招(投)标文件、招标评标办法均上报省高指批准后执行,招标公告均在中国招标与采购网或福建招标与采购网上发布,向全国公开招标。招标全过程接受专项监察执法领导小组的监督,严格执行招、评标工作纪律。

路基PLA2标段施工单位招标工作于2007年5月28日在《中国交通报》、中国招标与采购网发布招标公告,7月10日至12日进行评标工作,评标结果在福建招标与采购网公示,评标报告报经省交通厅核备后经公司确定为中铁十六局第四工程有限公司为中标单位,2007年11月27日签订施工合同。

路面MLA标段施工单位招标工作于2009年3月8日在福建招标与采购网发布招标公告,4月15~17日进行评标工作,评标结果在福建招标与采购网公示,评标报告报经省交通厅核备后经公司确定为浙江正方交通建设有限公司为中标单位,2009年6月1日签订施工合同。

监理单位招投标情况:由于本工程规模较小,均属于高速公路路基、路面土建专业,因此该续建工程路基与路面监理设一个监理标段。

监理标招标工作于 2009 年 3 月 13 日在福建招标与采购网发布招标公告,4 月 12 日进行评标工作,评标结果在福建招标与采购网公示,评标报告报经省交通厅核备后经公司确定为福建省交通建设工程监理咨询公司为中标单位,2008 年 6 月 28 日签订监理合同。

(4)合同段划分

路基工程(含交安设施、机电、绿化)共划分为 1 个合同段,路面为 1 个合同段。

(5)征地拆迁

本项目征地拆迁工作沿线涉及邵武市肖家坊镇肖家坊村、大埠岗镇和源村、泰宁县朱口镇尤源村。设计征地 109.45 亩,其中:水田 50.37 亩,园地 16.8 亩,林地 42.28 亩;交通部批征迁概算为 4768.576 万元(含已建成的邵武段主线和连接线右幅工程)。征地拆迁工作从 2008 年初开始至年底红线内的征地拆迁基本结束(除变更扩征外),之后征迁工作重点转向民事协调以及设计遗漏和变更扩征所增的征迁工作。

全线实际征用土地 114.45 亩(征地总面积中:耕地 55.37 亩,林地 42.28 亩),已拨付征地款 278.88 万元,迁移杆线 4.7km,支付费用 32.98 万元。支付勘测费、植被费、评估费等其他费用 26.01 万元。累计支付征迁费用 337.87 万元。征地拆迁情况统计详见表 10-17-3。

征地拆迁情况统计表 表 10-17-3

项目	征地拆迁安置起止时间	征用土地 (亩)	拆迁房屋 (m²)	支付补偿费用 (万元)	备注
邵武连接线	右幅 2003.03~2003.12 左幅 2007.01~2007.08	114.45	—	337.87	

2.项目实施阶段

(1)重大决策

2003 年 9 月省高指根据当时高速公路网规划与实际情况,下发闽高路工〔2003〕209 号文《关于邵三高速公路南平段邵武连接线按右幅实施的批复》,本项目邵肖家坊武连接线只实施右幅,同时和平互通匝道只建设 A 匝道和 G 匝道与省道对接通往邵武。

省高指于 2006 年印发《关于续建邵三高速公路邵武连接线另半幅道路工程的通知》(闽高路计〔2006〕15 号)。

(2)重大事件

2001 年 6 月,由省、市高速公路公司共同出资组建了南平京福高速公路有限责任公司。

2003 年 10 月,项目右幅部分开工。

2005 年 12 月 30 日,项目右幅部分建成通过交工验收。

2006 年 1 月 15 日,项目右幅部分试通车。

2007年6月,项目左幅部分开工。

2010年11月11日,项目左幅建成通过交工验收,试通车。

2011年4月16日,项目通过交通运输部组织的竣工验收。

（三）科技创新

（1）本项目路面结构层采用底基层与基层"倒装"设置结构的新技术,即将原先在基层设置水泥稳定级配碎石层、底基层设置级配碎石层的结构调整为基层设置级配碎石层、底基层设置水泥稳定级配碎石层的结构,使半刚性基层路面改变为柔性基层路面,提高了路面行驶的舒适性,减少噪声,延缓因基层设置水泥稳定级配碎石层出现的裂缝对沥青混凝土面层反射开裂的影响,有利于路面排水。

（2）本项目在ZK0+000～ZK0+065左侧一级边坡坚硬石方岩面上采用椰纤维网（RRS）边坡植被防护系统喷混植生技术,其主要技术特点为:使用专用的喷射机将拌和均匀的厚层基材(客土掺加外加剂)混合物按设计厚度喷射到岩石喷面上,使客土物料紧贴岩石坡面,并用椰纤维地衣覆盖表面,创造草类与灌木生存的良好环境,最终恢复坡面生态复合功能。其基本构成是由工具式锚钉或锚杆、复合材料网、厚层基材料、表面椰纤维网四大部分组成。该技术于2004年由福建省高速公路养护工程有限责任公司研制,并于同年在原邵三高速公路南平段PA2合同段试验种植获得成功,为坚硬岩面种植草、灌木提供了很好的办法。

（四）运营管理

1. 收费站点设置（表10-17-4）

收费站点设置情况表 表10-17-4

站点名称	车道数	收费方式
和平	5(2入3出)	人工、ETC、自动取卡

2. 车流量发展状况（表10-17-5）

交通流量发展状况表 表10-17-5

年份(年)	日均车流量(辆)	年份(年)	日均车流量(辆)
2006	2077	2011	3770
2007	2574	2012	4577
2008	2645	2013	4735
2009	3092	2014	4971
2010	3862	2015	5504

二、浦建线武夷山至邵武高速公路(武邵高速公路)(建设期:2007.10~2010.11)

(一)项目概况

1. 基本情况

武邵高速公路起点位于武夷山市兴田镇下坝村,与宁武高速公路相连接,止于邵武市和平镇,与福银线邵三连接段相接,途经武夷山市、建阳区和邵武市,是武夷山国家级风景名胜区与泰宁大金湖国家级风景名胜区相连接的重要旅游公路,并与沈海线宁上联络线相连。本项目线路全长91.718km,设计采用交通部颁《公路工程技术标准》(JTG B01—2003),设计行车速度100km/h,路基宽度26m,中央分隔带宽2m,双向四车道,行车道3.75m、硬路肩3m、土路肩0.75m,左右侧路缘带各0.75m,桥涵与路基同宽;设计车辆荷载:公路—Ⅰ级,全线采用全封闭、全立体交叉。项目设计概算44.48亿元,批复调整概算46.27亿,实际完成投资45.96亿元,节约投资0.31亿元。

武邵高速公路全线设置8个互通、2个服务区、4个收费站、1个监控分中心,主线大桥梁34座,隧道5座,涵洞343道。详见表10-17-6。

项目基本情况统计表 表10-17-6

序号	项目		单位	数量	备注
一	技术标准				
1	计算行车速度		km/h	100	
2	路基宽度	整体式路基	m	26	
		分离式路基	m	13	
3	桥面净宽		m	12.75	
4	路面			沥青混凝土路面,设计年限15年,标准轴载BZ-100	
5	路基、桥涵设计洪水频率			特大桥1/300,其余均为1/100	
6	桥涵设计荷载			公路—Ⅰ级	
二	主要工程规模				
1	路线里程		km	91.718	
2	征用土地		亩	10344	
3	拆迁房屋		m²	72379.9	
4	路基土石方		万m³	1415.852	
5	软土地基处理		km	27.6445	

续上表

序号	项目	单位	数量	备注
6	桥梁(主线)	m/座	10462/70	
7	其中:大桥	m/座	8095.8/34	
8	匝道桥梁	m/座	404/2	
9	互通式立交	处	8	
10	分离式立交	处	9	
11	涵洞	道	343	
12	通道	道	9	
13	隧道	m/座	5757/5	
14	路面(主线)	万 m²	229.263	
15	主线收费站	处	4	
16	服务区	处	2	

2007年9月控制性工程动工,2007年10月全线正式下达开工令,历经三年的建设,于2010年11月15日全线建成通车。

2. 前期决策情况

为改善闽北地区的交通条件,完善高速公路和区域交通网络布局,促进山区经济发展,提高区域国防交通保障能力;为连接世界自然与文化遗产地武夷山和世界地质公园泰宁,把辐射区内的红色旅游胜地、人文景观旅游、绿色生态旅游等紧密联系在一起,对此福建省、南平市及沿线各县(市、区)政府和人民群众都十分重视和渴望本路段高速公路的建设。

武邵高速公路项目前期工作自2004年全面启动开始预可行性研究,委托福建省交通规划设计院编制武夷山至邵武高速公路工程预可行性研究报告,2005年4月完成《武夷山至邵武高速公路预可行性研究报告》的编制工作并报省发改委审查,2005年8月22日,福建省发改委以《福建省发展和改革委员会关于武夷山至邵武高速公路项目建议书的批复》批复武夷山至邵武高速公路项目高速公路项目建议书,同意立项。

3. 参建单位主要情况

武邵高速公路是交通部全国6条设计施工总承包试点工程之一,是福建省第一个投资+设计施工总承包的建设管理模式的高速公路项目。参建单位如下:

(1)建设单位

建设单位为福建武邵高速公路发展有限公司。在项目业主成立之前,作为武邵高速公路建设的主管部门南平交通局配合省高指负责开展本项目的预工可前期工作,项目立项后,先由南平市高速公路有限责任公司采取邀请招标方式选择设计施工总包单位,再由设计施工总承包中标人和南平市高速公路有限责任公司共同出资组建项目公司,其中设计施工总承包中标人以68%出资比例控股。设计施工总承包由中电建路桥集团有限公司和福建省交通规划设计院组成联营体中标,与南平市高速公路有限责任公司共同依法组建了项目建设单位——福建武邵高速公路发展有限公司,对项目筹资、建设、经营、管理、还贷等全过程负责,执行项目法人责任制、招投标制、工程监理制和合同管理制,并实行政府监督、法人管理、社会监理、企业自检的质量保证体系。

(2)设计单位

福建省交通规划设计院,承担武邵高速公路的初步设计阶段和施工图阶段的勘测与设计工作,认真执行了国家、交通部及省内审查专家的意见,严格执行相关设计规范开展设计工作。

(3)施工单位

项目由中电建路桥集团有限公司组织施工,分为9个路基标和2个路面标。设计施工总承包单位设项目总承包管理部1个,其中路基土建工程小标段经理部9个,路面工程小标段经理部2个,机电工程小标段2个,房建工程小标段13个,三大系统工程小标段1个,设计协调部1个。

(4)监理单位

项目监理单位共2家,全线路基、路面工程由厦门港湾咨询监理有限公司负责监理;机电工程由北京兴通交通工程监理有限责任公司负责监理。

武邵高速公路主要参建单位详见表10-17-7。

项目参建单位一览表　　　　　　　　　　　　表10-17-7

序 号	参 建 单 位	承建工程	合同段编号
1	福建武邵高速公路发展有限公司	建设单位	
2	福建省交通规划设计院	设计施工总承包单位	WS-C1
3	中电建路桥集团有限公司		
4	厦门港湾咨询监理有限公司	监理单位	J1
5	北京兴通交通工程监理有限责任公司		J2
6	北京诚达交通科技有限公司	机电工程	D1
7	南京东大智能化系统有限公司	机电工程	D2
8	福建新大陆电脑股份有限公司	机电工程	JD1

(二)建设情况

1. 项目准备阶段

(1)立项审批

项目立项:2005年8月22日,福建省发改委以《福建省发展和改革委员会关于武夷山至邵武高速公路项目建议书的批复》批复武夷山至邵武高速公路项目建议书,同意立项。

工程可行性研究:2006年5月29日,闽发改交能〔2006〕502号文《关于武夷山至邵武高速公路工程可行性研究报告的批复》批复工程可行性研究报告,同意路线方案、技术标准、投资控制和建设工期。

初步设计:2007年6月20日,闽交建〔2007〕67号文《关于武夷山至邵武高速公路初步设计的批复》正式批复初步设计。

水土保持评价:2006年10月12日,福建省水利厅以闽水〔2006〕水保23号文批准项目水保方案。

环境影响评价:2006年11月7日,福建省环保局以闽环保监〔2006〕112号文《关于批复武夷山至邵武高速公路环境影响报告书的函》批准项目环境影响报告书。

建设用地批复:国土资源部以国土资函〔2008〕169号文《关于武夷山至邵武高速公路建设用地的批复》批复武邵高速公路建设用地。

开工报告:2007年10月全线正式下达开工令,建设工期3年。至此,武邵高速公路全面动工建设。

(2)资金筹措

项目批准投资概算44.4851万元,投资来源为:中电建路桥集团有限公司出资105876万元,南平高速公路有限责任公司出资49824万元,银行贷款289151万元。

(3)招投标工作

根据国家基本建设程序要求以及有关法律法规的规定,开展施工、监理等各项招投标工作。主要招标工作分3次进行:

①设计施工总承包单位招标

武邵高速公路项目原业主(南平高速公路有限责任公司)于2006年1月28日发布招标公告,2006年6月完成资格预审工作,招标文件在报交通厅审查并向交通部报备后于2006年8月出售,评标专家按规定从交通部专家库中抽取,2006年12月完成评标工作,确定正选中标人。

②土建监理单位招标

施工监理面向国内公开招标,业主于2007年4月27日发布资格预审公告,6月4日完成资格预审工作,6月15日发出投标邀请书,并于7月15日至17日完成开标评标工作。

③机电施工及监理单位招标

施工及监理面向国内邀请招标,业主于2009年6月27日发布资格预审公告,8月4日完成资格预审工作,并于12月7日对招标文件进行了报备。在发出投标邀请书后于

2015年1月13日完成开标评标工作。

(4)征地拆迁

武邵高速公路征地拆迁涉及南平市3个县(市)7个乡镇29个行政村,征用土地合计10344亩,拆迁建筑物72379.9m^2。由南平市政府负责武邵高速公路征地拆迁、民事协调、社会稳定、社会治安工作,实行经费总包干、任务总包干、责任总包干。南平市委、市政府高度重视征迁工作,从市、县两级国土、建设、林业等有关部门抽调大批人员,分别成立市、县两级指挥部和征迁机构,负责征迁和营造施工环境工作的具体实施。按照国土资源管理的有关法律、法规,本着既要维护沿线被征地农民的合法利益,又要确保工程顺利实施的原则,出台了征地拆迁补偿安置指导意见和实施意见,依法开展征地拆迁工作,将征地拆迁补偿安置工作列入了南平市政府创业竞赛考核内容。实行县(市)主要领导负总责、分管领导具体负责的工作责任制,层层签订责任状,把工作任务落实到部门和乡、村。沿线各县(市)于2008年3月份基本完成了红线内征迁工作。征地拆迁资金严格按照国家规定实行专户管理,分别建立包干经费和管理费专户,做到专款专用,专户核算,同时由南平市政府定期组织审计部门进行审计监察。

2.项目实施阶段

项目开工以来,武邵公司坚持建设"优质工程、绿色工程、和谐工程"的建设方针,狠抓"质量、安全、进度、资金、环保、廉政"六大控制,稳步推进各项建设工作。

(1)项目管理

武邵项目开工之前武邵公司就根据交通部的有关规定、省高指下发的质量管理纲要、标准化施工指南等有关管理规定,组织编制了武邵高速公路工程管理系列办法,对建设过程中的各个环节的管理作出明确规定用于指导施工。在施工过程中,继续加强管理办法的针对性。各参建单位按照项目公司制订的规范化管理办法,明确各自的分工职责,健全建立各级工程质量管理机构和管理体系。规范施工程序、严格操作规程、强化原始记录、严把质量检验,工程的施工质量始终处于各级质监部门的可控状态。

(2)重大变更

在工程变更管理方面,严格执行交通部和省高指制定设计变更管理办法,并结合武邵公司管理制度汇编,明确了设计变更原则及各参建单位的职责权限,严格执行设计变更管理程序,做到设计变更管理有序,使变更项目和费用得到合理有效控制。

(三)科技创新

本项目从设计至施工,从业主到承包商、从监理到施工单位,按照"舒适、和谐、安全、环保"的理念,依靠标段、总包、监理及项目公司庞大的技术力量为基础,凭借协作方福建省交通规划设计院强大的技术优势,积极开展科研工作,推广应用"新技术、新工艺、新材料、新设备"四新技术,先后在路面工程、路基工程、桥梁工程等方面进行了沥青路面柔性基层、桥面铺装钢筋网片、路基高液限土利用等新技术、新工艺的推广和应用,并取得了丰硕的成果,赢得了工期、加强了质量并创造了一定的经济效益。具体应用情况如下:

(1)沥青路面柔性基层:基于半刚性基层沥青路面在使用过程中逐步暴露出裂缝严重、抗水害能力差、使用寿命短等问题,在综合考虑沥青路面的行车舒适性、使用耐久性、结合长远期经济效益等各种因素,武邵高速公路舍弃了常规的半刚性基层的路面结构层形式,采用的新兴的柔性基层施工工艺。

(2)桥梁钢筋网片:本项目在参考福建其他路段桥面铺装施工工艺的基础上,改变了本项目铺装施工工艺,采用了厂制的钢筋网片,采用冷轧带肋钢筋焊接网片代替常规绑扎的钢筋网片。在施工便捷、缩短工期和节约投资方面优点较为突出。

(3)高液限土应用:为了合理利用资源,避免取弃土场占地破坏环境,武邵高速公路总承包部与福建省公路工程试验检测中心站合作,根据"福建高液限土填筑路基成套技术研究"(2007)及"泉厦高速公路高塑性黏土路基修筑技术研究"课题成果,以及在京福、漳龙高速公路上应用高液限土的成功实践经验,对武邵高速公路第四标段高液限土填筑路基进行试验研究,通过室内试验和室外试验路铺筑,获取该段高液限土的合理含水率、击实功和施工工艺,使其满足规范强度要求,直接用于93区路基填筑,从而降低工程造价,并达到减少路基废方、借方和土地占用以及水土流失等问题。

(4)高边坡动态设计:对边坡大于或等于20m的地质状况较差的路段,要求有资质的专业队伍进行位移监测(含深孔位移监测),以指导高边坡防护动态设计和确定已施工高边坡是否需加强防护。同时,通过业主、设计、监理、施工四家单位现场察看,研究确定边坡坡率、平台宽度、坡面防护类型等设计参数。施工中如有地质偏差,及时再组织变更设计,逐级开挖,逐级防护,直至全部防护工程结束,确保坡体稳定和结构安全。

(5)隧道采用新奥法进行设计和施工,对于地质复杂或小净距隧道、连拱隧道,强制要求施工单位委托有资质的专业队伍进行隧道监控和地质超前预报工作,以利隧道动态调整设计和指导施工。

(6)在地质不良地段的支挡工程中,采用了板凳式双排抗滑桩和静压桩等技术。

(7)桥梁设计中空心板由以往的先张法工艺改为后张法工艺,方便了施工并克服了底板处难以保证质量和芯模上下浮动不易控制的缺陷。在空心板梁预制施工中全部推广采用组合钢内模,加快施工进度,提高施工质量。

(8)收费站均推广设置自动发卡、ETC不停车收费系统和计重收费系统,以减少收费人员和缩短车辆经过收费站时间。

(9)采用波形护栏替代闽华防撞护栏,根据路线平纵线形,对平曲线半径大于700m的路段将闽华防撞护栏改为波形护栏。为优化施工组织、工程缩短工期、节约建设资金和运营成本提供了一个新的思路。

(10)本项目采用了全新的"投资+设计施工总承包"的项目建设管理模式,有效解决了设计与施工脱节、边设计边施工的问题,使设计与施工有机结合在一起,有效地控制了工程总造价和缩短建设期。

(四)运营管理

1. 服务区设置

武邵高速公路共设置2个服务区:大白服务区总建筑面积5779.4m²,内设办公楼、宿舍、公厕、加油站、汽修间等,主体结构为钢筋混凝土结构;大埠岗服务区总建筑面积约5656.1m²,内设办公楼、宿舍楼、公厕、加油站、汽修间等,主体结构为钢筋混凝土结构。

2. 收费站点设置(表10-17-8)

收费站点设置情况表 表10-17-8

站点名称	车道数	收费方式
麻沙	7(3入4出)	人工、ETC、自动取卡
下沙	7(3入4出)	人工、ETC、自动取卡
邵武	8(4入4出)	人工、ETC、自动取卡
邵武西	8(4入4出)	人工、ETC、自动取卡

3. 车流量发展状况(表10-17-9)

交通流量发展状况表 表10-17-9

年份(年)	日均车流量(辆)	年份(年)	日均车流量(辆)
2010	1319	2013	3321
2011	1428	2014	3281
2012	1794	2015	4018

三、浦建线(浙江)龙泉至浦城高速公路浦城段(龙浦高速公路浦城段)(建设期:2008.12~2012.01)

(一)项目概况

1. 基本情况

龙浦高速公路浦城段位于福建省南平市浦城县境内,与龙浦高速公路浙江段相接。本项目是国家高速公路京台线、福银线、宁上联络线在福建北部地区的一条重要联络线,也是长深线福建境内的一条辅助通道,是国家高速公路网的重要补充。路线全长34.872km,设计采用交通部颁《公路工程技术标准》(JTG B01—2003)及《公路路线设计规范》(JTG D20—2006),设计行车速度为100km/h,双向四车道,路基宽度26m,中央分隔带宽度2m,桥梁宽度12.75m,涵洞与路基同宽,隧道宽度10.25m,路面设计标准轴载100km,路基设计洪水频率1/100。项目概算总投资24.46亿元,实际总投资为24.04亿元,节约投资0.42亿元。

龙浦高速公路浦城段起点为闽浙交界的浦城花桥,总体走向由东向西,经富岭镇、万安乡、河滨街道,至莲塘镇十里排村,与浦南高速公路相接。全线共有桥梁30座5481.91m,隧道6.5座5739m(其中花桥隧道201m与浙江省共建),共设互通式立交3处(其中枢纽1处),预留互通式立交1处,主线收费站、服务区各1处,匝道收费站2处,一级养护工区1处。详见表10-17-10。

项目基本情况统计表 表10-17-10

序号	项目		单位	数量	备注
一	技术标准				
1	计算行车速度		km/h	100	
2	路基宽度	整体式路基	m	26	
		分离式路基	m	13	
3	桥面净宽		m	2×11.75	分离式:12
4	路面		次/每车道	2018270	
5	路基、桥涵设计洪水频率			特大桥1/300,其余均为1/100	
6	车辆设计荷载			公路—Ⅰ级	
二	主要工程规模				
1	路线里程		km	34.872	
2	征用土地		亩	3273	
3	拆迁房屋		m²	35629	
4	路基土石方		万m³	961	
5	软土地基处理		m³	671982	
6	特大桥		m/座	0	
	大桥		m/座	4719.05/19	单延米
	中桥		m/座	762.86/11	单延米
7	涵洞		m/道	4616.68/136	
8	长隧道		m/座	3336.5/2	单延米
9	中、短隧道		m/座	2336/4.5	单延米
10	沥青混凝土路面		万m²	88.49	
11	水泥混凝土路面		万m²	1.8756	
12	绿化面积		m²	162758	

续上表

序号	项　　目	单位	数　　量	备注
13	房屋建筑面积	m²	17527.88	
14	收费站	处	3	其中主线站1处
15	服务区	处	1	

龙浦高速公路浦城段工程于2008年12月开工建设,建设工期3年;2009年6月全线正式动工,2012年1月16日全线建成通车。

2. 前期决策情况

本项目是海峡西岸经济区高速公路网"三纵、八横、二十五联"中的浦城至建宁的联络线(浦城段),是苏、沪、浙等省(市)入闽快速干道之一,是福建北部山区和"双世遗"武夷山通往长江三角洲经济发达地区最为便捷的快速通道。龙浦高速公路福建境内段地处福建北部地区,建设海峡西岸经济区战略的启动势必给项目影响区带来难得的发展机遇,对该区域社会经济的发展将产生深远影响。

2006年1月,浙江、福建两省交通厅签订同意将浙江龙泉至福建浦城高速公路各自境内段列入本省高速公路网规划,两省都在积极推进本项目。

为了加快本项目的各项工作快速推进,经南平市高指同意,南平市高速公路有限责任公司出资,2007年11月1日依法登记注册组建了南平龙浦高速公路有限责任公司,对外开展各项工作。2007年6月,龙浦高速公路通过省发改委组织的预可行性研究报告审查,2007年8月,省发改委下发《福建省发展和改革委员会关于海西高速公路网浦城至建宁联络线浦城段项目建议书的批复》,同意立项。

3. 参建单位主要情况(表10-17-11)

龙浦高速公路项目业主公司南平龙浦高速公路有限责任公司于2007年10月30日成立,履行业主职能,全面负责项目的建设、筹资、运营、还贷工作。贯彻执行项目业主法人责任制、工程招投标制、工程监理制和合同管理制,对工程建设进行质量、安全、进度、投资、环保控制管理。

本路段业主中心试验室直接委托福建省科学研究所进行,根据委托协议,在业主监督、指导和协调下开展试验工作。个别特殊试验项目委托有资质的试验室进行。

项目业主、施工及监理单位一览表　　表10-17-11

序号	参建单位	承建工程	施工合同段编号	合同价(万元)
1	南平龙浦高速公路有限责任公司	项目业主	A	
2	浙江省交通规划设计研究院	设计单位	A	3096

续上表

序号	参建单位	承建工程	施工合同段编号	合同价（万元）
3	中铁十五局集团有限公司	路基土建、路面、交通、房建、绿化、供配电工程	A、JD2	180354
4	南平市路达公路工程监理服务有限公司	路基土建、路面、绿化、交安、房建、供配电及三大系统机电设备工程监理	AJ	3023
5	福建新大陆电脑股份有限公司	三大系统施工单位	JD1	2210

注：总承包范围为本合同段内路基、路面、桥梁、隧道、交通安全设施、房建工程（含收费棚等）、机电及三大系统、绿化工程（含中央分隔带、路基边坡、隧道进出口、互通区等绿化）。设备购置为总承包范围外。

(二)建设情况

1. 项目准备阶段

(1)立项审批

项目立项：2007年8月，福建省发改委以《关于海西高速公路网浦城至建宁联络线浦城段项目建议书的批复》(闽发改交能〔2007〕773号)批复浦城至建宁联络线浦城段高速公路项目建议书，同意立项。

工程可行性研究：2008年10月，福建省发改委以《关于浦城段工程可行性研究报告的批复》(闽发改交能〔2008〕748号)批复工程可行性研究报告，同意路线方案、技术标准、投资控制和建设工期。

初步设计：2008年11月，福建省交通厅、福建省发展和改革委员会以《关于海西高速公路网浦城至建宁联络线浦城段高速公路初步设计审查的批复》(闽交建〔2008〕178号)正式批复初步设计。

环境影响评价：2008年9月，福建省环保局以《关于批复海西高速公路网浦城至建宁联络路线浦城段高速公路工程环境影响报告书的函》(闽环保监〔2008〕79号)，通过龙浦高速公路全线环境保护和水土保持评价工作。

水土保持报告：2008年6月，福建省水利厅以《关于〈海西高速公路网浦城至建宁联络路线浦城段工程水土保持方案报告书〉(报批稿)的批复》(闽水保监〔2008〕15号)批复同意龙浦高速公路水土保持方案报告。

林地报告：2009年1月，国家林业局以《使用林地审核同意书》(林资核准〔2009〕022号)核准龙浦高速公路林业用地。

建设用地批复：2009年4月，国土资源部以《关于浦城至建宁联络线（浦城段）高速公路工程建设用地的批复》(国土资函〔2009〕581号)批复同意龙浦高速公路建设用地。

施工图设计批复:2009年11月,《福建省交通运输厅关于海西高速公路网浦城至建宁联络线浦城段施工图设计的批复》(闽交建〔2010〕38号)正式批复龙浦高速公路施工图。

施工许可:2010年7月,取得福建省交通运输厅施工许可证。

(2)资金筹措

龙浦高速公路浦城段经批复后的工可估算总投资为23.42亿元,概算总投资为24.46亿元,施工图预算总投资22.75亿元。本项目"设计+施工"总承包合同总价为初步设计批复概算的75%,即18.3458亿元(含设计费3096万元)。为确保投资得到有效控制,项目业主一开始就狠抓工程造价的管理控制工作,经各方努力,龙浦高速公路浦城段预计总投资控制在概算之内。

(3)招投标工作

根据国家基本建设程序要求以及有关法律法规的规定,开展施工、监理等各项招投标工作。

设计、施工单位招投标情况:受南平市人民政府委托,南平市高速公路有限责任公司对本项目进行国内公开招标。评标工作由招标人依法组建的评标委员会负责,经过初审和详审,2008年9月确定浙江交通规划设计研究院为设计单位、中铁十五局集团有限公司为施工单位。

监理单位招投标情况:监理招标由业主自行组织,采用国内公开招标,南平市高速公路专项监察领导小组各成员单位的相关代表等对开标评标进行了全过程监督。根据评标委员会提交的资格预审报告和评标报告,2008年12月,确定南平市路达公路工程监理服务有限公司为本项目施工监理单位。

机电三大系统招标情况:机电招标由南平龙浦高速公路有限责任公司与中铁十五局集团有限公司龙浦高速公路项目经理部联合招标,委托福建省机电设备招标公司组织公开招标,于2011年3月完成隧道通风、照明、消防及沿线供配电系统设备采购招标和机电三大系统工程供货与安装项目招标。干式变压器供货单位为中俊电气(泉州)有限公司,高低压配电柜供货单位为中俊电气(厦门)有限公司,消防设备供货单位为泉州市辉盛防火设备有限公司,UPS供货单位为厦门科华恒盛股份有限公司,柴油发动机组供货单位为福州福发发电设备有限公司,高杆灯设备供货单位为福建源光亚明电器有限公司,污水处理设备供货单位为江苏惠友环保科技有限公司,机电工程监控、收费、通信系统供货与安装单位为福建新大陆电脑股份有限公司。

(4)征地拆迁

2009年4月,国土资源部以《关于浦城至建宁联络线(浦城段)高速公路工程建设用地的批复》(国土资函〔2009〕581号)批准项目建设用地总额3305.7亩。按正式出版的施工图设计文件,全线总里程 34.86km,红线内征地 3370.62 亩,拆迁房屋建筑面积 48773m²,杆线迁移总量 102.9km,征迁预算投资 1.8054 亿元。本项目征地拆迁工作涉及浦城县沿线 4 个乡(镇、街道)22 个行政村。征地拆迁工作从 2009 年 6 月初开始至 2009 年 12 月底红线内的征地拆迁基本结束(除变更扩征外),2010 年后征迁工作重点转向民事协调以及设计遗漏和变更扩征所增加的征迁工作。

全线实际征用土地 3273 亩,其中含扩补征地 280 亩、耕地 2062 亩,拆迁各类房屋 35629m²,迁移三杆三线 145km。架设 10kV 施工用电专线 2 条 34km。与浦城供电公司合建 35kV 变电站 1 座,投资 480 万元。缴交失地农民保障金 428 万元。施工单位租用临时用地 767 亩(其中耕地 409 亩),租地费用 1951 万元,缴纳森林植被费 110 万元。全线安装施工变压器 36 台,安装费用 491 万元。详见表 10-17-12。

征地拆迁情况统计表　　　　　表 10-17-12

征地拆迁安置起止时间	征用土地（亩）	拆迁房屋（m²）	支付补偿费用（亿元）	备注
2008.12~2012.01	3273	35629	1.8618	

2.项目实施阶段

(1)重大变更

①浦城南互通 F 匝道拓宽工程变更设计。原施工图浦城南互通 F 匝道,路基宽度为 12m。变更后路基宽度为 26m,同时对该路段的涵洞进行加宽设计。

②隧道路面变更设计。原设计长隧道(富岭、白龙岩隧道)路面结构为水泥混凝土路面,隧道路面结构变更为改性沥青混凝土。

③房建场地扩建变更设计。本次变更主要对主线收费站场地、超限站场地、富岭互通收费站场地、大庄服务区场地、浦城南互通收费站场地均按要求进行扩补征地。

④上桥改河变更设计。上桥改河工程为三改工程,原施工图按三改工程进行设计,原设计改河断面顶宽 6m,底宽 5m,深 2.5m。按 50 年一遇洪水流量设计改河断面,取消路基平台,将靠路基侧挡墙变更为仰斜式路基挡墙;在靠农田的右侧挡墙底加设护脚,以减小洪水冲刷隐患。

⑤花桥连接线。龙浦高速公路浙江段建设步伐慢于福建段 2 年以上,起点至最近落地互通(富岭互通)18km 左右,龙浦高速公路福建段总里程 34.872km。为了有效合理利用龙浦高速公路通车里程,同时也为起点位置的上桥村、花桥村及周边地区出行车辆上下龙浦高速公路提供服务,在龙浦高速公路主线 K0+300 右侧增设 205 省道落地连接线,即花桥连接线。

(2)重大事件

2006 年 1 月,福建、浙江两省交通厅签订《浙江省、福建省交通厅关于两省高速公路规划事宜的协议》,确定"浙江龙泉至福建浦城高速公路浙江境内已列入浙江省高速公路规划,福建省同意将福建境内浦城至花桥列入福建省高速公路规划"。

2007年11月,成立南平龙浦高速公路有限责任公司。

2008年12月,龙浦高速公路浦城段开工。

2009年6月,龙浦高速公路全线正式动工。

2010年5月3日,第一片空心板梁预制成功,4日,第一片T梁预制成功。

2010年8月17日,王浦潭隧道实现全线第一个双幅贯通。

2011年3月10日,路面水稳层试验段在K4+560~K4+760成功完成。

2012年1月12日,龙浦高速公路浦城段通过交工验收,工程质量评定等级为合格。

2012年1月16日,项目全线建成通车。

2016年9月,通过福建省交通运输厅组织的竣工验收,工程质量等级优良。

(三)新技术、新工艺应用

1. 设计方面

(1)采用GPS卫星定位系统进行设计测绘与导线点设定。

(2)数字地面模型:本项目设计利用航测成果形成的地面三维立体数据,建立数字地面模型,为路线多方案比选和优化设计提供了可靠的基础资料,配合德国道路勘测设计软件CARD/1,提高了设计精度和速度。

2. 隧道施工方面

隧道沥青路面、二次衬砌涂料装饰。隧道采用的沥青混凝土路面,具有表面平整、无接缝、行车舒适、振动小、噪声小、耐磨、不扬尘、易清洗、施工期短、养护维修简便等优点;隧道二衬表面加设涂料,使隧道的外观得到根本性的变化,使行车舒适性得到提高。涂料采用亚光,既增加了隧道内的亮度又不刺眼。长隧道的沥青混凝土结构设计、隧道二衬表面加设涂料装饰层设计,在福建高速公路工程设计中为首次应用,本工程的增设,能对其他工程隧道设计、施工起参考、指导作用。

3. 桥梁施工方面

桥梁抛丸技术:使用传统工艺处理的桥梁,随着交通量的增加,防水层和面层与桥面的黏结强度不足,产生早期推移、拥包病害。抛丸技术用于混凝土桥面的处理,可充分暴露混凝土裂缝等缺陷,便于提前采取补救措施,消除潜在的质量隐患。经过抛丸技术处理的混凝土桥面,能消除严重影响层间黏结质量的浮浆,抛丸后的桥面产生的不均匀粗糙表面增大了层间黏结面积,又借助水泥混凝土和沥青混凝土集料之间的镶嵌作用,使层间抗剪强度得到根本性的提高,大大提高面层的抗推移能力。桥梁抛丸技术在福建公路工程设计中,应用不是很普遍,抛丸技术的应用,能对福建省的其他工程设计、施工起指导作用。

4.机电三大系统方面

(1)机电三大系统机房采用国家计算机机房 A 类标准上走线施工,上走线线槽上采用理线夹卡线分层,光纤跳线采用专用的光纤线槽,光纤跳线绑扎采用魔术粘贴带,光纤理线采用藏线盒,机柜加底座固定在地面上,机柜内设备接地采用统一的机柜顶部紫铜接地带,设备端口理线采用规范的模块化理线法,交换机采用理线架,机房美观大方,防火、防尘、防鼠性能好,并便于维护。

(2)省内第一次在收费站入口自动发卡机上采用散卡机,减少了收费站配卡数量,降低了财务发卡时间,加快了卡的流通频率。

(3)隧道灯具采用灯具支架吊装方式,灯具安装在偏洞轴线 75cm 位置,充分保证了隧道行车路面的照度,并使照度更加均匀。

(4)取消地埋变电,采用洞口变电所和横洞变电所,提高了配电设备的使用寿命,便于运营期间的设备维护、安全。

(5)省内第一次在隧道的弱电缆沟采用波纹管混凝土包封施工,提高了隧道内线缆的防盗性能。

5.边坡绿化生态防护方面

为了尽可能减少水土流失,恢复植被,保护环境,创造舒适的行车环境,在通过试验、论证、总结的基础上,引进推广边坡挂三维网植草和挂镀锌网植草的边坡绿化生态防护技术。实际效果证明了该项技术是经济、美观的边坡防护方式。

6.交安设施方面

防撞护栏大量采用半刚性梁护栏,梁板和立柱均在省内首次采用重锌环氧防腐粉加聚酯环氧耐气候双层喷涂防腐处理,防撞护栏美观大方。

7.收费广场、服务区方面

(1)收费广场水泥混凝土路面钢塑纤维混凝土。设计弯拉强度≥5.0MPa,采用钢塑纤维混凝土,调整后设计用量为 6kg/m³,提高混凝土抗裂性能、坚韧性和抗冲击能力,可以代替传统钢筋网、钢纤维,操作省时方便。钢塑纤维技术指标:强度≥530MPa,模量≥7000MPa,伸长率 15%±2%。

(2)服务区停车位首次把不同类型的车辆分区设置,更有效地保证了人员与车辆安全。

(四)运营管理

1.服务区设置

龙浦高速公路浦城段共设置 1 个服务区:大庄服务区,建筑面积 7013m²,室外混凝土广场17685.44m²,沥青路面28676.79m²,内设办公楼、宿舍、公厕、加油站、汽修间等,主体结构为钢筋混凝土结构。

2. 收费站点设置(表10-17-13)

收费站点设置情况表 表10-17-13

站点名称	车道数	收费方式
浦建闽浙(主线站)	15(5入10出)	人工、ETC、自动取卡
富岭	8(3入5出)	人工、ETC、自动取卡
浦城南	8(3入5出)	人工、ETC、自动取卡

3. 车流量发展状况(表10-17-14)

交通流量发展状况表 表10-17-14

年份(年)	日均车流量(辆)	年份(年)	日均车流量(辆)
2012	812	2014	985
2013	940	2015	1293

四、浦建线泰宁至建宁高速公路(建泰高速公路)(建设期:2010.02~2013.11)

(一)项目概况

1. 基本情况

建泰高速公路是海峡西岸经济区"三纵八横三环三十三联"高速公路网浦城至建宁联络线的局部路段,对加强闽赣经贸合作,提高应急交通保障能力,带动和促进闽西北旅游经济、原中央苏区和革命老区经济发展,以及促进全省经济均衡协调发展等都具有重要意义。该项目起于国家高速公路福银线泰宁县朱口镇,经泰宁县音山、南溪、大田、建宁县溪口、王元、里心、黄埠,终于建宁县船顶隘(闽赣界),与江西省高速公路国高网济广线相接,全长80.232km。设计采用交通部颁《公路工程技术标准》(JTG B01—2003),全线按山岭重丘区高速公路标准建设,全线采用双向四车道高速公路标准建设,设计行车速度80km/h,整体式路基宽度24.5m,中间带宽度3.0m(中央分隔带2.0m+路缘带2×0.5m),行车道2×7.5m,外侧路缘带及硬路肩宽度2×2.5m,土路肩宽度2×0.75m;分离式路基单幅宽度为12.25m,其中:行车道宽2×3.75m;行车道左侧路缘带宽0.75m,右侧硬路肩宽2.50m(含路缘带0.5m),土路肩宽2×0.75m。桥涵与路基同宽,设计荷载标准为公路—Ⅰ级;设计洪水频率:大、中、小桥和涵洞及路基均为1/100。项目设计概算51.50亿元,实际完成投资50.16亿元,节约投资1.34亿元。

项目全线共有各类(含互通区)桥梁44座(其中大桥32座、中小桥12座),隧道5.5座[特长隧道13918m/2.5座(其中泰宁隧道7039m)、长隧道5438m/2座、短隧道462m/1

座];沿线共设置朱口枢纽互通,泰宁、寨下、建宁、里心 4 处互通式立交,设建宁(闽江源)一对服务区。设置泰宁、寨下、建宁、里心和闽赣省界主线站共 5 个收费站;共有各类涵洞、通道 3794.65m/221 座。详见表 10-17-15。

项目基本情况统计表　　　　　　　　　　　　　　　　表 10-17-15

序号	项　目		单位	数　量	备注
一	技　术　标　准				
1	计算行车速度		km/h	80	
2	路基宽度	整体式路基	m	24.5	
		分离式路基	m	12.5	
3	桥面净宽		m	2×11.0	小桥与路基同宽
4	路面			沥青混凝土路面,设计年限 15 年,标准轴载 100kN	
5	路基、桥涵设计洪水频率			特大桥 1/300,其余均为 1/100	
6	桥涵设计车辆荷载			公路—Ⅰ级	
二	主要工程规模				
1	路线里程		km	80.232	
2	征用土地		亩	7505.3	
3	拆迁房屋		m²	38073	
4	路基土石方		万 m³	2703.03	
5	软土地基处理		km	1.2	
6	桥梁(主线)		m/座	7703.95/30	
	其中:特大桥、大桥		m/座	7635.95/27	
7	匝道桥梁		m/座	1819.5/10	
8	上跨分离		m/座	393/4	
9	互通式立交		处	5	
10	分离式立交		处	2	
11	涵洞		道	133	
12	通道		道	88	
13	隧道		m/座	19818/5.5	
14	路面(主线)		万 m²	3168.5	
15	主线收费站		处	5	其中主线站 1 处
16	服务区		处	1	
17	停车区		处	0	

建泰高速公路第1个合同段于2010年2月动工建设；2010年9月全线动工建设，2013年11月8日泰宁朱口至建宁里心段建成通车（建宁里心至江西闽赣界段于2017年1月4日与江西船广高速公路同时通车）。

2. 前期决策情况

建泰高速公路位于海西高速公路网浦城至建宁联络线的"西大门"，未动工建设前该省道205、306路段是连接建宁与广昌、江西与福建的交通"瓶颈"，严重制约了革命老区三明、建宁等地的经济发展。省道205线泰宁城关至建宁城关、省道306线建宁城关至里心甘家隘，原称沙甘线（南平沙溪口至建宁甘家隘），是建宁解放后最早修复的省道，连接江西省的南丰县，限于当时的历史条件，路线翻山越岭，坡陡弯急，路线等级低，且受沿线城镇干扰较大。该路段虽经历次改建，但限于沿线自然条件的制约，公路的使用条件及通行能力受到极大的制约。改建也只是在一定程度上改善了路线平、纵面技术指标和路面等级，大多数路段仍达不到二级公路的技术标准，不能适应本地区经济发展和交通运输的需要、满足国防建设的需要，对此三明市及沿线各县政府和人民群众都十分重视和渴望本条高速公路的建设。

建泰高速公路项目前期工作自2006年5月开始可行性研究，三明市高速公路建设总指挥部以明高指〔2006〕09号文《关于委托编制福银泰宁至建宁（闽赣界）高速公路路线走向规划方案及工程预可行性研究报告的函》，委托福建省交通规划设计院编制泰宁至建宁（闽赣界）高速公路预可行性研究和工程可行性研究报告。2007年2月完成了编制工作，三明市高速公路建设总指挥部以明高路〔2007〕5号文《三明市高速公路有限责任公司关于上报海峡西岸经济区高速公路网浦城至建宁联络线泰宁至建宁段项目建议书的函》；经市发改委审查后，以明发改投资〔2007〕58号文上报省发改委；2007年12月17日，福建省发展和改革委员会以闽发改交能〔2007〕1189号文《福建省发展和改革委员会关于海西高速公路网泰宁至建宁高速公路项目建议书的批复》批复泰宁至建宁高速公路项目建议书，同意立项。

3. 参建单位主要情况

（1）建设单位

三明市高速公路建设指挥部、三明市建泰高速公路有限公司。在项目业主成立之前，作为建泰高速公路建设的主管部门，三明市交通局和三明市高速公路建设指挥部开展本项目的预工可前期工作，2009年10月，成立了三明建泰高速公路有限公司，作为本项目法人单位，全面负责建泰高速公路项目的建设、筹资、运营和还贷工作。

（2）设计单位

福建省交通规划设计院，承担泰宁至建宁高速公路的初步设计阶段和施工图阶段的勘测与设计工作。

（3）施工单位

项目施工单位共 13 家。路基工程共划分为 8 个合同段，路面、交通安全设施及房建和绿化工程划分为 2 个合同段，机电三大系统工程划分为 1 个合同段，机电通风照明、消防及供配电工程划分为 2 个合同段。

（4）监理单位

项目监理单位共 3 家，全线路基路面工程 2 个监理标段、机电项目 1 个监理标段。

建泰高速公路施工及监理单位详见表 10-17-16。

项目施工及监理单位一览表　　　　表 10-17-16

标段号	标段所在地	工程内容	长度（km）	施工单位	监理单位
A1	泰宁	K0+000~K12+480 路基	12.48	中铁十六局集团第一工程有限公司	J1 合诚工程咨询股份有限公司
A2	泰宁	K12+480~K22+350 路基	9.853	中铁二十一局集团第三工程有限公司	
A3	泰宁	K22+350~K29+440 路基	7.137	中铁一局集团有限公司	
A4	泰宁	K29+440~K36+805 路基	7.365	中铁十六局集团第一工程有限公司	
B1	泰宁	K0+000~K36+805 路面交安房建及绿化	36.805	中铁十二局集团第一工程有限公司	J1 合诚工程咨询股份有限公司
A5	建宁	K36+805~K47+540 路基	10.735	中铁十六局集团有限公司	
A6	建宁	K47+540~K59+800 路基	12.26	中交第四公路工程局有限公司	
A7	建宁	K59+800~K73+480 路基	13.578	中铁十六局集团有限公司	J2 厦门中平工程监理咨询有限公司
A8	建宁	K73+480~K80+300 路基	6.82	中铁十五局集团有限公司	
B2	建宁	K36+805~K80+310 路面交安房建及绿化	43.505	中铁十二局集团有限公司	

续上表

标段号	标段所在地	工程内容	长度(km)	施工单位	监理单位
ED1	泰宁	K0+000~K34+495通风、照明、消防、供配电	34.495	江苏安防科技有限公司	EJ北京华路捷公路工程技术咨询有限公司
ED2	建宁	K34+495~K80+310通风、照明、消防、供配电	45.815	安徽皖通科技股份有限公司	
E	泰宁、建宁	K0+000~K80+310三大系统	80.310	福建新大陆电脑股份有限公司	

(二)建设情况

1．项目准备阶段

(1)立项审批

项目立项:2007年12月17日,福建省发展和改革委员会以闽发改交能〔2007〕1189号文《福建省发展和改革委员会关于海西高速公路网泰宁至建宁高速公路项目建议书的批复》批复泰宁至建宁高速公路项目建议书,同意立项。

工程可行性研究:2009年7月7日,福建省发展和改革委员会以闽发改交能〔2009〕573号文《福建省发展和改革委员会关于海西高速公路网蒲城至建宁联络线泰宁至建宁段工程可行性研究报告的批复》批复工程可行性研究报告,同意路线方案、技术标准、投资控制和建设工期。

初步设计:2009年11月13日、2010年4月7日、2010年9月6日,福建省交通运输厅、福建省发展和改革委员会分别以闽交建〔2009〕200号文《福建省交通运输厅、福建省发展和改革委员会关于海西高速公路网蒲城至建宁联络线泰宁至建宁段泰宁境内工程初步设计的批复》、闽交建〔2010〕47号文《福建省交通运输厅、福建省发展和改革委员会关于海西高速公路网蒲城至建宁联络线泰宁至建宁段建宁境内工程初步设计的批复》、闽交建〔2010〕127号文《福建省交通运输厅、福建省发展和改革委员会关于海西高速公路网蒲城至建宁联络线泰宁至建宁段初步设计概算及房建规模的批复》正式批复初步设计。

环境影响评价:2008年10月8日,福建省环境保护局以闽环保监〔2008〕88号文《关于批复〈海西高速公路网蒲城至建宁联络线泰宁至建宁高速公路工程环境影响报告书〉的函》,批准了建泰项目环境影响报告书。

水土保持评价:2008年10月24日,福建省水利厅以《关于〈海峡西岸经济区高速公路网浦城至建宁联络线—泰宁至建宁段水土保持方案报告书〉的批复》(闽水保监

〔2008〕39号)批准了建泰项目水土保持报告。

地震安全性评价:2007年7月10日,省地震局以《关于海峡西岸经济区公路网浦城至建宁联络线(泰宁至建宁)线路工程地震安全性评价报告的批复》(闽震〔2007〕136号)通过建泰高速公路地震安全性评价工作。

建设用地批复:2010年12月29日,国土资源部以国土资函〔2010〕1057号文《国土资源部关于海西高速公路网蒲城至建宁联络线泰宁至建宁段工程建设用地的批复》,批复了建泰高速公路建设用地。

(2)资金筹措

建泰高速公路初步设计概算福建省交通厅和省发改委批复金额为51.50313623亿元(含建设期贷款利息2.62149054亿元)。其中,建筑安装工程费40.20093332亿元,设备及工具、器械购置费1.42240836亿元,工程建设其他费用7.55185904亿元,预备费2.32793551元。其建设资金拼盘为其中资本金18.025亿元,占35%;银行贷款33.475亿元,占65%。资本金包括省级资本金9.193亿元,占51%;市级资本金8.832亿元,占49%。本项目实际总投资50.16087936亿元,节约投资1.34225687亿元。

建泰高速公路项目实际到位建设资金51.503亿元,其中:国家资本18.025亿元(省级资本金9.193亿元,市级资本金8.832亿元);基建投资借款33.478亿元。

(3)招投标工作

根据国家基本建设程序要求以及有关法律法规的规定,开展施工、监理等各项招投标工作。

施工单位招投标情况:建泰高速公路施工单位共13家。路基工程共划分为8个合同段,路面、交通安全设施及房建和绿化工程划分为2个合同段,机电三大系统工程划分为1个合同段,机电通风照明、消防及供配电工程划分为2个合同段。全部工程采用国内竞争性公开招标,招标过程严格执行《中华人民共和国招投标法》和国家、交通部有关招投标管理办法的规定及《福建省高速公路施工招标评标办法》,所有招标均在《中国经济导报》、中国采购与招标网上刊登招标公告,由业主组织实施招投标,各项招标文件均按规定上报主管部门审批,投标文件评标工作由依法组成的评标委员会负责,评标报告经交通主管部门核备后确定中标人。招标全过程接受专项监察执法领导小组的监督,坚持"公开、公平、公正、客观、准确"的原则,严格执行招、评标工作纪律。

监理单位招投标情况:全线共计3个施工监理标,依据交通部《公路工程施工监理招标投标管理办法》,结合建泰高速公路构造物多的特点以及施工标段划分的情况,由业主组织招标,在《中国经济导报》、中国采购与招标网上刊登招标通告,面向全国择优选择监理队伍,分别完成了全线路基土建和路面交安绿化及房建工程2个监理标段、机电项目1个监理标段的招投标工作。

(4)合同段划分

路基工程共划分为8个合同段,路面、交通安全设施及绿化和房建工程划分为2个合同段,机电三大系统工程划分为1个合同段,隧道通风、照明、消防及供配电工程划分为2个合同段。

(5)征地拆迁

建泰高速公路建设用地严格按 2010 年 12 月 29 日国土资源部以国土资函〔2010〕1057 号文《国土资源部关于海西高速公路网蒲城至建宁联络线泰宁至建宁段工程建设用地的批复》的批复要求和意见进行。全线共征用土地 7505.3 亩(其中水田 2146.31 亩、旱地 183.37 亩、园地 3026.60 亩、林地 1581.31 亩、其他农用地 101.68 亩、建设用地 11.81 亩,二次扩征地 369.28 亩,未利用土地 84.94 亩)。房屋拆迁 38073m²,新建安置点 17 个、安置拆迁户 133 多户、各种杆线迁移 148.8km,迁改农林渠、排水渠 168 处、田间机耕道 67 条。

建泰高速公路征地拆迁工作按照三明市政府《关于建泰高速公路建设征地拆迁安置工作的实施意见》精神,设立市、县、乡三级征地拆迁机构,均由政府分管领导任总指挥,县级指挥部确定一名县(市、区)委或政府副职领导任常务副指挥,专职抓高速公路建设征地拆迁安置工作,通过坚持宣传、统一标准、规范程序、公开公正等方式,保证征拆工作顺利开展。详见表10-17-17。

征地拆迁情况统计表　　　　　　表10-17-17

项目工期	征地拆迁安置起止时间	征用土地（亩）	拆迁房屋（m²）	支付补偿费用（元）	备注
一期	2009~2013 年	7505.30	38073.34	312913430	

2.项目实施阶段

(1)重大变更(表10-17-18)

重大设计变更表　　　　　　表10-17-18

序　号	设　计　变　更　内　容
1	泰宁互通收费站车道由3入4出变更为3入5出
2	里心收费站通道由3入3出变更为3入4出
3	主线收费站通道由5入11出变更为7入13出

(2)重大事件

2009 年 10 月,成立三明建泰高速公路有限责任公司。

2009 年 12 月 13 日,在泰宁县大洋坪工业集中区举行了建泰高速公路的开工典礼。

2010 年 6 月 18 日,泰宁县发生了百年一遇特大洪水,洪水侵袭了建泰高速公路建设,损失严重。三明建泰高速公路有限责任公司在第一时间启动防汛抢险应急预案。

2010年9月14日下午,市高指在泰宁组织召开了建泰高速公路"大干100天"劳动竞赛动员大会,项目8个路基合同段全部开工建设。

2010年11月25~26日,省交通运输厅、省高指在三明建泰项目召开全省高速公路标准化管理经验交流会。

2011年7月4日,公司召开的办公会议重点布置筹措资金,取得银行的大力支持,提前安排银行贷款,落实农行2500万元的银行汇票、中行融益达贷款,力争办理工行2亿元的理财产品等事项。

2012年3月上旬,各参建单位加强组织人员进场和设备检修;建泰项目全线复工。

2012年9月26日,B1、B2路面合同段开工。

2012年12月28日,泰宁隧道(7039m)右线顺利贯通。

2013年11月2日,建泰高速公路通过交工验收。

2013年11月8日,建泰高速公路建成试通车。

(三)复杂技术工程

隧道:泰宁隧道作为建(宁)泰(宁)高速公路的控制性工程,设计为双洞单向行车,左洞为ZK17+675~ZK24+714,全长7039m,右洞为YK17+690~YK24+697,全长7007m,最大埋深约700m,属特长、大断面、深埋、高地应力隧道。为了增加开挖工作面,加快隧道施工进度,结合运营通风的需要,泰宁隧道实施"长隧短打"、多断面同时掘进的方案,在进口段前进方向设置斜井。泰宁隧道斜井位于线路前进方向右侧,分左右两洞,右斜井洞口位于右洞YK20+678,洞轴线右偏120m,长度822.6m,斜井洞身坡度为19.8%;左斜井洞口位于右洞YK20+681,洞轴线右偏142m,长度609.8m,洞身坡度为18.5%,最大埋深174m。左右斜井各设送、排风道,其中右斜井排风道设计为施工加宽段,作为左右斜井和正洞斜井施工段的运输通道。为了加快施工进度和满足隧道运营期通风的要求,在长大隧道的中部均设置一定数量的斜井或竖井,考虑到出渣的需要,实践中以大坡度斜井为主,然而大坡度斜井的施工远不同于小坡度隧道,具有一系列特殊的工程问题:大坡度斜井的高效开挖方式、通风、出渣及运输安全等问题。这是本线路的难点工程。

(四)科技创新

建泰高速公路有大桥9361m/32座;沿线隧道5.5座,特长隧道13918m/2.5座,其中泰宁隧道全长7039m,是控制性工程,最大埋深约700m,属特长、大断面、深埋、高地应力隧道。高边坡地质结构复杂,施工难度相当大,有多处5级、6级以上的高边坡。

为确保施工质量、进度,组织人员对全线技术含量较高的项目组织科技攻关,从施工方案开始就进行了认真研究、优化,从技术上挖潜力,在施工单位、监控单位、监理单位通力配合下,应用新技术、新材料并开展科研工作,提高建泰高速公路的科技含量。

1. 隧道施工方面

(1)采用地质雷达技术对全线隧道的初期支护、二次衬砌的质量、厚度等进行了全面检查,对存在质量问题的地方进行返工或整改,有效地控制了隧道初期支护、二次衬砌的质量。

(2)泰宁隧道大坡度斜井的施工中,面临高效开挖方式、通风、出渣及运输安全等一系列工程问题。采用了以下方法:①将简单掏槽方式优化为复合掏槽的形式,此方法仅增加4个炮孔但不增加炸药用量,爆破后的石渣块度大小适中,最大爆破振动速度也降低到25cm/s以下,大大提高了掏槽和爆破效果,控制爆破振动,但不需要增加炸药用量和增加少量钻孔。②通过合理的运输组织、设置避险车道、设置车辆避险平台、车辆检修平台和调整坡度等方案,确保了施工运输组织的安全高效。③对大坡度斜井施工过程中的通风系统进行优化:斜井施工初期,在每个洞洞口设置一台110kW×2轴流风机,采用压入式通风方式,风力可以满足施工需要。在斜井进入正洞后,为了改善通风条件,最大限度保证洞内空气清洁,左洞风带改由左洞排风道进入左正洞,并在斜井和正洞交叉处设三通,往上、下行掌子面送风;后期施工在右斜井排风道、左斜井临时通道与正洞交叉口处分别增设1台55kW射流风机,使洞内空气流动速度加快,利于洞内污浊空气的排出。为防止左、右洞通风时串风,在左右洞临时通道和先期开挖的车行横洞、人行横洞口设置活动门帘,在通风时拉上门帘,防止串风。

2. 桥梁施工方面

(1)钢筋定位架的使用

在T梁、防撞护栏的钢筋绑扎、安装过程全面推广采用定位架,钢筋绑扎安装的准确定位是保证混凝土保护层的前提条件,钢筋定位架的使用,确保了钢筋高低一致、间距一致、骨架尺寸,防撞护栏预埋筋、翼缘环形钢筋、端部横向连接筋也采用相应的辅助设施进行定位,这一钢筋定位的措施在保证钢筋混凝土结构物质量上作用匪浅。

(2)大面积钢模的使用及模板准入制度的实施

大面积钢模由于其完善的模板体系,在涵洞、桥梁、隧道的工程施工中得到广泛的应用。在经济效益上,使用寿命长,周转次数多,施工摊销费用低;在装拆工效上,装拆灵活,使用方便,适宜人工操作,也可拼装成大模板吊装施工,很大程度上提高了工程的施工进度,也有效地保证了混凝土结构物的几何尺寸和外观质量。模板准入制的实施,保证了进场模板的结构、材料、加工质量能够满足施工需要,同时有效地解决了大体积混凝土浇筑模板拼装复杂困难的难题,也有效地提高了混凝土构件的外观质量。

(3) 自动喷淋设备的使用

梁体自动喷淋养护工艺,是通过定时控制系统来控制水流和供水时间,由水源、控制系统、喷淋设备组成;控制系统主要由电磁阀和时间继电器组成,喷淋系统是在 T 梁预制台座旁安装水管,并可在梁体预制结束后安装喷淋管,喷淋管上根据实际需要设置喷淋嘴,根据情况人工调整养护时间和间隔时间,对梁体进行供水、养护,自动控制整个喷淋工艺工作,形成一套全自动养护工艺,不仅节省劳动量,也保证了 T 梁的养护效果、质量。

(4) T 梁预应力智能张拉

桥梁预应力施工是保证桥梁结构安全和耐久性的关键工序,是结构安全的生命线。大量现役桥梁的调查和检测结果表明:预应力桥梁主要质量隐患来源于主梁预应力张拉不规范和缺乏有效的质量控制手段,其实质是没有建立有效预应力,或有效预应力失效、不足。建泰高速公路 A6 标于 2011 年 6 月份引进了预应力智能张拉仪,并配置了 T 梁真空压浆设备。这是福建省首个引进并应用智能张拉技术的标段。预应力智能张拉系统由电脑、智能张拉仪(装置应力感应器)、千斤顶(安装位移传感器)、数据传输线等组成。预应力张拉施工控制由计算机自动完成与管理,传统张拉工艺与现代信息(物联网)技术相结合。预应力智能张拉时根据输入好的数据及应力感应器,智能张拉系统能精确控制施工过程中所施加的预应力力值,应力精度达 0.1MPa,张拉力自动补张。预应力伸长量通过系统的感应器自动测试,精度达到 0.01mm,数据无线传输,无须人工读数,也无须人工记录,所有张拉数据自动保存,实际伸长量与理论伸长量误差系统自动计算即时显示。持荷时间由电脑程序按照规范设定,智能张拉仪自动控制,在每一个分级张拉完成后,等待持荷时间完成后方可进入下一个步骤。引进智能张拉仪及真空泵之后,T 梁预制质量通病得到了较好的治理。减少了人为因素对质量的影响,从施工工艺上保证了工程质量。

3. 病害高边坡治理方面

本项目地处山岭重丘区,地质情况复杂,深挖高填的段落多。为确保深挖路堑边坡的稳定,项目业主在省高指的指导下,组织省交通规划设计院、中科院西北分院在原设计的基础上,分别对全线挖方边坡进行设计复核,对边坡稳定情况进行定性评价,将全线边坡分为稳定、基本稳定、欠稳定和不稳定四类。对欠稳定的边坡进行加强防护处理,对不稳定的边坡进行专题加固处治,为保证边坡加固设计切合实际地质状况,采用动态设计,对施工出现的问题,及时进行设计调整,保证加固效果。对重点的加固段落,依托科研单位进行施工监测。

4. 路面施工方面

(1) 原设计结构层形式不够连续,对结构层形式进行优化设计变更。

原设计方案:路面结构层,主线路面 4.5cm 改性 AC – 16C + 15cm 沥青 ATB – 25 +

17cm 级配碎石下基层(含1cm 热沥青表处封层)+30cm 3%水稳碎石底基层;匝道路面4.5cm 改性 AC-16C+14cm 沥青 ATB-25+17cm 级配碎石下基层(含1cm 热沥青表处封层)+20cm 3%水稳碎石底基层。

变更方案:路面结构层,主线路面4.5cm 改性 AC-16C+5.5cm 改性 AC-20C+10.5cm 沥青 ATB-25+16cm 级配碎石下基层(含1cm 热沥青表处封层)+30cm 3%水稳碎石底基层;匝道路面4.5cm 改性 AC-16C+5.5cm 改性 AC-20C+10cm 沥青 ATB-25+15.5cm 级配碎石下基层(含1cm 热沥青表处封层)+20cm 3%水稳碎石底基层。

(2)在半填半挖的路段及高填方段落,路面下底基层与上底基层间加铺钢筋网;在软基处理段落的下面层与中面层间加铺玻纤格栅,以防止路基变形的反射裂缝。

5. 专题科研项目

(1)基于低成本运营的生态声屏障建造技术研究

建泰高速公路沿途穿过三明市所辖的泰宁县和建宁县。公路沿线穿越较多噪声敏感点,需要配套建设声屏障。考虑到建泰高速公路沿线分布有福建泰宁世界地质公园、福建泰宁峨嵋峰省级自然保护区等众多生态环境敏感区域,自然环境较好,声屏障的建设应更加突出生态特性和景观特性。为此,福建省交通运输厅组织实施了"基于低成本运营的建泰高速公路生态声屏障建造技术研究"课题,并委托三明建泰高速公路有限公司、交通运输部规划研究院、福建交通科学技术研究所共同承担相关研究工作。

主要得出以下成果:①生态声屏障的建设理念、内涵及评价指标体系的建立。从已有的生态声屏障概念出发,通过与传统声屏障进行比较,结合生态型声屏障的分类及发展历程,阐述生态型声屏障的内涵。并在此基础上,立足于我国公路工程生态环境保护的相关规定和发展需求,分析总结国内外已有案例的建设情况和成功经验,研究提出建泰高速公路生态声屏障的建设理念。同时以建泰高速公路为依托,从功能性、环保性、景观性以及经济性4个准则层及其对应的指标层,构建高速公路生态型声屏障评价指标体系。②建泰高速公路生态型声屏障关键技术研究。建泰高速公路沿线目前设计有5个生态声屏障建设点位。研究选取2个生态声屏障建设点,根据其周边环境和降噪需求,基于建泰高速公路生态型声屏障的建设理念和目标,研究各个生态声屏障的设计理念、结构形式、基本参数(高度、长度等)、适合材料和绿化形式等。③建泰高速公路生态型声屏障建造技术研究在前期的技术研究以及指标体系评价的基础上,确定建泰高速公路生态声屏障建设点位及对应的声屏障建设类型。根据国家相关标准及行业规范,结合两处点位周围的环境状况及生态型声屏障的建设特点,在满足降噪需求、环境保护和景观协调性的基础上,遵循结构力学、声学、生态学以及景观设计学等相关学科原理,对该两处生态型声屏障的建设技术进行研究,提出具有建设可行性及高综合效益的建设技术方案。④建泰高速公路生态型声屏障效益分析,通过对建泰高速公路生态型声屏障建设点的实地测试,从降噪效果、生态效益、景观效益、整体稳定性、工程造价等方面结合测试及调研数据,进行已建成的两处生态型声屏障的效益分析,以检验建泰高速公路生态声屏障是否达到预定的设计目标,并在此基础上与传统声屏障进行对比,得出生态型声屏障的推广价值。

(2)公路沥青路面材料、结构技术提升与示范应用研究

建泰高速公路全长80.23km。路面工程:水稳层(单幅单层)158.31km;级配碎石层(单幅)118.4km;ATB-25下面层(单幅单层)159.11km;AC-20C中面层(单幅)139.99km;AC-16C上面层(单幅)144.93km。公司按照省高指要求并根据本项目特点委托交通运输部公路科学研究院对沥青路面结构层进行优化研究,验证沥青路面结构层厚度减薄后对运营的影响。

主要研究内容有:福建高速公路沥青胶结料性能等级确定方法和分区;30号、50号沥青技术要求及沥青混合料材料设计、路用性能、施工工艺及适应性;抗车辙剂沥青混合料设计、路用性能、施工工艺及适应性研究;成品温拌改性沥青混合料设计、路用性能、施工工艺及适应性研究;柔性基层沥青路面厚度设计技术;沥青路面混合料施工均匀性评价技术。

主要得出以下成果:①提出了福建省沥青胶结料性能等级分区和确定方法;②提出了30号、50号沥青、成品温拌改性沥青及抗车辙剂沥青混合料设计与施工技术要求;③提出了柔性基层沥青路面厚度设计的控制标准与方法;④完善了沥青路面施工级配离析、温度离析评定方法。

该课题获得福建省2016年科学技术进步三等奖。

(五)运营管理

1.服务区设置

建泰高速公路共设置1个服务区:闽江源服务区总面积约79920m²,内设办公楼、宿舍、公厕、加油站、汽修间等,主体结构为钢筋混凝土结构。

2.收费站点设置(表10-17-19)

收费站点设置情况表　　　　表10-17-19

站点名称	车道数	收费方式
浦建线闽赣	14(5入9出)	人工、ETC、自动取卡
泰宁	8(3入5出)	人工、ETC、自动取卡
寨下	7(3入4出)	人工、ETC、自动取卡
建宁	8(3入5出)	人工、ETC、自动取卡
里心	7(3入4出)	人工、ETC、自动取卡

3. 车流量发展状况(表10-17-20)

交通流量发展状况表 表10-17-20

年份(年)	日均车流量(辆)	年份(年)	日均车流量(辆)
2013	636	2015	810
2014	752		

第十八节　S1531 福州机场高速公路

一、福州机场高速公路一期(机一高速公路)(建设期:2003.12~2006.12)

(一)项目概况

1. 基本情况

福州机场高速公路一期作为"省门第一路",是福州市对外交流的重要通道,是福建省高速公路网的重要组成部分,起于沈海高速公路罗长马宅顶互通,经长乐霞洲、里仁、鹤上、云路、漳港、终于长乐国际机场。主线全长20.6km,采用双向六车道高速公路标准建设,设计行车速度100km/h,设机场收费站1处,马宅顶互通1座,增设漳港互通式立交,2003年12月正式动工,2006年11月通车。项目概算13.69亿元,交通部投资1.8亿元,省级投资1.71亿元,市级投资1.8亿元,国内银行贷款8.38亿元。项目基本情况详见表10-18-1。

项目基本情况统计表 表10-18-1

序号	项目	单位	数量	备注
一	技术标准			
1	计算行车速度	km/h	100	
2	路基宽度	m	41.5	
3	桥面净宽	m	15.5	单幅
4	路面		混凝土路面、改性沥青混凝土路面	
5	路基、桥涵设计洪水频率		特大桥1/300,其余1/100	
6	桥涵设计车辆荷载		汽车—超20级、挂车—120	
二	主要工程规模			
1	路线里程	km	20.6	

续上表

序号	项目	单位	数量	备注
2	征用土地	亩	2898.34	
3	拆迁建筑物	m²	98671.37	
4	路基土石方	万 m³	554.54	
5	桥梁（主线）	m/座	7893.97/21	
6	分离式立交及平交	处	30	
7	互通式立交	处	3	
8	涵洞通道	m/道	3530.4/75	
9	隧道	m/座	893/1	
10	路面铺筑	万 m³/km	74.05/20.6	
11	主线收费站	处	1	
12	服务区	处	0	
13	停车区	处	0	

2.前期决策情况

项目建议书2002年12月通过省发改委审查（闽计基础〔2002〕193号），2003年7月省发改委批复通过可行性研究报告（闽计基础〔2003〕193号），2003年9月省发改委批复福州国际机场一期高速公路工程初步设计（闽计重点〔2003〕51号）。

3.参建单位主要情况

（1）建设单位

项目法人由福建省高速公路有限责任公司和福州市交通建设发展总公司共同出资组建福州国际机场高速公路有限责任公司履行业主职能，全面负责项目的建设。

（2）设计单位

福建省交通规划设计院。

（3）施工单位

主要施工单位有：福建省第二公路工程公司、中港第三航务工程局、龙建路桥股份公司、中铁五局集团有限公司、中铁三局集团有限公司、中港第四航务工程局、中铁四局集团公司、中铁十六局集团公司第三工程公司、中铁十二局集团有限公司、福建二建建设集团公司、福州绿榕园林工程有限公司、漳州市园林绿化建设工程公司、福建省新大陆电脑股份公司等。

（4）监理单位

福建省交通工程监理咨询公司。

(二)建设情况

1. 项目准备阶段

(1) 立项审批

项目立项:2002年12月,项目建议书通过福建省发改委审查(闽计基础〔2002〕193号)。

工程可行性研究:2003年7月,福建省发改委批复通过可行性研究报告(闽计基础〔2003〕193号)。

初步设计:2003年9月,福建省发改委批复福州国际机场一期高速公路工程初步设计(闽计重点〔2003〕51号)。

环境影响评价:2004年6月18日,福建省环保局下发《关于批复福州长乐国际机场高速公路一期工程环境影响报告书的函》(闽环保监〔2004〕55号)。

建设用地批复:2003年12月24日,福建省人民政府下发《关于福州市交通发展总公司长乐国际机场高速公路一期工程建设用地的批复》(榕政地〔2003〕451号)。

开工批复:2004年2月23日,福建省交通厅同意批准开工。

(2) 资金筹措

福州国际机场高速公路一期项目概算13.69亿元,交通部投资1.8亿元,省级投资1.71亿元,市级投资1.8亿元,国内银行贷款8.38亿元。

(3) 招投标工作

鉴于本项目规模相对小,开工建设时间较为紧迫的实际情况,为缩短招标工作时间,经研究并征求省计委、交通厅有关部门意见,一致同意机场一期工程勘察设计采用资格后审方式进行,2003年5月由市专监办和市高指派员在交通厅专家库随机抽取专家进行评标工作,项目法人根据评价专家的评标报告,确定福建省交通规划设计院为勘察设计中标单位。工程各合同段招标工作,根据工程施工不同阶段,按照路基土建工程→软基沉降监测→路面交通安全设施→边坡生态防护工程→伸缩缝安装工程→道路石油沥青采购→房建工程→线内外景观绿化工程→机电等工程项目顺序组织招标,在省、市高指和上级有关部门的指导监督下,执行"专家评标、项目法人定标、主管部门监督"的原则,严格按照《中华人民共和国招投标法》,认真开展招投评标工作。监理单位招标始终在福州市高速公路专监办监督下,严格按照《评标办法》进行评审,项目法人根据评标委员会的评标报告,确定福建省交通建设工程监理咨询公司为福州长乐国际机场高速公路一期路基、路面的监理单位。

(4) 征地拆迁

本项目征地涉及长乐沿线4个乡镇(23个行政村),设计征地2664.52亩,设计拆迁房屋 69060m²，部批拆迁概算 9745.8747 万元。征地拆迁工作从 2003 年底到 2004 年 5 月红线内的征迁工作基本结束（除变更扩迁外），之后的征迁工作转向民事协调和设计遗漏和变更扩迁所增的征迁工作。在省市领导的关心、指导下，设立三级征迁指挥部，有条不紊推进了征地拆迁工作，全线实际用地 29.42 万亩，其中耕地 629.24 亩，租用临时用地 345.395 亩，拆迁各类房屋 91184m²，迁移三杆两线 45km。征地拆迁情况统计详见表 10-18-2。

征地拆迁情况统计表   表 10-18-2

征地拆迁安置起止时间	征用土地（亩）	拆迁房屋（m²）	支付补偿费用（万元）	备注
2003.12~2004.05	294200	91184	9745.8747	

2. 项目实施阶段

(1) 重大变更（表 10-18-3）

重大设计变更表   表 10-18-3

序　号	设　计　变　更　内　容
1	路线平纵及仙歧互通等变更设计：本次变更设计未对平面线形进行变更，因而测设中线保持不变，而对终点的桩号进行了变更；在 K18+800~K19+400 增设了仙歧互通，同时取消 K20+377 通道桥及仙歧路口至终点辅道，因而对原纵断进行了调整
2	受平、纵变更调整的影响。A8 标段的主线路基排水工程、防护工程及特殊路基处理均相应做了变更设计
3	仙歧Ⅳ号小桥、K18+535 通道小桥、K20+532 盖板涵由于原路基纵断面进行了调整导致设计高程有所变化，对有影响的相关图纸进行相应变更
4	增设仙歧互通式立体交叉工程

(2) 重大事件

2002 年 12 月 30 日，印发《福建省发展计划委员会关于福州长乐国际机场高速公路项目建议书的批复》（闽计基础〔2002〕193 号）。

2003 年 7 月 16 日，印发《福建省发展计划委员会关于福州长乐国际机场高速公路一期工程可行性研究报告的批复》（闽计基础〔2003〕193 号）。

2004 年 2 月 23 日，福建省交通厅同意批准开工。

2006 年 11 月 18 日，项目通车。

(三) 复杂技术工程

机一高速公路地处东南沿海，地质情况差，软基深厚，对于控制工后沉降是个较大的难题，为解决软基地段桥头路基沉降引起的跳车问题，桥头软基深厚地段首次采用预制混凝土管桩，取得了较好的效果。

鹤上隧道为国内首座扁平大跨度三车道小净距隧道。

(四) 科技创新

1. 路面工程

将原"半刚性基层+沥青混凝土"的路面结构改为"半刚性底基层+级配碎石基层+沥青稳定碎石层+沥青混凝土"的组合式沥青柔性路面结构,解决了防止路面裂纹、反射和排水等疑难问题。

(1) 应用新技术,如对移动路脊法的施工采用了 ABG325 伸缩式摊铺机一次摊铺成形,施工采用热接缝,摊铺后路拱较为明显,排水效果较好,节约了时间,节约了人力。

(2) 应用新材料,努力提高经济效益。项目部积极推广应用新材料,根据沥青混凝土和碎石的性能在配合比中增加了抗剥落剂,取得了一整套科学合理的混凝土配合比,发挥其节约沥青混凝土的巨大经济效益,取得了较好的经济效益。

(3) 新工艺的运用,在施工将沥青混凝土温度有效地和碾压工艺结合在一起,既节省碾压时间也节省机械燃油和损耗。

2. 隧道工程

鹤上隧道为小净距大跨径隧道(最大开挖跨度 16.69m),岩核净宽为 5.66m,该隧道复合式衬砌的稳定计算是根据地质钻探资料,选用同济大学地下工程系开发的"GEOFBAQD"有限元程序以及省交规院开发的"公路隧道计算机辅助设计系统"进行的,提高稳定性计算的可靠性。另外采用激光断面仪和雷达波仪器对已完工的初衬和二次衬砌厚度进行检测,能及早发现初衬侵限及二次衬砌厚度不足问题并采取措施予以整改清除或补强,做到事先发现及早消除质量隐患,确保工程质量达标。

(1) 新材料的使用——复合型防水板。

鹤上隧道设计中,在隧道初期支护和二次衬砌之间铺设 EVA 防水板加无纺土工布。随着新型防水材料的应用,本标段落采用复合型防水板(EVA 防水板与无纺土工布一体的防水产品)进行初期支护和二次衬砌之间的防水施工,减少了施工工序,同时满足设计要求。

(2) 新技术的应用——13 项隧道监控量测辅助指导施工,确保施工安全。

由于鹤上隧道穿越地段岩性变化较大,并且是大跨径小径距隧道,对施工工艺有很高的要求,若施工不当易造成围岩恶化。为保证施工安全,保证施工质量,在原设计要求的必测项目"洞内外地质和支护状态观察、周边位移、拱顶沉降、锚杆拉拔力和地表沉降"的基础上,又增加了"后行洞爆破振动速度、系统锚杆和水平对拉锚杆轴力测试、拱顶3点沉降、洞内围岩内部位移、围岩压力及层间支护间压力、钢支撑内力、支护衬砌内力、表面应力及裂缝"等8项必测项目。通过监控量测,进行信息反馈及预测预报,确保隧道施工的安全与质量,为优化施工设计提供了依据,特别是对小净距隧道的信息化施工积累了数据和资料,提高了小径距公路隧道的施工和安全技术水平,对提高工程项目的社会、经济和环境效益有重要意义。

(3)新工艺的应用。

新奥法施工在大跨径小径距隧道的应用虽然已具备成熟的经验,但在大跨径净距隧道的应用上成熟的经验很少。借鉴大秦线景忠山隧道、北京地铁复兴门折返线及北京地铁西单车站新奥法在施工中应用经验,根据设计要求,结合量测数据,因地制宜地调整型钢支撑和格栅支撑的使用。利用格栅支撑重量较轻、制作简单、组装方便,且与喷射混凝土的紧密结合,使之能构成先柔后刚、刚度可调的钢筋混凝土结构,并与锚杆、导管协调受力性好的特性,结合钢支撑强度高,稳定性好的性质合理应用,提高了支护的整体性、稳定性和耐久性。并通过严格控制进尺距离,实现弱围岩向完整性好围岩的安全过渡。形成了严控步距、量测紧跟合理支护的大跨径小净距隧道新奥法施工的成熟工艺。

3. 桥梁工程

机一高速公路有特大桥、大桥等11座共5378m(包含互通匝道桥),桥梁数量多、里程长、结构形式复杂多样,技术含量高,施工难度大。针对这些特点,工程技术人员大胆采用新技术、新结构、新工艺,解决了许多难题。

(1)里仁特大桥上部结构为预应力混凝土连续箱梁,因原设计箱梁腹板尺寸较小,腹板钢筋和波纹管道分布密集,使得箱梁底板混凝土浇筑时混凝土料无法顺畅进入底板。为解决底板混凝土下料问题,我部组织QC活动小组,提出新的施工工艺,即"开天窗"工艺,在芯模顶面每隔5m开一个长1.2m,宽10cm的窗口,浇筑底板时混凝土料直接由天窗灌入底板,待底板浇注完成后,再封天窗浇注腹板和顶板,该工艺使用效果明显,既提高了箱梁的质量、节省了混凝土浇筑时间,又改善了箱梁的内在和外观质量。

(2)应用新材料,努力提高经济效益。项目部积极推广应用新材料,根据粉煤灰具有的减水、增浆、调凝、密实和协合的基本功能,通过试验研究,掌握了一整套科学合理的混凝土配合比,发挥其节约水泥的巨大经济效益,在桥梁桩基础、下部墩柱、桥面铺装等项目中推广粉煤灰混凝土的应用技术,取得了较好的经济效益。在狠抓桥梁构造物的施工质量的同时,把外观质量这一以往被忽视的环节作为重点来抓,真正做到了内实外美。

4. 边坡生态防护工程

边坡绿化生态防护引进推广边坡挂三维网植草和镀锌网植草及土工格室喷播植草、金三角等边坡绿化生态防护技术,取得了减少水土流失,恢复植被,保护环境的效果。

(五)运营管理

1. 收费站点设置(表10-18-4)

收费站点设置情况表　　　　　表10-18-4

站点名称	车道数	收费方式
机场	13(5入8出)	人工、ETC、自助取卡
漳港	8(3入5出)	人工、ETC、自助取卡

2. 车流量发展状况(表10-18-5)

交通流量发展状况表　　　　　表10-18-5

年份(年)	日均车流量(辆)	年份(年)	日均车流量(辆)
2006	567	2011	6600
2007	5497	2012	7520
2008	6614	2013	8988
2009	8113	2014	9019
2010	4988	2015	11073

二、福州机场高速公路二期(机二高速公路)(建设期:2007.07～2010.12)

(一)项目概况

1. 基本情况

福州机场高速公路二期工程是福建省发改委批准建设的重点项目,工程起于沈海线罗长高速公路马尾互通式立交,途经马尾快安、魁岐、晋安下院、樟林、金鸡山、西园、罗汉山,终于福州新店五四北路琴亭高架桥互通,与福州绕城高速公路西北段福州北(新店)互通连接线相接,建设里程26.1km,概算总投资为53.68亿元。全线共设马尾、魁岐、国货路、化工路、五四路5处互通式立交。全线按高速公路标准建设,设计速度100km/h(魁岐互通路段80km/h),双向六车道(魁岐至五四北路段远期按双向八车道),路基宽度33.50m。在国货路、化工路互通处分别设置衔接市政主干道的连接线,总长1.9km。本项目建成通车后,经沈海线罗长高速公路马尾互通式立交,通过青州大桥与福州机场高速公路一期工程衔接,是市区通往长乐国际机场快速通道。项目概算总投资为53.677亿元,其中主线501175万元,连接线35600万元。主线投资由交通部投资13500万元,省级投资83500万元,市级投资86900万元,项目贷款317270万元。连接线35600万元全部由市级投资。

沿线穿越的地貌单元较复杂,主要为低山丘陵地貌及冲海积阶地,间夹高差及范围不等的山间盆地及狭长河谷,地形起伏较大。本区域气候温和湿润,冬季短暂,受海洋气候影响,具亚热带海洋性季风气候,多年平均气温19.6℃,无霜期在260~280天/年,沿线降雨量较多,雨量充沛,年平均降雨量1392.5mm,年平均蒸发量1413.7mm,略大于降雨量。

本项目施工难度大,国内首次采用八连拱小净距隧道,金鸡山隧道长295m,围岩复杂程度均为Ⅴ级围岩,断面面积大,隧道有2条断裂带,相距100m,隧道两侧为三环辅路隧道。该隧道设计为八车道连拱隧道,采用3层复合式曲面中墙,中墙厚度为3.1m,单洞净跨为18.198m,连拱隧道开挖总跨度达41.498m,形成"小净距+连拱+小净距"复杂多孔隧道群体,洞室支护结构采用复合式支护,以锚杆、湿喷混凝土(钢筋挂网)、钢拱架等为初期支护,大管棚、超前注浆小导管、超前锚杆等为施工辅助措施,施作初期支护和二次模筑衬砌,该项目为国内第一个八车道连拱隧道工程实践。

项目共建设有:路基土石方317.64万方(挖方153.67万方、填方163.97万方),桥梁8547.45m(其中特大桥1631.5m/1座、大桥2636m/5座、分离式中桥293m/4座、人行天桥740.95m/2座),涵洞、通道840.83/18座,互通式立交5处,隧道4535.5m/9座,沥青混凝土路面83.37万 m^2,水泥混凝土路面8.90万 m^2,波形梁钢护栏18.901km。详见表10-18-6。

项目基本情况统计表 表10-18-6

序号	项 目		单位	数 量	备 注
一	技 术 标 准					
1	计算行车速度		km/h	100km/h	魁岐互通路段80km/h
2	路基宽度	整体式路基	m	33.50	
		分离式路基	m	16.75	
3	桥面净宽		m	2×15.25	小桥与路基同宽
4	路面			沥青混凝土路面,设计年限15年,标准轴载100kN	
5	路基、桥涵设计洪水频率			特大桥1/300,其余均为1/100	
6	桥涵设计车辆荷载			公路—Ⅰ级	
二	主要工程规模					
1	路线里程		km	26.1	
2	征用土地		亩	2629.74	
3	拆迁房屋		m^2	798332.36	
4	路基土石方		万 m^3	329.5289	
5	桥梁(主线)		m/座	12592.7/24	
	其中:特大桥、大桥		m/座	12258.5/19	

续上表

序号	项 目	单位	数 量	备 注
6	匝道桥梁	m/座	10436/23	
7	互通式立交	处	5	
8	涵洞、通道	道	18	
9	隧道	m/座	4658/9	
10	路面(主线)	万 m²	87.0765	
11	主线收费站	处	1	

本项目路基工程于2007年7月1日开工,至2011年1月,项目全部标段各项工程已全部建成。

2. 前期决策情况

机二高速公路是福州市对外交流的重要通道,是海西高速公路网的重要组成部分,也是福州内环高速公路的主要组成部分。本项目于2003年8月由福州市交通建设发展总公司委托福建省交通规划设计院进行规划设计,于2004年10月获省发改委批准项目立项。2006年6月13日,福州市高指以榕高综〔2006〕16号文成立福州机场二期高速公路筹建组,负责机二高速公路工程前期的筹备、工程报批等工作。2007年3月,福建省高速公路公司与福州市交通建设发展总公司签署协议,以联合控股的形式组建"福州机场二期高速公路有限公司"作为项目业主公司,负责机二高速公路的建设、筹资等工作。2006年3月27日,省发展和改革委员会以闽发改交能〔2006〕207号文批复机二高速公路工程可行性研究报告,估算总投资为53.44亿元;2006年9月6日,福建省交通厅、福建省发展和改革委员会以闽交建〔2006〕95号文批复机二高速公路工程初步设计,批复概算总金额53.68亿元。福建省环境保护局以闽环保监〔2006〕88号文批复环境影响报告书;2007年1月6日,国土资源部以国土资函〔2007〕503号文批复用地手续;2007年1月19日,国家林业局以林资许准〔2007〕021号文批复林地使用许;2007年12月04日,福建省交通厅以闽交建〔2007〕156号文批复施工图设计文件。

3. 参建单位主要情况

(1)建设单位

本项目于2003年8月由福州市交通建设发展总公司(现为:福州市交通建设集团)委托福建省交通规划设计院进行前期规划设计,于2004年10月获省发改委批准项目立项。项目前期工作由2006年6月13日福州市高指以榕高综〔2006〕16号文成立福州机场二期高速公路筹建组,负责福州机场高速公路二期工程前期的筹备、工程报批等工作。福州市人民政府于2006年12月22日以《福州市人民政府关于同意组建福州机场二期高速公路有限公司的批复》(榕政综〔2006〕318号),同意由福州交通建设发展总公司(现交建集团)与省高速公路有限责任公司共同出资成立福州机场二期高速公路有限公司,行政隶属福州市交通局(现交通委),确定了机二公司为项目建设业主,并负责项目的筹划、资金筹措、建设实施、运营管理、债务偿还等相关事宜。

(2)设计单位

福建省交通规划设计院、福州市规划设计研究院(联合体)承担本项目初步设计阶段和施工图阶段的勘测和设计工作。

(3)施工单位

本项目施工单位共12家。其中路基土建工程6个合同段,路面及交通安全设施工程1个合同段,绿化工程1个合同段,房间工程1个合同段,伸缩缝工程1个合同段,机电工程2个合同段。

(4)监理单位

项目监理标段共3个合同段,其中路基土建工程(含房建、绿化等)2个合同段,机电工程共1个合同段。具体情况详见表10-18-7。

项目参建单位一览表 表10-18-7

序号	标段	单位名称	工程范围	备注
一		施 工 单 位		
1	A1	福建省第一公路工程公司	YK0+000~YK4+060路基土建	
2	A2	中交路桥北方工程有限公司	K4+060~YK9+145路基土建	
3	A3	中国建筑股份有限公司	YK9+145~K14+088和国货连接线K0+000~K0+567路基土建	
4	A4	山东通达路桥工程有限公司、中交第二航务工程局有限公司(联合体)	K14+088~K16+620路基土建	
5	A5	中铁十四局集团有限公司	K16+620~K22+700路基土建、化工连接线K0+000~K1+330路基土建	
6	A6	中交第二公路工程局有限公司	K22+700~K26+059路基土建	
7	B1	中星路桥工程有限公司	YK0+000~K14+088和国货连接线K0+000~K0+567路面及交安设施	
8	C	福建新大陆电脑股份有限公司	沿线监控、通信、收费三大系统工程	

续上表

序号	标段	单 位 名 称	工 程 范 围	备注
9	D	中铁三局集团电务工程有限公司、厦门准信机电工程有限公司（联合体）	沿线供配电、消防、通风、照明等系统工程	
10	E	福建省泷澄建设集团有限公司	收费站及房建	
11	LH	福州禾鑫园林工程有限公司	沿线绿化工程	
12	LS1	衡水市橡胶总厂有限公司	沿线伸缩缝采购与安装	
二		监 理 单 位		
1	J1	厦门市路桥咨询监理有限公司	A1～A3合同段路基土建施工监理	
2	J2	厦门中平工程监理咨询有限公司	路面、收费站及房建、沿线绿化工程施工监理	
		福建海西爆破监理公司	沿线C级以上控制爆破监理	
3	DJ	北京兴通交通工程监理有限责任公司	机电工程施工监理	
三		设 计 单 位		
1		福建省交通规划设计院、福州市规划设计研究院（联合体）	沿线两阶段工程勘察设计	
四		监 督 单 位		
1		福建省交通建设质量安全监督管理局	工程质量、安全监督	
五		检 测 单 位		
1		福建省交通建设工程试验检测中心	交工检测	
六		监测及科研单位		
1		福州大学	大跨径桥梁施工监控	
2		同济大学	大跨径连拱隧道施工研究	

（二）建设情况

1. 项目准备阶段

（1）立项审批

项目立项：福建省发展和改革委员会于2004年10月12日以《福建省发展和改革委员会关于福州长乐国际机场高速公路二期工程项目建议书的批复》（闽发改交能〔2004〕449号）同意项目立项并开展前期工作，同时文件充分认可机二高速公路工程项目建设的必要性,并明确了建设机二高速公路工程项目建设的重要作用和积极意义,并指出项目建设的迫切性。

工程可行性研究:福建省发展和改革委员会于 2006 年 3 月 27 日以《福建省发展和改革委员会关于福州长乐国际机场高速公路二期工程可行性研究报告的批复》(闽发改交能〔2006〕207 号)明确了项目建设的必要性和紧迫性,同时文件对项目的建设概况、执行标准、估算投资、建设工期进行了明确。

初步设计:福建省交通厅、福建省发展和改革委员会于 2006 年 10 月 12 日以《福建省交通厅、福建省发展和改革委员会关于福州长乐国际机场高速公路二期初步设计的批复》(闽交建〔2006〕95 号)确定了福州机场二期高速公路建设规模与技术标准,同时对路线方案进行了确定,并明确了路基、路面、桥梁、涵洞、隧道、互通式立交等结构物的初步设计方案及数量。

施工图设计批复:福建省交通厅于 2007 年 12 月 03 日以《福建省交通厅关于福州长乐国际机场高速公路二期工程施工图设计文件的批复》(闽交建〔2007〕156 号)确定福州机场二期高速公路建设规模与技术标准,同时对路线方案进行了确定,并明确了路基、路面、桥梁、涵洞、隧道、互通式立交等结构物的设计方案及数量。

建设用地批复:国土资源部于 2007 年 8 月 31 日以《关于福州长乐国际机场高速公路二期工程建设用地的批复》(国土资函〔2007〕709 号)批准建设用地 148.4142 公顷,作为机二高速公路工程建设用地。

林业用地批复:国家林业局于 2007 年 11 月 19 日以《使用林地审核同意书》(林资许准〔2007〕021 号)同意机二高速公路工程建设项目征用林地 28.7961 公顷,其中征用福州市马尾区集体林地 20.9383 公顷,征用福州市晋安区集体林地 7.8578 公顷。机二公司依据有关规定办理了相关手续并交纳林地的补偿费用。

公路工程质量监督:福建省交通质监站于 2007 年 11 月 12 日以《公路工程质量监督通知书》(G093)受理工程质量监督,确定了监督时间及范围、监督工作内容及监督人员主要职责与工作总体规划。

施工许可:福建省交通厅于 2007 年 12 月 29 日批准施工许可,同意福州机场高速公路二期工程开工建设。

(2)资金筹措

机二高速公路工程项目初步设计由福建省交通厅、福建省发展和改革委员会于 2006 年 10 月 12 日以《福建省交通厅、福建省发展和改革委员会关于福州长乐国际机场高速公路二期初步设计的批复》(闽交建〔2006〕95 号)批复。初步设计总概算核定金额为 53.677 亿元,其中:主线 501175 万元,连接线 35600 万元。主线投资由交通部投资 13500 万元,省级投资 83500 万元,市级投资 86900 万元,项目贷款 317270 万元。连接线35600万元全部由市级投资。其中本项目建筑安装工程费用为28484.9万元,设备及工具、机械购置费4474.4万元,工程建设其他费用187160.6万元,建设项目前期工作费用6500万元。

福建省交通运输厅和福建省发展和改革委员会于2015年2月16日以《关于长乐国际机场高速公路二期工程项目调整概算的批复》(闽交建〔2015〕17号)批复同意调整本项目概算,调整后概算581820万元,核增45046万元。

福州市审计局于2014年2月12日出具《福州长乐国际机场高速公路二期工程项目竣工决算审计报告》(榕审报〔2014〕2号)和《福州市审计局关于福州长乐国际机场高速公路二期工程项目竣工决算的审计决定》(榕审决〔2014〕2号),审定本项目总投资为58.18亿元。根据审计决定和交通部部颁编制办法规定,本项目工程竣工决算完成编制并报备省交通工程造价管理站。省交通工程造价管理站于2015年9月18日出具《关于福州长乐国际机场高速公路二期工程竣工决算的审查意见》(闽交价审〔2015〕22号),按审查意见完成竣工决算修正。

(3)招投标工作

福州长乐国际机场高速公路二期工程项目,根据有关法律及文件要求,依法依规,秉持着公平、公正、公开原则,对项目设计、施工、监理等环节进行公开招标。

项目招投标工作总体情况:项目施工单位共12家。路基工程共划分为6个合同段,路面及交通安全设施工程划分为1个合同段,绿化工程划分1个合同段,房建工程划分为1个合同段,机电工程划分为2个合同段。全部工程采用国内竞争性公开招标,招标过程严格执行《中华人民共和国招标投标法》和国家、交通部有关招投标管理办法的规定及《福建省高速公路施工招投标资格预审办法》和《福建省高速公路施工招标评标办法》进行,所有招标均在《中国经济导报》《中国交通报》上刊登招标资格预审通告,由业主组织或委托招标办实施招投标,各项招标均采用资格预审的方式进行。资格预审文件和招标文件均按规定上报主管部门审批,资格评审和投标文件评标工作由依法组成的评标委员会负责,评标报告经交通主管部门核备后确定中标人。招标全过程接受专项监察执法领导小组的监督,坚持"公开、公平、公正、客观准确"的原则,严格执行招、评标工作纪律。

设计单位招投标情况:中标单位为第一候选人福建省交通规划设计院、福州市规划设计研究院(联合体)。

施工单位招投标情况:

①路基土建工程

A1合同段福建省第一公路工程公司,中标价300926916元;合同段中交路桥北方工程有限公司中标,中标价286366039元;A3合同段中国建筑工程总公司,中标价703281272.31元;A4合同段由山东通达路桥工程有限公司与中交第二航务工程局有限公司组成联合体,合同总价67143723元,合同工期14个月;A5合同段中铁十四局集团有限公司中标,中标价414779235元;A6合同段中交第二公路工程局有限公司中标,中标价385383771元。

②绿化工程

LH合同段:福州禾鑫园林工程有限公司中标,中标价6820200元。

③路面工程

B1合同段:B1合同段中标单位为第一候选人中星路桥工程有限公司,中标价230925825元。

④房建工程

E合同段:确定E合同段中标单位为第一候选人福建省泷澄建设集团有限公司,中标价14793318元。

⑤机电工程

C、D合同段:C合同段中标单位为第一候选人福建新大陆电脑股份有限公司、D合同段中标单位为第一候选人中铁三局集团电务工程有限公司和厦门准信机电工程有限公司(联合体)。

⑥伸缩缝工程

LS1合同段:中标单位为第一候选人衡水市橡胶总厂有限公司。

(4)合同段划分

项目施工单位共12家:路基工程共划分为6个合同段,路面及交通安全设施工程划分为1个合同段,绿化工程划分1个合同段,房建工程划分为1个合同段,机电工程划分为2个合同段;项目监理单位共3家:土建工程监理单位2个总监办,机电工程1个总监办。

(5)征地拆迁

本项目工程线路位于福州市马尾区、晋安区,征地拆迁工作经福州市政府批准,委托福州市省市重点建设项目征地拆迁指挥部负责实施。由于本项目地处市郊,线路复杂,受地形限制,多处路段从村庄和厂区穿越,线路临近密集的居民生活区,各种线杆纵横交错,地下管网错综复杂,项目征地拆迁任务极其艰巨,民事纠纷干扰极其严重。为加快征迁进度,按时提交施工作业面,省领导、省重点办、省高指、福州市委、市政府、市征迁指挥部、市交通委、市高指及沿线政府等各级领导、各级部门高度重视征迁工作,按照"分段负责、逐点突破"的原则,多次深入现场组织调研,市政府每周召开一次现场专题协调会推动征迁进度,落实责任、密切配合,扎实推进征迁工作,确保征迁工作公开、公平,确保征迁环境和谐、社会稳定。经统计,全线共拆迁红线内房屋79.83万m^2、过渡红线外房屋45万m^2、红线外房屋振动补偿75万m^2,保证了机场高速公路二期工程施工顺利进展,为项目如期建成提供坚实保障。详见表10-18-8。

第十章 高速公路建设项目实况

征地拆迁情况统计表 表10-18-8

征地拆迁安置起止时间	征用土地（亩）	拆迁房屋（m²）	支付补偿费用（亿元）	备注
2007.07~2010.01	2629.74	798332.36	23.827593	1. 榕高工〔2014〕118号 2. 福州市人民政府办公厅文件办理告知单（编号：GZ2013B2974GJ1025号）

2. 项目实施阶段

（1）重大变更

①洋里高架桥变更；

②国货互通B2匝道变更；

③洋里特大桥桩基变更；

④国货互通主线桥变更；

⑤新店互通人行天桥变更；

⑥马尾互通Q3匝道桥；

⑦园中分离式大桥桥跨形式变更；

⑧西园2号分离式立交桥设计变更；

⑨下德收费站设计变更；

⑩增设樟林小桥设计变更；

⑪A4~A6合同段路基形式变更；

⑫全线路基中分带护栏、与三环共线段桥梁防撞护栏、隧道洞门形式变更。

（2）重大事件

2004年10月12日，福建省发展和改革委员会正式批复立项。

2006年3月27日，福建省发改委批复福州长乐国际机场高速公路二期工程可行性研究报告，估算总投资为53.44亿元。

2006年6月13日，机场高速公路二期工程筹建组设立。

2006年9月6日，项目工程初步设计获省交通厅、省发改委批复。

2007年7月1日，J1总监办下发A1合同段开工令，标志着项目工程先行标段动工。

2008年1月6日，J2总监办发布A3~A6合同段开工令，标志着全线路基土建工程全面开工。

2008年8月24日，A1标段马尾隧道右洞顺利贯通，比预计工期提前78天。

2009年6月16日,福建省建筑科学研究院完成了位于项目工程A3合同段魁岐1号隧道进口附近的原协和大学"第四宿舍楼"(区级文物保护单位)平移工作。

2009年6月29日,A6合同段罗汉山隧道左洞顺利贯通。

2010年1月9日,项目A3合同段魁岐2号隧道顺利贯通。

2010年8月5日,项目马尾互通至国货路互通段正式通车。

2010年9月16日,控制性工程——洋里特大桥右幅顺利合龙,比原计划工期提前5天。

2010年10月1日,项目工程全线顺利试通车。

2016年10月27日,项目工程通过竣工验收。

(三)复杂技术工程

1. 马尾隧道

马尾隧道是机二高速公路工程控制性工程,隧道全长1616m。在施工过程,发现在隧道路线走向正上方有一居民用生活用水的小型水库,由于隧道采用新奥法施工,施工中产生的振动是否会影响小型水库安全,为此A1项目高度重视,采用如下办法确保隧道施工、小型水库安全:①组织有关专家共同探讨该水库对马尾隧道的影响处理办法,同时探究在新奥法施工过程中振动产生的围岩裂隙是否引发水位迅速下降、周边围岩裂隙水水压是否会因振动增大等问题,经研究针对影响段落,及时调整工期,合理安排在枯水季节施工,采用"短进尺,弱爆破"的施工方案,增加施工循环,合理安排施工工序,调整机械设备安排,加快施工进度,及时完成初支;②增设围岩观测点位,加强对围岩周边收敛、拱顶沉降、地表仰坡位移、爆破振动位移的监测,同时加强超前地质预报,围岩压力及初期衬砌内力,确保施工过程中围岩安全;③于水库内设置水位观测点,组织测量队伍进行水位监测,做到"一日两测,一日两报",及时将水位情况上报总监办、项目业主,同时在影响段完成后做到定期监测,时间长达半年,从而确保了该水库未受到施工影响。

2. 洋里特大桥

洋里特大桥是福州机场高速公路二期工程控制性工程,桥梁跨越104国道(即福马公路)、改建外福铁路和在建温福铁路;路线法线与104国道轴线斜交角度为15°,路线法线与外福铁路和温福铁路轴线斜交角度约为51°。桥梁起点桩号为K14+088,终点桩号为K14+456,全桥长368m,桥型布置为100m+168m+100m。全桥采用分离式单箱单室变截面箱梁,为三向预应力混凝土结构。主跨为双肢薄壁墩,连接墩为薄壁墩,桩基采用钻孔灌注桩基础。在施工过程中,主要施工重难点,及解决方案如下:①施工场地狭小,主墩紧邻福温高速铁路、104国道及市三环公路,地质条件差,给0号块支架现浇施工带来严重影响。为最大程度减少影响,中交二航局 A4 项目部加大投入,改常规竖直落地支架为斜拉式落地少支架克服地质的不利影响,增大起重设备数量及吨位,解决了软弱地基承载力与不均匀沉降以及狭小场地起重难题。②主 1 号墩场内地质差、地下情况不明、地下障碍物种类众多,中交二航局 A4 项目部精心组织,顺利实施旧沉井破除、开口沉井制作下沉、沉井土体防反涌等,在同作业面多家施工单位交叉作业情况下顺利完成承台施工。③主 1 号墩右小 1 号桩、左小 3 号桩原桩均有不同程度缺陷,设计变更为紧邻原桩位增补高强度水下预应力桩,类似桩基国内首见、国外也无资料记载,施工难度极大。中交二航局 A4 项目部组织技术力量,打破常规,采用 ZDZ400 型气举反循环钻机确保顺利成孔,300t 大型汽车吊相互配合完成预应力笼整体制作及安放,保证工作性能的前提条件下组织专家完成 C45 高强度等级水下混凝土配制,利用混凝土泵车与混凝土罐车直接卸料相结合的方式确保水下混凝土短时间内顺利浇筑完成。④挂篮节段施工周期长,技术难度高,占工程工期比例大,由于工程工期紧,按常规施工无法完成工期目标,中交二航局 A4 项目部加大投入,高标准控制混凝土原材料质量,调整混凝土配比参数,提高混凝土早期强度,使混凝土在较短时间内达到设计强度,为挂篮施工争取足够时间,极大地提高了节段施工推进速度。

3. 金鸡山隧道

金鸡山隧道桩号 K22+335～K22+630,全长 295m,线路较短,地质条件差围岩复杂均为 V 级围岩,断面面积大,有 2 条相距约 100 多米的断裂带,同时在隧道两侧 10m 处,还需修建两车道三环辅路隧道,金鸡山隧道设计为八车道连拱隧道,采用 3 层复合式曲面中墙,中墙厚度为 3.1m,其中中部间隔墙最小厚度为 2m。单洞净跨为 18.198m,连拱隧道开挖总跨度达 41.498m。形成了"小净距+连拱+小净距"复杂多孔隧道群体,大跨度的复杂隧道群体在国内外均属非常罕见。洞室支护结构按照新奥法原理设计,采用复合式支护,以锚杆、湿喷混凝土(钢筋挂网)、钢拱架等未触及支护,大管棚、超前注浆小导管、超前锚杆等为施工辅助措施,充分调动和发挥围岩的自承能力,在监控量测信息的指导下施作初期支护和二次模筑衬砌,该工程为国内第一个八车道连拱隧道工程实践。该工程在施工过程中遇到的重难点:①隧道洞口段穿越强风化花岗斑岩,地表覆盖层薄,纸质构造复杂,为此 A5 项目部积极调整施工方案,采用双侧壁导洞法施工,同时对地表进行注浆加固,防止雨水渗透,提高隧道进口段围岩的自稳性,并于进口端山体上部 K22+400处布设围岩内部位移监测断面,隧道内布设多点位移计,根据现场施工情况实时监测,定期分析拱顶围岩下沉趋势、围岩内部位移趋势等相关内容,确保施工安全。②针对国内首例八连拱隧道施工,采用双侧壁导洞法施工,开挖顺序为:中导洞开挖;左(右)洞外侧导洞上台阶开挖;左(右)外侧导洞下台阶开挖;左洞内侧导洞上台阶开挖;左洞内下台阶开挖;右洞内侧导洞上台阶开挖;右洞内侧导洞下台阶开挖;左洞中部上台阶开挖;左洞中部中台阶开挖;左洞中部下台阶开挖;右洞中部上台阶开挖;右洞中部中台阶开挖;右洞中部下台阶开挖。根据现场情况,合理调整施工顺序,步步紧跟,重视初期支护加快二次模板衬砌。③认真分析连拱、小净距隧道中隔墙应力分析,根据三向应力状态,探究应力变化对施工影响。

4. 快安隧道与马鞍溪大桥

快安隧道左线桩号 ZK4+683.5~ZK5+721、右线桩号 YK4+674.5~YK5+740,全长1046.5m,为双向六车道分离式隧道,为福州机场高速公路二期工程控制性工程,快安隧道与马鞍溪大桥相连,中间段无路基比邻崖壁,无施工便道,马安溪大桥左线桩号 ZK4+293.6~ZK4+683.5,右线 YK4+284.3~YK4+674.5,全长388.5m,桥型布置为 $4\times30m$ 连续刚构 T 梁+$(62m+110m+62m)$变截面刚构箱梁+$1\times30m$ 简支 T 梁,主桥箱梁桥主墩和连续墩为空心箱墩,引桥 T 梁为柱墩,桩基采用灌注桩基础,桥台为 U 形桥台,扩大基础。桥梁跨越马鞍溪水库,施工难度大,同时受征迁影响,快安隧道无法按照原设计掘进方案由出口向入口单向掘进。该工程重难点:①受征迁影响,快安隧道施工便道需自行开凿,由于隧道进口端为崖壁,开凿难度大,A2 项目部积极探讨开凿方案组织专家论证,采用定向爆破并配合多种进口机械设备共同施工,在较短时间内完成开凿任务,保证了项目施工的整体进度。②马鞍溪大桥上跨马鞍溪水库大坝,坝内桥梁墩位施工机械设备无法进入,施工难度大,同时坝内雨季水位不一,相关设备多次被淹。A2 项目部根据现场实际情况租用150t 大型汽车吊运送挖掘机和装载机进入,进行坝内清渣和塔吊组装施工;右7号墩只能安装钢管支架,人工利用手拉葫芦提升模板施工下部,利用混凝土泵车浇筑混凝土。③为保护水库水质,项目部多次会同当地环保部门,共同研究施工方案,采用污水外排、沉淀、过滤等方案,确保水质安全。

5. 洋里高架桥

洋里高架桥主桥位于福州市鼓山风景区东南面马尾区里的中下村,起点桩号为 K11+594.259,终点桩号为 K12+547.759,全长953.5m;左线桥型布置为 $4\times30m$ 等高度连续箱梁+$(45m+80m+45m)$变截面连续箱梁+$22\times30m$ 等高度连续箱梁。右线桥型布置为 $5\times30m$ 等高度连续箱梁+$(45m+80m+45m)$变截面连续刚构箱梁+$21\times30m$ 等高度连续箱梁。变截面箱梁桥主跨为单薄壁墩,连接墩和等高度箱梁桥墩均为双柱椭圆墩,桥台为肋台,桩基采用钻孔灌注桩基础。在施工过程中,主要施工重难点及解决方案如下:①洋里高架桥主墩上跨福马支线铁路 K417+600(50 号轨道),高架桥有180m 位于温福铁路支线以南,该段起点为鼓山陡坡,两侧为密集民居,施工便道极难建设。为解决施工难题,在跨福马支线铁路主桥部分用钢管立柱设临时墩,架贝雷梁,贝雷梁上满铺模板,模板上穿孔后用粗铁丝与底部贝雷梁捆绑固定、下兜挂安全网,形成安全通道,保障车辆、行人安全。在温福铁路支线 K417+600（50 号轨道）处增设临时平交道口，保证行人安全的同时，更不能影响铁路运行安全。②主墩 0 号块支架地基处理是关键，严格按照施工组织方案进行施工、预压，做好沉降记录。在分两次浇筑 0 号块时，保证底腹板达到一定强度再进行顶板施工，并注重浇筑结合面的处理，控制好横断面左、中、右 3 点高程。0 号块和 1/4 跨部位预埋监控设备在施工过程与监控单位沟通配合完成，提高了节段施工速度。

6. 福州快安收费站

收费站收费大棚基础采用独立基础，其混凝土强度等级为 C30，主体为钢结构工程，结构形式为异型单层钢框架结构，钢柱采用焊接箱型柱，钢梁采用热轧 H 形梁，钢檩条采用高频焊接薄壁 H 形钢，屋顶椽杆采用无缝钢管，屋顶下曲线杆采用焊接箱形杆，屋面板材采用≥0.85mm 厚直立锁缝型洁面彩色镀铝镁锰压型钢板。快安收费站地处风口位置，在施工期间多次受到台风影响，施工单位福建省泷澄建设集团积极完善施工方案，采用多台吊车协同配合，在短时间内完成了所有钢结构主体，福州东快安收费站屋面采取进口铝镁锰合金屋面板，形成自身完整的系统，使设计者"扬帆远行"的设计意图充分表现。同时，收费站办公楼及宿舍楼采用人工挖孔桩及独立承台基础，施工单位合理调节施工时间，避开高温期施工。

(四)科技创新

1. 八车道连拱和小净距隧道施工关键技术研究（荣获福建省科技进步二等奖）

金鸡山隧道长 295m，围岩复杂程度均为 V 级围岩，断面面积大，隧道有 2 条断裂带，相距 100m，隧道两侧为三环辅路隧道。该隧道设计为八车道连拱隧道，采用 3 层复合式曲面中墙，中墙厚度为 3.1m，单洞净跨为 18.198m，连拱隧道开挖总跨度达 41.498m，形成"小净距+连拱+小净距"复杂多孔隧道群体，洞室支护结构采用复合式支护，以锚杆、湿喷混凝土（钢筋挂网）、钢拱架等未触及支护，大管棚、超前注浆小导管、超前锚杆等为施工辅助措施，施作初期支护和二次模筑衬砌，该工程为国内第一个八车道连拱隧道工程实践。施工中难点：隧道洞口段穿越强风化花岗斑岩，地表覆盖层薄，地质构造复杂，施工采用双侧壁导洞法施工，对地表进行注浆加固，提高隧道进口段围岩自稳性，布设围岩内部位移监测断面，隧道内布设多点位移计，实时监测并分析拱顶围岩下沉趋势、围岩内部位移趋势等相关内容，确保施工安全；针对八连拱隧道施工，严格落实双侧壁导洞法施工顺序和节奏，步步紧跟，重视初期支护，加快二次模板衬砌，保证施工顺利完成；施工中认真分析连拱、小净距隧道中隔墙应力分析，根据三向应力状态，探究应力变化对施工影响。

本项目对罗汉山、金鸡山隧道开展特大断面小净距隧道施工监测和研究：

（1）特大断面小净距隧道围岩压力计算方法研究。对魁岐2号特大断面小净距隧道进行了围岩压力计算，并与现场实测结果进行了比较。为工程顺利的施工提供了保证。

（2）特大断面小净距隧道断面形式优化分析，以魁岐2号隧道为工程背景，得到了隧道拱顶下沉和塑性区随隧道扁平率的变化规律。

（3）特大断面小净距隧道合理施工方法优化分析。根据魁岐2号隧道现场按照原施工工序施工具体反映情况，优化施工工序图使施工难度降低，加快了施工的进度，缩短了施工工期，必然会降低隧道的整体造价。

（4）节理展布特征对特大断面小净距隧道稳定性影响分析。通过节理调查、统计和拟合分析等方法和手段得到了魁岐2号隧道Ⅴ～Ⅱ级围岩中节理的展布特征；同时通过直剪试验和工程类比法获得了Ⅴ～Ⅱ级围岩中节理的力学强度参数；根据节理的展布特征和力学强度参数对不同围岩级别下隧道的破坏过程进行了分析，得到了隧道最不稳定和最容易破坏的区域，为隧道支护设计和中间验证加固提供了依据。

八车道连拱和小净距隧道施工关键技术研究作为2007年度省重点科技项目计划之一，由福建省高速公路建设总指挥部牵头，共计超过10家单位参与项目科研工作，项目成果已在国内外核心刊物发表论文9篇，申请专利7项，已经获授权发明专利和实用新型专利各5项，研究成果达到国际领先水平，编制了《双向八车道公路隧道设计与施工指南》，并提供了施工最小扰动准则等多项技术标准。形成了双向八车道特大断面公路连拱隧道、双向八车道特大断面小净距公路隧道设计与施工的关键技术，为成功建成国内外首座双向八车道连拱隧道和首座双向八车道小净距隧道提供了有力的技术保证，并保证了依托工程的施工安全、降低了工程造价、加快了施工进度。与分离式隧道相比，受城市建设规划的限制而采用双向八车道连拱隧道和双向八车道连小净距隧道，节省动迁和土地费用数亿元人民币，并缩短了建设工期，保护了自然和人文环境，具有巨大的经济效益和社会效益。

2. LED隧道照明灯具新技术应用及"绿色交通"理念打造"清新福建"

项目决策者高瞻远瞩，践行"绿色交通"的环保理念，从节能环保、远期运营的角度出发，对隧道基本照明和应急照明采用LED隧道照明灯具替代传统的钠灯，以达到环保节能的目的。LED隧道照明是福州市"十城万盏"半导体照明应用项目，同时也是省科技厅"高速公路隧道照明节能应用技术研究"重大项目。福州机场二期工程是全省高速公路首次大量采用LED隧道照明灯具的项目，全线共安装2600多盏，从调试情况看，LED隧道照明达到预期的效果，在项目运营过程中，LED隧道照明损耗率低、耗电量小，降低了项目整体运营费用。

久负盛誉的福建省会城市福州,因州北有福山,故名福州。又因唐宋时期就遍植榕树,素有"绿荫满城,暑不张盖"的"榕城"美称。福州长乐国际机场高速公路二期工程项目绿化景观工程就巧妙地融入了这一文化特色,取其"绿"。在原有绿化基础上见缝插"绿",充分利用外挂花篮、补植边坡绿化等措施,使得沿线绿化贴近自然、更亲近自然。每到初春时节,朵朵三角梅含羞绽放、姹紫嫣红;盛夏时分,株株黄金榕茂盛浓密、绿树成荫、一片生机盎然,被誉为"省门第一路"的福州机场二期高速公路成了福州人民的绿色长廊之一,是"清新福建"福州交通行业的代表作之一。每到夜色降临,福州这座城市仿佛是一座沉浸在浩瀚的苍穹天幕之城,福州机场二期高速公路就宛若一条金色的巨龙,带着福州交通人的"中国梦"一路腾飞。

3. 新型屋面材料的应用

本项目和机场一公路工程共同构成通往机场的快速通道,形成"省门第一路"。福州东(快安)收费站代表着福州形象,福州东(快安)收费站地处福州马尾,是中国船政文化的发源地,是中华民族世代相传的精神瑰宝。设计者们通过巧妙的构思,结合南方气候条件和周边的自然风貌,使用醒目的建筑元素,以船的形式凸显马尾船政文化的内涵。收费大棚屋面采用进口铝镁锰合金屋面板,该材料具有极强的灵活性以及材质轻、结构性强、平整性好、超耐候性等特点,配合收费站钢结构主体,形成统一整体。同时整体采用直立锁边技术,充分体现现代、高效、通风良好的特性。收费棚设计为8入16出,将福州东(快安)收费站三座收费大棚设计成为了即将起航远行的巨轮,那一根根笔直的拉杆如同巨帆的桅杆,收费大棚那一片片的雪白的顶棚神似主帆,它承载了福州交通人的梦想起航。"天行健,君子以自强不息;地势坤,君子以厚德载物",福州交通人秉持着这船政精神,不断激励自己,折射出中华民族特有的砺志进取、虚心好学、博采众长、勇于创新、忠心报国的传统文化神韵。

4. 大楼整体平移技术的应用

在魁岐1号隧道左侧进口红线内有一座原协和大学宿舍楼,属区级保护文物。为保护文物,福州机场二期高速公路公司委托省建筑科学研究院对该大楼进行整体平移技术设计和施工,大楼整体沿轴线向西平移23.25m。施工中采用整体基础顶推平移技术,通过控制施工,使大楼整体平移达到设计预期效果,避免了大楼的拆迁。

(五)运营管理

1. 收费站点设置

本项目设置1处收费站即福州东(快安)收费站,主要包括综合办公楼、配电房、水泵房、十六车道收费棚。具体情况如下:

三个收费棚、一幢宿舍楼、一幢综合楼及配套工程组成,总建筑面积6168.1 m^2。其中:三个收费棚均为一层钢结构,建筑面积均为860m^2;宿舍楼建筑面积为1769.5 m^2,五层框架结构,建筑高度为15.384m;综合楼建筑面积1348m^2,二层框架结构,建筑高度12.750m。详见表10-18-9。

收费站点设置情况表　　　　　　　　　　　　　表10-18-9

站点名称	车道数	收费方式
福州东(快安)收费站	24(8入16出)	自动发卡机、ETC、MTC

2. 车流量发展状况(表10-18-10)

交通流量发展状况表　　　　　　　　　　　　　表10-18-10

年份(年)	日均车流量(辆)	年份(年)	日均车流量(辆)
2010	6660	2013	9368
2011	8431	2014	9729
2012	7685	2015	10935

第十九节　S7021 福州南连接线

福州南连接线(建设期:2009.12～2013.01)

(一)项目概况

1. 基本情况

福州南连接线是国家高速公路网福银线三福高速公路的重要组成部分。新建的螺洲大桥及南接线是福州市新的中轴线,将成为福州南出北进主要通道。项目总长14.17km,路线起于祥谦镇五虎山旁,设祥谦枢纽互通与国家高速公路网福银线相连,并与福州市螺洲大桥南接线相接,经闽侯县祥谦、青口、福清市镜洋,于沈海线K260相思岭隧道出口红星村处,通过主线分岔的方式与沈海线福泉高速公路衔接。

项目路线穿越丘陵地貌,总体地势西北高东南低,中间起伏不平。丘陵主要为剥蚀残丘,高程20～350m,天然坡度一般10°～25°,天然边坡稳定,相对高差一般小于100m,全段最高点在四峰隧道顶部,地面山脊高程达315m;台地由凝灰熔岩坡残积物堆积而成,海拔高程20～50m,略有起伏;在丘陵与台地区,常有河流谷地和山间小盆地,相对高差变化大,一般20～40m。路线除四峰隧道外,纵向地形起伏不大,地面自然坡度大多均在20°以下,地形地貌条件有利于高速公路的新建。地下水发育,分为第四系冲洪积层孔隙水、基岩风化孔隙裂隙潜水、基岩构造裂隙水三大类型。

第十章

高速公路建设项目实况

本项目采用沥青混凝土路面,为双向六车道高速公路标准;设计荷载:公路—Ⅰ级;计算行车速度:100~120km/h(起点至祥谦枢纽互通终点段为100km/h,其余路段为120km/h);设计洪水频率:路基与大、中、小桥1/100,特大桥1/300;项目概算批复里程14.17km,完全新建左线13.06km,右线11.73km,概算投资总额为19.21亿元。主要控制性工程有祥谦枢纽互通、虎山隧道、三溪口大桥、四峰隧道、上梨园隧道、联丰1号桥和联丰2号桥等。详见表10-19-1。

项目基本情况统计表　　　　表10-19-1

序号	项目		单位	数量	备注
一	技术标准				
1	计算行车速度		km/h	100~120	
2	路基宽度	整体式路基	m	34.5	
		分离式路基	m	17	
3	桥面净宽		m	2×11.0	
4	路面			沥青混凝土路面,设计年限15年,标准轴载100kN	
5	路基、桥涵设计洪水频率			特大桥1/300,其余均为1/100	
6	桥涵设计车辆荷载			公路—Ⅰ级	
二	主要工程规模				
1	路线里程		km	14.17	
2	征用土地		亩	1883	
3	拆迁房屋		m²	27771	
4	路基土石方		万m³	550.54	
5	软土地基处理		km	—	
6	桥梁(主线)		m/座	3855.5/9	
	其中:特大桥、大桥		m/座	3518.5/5	
7	匝道桥梁		m/座	—	
8	上跨分离		m/座	167/3	
9	互通式立交		处	18	
10	分离式立交		处	—	
11	涵洞通道		道	38	
12	隧道		m/座	3269.5/4	
13	路面(主线)		万m²	64579.39	
14	主线收费站		处	1	
15	服务区		处	0	
16	停车区		处	0	

项目于2009年12月正式动工,根据福州市政府要求,为配合福州螺州大桥南接线建设,福州南连接线工程采用同步施工,分两阶段完成试通车的方案,即福银线与沈海线连接段于2011年11月10日通过交工验收,2011年11月12日建成试通车。祥谦互通与福州螺州大桥和五虎山隧道衔接的部分及祥谦收费广场于2013年2月7日试通车。

2. 前期决策情况

根据福州市城市规划需求,原福州市南向进出城的主要通道——福泉高速公路福州连接线将调整为次要通道,并改造为城市快速路,成为东部新城内部及组团间疏散通道;而六一路—南台大道—螺洲大桥及南接线是福州市新的中轴线,并将其作为南向进出主要通道。国家高速公路网沈海线福泉高速公路扩建工程补充工可起点位于青口互通,这个补充许可规划通过新建6.02km的青口连接线,起点接螺洲大桥南接线。

交通运输部对工可审查意见认为:青口连接线只考虑了福州南向出城功能,但与福银线和福州东绕城及京台线高速公路没有统筹考虑,认为青口连接线位置设置不合理,对今后路网规划不利。为此,福建省交通运输厅和福州市政府提出一个新方案,新建一条福银线三福高速公路南连接线,该方案起于福州市闽侯县祥谦镇五虎山脚下,与螺洲大桥南接线衔接,终于相思岭隧道福清方向出口附近接上沈海线福泉高速公路,作为福州南向出城往返厦门方向的便捷通道。

根据福建省交通厅的指导精神,福建省交通规划设计院于2008年6月底成立了"福银线三福高速公路福州南连接线工程可行性研究"项目组,2008年8月12~13日,福建省发展和改革委员会、福建省交通厅联合主持召开福银线三福高速公路福州南连接线工程可行性研究报告审查会。设计单位根据审查会议精神,于2008年12月初编制完成《国家高速公路网福银线三高速公路福州南连接线工程可行性研究报告》。

3. 参建单位主要情况

(1)建设单位

项目由福建省高速公路有限公司负责投资、建设、经营和养护管理。福州福银高速公路南连接线工程建设有限责任公司作为代建业主,负责南连接线项目的建设任务,项目建设业主设总经理、副总经理、总工、总经理助理、综合部、工程部、财务部、安办以及业主代表组。

(2)设计单位

福建省交通规划设计院,负责全线的勘察设计工作。

(3)施工单位

本项目分为3个路基合同段、1个路面及交安设施工程合同段、1个房建工程合同段、1个机电监控、收费、通信系统和隧道照明、通风、消防及沿线供配电系统的供货与安装合同段、2个试验检测合同段。

（4）监理单位

本项目分为路基土建监理与机电监理两个监理合同段。

项目施工及监理单位详见表 10-19-2。

项目施工及监理单位一览表　　　　　　　　　表 10-19-2

段号	标段所在地	工程内容及长度	长度（km）	施工单位	监理单位
FLA1	闽侯县	K0+000～YK2+121.732 （K0+000～ZK2+121.885）路基	2.121	福建省第一公路工程公司	福建省交通建设工程监理咨询公司
FLA2	闽侯县	YK2+121.732～YK6+870 （ZK2+121.885～ZK6+871.817）路基	4.748	中铁十八局集团有限公司	福建省交通建设工程监理咨询公司
FLA3	闽侯县	南接线段落 YK6+870～YK11+736.675 （ZK6+871.817～ZK13+059.825） 沈海线段落 YK257+561.65～YK258+897.449 （ZK258+730.482～ZK258+801.169） K258+900～K265+700 路基	4.867	中铁十四局集团有限公司	福建省交通建设工程监理咨询公司
FLB1	闽侯县	K0+000～ZK12+850 K0+000～YK11+550 路面	11.736	中铁十二局集团有限公司	福建省交通建设工程监理咨询公司
FLC1	闽侯县	K0+000～ZK12+850 房建		福州第七建筑工程有限公司	福建省交通建设工程监理咨询公司
FLE1	闽侯县	K0+000～ZK12+850 机电		中铁十二局集团电气化工程有限公司	北京兴通交通监理公司

（二）建设情况

1. 项目准备阶段

（1）立项审批

项目立项：2008 年 12 月 22 日，福建省发展和改革委员会以《关于国家高速公路网福银线三福高速公路福州南连接线工程可行性研究报告的批复》（闽发改交能〔2008〕1039 号）批准立项。

环境影响评价：2008 年 12 月 9 日，福建省环保局以《福建省环保局关于批复福银高速公路福州南连接线工程环境影响报告书的函》（闽环保监〔2008〕133 号）批复环境影响报告书。

水土保持评价:2008年12月9日,福建省水利厅以《福建省水利厅关于〈福银高速公路福州南连接线工程水土保持方案报告书〉(报批稿)的批复》(闽水保监〔2008〕54号)批复水土保持方案报告书。

初步设计:2009年2月10日,福建省交通厅、福建省发展和改革委员会以《关于国家高速公路网福银线三福高速公路福州南连接线初步设计的批复》(闽交建〔2009〕28号)批复工程初步设计。

施工图设计:2009年10月9日,福建省交通运输厅以《关于国家高速公路网福银线三福高速公路福州南连接线施工图设计文件的批复》(闽交建〔2009〕196号)批复项目施工图设计。

建设用地批复:2010年4月6日,国土资源部以《关于三福高速公路福州南连接工程建设用地的批复》(国土资函〔2010〕164号)对南连接线建设用地作出批复。

施工许可批复:2010年10月26日,福建省交通运输厅对《国家高速公路网福银线福建省三明至福州高速公路南连接线工程施工许可申请书》予以批复通过。

(2)资金筹措

福州南连接线项目概算总投资为19.21亿元,由福州京福高速公路有限责任公司全额投资,其中福州京福公司投入自有资金4.8亿余元,其余向银行贷款。

(3)招投标工作

福州南连接线工程项目认真抓好招投标管理与监督工作。依据《中华人民共和国招标投标法》、交通部《公路工程施工招标投标管理办法》《公路工程施工招标评标委员会评标工作细则》及交通部、福建省人民政府、交通厅有关法规、办法,对符合招标条件的施工、监理实行国内公开招标,前期招标文件参照使用交通部招标文件范本2003版,2009年8月之后至完工招标文件参照使用交通部招标文件范本2009版。招标程序严格按照有关规定执行,以项目法人名义在指定媒体发布公告,组织开展相关项目招投标工作。

勘察设计合同段:根据省发改委《福建省发展和改革委员会关于福银高速公路福州南连接线建设项目招标事项的批复》(闽发改网法规〔2008〕16号)文件批示精神编制了勘察设计招标文件,最终确定S1合同段第一中标候选人为福建省交通规划设计院。

施工、监理单位招标:路基土建FLA1、FLA2、FLA3合同段及FLJ监理合同段实行公开招标,采用资格后审的方式,最终确定:FLA1合同段中标单位为第一中标候选人福建省第一公路工程公司;FLA2合同段因第一、第二中标候选人放弃中标,中标单位为第三中标候选人中铁十八局集团有限公司;FLA3合同段因第一中标候选人放弃中标,中标单位为第二中标候选人中铁十四局集团有限公司;FLJ合同段中标单位为第一中标候选人福建省交通建设工程监理咨询公司。

(4) 合同段划分

本项目工程建设项目设立3个路基土建合同,1个路面及交安设施工程合同,1个房建工程合同,1个机电、监控、收费、通信系统和隧道照明、通风、消防及沿线供配电系统的供货与安装合同,2个监理合同段,2个试验检测合同段。

(5) 征地拆迁

本项目征地拆迁工作于2009年初展开,因征迁及三杆两线迁改工作进度相对滞后,一定程度上影响工程的顺利进展。根据《福银线三福高速公路福州南连接线工程(闽侯段)征地、拆迁、补偿安置等工作委托协议书》以及《福银高速公路福州南连接线工程(福清段)征地、拆迁、补偿安置等工作委托协议书》要求,南连接线的征地、拆迁和安置工作委托福州市交建土地开发有限责任公司负责实施。

本项目征用土地1883亩,其中闽侯境内1745亩,福清境内138亩,拆迁房屋27771m^2,其中闽侯境内共25569.52m^2、福清境内共2201.79m^2。迁移坟墓共4190余穴。征地拆迁总费用146929400元。详见表10-19-3。

征地拆迁情况统计表　　　　　　　　　表10-19-3

征地拆迁安置起止时间	征用土地（亩）	拆迁房屋（m^2）	支付补偿费用（元）	备注
2008.12~2011.11	1883	27771	146929400	

2. 项目实施阶段

(1) 重大决策

为配合福州螺洲大桥南接线建设,福州南连接线工程采用同步施工,分两阶段完成试通车的方案,即福银线与沈海线连接段于2011年11月10日通过交工验收,2011年11月12日建成试通车,祥谦互通与福州螺洲大桥和五虎山隧道衔接的部分及祥谦收费广场于2013年1月试通车。

(2) 重大变更

①关于祥谦互通琯前村排洪渠重新规划与修建。根据福州市高速公路建设指挥部《关于福银高速公路福州南连接线祥谦互通琯前村片区排涝方案论证会会议纪要》([2009]17号),由于高速公路的修建,特别是琯前村段路基采用填方处理,改变了琯前片区天然地势和水流走向,造成原有河道排水不足等一系列问题,为了消除因修建高速公路对琯前片区居民生命财产安全造成的影响,保障该片区工业、农业生产顺利进行及与生态环境和谐相处,对琯前片区的排水河网进行重新规划与修建。

②关于祥谦互通收费站外广场原沥青混凝土路面改为水泥混凝土路面。FLB1合同段于2011年12月15日完成除祥谦收费站外广场以外(JK0+270~JK0+470段)的所有沥青混凝土路面施工。祥谦互通收费站与螺洲大桥南接线衔接,由于螺洲大桥南接线工

程还在施工中,且因施工通道、村民阻工等问题,工期难以确定,致使 JK0+270～JK0+470 段不具备沥青混凝土路面的施工条件,若按原设计铺筑沥青混凝土路面,将造成沥青拌和站及摊铺设备的闲置,引发工期拖延索赔。鉴此,经研究决定将原祥谦互通收费站外广场 JK0+270～JK0+470 段沥青混凝土路面变更为水泥混凝土路面。

③关于 YK8+380～YK8+658.399 段路基边坡加固处理。福州南连接线 FLA3 合同段 YK8+380～YK8+658.399 段补充勘察报告及现场开挖面后发现该段前后均为不良地质,地下水丰富、水位高,路床积水严重,且在 YK8+640 处坡顶有座 50 万伏高压电塔与边坡临空面接近,为确保电塔安全,对该段边坡采用预应力框架锚索和抗滑桩进行坡体加固。并对不良地质进行换填透水性材料处理。

(3)重大事件

2008年9月26日,完成项目工程勘察设计招标评标工作。

2008年12月22日,福建省发改委以闽发改交能〔2008〕1039号文批复项目工程可行性研究报告。

2009年5月7日,本项目在闽侯县青口镇联丰村举行了开工仪式。

2011年11月10日,本项目工程顺利通过交工验收。

2011年11月12日,本项目举行通车庆典。

(三)复杂技术工程与科技创新

福州南连接线工程复杂技术工程与科技创新主要表现在联丰1号大桥设计与施工上。联丰1号桥为高架桥,位于福清市镜洋镇,上跨G324国道,桥位与国道交角45°,左线主桥采用(62+105+62)m悬浇刚构箱梁,右线主桥采用(62+105+62)m悬浇连续箱梁,横断面按六车道设计,跨度大、横断面宽,左线桥最大桥高达45m,施工环境复杂,技术难度较大。为此,设计、监理、施工单位密切配合,根据现场情况,桥梁动工建设前先由施工单位制定挂篮悬浇施工方案,经总监办初审后,业主组织专家对其施工方案进行认真评审。在施工过程中层层把关,同时在第三方监控测量单位对桥梁线型、应力等指标控制指导下,突出抓好0号块、悬臂浇筑、直线段和合龙段的施工质量,确保悬浇挂篮施工顺利完成。

(四)运营管理

1.收费站点设置(表10-19-4)

收费站点设置情况表 表10-19-4

站点名称	车道数	收费方式
祥谦	20(9入11出)	人工、ETC、自动取卡

2. 车流量发展状况(表10-19-5)

交通流量发展状况表　　表10-19-5

年份(年)	日均车流量(辆)	年份(年)	日均车流量(辆)
2013	6562	2015	13963
2014	11247		

第二十节　S1573 围头疏港高速公路

围头疏港高速公路(建设期:2010.04～2012.12)

(一)项目概况

1. 基本情况

围头疏港高速公路位于福建省晋江市和石狮市,是海峡西岸经济区高速公路网和泉州市干线公路网的重要组成部分。全线总里程20.994158km,设计采用《公路工程技术标准》(JTJ B01—2003),全线按高速公路标准建设,设计行车速度100km/h,双向六车道高速公路整体式路基宽度为33.5m:中间带宽度3.5m(中央分隔带2.0m+路缘带2×0.75m),行车道2×11.25m,外侧路缘带及硬路肩宽度2×3m,土路肩宽度2×0.75m。双向四车道高速公路整体式路基宽度为26m:中间带宽度3.5m(中央分隔带2.0m+路缘带2×0.75m),行车道2×7.5m,外侧路缘带及硬路肩宽度2×3m,土路肩宽度2×0.75m。设计荷载为公路—Ⅰ级,验算荷载为挂车—120;全线采用全封闭、全立体交叉。

围头疏港高速公路起于泉州市晋江市内坑镇柑市村(设内坑枢纽互通与沈海线衔接),路线经内坑镇、罗山街道(于罗山街道樟井村设樟井枢纽互通与G1502泉州绕城高速公路开始共线5.979km),从樟井互通由北往南,经永和镇、龙湖镇(共线段终点)、深沪镇,终于东华村(设金井半互通与S308相接)。全线共有各类桥梁43座(其中特大桥2座、大桥25座),隧道2座;设置1个收费站;共有各类涵洞、通道48道。详见表10-20-1。

项目基本情况统计表　　表10-20-1

序号	项目		单位	数量	备注
一	技术标准				
1	计算行车速度		km/h	100	
2	路基宽度	整体式路基	m	33.5/26	
		分离式路基	m	16.75/13	

续上表

序号	项目	单位	数量	备注
3	桥面净宽	m	2×15.5/2×11.75	
4	路面		沥青混凝土路面,设计年限15年,标准轴载100kN	
5	路基、桥涵设计洪水频率		特大桥1/300,其余均为1/100	
6	桥涵设计车辆荷载		汽车—超20级、挂车—120	
二	主要工程规模			
1	路线里程	km	20.994158	
2	征用土地	亩	1735.387	
3	拆迁房屋	m²	100827.966	
4	路基土石方	万 m³	392.167	
5	软土地基处理	km	0.7	
6	桥梁(主线)	m/座	10899/27	
	其中:特大桥、大桥	m/座	10172/14	
7	匝道桥梁	m/座	2517/7	
8	上跨分离	m/座	1570/9	
9	互通式立交	处	2	
10	分离式立交	处	5	
11	涵洞	道	41	
12	通道	道	7	
13	隧道	m/座	1816/2	
14	路面	万 m²	59.506	
15	主线收费站	处	1	
16	服务区	处	0	
17	停车区	处	0	

本项目与G1502泉州绕城高速公路晋石段一并建设,计划工期48个月,2010年4月路基A1、A2、LA2合同段先行开工建设,2012年12月21日交工验收,2012年12月31日通车试运营。

2.前期决策情况

详见G1502泉州绕城高速公路晋江至石狮段。

3.参建单位主要情况

(1)建设单位

围头疏港高速公路前期工作由泉州市交通局和泉州市高速公路前期工作办公室负

责。2009年9月,由福建省高速公路集团有限公司和泉州市高速公路投资有限公司共同出资组建泉州晋石高速公路有限责任公司,作为本项目法人单位,全面负责晋石高速公路项目的投资、建设、收费管理和养护等工作。

(2)设计单位

福建省交通规划设计院承担本项目的初步设计阶段和施工图阶段的勘察设计工作;以及机电项目、绿化项目、交通工程、房建项目的设计工作。

(3)施工单位

本项目施工单位共7家。路基工程共划分为3个合同段,路面及交通安全设施工程划分为1个合同段,绿化工程划分1个合同段,房建工程划分为1个合同段,机电工程分为1个合同段。

(4)监理单位

本项目监理单位共2家,全线路基、路面及交通安全设施、房建、绿化工程1个监理标段,机电工程1个监理标段。

本项目施工及监理单位详见表10-20-2。

项目施工及监理单位一览表　　　　　表10-20-2

标段号	标段所在地	工程内容	长度(km)	施工单位	监理单位
A1	晋江	K0+000~K4+735 路基土建	4.735	中铁大桥局股份有限公司	内蒙古华讯工程咨询监理有限责任公司
A2	石狮晋江	K4+735~K8+930 路基土建	4.195	中交第二航务工程局有限公司	内蒙古华讯工程咨询监理有限责任公司
LA2	晋江	LK9+630~LK16+185.687 路基土建	6.556	中铁十四局集团第四工程有限公司	内蒙古华讯工程咨询监理有限责任公司
B	晋江石狮	路面工程	13.19	江西省交通工程集团公司	内蒙古华讯工程咨询监理有限责任公司
F	晋江石狮	房建工程	13.19	福建省第五建筑工程公司	内蒙古华讯工程咨询监理有限责任公司
C	晋江石狮	绿化工程	13.19	福建大农景观建设有限公司	内蒙古华讯工程咨询监理有限责任公司
E	晋江石狮	机电工程	13.19	亿阳信通股份有限公司	北京兴通工程咨询有限责任公司

(二)建设情况

1. 项目准备阶段

立项审批、资金筹措、招投标、合同段划分、征地拆迁等工作详见 G1502 泉州绕城高速公路晋江至石狮段。

2.项目实施阶段

(1)重大变更(表10-20-3)

重大设计变更表　　　　　　　　　　　　　　　　　　　　　　表10-20-3

序　号	设 计 变 更 内 容
1	苏内1号大桥上跨晋江世纪大道南拓线路段T梁变更为现浇箱梁
2	华表山2号分离式小桥在YK5+860处增设1×16m空心板桥
3	永和2号大桥第一联T梁变更为T梁加现浇箱梁
4	英林特大桥LK14+381~LK14+609段刚性桩基软基处理段落变更为高架桥

(2)重大事件

详见G1502泉州绕城高速公路晋江至石狮段。

(三)复杂技术工程

详见G1502泉州绕城高速公路晋江至石狮段。

(四)科技创新

详见G1502泉州绕城高速晋江至石狮段。

(五)运营管理

收费站点设置情况见表10-20-4。

收费站点设置情况表　　　　　　　　　　　　　　　　　　　　10-20-4

站 点 名 称	车 道 数	收 费 方 式
晋江南	12(5入7出)	人工、ETC、自动取卡

其余部分详见G1502泉州绕城高速公路晋江至石狮段。

第二十一节　S2513上杭至蛟城高速公路(上蛟高速公路)

上蛟高速公路(建设期:2010.04~2012.12)

(一)项目概况

1.基本情况

上蛟高速公路是国家高速公路网厦蓉线和长深线的联络线,是海西高速公路网的重

第十章

高速公路建设项目实况

要组成部分,项目起于蛟洋镇下道湖村(与厦蓉线龙长高速公路相连),途经白沙镇,终于上杭临城古石背(与长深线永武高速公路相连)。全线采用双向四车道高速公路标准建设,设计速度100km/h,一般路段路基宽度26m,贵竹至金光大桥路段(K9+000~K13+500)及书忠1号大桥至白玉隧道(K21+000~K32+400)2个工程路段路基宽度采用24.5m。路线全长36.132km。本项目批复概算总投资24.4629亿元,实际完成投资24.4629亿元。详见表10-21-1。

项目基本情况统计表　　　　　　表10-21-1

序号	项目		单位	数量	备注
一	技术标准				
1	计算行车速度		km/h	100	
2	路基宽度	整体式路基	m	26(局部24.5)	
		分离式路基	m	13	
3	桥面净宽		m	2×11.75	小桥和路基同宽
4	路面			沥青混凝土路面,设计年限15年,标准轴载100kN	
5	路基、桥涵设计洪水频率			1/100	
6	桥涵设计车辆荷载			公路—Ⅰ级	
二	主要工程规模				
1	路线里程		km	36.132	
2	征用土地		亩	5414.07	
3	拆迁房屋		万m²	4.2	
4	路基土石方		万m³	2285.95	挖填方合计
5	软土地基处理		km	7.365	
6	桥梁(主线)		m/座	5644.3/21	
	其中:特大桥、大桥		m/座	大桥5564.3/20	
7	匝道桥梁		m/座	1306/6	
8	上跨分离		m/座	409.25/6	
9	互通式立交		处	3	
10	分离式立交		处	6	
11	涵洞		道	62	
12	通道		道	16	
13	隧道		m/座	折合单幅8469/3.5	

续上表

序号	项　目	单位	数　　量	备注
14	路面（主线）	万 m²	895.343	
15	主线收费站	处	1	
16	服务区	处	0	
17	停车区	处	0	

上蛟高速公路项目工程于2009年8月27日正式开工，省发改委、省交通厅批复工期为4年，2012年11月建成，建设工期39个月。于2012年12月25日建成通车。

2. 前期决策情况

本项目前期工作经国家、省有关部门的多方评估和审查，完成国家规定的各项基本建设程序，主要有：2008年6月5日，省发改委批复了本项目工程项目建议书（闽发改交能〔2008〕409号）；2008年10月15日，省发改委批复了本项目工程可行性研究报告（闽发改交能〔2008〕756号）；2008年11月3日，省交通厅、省发改委批复了本项目工程初步设计文件（闽交建〔2008〕150号）；2009年2月6日，国土资源部批复了本项目工程用地（国土资函〔2009〕251号）；2010年2月20日，省交通运输厅批复了本项目施工图设计文件（闽交建〔2010〕22号）；2010年6月8日，项目法人向福建省龙岩市交通局申报施工许可，经福建省龙岩市交通局初审后报省交通运输厅审批，福建省交通运输厅已批复项目施工许可；2010年5月6日，项目法人向省质监局报送公路工程质量监督申请书和相关资料；2010年5月14日，省交通质监局以"〔2010〕质监第G005号"正式下达质量监督通知书。

3. 参建单位主要情况

（1）建设单位

2007年12月16日，成立"上杭蛟洋至城关高速公路筹建工作领导小组"。2008年10月13日，成立了上杭蛟城高速公路有限公司，作为本项目法人单位，全面负责上杭蛟洋至城关高速公路项目的建设、筹资、运营和还贷工作。

（2）设计单位

福建省交通规划设计院承担本项目初步设计与施工图设计阶段的勘测与设计工作；中铁二院工程集团有限公司负责本项目的设计审查工作（咨询单位）。

（3）施工单位

本项目工程划分为四个合同段，路面、交安、房建及绿化工程为一个合同段，机电工程一个合同段。

（4）监理单位

本项目监理单位共两家，其中路基、路面工程一个监理标，机电工程一个监理标。

（5）检测单位

本项目检测单位共两家，其中路基工程一个检测标，路面工程一个检测标。

项目施工及监理单位详见表10-21-2。

项目施工及监理单位一览表　　　　　　　　表10-21-2

标段号	标段所在地	工程内容	长度（km）	施工单位	检测单位	监理单位
A1	蛟洋	K0+000~K9+000 路基	9	中铁七局集团有限公司	福建金通建设工程检测有限公司	合诚工程咨询股份有限公司
A2	白砂	K9+000~K18+500 路基	9.5	河北路桥集团有限公司		
A3	白砂临城	K18+500~K27+900 路基	9.4	中铁十三局集团有限公司		
A4	临城	K27+9000~K36+132 路基	8.229	山东省公路建设（集团）有限公司		
B1	蛟洋白砂临城	K0+000~K36+132 路面、交安、房建、绿化	36.132	中铁十五局集团第二工程有限公司	河南省公路工程试验检测中心有限公司	
E1	蛟洋白砂临城	K0+000~K36+132 机电	36.132	北京公科飞达交通工程发展有限公司		北京华路捷工程技术咨询有限公司

（二）建设情况

1. 项目准备阶段

（1）立项审批

项目立项：2008年6月5日，省发改委批复了本项目工程项目建议书（闽发改交能〔2008〕409号）。

工程可行性报告：2008年10月15日，省发改委批复了本项目工程可行性研究报告（闽发改交能〔2008〕756号）。

初步设计：2008年11月3日，省交通厅、省发改委批复了本项目工程初步设计文件（闽交建〔2008〕150号）。

环境影响评价：2008年10月7日，省环保局以闽环保监〔2008〕87号文对《上杭蛟洋至城关高速公路工程环境影响评估报告书》（修订稿）进行了批复。

地震安全性评价：7月16日，省地震局以闽震〔2008〕162号文对《上杭蛟洋至城关高速公路地震安全性评估报告》进行了批复。

建设用地批复:2009年2月6日,国土资源部批复了本项目工程用地(国土资函〔2009〕251号)。

施工图设计文件批复:2010年2月20日,省交通厅批复了本项目施工图设计文件(闽交建〔2010〕22号)。

(2)资金筹措

省发改委、省交通厅批复概算24.4629亿元,资金拼盘为省高速公路有限责任公司1.44亿元,闽西兴杭国有资产投资经营公司出资7.12亿元,银行贷款15.90亿元,工程总造价控制在省发改委、省交通厅审批的概算范围内。

(3)招投标工作

根据国家基本建设程序要求以及相关法律法规的规定,在上级交通运输和审计部门的指导和监督下开展施工、监理等各项招投标工作。

施工单位招投标情况:上蛟高速公路施工标共设六个标,其中路基土建工程四个标,路面工程(含绿化、交安、房建工程)一个标,机电及三大系统工程一个标。路基土建工程施工招标采用国内公开招标、资格预审方式,招标工作由深圳高速工程顾问有限公司承担;路面标(含绿化、交安、房建工程)施工采用国内招标,资格后审方式,招标工作由北京中交建设工程招标有限公司承担;机电工程施工采用国内公开招标、资格后审方式,招标工作由福州信源工程造价咨询有限公司承担。所有招投标工作在龙岩市及上杭县监察部门的监督下,按照公开、公平、公正的要求,向社会公开招标。招标结果A1标由中铁七局集团有限公司中标,A2标由河北路桥集团有限公司中标,A3标由中铁十三局集团有限公司中标,A4标由山东省公路建设(集团)有限公司中标,B1标由中铁十五局集团第二工程有限公司中标,E标由北京公科飞达交通工程发展有限公司中标。

监理单位招投标情况:本项目监理设两个标,试验检测设两个标。路基土建工程J1监理标、JC1检测标招标采用国内公开招标、资格预审方式,招标工作由深圳高速工程顾问有限公司承担;路面(含绿化、交安、房建工程)、机电及三大系统工程试验检测JC2标采用国内招标,资格后审方式,招标工作由北京中交建设工程招标有限公司承担;机电及三大系统工程EJ监理标采用国内公开招标、资格后审方式,招标工作由福州信源工程造价咨询有限公司承担。所有招投标工作在龙岩市及上杭县监察部门的监督下,按照公开、公平、公正的要求,向社会公开招标。招标结果:J1标由厦门市路桥咨询监理有限公司中标,EJ标由北京华路捷工程技术咨询有限公司中标;JC1由福建金通建设工程检测有限公司中标,JC2由河南省公路工程试验检测中心有限公司中标。

(4)合同段划分

上杭蛟洋至城关高速公路路基工程划分为四个合同段,路面、交安、房建及绿化工程为一个合同段,机电工程一个合同段。

(5)征地拆迁

项目征用土地5414.07亩,其中:水田1403.096亩,旱地325.4亩,林地3550.19亩,其他135.50亩,共计发放征地补偿费5032.5万元。拆迁房屋165户,建筑面积4.2万m^2,发放拆迁补偿费1780.6万元。迁移电力、通信等"三杆"156.6km,补偿费计23298621元,其中:电力杆线112km,迁移费19952729元,通信迁移36km,迁移补偿2882336元,广电迁移7km,迁移补偿463556元。征迁个案500多宗,发放个案补偿3000多万元。拆迁小企业9家,发放补偿费近2000万元。征迁古事34宗,发放补偿费300余万元。详见表10-21-3。

征地拆迁情况统计表　　　　　　　表10-21-3

项目工期	征地拆迁安置起止时间	征用土地（亩）	拆迁房屋（m^2）	支付补偿费用（元）	备注
一期	2009.03～2011.10	5315.569	27592.1	203546751	

2. 项目实施阶段

(1)重大变更(表10-21-4)

重大设计变更表　　　　　　　表10-21-4

序　号	设计变更内容
1	K24+140增加人行天桥
2	K24+720通道改桥
3	MK34+900～GK0+200段左边坡滑坡加固防护工程
4	古石互通BK0+460～BK0+785段左侧采用履带式液压岩石破碎机施工

(2)重大事件

2007年12月16日,成立上杭蛟洋至城关高速公路筹建工作领导小组。

2008年10月13日,成立上杭蛟城高速公路有限公司。

2009年7月21日,本项目在临城镇古石背举行开工典礼。

2010年11月27日,A4合同段洋乾隧道贯通。

2012年8月25日,白玉隧道左洞贯通,标志着项目隧道全线贯通。

2012年12月21日,本项目通过交工验收,质量等级优良。

2012年12月25日,本项目建成通车。

(三)复杂技术工程

1. 隧道

白玉隧道(长2555m,以右线计)纵深长,地质复杂,围岩较破碎,节理、裂隙发育且有裂隙水,隧址区有7条断层(F37、F38、F40、F41、F42、F43、F44)横穿或平行隧道轴线,是本项目的难点工程,也是关键线路节点工程。

2. 高边坡治理

本项目地处山岭重丘区,地质情况复杂,深挖高填段落多,其中MK34+900~GK0+200段左侧边坡位于上杭县附近东风亭。该边坡原设计最高六阶,其中第一级边坡坡率1:0.5,第二、三级坡率1:0.75,第四、五级边坡坡率1:1,边坡最大高度50m。为确保深挖路堑边坡的稳定性,根据设计要求和实际情况采取动态设计,施工时将第一、二阶采用预应力锚杆框架加固变更为预应力锚索框架加固,即便如此,开挖至第一阶平台时就出现山体下滑现象,坡顶裂缝宽度最大达55cm。经过详细的现场踏勘、地质钻探揭露,结合深孔位移监测结果判断该滑坡属于中厚层的基岩滑坡,滑体主要为残坡积层的黏土夹碎石、全风化砂岩、强风化砂岩及部分弱风化砂岩,滑体主要沿基岩中的软弱夹层发生滑动。当前变形滑坡体的宽度约280m、坡体长度最大约175m、滑体厚度最大约20m,滑坡体体积约70万方,属于大型的山体滑坡地质灾害。在省高指的指导下,组织专家多次论证后,采用方案一,即对第一块滑体采用锚索抗滑桩、锚索框架、部分刷方、平孔排水相结合的方式;对第二块滑体采用锚索抗滑桩、坡脚挡墙、平孔排水相结合的方式。治理完成后边坡稳定,确保了行车安全。

(四)科技创新

为确保施工质量、进度,组织技术人员对全线技术含量较高的项目组织科技攻关,从施工方案开始就进行了认真研究、优化,从技术上挖潜力,在施工单位、设计单位、监理单位的通力配合下,应用新技术、新材料、新工艺,提高上杭蛟洋至城关高速公路的科技含量。

1. 隧道施工方面

采用地质雷达配合中、高频天线,对全线隧道的初期支护、二次衬砌及仰拱的质量、厚度、钢支撑间距进行全面检查,采用锚杆质量检测仪、拉拔仪检测锚杆的长度、注浆饱满度及锚杆拉拔力,对存在质量问题的地方及时进行返工或整改,有效地控制了隧道的工程质量。

2. 桥梁施工方面

切实加强标准化建设管理,钢筋加工采用全自动数控加工设备,桩基钢筋笼的主筋连接改变以往的闪光对接焊或搭接焊的方式,采用G28套筒机械连接,确保钢筋加工及联结的质量。

（五）运营管理

1. 收费站点设置（表10-21-5）

收费站点设置情况表　　　　　　　　　表10-21-5

站点名称	车道数	收费方式
上杭白砂收费站	8（4入4出）	人工、ETC、自动取卡

2. 车流量发展状况（表10-21-6）

交通流量发展状况表　　　　　　　　　表10-21-6

年份（年）	日均车流量（辆）	年份（年）	日均车流量（辆）
2012	1095	2014	1027
2013	995	2015	1070

第二十二节　S30厦门至沙县高速公路（厦沙线）

一、厦沙线南安（金淘）至厦门高速公路厦门段（金安高速公路厦门段）（建设期：2009.11~2016.09）

（一）项目概况

1. 项目基本情况

金安高速公路厦门段是福建省"三纵八横三环三十三联"高速公路网布局中"六横"及"环厦高速公路"的重要组成部分。本项目起点接南安（金淘）至厦门高速公路安溪段终点，路线从北至南经龙门岭、双溪口大桥，而后经云埔村设云埔枢纽互通式立交后向南跨S206线、澳溪，穿孙厝、顶溪埔，在下坝设桥跨X415线至坝里，从坝里后山直线行至峰星小学设莲花互通式立交，穿溪东村设桥跨莲花溪、X422线，再从庙山和前山村中间穿过，至小溪山山脚，以隧道形式穿越小溪山至院林村设同安互通式立交到达本合同段终点，项目同时设同安云埔至罗溪连接线，起于云埔枢纽互通，经莲花隧道，止于厦门市莲花镇与漳州市交界的罗溪。

路线全长41.441km，全线按高速公路标准设计，龙门岭隧道至云埔互通段，设计速度80km/h，路基宽度24.5m，双向四车道；云埔互通至厦门互通段，设计速度100km/h，路基宽度26m，双向四车道；云埔互通至罗溪连接线，设计速度100km/h，路基宽度26m，双向四车道。项目设计概算42.57亿元，实际完成投资50.14亿元。沿线主要设隧道7座，包括1座特长隧道（莲花隧道4.5km），设桥梁41座，包括1座特大桥（澳溪特大桥1.5km），

37座大桥,10座中桥,3座小桥。设各类通道、涵洞102座。项目共设置莲花、凤南、站北、厦门(枢纽)4处收费站(其中厦门互通收费站与沈海高速公路共用),1处服务区(云埔南、北服务区),1处停车区(凤南东、西停车区)。详见表10-22-1。

项目基本情况统计表　　　　　　　　　　　　　　　表10-22-1

序号	项 目	单位	数 量	备 注
一	技 术 标 准			
1	计算行车速度	km/h	100、80	
2	路基宽度	m	24.5(龙门岭至云浦段)/26(其余路段)	
3	桥面净宽	m	与路基同宽	
4	路面		沥青混凝土路面,设计年限15年,标准轴载100kN	
5	路基、桥涵设计洪水频率		特大桥1/300,其余均为1/100	
6	桥涵设计车辆荷载		汽车—超20级、挂车—120	
二	主要工程规模			
1	路线里程	km	41.44	
2	征用土地	亩	4422	
3	拆迁房屋	m²	195835	
4	路基土石方	万m³	814	
5	软土地基处理	km	—	
6	桥梁(主线)	座	41	
7	互通式立交	处	5	
8	涵洞及通道	道	102	
9	隧道	座	6	
	特长隧道	座	1	
10	路面(主线)	万m²	96	
11	主线收费站	处	4	
12	服务区	处	1	
13	停车区	处	1	

金安高速公路厦门段项目控制性工程龙门岭隧道、岩内隧道(下穿福厦动车轨道,与轨道同步建设)分别于2007年、2008年以"厦门至安溪城际快速路"名义先行开工建设。其他各路基标段于2009年10月陆续开工建设。2012年12月31日双溪口至站北互通段实现通车运营,2013年8月30日站北互通至厦门互通段实现通车运营,2014年11月25日凤南互通落地实现通车运营。2015年6月15日罗溪连接线实现通车运营。2016年9月3日莲花互通实现通车运营。

2.前期决策情况

金安高速公路厦门段是福建省"海峡西岸经济区高速公路网"中"二纵"的重要段落,

同时还是厦门、泉州两市公路主骨架的重要组成部分。本项目北连泉南高速公路,南接沈海高速公路,罗溪连接线延伸至厦成高速公路,北承长三角,南及珠三角,东出台湾海峡。有利于完善国家高速公路、福建省公路主骨架网,提高路网的通达度,发挥路网的整体效益。加快海峡西岸经济区建设的需要,促进区域经济合作和发展的需要,增强港口、机场对内陆山区的辐射力,带动内陆山区经济共同发展。厦门市委市政府高瞻远瞩,抓准时机、适度超前地做出了实施厦沙高速公路工程的重大决策,为厦门地区的经济快速发展提供良好的基础,以适应快速开发建设的要求。

在工程前期的项目建议书阶段,完成了厦沙高速公路厦门段的轮廓性设想和建议,评估、论证了项目建设的必要性、可行性,并对项目的技术标准、路线方案、投资规模、经济效益、社会效益、建设风险、环境影响等进行了专题研究。

在工程可行性研究阶段,委托省交规院对项目在技术上是否可行和经济上是否合理进行科学的分析和论证。从效益、施工难度、工程造价、环境影响、技术先进性、适用性、风险性等方面进行了全面、详细的比选,在综合考虑各项主要技术经济指标的基础上最终得出最优建设方案。

对各专项工程在专题论证、报批、初步设计等分阶段工作中进行深入研究,在开展初步设计之前,先进行了环境影响评估、水保影响评估、水文专题研究、规划许可、地形测量等一系列前期工作,确保项目建设的科学性。

3. 参建单位主要情况

主要参建单位,包括设计、施工、监理、监督、检测等单位。

(1)建设单位:厦门百城金安高速公路有限公司。

(2)设计单位:项目共四家设计院,分别是福建省交通规划设计院、中交第二公路勘察设计院、中铁第四勘察设计院、中交公路规划设计院。

(3)施工单位:全线共分为 11 个路基土建工程施工标(其中主线 TA1~TA4、TB1~TB3、TC1~TC2,罗溪连接线 TD1~TD2),2 个路面、房建及交安工程施工标(TE1~TE2),2 个机电施工标(机电 A、机电 B)和 1 个绿化施工标。

(4)监理单位:全线共分为 6 个监理标段,分为 TA1、TA2,A~D,TC2。

(5)质量监督单位:福建省交通工程建设质量监督站。

项目施工及监理单位详见表 10-22-2、表 10-22-3。

项目施工单位一览表　　　　　　表 10-22-2

合 同 段	单 位 名 称	主要工程内容
TA1	四川武通路桥工程局	双溪口大桥、龙门岭隧道
TA2	中铁二十二局集团有限公司	龙门岭隧道
TA3	宁波交通工程建设集团有限公司	澳溪特大桥

续上表

合同段	单位名称	主要工程内容
TA4	江西有色工程有限公司	小坪隧道
TB1	中铁七局集团有限公司	东溪大桥、云埔互通
TB2	中交第三航务工程局有限公司	坝里大桥、莲花互通
TB3	河北燕峰路桥建设有限公司	凤南互通、小溪山隧道
TC1	福建省闽西交通工程有限公司	南山大桥、凤溪隧道、站北互通
TC2	中交第三公路工程局有限公司	岩内隧道、厦门互通
TD1	中铁十七局集团有限公司	罗溪连接线
TD2	大成公司建设有限公司	罗溪连接线
TE1	福建路桥建设有限公司	路面工程、交安设施、房建工程
TE2	中交第一公路工程局有限公司	路面工程、交安设施、房建工程
机电A标	中铁十三局集团电务工程有限公司	供配电通风照明、消防、监控工程
机电B标	上海隧道工程股份有限公司	三大系统、供配电通风照明
绿化	厦门鹭路兴绿化工程建设有限公司	全线绿化工程

项目监理单位一览表　　　　表10-22-3

合同段	单位名称	监理范围
TA1、TA2	中国公路工程咨询总公司	TA1、TA2标
A	合诚工程咨询有限公司	TA3、TA4标、机电工程、交安设施
B	厦门中平监理工程有限公司	TB1、TB2、房建工程、绿化景观
C	铁四院监理有限公司	TB3、TC1标
TC2	厦门市路桥咨询监理有限公司	TC2标
D	厦门中平监理工程有限公司	罗溪连接线路基、桥梁、隧道监理

(二)建设情况

1.项目准备阶段

(1)立项审批

项目立项:2007年8月2日,由厦门市发改委、泉州市发改委联合上报省发改委《关于南安金淘至厦门高速公路项目立项的请示》(厦发改投资〔2007〕367号)。2007年8月13日,省发改委以《南安(金淘)至厦门高速公路项目建议书的批复》(闽发改交能〔2007〕767号)同意立项。

工程可行性研究报告:2007年12月14日,由厦门市发改委、泉州市发改委联合上报省发改委《关于南安金淘至厦门高速公路工程可行性研究报告的请示》(厦发改投资〔2007〕753号)。2008年10月15日,省发改委以《南安(金淘)至厦门高速公路工程可行性研究报告的批复》(闽发改交能〔2008〕715号)批复工程可行性研究报告,同意路线方案、技术标准、投资控制和建设工期。

环境影响报告：福建省环境保护局于2008年8月12日对该项目环境影响报告书进行批复（闽环保监〔2008〕67号）。

初步设计：福建省交通厅、福建省发展和改革委员会于2008年10月29日下发《福建省交通厅 福建省发展和改革委员会关于南安（金淘）至厦门高速公路初步设计的批复》（闽交建〔2008〕136号），批复了本项目初步设计。

福建省交通厅、福建省发展和改革委员会于2009年6月9日下发《福建省交通厅 福建省发展和改革委员会关于南安（金淘）至厦门高速公路（厦门段）初步设计概算的批复》（闽交建〔2009〕95号），批复了本项目概算。项目总投资设计概算核定为42.57亿元（其中建安费30.79亿元）。

施工图设计：福建省交通运输厅于2010年5月26日下发《福建省交通运输厅关于南安（金淘）至厦门高速公路（厦门段）施工图设计文件的批复》（闽交建〔2010〕65号），批复了本项目施工图设计文件。

施工许可：福建省交通运输厅于2011年11月30日对南安（金淘）至厦门高速公路（厦门段）施工许可申请给予批复。

规划许可证：厦门市规划局于2011年5月19日批复《南安（金淘）至厦门高速公路（厦门段）建设工程规划许可证》（建字第350212201199026号）。

建设用地：厦门市政府于2009年5月4日下发《厦门市人民政府关于南安（金淘）至厦门高速公路（厦门集美段）建设用地的批复》（厦府地〔2009〕236号）。厦门市政府于2012年2月6日下发《厦门市人民政府关于南安（金淘）至厦门高速公路（厦门段）同安段建设用地的批复》（厦府地〔2012〕28号）。

开工批复：该工程项目控制性工程龙门岭隧道、岩内隧道（下穿福厦动车轨道，与轨道同步建设）分别于2007年、2008年以"厦门至安溪城际快速路"名义先行开工建设。其他各路基标段于2009年10月陆续开工建设。

（2）资金筹措

金安高速公路厦门段概算投资42.57亿元，其中建筑安装工程费30.79亿元，设备及工具、器械购置费1.29亿元，工程建设其他费用8.73亿元，预备费1.66亿元。建设资金中项目资本金15.19亿元（部级1.19亿元，市级14亿元），由交通部补助资金和厦门市财政统筹解决，其余27.38亿元利用国内银行贷款。本项目最终投资50.14亿元。

（3）招投标工作

本项目严格按照厦门市建设工程招投标工作流程进行工程招标，从公开发布招标信息、发布控制价、开标、评标、中标结果公示到中标手续均在相关监督管理部门办理。中标结果在厦门市建设工程交易中心公示，均无投诉，做到招标程序规范。

(4)合同段划分

本项目工程主要有路基土石方、桥梁、隧道、立交、路面、交安设施、机电、房建、绿化等附属工程,共15个施工合同段,其中10个主体施工合同段,2个路面、房建、交安合同段,2个机电合同段和1个绿化合同段。全线共分4个设计合同段和5个监理合同段。详见表10-22-4。

标段划分及主要工程数量表　　　　　表10-22-4

标　段	标段里程(km)	主　要　工　程　量
TA1、TA2	3.749	龙门岭隧道、双溪口隧道、双溪口大桥、双溪口中桥及与安溪段相衔接的高边坡路基段
TA3、TA4	2.933	包括澳溪大桥1550.25m/1座,小坪隧道850m/1座
TB1	3.848	塔湖山大桥,东溪大桥,环厦线2、3号桥,云埔服务区(北区),云埔互通,云埔服务区(南区)
TB2	7.80	莲花互通、坝里大桥、莲花大桥、蔡林大桥
TB3	4.564	坑内大桥、小溪山隧道、凤南互通、凤南停车区、浒空内大桥
TC1	4.36	南山大桥、凤溪隧道、站北互通
TC2	2.42	岩内隧道、厦门互通
云埔—罗溪(连接线) TD1、TD2	11.7	云埔1、2桥,南坑Ⅰ号桥、南坑Ⅱ号桥、南坑Ⅲ号桥、南坑Ⅳ号桥、莲花隧道、罗溪大桥、罗溪Ⅰ号桥、罗溪Ⅱ号桥、罗溪Ⅲ号桥、罗溪Ⅳ号桥
TE1		路面工程、交安设施、房建工程
TE2		路面工程、交安设施、房建工程
机电A标		供配电通风照明、消防、监控工程
机电B标		三大系统、供配电通风照明
绿化	41.44	全线绿化工程

(5)征地拆迁

金安高速公路厦门段主线共征地3917亩,其中集美段947亩,同安段2970亩,罗溪连接线共征地505亩。主线段拆迁建筑物共179470m^2,罗溪连接线段拆迁建筑物共16365m^2。

2007年初开始至2012年5月底基本完成了主线征地拆迁。自进场以来,始终把建设用地的提交作为日常工作的重点来抓。派设专人密切跟踪拆迁进展,坚持每周将征拆进展情况反馈区主要部门和领导,通过区政府实时给镇政府压力,以提高征地拆迁的速度和效率。区主要领导亦多次召开专题会议和现场调研,采取"十天一汇报、一落实"制度,充分调动沿线镇、村的力量。各镇街领导分工具体,克服种种困难,加大工作人员投入,有效推动了工程施工面的展开。

2. 项目实施阶段

(1) 重大决策

①立项分阶段通车

前期因全省高速公路规划路网多次调整,本项目分阶段立项,云埔至龙门段由厦门、安溪联合按一级公路推动项目前期。2007 年厦门境内(TA 段)以城际快速路名义先行立项开工建设,站北互通与厦门互通段因与沈海高速公路拓宽同步建设需要,该段亦是以城际快速路立项于 2008 年开工建设。2009 年全线按高速公路标准由省发改委、省交通厅立项批复,然后主线先行开工建设。

因本项目沿线涉及村庄较多,征地拆迁工作困难,采用分阶段逐步交地的推进模式。优先确保沿线互通主线的施工范围用地,为 2012 年主线率先通车奠定基础。然后逐步推进互通区的建设用地及罗溪连接线的用地,使项目后续站北互通——厦门互通段、凤南互通、罗溪连接线及莲花互通相继实现通车。

②跟踪审计

本项目 2011 年按省审计厅的要求推行项目跟踪审计模式,由省高指组织招标,确定福建正大青商为本项目的跟踪审计机构,审计厅委托市审计局管理。跟踪审计人员从 2011 年起每年安排进点审计三个月,做到施工过程中开展的变更、验收,跟踪审计人员全程知情熟悉情况,理解项目过程中做出的各项决策。有了跟踪人员参与,能让工程管理更阳光、透明,为项目竣工决算的顺利完成奠定良好的基础。

(2) 重大变更(表 10-22-5)

重大设计变更表　　　　　　　　　　　　　　　表 10-22-5

序 号	设 计 变 更 内 容
1	环厦 2 号桥 T 梁改现浇
2	环厦 4 号桥
3	莲花隧道路面变更(混凝土路面加铺沥青路面)
4	罗溪连接线 K0+725.781～K0+850 右幅变更为桥梁——幸福山中桥,左幅仍然为路基
5	罗溪连接线 K8+999 位置增设一座人行天桥
6	罗溪连接线取消跨县道立交桥,增设 K9+906.7 排水兼人行涵洞

(3) 重大事件

2007 年,龙门岭隧道以"厦门至安溪城际快速路"名义先行开工建设。

2008 年,岩内隧道(下穿福厦动车轨道,与轨道同步建设)以"厦门至安溪城际快速路"名义先行开工建设。

2009年1月12日,龙门岭隧道贯通。

2009年10月,其他各路基标段陆续开工建设。

2012年12月31日,双溪口至站北互通段实现通车运营。

2013年8月30日,站北互通至厦门互通段实现通车运营。

2014年11月25日,凤南互通落地实现通车运营。

2015年6月15日,罗溪连接线实现通车运营。

(三)复杂技术工程

1. 特长隧道:莲花隧道

莲花隧道为一座上、下行分离的四车道高速公路特长隧道,隧道所在线位起点位于莲花镇云埔村,终点位于莲花镇罗溪村。隧道左线起讫桩号为KZK3+067~KZK7+612,全长4545m,右线起讫桩号为K3+060~K7+602,全长4542m。隧道出口KZK7+494~KZK7+612(K7+492~K7+602)段按小净距隧道设计,净距由13.93m渐变到22.70m。其余段落采用分离式隧道设计。

隧道左线云浦端洞口位于圆曲线上,曲线半径为8500m;左、右线罗溪端洞口均位于圆曲线上,曲线半径分别为左4200m和右4000m。隧道左右线大部分为直线段。隧道左线纵坡-2.96%及-2.58%,右线纵坡为2.95%及2.58%。

2. 特大桥:澳溪特大桥

澳溪特大桥包含澳溪特大桥右线Ⅰ号大桥、澳溪左线大桥。由于地形、地质条件限制,线位只能在山谷中布设,因河道弯曲、高速公路平面指标相对较高,出现路线多次跨越河流,其局部出现路线与水流方向平行或交角较小。

澳溪大桥左线大桥桩号ZK10+816.5~ZK12+433.0,桥孔共分11联布设:第1~7联均采用5×30m预应力混凝土连续T梁;第8、9联均采用5×30m预应力混凝土刚构T梁;第10联采用4×30m预应力混凝土连续T梁;第11联采用(25+3×30+25)m预应力混凝土连续刚构T梁,桥长1616.5m。本桥处于$R=2050m$、$Ls=250m$和$R=850m$、$Ls=220m$以及$R=830m$、$Ls=130m$曲线段内。桥孔T梁直梁设置,通过调整内外翼缘宽度及桥梁防撞护栏位置,调整桥面宽度及线形,墩台基础均为径向布置。

澳溪右线Ⅰ号大桥桩号YK10+859.5~YK12+186.5,桥孔共分9联布设:第1联采用4×30m预应力混凝土连续T梁;第2~5联均采用5×30m预应力混凝土连续T梁;第6联采用5×30m预应力混凝土连续刚构T梁;第7联采用5×30m预应力混凝土连续T梁;第8联采用5×30m预应力混凝土刚构T梁;第9联采用5×30m预应力混凝土连续刚构T梁,桥长1327.0m。本桥处于$R=2050m$、$Ls=250m$和$R=850m$、$Ls=220m$以及$R=830m$、$Ls=130m$曲线段内。桥孔T梁直梁设置,通过调整内外翼缘宽度及桥梁防撞护栏位置,调整桥面宽度及线形,墩台基础均为径向布置。

(四)科技创新

1. 隧道施工方面

(1)莲花隧道施工采用零开挖进洞及地表预注浆处理技术。

为尽可能地保持原生态环境,充分结合隧道洞口实际地形地貌,莲花隧道采用零开挖进洞方案,零开挖进洞方案实施完成后既可减少开挖方量以减低施工成本,又减少对原生态环境的破坏,保持原生态平衡。莲花隧道出口右洞处于浅埋、偏压地段,为保证安全进洞,必须进行地表加固处理。K7+602~K7+500段采用钻孔预注浆处理,两侧深孔注浆加固采用长9.2~23.44m直径105mm的$\phi 89\times 6mm$钢花管呈梅花形布置,方向竖直向下;中央注浆加固采用长5.0m直径50mm的$\phi 42\times 4mm$钢花管呈梅花形布置,方向K7+602~K7+540段62m垂直于地表坡面,后40m段方向竖直向下。在地表注浆加固处理后,碎石土胶结效果较明显,改善了洞口大管棚施作条件,加快了隧道洞口段开挖时间。洞口段开挖施工时洞内干燥无渗水,暗洞开挖过程中,土体自稳性较好。从地表沉降监测和拱顶下沉曲线分析,隧道开挖后地表最大沉降量为3.26cm,洞口拱顶下沉最大量为0.7cm,满足安全施工要求。证明了通过地表注浆加固,隧道浅埋偏压段围岩得到了有效的加固,确保了隧道施工的安全和效率,隧道整体稳定性好,整体效果较好,为安全进洞提供了良好的保证。

(2)长大隧道空压机与变压器进洞施工改善隧道施工作业环境。

莲花隧道全长施工中,利用特长隧道紧急停车带或洞内横洞作为设备存放地。将原先设置在隧道洞口处的空压机组迁移至隧道洞内。在洞口两台(或多台)变压器中有一台能够维持隧道日常生活以及一半空压机组运转的前提下,对其余变压器进行报停、迁改至洞内紧急停车带位置,利用铜芯交联聚乙烯绝缘聚氯乙烯护套电力电缆,从既有高压接入口引线从洞口沿隧道二次衬砌侧壁敷设至变压器存放处,然后洞内空压机组等用电设备从洞内一级配电箱接线使用。洞内变压器组应与洞内变压器存放位置一致,有利于提高使用效率、避免洞内电压二次损失。

实施空压机与高压同时进洞工艺后,洞内、洞外满足施工要求,施工进度明显加快;洞内风机用电问题进一步加快,洞内空气质量满足施工要求,保证莲花特长隧道安全顺利贯通,具有明显的社会与经济效益。

2. 桥梁施工方面

(1)TB2标段全线共有梁片1075片,为保证梁片按计划生产,按照福建省标准化建设指南建设 T 梁预制场 26000m²,70 个台座,并配备自动喷淋养护系统。按照标准化建设要求建设钢筋加工棚 2000m²,配备自动钢筋弯箍机、自动钢筋截断机等自动化生产设备,保证了 T 梁钢筋加工的质量和生产效率。该 T 梁预制场也成了厦门市 T 梁预制标准化建设示范点。

(2)吊车架设 T 梁。

由于梁厂至坝里大桥路基存在征地影响,无法按计划建成运梁通道,采用 QLC 160t 运梁平车从县道上运输梁片至坝里大桥。K3+125 通道桥、坝里大桥、和尚田 I 号中桥采用汽车吊架梁。通过采用架桥机架设 T 梁及吊车架设 T 梁两种方案相结合的架梁方案,克服了征地拆迁对桥梁施工的影响,按期完成了全线架梁施工任务。

3.路面施工方面

(1)沥青中面层在桥面上铺装时,采用挂线法施工。为此专门加工了便于拆卸的挂线挂钩,提高了桥面的平整度。同时为了保证桥面沥青混凝土的厚度及桥头不跳车而采取将桥头挂线顺延至路基段 100m 处,确保整体路面平整度。

(2)桥面施工前凿毛处理,凿毛后采用强力清扫车并配有水车清扫(洗)路面,有利于沥青混凝土与桥面间的黏结,不至于产生推移。

(3)隧道沥青路面采用阻燃式沥青,沥青混合料中加入 5%的 AP 阻燃剂后制成 5%阻燃改性沥青,5%阻燃改性沥青的氧指数、烟密度及水平燃烧性能三项指标均达到《建筑材料燃烧性能分级方法》(GB 8624—1997)中的 B1 等级要求,属于难燃材料。阻燃式沥青用于隧道施工,提高了隧道路面的安全性。

(4)在路面施工中,采用两机成梯形并进和一机整幅交替施工的方案,使两种施工方案的优劣得到互补。两机成梯形并进施工时,虽中间搭接处会有一条不太明显的纵缝,但转场、加宽段施工中及机械故障发生时,机动性比较大,不会因一台摊铺机发生故障而导致整个摊铺现场立即瘫痪,同时未来得及施工的混合料可以在最短时间内由另一台摊铺机摊铺而不至于废弃,从而节约资源,减少浪费。采用 ABG423 型摊铺机整幅摊铺时,无纵缝,频率、振幅、横坡得到控制,平整度好,同时也可以节省现场指挥劳力,平行并进机械少,安全性高,但转场时,因过宽不能整机转运,需卸掉一节熨平板后,才可过桥隧,加之故障一旦发生,整个摊铺现场会立即停工。综上,为确保沥青上面层施工的平整度,沥青上面层全部采用整机摊铺,路面其他各结构层采用两种施工方案交替进行。

4.绿化施工方面

(1)CS 混合纤维植灌法使用富含有机质的客土材料,加入高次团粒剂等材料在喷播瞬间与空气发生作用,诱发团粒反应,从而形成与自然界表土具有相同高次团粒结构的人造绿化生长基质。本工程采用的基质混合材料由目前行业领先的生产工艺合成,可凝结于岩石表面,而普通土壤无法长期附着于岩面,流失很快,因此不具备可比性。

(2)固草器采用16号镀锌机编菱形铁丝网,主锚固件采用16螺纹钢,次锚固件采用10号圆钢,辅助固件采用4cm×4cm的方木。原则上每100m² 坡面上主锚固件不少于100支,次锚固件不少于100支,辅助锚固件不少于200支,打设次锚固件依据坡面形态打设,尽量打设在坡面凹进部位,使铁丝网拉紧固定在坡面。

5. 专题科研项目

针对莲花隧道特长纵坡隧道运营管理的复杂性,项目公司与福建省厦门市公路局、兰州交通大学、中铁第一勘察设计院集团有限公司等单位联合对莲花隧道开展了"特长公路隧道防灾救援技术""双管单向公路隧道横通道通风技术"两项科研项目研究:

(1)特长公路隧道防灾救援技术研究

本科研项目的目的是对隧道火灾建立一套完善的预防和救援方案,以保证隧道内发生火灾时,及时疏散人员及车辆,减少人员伤亡及经济损失。

通过对特长公路隧道防灾救援技术研究,得出以下成果:

①通过数值模拟和模型试验两种方法相结合,研究了双管单向长大公路隧道发生火灾时烟气浓度场的分布及变化规律,为同类工程问题研究在模型试验提供方面了分析范例,也验证了其他同类工程数值模拟方法及参数的正确性。

②通过模型试验、相关火灾现场试验模拟验证,说明了火源做稳态火源的处理与实际有一定差别。对双向换气式通风隧道火灾温度、浓度场分析有理论创新。

③针对双向换气式通风大坡度隧道,通过数值模拟和模型试验方法,分析了横通道对火风压、烟气浓度时空分布的影响,火风压及其对气流组织的影响。确定了火灾规模为5MW、20MW、50MW时的临界风速值,横通道开启的时间。

④确定了不同火灾规模的火灾逃生安全距离,最佳的逃生路线。确定了人员能够安全逃生的烟气浓度值的控制范围、横通道开启的时间、横通道最佳位置的选择及合理间距。提出了隧道火灾时的通风方式和疏散救援的基本原则及工作流程。为实际工程设计提供了依据。

⑤装载易燃易爆物品的车辆除按照《汽车危险货物运输规则》(JT 3130—1988)进行分类外,将车辆按照危害程度(特大事故、重大事故、较大事故)分为三类。对载有各类易燃易爆物品的车辆通行特长隧道时,视其装载物品的性质进行分类,区别对待:允许通过;管制通过;不允许通过,让其绕行。在隧道空间,可燃物的空间分布应由隧道进(出)口处向内,按易燃、可燃、难燃、不燃特性分布物品。易燃易爆物品发生火灾后,应根据燃烧物的化学性质确定灭火措施。

(2)双管单向公路隧道横通道通风技术研究

山岭重丘区高速公路隧道——莲花隧道左线为单面下坡且坡度相对较大(-2.58%),

洞内需风量控制均为换气工况,隧道内引入的新鲜空气多,环境质量较好。而右线为上坡(坡度 2.58%),在重载车辆较多的情况下排放量较大,空气污浊,本项目拟通过数值计算和模型试验,对隧道流场进行分析,确定适当的横通道位置,将左线隧道的较新鲜空气引入右线,合理调配气流组织,降低烟尘浓度,以实现减少通风及供配电设备、降低能耗、提高隧道运营适应性的目的。

通过对双管单向公路隧道横通道通风技术研究,得出以下成果:

①针对通风方案提出了近期采用双向换气式通风通风方案、送风方案(左线较新鲜的空气向右线送风,右线污染空气不进入左线),远期采用排风方案(右线污染空气进入左线)。这是对双洞互补式通风技术的理论补充。

②研究了车辆交通风在隧道正常运营过程中自然通风的可行性,得出了隧道车速在 60~80km/h 时,完全可以通过交通风达到隧道通风的目的,为实际工程设计提供了依据。

③理论分析表明,横通道在距左线下坡隧道入口 1400m 处较佳。横洞间距 400m 时需风量比间距 50m 需风量增加了 $20m^3/s$。由于两横洞通风互换作用,横洞所在区段极易气流滞流,导致污染物浓度超标,可以考虑在该区段设置诱导风机。设置诱导风机的观点的提出,提高了该技术的应用范围。

④提出了横通道间距的确定方案,在理论分析基础上,利用 ANSYS 模拟软件中的 FLOTRAN 单元,对不同工况下隧道正常运营的速度场进行了模拟。确定了横通道最佳位置、横通道与隧道轴向的夹角、横通道间距、横通道内风机参数。

(五)运营管理

1. 服务区设置

金安高速公路厦门段共设置 2 个服务区、2 个停车区。云埔南及云埔北服务区总建筑面积约为 $5200m^2$,内设综合楼、公共卫生间、加油站、维修间、配电房、水泵房等,主体结构为钢筋混凝土结构;凤南东及凤南西停车区总建筑面积约为 $2430m^2$,内设综合楼、附属用房、公共卫生间、加油站等,主体结构为钢筋混凝土结构。

2. 收费站点设置(表 10-22-6)

收费站点设置情况表　　　　表 10-22-6

站点名称	车道数	收费方式
厦门收费站	22(7 入 15 出)	人工、ETC、第三方支付、自动取卡
厦门北站收费站	10(4 入 6 出)	人工、ETC、第三方支付、自动取卡
同安凤南收费站	10(4 入 6 出)	人工、ETC、第三方支付、自动取卡
同安莲花收费站	8(3 入 5 出)	人工、ETC、第三方支付、自动取卡

3. 车流量发展状况(表10-22-7)

交通流量发展状况表　　　　　　　　　　　　　　　表10-22-7

年份(年)	日均车流量(辆)	年份(年)	日均车流量(辆)
2013	6986	2016	12388
2014	10033	2017	14362
2015	11323		

二、厦沙线南安(金淘)至厦门高速公路泉州段(金安高速公路泉州段)(建设期:2008.12~2012.12)

(一)项目概况

1. 基本情况

金安高速公路是泛珠三角区域福州至广州高速公路的组成部分,是福建省"海峡西岸经济区高速公路网"中"二纵"的重要段落,直接沟通国家高速公路网泉南线、沈海线和厦门港和厦门高崎国际机场。金安高速公路泉州段起于南安市(金淘)亭川枢纽互通(与泉三高速公路相接),经南安市金淘镇、眉山乡、安溪县参内乡、城厢镇、官桥镇、龙门镇至双溪口进入厦门市境内。境内线路全长约57.02km,设计采用交通部颁《公路工程技术标准》(JTJ 001—97),全线按山岭重丘高速公路标准建设,项目总概算为49.82亿元。城厢枢纽互通至官桥枢纽互通路段采用双向六车道的高速公路标准建设,设计速度100km/h,路基宽度33.5m;其他路段(K0+000~K30+200,即亭川枢纽互通至城厢枢纽互通)采用双向准六车道的高速公路标准建设,设计速度100km/h,路基宽度28m,设计荷载为公路—Ⅰ级。

本项目互通路段总长达20.49km,占路线总长的35.88%,地形复杂、工程量大、施工难度大。全线共有各类桥梁42座,隧道7座,共有各类涵洞、通道88道;在南安(金淘)、安溪(参内)、安溪(城厢)、安溪(官桥)、安溪(龙门)设置5个互通式立交;在安溪龙桥设置1个服务区;全线共设置5个收费站。详见表10-22-8。

项目基本情况统计表　　　　　　　　　　　　　　　表10-22-8

序号	项目		单位	数量	备注
一	技术标准				
1	计算行车速度		km/h	100	
2	路基宽度	整体式路基	m	33.5	
		分离式路基	m		
3	桥面净宽		m	2×11.0	小桥与路基同宽

续上表

序号	项目	单位	数量	备注
4	路面		沥青混凝土路面,设计年限15年,标准轴载100kN	
5	路基、桥涵设计洪水频率		特大桥1/300,其余均为1/100	
6	桥涵设计车辆荷载		汽车—超20级、挂车—120	
二			主要工程规模	
1	路线里程	km	57.02	
2	征用土地	亩	6933.083	
3	拆迁房屋	m²	209770.4	
4	路基土石方	万m³	2303	
5	软土地基处理	km	无	
6	桥梁(主线)	m/座	22623/42	
7	匝道桥梁	m/座	1745.59/11	
8	上跨分离	m/座	669.47/12	
9	互通式立交	处	1	
10	分离式立交	处	5	
11	涵洞	道	146	
12	隧道	m/座	18292(单洞)/7	
	特长隧道	m/座	6005/1	
13	路面(主线)	万m²	141.87	
14	主线收费站	处	5	
15	服务区	处	1	
16	停车区	处	0	

金安高速公路泉州段于2003年开工建设,A1标于2008年12月开工建设,其他标段于2009年9月1日开工建设,2012年12月26日通过交工验收,2012年12月31日正式通车试运行。

2.前期决策情况

本项目经过的安溪县位于福建省东南部闽南厦(门)漳(州)泉(州)金三角结合部,居山近海,区位优势独特,是1985年国家批准的首批沿海对外开放县之一。安溪是全国最大的乌龙茶生产区之一,名茶铁观音、黄金桂的发源地,福建省乌龙茶出口基地县。全县现有茶园25万亩,年产茶叶1.5万t,占福建省乌龙茶总产量的1/3,占全国乌龙茶总产量的1/4。2013年安溪县名列"中国百强县",地区生产总值381亿元。

本项目建设有利于完善国家高速公路网、海西区高速公路网布局,提高路网的通达度,充分发挥国家高速公路网的整体效益;有利于推动海峡西岸经济区与泛珠三角区域的合作,促进区域经济合作交流、联运发展,加快海峡西岸经济区建设;有利于加快建设厦门国家综合交通枢纽和国家主要港口、集装箱干线港口,进一步发挥厦门海港、空港优势,拓展腹地,促进物流业、旅游业发展;有利于促进厦门港对台直航、厦门与金门"小三通",加快厦门集美、杏林、海沧三个台商投资区建设,并提高区域国防交通保障能力。

2007年8月14日,福建省发展和改革委员会以《关于南安(金淘)至厦门高速公路项目建议书的批复》(闽发改交能〔2007〕767号)审批通过项目建议书;2008年10月15日,福建省发展和改革委员会以《关于南安(金淘)至厦门高速公路工程可行性研究报告的批复》(闽发改交能〔2008〕715号)审批通过工可;2008年10月30日,福建省交通厅、福建省发展和改革委员会以《关于南安(金淘)至厦门高速公路工程初步设计的批复》(闽交建〔2008〕136号)审批通过初步设计。

3.参建单位主要情况

(1)建设单位:泉州市金安高速公路有限公司。

(2)设计单位:中国公路工程咨询集团有限公司和福建省交通规划设计院。

(3)施工、监理、试验检测单位:详见表10-22-9。

项目施工、监理、试验检测单位一览表 表10-22-9

标段号	标段所在地	工程内容及长度	单位名称
A1	南安金淘	K164+300~K167+760路基	中交第三航务工程局有限公司
A2	南安金淘	K3+460~K10+500路基	中铁十九局集团第三工程有限公司
A3	安溪参内	K10+500~K15+800路基	中铁七局集团第三工程有限公司
A4	安溪城厢	K15+800~K22+200路基	中铁十局集团第二工程有限公司
A5	安溪城厢	K22+200~K28+300路基	福建省第一公路工程公司
A6	安溪城厢	K28+300~K34+550路基	江西有色工程有限公司
A7	安溪官桥	K34+550~K43+200路基	福建建工集团总公司
A8	安溪龙门	K43+200~K50+228.344路基	中城建第二工程局有限公司
B1	南安、安溪	K164+940~K167+760,K3+460~K30+200路面工程	江西省交通工程集团公司
B2	安溪参内	K30+200~K50+228,K0+300~K7+120路面工程	中交第一公路工程局有限公司
J1	安溪参内	A1~A4路基工程的监理	厦门中平工程监理咨询有限公司
J2	安溪城厢	A5~A8路基工程和B1、B2路面工程监理	厦门港湾咨询监理有限公司
JC1	安溪城厢	A5~A8路基工程的第三方试验检测	黑龙江省龙督公路工程检测有限公司
JC2	安溪城厢	B1、B2路面工程的第三试验检测	黑龙江省龙督公路工程检测有限公司

续上表

标段号	标段所在地	工程内容及长度	施 工 单 位
F1-1	南安、安溪	金淘、安溪收费所	福建省银厦建设工程有限公司
F-2	安溪	安溪东、官桥、龙门收费所	福建省中晟建设投资有限公司
E	南安、安溪	三大系统	福建新大陆电脑股份有限公司
ED	南安、安溪	供配电系统	上海经达实业发展有限公司

(二)建设情况

1. 项目准备阶段

(1)资金筹措

本项目总概算投资498222.4457万元,平均每公里8710.6395万元,施工图预算492512.3925万元。资本金为总投资的35%,即17.437亿元,由交通部补助资金2.41亿元和市级财政统筹解决,其余29.973亿元利用国内银行贷款。投资股比:省高速公路有限责任公司80%、泉三高速公路10%、安溪县路桥建设发展公司10%。

(2)招投标工作

A1标施工图纸由泉三高速公路公司委托设计,较早之前已完成,公司于2008年9月先行进行公开招投标,A2~A8标段于2009年3月完成施工招标资格预审工作,因项目建设规模变化,路基宽度从原来的四车道改为准六车道,原定3月中旬开展的A2~A8标段施工图审查延后至5月初审查完毕。5月25~31日出售施工标招标文件,6月1日组织施工投标人进行现场考察,6月2日召开施工标段标前会议,6月21日递交A2~A8施工标投标文件,6月22日上午第一次开标(商务技术标),6月24日上午第二次开标(报价文件标),6月24日下午定标。

(3)合同段划分

本项目路基工程分为8个标段,分别是A1起止桩号K164+300~K167+760,总长度3.46km;A2起止桩号K3+460~K10+500,总长度7.04km;A3起止桩号K10+500.000~K15+800.000,总长度5.3km;A4起止桩号K15+800~K22+200,总长度6.4km;A5起止桩号K22+200~K28+300,总长度6.1km;A6起止桩号K28+300~K34+550,总长度6.25km;A7起止桩号K34+550~K43+200,总长度8.65km;A8起止桩号K43+200~K50+228.344,总长度7.028km;试验路段先行施工完毕的段落为K0+300~K7+120,总长度6.82km。路面工程分为2个标段,分别是B1起止桩号K164+940~K167+760、K3+460~K30+200,总长度30.2km;B2起止桩号K30+200~K50+228、K0+300~K7+120,总长度26.8km。

(4)征地拆迁

2009年4月,安溪县人民政府成立南安(金淘)至厦门高速公路安溪段征迁安工作领导小组,负责安溪县的征地拆迁安置工作。严格按照泉州市人民政府《关于南安(金淘)至厦门高速公路(泉州段)工程征地拆迁补偿安置工作意见》(泉政函〔2008〕148号)制定的"南安金淘至厦门高速公路(安溪段)"进行工程建设征地拆迁补偿安置。乡镇村宣传高速公路建设的法律法规和拆迁补偿的政策规定,将征用土地、房屋拆迁补偿标准进行上墙公示。2009年4~8月,进行房屋及附属物评估、土地丈量和地上物清点,统计造册公示,并把补偿款直接发放到各农户指定的账户。安溪和南安段共征用土地6933.083亩,其中水田1670.559亩,菜地1152.9468亩,旱地202.0192亩,园地2017.26913亩,林地1532.2887亩,其他358.008亩;拆迁房屋建筑面积209770.4m²。详见表10-22-10。

征地拆迁情况统计表　　　　　　　　　表10-22-10

项目工期	征地拆迁安置起止时间	征用土地 (亩)	拆迁房屋 (m²)	支付补偿费用 (元)	备注
一期	2009.04~2009.07	6277.536	202534.92	339933410.82	
二期	2009.08~2012.11	655.547	7235.48	18538526.7	

2.项目实施阶段

本项目路基、路面工程工程量清单总价为27.1838亿元。工程变更约280份,路基、路面、桥梁、隧道等工程涉及的变更增加费用约2.1700亿元。其中较大的变更有A2、A3标石鼓山隧道出现涌水、突泥引起的变更,A5标A匝道与安溪二环路接线段改造工程变更,A7标龙桥服务区增加一道汽车通道涵,路面工程B1、B2标将石鼓山、东山、田底、溪坂、潮顶、东坂洋、内瑶等7座隧道混凝土路面全部变更为沥青混凝土路面增加工程量等。

(三)复杂技术工程

本项目的控制性工程是石鼓山隧道,总长度为6005m,属于特长隧道,隧道通风、排水及出渣是决定施工进度的关键因素。石鼓山隧道位于南安市金淘镇和泉州市安溪县之间,无论从金淘镇还是从安溪县进入施工现场,途经的道路均为狭窄的盘山道路,一路蜿蜒盘旋,最窄路段路面宽度只有3m左右,局部路段还穿越村庄,大型施工车辆较难行走。工程现场属剥蚀丘陵台地地貌和低山地貌,地势起伏不平,高差较大,因此把修筑施工便道及合理布置施工场地作为前期工作的突破口。水系较发育,沟渠纵横,植被良好,施工过程中对环境保护、水土保持、安全文明施工要求很高。

石鼓山隧道施工分2个标段,分别由中铁十九局集团第三工程有限公司(A2标段)和中铁七局集团第三工程有限公司(A3标段)共同承担完成,于2009年底开掘进洞,

2012年6月全洞贯通,并最终于2012年12月通过交工验收,进入通车试运行。通车至今,总体效果良好。

(四)运营管理

1. 服务区设置

本项目全线设5个落地互通,设3个枢纽互通[亭川枢纽互通、城厢枢纽互通(预留)、官桥枢纽互通(官桥落地互通兼枢纽互通)];在落地互通出口设置5个收费站,分别为南安金淘、安溪东、安溪、安溪官桥、安溪龙门;在官桥设置龙桥服务区。龙桥服务区为双侧结构,分AB两区,总建筑面积约6325m²,内设办公楼、宿舍、公共卫生间、餐厅、超市、小吃、加油站、充电桩等,主体结构为钢筋混凝土结构。

2. 收费站点设置(表10-22-11)

收费站点设置情况表　　　　　　　　　　　表10-22-11

站点名称	车道数	收费方式
南安金淘	8(3入5出)	人工、ETC、自动取卡
安溪东	8(3入5出)	人工、ETC、自动取卡
安溪	13(5入8出)	人工、ETC、自动取卡
安溪官桥	8(3入5出)	人工、ETC、自动取卡
安溪龙门	7(3入4出)	人工、ETC、自动取卡

3. 车流量发展状况(表10-22-12)

交通流量发展状况表　　　　　　　　　　　表10-22-12

年份(年)	日均车流量(辆)	年份(年)	日均车流量(辆)
2012	9904	2014	22118
2013	18053	2015	25983

第二十三节　S50古雷港至武平高速公路(古武高速公路)

古武高速公路武平十方至东留段(古武高速公路武平段)(建设期:2010.10~2015.10)

(一)项目概况

1. 基本情况

古武高速公路武平段位于福建省西南部,是漳州古雷港区经龙岩通往内陆省份的一条快速通道,也是扩大海峡两岸交流合作主要的通道之一,全长38.824km,设计采用交通部颁《公路工程技术标准》(JTG B01—2003),全线按山岭重丘区高速公路标准建设,设计速度80km/h,路基宽度24.5m,中央分隔带宽2m,双向四车道,行车道3.75m,硬路肩2.50m、土路肩0.75m,左右侧路缘带各0.5m;桥涵与路基同宽,设计荷载标准为汽车—超20级、验算荷载为挂车—120;全线采用全封闭、全立体交叉。项目概算26.73亿元,实际完成投资26.7亿元。

古武高速公路武平段起于武平县十方镇三坊村,设三坊枢纽互通与永武高速公路相连,经武平县十方镇、城厢乡、中山镇,终于东留乡狐狸峡(闽赣界),与江西省寻(乌)全(南)高速公路相接,全线共有涵洞34道、通道47处(含天桥),软基处理4.34km,隧道6216m/6座(其中西木山隧道,长3795m),桥梁5468.4m/24座,桥隧比31%;沿线设三坊(枢纽互通)、武平等2处互通式立交,服务区1处,设有2个收费站、1个监控分中心、1个养护工区。详见表10-23-1。

项目基本情况统计表　　　　　　　　　　　　　　表10-23-1

序号	项目		单位	数量	备注
一	技术标准				
1	计算行车速度		km/h	80	
2	路基宽度	整体式路基	m	24.5	
		分离式路基	m	12.5	
3	桥面净宽		m	2×11	小桥与路基同宽
4	路面			沥青混凝土路面,设计年限15年,标准轴载100kN	
5	路基、桥涵设计洪水频率			特大桥1/300,其余均为1/100	
6	桥涵设计车辆荷载			公路—I级	
二	主要工程规模				
1	路线里程		km	38.824	
2	征用土地		亩	3427.824	
3	拆迁房屋		m²	45910	
4	路基土石方		万m³	1500	
5	软土地基处理		km	4.23	
6	桥梁(主线)		m/座	5468.4/24	
	其中:特大桥、大桥		m/座	4671.63/16	
7	匝道桥梁		m/座	406.04/3	
8	上跨分离		m/座	612.08/3	
9	互通式立交		处	2	

续上表

序号	项目	单位	数量	备注
10	分离式立交	处		
11	涵洞	道	34	
12	通道	道	47	
13	隧道	m/座	6216/6	
14	路面（主线）	万 m²	3.8824	
15	主线收费站	处	2	
16	服务区	处	1	
17	停车区	处	0	

本项目分期建设，分期通车，其中武平十方至城关段于2010年10月底正式动工建设，2013年2月建成通车，城关至东留段于2012年9月底正式动工建设，2015年10月建成通车。

2. 前期决策情况

古武高速公路武平段是海西经济区高速公路网"三纵八横"中第八横的重要组成部分，也是龙岩市高速公路网的重要组成部分。古武高速公路是漳州古雷港区经龙岩通往内陆省份的一条快速通道，也是扩大海峡两岸交流合作最主要的通道之一。该路线的建设有利于完善海峡西岸经济区高速公路网，有利于充分发挥海西高速公路网的通道能力，提高综合交通运输效率。

该项目工可于2010年3月25日经省发改委〔2010〕219号文批复；初步设计于2010年5月4日项目经省交通运输厅、省发改委〔2010〕34号文批复；2010年6月先行性用地经国土部批复；全线项目建设用地于2011年3月6日经国土资源部国土资函〔2011〕68号文批准。

3. 参建单位主要情况

（1）建设单位

龙岩市高速公路建设指挥部、龙岩古武高速公路有限责任公司。龙岩市高速公路建设指挥部在项目业主成立之前，作为古武高速公路建设的主管部门配合省高指负责开展本项目的预工可前期工作，全面负责本项目的前期筹建工作，2010年3月由福建省高速公路有限责任公司和福建龙岩交通国有资产投资经营有限公司双方共同出资成立龙岩古武高速公路有限责任公司，作为本项目法人单位，全面负责古武高速公路项目的建设、筹资和还贷工作。

（2）设计单位

中交第二公路勘察设计研究院有限公司，承担本项目的工程可行性研究阶段、初步设计阶段和施工图阶段的勘测与设计工作,本路段长 38.824km。

(3)施工单位

本项目施工单位共8家。路基工程共划分为5个合同段,路面及交通安全设施工程划分为2个合同段,机电工程供货与安装划分为2个合同段。

(4)监理单位

本项目监理单位共2家,全线路基、路面工程1个监理标段,机电项目1个监理标段。

项目施工及监理单位详见表10-23-2。

项目施工及监理单位一览表 表10-23-2

标段号	标段所在地	工程内容	长度(km)	施工单位	监理单位
A1	武平	K0+000~K8+361 路基	8.361	中铁十七局集团第六工程有限公司	温州市交通工程咨询监理有限公司
A2	武平	K8+361~K19+400 路基	11.027	中铁二十一局集团有限公司	
A3	武平	K19+400~K26+100 路基	6.691	中铁十一局集团有限公司	
A4	武平	K26+100~K31+300 路基	5.200	中铁二十二局集团有限公司	
A5	武平	K31+300~K38+824.470 路基	7.524	中铁十六局集团有限公司	
B1	武平	K0+000~K19+400	19.4	广东省长大公路工程有限公司	
B2	武平	K19+400~K38+824.470	19.424	浙江省交通工程建设集团有限公司	
JC1	武平	K0+000~K38.824.470	38.824	山东恒建工程检测有限公司	
JC2	武平	K0+000~K38.824.470	38.824	山东恒建工程检测有限公司	
E1	武平	K0+000~K19+400	19.4	北京公科飞达交通工程发展有限公司	中国公路工程咨询集团有限公司
E2	武平	K19+400~K38+824.470	19.424	北京公科飞达交通工程发展有限公司	
J1	武平	K0+000~K38.824.470	38.824	温州市交通工程咨询监理有限公司	
EJ	武平	K0+000~K38.824.470	38.824	中国公路工程咨询集团有限公司	

(二)建设情况

1.项目准备阶段

(1)立项审批

工程可行性研究:2010年3月24日,福建省发展和改革委员会以《福建省发展和改革委员会关于海西高速公路网古武线武平十方至东留段工程可行性研究报告的批复》,批复工程可行性研究报告,同意路线方案、技术标准、投资控制和建设工期。

初步设计:2010年5月4日,福建省交通运输厅、福建省发展和改革委员会以《关于海西高速公路网古武线武平十方至东留段初步设计的批复》,正式批复初步设计。

环境影响评价:2010年2月5日,福建省环境保护厅以闽环保监函〔2010〕7号文批复《福建省环保厅关于批复海西高速公路网古武线武平十方至东留段工程环境影响报告书的函》,通过古武高速公路全线环境保护和水土保持评价工作。

地震安全性评价:2009年11月18日,福建省地震局以闽震〔2009〕230号文《关于〈海峡西岸经济区高速公路网漳州古雷港区至武平(闽赣界)高速公路武平县十方至东留段线路工程地震安全性评价报告〉的批复》,通过古武高速公路地震安全性评价工作。

建设用地批复:国土资源部以国土资函〔2011〕68号文《国土资源部关于海西高速公路网古武线武平十方至东留段工程建设用地的批复》,批复古武高速公路建设用地。

开工批复:温州市交通工程咨询监理有限公司龙岩古武高速公路J1总监理工程师办公室分别于2010年10月22日下达了古武高速公路武平十方至东留段土建工程A1、A2合同段总体工程开工令,于2012年9月24日下达了古武高速公路武平十方至东留段土建工程A3、A4合同段总体工程开工令,于2012年10月21日下达了古武高速公路武平十方至东留段土建工程A5合同段总体工程开工令。至此,古武高速公路全面动工建设。

(2)资金筹措

项目概算总投资为26.72亿元,建设资金来自省、市投资及国内银行贷款,出资比例为省投资51%,市县投资49%。资本金为93548万元,占总投资的35%;银行贷款173732万元,占65%。目前高速公路项目累计到位建设资金26亿元。

(3)招投标工作

根据国家基本建设程序要求以及有关法律法规的规定,开展施工、监理等各项招投标工作。

施工单位招投标情况:古武高速公路施工单位共9家。路基工程共划分为5个合同段,路面及交通安全设施工程划分为2个合同段,交通监控、收费、通信系统和隧道通风、照明、消防及沿线供配电系统工程划分为2个合同段。全部工程采用国内竞争性公开招标,招标过程严格执行《中华人民共和国招投标法》和国家、交通运输部有关招投标管理办法的规定及福建省高速公路施工、监理招标范本进行。

监理单位招投标情况:全线共计2个施工监理标,依据交通运输部公路工程施工监理招标投标管理办法和招标范本,结合古武高速公路构造物多的特点以及施工标段划分的情况,由业主组织招标,通过国家发改委和省发改委规定的网站发布招标公告,面向全国择优选择监理队伍,分别完成了全线路基工程和路面工程1个监理标段、机电项目1个监理标段招投标工作。

(4)合同段划分

路基工程共划分为5个合同段,路面及交通安全设施工程划分为2个合同段,交通监控、收费、通信系统和隧道通风、照明、消防及沿线供配电系统工程划分为2个合同段。

(5) 征地拆迁

古武高速公路建设用地严格按国土资源部国土资函〔2011〕68号文《国土资源部关于海西高速公路网古武线武平十方至东留段工程建设用地的批复》的批复要求和意见进行。全线共征用土地3556.412亩（其中水田852.37亩、旱地88.755亩、林地2164.427亩、荒地166.761亩、鱼塘/水库44.986亩、果园85.838亩、河流9.815亩、未利用土地83.581亩、道路26.343亩、宅基地33.537亩）。房屋拆迁45910m^2，杆线迁移293根。详见表10-23-3。

征地拆迁情况统计表　　表10-23-3

项目工期	征地拆迁安置起止时间	征用土地（亩）	拆迁房屋（m^2）	备注
一期	2010.07~2015.11	3556.412	45910	

2. 项目实施阶段

(1) 重大变更（表10-23-4）

重大设计变更表　　表10-23-4

序号	设 计 变 更 内 容
1	十方枢纽互通增设白土村人行天桥工程设计变更
2	十方枢纽互通TK3221+250~TK3221+357右侧滑坡体治理工程设计变更
3	路基工程武平互通连接线工程设计变更
4	路基、桥梁工程A2标段路面结构层调整工程设计变更
5	九直上大桥增设桩基及承台工程设计变更
6	西木山隧道ZK29+590~ZK29+680进洞方案工程设计变更
7	西木山隧道K29+890~K29+929围岩工程设计变更
8	西木山隧道ZK30+205~ZK30+245围岩工程设计变更
9	西木山隧道K30+360~K30+430围岩工程设计变更
10	西木山隧道K30+866~K30+906围岩工程设计变更
11	沥青碎石运距增运工程设计变更
12	武平收费站绿化面积及苗木变更工程设计变更
13	主线收费广场水泥混凝土路面变更工程设计变更

(2) 重大事件

2010年3月，成立龙岩古武高速公路有限责任公司。

2010年10月22日，古武高速公路武平十方至城关段开工建设。

2011年1月25日，A1标第一片预制梁完成。

2011年9月4日，忠田隧道贯通。

2012年9月24日，古武高速公路武平城关至东留段开工建设。

2013年2月5日，武平十方至城关段建成通车。

2013年11月22日,上峰大桥完成高墩施工。

2014年7月12日,控制性工程——西木山工隧道顺利贯通,全长3812m,属上下行分离式特长隧道。

2014年8月,控制性工程——上峰大桥顺利合龙,桥梁长922m,主墩采用双肢薄壁墩,最大墩高85.2m。

2015年10月30日,武平城关至东留段建成通车。

(三)复杂技术工程

(1)上峰大桥为全线控制性工程,起讫点桩号为K21+060~K21+982,桥长为922.0m,桥跨中心桩号为K21+517.000。全桥共五联,主桥一联,十方岸引桥一联,东留岸引桥三联,跨径组合为4×30m+(65m+120m+120m+65m)+4×30m+5×30m+5×30m。其中主桥65m+120m+120m+65m采用预应力混凝土变截面连续刚构箱梁,桥墩采用双肢等截面矩形实体薄壁墩,最大墩高85.2m;引桥采用先简支后结构连续(刚构)预应力混凝土T梁,桥墩采用等截面矩形空心墩及双柱式桥墩,桥台采用重力式U形台,明挖扩大基础。

(2)主要施工特点及施工方法:

①桩基施工。桥址位于山坡及山间冲沟,桩基采用挖孔和钻孔相结合的施工技术,混凝土浇筑采用搅拌站拌制、输送车运送至工作面,按水下混凝土施工要求进行灌注。

②大体积承台混凝土施工。主墩承台混凝土体积巨大,其中以5号、6号、7号墩承台体积最大,其尺寸为21.5m×12.5m×4m(长×宽×高),一次浇筑混凝土最大体积为1085m^3。通过优化施工配合比,掺入一定量的粉煤灰代替水泥,降低混凝土的水化热;浇筑混凝土时控制分层、混凝土入模温度;施工中在承台内部布置冷却水管和测温点,通过冷却水的循环结合测温点的温度测量,及时调整冷却水的流量,精确控制混凝土内外温差,严格控制施工裂缝的产生。

③高墩施工。主桥5号、6号、7号墩墩高分别为78.6m、85.2m、73.8m,由于桥墩较高,对桥墩的垂直度和偏位要求很高,对主墩的模板设计、混凝土的浇筑及养护,均有很大的难度。采用高墩爬架翻模施工技术。

④高墩大跨悬灌梁施工。施工设备安排为:箱梁采取挂篮施工,0号段及现浇直线段采用三角托架施工,箱内顶板采用内模桁架支撑。边跨合拢段采用在支架平台上施工,中跨合拢采用挂篮合拢。采用12只菱形挂篮,左右幅6个T构同时施工。主梁合拢顺序为先边跨合拢后中跨合拢,现浇直线段利用牛腿托架作支架灌注施工。

(四)科技创新

本项目桥梁施工采用智能张拉系统、高墩喷淋养护系统,隧道施工采用机械湿喷机、门禁系统等科技创新工艺,取得较好效果,保证了工程质量、安全始终处于可控范围。

1. T梁智能张拉/框架梁锚索智能张拉

(1)在T梁/框架梁锚索施工过程中,相当部分的预应力质量隐患来源于预应力张拉,因为施工不规范和缺乏有效的质量控制手段。传统的预应力张拉控制方法其同步精度根本无法保证。由于受到监测手段的限制,张拉过程中停顿时间不充分,使得预应力筋回缩、锚具变形等原因引起的预应力损失十分大,严重影响有效预应力的建立。

(2)计算机智能控制、及时纠错,减小了人为误差,基本上消除了人工张拉中测量精度较低、容易引发人员伤害安全事故、两段张拉不同步等情况,减少了环境与人为等因素的影响,同时也减少了人工消耗,切实有效地控制施工工艺和规范张拉过程,以及锚下预应力的大小。

2. 高墩喷淋养护

上峰大桥5号墩高78.6m,6号墩高85.2m,7号墩高73.8m。由于墩身太高,为了确保混凝土施工养护的及时性,同时充分利用周围水利资源,直接将增压泵放在水库中。直径2.5cm高压钢管从水库接到承台通过塔吊塔身接至墩身混凝土浇筑高度,通过3个三通将1个出口变成4个出口分别通往4个墩身。分出的4个出口分别安装控制球阀,以保证养护时能够单独控制。采用软管接出通往4个墩身的绕墩PVC管上,每个墩上的PVC管利用三通接出支管,支管端头接上旋转喷头。

通过150m扬程增压泵及高压钢管,确保能够将水泵压到高墩墩身上,每个墩通过6个旋转喷头确保整个墩身体全身湿透,没有死角,做到了全覆盖,既节省了人工,又节约了用水。通过4个球阀可以控制养护期已到的墩身直接关掉,以免造成浪费及影响其他工序的施工。

3. 高墩整体式轻型爬架安全防护

整体式轻型爬架由爬架支承系统、底座、脚手架系统及提升设备四部分共同组成。爬架移动主要通过6个5t手拉葫芦提升、6根$\phi 60$钢棒以及4个1.5t手拉葫芦提升横桥向、顺桥向偏移到位。爬架采用双排钢管脚手架形式,底部利用[16槽钢、$\phi 60$钢棒做托架系统。爬架高度12m,在墩柱浇筑完第一节后开始搭设,混凝土浇筑4节(16m)开始提升,每次提升高度12m。爬架钢管立杆间距$(160+80+100+100+125)\times 2cm$,水平杆层距1.5m,脚手架每层水平杆上满铺竹跳板,分层框架之间设置由钢管搭设上下人的梯道。框架外侧及底座下设防坠安全网,框架四面贯通;钢棒间距220cm,每根钢棒长度1.2m,墩柱施工时预留7cm的预留孔。为防止钢棒滑动,钢棒安装后在钢棒两端设置限位装置,将钢棒与墩柱锁定。空心墩内模采用P1015组合钢模,空心墩内腔站人平台利用既有墩身拉筋孔穿拉杆,在拉杆上铺设竹胶板作站人平台。

4. 隧道施工管理

为提高标准化施工程度,项目部购置湿喷机组,对隧道初支进行湿喷,不仅加快了施工进度,同时还保证了初喷质量;在隧道设置了门禁系统,对隧道施工进行封闭式管理,同时进行人车分流,确保施工车辆、人员安全,洞口LED大屏24小时不间断滚动,显示洞内人员、车辆情况。隧道二衬采用喷凝养护台车,确保二衬质量。洞内供风、供水、供电、排水设施齐全,按照规范要求"三管两线"架设合理,同时洞内还安装了逃生管道,确保洞内施工人员安全。

5. 山岭边坡防减灾关键技术与信息化研究

目前,我国高等级公路、高速铁路和国道、省道改扩建工程正在进行新一轮的大规模建设。这些工程常常要穿越复杂的地质地貌区,涉及大量复杂边坡工程问题,山岭边坡防减灾关键技术与信息化研究仍十分薄弱,远不能满足工程建设的需要。

在确保施工质量、进度的前提下,古武高速公路组织人员积极参与福建省交通运输科技项目"山岭高速公路边坡防减灾关键技术与信息化研究"(立项编号:201235),并于2017年9月20日在福州市通过了验收专家组的验收。

(1)主要研究内容

①开发山岭公路边坡险情早期预警预报与处置决策的远程自动监控系统。

②研究边坡变形破坏增长模型、边坡破坏过程的动态预测方法体系。

③研究非恒定降雨强度的连续降雨作用下,岩土体流变和地下水渗流特性对边坡失稳破坏的作用机理。

④研究降雨及干湿循环作用下,预应力锚索加固边坡的长期流变损伤机理、预应力损失增长模型及其主要影响因素。

⑤最佳固坡植被绿化的边坡结构形式、基土分层和排水管布设的防灾减灾关键技术研究。

⑥采用层次分析灰色关联度方法,研究主要类型山岭高速公路边坡失稳破坏的发生条件。

(2)主要创新点

①通过现场监测、数据自动采集和物联网虚拟IP技术数据传输技术,采用弹塑性强度折减法、拟合曲线斜率预报法和突变理论预报技术,开发了一种山岭高速公路花岗岩残坡积土滑坡远程实时预警新方法。

②通过现场监测、数据自动采集和物联网虚拟IP技术数据传输技术,采用室内非饱和土渗透试验及三轴流变试验、三维黏弹塑性有限元强度折减法和正反分析法,开发了一种降雨条件下土质边坡安全性态的时空动态评价方法。

③通过现场监测、数据自动采集和物联网虚拟 IP 技术数据传输技术,采用层次分析灰色关联度分析、边坡安全系数弹塑性强度折减法、反馈动力学神经网络分析、人工智能模糊控制和突变理论预报技术,开发了一种土质边坡险情智能预警预报方法。

④运用灰色科学理论、系统工程理论和非线性动力学灾害预测理论理论,以及采用三维时空动态预测评价法和加速度判别法等,进行边坡稳定性判别及动态预测评价,开发了具有自主知识产权的"山岭高速公路边坡险情早起预警预报系统(SlopeDETCSV1.0)"。

⑤采用模糊层次分析方法研究影响抗滑桩土坡失稳破坏发生条件时发现,抗滑桩嵌固或锚固深度是影响抗滑桩土坡稳定性的最主要因素,而抗滑桩嵌固或锚固深度、土体流变性、岩土物理力学性质、桩间距和降雨等 5 个因素是影响抗滑桩土坡稳定性的主要因素。

⑥提出基于场变量的边坡稳定分析有限元强度折减法和基于 Hill 模型理论的三维弹塑性接触有限元度折减法的抗滑桩边坡稳定性评价方法。

⑦根据实测数据,研究中浅层土质边坡坡体滑动位移与降雨量的相关体系和坡体饱水面积比与边坡稳定系数的关系,建立了强降雨作用下中浅层土质滑坡的尖点突变模型。研究发现:中浅层土质边坡坡体位移与降雨量的关系一般服从幂函数分布规律,中浅层土质边坡的突然失稳与降雨量有极其密切的关系,强降雨是该类型中浅层土质滑坡最关键的触发因素,也是影响中浅层土质边坡稳定系数大小和边坡稳定性的最主要外部因素;根据建立的尖点突变模型揭示了中浅层土质滑坡有时发生在强降雨过后的滞后原因。

⑧采用三维黏弹塑性流固耦合有限元强度折减法,通过研究非恒定降雨强度的连续降雨等降雨作用下岩土体流变和地下水渗流特性,开发了动态评价降雨作用下花岗岩残坡积土边坡安全形态的技术,揭示了降雨作用下花岗岩残坡积土边坡破坏过程和成灾机制,并采用流形元方法,揭示了降雨作用下塑性区贯通后花岗岩残坡积土坡的成灾过程。同时研究发现:降雨强度峰值是影响花岗岩残坡积土坡失稳破坏的最关键因素;降雨强度需要达到一定阈值时,该类型边坡才会塑性失稳破坏;降雨强度峰值过后,降雨对该类型边坡的进一步失稳破坏影响极小。

⑨采用 Python 语言对 ABAQUS 软件的降雨入渗边界进行二次开发,将降雨边界作为不定边界,采用迭代算法对降雨入渗边界进行处理,开发了基于 ABAQUS 软件的降雨入渗模块;建立了无限长均质斜坡降雨入渗解析解;采用非饱和土 VG 模型与改进的 Green-Ampt 入渗模型对 Mein-Larson 降雨入渗模型进行改进,建立了一个降雨诱发浅层滑坡的简化计算模型。

⑩基于 ABAQUS 的二次开发,采用边坡安全系数抗剪强度折减法,研究预应力锚索抗滑桩边坡稳定性影响因素敏感性得出:对于非均质土坡来说,抗滑桩桩位设计在滑坡体中部一般是不合理的;可以通过调整抗滑桩桩长、桩位、桩截面尺寸、锚索下倾角等 4 个因素,使得预应力锚索抗滑桩边坡稳定性达到最佳状态。

(3)成果及前景

在古武高速公路1标段和2标段的滑坡预警预报和整治,以及3标段和5标段等边坡加固和灾害防治的设计、施工中,已采用本项目主要的科研成果,降低工程造价和减少边坡灾害发生造成的经济和人民生命财产损失1850万元以上,取得良好的经济和社会效益。现该工程已经顺利竣工和通车运营。

通过对本项目各项新技术、新工艺的研究,经过现场对比试验和实际应用,表明这些新技术、新工艺在工程应用过程中能够带来显著的社会和经济效益,具有很高的推广价值,能够很好地解决山区公路和铁路边坡防减灾关键技术与信息化存在的问题,在今后的应用中有很高的推广和借鉴价值。

(五)运营管理

1. 服务区设置

古武高速公路武平段共设置1个服务区:梁野山服务区,总建筑面积约4395m^2,内设办公区、宿舍、公共卫生间、加油站、汽修间等,主体结构为钢筋混凝土结构。

2. 收费站点设置(表10-23-5)

收费站点设置情况表　　　　　　　　　　　　表10-23-5

站点名称	车道数	收费方式
武平	9(4入5出)	人工、ETC、自动取卡
古武闽赣主线	14(5入9出)	人工、ETC、自动取卡

3. 车流量发展状况(表10-23-6)

交通流量发展状况表　　　　　　　　　　　　表10-23-6

年份(年)	日均车流量(辆)	年份(年)	日均车流量(辆)
2013	2029	2015	2868
2014	2396		

第二十四节　S16南安至安溪高速公路(双安高速公路)

南安至安溪连接线(双安高速公路)(建设期:2013.01~2015.06)

(一)项目概况

1. 基本情况

双安高速公路起点接泉三高速公路,将已建成的南安互通改建为南安枢纽互通(桩号 K0+000），设省新高架桥跨扶茂工业园区至太林村，以西埔分离式中桥、西埔尾分离式中桥分别上跨规划福隆北路和福昌北路后沿山边展线，经苦内坑、龙塔至石门山，穿石门山隧道，设珠溪分离式中桥和珠溪中桥分别上跨规划道路及珠溪水库溢洪道后经辉煌村、西紫尾至丰富村，与仑苍互通连接 S308 后穿虎县山隧道至终点安溪县罗内村（终点桩号 K15+240.447），设安溪枢纽互通与泉州金安高速公路连接，路线全长 15.243km，采用四车道高速公路标准，设计速度 100km/h，路基宽度 26m。设计荷载采用公路—Ⅰ级，设计洪水频率：大、中、小桥和涵洞及路基为 1/100。抗震烈度：地震基本烈度Ⅵ度，按Ⅶ度设防。项目投资概算 15 亿元，实际完成投资 14.38 亿元，节约投资 0.62 亿元。

双安高速公路起、终点均为已建成通车运营的高速公路，施工条件复杂、难度大，桥、隧、互通等构造物总长达 10.42km，占路线总长的 68%；高边坡石方爆破施工量大，全线近 35 万 m^3，且大部分需采取控制性爆破；新老桥梁拼接施工工艺复杂，技术要求高，工效低；交通组织困难多，既有通车的泉三高速公路交通量大，高峰期超过 60000 辆/日，且交叉作业多，保畅通安全难度大；地处民居集中区，南安和安溪两个枢纽互通都处在居民集中区；工期紧，施工要素投入大。

全线共有各类桥梁 31 座（其中特大桥 1 座、大桥 23 座），隧道 2 座；在南安市省新镇、仑苍镇、安溪县参内乡设置 3 处互通式立交，其中，南安省新、安溪参内互通为枢纽互通；在仑苍互通设 1 处收费站，即南安西（仑苍）收费站；各类涵洞、通道 44 道。详见表 10-24-1。

项目基本情况统计表　　　　　　　　　表10-24-1

序号	项目		单位	数量	备注
一	技术标准				
1	计算行车速度		km/h	100	
2	路基宽度		m	26	
3	桥面净宽	整体式	m	2×11.75	小桥与路基同宽
		分离式	m	12.00	
4	路面			沥青混凝土路面，设计年限 15 年，标准轴载 100kN	
5	路基、桥涵设计洪水频率			特大桥 1/300，其余均为 1/100	
6	桥涵设计车辆荷载			公路—Ⅰ级	
二	主要工程规模				
1	路线里程		km	15.243	
2	征用土地		亩	2058.62	
3	拆迁房屋		m²	48398	

续上表

序号	项目	单位	数量	备注
4	路基土石方	万 m³	870	
5	桥梁(含匝道桥)	m/座	特大桥1345m/1座,大桥7420.5m/23座,中小桥368m/7座	
6	涵洞、通道	m/道	1835m/44道	
7	互通式立交	m/座	南安(枢纽)互通、仓苍互通、安溪(枢纽)互通3处	
8	隧道	m/座	1289m/2座	
9	路面	m²	底基层359140.5m²、下基层355601.9m²、沥青稳定碎石上基层327749m²、沥青混凝土下面层496662m²、沥青混凝土上面层535876m²	
10	交通安全设施		波形梁护栏45.175km、标志1067个、标线29222m²、隔离栅44892m、桥上防护网3685m、防眩板4242m、混凝土防撞护栏6.278km	
11	收费站	处	仓苍收费站1处	

本项目于2013年1月1日开工,2015年6月6日建成通车试运营,建设工期2年5个月,比计划建设工期提前近7个月。

2. 前期决策情况

本项目所在区域主要通道是省道308线,当时预测到2014年交通量将达到31718辆/日,大大超过该道路的通行能力。且部分路段已出现了交通瓶颈问题,沿线弯道多、等级低,抗御自然灾害能力低,所经村庄已经城镇化,机动车、非机动车、人流混合交通,交通事故时有发生,既有通道已无法适应交通量发展的需求。

本项目连接福建省经济较发达的南安市和安溪县,南安、惠安和泉港分属泉州"一湾两翼三带"格局的南北两翼,是泉州新一轮30年发展的重要支撑。本项目建设加快了南安城市化进程,提高南安城市竞争力,力争南安经济跨越式发展,并带动安溪的经济快速发展,并进一步促进、扩大了区域经济合作与交流,加快海峡西岸经济区建设。

与此同时,南安、安溪是全国著名侨乡,也是台胞的主要祖籍地。随着国家决定在泉州新设台商投资区,台商投资泉州的热情日益高涨。本项目的建设将促进台海之间经济技术和文化交流,使泉州成为台湾产业外移与合作的新基地,对推动两岸"三通"和祖国统一大业,起着重要的桥梁作用。

3. 参建单位主要情况

(1) 建设单位

2011年12月21日,福建省高速公路有限责任公司、泉州市泉三高速公路投资有限责任公司共同出资组建"泉州双安高速公路有限责任公司"。

(2) 主要参建单位

本项目共有1个设计标,2个路基土建工程标,1个路面、景观绿化、交通安全设施、房建工程标,2个机电工程标,2个监理标,1个试验检测标,1个隧道监控量测标等。

项目施工及监理单位详见表10-24-2。

项目施工及监理单位一览表 表10-24-2

序号	标段	参建单位	工程范围
一		施 工 单 位	
1	A1	中铁十六局集团第一工程有限公司	K0+000~K7+950
2	A2	中铁二十局集团第一工程有限公司	K7+950~K15+243
3	B	中铁十四局集团有限公司	K0+000~K15+243
4	E	北京公科飞达交通工程发展有限公司	K0+000~K15+243
5	ED	中铁建大桥局集团电气化工程有限公司	K0+000~K15+243
二		监 理 单 位	
1	J1	江苏交通工程咨询监理有限公司	K0+000~K15+243
2	EJ	北京兴通工程咨询有限公司	K0+000~K15+243
三		试 验 检 测 单 位	
1	JC1	厦门市工程检测中心有限公司	K0+000~K15+243
四		设 计 单 位	
1	S1	福建省交通规划设计院	初步设计、施工图设计
五		专项检测(监测)及科研单位	
1	SJ1	上海同济建设工程质量检测站	隧道工程施工超前预报及隧道监控量测技术服务
2		福建省交通科学技术研究所(福建省公路工程试验检测中心站、福建省交通环境检测中心)	沥青路面施工质量监控、沥青路面配合比三阶段验证、隧道初支检测、施工环境监测
3		中铁西北科学研究院有限公司	重点路堑高边坡深部位移动态工程监测

(二) 建设情况

1. 项目准备阶段

(1) 立项审批

项目立项:2010年8月24日,福建省发展和改革委员会以《关于同意海西高速公路网泉厦漳联盟路、肖厝疏港支线、南安至安溪连接线等项目开展前期工作的意见》(闽发改交通〔2010〕772号)批复本项目开展前期工作。

地震安全性评价:2010年12月2日,福建省地震局以《关于泉三高速公路南安至安溪连接线工程场地地震安全性评价报告的批复》(闽震〔2010〕290号),通过本项目地震安全性评价工作。

环境影响评价:2011年3月10日,福建省环保厅以《关于批复泉三高速公路南安至安溪连接线环境影响报告书的函》(闽环保监〔2011〕26号)批复工程环境影响报告书。

工程可行性研究:2011年4月28日,福建省发展和改革委员会以《关于泉三高速公路南安至安溪连接线工程可行性研究报告的批复》(闽发改交通〔2011〕415号)批复本项目可行性研究报告。

初步设计:2011年7月1日,福建省交通运输厅、省发改委以《关于泉三高速公路南安至安溪连接线工程初步设计的批复》(闽交建〔2011〕50号)批复工程初步设计。

建设用地批复:2012年9月26日,国土资源部以《关于泉三高速公路南安至安溪连接线工程建设用地的批复》(国土资函〔2012〕786号)批复泉三高速公路南安至安溪连接线建设用地。

施工图设计文件批复:2013年1月4日,福建省交通运输厅以《关于泉三高速公路南安至安溪连接线施工图设计文件的审查意见》(闽交建〔2013〕2号)批复施工图设计。

(2)资金筹措

项目总投资及资金来源构成:概算总投资14.9973亿元,采用省、市级投资及银行贷款。详见表10-24-3。

资金来源情况表　　　　　　　　表10-24-3

资金来源	省级资金	市级资金	银行贷款
股比(%)	17.85	17.15	65
资金拼盘(万元)	26770.18	25720.37	97482.45

(3)招投标工作

本项目依据《中华人民共和国招标投标法》和交通运输部有关公路工程设计、施工、监理的招标、评标办法及福建省人民政府、省交通运输厅有关法规、办法,对符合招标条件的设计、施工、监理、试验及监控量测等工作全部实行国内公开招标。招标文件参照使用《公路工程标准施工招标文件(2009年版)》。所有招标程序严格按照有关规定执行。

本项目先后组织了4次招评标工作,分别是:2011年9月23日完成路基土建工程施工、监理、试验检测招评标,2012年8月25日完成隧道监控量测、地质超前预报招评标,2014年1月23日完成路面、交通安全设施、绿化及房建工程施工招评标,2014年5月2日完成交通机电工程施工、监理招评标。过程中均未发现不良招评标行为,也未接到任何针对投标人的有效投诉,招标评标工作规范有序,总体情况良好。

第十章 高速公路建设项目实况

（4）合同段划分

本项目路基土建工程分 2 个标，路面、交通安全设施、绿化景观及房建工程 1 个标，机电工程 2 个标。详见表 10-24-4。

标段划分情况表   表 10-24-4

标段	标段所在地	工程内容及长度	参 建 单 位
A1	南安市	路基、桥涵、隧道工程；里程：7.95km	中铁十六局集团第一工程有限公司
A2	南安市、安溪县	路基、桥涵、隧道工程；里程：7.29km	中铁二十局集团第一工程有限公司
B	南安市、安溪县	路面、交通安全设施、绿化景观及房建工程；里程：15.24km	中铁十四局集团有限公司
E	南安市、安溪县	机电工程收费、监控、通信系统供货与安装；里程：15.24km	北京公科飞达交通工程发展有限公司
ED	南安市、安溪县	机电工程隧道通风、照明、消防及沿线供配电供货与安装；里程：15.24km	中铁建大桥局集团电气化工程有限公司

（5）征地拆迁

根据泉州市人民政府泉政函〔2010〕267 号文件精神，双安高速公路的征地拆迁和安置工作由南安市、安溪县负责组织实施。南安市、安溪县政府分别成立相应的项目征迁指挥协调机构，具体负责征地、拆迁和安置补偿等工作。项目业主根据相关法律法规测算征地、拆迁、补偿安置总费用，按征地进度分期预拨付南安市、安溪县高指征迁专户用于补偿被征迁单位和群众。征地拆迁安置工作，通过深入宣传发动、统一标准、规范程序、公开公正等方式，保证征迁安置工作顺利开展。

双安高速公路建设用地严格按 2012 年 9 月 26 日国土资源部国土资函〔2012〕786 号文《关于泉三高速公路南安至安溪连接线建设用地的批复》的批复要求和意见进行。全线共征用土地 2058.62 亩（其中水田 800.7306 亩、旱地 334.8786 亩、园地 273.4526 亩、林地 586.4933 亩、居民点工矿用地 34.7055 亩、工矿用地 14.5423 亩、交通用地 6.94 亩，其他用地 5.6391 亩，工业用地 1.2341 亩）。房屋拆迁 48398m²，新建安置点 6 个，安置拆迁户 2500 多户，各种杆线迁移 295 多处。详见表 10-24-5。

征地拆迁情况统计表   表 10-24-5

征地拆迁安置起止时间	征用土地（亩）	拆迁房屋（m²）	支付补偿费用（元）	备注
2012.10～2015.05	2058.62	48398	121408974	

2. 项目实施阶段

（1）项目管理

本项目工程沿线地处山区丘陵地带，施工难度大。建设过程中，项目始终注重人性化管理,充分发挥参建人的积极性、主动性和创造性,在建设工期紧、施工难度大、征迁量大、民事问题多等情况下,克服了原材料、人工费用及地材价格上涨、主材供应紧张等诸多困难,在确保工程质量和安全的前提下,提前建成通车。

(2)重大变更(表10-24-6)

重大设计变更表　　　　　　　　　　　　　　表10-24-6

序号	设 计 变 更 内 容
1	AK1+090~AK1+430段高边坡防护方案调整
2	K6+080涵洞进出口改路、改沟
3	K2+951~K3+591段填方路基基底处理变更为抛石挤淤
4	石门山隧道左洞洞口段地质变更
5	沿线桥梁结构后张预应力孔道压浆施工工艺变更
6	K12+420处1-5.5×5.5m人行道兼排水两用通道涵变更为2-5.5×5.5m通道
7	沿线路堑及填挖交界处预制块边沟变更为整体现浇混凝土边沟
8	取消珠溪分离式中桥及珠溪中桥,新增珠溪大桥
9	K9+680~K10+010段右侧边坡防护动态调整
10	K10+320~K10+730段路基右侧高边坡防护形式重新设计
11	K9+280.614处1-4.0×4.0m人行兼排水涵洞变更为1-2.0×2.0m排水涵洞
12	虎县山隧道洞顶弃土石方进行卸载,清除至原地面线,并喷播草籽及种植灌木绿化

(3)重大事件

2011年12月,成立泉州双安高速公路有限责任公司。

2013年1月,路基土建工程正式动工。

2014年5月,虎县山隧道左右线贯通。

2014年7月,路面、交通安全设施、绿化及房建工程开工。

2014年8月,机电工程开工。

2014年8月,特大桥省新高架桥梁片安装完成。

2015年5月8日,通过交工验收,质量等级合格。

2015年6月6日,全线建成通车试运营。

(三)复杂技术工程

1.特大桥

省新高架桥长度1345m,南安、安溪桥台处各设置一道D80型伸缩缝,交接墩设置D160型伸缩缝。桥梁上部结构等宽段为跨径27.9m、29.4m、29.5m、30m、35m装配式预应力混凝土连续箱梁,变宽段为30m装配式预应力混凝土连续箱梁。通过内外边梁翼缘板宽度调整桥面宽度及线形。墩台基础均为径向布置,下部结构采用实体墩身、钻孔灌注桩基础;安溪侧桥台采用柱式桥台,桥台采用桩基础。该桥梁区域施工条件复杂,属该线路的控制性工程。

2. 仓苍互通F匝道桥水中桩基工程

全桥24个墩台,有10个墩为水中墩,采用搭设钢管桩钻孔平台方案,钢管桩平台通过贝雷片连成整体作为施工便桥。河床基岩裸露倾斜,地质较为复杂,地处西溪水源保护区域,施工过程采取各种技术措施,有效预防了泥浆渗漏、基岩裸露倾斜护筒底渗透、斜孔等难题。

(四)科技创新

1. 后张预应力孔道压浆

后张预应力孔道压浆施工质量直接影响预应力混凝土结构的耐久性和安全性,浆液质量不高,压浆不饱满已成为预应力混凝土的主要病害之一。为克服上述质量通病,进一步提高后张预应力孔道压浆质量,增强预应力混凝土结构的耐久性和安全性,本项目全线桥梁后张预应力孔道压浆均采用专用压浆材料或专用压浆剂配制的浆液进行压浆,所用压浆料或压浆剂均由工厂化生产制造,并经具有资质的检测单位检测合格,为本项目桥梁结构的安全耐久提供可靠的保障。

2. 高边坡病害治理

本项目地质情况复杂,深挖高填的段落多。为确保路基边坡的稳定,项目业主在省高指的指导下,施工过程委托中铁西北分院定期跟踪监测边坡的稳定性,并对边坡稳定情况进行定性评价,动态调整边坡防护方案,将全线边坡分为稳定、基本稳定、欠稳定和不稳定四类。工程交工后,依托相关科研检测单位进行动态监测,特别是遭遇不利自然条件因素影响后加大监测频率,适时对重点段落进行加固处治,确保路基安全稳定。如对A2合同段仓苍互通A匝道高填方边坡滑坡体加固效果实时监控、对预应力锚索施工的监测等。

(五)运营管理

1. 收费站点设置(表10-24-7)

收费站点设置情况表　　　　表10-24-7

站点名称	车道数	收费方式
南安西(仓苍)	10(4入6出)	人工、ETC、自动取卡

2. 车流量发展状况（表10-24-8）

交通流量发展状况表　　　　　　　　　表10-24-8

年份（年）	日均车流量（辆）
2015	2493

第二十五节　S59漳州东山联络线

东山联络线（建设期：2013.05～2015.09）

（一）项目概况

1. 基本情况

东山联络线是海峡西岸经济区高速公路网"三纵八横三环三十三联"中的一条联络线，也是国家高速公路网沈海线与东山县紧密连接的纽带。项目路线起点位于漳州市云霄县陈岱镇竹港村，设置竹港枢纽互通与沈海高速公路衔接，终点位于东山县樟塘镇下湖村，项目总里程11.199km。全线设竹港枢纽互通、杏陈互通2处互通式立交，终点与疏港路平交相接，预留全互通建设条件。全线设东山收费站及东山北收费站2处。全线按双向四车道高速公路标准设计，路基宽度26m，设计速度100km/h。经省交通工程造价站审查总概算8.38亿元，筹融资采用省市自筹和银行贷方式。投资股比：企业自筹35%，银行贷款65%；资金来源构成：国内贷款54485万元，股东出资29338万元。项目基本情况详见表10-25-1。

项目基本情况统计表　　　　　　　　　表10-25-1

序号	项　　目		单位	数　　量	备　注
一	技　术　标　准				
1	计算行车速度		km/h	100	
2	路基宽度	整体式路基	m	26	
		分离式路基	m	13	
3	桥面净宽		m	2×净11	
4	路面			设计标准轴载BZZ-100kN	
5	路基、桥涵设计洪水频率			特大桥1/300，其余均为1/100	
6	桥涵设计车辆荷载			公路—Ⅰ级	
二	主要工程规模				
1	路线里程		km	11.199（含断链）	
2	征用土地		亩	1507.66	

续上表

序号	项目	单位	数量	备注
3	拆迁房屋	万 m²	15700	
4	路基土石方	万 m³	400.7	
5	桥梁	m/座	3307m/26 座	
6	特大桥	m/座	1347m/1 座	
7	大桥	m/座	918m/6 座	
8	中桥	m/座	916m/13 座	
9	小桥	m/座	126m/6 座	
10	互通式立交	处	2	
11	涵洞、通道	道	38	
12	路面(主线)	m²	386951	

本项目于 2013 年 5 月开工建设,2015 年月 9 月建成通车,取得了良好的经济和社会效益。

2. 前期决策情况

东山联络线起于漳州市云霄县陈岱镇竹港村,设置竹港枢纽互通与沈海高速公路衔接,经东山、云霄两个县,终点位于东山县樟塘镇下湖村(终点桩号 K11+285.593),终点与疏港路平交相接。东山联络线对增强区域国防交通保障能力具有重要意义。

3. 参建单位主要情况

(1)建设单位

漳州市常东高速公路有限公司。在项目业主成立之前,漳州市高指配合省高指负责开展本项目的预工可前期工作,2010 年 8 月 9 日,组建项目法人漳州市常东高速公路有限公司,对项目筹资、建设管理等全面负责。

(2)设计单位

中交公路规划设计院有限公司承担主体工程设计;北京交科公路勘察设计研究院有限公司承担交通安全设施、房建工程设计。

(3)施工单位

海西高速公路网东山联络线施工单位共 3 家。路基施工单位 1 家,路面及房建、交通工程施工单位 1 家,交通机电施工单位 1 家。

(4)监理单位

海西高速公路网东山联络线监理单位共 2 家。全线路基、路面及房建、交通工程 1 个监理标段,机电工程 1 个监理标段。

项目施工及监理单位详见表 10-25-2。

主要参建单位一览表 表10-25-2

监督单位	福建省交通建设质量安全监督局		
设计单位	中交公路规划设计院有限公司(主体工程设计)		
	北京交科公路勘察设计研究院有限公司(交安、房建)		
检测单位	福建省交通建设工程试验检测中心		
	福建省交通科研所		
施工合同号	施工桩号	施工单位名称	监理合同号	监理单位名称
A	K0+086.773~K11+285.593	中交第二航务工程局有限公司	J	福建省交通建设工程监理咨询公司
B	K0+086.773~K11+285.593	龙建路桥股份有限公司	J	福建省交通建设工程监理咨询公司
E	K0+086.773~K11+285.593	北京云星宇交通科技股份有限公司	EJ	北京泰克华诚科技技术咨询有限公司

(二)建设情况

1.项目准备阶段

(1)立项审批

工程可行性研究:2011年8月8日,福建省发展和改革委员会以《关于海西高速公路网东山联络线工程可行性报告的批复》(闽发改交通〔2011〕966号)批复本项目工可。

初步设计:2012年1月21日,福建省交通运输厅、福建省发展和改革委员会以《关于海西高速公路网东山联络线工程初步设计的批复》(闽交建〔2012〕12号)批复本项目初步设计。

环境影响评价:2011年3月4日,福建省环境保护厅以《关于批复海西高速公路网东山联络线环境影响报告书的函》(闽环保监〔2011〕24号)批复本项目环境影响报告书。

建设用地批复:2011年5月27日,福建省国土资源厅以《建设用地预审意见书》(编号〔2011〕213)批复本项目工程建设用地预审。

2012年11月28日,国土资源部以《关于海西高速公路网东山联络线工程建设用地的批复》(国土资函〔2012〕943号)批复本项目用地。

水土保持批复:2011年4月6日,福建省水利厅以《关于海西高速公路网东山联络线水土保持方案报告书(报批稿)的批复》(闽水保监〔2011〕29号)批复本项目水土保持方案。

施工图设计批复:2012年9月4日,福建省交通运输厅以《关于海西西岸经济区高速公路网东山联络线施工图设计文件的批复》(闽交建〔2012〕109号)批复本项目施工图设计。

施工许可批复:2013年10月17日,福建省交通运输厅以《关于准予行政审批的通知》(闽交建〔2013〕02号)批复本项目施工许可申请。

(2) 资金筹措

2012年6月28日,福建省交通运输厅、福建省发展和改革委员会以闽交建〔2012〕68号文《关于海西高速公路网东山联络线工程初步设计概算的批复》,批复本项目初步设计概算,总投资83823.32万元(含建设期贷款利息5606.57万元)。其中:建筑安装工程费58572.24万元,设备及工具、器械购置费1814.57万元,工程建设其他费19711.91万元,预备费3724.61万元。筹融资方案采取省市自筹和银行贷款方式,出资比例:省级71.16%、市级28.84%。资金来源:项目资本金29338.16万元,占投资额的35%,其中:省级20877.03万元,市级8461.13万元;国内银行贷款54485.16万元,占投资额的65%。

(3) 招投标工作

本项目招标工作严格按照《中华人民共和国招标投标法》、交通运输部《公路工程施工招投标管理办法》,以及福建省交通运输厅《关于进一步规范我省高速公路建设项目招标投标工作的指导意见》等有关法律、法规、制度、办法的规定执行,成功完成勘察设计、路基土建、隧道地质超前预报、路面、交通安全设施、绿化、房建及机电工程等招标工作,未发现不良招评标行为,总体情况良好。设计、施工、监理、试验检测单位招标情况如下:

①勘察设计,勘察监理及设计咨询招标

采用国内竞争性公开招标,资格后审的方式,采用"综合评价法"进行评标。确定中交公路规划设计院有限公司为主体工程设计单位;北京交科公路勘察设计研究院有限公司承担本项目交通安全设施、房建工程设计。

②路基土建工程招标

A合同段(路基土建施工):路基土建施工招标采用国内竞争性公开招标,资格后审的方式,采用"在合理造价区间随机抽取中标候选人办法"的方式进行评标,确定中标单位为中交第二航务工程局有限公司。

J合同段(路基土建、路面、交通安全设施、绿化及房建施工监理):路基土建、路面、交通安全设施、绿化及房建施工监理招标采用公开招标,资格后审的方式,采用"综合评标法"的方式进行评标,确定中标单位为福建省交通建设工程监理咨询公司,辖A、B合同段。

③路面、交通安全设施、绿化及房建工程施工招标

B合同段(施工):路面、交通安全设施、绿化及房建工程施工招标采用国内公开招标,资格后审的方式,采用"合理低价法"进行评标,确定中标单位为龙建路桥股份有限公司。

④机电工程招标

E合同段(施工):监控、通信、收费系统和隧道通风、照明、消防及沿线供配电系统供货与安装施工招标采用公开招标、资格后审的方式,采用"综合评估法"的方式进行评标,

确定中标单位为北京云星宇交通科技股份有限公司。

EJ合同段(监理):采用公开招标、资格后审的方式,采用"综合评标法"的方式进行评标,确定中标单位为北京泰克华诚技术信息咨询有限公司,辖E合同段。

(4)合同段划分(表10-25-3)

标段划分情况表　　　　　　　　　　　　　　　　表10-25-3

标段号	标段所在地	工程内容及长度	参 建 单 位
A	东山县八尺门收费站	11.199km,路基工程(K0+086~K11+285)	中交第二航务工程局有限公司
B	云霄县陈岱镇	11.199km,路面工程(K0+086~K11+285)	龙建路桥股份有限公司
E	东山县八尺门后岭村	11.199km,机电工程(K0+086~K11+285)	北京云星宇交通科技股份有限公司

(5)征地拆迁

本项目征迁涉及东山樟塘镇、杏陈镇,云霄县的陈岱镇。征用土地合计1507.66亩,拆迁建筑物1.5700万 m^2。详见表10-25-4。

征地拆迁情况统计表　　　　　　　　　　　　　　表10-25-4

项目工期	征地拆迁安置起止时间	征用土地(亩)	拆迁房屋(m^2)	支付补偿费用(万元)	备注
一期	2012.12~2014.11	1507.66	15700	10396.60	

2.项目实施阶段

(1)项目管理

为了确保海西高速公路网东山联络线建设的顺利进行,本项目开工伊始,就把项目标准化管理作为重要内容,狠抓"三个集中""两项准入"的贯彻落实,全面推行项目标准化管理工作。在福建省高速公路建设总指挥部和漳州市高速公路建设总指挥部的监督下,本项目全面制定并实施了工程招投标制度、工程合同制度、工程监理制度、工程造价决算(结算)审核制度;对项目进行全方位的科学管理和严格控制。

(2)重大变更(表10-25-5)

重大设计变更表　　　　　　　　　　　　　　　　表10-25-5

序　号	设 计 变 更 内 容
1	东山特大桥路改桥(加跨)
2	张家2号中桥路改桥(加跨)
3	港西大桥桥改路(减跨)
4	新增竹港分离式天桥

(3)重大事件

2010年8月9日,组建漳州市常东高速公路有限公司。

2011年8月8日，福建省发展和改革委员会以《关于海西高速公路网东山联络线工程可行性报告的批复》(闽发改交通〔2011〕966号)批复本项目工可。

2013年5月1日，东山联络线在东山县八尺门举行开工典礼。

2013年5月，A合同段开工。

2015年1月23日，路面(交通安全设施、绿化及房建)工程合同段开工。

2015年9月26日，全线建成试通车。

(三)复杂技术工程

东山特大桥主桥为65m+2×110m+65m预应力混凝土变截面连续箱梁，双向四车道设计，上、下行双幅。桥面总宽度为26m[2×(0.5m防撞栏+净11.75m+0.5m防撞栏)+0.5m分隔带]，设计荷载为公路—Ⅰ级，抗震设防烈度Ⅶ度。桥面高度至海床面25~27m。

主桥上部结构箱梁采用单箱单室直腹板结构，顶板宽度12.75m，底板宽度6.75m，翼缘板悬臂长度3.0m。箱梁底板水平，通过两腹板的高差，实现顶板单向横坡。通过平曲线内外侧箱梁长度差，实现平曲线。

主桥上部结构采用T构节段悬臂浇筑工艺设计，单个T悬臂共有14对悬浇节段，最大悬臂长度为54m，最大悬浇质量为135.01t。其中根部0号块节段长度为12m，高6.8m。其余悬浇节段长度为3~4m，梁高2.8~6.208m。箱梁梁高变化段梁底曲线采用二次抛物线。整个上部结构混凝土强度等级均为C50海工混凝土。具体施工方法如下：

(1)0号块

0号块采用支架法一次性浇筑成型。支撑架利用在临时锚固用的混凝土立柱顶部设钢牛腿作支撑，并在上铺设主梁，安装模板系统。其施工材料主要采用塔吊进行吊运。0号块一次性灌注混凝土约370m³，方量较大。施工时考虑用汽车泵浇筑，因时间长，作业强度大，现场组织按两班作业安排。由于0号块支撑在承台上，支撑系统牢固可靠，非弹性变形量小，因此不考虑进行支架预压。

(2)临时锚固体系

临时锚固体系采用φ1.5m钢筋混凝土立柱。立柱底部钢筋伸入承台，顶部钢筋伸入箱梁固结锚固，以承受整个悬臂施工的不平衡荷载。整个临时锚固系统设计及施工除满足正常施工条件下的悬臂结构安全外，还综合考虑了挂篮意外坠落以及台风的影响。

(3)挂篮

挂篮采用现有梁式挂篮改造，改造后的吨位约55t，满足小于70t的设计要求。改造后由中交二航局技术中心出具相关验算书。挂篮安装采用塔吊吊装，最重构件为5.4t。

拼装好的挂篮在1号节段施工前进行预压,预压总吨位为67.5t(4个前吊点)。

(4)悬臂浇筑

悬臂节段采用挂篮对称浇筑。混凝土采用拖泵输送,8号节段以前可采用塔吊吊料斗作备用补充。

(5)边跨直线段

边跨直线段采用少支架法现浇,浇筑前进行结构混凝土的120%重量预压。受支架及模板周转的影响,部分边跨现浇段在浇筑完成后在支架上的搁置时间较长,因此支架的设计及计算也充分考虑了台风的影响。支架的具体设计及计算由中交二航局技术中心实施。

(6)合龙段

合龙段施工采用挂篮模板系统作模板,另一侧挂篮作配重。在混凝土浇筑前,按照设计要求,在两侧箱梁的腹板上安装劲性骨架,使之固定。混凝土浇筑选择当天气温最低时进行,合龙顺序为先边跨后中跨。

(四)运营管理

1. 收费站点设置(表10-25-6)

收费站点设置情况表　　　表10-25-6

站点名称	车道数	收费方式
东山收费站	9(4入5出)	人工、ETC
东山北收费站	10(5入5出)	人工、ETC

2. 车流量发展状况(表10-25-7)

交通流量发展状况表　　　表10-25-7

年份(年)	日均车流量(辆)
2015	2814

第二十六节　S1516厦漳跨海大桥

厦漳跨海大桥(建设期:2009.08~2013.05)

(一)项目概况

1. 基本情况

厦漳跨海大桥工程起点在主线K1+065处,与厦门至成都国家高速公路青礁枢纽互通相接,途经青礁村,跨九龙江经海门岛,止于漳州龙海市沙坛村后宅处,终点里程桩号K10+400.390,与招银疏港高速公路和漳州招商局开发区疏港一级公路相连接。路线长度为9335.390m,其中桥梁长度为8669.9m。大桥工程主要包括北汊桥、海门岛立交及收费服务区、南汊桥、海平互通式立交等几个部分,双向六车道,设计速度100km/h,大桥桥梁宽度33m(不含布索区),路基宽度33.5m。北汊主桥为连续半漂浮体系双塔双索面斜拉桥,主跨780m,可满足3万吨级船舶安全通航,建成时在同类型桥梁中居全国第六、世界第十。项目基本情况详见表10-26-1。

项目基本情况统计表　　　　　　　　　　　　　　　表10-26-1

序号	项目	单位	数量	备注
一			技术标准	
1	计算行车速度	km/h	100	
2	路基宽度	m	33.5	
3	桥面净宽	m	2×净15	
4	设计洪水频率		特大桥1/300,一般大、中桥及路基1/100	
5	路面荷载等级		BZZ-100	
6	桥梁荷载等级		公路—Ⅰ级	
7	通航等级		通航3万吨级集装箱(北汊主桥);通航5千吨杂货船级(南汊主桥)	
8	地震基本烈度		Ⅶ度	
二			主要工程规模	
1	路线里程	km	9.335	
2	征用土地	亩	771.654	
3	拆迁房屋	m²	25453.0	
4	路基土石方	万m³	218.96	
5	桥梁(主线)	m/座	8669.9/7	6座特大桥,1座大桥
6	匝道桥梁	m/座	1068/4	3座大桥,1座中桥
7	互通式立交	处	2	
8	涵洞	道	12	
9	路面	万m²	40.1	
10	收费站	处	4	其中主线站1处
11	服务区	处	1	

本项目于2009年8月1日开工建设,2013年5月28日正式投入运营。

2.前期决策情况

厦门地处闽南金三角的中心地带、九龙江入海口处,与漳州龙海、招商局漳州开发区隔海相望。拟建的厦漳跨海大桥位于九龙江入海口,北连厦门海沧区,南接漳州龙海市。

该项目将进一步加强厦门海沧台商投资区、招商局漳州开发区与漳州龙池开发区等临港开发区的联系,是厦门湾综合开发的配套基础设施。随着环厦门湾港口整合成新的厦门港,建设厦漳跨海大桥将对推进港区一体化管理和资源综合开发、完善路网、缩短厦门与漳州的距离、提高运营效益、改善厦门港集散运输条件、完善闽南区域路网布局、增强厦门中心城市辐射带动作用、促进厦漳城市联盟、山海协作和海峡西岸经济区建设均具有重要意义。同时,该项目的建设为完善海峡西岸高速公路网、泉厦漳城市联盟高速公路网、厦门市区域快速道路系统、漳州市高速公路网以及福建干线公路网的也具有积极意义。因此,建设厦漳跨海大桥十分必要。

厦漳跨海大桥项目前期工作自1999年6月开始厦漳大桥预可行性研究,2004年7月完成预可报告编制,推荐采用全桥方案。2005年4月对"半隧半桥"组合方案进行研究。2006年9月厦漳大桥工程决定采用企业投资方式建设。2007年10月17日,交通部以交函规划〔2007〕376号文批复本工程项目立项申请。2008年2月为适应海西发展战略的要求,城市区域路网发展规划,且综合考虑到跨海通道上的桥位资源非常稀缺,厦漳大桥建设标准由四车道提高为六车道高速公路。2008年3月完成工可报告的编制,同时项目由企业投资改为政府投资,采取收费还贷方式建设。

3. 参建单位主要情况

(1)建设单位

福建厦漳大桥有限公司。

(2)设计单位

重庆交通科研设计院、中交第一公路勘察设计研究院有限公司、福建省交通规划设计院组成的工程设计联合体。

(3)监理单位

设置二级监理机构,总监办与第Ⅰ、Ⅱ驻地办为行政隶属关系。

厦漳跨海大桥共分5个土建施工合同段、1个路面施工合同段(含交通安全设施工程)、2个机电工程施工合同段、1个钢结构加工安装合同段等。

项目施工及监理单位详见表10-26-2。

项目施工及监理单位一览表　　　　　　　表10-26-2

标段号	标段所在地	工程内容	长度(km)	施工单位	监理单位
Ⅰ	海沧、龙海	北汊北引桥及北汊主桥北半桥 K1+065~K3+080	2.015	中铁大桥局股份有限公司	广东虎门技术咨询有限公司
Ⅱ	龙海	北汊主桥南半桥及部分北汊南引桥 K3+080~K6+007.4	2.927	中交第二航务工程局有限公司	
Ⅲ	龙海	部分北汊南引桥及南汊北引桥 K6+007.4~K9+267.99	3.261	中交第二公路工程局有限公司	

续上表

标段号	标段所在地	工 程 内 容	长度(km)	施工单位	监理单位
IV	龙海	南汊主桥及南汊南引桥 K9+267.99~K10+078.49	0.811	中交第一公路工程局有限公司	西安方舟工程咨询有限责任公司
V	龙海	海平立交 K10+078.49~K10+400.39	0.322	中交第四航务工程局有限公司	
GJG	龙海	钢结构加工制造		中铁山桥集团有限公司	广东虎门技术咨询有限公司、西安方舟工程咨询有限责任公司
XZ-QMJA	海沧、龙海	桥面(路面)铺装及交通安全设施施工	9.335	重庆市智翔铺道技术工程有限公司 常州市交通设施有限公司	广东虎门技术咨询有限公司

(二)建设情况

1. 项目准备阶段

(1)立项审批

项目立项:2007年10月17日,交通部以交函规划〔2007〕376号文批复本工程项目立项申请。

环境影响评价:2008年6月13日,环境保护部以环审〔2008〕173号文批复本工程项目环境影响报告书。

工程可行性研究:2008年9月23日,国家发展和改革委员会以发改基础〔2008〕2539号文批复工程可行性研究报告。

初步设计:2008年12月24日,交通运输部以交公路发〔2008〕548号文批复本工程项目初步设计。

建设用地、用海批复:2009年5月27日,国土资源部以国土资函〔2009〕801号文批复本工程项目建设用地;2009年7月20日,国家海洋局颁发海域使用权证书国海证091100030号。

开工批复:2010年12月14日,交通运输部签署施工许可。

(2)资金筹措

厦漳跨海大桥工程为政府投资、收费还贷建设项目。厦漳跨海大桥工程批复设计概算总额为510267.86万元,经审计工程总造价480771.12万元,工程总造价控制在批准概算之内。

资金来源,项目资本金占40%,其余60%通过银行贷款。项目资本金到位20.18亿元,其中,交通部补贴3.12亿元,股东出资17.06亿元(招商局漳州开发区公用事业公司出资6.824亿元,占40%;厦门百城投资建设有限公司4.265亿元,占25%;福建漳龙实业有限公司3.421亿元,占20%;福建省高速公路有限公司2.55亿元,占15%)。

(3)招投标工作

本项目招投标工作严格按照《中华人民共和国招标投标法》、交通运输部《公路工程施工招投标管理办法》,以及福建省交通运输厅《关于进一步规范我省高速公路建设项目招标投标工作的指导意见》等有关法律、法规、制度、办法的规定执行,成功完成勘察设计、土建、斜拉索、钢结构、路基路面、房建及绿化、交通安全设施、机电工程等多次招标工作,未发现不良招评标行为,总体情况良好。

(4)合同段划分

厦漳跨海大桥全线土建部分共划分为5个施工合同段;其他主要项目划分为2个机电工程施工合同段、2个混凝土结构表面涂装合同段、2个支座采购合同段,以及钢结构加工安装、路面施工(含交安工程)、斜拉索加工制造、钢护栏制作安装、伸缩缝装置采购安装、钢结构防腐涂装、绿化景观工程施工、除湿系统采购安装、斜拉索外置式阻尼器采购安装、塔梁阻尼器采购安装、混凝土结构阴极防护设计与施工、塔内升降机采购安装、运营期健康监测系统设计与实施、房建各1个合同段。

(5)征地拆迁

厦漳跨海大桥建设用地严格按2009年5月27日国土资源部国土资函〔2009〕801号文《国土资源部关于厦漳跨海大桥工程建设用地的批复》的要求和意见进行。厦漳跨海大桥共征地771.654亩。其中,漳州境内征地754.92亩(角美镇33.024亩、浮宫镇384.6375亩、港尾镇128.78亩、企业用地185.1485亩、安置地征地23.33亩);厦门境内征地16.734亩。

厦漳跨海大桥征迁主要采用政府牵头统筹包干的方法进行。龙海市人民政府办公室于2007年6月12日成立厦漳大桥征地拆迁工作领导小组全面负责大桥征迁工作。征迁补偿实施的主要原则为:大桥用地按包干费用执行,企业征用按评估价执行,电力电缆按拆迁造价审核价执行。详见表10-26-3。

征地拆迁情况统计表　　　　表10-26-3

项目工期	征地拆迁安置起止时间	征用土地(亩)	拆迁房屋(m²)	支付补偿费用(元)	备注
一期	2007.06~2013.05	771.654	25453	187490617.9	

2.项目实施阶段

(1)重大决策

2008年2月,为适应海西发展战略要求及城市区域路网发展规划,且综合考虑跨海通道上的桥位资源非常稀缺,厦漳大桥建设标准由四车道提高为六车道高速公路。

(2)重大变更

厦漳跨海大桥的收费方式由原批复开放式收费变更为封闭式全省联网收费,海门岛收费站成为海西高速公路网的一个收费端口,进站发卡、出站收费。

(3)重大事件

2005年9月6日,厦漳跨海大桥筹建处成立。

2005年10月31日,厦漳跨海大桥指挥部成立。

2007年3月22日,福建厦漳大桥有限公司成立。

2008年2月27日,厦漳跨海大桥由企业经营性投资变更为政府投资。

2008年3月17日,厦漳跨海大桥纳入海西高速公路网规划。

2009年4月28日,厦漳跨海大桥专家组成立。

2009年7月10日,厦漳跨海大桥土建施工合同正式签署。

2009年8月6日,厦漳跨海大桥首根桩基灌注。

2011年8月12日,厦漳跨海大桥首节段钢箱梁吊装入位。

2011年11月12日,南汊主塔全部封顶。

2011年12月22日,北汊主塔全部封顶。

2012年6月18日,南汊主桥顺利合龙。

2012年7月6日,北汊主桥顺利合龙。

2013年5月21日,厦漳跨海大桥工程顺利通过交工验收。

2013年5月28日,厦漳跨海大桥建成通车。

(三)复杂技术工程

厦漳跨海大桥按六车道高速公路设计,桥梁总长8.670km,由北汊主桥、南汊主桥和引桥组成。桥梁处于强风、强震和海洋腐蚀环境,工程规模宏大,自然条件恶劣。其中北汊主桥为钢箱梁斜拉桥,主跨780m,桥面宽38m(含风嘴),其跨度在国内跨海斜拉桥中仅次于香港昂船舟桥(1018m),在国内已建和在建同类型斜拉桥中跨度名列第六,世界斜拉桥中排名第十。北汊主桥主塔基础位于花岗岩层状风化地区,基岩坚硬,岩面陡峭,在基础范围内相邻桩岩面高差达36m,桩长(111m)、直径大(3m),基础施工难度很大。在施工过程中采用了多项新技术、新工艺,完美地解决了大桥建设中的难题。

(四)科技创新

科技创新、技术进步是确保和提升工程质量的源泉,建设高品质的跨海大桥必须要有强有力的技术支撑,必须采用先进的工艺、先进的技术、先进的设备和优质的材料。厦漳跨海大桥十分重视科学技术对大桥建设的指导作用,在充分吸收应用近年来高速公路施工各项研究课题成果的同时,积极展开了一系列的科研攻关与技术创新,取得了良好效果。本项目先后开展了多项课题研究,详见表10-26-4。

厦漳跨海大桥科研项目情况一览表　　　表10-26-4

项目名称	研究内容	立项时间	承担单位	项目进展情况	推广应用情况
厦漳跨海大桥抗震分析与模型试验研究	通过高烈度地区大跨度斜拉桥设防目标和设防标准等问题的研究,获得高烈度地震区大跨度斜拉桥综合抗震措施	2007.05	福建厦漳大桥有限公司、招商局重庆交通科研设计院有限公司	已完成全部项目内容	指导设计
厦漳跨海大桥抗风稳定性分析与试验研究	通过对桥址处设计风速的确定、南北汊主桥的颤振稳定性保证、南北汊主桥涡振控制的研究,确保厦漳跨海大桥结构的安全合理	2007.05	福建厦漳大桥有限公司、招商局重庆交通科研设计院有限公司	已完成全部项目内容	指导设计
厦漳跨海大桥混凝土结构耐久性试验研究	对福建厦漳大桥所处腐蚀环境调研,结合国内外类似工程所采取的耐久性设计方案,综合考虑结构使用寿命及经济性,选择最优的设计方案	2007.10	福建厦漳大桥有限公司、中交武汉港湾工程设计研究院有限公司、清华大学	已完成全部项目内容	指导设计和施工
高烈度地震区连续体系隔震桥梁减震效果理论与试验研究	针对厦漳大桥采用的隔震形式,建立带滑动效果的支座有限元分析模型,完成基于速度控制的实时子结构实验系统,获得减震支座保障力学性能的关键技术	2011.04	福建厦漳大桥有限公司、华中科技大学、柳州东方工程橡胶制品有限公司	已完成全部项目内容	指导设计和施工
厦漳跨海大桥桥梁船撞设防标准及方案研究	对厦漳大桥全桥进行船撞风险分析,并得到设防船撞力;结合主被动防撞措施,推荐桥墩防撞设计方案	2008.03	福建厦漳大桥有限公司、招商局重庆交通科研设计院有限公司	已完成全部项目内容	指导设计和施工
厦漳跨海大桥锚拉板索梁锚固结构受力性能研究	通过对索梁锚固结构进行理论与试验研究,验证设计参数是合理性,优化设计参数,为国内类似索梁锚固结构的设计与施工提供技术参考	2010.09	福建厦漳大桥有限公司、中铁大桥局集团武汉桥梁科学研究院有限公司	已完成全部项目内容	指导设计和施工
厦漳跨海大桥钢锚梁-钢牛腿组合索塔锚固结构受力性能研究	研究索塔锚固区受力性能,并研究和总结钢锚梁-钢牛腿组合锚固结构的受力性能、传力机理及承载能力,明确其基本的设计理论和计算方法,为以后类似结构的设计施工提供可靠的借鉴资料	2010.09	福建厦漳大桥有限公司、长安大学	已完成全部项目内容	指导设计和施工
海中球状风化花岗岩地层大直径超长钻孔桩施工技术研究	通过对沿海球状风化花岗岩地层超长桩施工技术的研究总结,对类似地质情况的钻孔桩提供指导和借鉴	2011.01	福建厦漳大桥有限公司、中铁大桥局股份有限公司	已完成全部项目内容	指导设计和施工

续上表

项目名称	研究内容	立项时间	承担单位	项目进展情况	推广应用情况
缓和曲线空间扭曲箱梁预制安装施工技术研究	短线预制超高缓和曲线段箱梁节段预制、安装技术的研究，对城市高架、跨江（河、山谷、山涧）桥等建设的规划、设计、施工提供了更广阔的工艺选择空间	2010.11	福建厦漳大桥有限公司，中交二航局第二工程有限公司，中交武汉港湾工程设计研究院有限公司	已完成全部项目内容	指导设计和施工
斜拉桥钢箱梁架设新技术研究	通过对浅滩区等条件适宜区斜拉桥墩顶区钢梁架设的新方法的研究，为类似工程的施工提供创新的方法和思路	2011.06	福建厦漳大桥有限公司，中铁大桥局股份有限公司	已完成全部项目内容	指导设计和施工

在施工过程中，厦漳跨海大桥首创用活动支架和常规架梁吊机吊装墩顶钢箱梁节段的新技术，取代采用大型浮吊吊装墩顶节段的传统工艺，为斜拉桥墩顶箱梁吊装提供了全新施工工法。首创带滑动装置铅芯隔震橡胶支座，既有效降低了强震区多跨连续梁高墩地震响应，又解决了温度、收缩徐变等附加弯矩过大的问题。首次在缓和曲线段采用短线匹配预制和安装连续混凝土箱梁。首创叠合梁斜拉桥定时合龙技术，增强了合龙工序组织的有序性和确定性，既不需要大型顶推设备，又可最大限度地保证合龙段的设计无应力长度。各项先进技术和工艺的创新和运用无疑是厦漳跨海大桥顺利建成通车的良好助力。

（五）运营管理

1. 服务区设置

厦漳跨海大桥共设置 1 个服务区：厦漳跨海大桥海门岛服务区，总用地面积 84666.67m^2，总建筑面积 11737.54m^2，内设办公楼、厦漳大桥体验馆、宿舍、公共卫生间、加油站等，主体结构为钢筋混凝土结构。

2. 收费站点设置（详见表 10-26-5）

收费站点设置情况表　　　　　　表 10-26-5

站点名称	车道数	收费方式
厦漳大桥	20（6入14出）	人工、ETC、自动取卡
厦漳海门	2（1入1出）	人工、ETC、自动取卡
海门岛	2（1入1出）	人工、ETC、自动取卡
漳州招银港	8（3入5出）	人工、ETC、自动取卡

3.车流量发展状况(表10-26-6)

交通流量发展状况表　　　　　表10-26-6

年份(年)	日均车流量(辆)	年份(年)	日均车流量(辆)
2013	4493	2015	10288
2014	8250		

第二十七节　S1591漳州招银疏港支线

漳州招银疏港支线(建设期:2010.06～2013.12)

(一)项目概况

1.基本情况

招银疏港支线是海峡西岸经济区高速公路网的重要组成部分,是厦门湾南岸港口的快速疏港公路,同时也是厦漳跨海大桥联系沈海高速公路的重要纽带,是泉厦漳盟线高速公路网的重要组成部分。该项目是漳州市第一个采用BOT(即建设—运营—移交)模式投资建设的高速公路项目,由福建建工集团总公司作为项目投资人出资建设(按概算总额35%出资作为项目资本金,其余资金银行贷款),并实行施工总承包。

招银疏港支线路线起点接沈海线及漳州南连接线高速公路,新建枫林枢纽互通,沿凤山西南面展线,主线经东园镇枫林、新林,过田村,设过田特大桥跨南溪、分离成双线穿过伍凤山隧道至际都特大桥,经浮宫镇溪山、际都、青美、丹溪、后宝村,设主线预留收费站和港尾枢纽互通,设碑仔头隧道至港尾镇沙坛村,设海平互通分别与厦漳跨海大桥及疏港公路相接。港尾连接线从港尾互通接出,经港尾镇格林、城外村,终于漳州开发区店地村,与南疏港公路平交。全线共设3个互通式立交(枫林枢纽、港尾及海平互通)。于后宝段设主线预留收费站1座,分别在港尾连接线及海平互通设收费站各1座。路线全长22.49km(含主线长17.56km,港尾连接线4.93km)。主线桩号K0+000～K17+560.925,采用六车道高速公路标准,路基宽度33.5m,设计速度100km/h;港尾连接线长4.93km(含C匝道0.41km),起于港尾互通,终于国家招商局漳州开发区店地、白沙社区,与南疏港公路平交,连接线桩号LK0+000～LK4+519.597,采用四车道高速公路标准,路基宽度28m,设计速度100km/h。项目批复的估算投资24.77亿元,项目原批复概算22.79亿元,2014年8月25日,经福建省交通厅和省发改委批复,概算调整为24.26亿元。主要控制点有枫林枢纽互通、过田特大桥、际都特大桥、伍凤山隧道、碑仔头隧道、港尾互通、海平互通。

全线共有特大桥10619.5m/5座(全幅),大桥4407.9m/8座(全幅),中桥760m/6座(全幅),小桥24m/3座,桥梁总计15811.4m/19座;长隧道4363m/2座(双幅);涵洞通道3491.4m/85道。设有枫林枢纽互通、港尾互通、海平互通,招银港收费站和港尾收费站。详见表10-27-1。

项目基本情况统计表　　　　　　　　　　　　　表10-27-1

序号	项目		单位	数量	备注
一	技术标准				
1	计算行车速度		km/h	100	
2	路基宽度	整体式路基	m	33.5、28	
		分离式路基	m		
3	桥面净宽		m	2×净15.5	桥与路基同宽
4	路面			沥青混凝土路面,设计年限15年,标准轴载100kN	
5	路基、桥涵设计洪水频率			特大桥1/300,其余均为1/100	
6	桥涵设计车辆荷载			公路—Ⅰ级	
二	主要工程规模				
1	路线里程		km	22.49	
2	征用土地		亩	2886.84	
3	拆迁房屋		m²	25034	
4	路基土石方		万m³	556.3642	
5	软土地基处理		km		
6	桥梁(主线)		m/座	4769.5/10	
	其中:特大桥、大桥		m/座	4449.5/4	
7	匝道桥梁		m/座	3011.49/6	
8	上跨分离		m/座	140/3	
9	互通式立交		处	3	
10	分离式立交		处	5	
11	涵洞		道	68	
12	通道		道	18	
13	隧道		m/座	4363/2	
14	路面(主线)		万m²	8.77279	
15	主线收费站		处	1	其中主线站1处
16	服务区		处	1	
17	停车区		处	1	

2.前期决策情况

招银疏港支线的建成通车对于完善海峡西岸高速公路网的布局,促进厦门湾港口一体化,发挥厦门湾深水港口资源优势,带动区域经济均衡发展,促进公路沿线乡镇村农副产品流通和资源开发,带动本地区和周边区域经济、社会发展均具有重要意义和深远影响。漳州招银疏港高速公路的建成通车运营,将有力拉动漳州城乡经济的协调稳健发展,加快漳州市公路网建设步伐,成为漳州市连接厦门市及周边之路,促进经济发展之路,实现强市富民之路。

2008年12月4日,通过了由福建省发展和改革委员会组织的省内审查,批复《福建省发展和改革委员会关于同意漳州市招银疏港高速公路开展前期工作的批复》(闽发改交能〔2008〕995号)。2009年2月,福建省发展和改革委员会组织审查了《漳州市招银疏港高速公路工程可行性研究报告》,并形成了《漳州市招银疏港高速公路工程可行性研究报告专家组意见》。

根据国家及福建省关于经营性公路建设项目投资人招标投标管理的有关政策和规定,经漳州市人民政府研究决定,漳州招银疏港高速公路项目工程采用BOT的模式进行投资、建设、运营、维护,并采用公开招标方式选择确定一家合格的投资和运营主体(项目法人)。漳州市高速公路有限责任公司代表漳州市交通局于2009年9月以公开招投标的方式,对该项目的投资人及施工总承包进行招标。分别于2009年9月23日和2009年9月29日两次公开招标,但均仅有一家潜在投标人报名。双方于2009年11月11日下午在漳州市交通服务指挥中心10楼就建设期、收费年限及出资比例时限等进行谈判,并达成共识如下:

①建设期36个月(从本项目施工图审查批准之日起计);

②收费期24年9个月(自本项目收取车辆通行费之日起计算);

③资本金比例:福建建工集团总公司按最终批准的项目概算总投资的35%出资作为本项目的资本金,并全额作为项目公司的注册资本金;

④出资时限:投资人在签订投资框架协议书之日起30天内,且在签订施工总承包合同书之前,首期注入项目公司的项目资本金不得少于按其报价文件承诺投资项目资本金(8亿元)的三分之一,即2.67亿元;二期在工程施工图审批之日起30日内再注入三分之一;其余的三分之一可在确保工程进度要求的前提下分期到位。最迟应在本工程交工验收之前全部到位。

福建省机电设备招标公司(招标代理)于2009年12月13日向福建建工集团总公司发出中选通知书。2009年12月12日,双方正式签订投资框架协议书。

3.参建单位主要情况

(1)建设单位

漳州市高速公路建设指挥部、福建招银高速公路有限公司。按照福建省高速公路建设管理体制,工程建设以漳州市为主负责并组织建设。在项目业主成立之前,作为招银高速公路建设的主管部门漳州市地区交通局市高指,漳州市高速公路有限责任公司配合省高指负责开展本项目的预工可前期工作,全面负责本项目的前期筹建工作。福建招银高速公路有限公司成立后,作为本项目法人单位,全面负责招银高速公路建设管理等工作。

(2)设计单位

福建省交通规划设计院。

(3)施工单位

路基土建施工单位,路面、交通安全设施、绿化及房建施工单位,交通机电及三大系统施工单位由福建建工集团总公司实行施工总承包。

(4)监理单位

路基、路面、交通安全设施、绿化及房建监理单位为厦门港湾咨询监理有限公司;交通机电及三大系统监理单位是北京华路捷公路工程技术咨询有限公司;路基、路面、交通安全设施、绿化及房建检测单位是厦门市工程检测中心有限公司。

主要参建单位见表10-27-2。

主要参建单位情况表　　　　　　　　　　　表10-27-2

标段号	标段所在地	工 程 内 容	长度(km)	施 工 单 位	监理单位
A1	龙海	K0+000~K2+660路基土建施工	2.66	福建建工集团总公司	厦门港湾咨询监理有限公司
A2	龙海	K2+660~K8+300路基土建施工	5.64	福建建工集团总公司	
A3	龙海	K8+300~K17+560.925、LK0+000~K4+519.957路基土建施工	13.78	福建建工集团总公司	
B1	龙海	K0+000~K17+560.925、LK0+000~K4+519.957路面、交通安全设施、绿化施工	22.49	福建建工集团总公司	
E1	龙海	K0+000~K17+560.925、LK0+000~K4+519.957机电工程施工	22.49	福建建工集团总公司	北京华路捷公路工程技术咨询有限公司
F1	龙海	2个收费站及2个隧道配电房等施工		福建建工集团总公司	厦门港湾咨询监理有限公司

(二)建设情况

1. 项目准备阶段

(1)立项审批

前期工作:2008年11月,《福建省发展和改革委员会关于同意漳州招银疏港高速公路开展前期工作的批复》(闽发改交能〔2008〕995号)。

环境影响报告:2009年9月10日,《福建省环保厅关于批复漳州市招银疏港高速公路工程环境影响报告书的函》(闽环保监〔2009〕80号)。

工程可行性研究报告:2010年4月20日,《福建省发展和改革委员会关于漳州市招银疏港高速公路工程可行性研究报告的批复》(闽发改交能〔2010〕302号)。

初步设计:2010年9月29日,《福建省交通运输厅、福建省发展和改革委员会关于漳州招银疏港高速公路(含海平支线)工程初步设计的批复》(闽交建〔2010〕137号)。

2011年5月17日,《福建省交通运输厅、福建省发展和改革委员会关于漳州招银疏港高速公路(含海平支线)工程初步设计概算的批复》(闽交建〔2011〕51号)。

用林批复:2010年12月31日,国家林业局《使用林地审核同意书》(林资许准〔2010〕478号)。

建设用地:2011年8月10日,《国土资源部关于漳州市招银疏港高速公路工程建设用地批复》(国土资函〔2011〕545号)。

施工图设计:2011年9月15日,《福建省交通运输厅关于漳州招银疏港高速公路(含海平支线)施工图设计文件的批复》(闽交建〔2011〕94号)。

(2)资金筹措

福建省交通运输厅、福建省发展和改革委员会批准本项目概算22.79亿元;2014年8月25日,经福建省交通运输厅、福建省发展和改革委员会批复概算调整为24.27亿元。福建建工集团总公司按概算总额的35%出资作为本项目的资本金,并全额作为项目公司的注册资本,银行贷款65%。截至目前,建工集团总公司投入9.7亿元(其中:资本金8000000万元,往来款17628.81万元);银行贷款15.5亿元(其中:中国进出口银行福建省分行40000万元;国家开发银行福建省分行85000万元;兴业银行漳州分行30000万元)。

(3)招投标工作

设计单位招标:本项目勘察设计由业主自行组织采用国内竞争性资格后审方式公开招标。根据海峡西岸经济区高速公路网漳州招银疏港高速公路(含海平支线)工程勘察设计招标评标委员会推荐意见,确定福建省交通规划设计院为中标单位。

施工单位招标:漳州招银疏港高速公路实行"项目业主+施工总承包"模式,确定由福建建工集团总公司作为施工总承包单位。

监理单位招标：漳州招银疏港高速公路有两个参建的监理单位。J1 监理标负责路基土建标、路面标及房建标的监理任务，采用公开招投标方式，确定厦门港湾咨询监理有限公司为中标单位。EJ1 监理标负责机电标的监理任务，因招标要求投标人具有交通运输主管部门颁发的公路机电工程专项监理资质，满足条件的潜在投标人数量有限，且机电监理费用不高，结合漳州市高速公路项目的机电监理招标往往由于投标人数不足三家导致流标的实际情况，采用议标方式确定机电监理单位。经过第一次和第二次公开招标流标后，招标人提出的采用议标方式确定机电工程监理单位获批，确定北京华路捷公路工程技术咨询有限公司为中标单位。

(4) 合同段划分

路基土建工程施工分为 3 个标段，路面及交通安全设施、绿化工程施工为 1 个标段，房建工程施工为 1 个标段，机电工程施工为 1 个标段；路基土建、路面及交通安全设施、绿化工程、房建工程、监理服务为 1 个标段，机电监理服务为 1 个标段，路基土建工程试验检测服务为 1 个标段，路面及交通安全设施绿化工程、房建工程试验检测服务为 1 个标段。详见表 10-27-3。

标段划分情况表 表 10-27-3

标 段 号	标段所在地	工程内容及长度	施 工 单 位
A1	龙海市	路基土建，2.66km	福建建工集团总公司
A2	龙海市	路基土建，5.64km	福建建工集团总公司
A3	龙海市	路基土建，13.78km	福建建工集团总公司
B1	龙海市	路面工程，22.49km	福建建工集团总公司
E1	龙海市	机电工程，22.49km	福建建工集团总公司
F1	龙海市	房建工程	福建建工集团总公司

(5) 征地拆迁

国土资源部批复征地 2893.79 亩，实际征地 2810.36 亩（未含不需要支付费用的公共用地 98.10 亩）；三杆迁移 75 处，实际迁移 75 处；房屋拆迁 25034m^2，实际拆迁 25034m^2。应付征迁款 28032.89 万元（含办证费 38.55 万元，耕地占用税 353.01 万元，村道修复费 286.30 万元）。详见表 10-27-4。

征地拆迁情况统计表 表 10-27-4

项目工期	征地拆迁安置起止时间	征用土地（亩）	拆迁房屋（m^2）	支付补偿费用（元）	备注
一期	2010.05～2013.01	2810.36	25034	280328900	

2. 项目实施阶段

(1) 重大变更

①根据福建省高速公路建设总指挥部文件《关于漳州招银疏港高速公路 A1 合同段龙应寺门前路基涵改桥设计变更的批复》(闽高路工〔2010〕239 号),将龙应寺门前原设计的一座 K2+636(5.0×4.0m)通道涵变更为一座 1×20m 中桥(起止桩号 K2+582.0~K2+618.0),桥型采用空心板梁结构,且 K2+615 盖板涵位置处于变更后中桥施工地段,同时取消 K2+615 盖板涵;中桥桥面高程高于主线路基 K2+600 处左侧龙应寺内佛像高程,影响当地的风水和宗教信仰,村民阻挠施工,对龙应寺中桥高程和主线路基 K1+664.977~K2+774 段纵坡进行降低,施工完成的 K2+305 涵洞左幅台身降低至变更后高程。

②根据《关于招银疏港高速公路收费站设计变更和厦漳跨海大桥设计变更的批复》(闽高路工〔2012〕461 号)、《漳州市招银疏港高速公路主线收费站设置及收费制式协调会议纪要》《漳州市高速公路建设总指挥部关于漳州招银疏港高速公路主线收费站设置及收费制式变更的通知》(闽高路工〔2010〕224 号),在 LK0+365 处增设港尾收费站。

③根据福建省高速公路总指挥部文件《关于漳州招银疏港高速公路 A3 合同段港尾互通桥梁结构变更批复》(闽高路工〔2012〕133 号),将港尾互通主线桥(中心桩号 ZK12+374.6、YK12+367)和 A 匝道桥(中心桩号 AK0+550.755)的简支 T 梁变更为现浇箱梁。

④根据《漳州市招银疏港高速公路及厦漳跨海大桥海平互通匝道收费站设置方案等相关问题专题会议纪要》,对海平互通主线路基、F 匝道和 E 匝道桥及路基进行变更。

(2) 重大事件

2008 年 11 月,福建省发展和改革委员会以《福建省发展和改革委员会关于同意漳州招银疏港高速公路开展前期工作的批复》(闽发改交能〔2008〕995 号)批复本项目立项。

2009 年 12 月 13 日,招银疏港支线举行开工典礼仪式。

2012 年 3 月 12 日,漳州市交通运输局与福建招银高速公路有限公司签订《项目特许经营协议书》。

2012 年 6 月 8 日,《项目施工许可证》签发。

2013 年 11 月 30 日,招银疏港支线举行通车典礼。

2013 年 12 月 1 日,漳州招银港收费站开征车辆运行费。

2013 年 12 月 28 日 12 时,龙海港尾收费站开征车辆运行费。

2014 年 12 月 31 日,《福建省审计厅关于漳州招银疏港高速公路建设项目竣工决算的审计决定》(闽审投决〔2014〕17 号),本项目完成竣工决算审计。

(三)复杂技术工程

枫林枢纽互通地处软基地带,工程结构复杂,桥梁展开里程6.3km,跨河施工有16处,跨沈海高速公路施工有3处,需修建近1km钢便桥,近8km的施工便道,沿线虾塘和房屋密布,拆迁量2.5万多平方米。

本互通区有8座桥(含两座沈海高速公路加宽桥),分别为:招银主线桥653m;A匝道桥278.5m;B匝道桥1182.5m;D匝道桥593.5m;G匝道桥590.992m;左集散车道桥516.4m;沈海新圩左桥(新建)1391.88m;沈海新圩特大桥(扩建)1098.5m。

(1)招银主线桥中心桩号为K0+153.750,起点桩号为K0+171.000,终点桩号为K0+478.500。

桥梁上部结构为跨径25m及30m装配式预应力混凝土连续T梁,以及现浇预应力混凝土连续箱梁。具体桥跨布置见表10-27-5。

桥 跨 布 置 表　　　　表10-27-5

左幅	跨径组成(m)	结构类型	右幅	跨径组成(m)	结构类型
第1联	5×25	预应力混凝土T梁	第1联	5×25	预应力混凝土T梁
第2联	29+32+25+25	现浇预应力混凝土箱梁	第2联	31.5+32+25+22.5	现浇预应力混凝土箱梁
第3联	2×25	预应力混凝土T梁	第3联	2×25	预应力混凝土T梁
第4联	3×29.5	预应力混凝土T梁	第4联	3×29.5	预应力混凝土T梁
第5联	6×25	预应力混凝土T梁	第5联	6×25	预应力混凝土T梁
第6联	5×25	预应力混凝土T梁	第6联	5×25	预应力混凝土T梁

本桥两桥台处各设置一道D80型伸缩缝,中间墩设置D160型伸缩缝。装配式预应力混凝土连续T梁直梁设置,通过护栏调整桥面宽度及线形。墩台基础均为径向布置,装配式预制结构柱式墩、钻孔灌注桩基础;现浇箱梁采用柱式墩;桥台采用肋式桥台,群桩基础。

(2)A匝道桥中心桩号AK0+319.500,大桥位于圆曲线内,桥梁为正交桥梁,上部构造采用预应力混凝土T梁,跨径为11×25m。桥台设置D80型伸缩缝,两联之间过渡墩设有D160型伸缩缝。桥面横坡通过横向墩柱及台身高度不等来调整,桥头设8.0m搭板。

下部构造采用柱式桥墩,墩柱尺寸为直径140cm的圆柱,基础采用钻孔灌注桩,桩径150cm;桥台采用肋式台,钻孔灌注桩桩径120cm。

(四)运营管理

1.收费站点设置(表10-27-6)

收费站点设置情况表　　　　　　　　　　　　　表10-27-6

站点名称	车道数	收费方式
招银港	8(3入5出)	人工与ETC相结合
龙海港尾	8(3入5出)	人工与ETC相结合

2.车流量发展状况(表10-27-7)

交通流量发展状况表　　　　　　　　　　　　　表10-27-7

年份(年)	日均车流量(辆)	年份(年)	日均车流量(辆)
2013	558	2015	5411
2014	4384		

第二十八节　G15E沈海线厦门至漳州高速公路扩建段（厦漳扩建）

厦漳扩建漳州段(建设期:2009.05~2012.05)

(一)项目概况

1.基本情况

厦漳扩建漳州段起于厦门与漳州交界处,经龙海市角美镇,跨九龙江北港到紫泥镇,后跨九龙江南港到海澄镇,经东园镇连接漳州港互通,终于东园镇仓里村西侧,全长27.87km,设计速度120km/h。本项目位于福建省厦门市集美区及海沧区和漳州的龙海市境内,线路起点位于漳州市与厦门市交汇处,其中有福井枢纽互通、紫泥互通、漳州港互通等,终点位于漳州龙海市东园镇,与漳诏高速公路相接。

厦漳扩建漳州段新建桥涵采用设计汽车荷载等级公路—Ⅰ级,利用既有桥涵结构物暂沿用原有荷载标准。其他技术指标按《公路工程技术标准》(JTG B01—2003)执行。漳州段扩建起点至福井主线分岔段,长3.67km,采用双侧拼宽八车道的扩建方案,扩建后路基宽42m;福井主线分岔至海澄主线分岔段采用双向四车道老路+新建双向六车道、路基宽34.5m新线的扩建方案,老路长26.2km,新线长20.55km;海澄主线分岔至项目终点,长3.65km,采用左侧分离的扩建方案,左线分离式路基宽20.75m,并在漳州港互通段增设长1.3km、二车道的集散车道与规划的绕城、招银疏港高速公路衔接。沿线设有福井主线分岔、紫泥互通、海澄主线分岔、漳州港互通等;共有特大桥 5 座,总长 11945m;大、中桥 3 座,共 1013m;互通主线桥 4 座,共 3139m;隧道 1 座,865m;桥隧主线占路线里程的 61%,全线新建 1 个收费站(紫泥收费站)。项目概算总投资 34.35 亿元。本项目位于戴云山脉南侧,路线穿越闽南地区,主要有丘陵、红土台地及平原地貌,地形较为平坦开阔。总体地势西北高东南低,呈阶梯状递降。本路段路线纵向地形起伏不大,地面自然坡度大多在 20°以下,平原地带占路线总长 70%,丘陵、台地约占路线总长 30%,有利于高速公路的修建。详见表 10-28-1。

项目基本情况统计表　　　　　　　　　　　　　　表 10-28-1

序号	项目		单位	数量	备注
一	技术标准				
1	计算行车速度		km/h	120	
2	路基宽度	整体式路基	m	42/34.5	
		分离式路基	m	左线 20.75	
3	路面			沥青混凝土路面,设计年限 15 年,标准轴载 100kN	
4	路基、桥涵设计洪水频率			特大桥 1/300,其余均为 1/100	
5	桥涵设计车辆荷载			公路—Ⅰ级	
二	主要工程规模				
1	路线里程		km	27.87	
2	征用土地		亩	2278.47	
3	拆迁房屋		m²	109820.33	
4	桥梁(主线)		m/座	12958/8	
	其中:特大桥、大桥		m/座	11945/5	
5	互通式立交		处	3139/4	
6	隧道		m/座	865/1	
7	主线收费站		处	1	
8	服务区		处	—	
9	停车区		处	—	

本项目于 2009 年 5 月 16 日开工,建设工期 3 年,2012 年 5 月 15 日建成通车。

2. 前期决策情况

(1)交通量迅速增长的需要

1997 年厦漳高速公路通车以来,高速公路上交通量迅速增长。随着项目影响区域社会经济的迅速发展,厦漳段交通量仍将保持较高的增长速度。2006 年,厦漳段高速公路日均交通量超过 30194 辆,局部路段达到 40841 辆,高峰时段服务水平已明显降低,通行状况已接近饱和,已不适应交通量的要求。厦漳高速公路的扩建是应对区域交通量迅速发展、缓解通道运输压力、提高运输效率的必要措施。

(2)社会经济发展的需要

随着福建省经济的快速发展,福州、莆田、泉州、厦门、漳州五市作为福建省经济最活跃的地区,泉厦漳三城市联盟的实现,特别是省委、省政府提出的建设海峡西岸经济区,可以预见本地区的经济还将有一个长期的快速增长过程,共同构筑了福厦漳高速公路交通流量的基础,因而对福厦漳高速公路的通行能力提出了新的亟待解决的要求。福建省已在这条通道沿线建造了一条充满生机、蓬勃发展的经济走廊。为适应区域经济的快速发展,提高通行能力,迫切需要对福厦漳高速公路进行扩建。同时区域内人民生活水平的提高,人们对出行时的舒适性、时效性要求日益增加,提高道路服务水平才能满足这个要求。

(3)适应地方规划、发挥通道资源优势的需要

随着地方路网建设和规划,对厦漳高速公路运输走廊提出更高的标准;厦深高速铁路的建成,将对高速公路运输提出挑战。为了发挥高速公路通道资源优势,必须采取相应对策。尽管规划中的福州至广州高速公路也已提到日程安排上来,但现有高速公路由于地理位置的原因,其作用的重要性是显而易见的,它占据了厦漳间最顺捷的通道资源,是复线所不能替代的,因此最大限度地发挥该通道的资源优势是合理的选择。

(4)恢复道路使用性能的需要

随着交通量的增加,道路使用性能正在逐年下降,为提升高速公路整体服务水平,急需进行扩建改造,扩建工程的实施是对老路面进行改善的大好时机。由于泉厦、厦漳高速公路是福建省第一条高速公路,在结构选择、材料控制、施工工艺要求等各方面存在一些不足,再加上路面大修的日益临近,因此通过对老路面进行适当的重建,以提高工程耐久性,彻底恢复道路的使用性能。

(5)厦漳高速公路扩建不仅是必要的而且是紧迫的

厦漳段现有的四车道高速公路已经进入二级服务水平。根据交通量预测结果,2015年厦漳高速公路全线平均交通量将达50525辆,局部路段达到64057辆,将进入三级服务水平,已不适应交通量的要求,因此厦漳段现有高速公路的扩宽是当务之急;从扩宽实施上讲,随着交通量增大,实施的难度也将增加。据国内高速公路扩宽改造的经验,一般四车道高速公路日交通量在3万辆左右,实施扩宽改造较为合适,因此为减少以后施工的组织难度,迫切需要扩建工程的早日实施;特别是LNG(天然气)管道,该工程布设时,大部分段落也利用高速公路走廊,与高速公路的间距很小,该工程计划2007年底投入使用并进行供气,这样将对扩建工程的施工产生重大影响。因此在LNG管道工程投入使用之前,扩建工程早一天动工,可争取早一天的主动。

3. 参建单位主要情况

(1) 建设单位

按照省政府的高速公路建设和运营管理体制,本项目实行代建制。由漳州市厦漳高速公路有限责任公司、漳州市漳诏高速公路有限责任公司作为本项目建设单位,负责项目的筹资、运营和还贷工作,并委托漳州市交通建设投资开发有限公司为代建单位,行使业主职能,全面负责项目的建设工作。漳州市交通建设投资开发有限公司内设工程、合约、综合、财务及征迁交通保障部五个部门,在沿线派驻Z1、Z2工作组以加强现场管理工作,具体负责质量、进度、投资、安全的监督工作。在项目建设过程中,省高指对本项目的设计、建设、标准、质量等方面给予全面指导、协调、管理和监督,市高指协助建设单位协调本市境内高速公路建设管理及建设环境保障工作。

(2) 设计单位

根据福建省人民政府办公厅2007年3月28日对《省交通厅关于实施泉厦高速公路拓宽改建工程的请示》的批复意见,委托福建省交通规划设计院承担本项目勘察设计任务。

(3) 施工单位

本项目施工划分路基土建工程6个合同段,路面及交通安全设施工程1个合同段,房建工程2个合同段,绿化工程1个合同段,机电工程1个合同段。

(4) 监理单位

本项目路基、路面及交通安全设施施工监理划分2个合同段,机电工程监理划分1个合同段。

(二) 建设情况

1. 项目准备阶段

(1) 立项审批

项目立项:2007年4月30日,福建省发展和改革委员会以《福建省发展和改革委员会关于同意国家高速公路网沈海线福州至泉州段、泉州至厦门段、厦门至漳州段厦门境内部分工段立项的函》同意立项。

工程可行性研究:2009年5月17日,国家发展和改革委员会以《关于福建省厦门至漳州高速公路改扩建工程可行性研究报告的批复》(发改基础〔2009〕1286号)批复了本项目工可。

初步设计:2009年11月6日,交通运输部以《关于厦门至漳州高速公路改扩建工程初步设计的批复》(交公路发〔2009〕648号)批复了本项目初步设计。

环境影响评价:2008年2月18日,国家环保总局以《关于国家高速公路沈海线厦门至漳州扩建工程环境影响报告书的批复》(环审〔2008〕66号)批复了本项目环境影响报告书。

水土保持评价:2008年3月13日,水利部以《关于国家高速公路沈海线厦门至漳州扩建工程水土保持方案的复函》(水保函〔2008〕65号)批复了本项目水土保持方案。

施工图设计批复:2010年5月11日,福建省交通运输厅以《关于厦门至漳州高速公路改扩建工程施工图设计文件的批复》(闽交建〔2010〕57号)批复了本项目施工图设计。

建设用地批复:2010年10月27日,国土资源部以《关于厦门至漳州高速公路改扩建工程建设用地的批复》(国土资函〔2010〕885号)批复了本项目工程建设用地。

施工许可批复:2011年8月1日,交通运输部同意批准开工(交公路施工许可〔2011〕20号)。

(2) 资金筹措

厦漳扩建漳州段项目总投资343488.55万元,其中:建安投资266431.48万元、设备投资3145.30万元、待摊投资58512.21万元、预备费15396.56万元。项目资金来源为:项目资本金85872.14万元、基建借款257616.41万元。实际建安投资2552356756.04元、设备投资32095091.8元、待摊投资705744308.17元。实际总投资322822.61万元,与部批概算343488.55万元相比,实现概算结余20665.94万元,节余率为6%。

(3) 合同段划分(表10-28-2)

项目标段划分情况表　　　　表10-28-2

标 段 号	标段所在地	工程内容及长度	施工单位
K481+726~K492+025	漳州龙海	拼宽为主,将原有双向四车道扩建为双向八车道,全长10.3km	中铁十六局集团有限公司
K492+025~K494+557	漳州龙海	北港特大桥及紫泥互通建设,全长2.5km	中铁十七局集团有限公司
K494+557~K497+757	漳州龙海	仅建设一座特大桥,全长3.2km	中铁十六局集团第一工程有限公司
K497+757~K499+672.5	漳州龙海	仅建设一座特大桥,全长1.9km	中铁三局集团有限公司
K499+672.5~K503+450.5	漳州龙海	丹坑隧道建设,全长3.8km	大成工程股份有限公司
K503+450.5~YK515+247.2	漳州龙海	谢前高架桥、主线分岔及漳州港互通建设,全长6.1km	中铁二十局集团第一工程有限公司

(4) 征地拆迁

本项目征地在省、市及沿线土地部门的支持下,所征用的土地先后得到省政府及省国土资源厅批复。国土资源部于2008年10月29日以《关于福建厦门至漳州高速公路扩建工程建设用地预审意见的复函》(国土资预审字〔2008〕343号)批复本项目用地预审,并于2010年10月27日以《关于厦门至漳州高速公路改扩建工程建设用地的批复》(国土资函〔2010〕885号)批复本项目工程建设用地。全线共征用土地2478.830亩,拆迁房屋约

109820.33m²,迁移三杆 224 处、电力线路 29.65km、光缆 36.385km。详见表 10-28-3。

征地拆迁情况统计表　　　　　　　　　　　表 10-28-3

项目工期	征地拆迁安置起止时间	征用土地(亩)	拆迁房屋(m²)	支付补偿费用(元)	备注
一期	2008.09~2011.12	2278.47	109820.33	275109500	

2. 项目实施阶段

(1)重大变更(表 10-28-4)

重大设计变更表　　　　　　　　　　　　表 10-28-4

序号	设 计 变 更 内 容
1	ZA1 标取消 K490+743 横山分离式立交桥及两端接线工程
2	ZA1 标 K490+670~K491+005 段右侧挖方路基边坡防护方案进行适当动态调整,采用放缓边坡结合坡脚支挡方案
3	ZA2 标紫泥连接线顺接地方县道 X516 及规划的龙江大道降低纵坡高程调整
4	ZA5 标屿上高架桥 4、16~23 号、37~38 号墩与谢前高架桥 10~16 号墩桥梁桩基础坐落于原有河道内,对部分涉河桥墩扩宽并加固
5	ZA6 标漳州港互通立交 D、E 匝道软基处理塑料排水板软基处理变更为 PTC 管桩软基处理

(2)重大事件

2007 年 7 月,成立"厦漳高速公路漳州段扩建工程指挥部",明确漳州市交通建设投资开发有限公司为建设单位。

2007 年 11 月,福建省人民政府办公厅经过研究,将福莆泉厦漳高速公路扩建工程列入省重点建设项目。

2009 年 5 月,厦漳扩建漳州段工程正式开工。

2011 年 1 月,福井主线分岔立交段(老路拼宽段)长 3.674km,建成通车。

2011 年 5 月,海澄主线分岔至项目终点(老路拼宽段)长 3.649km,建成通车。

2012 年 5 月,厦漳扩建漳州段全线建成通车。

2014 年 12 月,本项目完成项目审计。

2015 年 11 月,本项目通过了由福建省档案局组织的项目档案专项验收。

(三)科技创新

1. 桥面铺装层焊接钢筋网片工厂化加工

本项目桥梁结构多,桥面铺装层所用钢筋数量大,采用现场人工绑扎工作量大、生产效率低,人工绑扎不到位、间距控制不准确,工程质量难以保证。为了确保工程质量,提高生产效率,加快工程进度,使承受的荷载更均匀扩散分布,更明显提高钢筋混凝土结构的抗震抗裂性能,根据福建省其他高速公路的桥面铺装层采用工厂化加工的焊接钢筋网片的成功经验,桥面铺装层统一采用工厂化加工的焊接钢筋网片。

2.嵌岩桩水下爆破辅助施工技术

南港特大桥118~125号桩基位于九龙江中,水位最深16.0m、水流急、潮差大,桩基穿过严重液化砂层、入岩深度达十几米,岩层十分坚硬。水下钻孔爆破采用XY-1钻机钻孔,根据钻孔桩直径大小、孔底的岩层情况和距设计孔底的高程布置钻孔爆破孔位和药量。该技术能够有效地克服地质复杂地区钻孔灌注桩入岩深度较深,岩层较硬,同一承台、同一孔位岩层倾斜严重、岩层坚硬、入岩深度大等施工难题。

3.自密式混凝土技术

九龙江特大桥南港段部分为矩形墩,墩身长8.5m、宽1.6m、高平均16m,钢筋质量约95t,钢筋密度大,振捣难度高,质量控制难度大。施工单位采用自密式混凝土技术,能有效保证混凝土良好密实;能有效提高混凝土施工效率,节省劳动力;能有效提高混凝土结构的表面质量,改善工作环境和安全性;能有效减少混凝土对搅拌机的磨损,避免了振捣对模板产生的磨损,增加了结构设计的自由度,是一种值得推广和研究的新型混凝土。

4.静压法PTC管桩施工技术

ZA6合同段拼宽段路基软土地基较厚,为有效控制工后沉降及新老路基差异沉降,采用施打PTC管桩处理,这种方法施工操作方便,施工速度快、处理厚度深、成桩质量易于控制。但在施工过程中,锤击法施打PTC管桩振动大、噪声大,为避免对既有高速运营安全及当地群众生产、生活造成影响,采用静压法施工,以压桩机自重提供反力,来保证地基承载力满足设计要求,确保拼宽路段软土地基施工质量。

(四)运营管理

1.收费站点设置(表10-28-5)

收费站点设置情况表　　　　　　　　　　　　　表10-28-5

站点名称	车道数	收费方式
紫泥	12(5入7出)	人工、ETC、自动取卡

2.车流量发展状况(表10-28-6)

交通流量发展状况表　　　　　　　　　　　　　表10-28-6

年份(年)	日均车流量(辆)	年份(年)	日均车流量(辆)
2012	12149	2014	20937
2013	21271	2015	21230

第二十九节　S1525 漳州南连接线

漳州南连接线南靖至龙海高速公路（漳州南连接线）（建设期：2010.10~2015.01）

（一）项目概况

1.基本情况

漳州南连接线是海西高速公路网的重要组成部分，通过连接高速公路沈海线、厦蓉线、沈海复线，构成漳州绕城高速通道。路线起于南靖靖城镇新楼村，设靖城枢纽互通与沈海复线高速公路相连，终点位于龙海市白水镇枫林村（终点桩号 K46+517.153），设枫林互通顺接招银疏港高速公路，并与沈海高速公路形成十字交叉。主线全长 46.487km（含断链），按双向四车道高速公路标准设计，路基宽度 26m，设计速度 100km/h。另建东泗连接线，全长 3.443km，起点位于东泗互通，经清泉村、水浒村，终点至 510 县道，路基宽度 10m，设计速度 40km/h，采用二级标准建设。全线设南凌、漳州南、东泗等 3 个一般服务性互通及靖城、枫林 2 处枢纽互通，花都服务区 1 对。详见表 10-29-1。

项目基本情况统计表　　　　表 10-29-1

序号	项目		单位	数量	备注
一	技术标准				
1	计算行车速度		km/h	100	
2	路基宽度	整体式路基	m	26	
		分离式路基	m	13	
3	桥面净宽		m	2×净 11	
4	路面			设计标准轴载 BZZ-100kN	
5	路基、桥涵设计洪水频率			特大桥 1/300，其余均为 1/100	
6	桥涵设计车辆荷载			公路—Ⅰ级	
二	主要工程规模				
1	路线里程		km	46.487（含断链）	
2	征用土地		亩	4870	
3	拆迁房屋		万 m²	5.88	
4	路基土石方		万 m³	1310.04	
	桥梁		m/座	12166.15/35	
5	特大桥		m/座	1159/1	
6	大桥		m/座	10153.27/20	

续上表

序号	项目	单位	数量	备注
7	中桥	m/座	808.52/12	
8	小桥	m/座	45.36/2	
9	互通式立交	处	5	
10	涵洞、通道	道	177	
11	隧道	m/座	7656.07/4	
12	路面（主线）	万 m²	11.87531	
13	服务区	处	1	

本项目于 2011 年 7 月开工建设，2015 年月 1 月建成通车，取得了良好的经济和社会效益。

2. 前期决策情况

漳州南连接线通过连接高速公路沈海线、厦蓉线、沈海复线，构成漳州绕城高速通道。它的建设有利于完善海西高速公路网和漳州市公路网的布局，同时，本项目与招银疏港高速公路一起构成厦门湾南岸港口重要的快速通道，对促进海峡两岸"三通"，增强区域国防交通保障能力具有重要意义。

2008 年 11 月 3 日，福建省发展和改革委员会以《关于海西高速公路网漳州联络线南靖至龙海段项目建议书的批复》（闽发改交能〔2008〕833 号）批复本项目立项。

3. 参建单位主要情况

（1）建设单位

漳州市靖海高速公路有限公司。在项目业主成立之前，漳州市高指配合省高指负责开展本项目的预工可前期工作，2010 年 8 月 9 日，组建项目法人漳州市靖海高速公路有限公司，对项目筹资、建设管理等全面负责。

（2）设计单位

中交第二公路勘察设计研究院有限公司，承担本项目主体工程设计。

（3）施工单位

漳州南联络线南靖至龙海高速公路施工单位共 9 家。路基施工单位 5 家，路面及房建、交通工程施工单位 2 家，交通机电施工单位 2 家。

（4）监理单位

漳州南连接线南靖至龙海高速公路监理单位共 3 家。全线路基、路面及房建、交通工程 2 个监理标段，机电工程 1 个监理标段。

（5）检测单位

漳州南连接线南靖至龙海高速公路检测单位共 3 家。全线路基工程 2 个检测单位，路面及房建、交通工程1个检测标段。

主要参建单位详见表10-29-2。

主要参建单位一览表　　　　　　　表10-29-2

监督单位	福建省交通质监站			
设计单位	中交第二公路勘察设计研究院有限公司（主体工程设计）			
检测单位	福建省交通建设工程试验检测中心			
	福建省交通科研所			
施工合同号	施工桩号	施工单位名称	监理单位名称	检测单位名称
A1	K0+000~K14+000	中交第四公路工程有限公司	江西交通建设工程监理所	福建南平市天茂公路工程试验检测有限公司
A2	K14+000~K23+400	中国中铁股份有限公司		
A3	K23+400~K29+350	中铁十二局集团有限公司	北京中港路通工程管理有限公司	福建省交通建设试验检测中心
A4	K29+350~K41+500	中铁七局第三工程有限公司		
A5	K41+500~K46+517	中铁七局集团有限公司		
B1	K0+000~K24+000	中铁十四局集团有限公司	江西交通建设工程监理所	福建南平市天茂公路工程试验检测有限公司
B2	K24+000~K46+517	中铁十二局集团第一工程有限公司	北京中港路通工程管理有限公司	
施工合同号	施工内容	施工单位	监理合同号	监理单位
ED	隧道通风、照明及供配电系统	中铁十二局集团电气化工程有限公司	EJ	北京泰克华诚科技技术咨询有限公司
E	监控系统、通信系统、收费系统	北京瑞华赢科技发展有限公司		

(二)建设情况

1.项目准备阶段

(1)立项审批

项目立项：2008年11月3日，福建省发展和改革委员会以《关于海西高速公路网漳州联络线南靖至龙海段项目建议书的批复》（闽发改交能〔2008〕833号）批复本项目立项。

工程可行性研究：2010年9月17日，福建省发展和改革委员会以《关于海西高速公路网漳州联络线（南靖至龙海段）工程可行性报告的批复》（闽发改交通〔2010〕897号）批复本项目工可。

初步设计：2010年12月30日，福建省交通运输厅、福建省发展和改革委员会以《关于海西高速公路网漳州联络线南靖至龙海段工程初步设计的批复》（闽交建〔2010〕193号）批复本项目初步设计。

环境影响评价：2010年2月10日，福建省环境保护厅以《关于批复海西高速公路网漳州联络线南靖至龙海高速公路项目环境影响报告书的函》(闽环保监〔2010〕15 号)批复本项目环境影响报告书。

建设用地批复:2010 年 7 月 28 日,福建省国土资源厅以《建设用地预审意见书》(编号〔2010〕216 号)批复本项目工程建设用地预审。

2012 年 7 月 24 日,国土资源部以《关于海西高速公路网漳州联络线南靖至龙海段工程建设用地批复》(国土资函〔2012〕565 号)批复本项目用地。

水土保持批复:2010 年 1 月 25 日,福建省水利厅以《关于海西高速公路网漳州联络线南靖至龙海高速公路工程水土保持方案报告书(报批稿)的批复》(闽水保监〔2010〕3 号)批复本项目水土保持方案。

施工图设计批复:2011 年 10 月 25 日,福建省交通运输厅以《关于漳州联络线南靖至龙海段施工图设计文件的批复》(闽交建〔2011〕109 号)批复本项目施工图设计。

施工工许可批复:2012 年 10 月 17 日,福建省交通运输厅批复本项目施工许可申请书。

(2)资金筹措

本项目初步设计,概算总投资 324728.67 万元(含建设期贷款利息 14821.62 万元),调整后批复概算投资为 34.6958 亿元。筹融资采用省市自筹和银行贷款方式,其中:企业自筹 35%,银行贷款 65%;资金来源构成:国内贷款 211074 万元,股东出资 113655 万元。

(3)招投标工作

设计、施工、监理、试验检测单位招标情况如下:

①勘察设计,勘察监理及设计咨询招标

采用国内竞争性公开招标,资格后审的方式,采用"综合评价法"进行评标,确定 S1 合同段中标单位为中交第二公路勘察设计研究院有限公司,Szx 合同段中标单位为中交第一公路勘察设计研究院有限公司。

②路基土建工程招标

A1～A5 合同段(施工):路基土建施工招标采用国内竞争性公开招标、资格后审的方式,采用"合理低价法"进行评标,确定 A1 合同段中标单位为中交第四公路工程局有限公司,A2 合同段中标单位为中国中铁股份有限公司,A3 合同段中标单位为中铁十二局集团有限公司,A4 合同段中标单位为中铁七局集团第三工程有限公司,A5 合同段中标单位为中铁七局集团有限公司。

J1、J2 合同段(路基土建、路面、交通安全设施、绿化及房建施工监理):路基土建、路面、交通安全设施、绿化及房建施工监理招标采用公开招标,资格后审的方式,采用"综合评标法"进行评标,确定 J1 合同段中标单位为江西交通建设工程监理所,辖 A1、A2、B1 合同段;J2 合同段中标单位为北京中港路通工程管理有限公司,辖 A3、A4、A5、B2 合同段。

JC1、JC2合同段(路基土建工程试验检测):路基土建试验检测招标采用公开招标,资格后审的方式,采用"综合评估法"进行评标,确定JC1合同段中标单位为福建南平市天茂公路工程试验检测有限公司,辖A1、A2合同段;JC2合同段中标单位为福建省交通建设试验检测中心,辖A3、A4、A5合同段。

③路面、交通安全设施、绿化及房建工程施工招标

B1、B2合同段(施工):路面、交通安全设施、绿化及房建工程施工招标采用国内公开招标,资格后审的方式,采用"合理低价法"进行评标,确定B1合同段中标单位为中铁十四局集团有限公司,B2合同段中标单位为中铁十二局集团第一工程有限公司。

JC3合同段(路面、房建工程试验检测):路面工程试验检测招标采用国内公开招标、资格后审的方式,采用"综合评估法"进行评标,确定JC3合同段中标单位为福建南平市天茂公路工程试验检测有限公司,辖B1、B2合同段。

④机电工程招标

E、ED合同段(施工):监控、通信、收费系统和隧道通风、照明、消防及沿线供配电系统供货与安装施工招标采用公开招标、资格后审的方式,E合同段采用"综合评估法"进行评标,ED合同段采用"合理低价法"进行评标,确定E合同段中标单位为北京瑞华赢科技发展有限公司,ED合同段中标单位为中铁十二局集团电气化工程有限公司。

EJ合同段(监理):第一次招标:因递交投标文件的投标数量仅为1家,不符合招投标法规定的3家最低数量要求,本次监理招标流标。第二次招标(重新招标):EJ合同段机电工程施工监理服务招标采用公开招标、资格后审的方式,采用"综合评标法"进行评标,确定EJ合同段中标单位为北京泰克华诚技术信息咨询有限公司,辖E、ED合同段。

(4)合同段划分(详见表10-29-3)

项目标段划分情况表 表10-29-3

标段号	标段所在地	工程内容及长度	施工单位
A1	南靖县靖城镇	14km,路基工程(K0+000~K14+000)	中交第四公路工程有限公司
A2	龙海市九湖开发区	9.4km,路基工程(K14+000~K23+400)	中国中铁股份有限公司
A3	龙海市双第农场	5.95km,路基工程(K23+400~K29+350)	中铁十二局集团有限公司
A4	龙海市东泗乡清泉村	12.15km,路基工程(K29+350~K41+500)	中铁七局第三工程有限公司
A5	龙海市白水镇庄林村	5.07km,路基工程(K41+500~K46+517)	中铁七局集团有限公司
B1	龙海市九湖镇	24km,路面、交通安全设施、房建工程	中铁十四局集团有限公司

续上表

标段号	标段所在地	工程内容及长度	施工单位
B2	龙海市双第农场	12.517km,路面、交通安全设施、房建工程	中铁十二局集团第一工程有限公司
E	龙海市九湖镇	全线监控、通信、收费系统	北京瑞华赢科技发展有限公司
ED	龙海市九湖镇	照明、消防及沿线供配电系统	中铁十二局集团电气化工程有限公司

(5)征地拆迁

本项目线征迁涉及南靖、芗城、龙海3个县、市、区,6个乡镇、3个农场、2个林场、31个行政村。征用土地合计4870亩,拆迁建筑物5.88万 m^2。确保征地拆迁、补偿安置工作顺利实施,为工程建设营造良好的施工环境。详见表10-29-4。

征地拆迁情况统计表　　　　　　　　　　　表10-29-4

项目工期	征地拆迁安置起止时间	征用土地(亩)	拆迁房屋(m^2)	备注
一期	2010.08~2014.11	4769.2963	175624.502	

2. 项目实施阶段

(1)项目管理

为了漳州南连接线高速公路建设的顺利进行,本项目开工伊始就把项目标准化管理作为重要内容,狠抓"三个集中""两项准入"的贯彻落实,全面推行项目标准化管理工作。在福建省高速公路建设总指挥部和漳州市高速公路建设总指挥部的监督下,本项目全面制定并实施了工程招投标制度、工程合同制度、工程监理制度、工程造价决算(结算)审核制度;对项目进行全方位的科学管理和严格控制。

(2)重大变更(表10-29-5)

重大设计变更表　　　　　　　　　　　表10-29-5

序号	设计变更内容
1	K2+180~K4+260段路线调纵坡
2	K20+198.849~K21+980段施工图变更设计
3	漳州南互通J匝道桥变更设计
4	YK25+690~YK27+300段路线纵坡调整
5	A4标K35+002~K35+198段路基改桥
6	A5标K44+765~K45+231段路基改桥
7	K21+600~K22+300段路线纵坡调整
8	松岭大桥桩基变更
9	A5标路基局部塌陷处理
10	K44+009.95~K44+871.386段纵坡调整
11	隔离栅变更

(3)重大事件

2010年8月9日,组建漳州市靖海高速公路有限公司。

2010年9月28日,漳州南连接线在龙海市九湖开发区进行开工典礼。

2011年4月,A1、A2合同段开工。

2011年7月,A3、A4、A5合同段开工。

2015年1月16日,项目全线建成试通车。

(三)科技创新

为适应高速公路施工工艺水平的不断创新,靖海项目在全面贯彻落实省高指《标准化施工指南》《工地建设标准化指南》和"三个集中""两项准入"制度的同时,不断总结、改进、创新管理理念。具体如下:

1. 推广运用新工艺(材料、设备)

①全面推行钢筋机械化加工、工厂化生产,提高工效,减少人为误差。②针对以往小型构件预制存在质量缺陷,引进高强度塑料模具配合振动台、干压成型两种施工工艺,集中预制小型构件,提高工程实体质量。③采用冲击式碾压机进行压实补强,减少工后沉降。④全面推行整体式大面积钢模应用于涵洞通道施工,对减少混凝土接缝,提高混凝土外观质量和加快施工进度。⑤提倡桥梁工程桥台基础和台背填筑提前施作,桥台、涵背回填采用每20cm做标记控制回填土厚度,减少工后沉降。⑥全面推行使用钢筋定位架进行T梁钢筋骨架和桥梁护栏钢筋绑扎,提高钢筋间距的准确率和操作工效。⑦T梁钢筋骨架使用多点整体吊运,提高施工工效。⑧全线预制梁场均配备定时自动喷淋系统和高压水池对T梁进行养护,减少劳务用工,提高养护效果。⑨推广运用预应力智能张拉与压浆系统,通过计算机软件控制实现预应力张拉与压浆全过程自动化,杜绝人为因素干扰,确保预应力张拉施工质量。⑩对隧道二衬台车进行改装,做到矮边墙与二衬连体浇筑,基本解决矮边墙接缝的质量通病问题并提高混凝土整体性。⑪隧道灯具采用全隧道单侧布灯,减少电缆和辅助材料,节约建设成本,维护方便。⑫所有长隧道供配电均采用横洞变电所,其优点在于相对洞口变配电所能减少供电半径,从而减小低压电缆的截面积,降低建设成本,同时易于设备的检修,保障维护人员安全。⑬各收费站入口收费车道引进散卡式自动发卡机,采用柔性材料和弧线运动方式,不易损伤卡片或将卡顶死,能够有效降低自动发卡机故障率。

2. 开展课题研究

依托科研、设计单位的技术力量,要求施工、监理单位积极探讨和研究新工艺、新方法,提升工程建设科技含量。主要有:①全面推行T梁出坑检测,各梁场均设置检测维修台座,配置混凝土裂缝测宽仪、U520超声波检测仪等检验检测仪器,在出坑前对梁板进行检测,减少工程交工检测存在的问题。②委托专业机构进行隧道初支检测和隧道监控量测及超前地质预报。③采用轻质土进行软基处理,减少路基自重,增加路基整体强度,使路基处于超固结状态,由此减少沉降和不均匀沉降,彻底消除填料本身的工后沉降。④沥青AC-20下面层采用30号硬质沥青,利用硬质沥青的高温性能指标优于普通AH70沥青的特点,有效解决项目重载交通道路沥青路面所面临的高温稳定性问题。

(四)运营管理

1. 服务区设置

漳州南连接线全线养护里程46.517km,路段内设有漳州南养护站1处,花都服务区1处。

2. 收费站点设置(表10-29-6)

收费站点设置情况表　　　　　　　　　　　　　　表10-29-6

站点名称	车道数	收费方式
南凌	10(4入6出)	人工、ETC
漳州南	11(5入6出)	人工、ETC
东泗	10(4入6出)	人工、ETC

3. 车流量发展状况(详见表10-29-7)

交通流量发展状况表　　　　　　　　　　　　　　表10-29-7

年份(年)	日均车流量(辆)
2015	1928

附录一
福建高速公路发展大事记

1982 年

年初,原福建省委书记项南高瞻远瞩地提出在福建建设高速公路的设想。

1984 年

在项南同志的支持下,成立了"福厦高速公路可行性研究前期工作领导小组办公室"。省交通厅抽调了福建交通规划设计院、福建省公路局、福建交通科研所等单位的部分同志开展前期工作。

1985 年

12月,福建省提出了《福厦高速公路工程可行性研究报告(初稿)》。由于种种原因,该"可研报告"和前期工作被搁置了数年。

1989 年

5月9~15日,省委书记陈光毅、省顾问委员会主任胡宏、副省长游德馨等率团赴深圳与香港中资机构和香港工商界部分人士洽谈关于合资综合开发福厦漳高速公路事宜。

8月9日,省委书记陈光毅在游德馨同志的《参加全国高速公路会议情况和我省贯彻意见的报告》上批示:"希望这届政府能将高速公路付诸实施。因此,要组织专门力量。"

9月13日,陈光毅在省交通厅闽交计〔1989〕153号文《关于利用世界银行贷款资金配套建设厦泉段高速公路的请示》上批示:"望予积极争取。"

1990 年

1月4日,福建省省长王兆国主持省政府常务会议,专题研究福厦漳高速公路建设事宜。会议议定:①积极通过国家计委争取世界银行贷款;②成立高速公路建设领导小组办公室;③加快前期工作;④做好集资工作;⑤动员社会各方力量支持高速公路建设;⑥搞好前期工作费用安排等事项。

2月16日,省政府以闽政函〔1990〕2号文向国家计委、交通部上报了《福建省人民政府关于利用世界银行贷款兴建福厦高速公路泉州至厦门段的报告》。

4月12日,省政府以闽政综〔1990〕55号文成立福建省福厦漳高速公路建设领导小组。

5月14日,省福厦漳高速公路领导小组第一次会议召开,会议议定了泉厦路建设方案,要求进一步落实高速公路筹资方案,落实高速办人员编制及前期工作等具体问题。

1991年

8月29日,福建省重点项目建设领导小组第一次会议召开,会议将福厦高速公路泉州至厦门段列为福建省"八五"重点建设项目。

11月6日,省政府以闽政综(91)276号文批准省高速办为福厦高速公路泉州至厦门段项目建设单位。

11月13日,国家计委以计交通〔1991〕1816号文批准福厦高速公路泉厦段立项。

11月20日,省高速办与中国技术进出口总公司国际招标公司在福州签署了泉厦高速公路土建工程国际招标委托代理合同。

1992年

3月30日~4月1日,中国工程咨询总公司在北京组织召开泉厦高速公路工程可行性研究报告评价会。会议审定泉厦高速公路建设规模为81.898km(自泉州西福至厦门官林头),投资16.7亿元。

10月26日,省政府以闽政综〔1992〕337号文同意成立福建省福厦漳高速公路建设总指挥部。

11月26日,泉厦高速公路(晋江)2.7km软基试验路开工。

1993年

3月8日,国家计委以计交通〔1993〕340号文批复泉厦高速公路可行性研究报告。

5月12日,交通部以交工发〔1993〕484号文批复泉厦高速公路初步设计。

7月15日,世界银行代表团来闽对泉厦高速公路项目进行正式评估,并与福建省签署了《福建省公路项目评估代表团备忘录》。

1994年

2月24日,交通部以交计发〔1994〕177号文批复了厦漳高速公路工程可行性报告。

3月31日,泉厦高速公路土建工程国际竞争性招标合同签字仪式在榕举行。

6月3日,泉厦高速公路全线开工建设。

7月,世界银行批准了泉厦高速公路项目协定和贷款协定。

9月29日,国家计委以计投资〔1994〕1340号文下达通知,批准泉厦高速公路开工建设。

11月9日,省经济委员会以闽经企〔1994〕594号文同意筹建福建省高速公路有限责任公司。

1995年

1月20日,省政府以闽政办函〔1995〕10号文同意省高速公路有限责任公司以省福厦漳高速公路建设总指挥部评审后的国有净资产为首期注册资本办理公司登记注册手续。

8月23日,省政府以闽政函〔1995〕186号文通知,原"福建省福厦漳高速公路建设领导小组"更名为"福建省高速公路建设领导小组",原"福建省福厦漳高速公路建设总指挥部"更名为"福建省高速公路建设总指挥部"。

1996年

8月14日,交通部以交公路发〔1996〕730号文《关于厦门至漳州高速公路开工的批复》批准厦漳高速公路开工,工期3年。

8月,省交通厅批复漳龙(漳州至龙岩)高速公路龙岩(新祠至龙门段)工程开工建设。

1997年

1月15日,省委、省政府召开全省重点工程工作会议,确定高速公路项目为全省"重中之重"的一号工程。

3月14日,国家计委以计交能〔1997〕364号文批准了《福泉高速公路工程可行性研究报告》。

3月19~25日,世界银行公路项目代表团来闽考察泉厦高速公路并商谈第二批世界银行贷款项目问题。

3月30日,交通部副部长李居昌来闽检查泉厦高速公路。

6月23日,省政府以闽政函〔1997〕38号文函复省高速公路有限责任公司为国有独资有限公司,注册资本金以省高速公路建设总指挥部经评估核实后的国有资产量注入。

9月3日,泉厦高速公路提前实现试通车。

9月23日,国家计委以计投资〔1997〕1691号文批准福泉高速公路正式开工,批准概算投资为46.7亿元。

10月17日,省政府以闽政文〔1997〕269号文批复省高速公路有限责任公司机构规格相当于副厅级,为隶属于省交通厅的经济实体。其主要职责是:负责高速公路建设、管理、收费、监控、养护等运营管理工作;为高速公路的发展筹融资,受省交通厅的委托实施路政管理,维护高速公路的路产路权。

11月3日，省高速公路有限责任公司向省工商行政管理局注册登记，注册资本10亿元，正式启用"福建省高速公路有限责任公司"印章。

11月3~12日，世界银行公路项目代表团来闽对福建省世界银行贷款公路Ⅱ项目进行检查、评估和鉴别，并与省交通厅和省高指签署了备忘录。

12月15日，泉厦高速公路和厦漳高速公路厦门段同步通车。

12月20日，泉厦高速公路和厦漳高速公路厦门段同时投入试运营。

12月30日，福建省高速公路有限责任公司正式挂牌。

1998年

5月12日，省交通厅以闽交人〔1998〕113号文同意成立福建省高速公路经营开发公司。该公司为自主经营、自负盈亏的经济实体，隶属于省高速公路有限责任公司。

7月3日，交通部以交计发〔1998〕396号文批复福宁（福鼎至宁德）高速公路工程开工建设。

8月6日，省政府召开专题会议研究泉厦高速公路资产上市。

8月，国家计委以计投资〔1998〕1636号文同意漳诏（漳州至诏安）高速公路开工。

9月3日，厦漳（厦门至漳州）高速公路漳州长洲至坂头段顺利通过交工验收，工程质量评为优良。

9月10日，省交通厅以闽交人〔1998〕220号文同意成立福建省高速公路养护总公司。该公司为福建省高速公路有限责任公司所属的全资子公司，属于独立法人经济实体。

11月7日，省委以闽委干〔1998〕311号文同意成立中共福建省高速公路有限责任公司临时委员会。

12月8日，福建省高速公路有限责任公司发行12000万元"福建省泉厦高速公路建设债券"，债券期限3年，年利率6.93%。

1999年

1月，漳龙（漳州至龙岩）高速公路漳州和溪至石崆山段工程开工建设。

2月13日，福州市政府以榕政办〔1999〕38号文同意成立福州市罗源至长乐高速公路筹建处，罗长高速公路有限公司组建后，并入罗长高速公路公司。

2月23日，省计委以闽计交〔1999〕5号文同意漳龙一级汽车专用公路龙岩段更改为高速公路。

5月24日，省交通厅以闽交基〔1999〕120号文批复漳龙（漳州至龙岩）高速公路龙岩段三期工程（石崆山至新祠段）开工。

6月11日，省交通厅以闽交党〔1999〕31号文同意设立中国共产主义青年团福建省高速公路有限责任公司委员会。

6月25日,省政府以闽政体股〔1999〕14号文同意设立福建发展高速公路股份有限公司,总股本为48500万元。

7月19日,省政府以闽政办〔1999〕136号文批复泉厦高速公路经营权划归福建发展高速公路股份公司,划拨324国道5个省属收费所归省高速公路有限公司经营。

8月25日,省高指、省交通厅、省财政厅以闽交财〔1999〕147号文成立福建省高速公路通行费结算管理委员会。

9月21~22日,福州至泉州高速公路工程项目顺利通过交工验收,工程质量评为优良。

9月25日,福州至泉州高速公路全线通车试运营。

10月15日,省高速公路公司与省公路局签署324线福建段5个省属征管所移交协议书。

12月14日,省直属机关工会工作委员会以闽省直工组〔1999〕17号文同意成立福建省高速公路有限责任公司工会筹备小组。

2000年

1月19日,漳龙(漳州至龙岩)高速公路龙岩段一、二期工程顺利通过交工验收,工程质量评为优良。

1月31日~2月1日,罗宁(罗源至宁德)高速公路主体工程通过交工验收,工程质量评为优良。

2月3日,罗源至宁德高速公路全线通车试运营。

4月7日,省高速公路公司第一届工会会员代表大会召开,选举产生第一届工会委员会委员。

4月,交通部批复罗长(罗源至长乐)高速公路工程开工建设。

5月20日,交通部部长黄镇东深入泉厦、漳诏高速公路施工现场进行视察。

8月1日,福厦漳高速公路全线各通行费征收站启用IC卡收费系统,同时停止使用旧系统。

8月11日,国家计委以计投资〔2000〕1153号文下达通知,批复三福高速公路工程开工建设。

2001年

1月19日,上海证券交易所以上证上字〔2001〕15号文同意公司20000万股A股于2001年2月9日起在该所上市交易。

2月25日,漳龙(漳州至龙岩)高速公路漳州长洲至朝阳段工程开工建设。

3月1日,福宁(福鼎至宁德)高速公路福安连接线工程开工建设。

3月20日,省高速公路公司与漳州市交通开发有限公司合资组建漳州市漳龙高速公路有限责任公司。该公司对漳龙高速公路漳州段(含连接线)的筹资、建设、经营、管理、还贷实行全过程负责,注册资本5000万元。

4月3日,省高速公路公司成立福建省高速公路交通战备办公室,与道路养护处合署办公,负责全省高速公路交通战备工作。

4月16日,三明京福高速公路有限责任公司举行挂牌成立仪式。该公司对京福国道主干线三明段的筹资、建设、经营、管理、还贷实行全过程负责,注册资本6000万元。

4月18日,南平京福高速公路有限责任公司举行挂牌成立仪式。该公司对京福国道主干线南平段的筹资、建设、经营、管理、还贷实行全过程负责,注册资本6000万元。

4月20日,省编委以闽编办〔2001〕52号文同意福建省高速公路有限责任公司增设路段合作公司管理处。

5月30日,省交通厅以闽交人〔2001〕109号文同意成立福建福泉高速公路有限责任公司,具体负责福泉高速公路运营管理工作,注册资本68000万元。

6月11日,省政府办公厅以闽政办函〔2001〕49号文同意省高速公路公司将投资福泉高速公路所形成的股权划转1.22%(共计3327.4万元)给泉州市持有。

7月11日,福州京福高速公路有限责任公司挂牌成立。该公司对京福国道主干线福州市境闽清美菰林至闽侯青口路段的筹资、建设、经营、管理、还贷实行全过程负责,注册资金6000万元。

9月6日,交通部以交财发〔2001〕494号文同意将福州至泉州高速公路收费权转让给福建发展高速公路股份公司,经营期限为30年。

9月17日,财政部部长项怀诚视察漳龙高速公路龙岩段三期工程。

10月31日,龙岩至长汀(省界)高速公路建设项目预可行性报告获国务院总理办公会议批准通过。

12月21~23日,福州至泉州高速公路通过竣工验收,工程质量评定为优良等级。

12月27日,漳龙(漳州至龙岩)高速公路龙岩段三期工程顺利通过交工验收,工程质量评为优良。

2002年

1月15日,漳龙(漳州至龙岩)高速公路漳州和溪至石崆山段工程顺利通过交工验收,工程质量评为优良。

2月8日,漳龙高速公路龙岩至和溪段(龙岩境内主线38.6km,漳州境内4.6km)建成通车。

2月28日~3月2日,交通部部长黄镇东、副部长张春贤一行视察了福建省三福、漳龙等高速公路,充分肯定成绩,同时对今后工作提出具体要求。

3月13日,省高速公路公司、省交通建设投资公司签订《福建罗宁高速公路股份有限公司股权划转协议》,将省公路局划转持有的福建罗宁高速公路股份有限公司69.62%的股权和省交通建设投资公司持有的6.54%的股权划转给省高速公路有限公司。

5月28日,福建省人民政府办公厅以闽政办〔2002〕76号文转发了省高速公路建设总指挥部等部门关于加强高速公路建设和运营管理若干暂行规定的通知。

7月11日,省编委以闽委编办〔2002〕106号文同意设立福建省高速公路车辆通行费稽查总队,作为省交通厅的派出机构,挂靠省高速公路建设指挥部。

8月26日,漳龙(漳州至龙岩)高速公路漳州朝阳至和溪段工程开工建设。

10月31日,福建省高速公路有限责任公司与漳州市交通开发有限公司对漳州市漳诏高速公路有限公司合同补充协议,修改原合同部分条款,注册资本增加为6000万元。

11月11日,国家计委以计投资〔2002〕2400号文下达邵三(邵武至三明)高速公路工程开工建设。

12月6日,省编委以闽委编办〔2002〕222号文批复设立福建省高速公路政管理总队,作为省交通厅的直属事业单位,挂靠福建省高速公路建设总指挥部。

12月18日,开始推广使用全省收费系统统一软件,并实施联网运营。

12月22～23日,罗长(罗源至长乐)高速公路工程顺利通过交工验收,工程质量评为优良。

12月25～26日,漳诏(漳州至诏安)高速公路工程顺利通过交工验收,工程质量评为优良。

12月28日,罗长、漳诏高速公路建成通车。

2003年

1月6日,省高速公路建设总指挥部(省高速公路有限责任公司)机关正式迁入福州市东水路18号省交通综合大楼办公。

1月23日,京福高速公路福建段二期工程开工仪式在将乐县举行。

2月12日,龙长高速公路通过有关部门的勘察设计招标资格预审及招标文件审查,成为福建省高速公路建设项目采用工程勘察设计招标方式的首例。

3月15日,世界首座2×260m连续刚构跨海大桥——福宁高速公路下白石特大桥顺利合龙,同三线福建段高速公路全线贯通。

3月22日,福宁高速公路运营管理筹备工作处成立。

3月28～29日,厦漳(厦门至漳州)高速公路通过省交通厅组织的工程竣工验收,工程质量和建设项目综合评价等级均为优良。

5月23日,中共福建省高速公路有限责任公司第一次代表大会在福州召开。

6月4日,启用"中共福建省高速公路有限责任公司委员会"印章。

6月4日,省高速公路建设总指挥部、省高速公路有限责任公司以闽高路人〔2003〕70号文设立福建省高速公路有限公司罗宁分公司,负责罗宁高速公路未完工程。

6月10日,福建省高速公路有限责任公司与龙岩交通国有资产投资经营有限公司合资组建龙岩漳龙高速公路有限公司。该公司对漳龙高速公路龙岩段的筹资、建设、管理、运营、还贷实行全过程负责,注册资本31000万元。

6月16日,启用"中共福建省高速公路有限责任公司纪律检查委员会"印章。

6月24~25日,福宁(福鼎至宁德)高速公路工程顺利通过交工验收,工程质量评为优良。

6月28日,福宁(福鼎至宁德)高速公路建成通车,标志着同三国道主干线福建段高速公路全线通车。

6月29日,福建高速公路发展股份公司收购泉厦高速公路机电工程系统,收购价6268700元。

6月29日,省高速公路公司将所持有的福泉公司12.06%的股权转让给福建高速公路发展股份公司,转让价38800万元。

7月18日,漳龙(漳州至龙岩)高速公路漳州长洲至朝阳段工程顺利通过交工验收,工程质量评为优良。

7月19日,龙岩龙长高速公路有限公司正式挂牌成立。该公司由省高速公路公司与龙岩交通国有资产投资经营有限公司共同出资组建,负责龙长高速公路项目的筹资、建设、管理、运营、还贷等事务,注册资本5000万元。

7月,上海证券报资本周刊、北京连城国际理财顾问公司和中国企业家世纪论坛联合发布《2003年中国上市公司董事会价值报告》。报告显示,福建高速在2003年中国上市公司董事会价值(治理)排名前100位中名列第二。

8月26日,福宁高速公路股权转让签约仪式在宁德举行。闽东历史上最大基础设施项目——福宁高速公路地方持有的6亿元股权(其中国债投资4亿元),顺利转让给福建省高速公路有限责任公司。

11月,龙长高速公路初步设计方案获交通部批准。

12月15日,共青团福建高速公路有限责任公司第一次代表大会在福州召开,选举产生第一届委员会。

12月18日,龙长(龙岩至长汀)高速公路正式开工建设。

12月30日,福州长乐机场高速公路一期工程开工建设。

12月30日,同三线温州平阳苍南段竣工通车,至此闽浙沿海高速公路实现全线对接。

2004年

3月28日,罗宁(罗源至宁德)高速公路飞鸾互通式立交工程通过交工验收,工程质量评为优良。

4月30日,福建省高速公路有限责任公司、福建发展高速公路股份有限公司、福建省南平市高速公路有限责任公司共同组建南平浦南高速公路有限责任公司,注册资本6000万元。

6月7~8日,福宁高速公路福安连接线工程项目通过交工验收。

6月26日,福宁高速公路福安连接线建成通车。

6月30日,省总工会以闽工函〔2004〕18号文同意福建省高速公路有限责任公司工会隶属福建省总工会直接管理。

7月1日,首届"爱我高速"文化节开幕。7月16日,文化节闭幕。

7月24日起,省高速公路公司执行省政府决定对运载本省地产鲜果车辆实行免征通行费。

7月,浦南高速公路通过国家发改委工可审查,12月,通过交通部初步设计。

9月29日,根据省委组织部闽委组通〔2004〕76号文《调整省管国有重要骨干企业党的领导体制后省国资委监管企业转移党员组织关系有关问题的通知》的要求,省高速公路公司的党组织关系移交省国资委管理。

10月12~13日,漳龙(漳州至龙岩)高速公路龙岩段顺利通过省交通厅组织的工程竣工验收,工程质量及建设项目综合评价等级优良。

10月21日,三福(三明至福州)高速公路福州段顺利通过交工验收,工程质量评为优良。

10月24日,三福(三明至福州)高速公路三明段顺利通过交工验收,工程质量评为优良。

10月27日,省政府以专题会议纪要〔2004〕124号文同意先对浦南高速公路项目实行代建制试点,由省交通厅牵头会同省高速公路公司、福建高速股份公司与南平市政府进行研究协商,达成共识,提出实施意见。

10月29日,三福(三明至福州)高速公路南平段顺利通过交工验收,工程质量评为优良。

12月22日,漳龙(漳州至龙岩)高速公路漳州朝阳至和溪段工程顺利通过交工验收,工程质量评为优良。

12月28日,福建省三福、漳龙高速公路通车庆典活动在省政府主会场及福州、南平、三明、漳州4个分会场同时举行。这两条高速公路的建成通车,标志着福建省高速公路通车运营里程突破1000km、福州至各设区市"4小时交通经济圈"的形成。

2005年

1月25日,省发改委以闽发改交能〔2005〕51号文同意福泉高速公路莆田至秀屿支线项目采取竞争性招标方式选择投资、建设、经营主体,同时作为试点项目采取邀请招标方式,招标事项由莆田市政府负责,可委托或指定有资质的招标人组织。

3月28日,省高速公路有限责任公司与三明市高速公路有限责任公司合资组建三明泉三高速公路有限责任公司。该公司对泉三高速公路的筹资、建设、经营、管理、还贷实行全过程负责,注册资本6000万元。

3月29日,省高速公路有限责任公司与泉州市泉三高速公路投资有限责任公司合资组建泉州泉三高速公路有限责任公司。该公司对泉三高速公路泉州段的筹资、建设、经营、管理、还贷实行全过程负责,注册资本10000万元。

4月15日,省交通厅、省高速公路建设总指挥部以闽交建函〔2005〕22号文对浦南高速公路项目实行代建制提出了具体实施意见,该项目采用业主加顾问公司的项目管理模式,并采用国内公开招标方式选择施工总承包单位。

6月10日,省高速公路有限责任公司公开发行20亿元企业债券,债券期限10年,年利率5.05%。

8月,省高速公路有限责任公司与三明市高速公路有限责任公司合资组建三明永武高速公路有限责任公司。该公司对永武高速公路的筹资、建设、经营、管理、还贷实行全过程负责,注册资本3000万元。

10月1日,泉三(泉州至三明)高速公路工程开工建设。

10月20日,省高速公路指挥部、省交通厅、省财政厅以闽高路财〔2005〕73号文加强和完善了福建省高速公路通行费收费结算管理委员会管理职能,并将其更名为福建省高速公路资金结算管理委员会。

10月22~24日,在福州成功召开了全国十四次高速公路管理工作研讨会。本次研讨会由福建省交通厅、中国公路学会高速公路运营管理学会主办,福建省高速公路有限责任公司承办。

11月22日,省高速公路建设总指挥部以闽高路计〔2005〕31号文组建邵三高速公路路段公司。

12月1日,浦南(浦城至南平)高速公路工程全线开工建设。

12月30日,邵三(邵武至三明)高速公路南平段工程顺利通过交工验收。

2006年

1月10日,邵武至三明高速公路三明段工程顺利通过交工验收。

1月15日,邵武至三明高速公路建成通车,福银高速公路福建段提前1年全线正式通车试运营。

1月23～24日,罗源至宁德高速公路通过省交通厅组织的工程竣工验收,工程质量等级合格。

2月17日,省高速公路公司2005年6月发行的20亿元企业债券在上海证券交易所成功上市。

4月,漳诏高速公路通过了交通部组织的竣工验收。

5月12日,省高速公路有限责任公司与南平市高速公路有限责任公司合资组建南平邵三高速公路有限责任公司。该公司对邵三高速公路南平段的筹资、建设、经营、管理、还贷实行全过程负责,注册资本2000万元。

8月21日,交通部批复了永安至武平高速公路初步设计方案。

10月31日,莆秀(莆田至秀屿)高速公路工程开工建设。

11月7日,省高速公路公司以闽高人〔2006〕81号文印发了《福州、漳州实行"一市一公司"运营管理体制改革方案》,将福州地区的福州罗长高速公路有限公司、福建省高速公路有限责任公司罗宁分公司、福州京福高速公路有限公司和福州长乐国际机场高速公路有限公司运营管理进行整合,设立"福建省高速公路有限责任公司福州管理公司";将漳州地区的漳州漳诏高速公路有限公司、漳州漳龙高速公路有限公司、漳州厦漳高速公路有限公司运营管理进行整合,设立"福建省高速公路有限责任公司漳州管理公司"。

11月17日,福州长乐国际机场高速公路一期工程通过交工验收,工程质量等级合格。

11月18日,福州长乐国际机场高速公路一期工程通车试运营。

12月27日,永武(永安至武平)高速公路工程开工建设。

12月30日,全省高速公路建设全年完成投资首次突破亿元大关,共完成投资102.6亿元。

2007年

3月8日,省高速公路有限责任公司与福州市交通建设发展总公司合资组建福州机场二期高速公路有限公司。该公司对福州长乐国际机场高速公路二期工程的筹资、建设、经营、管理、还贷实行全过程负责,注册资本6000万元。

3月27日,省高速公路公司成功发行40亿元短期融资券。

3月,省高速公路有限责任公司与安溪县路桥建设发展公司合资组建泉州市金安高速公路有限公司。该公司对沈海高速公路复线泉州(南安)至厦门(同安)及厦门机场连接线泉州段筹资、建设、经营、管理、还贷实行全过程负责,注册资本3000万元。

4月6日,省高速公路公司与福州市交通建设发展总公司合资组建福州绕城高速公路有限责任公司,注册资本6000万元。

4月6日,"福建高速"荣获"2006年度中国上市公司董事会金圆桌奖"。

4月,"福建高速"荣登福布斯"2006年度亚洲最优秀的中小企业"。

5月10日,全省高速公路集中财务管理系统建设项目正式启动。

5月14日,福建省人民政府办公厅以闽政办〔2007〕97号文成立福厦漳高速公路扩建工程指挥部。

5月20日,福建省高速公路对载货类汽车实施计重收费。

2008年

1月15日,全省开始推行高速公路电子不停车收费。

4月28日,省委、省政府召开全省抗御雨雪冰冻灾害总结表彰大会。省高速公路有限公司荣获"先进集体"称号。

5月8日,省政府印发《关于福泉、泉厦高速公路扩建项目经营年限的批复》(闽政文〔2008〕168号),同意福泉、泉厦高速公路扩建项目作为经营性收费公路项目进行建设和经营,扩建后收费年限25年。

5月12日,四川汶川发生8.0级地震,截至2008年5月20日,省高速公路公司共筹集捐款3007105万元(其中职工捐款1007105万元,公司捐款200万元),支援四川地震灾区。

5月,省政府以闽政办〔2008〕号文任命省高速公路公司董事长唐建辉兼任省交通厅党组副书记、副厅长。

5月13日,省高速公路公司福宁分公司员工彭彬代表高速公路系统在龙岩完成了北京奥运圣火长汀站第169棒的传递。

5月20日,省交通厅、省财政厅、省物价局联合印发《关于印发高速公路载货类汽车计重收取车辆通行费正式实施方案的通知》(闽交财〔2008〕27号)。

6月1日起,省高速公路公司面向载货汽车正式推出电子收费业务。

6月27日,罗宁高速公路K166段B道改建工程建成试通车。

7月18日,中国证监会批准福建高速增发3.5亿股A股股票。

7月23日,全省高速公路系统演讲比赛拉开了第二届"爱我高速"文化节的序幕。

7月,省高速公路公司在"海峡两岸职工创新成果展"上获"一金三铜"。

7月,省高速公路公司被评为福建省最佳形象企业。

8月,国家发展和改革委员会批准同意省高速公路公司发行30亿元公司债券。

9月20日,浦城至建宁联络线浦城段高速公路建设项目"设计+施工+投资人"在南平顺利开标,标志着龙浦高速公路建设项目步入施工前实质性操作阶段。

9月26日,省高速公路公司举行30亿元公司债券发行仪式。

9月26~28日,冯正霖副部长带领交通运输部有关部门负责人,检查厦门翔安隧道、厦成、永武等高速公路。

9月29日,2008年"全国安全生产月"经验交流会在京举行,省高速公路公司被授予"全国安全生产月活动优秀单位"称号。

9月,厦漳跨海大桥工可获国家发改委批复。

10月,福建省宁德至武夷山(闽赣界)公路可行性研究报告获国家发改委批复。

11月1日,NovaChip®改性超薄磨耗层施工技术首次在福建省高速公路施工中成功应用。

11月3日,福银高速公路闽赣青年文明通道创建启动暨示范单位命名仪式在南平福银高速公路和平征管所举行。

11月8日,"福建省'数字高速公路'系统(一期)统一数据中心及综合应用平台建设项目"顺利通过竣工验收审查。

11月,松建高速公路项目工可获国家发改委批复。

12月9日,省交通厅、省高指、省高速公路公司与国家开发银行福建省分行、中国工商银行福建分行、中国农业银行福建分行、中国银行福建省分行、中国建设银行福建省分行、兴业银行6家金融机构签署战略合作协议,计划到2012年授信和融资3300亿元,用于支持高速公路建设。

12月19日,福州湾边大桥建成通车,南安金淘至厦门高速公路、渔溪至平潭高速公路开工建设,福州至泉州高速公路扩建福州段召开开工动员大会。

12月23日,宁德至武夷山高速公路开工建设。

12月24日,京台高速公路浙江衢州至福建南平段建成通车,闽浙两省在闽浙收费站外广场共同举办通车庆典;浦城至建宁高速公路浦城段开工建设。

12月25日,泉州至三明高速公路三明段通车,永安至宁化高速公路开工建设。

2009年

1月4~5日,全省高速公路工作会议暨省公司二届五次职代会在福州召开。

1月,省政府国资委对24家企业2004—2007年经营业绩进行综合评价,省高速公路公司被评为A(优)级。

1月,省高速公路公司"福建省高速公路电子不停车(ETC)联网收费技术研究""福建省高速公路路政管理系统""上下行分层车道箱式连续梁桥的研究""交通电力设施防盗报警系统"等4个科研项目荣获"福建省2008年度科学技术奖三等奖"。

3月16日,泉三高速公路泉州段正式通车运营。

4月10日,国家开发银行承诺2009—2012年将向福建省高速公路提供700亿元的融资额度;同日,中国农业银行与省高速公路公司在北京签订信贷合作框架协议,承诺在未来5年内提供300亿元政府融资平台信用额度。

4月15日,泉三高速公路三明南连接线正式通车。

4月底,国家高速公路沈海线福州至泉州段扩建工程初步设计获交通运输部批复。

4月,省交通厅、省高指联合出台《关于进一步改进和加强我省高速公路建设管理的若干意见》。

5月7日,福建省交通厅与江西省交通厅共同签署高速公路省际建宁至广昌段、光泽至资溪段的路线接点协议。

5月7日,福银线三福高速公路福州南连接线正式开工建设。

5月8日,福州闽通卡客服中心正式成立,这是福建省闽通卡业务首家市区服务网点。

6月30日,省高速公路公司与国家开发银行福建省分行签署115亿元开发性金融合作协议。

6月,省高速公路公司与福建投资集团签订协议,将在福建境内高速公路投资30座LNG汽车加气站。

7月15～17日,交通运输部部长李盛霖到福建调研并就加快海峡西岸经济区交通运输发展进行会谈并签署会谈纪要。

9月29日,永武高速公路上杭至武平段建成通车。

9月29日,南平松(溪)建(瓯)高速公路开工建设。

9月,全省高速公路首个公司律师事务部在漳州成立。

9月,经省委文明办、省企业联合会联合评选,省高速公路公司被授予第三届(2006—2008年度)"福建省最佳信用企业"。

10月,全省高速公路在建项目开展劳动竞赛活动。

11月26日,全省高速公路建设标准化管理现场会召开,福建省高速公路建设项目全面推行标准化管理。

11月30日,莆永高速公路莆田段举行开工仪式。

12月1日,莆秀高速公路正式通车。至此,全省高速公路通车里程突破2000km。

12月13日,建宁至泰宁高速公路在建宁和泰宁同时开工建设。

12月13日,漳州招银疏港高速公路开工建设。

12月23日,长泰美宫至陈巷高速公路开工建设。

12月31日,泉州市环城高速公路晋江至石狮段开工建设。

12月,福建发展高速公路股份有限公司成功增发35000万股A股,每股发行价格

6.43元,募集资金总额22.5亿元。

2010年

1月18日,2010年全省高速公路工作会议在福州召开。

1月29日,省高速公路公司二届六次职代会在福州召开。

2月9日,省高速公路公司与上海浦东发展银行福州分行在福州签署150亿元授信和融资战略合作协议。

2月10日,省委、省政府召开省重点项目建设工作会议,邱榕木、林素琴、陈太年、李介立、吴天祥等5人被授予省重点建设"建设功臣"称号,福泉高速公路莆秀支线获省重点建设"项目优胜奖"。

2月27日,省高速公路公司连续第四年被省政府评为安全生产目标管理责任制考核先进单位。

3月5日,省高速公路公司在宁德举办首届女职工文明礼仪大赛。

3月31日,省交通运输厅、省高指在福清召开无障碍施工现场会,推广渔平高速公路等地的无障碍施工经验。

4月1日,省高速公路公司45亿元中期票据发行仪式在福州举行。

4月10日,永武高速公路三明段建成通车。

4月16日,国务院副总理张德江在省委书记孙春兰、省长黄小晶等领导陪同下,视察了官洋服务区。

5月14日,闽清所职工黄祎文在省肿瘤医院完成了造血干细胞采集,成为福建省第46例、福州市第13例、福建省交通系统首例造血干细胞捐献者。

5月25~26日,省高指在龙岩双永项目召开标准化管理典型示范标段现场会。

6月4日,省高速公路公司与建设银行、兴业银行签署合作协议,建设银行福建省分行、兴业银行承诺继续为高速公路建设运营提供资金支持。

6月12日,全国政协副主席张榕明视察平潭海峡大桥。

6月13日下午开始,福建省南平、三明地区持续遭受暴雨侵袭,造成严重洪涝灾害,导致道路中断,交通堵塞。省交通运输厅、省高指领导迅速前往灾区组织抗洪抢险。

6月14日上午,抢险队员柯奇文在抢险中被泥石流掩埋,后被救出。经医院抢救脱离生命危险。

6月18日,永宁高速A7合同段项目部29名工人被洪水围困,随时有生命危险。经过陆海空多个部门9个小时的联合救援,29位工人全部平安获救。

6月18日,省高速公路公司7个职工的创新项目在"海峡两岸职工创新成果展"上分获金、银、铜奖。

6月19日晚,南平养护公司延平养护站许忠听、张德标、杨天宝、苏茂兴、王崇自、谢洪老、黄健等7位员工在抗洪抢险中不幸以身殉职。

6月27日,交通运输部部长李盛霖到南平、三明视察指导抢险工作,并看望慰问了延平养护站7名养护工人遗属。

7月9日,全国高速公路标准化经验交流会在厦门举行,中国公路建设行业协会在会上总结推广了福建省的建设标准化管理经验做法。

7月27日,省交通运输厅在南平隆重举行追悼大会,沉痛悼念在抗洪抢险中因公殉职的南平养护公司延平养护站许忠听、张德标、杨天宝、苏茂兴、王崇自、谢洪老、黄健7位员工。

7月27日,根据省委八届九次全会和省委、省政府关于"大干150天、打好五大战役、推动福建跨越发展"的部署,省高指确定了泉厦扩建"9·8"通车、渔平高速元旦通车等"十大攻坚工程"。

7月28日,古(雷港)武(平)高速公路武平十方至东留段开工建设。

7月29日,全省高速公路建设项目上半年调度会在福州举行。

8月1日,省高速公路公司党委理论学习中心组学习研讨会在厦门召开。

8月3日,省高速公路公司与深圳国银租赁公司签署合作备忘录,就开展高速公路资产融资租赁业务进行合作。

8月4日,全省高速公路系统2010年半年度财务工作分析会在福州举行。

8月12日,省高速公路公司隆重召开创先争优阶段总结暨抗洪抢险表彰大会。

8月18日,省高指召开全省高速公路系统视频会议,部署全系统社团和国企"小金库"专项治理工作。

9月2日,泉厦高速公路扩建工程通车试运行。

9月17日,全省高速公路系统财务知识竞赛决赛在福州举行。

9月18日,全省高速公路工程建设调度会在福州举行。

9月28~30日,渔平高速公路延伸线、沈海高速公路复线漳州天宝至诏安、漳州南联络线南靖至龙海和泉州环城路南安张坑至石井段高速公路开工建设。

海西高速公路网莆永线仙游至永春泉州段、永春至永定泉州段、南平联络线工程可行性研究报告获省发改委批复。

11月15日,武邵高速公路举行通车仪式。

11月24~25日,省高指在建泰项目召开标准化管理典型示范标段现场会。

11月27日,全省高速公路系统预决算布置会议在福州举行。

11月30日,总投资11.39亿元、由中交二航局承建、双向四车道、全长4158m的平潭海峡大桥建成通车试通行。

12月1日起，根据交通运输部、国家发展和改革委、财政部《关于进一步完善鲜活农产品运输绿色通道政策的紧急通知》（交公路发〔2010〕715号）精神，福建省高速公路将运输鲜活农产品车辆高速公路通行费免征范围从沈海线福建段扩大到全省高速公路。

12月7日，全省绿色高速公路建设视频会在福州举行。

12月14日，福宁高速公路80亿元租赁融资签约仪式在福州举行。

12月15日，新一轮强降温天气侵袭南平、三明地区，省养护公司，南平、三明管理分公司奋起抗冰雪保畅通。

12月20日，长乐至平潭、京台线建瓯至闽侯段、福州绕城东南段、沈海复线宁德漳湾至连江浦口段、莆田仙游至南安金淘段、莆永线泉州段等6个高速公路项目同时举行开工动员仪式，正式动工建设。

12月25日，平潭海峡大桥与渔溪至平潭高速公路通车仪式在渔平高速公路平潭收费广场举行。

2011年

1月4日，全省高速公路工作会议在福州召开。

1月6~7日，银企座谈会在福州召开。

1月10日，全省高速公路系统文明创建部署会在福州召开。

4月8日，交通运输部检查组听取福建省高速公路"十五"期间养护管理工作情况汇报。

4月12日，国民党荣誉主席连战夫妇一行到天宝金山服务区参观。

4月26日，中国高速公路研究会在福州召开。

6月25日，运营标准化管理现场观摩会在福州召开。

7月19日，安溪连接线举行开工仪式。

7月19日，南惠高速公路建成通车。

7月27日，交通运输部纪检组长杨利民为援疆代建指挥部题词。

9月23~25日，落实省政府"五保"要求推进会议在福州召开。

11月12日，福州南连接线建成通车。

11月26日，全省高速公路推进标准化会议在漳州召开。

12月15日，永宁高速公路建成通车。

2012年

1月4日，2012年全省高速公路工作电视电话会议在福州召开。

1月5日，福建高速公路学会成立。

1月16日，龙浦高速公路建成通车。

2月15日，陆顺养护公司揭牌成立。

3月5日，福州绕城西北段闽侯段建成通车。

6月15日，邵光高速公路开工建设。

6月27日，漳永高速公路龙岩段开工建设。

6月30日，宁武高速公路宁德段建成通车。

9月28日，莆田湄渝等5个高速公路项目开工暨莆永龙岩段通车仪式举行。

9月30日~10月7日，根据国务院和交通运输部的部署，国庆、五一、清明、春节假日期间，全国七座及七座以下小客车实行免费通行。

10月9日，南平宁武通车暨全省高速公路里程突破3000km仪式在福州、南平两地通过视频会议形式举行。

11月18日，莆永高速公路莆田段建成通车。

12月31日，2013年全省高速公路工作视频会议在福州召开。

2013年

1月6日，福建省高速公路有限责任公司宁德管理分公司揭牌成立。

1月11日，福建省高速公路系统的"山区高速公路永临结合供电关键技术""福厦漳扩建工程隧道扩建关键技术""边坡安全监测系统""高速公路全网络化视频监控及联网技术"等4个科研项目荣获省科学技术进步奖三等奖。

1月14日，省高速公路公司被省档案局授予"2011—2012年度企业档案规范化管理优秀单位"荣誉称号。

1月27日，交通运输部副部长翁孟勇视察指导福建省高速公路春运保障工作。

1月31日，莆田至永定高速公路莆田段、松溪至建瓯高速公路、莆田至永定高速公路龙岩段等3个项目被省政府授予2012年度福建省重点建设项目优胜奖；福建省高速公路系统林启承、黄俊杰、苏巧金、许晟等4位同志被省政府授予2012年度福建省重点建设项目建设功臣荣誉称号。

2月5日，古武高速公路武平十方至城关路段建成通车。

2月6日，永定湖雷至城关高速公路建成通车。

3月21~22日，由交通运输部主办、省高指承办的全国高速公路施工标准化技术指南培训会在福州召开。

4月26日，福建省高速公路系统的黄祥谈、郑淑艳、曾海东、林德平4位同志被省委、省政府授予福建省劳动模范荣誉称号。

5月3日，省高速公路公司团委被共青团福建省委授予"福建省五四红旗团委"荣誉称号。

5月10日,交通运输部部长杨传堂视察调研高速公路沈海线福建段泉厦高速公路朴里服务区、平潭海峡大桥。

5月18日,国家高速公路宁波至东莞高速公路福州至永泰段建成通车。

5月28日,厦漳跨海大桥建成通车,全省高速公路通车里程突破3600km。

6月28日,省高速公路公司被交通运输部授予"2011—2012年度交通运输行业节能减排先进企业"荣誉称号。

8月14日,延(平)顺(昌)、南平联络线高速公路同时开工建设。这两条高速公路首尾相连,均计划于2015年底建成通车。

8月27日,省高速公路公司工会被中华全国总工会评为"全国市级工会财务先进单位"。

9月15日,省高速公路公司研发的实景三维图应用系统荣获中国地理信息产业协会授予的中国地理信息产业优秀工程银奖。

9月29日,省高速公路公司自主研发的福建省高速公路监控软件获福建省信息化局授予软件产品登记证书。这是福建省交通运输行业软件产品首个自主知识产权和国家版权局计算机软件著作权。

10月10日,省高速公路公司被中国交通运输企业管理协会、交通运输行业优秀企业管理成果评审委员会授予全国交通运输企业文化建设卓越企业荣誉称号。

10月22日,福建省高速公路养护工程有限公司所属福建省高速公路达通检测有限公司被交通运输部评为公路工程综合甲级工程试验检测机构,成为福建省高速公路系统第一家、福建省第三家具有公路工程综合甲级资质的工程试验检测机构。

11月8日,三明建宁至泰宁高速公路建成通车。

11月18日,受省交通运输厅委托,由福建省高速公路有限责任公司承担的援疆代建任务——奇台至木垒高速公路项目顺利建成通车。该项目是全疆高速公路建设项目中率先实现"五同步"通车的项目。

11月30日,漳州招银疏港支线高速公路建成通车。

12月8日,福建省高速公路年度通行费收入首次突破100亿元大关,达到101亿元。

12月10日,省高速公路公司印发《福建省高速公路服务区经营管理改革意见》,开始实施福建省高速公路经营开发管理改革。

12月27日,沈海高速公路复线莆田仙游至南安金淘莆田段、莆田至永定高速公路泉州段、泉州环城路南安张坑至石井段、沈海高速公路复线漳州天宝至诏安高速公路等4个项目被省政府授予2013年度福建省重点建设项目优胜奖;福建省高速公路系统黄伯承、潘新雅、张淑宝、汤少青、吴存兴5位同志被省政府授予2013年度福建省重点建设项目建设功臣荣誉称号。

12月28日,沈海高速公路复线仙游至南安金淘高速公路莆田段、沈海高速公路复线漳州天宝至诏安段、厦成线厦门海沧至漳州天宝段、长泰美宫至陈巷段4条高速公路建成通车。

12月31日,莆永高速公路泉州段、南石段建成通车,至此全省高速公路通车里程突破4000km,达到4057km。

2014年

3月25日,省政府在漳州召开全省高速公路建设调度会议,在全省高速公路部署开展两轮"百日竞赛"活动。4月9日,省交通运输厅、省高指联合在福州召开动员大会。

6月16日,全长6.967km的渔平高速公路延伸线(平潭大桥复桥)建成通车。

7月16日,省政府、国家安监总局在茫荡山隧道举办隧道特别重大道路交通危化品燃爆事故综合应急演练。

8月4日,省人民政府办公厅印发《关于促进高速公路持续健康发展八条措施的通知》(闽政办〔2014〕110号),在财政贴息、规费减免、体制改革等方面,继续给予倾斜支持。

8月4日,为推进福建省科学发展、跨越发展,省政府明确提前启动"十三五"建设项目。

8月6日,省政府召开视频会,对加快港口发展及高速公路第二轮"百日竞赛"活动提出要求。

8月27日,交通运输部同意将13个海西网项目约635km按国家高速公路网标准给予补助(超过60亿元),建设项目审批及用地、用林等在国家部委层面也得到更多倾斜支持。

9月5日,省交通运输厅与省高指在福州召开招商推介会,拟采取BOT、BOT + EPC、PPP等模式引进社会资金建设高速公路。

9月23日,省高速公路公司出台《投资管理暂行办法》,进一步加强投资管理,规范投资行为,防范投资风险。

9月28日,全省高速公路2014—2018年科学发展跨越发展行动计划主要指标编制完成。

11月4日,中国银行间市场交易商协会批准省高速公路公司发行100亿元中期票据,首期40亿元于12月5日正式发行。这是福建省交通基础设施行业最大规模的直接融资。

12月1日,省高速公路公司出台《运营补亏土地收储管理实施意见》,规范运营补亏土地收储、开发处置工作,推动全省高速公路运营补亏土地收储工作顺利开展。

12月21日,福建省高速公路不停车收费系统与北京、天津、河北、山西、辽宁、上海、江苏、浙江、江西、山东、陕西、湖南等全国13个省市顺利实现联网运行。

12月30日,全长35.34km的沈海高速公路复线泉州段建成通车。

截至12月31日,福建省高速公路客车ETC使用率、非现金支付率分别达到28%、24%,提前实现交通运输部确定的"十二五"发展目标。

2015年

1月1日,新版《全省高速公路系统养护体制改革方案》正式实施。

2月28日,中央精神文明建设指导委员会作出《关于表彰第四届全国文明城市(区)、文明村镇、文明单位的决定》,省高速公路公司及所属南平管理分公司荣获全国文明单位殊荣。

5月4日起,闽通卡通行费实行差异优惠政策,即闽通卡(记账卡)车辆通行费优惠调整为9.8折,闽通卡(储值卡)车辆通行费仍享9.5折优惠。

5月12日,规模全国第六、全省第一的跨海交通基础设施工程——全长26.7km的泉州湾大桥正式建成通车,使泉州环城高速公路连接成环。

5月18日,全省高速公路建设项目开展"三比一看"活动,即:比落地,抓项目通车;比促销,抓招商引资;比服务,抓要素保障;看实效,抓考评验收。

7月13日,经省政府研究同意,省政府办公厅印发《关于做好高速公路存量土地资产处置工作的通知》(闽政办〔2015〕104号),支持省高速公路公司以划拨方式取得的土地使用权,变更作为国家作价出资(入股)方式,转增国家资本金以及进行土地多元化经营开发等。

8月10日,福寿高速公路坂中枢纽互通至寿宁互通段建成通车,寿宁县通上了高速公路。

9月25日,沈海高速公路复线坂中枢纽互通至柘荣互通段建成通车,柘荣县进入了"高速时代"。

9月27日,历时近一年的全国高速公路ETC联网工作完美收官,福建省闽通卡用户可通行全国29个省(自治区、直辖市)(海南、西藏除外)高速公路。

9月30日,漳州至永安高速公路建成通车,华安县结束了没有高速公路的历史。

10月9日,"金穗闽通信用卡"发卡仪式在中国农业银行福建省分行正式举行。本次发行的"金穗闽通信用卡"为福建省高速公路首张记账模式联名卡。

12月18日,京台高速公路建瓯至闽侯段建成通车,古田县结束没有高速公路的历史,也标志着福建省境内京台高速公路全线贯通。

12月26日,邵光、延顺、莆田莆炎、福州绕城东南段、宁连福州段和宁德段6个高速公路项目建成通车,福建省实现县县通高速公路、通车里程5000km。省委书记尤权、代省长于伟国检查福建省6个高速公路项目通车情况并做重要指示。中央电视台新闻联播等新闻媒体做了报道。

2016 年

3月20日,省高速公路公司被省政府评为完成年度安全生产目标责任先进单位。这是省高速公路公司安全生产工作连续第8年被省政府通报表扬。

6月3日,福建省在全国范围内首次引入民用直升机参与高速公路应急救援实战演练。

6月26日,省高速公路公司在银行间市场交易商协会成功通过审核获得注册债券自动储架发行资质(DFI),成为全省首家获得该项资质的企业。

7月16日,福建高速中化石油有限公司成立暨揭牌仪式在福州市新侨联广场举行。这是省高速公路公司实现转型升级、多元化发展的重要举措。

9月18日,为做好"莫兰蒂"台风灾后重建工作、尽快恢复厦门市正常生产生活秩序,省高速公路公司第一时间组织18支抢险突击队驰援泉厦开展千人大会战。

10月5日,省养护公司以自有资金出资3亿元参与"三钢闽光"定增项目。本次定增,对维护上市公司国有控股地位,优化高速公路系统资本结构,提升资本证券化水平,提升企业经济效益具有积极作用。

10月20日,省国资委通报2015年度对省属所出资企业负责人经营业绩考核结果,省高速公路公司被评为A级企业。这是省高速公路公司连续第8年被评为A级。

11月28日,甬东高速公路宁连宁德段正式通车。

2017 年

1月,省高速公路公司参与、武汉大学主持完成的"深部隧(巷)道破碎软弱围岩稳定性监测控制关键技术及应用"荣获国家科技进步二等奖。

1月,泉三高速公路建设项目在100多个参评项目中脱颖而出,荣获第十四届中国土木工程詹天佑大奖,填补了福建省交通建设项目在这一奖项上的空白。

4月13日,省政府办公厅印发《关于调整高速公路通行费支持物流业发展的意见》(闽政办〔2017〕41号),决定从6个方面调整降低高速公路通行费,进一步降低物流成本,支持物流业发展,促进交通物流融合发展。

4月,省高速公路公司开始在全省安装整车式动态汽车衡(即静态磅),以有效减少收费争议,营造良好征费环境。

5月18日,根据《福建省人民政府关于表彰2016年度安全生产目标责任制考评先进单位的通报》(闽政文〔2017〕120号),省高速公路公司连续第9年被评为年度安全生产目标责任制考评先进单位。

7月1日,福建省高速公路通行费增值税电子发票正式上线,车主足不出户即可实现上网自助打印。

9月1日,全省高速公路权属服务区驿佳购便利店开始实行快销商品"同城同价"。

9月7日,海西高速公路网南平联络线高速公路正式通车。自此,从南平至福州,车程将由原先2个小时缩短为1.5个小时左右。

9月29日,省高速公路公司被省委省、政府授予"金砖国家领导人第九次会晤筹备和服务保障工作先进集体"称号。

11月3日,经省政府研究,省国资委批复,省工商局核准,省高速公路公司正式更名为"福建省高速公路集团有限公司",对所属单位实行企业集团化管理。

11月16日,厦沙高速公路泉州安溪至永春(达埔)段和德化互通至国宝互通段正式通车。这是"十三五"期福建省首个通车的国家高速公路网项目。

11月18日,省高速集团本部和所属南平管理分公司保持"全国文明单位"称号。

12月12日,福建省"十三五"国家高速公路网项目——厦沙高速公路全线通车。

12月13日,"2016—2017年度国家优质工程奖"总结表彰大会在北京人民大会堂召开,漳永高速公路漳州段西陂隧道工程获2016—2017年度国家优质工程奖。

12月14日,青云山、赤港、武夷山、朴里、古田等5对服务区获评"全国百佳示范服务区",贡川、天福、兴泰、大往等19对服务区获评"全国优秀服务区"。

12月21日,福银高速公路南平市塔前互通式立交工程开工建设。

12月26日,省国资委2016年度省属所出资企业负责人经营业绩考核结果出炉,省高速公路公司连续第9年被评为A级企业。

12月26日,漳州高速公路有限公司挂牌成立,标志着全省高速公路"一市一实体"公司整合改革工作取得实质性进展。

12月28日,军民融合项目沈海高速公路福清段镜洋互通正式通车,福清镜洋收费站开征运营。同日,广东潮漳高速公路也正式通车,标志着福建省沈海高速公路复线通往广东的出省大通道贯通,省界到广州深圳可缩短近60km。

12月29日,宁德霞浦至福安段先行段(福安溪尾至霞浦溪南快速路傅竹至霞塘段)和宁德至古田高速公路同时举行开工动员大会,标志着2017年福建省高速开工目标全部实现。

附录二

福建省已通车高速公路主线及连接线一览表

（截至 2015 年 12 月 31 日）

路段名称	起点地名	终点地名	已通车里程（km）	通车时间	四车道里程（km）	六车道里程（km）	八车道里程（km）	设计速度（km/h）
一、G15 沈海（沈阳—海口）国家高速公路			649.443					
福鼎—宁德（福宁高速公路）	福鼎贯岭分水关	蕉城城南塔山	141.164	2003.06.29	141.164	0	0	80
罗源—宁德（罗宁高速公路）	蕉城城南塔山	罗源白塔上楼	33.114	2000.02.01	33.114	0	0	60
罗源—长乐（罗长高速公路）	罗源白塔上楼	长乐营前营前	59.041	2002.12.29	57.845	1.196	0	80
福州—泉州（福泉高速公路）	长乐营前营前	洛江万安杏宅	154.423	2011.01.18	24.003	0	130.42	100/120
泉州—厦门（泉厦高速公路）	丰泽城东西福	厦门杏林官林头	81.895	2010.09.02	0	0	81.895	120
厦门—漳州（厦漳厦门段）	杏林杏林官林头	集美灌口林后	11.849	2001.01.01	0	0	11.849	120
厦门—漳州（厦漳漳州段）	龙海角美龙江	龙海海澄内溪	27.407	2001.01.01	23.733	0	3.674	120/100
龙海—诏安（漳诏高速公路）	龙海海澄内溪	诏安深桥后岭	140.550	2002.12.29	136.753	0	3.797	100
二、G70 福银（福州—银川）国家高速公路			346.183					

附录二

福建省已通车高速公路主线及连接线一览表

续上表

路段名称	起点地名	终点地名	已通车里程（km）	通车时间	四车道里程（km）	六车道里程（km）	八车道里程（km）	设计速度（km/h）
福州段（三福）	闽侯青口幸福	闽清美菰山中	101.020	2004.11.03	101.02	0	0	80
三明段一期（三福）	尤溪洋中上坑	尤溪联合联合	59.665	2004.11.03	59.665	0	0	80
南平段一期（三福）	延平塔前莒上	延平西芹东山	27.951	2004.11.03	27.951	0	0	80
三明段一期（三福）	沙县青州胜地	沙县凤岗镇际口村	26.823	2004.11.03	26.823	0	0	80
三明段二期（邵三）	沙县凤岗镇际口村	泰宁县龙湖镇龙湖村	106.703	2005.12.30	106.703	0	0	80
南平段二期（邵三）	邵武肖家坊王西坑	邵武桂林下岚	24.021	2005.12.30	24.021		0	80
三、G76厦蓉（厦门—成都）国家高速公路			285.852					
厦门段	海沧区	海沧区	4.543	2015.02.18	0	2.379	2.164	100
厦门段	海沧区	海沧区	13.451	2014.12.31	0	9.178	4.273	100
漳州段	龙海市角美镇	马洋溪旅游开发区	7.799	2014.09.30	0	7.799	0	80
海沧天宝高速公路	马洋溪旅游开发区	芗城区天宝镇	32.462	2013.12.28	0	32.462	0	80
漳龙高速公路漳州段	龙海榜山长洲	南靖利溪乐土	53.931	2004.12.28	53.931	0	0	80
漳龙高速公路龙岩段	新罗镇杨头村	适中镇杨头村	13.748	2002.01.18	13.748	0	0	80
漳龙高速公路龙岩段	适中镇颜中	新罗龙门龙门	24.112	2000.01.01	24.112	0	0	80
龙岩—长汀高速公路	新罗龙门龙门	长汀古城镇古城村	135.806	2007.12.25	135.806	0	0	80

福 建

续上表

路段名称	起点地名	终点地名	已通车里程（km）	通车时间	四车道里程（km）	六车道里程（km）	八车道里程（km）	设计速度（km/h）
四、G3 京台（北京—台北）国家高速公路			343.407					
浦南段	浦城官路姚宅村	建安办事处东门村	187.872	2008.12.24	183.358	4.514	0	80/100
南平段	建安办事处东安村	延平区洋后镇大演村	62.686	2015.12.31	62.686	0	0	100
宁德段	延平区洋后镇大演村	闽清县东桥镇坪溪村	39.897	2015.12.15	39.897	0	0	100
福州段	闽清县东桥镇坪溪村	闽侯县荆溪镇白头村	52.952	2015.12.31	52.952	0	0	100
五、G25 长深（长春—深圳）国家高速公路			452.977					
松建高速公路	松溪县旧县乡木城村	建瓯市建安街道东安村	106.650	2012.12.31	106.65	0	0	80
浦南段	建瓯大横葫常坑村	西黄连接线南平北	52.668	2008.12.24	52.668	0	0	80
三福南平连接线	延平黄墩街道黄墩村	延平西芹坑布	18.446	2004.11.03	18.446	0	0	80
三福三明连接线	沙县西霞际口	梅列大高源	19.735	2004.11.03	19.735	0	0	80
泉三三明段	三明市陈大镇大源村	永安市燕西办事处吉山村	59.337	2008.12.25	59.337	0	0	80
永武三明段	永安市燕西办事处吉山村	永安市下湖口村	40.708	2010.04.10	40.708	0	0	80
永武连城—上杭段	永安市下湖口村	上杭县临城镇西郊村	112.841	2010.06.29	112.841	0	0	80/100

附录二

福建省已通车高速公路主线及连接线一览表

续上表

路段名称	起点地名	终点地名	已通车里程（km）	通车时间	四车道里程（km）	六车道里程（km）	八车道里程（km）	设计速度（km/h）
永武上杭—武平段	上杭县临城镇西郊村	武平县岩前镇大布村	42.592	2009.09.29	42.592	0	0	80
六、G72 泉南（泉州—南宁）国家高速公路			328.079					
泉三泉州段	晋江市西园街道车厝村	永春县下洋镇涂山村	114.629	2009.06.29	48.128	66.501	0	100
泉三三明段	大田县吴山乡程堂村	永安市燕西办事处吉山村	89.112	2008.12.25	89.112	0	0	80
永宁高速公路	永安市燕西街道上吉山村	宁化县淮土乡寒谷村	124.338	2011.11.16	124.338	0	0	100
七、G1514 宁上（宁德—上饶）国家高速公路			291.848					
福安连接线	福安湾坞湾坞村	福安市坂中乡江家渡村	29.619	2005.06.26	29.619	0	0	80
宁武宁德段	福安市坂中乡江家渡村	周宁县里墘镇楼坪村	62.054	2012.06.30	62.054	0	0	80
宁武南平段	政和县杨源乡楼下村	建阳市将口镇	132.626	2012.10.09	132.626	0	0	80
武夷山支线	武夷山兴田兴田村	武夷山兴田枫坡村	3.844	2008.12.24	0	3.844	0	80
宁武南平段	武夷山市兴田镇枫坡村	南平市武夷山市南源岭村	15.392	2010.11.05	0	15.392	0	80
南平宁武一期	武夷山市南源岭村	武夷山市大埠村	11.737	2011.08.28	0	11.737	0	80

续上表

路 段 名 称	起 点 地 名	终 点 地 名	已通车里程（km）	通车时间	四车道里程（km）	六车道里程（km）	八车道里程（km）	设计速度（km/h）
宁武南平段	武夷山市武夷镇大埠村	武夷山洋庄乡大安村	36.576	2012.10.09	36.576	0	0	80
八、G1501 福州绕城高速公路			60.433					
竹岐至荆溪段	闽侯县竹岐乡白龙村	闽侯县荆溪镇坛山村	6.050	2012.03.15	0	6.05	0	100
荆溪至永丰段	闽侯县荆溪镇坛山村	闽侯县荆溪镇永丰村	4.831	2012.03.15	0	4.831	0	100
云龙至西岭段	福州市闽侯县永丰村	闽侯县荆溪镇永丰村	2.107	2011.07.01	0	2.107	0	100
云龙至西岭段	闽侯县荆溪镇永丰村	闽侯县荆溪镇永丰村	1.968	2012.03.15	1.61	0.358	0	100/80
洋门至西岭互通段	福州市闽侯县永丰村	晋安区宦溪镇湖山村	14.072	2010.10.01	14.072	0	0	80
福州绕城公路东南段	晋安区宦溪镇湖山村	福州市连江县潘渡村	20.324	2010.10.01	20.324	0	0	80
	福州市连江县洋门村	连江县浦口镇浦口村	11.081	2015.12.31	0	11.081	0	80/100
九、G1502 泉州绕城高速公路			116.089					
南惠高速公路	南安市霞美镇	惠安县洛阳镇	34.350	2011.07.20	1.75	32.6	0	100/80
泉州湾跨海通道工程	惠安县螺阳镇	石狮宝盖镇雪上村	26.676	2015.05.12	0	21.026	5.65	100
晋石高速公路	石狮宝盖镇雪上村	晋江罗山街道	6.663	2012.12.31	0	6.663	0	100

附录二

福建省已通车高速公路主线及连接线一览表

续上表

路 段 名 称	起 点 地 名	终 点 地 名	已通车里程（km）	通车时间	四车道里程（km）	六车道里程（km）	八车道里程（km）	设计速度（km/h）
晋石高速公路	晋江罗山街道梧垵居委会	晋江永和镇玉溪村	6.330	2012.12.31	0	6.33	0	100
南石高速公路	南安市石井镇林柄村	南安市柳城街道象山村	42.070	2013.12.31	1.229	40.841	0	100/80
十、G4012 溧宁（溧阳—宁德）高速公路			54.661					
福安至寿宁段	寿宁县犀溪乡武溪村	福安市坂中畲族乡长汀村	54.661	2015.12.31	54.661	0	0	80
十一、G1517 莆炎（莆田—炎陵）高速公路			105.970					
莆田埭头至涵江萩芦段	涵江区东阳镇汀塘村	涵江区江口镇江口村	22.618	2015.12.31	0	22.618	0	100
莆田埭头至涵江萩芦段	涵江区江口镇江口村	涵江区萩芦镇崇福村	15.545	2015.12.31	0	15.545	0	100
莆田萩芦至仙游五星段	涵江区萩芦镇崇福村	仙游县游洋镇五星村	40.276	2015.12.31	0	40.276	0	100
三明莘口至明溪城关段	三元区莘口镇畔溪新村	明溪县瀚仙镇小眉溪象兴村	27.531	2015.11.28	27.531	0	0	100
十二、G15W3 甬莞（宁波—东莞）高速公路			427.088					
宁德筼筜至福安段	福鼎县管阳镇元潭村	福安市康厝畲族乡洋溪村	52.820	2015.12.31	52.82	0	0	80
漳湾至连江浦口（宁德段）	蕉城区飞鸾镇飞鸾村	罗源松山镇迹头村	6.550	2015.12.31	0	6.55	0	100

福 建
高速公路建设实录

续上表

路 段 名 称	起 点 地 名	终 点 地 名	已通车里程(km)	通车时间	四车道里程(km)	六车道里程(km)	八车道里程(km)	设计速度(km/h)
漳湾至连江浦口（福州段）	罗源松山镇迹头村	连江县官坂镇梅里村	24.106	2015.12.31	0	24.106	0	100
梅里至浦口段	连江县官坂镇梅里村	连江县官坂镇益砌村	9.993	2015.12.31	0	9.993	0	100
福永高速公路	闽侯县南屿镇柳浪村	永泰梧桐镇潼关村	66.305	2013.05.18	0	66.305	0	100
仙游至金淘高速公路	仙游县游洋镇五星村	仙游县龙华镇金溪村	50.332	2013.12.28	11.393	37.566	1.373	100
金淘高速公路（泉州段）	洛江区罗溪镇广桥村	金淘镇镇亭川村	35.245	2014.12.31	0	35.245	0	100
福诏高速公路（金淘高速公路）	南安市金淘镇晨光村	南安市安溪龙门镇湖山村	39.107	2012.12.27	0	39.107	0	100
罗溪连接线	同安区莲花镇澳溪村	同安区莲花镇罗溪村	10.467	2014.12.31	10.467	0	0	100
长泰美宫至陈巷段	枋洋美宫村	陈巷枢纽	25.076	2013.12.28	16.218	8.858	0	80/100
漳州至诏安高速公路	芗城天宝镇仙都村	诏安霞葛镇新营村	107.087	2013.12.28	95.757	11.33	0	100/80
十三、S10宁光（宁德—光泽）高速公路			113.582					
延平至顺昌连接线	延平区西芹村	顺昌县双溪镇井垄村	47.360	2015.12.31	47.36	0	0	80
邵武至光泽段	邵武市下沙镇下王塘村	光泽县华桥乡铁关村	66.222	2015.12.31	66.222	0	0	80

附录二
福建省已通车高速公路主线及连接线一览表

续上表

路 段 名 称	起 点 地 名	终 点 地 名	已通车里程（km）	通车时间	四车道里程（km）	六车道里程（km）	八车道里程（km）	设计速度（km/h）
十四、S12 莆永（莆田—永定）高速公路			342.153					
双莆莆田段	莆田北岸管委会山亭乡	秀屿区月塘乡西园村	9.821	2012.11.18	9.821	0	0	80
莆秀高速公路	莆田市月塘乡月塘村	莆田市华亭镇沈塘村	23.583	2009.11.30	23.583	0	0	100
双永莆田段	莆田市华亭镇沈塘村	仙游县大济镇古濑村	54.275	2012.11.18	54.275	0	0	80
莆永泉州段	永春县湖洋镇玉柱村	永春县岵山镇龙阁村	30.122	2013.12.31	30.122	0	0	80
莆永泉州段	永春县达埔镇	安溪县云中山自然保护区	62.987	2013.12.31	57.027	5.96	0	100/80
双永龙岩段	漳平市溪南镇九鸣村	龙岩龙门镇赤水村	84.242	2012.09.28	84.242	0	0	80
双永龙岩段	新罗区龙门镇湖二村	永定龙门镇丰村	57.384	2011.12.31	57.384	0	0	80
双永龙岩段	永定县歧岭乡龙湖村	永定县下洋镇东联村	19.739	2012.09.28	19.739	0	0	80
十五、S17 永漳（永安—漳州）高速公路			145.057					
漳州钱坂至三明永安（三明段）	永安市西洋镇岭头村	漳平市新桥镇城口村	6.798	2015.09.30	6.798	0	0	80
漳平钱坂至三明永安（龙岩段）	漳平市新桥镇城口村	漳平市新桥镇钱坂村	35.120	2015.09.30	35.12	0	0	80
漳永高速公路龙岩漳平段	漳平市新桥镇钱坂村	华安县湖林乡西陂村	35.927	2015.09.30	35.927	0	0	80

续上表

路 段 名 称	起 点 地 名	终 点 地 名	已通车里程（km）	通车时间	四车道里程（km）	六车道里程（km）	八车道里程（km）	设计速度（km/h）
漳州华安段至漳州	华安县湖林乡西陂村	华安县华丰镇草坂村	8.364	2015.09.30	8.364	0	0	80
漳永高速公路龙岩官田境	华安县华丰镇草坂村	龙岩市官田乡坪山村	8.643	2015.09.30	8.643032	0	0	80
漳州华安段至漳州	华安县湖林乡西陂村	华安县新圩镇黄枣村	15.862	2015.09.30	15.862	0	0	80
漳州玉兰至新圩段	华安县新圩镇黄枣村	华安县丰山镇	31.940	2015.09.30	31.940071	0	0	80
华安连接线	华安县丰山镇		2.403	2013.12.28	2.403	0	0	80
十六、S1522 渔平（渔溪—平潭）高速公路			45.513					
平潭连接线（渔平高速公路）	福清市渔溪镇柳厝村	福清市东瀚镇赤表村	41.36	2010.12.25	32.431	8.929	0	100
平潭连接线（渔平高速公路延伸线）	福清市东瀚镇赤表村	平潭县北厝镇娘宫村	4.153	2014.06.16	0	4.153	0	100
十七、S1551 江阴疏港支线			14.529					
江阴疏港支线（渔平高速公路）	福清市江阴镇下垄村	福清市江阴镇下石村	14.529	2010.12.25	0	14.529	0	100
十八、S0311 浦建（浦城—建宁）高速公路			210.962					
龙浦高速公路	南平市浦城县花桥村	南平市浦城县十里排村	34.872	2011.12.31	34.872	0	0	100
武邵支线（浦建高速公路）	武夷山市兴田镇黄土村	邵武市大埠岗镇河源村	91.719	2010.11.15	91.719	0	0	100

附录二

福建省已通车高速公路主线及连接线一览表

续上表

路段名称	起点地名	终点地名	已通车里程（km）	通车时间	四车道里程（km）	六车道里程（km）	八车道里程（km）	设计速度（km/h）
福银邵武（肖家坊）连接线	邵武市肖家坊镇	邵武市和平镇和平村	4.140	2005.12.30	4.14	0	0	80
建泰高速公路	泰宁县朱口镇朱口村	建宁县黄埠乡桂阳村	80.231	2013.11.08	80.231	0	0	80
十九、S1521 福泉福州连接线			11.270					
福泉福州连接线	仓山城门秀宅	长乐营前黄石	11.270	1999.09.25	0	11.27	0	120
二十、S1531 福州机场连接线			50.125					
福州机场高速公路	晋安区新店镇西园村	福州市马尾区下德村	25.632	2010.10.01	0	25.632	0	100
福州机场高速公路二期	福州市马尾区下德村	马尾区新罗区君竹村	3.601	2010.10.01	0	3.601	0	100
福州机场高速公路一期	长乐航城筹岐	长乐漳港开发公司	20.892	2006.11.18	0.694	20.198	0	100
二十一、S1572 斗尾疏港高速公路			21.674					
斗尾疏港高速公路（南惠高速公路）	惠安县洛阳镇	惠安县东岭镇	21.674	2011.07.20	21.674	0	0	100
二十二、S7021 福州南连接线			12.866					
福州南连接线	闽侯县南屿镇	闽侯县青口镇	11.731	2011.11.12	0	11.731	0	100/120
福州南连接线	闽侯县青口镇	闽侯县青口镇	1.135	2013.02.05	0	1.135	0	120
二十三、S0313 政古（政和—古田）高速公路			28.712					
屏南连接线南平段	政和县杨源乡杨源村	政和县杨源乡上庄村	4.890	2012.10.09	4.89	0	0	80
屏南连接线宁德段	屏南县双溪镇北村	屏南县棠口乡漈头村	22.622	2012.06.30	22.622	0	0	80

1047

续上表

路 段 名 称	起 点 地 名	终 点 地 名	已通车里程（km）	通车时间	四车道里程（km）	六车道里程（km）	八车道里程（km）	设计速度（km/h）
政古高速公路	古田县洋洋乡长基厅村	古田县洋洋乡长基厅村	1.200	2015.12.31	1.200			
二十四、S1573 围头疏港高速公路			20.021					
晋石高速公路	晋江内坑镇柑市村	晋江罗山街道梧垵居委会	10.950	2012.12.31	10.95	0	0	100
晋石高速公路	晋江永和镇玉溪村	晋江龙湖镇仓上村	9.071	2012.12.31	7.245	1.826	0	100/80
二十五、S2513 上蛟（上杭—蛟城）高速公路			36.114					
蛟城高速公路	临城镇古石村	蛟洋乡下湖村	36.114	2012.12.25	36.114	0	0	80
二十六、S30 厦沙（厦门—沙县）高速公路			47.613					
金淘高速公路厦门段	集美区后溪镇墩上村	集美区后溪镇墩上村	2.427	2013.08.31	2.427	0	0	80
金淘高速公路厦门段	集美区后溪镇墩上村	同安区莲花镇小坪村	27.249	2012.12.31	27.249	0	0	100
金淘高速公路泉州段	安溪龙门镇溪瑶村	安溪官桥镇桓美村	17.937	2012.12.27	17.937	0	0	80
二十七、S50 古武（古雷港—武平）高速公路			38.816					
古武高速公路武平段	武平县十方镇白土村	武平县城厢乡下东村	15.800	2013.02.05	15.8	0	0	80

附录二

福建省已通车高速公路主线及连接线一览表

续上表

路 段 名 称	起 点 地 名	终 点 地 名	已通车里程（km）	通车时间	四车道里程（km）	六车道里程（km）	八车道里程（km）	设计速度（km/h）
二十八、S53 双安（南安—安溪）高速公路 武平城关至东留段	武平县城厢乡下东村	武平县东留乡龙溪村	23.016	2015.10.30	23.016	0	0	80
南安安溪连接线	南安市省新镇省东村	安溪县参内乡罗内村	15.237	2015.06.06	15.237	0	0	100
二十九、S59 漳州东山联络线	云霄县陈岱镇竹港村	东山县樟塘镇下湖村	11.199	2015.09.26	11.199	0	0	100
三十、S80 福州可门疏港高速公路	连江县官坂镇梅里村	连江县官坂镇梅里村	1.020	2015.12.31	0	1.02	0	100
福州可门疏港高速公路			9.335					
三十一、S1516 厦漳跨海大桥	厦门市海沧区青礁村	龙海市港尾镇沙坛村	9.335	2013.05.28	0	9.335	0	100
三十二、S1591 漳州招银疏港支线	龙海市东园镇枫林村	龙海市港尾镇沙坛村	17.561	2013.11.30	0	17.561	0	100
漳州招银疏港支线			25.255					
三十三、S1524 漳州北连接线	龙海榜山长洲	芗城区天宝镇	25.255	2004.12.28	25.255	0	0	80
漳州北连接线			20.401					
三十四、G15E 沈海复线厦漳扩建（紫泥新线）	龙海市角美镇龙田村	龙海市海澄镇黎斜村	20.401	2012.05.15	0	20.401	0	120

续上表

路 段 名 称	起 点 地 名	终 点 地 名	已通车里程（km）	通车时间	四车道里程（km）	六车道里程（km）	八车道里程（km）	设计速度（km/h）
三十五、S1525 漳州南联络线			46.487					
漳州南联络线	南靖县靖城镇湖山村	龙海市东园镇新林村	46.487	2014.12.28	46.487	0	0	100

附录三
福建省已通车高速公路收费站一览表
（截至 2015 年 12 月 31 日）

序号	路线名称	路线编码	所属路段	收费站名称	备注
1	沈海高速公路	G15	福宁高速公路	沈海闽浙	省界主线站
2	沈海高速公路	G15	福宁高速公路	福鼎	匝道站
3	沈海高速公路	G15	福宁高速公路	八尺门	匝道站
4	沈海高速公路	G15	福宁高速公路	太姥山	匝道站
5	沈海高速公路	G15	福宁高速公路	柏洋	匝道站
6	沈海高速公路	G15	福宁高速公路	牙城	匝道站
7	沈海高速公路	G15	福宁高速公路	三沙	匝道站
8	沈海高速公路	G15	福宁高速公路	霞浦	匝道站
9	沈海高速公路	G15	福宁高速公路	盐田	匝道站
10	沈海高速公路	G15	福宁高速公路	湾坞	匝道站
11	沈海高速公路	G15	福宁高速公路	下白石	匝道站
12	沈海高速公路	G15	罗宁高速公路	宁德北	匝道站
13	沈海高速公路	G15	罗宁高速公路	宁德南	匝道站
14	沈海高速公路	G15	罗宁高速公路	飞鸾	匝道站
15	沈海高速公路	G15	罗宁高速公路	罗源	匝道站
16	沈海高速公路	G15	罗宁高速公路	水古	匝道站

续上表

序号	路线名称	路线编码	所属路段	收费站名称	备注
17	沈海高速公路	G15	罗长高速公路	丹阳	匝道站
18	沈海高速公路	G15	罗长高速公路	连江	匝道站
19	沈海高速公路	G15	罗长高速公路	琯头	匝道站
20	沈海高速公路	G15	罗长高速公路	马尾	匝道站
21	沈海高速公路	G15	罗长高速公路	营前	匝道站
22	沈海高速公路	G15	福泉高速公路	兰圃	匝道站
23	沈海高速公路	G15	福泉高速公路	宏路	匝道站
24	沈海高速公路	G15	福泉高速公路	渔溪	匝道站
25	沈海高速公路	G15	福泉高速公路	涵江	匝道站
26	沈海高速公路	G15	福泉高速公路	莆田	匝道站
27	沈海高速公路	G15	福泉高速公路	仙游	匝道站
28	沈海高速公路	G15	福泉高速公路	泉港	匝道站
29	沈海高速公路	G15	福泉高速公路	驿坂	匝道站
30	沈海高速公路	G15	福泉高速公路	惠安	匝道站
31	沈海高速公路	G15	泉厦高速公路	泉州	匝道站
32	沈海高速公路	G15	泉厦高速公路	池店	匝道站
33	沈海高速公路	G15	泉厦高速公路	晋江	匝道站
34	沈海高速公路	G15	泉厦高速公路	水头	匝道站
35	沈海高速公路	G15	泉厦高速公路	翔安	匝道站
36	沈海高速公路	G15	泉厦高速公路	同安	匝道站
37	沈海高速公路	G15	厦漳厦门段	杏林	匝道站
38	沈海高速公路	G15	厦漳厦门段	海沧	匝道站
39	沈海高速公路	G15	厦漳漳州段	龙海	匝道站
40	沈海高速公路	G15	漳诏高速公路	漳州港	匝道站

附录三
福建省已通车高速公路收费站一览表

续上表

序号	路线名称	路线编码	所属路段	收费站名称	备注
41	沈海高速公路	G15	漳诏高速公路	赵家堡	匝道站
42	沈海高速公路	G15	漳诏高速公路	漳浦	匝道站
43	沈海高速公路	G15	漳诏高速公路	古雷港	匝道站
44	沈海高速公路	G15	漳诏高速公路	云霄	匝道站
45	沈海高速公路	G15	漳诏高速公路	常山	匝道站
46	沈海高速公路	G15	漳诏高速公路	东山岛	匝道站
47	沈海高速公路	G15	漳诏高速公路	诏安东	匝道站
48	沈海高速公路	G15	漳诏高速公路	诏安南	匝道站
49	沈海高速公路	G15	漳诏高速公路	沈海闽粤	省界主线站
50	沈海高速公路复线	G15E	紫泥新线	紫泥	匝道站
51	沈海高速公路复线	G15W3	福永高速公路	闽侯旗山	匝道站
52	沈海高速公路复线	G15W3	福永高速公路	永泰葛岭	匝道站
53	沈海高速公路复线	G15W3	福永高速公路	永泰东（城头）	匝道站
54	沈海高速公路复线	G15W3	福永高速公路	永泰西（富泉）	匝道站
55	沈海高速公路复线	G15W3	金淘高速公路	仙游梧桐	匝道站
56	沈海高速公路复线	G15W3	金淘高速公路	仙游莱溪	匝道站
57	沈海高速公路复线	G15W3	金淘高速公路	仙游榜头	匝道站
58	沈海高速公路复线	G15W3	金淘高速公路	仙游龙华	匝道站
59	沈海高速公路复线	G15W3	金淘高速公路	洛江北（罗溪）	匝道站
60	沈海高速公路复线	G15W3	金淘高速公路	南安乐峰	匝道站
61	沈海高速公路复线	G15W3	金淘高速公路	南安梅山	匝道站
62	沈海高速公路复线	G15W3	金淘高速公路	南安金淘	匝道站
63	沈海高速公路复线	G15W3	金淘高速公路	安溪东	匝道站
64	沈海高速公路复线	G15W3	金淘高速公路	安溪	匝道站

福 建
高速公路建设实录

续上表

序号	路 线 名 称	路线编码	所属路段	收费站名称	备 注
65	沈海高速公路复线	G15W3	金淘高速公路	安溪官桥	匝道站
66	沈海高速公路复线	G15W3	长泰至美宫段	长泰枋洋	匝道站
67	沈海高速公路复线	G15W3	长泰至美宫段	长泰岩溪	匝道站
68	沈海高速公路复线	G15W3	天宝至诏安段	漳州天宝	匝道站
69	沈海高速公路复线	G15W3	天宝至诏安段	南靖	匝道站
70	沈海高速公路复线	G15W3	天宝至诏安段	平和三平	匝道站
71	沈海高速公路复线	G15W3	天宝至诏安段	平和	匝道站
72	沈海高速公路复线	G15W3	天宝至诏安段	平和灵通山	匝道站
73	沈海高速公路复线	G15W3	天宝至诏安段	沈海复线闽粤	省界主线站
74	福银高速公路	G70	福银福州段	福州西	匝道站
75	福银高速公路	G70	福银福州段	闽侯	匝道站
76	福银高速公路	G70	福银福州段	闽清梅溪	匝道站
77	福银高速公路	G70	福银福州段	闽清	匝道站
78	福银高速公路	G70	福银三明段	金沙	匝道站
79	福银高速公路	G70	福银三明段	洋中	匝道站
80	福银高速公路	G70	福银三明段	尤溪	匝道站
81	福银高速公路	G70	福银三明段	青州	匝道站
82	福银高速公路	G70	福银三明段	夏茂	匝道站
83	福银高速公路	G70	福银三明段	将乐	匝道站
84	福银高速公路	G70	福银三明段	万安	匝道站
85	福银高速公路	G70	福银南平段	福银闽赣	省界主线站
86	漳州北连接线	S1525	漳州北连接线	漳州	主线式收费站
87	漳州北连接线	S1525	漳州北连接线	漳州北	匝道站
88	漳州北连接线	S1525	漳州北连接线	漳州西	匝道站

附录三
福建省已通车高速公路收费站一览表

续上表

序号	路 线 名 称	路线编码	所 属 路 段	收费站名称	备 注
89	厦蓉高速公路	G76	厦成高速公路	新阳主线	主线式收费站
90	厦蓉高速公路	G76	厦成高速公路	长泰天柱山	匝道站
91	厦蓉高速公路	G76	厦成高速公路	长泰	匝道站
92	厦蓉高速公路	G76	厦成高速公路	芗城石亭	匝道站
93	厦蓉高速公路	G76	漳龙漳州段	南靖丰山	匝道站
94	厦蓉高速公路	G76	漳龙漳州段	金山	匝道站
95	厦蓉高速公路	G76	漳龙漳州段	和溪	匝道站
96	厦蓉高速公路	G76	漳龙龙岩段	适中	匝道站
97	厦蓉高速公路	G76	漳龙龙岩段	龙岩	匝道站
98	厦蓉高速公路	G76	龙长线	龙岩西	匝道站
99	厦蓉高速公路	G76	龙长线	古田	匝道站
100	厦蓉高速公路	G76	龙长线	蛟洋	匝道站
101	厦蓉高速公路	G76	龙长线	新泉	匝道站
102	厦蓉高速公路	G76	龙长线	涂坊	匝道站
103	厦蓉高速公路	G76	龙长线	河田	匝道站
104	厦蓉高速公路	G76	龙长线	长汀	匝道站
105	厦蓉高速公路	G76	龙长线	厦成闽赣	省界主线站
106	京台高速公路	G3	浦南高速公路	京台闽浙	省界主线站
107	京台高速公路	G3	浦南高速公路	仙阳	匝道站
108	京台高速公路	G3	浦南高速公路	浦城	匝道站
109	京台高速公路	G3	浦南高速公路	临江	匝道站
110	京台高速公路	G3	浦南高速公路	石陂	匝道站
111	京台高速公路	G3	浦南高速公路	五夫	匝道站
112	京台高速公路	G3	浦南高速公路	建阳	匝道站

续上表

序号	路 线 名 称	路 线 编 码	所 属 路 段	收费站名称	备 注
113	京台高速公路	G3	浦南高速公路	建阳南	匝道站
114	京台高速公路	G3	浦南高速公路	徐墩	匝道站
115	京台高速公路	G3	浦南高速公路	建瓯	匝道站
116	长深高速公路	G25	松建高速公路	长深闽浙	省界主线站
117	长深高速公路	G25	松建高速公路	松溪旧县	匝道站
118	长深高速公路	G25	松建高速公路	松溪	匝道站
119	长深高速公路	G25	松建高速公路	松溪郑墩	匝道站
120	长深高速公路	G25	松建高速公路	建瓯川石	匝道站
121	长深高速公路	G25	松建高速公路	建瓯东游	匝道站
122	长深高速公路	G25	松建高速公路	建瓯东峰	匝道站
123	长深高速公路	G25	浦南高速公路	南雅	匝道站
124	长深高速公路	G25	南平连接线	大横	匝道站
125	长深高速公路	G25	南平连接线	南平北	匝道站
126	长深高速公路	G25	浦南高速公路	南平	匝道站
127	长深高速公路	G25	三明连接线	沙县	匝道站
128	长深高速公路	G25	三明连接线	三明北	匝道站
129	长深高速公路	G25	泉三高速公路	三明南	匝道站
130	长深高速公路	G25	泉三高速公路	莘口	匝道站
131	长深高速公路	G25	泉三高速公路	永安北	匝道站
132	长深高速公路	G25	永武高速公路	洪田	匝道站
133	长深高速公路	G25	永武高速公路	小陶	匝道站
134	长深高速公路	G25	永武高速公路	姑田	匝道站
135	长深高速公路	G25	永武高速公路	连城	匝道站
136	长深高速公路	G25	永武高速公路	朋口	匝道站

附录三
福建省已通车高速公路收费站一览表

续上表

序号	路线名称	路线编码	所属路段	收费站名称	备注
137	长深高速公路	G25	永武高速公路	才溪	匝道站
138	长深高速公路	G25	永武高速公路	上杭	匝道站
139	长深高速公路	G25	永武高速公路	武平十方	匝道站
140	长深高速公路	G25	永武高速公路	岩前	匝道站
141	长深高速公路	G25	永武高速公路	长深闽粤	省界主线站
142	泉南高速公路	G72	泉三高速公路	泉州南	匝道站
143	泉南高速公路	G72	泉三高速公路	泉州西	匝道站
144	泉南高速公路	G72	泉三高速公路	南安	匝道站
145	泉南高速公路	G72	泉三高速公路	码头	匝道站
146	泉南高速公路	G72	泉三高速公路	永春	匝道站
147	泉南高速公路	G72	泉三高速公路	蓬壶	匝道站
148	泉南高速公路	G72	泉三高速公路	下洋	匝道站
149	泉南高速公路	G72	泉三高速公路	吴山	匝道站
150	泉南高速公路	G72	泉三高速公路	大田	匝道站
151	泉南高速公路	G72	泉三高速公路	桃源	匝道站
152	泉南高速公路	G72	泉三高速公路	西洋	匝道站
153	泉南高速公路	G72	永宁高速公路	永安南	匝道站
154	泉南高速公路	G72	永宁高速公路	永安西	匝道站
155	泉南高速公路	G72	永宁高速公路	明溪南	匝道站
156	泉南高速公路	G72	永宁高速公路	嵩口	匝道站
157	泉南高速公路	G72	永宁高速公路	清流	匝道站
158	泉南高速公路	G72	永宁高速公路	宁化	匝道站
159	泉南高速公路	G72	永宁高速公路	石壁	匝道站
160	泉南高速公路	G72	永宁高速公路	泉南线闽赣	省界主线站

续上表

序号	路线名称	路线编码	所属路段	收费站名称	备注
161	宁上高速公路	G1514	福安连接线	赛岐	匝道站
162	宁上高速公路	G1514	福宁高速公路	福安	匝道站
163	宁上高速公路	G1514	宁武高速公路	白云山	匝道站
164	宁上高速公路	G1514	宁武高速公路	周宁	匝道站
165	宁上高速公路	G1514	宁武高速公路	杨源	匝道站
166	宁上高速公路	G1514	宁武高速公路	政和	匝道站
167	宁上高速公路	G1514	宁武高速公路	回龙	匝道站
168	宁上高速公路	G1514	宁武高速公路	水吉	匝道站
169	宁上高速公路	G1514	宁武高速公路	将口	匝道站
170	宁上高速公路	G1514	武夷山支线	兴田	匝道站
171	宁上高速公路	G1514	宁武高速公路	九曲	匝道站
172	宁上高速公路	G1514	宁武高速公路	武夷山	匝道站
173	宁上高速公路	G1514	宁武高速公路	武夷山北	匝道站
174	宁上高速公路	G1514	宁武高速公路	宁上闽赣	省界主线站
175	泉州绕城高速公路	G1502	南惠高速公路	泉州北	匝道站
176	泉州绕城高速公路	G1502	南惠高速公路	洛江	匝道站
177	泉州绕城高速公路	G1502	南惠高速公路	惠安南	匝道站
178	泉州绕城高速公路	G1502	晋石高速公路	石狮	匝道站
179	泉州绕城高速公路	G1502	南石高速公路	南安石井	主线式
180	泉州绕城高速公路	G1502	南石高速公路	南安水头西	匝道站
181	泉州绕城高速公路	G1502	南石高速公路	南安官桥	匝道站
182	泉州绕城高速公路	G1502	南石高速公路	南安南	匝道站
183	泉州绕城高速公路	G1502	南石高速公路	南安	匝道站
184	莆永高速公路	S10	双永高速公路	湄洲岛	主线式

附录三

福建省已通车高速公路收费站一览表

续上表

序号	路线名称	路线编码	所属路段	收费站名称	备注
185	莆永高速公路	S10	双永高速公路	莆田忠门	匝道站
186	莆永高速公路	S10	莆秀高速公路	秀屿	匝道站
187	莆永高速公路	S10	莆秀高速公路	莆田西	匝道站
188	莆永高速公路	S10	双永高速公路	莆田华亭	匝道站
189	莆永高速公路	S10	双永高速公路	仙游盖尾	匝道站
190	莆永高速公路	S10	双永高速公路	仙游城区	匝道站
191	莆永高速公路	S10	双永高速公路	仙游大济	匝道站
192	莆永高速公路	S10	双永高速公路	永春湖洋	匝道站
193	莆永高速公路	S10	双永高速公路	永春东	匝道站
194	莆永高速公路	S10	双永高速公路	安溪湖头	匝道站
195	莆永高速公路	S10	双永高速公路	安溪剑斗	匝道站
196	莆永高速公路	S10	双永高速公路	安溪感德	匝道站
197	莆永高速公路	S10	双永高速公路	安溪福田	匝道站
198	莆永高速公路	S10	双永高速公路	溪南	匝道站
199	莆永高速公路	S10	双永高速公路	漳平	匝道站
200	莆永高速公路	S10	双永高速公路	苏坂	匝道站
201	莆永高速公路	S10	双永高速公路	雁石	匝道站
202	莆永高速公路	S10	双永高速公路	龙岩北	匝道站
203	莆永高速公路	S10	双永高速公路	龙岩南	匝道站
204	莆永高速公路	S10	双永高速公路	高陂	匝道站
205	莆永高速公路	S10	双永高速公路	永定土楼	匝道站
206	莆永高速公路	S10	双永高速公路	永定下洋	匝道站
207	莆永高速公路	S10	双永高速公路	莆永闽粤	省界主线站
208	厦沙高速公路	S30	金淘高速公路	厦门	主线式

福 建
高速公路建设实录

续上表

序号	路线名称	路线编码	所属路段	收费站名称	备注
209	厦沙高速公路	S30	金淘高速公路	厦门北	匝道站
210	厦沙高速公路	S30	金淘高速公路	同安凤南	匝道站
211	厦沙高速公路	S30	金淘高速公路	龙门	匝道站
212	古武高速公路	S50	古武高速公路	武平	匝道站
213	福州机场高速公路	S1531	机场高速公路	福州东（快安）	主线式
214	福州机场高速公路	S1531	机场高速公路	潭港	匝道站
215	福州机场高速公路	S1531	机场高速公路	福州机场	主线式
216	福州绕城高速公路	G1501	绕城高速公路	荆溪	主线式
217	福州绕城高速公路	G1501	绕城高速公路	桂湖	主线式
218	福州绕城高速公路	G1501	绕城高速公路	福州北（贵安）	匝道站
219	浦建高速公路	S0311	武部高速公路	浦建闽浙	省界主线站
220	浦建高速公路	S0311	武部高速公路	富岭	匝道站
221	浦建高速公路	S0311	武部高速公路	浦城南	匝道站
222	浦建高速公路	S0311	武部高速公路	麻沙	匝道站
223	浦建高速公路	S0311	武部高速公路	下沙	匝道站
224	浦建高速公路	S0311	武部高速公路	邵武	匝道站
225	浦建高速公路	S0311	武部高速公路	邵武西	匝道站
226	浦建高速公路	S0311	武部高速公路	和平	匝道站
227	浦建高速公路	S0311	武部高速公路	泰宁	匝道站
228	浦建高速公路	S0311	武部高速公路	泰宁寨下	匝道站
229	浦建高速公路	S0311	武部高速公路	建宁	匝道站
230	浦建高速公路	S0311	武部高速公路	建宁里心	匝道站
231	渔平高速公路	S1522	平潭连接线	江镜	匝道站
232	渔平高速公路	S1522	平潭连接线	港头	匝道站

附录三
福建省已通车高速公路收费站一览表

续上表

序号	路线名称	路线编码	所属路段	收费站名称	备注
233	渔平高速公路	S1522	平潭连接线	高山	匝道站
234	渔平高速公路	S1522	平潭连接线	平潭	主线式
235	政古高速公路	S0313	屏南连接线	白水洋	匝道站
236	政古高速公路	S0313	屏南连接线	屏南	匝道站
237	江阴疏港支线	S1551	江阴疏港支线	福州新港	主线式
238	斗尾疏港高速公路	S1572	南惠高速公路	崇武	匝道站
239	斗尾疏港高速公路	S1572	南惠高速公路	惠东	主线式
240	福泉福州连接线	S1521	福州连接线	福州	主线式
241	南头疏港高速公路	S1573	晋石高速公路	晋江南	匝道站
242	南头疏港高速公路	S1573	晋石高速公路	晋石龙湖	匝道站
243	上蛟高速公路	S2513	蛟洋—城关高速公路	上杭白砂	匝道站
244	厦漳跨海大桥	S1516	厦漳跨海大桥	厦漳大桥	匝道站
245	厦漳跨海大桥	S1516	厦漳跨海大桥	海门岛	匝道站
246	漳永高速公路	S7211	漳永高速公路	华安开发区	匝道站
247	福州南连接线	S7021	福州南连接线	福州(祥谦)	主线式
248	漳州招银疏港支线	S1591	漳州招银疏港支线	漳州招银港	主线式
249	漳州招银疏港支线	S1591	漳州招银疏港支线	龙海港尾	匝道站
250	漳州南联络线	S1525	漳州南联络线	南靖靖城	匝道站
251	漳州南联络线	S1525	漳州南联络线	漳州南	匝道站
252	漳州南联络线	S1525	漳州南联络线	龙海东泗	匝道站
253	泉南德化连接线	X051350525	德化连接线	德化	主线式
254	永定湖雷至城关连接线	X081350822	永定湖雷至城关	永定东	主线式
255	永定湖雷至城关连接线	X081350822	永定湖雷至城关	永定北	匝道站
256	建南连接线(湾边特大桥)	X013350104	建南连接线(湾边特大桥)	福州南	主线式

附录四 福建省已通车高速公路服务区、停车区一览表
（截至2015年12月31日）

序号	路线名称	路线编码	所属路段	服务区名称	备注
1	沈海高速公路	G15	福宁高速公路	福鼎停车区	
2	沈海高速公路	G15	福宁高速公路	虎屿岛服务区	
3	沈海高速公路	G15	福宁高速公路	福安服务区	
4	沈海高速公路	G15	福宁高速公路	云淡停车区	
5	沈海高速公路	G15	罗长高速公路	连江服务区	
6	沈海高速公路	G15	福泉高速公路	青口服务区	
7	沈海高速公路	G15	福泉高速公路	大住停车区	
8	沈海高速公路	G15	福泉高速公路	赤港服务区	
9	沈海高速公路	G15	福泉高速公路	东进停车区	
10	沈海高速公路	G15	福泉高速公路	驿坂服务区	
11	沈海高速公路	G15	福泉高速公路	洛阳江停车区	
12	沈海高速公路	G15	泉厦高速公路	朴里服务区	
13	沈海高速公路	G15	泉厦高速公路	龙掘东服务区	
14	沈海高速公路	G15	厦漳高速公路	东孚服务区	
15	沈海高速公路	G15	漳诏高速公路	白水停车区	
16	沈海高速公路	G15	漳诏高速公路	天福服务区	
17	沈海高速公路	G15	漳诏高速公路	沙西停车区	

附录四
福建省已通车高速公路服务区、停车区一览表

续上表

序号	路线名称	路线编码	所属路段	服务区名称	备注
18	沈海高速公路	G15	漳诏高速公路	常山服务区	
19	沈海高速公路	G15	漳诏高速公路	溪南停车区	
20	福银高速公路	G70	福银高速公路	上街停车区	
21	福银高速公路	G70	福银高速公路	竹岐服务区	
22	福银高速公路	G70	福银高速公路	白樟停车区	
23	福银高速公路	G70	福银高速公路	官洋停车区	
24	福银高速公路	G70	福银高速公路	洋中停车区	
25	福银高速公路	G70	福银高速公路	塔前服务区	
26	福银高速公路	G70	福银高速公路	沙县服务区	
27	福银高速公路	G70	福银高速公路	高桥服务区	
28	福银高速公路	G70	福银高速公路	将乐服务区	
29	福银高速公路	G70	福银高速公路	泰宁服务区	
30	福银高速公路	G70	福银高速公路	朱口停车区	
31	厦蓉高速公路	G76	漳龙漳州	兴秦服务区	
32	厦蓉高速公路	G76	漳龙漳州	天宝服务区	
33	厦蓉高速公路	G76	漳龙漳州	金山停车区	
34	厦蓉高速公路	G76	漳龙漳州	适中服务区	原新祠服务区
35	厦蓉高速公路	G76	龙长高速公路	古田服务区	预留
36	厦蓉高速公路	G76	龙长高速公路	新泉停车区	预留
37	厦蓉高速公路	G76	龙长高速公路	涂坊停车区	
38	厦蓉高速公路	G76	龙长高速公路	长汀服务区	
39	厦蓉高速公路	G76	龙长高速公路	古城停车区	预留
40	京台高速公路	G3	浦南高速公路	忠信服务区	
41	京台高速公路	G3	浦南高速公路	大湖岭服务区	

续上表

序号	路线名称	路线编码	所属路段	服务区名称	备注
42	京台高速公路	G3	浦南高速公路	南台服务区	
43	京台高速公路	G3	浦南高速公路	丰乐服务区	
44	长深高速公路	G25	松建高速公路	湛庐服务区	
45	长深高速公路	G25	松建高速公路	北苑服务区	
46	长深高速公路	G25	浦南高速公路	小桥服务区	
47	长深高速公路	G25	浦南高速公路	新村服务区	
48	长深高速公路	G25	三明连接线	垄东停车区	
49	长深高速公路	G25	泉三高速公路	贡川停车区	
50	长深高速公路	G25	永武高速公路	八一服务区	
51	长深高速公路	G25	永武高速公路	冠豸山服务区	
52	长深高速公路	G25	永武高速公路	新泉服务区	
53	长深高速公路	G25	永武高速公路	七峰山服务区	
54	长深高速公路	G25	泉三高速公路	十方服务区	
55	泉南高速公路	G72	泉三高速公路	省新服务区	
56	泉南高速公路	G72	泉三高速公路	达埔服务区	
57	泉南高速公路	G72	泉三高速公路	吉京服务区	
58	泉南高速公路	G72	泉三高速公路	上京服务区	
59	泉南高速公路	G72	泉三高速公路	西洋服务区	
60	泉南高速公路	G72	永宁高速公路	虹桥服务区	预留
61	泉南高速公路	G72	永宁高速公路	温郊服务区	
62	泉南高速公路	G72	永宁高速公路	新屋下服务区	
63	莆永高速公路	S10	莆秀高速公路	善乡服务区	预留
64	莆永高速公路	S10	双永高速公路	尾坂服务区	预留
65	莆永高速公路	S10	双永高速公路	岵山服务区	

附录四

福建省已通车高速公路服务区、停车区一览表

续上表

序号	路线名称	路线编码	所属路段	服务区名称	备注
66	莆永高速公路	S10	双永高速公路	感德服务区	
67	莆永高速公路	S10	双永高速公路	和平服务区	原进庄服务区
68	莆永高速公路	S10	双永高速公路	湖洋服务区	原大塘服务区
69	莆永高速公路	S10	莆秀高速公路	坎市服务区	原惠思贤服务区
70	莆永高速公路	S10	双永高速公路	下洋服务区	预留
71	厦沙高速公路	S30	金淘高速公路	凤南停车区	
72	厦沙高速公路	S30	金淘高速公路	云浦服务区	预留
73	厦沙高速公路	S30	金淘高速公路	龙桥园服务区	预留
74	福州绕城高速公路	G1501	绕城高速公路	桂湖服务区	
75	泉州绕城高速公路	G1502	南惠高速公路	惠安停车区	预留
76	浦建高速公路	S0311	龙浦高速公路	大庄服务区	预留
77	浦建高速公路	S0311	武部高速公路	麻沙服务区	
78	浦建高速公路	S0311	武部高速公路	大埠岗服务区	
79	浦建高速公路	S0311	武部高速公路	闽江源服务区	预留
80	宁上高速公路	G1514	宁武高速公路	岐山服务区	
81	宁上高速公路	G1514	宁武高速公路	西铭停车区	
82	宁上高速公路	G1514	宁武高速公路	七步服务区	
83	宁上高速公路	G1514	宁武高速公路	下畲服务区	
84	宁上高速公路	G1514	宁武高速公路	石屯服务区	
85	宁上高速公路	G1514	宁武高速公路	水吉服务区	
86	宁上高速公路	G1514	宁武高速公路	仙店服务区	预留
87	宁上高速公路	G1514	宁武高速公路	洋庄服务区	
88	沈海高速公路复线	G15W3	福永高速公路	黄埔服务区	
89	沈海高速公路复线	G15W3	仙游至金淘高速公路	莱溪岩服务区	

福 建

续上表

序号	路线名称	路线编码	所属路段	服务区名称	备注
90	沈海高速公路复线	G15W3	金淘高速公路	罗东停车区	
91	沈海高速公路复线	G15W3	漳州至诏安高速公路	小溪服务区	
92	沈海高速公路复线	G15W3	漳州至诏安高速公路	官陂服务区	
93	厦漳跨海大桥	S1516	厦漳跨海大桥	海门岛服务区	预留
94	渔平高速公路	S1522	平潭连接线	三山服务区	
95	漳州北连接线	S1524	漳州北连接线	朝阳停车区	
96	漳州南联络线	S1525	漳州南联络线	花都服务区	
97	古武高速公路	S50	古武高速公路	中山服务区